Die DDR und Berlin

Mitten in Europa:

Die DDR und Berlin

Ein Staat und eine Stadt im Brennpunkt der Geschichte

Bertelsmann

An diesem Werk haben mitgearbeitet

– Text- und Bildredaktion
Dokumentation
Grafik/Layout
Herstellung
Texterfassung/EDV –

Beate Assig
Anton Brucker
Volker Busch
Dr. Rainer Cordes
Heribert Däschlein
Christa Duckar
Birgid Eckert
Manfred Flöttmann
Hannelore Forster
Kerstin Geisler
Annette Grunwald
Günter Hauptmann
Dr. Siegmar Hohl
Dr. Rudolf Huber
Barbara Jehle
Birgit Jeskolka-Knepper
Hans Kreutzfeldt
Carlo Lauer
Heike Leiwes
Dieter Löbbert
Ursula Nöll
Max Oberdorfer
Dr. Thomas Pago
Irmgard Pieper
Werner Poll
Raimund Post
Dr. Gert Richter
Hans Roßdeutscher
Christine Schnelzer
Anne-Kathrin Schulte
Eckard Schuster
Margarete Schwind
Reela Veit
Gabriele Weiß
Barbara Zollner

Dieses Buch verwendet Texte und Bilder aus Band 9 des Werkes
»Deutschland – Porträt einer Nation«,
erschienen im Bertelsmann Lexikon Verlag.

Der Verlag dankt für freundliche Unterstützung dem Bundespräsidialamt,
dem Persönlichen Büro Willy Brandts,
dem Presse- und Informationsamt der Bundesregierung,
dem Presseamt des Landes Berlin
und dem Pressereferat des Auswärtigen Amtes.

Gedruckt auf ROTOMAN von
Mohndruck Graphische Betriebe GmbH, Gütersloh
Printed in Germany
ISBN 3-570-01104-6

Inhalt

Mecklenburg und Pommern

Brandenburg

Sachsen-Anhalt

Thüringen

Sachsen

U. K. Dr. Ulrich Karl Dreikandt
A. G. Annette Grunwald
R. H. Rolf Heimrath
V. H. Dr. Volker Helas
Ch. P. Prof. Dr. Charlott

... und Berlin wird leben

Willy Brandt am 10. November 1989 vor dem Schöneberger Rathaus

Dies ist ein schöner Tag nach einem langen Weg. Doch wir befinden uns erst an einer Zwischenstation. Wir sind noch nicht am Ende des Weges angelangt. Es liegt noch eine Menge vor uns.

Die Zusammengehörigkeit der Berliner und der Deutschen überhaupt manifestiert sich auf eine bewegende, auf eine uns aufwühlende Weise, am bewegendsten dort, wo getrennte Familien endlich wieder ganz unverhofft und tränenvoll zusammenfinden. Mich hat auch das Bild angerührt von dem Polizisten auf unserer Seite, der rübergeht zu seinem Kollegen und sagt: Jetzt haben wir uns so viele Wochen, vielleicht Monate auf Abstand gesehen, ich möchte Ihnen einmal die Hand geben. Das ist die richtige Art, sich dem jetzt Anstehenden zu nähern: einander die Hand zu reichen, nachtragend nur dort zu sein, wo es unbedingt sein muß. Und, wo immer es geht, Bitterkeit zu überwinden. Das habe ich auch heute mittag am Brandenburger Tor gespürt.

Als Bürgermeister der schwierigen Jahre von 1957 bis 1966, also auch der Zeit des Mauerbaus. Und als einer, der in der Bundesrepublik und für sie einiges zu tun hatte mit dem Abbau von Spannungen in Europa. Und mit dem Ringen um das jeweils erreichbare Maß an sachlichen Verbindungen und menschlichen Kontakten: Mein ganz herzlicher Gruß gilt den Berlinerinnen und Berlinern in allen Teilen der Stadt. Und gleichermaßen den Landsleuten drüben wie hüben, überall in Deutschland.

Es wird jetzt viel davon abhängen, ob wir uns – wir Deutschen, hüben und drüben – der geschichtlichen Situation gewachsen erweisen. Das Zusammenrücken der Deutschen, darum geht es. Das Zusammenrücken der Deutschen verwirklicht sich anders, als es die meisten erwartet haben. Und keiner sollte jetzt so tun, als wüßte er ganz genau, in welcher konkreten Form die Menschen in den beiden Staaten in ein neues Verhältnis zueinander geraten werden. Daß sie in ein anderes Verhältnis zueinander geraten, daß sie in Freiheit zusammenfinden und sich entfalten können, darauf kommt es an.

Und sicher ist, daß nichts im anderen Teil Deutschlands wieder so werden wird,

wie es war. Die Winde der Veränderung, die seit einiger Zeit über Europa ziehen, haben an Deutschland nicht vorbeiziehen können. Meine Überzeugung war es immer, daß die betonierte Teilung und daß die Teilung durch Stacheldraht und Todesstreifen gegen den Strom der Geschichte standen. Und ich habe es noch in diesem Sommer erneut zu Papier gebracht: Berlin wird leben, und die Mauer wird fallen. Übrigens, ein Stück von jenem scheußlichen Bauwerk, ein Stück davon können wir dann von mir aus sogar als Erinnerung an ein geschichtliches Monstrum stehenlassen. So wie wir seinerzeit nach heftigen Diskussionen in unserer Stadt uns bewußt dafür entschieden haben, die Ruine der Gedächtniskirche stehenzulassen.

Denen, die heute noch so schön jung sind, und denen, die nachwachsen, kann es nicht immer leichtfallen, sich die historischen Zusammenhänge, in die wir eingebettet sind, klarzumachen. Deshalb sage ich nicht nur, daß wir bis zum Ende der Spaltung – zornig, aber auch im Gefühl der Ohnmacht habe ich im August '61 dagegen angeredet – noch einiges vor uns haben, sondern ich erinnere uns auch daran, daß das alles nicht erst am 13. August 1961 begonnen hat. Das deutsche Elend begann mit dem terroristischen Nazi-Regime und dem von ihm entfesselten Krieg. Jenem schrecklichen Krieg, der Berlin wie so viele andere deutsche und nichtdeutsche Städte in Trümmerwüsten verwandelte. Aus dem Krieg und aus der Veruneinigung der Siegermächte erwuchs die Spaltung Europas, Deutschlands und Berlins. Jetzt erleben wir, und ich bin dem Herrgott dankbar dafür, daß ich dies miterleben darf, daß die Teile Europas zusammenwachsen.

Ich bin sicher, daß der Präsident der Vereinigten Staaten und der erste Mann der Sowjetunion dies, was im Gange ist bei uns, zu würdigen wissen werden, wenn sie einander demnächst auf einem Schiff im Mittelmeer begegnen. Und ich bin sicher, daß unsere französischen und unsere britischen Freunde – vergessen wir nicht, neben den Amerikanern die bewährten Schutzmächte in schwierigen Jahren – mit uns den Prozeß der Veränderung, des neuen Aufbruchs als wichtig einzuordnen wissen. Ich weiß, daß unsere Nachbarn im europäischen Osten verstehen, was uns bewegt, und daß es sich einfügt in das neue Denken und Handeln, das die Zentral- und Osteuropäer selbst in Anspruch nimmt. Die Sicherheit, die wir unseren Nachbarn und auch den großen Mächten dieser Welt bieten können, ist die, daß wir keine Lösung unserer Probleme anstreben, die sich nicht einfügt in unsere Pflichten gegenüber dem Frieden und gegenüber Europa. Uns leitet die gemeinsame Überzeugung, daß die Europäische Gemeinschaft weiterentwickelt und die Zerstückelung unseres Kontinents schrittweise, aber definitiv überwunden werden muß.

Damals, im August '61, haben wir nicht nur im berechtigten Zorn gefordert: Die Mauer muß weg. Wir haben uns auch sagen müssen: Berlin muß trotz der Mauer weiterleben. Wir haben die Stadt – mit Hilfe des Bundes, was wir auch nicht vergessen wollen – wiederaufgebaut. Andere, die nach uns kamen, haben dem Wiederaufbau Wichtiges hinzugefügt. Aber hier in Berlin war uns zusätzlich zu allen innerstädtischen Aufgaben, zum Wohnungsbau, zum kulturellen und wirtschaftlichen Neuaufbau, aufgetragen, den Weg nach Deutschland offenzuhalten. Wir haben intensiv darüber nachgedacht, wie wir, auch als es schier hoffnungslos aussah, den besonders brutalen Auswirkungen der Trennung doch entgegenwirken könnten. Wie der Spaltung zum Trotz deutscher und europäischer Zusammenhalt bewahrt und gepflegt werden könnte. Natürlich gab es nicht immer gleich Übereinstimmung darüber, wie das am besten zu erreichen sei.

Mir hat sich das Datum des 18. Dezember 1963 besonders eingeprägt, nicht nur, weil ich Geburtstag hatte, sondern weil das der Tag war, an dem aufgrund der Passierscheine – mehr konnten wir damals nicht erreichen – Hunderttausende drüben waren, nicht nur bei den Verwandten in Ost-Berlin, sondern auch mit denen, die aus »der Zone« kamen. Das war alles unzulänglich, und es blieb schrecklich brüchig. Aber wir haben uns nicht davon abbringen lassen, auch jeden möglichen kleinen Schritt zu tun, um den Kontakt zwischen den Menschen zu fördern und den Zusammenhalt der Nation nicht absterben zu lassen.

Es hat dann noch fast ein Jahrzehnt gedauert, bis durch einen Verkehrsvertrag und einen Grundlagenvertrag die dann möglichen Veränderungen erreicht werden konnten. Eine Vielzahl von Abkommen und Absprachen hat sich dem hinzugefügt. Es bleibt richtig, auch aus nationalen Gründen, daß wir einen Leerraum nicht entstehen lassen durften.

Richtig war es auch, die Außenbedingungen für das geteilte Deutschland und die Menschen in ihm zu entlasten und zu verbessern, wo immer sich Gelegenheit hierzu bot. Das war der Inhalt unserer Vertragspolitik. Das war der Inhalt unseres Hinwirkens auf die gesamteuropäische Konferenz in Helsinki, schwierig beginnend, aber verpflichtet auf die Menschenrechte, auf Zusammenarbeit, auch auf Abbau von Überrüstungen in Europa. Und dieses Sich-langsam-Hinbewegen auf Stabilität, auf Abbau statt weiteren Aufbau von Rüstungen macht sich nun bezahlt. Dies ist im Gange, dies hat wesentlich dazu beigetragen, daß wir es heute mit verbesserten Rahmenbedingungen zu tun haben. Und ich füge hinzu: Wenn ich meine Landsleute im anderen Teil Deutschlands gut verstehe, dann stimmen sie mit mir und ich denke mit uns allen hier überein. Keiner wünscht Schwierigkeiten mit den sowjetischen Truppen, die sich noch auf deutschem Boden befinden. Die bleiben auch nicht immer da. An der militärischen Präsenz wird sich etwas ändern. Wir wollen friedliche Lösungen gerade auch im Verhältnis zur Großmacht im Osten.

Ich möchte noch sagen: Zusätzlich dazu, daß es einen Hoffnungsträger auch in der Sowjetunion gibt und daß es Demokratiebewegungen in Polen und Ungarn gibt – anderswo werden sie folgen –, ist ein neuer Faktor von eigener Qualität hinzugetreten. Und zwar dadurch, daß unsere Landsleute in der DDR und in Ost-Berlin ihre Geschicke selbst, unüberhörbar für alle Welt, in ihre Hände übernommen haben. Das Volk selbst hat gesprochen, hat Veränderungen gefordert, nicht zuletzt das Recht auf wahrhaftige Information und auf freie Bewegung und auf Freiheit des organisatorischen Zusammenschlusses. Ich denke, daß die Volksbewegung im anderen Teil Deutschlands ihre Erfüllung nur in wirklich freien Wahlen finden kann. Und ich meine auch, daß es eine lohnende Aufgabe sein kann, am Berg der Erneuerung an Ort und Stelle mitzuwirken und sie nicht denen zu überlassen, die übrigbleiben.

Noch einmal: Nichts wird wieder so, wie es einmal war. Dazu gehört, daß auch wir im Westen nicht an mehr oder weniger schönen Parolen von gestern gemessen werden, sondern an dem, was wir heute und morgen zu tun, zu leisten bereit und in der Lage sind, geistig und materiell. Ich hoffe, die Schubladen sind nicht leer, was das Geistige angeht. Ich hoffe auch, die Kassen geben noch was her. Und ich hoffe, die Terminkalender lassen Raum für das, was jetzt sein muß. Die Bereitschaft nicht zum erhobenen Zeigefinger, sondern zur Solidarität, zum Ausgleich, zum neuen Beginn, wird auf die Probe gestellt. Es gilt jetzt, neu zusammenzurücken. Den Kopf klar zu behalten und so gut wie möglich das zu tun, was unseren deutschen Interessen ebenso entspricht wie unserer Pflicht gegenüber Europa.

WILLY BRANDT

»Was hält uns denn eigentlich noch hier?«

Noch grauer als zuvor steht die DDR in ihrem 40. Jahr im Schatten der wirtschaftlich florierenden Bundesrepublik. Es fehlt das Geld für Altbausanierungen, Neubauten deprimieren durch gleichförmige Großplattenbauweise. Die Konsumgüterpreise steigen bei stagnierenden Gehältern, industrielle Dreckschleudern verpesten die Luft. Nicht nur die Liste der materiellen Mängel ist lang: Partei und Staat haben versagt, die politische Ideologie ist verkrustet und am Ende. Die Ästhetik der politischen Rituale reißt keinen mehr vom Stuhl: Schon lange machen die Schaufenster des Westens die besseren Angebote.

1

2

Ein beliebiges Beispiel: ungefilterte Emission von Industrieabgasen (1). Fackelzug zu Ehren der Partei: 40. Geburtstag der DDR, 7. Oktober 1989 (2). Brandenburg/Havel (3). Nauen (4). Ungebrochenes Selbstbewußtsein der Partei (5). Neubausiedlung in Brandenburg/Havel (6). Stechschrittparade (7).

3

4

DURCH UNS
MIT UNS
★ FÜR UNS
-wohnt heute jede dritte Familie in einer seit 1971 neugebauten oder modernisierten Wohnung
-konnten seit dieser Zeit 2.108.560 neue Wohnungen gebaut werden
5

6

»Glasnost statt Phrasnost«

1

Wo ein Staat Freiheit bloß als »Einsicht in die Notwendigkeit« definiert, bleibt Widerstand nicht aus. Nach der KSZE-Akte von Helsinki formierten sich sogar in der DDR Protestbewegungen, getragen vor allem von der evangelischen Kirche: für den Frieden, für Bürger- und Menschenrechte, für Freiheit und für Umweltschutz. Dabei gewährleisten die Artikel 27 oder 28 der DDR-Verfassung Meinungs- und Versammlungsfreiheit, freie, gleiche und geheime Wahlen, unabhängige Medien, Rechtsgleichheit, Rechtssicherheit, Parteien- und Verbandspluralismus. Über Jahrzehnte setzten sich Staat und SED über die Verfassungsgarantien hinweg. Demonstranten in Leipzig und Plauen, Zwickau und Rostock, Magdeburg und Berlin geben ihnen dafür die Quittung: »SED – Nee!«, »Wer die Wahl fälscht, hat die Qual«, »Dem Land ein neues Antlitz – ohne Kalk aus Wandlitz«.
Nach der größten freiwilligen Massenversammlung in der Geschichte der DDR am 4. November 1989 in Berlin hat Stefan Heym das Gefühl, »als habe jemand ein Fenster aufgestoßen nach all den Jahren der Stagnation – der geistigen, der politischen, nach all den Jahren der Dumpfheit und des Miefs«.

2

Bärbel Bohley, »Neues Forum« (1). Mahnwache in der Ostberliner Gethsemane-Kirche, 9. Oktober 1989 (2). Demonstration in Ost-Berlin, 4. November 1989 (3). Stefan Heym (4). Kundgebung von Mitgliedern der Berliner Parteiorganisation vor dem ZK der SED, 8. November 1989 (5).

LEGALISIEREN
STATT
Abrüstung
SDP; NEUES FORUM
ANTIKÖRPER
GEGEN
Neid!
KEINE ZUKUNFT OHNE VERGANGENHEIT
3

4

... denn wer nicht zu seinen
FEHLERN
steht, ist kein
REVOLUTIONÄR!
LENIN
Außerordentlicher
PARTEITAG
1989!
Erneuerung =
meiner Partei
SED
Sozialismus =
AUCH
WIR
sind das
VOLK

Reise ohne Rückkehr?

Perestrojka in der UdSSR, Reformen in Ungarn, Pluralismus im Sejm, ein nichtkommunistischer katholischer Regierungschef in Polen – der Sturm in Osteuropa ließ auch in der DDR die Dämme brechen. Unmut entlud sich aber nicht allein auf Demonstrationen: Viele Urlauber in der Tschechoslowakei, in Polen und vor allem in Ungarn traten ihre Rückreise in die DDR nicht an. Sie suchten Schutz bei den Deutschen Botschaften in Warschau und Prag, oder sie wechselten von Ost nach West über die grüne Grenze, die Ungarn von Österreich trennt. Budapest und Prag zeigten sich bemüht, bei der Suche nach menschlich befriedigenden Lösungen behilflich zu sein. Gleichzeitig wollten sie dem sozialistischen Bruderstaat nicht in den Rücken fallen. Modalitäten wurden gefunden, indem die Reise in den Westen über die DDR ging: verdienstvolle Diplomatie des deutschen Außenministers Hans-Dietrich Genscher, der sich für die freie Fahrt der in die Botschaft Geflüchteten durch die DDR nach Hof verbürgte.

1

2

3

5

Der Platz vor der deutschen Botschaft in Prag, 4. Oktober 1989. An diesem Tag durften 8000 DDR-Flüchtlinge ausreisen (1). Prager Botschaft, Zeltlager für Ausreisewillige (2). Mit kleinem Gepäck nach Westen (3 und 4). Auffanglager in Hof (5). Ankunft der Botschaftsbesetzer mit einem Sonderzug der DDR-Reichsbahn in Hof, 5. Oktober 1989 (6). Zugstrapazen (7) und Begrüßung (8). DDR-Flüchtlinge mit improvisierten neuen Kfz-Kennzeichen (9).

4

6

Demokratische Revolution in Deutschland

1

Die Nacht vom 9. auf den 10. November 1989 wird als jene Nacht in die Geschichte eingehen, in der die Grenzen zwischen dem Ostblock und der westlichen Welt aufgehoben wurden. Und sie wird in der Tradition der Revolution vom 9. November 1918 stehen, als aufständische Matrosen, Soldaten und Arbeiter das militaristische wilhelminische Kaiserreich in die Knie zwangen, den Frieden und die Errichtung der Republik durchsetzten.
Sichtbarer Ausdruck für den Sieg der demokratischen Bewegung in der DDR: die Öffnung der Grenzen in der Nacht des 9. November, das Wiedersehen der Berliner an den Übergängen. Jubel, Tränen, Staunen – »Was für ein Tag«!

2

3

West-Berliner vor dem Brandenburger Tor, 8. 11. 1989 (1). Ost-Berliner Polizei an einem – noch geschlossenen – Grenzübergang, 8. 11. 1989 (2). Egon Krenz, 8. 11. 1989 (3). Regie der Straße (4). Ost-Berliner strömen nach West-Berlin, 11. 11. 1989 (5). Freudenfeuer am Brandenburger Tor (6). 11. November: Immer mehr Löcher in der Mauer (7).

4

Tage des Wiedersehens

Donnerstag, 9. November 1989, 18.55 Uhr, Internationales Pressezentrum Ost-Berlin. Das Politbüro-Mitglied Günter Schabowski wird nach den künftigen Reisemöglichkeiten gefragt, kramt einen Zettel aus der Tasche und verliest Bürokratendeutsch: »Privatreisen nach dem Ausland können ohne Vorliegen von Voraussetzungen, Reiseanlässen und Verwandtschaftsverhältnissen beantragt werden ... VP-Kreisämter in der DDR sind angewiesen, Visa zur ständigen Ausreise unverzüglich zu erteilen ... ständige Ausreisen können über alle Grenzübergangsstellen der DDR zur BRD erfolgen.« Ein Reporter hakte nach: Gelte das auch für Berlin-West? Schabowski: »Ja, alle Grenzübergangsstellen der DDR zur BRD beziehungsweise zu Berlin-West.« Zunächst begreift keiner. Dann fällt der Groschen, die Sensation ist perfekt. Stunden später ist kein Halten mehr: Menschen aus dem Ostteil der Stadt fluten Richtung Westen, drängen durch die Kontrollstellen, überklettern die Mauern. Vor Tagen noch undenkbar, wird Kooperation von Grenzern Ost mit Grenzern West rasch zur Routine.

1

2

Eröffnung neuer Grenzübergänge: Glienikker Brücke, 12. November 1989 (1). Neunundneunzig Luftballons – Symbole für Frieden und Freiheit (2). Die neue Politik läßt sie näher zusammenrücken: Grenzpolizisten aus Ost und West (3). Ungewohnte Geste an der Mauer (4). Potsdamer Platz, 12. November 1989 (5).

4

»Wir sind jetzt das glücklichste Volk von der Welt«

Nach dem 9. November 1989: Tage und Nächte, die nie enden sollten, die Menschen zusammenführten und Menschen veränderten. Tage und Nächte, in denen die politischen Grenzen der Systeme aufgehoben sind, nach denen vieles nie wieder so sein wird wie zuvor. Die Mauer, Sinnbild der Inhumanität, steht immer noch. Sie hat jedoch über Nacht ihre Funktion verloren, ist durchlässig geworden. Menschen, mit und ohne Visum, zieht es in den Westteil der Stadt. Jeder neu eröffnete Grenzübergang löst Begeisterung aus. Auf dem Ku'damm herrscht Volksfeststimmung. Menschen fallen sich in die Arme, lachen, weinen miteinander. Fassungslosigkeit weicht Glückseligkeit. Es gibt keine West-Berliner, keine Ost-Berliner, nur noch Berliner. Menschen gehen durch die Mauer. »Das ist der Weg in die Freiheit, nun sind fast alle Wünsche erfüllt!«

1

2

3

4

5

6

7

Begeisterung an den Grenzübergängen (1, 4), nicht nur in Berlin (3). Erteilung von Visa (2). Berliner warten auf Berliner (5). Ergreifende Begrüßungsszenen (6, 7). Rückkehr aus West-Berlin (8). Blumengrüße: Polizei von hüben und drüben (9). Die Opfer nicht vergessen (10). Die Mauer bröckelt (11). Plakatkunst (12).

8

9

Den Opfern der Gewalt
10

ALL OF THIS

Freiheit
Die Mauer steht seit 28 Jahren 28 Jahre zu lange!
Sieg
Kennt Keine
ohne
Gewalt
Mauern

Leipzig, die Hauptstadt der Opposition

Am Montag, dem 2. Oktober, waren es 20000 Menschen, die begeistert und friedlich durch die Innenstadt Leipzigs zogen, um für Demokratie und Freiheit in ihrem Staat zu demonstrieren. Für die 70000, die eine Woche darauf gewaltlos politische Reformen forderten, standen Panzer schußbereit in Stellung, um dem maroden Staat noch einmal mit den Mitteln hirnlos-brutaler Macht auf die Beine zu helfen. Noch liegt im dunkeln, wie in letzter Minute ein Blutbad verhindert werden konnte. Mit 300000 Demonstranten kam es zwei Wochen später zur bis dahin größten Protestkundgebung der DDR. Leipzig, Zentrum des roten Sachsen, die Stadt Bebels und Liebknechts, wurde zur Hauptstadt der Opposition. Der Protest im Kerzenschein, die überzeugende Symbolik der Gewaltlosigkeit, wurde Vorbild für den Aufbruch in Berlin und in vielen anderen Städten.

2

Leipzig, 13. November 1989. Etwa 250000 Menschen nahmen an der betont friedfertigen Demonstration für durchgreifende politische Reformen teil (1–3).

1

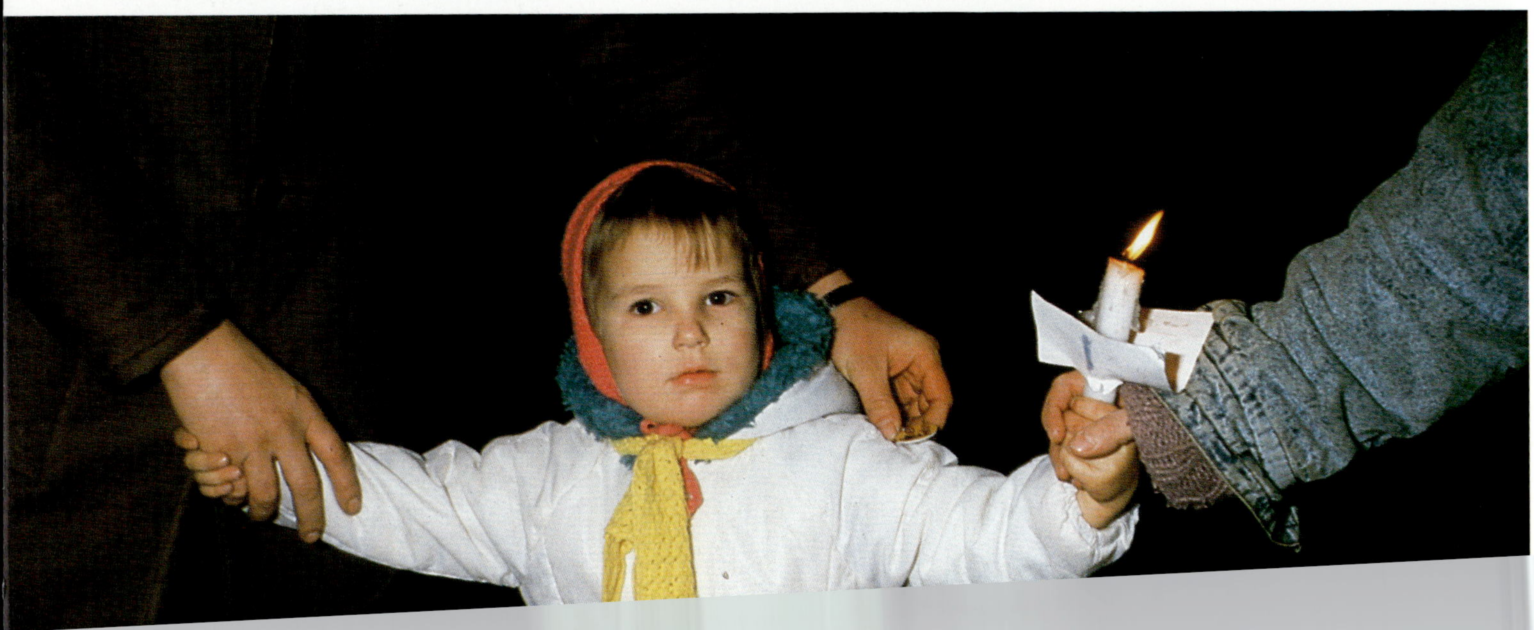

»Ohne Visa von Berlin nach Pisa«

In elf Tagen reisen mehr als acht Millionen Deutsche aus der DDR nach West-Berlin oder in die Bundesrepublik, Folge der Freigabe des Reiseverkehrs am 9. November 1989. Kilometerlange Autostaus an den eilig eröffneten neuen Grenzübergängen, japanische Verhältnisse in den überfüllten Zügen, Schlangen auch vor den Banken und Ausgabestellen fürs Begrüßungsgeld, Ansturm auf Läden und Geschäfte, Gedränge vor den Schaufenstern. Für Millionen Menschen erfüllt sich ein Traum, nur langsam dämmert ihnen, daß sie in zwei verschiedenen Staaten leben: die einen mit »richtigem Geld«, die anderen mit Papier ohne Deckung.
Ein Problem scheint indes gelöst: der Bundesgrenzschutz-Sonderstab in München, der zweieinhalb Monate lang alle Hilfsmaßnahmen für die Übersiedler koordinierte, stellt am 17. November 1989 seine Arbeit ein: Nur noch etwa 500 Neuankömmlinge aus der DDR hatten in den vorangegangenen Tagen den Wunsch geäußert, in den Westen überzusiedeln.

1

2

Szenen vom ersten Besuchswochenende: Willkommensgrüße auf allen grenznahen Straßen (1, 6). Autoschlangen auch auf den Landstraßen: der Grenzübergang bei Hof-Ullitz (2). Aufbruch auf beiden Seiten: Bundesdeutsche warten auf die ersten Besucher (3). Die B 173, ab sofort ganz anders (4). Erste Orientierung in einem fremden Land (5). Warten auf das Begrüßungsgeld (7).

Rasthof
Frankenwald

4

5

Hölle
Stadt Naila
Kreis Hof
Grüß Gott.
Liebe
Landsleute

6

Deutsche Bank Berlin
Deutsche Bank Berlin

Chronik der DDR

1945

Ende April / Anfang Mai: Drei kommunistische »Initiativ-Gruppen«, darunter die »Gruppe Ulbricht«, treffen aus dem sowjetischen Exil im Gebiet der späteren Sowjetischen Besatzungszone (SBZ) ein.

3. Mai: Ende der Kämpfe zwischen sowjetischen und deutschen Truppen in Berlin.

8. Mai: Unterzeichnung der bedingungslosen Kapitulation des Deutschen Reiches.

9. Mai: Stalin erklärt öffentlich, daß sich die UdSSR nicht anschicke, »Deutschland zu zerstückeln oder zu vernichten«.

5./6. Juni: Die Besatzungsmächte UdSSR, USA, Großbritannien und Frankreich übernehmen die »Oberste Regierungsgewalt in Deutschland«. Der Alliierte Kontrollrat wird gebildet. Er soll für alle »Deutschland als Ganzes« betreffenden Fragen zuständig sein; ansonsten übernimmt jeder Befehlshaber die Verantwortung in seiner Zone.

9. Juni: Errichtung der Sowjetischen Militäradministration in Deutschland (SMAD).

10. Juni: Laut Befehl Nr. 2 der SMAD sind »antifaschistisch-demokratische« Parteien und Gewerkschaften zuzulassen.

15. Juni: Der Freie Deutsche Gewerkschaftsbund (FDGB) und die Sozialdemokratische Partei (SPD) werden in der SBZ und in Berlin zugelassen.

19. Juni: Das ZK der KPD und der ZA der SPD vereinbaren eine »Aktionseinheit«.

26. Juni: In Berlin und in der SBZ wird die Christlich-Demokratische Union Deutschlands (CDUD) zugelassen.

Anfang Juli: Während sich die US-amerikanischen und britischen Truppen auf die vereinbarten Grenzen der Besatzungszone (spätere DDR-Westgrenze) zurückziehen, ziehen gleichzeitig französische, britische und US-amerikanische Truppen in die von sowjetischem Militär verlassenen Westsektoren Berlins ein.

5. Juli: In Berlin und in der SBZ wird die Liberaldemokratische Partei Deutschlands (LDPD) zugelassen.

Mitte Juli: Präsidien der Verwaltungen der Länder Mecklenburg-Vorpommern, Thüringen und Sachsen und der Provinzen Mark Brandenburg und Sachsen(-Anhalt) werden anerkannt.

14. Juli: In Berlin schließen sich die vier zugelassenen Parteien KPD, SPD, CDUD und LDPD zur »Einheitsfront der antifaschistisch-demokratischen Parteien« (»Block«) zusammen.

17. Juli – 2. August: Auf der Potsdamer Konferenz der »Großen Drei« (Großbritannien, Sowjetunion, USA) beraten die Regierungschefs Churchill, Stalin und Truman über die Zukunft Deutschlands und über die Regelung wichtiger Fragen zur Behandlung Nachkriegsdeutschlands.

27. Juli: Auf Befehl der SMAD werden elf Deutsche Zentralverwaltungen errichtet.

31. Juli: Die SMAD gestattet die Bildung antifaschistischer Jugendausschüsse.

Anfang September: Auf Initiative der KPD verordnen die fünf Präsidien der Landes- und Provinzverwaltungen eine »Bodenreform« nach sozialistischem Modell (Enteignung von Grundbesitzern mit mehr als 100 ha Land). Wegen ihrer Kritik an dieser Reform werden die beiden CDUD-Vorsitzenden Andreas Hermes und Walter Schreiber im Dezember 1945 von der SMAD in ihren Ämtern abgelöst.

3. Oktober: Gemäß Befehl der SMAD werden alle ehemaligen NSDAP-Mitglieder aus dem Justizdienst entfernt.

22. Oktober: Die SMAD erteilt den Länder- und Provinzialverwaltungen das Recht, Verordnungen mit Gesetzeskraft zu erlassen.

30./31. Oktober: Die SMAD befiehlt die Beschlagnahme des Eigentums insbesondere der deutschen zivilen und militärischen Behörden sowie verbotener oder aufgelöster politischer Organisationen (NSDAP u.a.) und ihrer Anhänger.

November / Dezember: Zulassung von landwirtschaftlichen und Konsumgenossenschaften.

20./21. Dezember: Erste Vereinbarungen von Funktionären der KPD und SPD zur organisatorischen Verschmelzung beider Parteien (Sechziger-Konferenz).

1946

10./11. Februar: In Berlin hält der Freie Deutsche Gewerkschaftsbund (FDGB) seinen 1. Bundeskongreß.

7. März: Als einzige zugelassene Jugendorganisation wird die Freie Deutsche Jugend (FDJ) gegründet. Erich Honecker wird 1. Vorsitzender.

30. März: Urabstimmung in der SPD Berlin über die vorgesehene Verschmelzung mit der KPD. Die Mehrheit spricht sich für eine Zusammenarbeit, aber gegen einen Zusammenschluß aus. Mit diesem Ergebnis beginnt die Herauslösung West-Berlins aus dem deutschen politischen System der SBZ.

10. April: Der Alliierte Kontrollrat erläßt ein Betriebsrätegesetz für Deutschland.

19.-20. April: Der 15. Parteitag der KPD und der 40. Parteitag der SPD beschließen in Berlin den Zusammenschluß zur Sozialistischen Einheitspartei SED, deren Gründungsparteitag am 21./22. April stattfindet.

30. Juni: Beim Volksentscheid im Land Sachsen über die Überführung der beschlagnahmten Betriebe von Kriegsverbrechern und »Naziaktivisten« in Volkseigentum stimmen 77,6% für die Enteignung.

---

1 Potsdam, August 1945. Die »Großen Drei«, Churchill, Truman und Stalin, haben Einigkeit über das »Potsdamer Abkommen« erzielt.

2 Berlin, Juli 1945. Hohe Offiziere der Militärregierung inspizieren eine Parade von Panzern am Brandenburger Tor.

Der Eiserne Vorhang

Die Befreiung Europas von deutscher Herrschaft wurde nicht, wie wohl viele Menschen gehofft hatten, der Beginn einer auf Freundschaft und Kooperation beruhenden Epoche. Schon bald nach der deutschen Kapitulation entstand ein immer schärferer Gegensatz zwischen den westlichen Alliierten und der UdSSR. Die Sowjetunion war durch den Sieg über das nationalsozialistische Deutschland endgültig zu einer Weltmacht geworden, die es zu verhindern wußte, daß das Selbstbestimmungsrecht der Völker zur Grundlage einer neuen Weltfriedensordnung gemacht wurde.

Moskau verfolgte andere Ziele. Man wollte die mit militärischen Mitteln errungenen Territorien in Osteuropa nun auch politisch, d.h. im Sinne einer sozialistisch geprägten Gesellschaftsordnung, dem eigenen Machtbereich zuführen. Damit war die Spaltung Europas, die später mit dem Begriff »Eiserner Vorhang« bezeichnet werden sollte, vorbestimmt.

Den Begriff selbst verwendete zu Anfang des Jahres 1946 erstmals Winston Churchill. Als Realpolitiker hatte Churchill schon vor Kriegsende davor gewarnt, die Einflußsphäre Moskaus zu groß werden zu lassen. Auf der Teheraner Konferenz von 1943 hatte er sich dafür ausgesprochen, die zweite europäische Front nicht in Frankreich, sondern auf der Balkanhalbinsel zu eröffnen, um die UdSSR daran zu hindern, dort ihren Machtbereich auszudehnen. Churchill konnte sich jedoch gegen Roosevelt nicht durchsetzen. Auch die auf dieser Konferenz beschlossene Westverschiebung Polens diente letztlich der Festigung des sowjetischen Machtraumes in Europa, der in den folgenden Jahren durch die Gleichschaltung der osteuropäischen Länder stabilisiert wurde. Churchill hatte diesen Prozeß klar erkannt, und er scheute sich nicht, auch nach seiner Wahlniederlage im Jahre 1945 die Dinge beim Namen zu nennen. In Anwesenheit des US-amerikanischen Präsidenten Truman hielt Churchill am 5.3.1946 einen Vortrag am Westminster College in Fulton (Missouri). In seinen Ausführungen beschwor Churchill in visionärer Weise die Gefahren der internationalen Lage, wie sie sich zu diesem Zeitpunkt darstellten: »Vielleicht kehrt unter dem Deckmantel der Wissenschaftlichkeit selbst die Steinzeit zurück.« Er beschrieb, wie die UdSSR zwischen Stettin und Triest einen »eisernen Vorhang über den Kontinent niedergelassen« habe. Um der sowjetischen Bedrohung Herr zu werden, plädierte er für eine intensive Zusammenarbeit von Briten und Amerikanern und für eine Politik der Stärke. Churchills Rede erregte Aufsehen. Die britische Regierung beeilte sich zu erklären, daß Churchills Ausführungen die Ansichten eines Privatmannes seien. In einem Interview sah Stalin einen neuen gegen Osteuropa gerichteten Waffengang von »Churchill und seinen Spießgesellen« voraus. Er verwies dabei auf die Russische Revolution, bei der Churchill bereits ein bewaffnetes

1

17. August: Der Befehl Nr. 253 der SMAD lautet: gleicher Lohn für gleiche Arbeit, unabhängig von Alter und Geschlecht.

1.-15. September: Gemeindewahlen in der SBZ. Bei einer Wahlbeteiligung von 93,2% erhalten die SED 57,1%, die LDPD 21,1%, die CDUD 18,7%, sonstige Organisationen 3%; 9,5% der Stimmen sind ungültig.

1. Oktober: In Nürnberg endet der Prozeß gegen die Hauptkriegsverbrecher. Es werden 22 Urteile gefällt.

20. Oktober: Kreis- und Landtagswahlen in der SBZ (Wahlbeteiligung: 91%, SED: 47,6%, LDPD: 24,8%, CDUD: 24,5%, sonstige Organisationen: 3,1%; ungültig: 5,8%.

November / Dezember: Konstituierung der Landtage und Wahl der Landesregierungen (Allparteienregierungen).

Dezember bis Februar 1947: Die Landtage beraten die Landesverfassungen.

1947

1. März: Die SED ruft zu einem »Volksentscheid für die Einheit Deutschlands« auf.

10. März-4. April: Konferenz der Außenminister der USA, Großbritanniens, Frankreichs und der UdSSR in Moskau.

6./7. Juni: Geplante Konferenz der Ministerpräsidenten aller deutschen Länder in München. Die Konferenz scheitert vor ihrem Beginn, weil sich die west- und ostzonalen Vertreter nicht über eine Tagesordnung verständigen können.

14. Juni: Die SMAD genehmigt die Errichtung einer Deutschen Wirtschaftskommission (DWK), die ab Februar 1948 die Funktion der obersten Lenkungsbehörde erhält.

30. Juni: Die Gesellschaft zum Studium der Kultur der Sowjetunion – später umbenannt in Gesellschaft für Deutsch-Sowjetische Freundschaft (DSF) – wird gegründet.

21. Juli: Nach der Auflösung Preußens werden die Provinzen Brandenburg und Sachsen-Anhalt zu Ländern erklärt. Damit setzt sich die SBZ aus den fünf Ländern Mecklenburg, Thüringen, Sachsen, Brandenburg und Sachsen-Anhalt zusammen.

20.-24. September: II. Parteitag der SED. Beschlossen wird u. a., künftig »die allgemeinen Richtlinien des Marxismus-Leninismus« anzuwenden und die SED zu einer »Partei neuen Typs« umzugestalten.

4. Oktober: 1. Schriftstellerkongreß des Kulturbundes.

1

2

3

9. Oktober: Einführung einer einheitlichen Betriebsordnung durch Befehl der SMAD (Ziele: Produktivitätssteigerung, lohnpolitische Verbesserungen, Einführung des Stücklohns, betriebliche Sozialleistungen).

22./23. November: 1. Kongreß der Vereinigung der gegenseitigen Bauernhilfe (VdgB), die bald zur einzigen Landwirtschaftsorganisation (bis 1952) wird.

25. November – 15. Dezember: Die in London stattfindende Außenministerkonferenz der vier Alliierten wird beendet, ohne daß ein Ergebnis in der deutschen Frage erzielt worden wäre.

6./7. Dezember: Auf Anregung der SED tritt der 1. Deutsche Volkskongreß für Einheit und gerechten Frieden in Berlin zusammen. Von den 2000 Delegierten kommen 600 aus den Westzonen.

19. Dezember: Die SMAD setzt die bisherigen CDU-Vorsitzenden Jakob Kaiser und Ernst Lemmer ab.

1948

26. Februar: Abschluß der Entnazifizierung durch Entnazifizierungskommissionen.

9. März: Die Deutsche Wirtschaftskommission (DKW) übernimmt die zentrale Leitung und Lenkung der Wirtschaft in der SBZ.

20. März: Der Alliierte Kontrollrat stellt seine Tätigkeit ein. Die sowjetischen Vertreter haben den Rat verlassen, nachdem die Londoner Sechs-Mächte-Konferenz die Bildung des westdeutschen Staats beschlossen hatte.

23. April: Die Vereinigung Volkseigener Betriebe (VVB) wird gegründet.

29. April: Gründungstag der Demokratischen Bauernpartei Deutschlands (DBD).

25. Mai: Gründung der National-Demokratischen Partei Deutschlands (NDPD).

1 Berlin, 23. März 1946. Im Deutschen Theater wird auf dem Bezirksparteitag der KPD die Vereinigung von KPD und SPD beschlossen.
2 Der historische Händedruck zwischen Wilhelm Pieck, KPD (links), und Otto Grotewohl, SPD.
3 Leipzig, Juni 1946. Propagandaplakate am Parteihaus der SED betonen den antifaschistischen Aufbauwillen der DDR.
4 München, Juni 1947. Die Konferenz der Ministerpräsidenten aller vier Besatzungs-

1

2

3

23./24. Juni: Die sowjetischen Militärbehörden beginnen mit einer Blockade der Westsektoren, weil ihr Versuch, die Währungsreform in der sowjetischen Besatzungszone auf ganz Berlin zu übertragen, gescheitert ist.

30. Juni: Der Parteivorstand der SED verabschiedet einen Zwei-Jahres-Plan für die Volkswirtschaft der SBZ.

23./24. Juli: Festlegung der SED auf den »demokratischen Zentralismus« bei der Organisation der Staatsmacht und auf die straffe Zentralisierung der Planung und Leitung der Volkswirtschaft.

24. Juli: Währungsreform in der SBZ als Reaktion auf die vorausgegangene Währungsreform in den Westzonen.

15. November: Die ersten Verkaufsstellen der staatlichen Handelsorganisation (HO) werden eröffnet.

30. November / 1. Dezember: Mit der Bildung eines »provisorischen demokratischen Magistrats« in Ost-Berlin unter Friedrich Ebert ist die Spaltung Berlins vollzogen.

13. Dezember: In Ost-Berlin wird die Kinderorganisation »Junge Pioniere« gegründet.

1949

25. Januar: In Warschau wird der Rat für Gegenseitige Wirtschaftshilfe (RGW) gegründet.

25.-28. Januar: In Ost-Berlin findet die 1. Parteikonferenz der SED statt.

29./30. Mai: Der 3. Deutsche Volkskongreß (am 15./16. Mai nach dem Prinzip der Einheitsliste gewählt) bestätigt den vom Deutschen Volksrat am 19. Mai 1949 beschlossenen »Entwurf einer Verfassung der Deutschen Demokratischen Republik«.

7. Oktober: Gründung der Deutschen Demokratischen Republik (DDR). Der vom 3. Deutschen Volkskongreß gewählte (2.) Deutsche Volksrat tritt als Provisorische Volkskammer zusammen und setzt die Verfassung in Kraft; die SED-Fraktion als stärkste Volkskammer-Fraktion benennt Otto Grotewohl als Ministerpräsidenten der zu bildenden Regierung der DDR.

8. Oktober: Zwischen der Bundesrepublik Deutschland und der DDR kommt es zum Abschluß eines Abkommens über den innerdeutschen Handel.

10. Oktober: Die Regierung der UdSSR überträgt die Verwaltungsfunktionen der SMAD auf die Provisorische Regierung und wandelt die SMAD in die Sowjetische Kontrollkommission (SKK) um.

4

1 Berlin, Juni 1948. Menschenschlange vor einer der Ausgabestellen für neue Geldscheine – während der Währungsreform der SBZ.

2 Berlin, Oktober 1949. Kundgebung auf dem August-Bebel-Platz anläßlich der Gründung der Deutschen Demokratischen Republik.

3 Ost-Berlin, August 1950. Kongreß des Freien Deutschen Gewerkschaftsbundes (FDGB).

4 Warschau, Juni 1950. Walter Ulbricht und der polnische Ministerpräsident Jozef Cyrankiewicz bei der Verabschiedung des Warschauer Abkommens zur Anerkennung der Oder-Neiße-Linie durch die DDR.

11. Oktober: Konstituierung der Provisorischen Länderkammer der DDR, bestehend aus 34 Abgeordneten der Landtage.

Provisorische Volkskammer und Provisorische Länderkammer wählen gemeinsam Wilhelm Pieck zum Präsidenten der DDR.

12. Oktober: Die Provisorische Volkskammer bestätigt die Provisorische Regierung der DDR unter Ministerpräsident Otto Grotewohl.

15. Oktober: Die Regierung der UdSSR nimmt diplomatische Beziehungen mit der DDR auf. Binnen des nächsten halben Jahres folgen die volksdemokratischen Staaten Osteuropas und Asiens und richten diplomatische Vertretungen in Ost-Berlin ein.

Dezember: Innerhalb des Jahres flüchteten aus der SBZ/DDR 125 245 M...

1950

7. Januar: Umkonstituierung der Volkskongreßbewegung zur Nationalen Front (NF). Oberstes Gremium dieser alle politischen Verbände umfassenden Organisationen ist der Nationalrat der NF.

8. Januar: Die Provisorische Volkskammer beschließt die Bildung des Ministeriums für Staatssicherheit.

24. März: In Ost-Berlin wird die Deutsche Akademie der Künste gegründet. Arnold Zweig wird von Staatspräsident Pieck zum Präsidenten berufen.

27.-30. Mai: Deutschlandtreffen der FDJ in Ost-Berlin.

6. Juli: Das Abkommen über die Oder-Neiße-Grenze zwischen Polen und der DDR wird unterzeichnet.

20.-24. Juli: III. Parteitag der SED. Die SED erhält die Form einer »Partei neuen Typs«, beschließt entsprechende Statuten und wandelt den Parteivorstand in das Zentralkomitee um: Generalsekretär wird bis 1972 Walter Ulbricht. Der auf dem Parteitag beschlossene 1. Fünf-Jahres-Plan sieht die Förderung der Schwerindustrie vor.

27. Juli: Der Ministerrat beschließt im Rahmen von Maßnahmen zur Förderung der Aktivisten- und Wettbewerbsbewegung die Schaffung von Ehrentiteln wie »Held der Arbeit«, »Brigade der ausgezeichneten Qualität«, »Verdienter Aktivist«.

29. September: Die DDR wird in den RGW (COMECON) aufgenommen.

15. Oktober: Wahlen zur Volkskammer, den Landtagen und den kommunalen Volksvertretungen. Bei einer Wahlbeteiligung von 98,44% stimmen 99,3% den von der NF vorbereiteten Einheitslisten der Kandidaten zu.

30. November: Vorschlag des DDR-Ministerpräsidenten Grotewohl an den Kanzler der Bundesrepublik, Konrad Adenauer, einen Gesamtdeutschen Konstituierenden Rat zu bilden. Der paritätisch besetzte Rat soll Deutschland bei Verhandlungen mit den vier Siegermächten vertreten und bei der Vorbereitung eines gesamtdeutschen Staates mitwirken. Adenauer lehnt den Vorschlag ab und erinnert an die Entschließung des Deutschen Bundestages (vom 14. September 1950), worin gesamtdeutsche freie Wahlen gefordert wurden.

Neuorganisation der Landwirtschaft. Werbung für Landwirtschaftliche Produktionsgenossenschaften (LPGs).

1951

30. Januar: Regierungserklärung Otto Grotewohls und Appell der Volkskammer an den Deutschen Bundestag (»Deutsche an einen Tisch!«), gemeinsam einen Gesamtdeutschen Konstituierenden Rat einzuberufen.

11. Juli: Durch eine Regierungsverordnung wird eine Staatliche Kommission für Kunstangelegenheiten geschaffen: Sie soll dafür sorgen, daß der »sozialistische Realismus« nach sowjetischem Vorbild in der DDR bestimmend wird.

5. November: Abschluß einer Überprüfung der Mitglieder der SED; über 150 000 sind ausgeschlossen worden.

1952

10. März: Vorschlag der Regierung der Sowjetunion an die Westmächte, Deutschland als einheitlichen, blockunabhängigen, demokratischen Staat mit eigenen Streitkräften wiederherzustellen. Der Vorschlag, der auch die Bildung der Europäischen Verteidigungsgemeinschaft (EVG) verhindern soll, wird von den Regierungen der Westmächte und der Bundesregierung abgelehnt.

27. März: Als Reaktion auf die Unterzeichnung des EVG-Vertrages ordnet die DDR-Regierung die besondere Sicherung ihrer Westgrenze an. Installierung eines Schutzstreifens und Ende des bis zu diesem Zeitpunkt vielerorts üblichen kleinen Grenzverkehr.

9.-12. Juli: Die 2. Parteikonferenz der SED faßt verschiedene, in den Monaten zuvor eingeleitete Maßnahmen in der Losung »Aufbau der Grundlagen des Sozialismus« zusammen, besonders die Aufstellung »nationaler Streitkräfte« in Form der Kasernierten Volkspolizei (KVP), die Erlaubnis zur freiwilligen Bildung Landwirtschaftlicher Produktionsgenossenschaften (LPG). In der Praxis führt dieser Beschluß, der auf die Kollektivierung der Landwirtschaft zielt – sie wird erst 1960 abgeschlossen –, zu starkem politischem Druck auf die Bauern, die in großer Zahl die DDR verlassen, und zu einer Krise in der Versorgung mit Nahrungsmitteln. Insgesamt sagt die Parteikonferenz die »Verschärfung des Klassenkampfes« als »unvermeidlich« voraus.

7. August: Die Massenorganisation Gesellschaft für Sport und Technik (GST) wird gegründet.

Aufbau des Sozialismus

Im Oktober 1949, im Monat nach der Gründung der Bundesrepublik Deutschland, wurde die Deutsche Demokratische Republik (DDR) ausgerufen, als zweiter deutscher Staat, geführt von der kommunistischen Sozialistischen Einheitspartei Deutschlands (SED). Nachdem schon für die Wirtschaftsentwicklung der Jahre 1949/1950 ein Zwei-Jahres-Plan maßgeblich gewesen war, verabschiedete der 3. Parteitag der SED vom 20. bis 24.7.1950 einen Fünf-Jahres-Plan für die Jahre 1951 bis 1955. Am 29.9.1950 trat die DDR dem Rat für gegenseitige Wirtschaftshilfe (RGW bzw. Comecon) bei, der Wirtschaftsgemeinschaft des Ostblocks, die die Aufgabe hat, die Wirtschaft der einzelnen Staaten auf die Bedürfnisse der Sowjetunion auszurichten. Der Stand der Industrialisierung war im Gebiet der späteren DDR schon vor dem 2. Weltkrieg niedriger gewesen als im Gebiet der späteren Bundesrepublik. Die Sowjetunion hatte zahlreiche Betriebe rigoros demontiert. Aus der laufenden Produktion entnahm sie große Mengen als Reparationen. Zahlreiche Großbetriebe wurden von ihr direkt als Sowjetische Aktiengesellschaften (SAG) verwaltet. 66 von ihnen wurden erst am 29.4.1952, die letzten 33 am 1.1.1954 an die DDR zurückgegeben, die sie in Volkseigene Betriebe (VEB) umwandelte. Unter dem Druck der politischen Verhältnisse und des wirtschaftlichen Mangels flohen zahlreiche Menschen in die Bundesrepublik. In den Jahren 1950 bis 1952 lag ihre Zahl stets bei etwa 200 000. Unter den Flüchtlingen waren für die Wirtschaft wichtige Arbeiter und Bauern ebenso wie Intellektuelle und Angehörige des Mittelstandes.

Das ZK der SED, das am 20. 11. 1952 den Vorrang der Schwerindustrie vor allen anderen Industriezweigen betont hatte, beschloß bei seiner 15. Tagung vom 24. bis 26. 7. 1953 eine Steigerung der Nahrungs- und Genußmittelerzeugung und der Gebrauchsgüterproduktion auf Kosten der Schwerindustrie. Gleichzeitig mit der Rückgabe der letzten SAG's stellte die Sowjetunion mit Wirkung vom 1. 1. 1954 die Entnahme von Reparationen aus der Industrieproduktion ein. Alle diese Maßnahmen führten zu einer allmählichen Verbesserung der Lebensverhältnisse in der DDR. Die Einrichtung der Staatlichen Plankommission am 13. 2. 1958 und der Vereinigungen Volkseigener Betriebe (VVB) als leitende Wirtschaftsorgane der einzelnen Industriezweige bewirkten trotz aller weiterbestehenden Planungsmängel eine Steigerung der Produktivität in der Industrie. Am 29. 5. 1958 wurden die letzten Rationierungen aufgehoben. Am Ende des Jahrzehnts behauptete die DDR von sich, unter den Industriestaaten der Erde an 9. Stelle zu stehen. Der am 1. 10. 1959 von der Volkskammer gebilligte neue Sieben-Jahres-Plan hatte das illusorische Ziel, die Bundesrepublik in der Produktivität einzuholen.

Ost-Berlin, Juni 1953. Auf dem Leipziger Platz kämpfen die Menschen mit Steinen gegen Panzer.

1953

21. April: Die Bischöfe der evangelisch-lutherischen Kirchen in Deutschland protestieren gegen den Druck, der in Glaubens- und Gewissensfragen ausgeübt wird.

14. Mai: Das ZK der SED beschließt, daß die zuständigen Wirtschaftsverwaltungsstellen »eine Erhöhung der für die Produktion entscheidenden Arbeitsnormen um durchschnittlich mindestens 10% bis zum 1. Juni 1953 sicherstellen« sollen. Am 28. Mai verlängert die Regierung die Frist um einen Monat.

9. Juni: Das Politbüro der SED empfiehlt der Regierung Maßnahmen zur »entscheidenden Verbesserung der Lebenshaltung aller Teile der Bevölkerung und der Stärkung der Rechtssicherheit«. Dieser »Neue Kurs« soll auch zur »Wiederherstellung eines normalen Zustandes zwischen Staat und Kirche« führen.

16. Juni: Die FDGB-Zeitung »Tribüne« erklärt, die am 28. Mai verordneten Normenerhöhungen seien nach wie vor in Kraft. Bauarbeiter von der Stalinallee protestieren gegen die Normenerhöhung und formieren eine Streikdemonstration zum Regierungssitz. entsprechenden Beschluß mit den Gewerkschaften zu überprüfen.

17. Juni: In über 200 Orten der DDR und in Berlin kommt es zu Arbeitermassenstreiks und zu politischen Demonstrationen für freie Wahlen und die Herstellung der Einheit Deutschlands. Vom sowjetischen Militärkommandanten wird der Ausnahmezustand ausgerufen.

15. Juli: Ablösung des Justizministers Max Fechner, der das Streikrecht für »verfassungsmäßig garantiert« erklärt hatte. Er wird später drei Jahre lang in Haft gehalten.

24.-26. Juli: Das ZK berät über den »Neuen Kurs und die Aufgaben der Partei«. Ulbricht erklärt, die SED-Führung habe verkannt, daß in der DDR der Aufbau des Sozialismus nur allmählich erfolgen könne. Der Chefredakteur der zentralen Parteizeitung »Neues Deutschland« Rudolf Herrnstadt, der Minister für Staatssicherheit Wilhelm Zaisser und der entlassene Justizminister Max Fechner verlieren ihre ZK-Funktionen und werden am 23. Januar 1954 auch aus der SED ausgeschlossen.

1954

30. März – 7. April: IV. Parteitag der SED; Beschluß über ein neues Statut in Anlehnung an das der KPdSU von 1952.

27. Juni: Volksabstimmung in der DDR und in Ost-Berlin zur Frage »Friedensvertrag oder Europäische Verteidigungsgemeinschaft?« 93,5% stimmen für einen »Friedensvertrag«, 6,5% für den EVG-Vertrag.

Dezember: 1954 flüchteten 184198 Menschen aus der DDR in die Bundesrepublik Deutschland und nach West-Berlin.

1955

25. Januar: Die Regierung der Sowjetunion erklärt den Kriegszustand zwischen Deutschland und der UdSSR für beendet.

14. Mai: Abschluß des Warschauer Vertrages über »Freundschaft, Zusammenarbeit und

1 Warschau, Mai 1955. Konstituierende Sitzung des Warschauer Pakts. Von links: Marschall Konjew, Außenminister Molotow, Ministerpräsident Bulganin, Verteidigungsminister Schukow.

2 Juni 1956. Übergabe der Regimentsfahne durch den Minister für Nationale Verteidigung, Generaloberst Willi Stoph, an das erste Regiment der Nationalen Volksarmee.

1

2

Der 17. Juni

Generalsekretär Walter Ulbricht hatte auf der 3. Parteikonferenz der SED vom 9. bis 12.7.1952 den »Planmäßigen Aufbau des Sozialismus sowie die Notwendigkeit einer Verschärfung des Klassenkampfes« verkündet. Damit wurde der Ausbau der landwirtschaftlichen Produktionsgenossenschaften (LPG), also die Zwangskollektivierung der Landwirtschaft, und die Kollektivierung des Handwerks in Produktionsgenossenschaften begonnen. Trotz der Aufhebung der Rationierung eines Teils der Grundnahrungsmittel (bis auf Fleisch, Fett und Zucker) und der hohen Ablieferungsverpflichtungen der Bauern kam es zu einer empfindlichen Verknappung der Lebensmittel. Produktionserhöhungen in der Industrie waren nur durch mehrere Heraufsetzungen der Leistungsnormen der Arbeiter zu erreichen. Diese Entwicklung, aber auch eine zunehmende Verschärfung des innenpolitischen Klimas, die sich vor allem in dem Versuch äußerte, den Einfluß der Kirche auf die Jugend zu brechen, und die allgemeine Unsicherheit, die den Ostblock nach Stalins Tod erfaßte, führten zu einer Krisensituation. Eine neuerliche Erhöhung der Arbeitsnormen um durchschnittlich 10%, die das ZK der SED am 17.5.1953 beschloß und die praktisch zu einer entsprechenden Lohnkürzung führte, rief Unruhe in der Arbeiterschaft hervor. Zwar versuchte die SED eine Kursänderung, indem sie in den ersten Junitagen zusicherte, daß keine weiteren Enteignungen, Verhaftungen und Verurteilungen von Bauern wegen Rückständen bei der Zwangsablieferung vorgenommen würden, daß die Rechtssicherheit gestärkt und die Versorgung der Bevölkerung verbessert würde, doch es war zu spät, zumal die Erhöhung der Arbeitsnormen blieb. Am 16.6. legten Tausende von Bauern an der Ost-Berliner Stalinallee die Arbeit nieder und versammelten sich zu einem Demonstrationszug. Am nächsten Tag griffen die Streiks und Demonstrationen auf über 250 Orte über. Die Demonstrationen weiteten sich zu einem allgemeinen Aufstand aus. Parteibüros wurden gestürmt, Funktionäre verprügelt und Polizisten entwaffnet. Streikkomitees übernahmen die Betriebe. Die Demonstranten forderten den Rücktritt der Regierung und freie Wahlen. Der sowjetische Militärbefehlshaber übernahm die Regierungsgewalt und setzte Truppen zur Niederschlagung des Aufstandes ein. Am 21.6. wurden die Arbeitsnormen auf den Stand vor dem 1.4.1953 zurückgenommen und die Lohnkürzungen rückgängig gemacht.

31. Mai: Das Politbüro der SED beschließt, »Betriebskampfgruppen« einzurichten.

27. Oktober: Das ZK der SED kündigt die staatliche Beteiligung an privaten Industrie-Unternehmen an; langfristig wird damit dieser Zweig der Wirtschaft in »Volkseigentum« überführt.

1956

18. Januar: Die Volkskammer beschließt ein Gesetz über die Schaffung der Nationalen Volksarmee (NVA).

24.-30. März: 3. Parteikonferenz der SED. Die Konferenz bestätigt ZK-Beschlüsse vom 22. März über die Stalin-Kritik, diskutiert über den 2. Fünf-Jahres-Plan (1956-1961) und kündigt Maßnahmen zur »breiteren Entfaltung der Demokratie in der DDR« an.

15. Oktober: Vereinbarung über eine gesamtdeutsche Mannschaft für die XVI. Olympischen Spiele in Melbourne.

29. November: Verhaftung einer »revisionistischen« Oppositionsgruppe von SED-Mitgliedern um Wolfgang Harich.

1957

30. Januar – 1. Februar: Auf einer Tagung des ZK der SED zeichnet Ulbricht den Weg zur Wiedervereinigung über eine Konföderation der beiden deutschen Staaten vor. Voraussetzung: Austritt der Bundesrepublik aus der NATO, ein blockübergreifendes kollektives Sicherungssystem, Sicherung des Bestands der DDR. Im Juli 1957 wird das Modell des Staatenbundes (Konföderation) unter Streichung einiger Bedingungen zum amtlichen Regierungsprogramm der DDR.

schaft, der an die Stelle des noch laufenden 2. Fünf-Jahres-Planes tritt.

3

4

3 Ost-Berlin, 1958. Nikita Chruschtschow besucht die DDR. Im Wagen neben ihm Walter Ulbricht.

4 UdSSR, Juni 1959. Walter Ulbricht besucht mit einer Regierungsdelegation die Sowjetunion.

25. April: Die FDJ wird zur Sozialistischen Jugendorganisation der DDR erklärt.

1. November: Ernst Wollweber, Minister für Staatssicherheit, wird durch Erich Mielke abgelöst.

16. Dezember: In Rossendorf bei Dresden geht der erste Atomreaktor in Betrieb.

31. Dezember: Im Laufe dieses Jahres flüchteten insgesamt 261 622 DDR-Bürger in die Bundesrepublik Deutschland und nach West-Berlin.

1958

28. November: Die Regierung der UdSSR richtet Noten an die Regierungen der DDR, der Bundesrepublik Deutschland, der USA, Frankreichs und Großbritanniens, in denen sie ankündigt, binnen eines halben Jahres ihre Besatzungsfunktionen in Ost-Berlin an die DDR zu übertragen, und schlägt vor, West-Berlin in eine entmilitarisierte Freie Stadt umzuwandeln (sog. Berlin-Ultimatum).

1959

29. April: Die sogenannte Erste Bitterfelder Konferenz von Künstlern, Schriftstellern und Funktionären leitet eine kulturpolitische Kampagne ein, die Künstler und Arbeiter zusammenführen soll. Sie hat das Motto: »Greif zur

schaft, der an die Stelle des noch laufenden 2. Fünf-Jahres-Planes tritt.

Dezember: 1959 flüchteten 143 917 Bewohner der DDR nach West-Berlin und in die Bundesrepublik Deutschland.

1960

31. Januar: Ein Brief Ulbrichts an Bundeskanzler Adenauer mit dem Vorschlag einer Volksabstimmung über Abrüstung und Herbeiführung eines Friedensvertrages wird am 27.1. ungeöffnet zurückgesandt.

10. Februar: Die Volkskammer beschließt das Gesetz über die Bildung des Nationalen Verteidigungsrates (Vorsitzender: Walter Ulbricht).

7. September: Der DDR-Präsident Wilhelm Pieck stirbt.

12. September: Als kollektives Leitungsorgan wird der Staatsrat unter Vorsitz von Ulbricht gebildet.

Dezember: In diesem Jahr gelangten in die Bundesrepublik Deutschland und nach West-Berlin 199 188 DDR-Flüchtlinge.

1961

15. Juni: Auf einer Pressekonferenz erklärt Walter Ulbricht: »Niemand hat die Absicht, eine Mauer zu errichten«.

13. August: Bau der Berliner Mauer. Zur Unterbindung der Fluchtbewegung werden die Grenze zwischen dem Sowjetischen Sektor Berlins und den Westsektoren sowie die Grenzen zwischen der DDR und West-Berlin (16. 8.) gesperrt.

10./11. Oktober: Auf einer Wirtschaftskonferenz des Zentralkomitees der SED und des

Berlin, August 1961. In der Bernauer Straße springt ein Volksarmist über den Stacheldraht der Absperrung zwischen Ost und West.

Dezember: Von Januar bis Mitte August flohen 159730 DDR-Bewohner nach West-Berlin und in die Bundesrepublik Deutschland.

1962

24. Januar: Die Volkskammer beschließt die »allgemeine Wehrpflicht«.

1963

15. – 21. Januar: VI. Parteitag der SED. Beschlossen werden ein neues Statut und Programm der SED. Ulbricht erläutert Grundsätze eines neuen ökonomischen Systems.

14. Mai: Das ZK der SED und die Regierung beschließen die Errichtung »Arbeiter-und-Bauern-Inspektion« als »gesellschaftliches Kontrollorgan«.

28. Juni – 4. Juli: Aus Anlaß des 70. Geburtstages von Walter Ulbricht besucht Chruschtschow die DDR.

15. Juli: Mit der Bestätigung einer entsprechenden Direktive durch den Staatsrat wird das »Neue Ökonomische System der Planung und Leitung der Volkswirtschaft« (NÖSPL) in Gang gesetzt; es wird 1966, neu akzentuiert, zum »Ökonomischen System des Sozialismus« (ÖSS).

17. Dezember: Nach zweijähriger fast völliger Sperrung der Grenze innerhalb Berlins für West-Berliner erhalten diese erstmals die Möglichkeit zu Verwandtenbesuchen während der Feiertage in Ost-Berlin (1. Passierschein-Abkommen zwischen der Regierung der DDR und dem Senat von Berlin). Bis 1972 gibt es entsprechende Übereinkünfte über Passierscheine nahezu regelmäßig für die Zeiten um Weihnachten, Ostern und Pfingsten.

1964

2. Januar: Die neuen Personalausweise tragen den Vermerk »Bürger der Deutschen Demokratischen Republik«.

6. Januar: Ein Brief Walter Ulbrichts an Bundeskanzler Erhard mit dem Entwurf eines Vertrages zwischen der Bundesrepublik Deutschland und der DDR über den Verzicht auf Kernwaffen wird von der Bundesregierung ungeöffnet zurückgesandt.

13. März: Auf Anweisung des Staatssekretärs für Hochschul- und Fachschulwesen wird Robert Havemann von seinen »Verpflichtungen entbunden«.

12. Juni: In Moskau wird ein Vertrag zwischen der DDR und der UdSSR über Freundschaft, gegenseitigen Beistand und Zusammenarbeit abgeschlossen.

1. September: Die Volkskammer bestätigt den Erlaß des Staatsrates über Straffreiheit für »Republikflucht« vor dem 13. August 1961.

Ost-Berlin, 1962. An der Bernauer Straße wird unter Bewachung eines Grenzsoldaten die Mauer ausgebessert.

9. September: Die Regierung gestattet Rentnern Besuchsreisen in die Bundesrepublik.

21. September: Der Ministerpräsident Otto Grotewohl stirbt. Nachfolger wird Willi Stoph.

6. Oktober: Aus Anlaß des 15. Jahrestages der Staatsgründung Amnestie für 10 000 Häftlinge, darunter auch politische.

25. November: Die Regierung erläßt erstmals eine Verordnung über den Zwangsumtausch von DM-Beträgen durch westdeutsche Besucher der DDR und Ost-Berlins.

25. Februar: Volkskammerbeschluß »für ein «einheitliches sozialistisches Bildungswesen».

8. Oktober: Das IOC beschließt, zu den Olympischen Spielen 1968 zwei deutsche Mannschaften zuzulassen.

27. – 29. November: Der Erste Sekretär der KPdSU, Leonid Breschnew, zu Besuch in der DDR.

1966

11. Februar: Mit einem offenen Brief des ZK der SED an die SPD, den der Parteivorstand der SPD beantwortet, beginnt erstmals ein Dialog zwischen diesen beiden Parteien.

9. Mai: Das erste Atomkraftwerk der DDR in Rheinsberg nimmt seinen Betrieb auf.

Die DDR in den 60er Jahren

Nicht nur der Zweite Weltkrieg selbst, sondern auch die Nachkriegszeit hatte in der DDR tiefe Spuren hinterlassen, denn die UdSSR hatte zur Erfüllung ihrer Reparationsansprüche viele unzerstört gebliebene Industrieanlagen bis in die 50er Jahre demontiert. Obwohl eine unflexible Planwirtschaft und eine ständige Fluchtbewegung von Ost nach West, für die das Schlagwort »Abstimmung mit den Füßen« aufkam, den Wiederaufbau der Wirtschaft behinderten, wurde die DDR im Laufe der 60er Jahre ein bedeutendes Industrieland. Dies wurde allerdings nur durch den brutalen Bau der Mauer möglich, durch die seit dem 13. 8. 1961 Ost- und West-Berlin voneinander getrennt sind. Seitdem ist der Flüchtlingsstrom, der von 1945 bis 1961 etwa 3,2 Millionen Menschen aus der sowjetischen Besatzungszone Deutschlands bzw. der DDR in die Bundesrepublik Deutschland führte, praktisch versiegt. Der Bau der Mauer löste zwar im Westen heftige Proteste aus, hatte aber im übrigen für die DDR keine negativen Auswirkungen. Für West-Berlin war er insofern vorteilhaft, als die westlichen Sicherheitsgarantien im Anschluß an den Mauerbau bekräftigt wurden.

Im Gegenzug erklärte der sowjetische Parteichef Chruschtschow am 2.7.1963 in Ost-Berlin, die Mauer diene dem Frieden, und die Deutsche Frage sei nur durch eine Wiedervereinigung auf sozialistischer Grundlage lösbar.

Chruschtschow hatte damit das ausgedrückt, was in den 60er Jahren Grundlage der Westpolitik der DDR blieb, nämlich eine scharfe Abgrenzung. Die SED-Führung hielt ihre Herrschaft in der ersten Hälfte der 60er Jahre noch für so wenig stabilisiert, daß sie zu keinerlei Zugeständnissen im Sinne menschlicher Erleichterungen im Verkehr zwischen den beiden deutschen Staaten bereit war. Auch die Passierscheinverhandlungen zwischen dem West-Berliner Senat und der DDR-Regierung, die es Einwohnern West-Berlins zwischen Weihnachten 1963 und Pfingsten 1966 ermöglichten, an hohen Feiertagen Besuche in Ost-Berlin zu machen, dienten nur dem Zweck, die vom Westen bestrittene Zuständigkeit der DDR für Ost-Berlin zu unterstreichen. Die Wirklichkeit der Deutschlandpolitik der DDR drückte sich im Gesetz über die Staatsbürgerschaft der DDR vom 20.2.1967 und in der neuen Verfassung der DDR aus, die im April 1968 durch einen Volksentscheid angenommen wurde und in der die DDR als »Sozialistischer Staat deutscher Nation« bezeichnet wurde. Dazu gehörte auch der ständige Druck gegen alle Versuche der Bundesrepublik, die Zugehörigkeit West-Berlins zum Bund zu festigen. Im Frühjahr 1968 erließ die DDR ein Durchreiseverbot für Bundesminister und leitende Bundesbeamte. Auch dem Regierenden Bürgermeister von Berlin Klaus Schütz wurde die Durchreise verwehrt. In ähnlicher Weise untersagte sie den Mitgliedern der Bundesversammlung

Erfurt, März 1970. Willi Stoph begrüßt Willy Brandt auf dem Hauptbahnhof.

1967

20. Februar: Die Volkskammer beschließt das »Gesetz über die Staatsbürgerschaft der DDR«. Die Bundesregierung ist nicht zur völkerrechtlichen Anerkennung bereit, sondern nur zu Vereinbarungen über ein »geregeltes Nebeneinander«.

12. April: Aus Anlaß des bevorstehenden VII. Parteitages der SED weist Bundeskanzler Kiesinger auf 16 Möglichkeiten für eine innerdeutsche Entspannung hin.

10./11. Mai: Brief von Ministerpräsident Stoph an Bundeskanzler Kiesinger, in dem der Vorschlag zu Verhandlungen über die Normalisierung der Beziehungen zwischen beiden deutschen Staaten gemacht wird.

1968

9. April: Nach einem Volksentscheid tritt die neue Verfassung in Kraft, die die DDR als »sozialistischen Staat deutscher Nation« bestimmt.

11. Juni: Einführung des Paß- und Visum-Zwanges für Besucher der DDR und Ost-Berlins aus der Bundesrepublik.

20./21. August: Zusammen mit Militärverbänden der meisten anderen Staaten des Warschauer Paktes beteiligen sich NVA-Einheiten an der Intervention in der CSSR zur Beendigung des reformkommunistischen Experimentes.

1969

30. April: Nach Aufnahme diplomatischer Beziehungen der DDR zum Irak beginnt die völkerrechtliche Anerkennung durch Staaten außerhalb des »Ostblocks«.

10. Juni: Der Bund der Evangelischen Kirchen in der DDR wird gegründet.

29. September: Der Staatsrat ratifiziert den Vertrag über die Nichtweiterverbreitung von Kernwaffen.

18. Dezember: Der Staatsratsvorsitzende Walter Ulbricht unterbreitet in einem Brief an Bundespräsident Gustav Heinemann den Entwurf für einen »Vertrag über die Aufnahme gleichberechtigter Beziehungen zwischen der DDR und der Bundesrepublik Deutschland«.

1970

19. März: Die Regierungschefs der DDR und der Bundesrepublik (Willi Stoph und Willy Brandt) treffen erstmals zu Gesprächen in Erfurt zusammen; ein zweites Treffen findet in Kassel am 21. Mai 1970 statt.

16. September: Die Volkskammer verabschiedet das Gesetz über die Zivilverteidigung.

27. November: Zwischen dem Staatssekretär im Bundeskanzleramt, Egon Bahr, und dem Staatssekretär beim Ministerrat, Michael Kohl, beginnt ein offizieller Meinungsaustausch.

1971

31. Januar: Nach 19jähriger Unterbrechung werden die ersten Telefonleitungen zwischen West- und Ost-Berlin eingerichtet.

3. Mai: Aus »Altersgründen« tritt Walter Ulbricht als Erster Sekretär der SED zurück; sein Nachfolger wird Erich Honecker, der am 24. Juni Ulbricht auch im Vorsitz des Nationalen Verteidigungsrates ablöst.

15.-19. Juni: VIII. Parteitag der SED; Walter Ulbricht wird zum statutengemäß nicht vorgesehenen Vorsitzenden der SED gewählt.

September – Dezember: Vereinbarungen und Abkommen zwischen der Regierung der DDR einerseits sowie der Bundesrepublik und dem (West-)Berliner Senat andererseits (über Post-, Reise- und Verkehrsfragen, Gebietsaustausch).

26. November: Die Volkskammer wählt Walter Ulbricht zum Vorsitzenden des Staatsrats, Willi Stoph zum Vorsitzenden des Ministerrats, Erich Honecker zum Vorsitzenden des Nationalen Verteidigungsrats, Gerald Götting zum Präsidenten der Volkskammer.

1972

11. Februar: Der »Deutsche Fernsehfunk« wird umbenannt in »Fernsehen der DDR«.

26. Mai: Egon Bahr und Michael Kohl unterzeichnen den Verkehrsvertrag zwischen der Bundesrepublik Deutschland und der DDR (tritt am 17. 10. in Kraft).

6. Oktober: Der Staatsrat beschließt eine »umfassende Amnestie für politische und kriminelle Straftäter«.

21. Dezember: Der Grundlagenvertrag zwischen der DDR und der Bundesrepublik wird

Die DDR in den 70er Jahren

Die DDR erhielt im Laufe der 70er Jahre die internationale diplomatische Anerkennung, die sie seit zwanzig Jahren angestrebt hatte. Innerhalb des sozialistischen Lagers hatte sie sich zu einer Wirtschaftsmacht mit einer bedeutenden Industrie und relativem Wohlstand entwickelt. Als Walter Ulbricht am 3.5.1971 aus seinem Amt als Erster Sekretär der Sozialistischen Einheitspartei Deutschlands (SED) ausschied, war der Normalisierungsprozeß mit der Bundesrepublik Deutschland in vollem Gange. Ein Jahr zuvor, am 19.3.1970, hatte in Erfurt die historische Begegnung zwischen Bundeskanzler Willy Brandt und dem Vorsitzenden des DDR-Ministerrats, Willi Stoph, stattgefunden, auf die eine ähnliche Begegnung in Kassel folgte. Ulbricht hatte sich nur zögernd bereit erklärt, auf die Entspannungspolitik der Bundesrepublik einzugehen, die schließlich zum Grundlagenvertrag zwischen den beiden deutschen Staaten vom November 1972 führte. Auch den Verhandlungen über ein Vier-Mächte-Berlin-Abkommen stand er negativ gegenüber. Mitten in diesem Prozeß übertrug der siebenundsiebzigjährige Ulbricht den Parteivorsitz dem damals schon achtundfünfzigjährigen Erich Honecker. Dies war wohl auf den Umstand zurückzuführen, daß Ulbricht für die Sowjetdiplomatie untragbar geworden war, erschien er doch als entschiedener Gegner dieser Bemühungen. Nominell blieb er bis zu seinem Tod 1973 Staatsratsvorsitzender, praktisch war er völlig entmachtet. Honeckers Ernennung zum Ersten Sekretär fand kurz vor dem 8. Parteitag der SED statt. Fünf Jahre später wurde er außerdem noch Staatsratsvorsitzender und Vorsitzender des Nationalen Verteidigungsrates. Willi Stoph, der 1973 Staatsratsvorsitzender geworden und als Vorsitzender des Ministerrats von Horst Sindermann abgelöst worden war, übernahm diesen Posten im Jahre 1976 wieder, während seinem Vorgänger das weitaus unbedeutendere Amt des Präsidenten der Volkskammer übertragen wurde. Hinter der offiziellen Zufriedenheit über Wirtschaftswachstum und zunehmenden Wohlstand verbargen sich durchaus Schwierigkeiten. Insbesondere warf die Energieversorgung Probleme auf, die ihren Höhepunkt Ende 1978 – Anfang 1979 erreichten. Das führte im Juni 1979 zur Entlassung des Energieministers und kurz darauf zu drastischen Sparmaßnahmen. Die DDR-Behörden hoben weiter die Preisstabilität hervor, eine Stabilität, die nahezu zum Dogma erhoben wurde. Die Preise der Grundnahrungsmittel, bestimmter Konsumgüter und Dienstleistungen stiegen in der Tat nicht, was die Staatskasse jedoch enorm belastete: Bis zu 40 % des Staatshaushalts wurden für Subventionen ausgegeben.

durch DDR-Staatssekretär Michael Kohl und Bundesminister Egon Bahr unterzeichnet. Am 21. 6. 1973 tritt der Vertrag in Kraft.

1973

Januar/Februar: Die DDR nimmt diplomatische Beziehungen auch zu Staaten auf, die mit der Bundesrepublik verbündet sind.

7. März: Die DDR akkreditiert Korrespondenten von ARD und ZDF sowie weiterer Zeitungen aus der Bundesrepublik.

1. August: Im Alter von 80 Jahren stirbt der Staatsratsvorsitzende Walter Ulbricht; seine Nachfolge in diesem Amt tritt am 3. Oktober Willi Stoph an; dessen bisherige Funktion als Vorsitzender des Ministerrats übernimmt (bis 29. Oktober 1976) Horst Sindermann.

16. September: Die DDR wird zugleich mit der Bundesrepublik in die Vereinten Nationen (UNO) aufgenommen.

1974

2. Mai: Die »Ständigen Vertretungen« in Bonn und Ost-Berlin nehmen offiziell ihre Tätigkeit auf.

14. September: Die Staatsbank der DDR gibt neue Banknoten mit der Währungsbezeichnung »Mark der DDR« anstelle von »Mark der Deutschen Notenbank« heraus.

7. Oktober: Die seit 1968 geltende Verfassung wird geändert: Hinweise auf die Zugehörigkeit zur »deutschen Nation« werden getilgt, das Bündnis mit der Sowjetunion wird zur Verfassungsnorm erhoben.

1975

26. März: Zwischen Österreich und der DDR wird ein Konsularvertrag unterzeichnet.

30. Juli – 1. August: Auf dem KSZE-Gipfeltreffen in Helsinki wird die Schlußakte von der Bundesrepublik und der DDR unterzeichnet. Bundeskanzler Helmut Schmidt und Erich Honecker treffen zu Gesprächen zusammen.

7. Oktober: Freundschaftsvertrag zwischen

1976

23. April: Am Marx-Engels-Platz in Ost-Berlin wird der Palast der Republik eröffnet.

18. – 22. Mai: IX. Parteitag der SED. Der Erste Sekretär (Erich Honecker) erhält wieder (wie bis 1952) den Titel Generalsekretär.

29. Oktober: Erich Honecker wird zum Staatsratsvorsitzenden gewählt; der bisherige Amtsinhaber Willi Stoph wird wieder Vorsitzender des Ministerrats; Horst Sindermann wird Präsident der Volkskammer.

16. November: Der Liedermacher Wolf Biermann wird ausgebürgert. Bereits am 3. November wurde Reiner Kunze aus dem Schriftstellerverband der DDR ausgeschlossen; am 26. November wird Robert Havemann unter Hausarrest gestellt.

1977

17. Februar: In einem Interview mit der »Saarbrücker Zeitung« bestätigt Erich Honekker, daß ungefähr 10 000 DDR-Bürger Ausreiseanträge gestellt hätten. Ohne Anerkennung der DDR-Staatsbürgerschaft könne es keine generelle Reisefreiheit ins westliche Ausland geben.

16. Juni: Die Volkskammer verabschiedet ein neues Arbeitsgesetzbuch.

23. August: Rudolf Bahro wird festgenommen (am 30. Juni 1978 wird er zu acht Jahren Haft verurteilt), weil im »Spiegel« Auszüge aus seinem Buch »Die Alternative« – »Kritik des real existierenden Sozialismus« erschienen waren.

7. Oktober: Die DDR begeht ihren Nationalfeiertag mit einer Festveranstaltung im Palast der Republik und einer Parade der NVA, am Abend kommt es bei einem Konzert zu Tumulten zwischen der Volkspolizei und Jugendlichen.

1978

10. Januar: Die DDR-Behörden verfügen die Schließung des »Spiegel«-Büros in Ost-Berlin.

25. Juni: Protest der Kirchen in der DDR gegen die an den Allgemeinbildenden Schulen geplante »Wehrerziehung«, die am 1. September eingeführt wird.

schaft der Bundesrepublik Deutschland befanden, kehren in die DDR zurück.

13. Februar: Die Dresdner Semper-Oper wird am 40. Jahrestag ihrer Zerstörung mit einer Aufführung von Carl Maria von Webers »Der Freischütz« feierlich wiedereröffnet.

23. April: Staats- und Parteichef Honecker stattet Italien einen zweitägigen Staatsbesuch ab. Es ist sein erster Besuch in einem Mitgliedsland der NATO. Am Tage darauf wird er von Papst Johannes Paul II. empfangen.

18. Mai: Horst Sindermann, der Präsident der DDR-Volkskammer, sagt einen für Mitte Juni geplanten Besuch in der Bundesrepublik ab, weil Bundestagspräsident Jenninger sich geweigert haben soll, ihn in seinem Bonner Amtszimmer zu empfangen.

14. August: Vertreter der Verkehrsministerien beider deutscher Staaten vereinbaren, das zur Transitautobahn Berlin-Hof gehörende 40 km lange Teilstück zwischen Triptis und dem Grenzübergang Hirschberg zu erneuern. Die Bundesrepublik Deutschland beteiligt sich daran mit 148 Mio. DM.

1. September: Am ersten Tag der Leipziger Herbstmesse kommt es zu einem Treffen zwischen dem DDR-Staatsratsvorsitzenden Honecker und dem bayerischen Minisiterpräsidenten Strauß. Dabei stehen Wirtschaftsfragen im Vordergrund.

2. September: Der Bundesregierung wird eine handschriftliche Erklärung des in die DDR übergelaufenen Spionageabwehrfachmanns Tiedge zugeleitet, in der dieser mitteilt, daß er freiwillig die Bundesrepublik Deutschland verlassen habe.

18. September: Der SPD-Vorsitzende Brandt trifft zu einem dreitägigen Besuch in der DDR ein. Im Laufe seines Besuches wird er auch von Partei- und Regierungschef Honecker empfangen. Dabei stellt die DDR Erleichterungen im Reise- und Besuchsverkehr, eine Intensivierung des Jugendaustausches sowie Hilfe in Härtefällen in Aussicht.

24. September: Zum Ende der Tagung der Synode der Evangelischen Kirchen der DDR verabschieden die Delegierten eine Entschließung, die mehr Rechte für den einzelnen Bürger fordert. Ferner wird die Forderung nach zivilem Wehrersatzdienst laut.

22. November: Die SED-Politbüromitglieder Herbert Häber und Konrad Naumann werden aus »gesundheitlichen Gründen« von ihren Ämtern abgelöst. Naumanns Nachfolger wird Günter Schabowski, Chefredakteur des SED-Zentralorgans »Neues Deutschland«.

2. Dezember: Der Verteidigungsminister, Armeegeneral Heinz Hoffmann, stirbt in Ost-Berlin im Alter von 75 Jahren. Am Tag darauf wird Heinz Keßler zu seinem Nachfolger ernannt.

Ost-Berlin, November 1987. Protestversammlung in der Zionskirche wider das Vorgehen des Staatssicherheitsdienstes gegen Mitarbeiter der Umweltbibliothek.

1986

10. Februar: Die Ost-Berliner Regierung bestätigt, daß der Kreis derjenigen DDR-Bürger, die in den Westen reisen können, erweitert worden sei. »In dringenden Familienangelegenheiten« solle in unmittelbarer Zukunft »großzügig verfahren« werden.

11. Februar: Mitten auf der Glienicker Brücke, einem Übergang der Alliierten zwischen West-Berlin und der DDR, werden der sowjetische Regimekritiker Anatoli Schtscharanski und drei im Ostblock wegen Spionage Verurteilte sowie fünf im Westen enttarnte Ostagenten ausgetauscht.

19. Februar: Auf Einladung der SPD-Bundestagsfraktion trifft der DDR-Volkskammerpräsident zu einem viertägigen Aufenthalt in Bonn ein. Sindermann ist der höchste DDR-Repräsentant, der bisher die Bundeshauptstadt besucht hat. Auf seinem Besuchsprogramm stehen Gespräche mit Bundeskanzler Kohl, Bundestagspräsident Jenninger, dem SPD-Vorsitzenden Brandt, SPD-Kanzlerkandidaten Rau sowie dem saarländischen Ministerpräsidenten Lafontaine.

9. April: Das Bundeskabinett billigt ein über viele Jahre vorbereitetes Kulturabkommen mit der DDR, in das West-Berlin ausdrücklich einbezogen ist. Am 6. Mai wird es in Ost-Berlin unterzeichnet und tritt in Kraft.

28. April: Die Bürgermeister von Saarlouis und Eisenhüttenstadt beschließen die erste deutsch-deutsche Städtepartnerschaft.

8. Juni: Bei der Wahl zur Volkskammer stimmen 99,94 Prozent der Wähler für die Einheitsliste der Nationalen Front. Die Wahlbeteiligung beträgt 99,7 Prozent. Am 16.6. wird die DDR-Führung von der Volkskammer formell bestätigt.

16. Juni: Das Außenministerium beginnt damit, neue, fälschungssichere Diplomatenausweise auszugeben, mit denen die innerstädtischen Übergänge benutzt werden können. Ab 26.5. mußten auch Diplomaten Pässe vorzeigen, was zu einem Protest der Westalliierten geführt hatte.

18. September: Ab 1.10. dürfen nur noch solche Personen zum Transit in die DDR einreisen, die über ein ordnungsgemäß ausge-

Bonn, September 1987. Hans Reichelt und Klaus Töpfer unterzeichnen einen Umweltschutzvertrag.

stelltes Anschlußvisum für die Bundesrepublik oder andere Staaten verfügen. Dadurch wird das Asylantenproblem in der Bundesrepublik wesentlich entschärft.

23. September: Die Evangelische Kirche der DDR bekräftigt ihre Absage an Geist, Logik und Praxis der militärischen Abschreckung und wiederholt ihr entschiedenes Nein zum Einsatz von Atomwaffen und anderen Massenvernichtungsmitteln.

29. September: Drei Ost-Berliner Bürger durchbrechen mit einem beladenen Kieslaster die Grenzsperren am Checkpoint Charlie und erreichen trotz Beschuß durch die Grenzposten unversehrt West-Berlin.

24. Oktober: Erich Honeckers China-Visite steht unter dem Zeichen der Intensivierung der Beziehungen: In Peking wird ein Abkommen über wirtschaftliche und wissenschaftlich-technische Zusammenarbeit geschlossen.

1987

2. Februar: Der sowjetische Außenminister Schewardnadse besucht zum ersten Mal seit seiner Berufung im Sommer 1985 die DDR.

15. März: In Leipzig wird die Frühjahrsmesse eröffnet. Staats- und Parteichef Erich Honecker trifft mit den Politikern Strauß, Bangemann, Diepgen und Späth zusammen. Den saarländischen Ministerpräsidenten Lafontaine hatte Honecker schon zwei Tage zuvor in Ost-Berlin empfangen.

25. März: Zum ersten Mal in der Geschichte der beiden deutschen Staaten beobachten zwei hohe Offiziere der Bundeswehr in Uniform ein Manöver von sowjetischen Soldaten und Angehörigen der Nationalen Volksarmee auf dem Gebiet der DDR.

10. Juni: Die Bundesregierung und die Regierung der DDR paraphieren in Bonn ein Rahmenabkommen über die Zusammenarbeit auf dem Gebiet des Umweltschutzes.

22. Juni: Der Präsident der Volkskammer, Horst Sindermann, empfängt in Ost-Berlin eine Delegation der sozialistischen Fraktion des Europaparlaments unter der Leitung von Rudi Arndt (SPD). Sindermann wertet diesen Besuch als einen Schritt zur Anbahnung offizieller Kontakte zwischen Volkskammer und Europaparlament.

28. Juni: Nach fünftägiger Dauer geht in Ost-Berlin der Evangelische Kirchentag zu Ende; erstmals fanden Gespräche zwischen der Kirchenleitung und der sogenannten »Kirche von unten« statt.

17. Juli: Der Staatsrat erläßt anläßlich des 38. Jahrestages der Staatsgründung eine allgemeine Amnestie. Davon ausgenommen bleiben Strafen für Nazi- und Kriegsverbrechen sowie für Spionage und Mord. Mit sofortiger Wirkung wird die Todesstrafe abgeschafft.

25. August: Nach über zehnjährigen Gesprächen wird in Bonn das Abkommen mit der DDR über Zusammenarbeit in Wissenschaft und Technik paraphiert.

27. August: SPD und SED veröffentlichen nach dreijährigen Gesprächen zum ersten Mal nach 1919 ein gemeinsames Papier, in dem versucht wird, die Gegensätze zwischen Sozialdemokraten und Kommunisten herauszuarbeiten und zugleich Ansätze für den politischen Dialog und eine Zusammenarbeit aufzuzeigen.

5. September: Etwa 1 000 Mitglieder unabhängiger Friedensgruppen können in Ost-Berlin ungehindert gegen die Atomrüstung in Ost und West demonstrieren. Ein Transparent nennt den sowjetischen KP-Chef Gorbatschow »unsere Hoffnung«.

7. September: Der DDR-Staatsratsvorsitzende und SED-Generalsekretär Erich Honekker trifft zu einem sogenannten Arbeitsbesuch in Bonn ein. Honecker ist der erste Staats- und Parteichef der DDR in der Geschichte der beiden deutschen Staaten, der die Bundesrepublik besucht.

25. November: Der Staatssicherheitsdienst durchsucht die Umweltbibliothek der evangelischen Zionsgemeinde in Ost-Berlin und nimmt über 20 Mitglieder von unabhängigen Umwelt- und Friedensgruppen fest. Bis zum 28.11. werden sie wieder freigelassen. Am 4.12. werden auch die Ermittlungsverfahren durch die DDR-Generalstaatsanwaltschaft gegen vier Mitarbeiter der Umweltbibliothek eingestellt.

1988

28. Januar: Das Stadtbezirksgericht Lichtenberg verurteilt Vera Wollenberger, Mitbegründerin der Gruppe »Kirche von unten«, wegen »Zusammenrottung« bei der Demonstration vom 17.1. in Ost-Berlin zu sechs Monaten Haft. Am 9.2. darf sie als letzte der 22 Inhaftierten mit Familie ausreisen.

2. Februar: Der Ost-Berliner Liedermacher Stefan Krawczyk und seine Frau, die Regisseurin Freya Klier, werden aus der Haft entlassen und zur Ausreise in die Bundesrepublik gezwungen.

11. Februar: Der Regierende Bürgermeister von Berlin, Eberhard Diepgen, trifft erstmals in Ost-Berlin mit Staats- und Parteichef Erich Honecker zusammen. Beide Seiten vereinbaren Verbesserungen im Reise- und Besuchsverkehr.

31. März: West-Berlin und die DDR unterzeichnen eine Vereinbarung über einen umfangreichen Gebietsaustausch. West-Berlin erhält 14 Flächen mit insgesamt 96,7 Hektar, Ost-Berlin und die DDR bekommen vier Gebiete mit 87,3 Hektar sowie einen Wertausgleich von 76 Mio. DM.

6. Juni: Erstmals treffen in Ost-Berlin ein DDR-Staats- und Parteichef und ein Vorsitzender des Zentralrats der Juden zusammen. DDR-Parteichef Honecker und Heinz Galinski geben am 8.6 die Bereitschaft der DDR bekannt, Juden für im Nationalsozialismus erlittenes Unrecht Entschädigungen zu leisten.

10. Juli: Bundesumweltminister Klaus Töpfer reist zu Gesprächen in die DDR. Eine Zusammenarbeit bei der Sanierung der Elbe macht die DDR von einer einvernehmlichen Regelung des Grenzverlaufs abhängig.

11. August: Vier Bundeswehroffiziere begleiten ein dreitägiges Manöver von sowjetischen und DDR-Truppen südöstlich von Berlin. Zum ersten Mal macht damit die Bundesrepublik von ihrem durch die KVAE (Stockholmer Konferenz für Vertrauensbildung und Abrüstung in Europa) garantierten Recht auf Inspektionen dieser Art Gebrauch.

15. August: Die DDR und die Europäische Gemeinschaft nehmen mit sofortiger Wirkung diplomatische Beziehungen auf.

10. Oktober: Gegen die Eingriffe der DDR-Behörden in die Freiheit der Kirchenpresse findet in Ost-Berlin eine Demonstration statt: Rund 80 Demonstranten werden festgenommen; es kommt zu Ausschreitungen der Sicherheitskräfte und auch zu Übergriffen gegenüber westdeutschen Journalisten, gegen die Bonn protestiert.

20. November: Die Regierung der DDR verbietet den weiteren Vertrieb der sowjetischen Zeitschrift »Sputnik« in der DDR, in der über Verbrechen in der Stalin-Zeit berichtet wurde.

Die DDR Ende 1988

Nein, sie sind nicht zu beneiden, die Machthaber in der anderen deutschen Republik. Das Jahr 1988 hat ihnen gezeigt, daß ihre Zeit abgelaufen ist, daß eine Ära zu Ende geht, auch wenn die meisten von ihnen es nicht wahr haben wollen. Auch die DDR hat jene Dynamik erfaßt, die von Moskau ausgeht und die Länder des real existierenden Sozialismus gründlicher verändert als die Jahrzehnte zuvor. Die Auseinandersetzung mit Glasnost und Perestrojka, das war und ist das beherrschende innenpolitische Thema in der DDR.

Seit dem Amtsantritt von Michael Gorbatschow ist Ost-Berlin auf Distanz zum neuen Herrn im Kreml gegangen, damals noch intern mit dem Hinweis, man müsse erst abwarten, was aus Glasnost und Perestrojka werde. Man wolle nicht zu früh auf einen Zug aufspringen, bei dem man nicht genau wisse, in welche Richtung er fahre und ob er jemals ankomme. Das könne man sich nicht leisten an der Nahtstelle der Systeme, entlang der der empfindlichsten Grenze der Welt.

»Würden Sie, wenn Ihr Nachbar seine Tapeten wechselt, Ihre Wohnung auch neu tapezieren?«, meinte Chefideologe Kurt Hager auf die Frage, wie es die DDR mit dem Moskauer Reformkurs halte.

Mit einer solchen Führung ist weder im Innern noch nach Außen viel Staat zu machen. Als im Mai Hermann Axen als bisher ranghöchster Besucher aus der DDR in Washington öffentlich auftrat, auch um den Boden für einen möglichen Besuch von Erich Honecker zu bereiten, schwankte die Reaktion des Publikums zwischen Mitleid und Verwunderung.

»Den müßte man in schwarz/weiß filmen«, meinte ein amerikanischer Fernsehreporter, »der redet und wirkt wie ein Apparatschik aus den 50er Jahren«. Dabei verklärte Axen die DDR vermutlich mit bestem Gewissen, glaubte, was er sagte. Für die alten Herren im Politbüro ist die DDR tatsächlich der Hort der Freiheit und des Glücks. Reformen erscheinen ihnen nicht nur aus bloßem Festhalten an der Macht verdächtig, sondern weil sie deren Notwendigkeit nicht sehen. Auch Kritiker in der DDR sprechen von einem zunehmenden Realitätsverlust der Führung. Das schafft im Innern Unsicherheit.

Ihnen allen, so ein führender Kirchenmann, stecke noch das Trauma des 17. Juni 1953 in den Knochen. Zwar wissen sie, daß DDR-Bürger nicht auf die Straße gehen, daß die Sicherheitskräfte die Lage unter Kontrolle haben, aber geblieben ist die Furcht vor spontanen Äußerungen, vor allem, was sich einstudierten Ritualen entzieht. Denn die unten haben an Selbstbewußtsein gewonnen. Den deutschen Blick über die Schulter, Duckmäuserei, Massenrückzug ins Private, all das gibt es noch, aber sehr viel weniger als früher. Immer mehr stecken den Kopf aus der Nische heraus, wollen schlicht nur, was die DDR angeblich seit Jahren schon ist: eine normale Republik. Eine Republik, die über Schwächen und Stärken offen diskutiert, die sich ihrer Vergangenheit stellt, die den selbstverhängten Belagerungszustand, jene zwanghafte Abgrenzung endlich beendet. Wäre die DDR in diesem Sinne »normal«, der Ausreisedruck, die Prognose sei erlaubt, würde spürbar nachlassen. Es ist nicht in erster Linie die Gesellschaftsverfassung, die Menschen außer Landes treibt, sondern die Selbstherrlichkeit der Bürokratie.

Die DDR am Jahresende 1988: Die Kluft zwischen der Führung und weiten Teilen der Bevölkerung hat sich vertieft. Die oben griffen auf bewährte Propagandaformeln zurück, um Unsicherheit zu verdecken. Vieles sprach dafür, daß im Machtapparat die Fäden auseinanderzulaufen begannen. Widersprüchlich waren die Reaktionen auf die Januar-Ereignisse, widersprüchlich blieb die Kirchen- und Kulturpolitik. Auf Zeichen der Toleranz folgten Rückfälle in stalinistische Zeiten. Auch für in der Ost-Politik erfahrene westdeutsche Politiker wurde die Berechenbarkeit der DDR zunehmend ein Problem. Links blinken, rechts fahren, so charakterisierte z. B. Erhard Eppler den damaligen Kurs einer Führung, die sich mehr und mehr in einen Zustand zu manövrieren schien, der dem der sowjetischen Führung am Ende der Breschnew-Ära glich. Links blinken, rechts fahren: Man organisierte zum Beispiel im Juni mit großem Aufwand eine Abrüstungskonferenz im Ost-Berliner Palast der Republik. Am Vorabend ging die Staatssicherheit vor dem Brandenburger Tor brutal gegen westliche Korrespondenten vor. Während die DDR-Medien wieder einmal schlicht von Hirngespinsten der West-Medien redeten, ließ Erich Honecker einen Tag später Bedauern erkennen. Wer, so fragten sich nicht nur die West-Journalisten, hat eigentlich noch das Sagen?

(Claus Richter)

Bischofswerda, Februar 1988. Sowjetische Mittelstreckenraketen vom Typ SS 12 werden aus der DDR abgezogen.

1989

23. Januar: Ministerpräsident Ingvar Carlsson trifft als erster schwedischer Premierminister zu einem offiziellen Besuch in der DDR ein. Bei einer Tischrede kündigt Staats- und Parteichef Erich Honecker einseitige Abrüstungsschritte und eine Reduzierung der Verteidigungsausgaben um 10% an.

31. Januar: Mit Björn Engholm reist erstmalig ein Ministerpräsident von Schleswig-Holstein offiziell in die DDR. Eine Einbeziehung Kiels in den »Kleinen Grenzverkehr« wird vereinbart.

2. Februar: Der Nachfolger von Hans-Otto-Bräutigam als neuer Leiter der Ständigen Vertretung in Ost-Berlin, Franz Bertele, überreicht Staats- und Parteichef Erich Honecker sein Beglaubigungsschreiben.

3. März: Ausländern mit einer Aufenthaltsgenehmigung oder –erlaubnis wird auf Beschluß der DDR-Volkskammer das Wahlrecht auf kommunaler Ebene eingeräumt.

12. März: Bundeswirtschaftsminister Helmut Haussmann und Bauminister Oscar Schneider sagen ihren Besuch zur Eröffnung der Leipziger Frühjahrsmesse ab, nachdem zwei Tage zuvor an der Berliner Mauer auf flüchtende DDR-Bürger geschossen worden ist. Am 16.März lädt die DDR ihrerseits Umweltminister Klaus Töpfer aus und streicht die geplanten Ministerreisen in die Bundesrepublik Deutschland.

13. März: Eine Sprengung in einem Kalibergwerk in Merkers (Eisenach) löst ein Erdbeben aus, das weite Teile der DDR, Süd- und Westdeutschlands erschüttert. In der DDR werden durch einen von dem Beben ausgelösten Gebirgsschlag zahlreiche Menschen verletzt, Schäden in Millionenhöhe entstehen.

28. April: Die für den Zeitraum bis 1990 angekündigten Truppenreduzierungen beginnen. 11 500 Wehrpflichtige sollen nach dem dreimonatigen Grundwehrdienst den Rest ihrer Wehrpflicht in der Wirtschaft ableisten.

19. Juni: Der Regierende Bürgermeister von Berlin, Walter Momper, trifft in Ost-Berlin mit Staats- und Parteichef Honecker zu Gesprächen über Reiseerleicherungen für West-Berliner zusammen.

1. August: Touristen erhalten künftig mit der Buchung in einem Reisebüro ein Visum für die ganze DDR.

8. August: Die Ständige Vertretung der Bundesrepublik in Ost-Berlin wird für den Publikumsverkehr geschlossen. Den 131 DDR-Bürgern, die sich in der Vertretung aufhalten, um ihre Ausreise zu erreichen, wird von Seiten der DDR Straffreiheit bei Verlassen zugesichert, aber keine Ausreiseerlaubnis. Daraufhin verlassen am 13. August 15 Personen das Gebäude. Nach der Zusicherung von Straffreiheit und Rechtsbeistand verlassen die verbleibenden 116 DDR-Bürger am 8. September die Ständige Vertretung in Ost-Berlin.

10. August: Vom Frankfurter Flughafen startet die erste Boeing der Lufthansa zum Linienflug nach Leipzig (zweimal wöchentlich). Am folgenden Tag nimmt die DDR-Gesellschaft Interflug ihren innerdeutschen Liniendienst Leipzig-Düsseldorf auf.

19. August: Während einer von der Paneuropaunion und dem Ungarischen Demokratischen Forum organisierten Veranstaltung an der ungarisch-österreichischen Grenze nutzen mehr als 600 DDR-Bürger die mehrstündige Öffnung der Grenze zu einer Massenflucht nach Österreich.

7. September: Eine Demonstration gegen Wahlfälschung bei den Kommunalwahlen im Mai, die sich auf dem Alexanderplatz in Ost-Berlin bildet, wird von Sicherheitskräften aufgelöst. Mindestens 40 Personen werden festgenommen.

1. Oktober: Die Fluchtwelle aus der DDR hält an: Über 6000 DDR-Bürger, die in der

1

2

1 Ost-Berlin, Oktober 1989. Honecker bei der Ansprache zum 40. Staatsjubiläum.
2 Michail Gorbatschow neben Erich Honecker auf der Festtribüne.
3 Ost-Berlin, November 1989. Etwa 750 000 Menschen demonstrieren für Reformen in der DDR.

Bonner Botschaft in Prag Zuflucht gesucht haben, werden mit Sonderzügen der DDR-Reichsbahn über DDR-Gebiet nach Bayern gebracht. Mit einem Zug aus Warschau erreichen mehr als 800 DDR-Flüchtlinge die Bundesrepublik. Ost-Berlin hatte am Vortag sein mit einer Ausweisung aus der DDR verbundenes Einverständnis gegeben. Aus Ungarn, das seine Westgrenze am 11. September geöffnet hatte, treffen über Österreich in Bayern an diesem Tag etwa 730 Flüchtlinge ein; ihnen folgen auf diesem Weg bis zum Monatsende etwa 24 000 weitere Ausreisewillige.

4. Oktober: Zweite Massenausreise aus Prag: Mehr als 7 600 DDR-Flüchtlinge werden mit DDR-Sonderzügen über DDR-Gebiet nach Hof in Bayern gebracht. Dabei kommt es entlang der Fahrtstrecke, u.a. in Leipzig, zu gewalttätigen Auseinandersetzungen zwischen der Polizei und Demonstranten. Die DDR hatte die Ausreise am Vortag zugesagt, nachdem erneut Tausende in der westdeutschen Botschaft Zuflucht gesucht hatten. Gleichzeitig wurde ab 3.10. der visafreie Reiseverkehr zwischen der DDR und der CSSR ausgesetzt. Rund 600 DDR-Bewoh-

3

ner dürfen mit einem Sonderzug aus Warschau ausreisen. Weitere Flüchtlinge werden Polen mit Flugzeugen der Gesellschaft LOT verlassen. Ende Oktober warten in Polen noch 1 600 ausreisewillige DDR-Bürger.

6. Oktober: Der sowjetische Staats- und Parteichef Gorbatschow besucht Ost-Berlin (bis 7.10.) aus Anlaß des 40jährigen Jahrestags der Gründung der DDR. In einem Gespräch mit SED-Chef Honecker (7.10.) weist er auf die Notwendigkeit von Reformen auch in der DDR hin.

Etwa 2 500 Personen billigen auf einer Versammlung in der Ost-Berliner Erlöserkirche eine »Gemeinsame Erklärung regimekritischer Gruppen«. Darin werden u.a. geheime und freie Wahlen »unter UNO-Kontrolle« gefordert. Das Neue Forum, fünf weitere Initiativen und Vertreter von »Friedenskreisen« hatten sich am 4.10. auf das Dokument geeinigt.

Auf einer Festveranstaltung des ZK der SED, des Staats-, Minister- und des Nationalrats der Nationalen Front zum 40. Jahrestag der DDR unterstreicht Honecker die Erfolge des Sozialismus. Von der Zukunft der DDR, insbesondere für die Jugend, zeichnet er ein optimistisches Bild. Auf die anhaltende Fluchtwelle geht er nur indirekt bei seiner Kritik an einer »zügellosen Verleumdungskampagne« Bonns gegen die DDR ein. Gastredner Gorbatschow äußert im »Palast der Republik« die Überzeugung, daß die DDR ihre »Entwicklungsprobleme« lösen werde.

7. Oktober: In Ost-Berlin und acht weiteren Städten der DDR demonstrieren (auch am 8.10.) mehrere zehntausend Menschen für politische Veränderungen und mehr Freiheit. Allein in Leipzig sollen es 20 000 gewesen sein. Die Sicherheitskräfte gehen zum Teil gewaltsam gegen die »Randalierer« (DDR-Medien) vor, über tausend Personen werden festgenommen. – Am 24.10. werden in einem Papier des Staatsrats Übergriffe der Sicherheitsorgane zugegeben und bedauert.

In Schwante (DDR-Bezirk Potsdam) gründen 43 Personen eine Sozialdemokratische Partei in der DDR (SDP). Ziel der ersten Parteigründung in der DDR seit 40 Jahren ist es, auf eine »ökologisch orientierte soziale Domokratie« hinzuwirken. Die Gründungsversammlung wählt einen 15köpfigen Parteivorstand mit dem Historiker Ibrahim Böhme als Geschäftsführer.

11. Oktober: Das Politbüro der SED veröffentlicht eine Erklärung, in der »Vorschläge für einen attraktiven Sozialismus« angekündigt werden. Die anhaltende Massenflucht lasse die Partei »nicht gleichgültig«, und: »Der Sozialismus braucht jeden.«

18. Oktober: Das Zentralkomitee der SED wählt Egon Krenz, Politbüromitglied und ZK-Sekretär für Sicherheitsfragen, »einmütig« zum neuen Generalsekretär der Partei. Erich Honecker, seit 1971 Parteichef, hatte zu Beginn der Sitzung »aus gesundheitlichen Gründen« um seine Entlassung auch aus den Ämtern des Staatsratsvorsitzenden und Vorsitzenden des Nationalen Verteidigungsrats gebeten. Auch die Politbüro-Mitglieder und ZK-Sekretäre für Wirtschaftsfragen und Propaganda, Günter Mittag und Joachim Herrmann, verlieren ihre Funktionen. In einer Fernsehrede nach seiner Wahl gesteht Krenz Fehler der Führung ein, kündigt ohne konkrete Reformvorschläge eine »Wende« an und betont die Vorrangstellung der SED im Staat.

23. Oktober: In Leipzig demonstrieren etwa 300 000 Menschen für Reformen – die bislang größte Protestkundgebung in der DDR. An den vorangegangenen »Montagsdemonstrationen« in Leipzig hatten nahezu 20 000 (2.10.), 70 000 (9.10.) und 150 000 (16.10.) Personen teilgenommen. – Am 9.10. hatten drei SED-Bezirkssekretäre und Oberbürgermeister Wolfgang Berghofer Gesprächsbereitschaft mit reformwilligen Demonstranten gezeigt.

24. Oktober: Die DDR-Volkskammer wählt Egon Krenz in offener Abstimmung zum Staatsratsvorsitzenden und Vorsitzenden des Nationalen Verteidigungsrats. Entgegen der bisherigen Praxis bei solchen Entscheidungen gibt es 26 bzw. acht Gegenstimmen und 26 bzw. 17 Enthaltungen. Krenz hat jetzt alle wichtigen Ämter Honeckers übernommen. Der am 18.10. aus dem Politbüro ausgeschiedene Günter Mittag wird von seiner Funktion als Stellvertretender Staatsratsvorsitzender

»abberufen«. Krenz kündigt in seiner ersten Rede als Staatschef gesellschaftlichen Dialog und einen neuen Arbeitsstil für Volkskammer und Staatsrat an.

25. Oktober: Der FDP-Fraktionsvorsitzende im Bundestag, Wolfgang Mischnick, trifft als erster hochrangiger westlicher Politiker in Ost-Berlin mit Krenz zusammen. In den Gesprächen bekräftigt Krenz das Angebot, die Beziehungen zwischen der DDR und der Bundesrepublik weiter auszubauen und gibt die Zusage, daß die derzeitige Reform- und Wendepolitik in der DDR beibehalten werde. Mischnick war am 20.10. nach Dresden gereist und hatte Gespräche mit dem dortigen SED-Bezirkschef Hans Modrow geführt. Am 24.10. sprach er in Ost-Berlin mit dem Vorsitzenden der Liberal-Demokratischen Partei (LDPD), Manfred Gerlach.

26. Oktober: Bundeskanzler Kohl und Krenz nehmen einen ersten Kontakt auf. Ein 20minütiges Telefongespräch verläuft in »sachlicher und konstruktiver Atmosphäre«, wobei das beiderseitige Interesse an einer »Fortentwicklung der innerdeutschen Beziehungen unter Fortführung der praktischen Zusammenarbeit« unterstrichen wird.

27. Oktober: Der DDR-Staatsrat verkündet eine Amnestie für Flüchtlinge und Demonstranten. Sie betrifft alle Bürger, die vor dem 27.10. die DDR verlassen haben oder bei einem Fluchtversuch gefaßt wurden, sowie im Zusammenhang mit Demonstrationen Inhaftierte oder Verfolgte. Ausgenommen sind Personen, die Gewalt angewandt haben.

Der letzte größere Transport mit DDR-Flüchtlingen aus Prag erreicht Bayern. In der bundesdeutschen Botschaft in der CSSR hält sich nur noch eine relativ kleine Gruppe auf. Insgesamt sind damit über Prag seit Monatsbeginn etwa 14 000 DDR-Flüchtlinge ausgereist. – Die DDR kündigt an, daß die am 3.10. ausgesetzte Visafreiheit im Reiseverkehr mit der CSSR ab 1.11. wieder eingeführt wird.

30. Oktober: Über 400 000 Menschen demonstrieren in mehreren DDR-Städten für Reformen, freie Wahlen und Reisefreiheit. Allein in Leipzig sind es zwischen 300 000 (»aktuelle Kamera« des DDR-Fernsehens) und 200 000 Demonstranten (DDR-Nachrichtenagentur ADN).

Das DDR-Fernsehen sendet letztmalig, weil »nicht mehr zeitgemäß«, den »schwarzen Kanal« seines Chefkommentators Karl Eduard von Schnitzler. Schnitzler ist nach Herrmann das zweite prominente Opfer der Mitte Oktober begonnenen Liberalisierung in den DDR-Medien. Der erste »schwarze Kanal«, der sich mit den miserablen Lebensverhältnissen im Westen auseinandersetzte, war im März 1960 ausgestrahlt worden.

31. Oktober: SED- und Staatschef Krenz besucht Moskau (bis 1.11.). Am zweiten Tag seines Aufenthalts hat er ein ausführliches Gespräch mit seinem sowjetischen Amtskollegen Gorbatschow. Vor der Presse in Moskau erteilt Krenz Parteienvielfalt und Wiedervereinigung eine Absage.

1. November: Egon Krenz trifft sich in Moskau mit dem sowjetischen Staats- und Parteichef Michail Gorbatschow zu einem Gespräch. Gorbatschow erläutert Krenz die Umgestaltung der UdSSR als eine »Weiterführung der Ideen des Roten Oktober«.

Seit der Aufhebung des Visumszwangs für Reisen aus der DDR in die CSSR strömen in der Nacht zum Mittwoch immer mehr Flüchtlinge in die bundesdeutsche Botschaft in Prag. Ihre Zahl ist rasch wieder von 80 auf 330 angestiegen. 70 von ihnen werden mit Ausreisepapieren ausgestattet und in Omnibussen nach Westdeutschland gebracht.

In der Botschaft der BRD in Warschau halten sich zur selben Zeit 1 400 Deutsche aus der DDR auf. 300 von ihnen werden mit zwei Flugzeugen der polnischen Fluggesellschaft in die Bundesrepublik geflogen. Über Ungarn sind vom Morgen des 31.10. bis zum Morgen des 1.11. 312 DDR-Übersiedler nach Westdeutschland gekommen.

2. November: Harry Tisch, seit 1975 Vorsitzender des Freien Deutschen Gewerkschaftsbundes (FDGB), erklärt seinen Rücktritt. Annelies Kimmel wird vom FDGB-Bundesvorstand zur Nachfolgerin gewählt.

Ebenfalls zurückgetreten ist der seit 1988 amtierende Vorsitzende der IG Metall im FDGB, Gerhard Nennstiel. Den Politikern Tisch und Nennstiel wird Machtmißbrauch, Korruption und Bereicherungssucht vorgeworfen. Auch die bisherige Volksbildungsministerin Margot Honecker hat ihr Amt zur Verfügung gestellt, da sie wegen ihrer dogmatisch betriebenen Bildungspolitik in den Wochen zuvor immer häufiger kritisiert wurde.

Gerald Götting, der Chef der DDR-CDU, und Heinrich Homann, der Vorsitzende der Nationaldemokratischen Partei (NDPD), treten von ihren Parteiämtern zurück.

In der Botschaft der Bundesrepublik in Prag haben wieder mehr als 1000 Flüchtlinge Zuflucht gesucht.

Auch in der bundesdeutschen Botschaft in Warschau melden sich täglich etwa 50 DDR-Ausreisewillige.

Über Ungarn und Österreich kommen etwa 400 Flüchtlinge aus der DDR nach Bayern.

3. November: DDR Staats- und Parteichef Egon Krenz kündigt eine weitgreifende Umgestaltung von Staat und Gesellschaft in der DDR an.

Die Spitzenpolitiker der SED, Kurt Hager, Erich Mielke, Hermann Axen, Erich Mückenberger und Alfred Neumann werden abberufen.

Die DDR gestattet allen Zufluchtsuchenden in der bundesdeutschen Botschaft in Prag die direkte Ausreise in den Westen. In Sonderzügen werden die 4500 Flüchtlinge über die Grenze nach Bayern gebracht. Der Flüchtlingsstrom von DDR-Bürgern in den Westen nimmt zu.

6. November: Der Entwurf für ein neues Reisegesetz wird in den DDR-Zeitungen veröffentlicht. Künftig darf jeder DDR-Bürger 30 Tage pro Jahr ins Ausland reisen.

Über 750 000 DDR-Bewohner demonstrieren im ganzen Land für Reformen, darunter allein rund 500 000 in Leipzig.

Bisher sind 15 000 DDR-Flüchtlinge über die CSSR nach Bayern eingereist. Sie werden in Aufnahmelagern untergebracht und vom Deutschen Roten Kreuz versorgt.

7. November: Der Ministerrat, die Regierung der DDR unter Ministerpräsident Willi Stoph, tritt geschlossen zurück.

8. November: Das ZK der SED wählt ein neues Politbüro. Der Dresdner SED-Bezirkssekretär Hans Modrow wird als neuer Ministerpräsident vorgeschlagen. Die neugewählten Mitglieder des Politbüros sind: Werner Eberlein (Vorsitzender der zentralen Parteikontrollkommission), Wolfgang Herger (ZK-Sekretär Staat, Recht, Schutz- und Sicherheitsorgane), Siegfried Lorenz (ZK-Sekretär Parteiorganisation), Wolfgang Rauchfuß (ZK-Sekretär Ökonomie, Handel und Versorgung), Günter Schabowski (ZK-Sekretär Informationswesen und Medienpolitik).

Neue Kandidaten des Politbüros sind: Johannes Chemnitzer (ZK-Sekretär Landwirtschaft) und Hans-Joachim Willerding (ZK-Sekretär Außenpolitik).

Zu neuen Leitern von Kommissionen des Politbüros des ZK und der SED werden Klaus Höpcke (Kultur) und Gregor Schirmer (Wissenschaft und Bildung) gewählt.

Trotz der Veröffentlichung des Reisegesetz-Entwurfs kann die Massenausreise von DDR-Bürgern über die CSSR und Ungarn nicht aufgehalten werden. 37 000 DDR-Übersiedler sind bis zum 9.11. allein in den Aufnahmelagern gezählt worden.

9. November: Das Innenministerium der DDR erkennt die oppositionelle Partei »Neues Forum« offiziell an.

Am Abend gibt Politbüromitglied Günter Schabowski die Öffnung der Grenzen zur Bundesrepublik und nach West-Berlin bekannt. Ohne die bisher geltenden Voraussetzungen werden Visa zur ständigen Ausreise unverzüglich erteilt.

In der Nacht vom 9. auf den 10. November passieren Zehntausende Ost-Berliner die Grenze nach West-Berlin. Die Grenzpolizei kapituliert vor dem Ansturm und läßt die DDR-Bürger ungehindert passieren.

10. November: Wie am Vorabend durch Beschluß des DDR-Ministerrats bekanntgegeben, können DDR-Bürger ohne größere Formalitäten das Land verlassen und Privatreisen unternehmen. DDR-Grenzsoldaten begin-

nen Abrißarbeiten an der Berliner Mauer, um neue Grenzübergänge zu schaffen. Als erste Übergänge werden Glienicker Brücke und der Übergang am Kirchhainer Damm in Lichtenrade freigegeben.

Die ehemaligen SED-Politbüromitglieder Günter Mittag und Joachim Herrmann werden aus dem ZK der Partei ausgeschlossen.

DDR-Staats- und Parteichef Egon Krenz kündigt auf einer Kundgebung in Ost-Berlin radikale Reformen sowie freie Wahlen an.

11. November: Autoschlangen von Besuchern aus der DDR an den 13 neueröffneten Grenzübergängen in die Bundesrepublik: Ratzeburg, Bad Harzburg, Hohegeiß, Braunlage, Zorge, Walkenried, Witzenhausen, Wanfried, Obersuhl, Philippsthal, Neustadt, Ludwigstadt und Feilitzsch. Am 12.11. wird der Grenzübergang Rudolphstein-Hirschberg bei Hof für DDR-Bürger geöffnet.

13. November: Hans Modrow, der SED-Reformpolitiker und frühere Bezirksparteichef von Dresden, wird von der Volkskammer zum neuen Ministerpäsidenten gewählt. Günther Maleuda, Vorsitzender der Demokratischen Bauernpartei Deutschlands (DBD), wird nach geheimer Wahl Präsident der Volkskammer.

14. November: Die SED beschließt, auf ihrem Parteitag im Dezember ein neues Zentralkomitee zu wählen.

DDR-Verteidigungsminister Heinz Keßler gibt bekannt, daß an der Berliner Mauer und entlang der Grenze zur Bundesrepublik der Schießbefehl aufgehoben worden ist.

15. November: Eine Ministerrunde unter Vorsitz des Bundeskanzlers bietet der DDR Wirtschaftshilfe an, ohne daran besondere Bedingungen zu knüpfen.

16. November: Wolfgang Spickermann wird neuer Chefredakteur des SED-Parteiorgans »Neues Deutschland«, für welches eine neue Konzeption entwickelt werden soll.

17. November: Nach Aussagen von Manfred Gerlach, dem Vorsitzenden der DDR-Liberalen, soll Erich Honecker in Zusammenhang mit der ersten Massendemonstration in Leipzig den Befehl an Einheiten der Volksarmee unterzeichnet haben, gegen die Protestaktionen der Demonstranten mit Gewalt vorzugehen. Strittig ist, durch wen es zur Aufhebung dieses Befehls kam.

Der neue Ministerpräsident Hans Modrow gibt vor der Volkskammer seine Regierungserklärung ab, in der eine Politik des demokratischen Umbaus und der gesellschaftlichen Erneuerung betont wird. Modrow hebt als besonders wichtig den Ausbau der Beziehungen zum westlichen Ausland, insbesondere zur Bundesrepublik hervor.

Für den neuen Ministerrat, den Modrow der Volkskammer vorschlägt, sind nur 28 statt bisher 44 Mitglieder vorgesehen. Aus dem alten Kabinett sollen neun Mitglieder übernommen werden. Das Ministerium für Staatssicherheit wird abgeschafft, das Amt für nationale Sicherheit gebildet.

19. November: Am Wochenende sind mehr als drei Millionen Bürger der DDR in die Bundesrepublik gereist. Damit kamen seit Freigabe des Reiseverkehrs am 9. November mehr als acht Millionen DDR-Bürger nach West-Berlin und in die Bundesrepublik.

Die Volkskammer der DDR setzt einen Ausschuß ein, der Korruption und Amtsmißbrauch von Funktionären untersuchen soll, bei denen der Verdacht auf Gesetzesverletzung besteht.

Ost-Berlin, November 1989. Hans Modrow in der Volkskammer.
Modrow, der am 13. November zum neuen Ministerpräsidenten der DDR gewählt wurde, gilt als Mann Michail Gorbatschows, als Verfechter eines Kurses nach dem Vorbild der Perestrojka. Modrow unmittelbar nach seiner Wahl: »Ich weiß, daß ich ein schweres Amt übernommen habe.« Der gelernte Schlosser und promovierte Ökonom wird einer eisernen Kondition bedürfen, will er diese Herausforderung bestehen. Immens, vielleicht allzu hoch sind die Erwartungen, die in ihn gesetzt werden.

23. November: In Rostock wird eine »Freie Demokratische Partei« (FDP) gegründet. Am 24. 11. wird in Ost-Berlin eine »Grüne Partei in der DDR« gegründet.

28. November: Bundeskanzler Kohl legt einen Zehn-Punkte-Plan zur schrittweisen Wiederherstellung der deutschen Einheit vor. Die Idee einer »Vertragsgemeinschaft« von DDR-Ministerpräsident Modrow aufgreifend, schlägt Kohl die Entwicklung »konföderativer Strukturen zwischen beiden deutschen Staaten« vor. Danach soll – Termine nennt Kohl nicht – eine »bundesstaatliche Ordnung in Deutschland« geschaffen werden. FDP und SPD stimmen dem Kohl-Plan grundsätzlich zu, kritisieren aber, daß keine Aussage zur polnischen Westgrenze getroffen wird. Die Grünen und die DDR-Regierung lehnen das Ziel einer Wiedervereinigung ab. Die Reaktion der westlichen Verbündeten und der Sowjetunion ist zurückhaltend.

29. November: Die Staatsanwaltschaft in der DDR überprüft Vorwürfe, wonach Deviseneinnahmen von DDR-Außenhandelsfirmen nicht ordnungsgemäß abgeführt worden sind. Insbesondere geht es um den Bereich »Kommerzielle Koordinierung« beim SED-Zentralkomitee, der Staatssekretär Schalck-Golodkowski untersteht. Nach Schalck wird seit Anfang Dezember öffentlich gefahndet.

1. Dezember: Die DDR-Volkskammer hat den seit 40 Jahren herrschenden Führungsanspruch der Sozialistischen Einheitspartei (SED) aus der Verfassung gestrichen. Zum Abschluß der Sitzung distanziert sich die Volkskammer ohne Gegenstimme von der Entscheidung vor 21 Jahren, in die ČSSR einzumarschieren, und bittet offiziell um Entschuldigung.

2. Dezember: Das Bundesinnenministerium gibt bekannt, daß seit Öffnung der innerdeutschen Grenzen am 9. 11. mehr als zehn Millionen DDR-Besucher in die Bundesrepublik gereist sind. 300 000 Übersiedler aus der DDR haben sich in diesem Jahr in der Bundesrepublik niedergelassen.

3. Dezember: Das erst im November neugewählte Politbüro und das Zentralkomitee treten zurück. Generalsekretär Egon Krenz verliert alle Ämter, bleibt aber zunächst noch Staatsratsvorsitzender. Ein Arbeitsausschuß unter Leitung des ersten Sekretärs der Erfurter SED-Bezirksleitung, Herbert Kroker, führt die Amtsgeschäfte weiter. Die ehemaligen SED-Politiker Günter Mittag (ZK-Wirtschaftssekretär), Harry Tisch (Gewerkschaftschef) und die Bezirkssekretäre Gerhard Müller (Erfurt) und Hans Albrecht (Suhl) werden wegen des Verdachts von Amtsmißbrauch in Untersuchungshaft genommen. Der ehemalige Staats- und Parteichef Honecker, Ex-Ministerpräsident Willi Stoph und Ex-Staatssicherheitschef Erich Mielke werden aus der Partei ausgeschlossen. Gegen sie und weitere führende ehemalige SED-Funktionäre wird am 8. 12. ein Ermittlungsverfahren wegen Amtsmißbrauchs und Korruption eingeleitet.

Der vor 13 Jahren aus der DDR ausgewiesene Liedermacher Wolf Biermann tritt zum ersten Mal seit 25 Jahren wieder öffentlich in der DDR auf. Die Konzerte in Ost-Berlin und Leipzig werden in beiden Teilen Deutschlands live übertragen.

5. Dezember: Nach einem Gespräch mit DDR-Ministerpräsident Modrow teilt Kanzleramtsminister Seiters mit, daß vom 1. 1. 1990 an Bundesbürger ohne Visum und ohne Zwangsumtausch in die DDR reisen können. Des weiteren wird ein gemeinsamer Devisenfonds vereinbart, der das Begrüßungsgeld für DDR-Bürger ersetzen soll. Die neuen Regelungen für den innerdeutschen Reiseverkehr gelten auch für Berlin.

In Dresden dringen Tausende von Bürgern in das Gebäude des Staatssicherheitsdienstes ein, um das Vernichten von Akten zu verhindern. Auch in anderen Städten unternehmen Bürger solche Kontrollbesuche. Generalstaatsanwalt Günter Wendland tritt daraufhin zurück.

6. Dezember: Nach nur 44 Tagen Amtszeit gibt Egon Krenz seinen Rücktritt als Staatsratsvorsitzender der DDR bekannt. Von seinem Posten als Vorsitzender des Nationalen Verteidigungsrates wird er ebenfalls abgelöst, alle Mitglieder des Rates werden abberufen. Zum neuen amtierenden Staatsoberhaupt wird der Vorsitzende der Liberaldemokraten (LDPD), Manfred Gerlach, berufen.

7. Dezember: In Ost-Berlin treffen sich Vertreter der Regierungsparteien, der Opposition und der Kirchen zu Beratungen am Runden Tisch, um Lösungsvorschläge für die politischen, wirtschaftlichen und gesellschaftlichen Probleme auszuarbeiten. Eine neue Verfassung und ein Gesetz über freie und demokratische Wahlen sollen ausgearbeitet werden. Bis zu den Wahlen am 6. 5. 1990 soll der Runde Tisch als eine Art Kontrollfunktion über die Regierung fungieren.

1 Ost-Berlin, 8./9. Dezember 1989.
In der Dynamo-Sporthalle hält die SED einen Sonderparteitag ab. Zum neuen Parteivorsitzenden wird Gregor Gysi (Bildmitte) gewählt.

Der Ost-Berliner Rechtsanwalt Wolfgang Vogel wird im Zusammenhang mit der Rechtsvertretung des flüchtigen Staatssekretärs Alexander Schalck-Golodkowski festgenommen. Nach Schalck, der als Devisenhändler für die Regierung tätig war, wird unter Verdacht des illegalen Waffenhandels und der Valuta-Unterschlagung in Höhe von 200 Mill. Mark gefahndet. Rechtsanwalt Vogel wird am 6. 12. wieder freigelassen und kündigt noch am selben Tag an, sein Regierungsmandat niederzulegen und seine juristische Tätigkeit zu beenden.

8./9. Dezember: Auf ihrem kurzfristig einberufenen Krisenparteitag von Freitagabend bis Samstagmittag wählt die SED eine neue Parteispitze. Neuer Parteivorsitzender, als Nachfolger des vor einer Woche zurückgetretenen Egon Krenz, wird der Berliner Rechtsanwalt Gregor Gysi. Regierungschef Modrow, der Dresdner Oberbürgermeister Wolfgang Berghofer und der Magdeburger SED-Bezirkschef Wolfgang Pohl werden zu Stellvertretern gewählt. Ein neuer Vorstand mit 99 Mitgliedern, darunter ein elfköpfiges Präsidium, ersetzt die bisherige Führungsstruk-

2

2 Dresden, 19. Dezember 1989. Bundeskanzler Helmut Kohl bei einer Ansprache an die Dresdner Bevölkerung.

3 Ost-Berlin, Dezember 1989. Als nicht in der Volkskammer vertretene Opposition treffen sich Vertreter der neuen politischen Gruppierungen am »Runden Tisch«.

3

tur mit ZK und Politbüro. Die SED gibt ihren Alleinherrschaftsanspruch auf, dem bürokratisch-diktatorischen Stalinismus wird abgeschworen und der demokratische Sozialismus zur Parteidoktrin erhoben.

12. Dezember: Im SED-Zentralorgan »Neues Deutschland« wird ein neues Parteiprogramm als »Diskussionsangebot« veröffentlicht. Die zentralen Thesen sind: »Der staatlich-administrative Sozialismus ist als Gesellschaftssystem auch in unserem Lande gescheitert«, weiter spreche man sich für eine »qualifizierte Partnerschaft beider deutscher Staaten aus« und für die individuelle Freiheit des einzelnen.

14. Dezember: Die Regierung beschließt die Auflösung des Amtes für Nationale Sicherheit, die Nachfolgeorganisation des Staatssicherheitsdienstes (Stasi).

17. Dezember: Die Delegierten bestätigen am Ende des zweitägigen außerordentlichen Parteitages der SED in der Ost-Berliner Dynamo-Sporthalle einen Entwurf zu einem neuen Parteistatut sowie eine vorläufige Ergänzung des Parteinamens SED mit dem Zusatz »Partei des Demokratischen Sozialismus« (SED/PDS). In einer Rede spricht sich der Parteivorsitzende Gregor Gysi für eine grundlegende organisatorische Erneuerung seiner Partei aus und kündigt eine umfassende Militärreform an. In einem vorläufigen Parteistatut wird das neue Ziel der Partei definiert, einen »neuen, menschlichen, demokratischen Sozialismus in der DDR« einzuführen, »jenseits von Profitwirtschaft, Ausbeutung und administrativem und bürokratischem Sozialismus«.

In Leipzig formiert sich die Oppositionsgruppe »Demokratischer Aufbruch« als neue Partei. Das Parteiprogramm beinhaltet als Ziel, die Einführung einer sozialen, umweltorientierten Marktwirtschaft sowie die staatliche Einheit Deutschlands in einem geeinten Europa.

18. Dezember: Auf dem dreitägigen SPD-Sonderparteitag in West-Berlin verabschieden die 440 Delegierten mit nur wenigen Gegenstimmen eine Deutschland-Erklärung. Die deutsche Einheit sei eine Frage der Zeit, »ein Zustand des Friedens in Europa, in dem das deutsche Volk in freier Selbstbestimmung seine Einheit« finden kann, sei das Ziel.

Staatspräsident Mitterrand betont zum Abschluß seines Besuches in der DDR, der ihn unter anderem in Leipzig und Ost-Berlin mit dem Vorsitzenden des DDR-Staatsrates, Manfred Gerlach, und mit Regierungschef Modrow zusammenbrachte, das Recht der Deutschen auf Einheit im Rahmen einer europäischen Einigung. Über den Berlin-Status sei neu zu verhandeln.

19. Dezember: Bundeskanzler Kohl reist zu einem kurzen Besuch nach Dresden. Nach einem Gespräch mit Ministerpräsident Hans Modrow geben beide in einer Erklärung die Ergebnisse ihrer Unterredung bekannt: Das Brandenburger Tor in Berlin soll noch vor dem 24. 12. als Grenzübergang für Fußgänger geöffnet werden, Bundesbürger und West-Berliner können ab dem 24. 12. ohne Visum und Zwangsumtausch in die DDR reisen, alle politischen Häftlinge werden noch vor Weihnachten freigelassen.

24. Dezember: Nach dem Wegfall von Visumspflicht und Zwangsumtausch kommen mehr als eine Million Bundesbürger an Weihnachten zu Besuch in die DDR.

28. Dezember: Vertreter der neuen politischen Gruppierungen, die am Runden Tisch, aber nicht in der Volkskammer vertreten sind, dürfen als Gäste an den Parlamentssitzungen teilnehmen. Die Oppositionsbewegung »Neues Forum« legt den Entwurf für ihr Programm und ein Statut vor, in dem sich das »Neue Forum« definiert als »eine politische Plattform für alle Bürger, die den bestehenden Parteien die Durchsetzung einer konsequenten und basisorientierten Demokratisierung nicht zutrauen«.

Chronik Berlins

1945

2. Mai: General Helmuth Weidling als Kommandant der deutschen Truppen in Berlin und Marschall Gregorij Schukow unterzeichnen die Kapitulation Berlins.

17. Mai: Unter Oberbürgermeister Arthur Werner nimmt der erste Nachkriegsmagistrat, dessen Mitglieder vom sowjetischen Stadtkommandanten ausgewählt wurden, die Arbeit auf.

5. Juni: Die Truppen der alliierten Siegermächte beginnen mit dem Einzug in die Sektoren, die durch die Vier-Mächte-Erklärung von Berlin am 5. Juni gemäß den Vereinbarungen der Konferenzen von Jalta und Potsdam festgelegt worden waren.

1946

21./22. April: Der im Admiralspalast auf dem Vereinigungsparteitag von KPD und SPD gefaßte Beschluß zur Bildung der Sozialistischen Einheitspartei Deutschlands (SED) führt zur Spaltung der Berliner Sozialdemokraten.

Am 10. August 1946 verpflichtet der Alliierte Kontrollrat 50000 Berliner Frauen zu Wiederaufbauarbeiten (»Trümmerfrauen«).

20. Oktober: Die von der Alliierten Kommandantur genehmigte vorläufige Verfassung von Groß-Berlin tritt in Kraft. Gleichzeitig finden die ersten Stadtverordnetenwahlen nach dem Krieg statt. Bei einer Wahlbeteiligung von 92,3% erhält die SED 19,8% der Stimmen, auf die SPD entfallen 48,7%, auf die CDU 22,2% und auf die LDPD 9,3%.

26. November: Bei ihrer konstituierenden Sitzung wählt die Stadtverordnetenversammlung Otto Suhr (SPD) einstimmig zum Stadtverordnetenvorsteher.

5. Dezember: Otto Ostrowski (SPD) wird von der Stadtverordnetenversammlung zum Oberbürgermeister gewählt.

Trümmerfrauen

Auf Beschluß des Alliierten Kontrollrats mußten sich alle Männer im Alter von 14 bis 65 Jahren sowie sämtliche Frauen zwischen 15 und 50 Jahren bei den Arbeitsämtern registrieren lassen, um ihre Lebensmittelkarten und Bezugsscheine zu erhalten. Durch den Krieg (Tod oder Gefangenschaft der Soldaten) herrschte in der deutschen Nachkriegsbevölkerung ein akuter Frauenüberhang: Während in den Westzonen 1946 1213 Frauen auf 1000 Männer kamen, standen in Berlin sogar 1462 Frauen 1000 Männern gegenüber. Vor allem in der Generation der 25- bis 30jährigen offenbarte sich die Ungleichheit zwischen den Geschlechtern besonders drastisch: Allein in den Westzonen standen durchschnittlich 1672 weiblichen 1000 männlichen Angehörigen dieser Altersklasse gegenüber. Das Fehlen qualifizierter, vor allem männlicher Arbeitskräfte in leistungsfähigem Alter bewirkte die umfassende Heranziehung von Frauen zu schweren körperlichen Arbeiten bei der Trümmerbeseitigung in den Ruinenlandschaften der deutschen Großstädte. Die »Trümmerfrau« – insbesondere die in Berlin! – wurde berühmt als Beispiel für das ungeheure Maß an Arbeit, das Frauen im zerstörten Nachkriegsdeutschland zu leisten hatten.

1947

April: Nach einer Anweisung durch die sowjetische Militärregierung dürfen Lebensmittel aus der Sowjetischen Besatzungszone nur noch im sowjetischen Sektor Berlins verteilt werden.

17. April: Berlins Oberbürgermeister Otto Ostrowski (SPD) tritt zurück, nachdem ihm die Stadtverordnetenversammlung wegen eigenmächtiger Verhandlungen mit der SED das Vertrauen entzogen hat.

18. August: Die Alliierte Kommandantur teilt der Stadtverordnetenversammlung mit, daß sie den am 24. Juni gewählten Oberbürgermeister Ernst Reuter (SPD) nicht bestätigen kann. Die sowjetische Delegation lehnt ihn per Veto wegen antikommunistischer Einstellung ab. Louise Schroeder (SPD) bleibt kommissarisch im Amt (seit 8. Mai).

1948

20. März: Der sowjetische Vertreter im Alliierten Kontrollrat, Marschall Wassilij D. Sokolowskij, stellt seine Mitarbeit ein, weil die Westmächte in ihren Besatzungszonen eine verfassunggebende Versammlung einberufen wollen. Die Behinderungen des Verkehrs zwischen den westlichen Zonen und den Westsektoren Berlins werden durch die sowjetischen Behörden verschärft.

22. April: Die Stadtverordnetenversammlung verabschiedet gegen die Stimmen der SED die neue Verfassung von Groß-Berlin.

23./24. Juni: Nach dem Scheitern einer auf den Vier-Mächte-Status Berlins abgestimmten Währungsreform beginnt die sowjetische Militärverwaltung mit der Blockade West-Berlins. Der amerikanische Oberbefehlshaber in Deutschland, General Lucius D. Clay, ordnet den Aufbau einer Luftbrücke zur Versorgung der Berliner Bevölkerung und der westalliierten Garnisonen an.

25. Juni: Nachdem am 23. Juni in ganz Berlin die Ostmark eingeführt wurde, folgt in den Westsektoren die Einführung der Westmark, so daß in West-Berlin zwei gültige Währungen mit unterschiedlicher Kaufkraft existieren.

9. September: Vor dem Reichstag versammeln sich über 300 000 Berliner zur größten Kundgebung seit Kriegsende. Ernst Reuter fordert in seinem Appell weltweiten Beistand für das blockierte Berlin.

30. November: Auf einer außerordentlichen Sitzung der Stadtverordnetenversammlung erklärt der Demokratische Block den bisherigen Magistrat für abgesetzt. Gewählt wird der provisorische demokratische Magistrat mit dem SED-Politiker Friedrich Ebert, Sohn des früheren Reichspräsidenten, als Oberbürgermeister an der Spitze. Die Ablehnung dieses neuen Magistrats durch die Westmächte kann die Spaltung der Stadtverwaltung nicht aufhalten, da die Sowjets ihn als einzig rechtmäßiges Verwaltungsorgan anerkennen.

5. Dezember: Die Wahlen zur Stadtverordnetenversammlung können, da sie vom sowjetischen Stadtkommandanten verboten wurden, nur in den Westsektoren abgehalten werden. Die SED ruft zum Boykott auf. Die Wahlbeteiligung liegt bei 86,3%, die SPD erhält 64,5%, die CDU 19,4% und die LDPD 16,1% der Stimmen.

Die lange Schlange der Transportflugzeuge auf dem Flughafen Tempelhof während der Blockade 1948/49.

1949

14. Januar: Die neugewählte Stadtverordnetenversammlung tritt im Rathaus Schöneberg zu ihrer ersten Sitzung zusammen. Ernst Reuter wird erneut zum Oberbürgermeister gewählt.

20. März: Druch die Dritte Verordnung zur Neuordnung des Geldwesens der westlichen Stadtkommandanten wird die Westmark zum alleingültigen Zahlungsmittel in den Westsektoren Berlins.

12. Mai: Durch das New Yorker Abkommen vom 4. Mai 1949 zwischen den USA und der UdSSR wird die Blockade West-Berlins um 0.01 Uhr aufgehoben. Da der Verkehr auf Land- und Wasserwegen in den nächsten Monaten nur allmählich wieder in Gang kommt, müssen die Versorgungsflüge der Luftbrücke bis zum 30. September 1949 fortgesetzt werden.

Berliner Blockade und Luftbrücke

Zu Beginn des Jahres 1948 wurden die Meinungsverschiedenheiten der Alliierten über die Zukunft Deutschlands nahezu unüberbrückbar. Der sowjetische Militärgouverneur in Deutschland, Marschall Wassilij Sokolowskij, beschuldigte die westlichen Alliierten, den von ihnen besetzten Teil Deutschlands in ein westliches Bündnis integrieren zu wollen. Im März 1948 verließ die Sowjetunion einseitig den Alliierten Kontrollrat. In der Folgezeit begannen die sowjetischen Behörden durch verschärfte Grenzkontrollen den Druck auf die Westsektoren Berlins zu verstärken. Die USA reagierten dadurch, daß sie die Züge mit Militärposten besetzten. Die UdSSR leitete den ersten so bewachten Zug jedoch auf ein Nebengleis, wo er noch ein paar Tage stehenblieb, ehe er in die US-Zone zurückkehren mußte. Als dann gegen sowjetischen Protest in den Westsektoren Berlins ebenfalls die Währungsreform durchgeführt wurde, war das für die UdSSR der Vorwand, über West-Berlin vom 24. 6. 1948 an eine Blockade zu Wasser und zu Land zu verhängen. Auf diese Weise hoffte die UdSSR, die politische Vereinigung der Westzonen verhindern zu können. US-Präsident Truman gab daraufhin den Befehl, West-Berlin über eine Luftbrücke zu versorgen. Die treibende Kraft bei diesem Entschluß war General Lucius D. Clay, der amerikanische Militärgouverneur in Deutschland. Überdies verlegte er, um amerikanische Entschlossenheit zu demonstrieren, zwei Geschwader B-29-Bomber nach Großbritannien, von wo aus sie im Kriegsfall für einen Angriff mit Atomwaffen geeignete Ziele in der UdSSR erreichen konnten. Eigentlich war das eine leere Drohung, denn die Amerikaner hatten noch gar nicht genügend Atomwaffen. Unterdessen wurde in West-Berlin in aller Eile ein neuer Flugplatz angelegt, auf dem die Transportflugzeuge landen konnten. Die Stadt brauchte pro Tag rd. 4500 Tonnen Güter, was bedeutete, daß nahezu die gesamte US-Transportflotte in die Westzonen verlegt werden mußte. Mit zunehmender Dauer der Blockade wuchs die Leistungsfähigkeit der Luftbrücke. Im Juni 1948 landete alle 6 Minuten eine zweimotorige Dakota, 4 Monate später landete im Schnitt in jeder Minute ein viermotoriges Flugzeug. Die Versorgung der Stadt gelang. Selbst ein komplettes Elektrizitätswerk wurde eingeflogen, um dem vorauszusehenden Mangel an Strom abzuhelfen. Die Wirtschaft der Stadt blieb intakt, nicht zuletzt auch wegen der Solidaritätsaktionen der Bevölkerung in Westdeutschland. Die West-Berliner selbst legten bei den Wahlen vom Dezember 1948 ein überzeugendes Votum für die Demokratie ab, indem sie der SPD mit dem Oberbürgermeister Ernst Reuter zu einem großen Wahlsieg verhalfen. Die Berliner Blockade endete aufgrund des New Yorker Abkommens der vier Besatzungsmächte vom 4. 5. am 12. 5. 1949. Der sowjetische Druck hatte nicht das gewünschte Ergebnis gebracht. Die Luftbrücke kostete die Alliierten rd. 2,3 Mrd. US-Dollar (mehr als 2 Mill. Tonnen Fracht in über 200 000 Flügen).

14. Mai: Mit dem Kleinen Besatzungsstatut überträgt die Alliierte Kommandantur der deutschen Verwaltung der Westsektoren weitgehende gesetzgeberische, vollziehende und gerichtliche Gewalt. Einschränkungen dieser Selbständigkeit beziehen sich in erster Linie auf Bereiche, die die äußere Sicherheit Berlins betreffen.

24. Mai: Laut Artikel 23 des in Kraft tretenden Grundgesetzes ist Groß-Berlin ein Land der Bundesrepublik Deutschland. Die Westalliierten melden aufgrund des Vier-Mächte-Status Vorbehalte an.

14. August: Die Stadtverordnetenversammlung wählt erstmals die Berliner Bundestagsabgeordneten, die im Bundestag lediglich beratende Funktion haben.

7. Oktober: Der Magistrat des sowjetischen Sektors stellt fest, daß Berlin aufgrund der Verfassung der DDR nicht Land der Bundesrepublik Deutschland, sondern Hauptstadt der DDR ist.

1950

16. April: Zu einem ersten offiziellen Besuch kommt Bundeskanzler Konrad Adenauer nach Berlin.

27.-30. Mai: In Ost-Berlin veranstaltet die Freie Deutsche Jugend (FDJ) ein Deutschlandtreffen mit rund 700 000 Teilnehmern.

1. Oktober: In West-Berlin tritt die neue Verfassung in Kraft. Als gewählte Volksvertretung, die der Stadtverordnetenversammlung entspricht, ist in der neuen Verfassung das Abgeordnetenhaus verankert. Statt des Magistrats ist als Landesregierung der Senat vorgesehen, der sich aus dem Regierenden Bürgermeister und dessen Stellvertreter, dem Bürgermeister, sowie maximal 16 Senatoren zusammensetzt.

3. Dezember: An den ersten Wahlen zum Abgeordnetenhaus beteiligen sich 90, 4% der Wahlberechtigten. 44,7% der Stimmen entfallen auf die SPD, 24,6% auf die CDU und 23,0% auf die FDP. Die übrigen Parteien bleiben unter 5% und ziehen nicht ins Abgeordnetenhaus ein, da die neue Verfassung eine 5%-Sperrklausel enthält. Die SPD gewinnt 61 Sitze, die CDU 34 und die FDP 32. Für die Ost-Berliner, die an den Wahlen nicht teilnehmen können, werden entsprechend ihrer Bevölkerungszahl 73 Sitze freigehalten.

Das 20 m hohe, nach Westen geneigte Luftbrückendenkmal erinnert in seiner Form an die drei Luftstraßen während der Berlin-Blockade 1948/49.

1951

18. Januar: Nach der Bildung einer großen Koalition zwischen den drei im Abgeordnetenhaus vertretenen Parteien wird Ernst Reuter (SPD) zum Regierenden Bürgermeister gewählt.

10. Juli: Zwei Jahre nach Beendigung der Blockade wird vor dem Flughafen Tempelhof das Luftbrückendenkmal eingeweiht.

11. Juli: Unter dem Motto »Wir sind doch Brüder« wird in der Ost-Berliner Marienkirche der Dritte Deutsche Evangelische Kirchentag eröffnet. Christen aus ganz Deutschland kommen in beiden Teilen der Stadt zusammen. Wilhelm Pieck, Präsident der DDR, und der Ost-Berliner Oberbürgermeister Friedrich Ebert nehmen an der Eröffnungsfeier teil. Der Senat von Ost-Berlin wie auch der Ost-Berliner Magistrat und die Regierung der DDR empfangen die Repräsentanten des Kirchentages.

5. August: In Ost-Berlin beginnen die Dritten Weltfestspiele der Jugend. Mehr als zwei Millionen Jugendliche aus beiden Teilen Deutschlands und mehr als 25 000 Delegierte aus über 100 Ländern nehmen teil.

18. Oktober: Die rund 1000 Meter vor der Stadtgrenze liegende Exklave Steinstücken, die als Teil des Bezirks Zehlendorf zum amerikanischen Sektor gehört, wird von der Volkspolizei der DDR besetzt; zugleich wird ihre Eingemeindung in den Stadtkreis Potsdam erklärt. Nach energischen Protesten der Westalliierten wird die Eingemeindung wenige Tage später widerrufen.

1952

2. Januar: Das in Ost-Berlin neugegründete Nationale Aufbauwerk (NAW) ruft die Bevölkerung zur »freiwilligen Selbstverpflichtung« auf. Zum ersten Arbeitseinsatz finden sich 45000 Menschen ein.

4. Februar: Ein für West-Berlin übernommenes Bundesgesetz tritt in Kraft, wonach in einem Notaufnahmeverfahren eine Aufenthaltsgenehmigung für die Bundesrepublik und West-Berlin erteilt wird. Aufgrund dieses Gesetzes können 80% der Flüchtlinge,

deren Zustrom aus Ost-Berlin und der DDR seit Ende 1949 ständig zugenommen hat, in Notaufnahmelagern des Bundesgebietes vorübergehend Unterkunft finden.

29. April: Nach einem Luftzwischenfall, bei dem eine französische Passagiermaschine im Luftkorridor von Frankfurt nach Berlin von sowjetischen Mig 15 angegriffen wird, spitzt sich die Lage in und um Berlin erneut zu. Wegen der geplanten Unterzeichnung des Deutschlandvertrages zwischen der Bundesrepublik Deutschland und den Westmächten droht die östliche Seite mit Sanktionen.

27. Mai: Das Ost-Berliner Fernmeldeamt trennt sämtliche Fernsprechleitungen zwischen West- und Ost-Berlin. Auch Ferngespräche zwischen West-Berlin und der DDR werden unterbunden. Gleichzeitig wird die »Staatsgrenze West« der DDR durch einen Zehn-Meter-Kontrollstreifen, einen 500-Meter-Schutzstreifen und durch eine Fünf-Kilometer-Sperrzone abgesichert. Weiterhin offen ist die Grenze zu West-Berlin.

9. Juli: Die in Ost-Berlin beginnende 2. Parteikonferenz der SED erklärt den »Aufbau des Sozialismus« zur zentralen Aufgabe in der DDR.

Sowjetische Panzer rücken am Tag des Volksaufstandes, dem 17. Juni 1953, gegen Demonstranten in Ost-Berlin vor.

Krawalle und Panik auf dem Potsdamer Platz am 17. Juni 1953.

1953

17. Januar: Eine vom Senat beauftragte Flüchtlingskommission verfügt die Ausweitung der Flüchtlingslager. Bis zu 50 000 Flüchtlinge treffen monatlich in West-Berlin ein.

28. Mai: Die Erhöhung der Arbeitsnormen für Industriebetriebe um 10%, angeordnet vom ZK der SED, führt faktisch zu Lohnsenkungen.

15. Juni: Ost-Berliner Bauarbeiter legen aus Protest gegen die erhöhten Arbeitsnormen in der Stalinallee die Arbeit nieder.

16. Juni: Das FDGB-Organ »Tribüne« verteidigt die Erhöhung der Arbeitsnormen und fordert ihre Durchsetzung bis Ende Juni. Darauf ziehen rund 10 000 Streikende zum Haus der Ministerien in der Leipziger Straße. Sie rufen zum Generalstreik auf und fordern nicht mehr nur die Rücknahme der Normerhöhung, sondern den Rücktritt der Regierung und freie Wahlen. Am Abend kommt es zwischen Funktionären und Steikenden zu ersten Ausschreitungen.

17. Juni: In Ost-Berlin und in anderen Städten der DDR werden von der SED Betriebsversammlungen einberufen. Trotz der Zusage, daß die Erhöhung der Arbeitsnormen zurückgenommen werden soll, entwickelt sich der Streik zur Revolte und zum politischen Volksaufstand. Vor dem Haus der Ministerien fordern rund 12 000 Demonstranten neben höheren Löhnen auch freie Wahlen und die Einheit Deutschlands. Einige Volkspolizisten schließen sich den Demonstranten an, andere prügeln auf sie ein. Es kommt zu Straßenschlachten, die Verletzte und Tote fordern. Die Rote Fahne wird vom Brandenburger Tor geholt, Sperren an der Sektorengrenze werden niedergerissen. Mittags geht sowjetisches Militär mit Panzern gegen die Demonstranten vor. Der Stadtkommandant Pawel T. Dibrowa verhängt über Ost-Berlin den Ausnahmezustand und das Kriegsrecht. Durch das Eingreifen der Besatzungsmacht wird der Aufstand trotz Steinwürfen gegen die Panzer und das Blockieren ihrer Ketten innerhalb sehr kurzer Zeit niedergeschlagen. Mehrere tausend Menschen werden verhaftet und viele zu Freiheitsstrafen verurteilt.

3. Juli: Der Deutsche Bundestag verabschiedet ein Gesetz, durch das der 17. Juni als Tag der deutschen Einheit zum gesetzlichen Feiertag erklärt wird.

11. Juli: Der sowjetische Stadtkommandant hebt den Ausnahmezustand über Ost-Berlin auf.

Ernst Reuter

Ernst Reuter wurde am 29. Juli 1889 in Apenrade in Nordschleswig geboren und verbrachte die Schulzeit in Leer. Der Vater war Kapitän der Handelsmarine und Lehrer an der Apenrader königlich preußischen Navigationsschule. Ernst Reuter studierte in Marburg und München Germanistik, Geschichte und Geographie; am Ende seines Studiums war er überzeugter Sozialist geworden. Als solcher lehnte er es ab, Oberlehrer im Staatsdienst zu werden. Er erhielt eine Hauslehrerstelle in Bielefeld, ihm wurde aber bald wegen seiner politischen Auffassungen gekündigt. Mit Vorträgen in Arbeiterbildungsvereinen und in der Kirchenaustrittsbewegung hielt er sich über Wasser, zog nach Berlin-Halensee und wurde nach Ausbruch des I. Weltkrieges für den »Bund Neues Vaterland« tätig, der einen Verständigungsfrieden und ein »Vereintes Europa« forderte. 1915 eingezogen, wurde er im Frühjahr 1916 im Stellungskrieg an der Westfront eingesetzt. Im Juli 1916 kam er an die Ostfront und geriet im August 1916 schwer verwundet, mit Durchschüssen im linken Ober- und Unterschenkel, in russische Gefangenschaft. Über Odessa und Moskau gelangte er ins Lazarett Nischni-Nowgorod. Das Leben unter einfachen russischen Bauern und Arbeitern beeindruckte ihn tief. Er lernte Russisch und spielte eine führende Rolle auf den großen Kriegsgefangenenkongressen im revolutionären Rußland. Nach der Oktoberrevolution übernahm er mit Gesinnungsfreuden ein privates Bergwerk im Gouvernement Tula, in dem er zeitweise unter Tage gearbeitet hatte. Als 1918 sowohl Lenin als auch Stalin erwogen, rund 600 000 Deutschen im Wolgagebiet Autonomie zu gewähren, wurde der russischsprechende, junge deutsche Sozialist politischer Leiter des Wolgakommissariats und Erbauer einer revolutionären Republik. Trotz seiner Wiederwahl in die »Gebietsexekutive« kehrte er nach der Novemberrevolution nach Deutschland zurück. Wegen illegaler politischer Tätigkeit unter dem Namen Friesland im schlesischen Beuthen verhaftet und zu drei Monaten Gefängnis verurteilt, erlebt er in der Folge die erbitterten Flügelkämpfe der deutschen Kommunisten. Zeitweise ist er Generalsekretär der KPD, wendet sich aber dann entschlossen den Sozialdemokraten zu. Seit 1926 als Dezernent für Verkehrs- und Versorgungsbetrieb Mitglied des Berliner Magistrats, entwickelt er das moderne Berliner Verkehrsnetz. 1931 wird er Bürgermeister von Magdeburg, 1932 auch Mitglied des Deutschen Reichstages. Nach der Machtergreifung der Nationalsozialisten wird Reuter zweimal ins Konzentrationslager verbracht. 1935 emigriert er in die Türkei. Dort wirkt er als Professor für Kommunalwissenschaft in Ankara.

Aus dem Exil nach Berlin zurückgekehrt, wählt ihn die Stadtverordnetenversammlung von Berlin am 24. Juni 1947 zum Oberbürgermeister. Die sowjetische Besatzungsmacht legt ihr Veto ein. Erst nach der Spaltung der Berliner Verwaltung und den Wahlen vom 5. Dezember 1948 kann Reuter das Amt des Oberbürgermeisters offiziell antreten. Auf der Grundlage der neuen Verfassung Berlins führt er nach der Wahl durch das Abgeordnetenhaus am 18. Januar 1951 die Amtsbezeichnung »Regierender Bürgermeister«. Bis zu seinem Tode am 29. September 1953 ist er Präsident des Deutschen Städtetages. Die, wie seine Biographen Willy Brandt und Richard Löwenthal schreiben, »dramatischen Wendungen in seinem Leben« erklären, warum gerade auch eine kritische Jugend sich mit ihm identifizierte: Sie »entsprangen keiner Uneinheitlichkeit des Charakters: . . . Der widerspruchsvolle Gang seiner Entwicklung spiegelt vielmehr eine größere Wirklichkeit wider – die widerspruchsvolle Geschichte seines Landes und Volkes.«

West-Berlin 1953. Vorführung von Frühjahrskleidern auf dem Kurfürstendamm.

22. August: In Marienfelde wird das zentrale Notaufnahmelager eröffnet. Seit Jahresbeginn sind rund 250 000 Menschen aus Ost-Berlin und der DDR nach West-Berlin geflüchtet.

29. September: Ernst Reuter, Regierender Bürgermeister West-Berlins, stirbt.

22. Oktober: Das Abgeordnetenhaus wählt Walther Schreiber (CDU) gegen die Stimmen der SPD, die Otto Suhr als Gegenkandidaten aufgestellt hat, zum Regierenden Bürgermeister.

12. November: Im Abgeordnetenhaus wird ein Koalitionssenat aus CDU und FDP gebildet. Durch das Ausscheiden der SPD aus der Regierung ist im West-Berliner Parlament erstmals nach dem Krieg eine Opposition vertreten.

1954

11. August: Bei einer Pressekonferenz in Ost-Berlin erläutert Otto John, der frühere Präsident des Bundesamtes für Verfassungsschutz, seinen Wechsel in die DDR.

17. Oktober: In Ost-Berlin werden erstmals Volkswahlen zur Stadtverordnetenversammlung durchgeführt. – Die Wahlberechtigten haben die Möglichkeit, einer Einheitsliste zuzustimmen oder sie abzulehnen. Einfaches Einwerfen des Stimmzettels in die Urne gilt als Zustimmung, die Benutzung der Kabinen deutet auf Ablehnung der Einheitsliste. – Das Wahlergebnis wird mit 99,3% Ja-Stimmen angegeben.

15. November: Friedrich Ebert (SED) wird bei der konstituierenden Sitzung der Ost-Berliner Stadtverordnetenversammlung erneut zum Oberbürgermeister gewählt.

5. Dezember: Bei den Wahlen zum West-Berliner Abgeordnetenhaus erzielen die SPD 44,6%, die CDU 30,4% und die FDP 12,8% der Stimmen. Die SED beteiligt sich erstmals und scheitert mit 2,7% der Stimmen an der 5%-Hürde.

1955

11. Januar: Aufgrund der Wahlergebnisse vom 5. Dezember 1954 bilden SPD und CDU im Abgeordnetenhaus eine Koalition. Otto Suhr (SPD) wird zum Regierenden Bürgermeister, Willy Brandt (SPD) zum Präsidenten des Abgeordnetenhauses gewählt.

27. April: Nach zweitägigen Beratungen in West-Berlin zwischen Bundeskanzler Konrad Adenauer, dem Wirtschaftskabinett der Bundesregierung und dem Berliner Senat wird ein langfristiger Aufbauplan für West-Berlin beschlossen.

5. Mai: Der Deutschlandvertrag zwischen den drei Westmächten und der Bundesrepublik Deutschland tritt in Kraft. Die Alliierte Kommandantur gibt am selben Tag eine Erklärung über Berlin ab, der zufolge die Hoheitsrechte der Alliierten in Berlin auch nach dem Inkrafttreten des Vertrags bestehen bleiben. Die wenig später vom Bundestag verabschiedete Wehrgesetzgebung wird in West-Berlin nicht übernommen, da ihr die Vereinbarungen der Alliierten über die Entmilitarisierung Berlins entgegenstehen.

1956

21. Juli: In der Bundesrepublik Deutschland wird die allgemeine Wehrpflicht eingeführt. Die Bürger West-Berlins sind von dieser Regelung ausgenommen.

20. September: Der Präsident des West-Berliner Abgeordnetenhauses, Willy Brandt, teilt mit, daß der einmillionste Flüchtling aus den sowjetisch kontrollierten Gebieten im Bundesnotaufnahmelager Marienfelde eingetroffen ist und um politisches Asyl gebeten hat.

24. Oktober: An der Ost-Berliner Humboldt-Universität wird unter dem Eindruck des Volksaufstands in Ungarn heftige Kritik am Herrschaftssystem der DDR laut. Die prominentesten Vertreter der Reformkräfte sind Wolfgang Harich und Ernst Bloch, der seit den 1920er Jahren der Kommunistischen Partei nahegestanden hatte, ohne ihr jedoch anzugehören.

1957

1. März: In Ost-Berlin wird erstmals der »Tag der Nationalen Volksarmee« gefeiert.

25. März: Bundeskanzler Konrad Adenauer weist bei der Unterzeichnung der Römischen Verträge zur Gründung der Europäischen Wirtschaftsgemeinschaft (EWG) und der Europäischen Atomgemeinschaft (Euratom) darauf hin, daß aufgrund der alleinigen Vertretung West-Berlins durch die Bundesrepublik Deutschland die Verträge auch für West-Berlin Gültigkeit haben.

7. August: Der sowjetische Partei- und Regierungschef Nikita Chruschtschow trifft in Ost-Berlin ein.

30. August: Otto Suhr, Regierender Bürgermeister West-Berlins, stirbt.

29. September: Die Internationale Bauausstellung (Interbau) 1957 in West-Berlin geht zu Ende. Anläßlich dieser Veranstaltung war 1955 mit dem Wiederaufbau des Hansa-Viertels im Bezirk Tiergarten begonnen worden. An der Stelle der im Krieg zerstörten Kaiser-Friedrich-Gedächtnis-Kirche wird ein Neubau vorgestellt. Weitere Anziehungspunkte für die Besucher der Interbau sind das Le-Corbusier-Haus und die Kongreßhalle.

3. Oktober: Willy Brandt (SPD) wird vom West-Berliner Abgeordnetenhaus zum neuen Regierenden Bürgermeister gewählt.

1958

27. November: Der sowjetische Partei- und Regierungschef Nikita Chruschtschow fordert in Noten an die Westalliierten ultimativ die Aufhebung des Vier-Mächte-Status für Berlin und den Abzug sämtlicher Truppen aus West-Berlin, das in eine »Freie Stadt« umgewandelt werden soll. Das Chruschtschow-Ultimatum löst im Westen und unter der Bevölkerung Besorgnis aus und führt nach der Blockade 1948/49 zu einer zweiten großen Berlin-Krise. Die westlichen Alliierten weisen die Forderungen der sowjetischen Staats- und Parteiführung mehrfach scharf zurück. Sie seien zu Verhandlungen bereit, nicht aber zur Aufgabe ihrer Berlin-Rechte unter einem Ultimatum.

3. Oktober 1957: Willy Brandt wird zum Regierenden Bürgermeister gewählt.

7. Dezember: Unter dem Eindruck des Chruschtschow-Ultimatums wählt die West-Berliner Bevölkerung das neue Abgeordnetenhaus. Die Wahlbeteiligung ist mit 92,9% die höchste seit Kriegsende. Nur SPD (52,6% der Stimmen) und CDU (37,7% der Stimmen) ziehen ins Abgeordnetenhaus ein. Die FDP scheitert mit 3,8% an der 5%-Hürde. Die SED erhält 1,9%.

1959

12. Januar: SPD und CDU bilden im West-Berliner Abgeordnetenhaus eine große Koalition. Willy Brandt wird in seinem Amt als Regierender Bürgermeister bestätigt.

4. März: Der sowjetische Partei- und Regierungschef Nikita Chruschtschow trifft zu einem Staatsbesuch in Ost-Berlin ein. Am folgenden Tag erklärt er, die Note vom 27. November des letzten Jahres habe nicht den Charakter eines Ultimatums. Daraufhin kommen die Außenminister der vier Siegermächte zwischen dem 11. Mai und 5. August in Genf zu verschiedenen Begegnungen zusammen, um über das Deutschland- und Berlin-Problem zu verhandeln.

5. August: Die Genfer Außenministerkonferenz wird ergebnislos ohne Festsetzung eines neuen Termins vertagt – die Krise um Berlin schwelt weiter.

26. August: Der US-amerikanische Präsident Dwight D. Eisenhower unterstreicht bei seinem Staatsbesuch in Bonn die Entschlossenheit der USA, West-Berlin zu schützen (»Berlin-Garantie«).

1960

8. Januar: Zehntausende von Jugendlichen protestieren mit einem Schweigemarsch gegen Neonazismus und Antisemitismus, nachdem es in West-Berlin zu neofaschistischen Provokationen gekommen war.

8. Mai: Die 1817/18 von Karl Friedrich Schinkel entworfene Neue Wache Unter den Linden wird nach ihrer Renovierung als »Mahnmal für die Opfer des Faschismus und Militarismus« zum 15. Jahrestag des Kriegsendes eingeweiht.

8. September: Das DDR-Innenministerium verfügt, daß Bürger der Bundesrepublik Deutschland nur noch mit einem Passierschein den Ostteil Berlins besuchen können.

1961

16. Februar: Die Bestimmungen für einen Besuch Ost-Berlins werden wieder vereinfacht. Es werden »Tages-Aufenthaltsgenehmigungen« ausgegeben, die dazu berechtigen, bis 24 Uhr am Tag der Ausstellung in Ost-Berlin bleiben zu können. Der Grund des Besuchs muß nicht mehr angeführt werden.

19.-23. Juli: Nachdem die Ost-Berliner Behörden zum 10. Deutschen Evangelischen Kirchentag nur gottesdienstliche Veranstaltungen zugelassen haben, finden alle anderen Treffen im Westteil Berlins statt.

25. Juli: Der Präsident der USA, John F. Kennedy, reagiert auf die von der Sowjetunion erneut aufgeworfenen Fragen zum Status West-Berlins mit der Formulierung der »three essentials«, der unverzichtbaren Interessen der Westalliierten in Berlin. Die Schutzmächte, wie sie seit der Blockade von vielen West-Berlinern genannt werden, fordern aufgrund des Vier-Mächte-Status erstens das Recht auf Anwesenheit in Berlin und zweitens das Zugangsrecht durch DDR-Gebiet nach Berlin. Drittens betrachten sie das Recht der West-Berliner Bevölkerung, ihre Zukunft selbst zu bestimmen und ihre Lebensweise

13. August 1961. Abschiedsszene an der gesperrten Sektorengrenze (oben). Berlin wird zweigeteilt: erste Absperrungen aus Stacheldraht (unten).

15. August 1961. Unter Polizeiaufsicht erhöht ein Bauarbeiter die provisorische Mauer an der Bernauer Straße.

selbst zu wählen, als unverzichtbar. Kennedy unterstreicht außerdem die Entschlossenheit der USA, diese Interessen notfalls militärisch durchzusetzen.

Juli: In diesem Monat melden sich in West-Berlin rund 30 000 Flüchtlinge. Seit 1959 hatte der Flüchtlingszustrom aus Ost-Berlin und der DDR wieder zugenommen.

11. August: Die Regierenden der Warschauer-Pakt-Staaten fordern in einer Erklärung die Volkskammer und die Regierung der DDR auf, an der Grenze zu West-Berlin dafür zu sorgen, daß der »Wühltätigkeit gegen Länder des sozialistischen Lagers zuverlässig der Weg« verlegt wird.

Am selben Tag fordert der Ministerpräsident der DDR, Willi Stoph, vor der Volkskammer »Schutzmaßnahmen« gegen »Menschenhändler, Abwerber und Saboteure«.

13. August: In der Nacht vom 12. zum 13. August werden entlang der Sektorengrenze zwischen Ost- und West-Berlin Sperranlagen mit Stacheldraht und Gräben errichtet. Neben Bauarbeitern und Angehörigen von Betriebskampfgruppen verrichten vor allem Volkspolizisten und Soldaten der Nationalen Volksarmee diese Arbeiten.

15. August: An einigen Stellen der Sektorengrenze wird mit dem Bau einer Mauer aus 1,25 Meter hohen Betonplatten, die eine Gesamthöhe bis vier Meter erreicht, begonnen. Bald werden auch die Eingänge von Häusern, deren Fronten an die Westsektoren angrenzen, so in der Bernauer Straße, zugemauert. Später werden zudem die Fenster dieser Häuser vermauert, weil von dort Flüchtlinge nach West-Berlin zu springen versuchen.

16. August: Eine Protestkundgebung von rund 500 000 Berlinern vor dem Rathaus Schöneberg gegen die Maßnahmen der DDR-Regierung bleibt ebenso wirkungslos wie der Protest der Westalliierten. Um West-Berlin werden Land- und Wassersperren von insgesamt rund 160 Kilometer Länge gezogen. In den nächsten Monaten und Jahren werden die Sperranlagen weiter ausgebaut und perfektioniert. Die Grenzsicherungsorgane erhalten den Befehl, auf Flüchtlinge zu schießen.

25. Oktober: Die Lage in Berlin spitzt sich erneut zu. Angesichts der Verletzungen des Vier-Mächte-Status durch die Sowjetunion, die auch die Bewegungsfreiheit der Westalliierten blockiert, gehen amerikanische Panzer am Sektorenübergang Friedrichstraße (Checkpoint Charlie) in Stellung. Zwar fahren zunächst auf Ost-Berliner Seite sowjetische Panzer auf, doch ziehen sich diese am 28. Oktober zurück. Da sich die Sowjetunion auf eine militärische Konfrontation nicht einlassen will, lenkt sie in der Frage der Bewegungsfreiheit der Westalliierten ein.

Der Bau der Mauer am 13. August 1961

»Vom Tempelhofer Feld fuhr ich sofort zur Sektorengrenze am Potsdamer Platz und am Brandenburger Tor. Das Ungeheuerliche und doch nicht völlig Überraschende geschah: Ost-Berlin wurde durch ein großes Militäraufgebot von uns abgeriegelt. Spanische Reiter wurden in die Erde gerammt, immer neue Rollen von Stacheldraht gezogen – der Bau der eigentlichen Mauer begann drei Tage später. In diesen Tagen war nichts geschehen, was die andere Seite hätte veranlassen können, ihr Vorhaben noch einmal zu überprüfen. Dies war einer der traurigsten Tage, die ich erlebt habe. Berlin war wieder Frontstadt geworden. Angst, Verzweiflung und Wut standen in den Gesichtern meiner Mitbürger.«

Willy Brandt

17. August 1962. Wut und Entsetzen löst der Tod Peter Fechters aus, der bei einem Fluchtversuch angeschossen wird und hilflos verblutet (links).
26. Juni 1963. Rede Kennedys vor dem Rathaus Schöneberg (rechts).

1962

26. Januar: Die Ost-Berliner Stadtverordnetenversammlung übernimmt die Wehrgesetzgebung der DDR und führt die Wehrpflicht ein.

17. August: Der Tod des 18jährigen Peter Fechter, der bei einem Fluchtversuch von Ost-Berliner Grenzposten angeschossen wird und unmittelbar hinter der Mauer verblutet, löst im Westteil Berlins eine Welle der Empörung aus. Während der Nacht und an den folgenden Tagen kommt es zu zahlreichen Protestkundgebungen.

22. August: Der sowjetische Stadtkommandant wird aus Ost-Berlin abberufen. Seine Befugnisse gehen auf den sowjetischen Oberbefehlshaber in Deutschland über. Die DDR-Regierung beruft am selben Tag einen Stadtkommandanten der Nationalen Volksarmee.

24. November: Die West-Berliner SED beschließt eine formale Trennung von der Ost-Berliner Parteiorganisation und nennt sich künftig Sozialistische Einheitspartei Westberlins (SEW).

1963

17. Februar: Die Wahlen zum West-Berliner Abgeordnetenhaus stehen im Zeichen von Auseinandersetzungen über die Ostpolitik. Die SPD geht aus den Wahlen mit einer absoluten Mehrheit von 61,9% gestärkt hervor. Die CDU erleidet erhebliche Verluste und erreicht 28,8%. Nach fünfjähriger Unterbrechung zieht die FDP mit 7,9% der Stimmen wieder ins Abgeordnetenhaus ein. Die SPD geht mit der FDP eine Koalition ein.

8. März: Das Abgeordnetenhaus wählt Willy Brandt (SPD) erneut zum Regierenden Bürgermeister.

26. Juni: Der Präsident der USA, John F. Kennedy, besucht West-Berlin. Bei seiner Rede an die Berliner Bevölkerung versammeln sich mehr als 300 000 Menschen vor dem Rathaus Schöneberg. Kennedy bezeichnet die Mauer als die abscheulichste Demonstration des Versagens des kommunistischen Systems. Die Rede gipfelt in den Worten: »Alle freien Menschen, wo immer sie leben mögen, sind Bürger dieser Stadt West-Berlin, und deshalb bin ich als freier Mann stolz darauf, sagen zu können: Ich bin ein Berliner!«

1964

9. September: Die DDR-Regierung erlaubt Rentnern, Verwandte in Berlin und in der Bundesrepublik Deutschland zu besuchen.

2. Dezember: Das Finanzministerium der DDR ordnet an, daß Besucher Ost-Berlins und der DDR pro Tag fünf DM im Verhältnis 1:1 umtauschen müssen. Ausgenommen sind Kinder und Rentner. Umgekehrt erhalten Ost-Berliner Rentner, die in den Westteil der Stadt reisen, für fünf Ostmark Westgeld im Verhältnis 1:1.

1965

7. April: Der Deutsche Bundestag hält zum achten und letzten Mal eine Plenarsitzung in West-Berlin ab. Die DDR und die Sowjetunion bezeichnen die Sitzung als unrechtmäßig und provozierend.

1. Juli: Der Verband Deutscher Studentenschaften organisiert eine Demonstration gegen den Bildungsnotstand. Rund 10 000 Studenten beteiligen sich.

1966

5. Februar: In West-Berlin findet die erste aufsehenerregende Demonstration gegen den

Vietnamkrieg statt. Rund 2000 Studenten blockieren den Verkehr in der Innenstadt. In den nächsten Monaten und Jahren wird West-Berlin zu einem Zentrum der Studentenbewegung und zum Schauplatz zahlreicher Demonstrationen und anderer Protestaktionen.

1. Oktober: Nach der Entlassung von Albert Speer und Baldur von Schirach aus dem alliierten Kriegsverbrechergefängnis in Spandau bleibt der zu lebenslanger Haft verurteilte Rudolf Heß dort der einzige Gefangene.

1. Dezember: Willy Brandt (SPD) tritt von seinem Amt als Regierender Bürgermeister zurück, um nach der Bildung der großen Koalition in Bonn Außenminister und Vizekanzler im Bundeskabinett zu werden.

10. Dezember: Auf der Abschlußveranstaltung der West-Berliner Vietnam-Woche gegen das Eingreifen der USA in Südostasien fordert Rudi Dutschke, führendes Mitglied des Sozialistischen Deutschen Studentenbundes (SDS), eine Außerparlamentarische Opposition (APO) gegen die große Koalition in Bonn zu bilden.

14. Dezember: Heinrich Albertz (SPD) wird vom West-Berliner Abgeordnetenhaus zum Regierenden Bürgermeister gewählt.

27. November 1967. Rudi Dutschke (Bildmitte), Wortführer der Außerparlamentarischen Opposition (APO), beim Durchbrechen einer Polizeisperre vor dem Gerichtsgebäude in Moabit anläßlich eines Prozesses gegen den Kommunarden Fritz Teufel.

1967

12. März: Aus den Wahlen zum West-Berliner Abgeordnetenhaus geht die SPD erneut mit einer absoluten Mehrheit hervor. Bei einer Wahlbeteiligung von 86,2% erhalten die SPD 56,9%, die CDU 32,9% und die FDP 7,1% der Stimmen. SPD und FDP bilden wie bisher eine Koalition.

6. April: Heinrich Albertz (SPD) wird in seinem Amt als Regierender Bürgermeister bestätigt.

2. Juni: Der iranische Schah, Mohammed Resa Pahlawi, besucht anläßlich seines Staatsbesuchs in der Bundesrepublik West-Berlin. Bei Protestaktionen gegen die Politik des Schahs kommt es zu gewalttätigen Zusammenstößen zwischen der Polizei, schahtreuen Persern und Demonstranten. Ein Polizeibeamter verletzt den Studenten Benno Ohnesorg durch einen Schuß aus der Dienstpistole tödlich.

6. Juli: Nach dem Rücktritt Friedrich Eberts wird Herbert Fechner von der Ost-Berliner Stadtverordnetenversammlung zum neuen Oberbürgermeister gewählt.

12. Oktober: Der Regierende Bürgermeister Heinrich Albertz (SPD) tritt von seinem Amt zurück. Anlaß ist die nach den Ereignissen des 2. Juni am Vorgehen der Polizei geübte Kritik.

19. Oktober: Das West-Berliner Abgeordnetenhaus wählt mit den Stimmen der SPD/FDP-Koalition Klaus Schütz (SPD) zum neuen Regierenden Bürgermeister.

1968

11. April: Rudi Dutschke, führender Theoretiker des Sozialistischen Deutschen Studentenbundes (SDS), wird von einem Attentäter durch mehrere Revolverschüsse lebensgefährlich verletzt. In den folgenden Tagen kommt es in West-Berlin zu massiven Auseinandersetzungen zwischen Mitgliedern der Außerparlamentarischen Opposition (APO) und der Polizei. Zahlreiche gewaltsame Protestaktionen richten sich gegen Einrichtungen des Axel Springer Verlages, der wegen einer Kampagne seiner Zeitungen gegen die Studentenbewegung als geistiger Drahtzieher des Attentats angeprangert wird.

11. Juni: Die DDR-Regierung ordnet eine Paß- und Visumpflicht für Reisen zwischen West-Berlin und dem Bundesgebiet an. Aufgrund neuer Gebühren im Berlinverkehr, beispielsweise einer »Steuerausgleichsabgabe« für Lastkraftwagen, entstehen für West-Berlin Belastungen, die jedoch durch eine Neufassung des »Berlin-Hilfe-Gesetzes« der Bundesregierung aufgefangen werden.

1969

27. Februar: Während eines Besuchs in West-Berlin ruft der Präsident der USA, Richard Nixon, die UdSSR zu einem Abbau der Spannungen und zum Meinungsaustausch über den Status quo Berlins auf. Die Sowjetunion zeigt Interesse an derartigen Gesprächen, so daß in den folgenden Monaten Vorbereitungen für Vier-Mächte-Verhandlungen über Berlin getroffen werden.

28. Oktober: In seiner Regierungserklärung vor dem Deutschen Bundestag unterstreicht der neue Bundeskanzler und ehemalige Regierende Bürgermeister von West-Berlin, Willy Brandt, die Forderung nach Aufnahme von Vier-Mächte-Verhandlungen über Berlin.

Neue Wache Unter den Linden. Posten der Nationalen Volksarmee vor dem »Mahnmal für die Opfer des Faschismus und Militarismus«.

1970

26. März: Im früheren Gebäude des Alliierten Kontrollrats, dem ehemaligen Kammergericht am Kleistpark, beginnen die Vier-Mächte-Verhandlungen über Berlin. Obwohl alle Verhandlungspartner ihr grundsätzliches Interesse bekunden, die Spannungen um Berlin abzubauen, werden aufgrund gegensätzlicher Standpunkte zunächst kaum Fortschritte erzielt. Umstritten sind vor allem die Probleme der Zufahrtwege und der politischen Bindung West-Berlins an die Bundesrepublik.

12. August: In Moskau wird der deutsch-sowjetische Vertrag über Gewaltverzicht und Zusammenarbeit unterzeichnet. Da die Bundesregierung das Inkrafttreten von einer befriedigenden Berlin-Regelung abhängig macht, erhalten die Vier-Mächte-Verhandlungen über Berlin durch eine wachsende sowjetische Konzessionsbereitschaft neue Impulse.

1971

14. März: Bei den Wahlen zum West-Berliner Abgeordnetenhaus erreicht die SPD mit 50,4% der Stimmen zum vierten Mal in ununterbrochener Reihenfolge seit 1958 die absolute Mehrheit. Die CDU kommt auf 38,2%, die FDP auf 8,5% der Stimmen.

20. April: Klaus Schütz (SPD) wird vom West-Berliner Abgeordnetenhaus als Regierender Bürgermeister bestätigt. Den Senat bildet die SPD erstmals ohne Koalitionspartner.

3. September: Im früheren Gebäude des Alliierten Kontrollrats wird das Vier-Mächte-Abkommen über Berlin von den Botschaftern der Westmächte und der Sowjetunion paraphiert. Wenn auch über den Status von Berlin keine endgültige Einigung erzielt werden kann, so erkennt die Sowjetunion doch erstmals seit ihrem Austritt aus der Alliierten Kommandantur (20. März 1948) völkerrechtlich verbindlich die für Berlin bestehenden Rechte und Verantwortlichkeiten aller vier Alliierten an, die sich aus den Vereinbarungen der Kriegs- und Nachkriegszeit ergeben. Die Befugnisse der Alliierten werden berücksichtigt mit der Feststellung des Abkommens, daß West-Berlin wie bisher kein konstitutiver Bestandteil der Bundesrepublik ist und daß es auch weiterhin nicht von ihr regiert wird. Die Bindungen West-Berlins an die Bundesrepublik werden jedoch bestätigt und damit auch seine eingeschränkte Integration in das Wirtschafts-, Finanz- und Rechtssytem der Bundesrepublik sowie seine außenpolitische Vertretung durch den Bund.

11. Dezember: Der Staatssekretär beim Ministerrat der DDR, Michael Kohl, und der Staatssekretär im Bundeskanzleramt, Egon Bahr, paraphieren in Ost-Berlin ein Abkommen über den Transitverkehr zwischen der Bundesrepublik Deutschland und West-Berlin. Es sieht eine vereinfachte, schnellere Abfertigung an den Kontrollpunkten vor.

20. Dezember: Die Verhandlungen des West-Berliner Senats mit der Regierung der DDR über Erleichterungen des Reise- und Besucherverkehrs kommen zum Abschluß. Reisen nach Ost-Berlin und in die DDR sollen Bürgern West-Berlins künftig an 30 Tagen im Jahr ohne die bis zu diesem Zeitpunkt gültige Beschränkung auf Verwandtenbesuche ermöglicht werden.

1972

3. Juni: Die Außenminister der USA, Großbritanniens, Frankreichs und der Sowjetunion unterzeichnen im früheren Gebäude des Alliierten Kontrollrats das Schlußprotokoll zum Vier-Mächte-Abkommen, so daß es zusammen mit den innerdeutschen Vereinbarungen in Kraft tritt. Alle Regelungen des Vertragswerks werden in den nachfolgenden Monaten in die Praxis umgesetzt.

24. Juni: Zwischen West-Berlin und der DDR ist wieder Telefonverkehr im Selbstwählferndienst möglich.

1973

7. März: In Ost-Berlin werden erstmals Korrespondenten der westdeutschen Fernsehanstalten der Arbeitsgemeinschaft der Rundfunkanstalten Deutschlands (ARD) und des Zweiten Deutschen Fernsehens (ZDF) akkreditiert.

15. November: Der Mindestumtausch pro Person und Tag für Besuche in Ost-Berlin wird auf 10 DM und in der DDR auf 20 DM verdoppelt.

1974

17. Februar: Der Ost-Berliner Oberbürgermeister Herbert Fechner wird von Erhard Krack, dem bisherigen Minister für bezirksgeleitete Industrie und Lebensmittelindustrie, abgelöst.

2. Mai: In Ost-Berlin nimmt die Ständige Vertretung der Bundesrepublik Deutschland offiziell ihre Arbeit auf. Der erste Leiter, Staatssekretär Günter Gaus, wird am 20. Juni akkreditiert.

10. November: Der Präsident des Berliner Kammergerichts, Günter von Drenkmann, wird von Angehörigen der terroristischen »Bewegung 2. Juni« erschossen.

15. November: Der Zwangsumtausch für Besuche in Ost-Berlin wird nach der Erhöhung vom 15. November 1973 wieder von 10 DM auf 6,50 DM pro Person und Tag gesenkt.

1975

27. Februar: Peter Lorenz, der Landesvorsitzende und Spitzenkandidat der CDU für die bevorstehenden Abgeordnetenhauswahlen, wird von Mitgliedern der terroristischen »Bewegung 2. Juni« entführt. Die Bedingungen der Entführer werden erfüllt und fünf inhaftierte Terroristen in den Südjemen ausgeflogen. Daraufhin wird Peter Lorenz am 4. März freigelassen.

2. März: Die Wahlen zum West-Berliner Abgeordnetenhaus finden unter dem Eindruck der Entführung des CDU-Spitzenkandidaten Peter Lorenz statt. Erstmalig wird die CDU mit 43,9% der Stimmen stärkste Partei. Die SPD rutscht auf 42,6% ab, die FDP erzielt 7,2%.

24. April: SPD und FDP einigen sich nach schwierigen Koalitionsverhandlungen und bestätigen anschließend den Regierenden Bürgermeister Klaus Schütz (SPD) in seinem Amt.

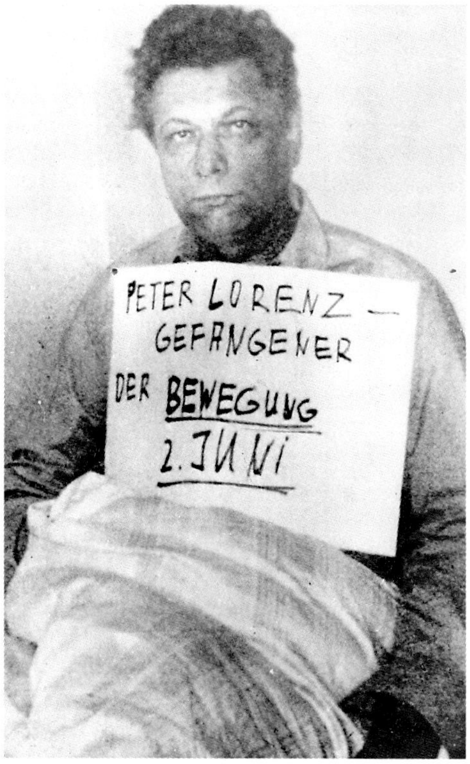

27. Februar 1975. Dokument der Entführung des CDU-Spitzenkandidaten Peter Lorenz (links).
21. Dezember 1972. In Ost-Berlin unterzeichnen Bundesminister Egon Bahr (links), und der DDR-Staatssekretär Michael Kohl die Zusatzprotokolle zum Grundlagenvertrag (rechts).

1976

23. Februar: Die Affäre um personalpolitische Manipulationen in der Staatlichen Porzellanmanufaktur veranlaßt den Senator für Verkehr und Betriebe, Harry Liehr (SPD), zum Rücktritt. Immer häufiger müssen sich die Sozialdemokraten mit dem Vorwurf der »Verfilzung« auseinandersetzen.

23. April: In Ost-Berlin wird am Marx-Engels-Platz, dem früheren Lustgarten, der Palast der Republik eingeweiht. Dort soll die Volkskammer der DDR künftig tagen.

22. Dezember: Lothar Loewe, der ARD-Korrespondent in der DDR, wird aus Ost-Berlin ausgewiesen. Anlaß für diese Maßnahme ist ein Bericht des Journalisten, in dem es heißt, an der innerdeutschen Grenze werde auf flüchtende Menschen wie »auf Hasen« geschossen.

1977

29. April: Der Regierende Bürgermeister Klaus Schütz (SPD) erklärt seinen Rücktritt. Vorausgegangen waren parteiinterne Querelen und eine Reihe von Skandalen, in die Senatsmitglieder verwickelt waren.

2. Mai: Das Abgeordnetenhaus wählt Dietrich Stobbe (SPD) zum Regierenden Bürgermeister. Am 12. Mai stellt er eine neue Senatsmannschaft vor, die Koalition aus SPD und FDP wird fortgesetzt.

23. August: In Ost-Berlin wird der DDR-Systemkritiker Rudolf Bahro verhaftet. Wegen Landes- und Geheimnisverrats wird er am 30. Juni 1978 zu acht Jahren Freiheitsentzug verurteilt. Anlaß ist sein in der Bundesrepublik erschienenes Buch »Die Alternative«, das sich kritisch mit dem »real existierenden Sozialismus« auseinandersetzt.

7. Oktober: Auf dem Ost-Berliner Alexanderplatz kommt es während einer öffentlichen Veranstaltung zum 28. Gründungstag der DDR zu schweren Krawallen mit antisowjetischem Charakter.

1978

30. März: Als erster westlicher Regierungschef besucht der österreichische Bundeskanzler Bruno Kreisky die DDR.

7. Juli: Das Ost-Berliner Stadtgericht verurteilt den 22jährigen Nico Hübner wegen »staatsfeindlicher Hetze« zu fünf Jahren Haft. Hübner hatte unter Berufung auf den entmilitarisierten Status Berlins den Wehrdienst verweigert.

15. Juli: US-Präsident Jimmy Carter besucht in Begleitung von Bundeskanzler Helmut Schmidt und Außenminister Hans-Dietrich Genscher West-Berlin.

1979

18. März: Bei den Wahlen zum West-Berliner Abgeordnetenhaus behauptet sich die sozialliberale Koalition, obwohl die CDU mit 44,4% der Stimmen erneut Gewinne verbuchen kann. Die SPD erhält 42,7%, die FDP 8,1% Stimmenanteile.

2. April: Das Internationale Congress Centrum (ICC) wird neben dem Messegelände in Charlottenburg eröffnet.

26. April: Der Regierende Bürgermeister Dietrich Stobbe (SPD) wird vom Abgeordnetenhaus in sein Amt wiedergewählt.

28. Juni: Die Volkskammer der DDR beschließt eine Änderung des Wahlgesetzes. Die Ost-Berliner Abgeordneten sollen künftig nicht mehr von der Stadtverordnetenversammlung benannt, sondern direkt gewählt werden. Trotz wiederholter Proteste der westlichen Alliierten vertritt die DDR-Führung weiterhin die Auffassung, Ost-Berlin sei Bestandteil der DDR und unterliege nicht dem Vier-Mächte-Status.

26. November: Mitglieder einer Bürgerinitiative besetzen ein leerstehendes Haus in der Kreuzberger Cuvrystraße. Zum ersten Mal taucht bei dieser Aktion gegen die Wohnraumspekulanten der Begriff »Instandbesetzung« auf, der das erneute Aufflammen politisch-sozialer Auseinandersetzungen im West-Berlin der frühen 80er Jahre symbolisiert.

Mai 1981. Wahlkämpfer Richard von Weizsäcker (links).
Räumung eines besetzten Hauses in Kreuzberg (rechts).

1980

1. Januar: Mit Jahresbeginn entfallen für Bürger West-Berlins und der Bundesrepublik Straßenbenutzungsgebühren bei Reisen durch die DDR. Die Bundesrepublik zahlt statt dessen eine Pauschale von jährlich 50 Millionen DM.

27. Februar: West-Berlins skandalträchtigste und teuerste Investitionsruine, der Steglitzer Kreisel, wird nach elfjähriger Bauzeit mit einem Bankett seiner Bestimmung übergeben.

9. Oktober: Nach der erneuten Erhöhung des Mindestumtauschsatzes für die Einreise nach Ost-Berlin und in die DDR auf 25 DM pro Tag verringert sich die Zahl der Westbesucher drastisch.

18. Dezember: In West-Berlin weitet sich der Subventionsbetrug des Bauunternehmers Dietrich Garski zum bislang größten Finanzskandal aus. Nach dem Konkurs des Garski-Unternehmens werden Landesbürgschaften in Höhe von 115 Millionen DM fällig.

1981

15. Januar: Der Regierende Bürgermeister Dietrich Stobbe (SPD) und sein von SPD und FDP getragener Senat erklären wegen des Garski-Skandals ihren Rücktritt, nachdem eine Senatsumbildung an Flügelkämpfen in der SPD und Meinungsverschiedenheiten in der Koalition gescheitert ist.

23. Januar: Das Abgeordnetenhaus wählt Hans-Jochen Vogel (SPD) ins Amt des Regierenden Bürgermeisters. Dieser kündigt baldige Neuwahlen an.

10. Mai: Bei den ersten vorgezogenen Wahlen zum West-Berliner Abgeordnetenhaus verlieren die bisherigen Koalitionsparteien SPD und FDP ihre Mehrheit. Sie erhalten 38,3% und 5,6% der Stimmen. Die CDU erreicht mit 48% ihr bisher bestes Ergebnis. Die Alternativer Liste (AL) erhält 7,2% der Stimmen. Damit wird die SPD erstmals in der Berliner Nachkriegsgeschichte aus der Regierungsverantwortung abgewählt.

11. Juni: Das West-Berliner Abgeordnetenhaus wählt Richard von Weizsäcker zum Regierenden Bürgermeister eines CDU-Minderheitssenats.

13. September: In West-Berlin kommt es bei einer Demonstration gegen den Besuch des US-Außenministers Alexander Haig zu schweren Krawallen.

22. September: Bei einer Demonstration wegen der Räumung besetzter Häuser wird der 18jährige Klaus-Jürgen Rattay unter umstrittenen Umständen von einem BVG-Bus erfaßt und tödlich verletzt. Die Auseinandersetzungen um die besetzten Häuser, zu diesem Zeitpunkt sind es 152, spitzen sich daraufhin dramatisch zu.

1982

9. März: Jasir Arafat, Chef der Palästinensischen Befreiungsorganisation (PLO), besucht Ost-Berlin. Der PLO-Vertretung in Ost-Berlin wird der Rang einer Botschaft zugesichert.

11. Juni: Am Ende einer Europareise kommt der US-amerikanische Präsident Ronald Reagan zu einem dreistündigen Besuch nach West-Berlin. Während seiner Rede liefern sich Demonstranten und die Polizei am Nollendorfplatz eine Straßenschlacht.

1983

17. März: CDU und FDP bilden einen Koalitionssenat, nachdem die FDP bisher den CDU-Minderheitssenat toleriert hat.

12. Mai: Auf dem Alexanderplatz in Ost-Berlin entrollen fünf Bundestagsabgeordnete der Grünen Transparente mit den Inschriften »Schwerter zu Pflugscharen« und »Abrüstung in Ost und West – jetzt damit beginnen«. Nach Festnahme werden sie nach West-Berlin abgeschoben.

30. August: Der türkische Asylbewerber Kemal Altun, dessen Auslieferung von der türkischen Militärregierung verlangt wird und der keine Hoffnung mehr hat, Asyl zu erhalten, springt aus dem sechsten Stock des West-Berliner Verwaltungsgerichts und stirbt.

15. September: Auf Schloß Niederschönhausen bei Ost-Berlin trifft Richard von Weizsäcker als erster Regierender Bürgermeister mit dem DDR-Staatsratsvorsitzenden Erich Honecker zusammen.

1984

9. Februar: Eberhard Diepgen wird mit den Stimmen von CDU und FDP zum neuen Re-

gierenden Bürgermeister von West-Berlin gewählt. Sein Vorgänger Richard von Weizsäkker kandidiert im Mai für das Amt des Bundespräsidenten.

14. März: Mit der Errichtung einer parallel zur innerstädtischen Grenze verlaufenden zweiten Mauer zwischen dem Brandenburger Tor und dem Potsdamer Platz setzen Grenztruppen der DDR die Modernisierung der Sperranlagen fort.

1985

10. März: Aus den Wahlen zum West-Berliner Abgeordnetenhaus gehen die Koalitionsparteien CDU (46,4%) und FDP (8,5%) als Sieger hervor. Dagegen verzeichnet die SPD mit ihrem Spitzenkandidaten Hans Apel das schlechteste Wahlergebnis seit Kriegsende: 32,4%. Die Alternative Liste (AL) überflügelt in einzelnen Stimmbezirken sogar die SPD, so beispielsweise in Kreuzberg 2 mit 30,3%, und erreicht insgesamt 10,6% der Stimmen.

18. April: Das West-Berliner Abgeordnetenhaus wählt Eberhard Diepgen (CDU) zum zweiten Mal zum Regierenden Bürgermeister. Der Senat wird weiterhin von Politikern aus CDU und FDP gebildet.

1986

5. April: Bei einem Bombenanschlag auf die West-Berliner Diskothek »La Belle«, die überwiegend von US-Soldaten besucht wird, werden drei Menschen getötet und 230 verletzt. Die vermutete libysche Beteiligung dient der US-Regierung zur Rechtfertigung der Bombardierung von Tripolis und Bengasi am 15. April.

19. Juli: Mehr als 400 Asylsuchende kommen an diesem Tag aus Ost-Berlin mit der S-Bahn in den Westteil der Stadt. Nach Angaben der West-Berliner Behörden nimmt das Asylantenproblem mit monatlich 5000 Flüchtlingen »dramatische Zustände« an.

18. September: Das DDR-Außenministerium gibt bekannt, daß ab 1. Oktober nur noch Personen einreisen dürfen, die über Anschlußvisa in andere Staaten verfügen. Damit sind die Möglichkeiten für Asylsuchende, über Ost-Berlin in ein westliches Land zu gelangen, stark eingeschränkt.

12. Juni 1988. US-Präsident Ronald Reagan bei seiner Rede vor dem Brandenburger Tor (oben).
750-Jahr-Feier in Berlin, Blick auf die Straße des 17. Juni mit einem historischen Jahrmarkt, 1987 (unten).

»Jetzt wächst zusammen, was zusammen gehört«.

WILLY BRANDT, 10. 11. 1989

1987

7. Juni: Während eines Rockfestivals vor dem Reichstagsgebäude in West-Berlin kommt es jenseits des Brandenburger Tores und der Mauer am Reichstag zu heftigen Zusammenstößen zwischen mehreren tausend Jugendlichen und DDR-Volkspolizisten. Zwei ARD-Journalisten werden vorübergehend festgenommen.

12. Juni: US-Präsident Ronald Reagan besucht West-Berlin. In einer Rede vor dem Brandenburger Tor fordert er den sowjetischen Parteichef Michail Gorbatschow auf, die Mauer niederzureißen.

21. Oktober: Zum ersten Mal seit der Teilung der Stadt begegnen sich ein West-Berliner Regierender Bürgermeister und ein Ost-Berliner Oberbürgermeister: Eberhard Diepgen und Erhard Krack begrüßen sich in der Ost-Berliner Marienkirche anläßlich einer kirchlichen Veranstaltung zur 750-Jahr-Feier von Berlin.

1988

7. Januar: Bei der offiziellen Demonstration zum Gedenken an die Ermordung von Rosa Luxemburg und Karl Liebknecht in Ost-Berlin werden 120 Mitglieder von Friedens-, Umwelt- und Menschenrechtsgruppen festgenommen, die sich mit eigenen Transparenten beteiligen wollten. Gegen mindestens 22 von ihnen wird ein Ermittlungsverfahren eingeleitet, in elf Fällen werden Haftstrafen verhängt. Bis Ende des Monats werden 55 der Festgenommenen und eine größere Zahl von Angehörigen in die Bundesrepublik abgeschoben.

28. November: »Der Spiegel« berichtet, daß der West-Berliner Verfassungsschutz geheime Sonderberichte unter anderem über die SPD, einzelne Abgeordnete und Journalisten und die West-Berliner Tageszeitung »TAZ« angefertigt hat.

1989

29. Januar: Bei den Wahlen zum West-Berliner Abgeordnetenhaus muß die CDU mit 37,8% erhebliche Stimmenverluste einstekken. SPD (37%) und Alternative Liste (AL) (11,8%) gewinnen, die FDP scheidet mit 3,9% aus dem Abgeordnetenhaus aus. Weit über Berlin hinaus sorgt der Wahlerfolg der rechtsradikalen Republikaner (7,5%) in den folgenden Wochen für politischen Zündstoff.

16. März: Nach schwierigen Koalitionsverhandlungen zwischen SPD und Alternative Liste wird Walter Momper (SPD) zum neuen Regierenden Bürgermeister von West-Berlin gewählt. Die acht Senatorinnen und fünf Senatoren des ersten rot-grünen Senats bilden erstmalig eine deutsche Regierung, in der Frauen mehrheitlich vertreten sind.

1. Mai: Während der Mai-Feiern randalieren Teile der »autonomen Szene« im West-Berliner Stadtteil Kreuzberg. Die Polizei verliert zeitweise die Kontrolle über das Geschehen, mehrere hundert Verletzte und Sachschäden in Millionenhöhe sind zu beklagen.

7. September: Auf dem Ost-Berliner Alexanderplatz unterbindet der Staatssicherheitsdienst eine Demonstration gegen die vermutete Fälschung der Kommunalwahlen vom 7. Mai. Mehr als 40 Personen werden festgenommen.

8. September: Alle 116 DDR-Bürger, die sich seit Anfang August in der Ständigen Vertretung der Bundesrepublik Deutschland aufhalten, verlassen nach der Zusicherung von Straffreiheit und »juristischem Beistand« das Gelände der Mission.

5. Oktober: An den Grenzübergängen von West- nach Ost-Berlin wird mehreren tausend Menschen die Einreise in den Osten verweigert, offenbar im Zusammenhang mit dem Staatsjubiläum der DDR. Nachdrückliche Proteste weist die DDR zurück.

6. Oktober: Rund 2500 Personen unterstützen bei einer Versammlung in der Ost-Berliner Erlöserkirche die »Gemeinsame Erklärung« verschiedener oppositioneller Gruppen um das »Neue Forum«. Unter anderem werden freie Wahlen gefordert.

7. Oktober: In Ost-Berlin und acht weiteren Städten der DDR demonstrieren mehrere zehntausend Menschen für politische Veränderungen und mehr Freiheit. Die Ordnungskräfte gehen teilweise gewaltsam gegen die »Randalierer« vor und nehmen mehr als tausend Menschen fest.

29. Oktober: Vor dem Ost-Berliner Rathaus versuchen das SED-Politbüromitglied Günter Schabowski, Oberbürgermeister Erhard Krack und andere Parteifunktionäre mit rund 20 000 Demonstranten zu diskutieren. Am Abend trifft West-Berlins Regierender Bürgermeister Momper Schabowski und Krack in einem Ost-Berliner Hotel.

7. November: Mehrere tausend Menschen demonstrieren vor dem Gebäude des ZK der SED in Ost-Berlin. Sie fordern freie Wahlen und Volksentscheid.

10. November: Kundgebung vor dem Schöneberger Rathaus in West-Berlin. Willy Brandt, Hans-Dietrich Genscher, Helmut Kohl und der Regierende Bürgermeister Momper sprechen vor Zehntausenden aus Ost und West und stellen weitere Forderungen an die DDR-Regierung.

Berlin, 22. Dezember. Das Brandenburger Tor wird als Übergang für Fußgänger zwischen dem Westen und Osten der Stadt eröffnet.

12. November: Am Morgen wird die Mauer am Potsdamer Platz – dem alten Zentrum der Stadt – geöffnet. West-Berlins Bürgermeister Walter Momper und der Ost-Berliner Oberbürgermeister Erhard Krack treffen sich auf der Grenzlinie. Unübersehbare Menschenmassen drängen durch den Mauerdurchlaß nach West-Berlin.

Folgende Sektoren-Übergänge können jetzt von Ost- nach West-Berlin überschritten werden: Wollankstraße, Falkenseer Chaussee, Glienicker Brücke, Ostpreußendamm, Stubenrauchstraße, Schlesische Straße, Schlesisches Tor, Potsdamer Platz, Bernauer Straße und Eberwalder Straße.

14. November: Die DDR hebt die Sperrzonen an der Berliner Mauer und entlang der Grenze auf. Von sofort an ist es West-Berlinern auch gestattet, mit Motor- und Fahrrädern nach Ost-Berlin und in die DDR zu fahren.

Die DDR öffnet weitere 10 Grenzübergänge in der Berliner Mauer. Insgesamt stehen nun 22 Übergänge offen.

16. November: Als erster hochrangiger Politiker der westlichen Alliierten hält sich nach Öffnung der Mauer der britische Außenminister Douglas Hurd zu einem seit längerem geplanten Besuch in West-Berlin auf. Er besichtigt den neuen Sektorenübergang am Potsdamer Platz und die Mauer vor dem Brandenburger Tor. Auf einer Pressekonferenz wendet er sich gegen eine Änderung des Berlin-Status und betont, daß die Wiedervereinigung »nicht auf der Tagesordnung« stehe.

11. Dezember: Nach 18 Jahren treffen sich die Botschafter der vier Alliierten erstmals wieder in Berlin zu Beratungen. Der sowjetische Botschafter Wjatscheslaw Kotschemassow weist auf die »territorial-politischen Realitäten« in Europa hin, betont aber auch sein Einverständnis mit den drei Westmächten, West-Berlin in den gesamteuropäischen Prozeß miteinzubeziehen. Die Gespräche sollen fortgesetzt werden.

Auf ihrem kleinen Parteitag in Berlin spricht sich die CDU für eine Wiedervereinigung Deutschlands aus. Die Wiedergewinnung der staatlichen Einheit sei aber nur im Rahmen einer gesamteuropäischen Friedensordnung denkbar.

22. Dezember: Unter dem Jubel Zehntausender eröffnen Bundeskanzler Kohl und DDR-Ministerpräsident Modrow in Berlin das Brandenburger Tor. Das Wahrzeichen der geteilten Stadt ist damit nach 28 Jahren erstmals wieder für Fußgänger passierbar.

23. Dezember: In der Philharmonie in West-Berlin wird aus Anlaß der Öffnung der Mauer Beethovens 9. Sinfonie unter dem Dirigenten Leonard Bernstein aufgeführt. Am 25. 12. wird die Sinfonie nochmals im Schauspielhaus in Ost-Berlin aufgeführt.

Berlin (West), Victoria der Siegessäule (1). Türke in Kreuzberg (2). Berlin (Ost), Museum für Deutsche Geschichte (3). Berlin (West), Schloß Charlottenburg (4). Kreuzberg, Martin-Gropius-Bau (5). Berlin (Ost), Prenzlauer Berg, Wohnbau (6). Berlin (West), Reichstagsgebäude (7). Kraftwerk der BEWAG am Teltowkanal (8). Lübars (9), Ortsteil von Reinickendorf. Senioren (10). An der Havel (11). Sektorengrenze (12). Transitgrenze (13). Berliner Bär (14). Berlin (Ost), Wachsoldat (15). Köpenick, Rathaus (16). Berlin (West), bei Nixdorf (17). S-Bahn über der Fasanenstraße (18). Im Tiergarten (19).

BERLIN

11

12

13

14

15

16

17

18

19

CHARLOTTE PAPE

Die Stadtlandschaft Berlin

Berlin geht in seiner heutigen Ausdehnung auf die große Eingemeindung von 1920 zurück, bei der die Stadt mit sieben Nachbarstädten vereinigt wurde. Zwei von ihnen – Spandau und Köpenick – sind mittelalterliche Gründungen wie Berlin; eine – Charlottenburg – entstand im 18. Jh. in Anlehnung an den Bau eines Schlosses; die übrigen – Wilmersdorf, Schöneberg, Neukölln und Lichtenberg – sind aus dörflichen Gemeinden hervorgegangen und hatten um die Wende zum 20. Jh. Stadtrechte erhalten. Zugleich wurden 59 Landgemeinden und 27 Gutsbezirke eingemeindet.

Diese neue Einheitsgemeinde Groß-Berlin umfaßte den ganz überwiegenden Teil eines zusammenhängenden Wohn- und Wirtschaftsgebietes, wobei allerdings sowohl die Nachbarstadt Potsdam als auch wichtige Industriestandorte – Hennigsdorf, Teltow, Wildau – außerhalb der Stadtgrenzen blieben, während zahlreiche noch ländliche Gemeinden einbezogen wurden. Als besonderer Glücksfall erweist sich heute, daß der 1912 als loser Zusammenschluß Berlins und seiner Nachbargemeinden gegründete Zweckverband Groß-Berlin vom preußischen Staat 1915 fast 100 km² Forsten erwerben konnte, die ebenfalls mit eingemeindet wurden und gegenwärtig die wichtigsten Erholungsareale der Stadt sind.

Groß-Berlin wurde in zwanzig Verwaltungsbezirke gegliedert, von denen die sechs inneren – Mitte, Tiergarten, Wedding, Prenzlauer Berg, Friedrichshain, Kreuzberg – auf die frühere Stadt Berlin entfallen. Nur 28 Jahre lang, von 1920 bis 1948, stand das gesamte Stadtgebiet unter einheitlicher Verwaltung. Seit 1948 gehören zwölf Bezirke zu Berlin (West), acht zu Berlin (Ost). Durch Abtrennung von den Bezirken Lichtenberg und Weißensee sind noch drei Bezirke hinzugekommen: Marzahn (1979), Hohenschönhausen (1986) und Hellersdorf (1986). Grenzbegradigungen mit Gebietsaustausch haben nach dem Zweiten Weltkrieg die Umrisse West-Berlins geringfügig verändert. Das Stadtgebiet umfaßt gegenwärtig eine Fläche von 883 km², von denen 480 km² auf Berlin (West), 403 km² auf Berlin (Ost) entfallen.

Eine das ganze heutige Stadtgebiet umfassende Planung wurde niemals wirksam, denn die Realisierung vorhandener Ansätze und Ideen ist dreimal verhindert worden: durch den Ausbruch des Ersten und des Zweiten Weltkrieges und durch die politische Teilung der Stadt 1948 – dokumentiert durch den Mauerbau 1961.

Die Siedlungsstruktur Berlins bis zum Zweiten Weltkrieg

Unter den 1920 zum heutigen Stadtgebiet zusammengeschlossenen Siedlungen nimmt die ursprüngliche Stadt Berlin nach ihrer Größe und Bedeutung den ersten Platz ein. Mehrere ältere, annähernd konzentrische Wachstumsringe haben ihre Spuren im heutigen Straßennetz der Innenbezirke hinterlassen. Während der mittelalterliche Kern der Doppelstadt Berlin-Cölln nur noch durch einige Grundrißelemente und Gebäudereste erschlossen werden kann, ist eine Stadterweiterung des 18. Jh. bis heute erkennbar durch die Namen ihrer Stadttore, von denen nur eines, das Brandenburger Tor, noch vorhanden ist. Eine Zollmauer umschloß nach Plan angelegte Stadtteile – die Dorotheenstadt im Westen, die Friedrichstadt im Süden und die Luisenstadt im Südosten – und unregelmäßig gewachsene Stadtrandzonen im Norden und Osten. Um 1860 war die Mauer außer im Südosten von der Bebauung erreicht und an einigen Stellen bereits überschritten.

Die nächste konzentrische Erweiterung vollzog sich auf der Grundlage des nach seinem Bearbeiter genannten Hobrechtplanes von 1862, der für die noch nicht be-

Die Stadtbezirke von Berlin

Name des Bezirks	Fläche in km²	Wohnbevölkerung in 1000 Ende 1984
Tiergarten	13,3	71,0
Wedding	15,4	135,3
Kreuzberg	10,4	126,7
Charlottenburg	30,4	145,5
Spandau	86,5	191,9
Wilmersdorf	34,4	130,1
Zehlendorf	70,6	83,7
Schöneberg	12,3	134,9
Steglitz	32,0	166,3
Tempelhof	40,7	161,1
Neukölln	45,0	273,3
Reinickendorf	89,3	228,7
Berlin (West)	480,1	1848,6

Name des Bezirks	Fläche in km²	Wohnbevölkerung in 1000 Ende 1984
Mitte	10,7	81,7
Prenzlauer Berg	10,8	169,4
Friedrichshain	9,8	121,6
Treptow	40,6	114,7
Köpenick	127,3	122,5
Lichtenberg	85,6	349,4
Weißensee	39,8	102,3
Pankow	78,5	135,3
Berlin (Ost)	403,0	1196,9
Berlin gesamt	883,1	3045,5

Quelle:
Presse- und Informationsamt des Landes Berlin

bauten Flächen von Berlin und der Nachbarstadt Charlottenburg den zukünftigen Straßenverlauf festlegte. Die breiten Durchgangsstraßen dieser Planung haben bis in die Nachkriegszeit hinein den städtischen Verkehr mühelos aufnehmen können. Eine Ringstraße als äußere Begrenzung ist nur zum Teil ausgeführt worden (im Norden See- bis Ostseestraße, im Süden Hardenbergstraße bis Hasenheide).

Bis zum Ersten Weltkrieg war die bebaute Fläche Berlins und Charlottenburgs mit der ihrer angrenzenden, inzwischen zu Städten gewordenen Vororte Wilmersdorf, Schöneberg, Neukölln und Lichtenberg zusammengewachsen. Als »wilhelminischer Großstadtgürtel« bezeichnet, reicht dieses nach dem Hobrechtplan bebaute und über dessen Grenzen hinaus konzentrisch erweiterte Areal fast überall bis zur Ringbahn und vor allem im Norden, in den heutigen Bezirken Wedding und Prenzlauer Berg, noch weit darüber hinaus. Träger der Bebauung waren vielfach Terraingesellschaften auf Aktienbasis, die größere Geländestücke erwarben, parzellierten, baureif machten und sodann die einzelnen Grundstücke an private Bauherren verkauften. Im Stadtplan sind solche Areale oft an ihrem geometrischen Straßennetz zu erkennen, so beiderseits der Bundesallee in Wilmersdorf, um den Bayerischen Platz in Schöneberg oder westlich der Karl-Marx-Straße in Neukölln.

Die Bauordnungen erlaubten eine fünfgeschossige Bebauung mit hoher Grundstücksausnutzung. Auf dieser Grundlage entstanden im Norden, Osten und Südosten Arbeiterviertel mit den typischen Berliner Mietskasernen, die sich mit ihren sonnenlosen Hinterhöfen, Podesttoiletten und nicht zuletzt dem bis 1887 erlaubten Bau von Kellerwohnungen als schwere städtebauliche Hypothek erwiesen haben. Ansätze zu einer Reform des Kleinwohnungsbaues vor dem Ersten Weltkrieg lassen sich an einigen auf genossenschaftlicher Basis errichteten Gebäudegruppen erkennen, von denen die älteste noch erhaltene in der heutigen Wilhelm-Pieck-Straße 85–87 des Bezirks Prenzlauer Berg bereits 1850 entstand. In Charlottenburg und Wilmersdorf überwogen dagegen die »vornehmen Mietskasernen« mit großen, gut ausgestatteten Wohnungen, gärtnerisch gestalteten Innenhöfen sowie umgitterten Vorgärten oder Rasenstreifen, die heute fast durchgehend der Straßenverbreiterung zum Opfer gefallen sind. Als repräsentative Wohnstraßen wurden in den achtziger Jahren der Kurfürstendamm, um 1900 der Hohenzollerndamm angelegt.

Der Kern der Innenstadt wandelte sich zum sichtbaren Ausdruck städtischen Lebens, zur City, die in sich noch in einzelne Standorte von Verwaltung, Wirtschaft und Kultur gegliedert war. In der Wilhelmstraße und am Westrand der Straße Unter den Linden lag das Regierungs- und Botschaftsviertel, das 1894 jenseits des Brandenburger Tores durch das Reichstagsgebäude erweitert wurde. Ein weiterer Standort diplomatischer Vertretungen entwickelte sich seit den zwanziger Jahren längs des südlichen Tiergartenrandes. Der Universitäts- und Museumsbezirk umfaßte den Ostteil der Straße Unter den Linden und den Nordteil der Spreeinsel, wo nach dem Ersten Weltkrieg auch das Berliner Stadtschloß, die Residenz der preußischen Könige, zum Museum wurde. An der jetzigen Rathausstraße im Schnittpunkt der beiden Hauptachsen Alt-Berlins lag mit dem 1869 errichteten Roten Rathaus der Hauptsitz der Berliner Stadtverwaltung. Mit dem Aufstieg Berlins zur Reichshauptstadt entwickelte sich um die Behrenstraße südlich der Straße Unter den Linden ein Banken- und um den Bahnhof Friedrichstraße ein Fremdenverkehrsviertel mit Hotels, Gaststätten und Theatern.

Andere citygebundene Wirtschaftsstandorte schlossen sich an: das Konfektionsviertel um den Hausvogteiplatz, auch Sitz des Stoffgroßhandels, das Zeitungsviertel in der südlichen Friedrichstadt mit so bekannten Druck- und Verlagshäusern wie Ullstein, Mosse und Scherl, das »Exportviertel« um die Ritterstraße in der Luisenstadt und seine permanente Musterschau hochspezialisierter, arbeitsintensiver Qualitätserzeugnisse und schließlich vom Alexanderplatz über Spittelmarkt und Leipziger Straße bis zum Potsdamer Platz das wichtigste Einkaufsgebiet der Stadt mit Warenhäusern, Bekleidungskaufhäusern und Spezialgeschäften aller Art.

Im Zuge dieser Citybildung sind bis zum Zweiten Weltkrieg an die Stelle von Wohngebäuden nach und nach Verwaltungs- und Geschäftsbauten getreten. Reste des alten Berlin blieben nur an isolierten Stellen und am Cityrand erhalten, wo sie zu Problemgebieten mit überalterter Bau- und ungünstiger Sozialstruktur wurden.

Im Bereich Kurfürstendamm – Gedächtniskirche – Hardenbergstraße in Charlottenburg entwickelten sich bis zum Zweiten Weltkrieg mit Standorten von Hochschulen, Theatern, Uraufführungskinos, Vergnügungsstätten und Teilen des Konfektionsgewerbes sowie mit der Tauentzienstraße und dem Kurfürstendamm als eleganten Einkaufsstraßen Ansätze zu einer neuen, großräumiger und aufwendiger gestalteten West-City.

Außerhalb des wilhelminischen Großstadtgürtels schloß sich die städtische Mietshausbebauung zumeist vorhandenen Siedlungskernen an. Um die kleinräumig bebauten Stadtkerne von Köpenick und Spandau bildeten sich eigene Vorstädte,

Spandau: Am Zusammenfluß von Spree und Havel gelegener Ort. Die Burg wurde 1557 zur Zitadelle ausgebaut.

schließlich industriell genutzte Flächen liegen an den Wasserstraßen und Eisenbahnlinien. Eine – nur in der Innenstadt unterbrochene – Kette von Industriegrundstücken verläuft längs der Spree mit Schwerpunkten in Ober- und Niederschöneweide, Rummelsburg, Charlottenburg, Siemensstadt und im Bereich der Spreemündung, wo bis zum Ersten Weltkrieg die Spandauer Militärwerkstätten angesiedelt waren. Weitere Flächen liegen beiderseits der Havel oberhalb der Spandauer Altstadt, am Spandauer Schiffahrtskanal und seiner Fortsetzung, dem Hohenzollernkanal, sowie am Teltowkanal in den Bezirken Neukölln, Tempelhof und Zehlendorf. An der Ringbahn finden sich größere Industrieflächen in Moabit und Wedding und um den Bahnhof Ostkreuz; längs der Vorortstrecken im Westen Spandaus, im Süden (Mariendorf und Marienfelde) und im Südosten (Johannisthal und Adlershof); längs der Industriebahnstrecke im Norden zwischen Tegel und Friedrichsfelde mit Standorten in Borsigwalde, Wilhelmsruh, Weißensee und Lichtenberg.

Die Hauptstandorte der Klein- und Mittelbetriebe liegen im wilhelminischen Großstadtgürtel, entweder auf isolierten Gründstücken oder als Hinterhofindustrie, die von der Straße aus nur durch die Firmenschilder an den Einfahrten wahrzunehmen sind. Neben lichtarmen Werkstätten in einfachen Hintergebäuden entstehen vom Ende des 19. Jh. ab vor allem in Kreuzberg auch Industriehöfe als Mietshäuser speziell für Gewerbebetriebe mit solider, teils auch aufwendiger Ausstattung. Diese als »Kreuzberger Mischung« bekannt gewordene Verzahnung von Wohnbebauung und kleinen, teils hochspezialisierten Betrieben erweist sich heute als negativ wegen der Belästigung für die Anwohner und der mangelnden Ausweitungs- und Modernisierungsmöglichkeiten für die Firmen, als positiv wegen der kurzen Wege zwischen Wohnung und Arbeitsstätte.

Zahlreiche isolierte Gewerbeareale und Lagerflächen sind auch in der Außenzone zwischen Wohngebieten oder an deren Rändern anzutreffen und tragen in manchen Stadtrandzonen zu dem Eindruck der ungeordneten Flächennutzung bei. Nahezu frei von Industrie sind dagegen bis in die Gegenwart die bevorzugten Wohngebiete des Berliner Südwestens ebenso wie der Westen des wilhelminischen Ringes und die Villenviertel.

Rückgang der Landwirtschaft
Die ständig schrumpfende landwirtschaftliche Nutzfläche erhielt durch die Nähe zu dem wachsenden Absatzmarkt Berlin eine neue Qualität, vor allem durch Gemüsebau und Milchviehhaltung. Mit der Einführung der Kanalisation ab 1875 wurden Rieselfelder angelegt, die als Stadtgüter bewirtschaftet oder verpachtet wurden. Innerhalb Berlins erstrecken sie sich in einem 3 bis 4 km breiten Gürtel von Blankenfelde im Norden bis Hellersdorf im Osten und haben sich bis in die Nachkriegszeit hinein als Sperriegel für die Stadtausweitung im Berliner Nordosten erwiesen.

Als ländliche Nachfolgebetriebe und eng an den Berliner Markt gebunden entstanden am Stadtrand Gärtnereien, vor allem mit Frühgemüse- und Blumenkulturen, sowie Baumschulen. Nach der Späthschen Baumschule, die einmal die größte Deutschlands war, ist ein ganzer Stadtteil – Baumschulenweg – benannt. Auch die Standorte dieser Gartenbaubetriebe sind nach und nach an die Peripherie Berlins gewandert.

Wachsendes Freizeitangebot – »Hier können Familien Kaffee kochen«
Ein unschätzbarer Vorzug der Berliner Stadtlandschaft ist ihr Erholungs- und Freizeitpotential. Es gründet sich in erster Linie auf die Flußläufe mit ihren seenartigen Erweiterungen und auf die großen Waldgebiete. Dieses natürliche Angebot, einzigartig für eine Stadt dieser Größenordnung in Europa, konnte für die Erholung erst nutzbar gemacht werden durch den Ausbau der Nahverkehrswege und die Verkürzung der Arbeitszeit seit dem Ende des 19. Jh. Zeitgebunden wechselten mit den Formen der Erholung auch deren Standorte.

Als früheste Erholungsstätte breitester Schichten, zugleich als für Berlin typisches Massenausflugsziel, kann das Gartenlokal in der Umgebung gelten. Neben den Biergärten vor den Stadttoren, die nur noch vereinzelt – an der Hasenheide und der Schönhauser Allee – erhalten sind, waren es im 19. Jh. die Gartenlokale und Saalbauten am Tiergartenrand und in den Berlin zunächst gelegenen Gemeinden in Entfernungen von 5 bis 6 km, zu denen man leicht zu Fuß oder mit der Pferdekutsche gelangen konnte. Zu ihnen gesellten sich die zu Schiff erreichbaren Gartenlokale: spreeabwärts in Moabit, spreeaufwärts in Stralau, Treptow und Schöneweide. Auch an der Badstraße im heutigen Stadtteil Gesundbrunnen, wo eine Heilquelle seit dem 18. Jh. ein Kurviertel entstehen ließ, etablierten sich nach deren Versiegen Ende des 19. Jh. zahlreiche Vergnügungslokale. Neben wenigen vornehmen waren es zumeist volkstümliche Gaststätten, die mit einem Anschlag »Hier können Familien Kaffee kochen« warben oder in dem Rufe standen, ihren Gästen »Keilerei und Tanzvergnügen« zu bieten. Mit der Entwicklung der Nahverkehrsmittel wurden diese Ausflugsziele immer weiter nach draußen verlegt. Bevorzugt waren Wald- und Wassernähe: Sommerlokale befanden sich spreeaufwärts noch östlich vom Müggelsee, säumten die Havelseenkette und zogen außerhalb der Stadtgrenze in Werder zur Zeit der Baumblüte und im Spreewald Zehntausende von Ausflüglern an. Innerhalb Berlins haben nur noch wenige dieser großen Gartenlokale, so am Müggelsee, in Treptow oder Tegelort, die Zeiten überdauert.

Von den Parkanlagen ist der traditionsreichste der Tiergarten zwischen Berlin und Charlottenburg, der sich vom Jagdgebiet der brandenburgischen Kurfürsten über den Barockpark des 18. Jh. zum Landschaftspark Peter Joseph Lennés (* 1789, † 1866) wandelte, eines Gartenarchitekten, dessen Kunst nicht nur viele Parkanlagen Berlins prägte. Von den im Tiergarten zur Zeit des Kaiserreiches aufgestellten zahlreichen Denkmälern sind viele noch heute erhalten. Besonderer Anziehungspunkt war die im Zweiten Weltkrieg zerstörte Siegesallee mit den Statuen der brandenburgisch-preußischen Herrscher, die auf den Platz vor dem Reichstag mündete. Hier hatte auch die Siegessäule ihren Platz, die 1938 auf den Großen Stern im Tiergarten versetzt wurde. Am einstigen Schnittpunkt der Siegesallee mit der »Ost-West-Achse« – heute: Straße des 17. Juni – hat die Sowjetunion 1946 ein Ehrenmal errichtet. – Auch die Hasenheide war anfänglich kurfürstliches Jagdrevier, später diente sie als Garnisonsschießplatz, heute ist sie innerstädtischer Volkspark.

Grüne Inseln im Häusermeer sind auch eine Reihe von Parkanlagen, die die Stadt Berlin jeweils am Außenrand der Mietskasernenbebauung anlegen ließ. So entstanden am Barnimrand – als Gegenstück zum Tiergarten – als erster städtischer Park 1849 der Volkspark Friedrichshain, der 1913 mit der schönen Anlage des Märchenbrunnens geschmückt wurde, 1872 der Humboldthain; am Abhang des Teltowplateaus 1894 der Viktoriapark mit dem denkmalgekrönten Kreuzberg; im Spreetal 1887 der Treptower Park (seit 1947 mit dem gigantischen Sowjet-Ehrenmal Ostberlins) und 1873 der Plänterwald, um ein Bruchwaldgelände 1923 der Volkspark Jungfernheide, auf einer Flugsanddecke 1929 der Volkspark Rehberge.

Mit Berlin als Residenz verbinden sich die Parkanlagen der Schlösser, die ihre historische Gestalt teilweise bis heute bewahrt oder wiedererlangt haben. Zu ihnen gehören die Pfaueninsel und der Park von Kleinglienicke in Wannsee, die schon Teil der Potsdamer Schlösserlandschaft sind, sowie die Schloßparkanlagen von Charlottenburg und Niederschönhausen und der nach dem Zweiten Weltkrieg zum Tierpark umgestaltete Park Friedrichsfelde.

In der Außenzone sind einzelne Gutsparks mit altem und seltenem Baumbestand erhalten, der schönste hinter dem Humboldtschlößchen in Tegel, andere in Buch, Biesdorf, Britz, Marienfelde, Lichterfelde. Weitere Parkanlagen und kleinere öffentliche Grünflächen finden sich in allen Teilen des Stadtgebietes bis hin zu den begrünten Plätzen der Hobrechtschen Planung. Die gesamte Osthälfte des wilhelminischen Ringes aber hat ein Defizit an städtischem Grün.

Noch größere Bewegungsfreiheit bieten dem Erholungsuchenden die Berliner Wälder. Ein aus mehreren Einzelforsten zusammengesetzter Waldstreifen mit dem Grunewald in der Mitte erstreckt sich, von offenem Gelände und Siedlungen durchsetzt, längs der gesamten Westgrenze Berlins beiderseits der Havel zwischen Frohnau und dem Griebnitzsee. Sein Gegenstück ist das Waldgebiet an Spree und Dahme im Bezirk Köpenick, das jenseits der Stadtgrenze fächerförmig in die ausgedehnten Forsten des Urstromtales und der Storkower Platte übergeht. Ein Rundblick vom Grunewaldturm an der Havel oder vom Aussichtsturm auf den Müggelbergen macht den hohen ästhetischen Reiz dieser Verbindung von Wald und Wasser aufs schönste deutlich.

Mit dem Aufkommen des Sports als Freizeitbeschäftigung gewannen die Wasserflächen einen neuen Wert für den Ruder- und Segelsport; ganze Uferzonen werden von Bootshäusern, Vereinsheimen und Wassersportkolonien geprägt. Eine internationale Regattastrecke auf der Dahme in Grünau wurde durch die Olympischen Spiele 1936 bekannt und danach weiter ausgebaut. Das Schwimmen als Massensport bewirkte die Besetzung zahlreicher Uferpartien und Seenränder mit Badestellen und Schwimmbädern. Am Wannsee entstand 1907 mit einer Strandlänge von 1250 m das größte Binnenstrandbad Europas.

Als bekanntestes Sportzentrum Berlins wurde für die Olympischen Spiele 1936 auf einem alten Stadiongelände das Olympiastadion mit zahlreichen Nebenanlagen erbaut.

Andere Grünanlagen nehmen eine Mittelstellung zwischen Erholungs- und Nutzflächen ein. Die in Berlin sehr verbreiteten Laubenkolonien entstanden aus dem Gedanken, auch den in den Mietskasernen eingepferchten Arbeiterfamilien einen Zugang zur Natur und eine zusätzliche Versorgung zu schaffen. Seit Mitte des 19. Jh. in der Nähe der Wohngebiete angelegt, wanderten diese Kolonien mit der Bebauung nach außen. Vor dem Zweiten Weltkrieg bestanden, mit Ausnahme des Südwestens und der kompakten Innenstadt weit über das Stadtgebiet verteilt, 115000 Kleingartenparzellen mit einer Gesamtfläche von 50 km^2, die etwa einer halben Million Menschen zugute kamen. Von Stätten der Feierabenderholung und -beschäftigung wurden sie in den Notzeiten der Arbeitslosigkeit und bei Wohnungsverlust im Krieg auch zu Ersatzdomizilen mit Zusatzversorgung.

Als Freizeitstätten gern besucht waren seit seiner Eröffnung 1844 der Zoologische Garten am Rande des Tiergartens, noch immer der artenreichste Zoo der Welt, sowie der Botanische Garten, der um 1900 aus der Innenstadt vom Gelände des heutigen Kleistparkes an die Grenze Steglitz/Dahlem verlegt wurde.

Das am Funkturm gelegene Ausstellungsgelände sichert West-Berlin einen hervorragenden Platz unter den internationalen Messe-Städten. Es ist u. a. Schauplatz der Internationalen Tourismus Börse (ITB) und der Internationalen Funkausstellung (IFA).

Die Berliner Stadtlandschaft nach dem Zweiten Weltkrieg

Durch den Zweiten Weltkrieg und die Nachkriegsentwicklung ist keine deutsche Stadt so in ihrer Eigenart verändert und im Stadtbild derartig überformt worden wie Berlin. Die von den Nationalsozialisten geplanten bzw. begonnenen überdimensionalen Umgestaltungen waren in Anfängen steckengeblieben oder den Bomben zum Opfer gefallen. Von Kriegsschäden blieb kein Stadtteil verschont, ein Fünftel aller Gebäude wurde zerstört, ein Drittel der eineinhalb Millionen Wohnungen ging verloren. Besonders der Stadtkern wurde im Umkreis einiger Kilometer zur menschenleeren Trümmerlandschaft.

Die Funktion als Reichshauptstadt und damit die Mittelpunktlage hat Berlin eingebüßt. Die politische Teilung 1948 fand 1961 im Bau der Berliner Mauer ihren sichtbaren Ausdruck.

Berlin (West) ist politisch mit der Bundesrepublik durch das gleiche Rechts-, Währungs- und Wirtschaftssystem, geographisch aber nur durch Land- und Luftkorridore verbunden. Berlin (Ost) ist Regierungssitz des kleineren, in den Ostblock integrierten deutschen Staates und zur Hauptstadt der DDR erklärt worden. Aus der Zugehörigkeit zu den verschiedenen Systemen leiten sich die verschiedenartigen Binnenstrukturen, Umlandbeziehungen und Funktionen der beiden Teilstädte ab.

West-Berlin

West-Berlin ist von der anderen Teilstadt und von seinem natürlichen Hinterland isoliert. Für West-Berliner ist der Grenzübertritt nach Berlin (Ost) und in die DDR auf Antrag und zudem nur durch Zahlung einer Zwangsumtauschquote gestattet; in der Gegenrichtung ist die Passage seit dem 9. November 1989 per Visum möglich. Der Transitverkehr mit der Bundesrepublik verläuft auf vier Autobahn- und fünf Eisenbahnstrecken, wobei die kürzeste Entfernung zur Bundesrepublik 200 km bis Helmstedt beträgt. Für den Flug nach Berlin (West) sind drei Luftkorridore vorgeschrieben, die nur von den Fluggesellschaften der *Westalliierten* benutzt werden dürfen. Eine Steigerung des Berlin-Verkehrs ist vor allem dem 1971 geschlossenen Transitabkommen zwischen der Bundesrepublik und der DDR zu verdanken, das erhebliche Erleichterungen für die Benutzung der Transitstraßen brachte, wie z. B. die pauschale Entrichtung der Transitgebühren durch die Bundesregierung. Der Flugverkehr ging dadurch zurück, so daß der 1974 in Betrieb genommene neue Flughafen Tegel nicht voll ausgelastet ist und nach der Zahl der beförderten Personen unter den deutschen Flughäfen erst an fünfter Stelle rangiert; er dient überwiegend dem innerdeutschen Verkehr.

Die Stadtregierung ist mit dem Sitz des Regierenden Bürgermeisters im Rathaus des Bezirks Schöneberg untergebracht – ein Dauerprovisorium. Einzelne Senatsdienststellen sind dem Raumangebot mehrerer Bezirke gefolgt und verteilen sich eher zufällig auf den Westteil der Stadt. Zu einem ausgesprochenen Verwaltungsstandort ist die Umgebung des Fehrbelliner Platzes in Wilmersdorf geworden, wo in mehreren großen Dienststellen etwa 25000 Arbeitskräfte tätig sind.

Die enge Bindung an die Bundesrepublik erweist sich im Standort Berlin durch mehr als 50 Bundesbehörden, darunter einigen sehr hochrangigen, mit über 40000 Mitarbeitern. Als Amtssitz des Bundespräsidenten bei Berlin-Besuchen dient das Schloß Bellevue im Tiergarten.

Preußische Schlösser

Schloß Charlottenburg (1) wurde im Auftrag des Kurfürsten Friedrich III. als Sommersitz für seine Gattin Sophie Charlotte 1695 von Johann Arnold Nering begonnen (Mittelbau). Der Turm wurde erst 1709–1712 durch Eosander Göthe errichtet, der auch die Flügelbauten schuf. Das Denkmal des Großen Kurfürsten im Hof steht erst seit 1951 an diesem Platz. Es wurde von Andreas Schlüter 1696 entworfen und 1703 auf der Langen Brücke beim inzwischen abgerissenen Berliner Stadtschloß aufgestellt. – In Köpenick, südöstlich der Stadt, ließ Kurfürst Joachim II. ab 1558 an der Stelle einer Burg aus der Wendenzeit ein Renaissanceschloß errichten. Erhalten ist der westliche Seitenflügel und der Torbau. 1684/85 wurde dem Schloß gegenüber die Schloßkapelle (2) nach Entwürfen von Nering errichtet. – An der Spree im Tiergarten ließ Prinz Ferdinand von Preußen 1785/86 durch Philipp Michael Boumann das Schloß Bellevue (3) erbauen. Der frühklassizistische Bau ersetzte ein kleines Schloß, das sich 1743 Knobelsdorff hier als Wohnsitz gebaut hatte. Nach der Zerstörung im Zweiten Weltkrieg wurde das Gebäude wieder aufgebaut und dient als Berliner Amtssitz des Bundespräsidenten. – Auf Veranlassung der Gräfin Lichtenau, die auf einer Italienreise ein »romantisch« verfallenes Schloß gesehen hatte, ließ Friedrich Wilhelm II. vom Hofzimmermeister Brendel 1795/97 auf der Pfaueninsel in der Havel ein Lustschloß (4) im Stile der damaligen Ruinensentimentalität bauen. Bis auf die Brücke aus Gußeisen ist der wie eine Theaterkulisse wirkende Bau in Holz ausgeführt, der erst 1909–1911 verputzt wurde. – Ursprünglich 1695 als »holländisches Landhaus« erbaut, wurde Schloß Friedrichsfelde (5) nach verschiedenen Erweiterungen 1762 für zwei Jahrzehnte Wohnsitz Prinz Ferdinands, des jüngsten Bruders Friedrichs des Großen, bevor er sich 1785 Schloß Bellevue baute. Wenigstens in Teilen trägt Schloß Babelsberg (6) auf einem Hügel über den Havelseen bei Potsdam die Handschrift Friedrich Schinkels, des »Baumeisters Berlins«. 1834 begann er mit dem Bau, der 1849 von J. H. Strack als spätromantische Schloßburg vollendet wurde.

U. K. Dr.

1

2

4

5

3

6

Große Neubaugebiete, Entstehungszeit und Kapazität

Innerstädtische Neubaugebiete		
		Wohnungen
Bayerisches Viertel, Schöneberg	1952–60	2900
Hansaviertel, Tiergarten	1956–63	2000
Luisenstadt, Kreuzberg	1956–63	4000
Mehringplatz, Kreuzberg	1969–75	1550
Stadtautobahnüberbauung, Wilmersdorf	1976–81	2000
Neubaugebiete der Außenzone		
Britz Süd	1954–60	3200
Reinickendorf Mitte	1954–66	5200
Charlottenburg Nord	1956–65	6500
Gropiusstadt, Britz-Buckow-Rudow	1962–74	18000
Falkenhagener Feld, Spandau	1963–76	11500
Märkisches Viertel, Reinickendorf	1964–74	17000
Marienfelde West	1964–78	7300

Stark verändert hat sich die Siedlungsstruktur durch die Notwendigkeit, den erheblichen Wohnungsbedarf vor allem im Mietwohnungsbau zu decken, denn nach dem Zweiten Weltkrieg waren 316000 Wohnungen zerstört und die übrigen 642000 mehr oder weniger beschädigt. Insgesamt stammt fast die Hälfte des Wohnungsbestandes aus der Zeit nach dem Zweiten Weltkrieg.

Neben Stadtteilen, in denen lediglich Lücken geschlossen zu werden brauchten und die daher ihr äußeres Bild bewahrt haben, stehen Neubaugebiete auf abgeräumten Trümmerflächen der Innenstadt. Zu ihnen gehört das schöne Hansaviertel, das als Demonstrationsobjekt für die Internationale Bauausstellung 1957 errichtet wurde (→ Kästchen oben). Weit ausgedehntere Baukomplexe entstanden in der Außenzone. Während die Bebauung anfangs noch weiträumig, niedrig und stark durchgrünt war, wie in Britz Süd und Reinickendorf Mitte, setzte sich in den späteren Neubauvierteln mit knapper werdendem Raum am Stadtrand ein größerer Anteil an Hochhausbauten und damit eine stärkere Verdichtung durch, so daß Gebäudehöhe und Wohndichte jetzt nicht mehr nach außen hin kontinuierlich abnehmen, sondern der Stadtrand sich vielfach durch Hochhausbauten markiert. Die größten Neubaukomplexe sind die nach ihrem ersten Planer benannte Gropiusstadt im Südosten und das Märkische Viertel im Norden, das durch soziale Mißstände in seinen Anfangsjahren bekannt wurde und auch durch Mangel an Freiflächen und ungenügende Anbindung an das innerstädtische Verkehrsnetz gekennzeichnet ist.

Die Erfüllung des Wunsches nach einem Haus im Grünen ist nur begrenzt möglich, da der Erhaltung der Erholungsflächen Vorrang eingeräumt werden muß. Jedoch sind die Landhausgebiete der Außenzone vielfach erweitert worden; gleichzeitig ist auch eine Verdichtung – durch Teilung von Grundstücken – eingetreten. Andererseits haben stadtnahe ältere Villengebiete wie Grunewald oder Westend Veränderungen durch Abriß von alten Villen oder deren Nutzung als soziale Einrichtungen oder Firmensitze erfahren. Der Villenvorort Dahlem ist mit der Gründung der Freien Universität 1948, dem Einzug von Instituten in Privatvillen und in spätere große Neubauten, der Erweiterung von Forschungsstätten und Museumsgebäuden zu einem Standort hochrangiger kultureller Dienstleistungen geworden.

Infolge der Abtrennung vom alten Stadtzentrum im Bezirk Mitte hat sich in Anlehnung an Anfänge vor dem Zweiten Weltkrieg im Gebiet Ernst-Reuter-Platz – Bahnhof Zoo – östlicher Teil des Kurfürstendamms – Tauentzienstraße – Wittenbergplatz eine neue City entwickelt, die vorwiegend von wirtschaftlichen und kulturellen Aktivitäten bestimmt wird; nur wenige Gebäude werden von Verwaltungen und Behörden genutzt. Die hier einst vorhandenen Standorte von Einkaufs-, Unterhaltungs- und Bildungsstätten haben sich ausgeweitet; hinzugekommen sind – teils in neu errichteten Geschäftsgebäuden – Banken, Büros, Versicherungen, konsularische Vertretungen, jedoch vorwiegend eine Stufe unter dem früheren Standard: statt der Botschaften Konsulate, statt der Hauptsitze Zweigstellen. Multifunktionale Hochhausbauten, wie das Europacenter am Breitscheidplatz, haben das Angebot verdichtet, auch ein Hotelviertel um die Budapester Straße ist neu entstanden. Zeichen einer noch nicht erreichten Konsolidierung der City ist trotz Umwandlung zahlreicher Großwohnungen in Gewerberäume ein noch immer erheblicher Anteil von Wohnbevölkerung in den Hintergebäuden und Seitenstraßen. Eine unerwünschte Entwicklung ist seit Ende der siebziger Jahre durch die von der Umgebung des Bahnhofs Zoo ausgehende Ansiedlung von Billigläden und Schnellgaststätten eingetreten, die insbesondere den Boulevardcharakter des Kurfürstendamms beeinträchtigt hat. Gegenwärtig ist man um Abhilfe bemüht.

Außerhalb dieser City hat sich auch in den Hauptgeschäftsstraßen der Bezirke die Verkaufsfläche gegenüber der Vorkriegszeit stark erweitert. An erster Stelle steht hier die knapp 2 km entfernte Wilmersdorfer Straße, die, als Fußgängerzone gestaltet und mit mehreren Großkaufhäusern besetzt, vielleicht mit der City am Zoo zusammenwachsen wird. Von den übrigen haben die Schloßstraße in Steglitz und die Karl-Marx-Straße in Neukölln den weitesten Einzugsbereich. Eine Sonderstellung nimmt der Altstadtkern von Spandau ein, der zum Einkaufszentrum umgestaltet ist, aus anderen Bezirken aber nicht aufgesucht wird.

Einzelne Stadtviertel besonderer Prägung sind erhalten oder neu entstanden. So hat sich das alte Antiquitätenviertel östlich vom Wittenbergplatz noch ausgeweitet. Zwischen Kurfürstendamm und Kantstraße findet man Boutiquen, Galerien, Läden des Kunsthandwerks, vermischt mit Gaststätten und Pensionen, die vom Vormittag bis in die Nachtstunden wechselnde Passanten- und Besucherströme anziehen. An Stelle des alten Standortes ostwärts vom Alexanderplatz liegen nördlich vom Nollendorfplatz, knapp außerhalb des eigentlichen Citybereiches, fast alle großen Möbelkaufhäuser Berlins. Längs der Bergmannstraße im Bezirk Kreuzberg sind Kellerläden und kleine Geschäfte mit Trödelkram und Billigwaren aufgereiht, deren nostalgischer Charakter noch durch die traditionelle Ausstattung der Auslagen und Geschäftsräume unterstrichen wird. Um die Oranienstraße, ebenfalls im Bezirk Kreuzberg, ist ein Zentrum türkischer Lebensweise entstanden, das neben speziellen Läden, Restaurants und Reisebüros auch Domizile türkischer Vereine und Organisationen umfaßt. In weiten Teilen dieses Bezirks hat sich, getragen von Aussteigern und jungen Leuten, eine Mischung aus alternativen Lebensformen und entsprechenden Angeboten von Musik, Theater, Film, Mode, aus Kunst und Handwerk in Selbsthilfegruppen entwickelt, die, zusammen mit der »Kreuzberger Mischung« sowie dem hohen Ausländeranteil den Begriff »Kreuzberger Szene« über die Grenzen Berlins hinaus bekanntgemacht hat.

Auf die Planung eines Citybandes, das längs des südlichen Tiergartenrandes die neue mit der alten City verbinden sollte, geht die Anlage des »Kulturforums« an der Potsdamer Straße zurück. Das Gelände mit Philharmonie, Nationalgalerie und Staatsbibliothek sowie mehreren zum Teil noch im Bau befindlichen Museen liegt nur wenige hundert Meter von der Grenze zum Bezirk Mitte und vom einst verkehrsreichen Potsdamer Platz entfernt, inmitten einer unbewohnten, von öffentlichen Verkehrsmitteln schlecht erschlossenen Randzone.

Zu den noch kaum genutzten innerstädtischen Flächen gehören auch der größte Teil des ehemaligen Diplomatenviertels am Tiergarten-Südrand und der in West-Berlin gelegene Südteil der Friedrichstadt, die in Abseitslage geraten sind, sowie das Hintergelände des ehemaligen Potsdamer und Anhalter Bahnhofs, das als Verkehrsfläche nicht mehr benötigt wird. Über die Zukunft dieser seit dem Kriege brachliegenden Areale ist trotz anhaltender Diskussion noch nicht entschieden. Bis zur Internationalen Bauausstellung (IBA) 1987 in Berlin versuchte man städtisches Leben in diesen Stadträumen wiedererstehen zu lassen.

Seit 1963 ist es Aufgabe der Stadtsanierung, städtebauliche Mängel in einzelnen abgegrenzten Stadtarealen zu beseitigen. Anfangs geschah dies als Kahlschlagsanierung mit nachfolgender Neubebauung, so im Sanierungsgebiet Neukölln zwischen Hermann- und Karl-Marx-Straße und in Teilen von Kreuzberg und Wedding. Seit dem Ende der siebziger Jahre haben sich die Ansichten gewandelt, und man versucht jetzt, die gewachsene Struktur und das soziale Gefüge in den Sanierungsgebieten zu erhalten. Daher stehen nun die Beseitigung zu dichter und baufälliger Hinterhofbebauung, die Renovierung der historischen Fassaden und die Wohnungsmodernisierung im Vordergrund. Bis Mitte 1985 wurden in den Sanierungsgebieten an Stelle von 37000 abgerissenen Wohnungen 27000 neu gebaut und mehrere Tausend modernisiert. Jedoch sind Ende 1984 in Berlin (West) noch immer fast 81000 Substandard-Wohnungen (ohne Bad und Innen-WC) vorhanden: im Bezirk Kreuzberg jede vierte, im Bezirk Wilmersdorf nur jede siebzigste Wohnung.

Das innerstädtische Verkehrsnetz mußte sich auf die Insellage einstellen. Es endet an den Stadtgrenzen und ist mit Ost-Berlin z.Z. durch den Grenzübergang Bahnhof Friedrichstraße im Bezirk Mitte verbunden, der mit U- und S-Bahn erreicht werden kann, und den U-Bahnhof Jannowitzbrücke. Der mit dem Bezirk Mitte weit nach Westen vorspringende Teil von Ost-Berlin wird oberirdisch durch eine Entlastungsstraße umgangen, unterirdisch von zwei U-Bahn-Linien unterfahren, deren Bahnhöfe in Berlin (Ost) geschlossen sind. Durch den Bau weiterer U-Bahn-Strecken ist die neue City zum Verkehrsmittelpunkt geworden. Ein Stadtautobahnring mit radialen Außenstrecken, der neben dem S-Bahn-Ring verläuft, wurde nicht nur für Berlin (West) geplant, blieb bislang aber als Halbkreis auf den Westen beschränkt. Die S-Bahn, bis 1983 von der in Ost-Berlin ansässigen Reichsbahn betrieben, wurde durch parallele Bus- und U-Bahn-Strecken ersetzt, weil sie nach dem Mauerbau von der Bevölkerung gemieden und deshalb zuletzt auf wenige Abschnitte reduziert war. Den Zustand der aufgegebenen Strekken kennzeichnen verfallende Bahnhöfe und auf dem Schienengelände Gebüsch und stattliche Bäume. Nach Übernahme der Betriebsrechte durch die Berliner Verkehrsbetriebe (BVG) in Berlin (West) 1984 werden die für den öffentlichen Verkehr als notwendig erachteten Strecken erneuert und nach und nach wieder in Betrieb genommen.

Die Standorte der Industrie haben sich nicht verändert. Ein neues Gelände auf dem ehemaligen Stadtgut Marienfelde südlich der Dorfaue ist zusätzlich erschlossen worden.

Durch den Wohnungsbau sind die landwirtschaftlich genutzten Flächen stark vermindert worden. In größerer Ausdehnung sind sie nur noch in Lübars und Rudow, vor allem aber in Gatow (230 ha) erhalten. Ihr wirtschaftlicher Wert tritt hinter ihrem Erholungswert zurück. Dies gilt nicht für die Gartenbaubetriebe am Stadtrand, die z.B. in der Glashauslandschaft von Britz an der Mohriner Allee einen eindrucksvollen Standort konsumentennaher Intensivkulturen mit Schwerpunkt Zierpflanzenbau bilden.

Da die Mark Brandenburg, der natürliche Erholungsraum für die West-Berliner, nur mit großem Zeit- und Kostenaufwand zu erreichen ist, bleibt für Feierabend- und Wochenenderholung fast ausschließlich das Angebot des Stadtgebietes. Durch die ausgedehnten Waldflächen und die vielen Seen ist die Teilstadt sehr begünstigt. Allerdings wird die Havel nicht nur von 70000 Sportbooten, sondern auch von Fahrgast- und Güterschiffahrt genutzt. Und an schönen Wochenenden muß die Havelchaussee im Grunewald oftmals für den motorisierten Verkehr gesperrt werden. Insgesamt sind die Erholungsbereiche ständig gefördert, weiter ausgestaltet und den modernen Freizeitbedürfnissen zugänglich gemacht worden.

So erhält der Schloßpark Kleinglienicke im Rahmen der Gartendenkmalpflege wieder das Aussehen, das ihm Lenné zu Anfang des 19. Jh. gab. In den Parks der Stadt hat man größere Flächen als Spiel- und Liegewiesen eingerichtet. Mit der Anlage von Grünzügen und deren Verbindung untereinander sowie der Einbeziehung von Promenadenwegen längs der Fluß- und Kanalufer sind zusammenhängende Spazierwege geschaffen worden. Zusätzlich hat man die Trümmerschutt-Erhebungen begrünt, wie den »Insulaner« in Schöneberg und den Teufelsberg im Grunewald. Ebenso sind ehemalige Mülldeponien am Stadtrand in Lübars, Wannsee, Marienfelde und Rudow zu Freizeitparks umgestaltet worden.

Der Grunewald: Seine Heide- und Forstlandschaft ist ein beliebtes Naherholungsziel. – Dahinter eine amerik. Radarstation.

Die ungleichmäßige Verteilung von Wald und Wasser sowie der Parkanlagen begünstigt jedoch den Westen der Teilstadt und benachteiligt die Kreuzberger und Neuköllner, die durch den Grenzverlauf von ihren nahe gelegenen Erholungsgebieten, dem Treptower Park und der anschließenden Oberspreelandschaft, abgeschnitten sind. Daher wurde für die Bundesgartenschau 1985 ein 150 ha umfassendes Areal im Raum Britz–Buckow des Bezirks Neukölln ausgewählt, das dem unterversorgten Südosten später als Erholungs- und Freizeitpark dienen wird.

Besondere Bedeutung für die Naherholung haben immer noch die Kleingartenkolonien. Viele von ihnen mußten Bauvorhaben weichen, so daß sich ihre Zahl ständig verringert; doch sind 1984 noch 593 Kolonien mit 48000 Parzellen auf einer Fläche von 19 km^2 erhalten.

Sportlicher Betätigung dient eine große Zahl von Anlagen, die sowohl für den Breiten- als auch für den Leistungssport genutzt werden.

Auch bei den städtischen Dienstleistungsbetrieben zeigt sich die Sondersituation West-Berlins. Nur in der Wasserversorgung ist die Stadt infolge ausreichender Grundwasservorräte unabhängig. Zur Stromerzeugung müssen größere Brenn-

Baudenkmäler im Zentrum Ost-Berlins

1

Die Repräsentationsstraße von einst und jetzt heißt »Unter den Linden« (1). Die 1390 m lange und 60 m breite Prachtstraße ist aus der Trümmerwüste, die der Zweite Weltkrieg hinterlassen hatte, zwar in neuer Gestalt, in seinem historischen Teil jedoch in alter Schönheit wiedererstanden. Der Vorläufer der »Linden« war ein Jagdweg, der 1647 zur ersten Lindenallee ausgebaut wurde. Mit dem Prunkbau des Zeughauses (9; heute Museum für Deutsche Geschichte) begann 1695 die Ausgestaltung der Lindenallee zur Repräsentationsstraße der preußischen Residenz. Friedrich II. beauftragte Georg Wenzeslaus von Knobelsdorff mit dem Entwurf des Lindenforums. Knobelsdorff fiel leider in Ungnade und konnte nur das Königliche Opernhaus (8; heute Staatsoper) vollenden; die Humboldt-Universität (12) und die St.-Hedwigs-Kathedrale (6) wurden wohl im wesentlichen nach seinen Forumsplänen entworfen und gebaut. 1789 bis 1791 erhielt die Straße durch das Brandenburger Tor (1; im Hintergrund) mit der Quadriga von Johann Gottfried Schadow (1794, 1959 nach den alten Formen erneuert) ihren architektonischen Abschluß. Anfang des 19. Jh. bereicherte Karl Friedrich Schinkel das Gesicht der Straße durch die Errichtung der Neuen Wache (3; heute »Mahnmal für die Opfer des Faschismus und Militarismus«). Von ihm stammen auch die Marmorstatuen (1; vorne links) auf der Schloßbrücke (jetzt Marx-Engels-Brücke), das Schauspielhaus (7) am einstigen Gendarmenmarkt (heute Platz der Akademie) und das Alte Museum (4) auf der Museumsinsel (1824–1830), mit breiter Säulenfront und Freitreppe. In der Schinkelnachfolge steht das Rote Rathaus (5), aus rotem Backstein 1861 bis 1869 errichtet. Der Dom (10) ist erst 1893 bis 1905 erbaut worden. Etwa gleichzeitig, nämlich von 1897 bis 1904, entstand das Bodemuseum (11) auf der Museumsinsel. Rund dreißig Jahre vorher war dort die Nationalgalerie (13) fertig geworden (1876). Am Märkischen Ufer steht das kunsthistorisch wertvolle, aus stadtplanerischen Gründen aus der Breiten Straße hierher versetzte Ermelerhaus (2; 18. Jh.). Es stammt aus der Zeit um 1760. R. V.

2

3

4

5

Die Allee »Unter den Linden« (1) zwischen Marx-Engels-Brücke und Brandenburger Tor. Die Siegessäule dahinter befindet sich schon in West-Berlin. Das Ermelerhaus (2) am Märkischen Ufer wurde 1969 von der Breiten Straße auf der neuen Fischerinsel an das Märkische Ufer versetzt (2). Die Neue Wache (3), »Mahnmal für die Opfer des Faschismus und Militarismus«. Das Alte Museum (4), 1966 wiederhergestellt. Nationalgalerie (5), 1876 fertiggestellt.

6

7

8

9

10

11

12

Die St.-Hedwigs-Kathedrale (6) wurde nach dem Vorbild des Pantheon in Rom 1747 begonnen und 1773 vollendet. Die zerbombte Kathedrale wurde 1952 bis 1963 wiederaufgebaut. Schauspielhaus (7). Staatsoper (8). Museum für Deutsche Geschichte (9). Dom (10). Bodemuseum (11). Die Humboldt-Universität (12) wurde 1748 bis 1753 durch Johann Boumann d. Ä. als Prinz-Heinrichs-Palais erbaut (seit 1810 Universität). Das Rote Rathaus (13) wird von dem 74 m hohen Turm überragt.

13

1

2

3

4

Das Märkische Viertel (1) in West-Berlin (Bezirk Reinickendorf) fand schon während seines Entstehens in den 1960er und 1970er Jahren Zustimmung und völlige Ablehnung zugleich. Für die städtebaulichen und architektonischen Aufgaben wurden namhafte Architekten des In- und Auslandes gewonnen. Die Anordnung der Gebäudekomplexe zueinander, der Wechsel der Gebäudehöhen sowie die unterschiedliche Farbgebung waren damals bestaunte Neuerungen. »Sozialistischer Städtebau« in Ost-Berlin, Bezirk Mitte (2) und in der »Straße der Befreiung« (3). Fast West-Berliner »Verhältnisse«: Verpflichtung der FDJ, dieses und andere alte Häuser zu renovieren und instand zu setzen (4).

Große Neubaugebiete in Ost-Berlin, Entstehungszeit und Kapazität

		Wohnungen
Karl-Marx-Allee, Ostteil, Friedrichshain	1952–58	2100
Karl-Marx-Allee, Westteil, Friedrichshain	1959–65	5000
Hans-Loch-Viertel, Lichtenberg	1961–66	5000
Am Tierpark, Lichtenberg	1968–72	5000
Frankfurter Allee Süd, Lichtenberg	1969–73	4400
Am Fennpfuhl, Lichtenberg	1972–80	15700
Marzahn	1977–85	38000
Kaulsdorf Nord, Bezirk Marzahn	ab 1980	5300
Hohenschönhausen Nordost, Weißensee	ab 1983	14200

die Anlage langer, rechteckiger Wohnblöcke in Hoch- oder Flachbauweise zur Folge hat. Daraus resultiert der Eindruck von Gleichförmigkeit und Öde, der auch durch einzelne Punkthochhäuser und die zunehmende Verwendung farbiger Fassadenteile kaum gemildert wird. Die Wohnfläche ist durchweg kleiner und die Ausstattung einfacher als im Westteil der Stadt. Auch sind die Wohnungen stärker belegt als im Westen. Da der Ostteil Berlins in höherem Maße Arbeiterwohngebiet war, gilt das gleiche auch für den älteren Gebäudebestand.

Dieser wird zunehmend durch Fassadenerneuerung und Einbau sanitärer Einrichtungen verbessert. Das größte geschlossene Modernisierungsgebiet mit rund 6500 nach der Jahrhundertwende entstandenen Wohnungen liegt um den Arnimplatz im Bezirk Prenzlauer Berg. Ähnlich wie in Berlin (West) entwickelt sich ein Umdenken vom Abriß zur Erhaltung und Bewahrung der Individualität der einzelnen Stadtteile.

Jedoch hat sich in vielen älteren Stadtbereichen noch nichts verändert. An den vergrauten Fassaden gewahrt man neben Putzschäden vielfach noch Spuren des letzten Krieges. Aus den seit der Vorkriegszeit nicht erhöhten Mieteinnahmen lassen sich nur die dringendsten Reparaturen finanzieren, was besonders für den privaten Hausbesitz gilt, dem noch ein hoher Anteil gerade des ältesten Wohnungsbestandes gehört. So sind die Gegensätze zwischen Zentrum und Wohngebieten, zwischen Altem und Neuem sehr augenfällig und stärker ausgeprägt als im Westteil Berlins.

In der Außenzone sind die Kleinhausgebiete und Landhauskolonien erhalten, aber kaum erweitert oder verjüngt. Nur westlich des Schlosses Niederschönhausen, das jetzt als Gästehaus der Regierung genutzt wird, ist ein älteres Villenviertel hervorragend instandgesetzt und durch Neubauten verdichtet: Wohnsitze von DDR-Prominenz und diplomatische Vertretungen.

Die Industriegebiete, an den alten Standorten innerhalb der kompakten Stadt oder an deren Rand gelegen, leiden vielfach unter unrationeller Flächennutzung und mangelnder Ausdehnungsmöglichkeit, was besonders für das wichtigste Industriegebiet Ost-Berlins in Ober- und Niederschöneweide gilt, wo außerdem Probleme durch Engpässe im Berufsverkehr sowie Rauch- und Lärmbelästigungen der anschließenden Wohngebiete auftreten. Als neuer Industriestandort ist Lichtenberg-Nordost im Aufbau, wo Arbeitsplätze für 30000 Beschäftigte vorgesehen sind; hier wurde auch der größte Lagerkomplex der DDR für die Belieferung des Berliner Marktes mit Konsumgütern angelegt. Nahe der Innenstadt entlang der Ringbahn erstreckt sich das neue Industriegebiet Storkower Straße im Bezirk Prenzlauer Berg, das in Serienbauten eine Anzahl von Klein- und Mittelbetrieben aufgenommen hat, die infolge der Umgestaltung der Innenstadt ihren Standort wechseln mußten.

Die landwirtschaftlich genutzten Flächen sind infolge der Ausdehnung der Siedlungs- und Industriegebiete zurückgegangen, nehmen aber im Norden und Osten noch weite Areale ein und werden durch vier landwirtschaftliche Produktionsgenossenschaften und fünf volkseigene Güter bewirtschaftet.

Standorte wichtiger Dienstleistungseinrichtungen sind neu entstanden oder ausgebaut worden, so Forschungsinstitute, Film- und Fernsehstudios auf dem Gelände eines ehemaligen Flugplatzes in Johannisthal. In Buch sind auf dem seit der Jahrhundertwende angelegten Krankenhausgelände zahlreiche medizinische Forschungsinstitute konzentriert. Die Charité ist als Universitätskrankenhaus zum führenden medizinischen Zentrum der DDR ausgestaltet worden.

Neben den Wald- und Seengebieten innerhalb der Stadtgrenzen ist ein erhebliches Potential an Erholungsflächen in einem weiten Radius um Berlin vorhanden, das dank des hohen Bestandes an privaten Kraftfahrzeugen – der kleine Trabant ist das häufigste Vehikel auf den Straßen der DDR – viel weiträumiger und intensiver als vor dem Kriege genutzt werden kann. Schon zeigen sich an vielen Stellen wie in der Bundesrepublik die unerwünschten Folgen in der Verbauung der Seeufer durch Wochenendkolonien, Camping- und Parkplätze.

Weniger günstig ist die Verteilung der Parkanlagen. Wie schon der wilhelminische Gürtel, so haben auch die meisten Neubaugebiete ein Defizit an schnell erreichbaren Freizeitflächen. Daher sind in der Nähe unterversorgter Wohngebiete Neuanlagen entstanden. So ist dem Neubaugebiet am Fennpfuhl der Volkspark Prenzlauer Berg zugeordnet, die Wuhleniederung soll zum Erholungsgebiet für Marzahn werden. Als Ersatz für den Zoo in Berlin (West) ist der Schloßpark Friedrichsfelde zum Tierpark mit weiträumigen Gehegen umgewandelt worden. Vorwiegend auf nicht mehr genutzten Rieselfeldern im Norden der Bezirke Pankows und Weißensee werden Waldareale angelegt, die insgesamt 13 km² umfassen und neben der Erholung auch der Verbesserung des Stadtklimas dienen sollen.

Die Kleingärten dienen in höherem Maße als im Westen neben der Erholung auch der Erzeugung von Obst und Gemüse für den städtischen Markt. Durch Inanspruchnahme solcher Areale für Neubauvorhaben ist ihre Zahl trotz Neuanlagen in den Außengebieten auf 29000 in 314 Kolonien auf einer Fäche von 16 km², das sind zwei Drittel des Vorkriegsbestandes, zurückgegangen.

Die hohe Wertschätzung des Sports zeigt sich in der Zahl von 370 Sportplätzen, darunter das 50000 Zuschauer fassende »Stadion der Weltjugend« im Bezirk Mitte. Neu ist die Reihe aufwendig ausgestatteter Anlagen, so das Sport- und Erholungszentrum am Friedrichshain von 1981 oder das Berliner Sportforum in Hohenschönhausen, wo auch Hochleistungssportler ausgebildet werden. Im Pionierpark in der Wuhlheide, Bezirk Köpenick, der mit Einrichtungen der außerschulischen Bildung und Erziehung ausgestattet ist, wurde 1979 der »Pionierpalast« errichtet, der, größer als der »Palast der Republik« im Stadtzentrum, Kindern im Schulalter Räume für alle erdenklichen Aktivitäten bietet.

Der Wassersport ist im Fluß- und Seenbereich des Bezirks Köpenick konzentriert, mit einer relativ höheren Zahl von Sportbooten als in Berlin (West).

WILFRIED FORSTMANN

Das neue Bild einer wiederaufgebauten Stadt

Bauen besitzt seit alters her über seinen unmittelbaren Zweck, Behausung zu schaffen, einen höchst ästhetischen Anspruch. Die Beurteilung, wie Form und Farbgebung, Materialien und schmückende Details gestaltet sind, orientiert sich immer an diesen beiden Kategorien. Gleiches gilt für ein bauliches Ensemble bis hin zur Stadt mit ihren vielfältigen Funktionen und entsprechenden, auf engem Raum zusammengefaßten, unterschiedlichen baulichen Ausdrucksformen. Gerade das ästhetische Empfinden, wie Baulichkeiten zueinander ausgerichtet werden, wie Straßenführung, Platzgestaltung, der visuelle Eindruck zu gestalten sei, hat Architekten und Stadtplaner, ja die Bürger insgesamt fortwährend beschäftigt, nach den technischen Möglichkeiten und funktionellen Bedürfnissen in der jeweiligen Zeit sich wandelnde Ergebnisse hervorgerufen. Die bildliche Beschreibung der Stadt, im engsten Sinne des Wortes das Stadtbild – aus den Gründen, die die Architektur auszeichnen, ein beliebtes Motiv in der abbildenden Kunst – zeigt über die Jahrhunderte hinweg die Ergebnisse dieses Mühens zu städtischer Gestaltung. Wie die Jahresringe eines Baumes, lassen sich bis zum Zweiten Weltkrieg an den deutschen Städten altstädtische Harmonie und Winkligkeit, fürstliche und patrizische Repräsentation, bürgerliche Behaglichkeit und ärmliche Arbeiterquartiere, schließlich Ansätze, soziale Verantwortung auch im Wohnungsbau stärker zur Geltung zu bringen, erkennen. Dem entspricht es, daß baustilistische Elemente aus unterschiedlichen Epochen, in unterschiedlicher Qualität und Quantität im Stadtbild auftauchten, das städtebauliche Ensemble insgesamt prägten. Keine Frage, daß die Industrialisierung, die sich in erster Linie in den Städten vollzog, und ihre Bedürfnisse, was Wohn-, Verwaltungs- und Verkehrsbauten, Produktions- und Erholungsstätten anging, ältere Formen baulicher Gestaltung überlagert und zurückgedrängt hatte; nichtsdestoweniger brachte auch sie keine abrupten unmittelbaren Veränderungen des Stadtbildes. Sie veränderte es allmählich Stück für Stück und ließ einen Gewöhnungsprozeß eintreten. Wichtiger noch, sie erweiterte die städtische Dimension so sehr, daß eine optisch wahrnehmbare Begrenzung der Stadt zum Umland nicht mehr ohne weiteres möglich war.

Diese städtebauliche Entwicklung verlief so, wie angedeutet, überall in Mittel- und Westeuropa. In London und Paris, aber auch in Berlin waren diese Jahresringe zu erkennen. Der Zweite Weltkrieg dagegen führte in Deutschland zu einem fatalen Einschnitt. Er ließ Deutschland geteilt und zerstört zurück. Diese Zerstörungen aber wurden besonders augenfällig an seinen Städten, nur sehr wenige blieben von der Kriegsfurie verschont. Dem Betrachter boten sich insbesondere in dem innerstädtischen Bereich riesenhafte Trümmerfelder, aus denen nur hier und da ein noch stehendes Gebäude, vielleicht ein Kirchturm, herausragte. Wo zuvor sich pulsierendes oder beschauliches städtisches Leben abgespielt hatte, blieben Leere und Unwirklichkeit, erschütternde Beklemmung und tiefe Hoffnungslosigkeit.

Die deutsche Hauptstadt Berlin bildete natürlich keine Ausnahme: 363 Luftangriffe auf Berlin, in ganz Berlin ca. 80 Millionen m^3 Trümmerschutt, etwa ein Siebtel aller Trümmermassen in Deutschland. 43 Prozent des Wohnraumes, 40 Prozent der Schulen, die Hälfte der Brücken, Theater- oder Konzertsäle waren zerstört oder stark beschädigt. Der Bezirk Mitte erwies sich mit 60 Prozent am meisten von den Zerstörungen betroffen, aber auch die anderen innerstädtischen Bezirke Tiergarten, Friedrichshain und Kreuzberg wiesen erhebliche Verluste auf. Dort war etwa die Hälfte aller Bausubstanz vernichtet. Den Zerstörungen aus der Luft folgten die militärische Einnahme, die unter Artilleriebeschuß und Straßenkämpfen vor sich ging, was zu weiteren Zerstörungen führte, ein Besatzungsregime unter einem Viermächte-Status, das durch die faktische politische Entwicklung immer mehr ausgehöhlt und somit zur andauernden Teilung Berlins führte. Administrativ und politisch-gesellschaftlich voneinander unterschieden, befinden sich auf dem Gebiet des ehemaligen Groß-Berlin zwei Berliner Städte, was sich optisch am eindrucksvollsten in der Stadtplanung und im Wiederaufbau ausdrückt. Es liegt auf der Hand, daß sowohl unter den entstandenen politischen Verhältnissen als auch der drückenden Last der Zerstörungen und der dringenden Bedürfnisse der Menschen, wieder ein Dach über dem Kopf zu haben, an einen gemessenen und gezielten Wiederaufbau zunächst nicht gedacht werden konnte. Es gab in den ersten Nachkriegsjahren darüber hinaus keinen politischen Willen in Deutschland, der es vermochte, die bauliche Gestaltung der Hauptstadt in Angriff zu nehmen. Im Vordergrund der ersten baulichen Anstrengungen konnten nur notdürftige Reparaturen von Wohnraum mit vielfach ungenügenden Materialien stehen. Erst seit 1949 standen systematischere Überlegungen wieder im Vordergrund, entstanden Planungen, nach denen sich der Wiederaufbau gestalten sollte. Wohnungen zu bauen, blieb dabei mit unterschiedlicher Intensität bis in die Gegenwart hinein eine entscheidende Aufgabe. Dabei war es von vornherein klar, daß eine simple Rekonstruktion des bisherigen Wohnbestandes nicht in Frage kommen konnte. Gewandelte Vorstellungen architektonischer Gestaltung und bautechnische Entwicklungen stellten gemeinsam mit neuen sozialpolitischen und städteplanerischen Zielen, die sich seit den fünfziger Jahren insbesondere den Bedürfnissen des innerstädtischen Verkehrs und seinem Hauptträger, dem Auto, zuwandten, an den Berliner Wiederaufbau, wie woanders auch, entsprechende Rahmenbedingungen. Hinzu kam aber auch, daß die politische Teilung der Stadt das alte Zentrum zerschnitt, gewachsene Wohngebiete auseinanderriß, die Vorstädte des Berlins des 19. Jh., etwa Wedding, Moabit oder Kreuzberg wieder in eine – diesmal umgekehrte – Randlage innerhalb West-Berlins brachte, wodurch offensichtlich neben der starken Zerstörung besondere Nachteile für diese Bezirke entstanden, die sich auch auf ihren Wohnwert auswirkten.

Der Wohnungsbau

Keine Frage, daß der Wohnungsbau im Bild der wiederaufgebauten Stadt den größten Raum einnimmt, wenngleich er nur wenig zu einer charaktervollen Konturierung beitragen kann. In allen Bezirken von Berlin (West) trifft man auf die Fassa-

Vielfältige Fassaden einer Millionenstadt, wo jeder Bezirk und fast jede Straße ein eigenes Gesicht hat – geprägt von den Menschen in Vergangenheit und Gegenwart und von den Umständen und Ereignissen, die sie begleiteten. Altbaufassade in Kreuzberg (links), Verzierungen an der Front eines Bürgerhauses (rechts) und gut erhaltene oder instandgesetzte Häuserreihen (unten links und rechts).

gleichzeitig die bauliche Isolierung einzelner Bauwerke oder einiger weniger, etwa in einer Straßenfront zusammengefaßter Häuser, zu einem Signum des Stadtbildes.

Bewahrte urbane Individualität

Es fehlt weitgehend an Geschlossenheit, daraus sich einstellender und ableitbarer Harmonie sowie in sich gebundener Schwerpunkte. Geradezu dramatisch wird diese stadtbildliche Schwäche an der Straße des 17. Juni auf der Höhe der Technischen Universität sichtbar, wo moderne Architektur nicht miteinander, auch nicht nebeneinander, sondern geradezu gegeneinander gestellt wurde, nicht nur keine Bindung, sondern geradezu ein unverbundenes Sammelsurium, ein optisches Chaos von Gebäuden unterschiedlichen architektonischen Verständnisses durcheinander präsentiert. Der anschließende Ernst-Reuter-Platz, nun endlich an allen Seiten, wenn auch durch unverbundene Objekte sachlich-modernen Zuschnitts, baulich umschlossen, wirkt trotz dieser optischen Durchlässigkeit im Gegensatz zur sich anschließenden Bindungslosigkeit wie ein Fixpunkt, von dem drei Straßenachsen, der Bismarckstraße, Otto-Suhr-Allee und Hardenbergstraße, folgerichtig und ansprechend einladen, ihnen in andere Stadtteile zu folgen. Diese Einladung wirkt um so verheißungsvoller, als nur wenige Meter in die Otto-Suhr-Allee hinein die goldglänzende Figur der Fortuna auf dem Patinahelm des Turms des Charlottenburger Schlosses zu erkennen ist. Gibt es auf West-Berliner Gebiet durchaus eine Reihe von Schlössern, kleineren fürstlichen Residenzen und Herrensitzen aus vergangenen Jahrhunderten, wie etwa Charlottenburg und Bellevue, das Jagdschloß Grunewald oder die zierlichen Bauten in Glienicke und auf der Pfaueninsel, so sind sie doch bei näherem Hinsehen auch wiederum weitgehend Einzelobjekte, vermögen ihre nähere Umgebung, zumal durch ihre Garten- und Parkanlagen, aber kaum das Stadtbild als solches zu prägen. Dennoch bereichern sie dieses fraglos als ein kontrastierender Blickpunkt, wie es im Fall des Charlottenburger Schlosses besonders auffällig ist.

Ähnliches vermögen die Stadt- und Dorfkerne zu vermitteln – zu Groß-Berlin 1920 eingemeindet –, die in ihrer baulichen Substanz, wichtiger noch räumlichen Abgrenzbarkeit, großstädtische Agglomeration, Industrialisierung und Kriegsfurie mehr oder weniger überstanden und damit ihre urbane Individualität bewahrt haben. Hierbei ragt insbesondere die Altstadt Spandaus und die benachbarte trutzige Wasserfestungsanlage, die Zitadelle, mit dem Juliusturm heraus, deren märkisch-landstädtisches Gepräge nicht nur in vielem erhalten blieb, sondern engagierte Restaurierungen erfuhr; aber auch dort, wo Neubauten notwendig erschienen, werden diese in den letzten Jahren alten Bautraditionen angepaßt.

Nicht nur Kompromisse

Das West-Berliner Stadtbild der Gegenwart ist nach den Zerstörungen des Krieges neu gezeichnet worden. Es ist sicher nicht gelungen, in den knapp vier Jahrzehnten, die bisher dafür zur Verfügung standen, wieder eine Stadt aus einem Guß zu errichten, die zur Gänze auf den Betrachter zu wirken, ihn einzunehmen vermag. Dennoch gibt es doch zahlreiche Viertel und Stadtteilbereiche unterschiedlicher Größe und funktionaler Bedeutung, die durch aufpolierten, zuweilen erst neu gewonnenen Charme überwiegend einheitlicher alter oder gut angepaßter Bebauung wirken. Auch völlig neu gestaltete Wohngegenden, die nichts mehr mit der alten Bebauung verbindet, vermögen teilweise Geschlossenheit und sogar wieder urbanes Gefühl zu vermitteln. Auf der anderen Seite lassen sich immer wieder bedenkliche Bausünden, unverbundenes Gegen- und Durcheinander von Alt und Neu, spannungslose Kontraste, von den Trabantenstädten gar nicht zu reden, in der Stadt beobachten. Es ist nicht mehr die Vielgestaltigkeit der Jahresringe, die das städtebauliche Bild bestimmten, sondern der Kompromiß zwischen elementarem Wohnbedarf, der sich seit den sechziger Jahren zu einer ausgesprochenen Experimentierfreudigkeit für moderne Architekturprobleme auswuchs, wie die Autobahnüberbauung Schlangenbader Straße zeigt, und – später hinzugekommen – einer vielleicht nicht immer ganz konsequenten Hinwendung, alte Formen in einem neuen, technisch ausgefeilten Gewand wiederzubeleben. Diese Entwicklung ist in der modernen deutschen Architekturgeschichte nicht ungewöhnlich, läßt sich wohl in jeder größeren Stadt erkennen, mag aber bei den umfangreichen Gestaltungsmöglichkeiten, wie sie Berlin aufgrund seiner Größe, seines avantgardistischen Bewußtseins und der vorgegebenen flächenhaften Zerstörungen bis heute aufweist, besondere Dimensionen besitzen. Über die baulichen Aktivitäten, die dem Wohnen, dem Kommerz und der Verwaltung gelten, besitzt seit dem 19. Jh. auch der Bau industrieller und gewerblicher Einrichtungen in Berlin große städtebauliche Bedeutung, wirkt – wie etwa die Werke von Borsig in Tegel, der AEG in Wedding und Moabit oder die Anlagen des Westhafens – nicht nur als einzelne Fabriken und Gewerbestätten, sondern beeinflußt in nahezu allen Stadtteilen auch mit zahlreichen Neubauten das Stadtbild, kündet von der Basis, auf der die ökonomischen Gegebenheiten der Stadt ruhen. Hauptstädtische Funktionen und entsprechende Repräsentationsbauten sind für den westlichen Teil Berlins mit Ausnahme des Reichstagsgebäudes Vergangenheit, es sind insbesondere die zwölf Rathäuser der einzelnen Bezirke, des Schöneberger darüber hinaus für ganz Berlin (West), die baulich anspruchsvoll gestaltet und trotz verschiedener verändernder Ausbauten es bis in die Gegenwart geblieben sind, so daß sie nicht nur zentrale administrative Aufgaben erfüllen, sondern durch diese Mittelpunktfunktion das Stadtbild zusätzlich gestalten, auflockern, optische Schwerpunkte bilden.

Das Ost-Berliner Stadtbild

Das städtebauliche Bild Ost-Berlins zeigt, wie eingangs hervorgehoben, andere Akzentuierungen, ist von dem West-Berlins jedoch nicht grundlegend verschieden.

Die prägenden Silhouetten des Ost-Berliner Stadtbildes: Palasthotel, Marienkirche, Rathaus und der 365 m hohe Fernsehturm.

Das mag angesichts der unterschiedlichen gesellschaftlichen Gegebenheiten und fehlenden gegenseitigen Abstimmungen bei der baulichen Planung und Gestaltung erstaunen, zeigt aber wie sehr sowohl die Aufgabenstellung nach 1945, aber auch der städtebauliche Ausgangspunkt identisch waren. Hinzu kommt sicherlich eine gewisse, weltweite Normierung städtebaulicher Prinzipien und deren Verwirklichung, die auch im Verhältnis der beiden Berlin angleichende Tendenzen zeigt. In Ost-Berlin, wie auch in der ganzen DDR, lassen sich zwei, zeitweise überschneidende und in der Gegenwart noch wirksame bauliche Prinzipien erkennen. Das eine, zunächst propagierte, beruht ganz auf der Vorstellung, den Wiederaufbau nicht allein einzuleiten und fortzusetzen, um Kriegsschäden zu beseitigen und die weitergehenden Bedürfnisse der Bevölkerung zu befriedigen, sondern damit auch den ideologischen Anspruch zu erfüllen, eine neue, dem Kommunismus zustrebende Gesellschaft sichtbar zu machen. Eine entsprechende Radikalität in der Gestaltung des neuen Stadtbildes war daher unübersehbar. Hierzu gehörte nicht nur der heute hier wie dort schmerzliche, zumindest aber als unnütz angesehene Abriß des Berliner Stadtschlosses, sondern die Veränderung des ganzen innerstädtischen Bereichs. Dabei sind die Zeugnisse der sogenannten stalinistischen Zuckerbäckerarchitektur im wesentlichen auf die Karl-Marx-Allee (Frankfurter Allee, Stalinallee) beschränkt. Das Ost-Berliner Stadtbild wird auch weitgehend von nüchterner Massenarchitektur bestimmt. Weist der Alexanderplatz noch Geschlossenheit in einer modernen, sachlichen Umbauung und inneren Platzgestaltung auf, so zeigt sich dieses rigorose Vorgehen etwa an der ungleichgewichtigen, ja deprimierenden Gegenüberstellung zwischen der Marienkirche und dem in ihrer unmittelbaren Nähe errichteten Fernsehturm, der Jungfernbrücke und der horizontalen Spreerandbebauung, den breiten, mehr durchbrechenden als weiterführenden Straßenschneisen von West nach Ost, der kasten-

Der Palast der Republik: Weiß, modern und kühl präsentiert sich das Renommiergebäude der DDR (oben). An dieser Stelle stand früher das Schloß, das im Krieg teilweise zerstört wurde. 1948 konnte man jedoch dort noch Ausstellungen zeigen. Erst 1950/1951 wurde es (auch gegen den Rat russischer Denkmalpfleger) gesprengt. Nachdem der Palast der Republik 1976 eröffnet worden ist, stellt man hier offizielle DDR-Kunst aus. Außerdem sind Restaurants, Theater und ein Kongreßzentrum untergebracht, wohin man über die weiträumige Treppe gelangt (links). An der Nordseite befindet sich die Volkskammer.

artigen Wohn- und Verwaltungsblockbebauung, die wie auch in anderen äußeren Stadtteilen auch im Bezirk Mitte zu finden ist. Dadurch entstand auch im repräsentativen Bereich des als Hauptstadt der DDR angesehenen Berlins der Eindruck von Weite und Distanz und schneidenden Kontrasten, wo üppige Bauvolumina einen Vorkriegsbau, der beileibe auch keine filigrane Architektur aufweist, umgeben, erdrücken. Städtisch gebundener Raum in überschaubarer Begrenzung fehlt weitgehend. Bauliche Vereinzelung wird, wie in Berlin (West), auch im Osten der Stadt deutlich, Häuserfronten und die Führung der Passanten durch feste Straßenzüge und umschlossene Plätze, wie sie vor der Zerstörung das Stadtbild prägten, werden gerade im innerstädtischen Bereich selten. Rekonstruierte Fassaden, wie am Märkischen Ufer, vermögen den vorherrschenden Gesamteindruck nur unwesentlich zu mildern. Diese bauliche Konzeption erscheint um so bedauerlicher, als gerade der alte Berliner Stadtkern doch im Gegensatz zum Gebiet um den Bahnhof Zoo ein ungleich sensibleres bauliches Ganzes dargestellt hat. Andererseits hat auch die DDR-Führung im Einklang einer allgemeineren historisch-politischen Kurskorrektur begonnen, baulichen Relikten, insbesondere aus der Zeit Berlins als königlich-preußischer Hauptstadt, besondere Aufmerksamkeit zu widmen, dabei Gebäude, Denkmäler und Anlagen des innerstädtischen Bereichs, insbesondere im Zuge der Linden, zu restaurieren und dem Gesamtstadtbild hinzuzufügen. So entstand mit westlicher finanzieller Beteiligung der Dom neu, die Anordnung, das Denkmal Friedrichs II., des Großen, wieder aufzustellen, erregte sogar unmittelbares politisches Aufsehen. Keine Restaurierung, aber doch eingefügt in die altstädtischen Bauzusammenhänge, wurde der repräsentative Palast der Republik auf dem Grund und Boden errichtet, wo zuvor das Hohenzollernsche Stadtschloß stand. Bewußt einen Alt-Berliner Eindruck versucht das neu errichtete Viertel um die Nikolaikirche zu vermitteln. Das Bild der Außenbezirke ist, ganz ähnlich wie in Berlin (West), vielgestaltig, reicht von industriellbestimmten Fabrikations- und Wohnbereichen bis zu weiter entfernten Villenvoror-

Ost-Berliner Stadtbilder:
Vom Fernsehturm aus bietet sich der Blick auf den alten Kern der ehemaligen Hauptstadt, noch durch den Dom gekennzeichnet. Markante Punkte sind heute außerdem das Palasthotel und das Internationale Handelszentrum (oben).
Rund um die Nikolaikirche entstanden Neubauten im Alt-Berliner Stil (rechts oben u. unten).

ten, älteren Stadt- und Dorfkernen wie etwa Köpenick, gleichsam ein östliches Pendant zum westlichen Spandau. Auch in Ost-Berlin ist man von den alten städteplanerischen Maximen abgegangen, die Bebauung von außen nach innen, vom Stadtrand in die City ansteigen zu lassen. Neubausiedlungen, ähnlich denen im innerstädtischen Bereich, finden sich weitgehend in allen Außenbezirken. Freizeiteinrichtungen, Garten- und Parkanlagen, städtische Forsten lassen insbesondere im Südosten der Stadt gemeinsam mit dem Großen Müggelsee und verschiedenen Spreearmen das Stadtbild in das märkische Umland übergehen. Auch hierin ist eine Parallele zu Berlin (West) mit seinem Grunewald und den Havelseen erkennbar.

CHARLOTTE PAPE

Wirtschafts- und Sozialstruktur Berlins

Die Berliner Einwohnerzahl ist bis zum Zweiten Weltkrieg ständig gewachsen, und zwar ganz überwiegend durch Wanderungsgewinne. Vier Fünftel der Zuwanderer stammten aus der Mark Brandenburg und den östlichen preußischen Provinzen. Lebensunterhalt bot ihnen Berlin als Industriestadt und als Reichshauptstadt mit ihrem hohen Bedarf an Arbeitskräften in Handel und Verwaltung. Gleichzeitig bildete sich die heute noch weitgehend gültige Verteilung von bürgerlichen und Arbeitervierteln heraus. Schon im 18. Jh. galten die westlichen Teile Berlins als bevorzugte Wohngebiete. Dieser »Zug nach dem Westen« setzte sich im 19. und 20. Jh. fort, wobei die innerhalb der Ringbahn gelegenen Teile von Charlottenburg und Wilmersdorf sowie der gesamte südwestliche Sektor zu guten Adressen wurden, während der Cityrand und die Umgebung der großen Fernbahnhöfe für die mittellosen Zuwanderer erste Stationen auf dem Wege zu großstädtischer Lebensweise und sozialem Aufstieg waren. 1877 wurde die erste, 1905 die zweite Million erreicht. Durch die Eingemeindung 1920 vergrößerte sich die Einwohnerzahl auf das Doppelte, sie erreichte 1943 mit 4,5 Millionen ihren höchsten Stand. Damit war Berlin nach London und Paris die drittgrößte Stadt Europas und unter Einschluß von New York und Tokio die fünftgrößte Stadt der Welt. Nach dem Zweiten Weltkrieg ist die Einwohnerzahl stark zurückgegangen und beträgt nur noch zwei Drittel ihres Höchststandes von 4,5 Millionen Einwohnern.

Innerhalb des Stadtgebietes ist die Verteilung ungleichmäßig, wenn auch nicht mehr so extrem wie zu Anfang dieses Jahrhunderts, als Alt-Berlin, das die heutigen sechs Innenbezirke umfaßte, trotz seiner geringen Flächenausdehnung mehr als zwei Drittel der Bewohnerschaft von Groß-Berlin beherbergte. Demgegenüber beträgt sein Anteil an der Einwohnerzahl gegenwärtig nur noch ein Viertel, über eine Million Menschen weniger als zu Anfang dieses Jahrhunderts, während sich die Einwohnerzahl der Außenbezirke verdreifacht hat. Jedoch ist die durchschnittliche Einwohnerdichte in den Innenbezirken immer noch am höchsten. In einzelnen Teilräumen werden über 30 000 Ew./km² erreicht. Abgesehen von dieser für beide Teilstädte parallelen Tendenz des Ausgleichs zwischen Innen- und Außenbezirken ist eine gleichartige Entwicklung auch für die Zeit unmittelbar nach dem Zweiten Weltkrieg festzustellen: Der Tiefpunkt der Bevölkerungszahl von 1945 wird durch Rückkehrer und durch den Zustrom von Flüchtlingen und Umsiedlern überwunden. Bald aber ergeben sich für West- und Ost-Berlin gegenläufige Tendenzen:

In Berlin (West) hält der Zuzug bis Ende der fünfziger Jahre an, geht dann jedoch zunächst leicht, seit 1972 aber um etwa 25 000 Deutsche jährlich zurück. Die durch Überalterung bedingte hohe Sterbequote und die Abwanderung besonders jüngerer, aktiver und einkommensstarker Gruppen werden durch die Zuwanderung nicht ausgeglichen, an der Ausländer anfangs nur in geringer Zahl beteiligt waren. Damit erhöht sich der Anteil älterer Einwohner, der bei den über 65jährigen 20 Prozent (1984) gegenüber 15 Prozent im Bundesdurchschnitt beträgt, und der Sterbeüberschuß verstärkt sich, so daß weite-

Berlin-Wilmersdorf, Kraftwerk Forckenbeckstraße. Schon vor 1931 kam es zu stärkerer Eigenversorgung Berlins auf dem Gebiet der Energieerzeugung. Nach der Teilung der Stadt wurde es für West-Berlin zu einer Überlebensfrage. Vor 1945 war gut die Hälfte (46%) aller Berufstätigen in 110 Berliner Betrieben der Industrie und des Handwerks beschäftigt. Nach 1945 sorgen Förderungsmaßnahmen für die Wettbewerbsfähigkeit der West-Berliner Wirtschaft. Erfreulich ist, daß sich die Branchenvielfalt erhalten hat. Nach wie vor sind die wichtigsten Industriezweige Elektrotechnik und Maschinenbau. In Ost-Berlin ist ebenfalls Elektrotechnik der wichtigste Industriezweig, an zweiter Stelle steht der Maschinen- und Fahrzeugbau mit Werkzeugmaschinen.

rer Bevölkerungsrückgang prognostiziert wird. Besondere soziale Probleme ergeben sich durch den sehr hohen Anteil an Einpersonenhaushalten (1982:52%), der sich vor allem aus den einkommensschwachen Gruppen von Rentnern oder jungen Leuten in Studium oder Ausbildung zusammensetzt.
1984 ist jeder achte Einwohner ausländischer Herkunft, während es 1966 erst jeder fünfzigste war. Damit liegt Berlin (West), verglichen mit den Bundesländern (Durchschnitt 7,4%) in Spitzenposition, während einzelne Städte noch höhere Anteile aufweisen. Unter den Herkunftsgebieten herrschen, der Lage Berlins entsprechend, die südosteuropäischen Länder vor, nahezu die Hälfte kommt aus der Türkei.
Im Vergleich zur deutschen Einwohnerschaft sind einige Unterschiede zu verzeichnen: Die Ausländer ballen sich in zentralen Stadtgebieten mit billigen und schlecht ausgestatteten Wohnungen. Eine Zuzugssperre für Wedding, Kreuzberg und Tiergarten ab 1975 hat ein Übergreifen auf Teile von Neukölln und Schöneberg bewirkt. Die Zuwanderer sind jung: 80 Prozent der Ausländer, aber nur 45 Prozent der Deutschen sind jünger als 45 Jahre. Jeder vierte Grundschüler – in Kreuzberg jeder zweite – ist ausländischer Herkunft, an manchen Schulen sind es bis zu 70 Prozent. Probleme schaffen auch die große Zahl und der niedrige Ausbildungsstand der ausländischen Schulabgänger. Der Ausländeranteil bei Hilfsarbeiten in bestimmten Berufen ist hoch, vor allem im Bereich von Montage, Verpackung, Transport, Reinigung und Gastronomie. Der schnellen kulturellen und sozialen Eingliederung der Zuwanderer, einer wesentlichen Leistung Berlins in der Vergangenheit, stehen zukünftig noch bedeutende Hindernisse entgegen.

Die Einwohnerzahl in Berlin (Ost) ging nach anfänglicher Zunahme ab 1950 infolge der Massenflucht in den Westen bis zum Bau der Mauer ständig zurück und erreichte 1961 ihren niedrigsten Stand. Von da ab ist, bewirkt durch die Anziehungskraft als Hauptstadt und als bedeutender Industriestandort, eine stetige Aufwärtsentwicklung zu verzeichnen, anfangs noch gering wegen des Mangels an Wohnraum, vom Ende der siebziger Jahre an um 12000 Einwohner pro Jahr mit steigender Tendenz, wobei der verstärkte Wohnungsbau von Bedeutung ist. Dazu kommen noch rund 400000 Einwohner der in einem Umkreis von etwa 20 km jenseits der Stadtgrenze gelegenen Gebiete, so daß der gesamte Wohn- und Wirtschaftsraum inzwischen mehr als eineinhalb Millionen Menschen umfaßt.

Mit dem Anwachsen der Bevölkerung, die vor allem auf die Zunahme junger Berufstätiger zurückzuführen ist, hat sich auch die Altersstruktur verbessert. 1984 beträgt der Anteil der über 65jährigen nur noch 12,5 Prozent und liegt damit unter dem DDR-Durchschnitt. Der Ausländeranteil ist gering und besteht hauptsächlich aus jungen Leuten in Studium und Ausbildung; statistische Angaben fehlen.

Über die Verteilung der Einwohner im Stadtgebiet in bezug auf ihre soziale Stellung ist nichts bekannt, da verwertbare statistische Angaben gar nicht oder nur für ganz Ost-Berlin vorhanden sind. Wie im Westen ist in den Neubaugebieten ein höherer Anteil junger Familien zu erwarten, und die Landhausgebiete der Außenzone dürften sich als attraktive Wohnstandorte erhalten haben. Die Prominenz von Politik, Kultur und Wissenschaft wohnt größtenteils außerhalb der Stadtgrenzen, und es wird vermieden, die allgemeine Aufmerksamkeit auf diese Gebiete zu lenken.

Industrie und Wirtschaft

Zusammen mit dem Aufstieg Berlins zur politischen und geistigen Metropole des Deutschen Reiches sind in Berlin auch bedeutsame Zweige der Wirtschaft ansässig geworden. Berlin wurde Handelsmetropole, Hauptbankplatz, Verwaltungszentrum und schon vor dem Ersten Weltkrieg nach einem Ausspruch Walther Rathenaus eine Industriestadt, »die im Westen niemand kennt und die vielleicht die größte der Welt ist«. Etwa die Hälfte der deutschen Elektroindustrie, ein Drittel der Konfektion, ein Viertel des Verlagswesens waren in Berlin angesiedelt. Insgesamt waren weit über eine Million Menschen, 46 Prozent aller Berufstätigen, in 110000 Betrieben der Industrie und des Handwerks mit einer breiten Vielfalt von Erzeugnissen beschäftigt, von Weltfirmen wie Siemens, Borsig und AEG bis hin zu Kleinstbetrieben. Ganz überwiegend handelte es sich um arbeits- und lohnintensive Fertigungen mit einem hohen Grad der Materialveredlung.

Die Standortverteilung der Berliner Industrie hat sich im wesentlichen so erhalten, wie sie bis zum Zweiten Weltkrieg gewachsen war. Die Kriegszerstörungen und Demontagen der frühen Nachkriegszeit haben die Substanz dezimiert.

West-Berlin
Nach 1945 kam das Wirtschaftsleben in Berlin (West) gegenüber der Bundesrepublik erst verzögert in Gang. Zu den Substanzeinbußen traten der Verlust der Hauptstadtfunktion und die geopolitischen Standortnachteile: Berlin (West) ist von seinem Umland und damit einem Teil seiner früheren Bezugs- und Absatzmärkte abgeschnitten, weite Transportwege erhöhen die Preise, für die Versorgung müssen Reservekapazitäten gelagert werden, der Arbeitsmarkt ist weniger flexibel, weil es keine Pendler aus dem Umland gibt, und die Insellage vermindert auch den Freizeitwert der Stadt. All das bewirkte, verstärkt durch die politischen Krisen – die Berlin-Blockade 1948/1949, das Chruschtschow-Ultimatum 1958, den Mauerbau 1961 –, eine Verlagerung von Industriebetrieben sowie von Hauptverwaltungen der Versicherungen, Banken und anderer wichtiger Wirtschaftszweige in die Bundesrepublik. Die Leistungs- und Lebensfähigkeit der Stadt hat dadurch weiter gelitten.

Zur Kompensation dieser Nachteile ist eine Reihe von Förderungsmaßnahmen entwickelt worden. Wichtigster Bestandteil ist die Bundeshilfe, die 1984 mit 10,9 Milliarden DM etwa 50 Prozent der Berliner Haushaltsausgaben deckt. Ergänzend gewährt das Berlinförderungsgesetz der Wirtschaft und den Arbeitnehmern steuerliche Vergünstigungen, Zulagen und Darlehen. Durch diese Hilfen ist die Berliner Wirtschaft wettbewerbsfähig geblieben und hat überdurchschnittlichen Anteil an den gesamtwirtschaftlichen Leistungen der Bundesrepublik, denn das Bruttoinlandsprodukt (BIP) Berlins (West) in Höhe von 66 Milliarden (1984), etwa 3,5 Prozent des BIPs der Bundesrepublik, liegt mit 35000 DM pro Einwohner über dem Durchschnitt der Bundesländer. Etwa 40 Prozent dieser Summe wird vom verarbeitenden Gewerbe erwirtschaftet, obwohl nur 22 Prozent aller Beschäftigten darauf entfallen. Hier ist von 1970 bis 1984 die Zahl der Betriebe um zwei Fünftel und die Zahl der Arbeitsplätze um ein Drittel zurückgegangen, wobei sich Rezession und Rationalisierung zu einem Doppeleffekt verbunden haben. Nach der Anzahl ihrer Industriebeschäftigten ist die Stadt vom ersten auf den zweiten Platz hinter München zurückgefallen. Die Umsätze aber haben sich mehr als verdoppelt; zwischen 1981 und 1984 ist sogar eine Zunahme von 25 Prozent und des Exportanteils von 30 Prozent zu verzeichnen, ein für die Berliner Wirtschaft erfreuliches Ergebnis.

Die Branchenstruktur hat sich in ihrer Vielseitigkeit erhalten, wenn sich auch die Reihenfolge der Branchen nach Beschäftigtenzahlen verändert hat. Das Investitionsgütergewerbe nimmt nach der Beschäftigtenzahl immer noch den ersten Rang ein. Von ihm werden auch, neben der chemischen Industrie, die höchsten Exportquoten erzielt. Die wichtigsten Zweige sind wie vor dem Zweiten Weltkrieg Elektrotechnik und Maschinenbau; jede dritte Glühlampe, jeder vierte Fahrstuhl aus der Produktion im DM-Währungsgebiet kommt aus Berlin (West). Einen besonderen Aufschwung hat in den letzten Jahren die Büromaschinen- und Datenverarbeitungsbranche genommen. Dagegen hat im Verbrauchsgütergewerbe das Bekleidungsgewerbe seine führende Stellung an westdeutsche Städte verloren, was auch für das Druck- und Verlagsgewerbe gilt, zumal in Berlin (West) keine

Türken in Kreuzberg

1

Ausländische Arbeitskräfte wurden in West-Berlin verstärkt erst angeworben, als Ost-Berliner Arbeitnehmer nach dem Mauerbau 1961 ausblieben. Der seitdem ständig gestiegene Anteil der Türken beträgt mit 110000 Personen knapp die Hälfte aller in Berlin ansässigen Ausländer. Mit rund 30000 Türken und damit einem Viertel seiner Einwohner weist Kreuzberg den höchsten Prozentsatz aller Berliner Bezirke auf. Mit der U-Bahn-Linie 1, dem »Anatolien-Expreß«, gelangt man in das östliche Kreuzberg mit seinen alten Mietskasernen, das zum Türkenviertel geworden ist. Ihr Anteil beträgt in einigen Straßenblöcken über 60 Prozent. Von den deutschen Anwohnern sind oft nur Rentner und soziale Randgruppen zurückgeblieben (5). Damit hat sich dieser Teil Kreuzbergs, den Berliner auch »Klein-Istanbul« nennen, tiefgreifend gewandelt. Vornehmlich Türken betreiben dort Lebensmittelgeschäfte, Ladenhandwerke (3, 6), Reisebüros, Banken und Lokale, in denen der Auftritt einer Bauchtänzerin einen Hauch von Orient vermittelt (1). Kaum im Straßenbild sichtbar sind Koranschulen (7), Moscheen, Vereinsräume. Der Türkenmarkt am Maybachufer (4, 9) mit seinem Angebot an speziellen Lebensmitteln, Textilien, Stoffen und Gebrauchsgegenständen ist zur Sehenswürdigkeit geworden. Starker Zusammenhalt von Familien und Freunden sowie die beengten Wohnverhältnisse bewirken, daß ein großer Teil der Freizeit gruppenweise in Parkanlagen, auf Plätzen und Höfen verbracht wird (2). Besondere Probleme, vor allem für die Frauen (8) ergeben sich aus der Verpflanzung einer islamisch geprägten, vorwiegend bäuerlichen Bevölkerungsgruppe mit traditionellen Lebensgewohnheiten und Wertvorstellungen in eine hochtechnisierte städtische Umwelt. Infolge der höheren Kinderzahl pro Familie beträgt der Anteil türkischer Schüler in Kreuzberg 41 Prozent; wegen der Sprachbarriere erreichen viele keinen Schulabschluß. Im Gegensatz zur ersten Zuwanderergeneration möchten die hier aufgewachsenen Jugendlichen kaum in die Türkei zurückkehren. Jedoch wird die kulturelle Integration erst in längeren Zeiträumen gelingen. Ch. P.

2

3

4

Bauchtänzerin in einem Lokal in Kreuzberg (1). – Türken auf dem Oranienplatz in Kreuzberg (2). – Türkische Spezialitäten (3). – Auf dem Türkenmarkt (4).

Rentner in Kreuzberg (5); alte Menschen, Ausländer und Jugendliche, die keine hohen Mieten zahlen können, bevölkern heute das alte Arbeiterviertel. – Änderungsschneiderei, von einer türkischen Familie in Kreuzberg betrieben (6). – Koranschule in Kreuzberg (7). – Kreuzberg, Naunynstraße (8). – Auf dem Türkenmarkt in der Naunynstraße (9); hier gibt es kaum etwas, was es nicht gibt.

5

6

7

8

9

überregionalen Zeitungen mehr erscheinen. Eine Sonderstellung nimmt das Nahrungs- und Genußmittelgewerbe ein, das fast ausschließlich für den Inlandsmarkt produziert und die größten Umsätze pro Beschäftigten erzielt. Hier ist die Tabakverarbeitung der am stärksten mechanisierte Zweig; jede zweite deutsche Zigarette wird in Berlin hergestellt.

An Stelle derartiger kapitalintensiver Wirtschaftszweige ist durch Änderungen in der Berlinförderung ab 1. Januar 1983 die Schaffung qualifizierter Arbeitsplätze

In Berlin ist Forschung und Wissenschaft zu Hause. Im Bild: Pharmaindustrie

begünstigt. Mit 30 000 Wissenschaftlern in 180 Forschungsinstituten und zwei Universitäten hat Berlin (West) einen Standortvorteil, der eine Zusammenarbeit zwischen Forschung und Wirtschaft zur Entwicklung moderner Technologien in Elektronik, Umwelt- und Kommunikationstechnik bewirkt, aber die Arbeitsmarktsituation bis heute kaum entspannt.

Der Güteraustausch West-Berlins vollzieht sich zu mehr als drei Vierteln mit der Bundesrepublik. Beim Warenverkehr mit dem Ausland sind die EG-Länder vor den USA die wichtigsten Handelspartner, danach folgen Polen als Lieferant von Lebensmitteln und die Schweiz vor Österreich, Südafrika und Saudi-Arabien als Abnehmer von Industrieprodukten. Der Handel mit der DDR besteht einseitig aus Bezügen und mengenmäßig zu 90 Prozent aus Steinen und Erden, Kraftstoffen und Lebensmitteln.

Mehr als die Hälfte der Gütermenge wird mit Lastkraftwagen transportiert, den Rest teilen sich Eisenbahn und Binnenschiff. Da die Bezüge der Stadt, vor allem Massengüter wie Grundstoffe, Produktionsgüter und Lebensmittel, mengenmäßig dreieinhalbmal größer als die Lieferungen sind, die vorwiegend aus Industrieerzeugnissen bestehen, treten besonders bei Bahn und Schiff unvermeidliche Leertransporte auf. Berlin (West) rangiert jetzt hinter sechs Binnenhäfen der Bundesrepublik, während Berlin vor dem Zweiten Weltkrieg den zweithöchsten Umschlag hinter Duisburg hatte.

Das Dienstleistungsgewerbe ist im Gegensatz zur Vorkriegszeit weitgehend auf die Stadt beschränkt, hat aber mit fast einem Drittel der Berufstätigen heute stärkeres Gewicht als vor dem Zweiten Weltkrieg und konnte, anders als die Industrie, im letzten Jahrzehnt seine Beschäftigtenzahl nahezu halten. Überregionale Bedeutung hat Berlin (West) weiterhin durch seine kulturelle und wissenschaftliche Leistungsfähigkeit, durch eine Reihe von Einrichtungen zur Entwicklungshilfe und -politik sowie durch seine Messen auf dem Gelände am Funkturm, unter denen die »Grüne Woche«, die internationale Tourismus-Börse, die Übersee-Importmesse »Partner des Fortschritts« und die Internationale Funkausstellung besondere Erwähnung verdienen. Das Kongreßwesen hat seit der Eröffnung des Internationalen Congress Centrums (ICC) 1979 noch an Bedeutung gewonnen; 1984 fanden dort über 500 Veranstaltungen mit mehr als einer Viertelmillion Teilnehmern statt.

Ein ausgesprochener Wachstumsbereich überregionaler Dienstleistungen ist der Fremdenverkehr: Die Gästezahlen haben sich in den letzten zwanzig Jahren verdoppelt – ohne Besucher in Privatquartieren bei Verwandten und Freunden über eineinhalb Millionen pro Jahr. Mit einer Reihe zusätzlicher Großhotels wurde diesem Anstieg Rechnung getragen. Von den ausländischen Besuchern kamen über zwei Fünftel aus den USA, den Niederlanden und Großbritannien. Die Möglichkeit, von Berlin (West) aus mit einem Tagesvisum in den Ostteil der Stadt zu gelangen, wird von vielen Besuchern wahrgenommen.

Ost-Berlin

Auch das Wirtschaftsleben in Berlin (Ost) war nach dem Zweiten Weltkrieg durch Zerstörungen und Demontagen beeinträchtigt. Den Wiederaufbau verzögerten zusätzlich das Fehlen ausländischer Kapitalhilfe und die Abwanderung von Arbeitskräften in den Westen. Die Einbeziehung in das sozialistische System hat grundsätzliche Veränderungen bewirkt: Alle Industriebetriebe sind verstaatlicht, Strukturdaten und Ziele werden von der Parteiführung beschlossen und jährlich in einem Volkswirtschaftsplan festgelegt, dem auch Aufgaben im Rahmen der RGW-Wirtschaft zugewiesen sind.

Mit 165 000 Industriebeschäftigten, einem Viertel aller Erwerbstätigen, von denen etwa 10 Prozent Einpendler aus den Randgebieten sind, ist Ost-Berlin die größte Industriestadt der DDR. Seit 1970 hat sich bei etwa gleichbleibenden Beschäftigtenzahlen der Index der Bruttoproduktion auf fast das Doppelte erhöht (1970 = 100, 1984 = 197), obwohl wie in der gesamten DDR infolge Rohstoff- und Devisenmangels eine geringere Mechanisierung und infolgedessen eine niedrigere Wertschöpfung pro Arbeitskraft als im Westen zu verzeichnen ist.

Die Branchenstruktur hat sich wie in Berlin (West) aus den Vorkriegsverhältnissen entwickelt und trägt daher ebenfalls die traditionellen berlintypischen Züge. Wichtigster Zweig ist die Elektrotechnik/Elektronik, die ihre Produktion seit 1970 mehr als verdoppelt hat und in manchen Bereichen eine Monopolstellung besitzt: Alle in der DDR erzeugten Bildröhren und 85 Prozent der Kofferradios und Glühlampen kommen aus Berlin. Hohe Exportanteile, unter anderem elektronische Anlagen für die Staaten des Ostblocks, sind kennzeichnend. An zweiter Stelle steht der Maschinen- und Fahrzeugbau mit Werkzeugmaschinen, Kraftwerksanlagen und Fahrzeugausrüstungen. Turbinen und Bremsen werden zu 100 Prozent in Berlin hergestellt. Auch hier ist eine überdurchschnittliche Steigerung der Bruttoproduktion zu verzeichnen. In der Leichtindustrie, zu der Konfektion, Holzbearbeitung, Druck- und Papierindustrie gehören, nimmt die Konfektion die erste Stelle ein. Auch die chemische und Lebensmittelindustrie als vierte und fünfte Sparte in der Rangfolge finden ihre Entsprechung in der Industriestruktur West-Berlins.

In einzelnen Wirtschaftsbereichen sind private Betriebe noch zugelassen, wenn auch in ständigem Rückgang begriffen. Beim Handwerk wird 1984 von privaten Betrieben noch mehr als die Hälfte des Umsatzes erwirtschaftet. Im Einzelhandel und Gastgewerbe ist deren Umsatzanteil dagegen sehr gering.

In bezug auf Konsumgüter wird Ost-Berlin – mit Ausnahme Leipzigs zur Messezeit – besser versorgt als die übrige DDR. So werden hier bei 7 Prozent der Einwohner der DDR 10 Prozent des Umsatzes getätigt, in einigen Warengruppen noch mehr, so bei Stoffen und Konfektion 16 Prozent (1984). Neben der höheren Kaufkraft der Berliner zeigen diese Werte auch an, welche Bedeutung Ost-Berlin als Einkaufsort für ein weites Umland und Kunden aus RGW-Staaten hat.

Im Fremdenverkehr spielen eintägige Besuche die größte Rolle, da die Bettenkapazität immer noch gering ist.

Philharmonie (1). Klarinettenspieler (2). 1948: Louise Schroeder und ihr Nachfolger als Berliner Oberbürgermeister, Professor Ernst Reuter (3). Mauer-Malerei (4). Luftbrückendenkmal (5). Berliner Pfannkuchen (6). Eisbein mit Sauerkaut (7). Wintersport, aktiv (8) und passiv mit Gaumenfreuden (9). Im »Trödelcafé« (10). Tiergarten, Bismarckdenkmal (11). Theater des Westens (12).

GESCHICHTE UND KULTUR

HANS DOLLINGER

Die Geschichte Berlins

Die Stadt Berlin feierte 1987 ihren 750. Geburtstag. Anlaß war die Stadtrecht-Verleihung Anno 1237 an die heute in Ost-Berlin liegende, als Fischer-Insel bekannte, vermutlich älteste städtische Keimzelle Berlins, das einstige slawische Fischerdorf Cölln (lat. colonia = Siedlung). Diese Siedlung war von beiden Seiten von Spree-Armen eingeschlossen. Gegenüber dieser Insel, dort wo heute der Mühlendamm ist, entstand etwa zur selben Zeit auf dem Ostufer der Insel die Siedlung Berlin, die dann mit Cölln zu einer Stadtsiedlung zusammenwuchs und 1244 erstmals als »Stadt Berlin« urkundlich erwähnt wurde. Die Herkunft des Namens Berlin ist zweifelhaft: Historiker des 18. Jh. leiteten den Namen Berlinum von dem Ortsnamen Virolinum oder Virilium ab, das in der Erdbeschreibung des Griechen Ptolemäus erwähnt ist, später führten andere den Namen auf den keltischen Namen für Damm zurück. Tatsächlich war das alte Stadtzentrum Berlins eine Furt, die die Spree durchschnitt. Und rechts und links von der Spree standen die ersten Häuser der Doppelsiedlung Cölln-Berlin, wobei die Cöllner vom Fischfang, die Berliner vom Fuhrunternehmen lebten, das so einträglich war, daß sie richtige Kaufleute wurden. Entsprechend dieser Existenzgrundlage bauten sich die Cöllner ihre Kirche als St. Petri zu Ehren des Heiligen der Fischer und die Berliner als St. Nikolaus zu Ehren des Heiligen der Kaufleute.

Berlin ist viel älter

Die Ruinen dieser beiden Kirchen, die im Zweiten Weltkrieg zusammen mit dem historischen Kern von Cölln und Alt-Berlin fast völlig zerstört wurden, führten jedoch bei Ausgrabungen in den fünfziger Jahren auf die Spuren eines noch viel älteren Berlin. Unter den Mauerresten von St. Petri und St. Nikolai legte man die Fundamente früherer gotischer und romanischer Kirchen frei. Dabei stellte sich heraus, daß lange vor der Nikolaikirche die etwa 56 m lange dreischiffige Basilika einer großen Stadtkirche gestanden haben mußte. Und um eine solche Stadtkirche muß auch eine viel ältere Stadtsiedlung gewesen sein, denn man fand auch christliche Friedhofsreste, deren Tote zum Teil schon vor 1200 bestattet worden waren. Ähnliches wurde in Cölln entdeckt. So lieferte die Archäologie für die Geschichtsschreibung die neue These, daß Berlin und Cölln auf Neuland gebaut wurden, hinein in ein unwegsames Niemandsland, bewohnt von den Hevellern, einem Stamm der elbslawischen Völkergruppe in Liutizen, deren Hauptsiedlungsgebiet das brandenburgische Land rund um das noch ältere Spandau an der Havel war. Auch dieses Spandau, erst 1920 zusammen mit anderen Städten in Groß-Berlin eingemeindet, ist nach neuen Ausgrabungen in den letzten drei Jahrzehnten viel älter anzusetzen, als seine Stadtrechtsurkunde von 1232, die bisher älteste Urkunde, vermuten ließ. Etwa einen Kilometer südlich der Spandauer Altstadt, unter dem ehemaligen Burgwall von Spandau, muß schon etwa um 760 eine ältere Stadt bestanden haben, denn damals hat Karl der Große mit seinem Heer den heidnischen Sachsen, die sich bis in den Raum Berlins zurückgezogen hatten, den Rückweg abgeschnitten und dabei das damalige Spandau erobert und niedergebrannt.

Spandau gilt demnach als wahrscheinlich »älteste Stadt zwischen Elbe und Oder, die wir nachweisen können«, sagen die Archäologen in Berlin.

Die Befriedung Brandenburgs und Berlin-Cöllns

Mit Albrecht dem Bären (* um 1100, † 1170), dem Begründer der Markgrafschaft »de Brandenborch«, begann die Befriedung des Landes, als dieser zur Besiedlung Rheinländer, Holländer und Flamen ins Land holte, deren Nachkommen dann auch zu den ersten Siedlern von Berlin unter den Markgrafen Johann I. und Otto III., den Enkeln des »Bären«, gehörten. Spandau blieb die Fluchtburg der Askanier und nach deren Aussterben neben Küstrin die Hauptfestung der späteren Landesherren von Brandenburg aus dem Hause Wittelsbach, Luxemburg sowie – ab 1411 – der Hohenzollern. Und Spandau blieb bis ins 17. Jh. hinein Sitz des Geheimen Rates, also der Regierung des späteren Kurfürsten von Brandenburg, ebenso Versammlungsort der märkischen Ritterschaft. Von Spandau aus wurde auch 1539 die Reformation in Brandenburg eingeführt.

Als Umschlagplatz für Waren am Wasserweg Elbe–Havel–Spree fiel auch der Doppelsiedlung Berlin-Cölln immer mehr eine Führungsrolle zu beim überregionalen Güteraustausch zwischen dem Süden und Westen des Reiches mit dem nördlichen und slawischen Osten. Die engen Wirtschaftsbeziehungen entlang der Elbe nach Norden ließen im 14. Jh. die erste Stadt im Märkischen Städtebund (seit 1308) dem sowohl wirtschaftlich wie politisch mächtigen Bund der Hanse beitreten.

Die Hansestadt Berlin

In dieser Zeit des Zusammenwachsens der beiden Stadtteile Cölln und Berlin mit einem gemeinsamen Magistrat wurde parallel zum Mühlendamm eine »Lange Brücke« über die Spree-Insel hinweggebaut und auf deren Mitte ein neues Rathaus errichtet. Schließlich erstand eine neue Ringmauer, und um die Siedlung nach Südosten besser abzusichern, erwarb Berlin die alte Burg Köpenick. Der Kaiser gewährte der bis nach Rußland hinein handeltreibenden Stadt wichtige Privilegien wie die eigene Gerichtsbarkeit (1391) oder das Stapelrecht, das jeden Kaufmann, der über Berlin kam, zwang, seine Waren dort auszustellen und feilzubieten. Gegen Gebühren an die Stadt konnten sich die Kaufleute dieses Vorkaufsrecht zurückholen, die mittelalterliche Stadt wurde reich, und sie trieb ihre Gemarkungen nach Westen und Osten bis nach Spandau und Köpenick vor. Man erwarb für Berlin einen großen Stadtwald, den späteren Tiergarten, und die sogenannte »Feldmark« der Stadt erreichte langsam die heutige Ausdehnung Groß-Berlins, allerdings waren es damals noch Wälder, Felder, Seen und Weiden mit deren Dörfern. Berlin war als Hansestadt stark und gesichert genug, um sich Ende des 14. Jh. auch gegen die in der Mark marodierenden Raubritterbrüder Quitzow zu behaupten.

Die ersten Hohenzollern in Berlin

Im Jahre 1417 ernannte während des Konstanzer Konzils Kaiser Sigismund den Nürnberger Hohenzollern-Burggrafen zum erblichen Markgrafen von Brandenburg und zum Kurfürsten des Heiligen Römischen Reiches. Doch Friedrich I., der erste hohenzollersche Herrscher in der Mark, hatte trotz der neuen Würde große Schwierigkeiten, sich gegen den Adel und die eigenmächtigen Städte in Brandenburg durchzusetzen. Unter seiner Herrschaft erwarb Berlin 1435 die Johanniterkomturei Tempelhof mit den Dörfern Tempelhof, Richardsdorf, Mariendorf und Marienfelde, was die langen Grenzkämpfe mit dem Orden endlich beendete.

Berlin und Cölln um 1237. In diesem Jahr erhielt Cölln die Stadtrechte (neuzeitliche Rekonstruktion).

Auch Friedrichs I. Nachfolger – er selbst zog sich später wieder nach Franken zurück und starb 1440 auf der Cadolzburg – taten sich mit der »Befriedung« der Mark schwer, insbesondere der zweite Hohenzoller, Friedrich II., genannt »der Eiserne«, mit dem die Berliner unliebsame Erfahrungen machten, weil er ihnen ihre städtischen Freiheiten einschränkte, den Roland, das Zeichen der freien Gerichtsbarkeit, in die Spree werfen ließ, den 1432 zusammengelegten Stadtrat wieder trennte und die Stadt zwang, aus der Hanse auszutreten und sich ihm zu unterwerfen. Dies geschah 1448 – und von nun an regierten in Berlin die Hohenzollern bis zum Jahre 1918.

Anfangs residierten die brandenburgischen Kurfürsten im sogenannten »Hohen Haus« in der Klosterstraße in Berlin, das dann 1931 abgerissen wurde. Zwischen 1443 und 1451 entstand ein wasserburgähnliches Schloß auf der Cöllner Spree-Insel, das erst im 16. Jh. einem Neubau wich. Der Nachfolger von Kurfürst Friedrich II. residierte aber noch nicht ständig in Berlin. Albrecht III. Achilles (R 1470–1486), dem 1472 im Prenzlauer Vertrag die Lehenshoheit über die eroberten pommerschen Gebiete für Brandenburg zuerkannt wurde, ließ sich meistens von seinem Sohn Johann als Statthalter vertreten. Erst als der Statthalter nach dem Tod des Vaters als vierter Kurfürst unter dem Namen Johann Cicero (R 1486–1499) seine Herrschaft antrat, wuchsen die Hohenzollern mit ihrer neuen märkischen Heimat und mit ihrer Stadt zusammen, die Franken wurden zu Märkern und Berlinern.

Berlin und Brandenburg auf der Seite der »lauteren Lehre«

Sein Sohn und Nachfolger, Kurfürst Joachim I. Nestor (R 1499–1535), nahm diese Warnung sehr ernst: Er tat als überzeugter Bekenner zur humanistischen Bildung nicht nur alles, um das Berliner Schulwesen nach Kräften zu bessern, das freilich noch mit den Kirchen St. Nikolai, St. Petri und St. Marien verbunden war, er gab der Stadt Berlin auch die untere Gerichtsbarkeit über ihre Bürger zurück und errichtete für die dem Stadtgericht nicht Unterstehenden, insbesondere für die fürstlichen Beamten, das im Kollegienhause in der Brüderstraße zu Cölln amtierende Kammergericht, was zugleich für alle Rechtshändel die oberste entscheidende Stelle wurde.

1517, als Martin Luther im nicht allzu weit von Berlin liegenden sächsischen Wittenberg seine Thesen veröffentlichte, kam der Ablaßhändler Johann Tetzel auch nach Berlin und schlug vor der Klosterkirche unter dem Papstwappen Leos X. seinen Ablaßkasten auf. Kurfürst Joachim I. unterstützte ihn und wehrte sich mit großem Eifer gegen die sich auch an der Spree langsam ausbreitende neue Lehre des »entlaufenen Mönchs«. Er konnte die Mehrheit der Berliner Bürger und auch die brandenburgischen Bauern vorerst beim Katholizismus halten, nur seine Kurfürstin Elisabeth, eine Dänin, wandte sich von ihrem Gemahl ab und schlug sich auf die Seite ihres Bruders, der schon 1521 für ganz Dänemark die Lehre Luthers annahm. Sie flüchtete mit ihren Söhnen vor einem drohenden Verfahren nach Kursachsen und lebte in Torgau, bis 1539 – nach dem Tode des Vaters – ihre Söhne Joachim II. Hektor (R 1535–1571) in der Kurmark und Johann, Markgraf von Küstrin, in der Neumark die Reformation einführten. Kurfürst Joachim II. folgte damit dem Zeitgeist. Der Protestantismus und der Humanismus prägten von nun an entscheidend Berlin und das spätere preußische Staatswesen.

Um 1540 lebten in Berlin rund 11 000 Einwohner noch innerhalb des mittelalterlichen Mauerringes, der erst in der zweiten Hälfte des Jahrhunderts mit der Besiedlung des Werders westlich der Spree gesprengt wurde. Gegen Ende des 16. Jh. war die Bevölkerung Berlins auf 14 000 Köpfe angewachsen. Mit dem Anwachsen der Bevölkerung wuchs auch der Wohlstand der Stadt, die nun endgültig die anderen brandenburgischen Städte überflügelte. Vor der Stadt zogen die Bürger am Tempelhofer Berg und vor dem Spandauer Tor Wein, sie schmückten ihre Häuser mit Sandsteinpforten und Vortreppen, und die Zünfte, die ihr Gildenbier hielten, veranstalteten nach dem Beispiel des Kurfürsten Reiterspiele und Ringelstechen. Sie übernahmen sich dabei finanziell ebenso wie die im Renaissance-Prunk protzenden Fürsten, die ihre steigenden Schulden mit von den Landtagen bewilligten Steuern aller Art zu decken suchten und – als diese nicht ausreichten – sich gegen die Weitergabe von Steuereinnahmen bei den Stän-

Links: Friedrich I. (* 1371, † 1440) (Holzschnitt Anf. 19. Jh.). Friedrich I. wurde 1417 zum erblichen Markgrafen von Brandenburg und zum Kurfürsten des Heiligen Römischen Reiches ernannt. Rechts: sein Sohn Friedrich II., der Eiserne (* 1413, † 1471).

den Kredite besorgten und damit finanziell völlig abhängig von den Ständen in Stadt und Land wurden. Diese Praxis war bis ins Barockzeitalter hinein die übliche Form der Staatsfinanzierung.

Berlins Ausbau im 16. Jh.

Unter Joachim II. wurde nicht nur die Stadt ausgebaut und anstelle der alten Burg aus dem 15. Jh. zwischen 1538 und 1540 von dem Sachsen Caspar Theyss ein neues Renaissanceschloß am Spreeufer errichtet, sondern auch im Grunewald 1542 ein Jagdschloß gebaut, das durch einen noch sehr holprigen Bohlendamm mit der Stadt verbunden wurde – von den Berlinern zuerst spöttisch als Kurfürstendamm bezeichnet, später liebevoll verkürzt zum »Ku'damm«. Der kurfürstliche Bauherr Joachim II. – er ließ auch in Spandau den Bau der Zitadelle im italienischen Stil beginnen (1590 vollendet) – gab mit seinem Luxus den Berlinern ein so nachahmenswertes Beispiel, daß er 1551 sogar eine Luxusordnung erlassen mußte, die genau regelte, wieviel dem Bürger für seine Kleidung und seine Feste auszugeben erlaubt war. Auch die Bewirtung bei Festmählern in den Privathäusern der Bürger wurde von der Obrigkeit kontrolliert. Wer dann von einem Festmahl ohne Laterne nach Hause gehen mußte, hatte Mühe, bei der noch dürftigen Kienholz-Straßenbeleuchtung, deren Flamme oft vom Wind ausgeblasen wurde, nicht in einen der vor den Häusern angebrachten Schweinekoben oder in eine Kloake zu fallen.

Berlin im 17. Jh.: »Schöne Palatia und große Gebäude«

Berlin veränderte und vergrößerte sich Ende des 16. und Anfang des 17. Jh. weiter: Mit der Ausgestaltung des kirchlichen Lebens einher ging eine Verbesserung des Schulwesens, als 1574 in den Räumen des Klosters, das die Franziskaner verlassen mußten, eine Landesschule, das Gymnasium zum Grauen Kloster, eingerichtet wurde. Nördlich von Berlin gründete Kurfürst Joachim Friedrich (R 1598–1608) in Joachimsthal am Werbellinsee 1607 ein Gymnasium mit einem Alumnat. Berlins Bürgermeister Johann Blankenfelde verwirklichte sein Projekt einer Wasserleitung aus Holz für die Stadt, die Ende des 16. Jh. auch ihren ersten Großunternehmer in ihren Mauern sah, das Universalgenie Leonhard Thurneysser zum Thurn, den der Kurfürst zur Heilung seiner Gattin aus Basel kommen ließ und der nicht nur als kurfürstlicher Leibarzt, sondern auch als Goldschmied, Kupferstecher und Drucker Karriere machte. Aus Wittenberg wanderte zu dieser Zeit Berlins erster Drucker, Hans Weiss, zu, der Landschaftsarchitekt Corbianus wurde vom Kurfürsten beauftragt, neben dem Stadtschloß einen neuen Lustgarten anzulegen, der Postmeister Christoph Frischmann gab schließlich, angeregt von Thurneysser, 1617 die erste regelmäßige Zeitung Berlins heraus.

Berlin gewann auch äußerlich weiter an Profil: Zwischen dem Stadtschloß und dem Cöllnischen Markt wurde die Breite Straße gebaut, an der die ersten Bürgerhäuser entstanden, so auch das heute noch als Nr. 35 zu besichtigende älteste Haus Berlins, das Ribbeckhaus, vermutlich von Balthasar Benzelt aus Dresden für Hans Georg von Ribbeck und seine Frau Katharina Brösicke 1624 erbaut. Weitere Häuserfronten mit »schönen Palatia und großen Gebäuden« wurden errichtet und gaben Berlin großstädtisches Flair.

Der Dreißigjährige Krieg: »In Jammer und Elend geduckt . . .«

1598, im Todesjahr von Kurfürst Johann Georg, verliert die brandenburgische Residenzstadt rund 3000 Einwohner durch die Pest. Jahre später, im Jahre 1618, das durch Erbanfall die Personalunion zwischen der Mark Brandenburg und dem Herzogtum Preußen im vorletzten Regierungsjahr von Kurfürst Johann Sigismund (R 1608–1619) brachte, war Berlins Bevölkerung bereits wieder auf 20000 Einwohner angewachsen. Doch die Kontinuität einer weiteren Entwicklung Berlins sowie auch die eines damals schon vorweggenommenen späteren Königreichs Preußen wurde im gleichen Jahr mit dem Ausbruch des großen Glaubenskrieges wieder unterbrochen und im Verlauf des ein Menschenalter hindurch tobenden, grausamsten aller Kriege zurückgeworfen. Von den Kaiserlichen gebrandschatzt, von den Schweden ausgeplündert, hat die Mark wie kein anderes Land im Dreißigjährigen Krieg gelitten. Berlin wurde 1627/1628 von Wallensteins Truppen heimgesucht, vier Jahre später kamen die Schweden unter Gustav Adolf, der Kurfürst Georg Wilhelm (R 1619–1640) zu einem Bündnis zwang und Hilfsgelder eintrieb. 1632, nach Gustav Adolfs Tod, kamen wieder die Kaiserlichen, 1636 waren die Schweden wieder da und erpreßten von den verarmten Berlinern erneut Geld und Waren. Dann folgten erneut die Kaiserlichen und schließlich 1637 die Pest und die Schweden zusammen. »In Jammer und Elend geduckt, sittlich durch die lange Kriegszeit geschwächt und verwildert, auf die Hälfte des Vorkriegsstandes zusammengeschmolzen – so erwarteten die Berliner Bürger die Einreise des zwanzigjährigen Kurfürsten Friedrich Wilhelm, als am 1. Dezember 1640 Georg Wilhelm starb« (Heinrich Spiero).

Noch drei lange Jahre mußten die Berliner auf den neuen Kurfürsten warten, dessen Berliner Statthalter, Markgraf Ernst, an seinen Herrscher die folgenden Worte aus dem zerschossenen Stadtschloß schrieb, ehe er angesichts der hoffnungslosen Situation in geistige Umnachtung fiel: »Die Karre ist in Berlin so tief in den Kot geschoben, daß sie ohne sonderbaren Beistand des Allerhöchsten nicht leichtlich werde herausgeschleppt werden . . .« Kurfürst Friedrich Wilhelm (R 1640–1688) kam 1643 erstmals nach Berlin und zog 1650 in das Schloß an der Spree ein.

Berlin unter dem Großen Kurfürsten

Die Tatkraft und der gesunde politische Instinkt für das Mögliche ließen Friedrich Wilhelm mit den Widrigkeiten der politischen Lage so gut fertig werden, daß er nach 48 Jahren Regentschaft schließlich das kleine Wunder fertiggebracht hatte, den brandenburgisch-preußischen Staat nicht nur wiederherzustellen, sondern auch nach allen Richtungen abzusichern und auszubauen. Voraussetzung für seine politische Beweglichkeit zwischen den damaligen Großmächten Frankreich, Österreich und Schweden war der Aufbau seiner Armee nach schwedischem Vorbild zum ersten stehenden Heer Deutschlands, das er auf sich vereidigte. In der Außenpolitik hielt sich Friedrich Wilhelm, bekannter als der »Große Kurfürst«, an die Maxime des großen Staatsmannes Richelieu: »Für die kleinen Fürsten gibt es nichts Gewöhnlicheres, als im Zuge der Welthändel ihrem Vorteil zu folgen, nach Gelegenheit der Zeit Partei zu ergreifen, ihre Allianzen zu wechseln, wenn sie wenig Glück bringen.«

Von dieser Politik profitierte auch seine Residenzstadt Berlin, wo es galt, die Kriegswunden zu heilen, den verlorenen Wohlstand neu zu entwickeln und die Bevölkerung wiederum zu vermehren. Wenn die Berliner zum Aufbau seines Heeres auch viel mehr als anderswo »beisteuern« mußten, er erleichterte ihnen diese Abgaben durch Milderung des Zunftzwanges, durch Vermehrung der Anzahl tüchtiger selbständiger Handwerksmeister und Einbürgerung neuer Manufakturen, für die Berliner ein neuer Erwerbszweig: Färberei, Seidenherstellung, Tabakverarbeitung. Von größter Bedeutung für den Berliner Handel jedoch war die in den Jahren 1662 bis 1668 erfolgte Anlegung des Friedrich-Wilhelm-Kanals, der für Berlin eine lebenswichtige Verbindung mit den Oderländern bis zur Seeküste schuf und von der Spree nach Frankfurt an der Oder verlief.

Auch das Stadtbild hat der Große Kurfürst entscheidend geprägt. Um die beiden Stadtkerne Berlin und Cölln ließ er 1658 bis 1685 die alten Mauern abtragen und mit Gräben und Bastionen zu einer Festung ausbauen, deren Wälle heute noch im Grundriß zu erkennen sind. Gleichzeitig griff der Aufschwung einer neuen Stadtentwicklung bald über die Wälle hinaus: 1667 wurden Friedrichswerder und 1676 Dorotheenstadt zu neuen Vorstädten, neue Straßenzüge wurden angelegt, darunter die Lindenallee aus der Stadt hinaus zum Tiergarten, die spätere berühmte Straße »Unter den Linden«.

Späteren Generationen gab der Große Kurfürst auch ein Beispiel an religiöser Toleranz und verband damit eine für Berlin und das Land bedeutsame merkantilistische »Peuplierungspolitik«, die aus religiösen und wirtschaftlichen Beweggründen einen starken Zuzug von Gewerbetreibenden zur Folge hatte, vor allem durch die französische Einwanderung von etwa 4000 Hugenotten (Refugiés), nachdem Ludwig XIV. von Frankreich das Edikt von Nantes aufgehoben hatte. In seinem Edikt von Potsdam öffnete er ihnen 1685 die Tore Berlins und des Landes, und sie machten dafür ihre Lederindustrie, Seifenfabrikation, Tapetenverfertigung, Spiegel- und Glasmacherei in Berlin heimisch und zeichneten sich in allen Zweigen der Weberei, der Goldschmiedekunst und der Uhrmacherei aus. Noch heute besteht in Berlin eine französische Gemeinde.

Friedrich Wilhelm, der »Große Kurfürst«, (* 1620, † 1688) mit Gemahlin und den Söhnen Karl Emil, Friedrich und Ludwig.

Berlin als königliche Residenz

Berlin wurde auch unter der Regierung seines Sohnes Friedrich III. (R 1688–1713; ab 1701 König Friedrich I. in Preußen) zügig weiter ausgebaut. Der Stadt wurden neue Bürger zugeführt, im gleichen Geist weitschauender Toleranz wie unter dem Großen Kurfürsten. Mut bewies Friedrich III. gleich zu Beginn seines Amtsantritts, als er das Testament seines Vaters ignorierte, in dem dieser die Lande Brandenburg-Preußen unter seinen sechs Söhnen aufgeteilt sehen wollte. Gottfried Wilhelm Leibniz schrieb kurz nach dem Tode des Großen Kurfürsten, daß die Tatsache dieses unglaublichen Testaments vor der Geschichte genügen werde, dem toten Kurfürsten den Beinamen »der Große« wieder zu entziehen. Friedrich III. erhielt mit seiner Berufung auf das Hausgesetz von 1473 dem jungen brandenburg-preußischen Staat die Einheit. Auch sein Bündnis mit Kaiser Leopold I. gegen das übermächtige Frankreich im Spanischen Erbfolgekrieg brachte weitreichenden Gewinn: Für die brandenburgische Waffenhilfe verlieh der Kaiser Friedrich III. den Titel eines »König Friedrich I. *in* Preußen« (erst Friedrich II. nannte sich später König *von* Preußen).

Südlich der Straße Unter den Linden baute der erste Preußenkönig ab 1695 seine Friedrichstadt und vereinigte sie 1709 mit Cölln, Berlin, Friedrichswerder und Dorotheenstadt zu einer Gesamtstadt mit rund 56000 Einwohnern (einschließlich der Garnison).

Des Soldatenkönigs Plätze in Berlin

Die Geschichte der jetzt königlichen Residenzstadt Berlin im 18. Jh. ist vor allem Königsgeschichte und Baugeschichte. Unter Friedrich Wilhelm I. (R 1713–1740) entstanden die Luisenstadt, das Stralauer Viertel, die Königsstadt, die Sophienstadt, das Spandauer Viertel, die Friedrich-Wilhelm-Stadt. Der »Soldatenkönig« ließ den Festungswall abtragen und 1737 Berlin mit einer Zollmauer umgeben. Die Vorliebe fürs Militär bei Friedrich Wilhelm I. schlug sich auch in baulichen Veränderungen innerhalb Berlins nieder. So ließ er den Lustgarten auf der Schloßinsel einebnen und zu einem kahlen Exerzierplatz machen. Das flache Gebiet beim Dorf Tempelhof im Südosten von Berlin reizte ihn ebenfalls zur Anlage eines großen Exerzierplatzes. Er ließ einen neuen Stadtplan mit der Direktive »Grundrichtung Tempelhof« ausarbeiten und zeichnete vor dem Halleschen Tor ein Rondell, den späteren »Belle-Alliance-Platz« ein, von dem aus fächerförmig drei große Straßenzüge in den Norden der Stadt ausgebaut wurden: die Wilhelmstraße, die Friedrichstraße und die Lindenstraße, die dann in die Jerusalemer Straße überging, um auf

Altberlin von Künstlerhand

Bilder von Straßen, Plätzen und Bauten Berlins, die in ihrer ursprünglichen Form heute nicht mehr existieren. Ein Panorama von Berlin: Sophienkirche, Altes Museum, Garnisonskirche, Dom, Marienkirche und Schloß. Gemälde von E. Gärtner, 1834 (1). Blick auf Lustgarten, Dom und Teil des Schlosses. Kupferstich von J. Rosenberg, 1777 (2). Der Lustgarten war 1645 vom Großen Kurfürsten angelegt, unter Friedrich Wilhelm I. ein Exerzierplatz. Nach Abriß des Schlosses mit dem ehemaligen Schloßplatz 1951 zum Marx-Engels-Platz vereinigt. – Unter den Linden: Zeughaus, Palais des Prinzen Heinrich, Opernhaus. Kupferstich von J. Rosenberg, 1780 (3). – Die für die damalige Zeit außergewöhnlich breite Straße wurde schon 1647 vom Großen Kurfürsten angelegt, der auch die ersten 1000 Linden pflanzen ließ. Links das von Nering 1687 erbaute Kronprinzenpalais, im Zweiten Weltkrieg zerstört, 1969 rekonstruiert. Dahinter das Opernhaus, 1741–1743 von Knobelsdorff erbaut. Rechts das Zeughaus, 1695 von Nering begonnen, und das Palais des Prinzen Heinrich von Boumann, seit 1809 Sitz der Friedrich-Wilhelm-Universität, heute Humboldt-Universität. – Die Mauerstraße mit der Dreifaltigkeitskirche. Kupferstich von Th. Riedel nach J. Rosenberg, 1780 (4). – Lehrgebäude der Kadettenanstalt Berlin von W. Brücke (5). – Unter den Linden: Zeughaus und Neue Wache, 1817/1818 nach Entwürfen von Schinkel erbaut. Heute Mahnmal für die Opfer des Faschismus und Militarismus. Gemälde von W. Brücke, um 1840 (6). – Gendarmenmarkt (heute Platz der Akademie) mit dem Französischen Dom, 1701–1704 von L. Cayart erbaut und am Schauspielhaus (r.) 1818–1821 von Schinkel errichtet. Farblithographie von L. E. Lütke, 1842 (7). – 1775–1780 baute G. F. Boumann die königliche Bibliothek gegenüber der Oper. Daran anstoßend entstand 1834–1837 das Palais für den Prinzen von Preußen, 1945 ausgebrannt, 1963/1964 rekonstruiert. Stahlstich von J. Riegl nach C. Würbs, um 1850 (8). – Die Friedrich-Wilhelm-Universität am ehemaligen Palais Prinz Heinrich. Radierung von F. A. Schmidt nach einer Zeichnung von J. H. Forst, um 1820 (9). U. K. Dr.

1

2

3

Panorama von Berlin, Gemälde von Eduard Gärtner, 1834 (1). – Lustgarten, Kupferstich von J. Rosenberg, 1777 (2). – Unter den Linden, Kupferstich von J. Rosenberg, 1780 (3). – Mauerstraße mit Dreifaltigkeitskirche, Kupferstich von Th. Riedel, nach einer Zeichnung von J. Rosenberg, 1780 (4). – Lehrgebäude der Kadettenanstalt, Lithographie nach einer Zeichnung von Wilhelm Brücke, 19. Jh. (5). – Zeughaus und Neue Wache, Gemälde von Wilhelm Brücke, 1840 (6). – Gendarmenmarkt mit Französischem Dom (7). – Die Alte Bibliothek und das Palais des Prinzen von Preußen, Stahlstich von J. Riegel, 1850 (8).

6

7

4

8

5

9

Die erste Tagung der Berliner Stadtverordnetenversammlung in der Nicolaikirche am 6. Juli 1809. Durch die im Jahre 1808 erlassene Städteordnung erhielt die während des Absolutismus ausgeschaltete Selbstverwaltung eine Belebung. Die damit gegebenen Rechte erhielten allerdings nur Berliner Bürger, die ein bestimmtes Vermögen vorweisen konnten. 1810 besaßen es nur knapp 7 Prozent der Bevölkerung. Der Tätigkeitsbereich der Selbstverwaltung war natürlich durch die staatlichen Organe beschränkt.

dem Hausvogteiplatz zu enden. Überhaupt verdankt Berlin dem Soldatenkönig seine wichtigsten Plätze, wie den Pariser Platz, den Leipziger Platz, den Dönhoffplatz und Wilhelmplatz. Zur Verhinderung von Desertionen seiner überall auf den Plätzen exerzierenden Soldaten und auch zur besseren Steuerkontrolle ließ Friedrich Wilhelm an diesen Plätzen auch Stadttore errichten. Und während es sein Vater auf nur rund tausend neuerbaute Berliner Häuser brachte, wurden unter der Regierung des Soldatenkönigs immerhin 1400 neue Häuser erstellt, wobei er an reiche Bürger Grundstücke mit dem Befehl verschenkte: »Der Kerl hat Geld, muß bauen!« Große Vermögen wurden auf diese Weise nicht selten auch in Sumpfland, also in morastigen Baugrund, investiert, was der Regierung den Bau einer Kanalisation ersparte. Der König brauchte ja schließlich jeden Pfennig seines Haus- und Staatsschatzes für den Aufbau eines Heeres, das bei seinem Tode mit rund 80000 Mann das viertgrößte, aber wohl das diszipliniertestе Heer Europas darstellte.

Berlin unter »dem großen« Friedrich: der Mittelpunkt Preußens

Mit diesem Heer erzwang dann Friedrich II. von Preußen (R 1740–1786) den Aufstieg Preußens zur europäischen Großmacht, und die Stadt Berlin verdankt dem »großen« Sohn den Aufschwung zum industriellen Mittelpunkt des preußischen Staates. Friedrich II. holte nämlich nach der Ansiedlung von Handwerkern und Tuchmachern durch seinen Vater einige neue industrielle Unternehmungen nach Berlin. 1765 zählte Berlin 18400 Gewerbetreibende, gegen Ende des Jahrhunderts war jeder vierte Berliner in einem Gewerbe (Zuckersiedereien waren noch hinzugekommen) beschäftigt. Den Kirchenbauten des frommen Vaters fügte der Sohn weitere hinzu (Deutscher und Französischer Dom am Gendarmenmarkt und die katholische Hedwigskathedrale), ließ aber auch staatliche Repräsentationsbauten errichten, wie das Prinz-Heinrich-Palais (1748–53), die Alte Bibliothek (1774–80) und das Schloß Bellevue im Tiergarten (1785–89), das nach den Zerstörungen des Zweiten Weltkriegs wiederhergestellt wurde und heute als ständiger Amtssitz des Bundespräsidenten dient.

Die Steinsche Städteordnung von 1808

Nachdem Berlin um 1800 neben der Hauptstadt Preußens auch durch den Zuzug vieler namhafter Künstler, Schriftsteller und Philosophen zu einem geistigen Zentrum mit rund 172000 Einwohnern geworden war, kam in einer Zeit der kulturellen Blüte unter dem »energielosen und genußsüchtigen« (Egon Friedell) König Friedrich Wilhelm II. (R 1786–1797) der staatliche Niedergang Preußens, das dann unter dem Ansturm Napoleons 1806 völlig haltlos zusammenbrach. Die weitere Entwicklung Berlins als Stadt hat die französische Besatzungszeit von 1806 bis 1808 trotz schmerzhafter Kontributionen und der Plünderung der Kunstschätze nicht nachhaltig beeinflussen können. Zwar wurde der preußische Staat zum Spielball der Mächtigen, doch im Innern brachte die beginnende moralische Erneuerung durch die Reformen in der Verwaltung und der Heeresverfassung auch für die Stadt Berlin eine neue Konsolidierung. Nach dem Ende der Besatzungszeit in Berlin am 1. Dezember 1808 wirkte sich die Steinsche neue Städteordnung vom 18. November 1808 so aus: Der Erwerb des Bürgerrechts wurde dadurch erleichtert, die Klassen und Zünfte wurden aufgehoben, und am 16. April 1809 wählte die Berliner Bürgerschaft ihre erste Stadtverordnetenversammlung, die einen aus besoldeten und ehrenamtlichen Mitgliedern bestehenden Magistrat wählten, welcher den Stadtverordneten gegenüber verantwortlich war. Zu Weihnachten 1809 kehrten auch König Friedrich Wilhelm III. (R 1797–1840) und seine vom Volk verehrte Königin Luise nach Berlin zurück.

Napoleon in Berlin, die Befreiungskriege und die bürgerliche Revolution

Für Napoleons Feldzug nach Rußland verband sich Preußens König Friedrich Wilhelm III. nochmals mit Napoleon, um die Existenz des Staates nicht zu gefährden, was eine erneute französische Einquartierung in Berlin zur Folge hatte. Diese zog erst am 4. März 1813 mit den Resten von Napoleons Grande Armée vor den anrükkenden Russen ab. Von den 10000 preußischen Freiwilligen, die Friedrich Wilhelms III. Aufruf aus Breslau zum Befreiungskrieg gegen Napoleon aus ganz Preußen im März 1813 folgten, waren fast 6400 Berliner, deren Stadt noch bis zum August bedroht war. Erst der Sieg bei Großbeeren am 23. August machte Berlin frei, am 21. Oktober 1813 verkündeten 32 Postillione den Sieg über Napoleon in der Völkerschlacht bei Leipzig, und am 7. August 1814 zogen die preußischen Truppen mit ihrem König und seinen Generalen Blücher, Gneisenau, Yorck und Bülow durch das Brandenburger Tor zurück nach Berlin. Nach den Freiheitskriegen nahm Berlin einen weiteren Aufschwung, der dem Stadtkern bis heute sein Gepräge geben sollte. Die in Berlin und in Preußen in der Folgezeit gehegten Hoffnungen auf die Gewährung politischer Freiheitsrechte jedoch blieben unerfüllt – auch nach dem Thronwechsel zu König Friedrich Wilhelm IV. (R 1840–1857), der nicht »ein

18. und 19. März 1848. Oben: Kampf zwischen Berliner Bürgern und Soldaten. Darunter: Barrikade in der neuen Königsstraße (Neuruppiner Bilderbogen). Als während einer revolutionären Versammlung vor dem Berliner Schloß der König sowohl einem Teil der Forderungen zugestimmt hatte, aber gleichzeitig den Schloßplatz gewaltsam räumen ließ und seitens des Militärs zwei Schüsse fielen, brach die blutige Auseinandersetzung los. Zum Schluß gab es rund 240 Tote – in der Mehrzahl Handwerker und Arbeiter.

Stück Papier«, wie er eine Verfassung nannte, zwischen sich und sein Volk »drängen lassen« wollte. 1848 wurde Berlin dann zum Brennpunkt der bürgerlichen Revolution in Preußen und Deutschland, die blutig niedergeschlagen wurde und allein in Berlin etwa 200 Barrikaden-Tote forderte. Unter den Marschstiefeln der Truppen des Generals Wrangel wurden im Herbst 1848 alle Freiheitsträume wieder erstickt. Die 1850 oktroyierte Verfassung und die im selben Jahr erlassene Gemeindeordnung bedeuteten auch für Berlin einen politischen Rückschritt, denn auf der Grundlage des Dreiklassenwahlrechts wurde nun die gemeindliche Selbstverwaltung eine Angelegenheit der begüterten Klassen. Berlins Bevölkerung aber stieg bis 1850 auf 419000, bis 1852 auf 511000 Einwohner. Berlins »feinsinniges Bürgertum« beherrschte jedoch in den nachfolgenden Jahrzehnten der sogenannten »Wilhelminischen Zeit« – König Wilhelm I. regierte ab 1857 Preußen und ab 1871 ein unter Preußen vereinigtes deutsches Reich bis 1888, danach sein Enkel Wilhelm II. bis 1918 – das Stadtparlament der neuen Reichshauptstadt Berlin bis zum Ersten Weltkrieg.

Die Reichshauptstadt

Der Ausbau Berlins, mit der Schubkraft des beginnenden industriellen Zeitalters, vollzog sich ab Mitte des 19. Jh. nach einem Plan, der eigentlich auf Friedrichs II. Vorstellung von dem großen Vorbild der Weltstadt Paris zurückreicht. Als Friedrich Wilhelm III. als einer der Sieger über Napoleon aus Paris heimkam, gab er dem Berliner Polizeipräsidenten einen »Generalbebauungsplan« für die Stadt in Auftrag, der sich an Paris orientieren sollte. Bis dieser Plan aber fertig war, vergingen vierzig Jahre, und erst als 1858 Wilhelm I., damals noch Prinzregent, sich nach dem Stand desselben erkundigte, wurde er von dem Baubeamten James Hobrecht im Jahre 1862 fertiggestellt.

Der Plan sah eine innere und äußere Ringstraße nach Pariser Muster vor. Zu seiner Finanzierung blieben nur die Grundbesitzer in Berlin als Straßenbauer übrig, denn die Hohenzollern hatten ja der alten Hansestadt Berlin schon im 15. Jh. das Eigentumsrecht an großen Stücken ihrer alten Feldmark weggenommen und privatisiert, weshalb die Stadt keine Einnahmen aus dem Grundzins für einen Straßenbau entnehmen konnte. Die Grundbesitzer aber gründeten erst dann Bau- und Bodengesellschaften für ein sich abzeichnendes Milliardengeschäft, nachdem der Polizeipräsident ihnen zusagte, daß der Bebauungsplan eine etwa hundertjährige Stadtentwicklung vorausprojizieren würde. Jetzt traten die Grundbesitzer Land für den Straßenbau ab, durften dafür aber einen Baublock in der ganzen Tiefe mit so viel Hinterhöfen bebauen, wie sie wollten, auch fünf Stockwerke hoch – nach dem Vorbild von Paris. Doch alles blieb in kleineren Maßstäben stecken. Aus dem Plan einer Kette von neuen Plätzen im Südwesten der Stadt wurden nur der Kaiser-Friedrich-Platz, der Nollendorfplatz und der Wittenbergplatz realisiert, und die geplanten Ringstraßen wurden nur zum Teil ausgeführt. Unter dem Ansturm der Industrialisierung ab der Mitte des Jahrhun-

Abladen eroberter Gewehre durch Berliner Arbeiter während des Spartakusaufstandes am 5./6. Januar 1919.

derts wurde nach dem Motto Quantität vor Qualität bis zum Ende des Jahrhunderts weitergebaut. Die architektonische Gestaltung Berlins in der wilhelminischen Ära führte nur zu vereinzelten Ausnahme-Leistungen, so zum Rathaus Hermann Friedrich Waesemanns (1859–70), zur Nationalgalerie und der Siegessäule von Johann Heinrich Strack (1867–76, 1869–73), zum Reichstagsgebäude von Paul Wallot (1884–94) und zur Kaiser-Wilhelm-Gedächtniskirche von Franz Schwechten (1891–95), deren Turmruine nach dem Zweiten Weltkrieg zu einem Wahrzeichen Berlins geworden ist.

Von den Mietskasernen zum »neuen Berlin« der zwanziger Jahre

Um 1850 hatte Berlin rund 450000 Einwohner, 1900 waren es bereits zwei Millionen. Es entstanden ziemlich graue und häßliche Mietskasernenstraßen, die jede frühere ländliche Idylle zerstörten. Die Vorstädte Wedding, Moabit und Gesundbrunnen wurden dem Weichbild der Stadt einverleibt. Die Innenstadt wurde immer mehr zur Geschäftsstadt, im weiten Umkreis entstanden Arbeiter- und Villenvororte, vor allem im Norden und Osten der Stadt, denn den Hauptanteil des gewaltigen Bevölkerungszuwachses stellte das städtische Proletariat, das Berlin auch zum Mittelpunkt der beginnenden deutschen Arbeiterbewegung werden ließ. In Berlin wirkten so bedeutsame Arbeiterführer und Sozialisten wie Stephan Born, Friedrich Engels und Ferdinand Lassalle.

Ab 1900 folgten rund dreißig Jahre der Besinnung in Berlin, in denen man gegen das Überhandnehmen einer Mietskasernen-Häßlichkeit ankämpfte und Berlin zu einer anziehenden und erregenden Weltstadt machte. Dies geschah in den letzten achtzehn Regierungsjahren Wilhelms II. und vor allem in den zehn Jahren der Weimarer Republik. Symbol dieser Wandlung vom alten zum »neuen Berlin« wurde der Ausbau des alten Karrenwegs Kurfürstendamm zwischen Charlottenburg und dem Grunewald in den letzten beiden Jahrzehnten des 19. Jh. mit einer Breite von 53 m – so vom Reichskanzler Bismarck durch eine Kabinettsorder bestimmt. Zu Beginn des »neuen Berlin« ab 1900 entstanden auch die ersten großen Ausfallstraßen der Stadt: die Kantstraße, Heerstraße und die Charlottenburger Chaussee. Ludwig Hoffmann, letzter Stadtbaurat des kaiserlichen Berlin, ließ die folgenden »Schönheitsinseln« in die Mietskasernenstadt einfügen: Alfred Messel baute das Wertheim-Warenhaus, Peter Behrens die Fabrikhallen der AEG, und es entstanden die ersten Gartenstädte Frohnau und Grünau. Martin Wagner, der Stadtbaurat des republikanischen Berlin, ließ die Gartenstädte von Britz, Zehlendorf und Onkel Toms Hütte folgen, Wagner und Poelzig bauten das Messegelände, Poelzig allein das Große Schauspielhaus, das »Capitol« und das Funkhaus an der Masurenallee.

Das erste demokratische Berlin in der Weimarer Republik

In der Parteienlandschaft der ersten Republik dominierte in der Berliner Stadtverordnetenversammlung die Sozialdemokratische Partei Deutschlands, die sich ab der Mitte des 19. Jh. aus der deutschen Arbeiterbewegung herausgebildet hatte. Berlin blieb Hauptstadt auch der sogenannten »Weimarer Republik«; nach Weimar war die erste Nationalversammlung lediglich wegen der revolutionären Wirren 1918/1919 in Berlin ausgewichen. Berlin erlebte im Januar 1919 noch die Erschütterung durch den Spartakusaufstand von links und im März 1920 durch den Kapp-Putsch von rechts. Zur politischen Einschätzung der Hauptstadt Berlin als Hauptstadt der ersten demokratischen deutschen Republik stellte später der Kulturphilosoph Ludwig Marcuse (* 1894, † 1971) fest: »Sie begann und endete in Berlin. Man sollte sie deshalb die Berliner Republik nennen . . .«

Im Jahre 1920 (1. Oktober) rang sich Berlin zu einer beispielhaften verwaltungstechnischen Großtat durch: Es teilte sein Stadtgebiet in eine Großstadt mit 20 Verwaltungsbezirken ein, wobei die Städte Charlottenburg, Köpenick, Lichtenberg, Neukölln, Schöneberg, Spandau und Wilmersdorf zusammen mit 59 Landgemeinden und 27 Gutsbezirken eingemeindet wurden. So zählte Berlin 1925 schon rund vier Millionen Einwohner, 1943 rund 4,5 Millionen und nahm damit im Rang der Weltstädte einen der ersten Plätze ein.

Berlin wird Hitlers Regierungssitz

Berlin blieb bis 1933 eine »rote« Hauptstadt, auch wenn die »braunen« Schläger der Goebbelsschen SA Ende der zwanziger und Anfang der dreißiger Jahre immer mehr die Stadt terrorisierten. In demokratischen Wahlen konnten sie in Berlin bis zur Machtergreifung Hitlers keine Mehrheiten gewinnen. Doch mit dem 30. Januar 1933 begann dann das finsterste Kapitel in

Berlin, 3. Februar 1945. Menschen flüchten aus ihren brennenden Häusern. Tag für Tag und Nacht für Nacht versetzen Bombergeschwader die Menschen in Angst und Schrecken. Ganze Stadtteile sanken in Trümmer. Daß sehr bald nach Kriegsende aus dem Schutt Wiederaufbauarbeit geleistet werden konnte, ist den »Trümmerfrauen« zu verdanken, die mit den ersten Aufräumarbeiten begonnen haben, die brauchbares Baumaterial heraussortierten und den Schutt wegfuhren. Sie schufen dadurch für sich und ihre Angehörigen wieder eine Zukunft.

der Geschichte Berlins. In der Nacht vom 27. auf den 28. Februar brannte plötzlich der Reichstag. Dies war ein Menetekel für die Zukunft und für die Nazis der Vorwand, alle demokratischen Rechte außer Kraft zu setzen, die demokratischen Parteien zu verbieten und aufzulösen. Die Stadt wurde wie überall in Hitlers »Drittem Reich« gleichgeschaltet und unter Joseph Goebbels als Gauleiter dem Führerprinzip unterworfen.

Berlin wurde Hitlers Regierungssitz, das Hauptquartier seiner Geheimen Staatspolizei, der berüchtigten »Gestapo«, und neben dem Sitz aller obersten Reichsbehörden auch Ort des seit 1934 eingerichteten verbrecherischen Volksgerichtshofes. Das Stadtbild sollte Macht und Größe des Nationalsozialismus widerspiegeln: Die Charlottenburger Chaussee wurde zur kahlen »Ostwestachse« ausgebaut, was den Tiergarten in zwei Hälften riß; die Siegessäule wurde vom alten Königsplatz auf den »Großen Stern« versetzt und damit das »Forum des zweiten Reiches« zwischen Kroll-Oper und Reichstag auf dem alten Exerziergelände im Nordosten des Tiergartens zerstört. »Unter den Linden« wurden die Linden gefällt und der Rasen auf dem Wilhelmplatz unter Steinplatten begraben, damit Hitlers Marschkolonnen besser ihren Stechschritt stampfen konnten. Überhaupt wurde das Stadtbild Berlins mit NS-Bauten von monströser Monumentalität verschandelt, die dann im Bombenhagel des Zweiten Weltkrieges wieder zerfielen.

In knapp hundert Jahren vollzog sich im Raum Groß-Berlin ein »Drama von Aufstieg und Zerstörung« (Walther Kiaulehn), in dessen loderndem Finale von 1943 bis 1945 ganze Stadtteile im Bombenkrieg in Trümmer sanken und Berlin städtebaulich verheerende Wunden geschlagen wurden: Mehr als 500 000 zerstörte Wohnungen (32% der Gesamtzahl) wurden registriert, rund 20 Prozent der knapp 250 000 Gebäude Berlins waren total oder schwer zerstört, weitere 50 Prozent beschädigt; die Stadt war eine Trümmerwüste mit 75 Millionen Kubikmetern Schutt.

Die Bevölkerung von Berlin, die vor Hitlers Entfesselung des Zweiten Weltkrieges über 4,3 Millionen Einwohner zählte, verminderte sich in dessen Verlauf durch Evakuierung, Flucht und Kriegsverluste auf 2,8 Millionen Einwohner. Am schrecklichsten aber wurde Berlins jüdische Bevölkerung von der nationalsozialistischen Gewaltherrschaft getroffen: Nachdem viele jüdische Familien schon 1933 vor Hitlers Rassisten aus Berlin, der Stadt, deren Aufstieg sie entscheidend mitgeprägt hatten, geflohen waren, wurden von den rund 160 000 jüdischen Berlinern (Stand: 1933) danach die meisten in Konzentrationslager verschleppt und ermordet. Bei Kriegsende lebten nur noch rund 6000 Juden in der Stadt, von mutigen Berlinern versteckt und versorgt.

Berlin im Ost-West-Spannungsfeld

Als in Berlin im Mai 1945 endlich die Waffen schwiegen und die Überlebenden in der verwüsteten Stadt vom Alpdruck des Krieges befreit waren, hatten die alliierten Siegermächte bereits über die Zukunft Berlins entschieden: Die Stadt wurde in vier Besatzungsgebiete (Sektoren) aufgeteilt und besetzt.

Berlin, an der Nahtstelle der beiden großen Machtblöcke im Westen und Osten, wurde in den vierzig Jahren Nachkriegsgeschichte zu einem weltpolitischen Phänomen. Anstatt Planung gab und gibt es in der doppelten Stadt Berlin zum großen Teil Improvisation, wobei jede stadtpolitische Entscheidung erschwert wird durch die Notwendigkeit, jeweils in einer der beiden Stadthälften immer Rücksicht auf den großen Zusammenhang von ganz Berlin nehmen zu müssen, um nicht noch mehr künstliche anstatt gewachsene Entwicklungen zu produzieren.

Daß die Berliner dies alles seit mehr als vierzig Jahren ertragen haben, spricht für ihre Überlebensfähigkeit, für eine Menge Trotz mit Gelassenheit, aber auch für das Fertigwerden mit negativen Erscheinungen wie Abwanderung, Gastarbeiterproblemen, Überalterung sowie den sich aus der Insellage ergebenden Problemen. Die Berliner werden wie bisher mit Ironie auch die Zukunft meistern: »Et wird schon schief jehn!«

OTTFRIED NEUBECKER

Berlin: Wappen und Flaggen

Mit dem Namen Berlin verbindet sich seit Ende des 13. Jh. das auf den Namen der Stadt anspielende Bärenbild. Noch um die Mitte jenes Jahrhunderts siegelte Berlin mit dem Adler des Markgrafen von Brandenburg unter einer städtischen Architektur. Die Verbindung zwischen dem Bärenbild und dem markgräflichen Adler dauerte in irgendeiner Gestalt fort bis zum Ende der Monarchie (Preußen). Seit Ende des 15. Jh. aber machte sich der Bär allein heraldisch selbständig. Das gemalte Wappenbuch des bayrischen Herolds Jörg Rugenn (1492, Universitätsbibliothek Innsbruck) zeigt ihn schrägaufgerichtet, laut Beschriftung schwarz in silbernem Schilde, das erste in Kupferstich publizierte Wappenbuch des Nürnberger Graveurs Joh. Sibmacher, 1. Auflage 1605 mit textlicher Ansage »Ein we(ißer) schildt/der Beer darin schwartz«. Beide Abbildungen stellen Versuche dar, zwischen heraldischer Stilisierung und Naturtreue einen Kompromiß zu finden, der besser in dem kleinen Stadtsiegel aus der Epoche 1709 bis 1839 gelungen schien, aber erst in neuerer Zeit ernstlich angestrebt worden ist. Die nach der Annahme der preußischen Königswürde am 18. Januar 1701 unter dem 17. Januar 1709 verfügte Zusammenfassung der Vorstädte zu einer Gesamtgemeinde Berlin zog am 6. Februar 1710 mittels Verleihung eines gemeinsamen Siegels praktisch die Schaffung eines künftigen »großen« Wappens nach sich, in dem ein dreiteiliger Schild auf der Kombination des Bärenwappens und des preußischen wie des brandenburgischen Adlers aus der Wappengeschichte Berlins und der Randgemeinden Kölln, Friedrichstadt, Dorotheenstadt und Friedrichwerder beruht.

Auf dem im Rokokostil gestalteten Schild liegt der Kurhut des Souveränen Markgrafen, später die preußische Königskrone; auch erhielt das Bärenfeld in den dreißiger Jahren des 19. Jh. einen schildförmigen Platz – unterhalb der Adler, gedeckt mit der fünftürmigen Mauerkrone der königlichen Residenzstadt. Dem Bären verblieb bis zum 1. Oktober 1875 das seit 1618 unbeanstandet geführte beringte Halsband, das heraldisch vielfach übliche Beizeichen der Bären; dann aber wurde es als Sinnbild der Knechtschaft von einem stolzen Magistrat abgelegt, ohne daß für eine brauchbare Gestaltung des Bären gesorgt wurde. Ein aufrecht wie ein heraldisch schreitender Löwe stehender Bär unbestimmter Graphik »zierte« bis 1934 die amtlichen Drucksachen, obwohl es seit 1914 eine korrekte Vorlage gegeben hätte. Diese war nämlich entstanden, als die Stadtfarben in eine unvorhersehbare Diskussion geraten waren. Wieder war es – wie 1709 – ein mit einer Königskrönung in Königsberg (am 18. 10. 1861) zusammenhängender Anlaß, denn zur Feier des Einzugs König Wilhelms I. sollte Berlin im Flaggenschmucke strahlen, weswegen die Frage brennend wurde, wie solche Flagge auszusehen hätte. Man einigte sich am 19. Dezember 1861 auf eine aus den Wappenfarben des großen Stadtwappens von 1709 entnommene schwarz-rot-weiße Trikolore, nicht ahnend, daß bald nach den Siegesfeiern für Königgrätz der kurz danach aus der Taufe gehobene Norddeutsche Bund eine ähnliche Trikolore durch Bismarcks einsame Entscheidung, nämlich schwarz-weiß-rot, erhielt. Von 1908 an suchte man eine historisch begründete Lösung. Diese beruhte auf dem Vorschlag, das Schwarz durch den Bären selbst vertreten sein zu lassen, so daß vom Winter 1913/1914 an rotgeränderte weiße Flaggen mit einem wohlgelungenen Bären nach einem Entwurf von Professor Emil Doepler d. J., der auch den Reichsadler neugestaltet hatte, in Gebrauch waren.

Siegmund von Weech, dem das Deutsche Reich – und die Bundesrepublik Deutschland – die Zeichnung des deutschen Reichs- und Bundesadlers verdanken, kam 1934 dem Auftrag des damals eingesetzten Staatskommissars für die Reichshauptstadt Berlin nach und schuf das amtliche Modell, das weiterhin in Ost-Berlin unverändert in Gebrauch steht.

Die Teilung der einstigen Reichshauptstadt veranlaßte den Senat (West) zu einer juristisch begründeten Initiative, um eine Grundlage für den Rechtsschutz für ein Hoheitszeichen des Landes Berlin zu schaffen. In den während der Jahre 1952 bis 1954 entstandenen Entwürfen fand der Gedanke von Ottfried Neubecker Anklang, in der Mauerkrone auch die Eigenschaft der Stadt Berlin als »Land« zum Ausdruck zu bringen. Es geschieht in Anlehnung an die bereits in Bremen und Bayern gefundene Lösung durch fünf Laubblätter anstelle der Türme auf der Mauerkrone, die durch das Gesetz über die Hoheitszeichen des Landes Berlin vom 13. Mai 1954 die Billigung des Abgeordnetenhauses gefunden hat. Der Berliner Flagge liegen die 1913/1914 aufgestellten Entwürfe weiterhin zugrunde.

Das Berliner Hoheitszeichengesetz trägt einer mehrere Jahrzehnte währenden Entwicklung Rechnung, indem es den Senat ermächtigt, den West-Berliner Bezirken eigene Bezirkswappen zu verleihen. Hiervon wurde von 1955 bis 1957 erschöpfend Gebrauch gemacht.

Von diesen Bezirkswappen stützen sich folgende auf überlieferte Wappen, nämlich Spandau, 1860 aufgrund des alten Stadtsiegels verliehen, Charlottenburg 1704 (Verleihung einer Stadtfahne), Steglitz 1887 als erstes »Dorf« städtischen Charakters, Schöneberg 1899 nach Stadtwerdung, Neukölln 1903 (unter gleichen Bedingungen), Zehlendorf 1907 (als Siegelbild geschaffen), Wilmersdorf 1910 (Rechtslage wie bei Schöneberg und Neukölln).

Neugeschaffen sind Tempelhof aufgrund des Wappens des Templerordens aus dem 14. Jh., sodann Wedding, Tiergarten, Reinickendorf und Kreuzberg.

In Ost-Berlin ist praktisch eine vergleichbare, konservative Entwicklung im Gange.

In der gleichen Epoche sind auch Initiativen ergriffen worden, im Wappen Berlins die Funktion dieser Stadt als Reichshauptstadt zum Ausdruck zu bringen; es hätte dann nahegelegen, den Reichsadler in der damaligen Ausgestaltung als Hoheitszeichen des »Dritten Reichs« einzuarbeiten. Weil es dazu nicht mehr kam, brauchte es 1945 auch nicht widerrufen zu werden, hat uns aber doch dazu veranlaßt, etwas auf die Rolle des Adlers als bevorzugtes Wappenbild der deutschen Nation einzugehen und hier einige Erläuterungen anzufügen:

In der heraldischen Frühzeit, als es noch nicht gang und gäbe war, ein Wappen zu führen, und sich der Kreis der Wappenherren auf die Fürsten beschränkte, also vor dem Jahr 1200, überwiegen in den Siegeln deutscher Herzöge und Territorien beherrschender Grafen einfache Adler, die man als Ableitungen des Hoheitszeichens des (römisch-) deutschen Königs ansehen muß. Dessen Farbe (schwarz in goldenem Grunde) muß in mehreren Fällen abgewandelt werden (Brandenburg). Der Kaiseradler in seinen originalen Tinkturen erscheint seit dem frühen 14. Jahrhundert als Sinnbild der fürstlichen Stellung des Hochmeisters des Deutschen Ritterordens, die im Jahre 1226 geschaffen worden ist. Ein solcher Adlerschild lag seitdem – übrigens bis zur Gegenwart – auf einem schwarzen Kreuz im weißen Felde, dem eigentlichen Wappen des Deutschen Ritterordens, entsprechend seinem weißen Mantel mit schwarzem Kreuz auf der Schulter. Als nun das wichtigste geistliche Territorium des Deutschen Ordens, also nach heutigen Begriffen Altpreußen oder Ost- und Westpreußen, im Zusammenhang mit der religiösen Reformation säkularisiert, also in ein weltliches Herzogtum umgewandelt wurde, schuf der König von Polen als künftiger Lehnsherr ein neues Wappen für das nunmehrige Herzogtum. Am 10. April 1525 beugte der letzte Hochmeister aus dem Hause Hohenzollern, Herzog Albrecht, vor König Sigismund von Polen das Knie, legte den weißen Wappenrock des Hochmeisters mit dem schwarzen Kreuz ab und legte einen neuen, ebenfalls weißen an, auf dem der schwarze Adler seiner fürstlichen Würde das ganze Feld ausfüllte. Auf der Brust aber mußte der Adler die Namensbuchstaben des nunmehrigen Lehnsherrn, König Sigismund, ein großes »S« tragen. Hieraus entwickelte sich das F R, der Namenszug des Königs von Preußen Fridericus Rex.

Spandau

Berlin, 1709

Berlin (Ost), heute

Berlin (West), 1954

Berlin (West), Landesflagge 1954

HANS DOLLINGER

Kultur gestern und heute

Claire Waldoff, das unverwechselbare Chansonidol der zwanziger Jahre, besang das alte Berlin als »klein, aber keß, stets voll Nobless'...« und beendete ihr Liedchen mit dem vielzitierten Refrain: »Es gibt nur ein Berlin, Und das ist mein Berlin. Hält uns auch keiner für normal – das ist uns alles ganz egal...« Besser kann man seine Liebe zur Heimatstadt nicht ausdrücken. Tatsächlich ist Berlin bis heute einmalig geblieben, auch nach dem scheinbaren Ende Anno 1945. Willy Brandt hat sie eine »Stadt der Jungen« genannt, und Richard von Weizsäcker meinte vor wenigen Jahren, als er Regierender Bürgermeister der Stadt war: »Die Jungen bringen Unruhe, aber sie bringen auch Leben in die Stadt – und sei es alternatives Leben, hier bricht immer früher und krasser auf, was anderswo dann auch zum Problem wird.«

Die ersten künstlerischen Impulse

Der »Große Kurfürst« war in Holland am Hofe Heinrichs von Oranien erzogen worden, hatte in Leyden studiert und blieb durch seine Heirat mit einer Oranierin, Luise Henriette, mit der er am 10. April 1650 offiziell in seiner Hauptstadt Berlin einzog, dem Haus Oranien immer verbunden. Aus Holland berief er Johann Gregor Memhardt als kurfürstlichen Ingenieur-Architekten nach Berlin zum Neuaufbau seiner vom Dreißigjährigen Krieg heimgesuchten Residenzstadt. Mit den Architekten Michael Matthias Smids und Johann Arnold Nering zusammen erweiterte Memhardt das wiederhergestellte Cöllner Stadtschloß durch einen Festsaal (Alabastersaal), gestaltete den verwüsteten Lustgarten barock aus und schuf das Lusthaus an der Spree, das später die erste Börse der Stadt beherbergte. Von Memhardt stammten auch die Pläne für Berlins neue Befestigungsanlagen, für die Lindenallee aus der Stadt zum Tiergarten hinaus (später »Unter den Linden«) und für Schloß Oranienburg auf einer Insel in der Havelniederung im damaligen Amt Bötzow. Des »Großen Kurfürsten« größter Baumeister aber wurde Johann Arnold Nering, der in Köpenick und Potsdam Stadtschlösser baute, die als beste Beispiele des märkischen Barock galten. Berlins Kunstsammlungen und die Begründung der Staatsbibliothek gehen ebenfalls auf Friedrich Wilhelm zurück, wie überhaupt erst seit dem Barock von einem Kulturleben in Berlin gesprochen werden kann.

Gottfried Wilhelm Leibniz und Andreas Schlüter

Als dann Berlin unter Kurfürst Friedrich III. – ab 1701 Friedrich I., König in Preußen – zur Hauptstadt eines Königreiches Preußen aufstieg und als königliche Residenzstadt ausgebaut wurde, eroberte der Barock durch Baumeister und Architekten wie Nering, Jean de Bodt, Martin Grünberg, Philipp Gerlach, Eosander von Göthe und vor allem durch Andreas Schlüter vollends die Stadt.

Ein Glücksfall für Berlins Aufblühen in dieser Zeit war Friedrichs I. zweite Gemahlin Sophie Charlotte, Enkelin Jakobs I. von England und Tochter der berühmten Kurfürstin Sophie von der Pfalz und des Kurfürsten Ernst August von Hannover. Ihr ließ Friedrich I. freie Hand zur Förderung des geistigen Lebens Berlins, und sie kümmerte sich um die Baukunst und die Wissenschaft. Ihr ist es auch zu verdanken, daß aus Hannover das Universalgenie jener Epoche, der Philosoph, Mathematiker, Naturforscher, Historiker und Diplomat Gottfried Wilhelm Leibniz nach Berlin kam, wo er dann zusammen mit seiner königlichen Gönnerin den ersten Preußenkönig zur Gründung der Berliner Akademie der Künste (1696) und der Akademie der Wissenschaften (1700, zuerst »Societät der Wissenschaften«) drängte. In ihrem Schloß, das Friedrich I. zwischen 1695 und 1699 als Lustschloß Lützenburg (nach ihrem Tod in Charlottenburg umbenannt) von Nering und Grünberg bauen ließ, empfing Königin Sophie Charlotte Gelehrte, Philosophen, Freidenker, Jesuiten und lutherische Theologen und führte mit ihnen nächtelange Streitgespräche.

Ab 1696 wirkte der 1660 in Danzig geborene Andreas Schlüter in Berlin und sorgte mit seiner vielseitigen und genialen Begabung dafür, daß sich diese Stadt erstmals vom Ruf der Kulturprovinz befreien und mit künstlerischen Spitzenleistungen glänzen konnte. Er war von 1702 bis 1704 Direktor der Akademie der Künste und leitete ab 1699 das ganze Kunstwesen sowie den Umbau des alten Renaissanceschlosses in eine gewaltige Barockanlage. Unter seiner Mitarbeit entstand damals das Zeughaus an der Straße Unter den Linden, wo er auch die berühmten Kriegermasken modellierte; er hat die schönsten Säle im Charlottenburger Schloß entworfen, baute mehrere kleinere Baudenkmäler wie das Palais für den Kanzler Wartenberg und das Sommerhaus des Herrn von Kamecke in der Dorotheenstraße (1950 wurde das im Bombenkrieg ausgebrannte Haus abgerissen). Von Schlüter stammt auch das für die Lange Brücke zwischen Berlin und Cölln geschaffene, nach Gattamelata und Colleoni gewaltigste Reiterstandbild der Kunstgeschichte, das Standbild des »Großen Kurfürsten« (heute vor dem Schloß Charlottenburg). Schlüter war der größte Bildhauer seiner Zeit, aber es gibt heute kein authentisches Bildnis mehr von ihm. Im Todesjahr König Friedrichs I. ging Schlüter, durch Intrigen, an denen sich auch sein Mitarbeiter Eosander von Göthe beteiligte, in Ungnade gefallen, nach Petersburg, wo er ein Jahr später starb. Als Schlüters Witwe beim zweiten Preußenkönig, dem sparsamen »Soldatenkönig« Friedrich Wilhelm I., um eine Pension nachsuchte, wurde sie von diesem barsch abgewiesen.

Schlüters Widersacher Eosander von Göthe erbaute zwischen 1703 und 1710 im fürstlichen Garten vor dem Spandauer Tor für die Geliebte des Königs, die Gräfin Wartenberg, ein zierliches Schlößchen, das Friedrich I. später seiner Schwiegertochter als »Monbijou« schenkte (ab 1877 war es Hohenzollern-Museum, im Zweiten Weltkrieg wurde es völlig zerstört). Unter den Kirchenbauten seiner Zeit ragt die von Friedrich I. begründete Parochialkirche in der Klosterstraße hervor, von Martin Grünberg und Philipp Gerlach nach Plänen von Nering beendet (1695–1714), sowie die Spandauer Kirche in der Spandauer Vorstadt, die später den Namen Sophienkirche erhielt (1712, Glockenturm von 1732–1734).

Sparsamkeit und Bürgerfleiß unter dem nüchternen »Soldatenkönig«

Friedrich Wilhelm I., über dessen Geiz seine Mutter Sophie Charlotte bereits jammerte, als er erst 14 Jahre alt war, schränkte bei seiner Thronübernahme sofort die Ausgaben des Hofes ein, um den Staatsschatz zugunsten des Aufbaus einer Heeresmacht aufzufüllen. Durch eiserne Sparsamkeit und Rationalisierung des Verwaltungsapparates wurde dies erreicht. Auf der Strecke blieb jedoch die Förderung der Künste und Wissenschaften.

Jeden Luxus ließ er mit Strenge verfolgen. Einzelne Industrien wie die Wollweberei wurden gefördert, ebenso der Tabakanbau, der Schiffsbau und eine für ihn sinnvolle Wissenschaft, wie etwa die Ausbildung der Ärzte in der Anatomie und eine Schule für Chirurgen für seine Soldaten.

Der Ausbau seiner Residenzstädte Berlin und Potsdam waren von der Nüchternheit und Frömmigkeit seines Charakters geprägt. Das galt für die zum besseren Exerzieren seiner Soldaten ausgebauten Plätze in Berlin sowie für die von ihm selbst skizzierte Stadtmauer, aber auch für den den reichen Bürgern befohlenen Aufbau schlichter Bürgerhäuser und Staatsbauten und für seine Kirchenbauten: die Französische Kirche in der Klosterstraße (1721), die Garnisonskirche (1720–1722), die Böhmische Kirche (1735) und die Dreifaltigkeitskirche (1735–1739).

Knobelsdorffs »Forum Fridericianum« und Friedrichs II. Verhältnis zu den Künsten

Georg Wenzeslaus von Knobelsdorff war nach Andreas Schlüter der zweite geniale Baumeister unter den Preußenkönigen. War Schlüters Schloß vor allem als Hintergrund der »Linden« gedacht, so sah Knobelsdorff sein von 1740 bis 1743 erbautes frühklassizistisches Opernhaus nur als Teil des großen »Forum Fridericianum«, einer Platzanlage des unteren Teils der Straße Unter den Linden, welche die Straße von Süden nach Norden durchbrechen sollte. Als der junge König aus dem Ersten Schlesischen Krieg heimkehrte, war er ein völlig veränderter Mensch. Der fünfzig Jahre ältere Knobelsdorff, der in vier kurzen Jahren den Tiergarten neu angelegt, den Ostflügel des Charlottenburger Schlosses und Schloß Sanssouci bei Potsdam sowie nebenbei auch die Oper gebaut hatte, vertrat immer noch die Ideen von Rheinsberg mit jugendlichem Schwung, aber der König war in seinen Ansichten um Jahrzehnte gealtert. Es kam zum Bruch zwischen den beiden. Das neue Schloß in Berlin baute der Holländer Johann Boumann d. Ä. weiter, und Friedrich II. bestimmte es als Prinz-Heinrich-Palais zum Wohnsitz seines Bruders. Er selbst wandte sich von Berlin ab nach Potsdam, nach Sanssouci.

Die deutsche Sprache, die Lessing zur Kunstsprache erhob, empfand Friedrich II. als rauh und plump im Vergleich zur höfischen französischen Sprache, in der er selbst seine Schriften verfaßte. Er konnte aber trotz seiner Attacken auf die deutschsprachige Literatur deren Belebung durch die Aufklärung nicht verhindern.

Auch mit der Malerei hatte Friedrich II. ähnliche Probleme wie mit den deutschen Dichtern, die er kaum zur Kenntnis nahm. Dabei wirkte von 1743 bis 1801 in Berlin ein Meister des Zeichenstifts und der Radiernadel – der aus Danzig stammende Pole Daniel Chodowiecki, vom König geringschätzig »petit maître« genannt, von den Berlinern aber geliebt.

Einseitig war auch das Verhältnis Friedrichs II. zur Musik. Selbst auf der Flöte bis ins hohe Alter mit Meisterschaft spielend, bevorzugte er die Werke seines Lehrers Johann Joachim Quantz, in seinem Opernhaus die Werke von Johann Gottlieb Graun und ließ nur italienische Sänger auftreten. Die Kirchenmusik verspottete er als »altmodisch« und »minderwertig«, der Musik der Zeitgenossen Händel, Gluck, Haydn und Mozart stand Friedrich II. vollends verständnislos gegenüber.

Allerdings leistete er auf vielen Gebieten Richtungweisendes: Seine bildungspolitischen Maßnahmen verbesserten das Schulwesen, und auf dem Gebiet des Gewerbes und des Handels jedoch setzte Friedrich II. das Werk des Vaters geradlinig und mit weitsichtigem Blick fort. Nach dem Siebenjährigen Krieg trieb der König auch ein umsichtiges Aufbau-Programm für Handwerk, Handel und erste Industrie-Anfänge voran, das insgesamt gesehen eine viel zu wenig gewürdigte kulturelle Leistung des »großen« Preußenkönigs darstellte. Ein wichtiger Teil dieses Programms war die Gründung der Königlichen Porzellan-Manufaktur (KPM) im Jahre 1763, die auf die Anfänge privater Produktionen der Fabrikanten Wegely und Gotzkowski zurückging. Die Königliche Porzellan-Manufaktur schuf einige der schönsten deutschen Rokoko-Services nach Entwürfen von Friedrich Elias Meyer und dessen Bruder Christian.

Claire Waldoff und Richard Senius in der Operette »Drei alte Schachteln« von Walter Kollo. Claire Waldoff (eigentlich Claire Wortmann), Schauspielerin und Kabarettistin, war der Berliner Star der 1920er Jahre schlechthin. Ihr lag die ganze Stadt zu Füßen, wenn sie mit ihrer rauchigen Stimme kesse Berliner Chansons sang wie »Nach meine Beene ist ja janz Berlin verrückt« oder »Hermann heeßt er«. Daß sie im Ruhrgebiet das Licht der Welt erblickt hat – sie wurde am 21. Oktober 1884 in Gelsenkirchen geboren –, hat wohl kaum einer ihrer Verehrer zur Kenntnis genommen oder ihr vielleicht für diese »Leistung« nur noch mehr Bewunderung gezollt.

»Spree-Athen« und die Klassizisten Langhans, Gilly und Schadow

In der Epoche der Aufklärung und der beginnenden Romantik entwickelte sich Berlin zu einem Zentrum geistigen Lebens. Friedrich Wilhelm II. betätigte und bewährte sich zuerst einmal als Bauherr: Er ließ das französische Komödienhaus auf dem Gendarmenmarkt abreißen und durch das Nationaltheater (1786–1815), erbaut von dem Schlesier Carl Gotthard Langhans, ersetzen, das er dann dem großen Schauspieler und Theaterdichter August Wilhelm Iffland anvertraute. Danach baute Langhans als Abschluß der Straße Unter den Linden gegen den Tiergarten hin das Brandenburger Tor (1788–1791). Von Langhans stammen noch der Turmaufsatz der Marienkirche, das Belvedere im Schloßpark von Charlottenburg und die Kolonnaden in der Mohrenstraße. Ein Schüler von Langhans war der geniale Friedrich Gilly, der mit 26 Jahren Professor an der Berliner Bauakademie wurde und im Stil eines an der französischen Revolutionsarchitektur geschulten Klassizismus seine berühmten Entwürfe für ein Denkmal Friedrichs II. und für die neue Münze am Werderschen Markt hinterließ, die dann zwischen 1798 und 1802 von Heinrich Gentz erbaut wurde. Unter Friedrich Wilhelm II. wurden im Berliner Schloß, ebenso in Monbijou, Bellevue, Charlottenburg sowie auf der Pfaueninsel und in mehreren Palaisbauten viele Innenräume von Langhans, Friedrich Wilhelm von Erdmannsdorff und anderen Baumeistern in klassizistischer Manier umgestaltet, wobei leider viele Interieurs des Rokoko rücksichtslos zerstört wurden.

Das Brandenburger Tor wurde mit der von Johann Gottfried Schadow geschaffenen Quadriga gekrönt (sie wurde 1959 nach den erhaltenen Formen erneuert). Schadow schuf außerdem 1790 das Grabmal für den Grafen von der Mark, einen früh verstorbenen Sohn des Königs und der Gräfin Lichtenau, das den Übergang vom Rokoko zum Klassizismus nach griechischem Vorbild markierte (heute in der Nationalgalerie in Ost-Berlin).

Die Königinnen der Berliner »Salons«

Um 1800, als Napoleon von Paris aus Europa in Brand steckte und Preußens staatlicher Niedergang vor der Tür stand, bestimmten in Berlin noch immer Lebensfreude, Mode, Frömmigkeit, dazu die bürgerlichen Zirkel und »Salons« die Szene – eine Welt voller Perücken und Hauben, des gefühlsseligen Überschwangs, ab 1797 unter König Friedrich Wilhelm III.

Wie echte Fürstinnen residierten und wirkten die Königinnen der künstlerischen Berliner »Salons«: Rahel Varnhagen, Henriette Herz, Dorothea Veit (eine Tochter des Philosophen Mendelssohn, später die Gattin Friedrich Schlegels), die Herzogin Dorothea von Kurland und Caroline Schlegel (später Schelling). In den Wohnzimmern dieser Frauen trafen sich die berühmten literarischen Geister der Romantik mit Künstlern, Musikern und Architekten, mit Generälen, Ministern und Hofleuten. Die Damen der Berliner »Gesellschaft« richteten ihre Mode nach dem Vorbild der geliebten Königin Luise im Stil des französischen Empire: Mieder und Fischbeinkorsett kamen auf den Speicher, die Taille wanderte nach oben bis unter die gewagt dekolletierte Brust, darunter fiel das Gewand in fließenden Linien bis auf die Knöchel.

Die Künste und Geisteswissenschaften zur Zeit der Romantik in Berlin

Von Berlin ausgehend, setzte sich, gemeinsam mit dem Pietismus und der Romantik, die Gegenaufklärung in Preußen durch. Diese Entwicklung hatte ihre Ursachen zum einen in der enttäuschten Abwendung von der Politik im Zeitalter der Restauration, zum anderen in einer bewußten Gegenposition zum Vernunftkult der Aufklärung. Die Lehren eines Johann Gottlieb Fichte und eines Friedrich Wilhelm von Schelling, der Fichtes Philosophie zum »ästhetischen Idealismus« weiterentwikkelte, markierten die Grundlagen der Romantik, die ihren Einfluß auf fast alle Bereiche des kulturellen Lebens ausübte. Da ist zuerst der Dramatiker und Novellist Heinrich von Kleist zu nennen, der vor allem aus Verbitterung über den politischen Niedergang Preußens einen spektakulären Selbstmord verübte; Ernst Theodor Amadeus (E. T. A.) Hoffmann, der Maler, Komponist, Dirigent, Jurist und Verfasser spannender märchenhafter Geschichten; weiter die Publizisten Friedrich von Gentz und Joseph von Görres in ihren früheren Schaffensperioden; der Romancier Jean Paul, der die Französische Revolution zum eigentlichen Helden seines Romans »Titan« machte; Adalbert von Chamisso, der 1806 bei Jena in einem preußischen Regiment mitkämpfte und die faustische Geschichte von dem Mann, der seinen Schatten dem Teufel verkaufte, den »Peter Schlemihl«, schrieb; weiter der Liederdichter Karl Theodor Körner sowie Clemens Brentano und Achim von Arnim, die zusammen die Liedersammlung »Des Knaben Wunderhorn« herausgaben. Da waren auch Wilhelm Heinrich Wackenroder und Ludwig Tieck, zwei Berliner Freunde, die die »Herzensergießungen eines kunstliebenden Klosterbruders« gemeinsam verfaßten; schließlich der Dichter Novalis, dessen Vater ein Vetter des preußischen Reform-Kanzlers Hardenberg war, und außerdem noch die Brüder August Wilhelm Schlegel und Friedrich Schlegel – der erstere der meisterhafte Shakespeare-Übersetzer und »der geniale Professor der Romantik«, der zweite der »geniale Journalist der Romantik« (Egon Friedell).

Im Musikschaffen der Romantik müssen drei Namen erwähnt werden, die mit Berlin eng verbunden waren: Felix Mendelssohn-Bartholdy, Carl Maria von Weber und Giacomo Meyerbeer (eig. Jakob Liebmann Beer), von 1842 an Generalmusikdirektor der Berliner Oper. Carl Maria von Webers berühmte Oper »Der Freischütz« wurde am 18. Juni 1821 in dem von Karl Friedrich Schinkel neuerbauten Schauspielhaus am Gendarmenmarkt mit triumphalem Erfolg uraufgeführt, sie markierte den Durchbruch der Romantik in der deutschen Musik.

In der Malerei leistete der junge Karl Friedrich Schinkel, der gleichzeitig als Baumeister wirkte, mit seinen idealisierten Landschaftsbildern einen wichtigen Beitrag zur romantischen Malerei. Seine Hauptwerke waren die Entwürfe zu den Fresken in der Vorhalle des Alten Museums in Berlin. Von Schinkel beeinflußt, arbeitete der Berliner Landschaftsmaler Karl Blechen, der ab 1831 Professor an der Berliner Akademie der Künste war.

In der Bildhauerei wurde zu Beginn des 19. Jh. in Berlin neben Johann Gottfried Schadow schon das große Talent Christian Daniel Rauch berühmt, als er von 1811 bis 1815 mit dem Sarkophag der Königin Luise gleich ein Hauptwerk des preußisch-deutschen Klassizismus schuf. Von der Hand Rauchs stammen auch eine Reihe von Denkmälern (Friedrich II.) und Büsten berühmter Zeitgenossen.

Unter den berühmten Geistes- und Naturwissenschaftlern an der 1810 im Palais des Prinzen Heinrich eröffneten Berliner Universität (heute Humboldt-Universität in Ost-Berlin) müssen neben Fichte noch vor allem die Brüder Wilhelm und Alexander von Humboldt genannt werden. Neben diesen Heroen der Wissenschaften lehrten an der Berliner Universität noch der Theologe Friedrich Daniel Ernst Schleiermacher, der Jurist Friedrich Carl von Savigny, der klassische Philologe Friedrich August Wolf und der Historiker Barthold Georg Niebuhr.

»Demagogen«-Zeit

Ein Jahr vor der Bekanntgabe der Karlsbader Beschlüsse, die die Zeit der Restauration einleiteten und die Behörden auch in

Preußen und Berlin gegen jegliche liberalen und nationalen Regungen einschreiten ließen, warnte der Dichter und Theaterkritiker Ludwig Börne in Berlin in einem Memorandum über die Pressefreiheit (1818) die Alleinherrscher, die öffentliche Meinung nicht zu unterschätzen, »Volksbegabung, die unbesiegbar ist und welcher das stehende Heer der Regierungsgedanken früher oder später erliegen muß«. Doch auch in Berlin wurde erst einmal der Maulkorb verpaßt, ein Mann wie der Theologe Schleiermacher polizeilich überwacht (1823) und zehn Jahre später in Berlin der damals 23jährige Fritz Reuter (* 1810, † 1874) wegen »demagogischer Umtriebe« verhaftet und sieben Jahre lang in preußischen Festungen eingesperrt. Heinrich Heine, der 1821 als Student nach Berlin gekommen, dort bei Varnhagens verkehrte und mit Christian Dietrich Grabbe und Adalbert von Chamisso zusammengetroffen war, floh vor der Demagogenverfolgung nach Paris ins Exil. Der junge Berliner Schriftsteller und Journalist Karl Gutzkow, der gegen die Restauration kämpfte, mußte 1835/1836 zehn Wochen ins Gefängnis.

Neben den liberal-revolutionären Kräften unter den Schriftstellern gab es nach der Auflösung der Dichterkreise der Romantik im biedermeierlichen Berlin auch unpolitische Kreise wie die »Mittwochs-Gesellschaft«, zu der 1831 der Schlesier Joseph Freiherr von Eichendorff gehörte, der als Beamter im Kultusministerium bis zu seinem Rücktritt 1844 in Berlin tätig war. Mendelssohn-Bartholdy vertonte seine Gedichte, und Eichendorff verkehrte auch viel im Hause eines Amtskollegen im Ministerium, des Kunsthistorikers und Dichters Franz Kugler, der ein großer Förderer junger Begabungen war. Bei ihm wurde 1827 der Dichterverein »Der Tunnel über der Spree« gegründet, zu dem auch Emanuel Geibel, der junge Theodor Fontane sowie Theodor Storm und Paul Heyse, Kuglers künftiger Schwiegersohn, stießen. Später kamen noch Heinrich Seidel und – als Chronist mit dem Zeichenstift – der »Malerfürst« Adolph von Menzel hinzu.

Der Schöpfer des alten Berlin: Karl Friedrich Schinkel

Einen spürbaren Aufschwung gab es in Berlin erst ab den dreißiger Jahren, als Fontanes Landsmann aus Neuruppin, Karl Friedrich Schinkel, mit seiner Bautätigkeit nicht nur vielen Arbeitslosen Beschäftigung verschaffte, sondern auch die Städte verschönte. Schinkel prägte bis spät in die zweite Hälfte des 19. Jh. hinein die preußische Architektur. Ab 1839 bekam er als Ober-Landesbaudirektor in Berlin freie Hand. Mit dem Bau der Neuen Wache Unter den Linden hatte er schon 1817/1818 ein erstes Zeichen in seinem neuklassizistischen Stil gesetzt, dem 1818 bis 1824 der Bau des neuen Schauspielhauses am Gendarmenmarkt und des Alten Museums zwischen 1822 und 1830 gefolgt war. In dem Rohziegelbau der Bauakademie, von 1831 bis 1836 errichtet, stellte Schinkel über den Klassizismus hinaus neue, zweckdienliche Formen für die kommenden Bauaufgaben vor.

Weitere Bauten Schinkels in Berlin waren: die Schloßbrücke (1822–1824), die Werdersche Kirche (1821–1831), die Palais und Schloßbauten für die königlichen Prinzen und den Adel in der Wilhelmstraße, das »Humboldt-Schlößchen« in Tegel (1822), Schloß Glienicke (1824) und der neue Pavillon Charlottenburg (1825); in Potsdam erbaute Schinkel die Nikolaikirche (1830–1837), das Kasino (1823) und den Charlottenhof bei Sanssouci (1826).

Die Musik im biedermeierlichen Berlin

Mitten im Tiergarten ließ Friedrich Wilhelm IV. den Berlinern ein »Schloß« besonderer Art errichten, eine »Sommeroper«, ein Etablissement für Theateraufführungen, glanzvolle Feste, Bälle und Kunstausstellungen, das die Berliner nach dem ersten Pächter die »Kroll-Oper« tauften. Hier wurden Gartenkonzerte und Opern gegeben, bei denen »die grünen Bäume« mitspielten. Der bekannteste Dirigent in den Anfängen dieses biedermeierlichen Etablissements war Albert Lortzing, ein geborener Berliner, der mit sicherem Instinkt so volkstümliche Opern wie »Zar und Zimmermann« (1837) oder »Undine« (1845) komponierte und textete, aber seine Landsleute zeitlebens nicht davon überzeugen konnte, daß seine Werke bedeutend mehr als nur leichte Unterhaltungsmusik waren. In der zweiten Hälfte des 19. Jh., als Berlin protziger wurde, hörte der Opernbetrieb im Kroll-Etablissement langsam auf, um erst ab 1927 unter Otto Klemperer wieder aufzuleben.

Berlin, Schinkel-Pavillon im Schloßpark Charlottenburg. Schinkel entwarf den klassizistischen Bau für Friedrich Wilhelm III.

Überhaupt spielte die Musik im Berliner Biedermeier eine besondere Rolle. Sie diente nicht nur der Geselligkeit im biedermeierlichen Hause, in Vereinen und Clubs, sie erweckte auch, nach dem Vorbild des Liedertafel-Begründers Zelter, einen regelrechten Andrang zum geselligen Chorgesang und zu Gesangvereinen, von denen es in Berlin 1850 nicht weniger als zwanzig gab.

Die »Drachensaat des Hegelschen Pantheismus«

Unter den ganz großen Geistern der vorrevolutionären Zeit in Berlin war es vor allem Georg Wilhelm Friedrich Hegel gewesen, der schon früh das immer stärkere Auseinanderklaffen der gesellschaftlichen Klassen, die Diskrepanz zwischen den großen Vermögen und dem entstehenden Proletariat bemerkte und in sein philosophisches Gedankengebäude mit einbrachte.

Zeugen der Vergangenheit sind die beiden alten, heute unter Denkmalschutz stehenden Eingänge von AEG in Wedding (oben) und (darunter) der Borsig-Werke in Tegel. Die AEG wurde 1883 als »Deutsche Edison-Gesellschaft für angewandte Elektricität« von Emil Rathenau gegründet (seit 1887 »Allgemeine Elektricitäts-Gesellschaft«, AEG). Über vierzig Jahre früher, nämlich 1837, gründete August Borsig in Berlin eine Maschinenfabrik, wo 1841 die erste Lokomotive hergestellt wurde und von wo aus Preußen mit dem größten Teil der benötigten Lokomotiven versorgt wurde.

Der Schwabe Hegel, der ab 1818 bis zu seinem Tode an der Berliner Universität lehrte, postulierte in seiner »Rechts- und Staatsphilosophie«, daß im sozialen Bereich der subjektive Geist sich zu eigenen Welten überindividueller Gestalt, zum Recht, zur Moralität des Gewissens und zur Sittlichkeit entfalte. Unter Sittlichkeit verstand er »die zur vorhandenen Welt gewordene Freiheit«, konkret in Gestalt der Familie, der bürgerlichen Gesellschaft und des Staates. Hegels Auffassung vom Staat als der höchsten Form des objektiven Geistes, »der in der Welt steht und sich in derselben mit Bewußtsein realisiert«, hat über Berlin hinaus das Denken des 19. und 20. Jh. entscheidend mitgeprägt. Berlin war mit Hegel zum Hort eines neuen Weltgeistes geworden.

Geister von echt revolutionärer Gesinnung waren im Berlin der vierziger Jahre auch die literarischen »Bürgerschrecks« des Clubs der »Sieben Weisen«, der ab 1842 in der Berliner Dorotheenstraße im Hippelschen Weinkeller verkehrte. Zu diesen philosophischen Exzentrikern aus der Schule Hegels gehörten Arnold Ruge und Bruno Bauer sowie der Anarchist Max Stirner, der bereits 1845 den biedermeierlichen Spießbürgern mit seiner Schrift »Der Einzige und sein Eigentum« ahnungsvolle und angstvolle Schauer über den Rücken jagte. König Friedrich Wilhelm IV. sprach von diesen Hegel-Schülern als einer »Drachensaat des Hegelschen Pantheismus«, aus der »alles Unheil in Staat und Kirche« entsprießen werde.

1848 und Berlins Entwicklung zur Industriestadt

Das Scheitern der bürgerlichen Revolution von 1848 im Feuer der Barrikaden-Kämpfe in Berlin gegen das übermächtige Militär des Königs ist bekannt. Mit der Rücknahme der Truppen durch den König wurde das Volk besänftigt und betrogen. Ende 1848 verkündete die neugegründete konservative »Kreuzzeitung« in Berlin – von einem jungen Diplomaten namens Otto von Bismarck mitbegründet – die »wahre Staatsweisheit«, nach der es eine Tatsache sei, »daß das Kapitalisieren und Politisieren unmöglich Geschäft derjenigen sein kann, deren Geschäft die Arbeit ist«. Die Arbeiter mußten kuschen.

Indessen war Berlin auf dem Wege, eine Industriestadt zu werden, eine Entwicklung, die zunächst nur in den nördlichen, erst 1861 eingemeindeten Randgebieten, vor allem in Moabit und Wedding, sich abzuzeichnen begann. In der Innenstadt herrschten noch die selbständigen kleinen Handwerks- und Gewerbebetriebe, die aber auch dort langsam von der Industrie überrundet wurden, vor allem durch Eisengießerei und Maschinenbau, nachdem bereits 1804 schon die Königliche Eisengießerei gegründet worden war. 1837 eröffnete der aus Schlesien nach Berlin zugewanderte Handwerker August Borsig in Moabit eine eigene Maschinenbauanstalt, die im Lokomotivbau in Europa führend wurde. Die Eisenbahnlinien wurden von Berlin aus in den vierziger und fünfziger Jahren fortgeführt, 1857 bis nach Königsberg. Werner Siemens und Johann Georg Halske begründeten 1847 eine Telegraphenbauanstalt, die im folgenden Jahrzehnt das erste, von Siemens erfundene Tiefseekabel herstellte. Siemens war es auch, der 1866 mit dem ersten Dynamo zur Erzeugung von Elektrizität ein neues technisches Zeitalter einleitete.

Die Wohnhäuser im Berlin der Jahrhundertmitte waren in der Mehrzahl nur zweistöckig. Und da jedes Berliner Haus wegen der Fundamentierung im Sandboden tiefe Keller bekam, wurden aus diesen sehr bald die bekannten Kellerwohnungen, in denen sich die kinderreichen Familien drängten und deren »Milljöh« sich der Volkszeichner Heinrich Zille später annahm.

Schinkels Konzept und das Ende des alten Berlin

Schinkels Konzept des Stadt-Ausbaus wurde lediglich mit dem Neuen Museum, von Friedrich August Stüler zwischen 1843 und 1855 erbaut, und der Nationalgalerie, von Johann Heinrich Strack von 1866 bis 1876 errichtet, weiterverfolgt. Diese Bauten brachten auch den ersten Abschnitt des Ausbaus der Berliner Museumsinsel. Schinkels Konzept war zudem auch noch für den Wohnbau verantwortlich, bei dem man vor allem in den vierziger Jahren unter Friedrich Hitzig im Tiergartenviertel, später auch in den Villenkolonien im Südwesten zu einfacheren Formen überging. Wichtigster Vertreter der Berliner Architektur war Martin Gropius, der in seinen Villenbauten kubische Formen anstrebte. Monumentalform einer solchen Villa war das von ihm erbaute Kunstgewerbemuseum, das sich in der Fassadengestaltung deutlich an Renaissanceformen orientierte und damit von Schinkel absetzte. (Heute ist der renovierte Bau, direkt an der Mauer gelegen, ein Ort für international bedeutende Ausstellungen.)

Trotzdem, das alte Stadtbild blieb unter den Schinkel-Nachfolgern noch bewahrt, es verschwand erst in den achtziger Jahren, als der Sinn für das Angemessene verlorenging und Julius Raschdorff für seinen Neubau des Doms Schinkels Domkirche und Paul Wallot für sein Reichstagsgebäude das Palais Raczynski abreißen ließen. Dies war im architektonischen Stadtbild schon der Anfang vom Ende des alten Berlin.

Adolph von Menzel und Jacques Offenbach

Der Größte unter den vielen Namen der Berliner Bildnis- und Historienmaler um die Jahrhundertmitte wie Franz Krüger, Friedrich Georg Weitsch, Carl Begas, Ludwig Knaus bzw. Wilhelm Camphausen, Georg Bleibtreu und Anton von Werner war der kleine Breslauer Adolph von Menzel, der auch in anderen Gattungen der bildenden Künste, etwa als Illustrator und Zeichner, einen herausragenden Platz eingenommen hat. Fontane nannte Menzel einen »ganz grandiosen, kleinen Knopp«, und Max Liebermann sagte später, er sei »großartig und schrecklich« gewesen. Das »Zyklopchen« Menzel, wie ihn seine Bewunderer zärtlich nannten, war eigentlich schon 1850 mit Bildern wie dem »Flötenkonzert« einer der ersten Impressionisten, er hat fünf preußischen Königen mit seiner Kunst gedient, und er hat vor allem den »alten Fritz«, der im 19. Jh. schon in die Legende eingegangen war, wieder zum Leben erweckt.

Während das literarische Berlin um die Jahrhundertmitte in erster Linie nur von einem Namen, nämlich dem Theodor Fontanes, geprägt wurde (er begann 1862 die »Wanderungen durch die Mark Brandenburg«), erlebte das musikbegeisterte Berlin eine besondere Attraktion. Durch einen in der Musikgeschichte erstaunlichen Vertrag sicherte der Theaterdirektor Friedrich Wilhelm Deichmann für Berlin die alleinigen Aufführungsrechte an den bisherigen wie auch zukünftigen Werken *eines* Komponisten für seine Theater. Dieser Komponist kam aus Paris, war in Köln geboren und nannte sich Jacques Offenbach. Berlin kam so zu seinem ersten Operettentheater, und am 18. Mai 1860 erlebten die Berliner erstmals einen Cancan-Wirbel mit »Orpheus in der Unterwelt«, dem noch weitere hundert Aufführungen im Kroll-Etablissement folgten. Während des Krieges 1870/1871 wurde Offenbach von den Berliner Hurrapatrioten dann als Franzose verfemt, in Paris sah man ihn dagegen als Deutschen an. Offenbach beendete daher mit einem Brief im März 1871 an seinen deutschen Verleger die Vertragsbindung mit Berlin: »Ich hoffe, daß dieser Wilhelm, Krupp und sein schrecklicher Bismarck das alles bezahlen werden . . .«

Die Reichshauptstadt und die »Gründerzeit«

Die Stadt entwickelte sich aus dem »Sparta des Nordens« zum »Chikago an der Spree« (Rathenau). Der industrielle Aufschwung wurde 1879 bei der Gewerbeausstellung in Berlin erstmals zur Schau gestellt; hier zeigte die Firma Siemens und Halske die erste elektrische Straßenbahn, die zwei Jahre später in Großlichterfelde in Betrieb genommen wurde.

Neben Erfindern und Technikern wie Werner Siemens, dem Flugpionier Otto Lilienthal und dem Erbauer des ersten Ganzmetallflugzeuges im Jahre 1915, Hugo Junkers, war in Berlin während des Kaiserreichs eine Reihe von Naturwissenschaftlern und Medizinern tätig, die mit gewichtigen Beiträgen auf ihren Forschungs- und Wissensgebieten verantwortlich waren für die Veränderungen des Weltbildes jener Jahrzehnte. In Berlin hat schließlich mitten im Ersten Weltkrieg Albert Einstein als Direktor des Kaiser-Wilhelm-Instituts für Physik seine »Allgemeine Relativitätstheorie« erarbeitet, die zur Grundlage der Entwicklung der Naturwissenschaft im 20. Jh. wurde.

Der noch verstärkte Prunkstil in den Bauten Berlins um die Jahrhundertwende, besonders typisch für Berlins »Gründerzeit«, fand sich auch bald bei vielen Kirchen in der Stadt, so bei der von Franz Schwechten erbauten Kaiser-Wilhelm-Gedächtniskirche (1891–1895), deren Turmruine heute noch zu den Wahrzeichen Berlins gehört. Schwechten hat 1888 auch den Umbau der Philharmonie geleitet und von 1875 bis 1880 den Anhalter Bahnhof gebaut. Beispielhaft für die neuen Industriebauten der Kaiserzeit sind das 1898 von den Architekten Konrad Reimer und Friedrich Körte fertiggestellte Werktor von Borsig und die von Peter Behrens gestaltete Turbinenhalle der AEG aus dem Jahr 1909.

Das Neue gegen das Alte: Berlins Kunstszene um die Jahrhundertwende

Berlin wurde um die Jahrhundertwende erneut zur geistigen Drehscheibe neuer Ideen, neuer Strömungen und der künstlerischen Avantgarde. Die offizielle Berliner Kunstszene aber, ohne feste künstlerische Tradition wie in anderen Städten, wurde gleichzeitig mehr von der Konfrontation der alten, anerkannten mit den neuen Richtungen wie Jugendstil, Impressionismus, Expressionismus und neuer Romantik geprägt. Selbst ein so urberlinerischer Maler wie Max Liebermann hatte große Schwierigkeiten, sich mit seiner impressionistischen Malweise durchzusetzen. Gleiche Schwierigkeiten hatten in Berlin auch Maler wie Lovis Corinth, Max Slevogt und der heute vergessene Walter Leistikow. Um so mehr sind die Ausstellungen der bedeutendsten Berliner Kunsthändler dieser Zeit, Paul Cassirer und Alfred Flechtheim, zu rühmen, die die jungen Talente und Genies des In- und Auslandes erstmals vorstellten, auch wenn Kaiser Wilhelm II. anläßlich von Cassirers erster Cézanne-Ausstellung im Jahre 1901 von einer »Dreckkunst aus Paris« sprach. Viele spätere große Künstler wie Käthe Kollwitz, Lyonel Feininger, Max Beckmann, Max Pechstein, Oskar Kokoschka, Emil Nolde haben damals in Berlin studiert und verdanken dieser Stadt ihren künstlerischen Aufstieg.

Das Neue kämpfte auch in der Musik gegen das Alte. Der Wiener Arnold Schönberg lebte und wirkte von 1901 bis 1903 und von 1911 bis 1914 in Berlin. Nach der Gründung der Berliner Hochschule für Musik durch den Geiger Joseph Joachim im Jahre 1869 begann 1882 nach einem

Berlin um 1900:
Deutschlands erstes ortsfestes Kino und das erste Kabarett im »Überbrettl«

Unter den Linden 21 wurde am 26. April 1896 Deutschlands erstes ortsfestes Kino eröffnet. Vorausgegangen war die Gründung einer »Deutschen Kinematographischen Gesellschaft« durch die Barone von Prittwitz und von Goldberger, durch den Bankier Marsop, den Rittergutsbesitzer James Saloschin und den Journalisten Dr. Leo Leipziger. Ort des Geschehens war ein ehemaliger Laden, ein »Handtuch« mit 100 Stehplätzen, mit einer eineinhalb Quadratmeter großen Leinwand an der Stirnwand. Die Filmstreifen hatten höchstens 15 Meter Länge, also Minutenware, die mit oftmaligen Unterbrechungen über die Leinwand ruckten und zuckten - für eine Mark Eintritt. Diesem Etablissement, das bald wieder schließen mußte, folgten andere, die Idee hatte gezündet, die Berliner hatten frühzeitig mit dem Medium Film Freundschaft geschlossen. Im Jahr 1900 wurde in Berlin »gedreht«: »Seine Majestät begibt sich zum Stapellauf eines Schiffes«, 1910: »Herr Piefke im Theater« und 1919: »Das Kabinett des Dr. Caligari«. 1920 wurde der Ufa-Palast mit Ernst Lubitschs »Madame Dubarry« eröffnet - Berlin wurde zur Filmmetropole.
Der Start des »Überbrettl« erfolgte am 18. Januar 1901. Es war die Wiege des Kabaretts in Deutschland. Freiherr von Wolzogen war sein Gründer und erster Conferencier, sein erster Hausdichter hieß Otto Julius Bierbaum. Das Ensemble saß auf einem Podium in einem intimen Raum am Alexanderplatz mit nur 300 Sitzplätzen, die Darsteller sangen abwechselnd ihre Couplets, auf dem Boden neben sich ein Glas Bier, vom Publikum gespendet. Der erste am Flügel begleitende Komponist und Musiker hieß Oscar Straus. Mitte des Jahres 1906 arbeitete der aus München angereiste Ludwig Thoma für Wolzogen, seine Komödie »Die Medaille« und der Sketch »Die Protestversammlung« haben im November und Dezember 1906 im »Überbrettl« Premiere gehabt.

Doppelkonzert von Hans von Bülow und Johannes Brahms in der Singakademie der Siegeszug des neu gegründeten »Philharmonischen Orchesters« unter seinen Dirigenten Hans von Bülow (bis 1894) und Arthur Nikisch (1895–1922).

Auf dem Gebiet der leichten Muse gewannen Polka und Marsch für das wilhelminische Berlin ähnliche Bedeutung wie der Walzer für Wien. Berlin verfügte auch über die führende deutsche Operettenbühne mit den Stars Franz Wallner und August Conradi. Nun betrat Paul Lincke die Berliner Szene, zuerst als Aushilfsmusiker, dann mit ersten Operettenerfolgen in den achtziger Jahren, schließlich als gefeierter Komponist der urberlinischen Melodien aus »Frau Luna« (1899), »Im Reiche des Indra« (1899) und »Berliner Luft« (1904), dessen Titelmarsch schnell zur Lokalhymne Berlins avancierte. Nach Paul Linckes Zeit der Revuen wie etwa »Donnerwetter tadellos!« (1908) schlossen sich in den Jahren vor dem Ersten Weltkrieg die ersten Auftritte und Erfolge an von Fritzi Massary, von Jean Gilbert und Victor Hollaender, schließlich von Walter Kollo mit seinen Sketchen und Operetten-Einaktern sowie von Claire Waldoff.

Im Jahr 1889 wurde in dem von dem Theaterkritiker Otto Brahm geführten Theater »Freie Bühne« das erste naturalistische Theaterstück, nämlich »Vor Sonnenaufgang« des damals noch unbekannten jungen Gerhart Hauptmann, uraufgeführt - mit einem Theaterskandal: Als im zweiten Akt eine Schauspielerin Geburtswehen mimte, warf der Arzt und Journalist Dr. Kastan aus dem Parkett eine große Gebärzange auf die Bühne, was zu einer allgemeinen Schlägerei führte. Im selben Jahr erlebte Berlin auf einer anderen Bühne auch die Uraufführung des Gesellschaftsstückes »Die Ehre« von Hermann Sudermann, der mit der Entdeckung der Berliner Mietskaserne und ihren sozialen Spannungen berühmt wurde. 1891 veröffentlichte der Kritiker der »Vossischen Zeitung«, Alfred Kerr, seinen Aufsatz »Die Technik des realistischen Dramas«, und Henrik Ibsen, August Strindberg, Tolstoj, Arno Holz, Julius und Heinrich Hart sowie Richard Dehmel eroberten von der »Freien Bühne« in Berlin aus die Theater in Deutschland. Mit der Übernahme des Deutschen Theaters 1905 durch Max Reinhardt, der ein Jahr später auch die Kammerspiele angliederte, wurde Berlin dann zur führenden deutschen Theaterstadt.

Literaten und Bohémiens im kaiserlichen Berlin

Zur Literatur Berlins um die Jahrhundertwende gehörten neben den bereits genannten Namen Gerhart Hauptmann, Arno Holz oder den Brüdern Hart auch noch Johannes Schlaf, Wilhelm Bölsche, Otto Erich Hartleben, Hermann Conradi und der junge Otto Julius Bierbaum.

Der sogenannten Berliner Bohème der Jahrhundertwende zuzurechnen sind einige Literaten von zum Teil internationaler Bedeutung wie etwa August Strindberg, der zu Beginn der neunziger Jahre mit dem Maler Edvard Munch und anderen Bohèmiens im Berliner Weinlokal »Schwarzes Ferkel« in der Wilhelmstraße oft zechte. Hierher gehören auch der Dichter Peter Hille, ein bedürfnisloser Vagant und Lyriker, der viele seiner schönen Verse selbst verlor, und die junge Else Lasker-Schüler, die Peter Hille damals freundschaftlich »Sankt Peter« getauft hat. Zur Runde im »Schwarzen Ferkel« gehörten auch der Lyriker Richard Dehmel und Carl Ludwig Schleich, der in seinen »Erinnerungen an Strindberg« über diese Zeit berichtete. Auch Erich Mühsam (1934 im KZ Oranienburg ermordet) hatte bis 1909 in Berlin seine Stammkneipen, ebenso wie der Danziger Satiriker, Bohèmien und Vorläufer des Dadaismus und Surrealismus Paul Scheerbart, der von 1887 bis zu seinem Tode in Berlin lebte. Mit Richard Dehmel befreundet war der Holsteiner Detlev von Liliencron, ebenfalls in den neunziger Jahren in Berlin lebend, ein impressionistischer Lyriker und konsequenter Monarchist. Er zog sich 1901 mit einem Ehrensold des Kaisers nach Alt-Rahlstedt bei Hamburg zurück.

Von der alten »Tante Voss« zu Mosse, Scherl und Ullstein: Die Glanzzeit der Berliner Presse

Die achtziger Jahre in Berlin wurden auch zu den Schicksalsjahren der Berliner Presse. Die drei großen Namen der Glanzzeit der Berliner Presse - Mosse, Scherl und Ullstein - veränderten die Berliner Zeitungslandschaft total. Ihr Revier, das Berliner Zeitungsviertel, war genau in der Stadtmitte, zwischen der Wilhelmstraße und dem Spittelmarkt gelegen, an der Koch-, Zimmer- und Jerusalemer Straße. Mosse residierte in einer Art Wolkenkratzer im Renaissancismus-Stil, dem dann in den zwanziger Jahren der Architekt Erich Mendelsohn zwei weitere Etagen und einen Turm hinzufügte. Scherl baute neben die Jerusalemer Kirche, »teils strahlende Gralsburg, teils sachliche Druckerei«. Die Ullsteins wirkten in der Kochstraße »in einem wilhelminischen Barockschloß« (Walther Kiaulehn). Mosse brachte 1872 das »Berliner Tageblatt« heraus, das nach vier Jahren schon 50000 Abonnenten hatte. Leopold Ullsteins fünf Söhne beherrschten dann mit mutigen Neugründungen die ersten Jahrzehnte im 20. Jh., vor allem mit der 1898 geschaffenen »Morgenpost«, der sich zu einem demokratischen Massenblatt ausweitenden größten Zeitung der Weimarer Republik, die schließlich bis 1933 eine Auflage von über einer Million erreichte. August Scherl entwickelte seinen »Berliner Lokalanzeiger« mit Hilfe eines Fortsetzungsromans zu einem Massenblatt und kam damit zwischen 1890 und 1905 in Konkurrenz mit Ullsteins »Morgenpost«. Hinzu kamen zwei inzwischen gestartete erste illustrierte Wochenzeitungen: »Die Woche« bei Scherl, die »Berliner Illustrierte« bei Ullstein. Die Ullstein-Produkte gewannen die Konkurrenz: Scherl hatte zu sehr auf den Kaiser, den Adel und das Großbürgertum Berlins gesetzt, die Blätter der Ullstein-Brüder dagegen waren liberal und spiegelten Freuden und Leiden des einfachen Volkes wider. Scherl verkaufte noch vor dem Ersten

1

2

3

4

5

6

7

8

9

10

11

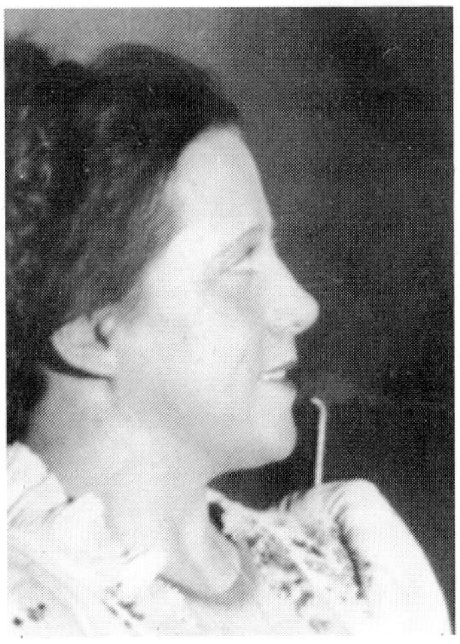
12

Hermann v. Helmholtz (* 1821, † 1894; 1). Max Liebermann (* 1847, † 1935; 2). Richard Dehmel (* 1863, † 1920; 3). Käthe Kollwitz (* 1867, † 1945; 4). Paul Cassirer (* 1871, † 1926; 5). Max Reinhardt (* 1873, † 1943; 6). Friedrich Spielhagen (* 1829, † 1911; 7). Robert Koch (* 1843, † 1910; 8). Max Planck (* 1858, † 1947; 9). Albert Einstein (* 1879, † 1955; 10). Adolph v. Menzel (* 1815, † 1905; 11). Traute Rose (1904; 12). Oskar Kokoschka (* 1886, † 1980; 13)

13

»Der richtige Berliner stammt aus Breslau«, sagt man in Berlin und will damit nicht den geborenen Berliner herabsetzen, sondern nur ausdrücken, wie sehr Berlin Anziehungspunkt war für Menschen aller Schichten und Berufsgruppen, die hier Auskommen oder Aufstieg suchten und fanden, um schließlich selbst Berliner zu werden. So kam der Maler und Graphiker Adolph von Menzel, der durch seine Darstellungen das Preußenbild bis in unsere Tage prägte, aus Breslau. Aus Wien kam der Schauspieler und Regisseur Max Reinhardt und feierte hier seine größten Erfolge. In Berlin fand der deutsche Impressionismus seinen Durchbruch, gefördert durch den Kunsthändler und Verleger Paul Cassirer aus Görlitz, vertreten besonders durch den Maler Max Liebermann, der allerdings ein »echter« Berliner war. – Aber Berlin war nicht nur geistige Drehscheibe für neue Strömungen in Literatur und Kunst. An Berliner Kliniken und wissenschaftlichen Instituten wirkten u. a. die Nobelpreisträger Robert Koch, Albert Einstein und Max Planck.

Weltkrieg seinen Verlag und zog sich nach Bayern, an den Tegernsee, zurück. Sein Unternehmen geriet dann in die Hände Hugenbergs und wurde zum Sprachrohr der Deutschnationalen Partei. Mosse und Ullstein stellten in den zwanziger Jahren die journalistischen Hilfstruppen für die Republik. Beim 50. Geburtstag des Ullstein Verlages im Jahre 1927 konnte dieses Haus allein 18 sehr unterschiedliche Zeitungen und Zeitschriften vorweisen. Insgesamt gab es 1928 in Berlin genau hundert Tageszeitungen, darunter zehn in fremden Sprachen, außerdem rund hundert periodisch erscheinende Unterhaltungsblätter und etwa vierhundert Fachzeitschriften, davon zwanzig fremdsprachig.

Vom Ersten Weltkrieg zu den »Goldenen Zwanziger Jahren«

Als 1914 in Europa »die Lichter ausgingen«, hielt man auch in Berlin vier Jahre lang den Atem an, was nicht heißt, daß im kulturellen Leben der Stadt alles zum Erliegen kam. Noch 1914 vollendete Ernst von Ihne den Bau der Staatsbibliothek Unter den Linden. Max Reinhardt übernahm von 1914 bis 1918 die Volksbühne am Bülowplatz, und vor allem die Avantgarde in der Malerei und Literatur machte viel Furore: Expressionisten wie Ernst Ludwig Kirchner, Oskar Kokoschka, Otto Dix, Lyonel Feininger u. a. wirkten in Berlin, in der »Sturm«-Galerie Herwarth Waldens wurden Chagall und Max Ernst ausgestellt, die »Dadaisten« George Grosz, Richard Huelsenbeck u. a. schockten die Berliner Spießbürger, der Malik-Verlag in Berlin gab die Zeitschrift »Neue Jugend« heraus, in der u. a. Johannes R. Becher und Gustav Landauer veröffentlichten. Zum 70. Geburtstag von Max Liebermann wurde 1917 in der Königlichen Akademie eine große Ausstellung des Künstlers veranstaltet, und im gleichen Jahr wurde die »Ufa« (Universum Film AG) in Berlin gegründet, die dann in den berühmten »zwanziger Jahren« Filmgeschichte machte.

Berlin wurde zur Weltstadt der Superlative, zur Metropole der unbegrenzten Möglichkeiten, zur Welthauptstadt des Theaters. Berlin erlebte Sternstunden des Varietés, wurde zum Zentrum des geistigen Deutschlands, sah das Entstehen von Kino-Traumfabriken an der Spree, sah leichte Mädchen und schwere Jungs sowie Ganoven im Frack, die durch berühmte Künstlerlokale, das Kranzler und das Romanische Café, bummelten, erlebte Glanzzeiten der Schlager, des Kabaretts und eine nie gekannte Musikbegeisterung von der großen Oper bis zum Tingeltangel-Amüsement.

1

2

3

4

Berliner Vergnügungsstätten in der ersten Hälfte des 20. Jh.: Der Plakat-Entwurf von Knut Hansen verspricht eine »Sehenswürdigkeit ersten Ranges« im Varieté im Jungbrunnen (1). Wer sich amüsieren wollte, ließ sich durch das Plakat von Fenneker animieren, in den Lunapark nach Halensee zu gehen (2), oder er besuchte ein Tanzturnier im Admiralspalast (3, Plakatentwurf von Ernst Deutsch). Keine andere Epoche hat so sehr wie die zwanziger Jahre Berlin den Stempel aufgedrückt. Seit den »Goldenen Zwanzigern« ist Berlin Weltstadt. Einer der Vertreter dieses neuen Gefühls war der Operetten- und Revuekomponist Ralph Benatzky (* 1884, † 1957). Seine Revue »Für Dich« machte 1925 Furore (4, Plakat von Gesmar).

1

2

3

4

5

6

7

8

9

Die Berliner Vergnügungsszene unserer Tage: Ob in Ost oder West, es gibt für Fremde wie auch für Einheimische reichlich Gelegenheit, das Nachtleben zu genießen. Der Friedrichstadt-Palast in Ost-Berlin: Hanz Poelzig hatte für Max Reinhardt im alten Zirkus Schumann 1919 das »Große Schauspielhaus« errichtet. Später entfalteten hier Revuen ihren Glanz, dann – in der Zeit des Nationalsozialismus – wurde ein »Theater des Volkes« daraus, bis er schließlich »Friedrichstadt-Palast« genannt wurde und heute – nach der Neueröffnung – wieder Revuen präsentiert (1, 2). In West-Berlin kann man den »Stachelschweinen« bei ihrem Programm zusehen (3, 4) oder Sänger und Sängerinnen während ihrer Gesangsdarbietung erleben (5, 7, 9). Schließlich laden gemütliche Kneipen zu einem Bierchen ein (6, 8).

Architektur, Musik und Theater: Walter Gropius, Bruno Walter, Max Reinhardt u. a.

In der Architektur ging die stärkste Wirkung auf die Entwicklung neuer Kunst- und Bauformen ab 1919 vom »Bauhaus« in Weimar (später in Dessau) aus, das der Berliner Architekt Walter Gropius gründete und leitete. Gropius arbeitete mit Ludwig Mies van der Rohe im Berliner Architektenbüro von Peter Behrens zusammen, der am Alexanderplatz in den Jahren der Republik die Bürohochhäuser »Alexander« und »Berolina« baute.

Die Weltstadt Berlin setzte auch im Musikleben neue Maßstäbe. Bruno Walter war von 1925 bis 1929 Dirigent der Städtischen Oper, 1930 wirkten hier gleichzeitig Wilhelm Furtwängler, Otto Klemperer, Erich Kleiber und Arturo Toscanini. Richard Strauss, schon vor dem Ersten Weltkrieg Generalmusikdirektor und Leiter einer Meisterklasse für Komposition, feierte bis 1928 einige Premieren seiner Opern in Berlin. An der Hochschule für Musik in Berlin lehrte von 1927 bis 1933 der Vater der Avantgarde, Paul Hindemith.

Das Berliner Theater sah in den zwanziger Jahren neben dem großen »Zauberer« Max Reinhardt auch so berühmte Regisseure wie Leopold Jessner, Erwin Piscator und Jürgen Fehling. Und unter deren Leitung wurde eine große Zahl von schauspielerischen Talenten entdeckt, gefördert und zu Lieblingen am Theaterhimmel gemacht (z. B. Elisabeth Bergner, Tilla Durieux, Ernst Deutsch, Werner Krauss, Heinrich George, Fritz Kortner, Gustaf Gründgens, Marlene Dietrich, Greta Garbo, Emil Jannings, Hans Albers, Käthe Dorsch, Curt Goetz u. v. a.). Im Musiktheater leuchteten Sterne wie Richard Tauber und Joseph Schmidt, wie Leo Fall, Ralph Benatzky und Paul Abraham, aber auch wie Trude Hesterberg, Rudolf Nelson oder Friedrich Holländer.

Die Anzeichen der Katastrophe

Die Anzeichen einer nahenden Katastrophe waren in Berlin besonders klar zu erkennen – doch man nahm sie mehrheitlich nicht ernst. Bei der Premiere des Antikriegsfilms nach Erich Maria Remarques Buch »Im Westen nichts Neues« kam es 1931 zu wüsten Nazi-Demonstrationen, ebenso im »Theater am Kurfürstendamm« bei der Aufführung von »Mahagonny« von Brecht-Weill. Aber noch erschien 1932 Hans Falladas sozialkritischer Roman »Kleiner Mann – was nun?«, von Eduard Künneke wurde die Operette »Glückliche Reise« uraufgeführt. Doch am Abend des 30. Januar 1933, während die braunen Kolonnen mit einem Fackelzug durch das Brandenburger Tor die Machtübernahme Hitlers feierten, ließ der 86jährige Max Liebermann in seiner Wohnung am Pariser Platz demonstrativ die Jalousien an den Fenstern für immer herunter. Noch zwei Jahre erlebte Liebermann in dieser Wohnung die Anfänge des »Dritten Reiches« in Berlin. Einem ausländischen Besucher soll er auf die Frage nach seinem Befinden geantwortet haben: »Man kann gar nicht soviel fressen, wie man kotzen möchte!«

Spätestens am 10. Mai 1933, als auf dem Opernplatz in Berlin in die Scheiterhaufen der Bücherverbrennung braune Studenten und SA-Rabauken die Werke von Alfred Döblin, Emil Ludwig, Friedrich Wilhelm Foerster, Theodor Wolff, Kurt Tucholsky, Carl von Ossietzky, Alfred Kerr u. a. warfen und als im Februar 1938 auch in Berlin die NS-Ausstellung »Entartete Kunst« mit Bildern von Lovis Corinth, Max Beckmann, Lyonel Feininger, Paul Klee, Franz Marc, Otto Dix u. a. gezeigt wurde, offenbarte sich der Ungeist der neuen Machthaber vollends. Für zwölf lange Jahre herrschte er von Berlin aus. Die Stadt hat dafür am Ende mit einer Trümmerwüste und 75 Millionen m^3 Schutt, mit der Aufteilung ihres Stadtgebietes in die vier Besatzungssektoren der vier Siegermächte und schließlich mit der Spaltung der Stadt in eine östliche und eine westliche Hälfte bezahlen müssen.

Ein doppelköpfiger Phönix aus der Asche

Aus eigener Kraft hätte Berlin sich wohl nicht wieder aus der Asche des Zweiten Weltkrieges erheben können, denn zuerst einmal wurde sie von den Siegermächten in Fesseln gelegt. Deren Politik verursachte eine Ohnmacht, die 1948/1949 in der Zeit der »Berliner Blockade« im »Kalten Krieg« zwischen den jetzt verfeindeten Siegern fast zum Exitus geführt hätte. Dann aber erhob sich die Stadt doch wieder wie ein doppelköpfiger Phönix, entgegen allen Reden von einer kaputten Stadt, einer sterbenden, von ihren Besatzungsmächten ausgehaltenen Metropole im Abseits der Weltgeschichte. Und der westliche Teil dieser Stadt, eine Insel inmitten eines zweiten deutschen Staates, hat seine relative Freiheit zurückbekommen, eine Freiheit, die ihr immerhin das größte und vielfältigste Kulturangebot von ganz Deutschland zusicherte. Und vom ganz alten Berlin wurden in West- und Ost-Berlin wieder die berühmten Bauwerke neu aufgebaut: im Westen das Charlottenburger Schloß, Schloß Bellevue, der Reichstag und auf der Sektorengrenze das Brandenburger Tor mit Schadows Quadriga; im Osten Knobelsdorffs Oper, Schinkels Alte Wache, das Zeughaus, die Hedwigs-Kirche, die Humboldt-Universität sowie der Dom, dessen Ruine 1950 als Symbol des preußischen Deutschlands gesprengt worden war.

So stimmt gerade heute der alte Werbeslogan »Berlin ist eine Reise wert« wie nie zuvor, denn diese Stadt steht noch heute turmhoch über der biederen Provinzialität der Bundeshauptstadt am Rhein. Sie vermittelt dem, der riechen und sehen kann, die »Noblesse« einer gewachsenen Stadtkultur, die dank der Vitalität ihrer Bewohner trotz härtester Schicksalsschläge ungebrochen geblieben ist. Für die Berliner bedeutet gerade heute, wie die Berliner Autorin Karena Niehoff schreibt, »Kultur eine Herausforderung, sich die eigene Haut zu ritzen, um zu fühlen, daß man lebt«.

INGEBORG WEBER-KELLERMANN

Berlin – Seine Bräuche, seine Sprache, seine Speisen

Die Bevölkerungsstruktur, aus der das charakteristische Berlinertum erwuchs, ist durch verschiedene historische und soziale Elemente gekennzeichnet. Da macht sich einmal durch die Jahrhunderte hindurch der wendische Bestandteil der Anfangszeiten in Volksglauben und Erzählüberlieferungen bemerkbar. Weit bedeutungsvoller wirkte sich der Zuzug der Franzosen aus. Nach Aufhebung des Ediktes von Nantes bot das Edikt von Potsdam 1685 den protestantischen Franzosen in ihrer Gewissensnot neue Heimat und wirtschaftliche Hilfe. Innerhalb eines Jahres wurden 4000 Hugenotten in Berlin angesiedelt. Der Stadtteil Moabit ist eine solche Hugenottengründung des 17. Jh. und sein biblischer Name bezeichnend für die Glaubensemigranten. Um 1700 waren von rund 28 500 Einwohnern Berlins 5327 Hugenotten und damit fast jeder fünfte Berliner ein Franzose. Dazu führten die Toleranz der Hohenzollern und das sich festigende gesunde Wirtschaftsleben Berlins Tausende von Wallonen und Holländern, Juden, Böhmischen Brüdern und Schweizern in die Mauern der Stadt. Berlin durfte ihrer Mitgift eine große Anzahl hervorragender Handwerker, Künstler, Gelehrter und Offiziere und eine sichtbare Hebung des Bildungsniveaus verdanken. Im 18. Jh. führten die Garnison und das aufblühende Gewerbe die verschiedensten ethnischen Elemente der Stadtbevölkerung zu, um 1780 im ganzen über 140 000 Menschen.

Die Garnison ist bezeichnend für das soziale Bevölkerungsbild Berlins im 18. Jh. Unter dem harten, autoritär-patriarchalischen Regiment des Soldatenkönigs war eine Garnison von mehr als 17 000 Soldaten in der Stadt versammelt, die Friedrich der Große noch verstärkte. Ihre Mitglieder kamen zum größten Teil aus der Mark, weitere infolge des preußischen Werbesystems aus halb Europa, war doch Berlin selbst um seines wirtschaftlichen Aufblühens willen durch königliche Verordnung von der Rekrutierung befreit. Aber die ausgedienten Soldaten blieben nach ihrer Entlassung zumeist in der Stadt wohnen, wo sie nach zwölfjähriger Dienstzeit das Bürgerrecht gratis erhielten und staatliche Fürsorge ihnen den Übergang in bürgerliche Berufe als Handwerker und kleine Beamte erleichterte. Man darf Theodor Fontane (* 1819, † 1898) folgen, wenn man dieser großen Gruppe den typisch berlinischen Zug des innerlichen Räsonierens zuschreibt, das sich in spöttischer, schlagfertig-witziger Kritik Luft macht – modern gesagt des Meckerns, entsprechend der Berliner Redensart: »Meckern ist wichtig! Nett sein kann jeder!«

Damit sind wir im 19. Jh., dem Jahrhundert des »Berlinertums«, das, wie Fontane schreibt, nun eine selbständige, von dem ursprünglich Märkischen durchaus losgelöste Kraft geworden ist. – Es begann das berlinische Biedermeier.

Brauch – Volksfeste und Märkte – Volkstypen – Verhaltensweisen – Kinderspiele

In dieser geistigen Luft, gefördert durch den nationalen Notstand der Befreiungskriege, der die gesellschaftlichen Schranken weitgehend durchbrach, formte sich das eigentlich Berlinische. Die Berliner Volkstypen wurden literatur- und kunstfähig. 1830 erschien in einem Jugendstück Karl von Holteis (* 1798, † 1880) zum ersten Mal der »Eckensteher Nante«, dessen Redensarten mit einem Schlage aus aller Munde tönten. Louis Angelys (* 1787, † 1835) »Fest der Handwerker« eröffnete die Tradition der Berliner Lokalposse, die in Adolf Glaßbrenner (* 1810, † 1876) ihren bedeutendsten Vertreter fand. Für seine Gestalten bevorzugte er jene Volkstypen, wie sie seit den »Cris de Paris« und den Berliner Ausrufebildern von 1780 Mode geworden waren. Künstler wie Daniel Chodowiecki (* 1726, † 1801) und Franz Krüger (* 1797, † 1857), Johann Gottfried Schadow (* 1764, † 1850) und Adolph von Menzel (* 1815, † 1905) hatten diesen Stil veredelt; die betexteten Blätter von Dör-

»Hier könn' Familien Kaffee kochen!« Ein typisches Berliner Vergnügen früherer Jahre: Sonntagnachmittag bei eigenem Kaffee und Kuchen in einem Gartenlokal.

Weitendorf auf der Insel Poel, Bezirk Rostock (1). Rudelsburg und Burg Saaleck, Bezirk Halle (2). Landschaft bei Kossenblatt, Bezirk Frankfurt/Oder (3). Sächsische Schweiz, Bezirk Dresden: Blick zum Lilienstein (4); Zschirnstein und Hoher Schneeberg (6); Blick von der Bastei auf die Elbe (9). Landschaft bei Wittenberg, Bezirk Halle (5). Dorfkirche auf Rügen, Bezirk Rostock (7). Vogtländische Schweiz in den Bezirken Karl-Marx-Stadt und Gera: Triebtal (8). Thüringer Wald in den Bezirken Erfurt und Suhl (10). Wismar, Bezirk Rostock: Fischerhafen (11). Das Emblem der DDR (12). Rapsfeld in Stolpen, Bezirk Dresden (13). Hohburger Berg und Hohburg bei Wurzen im Bezirk Leipzig (14). Bezirk Frankfurt/Oder (15).

DEUTSCHE DEMOKRATISCHE REPUBLIK

8

9

10

11

12

13

14

15

WALTER SPERLING

Deutsche Demokratische Republik Ein geographischer Streifzug

Die DDR hat Anteil an zwei europäische Großlandschaften, dem Mitteleuropäischen Tiefland und dem Mittelgebirgsgürtel.

Das Tiefland der DDR gehört erdgeschichtlich zu einem weiträumigen Senkungsfeld, dessen Formationen durch mächtige jüngere Absatzgesteine verhüllt sind. Nur an wenigen Stellen wie etwa auf der Insel Rügen oder bei Rüdersdorf nordöstlich von Berlin ragen ältere Gesteine an die Oberfläche. Das Relief des Tieflandes wurde in der jüngsten geologischen Vergangenheit durch das vom Norden vordringende Inlandeis und dessen Abschmelzen geprägt. Wir unterscheiden drei Kaltzeiten: das Elster-, das Saale- und das Weichsel-Glazial. In der Elstereiszeit drangen die Eismassen am weitesten nach Süden vor und fuhren randlich auf die Mittelgebirgsschwelle auf. Kennzeichnend für das Landschaftsgefüge des Tieflandes ist die regelhafte Abfolge von Grundmoränen, Endmoränen, Sandern und Urstromtälern. Am Rande der Mittelgebirgsschwelle wurde während der letzten, der Weichsel-Kaltzeit, ein mehr oder weniger breiter Lößgürtel angeweht.

Sehr vielgestaltig ist der Bau der Mittelgebirgsregion, die sich in den benachbarten Ländern fortsetzt. Grundsätzlich besteht kein Unterschied zwischen den Bergländern und den Hügelländern, die nach Norden hin allmählich unter das jüngere Aufschüttungsmaterial absinken. Die Bergländer und Massive, die 1000 m Meereshöhe nur selten überschreiten, sind aus alten Gesteinen aufgebaut. Einige sind, wie das Erzgebirge und der Harz, reich an Bodenschätzen, die aber schon weitgehend abgebaut sind. Andersartig ist der Formenschatz der erdmittelalterlichen Deckgebirge, beispielsweise des Elbsandsteingebirges. Eingelagert in die Gebirgszüge und Hügelländer sind zahlreiche Bekken und Senken, in denen meist Löß angeweht wurde.

Hydrologische Verhältnisse

Die Flüsse der DDR führen ihr Wasser in die Nordsee und Ostsee ab. 73,3 Prozent der Landfläche der DDR und von Berlin entwässern über das Elbe-System, 4,8 Prozent über das Weser- und 0,7 Prozent über das Rhein-System zur Nordsee, 16,5 Prozent über die Küstenflüsse und 4,7 Prozent über das Oder-System zur Ostsee. Das Abflußverhalten wird durch die Klima- und Witterungsbedingungen gesteuert. In den Mittelgebirgsregionen sind die Abflußschwankungen stärker ausgeprägt als im Tiefland. Die Maxima des Abflusses liegen im Frühling und Sommer, die Minima meist im September.

Die meisten natürlichen Binnenseen findet man im Norden und Nordosten der DDR. Sie sind das Ergebnis der Arbeit des jungkaltzeitlichen Inlandeises. Häufig kommen im Jungmoränengebiet perlschnurartig aneinandergereihte Binnenseen vor, während in den Zungenbecken der ehemaligen Eisrandlagen flachere und mehr rundlich geformte Seen auftreten.

Eine größere Zahl stehender Gewässer wurde von den Menschen angelegt. Angestaute Teiche, etwa in der Gegend von Schleiz, in der Oberlausitz oder im Magdeburger Urstromtal, dienen der Fischzucht. Einige künstliche Seen wie der Knappensee bei Hoyerswerda, der Heidesee bei Halle oder der Muldestausee bei Bitterfeld sind Tagebaurestlöcher und wurden für die Naherholung der Bevölkerung hergerichtet.

Viel größer ist die Anzahl der Talsperren, Speicher, Rückhaltebecken und Pumpspeicherwerke, die der Stromversorgung, dem Hochwasserschutz, der Trink- und Brauchwasserversorgung und nicht zuletzt auch der Touristik dienen. Sie befinden sich überwiegend in den Mittelgebirgslagen des Erzgebirges, des Thüringer Waldes, des Harzes usw. Das Stauraumpotential ist damit bis zur Neige genutzt.

Für die Wasserversorgung der Bevölkerung und der Industrie ist die Menge und Beschaffenheit des Grundwassers von großer Bedeutung. Deckgebirgsfreie Mittelgebirge sind in der Regel grundwasserarm. Große Grundwasserspeicher enthalten gewöhnlich die im Pleistozän aufgeschütteten Lockermassen des Tieflandes. Die Gesteine des Erdmittelalters nehmen eine Zwischenstellung ein und sind je nach Gesteinsbeschaffenheit, Lagerungsverhältnissen und Lage zur Vorflut unterschiedlich grundwasserarm oder -reich.

Eng verbunden mit den unterirdischen Wasservorkommen sind die Heilwässer. Sie enthalten wegen ihres Lösungsvermögens Mineralstoffe und Gase, aus denen die heilende Wirkung herrührt. Drei Arten von Heilwässern kommen vor: Mineralwässer, Kohlensäurewässer (Säuerlinge) und Thermalwässer. Die meisten Badeorte befinden sich im Süden der DDR.

Im Vergleich zum Weltdurchschnitt verfügt die DDR je Einwohner über weniger als 10 Prozent des potentiellen und weniger als 5 Prozent des regulierten Wasserdargebots. Wasserdargebot und Wassernutzung stehen in einem Verhältnis zueinander, das in trockenen Jahren prekär werden kann. Die durchschnittliche jährliche Wassermenge beträgt ohne Fremdzufluß 17,4 Mrd. m^3/Jahr oder 551 m^3/sec. Sinkt dieses Wasseraufkommen in Trockenjahren auf die Hälfte oder darunter ab, dann ist die Wasserversorgung nicht mehr gewährleistet. Die wasserwirtschaftlichen Maßnahmen streben eine Mehrfachnutzung des Wassers an, die in der Saale einen siebenfachen Faktor erreichen kann. Somit steht die DDR hinsichtlich der Nutzung des Wasserdargebots unter den Industriestaaten an welterster Stelle.

Der Wasserbedarf der Bevölkerung wird zu 8,8 Prozent aus Quellwasser, zu 29,8 Prozent aus Grundwasser, zu 1,2 Prozent aus künstlich angereichertem Grundwasser, zu 3,6 Prozent aus uferfiltriertem Flußwasser, zu 5,1 Prozent aus Flußwasser, zu 1,7 Prozent aus Seen und zu 49,8 Prozent aus Talsperren gedeckt. Der Wasserbedarf der Industrie wird zu 77,4 Prozent aus Flüssen und zu 10,8 Prozent aus dem Grundwasser gedeckt. Dazu kommt noch ein erheblicher Wasserverbrauch der Spitzenkraftwerke zur Zeit großen Strombedarfs. Stark erhöht hat sich auch der Wasserbedarf der Landwirtschaft. Er wird zu 71 Prozent aus Flußwasser und Seen gedeckt. In den vergangenen 15 Jahren hat die Bewässerungsfläche durchschnittlich um über 60000 ha im Jahr zugenommen; 1985 betrug die bewässerte und beregnete landwirtschaftliche Nutzfläche in der DDR rund 1,2 Mio ha. Beim Wasserverbrauch durch die Landwirtschaft ist zu beachten, daß dieser vorwiegend in der Vegetationsperiode auftritt, in der der Abfluß ohnehin zurückgeht.

Infolge dieser Bedingungen kann die Wassersituation in der Deutschen Demokratischen Republik katastrophale Folgen annehmen. Ein großer Teil der fließenden Gewässer ist stark sanierungsbedürftig.

Das Klima

Das Territorium der Deutschen Demokratischen Republik liegt im Übergangsbereich zwischen dem ausgeglichenen Seeklima Westeuropas und dem von stärkeren Gegensätzen geprägten kontinentalen Klima Osteuropas. Auch von Norden nach Süden nimmt der kontinentale Klimacharakter zu. Während aller Jahreszeiten wechseln Hoch- und Tiefdrucklagen miteinander ab, die bei vorherrschenden Westwindlagen das Land überziehen. Die Tiefs bringen milde Witterung mit reichlichen Niederschlägen, deren Maximum im Sommer liegt. Hochdrucklagen sind im Sommer bei geringer Wolkenbewegung mit hohen Temperaturen verbunden, im Winter dagegen mit Kälteperioden. Doch auch im Winter herrschen Westwetterlagen vor, die, besonders in den höheren Mittelgebirgen, mit Schneefällen verbunden sind. Wenn von der Adria nordwärts wandernde Tiefs feuchte Luft aus dem Mittelmeerraum heranbringen, entsteht die in der Meteorologie als »Vb« bezeichnete Wetterlage, die stets mit Dauerregen verbunden ist. In den temperaturbegünstigten Becken, Senken und leeseitigen Buchten sinken die Niederschläge unter 500 mm ab, was auch im Bild der natürlichen Vegetation zum Ausdruck kommt.

Der Jahresablauf der Witterung zeigt gewisse Regelhaftigkeiten. Außerordentlich wechselhaft sind die Zirkulationsverhältnisse im Winter, wobei die auftretenden Wetterlagen selten über längere Zeit beständig sind. Reichlich Niederschläge fallen bei vorherrschenden Westlagen an den Fronten der Tiefdruckgebiete, so daß sich in den höheren Bereichen der Mittelgebirge bei anhaltendem Frost eine dauerhafte Schneedecke bildet. Wenn von Zeit zu Zeit kontinentale Kaltluft aus östlichen Richtungen eindringt, kommt es zu meist kurzzeitigen Zentralhochlagen mit trockenem Frostwetter. Das Frühjahr wird regelmäßig in der zweiten Märzhälfte mit einem merklichen Temperaturanstieg eingeleitet, der auch den Beginn der Feldwirtschaft veranlaßt. Der weitere Anstieg der Temperatur vollzieht sich mehr oder weniger etappenhaft, unterbrochen durch Kaltlufteinbrüche und gesteigerte Niederschlagstätigkeit. Im Mai können östliche Kontinentallagen mit wolkenarmem Strahlungswetter bereits recht hohe Temperaturen bringen. Der Sommer ist eher niederschlagsreich und kühl, weil West- und Nordwestlagen mit nach Osten wandernden Tiefdruckgebieten in dieser Jahreszeit besonders häufig sind. Zentralhochlagen dagegen führen zu Hitzeperioden mit anhaltender Trockenheit. Der Beginn des Herbstes ist charakterisiert durch ein häufiges Auftreten von strahlungsreichen Zentralhochlagen, die von Ende August bis Anfang Oktober nicht selten beständiges Strahlungswetter mit sich bringen (Altweibersommer). Der Herbst wird Mitte Oktober eingeleitet durch ein häufiges Auftreten von Westwetterlagen und unbeständiger Witterung, dem Eintreffen atlantischer Sturmzyklonen, die die Vorboten der unbeständigen Winterwitterung sind.

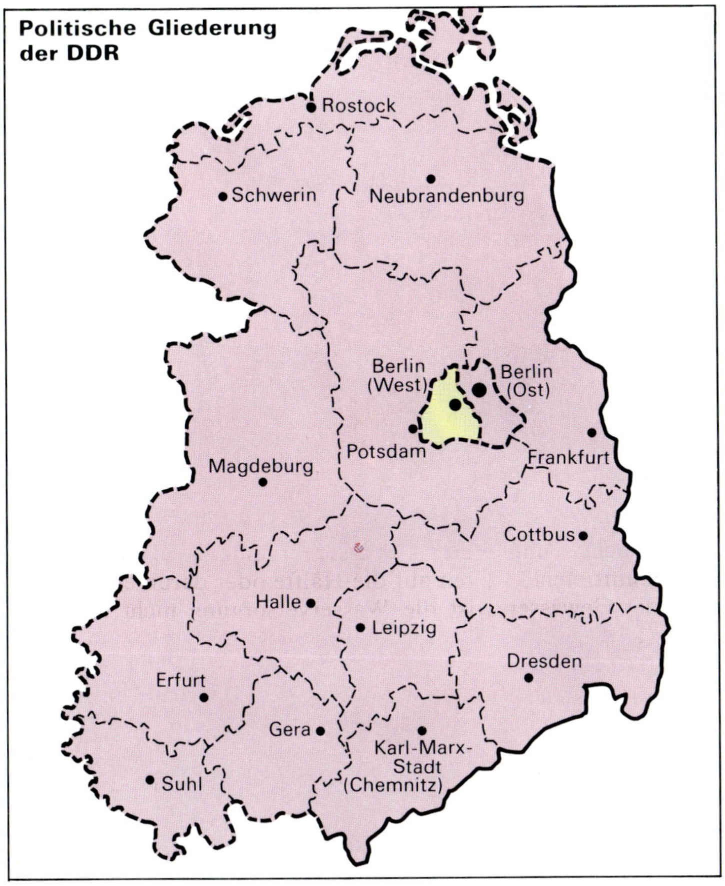

Die DDR als Einheitsstaat ist in 14 Bezirke und Ost-Berlin gegliedert. Berlin (Ost) hat den Status eines Bezirkes bekommen. Die historischen Länder Mecklenburg-Pommern decken sich teilweise mit den Bezirken Schwerin, Rostock und Neubrandenburg; Brandenburg mit den Bezirken Frankfurt/Oder, Potsdam und Cottbus; Sachsen-Anhalt mit Magdeburg und Halle; Thüringen mit Erfurt, Suhl und Gera; Sachsen mit Leipzig, Dresden und Karl-Marx-Stadt.

Die Vegetation

Das Territorium der Deutschen Demokratischen Republik liegt im Bereich des sommergrünen Laubwaldes im nördlichen Waldgürtel. Während der pleistozänen Kaltzeiten hatten sich die Klima- und Vegetationsgürtel nach Süden verschoben, und Mitteleuropa kam in die Zone der Tundra zu liegen, wodurch die Vegetationsbestände erheblich verarmten. Erst im Spätglazial drangen wieder Bäume ein, und in der Zeit des postglazialen Wärmeoptimums vor 5000 bis 3000 Jahren breiteten sich in den Tiefländern dichte Eichen-, im Gebirge Fichtenwälder aus. Eine weitere leichte Abkühlung brachte neue Veränderungen der Artenzusammensetzung mit sich. In der Nachwärmezeit entwickelten sich im Tiefland und Hügelland Eichen-Buchen-Mischwälder und im Gebirge Buchen-Tannenwälder.

Hätte der Mensch keinen nennenswerten Einfluß genommen, dann wären heute 96 Prozent der Fläche der DDR mit Naturwald bedeckt. Indessen hat der Einfluß der menschlichen Gesellschaft die Pflanzendecke von allen Naturgegebenheiten am stärksten verändert. Während der großen Rodungsperioden seit dem Frühmittelalter wurde der Wald immer stärker zurückgedrängt, so daß heute nur 27,2 Prozent der Landesfläche mit Forsten und Holzungen bedeckt sind. Eiche und Buche wurden zugunsten der Kiefer und der Fichte stark verdrängt, verschiedene exotische Baumarten wurden durch die Forstleute eingeführt und heimisch gemacht. Waldreich blieben dagegen alle Mittelgebirgslagen und teilweise auch die trockenen Schmelzwasseraufschüttungen, die heute die Funktion von Erholungslandschaften und Naherholungsgebieten ausüben. Seit den sechziger Jahren hört man von schweren, neuartigen Waldschäden, die bereits zu erheblichen volkswirtschaftlichen Verlusten geführt haben. Zuerst war das Erzgebirge betroffen, wo die Immissionen der nordböhmischen Kraftwerke bereits in den vierziger Jahren ganze Bestände vernichtet hatten. Inzwischen ist der gesamte Kamm des Erzgebirges, des Elbsandsteingebirges und des Lausitzer Gebirges so stark geschädigt, daß an manchen Stellen kein Wald mehr aufkommen kann und selbst die Untervegetation so sehr beeinträchtigt ist, daß die Bodenerosion den nackten Fels freilegen kann. Erste Erfolge wurden mit der Züchtung rauchresistenter Arten erzielt; gemeinsam mit den Nachbarländern, auch mit der Bundesrepublik Deutschland, werden gewaltige Anstrengungen unternommen, des Waldsterbens Herr zu werden.

Die Tierwelt

Die ursprüngliche Fauna, die heute nirgends mehr bestimmend ist, erhielt zunächst ihr Gepräge durch die Einwanderung während und nach der letzten Kaltzeit. Entsprechend der natürlichen Umwelt, die sich damals herauszubilden begann, waren die für den westlichen Teil der eurasischen Waldzone typischen Arten charakteristisch. Die Waldrodung und die intensive Landnutzung führte zu tiefgreifenden Einschränkungen des Lebensraumes und zur Ausrottung vieler Tierarten. Großsäuger wie der Auerochs, der Bär, der Wolf und der Luchs sind heute nicht mehr anzutreffen, andere wie Hirsch, Reh und Wildschwein sind als Hochwild in den Forsten erhalten geblieben, haben aber ihre Lebensgewohnheiten sehr geändert und müssen vom Jäger gehegt werden. Fuchs, Dachs und Hamster sind noch zahlreich vorhanden, andere Arten wie z. B. die Wildkatze und der Marder sind vom Aussterben bedroht und mußten deshalb unter Naturschutz gestellt werden. Auch die Vogelwelt hat sich erheblich reduziert, z. B. sind die monokulturartig angelegten Fichtenwälder wegen ihrer Dichte und Einförmigkeit relativ vogelarm. Reicher ist die Fauna der Kiefernwälder und -heiden, am vielfältigsten sind noch die Tiergesellschaften der Auwälder ausgeprägt.

Im Offenland, das durch Menschenhand in historischer Zeit geschaffen wurde, entwickelte sich zunächst ein quasinatürliches faunistisches Gleichgewicht mit einer Vielzahl von Lauftieren (Hasen), Grabtieren (Mäusen, Kaninchen), Raubtieren und Greifvögeln (Falken, Bussarde). Die Intensivierung der Landwirtschaft seit 1950 durch die Anlage großer Schläge, Mechanisierung und Chemisierung hat zu einer nachhaltigen Verarmung und teilweisen Ausrottung dieser Tierwelt geführt, so wird die Strecke der alljährlich geschossenen Hasen immer geringer.

Auch der Artenreichtum der Süßwasserfische in Flüssen und Seen, der sich einst durch eine große Mannigfaltigkeit auszeichnete, ist drastisch reduziert worden. Die verschmutzten Wasserläufe lassen nur noch ein geringes Tierleben zu, neuerdings erstirbt infolge der chemischen Düngungs- und Schädlingsbekämpfungsmittel das Leben in den bislang weniger belasteten Kleingewässern.

Flüsse

	Länge in km	schiffbar	Einzugsgebiet in km²
Elbe	1165 davon DDR-Anteil 566	940 davon DDR-Anteil 566	144055 davon DDR-Anteil 83101
Schwarze Elster	181	nicht schiffbar	5498
Mulde mit Freiberger und Zwickauer Mulde	433	nicht schiffbar	7386
Saale	427	124	23737
Havel	343	243	24273
Elde	184	nicht schiffbar	2944
Oder	912 davon DDR-Anteil 162	733 davon DDR-Anteil 162	118611 davon DDR-Anteil 4399
Lausitzer Neiße	256 davon DDR-Anteil 199	nicht schiffbar	4232 davon DDR-Anteil 1225

Talsperren, Speicheranlagen und Rückhaltebecken mit einem Stauraum von über 8 Mio. m³

	Name	Flußgebiet	Stauraum Mio. m³	Fläche km²	Stauhöhe m	Jahr der Inbetriebnahme
TS	Bleiloch	Saale	215,0	9,2	59	1932
TS	Hohenwarte	Saale	182,0	7,3	66	1941
TS	Rappbode	Bode	109,1	3,9	87	1959
TS	Eibenstock	Zwickauer Mulde	76,9	3,7	54	1982
TS	Pöhl	Weiße Elster	62,0	4,3	45	1964
Sp	Borna	Weiße Elster	49,4	2,5	15	1979
TS	Bautzen	Spree	44,6	5,6	15	1975
TS	Spremberg	Spree	42,7	9,9	11	1965
TS	Kelbra	Helme	35,6	14,3	6	1970
TS	Zeulenroda	Weida	28,9	2,4	33	1975
TS	Schönbrunn	Werra	23,2	0,9	62	1975
TS	Saidenbach	Flöha, Mulde	22,4	1,5	47	1933
TS	Lehnmühle	Wilde Weißeritz, Elbe	21,9	1,4	42	1931
Sp	Witznitz	Pleiße	21,5	2,3	11	1954
TS	Quitzdorf	Spree	20,6	6,7	8	1972
RHB	Straußfurt	Unstrut	19,2	9,0	7	1962
Sp	Dossespeicher Kyritz	Dosse	18,3	5,0	6	1979
Sp	Niemtsch	Schwarze Elster	18,0	12,0	2	1974
TS	Ohra	Ohra	17,5	0,9	51	1967
TS	Dröda	Weiße Elster	17,3	2,5	39	1972
TS	Klingenberg	Wilde Weißeritz, Elbe	16,4	1,1	31	1914
TS	Rauschenbach	Flöha	15,2	1,0	39	1967
Sp	Muldenstein	Mulde	15,0	5,0	3	1976
TS	Lichtenberg	Mulde	14,4	0,9	39	1975
Sp	Lohsa	Kleine Spree	13,6	3,4	6	1971
TS	Gottleuba	Gottleuba, Elbe	13,0	0,7	50	1974
TS	Kriebstein	Mulde	11,6	1,3	22	1930
TS	Pirk	Weiße Elster	10,0	1,5	14	1938
RHB	Stöhna	Weiße Elster	10,0	2,8	7	1976
TS	Weida	Weiße Elster	9,7	0,9	23	1956
TS	Malter	Rote Weißeritz, Elbe	8,8	0,8	29	1913
Sp	Redeburg II	Schwarze Elster	8,8	2,8	9	1953
TS	Wendefurth	Bode	8,5	0,8	28	1967

Bevölkerungsstruktur der DDR 1939–1984

	Mittl. Bev. in 1000	in Gemeinden mit mehr als 2000 Ew. (%)	100000 Ew. (%)	im Rentenalter (%)
1939	16745	72,2	26,7	11,1
1946	18057	67,7	19,0	13,0
1950	18388	71,0	20,7	13,8
1960	17241	72,0	21,4	17,6
1970	17058	73,8	22,0	19,5
1980	16737	76,3	25,9	17,9
1984	16671	76,5	26,5	16,7

Flächennutzung in 1000 ha

	1950	1970	1988
Ackerland	5017,3	4618,1	4687,1
Grünland	1291,1	1469,2	1258,3
Haus- und Kleingärten	157,8	199,1	
Obst- und Weinbauland	60,4		
Korbweideanlagen	1,8	2,5	1,2
Forsten und Holzungen	2898,6	2948,0	2981,9
Ödland	104,4	81,9	96,1
Unland und Abbauland	202,2	222,3	190,8
Wasserflächen	220,7	210,6	311,5
Sonstige Wirtschaftsflächen	800,5	1079,2	
Insgesamt	10754,8	10830,9	10832,9

Hauptnutzungsarten in %

	1938	1950	1970	1983
Ackerland	47,3	46,7	42,6	43,6
Grünland	12,2	12,0	13,6	11,5
Obstanlagen und Rebland	1,8	0,5	1,8	-
Gartenland		1,5		
Forsten und Holzungen	27,3	27,0	27,2	27,4
Öd-, Un- und Abbauland	2,3	2,9	2,7	2,7
Gewässerfläche	2,3	2,1	1,9	2,1
Sonstige Wirtschaftsflächen	6,2	7,3	10,0	-

Gesamtfläche und Fläche der Bezirke

Fläche	108333 km²
Bezirke:	
Berlin (Ost)	403 km²
Cottbus	8262 km²
Dresden	6738 km²
Erfurt	7349 km²
Frankfurt/Oder	7186 km²
Gera	4004 km²
Halle/Saale	8771 km²
Karl-Marx-Stadt	6009 km²
Leipzig	4966 km²
Magdeburg	11526 km²
Neubrandenburg	10948 km²
Potsdam	12568 km²
Rostock	7074 km²
Schwerin	8672 km²
Suhl	3856 km²

Naturlandschaft und geographische Daten

Grenzlänge und Ausdehnung

Grenzen:	Volksrepublik Polen	460 km
	Tschechoslowakische Sozialistische Republik	454 km
	Bundesrepublik Deutschland	1378 km
	Grenze gegen Berlin (West)	162 km
	davon im Stadtgebiet	45 km
	davon gegen die Bezirke Potsdam und Frankfurt	115 km

Äußerste Grenzpunkte

Nördlichster Punkt:	54°41′ N im Bezirk Rostock, Kreis Rügen auf der Insel Rügen
Südlichster Punkt:	50°10′ N im Bezirk Karl-Marx-Stadt, Kreis Oelsnitz, im Elstergebirge
Westlichster Punkt:	9°54′ E im Bezirk Suhl, Kreis Bad Salzungen in der Vorderrhön
Östlichster Punkt:	15°2′ E im Bezirk Dresden, Kreis Görlitz an der Lausitzer Neiße

Kanäle

	Länge in km	Tauchtiefe bei Mittelwasser in m	Schleusen, Hebewerke
Oder-Spree-Kanal	83,7	1,85	5
Oder-Havel-Kanal	82,8	2,00	2
Mittellandkanal (DDR-Anteil)	62,6	2,00	1
Elbe-Havel-Kanal	56,4	2,00	3
Teltowkanal	37,8	1,80	1
Havelkanal	34,9	2,00	1

In den Städten und Dörfern, Gärten und Parkanlagen bildeten sich neue Biozönosen heraus, für die beispielsweise der Haussperling und die Taube charakteristisch sind. Neue Formen der Ruderalfauna entstehen bei Müll- und Schuttablageplätzen. Auch fremde Schädlinge wanderten ein, wie etwa die 1906 in Böhmen ausgesetzte Bisamratte, die von Hamburg elbaufwärts vordringende Wollhandkrabbe und der von Nordamerika über Frankreich eingeschleppte Kartoffelkäfer.

Die Böden

Die DDR liegt in der Zone der braunen, teilweise podsolisierten Waldböden, eine weitere klimabedingte Zonierung ist dagegen nicht nachzuweisen. Die Böden entstanden im Jungpleistozän und im Holozän, dazu kommen die Einwirkungen des Menschen durch die Rodung und Bodennutzung. Das Mosaik der Böden zeigt eine große Mannigfaltigkeit bedingt durch die Höhenlage, das Relief, den wechselnden Untergrund und die Bodenwasserverhältnisse. Aufgrund bestimmter Kombinationen dieser Bedingungen treten eine Reihe von Normtypen auf, die in einer gesetzmäßigen Abfolge angeordnet sind.

Im Küstengebiet sind Bodentypen verbreitet, die durch Staunässe und Grundwassereinfluß charakterisiert sind, z.B. Staugleye und Amphigleye. Im südlich anschließenden Flachland fand die Bodenbildung zunächst noch unter periglaziären Verhältnissen auf gefrorenem Untergrund statt. Auf dem lehmigen Substrat der Grundmoräne dominieren die Fahlerde-Bodengesellschaften, während im Bereich der Endmoränenlagen Braunerde- und Braunpodsol-Gesellschaften überwiegen. Auf den weitverbreiteten Sanderflächen, die heute meist forstlich genutzt werden, herrschen Braunpodsole und bei stärkerer Durchfeuchtung Gleye und Moorböden vor.

Auf der Unterlage von Sandlöß und Löß, der im Jungpleistozän entlang der Mittelgebirgsregion angeweht wurde, verlief die Bodenbildung anders. Bekannt sind die Schwarzerden und schwarzerdeähnlichen Bodengesellschaften, die sich in der Magdeburger Börde, im Harzvorland und an der unteren Saale zum Normtyp entwickelt haben. Diese Schwarzerden, die sich in der Nacheiszeit unter lockerer Waldbedeckung bei kontinentaleren Klimabedingungen gebildet haben, gehören zu den ertragsreichsten in Mitteleuropa. Im anschließenden Leipziger Land, im Nordwestsächsischen Hügelland und in den Gefilden östlich der Elbe sind ebenfalls recht fruchtbare Parabraunerden verbreitet.

Noch anders verlief die Bodenbildung in den Naturräumen des Mittelgebirges, wo nicht zuletzt auch das Substrat des Untergrundes sehr differenziert ist. Im periglaziären Klimamilieu bildeten sich an den Hängen und besonders an den Talflanken Schuttdecken, auf denen anschließend die Bodenbildung stattfand. Die Ausbildung der Bodengesellschaften wechselt auf kleinem Raum je nach Höhenlage, Exposition und Durchfeuchtung, wobei die Niederschlagsverhältnisse eine entscheidende Rolle spielen. Während die Braunerde-Gesellschaften in den Hügelländern für die ackerbauliche Nutzung verhältnismäßig gut geeignet sind, kommen in den höheren Teilen der Mittelgebirge vermehrt Staugley-, Braunpodsol- und Podsol-Gesellschaften vor, die infolge stärkerer Vernässung und Nährstoffarmut eher als Standorte für Grünland und Forsten geeignet sind. Hochmoorböden sind nur lokal verbreitet. Auf den kalkhaltigen Gesteinen an den Rändern des Thüringer Beckens und in der Werra-Senke findet man Rendzina-Bodengesellschaften, die flachgründig und skelettreich und bei ausgeprägten Trokkenheitsphasen nicht sehr ertragreich sind.

Dieses Grundmuster wird unterbrochen

durch die Bodengesellschaften der Niederungen entlang der großen Ströme und Flüsse und der Auen. Diese flußnahen Bereiche sind charakterisiert durch die Sedimentation von schluffigen feinsandigen und tonigen Auelehmen in historischer Zeit, die einen hohen Humusgehalt und eine günstige Lage zum Grundwasserhorizont besitzen. Deshalb sind die Vega- und Halbgley-Bodengesellschaften bei entsprechender Melioration ebenfalls sehr fruchtbar. In den Niederungen des Flachlandes treten vermehrt Gley- und Niederungsmoor-Gesellschaften auf, die bei entsprechender Bearbeitung als Acker- und Grünland genutzt werden können.

Ähnlich wie die natürliche Vegetation wurden auch die Böden durch die Eingriffe der menschlichen Gesellschaft nachhaltig verändert. Durch ständige Bearbeitung, Düngung und andere Maßnahmen wurden die Oberböden so stark verwandelt, daß sie sich vom ursprünglichen Zustand erheblich unterscheiden. An den Hängen wurden durch die linien- und flächenhafte Bodenerosion die Bodenprofile gekappt, wobei nachfolgend eine neue Bodenbildung einsetzte. Bei leichteren Böden findet die Winderosion geeignete Ansatzpunkte.

Die Bevölkerung

Im Gebiet der DDR leben, mit Ausnahme der schätzungsweise 80000 Sorben, überwiegend Angehörige der nord- und mitteldeutschen Sprachgruppen. Im Norden werden niederdeutsche Mundarten gesprochen, im Süden (mit Thüringisch und Obersächsisch) mitteldeutsche Mundarten. Im südlichen Thüringen reicht das Verbreitungsgebiet des Oberdeutschen mit der ostfränkischen Mundart knapp in das Gebiet der DDR hinein.

Bei einem Bevölkerungsstand von 16,7 Millionen ist die Bevölkerungsentwicklung seit 1947 rückläufig. Dies hat zwei Gründe. Die Abwanderung in die Bundesrepublik Deutschland nach dem Mauerbau am 13. August 1961 hat der Volkswirtschaft der DDR großen Schaden zugefügt, denn ein hoher Anteil von Personen im arbeitsfähigen Alter und mit hohen Qualifikationen war daran beteiligt. Insgesamt flohen über 2,8 Millionen Menschen. Außerdem stehen die natürlichen Bevölkerungsbilanzen sehr ungünstig. Trotz niedriger Säuglingssterblichkeit entwickelten sich die Geburtenraten rückläufig, so daß schließlich Sterbeüberschüsse eintraten, z.B. 1976 ein Sterbeüberschuß von 32250. Erst Ende der siebziger Jahre wurden wieder leichte Geburtenüberschüsse erzielt, nachdem einige sozialpolitische Maßnahmen (»Babyjahr«) sich auswirkten. Dieser leichte Aufschwung wird aber nur geringe Auswirkungen auf die Gesamtentwicklung der Bevölkerung haben, so daß mit einer weiteren Stagnation bzw. mit einem Bevölkerungsrückgang zu rechnen ist.

Durch das Nachwachsen der noch geburtenstärkeren Nachkriegsjahrgänge stiegen Zahl und Anteil der Bevölkerungsgruppe im erwerbsfähigen Alter an, und zwar von 57,9 Prozent im Jahre 1970 auf 64,6 Prozent im Jahre 1984. Dennoch ist der Anteil von Personen im Rentenalter mit 16,7 Prozent nach wie vor sehr hoch. Am stärksten ist mit 20,0 Prozent der Bezirk Karl-Marx-Stadt überaltert, während Berlin (Ost) mit 14,5 Prozent, bedingt durch die Zuwanderung junger Menschen, die Werte der meisten Flächenkreise unterschreitet. Mit rund 52 Prozent hat die DDR die höchste Erwerbsquote der Welt, bedingt durch den hohen Anteil an berufstätigen Frauen.

Insgesamt ist die Bevölkerung sehr ungleich über das Territorium der Republik verteilt. Während in den Nordbezirken und teilweise auch in den Mittelbezirken die Bevölkerungsdichte erheblich unter dem Republiksdurchschnitt liegt, zeigen die Südbezirke und besonders die industriellen Ballungsgebiete hohe Dichtewerte. Bei einer durchschnittlichen Bevölkerungsdichte von 154 Ew./km^2 ist der Bezirk Karl-Marx-Stadt mit 314 Ew./km^2 der am dichtesten und der Bezirk Neubrandenburg mit 57 Ew./km^2 der am dünnsten besiedelte Flächenbezirk.

Die Muster der Binnenwanderung weichen erheblich von denen in der Bundesrepublik Deutschland ab. Größere Verschiebungen traten bis etwa 1960 auf, bedingt durch die Errichtung neuer Industriestandorte und die Aufwertung der neuen Bezirksstädte. Die Mobilität hat nicht zuletzt wegen der Wohnraumknappheit erheblich abgenommen. Seitdem haben nur die Hauptstadt sowie die neuindustrialisierten Bezirke Cottbus und Frankfurt/Oder höhere Wanderungsgewinne erzielt, vorwiegend zu Lasten der altindustrialisierten Ballungsgebiete. Auch die Nordbezirke mit ihren relativ höheren Geborenenzahlen sind Abwanderungsgebiete. Die Abwanderungsströme verlaufen überwiegend von den kleineren zu den größeren Gemeinden, aber mit beschränkten Distanzen bei Beibehaltung des Arbeitsplatzes. Jede Siedlungskategorie (Größengruppe) verzeichnet gegenüber den jeweils niedrigeren Kategorien Wanderungsgewinne und gegenüber den höheren Wanderungsverluste. Das Migrationsgeschehen (Migration: Wanderung) hat demnach den Charakter einer »Etappenwanderung«, wobei die größeren Mittelstädte die Hauptgewinner sind, während ein Teil der (älteren) Großstädte Wanderungsverluste zeigt.

So kommt es, daß heute der in Großstädten der Deutschen Demokratischen Republik lebende Bevölkerungsanteil niedriger ist als in der Vorkriegszeit.

Fremdenverkehr

Die Freizeitproblematik wird in einem sozialistischen Land unter einem anderen Aspekt gesehen als in einer marktwirtschaftlich geregelten Gesellschaft. Freizeit dient in erster Linie der Rekreation, d.h. der Wiederherstellung der Arbeitskraft für die berufliche Tätigkeit, der Bildung und Weiterbildung, der politischen Schulung und anderen gesellschaftlichen Aktivitäten. Das Freizeitbudget des einzelnen Bürgers ist wegen der längeren Arbeitszeit und dem größeren Zeitaufwand für den Weg von der Wohnung zum Arbeitsplatz und auch für Besorgungen jeder Art geringer als in der Bundesrepublik Deutschland. Dennoch ist die DDR ein Land mit besonders hoher Freizeit- und Fremdenverkehrsaktivität; dies drückt sich aus in dem hohen Anteil der Bürger, die alljährlich oder mehrmals im Jahr einen Urlaub genießen, der aber vorwiegend im Inland verbracht wird.

Als Erholungslandschaften gelten in der DDR Gebiete im Umfang von mehr als einem Fünftel des Territoriums. Etwa 18,5 Prozent sind Erholungslandschaften, die der langfristigen Erholung dienen. Es handelt sich um die Ostseeküste, die Mecklenburgische Seenlandschaft sowie um die höheren Mittelgebirgslagen im Harz, im Thüringer Wald, im Erzgebirge und im Lausitzer Gebirge mit dem Elbsandsteingebirge. An der Ostseeküste, dem bedeutendsten Fremdenverkehrsgebiet der DDR, kann der Erholungsbetrieb auf eine lange Tradition zurückblicken und reicht bis in das 18. Jh. zurück. Neben den Erholungsheimen der Betriebe, der Gewerkschaften und anderer staatlicher und gesellschaftlicher Einrichtungen spielen heute auch Privatpensionen und Wochenendhäuser eine größere Rolle. Die Saison liegt naturgemäß im Sommer. Der attraktive Naturraum der Mecklenburgischen Seenplatte im Zuge des Baltischen Landrückens wurde erst spät von Erholungsuchenden entdeckt. Hier entwickelt sich ein zweites Gebiet der langfristigen Erholung, dessen Kapazitäten noch weiter ausgebaut werden können. Ein weiteres traditionelles und beliebtes Erholungsgebiet ist der Harz, wo ebenfalls die langfristige Erholung vorherrscht. Früher gab es hier eine ausgeprägte Sommer- und Wintersaison, die in der letzten Zeit immer stärker ineinander übergegangen sind, so daß man – abgesehen vom November – von einem ganzjährigen Urlaubsverkehr sprechen kann. Auch in den anderen Mittelgebirgen hat sich neben der Sommererholung eine ausgesprochene Wintersaison herausgebildet, soweit schneesichere Gebiete vorhanden sind. Eine gewisse Sonderstellung nimmt das Elbsandsteingebirge (»Sächsische Schweiz«) ein, wo das romantische Landschaftserlebnis schon im 19. Jh. die Bürger aus dem nahen Dresden und auch

Die Märkische Schweiz – attraktives Naherholungsgebiet. Im Bild: Der Buckower See, einer von vielen in der seenreichen Waldlandschaft am Südostabhang der Barnimhochfläche.

Ostseebad Warnemünde-Rostock mit dem Interhotel »Neptun«. Der traditionsreiche Fremdenverkehr an der Ostseeküste ist auch heute ein bedeutender Wirtschaftsfaktor. Allein im Bezirk Rostock bevölkern Jahr für Jahr über 3 Millionen sonnenhungrige Urlauber die Strände.

Rostock-Warnemünde – alter Hafen. Seit 1903 besteht eine Fährverbindung vom Stadtteil Warnemünde nach Gedser in Dänemark.

Schiffahrt auf der Elbe, vorbei an der Silhouette von »Elbflorenz« – Dresden mit der katholischen Hofkirche, der Semperoper, der Dimitroffbrücke und dem ehemaligen Ministeriumsgebäude am Neustädter Elbhafen.

aus Prag anzog. Sehr typisch ist hier der sommerliche Saisonverkehr, meist eine Kurzzeiterholung, besonders an Wochenenden, wobei die Dampfschiffe der »Weißen Flotte« Hunderte von Erholungsuchenden heranbringen.

Gebiete der Naherholung befinden sich meist in erreichbarer Nähe der Ballungsräume. Es handelt sich um das Havelland, den Spreewald, die Märkische Schweiz, das Erholungsgebiet am Müggelsee, die Dahlener und die Dübener Heide, die Moritzburger Teichlandschaft, den unteren Teil des Östlichen Erzgebirges, den Tharandter Wald und letztlich wieder das Elbsandsteingebirge. Mit Erfolg hat man einige Bergbaufolgelandschaften zu attraktiven Naherholungsgebieten umgestaltet, beispielsweise am Muldestausee im Kreis Bitterfeld, in der Gegend von Senftenberg sowie neuerdings auch im Geiseltal bei Halle.

Am Städtetourismus sind viele Ausländer und Deutsche aus der Bundesrepublik Deutschland stark beteiligt. Die am häufigsten besuchten Städte sind Berlin (Ost), Potsdam, Dresden, Erfurt und Rostock, aber auch zahlreiche kleinere Städte mit kulturhistorischen Denkmälern, beispielsweise Wernigerode, Halberstadt und Quedlinburg am nördlichen Harzrand. Im Zuge der Luther-Feiern wurden auch die Wirkungsstätten des Reformators auf der Wartburg, in Wittenberg und Eisleben für den Städtetourismus hergerichtet. Leipzig erlebt zu den Messezeiten zweimal im Jahr einen Ansturm von Fremden aus aller Welt, die neben der Pflege geschäftlicher Beziehungen auch von den Kulturdenkmälern der Stadt angesprochen werden.

Die wichtigsten Heilbäder der DDR liegen in der Mittelgebirgszone. Bad Elster, Bad Liebenstein, Bad Salzungen, Bad Kösen, Bad Brambach, Bad Frankenhausen, Bad Gottleuba, Bad Schandau, Bad Sulza, Bad Lausick und weitere. Aufgrund der verschiedenen Heilanzeigen werden die Kurgäste durch die Anstalten der Sozialversicherung dorthin eingeteilt. Ein bekannter Kneippkurort ist heute Bad Schandau im Elbsandsteingebirge.

Die Ostseebäder Kühlungsborn und Heiligendamm sowie Graal-Müritz, Rheinsberg und Lindow in der Mecklenburgischen Seenplatte sind als Luftkurorte ausgewiesen.

Die Bezirke Schwerin, Rostock und Neubrandenburg – Landschaften, Wirtschaft und Sozialstruktur: Rügen, Kreidefelsen (1). Kühlungsborn (2). Ahrenshoop (3, 8). Rostock, Kröpeliner Tor (4). Greifswald-Wieck, Zugbrücke (5). Stralsund, Passagierkai (6). Rostock, Steintor (7). Greifswald, Markt (9). Schwerin, Dom und Theater (10). Greifswald, Fischverkäufer (11). Rügen, Eisenbahn (12). Neubukow, Getreidesilo (13). Greifswald, Markt (14). Bei der Feldarbeit (15). Neubrandenburg, Treptower Tor (16). Stralsund, der um 1400 entstandene Schaugiebel des Rathauses (17).

1

2

3

4

5

6

7

8

9

Mecklenburg-Pommern

Die Bezirke Rostock, Schwerin, Neubrandenburg

0

11

2

13

4

5

16

17

GEROLD RICHTER

Die Landschaften der Bezirke Mecklenburgs und Pommerns

Die Großgliederung der Landschaften zwischen der Lübecker Bucht und der unteren Elbe im Westen und dem Odertal im Osten wird schon bei Betrachtung der Höhenschichtenkarte des Raumes deutlich: Das Rückgrat des Landes bildet eine Höhenzone mit weiten Waldgebieten sowie mit den vielen großen und kleinen Seen der Mecklenburgischen Seenplatte. Als etwa 40 km breiter Streifen erstreckt sich das Höhen- und Seengebiet aus dem Raum Lübeck-Ratzeburg in Nordwest-Südost-Richtung über den Schweriner See, das Obere Warnow-Gebiet, das Großseengebiet um die Müritz und das Kleinseengebiet um Neustrelitz-Rheinsberg sowie über die Seenlandschaft der Uckermark zur Oder. Es ist ein Teil des Nördlichen Landrückens, welcher sich von Schleswig-Holstein über Mecklenburg und Pommern bis nach Ostpreußen verfolgen läßt.

Landschaftsentwicklung und Landschaftsgliederung

Die durchschnittliche Höhe des Landrükkens steigt von Nordwesten nach Südosten langsam, aber deutlich an. Die höchsten Erhebungen liegen im Westen, um die Wismarbucht, bei 90 bis 140 m (Hoher Schönberg bei Klütz 92 m, Iserberg bei Grevesmühlen 100 m, Diedrichshäger Berg bei Kühlungsborn 128 m, Hohe Burg bei Bützow 144 m). Im Osten werden 140 bis 179 m erreicht (Keulenberg bei Neustrelitz 138 m, Brohmer Berge 148 m, Helpter Berge 179 m, beide bei Strasburg). Die Helpter Berge bilden die höchste Erhebung Mecklenburgs. Außerhalb des Landrückens werden Höhen über 120 m nur an drei Stellen erreicht: in den Ruhner Bergen (178 m) und im Langenberg (126 m) bei Parchim sowie im Piekberg bei Saßnitz auf Rügen (161 m).

In drei Gebieten stoßen schmale, aber unvermittelt aufragende Höhengebiete vom Landrücken nach Nordosten vor: Zwischen Wismar und Bützow, wo das Höhengebiet in der Kühlung bis nahe an die Ostsee bei Kühlungsborn reicht, in der Mecklenburger Schweiz zwischen Teterow und Malchin sowie in der Zone, die vom Feldberger Seengebiet über die Helpter Berge bis zu den Brohmer Bergen und den Höhen bei Jatznick unweit von Pasewalk vorspringt.

Das Höhengebiet des Landrückens entstand durch die Arbeit der Gletscher während der Weichseleiszeit. Im Verlauf dieser letzten Inland-Vereisung verlief der Gletscherrand nach dem bis nach Brandenburg hineinreichenden Maximal-Vorstoß des Brandenburger Stadiums entlang dem Südrand des Landrückens. In diesem als Frankfurter Stadium bekannten mittleren Abschnitt der Weichsel-Vereisung wurde eine durchgehende, wenn auch nicht sehr hohe Endmoräne aufgebaut. Sie reicht auf mecklenburgischem Boden vom Schaalsee bei Zarrentin über den Südrand des Schweriner Sees bis südlich von Röbel und Mirow im Großseengebiet um die Müritz.

Nach einem allgemeinen Gletscherrückgang erfolgte im Pommerschen Stadium der Weichsel-Vereisung ein weiterer großer Vorstoß des Eisrandes. Dieser kam ca. 40 km weiter nördlich als der des Frankfurter Stadiums zum Stehen und formte die innere Endmoränenzone des Landrükkens an seinem Nordrande. Sie verläuft vom Dassower Binnensee bei Travemünde über den Klützer Winkel zum Nordende des Schweriner Sees, von dort im Bogen über Satow, westlich Bützow und Sternberg bis zum Krakower See, dann südlich des Malchiner Sees und des Tollensesees nach Feldberg und Templin.

Die nach Norden weit zurückspringenden Endmoränenhöhen der Kühlung, der Mecklenburgischen Schweiz sowie der Helpter und Brohmer Berge sind ein Zeichen der Auflösung des einheitlichen Inlandeisrandes in Einzelgletscher während der Phase des spätglazialen Gletscherrückganges.

Zwischen den beiden Endmoränenzonen des Landrückens entwickelte sich die Seenplatte. Ihre Seen sind teils Reste der vom Gletscher ausgeschürften Zungenbekken, teils Hohlformen ausgetauten Toteises bzw. stagnierender Eisfelder, die während des Pommerschen Stadiums von Sandern umschüttet wurden, oder auch Reste von eiszeitlichen Schmelzwasserrinnen.

Mecklenburg-Pommern, landschaftliche Gliederung

Durch seine hohe Lage wurde der Landrücken zur Wasserscheide zwischen Ostsee und Nordsee. Die Hauptwasserscheide verläuft meist auf dem höheren nördlichen Endmoränenzug. Nur im Einzugsgebiet der Warnow sowie westlich des Schweriner Sees schwingt sie auf den südlichen Endmoränenzug hinüber. So fließen Stepenitz, Warnow, Recknitz, Peene und Uekker nach Norden zur Ostsee. Das Großseengebiet der Seenplatte entwässert über die Elde, das Kleinseengebiet über die Havel zur Elbe und damit zur Nordsee.

Die zweite Großlandschaft Mecklenburgs, die südwestliche Abdachung des Landrückens, ist vom Landrücken her mitgeprägt worden. Es handelt sich um den Raum zwischen Landrücken und Elbe, d. h. zwischen Schwerin und Parchim im Norden sowie Boizenburg, Dömitz und Wittenberge im Süden. Hier dacht sich die Landschaft auf einer Entfernung von etwa 50 km von Nordost nach Südwest meist allmählich von 60 bis 80 m auf weniger als 20 m ab. Das Gebiet besteht aus Endmoränen (Ruhner Berge und Langer Berg bei Parchim), meist aber aus Grundmoränenplatten. Beide stammen aus der der Weichseleiszeit vorausgegangenen Saaleeiszeit, deren Gletscher bis über die Elbe hinaus nach Süden vordrangen. Während der Weichseleiszeit wurde dieser Raum von den Schmelzwässern des am Landrücken liegenden Inlandeisrandes nochmals umgestaltet. Die höheren Reliefteile wurden von den Schmelzwässern des Eisrandes umgangen und zu Altmoränen-Inseln, zwischen denen sich in den niederen Reliefteilen die Schmelzwassersande zu Sandern aufbauten. Die Schmelzwasserrinnen von Boize, Schaale, Sude, Rögnitz und Elde gliedern das Gebiet noch weiter auf. Sammelader aller Schmelzwässer wurde das breite Urstromtal der Elbe. An seinem nördlichen Rand entwickelten sich weite, heute von Nadelwäldern bedeckte Flugsand- und Dünenfelder.

Die dritte große Landschaftseinheit Mecklenburgs ist das Rückland des Landrückens und der Seenplatte, d. h. der Raum zwischen Landrücken und Grenztal (Landgraben – Tollense – Trebel – Recknitz) sowie zwischen der Kühlung und dem Odertal. Dieser Raum ist durch wellige Grundmoränenplatten mit Höhen von 20 bis 80 m gekennzeichnet, die jedoch deutlich durch einander abwechselnde, in Südwest-Nordost-Richtung verlaufende Höhengebiete sowie Tal- und Beckenlandschaften gegliedert werden: Kühlung – Warnowbecken – Schmooksberg – Teterower Becken – Mecklenburger Schweiz – Malchiner Becken – Höhengebiet um Stavenhagen – Altentreptow – Tollensebekken – Helpter Berge – Ueckerbecken. Es handelt sich um die Zone des ersten spätglazialen Gletscherrückganges vom Landrücken nach Nordosten zur Oderbucht hin. In dieser Phase kam es noch mehrfach zu begrenzten, aber energischen Vorstößen schmaler Gletscherzungen. Sie schürften die Seebecken des Teterower, des Malchiner und Kummerower Sees, des Tollense-

Der Leuchtturm auf der Insel Hiddensee, der Insel an der Westseite Rügens. Sie besteht aus einem steilufrigen pleistozänen Kern und aus dem sich südlich und im Nordosten anschließenden flachen Schwemmland. Die knapp 20 km² große Insel ist erst seit 1308 von Rügen abgetrennt. Weite Teile gehören zum Landschafts- und Naturschutzgebiet. Im Seebad Kloster befindet sich im ehemaligen Wohnhaus Gerhart Hauptmanns die Gerhart-Hauptmann-Gedächtnisstätte. – Der große Wikingergoldschatz, der auf der Insel gefunden wurde, ist im Museum von Stralsund zu bewundern. Es handelt sich um Schmuckstücke aus dem Jahr 1000 oder aus der Zeit um 1000.

tenküste der Lübecker und der Wismarbucht, die als ehemalige Gletscherzungenbecken weit ins Land hineingreifen. Die Endmoränen am Nordrand des Landrükkens begleiten die Küste in dem hügeligen Höhengelände, welches in weitem Bogen von der unteren Trave zum Klützer Winkel schwingt und von dort aus die Wismarbucht bis zur Kühlung umrahmt. In die Agrarlandschaft eingestreute Buchenwälder und Feldhecken beleben das Bild dieser abwechslungsreichen Landschaft zusätzlich. An der Küste wechseln Steilküstenstrecken mit Flachküsten. Letztere finden wir z. B. beim Seebad Boltenhagen und in der Wohlenberger Wiek. Im Innern der Wismarbucht liegt die alte Hansestadt Wismar. Der Küste vorgelagert sind die Insel Poel, die Vogelinsel Langenwerder und die Halbinsel Wustrow. Zwischen ihnen und der Küste ist mit Breitling und Salzhaff ein schmales Boddengewässer entstanden.

Nördlich der Kühlung schwingt sich die Küste in den flachen Bögen einer Ausgleichsküste bis nach Warnemünde, dem Seebad und Hafenvorort von Rostock. Vorspringende Steilküsten, wie die Stoltera, wechseln mit flachen Buchten, hinter deren Nehrungen z. T. noch Strandseen erhalten sind (z. B. der Conventer See bei Heiligendamm). Die Warnow ist unterhalb von Rostock fördenartig erweitert. Hier am Breitling liegt der neue Überseehafen von Rostock. Östlich davon erstreckt sich das weite, ebene Schmelzwassersandgebiet der waldbedeckten Rostocker Heide über das Ostseebad Graal-Müritz hinaus bis fast nach Dierhagen. Dort beginnt mit dem Fischland die mecklenburgische Boddenlandschaft.

Das Wesen der Boddenlandschaft wurde erst in den letzten Jahrtausenden geprägt, und seine Formung vollzieht sich auch heute noch. Durch den Angriff des Meeres bildete sich die Ausgleichsküste. Moränenhöhen mit Steilküsten wechseln mit Haken und Nehrungen. Beide legen sich wie ein Wall vor die ins Land eingreifenden Meeresbuchten. Hier sind es die Moränenhöhen des Fischlandes, deren Steilküste unter dem Anprall des Meeres jährlich etwa 60 cm zurückweicht, sowie die Nehrung von Darß und Zingst. Sie schließen die Boddenreihe vom Saaler Bodden über den Bodstedter Bodden, den Barther Bodden und den Grabow fast vom Meere ab und lassen nur bei Barhöft einen schmalen Ausgang. Die Bodden sind nur wenige Meter tief, und daher rahmt die vor- und zurückspringende Küstenlinie weite Schilfsäume und sumpfige Wiesen ein.

Wer vom hohen Fischland kommend die weiten Dünen- und Waldgebiete des Darß und die Wiesenflächen des Zingst durchfahren hat, kommt bei Pramort an der Ostspitze des Zingst zu einer Landschaft besonderer Art: Vor ihm erstreckt sich die etwa 1600 ha große Sandplatte des Bock mit einzelnen baumlosen Werdern. Bei Hochwasser wird sie überspült, bei Niedrigwasser fällt sie trocken. »Wenn man die Sandplatte mit einer gewissen Berechtigung als das Watt unserer Ostsee bezeichnet, so sind die Werder . . . ihre Halligen« (Hurtig). Echte Watten gibt es an der Ostsee nicht, denn es fehlen Ebbe und Flut. Hoch- und Niedrigwasser ergeben sich aus dem Windstau.

Die Boddenlandschaft von Rügen überblickt man am besten vom Ernst-Moritz-Arndt-Turm auf dem Rugard bei Bergen (91 m). Nach Südwesten geht der Blick über die wellige Ackerbaulandschaft der Hauptinsel bis nach Stralsund, wo die ehemalige Schmelzwasserrinne des Strelasunds die Insel vom Festland trennt. Im Süden liegt der Greifswalder Bodden, in den hinein die Halbinsel Mönchgut mit ihren Moränenhöhen, Haken und Nehrungen vorstößt. Jenseits des Großen und Kleinen Jasmunder Boddens erhebt sich die Halbinsel Jasmund mit ihren Kreidebrüchen und Buchenwäldern auf 160 m Höhe. In der eindrucksvollen weißen Kreide-Steilküste von Stubbenkammer bricht sie steil zur See hinab. Über die Boddenenge von Liezow und die bewaldete Nehrung der Schmalen Heide ist Jasmund mit der Hauptinsel verbunden. Von Jasmund zieht sich eine weitere Nehrung, die Schaabe, nach Nordosten zur Halbinsel Wittow, dem kahlen »Windland« Rügens. An der Steilküste bei Kap Arkona wird hier wieder die weiße Kreide sichtbar.

Nach Westen und Nordwesten geht der Blick über die Boddenreihe des Kubitzer und Schaproder Boddens bis zur Insel Hiddensee, die mit den Moränenhöhen des Dornbusch (72 m) und dem flachen Süderland wie ein Wellenbrecher vor Rügen liegt. »Wie ein gewaltiger Park liegt die Insel vor dem Beschauer, eine Symphonie von Hügelkuppen, Wasser, Feld und Wald. Die Schönheit der Landschaft wird vollkommen, wenn sich über ihr vielleicht noch ein Sommerhimmel spannt, an dem große Wolkenballen langsam dahinsegeln und ihre Schatten wie Riesenfinger über eine der herrlichsten Landschaften gleiten lassen« (Hurtig).

Der Greifswalder Bodden, zwischen Rügen, dem Festland und Usedom gelegen, hat etwa kreisförmige Gestalt und ist 5 bis 8 m tief. Nach Osten zu trennt ihn die untermeerische Boddenschwelle, auf der die Inseln Greifswalder Oie und Ruden aufsitzen, von der freien See, nach Westen hin, setzt er sich im Strelasund fort.

Die Insel Usedom zeigt eine geschwungene Außenküste mit dem Wechsel von Steil- und Flachküstenstrecken. Ihre Binnenküste entlang von Peene, Achter Wasser und Peenestrom bis hin zum Oderhaff ist dagegen zerlappt. Auf Ostusedom ist um den Schmollensee und Gothensee eine Endmoränen- und Seenlandschaft entwikkelt, die nach außen hin durch die Ausgleichsküste abgeschnitten wird. Dort liegt die Kette der Seebäder von Bansin über Heringsdorf nach Ahlbeck. Der Nordwestteil der Insel von Zinnowitz ab wird von verdünten Seesandebenen gebildet.

Zwischen Küste und Grenztal

Die Grundmoränenplatten reichen von den Bodden um Ribnitz-Damgarten und Barth bis zum Oderhaff und der Ueckermünder Heide, von der Küste hinter Rügen und Usedom bis zur Tallinie Recknitz–Trebel–Tollense–Landgraben. Es handelt sich um weite, meist ebene bis wellige Grundmoränen, deren fruchtbare Braunerden weite Ackerflächen tragen. Oft sind es nur die baumgesäumten Chausseen, die weithin sichtbaren Dörfer und die flach eingesenkten, vermoorten Täler, die eine Abwechslung in die Weite der Agrarlandschaft bringen. Die Täler sind meist ehemalige Schmelzwasserrinnen, über die im Spätglazial eine Zeitlang der Abfluß vom Haffstausee zur westlichen Ostsee verlief. Sie sind daher für die heute in ihnen vorhandenen Gräben, Bäche und Flüsse viel zu breit. Sie bilden gerade im Gebiet zwischen Anklam, Demmin und Tribsees ein sich verzweigendes Talnetz, welches die Grundmoränenlandschaft in eine Folge von Platten gliedert.

Ein weiteres Gliederungselement bilden einige relativ niedrige und wenig auffällige Endmoränen-Rückzugsstaffeln des Spätglazials, die das Höhengelände südlich von Wolgast und Greifswald durchziehen, und die sich bei Grimmen in einem Zweig über Franzburg in Richtung Recknitztal–Rostock, in einem anderen über Stralsund – südlich Barth bis zum Fischland verfolgen lassen. Diese Endmoränen fallen eher durch die Bewaldung der vorgelagerten kleinen Sanderflächen auf als durch ihre Reliefenergie. Nahe an der Küste bildet die vermoorte Schmelzwasserrinne Ziese–Ryck–Obere Trebel die Abflußbahn der späteiszeitlichen Schmelzwasser aus dem Gebiet Haffstausee–Usedom. Die Rinnen tragen Grünland und teils Torfstiche.

Das Grünland-, Wald- und Moorgebiet der Ueckermünder Heide erstreckt sich von der Peenemündung bei Anklam und von der Friedländer Großen Wiese über Ueckermünde und Torgelow bis zur Odermündung. Hier dominieren weite, oft zu Dünenfeldern aufgewehte Schmelzwassersandgebiete des spätglazialen Haffstausees. Wie in den Grundmoränengebieten haben die Täler durch den nacheiszeitlichen Meeresspiegelanstieg das Gefälle verloren und sind zu weiten Bruchgebieten geworden, deren Entwässerung Schwierigkeiten bereitet (z. B. Friedländer Große Wiese, Randow-Niederung).

Das Rückland des Landrückens

Im Westen bis hin zur Kühlung bildet die

Großbuchtenküste das Rückland des Landrückens. Es wurde bereits unter »Küstengebiet« beschrieben. Der hier zu behandelnde Raum reicht vom Warnowtal und dem Rand der Rostocker Heide bis zur Oder, vom Recknitz–Trebel–Tollense–Landgrabental und vom Südrand der Ueckermünder Heide bis zum Landrücken, dessen Nordrand (die Pommersche Endmoräne) bereits auf den vorherigen Seiten beschrieben wurde.

Vielfach hat der Betrachter der Landschaft den Eindruck, als handle es sich hier nur um die Fortsetzung der Grundmoränenlandschaft im Nordosten mit ihren weiten Ackerbaugebieten, allerdings etwas höher und etwas hügeliger. Die Höhen liegen zwischen dem Warnowtal und dem Kummerower See um 20 bis 60 m, ostwärts davon steigen sie auf 60 bis 100 m an. Je weiter man sich jedoch dem Landrücken nähert, um so stärker wird der Eindruck einer Kammerung dieser Landschaft durch einen regelmäßigen Wechsel von Beckenlandschaften und hochaufragenden bewaldeten Höhen. Es ist das Gebiet der kuppigen Grundmoräne und der Zungenbecken des Pommerschen Stadiums, zugleich das einer Toteis-Zerfallslandschaft des frühen Spätglazials, in dem noch einmal energische Vorstöße schmaler Gletscherzungen stattfanden. Sie schürften die Seebecken des Teterower, Malchiner und Kummerower Sees, des Tollensesees und der Ueckerseen aus und türmten an ihren Flanken hohe Endmoränen auf, die mit denen der Pommerschen Endmoräne zusammenhängen. Die genannten Seebecken liegen daher nur wenig über dem Meer (Kummerower See 0,3 m, Malchiner See 0,6 m, Tollensesee 15,0 m, Ueckerseen 17,7 bzw. 18,6 m NN). Ihr Seeboden reicht bis unter den Meeresspiegel (z. B. Kummerower See bis –25,5 m).

Dies hat der Landschaft das Gepräge gegeben: Die weite hügelige Agrarlandschaft wird immer wieder von Becken mit langgestreckten großen Seen und Mooren unterbrochen, und der Höhenunterschied zwischen diesen und den flankierenden Moränenhöhen in ihrem Kranz von Buchenwäldern erreicht mit Werten von mehr als 100 m die Grenze der Reliefenergie einer Mittelgebirgslandschaft (daher z. B. auch der Name »Mecklenburgische Schweiz«). Die Hauptorte dieser Region sind Güstrow, Malchin, Neubrandenburg und Prenzlau. Ihr Erholungswert ist bei weitem noch nicht dem Tourismus erschlossen worden.

Der Landrücken mit der Seenplatte

Wie schon ausgeführt wurde, ist der Landrücken kein einheitliches Höhengelände, sondern eine etwa 40 km breite Zone. Im Norden wird sie von der hohen Pommerschen Endmoräne begrenzt, im Süden von der niedrigeren Frankfurter Endmoräne. Dazwischen liegt die Mecklenburgische

Oben: Stralsund. Der Stadtkern, am Strelasund der Ostsee gelegen, wird von der Marien- und Nikolaikirche überragt; Mitte: Schwerin mit Schloß (im Vordergrund), Theater (weißes Gebäude in der Mitte), Dom und Stadt; rechts: Greifswald, nahe dem Greifswalder Bodden, besitzt Bürgerhäuser aus Gotik, Renaissance, Barock und Klassizismus. Im Hintergrund die Backsteinkirche St. Marien.

Die Insel Rügen

1

Die Insel Rügen ist mit einer Fläche von 926 km² die größte deutsche Insel. Ihre höchste Erhebung ist der Piekberg mit 169 m auf der Halbinsel Jasmund. Der Greifswalder Bodden und der Strelasund trennen die Insel vom Festland. Wie die Landschaftsaufnahme bei Rügen-Lietzen zeigt, ist ihre Oberfläche meist flach (3); sie geht jedoch nach Norden und Osten in eine bis zu 160 m hohe Hügellandschaft über, die in mächtigen, verwitterten Steilküsten zur Ostsee abfällt: Im Bild der bekannte weiße Kreidefelsen des Königstuhls bei Stubbenkammer (1) und die zerklüfteten Wittower Klinken (4), wo der Kreidekern Rügens an die Küste tritt. Die eigenartigen Feuersteinfelder in der »Schmalen Heide« bei Saßnitz (2) wurden zu einem Naturschutzgebiet erklärt – sie zeichnen sich durch eine seltene Vegetation aus. Bei dem Untergrund handelt es sich um ehemalige Strandformen (fossile Strandwälle), deren Entstehung noch nicht geklärt ist. Eine weitere Eigentümlichkeit der Insel sind die mit Reet gedeckten Dorfhäuser. Auch heute noch wird das pflanzliche Material gesammelt, gebunden und in Bündeln gestapelt, bis es zum Dachdekken verwendet wird (8). – Das im Jahre 1960 zur Stadt erhobene Putbus – eine Gründung der gleichnamigen Familie aus dem 14. Jh. – ist der größte Ort und der kulturelle Mittelpunkt auf Rügen. Es besitzt ein Theater und mehrere Fachschulen. Das Schloß wurde in den Jahren 1959–1962 abgerissen, erhalten blieb jedoch der schöne Schloßpark mit seiner Allee (5). – Hauptort und Verkehrsknotenpunkt von Rügen ist das im Zentrum der Insel gelegene Bergen: Der »Ernst-Moritz-Arndt-Turm« in dieser Stadt soll an den im Jahre 1769 auf Rügen geborenen deutschen Dichter und Historiker erinnern (7). – Dank der vielgliedrigen Küste sind auf Rügen zahlreiche Seebäder entstanden. Von internationaler Bedeutung – auch für den Fremdenverkehr – ist die Schiffsverbindung von der Insel nach Skandinavien: Ganz im Norden von Rügen begrüßt ein Leuchtturm die Reisenden der »Schwedenfähre«, die sowohl Eisenbahnzüge als auch Personenkraftwagen befördert, zwischen Trelleborg und Saßnitz (6). R. H.

2

3

6

4

7

5

8

Moränen: Von Gletschern transportierter Gesteinsschutt. An der Sohle des Gletschers wird die *Grundmoräne* abgelagert. Den Gesteinsschutt, den der Gletscher vor sich herschiebt, bezeichnet man als *Endmoräne*. Unter *Altmoräne* versteht man den Gesteinsschutt, der von Gletschern aus früheren Eiszeiten und nicht erst aus der letzten Kaltzeit stammt.

Sander: Sandflächen, die sich vor den Endmoränen bildeten. Ihr Material wurde durch Schmelzwässer aus dem Moränenmaterial herausgewaschen.

Toteis: Eine vom zurückweichenden Gletscher abgetrennte Eismasse, die oft vom Gletscherschutt überdeckt wird und beim Abschmelzen Hohlformen bildet und eine Vertiefung hinterläßt.

Kolk, Auskolkung: Strudellöcher, entstanden durch Deichbrüche bei Hochwasser.

Oben: Die Müritz ist der größte See der Mecklenburgischen Seenplatte und der zweitgrößte See Deutschlands: Die Kreisstadt Waren an der Nordspitze des Sees beherbergt das Müritz-Museum. Darunter: Der »Große See« zwischen Neubrandenburg und Prenzlau. Links: Wiesenlandschaft im Innern der Ostsee-Insel Poel, die nördlich der Wismarbucht gelegen ist.

Seenplatte. Die Entstehung dieser Seenplatte läßt sich nur nachvollziehen, wenn man das heutige Nebeneinander der Formen in das zeitliche Nacheinander der Formung auflöst.

Während des Frankfurter Stadiums der Weichseleiszeit war das Gebiet der Seenplatte die Zungenbeckenregion hinter der Frankfurter Endmoräne. Mit dem weiteren Eisrückgang über die Seenstaffelzone (die Endmoräne eines kurzen neuerlichen Vorstoßes) bis weiter ins Rückland blieben Felder von Toteis und von stagnierenden Gletschereismassen in dieser Beckenzone liegen. Der neue Vorstoß bis zur Pommerschen Endmoräne schuf am Nordrande des Gebietes eine neue Endmoränenfront. Die ihr entströmenden Schmelzwässer aber konnten sich im Vorland der Endmoräne nicht überall ausbreiten, denn sie mußten sich durch die vor ihnen liegenden Toteisfelder und älteren Endmoränen einen Weg nach Süden bahnen. So entstand in der Seenplatte eine Landschaft, in der Sander, Schmelzwasserrinnen und Rinnenseen, Endmoränenkomplexe, vom Toteis konservierte Zungenbeckenseen und Grundmoränenreste nebeneinander auftreten.

Wo die Endmoränen und ihre Rückzugsstaffeln vorherrschen, entstand eine »bucklige Welt«, deren Höhen durch den raschen Wechsel von Ton, Geschiebemergel, Sand, Kies und Blockpackungen für die Landwirtschaft schwer nutzbar sind und daher vorwiegend Buchenwälder tragen. Die kuppige Grundmoränenlandschaft zeigt die Dominanz von Ackerland. Die Gebiete der Schmelzwassersande und -kiese mit ihren nährstoffarmen, oft trokkenen Standorten sind von Nadelwäldern bedeckt, in welche die Seen eingebettet sind.

Den Westteil des Landrückens bildet der Raum zwischen dem Ratzeburger und dem Schweriner See. Hier finden wir eine

abwechslungsreiche, hügelige Moränenlandschaft mit Toteiskesseln und Schmelzwasserrinnen, aber ohne große Areale mit Schmelzwassersanden. Dies bestimmt den Charakter einer offenen Agrarlandschaft ohne große Waldgebiete und Seeflächen. Der Schweriner See entstand in einem Zungenbecken des Frankfurter Endmoränenstadiums, das an seinem Südrand von Endmoränen umkränzt wird. Im Pommerschen Stadium, dessen Eisvorschub am Nordrand des Schweriner Sees zum Stehen kam, diente er als Schmelzwasserrinne zur Lewitz hin. Die Gliederung in Außensee und Binnensee ergibt sich durch eine Endmoräne, welche den See am Paulsdamm quert.

Östlich des Schweriner Sees, im oberen Warnowgebiet, kommt erstmalig die heterogene Formdynamik der Landschaft der Seenplatte zur Geltung. Hier finden wir Zungenbecken und Endmoränen, Toteishohlformen, Sander und Schmelzwasserrinnen in vielfachem Wechsel. Dies erklärt den größeren Reichtum an Wald und Seen zwischen Sternberg und Goldberg.

Die Mecklenburgische Großseenlandschaft beginnt mit dem Krakower und Plauer See im Westen und reicht über den Fleesensee und Kölpinsee bis zur Müritz. Der Müritzsee hat eine Fläche von 115,3 km^2 und eine maximale Tiefe von 31 m. Die Nordufer der Seen grenzen an weite, waldbedeckte Sanderflächen der Pommerschen Eisrandlage, an ihrem Südrand herrschen offene Moränenlandschaften des Frankfurter Eisvorstoßes vor. Die Seebekken selbst wurden durch Toteis konserviert und daher nicht mit den jüngeren Schmelzwassersanden verfüllt.

Dicht östlich der Müritz beginnt die Kleinseenlandschaft um Neustrelitz–Rheinsberg–Templin. Da hier die Sander des Pommerschen Endmoränenzuges, Schmelzwasserrinnen und Toteishohlformen vorherrschen, ist das Gebiet von Wäldern und langgestreckten, vielfältig gewundenen und gebuchteten Seerinnen erfüllt. Dieses Wander- und Wassersport-Paradies weist eine Häufung von Campingplätzen auf, die in der gesamten Seenplatte nicht ihresgleichen findet.

Einen besonderen Reiz bietet die Seenlandschaft um Feldberg an der nördlichen, der Pommerschen Endmoräne. Zungenbeckenseen und Endmoränen, Rinnenseen und Sander, hügeliges Offenland und waldbedeckte Endmoränen sind hier innig verflochten. Überhaupt gewinnt der Nordrand des Landrückens an zusätzlichem

Oben: Der Saaler Bodden, eine überflutete Grundmoränenlandschaft zwischen der Ostsee-Halbinsel Darß und dem Festland. Darunter: Fischerhäuser im Ort Usedom auf der gleichnamigen Ostsee-Insel. Links: Strandbefestigungen in der Nähe von Ahrenshoop auf dem Darß.

Oben: Wismar ist nach Rostock die größte Hafenstadt der DDR und einer der bedeutendsten Industriestandorte Mecklenburgs. Die 1946 gegründete Werft stellt vor allem Kühlschiffe, Fangschiffe und Fahrgastschiffe her. Die Industrie produziert besonders Metallwaren, Baustoffe und Nahrungsmittel. Darunter: Die ehemalige Hansestadt Anklam an der Mündung der Peene ist die Geburtsstadt der Flugpioniere Gustav und Otto Lilienthal. Der jüngere Bruder Otto führte 1891 den ersten Gleitflug mit einem Flugapparat durch.

Landschaftsreiz durch die hier hinzukommende Reliefenergie: Während nach Süden hin nur geringe Höhenunterschiede bestehen, bilden die Endmoränen nach Norden zu steilabfallende Höhenrücken.

Südwestmecklenburg:
Heidesandgebiete und Niederungen

Sobald man die Linie der Frankfurter Endmoräne vom Schaalsee über den Südrand des Schweriner Sees zum Südrand des Plauer Sees überschritten hat, ist man nach Südwesten zu in einer andersartigen Landschaft angelangt. Es ist das Gebiet der Sander der Weichseleiszeit, die in eine ältere Moränenlandschaft aus der Saaleeiszeit hineingeschüttet wurden. So wurden die Altmoränen, teils hohe Endmoränen (wie in den Ruhner Bergen), meist aber reliefarme Grundmoränen, in von Sandern und Schmelzwasserrinnen umgebene Inseln aufgelöst. Bewaldete Sandflächen mit Dünen, vermoorte Niederungen mit Grünland und einzelne höhere Moränenplatten mit Ackerflächen kennzeichnen diesen Raum, der sich allmählich nach Südwesten zum Elbe-Urstromtal hin abdacht. An seinem Südwest-Rand liegt das breite Urstromtal selbst, erfüllt von Mooren, Talsanden und Dünenzonen, Grünland und Altwasserarmen.

Südwestmecklenburg läßt sich in vier Landschaften gliedern. Im Westen, zwischen Boizenburg, Hagenow und Wittenburg herrschen die beackerten Moränenplatten des Hagenower Landes vor, gegliedert durch schmale Sanderzonen und die Schmelzwasserrinnen der Boize und Schaale. Nach Osten zu folgt eine gänzlich andere Landschaft, die sich von der Lewitz-Niederung am Südrand des Schweriner Sees bis ans Elbe-Urstromtal und vom Tal der Sude bis östlich der Alten Elde erstreckt. Es ist das Sandgebiet der sogenannten Griesen Gegend, gekennzeichnet durch niedrige, von Flugsanddecken und Dünenfeldern überzogene Höheninseln mit weiten Nadelwäldern und durch die breiten Niederungen von Sude, Rögnitz und Elde, in denen wie in der Lewitz das Grünland dominiert. Östlich der Elde schließlich bekommen die Moränenhöhen wieder die Vorherrschaft. Die vorwiegend ackerbaulich genutzte Hügellandschaft wird durch Schmelzwasserrinnen gegliedert, und die waldbedeckten Endmoränen des Langen Berges und der Ruhner Berge überragen weithin die Landschaft zwischen Parchim und Perleberg.

Die vierte und letzte Landschaft Südwestmecklenburgs ist die des Elbtales. Die Flanken dieses bis mehr als 25 km breiten Urstromtales bestehen aus Flächen eiszeitlicher Talsande, die zu weiten Dünenfeldern umgestaltet wurden und große Nadelwaldgebiete tragen (z. B. Perleberger Heide, Dünenzone zwischen Neuhaus und Dömitz). Die Mündungen der Nebenflüsse in die Elbe sind hier z. T. weit talabwärts verschleppt. Im Zentrum des Elbtales liegt die heute noch vom Strom gestaltete Elbtalaue, eine Grünland-Niederung mit Entwässerungsgräben und Bächen, mit Altwasserarmen und Kolken im Schutz des Elbdeiches.

Unterhalb von Wittenberge wird die Elbe bis Boizenburg zum Grenzfluß zwischen beiden deutschen Staaten. Seit der Sprengung der beiden Dömitzer Brücken in den letzten Kriegstagen von 1945 gibt es zwischen Wittenberge und Lauenburg keine Verkehrsverbindung mehr.

Insel Rügen: Landwirtschaftliche Flächen, Wald- und Strauchinseln bestimmen das Landschaftsbild

GEROLD RICHTER

Städte-ABC der Bezirke Mecklenburgs und Pommerns

(Es handelt sich um eine Auswahl sehens- und bemerkenswerter Orte. Die Einwohnerzahlen sind gerundet.)

Ahlbeck, 5500 Ew. – größtes Seebad der Insel Usedom, nahe der polnischen Grenze gelegen. Mitte des 18. Jh. während der Meliorationsarbeiten des Thurbruch-Gothensee-Gebiets als Kolonistendorf gegründet, entwickelte es sich bald zum Badeort mit Sandstrand, Strandpromenade bis Bansin, Seebrücke und Brückenrestaurant. Indikation: Erkrankungen der Luftwege

Altentreptow, 7500 Ew. – Kreisstadt an der Tollense nördlich Neubrandenburg. Sehenswert: Neubrandenburger Tor (15. Jh.), Petrikirche (14. Jh.), »Großer Stein« am Klosterhof, ein Findling von 140 m^3 aus Gneis

Anklam, 20000 Ew. – Kreisstadt mit kleinem Hafen an der unteren Peene. Gegründet 1243, Stadtrecht seit 1264, Hansestadt 1283. Im Zweiten Weltkrieg erhebliche Zerstörungen. Nahrungsmittelindustrie und Holzverarbeitung. Sehenswert: Marienkirche (14. Jh.), Ruine der Nikolaikirche (14. Jh.), Steintor (15. Jh.), Hoher Stein (Wartturm an der Straße nach Pasewalk, 1458)

Bad Doberan, 12000 Ew. – Kreisstadt, Kur- und Badeort sowie Schulstadt. Keimzelle war das im 12. Jh. gegründete Zisterzienserkloster. 1793 wurde der Stadtteil Heiligendamm Seebad, das älteste in Deutschland. 1825 Eisenmoorbad, 1879 Stadtrecht, seit 1952 Kreisstadt. Zulieferindustrie für die Werften (Lüfterbau). Sehenswert: Münster (ehemalige Klosterkirche, 13./14. Jh.), klassizistische Gebäude am Kamp (1805–1815), im Stadtteil Heiligendamm das Kurhaus (1816)

Bansin, 2900 Ew. – junges Seebad auf Usedom. 1897 aus einer Villensiedlung zum Bad erhoben, mit Heringsdorf und Ahlbeck durch die Strandpromenade verbunden

Barth, 12000 Ew. – Stadt im Kreis Ribnitz-Damgarten am Barther Bodden. Stadtrecht 1255, war von 1316–1606 Residenz, im 19. Jh. Werft- und Segelschiffhafen von Bedeutung. Heute Standort der VEB Schiffsanlagenbau, der Fischverarbeitung und einer Zuckerfabrik. Sehenswert: Marienkirche (14. Jh.), Dammtor (15. Jh.). Ausgangspunkt des Bäderverkehrs zum Darß und Zingst sowie zu den neuen Badeorten Pruchten, Bodstedt und Fuhlendorf am Bodden

Bergen, 14000 Ew. – Kreisstadt und zentral gelegener Hauptort der Insel Rügen. Hervorgegangen aus einem Dorf, einem Handelsplatz (12. Jh.) und dem 1193 gegründeten Zisterzienserkloster. Name Bergen erstmals 1314 erwähnt, 1613 Stadtrecht, 1952 Kreisstadt. Nahrungsmittelindustrie (Großmolkerei, Großbäckerei, Fleischkombinat), Versorgungszentrum der Seebäder auf Rügen. Sehenswert: Pfarrkirche St. Marien (ehemalige Klosterkirche des Zisterzienserklosters, 11.–14. Jh.). Aussichtspunkt: Ernst-Moritz-Arndt-Turm auf dem Rugard (91 m) mit großartigem Blick über große Teile der Insel

Binz, 6300 Ew. – größtes Seebad der Insel Rügen, zwischen den Moränenhöhen der Granitz und der Schmalen Heide an der Prorer Wiek gelegen. 1318 erstmals erwähnt. 1884 Seebad. Indikation: Erkrankung der Atemwege. Weiter Sandstrand auf der Schmalen Heide, im Osten Steilküsten und Buchenwälder der Granitz. Sehenswert: Jagdschloß Granitz (1835–1846)

Boizenburg, 12000 Ew. – Stadt an der Elbe oberhalb von Lauenburg. Industriestandort mit VEB Vereinigte Elbewerften, Fliesenwerk

Boltenhagen, 2400 Ew. – Seebad am Westrand der Wismarbucht, nach Heiligendamm das zweitälteste Seebad der DDR. 4 km steinfreier Strand, wegen geringem Wellengang in der Boltenhagener Bucht und geringen Wassertiefen für Kinder geeignet. Sehenswert: Bauernhäuser in Alt-Boltenhagen

Bützow, 11000 Ew. – Kreisstadt an der Warnow. War zeitweilig Residenz der Bischöfe von Schwerin und beherbergte 1760–1789 die Rostocker Universität. Sauerstoff- und Möbelwerk, Nahrungsmittelindustrie, Landwirtschaft. Sehenswert: Stiftskirche (13./14. Jh.).

Demmin, 17000 Ew. – Kreisstadt am Zusammenfluß von Peene, Trebel und Tollense. Maschinenbau, Nahrungsmittelindustrie. Sehenswert: Pfarrkirche St. Bartholomäi (14. Jh.), Luisentor (15. Jh.)

Dömitz, 4000 Ew. – Kleinstadt an der Elbe, ehemalige Festungsstadt aus dem 13. Jh. am Dreiländereck (Hannover, Brandenburg, Mecklenburg), heutige Festungsanlagen von 1554–1565, später mehrmals verstärkt. Hier war der Schriftsteller Fritz Reuter 1838–1840 in Festungshaft. Sehenswert: Zitadelle mit Fritz-Reuter-Gedenkstätte

Feldberg, 3100 Ew. – außerordentlich reizvoll im Endmoränen- und Seengebiet gelegener Ferienort, ideal für Wanderungen, Wassersport, Baden. 1256 erstmals erwähnt. Überblick vom Schloßberg und Reiherberg

Gadebusch, 7000 Ew. – Kreisstadt an der Straße Schwerin–Lübeck. Gegründet 1125. Lederwaren- und Lebensmittelindustrie. Sehenswert: Renaissanceschloß (1570), Rathaus (17. Jh.), Pfarrkirche (um 1220–1230)

Göhren, 1800 Ew. – Seebad auf der Halbinsel Mönchgut (SO-Rügen), auf dem ins Meer vorspringenden Moränenrücken des Göhrenschen Höfts gelegen. Erstmalig erwähnt 1276, Seebad seit 1878. Steilküste im Norden, flacher Sandstrand im Süden

Graal-Müritz, 3300 Ew. – Seebad in der Rostocker Heide, nordöstlich von Warnemünde. Müritz wird 1328 erstmalig erwähnt, Graal 1567. Seit 1880 Kuren, seit 1960 See-Heilbad. Indikation: Herz- und Kreislauferkrankungen, Erkrankungen der Atemwege. Lange sandige Strände, oft kräftiger Wellengang

Greifswald, 68000 Ew. – Kreisstadt, Universitätsstadt und kulturelles Zentrum Vorpommerns, Energiezentrale im Norden der DDR, gelegen am Ryck nahe dessen Mündung in den Greifswalder Bodden. Gründung durch das an der Ryckmündung 1199 erbaute Zisterzienserkloster Eldena. Stadtrecht 1250, erstmals 1278 als Hansestadt genannt. Handel, Schiffbau und Salzgewinnung waren die wirtschaftliche Grundlage. Die Universitätsgründung von 1456 machte die Stadt zum kulturellen Zentrum Pommerns. Greifswald fiel 1648 an Schweden, 1815 an Preußen. Lebensmittelindustrie, Metallverarbeitung, Konfektion und Bauindustrie. Der neue VEB RFT Nachrichtenelektronik ist der größte Betrieb. 1967 entstand bei Lubmin das Kernkraftwerk »Bruno Leuschner«. Neben der Universität bestehen mehrere Fach- und Oberschulen sowie Forschungsinstitute von Rang. Sehenswert: Rathaus (14. Jh., erneuert um 1750), Marienkirche (13./14. Jh.), Nikolaikirche (13. Jh., vom Turm Aussicht über Stadt und Bodden), Museum (Guardianhaus des ehemaligen Franziskanerklosters mit zahlreichen Bildern des Greifswalder Malers C. D. Friedrich), Jakobikirche (13./14. Jh.), Hauptgebäude der Universität (1750), Bürgerhäuser (15.–18. Jh.)

Grevesmühlen, 12000 Ew. – Kreisstadt an der Fernstraße Lübeck–Wismar. Stadtrecht seit der Mitte des 13. Jh., Schulstadt und Standort der Lebensmittelverarbeitung, Textil-, Schuh- und Holzindustrie. Sehenswert: Nikolaikirche (13. Jh.), Rathaus (1719)

Grimmen, 15000 Ew. – Kreisstadt an der oberen Trebel, gegründet 13. Jh., Sitz der VEB Erdöl- und Erdgaserkundung. Bei Grimmen liegt das derzeit wichtigste Erdölvorkommen der DDR. Baustoffindustrie auf der Basis von Blähtonvorkommen. Sehenswert: gotisches Rathaus (14. Jh.), Marienkirche (13. Jh.), mehrere Stadttore (15. Jh.)

Güstrow, 39000 Ew. – kulturell und wirtschaftlich bedeutende

Kreisstadt an der Nebel. Stadtrecht um 1230, im 14. und 15. Jh. Sitz der Fürsten von Güstrow-Werle und wirtschaftliche Blüte durch Handwerk und Handel (besonders Braugewerbe). 1555–1695 Residenz der Herzöge von Mecklenburg-Güstrow, fiel dann an Mecklenburg-Schwerin. 1910–1938 lebte hier der Künstler Ernst Barlach. Große Zukkerraffinerie, Pädagogische Hochschule, landwirtschaftliche Fachschulen, Theater, Kongreßhalle. Sehenswert: Dom (13./14. Jh.), Bürgerhäuser, Ernst-Barlach-Gedenkstätte in der St. Gertrudenkapelle, Barlach-Haus am Inselsee, Theater (1828)

Heringsdorf, 4200 Ew. - bedeutendes Seebad, heilklimatischer Kurort und Solbad auf Ostusedom. 1818 als Fischersiedlung gegründet und - zunächst scherzhaft - Heringsdorf genannt. Seit 1840 bekannter Badeort. Indikation: Kehlkopf- und Bronchialerkrankungen. Guter Sandstrand, Strandpromenade, Kulturhaus

Hiddensee, 1300 Ew. - Insel vor Westrügen und Badeort, der sich aus den Orten Kloster, Vitte und Neuendorf sowie den Ortsteilen Grieben und Plogshagen zusammensetzt. Erreichbar per Schiff von Stralsund. Auf der bis 1325 dänischen Insel wurden 1296 und 1297 beim heutigen Ort Kloster und bei Plogshagen zwei Klöster gegründet, von denen die Besiedlung ausging. Sie sind nicht mehr vorhanden. Badebetrieb seit 1900. Die langgestreckte schmale Insel besteht aus dem 72 m hohen Moränenkomplex des Dornbusch mit hoher Steilküste und dem nach Süden bis zum Gellen reichenden sandigen Tiefland mit weiten Stränden. Gellen und Fährinsel sind als Vogelschutzgebiete gesperrt. Kloster liegt malerisch am Fuß des Dornbusch und ist Sitz der Biologischen Station der Universität Greifswald (früher die Vogelschutzwarte). Sehenswert: Gerhart-Hauptmann-Haus (Haus Seedorn, in der Nähe Hauptmanns Grab), Dorfkirche (um 1400), Heimatmuseum

Klütz, 3800 Ew. - 1230 erwähnter ältester Ort des »Klützer Winkels«, Flecken im 17. Jh., Stadtrecht 1938. Seit 1962 Ferienort. Sehenswert: Schloß Bothmer (18. Jh.), Marienkirche (13. Jh.)

Kühlungsborn, 7700 Ew. - größtes Ostseebad der DDR, auf der Nordabdachung der Kühlung gelegen. Die drei Dörfer Arendsee, Brunshaupten und Fulgen wurden 1938 zur Stadt Kühlungsborn zusammengefaßt. Lange, meist sandige Strände, Seepromenade, Meerwasser-Hallenbad. Indikation: Erkrankung der Atemwege, Allergien, Neurathenie. Sehenswert: Dorfkirche (13. Jh.), Windmühle (1872), Alte Schmiede

Ludwigslust, 14000 Ew. - Kreisstadt am Ludwigsluster Kanal südlich von Schwerin. 1757–1837 Residenz der Herzöge von Mecklenburg-Schwerin, wurde seit 1765 im barocken, nach 1815 im klassizistischen Stil ausgebaut, erhielt aber erst 1876 Stadtrecht. Sehenswert: Schloß (1776), Stadtkirche (1770), Schloßpark, Marstall (1821), Mausoleum (1806) barocke und klassizistische Wohnbauten

Malchin, 11000 Ew. - Kreisstadt an der Ostpeene zwischen Malchiner und Kummerower See. 1236 gegründete Ackerbürger- und Handwerkerstadt, 1621–1916 im Wechsel mit Sternberg Tagungsort des Mecklenburgischen Landtages. Seit schweren Zerstörungen von 1945 wieder aufgebaut. Standort des größten Getreidesilos der DDR. Sehenswert: St. Maria- und St. Johannes-Pfarrkirche (14. Jh.), Steintor und Kalensches Tor (beide 15. Jh.)

Mirow, 4900 Ew. - Erholungsort am Mirower See und Müritz-Havel-Kanal inmitten von Wäldern und Seen der Seenplatte gelegen. Die Kleinstadt entwickelte sich aus einer 1227 gegründeten Komturei des Johanniterordens und war später Sommerresidenz der Herzöge von Mecklenburg-Strelitz. Baden, Wassersport, Wanderungen. Sehenswert: Schloß (1760), Pfarrkirche (14. Jh.)

Neubrandenburg, 90000 Ew. - Bezirkshauptstadt, zentraler Ort und wichtigster Industriestandort des Bezirks Neubrandenburg. Gegründet 1248 am Nordrand des Tollensesees. Die spätmittelalterliche Blüte durch Handel und Handwerk endete mit dem Dreißigjährigen Krieg. Die Altstadt wurde 1945 weitgehend niedergebrannt. Mit dem Aufstieg zur Bezirkshauptstadt, der Ansiedlung administrativer und kultureller Einrichtungen und der Schaffung bzw. Erweiterung von Industriebetrieben (Lebensmittelindustrie, Reifenwerk, Plattenwerk, Heizgerätewerk) entstanden neben dem Wiederaufbau der Altstadt große neue Wohnviertel. Sehenswert: Alte Stadtmauer (um 1300) mit Wiekhäusern und den vier Stadttoren (14./15. Jh.), Johanniskirche (14. Jh.), Reste der Marienkirche (um 1300), Haus der Kultur und Bildung (Hochhaus mit Aussichtsplattform)

Neustrelitz, 27000 Ew. - Kreisstadt und ehemalige Residenzstadt, im Ostteil der Mecklenburgischen Seenplatte am Zierker See gelegen. Das im Süden der Stadt gelegene Alt-Strelitz erhielt 1349 Stadtrecht und wurde 1701 Hauptort des Herzogtums Mecklenburg-Strelitz. 1733 wurde die neue Residenzstadt im barocken Stil planmäßig erbaut. Vom Marktplatz gehen strahlenförmig acht Straßen aus. 1918–1934 Hauptstadt des Freistaates Mecklenburg-Strelitz. Das Schloß brannte 1945 nieder. Sehenswert: Stadtkirche (1778), Stadtpark mit Orangerie und Luisentempel, Schloßkirche (1859), Friedrich-Wolf-Theater

Parchim, 23000 Ew. - Kreisstadt an der Elde. Stadtrecht 1226. Metallverarbeitende, Tuch- und Nahrungsmittelindustrie. Sehenswert: Marienkirche (13. Jh.), Pfarrkirche St. Georg (14. Jh.), Fachwerkhäuser

Pasewalk, 16000 Ew. - Kreisstadt, am Austritt der Uecker aus dem hohen Moränengebiet in die Niederung der Ueckermünder Heide gelegen. Die ursprünglich slawische Siedlung wird 1239 erstmals erwähnt. Ellipsenförmiger Stadtgrundriß mit regelmäßigem Straßengitter, Teile der Ringmauer aus Findlingen sowie mehrere Türme und Stadttore sind erhalten. Wegen Zerstörung zu 80 Prozent wurde die Altstadt nach dem Zweiten Weltkrieg in modernem Stil wiedererbaut. Eine Reihe von Betrieben der Nahrungsmittelindustrie bildet die wirtschaftliche Grundlage. Sehenswert: Marienkirche (14. Jh.), Nikolaikirche (13./16. Jh.), Hospital zum Hl. Geist (16. Jh.), Stadtbefestigung

Perleberg, 14000 Ew. - Kreisstadt und Zentrum der Prignitz, an der Stebenitz nordöstlich Wittenberge gelegen. Stadtrecht um 1200, 1358 Mitglied der Hanse. Saatzucht, Konserven-, Maschinen- und Möbelindustrie. Sehenswert: Jakobikirche (14. Jh.), neugotisches Rathaus (1839), der Roland auf dem Marktplatz (1546)

Prenzlau, 24000 Ew. - Kreisstadt und Hauptort der Uckermark, gelegen am Unterueckersee. Stadtrecht 1235, Hansestadt. Die ursprünglich pommersche Grenzstadt kam 1415 zu Brandenburg. 1945 zu 85 Prozent zerstört, wurde sie seither großenteils in modernem Stil wiedererbaut. Vielseitige Nahrungsmittelindustrie. Sehenswert: Dominikanerkloster und Nikolaikirche (13./14. Jh.), Marienkirche (14. Jh.), Tortürme

Prerow, 1700 Ew. - Seebad im Zentrum des NSG Fischland-Darß-Zingst am Ostdarß gelegen. Im 19. Jh. Aufschwung durch die Segelschiffahrt. Badebetrieb etwa seit 1880. Langer sandiger, sanft abfallender Strand, am Westdarß meist stärkerer Wellengang. Sehenswert: Seemannskirche (1728), Darßer Heimatmuseum

Putbus, 5600 Ew. - Luftkurort und Seebad auf Rügen am Greifswalder Bodden. Die Grafen von Putbus erbauten 1808–1845 ihre Residenz als Plangründung in klassizistischem Stil. Das Schloß wurde 1962 wegen Baufälligkeit abgerissen. Sehenswert: Schloßpark von 75 ha mit seltenen Bäumen und klassizistischen Bauten (Marstall, Orangerie, Mausoleum, Schloßkirche etc.). Naturschutzgebiet Insel Vilm im Greifswalder Bodden. Seglerhafen, Badestrände, Theater

Rerik, 2400 Ew. - Seebad, an der Wurzel der Halbinsel Wustrow zwischen Salzhaff und Ostsee gelegen. 1232 als Dorf Alt-Gaarz erstmalig erwähnt, erhielt 1938 Stadtrecht und den Namen Rerik (nach einer sagenhaften, um 800 erwähnten Handelsstadt, die in diesem Gebiet gelegen haben soll). Küste nur teilweise sandig. Indikation: Erkrankungen der Atemwege. Sehenswert: Pfarrkirche (13. Jh.)

Ribnitz-Damgarten, 18000 Ew. - Kreisstadt an der Mündung der Recknitz in den Ribnitzer See, den innersten Teil des Saaler Boddens. Das mecklenburgische Ribnitz (erste Erwähnung 1233) und das pommersche Damgarten (Stadtrechte 1258) liegen einander beiderseits des Grenztales gegenüber. Sie wurden 1950 zur Stadt Ribnitz-Damgarten vereinigt. Seit 1952 Kreisstadt. Industriebetriebe: VEB Ostsee-Schmuck, VEB Faserplattenwerk und ein Betrieb für Täschnerwaren. Sehenswert: Klosterkirche (um 1400), Marienkirche (um 1230), Rostocker Tor (um 1450), Heimatmuseum mit Bernsteinsammlung

Röbel, 6500 Ew. - Kreisstadt und Ferienort an der Müritz. Mitte des 13. Jh. erstmals erwähnter Grenzort der Bistümer Schwerin und Havelberg, ist seit 1952 eine der kleinsten Kreisstädte der DDR. Feierte 1971 sein siebenhundertjähriges Bestehen. Campingplätze und Bademöglichkeiten an der Müritz, Wassersport. Sehenswert: Marienkirche (13. Jh.) mit Blick vom Turm über Stadt und Müritz, Nikolaikirche (13. Jh.)

Rostock, 253000 Ew. - wichtigster zentraler Ort, Bezirkshauptstadt, führende Hafen- und Industriestadt im Norden der DDR, gelegen an der seeartig erweiterten Unterwarnow. Nach Zerstörung der sla-

1

2

3

4

5

6

7

8

9

Rathaus von Bützow (1). Rathaus und Nikolaikirche in Greifswald (2). Fachwerk in Schwerin (3). Neubrandenburger Wehranlage: Wiekhäuser und Fangelturm (4). Rostock: Universität (5). Badenstraße in Stralsund (6). Templin: Rathaus (7). Backsteingotik in Wismar: historische Gaststätte »Alter Schwede« (8). Blick vom Leuchtturm auf Warnemünde (9).

wischen Burgsiedlung »Roztoc« 1161 bereits 1189 als Handelssiedlung erwähnt. 1218 Stadtrecht. Plananlage der Altstadt mit Marienkirche um 1230, Stadterweiterungen 1250 und 1257. Zusammenschluß der drei Stadtgemeinden 1265. Mitglied der Hanse von 1257–1430. 1323 Vereinigung mit dem an der Warnowmündung gelegenen Warnemünde. 1419 Gründung der Universität. Niedergang im 17. und 18. Jh. durch Verlagerung des Handels und Kriegseinwirkungen. Warnemünde fiel von 1631–1714 an Schweden. Neuer Aufschwung des Seehandels im 19. Jh. Nach 1945 wurde Rostock durch die Teilung Deutschlands und den Verlust des Hafens Stettin für die DDR das wichtigste »Tor zum Welthandel«. 1957–1960 Bau des Überseehafens, Erdölleitung nach Schwedt/Oder und Autobahn nach Berlin (1978 vollendet). 1948 Gründung der Warnowwerft, die größte Schiffswerft der DDR. Standort der VEB Seereederei/Deutfracht, Dieselmotorenwerk, Zulieferindustrie für die Werften (Isolierungen – und Kältetechnik, Schiffselektronik), vielseitige Nahrungsmittelindustrien (Fischkombinat). Rostock ist mit der Universität, der Ingenieurhochschule für Seefahrt, Instituten für Seeverkehr und Hafenwirtschaft, Schiffbau, Hochseefischerei und Fischverarbeitung, Meereskunde, Pflanzen- und Tierernährung sowie Fachschulen eine wichtige Schulstadt. Sehenswert: gotisches Rathaus (13./18. Jh.), Marienkirche (13./15. Jh.), Michaeliskloster (15. Jh.), Zisterzienserkloster (14. Jh.), Universitätsbibliothek (1867), Petrikirche (14. Jh.), Nikolaikirche (13. Jh.), Stadttore (Kröpeliner- und Steintor), Fischerbastion (17. Jh.), Bürgerhäuser, Rostocker Münze

Saßnitz, 15000 Ew. – Hafenstadt auf der Halbinsel Jasmund/Rügen, nördlichste Stadt der DDR. Das Fischerdorf war bereits im 19. Jh. ein bekannter Badeort. 1909 Fährhafen durch Aufnahme des Eisenbahn-Fährverkehrs nach Trelleborg/Schweden. Stadtrecht 1957. Heute ist Saßnitz mit dem Fischereihafen seines Fischkombinats, mit dem größten Fischverarbeitungswerk der DDR und dem Kreide-Kombinat ein wichtiger Standort der Hochseefischerei und der verarbeitenden Industrie. Sehenswert: die Buchwälder des NSG Stubnitz mit der Kreidesteilküste der Stubbenkammer (Königsstuhl 119 m), dem Hertha-See und Hertha-Burgwall; die Feuersteinfelder (NSG) der Schmalen Heide im Südwesten von Neu-Mukran

Schwerin, 130000 Ew. – Bezirkshauptstadt, wirtschaftliches und kulturelles Zentrum am Schweriner See. 1018 als slawischer Burgort genannt, Stadtrecht 1160 durch Heinrich den Löwen. Älteste deutsche Stadtgründung im Kolonisationsgebiet östlich der Elbe. 1167 Residenz der Grafen von Schwerin, Stadtbrände des 16. Jh. zerstörten die mittelalterliche Bausubstanz. Aufschwung nach Rückkehr der fürstlichen Hofhaltung aus Ludwigslust (1837). 1918 mecklenburgische Landeshauptstadt, 1952 Bezirkshauptstadt. Der Ausbau der Industrie (Dauermilchwerk, Maschinenbau, Elektrotechnik, Holz- und Kunststoffindustrie, Lederwaren- und Baustoffindustrie) ließ die Bevölkerung besonders seit 1970 rasch wachsen (seit 1972 Großstadt). Sehenswert: Dom (13.–15. Jh.), St. Nikolai (1708–1711), Kollegiengebäude (1825–1834), Staatliches Museum, Schloß (1843–1857) und Schloßpark, Staatstheater (1882–1886). Baden, Wassersport

Sellin, 2400 Ew. – bedeutendes Seebad auf Rügen, zwischen Ostsee und Selliner See (Greifswalder Bodden) gelegen. 1318 als Bauern- und Fischerdorf erwähnt, um 1900 Badeort. 1906 Bau einer 600 m langen Seebrücke, seit 1941 durch Eisgang zerstört. Wechsel von Steil- und Flachküste, gute Strände

Stavenhagen, Reuterstadt, 7100 Ew. – Kleinstadt im Südosten von Malchin. Standort eines Dauermilch-Werkes. 1810 wurde hier der Dichter Fritz Reuter geboren. Sehenswert: Fritz-Reuter-Literaturmuseum im Rathaus, Barockschloß (18. Jh.)

Sternberg, 5300 Ew. – Kreisstadt, am Sternberger See östlich Schwerin gelegen. Von 1621–1916 im Wechsel mit Malchin Tagungsort des Mecklenburger Landtages. 1549 wurde die lutherische Konfession zur Landeskirche erhoben. Sehenswert: Pfarrkiche (13. Jh.)

Stralsund, 76000 Ew. – Stadtkreis, Industrie- und Hafenstadt am Strelasund gegenüber der Insel Rügen. Die Altstadt liegt auf einer Halbinsel zwischen dem Sund, dem Knieperteich und dem Frankenteich. Sie steht unter Denkmalschutz. 1234 lübisches Stadtrecht, seit 1293 Hansestadt, gelangte durch Seehandel mit Nord- und Osteuropa zur Blüte. Nach dem Niedergang der Hanse fiel die Stadt 1648–1815 mit Vorpommern an Schweden, 1815 an Preußen. In der Garnisons- und Beamtenstadt des 19./20. Jh. vor allem Verarbeitungsindustrie für landwirtschaftliche Produkte. 1936 wurde der Rügendamm, die Straßen- und Eisenbahnverbindung über den Strelasund, vollendet. Die Luftangriffe des Zweiten Weltkrieges brachten schwere Zerstörungen. Seit 1945 entwickelte sich Stralsund zur Werft- und Industriestadt. Größter Betrieb ist die Volkswerft, die auf den Bau von Fischereifahrzeugen spezialisiert ist. Ausbau des Hafens. Weitere Industrien: Blechverpackung, Holzverarbeitung, Lebensmittelverarbeitung und Bauwirtschaft. Sehenswert: Rathaus (13./14. Jh.), Nikolaikirche (13./14. Jh.), Marienkirche (15. Jh.), Jakobikirche (14. Jh.), Johanniskloster mit Malereien des 14./15. Jh., Katharinenkloster (15. Jh.) mit dem Kulturhistorischen und dem Meereskundlichen Museum, Heilgeisthospital (13. Jh.), Kütertor (15. Jh.), Kniepertor (14./15. Jh.) und eine Reihe von Bürgerhäusern

Templin, 14000 Ew. – Kreisstadt und Luftkurort in der waldreichen Seenlandschaft um das von Rinnenseen gebildete »Templiner Seenkreuz«. Gegründet um die Mitte des 13. Jh. war Templin ein bedeutender Handelsort. Nach Niedergang im Dreißigjährigen Krieg und Stadtbrand von 1735 wurde der Stadtgrundriß im Rechteckschema neu gegliedert und mit Fachwerkhäusern einheitlich bebaut. Neue Zerstörungen im Zweiten Weltkrieg. Holzverarbeitung. Sehenswert: die Stadtbefestigung, eine 1,5 km lange Mauer aus Feldsteinen mit 51 Mauertürmen und Wiekhäusern, dem Mühlentor, dem Prenzlauer und dem Berliner Tor, eine der besterhaltenen Wehranlagen im Nordteil der DDR, Rathaus und Pfarrkiche St. Maria Magdalena (Mitte 18. Jh.). Baden, Wassersport

Teterow, 12000 Ew. – Kreisstadt am Teterower See in der Mecklenburger Schweiz. Stadtrecht 1235, Ackerbürger- und Handwerkerstadt; galt früher als Mecklenburgs »Schilda«. Seit 1930 Motorradrennen auf dem Teterower Bergring. Lebensmittelindustrie. Sehenswert: Pfarrkiche St. Peter und Paul (13. Jh.), Malchiner und Rostocker Tor (14./15. Jh.)

Ueckermünde, 13000 Ew. – Kreisstadt an der Mündung der Uecker ins Kleine Haff (Westteil des Oderhaffs). Ersterwähnung 1223, Stadtrecht wahrscheinlich seit 1260, bekannter Segelschiffshafen und Werftstandort des 18./19. Jh. Heute Ziegelei-Industrie, Gießereien und Fischverarbeitung. Sehenswert: Schloß (1546) mit Rundblick vom Schloßturm, Marienkirche (1766)

Waren, 24000 Ew. – Kreisstadt, Luftkurort und Zentrum des Erholungsgebietes um die Müritz, zwischen Binnenmüritz, Tiefwaren und Feisnecksee gelegen. Erstmals 1271 erwähnt. Bäderbetrieb und Kurstadt seit Mitte des 19. Jh., Lebensmittelindustrie, Metallverarbeitung. Sitz der zentralen Campingplatz-Vermittlung des Bezirks Neubrandenburg. Sehenswert: Alter Markt mit Pfarrkiche St. Georgen (14. Jh.), Neuer Markt mit der Löwenapotheke (18. Jh.), Marienkirche (14. Jh.), Müritz-Museum mit der bedeutendsten naturkundlichen Sammlung Mecklenburgs. In der Nähe liegt das Ferienzentrum Klink mit Schloß Klink und FDGB-Urlaubersiedlung. Angeln, Wassersport, Baden, Schiffs-Rundfahrten

Wismar, 58000 Ew. – Stadtkreis, Hafen- und Industriestadt im Innern der Wismarbucht. Gegründet 1229, wurde bald wichtige Handels- und Hansestadt und war bis 1358 die Hauptstadt von Mecklenburg. Nach dem Niedergang der Hanse und dem Dreißigjährigen Krieg fiel die Stadt 1648–1803 an Schweden. Nach der Verpfändung für 100 Jahre an Mecklenburg kam Wismar erst 1903 endgültig zum Deutschen Reich. Im Zweiten Weltkrieg Zerstörungen durch Bombenangriffe. Nach 1945 Ausbau des Hafens zum zweitgrößten der DDR, spezialisiert auf den Umschlag von Kali, Holz, Getreide und Brennstoffen. Die 1946 gegründete Mathias-Thesen-Werft produzierte vor allem Fahrgastschiffe, Fang- und Verarbeitungsschiffe, Kühlschiffe, Tanker und Frachter. Daneben bestehen Industrien der Metallverarbeitung, der Bau- und Nahrungsmittelindustrie sowie mehrere Fachschulen. Sehenswert: Marktplatz mit Rathaus (1817–1819) und dem Bürgerhaus »Alter Schwede« (1380), Turm der zerstörten Marienkirche (14. Jh.), Nikolaikirche (14.–15. Jh.), Heiliggeist-Kirche (14. Jh.), Fürstenhof (1553), Schabbelthaus (1569–1571, heute Heimatmuseum), Alter Hafen, Wassertor (15. Jh.), Bürgerhäuser

Wittenberge, 31000 Ew. – Industriestadt und Verkehrsknotenpunkt an der Elbe. Hafen und Elbbrücken, Standort des VEB Märkische Ölwerke, Zellstoffverarbeitung, Nähmaschinenwerk. Sehenswert: Steintorturm (14. Jh.)

Wolgast, 17000 Ew. – Kreisstadt und Hafenstadt am Peenestrom, Brückenort zur Insel Usedom mit ihren Seebädern. Stadtrecht 1257 bezeugt, ehemals Hansestadt und Residenz der Herzöge von Pommern-Wolgast. 1713 durch Zar Peter I. völlig eingeäschert, daher nur wenige ältere Gebäude. Wichtigster Industriebetrieb ist die nach 1945 gegründete Peenewerft mit Bau von Küstenmotorschiffen. Sehenswert: Petrikirche (14. Jh.), Gertrudenkapelle (um 1400), Rathaus (1724)

Wustrow, 1500 Ew. – Seebad und Hauptort des Fischlandes, zwischen Ostsee und Saaler Bodden gelegen. Bedeutender Schifferort zur Zeit der Segelschiffahrt, seit 1846 Sitz einer Seefahrtschule (heute zur Ingenieurhochschule Warnemünde/Wustrow gehörig). Seit 1880 Badebetrieb. Steilküste und sandige Flachküste. Viele alte Seemannshäuser, oft mit Schilfdach

Zingst, 3100 Ew. – Seebad auf der Halbinsel Zingst. 1823 durch Zusammenschluß der Dörfer Hanshagen und Pahlen entstanden. Im 19. Jh. wohlhabender Schifferort und Werftstandort. Die frühere Insel Zingst wurde 1874 nach der Schließung des Prerow-Stromes mit der Halbinsel Darß verbunden. Badebetrieb seit 1880, lange sandige Strände. Sehenswert: Zingster Heimathaus, Dorfkirche (1862)

Zinnowitz, 4400 Ew. – großes Seebad im Nordteil der Insel Usedom zwischen Ostsee und Achterwasser. 1751 gegründet, Ort seit 1850 Seebad. Sandstrände, Strandpromenade, großes Kulturhaus

GEROLD RICHTER

Wirtschafts- und Sozialstruktur der Bezirke Mecklenburgs und Pommerns

Unter dem Begriff »Nordbezirke der DDR« werden die drei Bezirke Rostock, Schwerin und Neubrandenburg gedanklich zu einer wirtschaftsräumlichen Einheit zusammengefaßt, die mit der Erstreckung des bis 1952 bestehenden Landes Mecklenburg in großen Zügen übereinstimmt. Die Nordbezirke umfassen etwa ein Viertel des Territoriums der DDR, und hier lebt ein Achtel ihrer Gesamtbevölkerung.

Die Entwicklung der territorialen Gliederung

In der geschichtlichen Entwicklung bildeten die drei Nordbezirke der DDR nur in der kurzen Zeit von 1945 bis 1952 auch eine politische Einheit. Bis in die dreißiger Jahre wurde der Westteil des Gebietes bis zum Mecklenburgisch-Pommerschen Grenztal (Trebel- und Recknitztal) von Mecklenburg-Schwerin eingenommen, der Raum Neubrandenburg-Neustrelitz von Mecklenburg-Strelitz. Der gesamte Nordosten unter Einschluß von Darß, Rügen und Usedom gehörte als Vorpommern zum Regierungsbezirk Stettin und damit zur preußischen Provinz Pommern.

Um die Mitte der dreißiger Jahre wurden Mecklenburg-Schwerin und Mecklenburg-Strelitz zu Mecklenburg vereinigt. 1945 kamen große Teile von Vorpommern als Rest von Pommern hinzu. Das auf Beschluß der sowjetischen Militäradministration gebildete Land trug zuerst den Namen Mecklenburg-Vorpommern, später Mecklenburg. Von der früheren Provinz Hannover wurden die in die damalige sowjetische Besatzungszone eingegliederten Teile des Kreises Dannenberg zugeschlagen, welche nördlich der unteren Elbe liegen.

Auf Beschluß der Volkskammer der DDR wurden die Länder der DDR 1952 aufgelöst. An ihre Stelle traten Bezirke. Die neue Bezirksgliederung wurde im Sinne des »demokratischen Zentralismus« so gewählt, daß die Bezirke relativ einheitliche Wirtschaftsräume darstellten. Im Rahmen einer gesamtstaatlichen Arbeitsteilung sollten sie spezielle volkswirtschaftliche Funktionen übernehmen und die Entwicklung der dazu dienenden Wirtschaftszweige besonders fördern.

Das Land Mecklenburg wurde in drei Bezirke gegliedert. Sämtliche Stadt- und Landkreise, die an die Ostseeküste grenzen, wurden im *Bezirk Rostock* zusammengefaßt, der damit als schmaler Streifen von der Lübecker Bucht bis zur Oderbucht reicht. Bezirkshauptstadt ist Rostock. Die Hauptfunktionen dieses Bezirks ergeben sich aus seiner Lage an der Küste: Schiffbau, Seefahrt und Hafenwirtschaft, See- und Küstenfischerei sowie Fischverarbeitung sind an die Hafenstandorte und die größeren Städte gebunden; fast die ganze Küstenlänge wird dagegen als wichtigstes Erholungsgebiet der DDR genutzt. Daneben spielt der Bezirk Rostock für die Landwirtschaft der DDR und als Standort für zwei Universitäten (die eine in Rostock, 1419 gegründet, die andere in Greifswald, 1456 gegründet); für Hoch- und Fachschulen eine Rolle.

Der *Bezirk Schwerin* umfaßt den Westteil des früheren Landes Mecklenburg (ohne die Küstenkreise) bis einschließlich der Landkreise Güstrow und Lübz, dazu den vorher zu Brandenburg gehörenden Kreis Perleberg. Bezirkshauptstadt ist Schwerin. Die wirtschaftliche Hauptfunktion des Bezirks liegt in der landwirtschaftlichen Produktion. Die Industrie dient vor allem der Verarbeitung landwirtschaftlicher Produkte, aber auch der Bau von Maschinen und Schiffsausrüstungen spielt eine Rolle. Der dritte Wirtschaftsfaktor Fremdenverkehr wird im westl. Teil der Mecklenburgischen Seenplatte entwickelt.

Der *Bezirk Neubrandenburg* umfaßt den Ostteil des ehemaligen Landes Mecklenburg von den Kreisen Teterow, Waren und Röbel bis an die Odergrenze, auch hier unter Ausschluß der Küstenkreise. Die Kreise Anklam und Ueckermünde grenzen lediglich an das Oderhaff. Mit Templin und Prenzlau wurden zwei früher zu Brandenburg gehörende Landkreise einbezogen. Bezirkshauptstadt ist Neubrandenburg. Hauptfunktionen des Bezirks sind die landwirtschaftliche Produktion und die Lebensmittelindustrie, daneben spielen die metallverarbeitende Industrie sowie das Erholungswesen im Bereich der Mecklenburgischen Seenplatte eine gewisse Rolle.

Wirtschaftliche Wandlung und Bevölkerungsentwicklung

Der mecklenburgisch-vorpommersche Raum war seit jeher ein Agrarraum. Während der Industrialisierungsphase gelangte er in den Winkel zwischen den sich bildenden Verkehrsachsen Berlin–Stettin und Mitteldeutschland–Hamburg und so ging auch die Bedeutung seiner zur Hansezeit blühenden Hafenstädte weiter zurück. Zweifellos trugen nicht nur das Fehlen von Energieträgern und Rohstoffen und die abseitige Verkehrslage zum wirtschaftlichen Verharren bei, sondern auch die politisch-administrative Zersplitterung, die Agrarstruktur mit ihrer Dominanz der Gutswirtschaft und der relativ niedrige Bildungsstand weiter Kreise der Bevölkerung. 1939 bewirtschafteten landwirtschaftliche Betriebe von über 100 ha ca. 60 Prozent der landwirtschaftlichen Nutzfläche.

Die entstehenden Industriebetriebe dienten hauptsächlich der Verarbeitung landwirtschaftlicher Produkte (Mühlen, Zuckerfabriken, Molkereien, Brennereien). Einziger industrieller Großbetrieb des Raumes war die Rostocker Neptunwerft mit wenig über 1000 Beschäftigten. So entwickelte sich außer Rostock keine der Städte zur Großstadt, und die Kleinstädte hatten nur wenig Industrie und geringe Zentralitätsfunktionen. Auch die Infrastruktur des ländlichen Raumes war schlecht ausgebaut, teils fehlten noch in den dreißiger Jahren feste Straßen und die Versorgung mit Elektrizität. Mecklenburg und Vorpommern gehörten zu den traditionellen Abwanderungsgebieten, wobei die Binnenwanderung vor allem auf Berlin, Hamburg und Stettin zielte. Mecklenburg vereinigte um die Mitte der dreißiger Jahre 5 Prozent der Fläche des Deutschen Reiches auf sich, aber nur 2 Prozent seiner Einwohner und 0,6 Prozent der gesamten industriellen Produktion.

Der Ausbau der Rüstungsindustrie in der zweiten Hälfte der dreißiger Jahre bezog sich hauptsächlich auf die Werft- und Flugzeugindustrie und brachte vor allem Rostock und Peenemünde im Kriege schwere Bombardierungen. Je mehr sich der Luftkrieg ausweitete, um so mehr Menschen wurden vor allem in die Seebäder evakuiert, die über viele Beherbergungsmöglichkeiten verfügten. Gegen Ende des Krieges folgte ein Strom von Flüchtlingen aus Ost- und Westpreußen sowie aus Pommern. Aufgrund des Frontverlaufes konnten die Trecks nur entlang der Küste nach Westen ausweichen oder wurden über die Ostsee transportiert. Als Ergebnis aller dieser Kriegseinwirkungen stieg die Bevölkerung der drei heutigen Nordbezirke von ca. 1,4 (1939) auf 2,3 Millionen (1946) an, d.h. von rund 8 auf 13 Prozent der Einwohnerzahl der späteren DDR.

Die Nachkriegsjahre brachten weitere große Wanderungsbewegungen mit sich. Einerseits gingen die während des Krieges Evakuierten in ihre Herkunftsgebiete zurück, meist in den Westen Deutschlands. Viele der Flüchtlinge zogen nach Mittel- und Westdeutschland weiter, denn sie fanden in den Seebädern und auf dem Lande keine Beschäftigungsmöglichkeiten. Andererseits setzte aus den Gebieten jenseits von Oder und Neiße ein erneuter großer Zustrom von Vertriebenen ein. Mit ihm gelangten nun auch aus Schlesien, Ostbrandenburg und aus den Sudeten größere Bevölkerungskontingente nach Mecklenburg.

Die Bodenreform von 1945 bis 1947, bei der in der DDR etwa 2,5 Millionen ha Großgrundbesitz (> 100 ha) enteignet und rund 210000 Neubauernstellen geschaffen wurden, hatte ihren Schwerpunkt in Mecklenburg, denn hier war mehr als die Hälfte der LN (landwirtschaftlichen Nutzfläche) neu zu verteilen. Sie brachte eine Ansiedlungswelle, die breit über das Land verteilt war. Die kleinen, hell geputzten Neubauten der Wohnhäuser von Neubauern gehörten in der ersten Hälfte der fünfziger Jahre ebenso zum Dorfbild wie die ungepflegten, teils allmählich verfallenden Wirtschaftsgebäude der früheren Güter, in deren Nutzung sich die Neubauern oft mehr schlecht als recht zu teilen hatten.

Insgesamt nahm die Bevölkerung der drei Nordbezirke von 1946 bis 1950 um rund 60000 Personen ab. Die eigentliche Abwanderungswelle aber begann um 1952/1953, als sich der allmählich versiegende Zustrom der Vertriebenen mit einer in den Westen Deutschlands gerichteten Fluchtbewegung überschnitt, welche durch die weitere Sozialisierung der Wirtschaft und durch den 1952 beschlossenen »Aufbau des Sozialismus auf dem Lande« mit der Bildung von Landwirtschaftlichen Produktionsgenossenschaften (LPG) ausgelöst wurde. In den Jahren von 1950 bis 1961 verloren die drei Nordbezirke 158000 Menschen. Da diese Wanderungsbewegung aber vor allem die Südbezirke der

Durch die Teilung Deutschlands wurde der Hafenstandort Rostock für die Deutsche Demokratische Republik zum wichtigsten »Tor zum Welthandel«. So erfolgte in den Jahren 1957 bis 1960 der Bau des Überseehafens Rostock-Petersdorf, der mit einem nur 7 km langen Seekanal mit dem offenen Meer verbunden ist. Gleichzeitig wurde eine Erdölleitung nach dem Industriezentrum Schwedt an der Oder gebaut. 1978 erhielt Rostock Anschluß an die Autobahn nach Berlin.

Ostsee – »Côte d'Azur« der Werktätigen

1

Die Küstenlandschaft Mecklenburg-Pommerns erstreckt sich von der Lübekker und Wismar-Bucht zur Boddenküste, die vom Fischland über Darß und Zingst, Hiddensee und Rügen, den Greifswalder Bodden, den Inseln Usedom und Wollin bis zur Oderbucht reicht. Entlang der Küstenlinie wechseln große Strecken einer ebenen, flachwelligen Ausgleichsküste mit den Moränenhöhen der Steilküsten. Eine Kette beliebter und berühmter Seebäder von Boltenhagen im Westen bis Ahlbeck im Osten säumt die Ostseeküste, das größte Erholungszentrum der DDR. Traditionsreich sind die Namen einiger See- und Heilbäder, wie z.B. Heiligendamm (1 und 3), das älteste deutsche Ostseebad, 1793 gegründet. Ein klassizistisches Kurhaus (1814), prunkvolle Sommervillen und hellgestrichene Häuser an der Strandpromenade machten Heiligendamm, mit dem Beinamen »Weiße Stadt am Meer«, im 19. Jh. zum mondänen Vergnügungsort. Heute ist im Heilbad ein Seeluftsanatorium eingerichtet. Viele der alten Sommervillen in den Seebädern wurden in der Nachkriegszeit zu Betriebs- und Gewerkschaftsheimen des FDGB. Jahr für Jahr strömen über 3 Millionen erholungsbedürftige Werktätige an die Küsten und Strände. Die in vielen Orten entstandenen »Urlaubsmaschinen« des FDGB können jedoch die Unterbringungskapazität nicht decken, nach wie vor fehlt es an Hotels. Allerorts wurde der Ausbau von Campingplätzen gefördert, um die Heerschar der Urlauber unterzubringen. Die Strandkörbe müssen dicht an dicht rücken (2), durch Leinen werden Platzansprüche auf den Campingplätzen geltend gemacht (6), nur im Wasser ist noch genügend Platz zum genußvollen Untertauchen (5). Auf der Strandpromenade von Warnemünde (4) genießt man das quirlige Leben, während die Bewohner das alljährliche Treiben mit Gelassenheit an sich vorbeiziehen lassen (7). Auf der östlichsten Ostseeinsel Usedom, durch die Grenze von der auf polnischem Gebiet gelegenen Insel Wollin getrennt, liegen die von ehemaligen Fischerdörfern zu berühmten Seebädern avancierten Orte Heringsdorf (8), Bansin und Ahlbeck (9, 10, 11). A. G.

2

3

4

5

6

7

8

9

10

11

Gütertransport und Verkehrszweige

Jahr	Gesamt Mio. t	%	Eisenbahn Mio. t	%	Kraftverkehr Mio. t	%	Binnenschiffe Mio. t	%	Seeschiffe Mio. t	%	Rohrleitungen Mio. t	%
1950	226	100	129	57	87	39	10	4	–	–	–	–
1960	522	100	238	46	270	52	13	2	1	–	–	–
1970	764	100	263	34	464	61	14	2	9	1	15	2
1984	966	100	337	33	561	60	19	2	13	1	37	4

Quelle: Statistische Jahrbücher der DDR

grenzte Tonnagen verwendbar. Die Zu- und Abfuhr zu den Seehäfen ist daher auf Schiene und Straße angewiesen, deren Ausbau gerade in den Nordbezirken zu wünschen läßt. Die Entwicklung des Gütertransportes nach Verkehrszweigen (→Tab. oben) zeigt ein sprunghaftes Anwachsen der Gesamt-Transportmengen ebenso wie bis 1970 die zunehmende Verlagerung von der Schiene auf die Straße. Die Leistung der Binnenschiffahrt ist im Verhältnis dazu gering, die der Seeschiffahrt und des Transportes in Rohrleitungen (Pipelines) sind erheblich gestiegen.

Wertet man allerdings nach der Gütertransportleistung in Tonnenkilometern, so stehen Seeschiffahrt und Eisenbahn weitaus in führender Position.

Vor allem die binnenseitige Erweiterung der Verkehrswege von und nach Rostock war vorrangig. Sie wurde durch den Ausbau der Eisenbahnlinie Rostock–Lalendorf–Waren bis zum Anschluß an die Hauptstrecke Neustrelitz–Berlin (Ost) vorangetrieben, ebenso durch die Pipeline Rostock–Schwedt–Leuna, die den Eisenbahntransport entlastet. Der Bau einer Autobahn vom Ost-Berliner Ring nach Rostock wurde notwendig.

Die Hauptverkehrsströme zum Norden der DDR fließen über die Eisenbahn-Magistralen Magdeburg–Wittenberge–Schwerin nach Rostock und Wismar, Berlin (Ost)–Neustrelitz–Waren nach Rostock, Berlin (Ost)– Neubrandenburg–Stralsund sowie Berlin (Ost)–Pasewalk nach Stralsund und Saßnitz. Hauptsächliche Straßenverbindungen sind die von Berlin (Ost) und Magdeburg über Schwerin nach Wismar, von Berlin (Ost) über Neubrandenburg nach Güstrow–Rostock oder nach Greifswald–Stralsund und Saßnitz. Für den Verkehr entlang der Ostseeküste haben die Eisenbahn- und Straßenverbindungen Saßnitz–Stralsund–Rostock–Wismar und Schwerin Bedeutung.

Erholung und Tourismus

Die drei Nordbezirke der DDR bieten über große Strecken günstige Voraussetzungen für Erholung und Tourismus: die Ausgleichs- und Boddenküste mit ihrem Wechsel von Steilufern und Sandstränden, Inseln und Bodden, die alten Hansestädte Wismar, Rostock, Stralsund und Greifswald oder die Residenzstadt Schwerin, die hügelige, wald- und seenreiche Mecklenburgische Seenplatte mit wenig Industrie und einer geringen Bevölkerungsdichte. Von den 380 km der Außenküste sind etwa 200 km als Sandstrand für Badezwecke geeignet. Hinzu kommen noch 60 bis 80 km Strände an der insgesamt 1150 km langen Boddenküste. Moränenhöhen, Wälder und Seen machen gerade auf Ostrügen und Usedom auch das unmittelbare Hinterland der Küsten besonders anziehend.

Der Fremdenverkehr hat an der Ostseeküste eine lange Tradition und ist auch heute einer der bedeutenden Wirtschaftsfaktoren im Bezirk Rostock. Dies kommt u.a. darin zum Ausdruck, daß hier 1984 etwa 112000 Personen in nichtproduzierenden Bereichen tätig waren gegenüber 64000 im Bezirk Schwerin und 68000 im Bezirk Neubrandenburg. Über drei Millionen Urlauber werden jährlich im Bezirk Rostock gezählt. Hier sind rund 35 Prozent aller durch den FDGB (Freier Deutscher Gewerkschaftsbund) vergebenen Ferienbetten und 26 Prozent der Camping-Kapazität der DDR konzentriert. Die Versorgung derart vieler Erholungsuchender stellt während der Saison hohe Ansprüche an die Infrastruktur und ist in den Erholungsgebieten zum bestimmenden Wirtschaftsfaktor geworden, auf den sich auch Lebensmittelindustrie, Handel und Verkehr einzustellen hatten.

Der Fremdenverkehr an der Ostseeküste entwickelte sich in der Nachkriegszeit stürmisch, von 220000 (1950) über 1,1 Mio. (1961), 1,9 Mio. (1970) und 2,6 Mio. (1977) auf 3,4 Mio. (1984). Hauptträger sind öffentliche Campingplätze, die Heime und Zeltlager von Betrieben und der FDGB-Feriendienst, aber auch Privataufenthalte spielen eine wachsende Rolle. Zur Deckung des weiter steigenden Bedarfs an Urlaubsplätzen wurde vor allem das Campingwesen gefördert, da es mit relativ geringem Einsatz von Investitionen eine rasche Steigerung der Unterbringungskapazität ermöglicht. Drückend ist nach wie vor der Fehlbedarf an Hotels.

Die wichtigsten Erholungsgebiete an der Ostsee sind in der Reihenfolge ihrer Unterbringungskapazität:

1. Ostrügen mit Dranske, Altenkirchen, Glowe, Binz, Sellin, Baabe, Göhren und Thiessow sowie der Insel Hiddensee;
2. Usedom mit Karlshagen, Zinnowitz, Koserow, Ueckeritz, Bansin, Heringsdorf und Ahlbeck;
3. unteres Warnowland mit Kühlungsborn, Heiligendamm, Warnemünde und Graal-Müritz. Kühlungsborn ist der größte Badeort an der DDR-Küste;
4. Fischland, Darß und Zingst mit Dierhagen, Wustrow, Prerow und Zingst;
5. Wismarbucht mit Kirchdorf/Poel und Boltenhagen.

Die Mecklenburgische Seenplatte war dagegen noch um die Mitte der fünfziger Jahre als Erholungsgebiet nicht ausgewiesen. Erst mit der voranschreitenden Motorisierung wurde dieses flächenmäßig große Gebiet allmählich dem Fremdenverkehr erschlossen. Es zieht sich vom Schweriner See über den Krakower und Plauer See, die Müritzseen und das Neustrelitzer Kleinseengebiet bis zu den Feldberger Seen, umfaßt also Teile des Bezirks Schwerin und den gesamten Südosten des Bezirks Neubrandenburg. Dort liegt auch sein Schwerpunkt, wie es die Statistik ausweist: Von den 7400 durch den FDGB vermittelten Fremdenbetten beider Bezirke stehen nur 1500 im Bezirk Schwerin, von den 100 Campingplätzen nur 23.

Die touristischen Möglichkeiten der Seenplatte sind bis jetzt nur teilweise und punkthaft genutzt, denn es bedarf erst einer umfassenden Erweiterung der Infrastruktur. Es fehlt an Hotels und Ferienheimen, bisher wurde vorrangig das Campingwesen ausgebaut. Den Schwerpunkt bilden die Müritzseen und die südöstlich anschließende Kleinseenlandschaft zwischen Mirow, Wesenberg, Rheinsberg und Fürstenberg. Es besteht kein Zweifel, daß die Bedeutung der Seenplatte als Erholungsgebiet weiter steigen wird.

Zusammenfassend haben die drei Nordbezirke der DDR einen hohen Rang im Fremdenverkehr, obwohl in diesem Gebiet nur die relativ kurze Sommersaison Bedeutung hat. Etwa 40 Prozent der Ferienplatz-Kapazität sind hier vereinigt, und 45 Prozent aller Camping-Urlauber der DDR verbrachten hier in den letzten Jahren ihren Urlaub. Die weitere Entwicklung dürfte dadurch gekennzeichnet sein, daß entlang der Ostseeküste nur noch stellenweise größere Strandbereiche für die Erschließung zur Verfügung stehen (z. B. auf der Schaabe, Rügen).

Stavenhagen, Reuter-Denkmal (1). Bad Doberan, Klosterkirche (2). Schwerin, Schloß (3). Matjeshering und Pellkartoffeln (4). Schönberg bei Grevesmühlen, Bechelsdorfer Schulzenhaus (5). Güstrow, Barlach-Engel im Dom (6). Hiddensee-Schmuck im Historischen Museum von Stralsund (7). Klockenhagen, Bauernhaus (8). Güstrow, Dom-Altar (9).

GESCHICHTE UND KULTUR

3

5

6

7

9

WILFRIED FORSTMANN

Die Geschichte Mecklenburgs und Pommerns

Die drei nördlichen Bezirke der DDR, Rostock, Schwerin und Neubrandenburg, umfassen das gesamte Gebiet Mecklenburgs, den größten Teil Vorpommerns und einige Teile Brandenburgs. Fallen, wie bei den anderen Bezirken, die neuen Verwaltungsgrenzen auch hier mit den Grenzen der gewachsenen, überkommenen Staatlichkeit im mittleren Deutschland nicht zusammen, so überdecken diese drei Bezirke mit dem ehemaligen Mecklenburg das weitaus größte, bestimmende Gebiet ihrer Verwaltungsregion, das eine historische Einheit darstellt, deren Wurzeln bis in das frühe Mittelalter reichen. Der historische Hintergrund dieser drei Bezirke ist im wesentlichen die Geschichte Mecklenburgs.

»Michelenburg« – Ein Land ganz ohne Bedeutung?

Mecklenburg gehört, wie die anderen Gebiete des mittleren Deutschlands, die Mark Brandenburg oder die Marken an der mittleren Elbe, zu den deutschen Territorien, die sich im Zuge der nord- und mitteldeutschen Ostkolonisation herausgebildet und schließlich staatliche Eigenheiten gewonnen haben. Im Gegensatz zu den anderen Territorien dieses Raumes gingen jedoch von Mecklenburg keine anhaltenden Impulse aus, die reichsgeschichtliche Bedeutung besaßen. Im Gegenteil, Mecklenburg blieb in seiner Geschichte weitgehend auf sich bezogen, interne Auseinandersetzungen, selten Vorstellungen von territorialer Arrondierung und Einflußnahme im Reich, beherrschten die mecklenburgische Politik.

Die frühmittelalterliche Wanderungsbewegung in Europa, die Völkerwanderung, führte zu einer Westbewegung germanischer Völker. Von ihnen weitgehend verlassene Siedlungsräume nahm allmählich slawische Bevölkerung in Besitz, so auch – am weitesten nach Westen ausgreifend – die Gebiete zwischen der Niederelbe, der Saale und der Oder. In den nördlichen Bereichen dieses Gebietes, das spätere Mecklenburg, gelangten die politisch nur lose organisierten Völkerschaften der Obodriten und Lutizen (auch Wilzen genannt). Die politisch-staatliche Entwicklung im nördlichen Mitteleuropa, die Herausbildung des karolingischen, in seiner Folge des ostfränkisch-deutschen Reiches, die zeitweise Konsolidierung Dänemarks und Polens führte Obodriten und Lutizen im frühen Hochmittelalter in die unmittelbare Nachbarschaft expandierender Machtsphären. Langfristig entscheidend wurde jedoch allein das Verhältnis zu Franken und Sachsen, die Einbindung nach Deutschland. Ausgang des 8. Jh. nutzte Karl der Große Auseinandersetzungen zwischen Obodriten und Lutizen. Er unterstützte die Obodriten, brachte sie gleichzeitig in ein loses Abhängigkeitsverhältnis. Die Obodriten wiederum unterstützten Karl im Sachsenkrieg. In der ottonischen Zeit gelang es, mit der Billunger Mark (genannt nach dem Markgrafen Hermann Billung), die Obodriten und einige andere slawische Bevölkerungsgruppen im ostholsteinisch-mecklenburgischen Raum an das entstehende Reich fester zu binden, ihre Ausfälle nach Westen zu begrenzen, eine Bindung jedoch, die durch den Slawenaufstand von 982 zunächst abriß. In dieser Zeit wurde auch zum ersten Mal mit »Michelenburg«, dem Ausstellungsort einer Urkunde Ottos III. in der Nähe von Wismar 955, derjenige Name genannt, der dann in Mecklenburg abgewandelt, sich zunächst nur für eine Burganlage, dann für einen Herrschaftsbezirk, schließlich als Bezeichnung für das ganze Land der Obodriten durchsetzte. Im Gegensatz zu Brandenburg, wo die wiederaufgenommene deutsche Ostkolonisation im 12. Jh. die wendischen Herrschaftsträger, -formen und -verhältnisse überlagerte und schließlich vernichtete, entwickelte sich in Mecklenburg eine Art erbliches Fürstentum unter einem einheimischen Geschlecht, den Nakoniden, dessen Träger sich sogar – christlich geworden und die sächsische Lehnshoheit anerkennend – mit sächsischen und dänischen Adligen verschwägerte. Dieser vergleichsweise eigenständige Weg der Obodriten in eine sich herausschälende, allerdings immer mehr deutschbestimmte Staatlichkeit wurde nur noch kurze Jahre in der zweiten Hälfte des 12. Jh. gefährdet. Der Wendenkreuzzug von 1147 führte zu einer erzwungenen Massentaufe unter den Obodriten, wenige Jahre später, 1160, zeigte sich der Sachsenherzog Heinrich der Löwe mit der bloßen Lehnshoheit über Mecklenburg nicht mehr zufrieden und suchte seine Machtbasis nach Osten hin wirkungsvoll zu erweitern. Das gelang ihm – jedoch nur für kurze Zeit – durch einen Feldzug, in dem

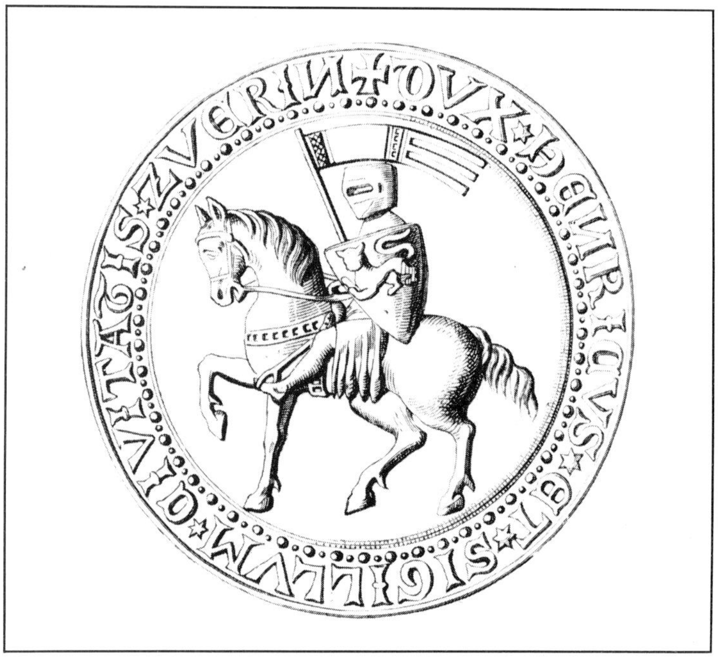

Schwerin gilt als die älteste Stadt Mecklenburgs und als eine der ältesten deutschen Städte östlich der Elbe. Bereits im Jahre 1018 als slawischer Burgort genannt, erhielt es 1160 Stadtrecht durch Heinrich den Löwen. Aus diesem Jahr stammt das Siegel der Stadt. Es zeigt eine Ritterdarstellung aus dem Hohen Mittelalter.

der Fürst der Obodriten, Niklot, den Tod fand. Die welfisch-staufischen Auseinandersetzungen veranlaßten Heinrich den Löwen bald darauf, diese Politik gewaltsamer Annexionen in Mecklenburg aufzugeben und den alten Zustand lehnsrechtlicher Unterordnung der Obodriten gegenüber dem sächsischen Herzogtum wiederherzustellen. Insgesamt hatte jedoch das deutsche Element im Lande durch Siedler, die ins Land kamen, die Städtegründungen und die fortschreitende Christianisierung – es entstanden die Bistümer Schwerin und Ratzeburg – deutlich an Gewicht gewonnen. Trotz der Entscheidung Heinrichs des Löwen gelang es nicht (wiederum im Gegensatz zu Brandenburg), dem Lande politische Stetigkeit zu geben. Hierfür waren zunächst auswärtige Einflüsse maßgebend. Zu Ende des 12. und zu Beginn des 13. Jh. vermochten die Dänen in Mecklenburg Macht zu gewinnen. Der staufische Kaiser Friedrich II. sah sich 1214 gezwungen, die Lehnshoheit über Mecklenburg an den dänischen König Waldemar II. abzutreten, die dann aber 1227 mit der Schlacht von Bornhöved endete. Ein zweiter Versuch der Dänen, gut 100 Jahre später, in Mecklenburg erneut Fuß zu fassen, scheiterte nach wenigen Jahren endgültig. Die innere Szenerie des Landes wurde durch immer wiederkehrende destruktive Eifersüchteleien und Erbstreitigkeiten ungünstig beeinflußt, die nur dazu führten, daß das Land Teilungen über sich ergehen lassen mußte, verschiedene Linien des Niklotschen Hauses in einzelnen Gebieten Mecklenburgs gleichberechtigt nebeneinander, oft gegeneinander herrschten. Im 13. Jh. entstanden auf diesem Wege etwa die Herrschaften Mecklenburg, Parchim, Rostock und Werle (bei Güstrow), wobei wiederum bis zum Ende des 15. Jh. Zusammenfassungen und Arrondierungen das innere Bild bestimmten. In dieser Zeit schälte sich aber auch die eigentliche Herrschaft Mecklenburg unter Heinrich II. (R 1302–1329) als die stärkste Kraft im Lande heraus. Dem bisher engräumigen Gebiet wurde sowohl die Herrschaft Rostock als dänisches Lehen, was später keine Bedeutung mehr besitzen sollte, als auch das Land Stargard als brandenburgisches Lehen hinzugefügt. 1347 löste Kaiser Karl IV. als Dank für die politische Unterstützung, die ihm aus Mecklenburg im Kampf gegen die Wittelsbacher gewährt worden war, das Lehnsverhältnis Mecklenburgs zu den sächsischen Herzögen und Markgrafen von Brandenburg.

Ein Jahr später, 1348, wurden die Söhne Heinrichs II., Albrecht und Johann, zu Herzögen von Mecklenburg und damit zu unmittelbaren Reichsfürsten ernannt, der Weg von einem slawischen Stammesverband am Rande des karolingischen Europas zu einem unmittelbaren Träger dieser – im Sinne des alten deutschen Reichs – universalistischen Ordnung in Europa war, zu Ende beschritten. Scheiterte der Versuch Albrechts II., für seine Söhne in Umkehrung der bisherigen Politik seinerseits auf die Dauer nordische Kronen zu erwerben (1364 wurde Albrecht III. tatsächlich zum König von Schweden gewählt, verlor jedoch allmählich die Unterstützung im Land, geriet 1389 in dänische Gefangenschaft und verzichtete 1405 auf seine Krone), so gelang es, wenigstens im Laufe des 15. Jh. den gesamten mecklenburgischen Raum mit Ausnahme der Bistümer Schwerin und Ratzeburg in einer Hand für kurze Zeit zu vereinigen. Mit Stargard war man sogar über die alten Lande der Obodriten hinausgegangen, altes lutizisches Siedlungsgebiet gehörte nunmehr auch zu Mecklenburg. Brandenburg konnte sich jedoch mit Erbansprüchen, die aufgrund früherer Erbverträge mit Werle-Güstrow entstanden waren, insoweit einmischen, als daß die späteren mecklenburgischen Hausverträge für den Fall des Aussterbens des herzoglichen Hauses, das Haus Hohenzollern als Erben bestimmten. Der Fall trat jedoch nie ein.

Teilen und gemeinsam regieren: Samtherrschaft

Die Einheit des Landes hielt nur für kurze Zeit, sie vermochte nicht zur Basis für eine weiterreichende Politik, wenigstens im deutschen Raum, zu werden. Da bis zu diesem Zeitpunkt die Primogenitur in Mecklenburg nicht eingeführt worden war, sondern alle männlichen Nachkommen Anspruch auf die ererbte Landeshoheit erheben konnten, ließ sich die Nachfolge nur durch neue Teilungen oder Samtherrschaft bestimmen. Diese Problematik bestimmte das innenpolitische Leben des 16. und. 17. Jh. Die Erbfolge im Mannesstamm nach den Prinzipien der Primogenitur (der älteste Sohn wird Nachfolger) wurde erst 1701 nach der letzten Landesteilung bestimmt. Mit den überkommenen Erbvorstellungen verharrte Mecklenburg bei einem untauglichen, ja schädlichen Prinzip, wie lang andauernde Perioden seiner Geschichte gezeigt hatten. Das Land an der Ostsee verpaßte eine Entwicklung, wie sie in der Goldenen Bulle Kaiser Karls IV. (1356) und etwa speziell in Brandenburg, durch die Dispositio Achillea (1473) eingeführt und vorgezeichnet worden war, über 200 Jahre. Die Erbauseinandersetzungen, die zwischen den Brüdern Heinrich V. (R 1503–1552) und Albrecht VII. (R 1503–1547), insbesondere wegen der finanziellen Ansprüche des letzteren, ausgebrochen waren, führten schließlich zu einer Folge von Verträgen, an denen von nun an auch die bisher politisch wenig wirksamen Stände des Landes beteiligt waren. Sie sprachen sich, ihr Steuer- und Abgabenbewilligungsrecht als Druckmittel einsetzend, 1523 gegen eine erneute Teilung aus. Diese Auffassung unterstrichen sie mit Nachdruck dadurch, daß sie sich in Rostock zu einer »Landständischen Union« zusammenschlossen und damit glaubten, eine rechtliche Basis gegen die herzoglichen Teilungsvorstellungen aus ständischer Position geschaffen zu haben. In ihnen wurde, anders als in der überwiegenden Zahl der deutschen Staaten, das ständische und nicht das monarchische Element zu einem Ansatzpunkt, eine landeseinheitliche Verwaltung zu schaffen. Diese Eigenheit läßt sich nur aus den besonderen historischen Gegebenheiten in der monarchischen Spitze Mecklenburgs

Wismar im Jahre 1590. Mit Stralsund, Rostock und Lübeck gehörte die Stadt zum Wendischen Kontor der Hanse.

VOLKER HELAS

Mecklenburg-Pommern Bräuche, Sprache, Speisen

»As uns' Herrgott de Welt erschaffen ded, fung hei bi Meckelnborg an ... Up dese Ort in und' Meckelnborg worden, un schön is ät in'n ganzen worden, dat weit jeder ...« Diese Lobpreisung seiner Heimat schrieb Fritz Reuter in »Von de Erschaffung de Welt«.

Die Siedler des 12. und 13. Jh. brachten die Sprache ihrer Heimat mit, das Niederdeutsche, das sehr rasch das Slawische verdrängte. Bauern, Adlige, Handwerker und vor allem die Kaufleute der Seestädte sprachen Niederdeutsch, das zur Verkehrssprache im gesamten Bereich der Hanse wurde. Auch die christianisierte slawische Oberschicht nahm rasch deutsche Bildung an. Wizlaw III., der letzte Fürst von Rügen (* um 1265/1268, † 1325), das unter dänischer Lehnshoheit stand, dichtete in deutscher Sprache Minnelieder.

Als das Oberdeutsche mit der sächsisch-meißnischen Kanzleisprache, in die Luther die Bibel übersetzt hatte, zur Sprache der Reformation geworden war, schloß sich die Oberschicht des protestantisch gewordenen Landes für den offiziellen Sprachgebrauch dem Ober- oder Hochdeutschen an, das Plattdeutsche blieb die Umgangssprache. (Der Wandel zum Hochdeutschen in Norddeutschland im 16. Jh. hatte noch tiefgreifendere Folgen; es begann sich damit ein deutsches Nationalgefühl zu festigen.) Zuerst übernahmen die Landesbehörden das Hochdeutsche, dann die Städte auf dem Lande, zuletzt die Seestädte. Doch bis in die Gegenwart hinein wird in Mecklenburg und Vorpommern Platt gesprochen.

Im 19. Jh. erfuhr das Plattdeutsche in Mecklenburg durch die breitangelegten Prosaromane Fritz Reuters, durch die Erzählungen und Gedichte John Brinckmanns und durch die Dramen Fritz Stavenhagens eine außerordentliche Belebung. Das Mecklenburger Platt wurde durch diese Dichtungen in seiner Besonderheit fixiert, die Dialektformen vereinheitlicht und damit sprachlich stabilisiert. Das Plattdeutsche erreichte vor allem durch Reuter literarischen Rang – das Bild des alten Mecklenburg ist durch diesen Dichter sehr wesentlich geprägt worden. Um die Erforschung und Aufzeichnung plattdeutscher Spruchweisheit hat sich der Volkskundler Richard Wossidlo (* 1859, † 1939) verdient gemacht.

Wenigstens auf eine Besonderheit des Mecklenburger Platt soll hingewiesen werden, auf die Endung -ing als Verkleinerungssilbe (Vadding für Vater, Mudding für Mutter).

Neben dem Hochdeutschen und dem reinen Platt hat sich eine Mischsprache herausgebildet, das Missingsch.

Plattdeutsch

Das Plattdeutsche gehört zur niederdeutschen Sprachfamilie. Ihr ist gemeinsam, daß die zweite Lautverschiebung des Althochdeutschen zum Hochdeutschen nicht vollzogen ist. (Dabei wandelte sich beispielsweise k in ch, t in ts oder ss, p in ff oder pf – aus ten und perd wurde zehn und Pferd, aus ick wurde ich und aus Schipp Schiff.) Dieser Wandel hat sich im 7. Jh. n. Chr. vollzogen. Zum Niederdeutschen gehört das Niederfränkische, das Westniederdeutsche und das Ostniederdeutsche mit dem Märkischen, Mecklenburgischen, Niederpreußischen und dem Pommerschen.

Siedlungs- und Hausformen

Die Dörfer zeigen unterschiedliche Typen. Im Westen des Landes herrschen Wegedörfer (Straßenanger-, Gassen- und Zeilendörfer) vor, an der westlichen und mittleren Küste Hagenhufendörfer, Angerdörfer sind im östlichen und mittleren Teil verbreitet. Gelegentlich kommen auch Runddörfer vor. Die Dörfer verraten heute noch, daß sie – wie die Städte – in der Regel planmäßig angelegt worden sind. Je nach Region wird das Bild der Siedlungen auf dem Lande bestimmt durch große Gutshöfe, bei denen sich Tagelöhnersiedlungen befunden haben, oder durch Bauerndörfer.

Die Siedler brachten die Hausformen ihrer Heimat mit. Wegen der Vergänglichkeit des Materials – Holz, Lehm, Stroh – haben sich keine Wohnbauten aus der Frühzeit der deutschen Besiedlung erhalten, doch kann man davon ausgehen, daß Bauten nach dem Schema des niederdeutschen Hallenhauses errichtet wurden. Slawische Hausformen wurden nicht übernommen und haben sich auch nicht erhalten. Die Hallenhäuser aus den folgenden Jahrhunderten sind mehr oder weniger große Zwei-, Drei- und Vierständerbauten, bei denen Wohnbereich, die Ställe und die Scheune unter einem Dach liegen. Die Häuser wurden in Fachwerkbauweise errichtet, das fast immer schmucklos blieb und mit Stroh gedeckt wurde. Neben dem niederdeutschen Hallenhaus kamen auch – über Brandenburg vermittelt – das mitteldeutsche Ernhaus und Mittelflurhaus vor, die das Hallenhaus mehr und mehr verdrängten. Bauernhöfe nach dem Vorbild der Gutshöfe – separate Gebäude für das Wohnen, für die Ställe und Scheunen – lösten im 19. Jh. das altertümliche Hallenhaus ab, doch in den dreißiger Jahren dieses Jahrhunderts kam es zu einer Rückkehr zum Einhaus. Unmittelbar nach der Bodenreform wurde dieser Haustyp verkleinert variiert. Als die Kollektivierung der Landwirtschaft gegen 1960 abgeschlossen war, wurden an den Dorfrändern oft mehrgeschossige, kleinstädtisch anmutende Wohnblöcke errichtet. Nebengebäude, die nicht mehr benötigt werden, verfallen, das äußere Bild des Dorfes, Ausdruck jahrhundertealter Sozialbeziehungen, wandelt sich wie sich die Arbeitsweisen in der Landwirtschaft mit ihrem Bedarf an völlig anderen Baulichkeiten ändert.

Auf Hiddensee und auf dem Mönchsgut, der südöstlichen Halbinsel Rügens, hat sich bis in die jüngste Zeit der Brauch erhalten, das zum Haus oder Gehöft gehörige Eigentum mit einer runenartigen Marke zu kennzeichnen, auch das Boot, das Gerät und das Werkzeug. Die Hausmarke war nie mit der Person des Besitzers verbunden, beim Wechsel des Besitzers bleibt die Hausmarke beim Haus. Dieser Brauch weist auf Zeiten hin, in denen Lesen und Schreiben im Volk unbekannt waren und man sich an Zeichen orientierte.

Das Handwerk

Das Handwerk dieses Küstenlandes stand und steht im Dienste des einfachen Bedarfs von Landwirtschaft, Fischerei und Seefahrt. Im Mittelalter war der Einfluß von Lübeck auf das Kunsthandwerk übermächtig, gewiß gab es in Wismar, Rostock oder Stralsund leistungsfähige Werkstätten, in denen Bronze gegossen und Altäre geschnitzt wurden, aber zu ausgesprochener Eigenständigkeit gelangte das Handwerk in Mecklenburg und Pommern nicht. Diese Einschränkung sollte jedoch nicht vergessen lassen, daß die Spitzenleistungen der deutschen Gotik, die uns in der Backsteingotik begegnen, ohne die Fertigkeiten der Maurermeister in der Beherrschung des spröden Materials nicht denkbar sind. Seltsamerweise blieb das Fachwerk von der künstlerischen Verzierung ausgeschlossen.

Als mit dem Niedergang der Hanse die bürgerlichen Auftraggeber ärmer und notgedrungen anspruchsloser wurden, verlagerte sich das kulturelle Schwergewicht auf die Residenzen. Doch deren Luxusbedarf wurde durch Importe befriedigt, so daß das »bodenständige« Handwerk, wie auch die Kunst weder gefordert noch gefördert, bei einem Provinzialismus stehengeblieben sind, der nun mal keine Erwähnung verdient hat.

Die Spezialitäten der mecklenburgischen oder der pommerschen Küche waren in früheren Zeiten wohl nur den oberen sozialen Schichten bekannt: »Gans auf Mecklenburger Art« (oben). »Hecht im Sud gegart mit Petersilienbutter« (unten). Die »kleinen Leute« mußten sich mit Heringen, Gänseblut, Kartoffeln u. a. begnügen.

Küche

Unmöglich darf man von *der* mecklenburgischen oder pommerschen Küche sprechen, nicht weil sich keine landschaftliche Besonderheit feststellen ließe, sondern weil es je nach sozialem Stand sehr unterschiedlich war, was wann und wie oft in die Töpfe und auf die Tische kam. Ob die »kleinen Leute« jemals gespickte Gänsebrust, die als mecklenburgische Spezialität gilt, verzehrt haben, ist fraglich. Der Wildreichtum war jahrhundertelang einer Minderheit vorbehalten, da die Jagd ein Vorrecht des Grundherrn war.

Die Lage an der Küste, der Reichtum an Wäldern und Seen, fruchtbare Böden boten günstige Voraussetzungen für eine vielseitige Küche. Der Heringsfang und -handel hatte neben dem Bier- und Getreideexport eine der Grundlagen des hanseatischen Reichtums dargestellt. Hering, ein Volksnahrungsmittel, wurde in vielen Varianten ebenso gern verzehrt wie Gänsefleisch, das als Festessen an der Spitze der Beliebtheit stand. Zahlreich sind die Rezepte für die ehemals berühmten, fetten pommerschen Gänse. Korn und Kartoffeln wurden nicht nur zu Mehl, Stärke und Viehfutter verarbeitet, sondern auch zu Schnaps, in jeder Stadt und auf jedem Gut gab es Brennereien. Zum schweren, deftigen Essen im oft kalten, feuchten Klima wurde gern dem Hochprozentigen zugesprochen. Als Eigentümlichkeit der Küche erscheinen dem Außenstehenden Zusammenstellungen, bei denen das Süße die Besonderheit ausmacht – Pflaumen mit Klößen, weiße Bohnen mit Äpfeln, Blutwurst mit Rosinen, auch der Gänsebraten wurde mit Äpfeln und Backpflaumen gefüllt. Zum Festessen gab es Klöße, am Werktag war die Kartoffel Hauptnahrungsmittel – denn sie gab es immer reichlich.

Typische Gerichte

Eingelegte Heringe. Heringe werden in Milch eingelegt, in Essig und Zwiebel, Milch, Quark und Sahne mariniert und nach Tagen erst verspeist.

Mecklenburgische Grützewurst wird aus Schweineblut, Gerstengrütze, Speckwürfeln, Salz, Zucker, Pfeffer und Rosinen zubereitet.

Gänseschwarzsauer besteht aus Gänseblut mit Essig und Dörrobst, das mit Gewürzen (Salz, Zucker, Kümmel, Pfeffer und Nelken) gekocht wird.

Volkscharakter

Mecklenburger und Pommern gelten weder als leichtlebig und heiter noch als musisch und heißblütig. Sie sind eher gleichmütig, wortkarg und besitzen einen verhaltenen, oft derben Humor. Daß diese Eigenschaften aus der Mischung deutschen und slawischen Blutes herrühren, sollte bezweifelt werden, andere deutsche Stämme, wie die heutigen Sachsen, müßten dann ebenso sein. Wahrscheinlicher ist, daß diese Eigenart eher durch das statische Leben als Bauern und Fischer begründet ist, das auf dem Lande jahrhundertelang in Gleichförmigkeit inmitten einer stillen, an der See oft feindseligen Natur, geführt worden ist. Die Entwicklung des Badewesens an der Ostseeküste (das erste deutsche Seebad wurde 1793 in Heiligendamm bei Doberan gegründet) hat daran nicht viel geändert.

Doch das Beharrungsvermögen, die Zähigkeit, die Kraft beim Durchhalten widriger Umstände, gehört zu den besten Eigenschaften der Mecklenburger und Pommern.

Ihre Kleidung hat sich angepaßt. Nur auf dem Mönchsgut hatte sich bis in die jüngste Vergangenheit hinein eine Tracht erhalten, eine schwermütige, dunkle, schmucklose Tracht, in der dunkelrote, dunkelblaue und schwarze Farben herrschten. Von der reichen, bunten, farbenfreudigen Tracht des Weizenackers im mittleren Pommern hat sich außer einigen wenigen unvollständigen Resten in Museen nichts erhalten. Sie ist mit ihren Trägern untergegangen.

Buckow, Märkische Schweiz (1). Angermünde, am Markt (2). Schwedt, ein Industriebetrieb (3). Bandwärterin im Braunkohlentagebau Meuro, Bezirk Cottbus (4). Werder, an der Havel (5). Eimerkettenbagger im Braunkohlentagebau Jänschwalde im Bezirk Cottbus (6). Spreewald (7). Landwirt im Bezirk Frankfurt/Oder (8). Havelobsternte im Bezirk Potsdam (9). Eisenhüttenstadt (10). Potsdam, Holländisches Viertel (11). In Grüneberg (12). Feldarbeit im Bezirk Cottbus (13). Handwerksausbildung, Frankfurt/Oder (14). Oderbruch (15). Campingplatz im Bezirk Potsdam (16). Frankfurt/Oder (17).

1

3

2

4

6

8

5

9

Brandenburg

Die Bezirke Potsdam, Frankfurt/Oder, Cottbus

11

2

14

15

3

6

EKKEHARD BUCHHOFER

Die Landschaften der Bezirke Brandenburgs

In der Zeit vor dem Zweiten Weltkrieg nahm das Brandenburger Land, obwohl vollständig im ostelbischen, historisch »jungen« Kolonisationsraum gelegen, eine zentrale Lage im damaligen Reich ein. Im Osten hatte es an den Flüssen Netze und Obra direkten Kontakt zur Polnischen Republik. Wichtiger als diese Mitte-Ost-Lage war jedoch die Tatsache, daß in der Mitte des Landes mit Berlin die Reichshauptstadt lag, deren Einwohnerzahl diejenige der umliegenden Provinz Brandenburg um das Eineinhalbfache übertraf. Die Bevölkerungsdichte Brandenburgs übertraf dabei diejenige Pommerns oder Ostpreußens nur geringfügig. Daneben ergaben sich für die regionale Wirtschaft besondere Lagevorteile durch die Nähe zu Berlin, das als erstrangiger Verkehrsstern zahlreiche Eisenbahnlinien und Landstraßen auf sich zog. Diese Verkehrslinien, die weitgehend überregionalen Verkehrsbedürfnissen dienten, schlossen Brandenburg eng an sein Zentrum an, so daß von einer wirtschaftsräumlichen Einheit Berlin–Brandenburg gesprochen werden durfte. In sozialer Hinsicht war jedoch Berlin längst durch die generationenlange Aufnahme außermärkischer Zuwanderer »eine selbständige, von dem ursprünglich Märkischen durchaus losgelöste Macht geworden«, wie Theodor Fontane bereits vor hundert Jahren anmerkte – und was noch bis zum heutigen Tage so ist, wie jeder »Berlinkenner« unumwunden sagen, ja mit Nachdruck behaupten würde.

Die Verlegung der deutschen Ostgrenze auf die Linie Oder–Lausitzer Neiße durch die Siegermächte des Zweiten Weltkrieges im Jahre 1945 amputierte Brandenburg im Osten, wo die neumärkischen Gebiete an Polen verlorengingen (29% der früheren Landesfläche). Aus den abgetretenen Gebieten flutete die gesamte Bevölkerung in die Gebiete links der Oder, die – abgesehen von Berlin, das einen besonderen Viermächte-Status erhielt – Teil der Sowjetischen Besatzungszone Deutschlands (SBZ) wurden. Die »Provinz Mark Brandenburg« erhielt bereits ab Juli 1945 eine Provinzialverwaltung mit Sitz in Potsdam. Nach der Auflösung des Staates Preußen durch den Alliierten Kontrollrat am 25. Februar 1947 wurde die vormalige »Provinz« zum »Land Brandenburg« mit den Landesfarben Rot-Weiß-Rot. Im Jahre 1950 wurden insbesondere entlang der neuen Oder-Neiße-Grenze Neuordnungen im Gefüge der – hier z. T. durch die Grenzziehung geteilten – Land- und Stadtkreise vorgenommen. Gleichzeitig wurden die Landesgrenzen zu Mecklenburg und Sachsen-Anhalt geändert: An Mecklenburg wurde ein Teil des Kreises Prenzlau im Tausch gegen Teile der mecklenburgischen (bzw. vorpommerschen) Kreise Neustrelitz und Randow abgetreten. Von Sachsen-Anhalt erhielt Brandenburg je fünf Gemeinden der Kreise Genthin (früher Kreis Jerichow II) und Herzberg (früher Kreis Schweinitz).

Durch die Verwaltungsreform vom 25. Juli 1952 wurde das Land Brandenburg aufgelöst und in drei neue Bezirke aufgeteilt: Potsdam, Frankfurt (Oder) und Cottbus. Bei dieser Gelegenheit wurden weitere Eingriffe in das historische Gefüge der preußischen Landkreise vorgenommen. Nach »außen« (d. h. in Richtung auf benachbarte, nicht-brandenburgische Bezirke) wurden folgende Veränderungen vorgenommen: Die West-Prignitz mit Perleberg und Wittenberge fiel an den Bezirk Schwerin, Teile des Kreises Havelberg fielen an den Bezirk Magdeburg; im Norden ging nun auch der größere Teil des uckermärkischen Kreises Templin an den Bezirk Neubrandenburg verloren, während im Süden das ganze lausitzische Braunkohlengebiet mit seinem Umfeld aus wirtschaftsplanerischen Gründen in dem neuen Bezirk Cottbus zusammengefaßt wurde. Auf diesem Wege gelangten die ehemals sachsen-anhaltischen Kreise Jessen, Herzberg, Bad Liebenwerda, Torgau

Brandenburg, landschaftliche Gliederung

(teilweise) und Wittenberg (teilweise) an den Bezirk Cottbus, ferner die vordem sächsischen (bis 1945 niederschlesischen) Kreise Hoyerswerda, Weißwasser und (teilweise) Niesky.

Faßt man die drei Bezirke Potsdam, Frankfurt (Oder) und Cottbus ungeachtet ihrer randlichen Gebietsveränderungen unter der Bezeichnung Brandenburg zusammen – was im folgenden nicht mit historischem, sondern aktuell-verwaltungstechnischem Bezug geschehen soll –, so umfaßt dieses veränderte »Brandenburg« (zusammen 28016 km^2) fast ausschließlich ehemals preußische Territorien: 84,9 Prozent historisch brandenburgische, 9,0 Prozent provinz-sächsische, 4,3 Prozent schlesische und 1,2 Prozent pommersche Gebietsteile. Nur 0,6 Prozent der Gesamtfläche waren bis 1945 mecklenburgisch (und damit nicht-preußisch) gewesen: ein schmaler Gebietszipfel bei Fürstenberg an der oberen Havel und die beiden Enklaven Dossow und Netzeband zwischen Neuruppin und Wittstock.

Im Rahmen der Deutschen Demokratischen Republik hat Brandenburg einen breiten Grenzkontakt zur Volksrepublik Polen. Ins Nachbarland führen mehrere Straßengrenzübergänge (Bad Muskau, Wilhelm-Pieck-Stadt Guben, Frankfurt, Schwedt) und Eisenbahngrenzübergänge (Forst, Frankfurt, Tantow). Zur Bundesrepublik besteht keine gemeinsame Grenze, wohl aber zu Berlin (West), das wie eine Insel inmitten Brandenburgs liegt. Von Berlin (West) aus strahlen Transitwege in die Bundesrepublik aus, die brandenburgisches Gebiet durchqueren und deren Benutzung täglich einer großen Zahl Transitreisender visuelle Eindrücke von der brandenburgischen Landschaft vermittelt. Hier sind die Autobahnen von Berlin (West) nach Pritzwalk (–Hamburg), Ziesar (–Helmstedt–Hannover) und Niemegk (–Hermsdorfer Kreuz–Alsfeld bzw. Nürnberg) zu nennen sowie drei Eisenbahnstrecken, die etwa den gleichen Richtungen folgen und genausoviel Möglichkeiten zum Hinausschauen bieten.

Für den innerbrandenburgischen Verkehr, der ganz auf Ost-Berlin, die Hauptstadt der DDR, ausgerichtet ist, bildet Berlin (West) ein Hindernis, insbesondere für große Teile des Bezirks Potsdam. Demgemäß mußte man eine den politischen und räumlichen Verhältnissen angepaßte technische Infrastruktur entwickeln: Zur Umgehung der großen Enklave dient der Berliner Autobahnring sowie eine nach 1945 neu erbaute Umgehungs-Ringbahn, die zahlreiche von Berlin (West) abgeschnittene Stadtrandgemeinden auch untereinander verbindet. Städte wie Teltow, Falkensee oder Hennigsdorf, die vor 1945 am regen Berliner Vorortverkehr teilhatten, sind in eine ungewöhnliche Grenzlage geraten und haben sich – in Umkehrung der historisch-funktionalen Ausrichtung – von der (West-)Berliner Stadtgrenze weg in Richtung auf den weiter auswärts verlaufenden Eisenbahnring orientiert.

Sind die Beziehungen des brandenburgischen Umlandes zu Berlin (Ost) außerordentlich intensiv (durch Berufspendlerverkehr, Einkaufs- und Behördenbesuche u.a.), so ist Berlin (West) vor allem durch den Besuch von Tagesausflüglern und den verbreiteten Empfang der von dort ausgestrahlten Rundfunk- und Fernsehprogramme im Bewußtsein der Märker präsent.

Die großen Seen der brandenburgischen Bezirke

See	Bezirk	Fläche (km^2)	größte Tiefe (m)	Spiegelhöhe (m NN)
Scharmützelsee	Frankfurt	13,8	28,0	38,0
Schwielochsee	Frankfurt	13,5	8,0	41,0
Ruppiner See	Potsdam	8,5	24,0	40,0
Werbellinsee	Frankfurt	7,9	54,0	43,0
Schwielowsee	Potsdam	6,7	9,0	29,5

Größere Städte

	Wohnbevölkerung 1988	1.1.1971	31.8.1950
Bezirkshauptstadt Cottbus	128526	83444	60874
Bezirkshauptstadt Frankfurt/Oder	87304	62433	52822
Bezirkshauptstadt Potsdam	142289	111336	118180
Weitere Städte mit über 50000 Ew.:			
Brandenburg/Havel	94977	93983	82215
Hoyerswerda	69229	59144	7365
Eberswalde-Finow	54434	46299	41500
Schwedt/Oder	52855	34292	6506

Bevölkerungszahlen der brandenburgischen Bezirke

Bevölkerung 1988	Einwohner	Ew./km^2
Bezirk Cottbus	885400	107
Bezirk Frankfurt	712500	99
Bezirk Potsdam	1122900	89
Insgesamt	2720800	97

Geographisch-statistische Daten

Fläche

	Fläche km^2	% der Fläche der DDR
Bezirk Cottbus	8262	7,6
Bezirk Frankfurt	7186	6,6
Bezirk Potsdam	12568	11,6
Brandenburgische Bezirke gesamt	28016	25,8

Höhenlage ausgewählter Orte über NN

Cottbus	72 m
Frankfurt/Oder	25 m
Forst	80 m
Potsdam	33 m
Brandenburg/H.	29 m

Ausgewählte Bodenerhebungen

Name	Lage		Höhe über NN
Hagelberg	w	Belzig	201 m
Golmberg	o	Jüterbog	178 m
Hutberg	sw	Eisenhüttenstadt	162 m
Semmelberg	sw	Bad Freienwalde	158 m
Telegraphenberg	w	Angermünde	138 m
Wietiekenberg	sw	Potsdam	125 m

Landschaftliche Großgliederung

Brandenburgs gegenwärtige Lage zwischen Elbe und Oder, der Mecklenburgischen Seenplatte im Norden und den Oberlausitzer Heiden im Südosten markiert einen Teilausschnitt aus dem größeren Zusammenhang des Norddeutschen Tieflands. Das ganze Gebiet ist von den Ablagerungen der Saale- und der Weichseleiszeit bedeckt. Zahlreiche Talauen mit generell südost-nordwestlicher Ausrichtung gliedern das Land in inselartige Platten unterschiedlicher Größe. Dabei sind drei größere, höhergelegene Trockenrücken zu unterscheiden: 1. im Süden der Fläming und ostwärts anschließend das Lausitzer Becken- und Heideland um Fürstenwalde–Hoyerswerda; 2. in der Mitte die Mittelbrandenburgischen Platten und Niederungen um Brandenburg und Potsdam, östlich anschließend das Ostbrandenburgische Heide- und Seengebiet südöstlich Berlin; 3. im Norden die Ostbrandenburgische Platte zwischen Eberswalde und Frankfurt.

Nördlich wird dieses System begrenzt von den weiten Platten und Heiden um Pritzwalk, Neuruppin und der Schorfheide bzw. der Uckermark.

Diese naturräumliche Gliederung sucht eine grobe erste Ordnung in eine Landschaft von kaum überschaubarer Vielfalt eiszeitlich geprägter Oberflächenformen zu bringen. Diese bilden ein kleinräumig vielgestaltiges Mosaik, das sich aus immer den gleichen Landschaftselementen in unterschiedlicher Anteiligkeit zusammensetzt. So fällt es schwer, Brandenburg in größere, einigermaßen homogene Naturräume zu gliedern. Es lassen sich allenfalls die Altmoränen des Südens von den bewegteren Jungmoränenzonen der Mitte und des Nordens unterscheiden, doch bietet diese geologische Unterscheidung zwar eine gewisse Handhabe für die Erklärung kleinerer Oberflächenformen, des Vorkommens von Seen u. a.; für Siedlung, Verkehr und Wirtschaft und deren räumliche Differenzierung ist sie jedoch ohne größere Bedeutung.

So zeigt sich im Kleinen eine Vielzahl der landschaftlichen Erscheinungen, im Großen jedoch eine Wiederkehr immer derselben Elemente, so daß eine landschaftliche Großgliederung sich eher an wirtschaftlichen Ausrichtungen der Gegenwart, an Lagebezügen zur zentralen, politisch und technisch geteilten Metropole Berlin zu orientieren hat. In diesem Sinne bietet die Einteilung in die drei politischen Bezirke einen brauchbaren Ansatz für eine regionale Darstellung. Auf dieser Ebene werden vor allem die funktionalen Zusammenhänge der Teilräume zum jeweils verbindenden Element. In dieses Raster fügen sich darüber hinaus die wichtigsten der oben genannten Landschaftsräume sowie die historischen Siedlungsräume der Mark ohne größere Probleme ein.

Geologie und Oberflächenformen

Das brandenburgische Gebiet wird nahezu vollständig von erdgeschichtlich jungen Ablagerungen des Quartärs bedeckt, ge-

Bilder aus der märkischen Landschaft. Wiesen, Wälder, baumbestandene Chausseen strahlen ein Gefühl von Ruhe und Harmonie aus.

nauer gesagt: des Pleistozäns (Diluvium). Dieses ist vor allem durch Absätze der beiden jüngeren Eiszeiten (Saale- bzw. Weichseleiszeit) vertreten. Deren meist loses Gesteinsmaterial (darunter Kiese und Sande) wurden z. T. fluviatil (d. h. durch Flußarbeit) in breite Talrinnen verspült, teils äolisch (d. h. durch Windverwehung) zu Binnendünen und Flugsanddecken aufgeweht. In den breiteren Talrinnen wurden auch ganz junge Talsande und Schlickschichten in geologisch jüngster Zeit (Holozän oder Alluvium) abgelagert, so z. B. am Boden des Oderbruchs, in den Talauen der unteren Havel, der Schwarzen Elster u. a.

An nur wenigen Stellen ragen inselhaft ältere Gesteine durch die eiszeitliche Schuttdecke, so einige kleine Horste des Tertiärs in der Prignitz, an den Rändern der Barnim-Platte, vor allem im Gebiet der tertiären Braunkohlelager um Senftenberg. Noch ältere Aufragungen finden sich bei Rüdersdorf, wo die dort aufgeschlossenen Muschelkalke seit langem wirtschaftlich genutzt werden. Bei Sperenberg (Kreis Zossen) tritt sogar Gestein des Erdaltertums (Zechstein) an die Erdoberfläche.

Vor 60000 Jahren, zur Saaleeiszeit, bedeckte nordisches Inlandeis ganz Brandenburg, dessen Oberfläche damals weitgehend von kreidezeitlichen (im Süden von triassischen und älteren) Ablagerungen geprägt war. Die Südgrenze des äußersten saalezeitlichen Eisrandes lag etwa auf der Linie Bautzen–Meißen. Hier bildete sich jedoch kein deutlicher Endmoränenwall aus. Dies trat aber später, nach dem Zurückschmelzen des Eisrandes und erneuten vorübergehenden Vorstößen des Eises nördlich des heutigen Elbtals ein, wo der Moränenwall des Fläming aufgeworfen wurde, der im Osten seine Fortsetzung in dem flachen Höhenzug der Lausitzer Heiden findet. Dieser heute z. T. über 200 m hohe Moränenwall wird, da er der älteren Eiszeit (Saaleeiszeit, Warthestadium) zugerechnet wird, als Altmoräne bezeichnet im Unterschied zu den geologisch jüngeren Jungmoränen der Weichseleiszeit im Norden.

Das Warthestadium der Saaleeiszeit prägte einen Endmoränenzug, der sicherlich ursprünglich höher war als der heutige Fläming. Dessen Höhen dürften durch spätere Abtragungsvorgänge stark eingeebnet worden sein. Während des Warthestadiums flossen vor dessen südlichem Eisrand Schmelzwässer in einer breiten südost-nordwest-gerichteten Abflußrinne in Richtung der heutigen Nordsee ab. Dieses sogenannte Urstromtal führte im südlichen Vorfeld des Flämingbogens Schmelz-

Seenlandschaft in Brandenburg – Tiefe Rinnenseen, markante Höhenzüge und saftige Weiden machen die Landschaft auch bei Touristen beliebt.

Der Spreewald

1

2

3

Unter den Landschaften der Niederlausitz ist der Spreewald am bekanntesten. Die 16 km breite und 45 km lange Niederung des Glogau-Baruther Urstromtales wurde wegen ihrer besonderen Eigenart 1968 zum Landschaftsschutzgebiet erklärt. Seit jeher dient diese Landschaft – vor allem der Oberspreewald – der Bevölkerung des Berliner Raumes als Ausflugsziel, heute nutzen sie vor allem die Ost-Berliner als Naherholungsgebiet.
Die Flüsse Malxe und Spree spalten sich in viele Arme, sog. Fließe. Diese in Mitteleuropa einmalige Flußverästelung bringt es mit sich, daß die Wasserwege zum Teil die einzigen Verbindungen zwischen den Häusern und Feldern, Nachbarorten und -höfen (3) bilden. Die Anwohner besitzen meist die flachen Spreewaldkähne, die sie mit den 4 m langen hölzernen Staken über das Wasser bewegen. Auch der Besucher freut sich daran, auf den Flüssen in langsamer Fahrt an waldbewachsenen Ufern mit Wiesen und Gemüsefeldern vorüberzugleiten (4, 5, 6). Ein charakteristisches Bild bieten die Blockhäuser (1, 2, 3), die dicht an den Fließen auf künstlichen Bodenaufschüttungen (»Kaupen«) liegen. Und in einer der idyllischen Waldgaststätten bekommt man sicherlich eine gute Mahlzeit (7). Das Spreedorf Lehde (1, 2) ist ein besonders reizvoller Anziehungspunkt: neben der herrlichen Landschaft ist noch ein Freilicht-Museum mit originalgetreuen historischen Wohn- und Wirtschaftsräumen zu bewundern.
Die Gemüsefelder deuten auf den einzigen Reichtum der Landschaft hin. Denn das ganze Gebiet wird zu zwei Dritteln als Bauerngrünland und für den Anbau von Gurken, Kürbissen, Zwiebeln und anderen Gemüsesorten genutzt. Lübbenau, am Südwestrand des Oberspreewaldes, gilt als Zentrum der Gemüseverarbeitung. Von hier aus gelangen Tausende Tonnen von Salz-, Pfeffer- und Senfgurken in alle Teile der DDR (9, 10: Gurkenfabrik).
In den Talsandflächen des Spreewaldes siedelten ursprünglich die Sorben. Auch heute noch pflegen sie ihre Traditionen: Man trägt die alten sorbischen Trachten oder schmückt zumindest Puppen damit (8,11). B. W.-S.

4

5

6

7

8

9

10

11

Urstromtälern, wie er auch im mittelbrandenburgischen Havelgebiet anzutreffen ist. Doch im Unterschied zum westlichen Landesteil sind im Osten die landschaftlichen Grundformen großräumiger und klarer gegeneinander abgegrenzt.

Das Uckermärkische Hügelland im Norden ist einziger Repräsentant des Pommerschen Stadiums der Weichseleiszeit auf brandenburgischem Boden. Zwar erreicht das Jungmoränengebiet um Angermünde keine besonders herausragende Höhen, doch zeigt das kleinkammerige und unruhige Relief, in dessen Mulden zahlreiche Beckenseen eingelagert sind, die typische Formenvielfalt der norddeutschen Seenplatten der Weichsel-Eiszeit.

Die Uckermark wird im Süden und im Osten scharf durch eine deutliche Stufe gegen die angrenzenden Niederungen abgegrenzt. Bei Oderberg beträgt der Höhenunterschied zwischen dem Oder-Havel-Kanal und dem hier angrenzenden Endmoränenzug etwa 100 m. Im Osten fällt das Hügelland in einem weiten, steilhängigen Bogen bei Stolpe sowie bei Schwedt gegen hier weit nach Westen ausschwingende Altarme der Oder ab.

Im Westen liegt die Hauptendmoräne etwa auf der Linie Friedrichswalde–Joachimsthal. In ihrem südwestlichen Vorfeld schließt sich eine flach abfallende Sanderfläche an, in die einige Rinnenseen wie der Werbellinsee und der Groß-Döllner See eingetieft sind. Diese »Schorfheide« genannte Sanderfläche wird von einer zusammenhängenden Walddecke überzogen, in die einige kleine Seen und Moore eingelagert sind. Wald bedeckt auch die Höhen des Endmoränenbogens um das ehemalige Zisterzienserkloster Chorin und Oderberg. Südlich von Oderberg setzt sich die Endmoräne jenseits des Oder-Havel-Kanals in einem isolierten, 84 m hohen Horst fort, der im Osten von der heutigen Oder und im übrigen allseits von Altarmen der Oder (Alte Oder) umgeben ist. Das Hügelland um Angermünde wird weithin von Böden mittlerer Güte bedeckt, die ackerwirtschaftlich genutzt werden.

Das Eberswalder Urstromtal wird von dem historischen (18. Jh.), windungsreichen Finowkanal sowie – in harter gerader Parallelführung zu diesem – vom modernen Oder-Havel-Kanal durchzogen, der 1914 eröffnet wurde. Er wurde zum entscheidenden Teilabschnitt des »Berlin-Stettiner Großschiffahrtswegs«. Auf ihm können heute 1000-Tonnen-Schiffseinheiten verkehren. Im Bereich der Stadt Eberswalde wird das Tal durch einen Schwemmsandriegel unterbrochen, so daß die beiden Kanäle hier einen hochgelegenen Scheitelpunkt aufweisen. Dieser wurde im Falle des Finowkanals durch 17 Schleusen für die Schiffahrt passierbar. Der Oder-Havel-Kanal hält das Scheitelpunktwasser im Westen durch eine einzige Schleuse bei Oranienburg sowie ein Schiffshebewerk (1933 erbaut) bei Niederfinow neben einer vierstufigen Schleusentreppe auf einer langen schleusenfreien Strecke. Diese wird z. T. auf einem Kanaldamm erhöht durch das Eberswalder Tal geführt.

Südlich des Eberswalder Urstromtals erhebt sich die Ostbrandenburgische Platte. Sie wird auf allen Seiten von Niederungen umgrenzt, so im Westen von der Zehdenick-Spandauer Havelniederung, im Süden vom Berliner Urstromtal und im Osten und Nordosten vom Odertal, das sich unterhalb des Reitweiner Sporns zum Oderbruch erweitert. Die Platte weist eine west-östliche Längserstreckung von knapp 100 km auf bei einer mittleren Breite von 25 bis 45 km. Der größere Teil im Westen und in der Mitte der Platte wird »der Barnim« genannt. Im Südwesten des niedrigeren Westteils (Niederbarnim) liegen große Teile der Stadt Berlin. Der höhere Ostteil (Oberbarnim) im Dreieck Bad Freienwalde–Buckow–Bernau ist gleichzeitig der zentrale Kern der ganzen Platte. Im Südosten endet diese in der Lebuser Platte, an deren östlicher, von der Oder unterspülter Steilkante die Stadt Frankfurt liegt.

Die Oberfläche der Platte wird in ihren nördlichen Teilen von den Endmoränen des Frankfurter Stadiums der Weichsel-Eiszeit geprägt. Sie markieren etwa die Wasserscheide zwischen Oder und Spree. Im Oberbarnim (»Märkische Schweiz« bei Buckow) und auf der Lebuser Platte gestalten sie das Relief kuppig und bewegt. Hier werden Höhen bis zu 158 m (Semmelberg bei Bad Freienwalde) bzw. in der Lebuser Platte bis zu 135 m (Hirschberge bei Frankfurt) registriert. Der ganze Westteil der Platte, d. h. der Niederbarnim, hat demgegenüber eine weithin ebene Oberfläche. Dies trifft allgemein auch auf die südlichen Vorfelder der Endmoräne in allen Teilen der Platte zu, wo sich weite Sanderdecken auf das Moränenland gelegt haben. Hier finden sich einige eingeschnittene Seenrinnen, so in der Linie Rahmer See–Wandlitzsee nördlich und Kalksee–Stienitzsee–Straussee östlich von Berlin, ferner in weiter östlich gelegenen Rinnen (Peetzsee–Möllensee–Liebenberger See–Petersdorfer See–Schwarzer See u. a.). Die meisten dieser Waldseen werden von Zeltplätzen und Badestellen gesäumt. Das gilt auch für die Seen der Märkischen Schweiz (Scharmützelsee, Großer Klobichsee bei Buckow). Die waldoffenen Flächen der Ostbrandenburgischen Platte haben ganz überwiegend Ackerböden geringer Güte. Sie werden ackerwirtschaftlich genutzt. In der Nähe Berlins tritt der Obst- und Gemüsebau stärker in Erscheinung.

Die heutige Kulturlandschaft des Oderbruchs ist letztlich das Resultat der friderizianischen Moorkolonisation der zweiten Hälfte des 18. Jh. Es hat eine Länge von fast 60 km bei einer mittleren Breite von 16 km mit einer landwirtschaftlichen Nutzfläche von rund 70000 ha. Vor etwa 5000 bis 7000 Jahren war das Becken mit stehendem Wasser bedeckt, so daß sich eine tonige Schlickschicht an seinem Grunde absetzen konnte. Diese bildete das Ausgangsmaterial der heute hier vorherrschenden fruchtbaren Naßböden (Gleyböden). Die südwestliche Begrenzung bildet eine nahezu durchgängige scharfe Geländestufe mit einer Höhe von 15 bis 45 m. An ihrem Fuß läuft ein Rest früherer Oderläufe entlang (Alte Oder, Friedlandkanal), der zahlreiche Bäche aus dem Innern der Ostbrandenburgischen Platte aufnimmt und als Vorfluter bei Hohensaaten in die Oder abführt. Die Kolonisation des 18. Jh. betraf vor allem das Mittel- und Nieder-Oderbruch, d. h. Gebiete, die bis dahin weithin von Sümpfen, Gewässern und Auenwäldern bedeckt gewesen waren, während es im viel größeren Ober-Oderbruch (zwischen Wriezen und dem Reitweiner Sporn) bereits seit dem Spätmittelalter einen durch Dämme abgesicherten Ackerbau gab, der sich jedoch noch nicht auf die gesamte eingedeichte Bruchfläche erstreckte. Heute ist das Oderbruch überwiegend Akkerbaugebiet mit den Schwerpunkten des Gemüse-, Weizen- und Zuckerrübenbaus. Zentrum der landwirtschaftlichen Verarbeitungsindustrie ist (neben Frankfurt) Seelow am Fuße der Geländestufe (Seelower Höhen).

Im südlichen Vorfeld der Ostbrandenburgischen Platte erstreckt sich das Berliner Urstromtal, von jener durch eine überwiegend schwach ausgeprägte Stufe begrenzt, die sich auch im Stadtbild Berlins abbildet. Vor der Eröffnung des Oder-Spree-Kanals (1891) wurde das nahezu gerade verlaufende Tal auf fast seiner gesamten Länge von der Spree entwässert. Diese trifft bei Neubrück von Süden seitlich in das Tal und wendet sich in windungsreichem Lauf nach Westen, d. h. über Fürstenwalde zum Großen Müggelsee. Der Kanalbau führte zu einem Durchstechen des Sandriegels bei Müllrose mit dem Ziel einer Verbindung zur Oder bei Fürstenberg. Das Bett der Spree wurde lediglich auf etwa 22 km Länge genutzt und begradigt. Unterhalb Fürstenwalde löst sich die Kanaltrasse vom Flußbett und tritt in den Seddinsee auf Berliner Gebiet ein. Dafür blieb die malerische Talniederung der Spree von Hangelsberg bis Neu-Zittau ungestört erhalten. Sie wurde unter Landschaftsschutz gestellt und ist ein beliebtes Berliner Ausflugsziel. Der Oder-Spree-Kanal ist 83,7 km lang und hat fünf Schleusen. Sein Scheitelpunkt im Bereich Müllrose wird durch einen besonderen »Speisekanal« bei Neuhaus von der Spree mit Wasser versorgt. Er ist ausgelegt für Schiffseinheiten mit bis zu 750 t Tragfähigkeit und stellt die Verbindung Berlins mit dem Oberschlesischen Industrierevier her.

Südlich des Berliner Urstromtals schließt sich das ostbrandenburgische Heide- und Seengebiet an, dessen größerer

Oderlandschaft bei Eisenhüttenstadt. Das Landschaftsschutzgebiet Schlaubetal ist ein beliebtes Ausflugsziel.

Teil zum Bezirk Frankfurt gehört. Erdgeschichtlich handelt es sich wiederum um eine der großen brandenburgischen Jungmoränenplatten, die in der Weichseleiszeit gebildet wurden. In diesem Falle ist das Land ein durch zahlreiche Niederungen und Seenrinnen aufgegliedertes Grundmoränengebiet, an dessen Südrand der Endmoränenzug des Brandenburger Eisrandstadiums aufgeworfen wurde. Dieser ist in den ausgedehnten Forstgebieten von Peitz, Lieberose und Tauer nicht sehr deutlich ausgeprägt. Er erreicht hier Höhen bis zu 112 m (Spitzberg bei Lieberose), weiter im Westen, bei Märkisch Buchholz 144 m (Krausnicker Berge). So wird auch der Abfall zum Glogau-Baruther Urstromtal mit dem Spreewald nur örtlich durch eine deutliche Geländestufe markiert (so bei Peitz–Tauer und bei Schmogrow im Bezirk Cottbus). Um so deutlicher ist der Abfall zum Tal von Oder und Lausitzer Neiße in der Linie Eisenhüttenstadt–Kloster Neuzelle–Wilhelm-Pieck-Stadt Guben ausgeprägt: Zwischen Eisenhüttenstadt und Neuzelle beträgt der Unterschied zwischen der Höhe des Odertals und derjenigen der westlich angrenzenden Höhe immerhin rund 60 m.

Eine weitere landschaftliche Aufgliederung des Gebiets bietet sich auf der Grundlage der unterschiedlichen Höhenverhältnisse an. Die gesamte Platte wird in ihrem nördlichen Teil von drei in nordsüdlicher Ausrichtung verlaufenden Gewässerrinnen gegliedert. Im Westen ist dies der Scharmützelsee, ein langgestreckter, vom Erholungswesen stark beanspruchter Rinnensee, der über sein Südende hinaus auf eine sich weiter fortsetzende Seenkette bis hin zum Neuendorfer See verweist. Auf der Westseite dieser Rinne liegt die seenreiche Landschaft Storkow, während im Osten die im ganzen höhergelegene und in ihrer Oberfläche wenig gegliederte Beeskower Platte folgt. Diese wird ihrerseits im Osten von der Spree begrenzt, die vom Schwielochsee über Beeskow nach Norden zum Berliner Urstromtal fließt. Den weiteren Anschluß nach Osten bildet die recht eintönige Lieberoser Hochfläche, in die jedoch eine Anzahl Rinnenseen eingelassen ist, insbesondere die Schlaubetal-Seenrinne, die ebenfalls nach Norden bei Müllrose in das Berliner Urstromtal entwässert. Jenseits dieser Rinne wird die Lieberoser Hochfläche von der Gubener Platte abgelöst, die im Hutberg 162 m hoch ist.

Ausgeprägteste, weil am höchsten herausragende Hochflächen sind damit die Beeskower und Gubener Platten, während das Land Storkow im Westen und die Lieberoser Hochfläche im ganzen deutlich unter den hier vorgegebenen Höhenlagen bleiben.

Die beiden genannten Hochplatten zeigen darüber hinaus ein verhältnismäßig bewegtes, kuppiges Relief. Sie werden auf ihren Nord-, Ost- und Westseiten durch mehr oder weniger deutliche Stufenränder gegen die tiefergelegenen Nachbargebiete abgegrenzt. Mit Ausgangsbasis etwa im Schlaubetal breiten sich nach Süden zu weite Sanderflächen aus, die weithin von Waldflächen bedeckt sind.

Ziemlich waldoffen ist die weitere Umgebung von Beeskow mit Einschluß des größeren Teils der Beeskower Platte. Auch im Storkower Seengebiet finden sich kleinere, von Waldinseln und Seen durchsetzte Offenlandschaften. Diese weisen – ebenso wie das Beeskower Gebiet – geringwertige (z. T. sandige) Böden auf und werden überwiegend ackerwirtschaftlich genutzt.

Die zahlreichen Seen des Frankfurter Bezirks bilden das natürliche Naherholungs- und Wochenenderholungsrevier der Berliner und Frankfurter, für die die Seen um Teupitz, Storkow und Erkner im Reisebereich einer Eisenbahn- bzw. Autostunde liegen. Aus diesem Grunde setzte bereits nach der Reichsgründung von 1871 mit dem wachsenden Ausbauboom der Reichshauptstadt der Zugriff der Großstädter auf die wassernahen Erholungsflächen dieses Raumes ein. So wurden bereits vor dem Ersten Weltkrieg die Ufer einiger Seen um Erkner (Seen bei Grünheide) nahezu restlos verbaut. Diese Tendenz setzte sich in der Zwischenkriegszeit fort und erfaßte auch Seen, die von Berlin weiter entfernt sind, und in der Gegenwart ist sogar noch eine Verstärkung dieser Entwicklung zu beobachten.

Angesichts der jahrzehntelang hart begrenzten Bewegungsfreiheit der Bewohner der Deutschen Demokratischen Republik suchten viele, die es sich leisten konnten, ein Stück Land an einem Gewässer, sei es Fluß oder See, in erreichbarer Entfernung vom großstädtischen Wohnort, um ein Wochenendhaus oder eine Gartenlaube, wie im Russischen allgemein nur Datscha genannt, zu errichten. So entstanden an zahlreichen attraktiven See- und Flußufern des Bezirks Frankfurt wahre Schwärme von legal oder illegal errichteten Erholungshäuschen, so daß von den zur Erholung geeigneten Uferpartien heute nur noch ein kleiner Bruchteil als Badeufer für die Allgemeinheit zugänglich ist. Auch dem sozialistischen Staat ist es offenbar schwergefallen, diese Entwicklung aufzuhalten oder gar umzukehren.

Die Landschaften des Bezirks Cottbus

Der Bezirk Cottbus umfaßt den größeren Teil der Landschaft Lausitz westlich der Lausitzer Neiße. Die lausitzischen Gebiete um Sorau und Sommerfeld mußten 1945 an Polen abgetreten werden und werden heute von Polen bewohnt. Politisch-historisch setzt sich der Bezirk aus Teilen der ehemaligen preußischen Provinzen Brandenburg, Provinz Sachsen und Schlesien zusammen. Er ist somit eine historisch junge Verwaltungsschöpfung, die vor allem durch zwei Faktoren begründet wird: Der Bezirk faßt die gesamten lausitzischen

Braunkohlenfelder um Hoyerswerda, Senftenberg und Lauchhammer zusammen, die auf dem Grenzbereich der drei genannten historischen Provinzen liegen. Er bildet somit das »Kohle- und Energiezentrum« der DDR. Außerdem beherbergt er den größten Teil des sorbisch sprechenden Bevölkerungsteils der DDR.

In physisch-geographischer Hinsicht bildet das Lausitzer Becken- und Heideland den Kern des Bezirks. Es durchzieht diesen in westöstlicher Richtung und bildet geologisch den östlichen Teil des saalezeitlichen Altmoränenzugs, der im Fläming seine höchste Erhebung hat. Dieser breite Höhenzug wird im Norden von der Spreewaldniederung begrenzt, im Süden von der Talaue der Schwarzen Elster und deren südlicher Randstufe. Im Westen besteht sogar streckenweise eine Berührung des Bezirksgebietes mit der Elbe oberhalb der Mündung der Schwarzen Elster. Im Osten fehlt eine landschaftlich vorgegebene Begrenzung. Die schmale Lausitzer Neiße durchfließt eine landschaftlich homogene Moränenfläche. Die junge Grenzfunktion gerade dieses Flusses hat keine geographische Logik.

Den Norden des Cottbuser Bezirks nimmt die Niederung des Spreewaldes ein, die sich in den Niederungszug des Glogau-Baruther Urstromtals einfügt. Dabei handelt es sich um ein feuchtes Niederungsgebiet, das von Talsanden und Grundmoräneninseln durchsetzt ist. Es wird gekennzeichnet durch einen hohen Grundwasserstand. Neben gelegentlichen sommerlichen Trockenperioden treten in Zeiten starker Wasserführung der Spree und ihres rechten Nebenflusses Malxe Hochwasserphasen auf. Durch Errichtung des Speicherbeckens bei Spremberg an der Spree und der Peitzer Teiche wurde eine gewisse Wasserstandsregulierung im Spreewald möglich.

Der Unter-Spreewald nördlich von Lübben ist ein schmales, nordwärts gerichtetes Niederungsgebiet, das teils als Dauergrünland genutzt wird, teils von Wald (Bruchwald, Kiefernwald) bestanden wird. Den »eigentlichen« Spreewald, der im Sommer von Hunderttausenden von Ausflüglern wegen seiner einmaligen landschaftlichen Reize aufgesucht wird, bildet der Ober-Spreewald zwischen Lübben und Peitz. Dieser ist über 30 km lang und an seiner breitesten Stelle 12 km breit. Seine von Naßwiesen und Auewäldern eingenommene Fläche wird durch ein dichtes Geflecht von kleinen Gräben und größeren Vorflutern (»Fließen«) mühsam entwässert. Im Bereich von Burg schalten sich inselhaft Ackerbauflächen in die sumpfige Niederung ein, die z.T. durch Gemüseanbau genutzt werden. Allein dieser relativ trockene Bereich wird von festen Wegen erschlossen, während die übrigen Teile des Spreewaldes, die von nassen Wiesen eingenommen werden, nur mit Kähnen erreichbar sind. Dies gilt auch für den forstwirtschaftlich genutzten Teil nördlich des Großen Fließes. Einer stärkeren Erschließung und Melioration des Spreewaldes steht das Interesse an der Erhaltung dieser in Deutschland einmaligen amphibischen Sumpflandschaft entgegen. Ausgangspunkt des lebhaften Spreewaldtourismus ist seit Theodor Fontanes Zeiten das Städtchen Lübbenau. Der Oberlauf der Malxe tritt bei Forst dicht an den Lauf der Lausitzer Neiße heran, so daß hier die Wasserscheide zwischen Elbe(-Spree) und Oder(-Neiße) im Forster Stadtgebiet liegt.

Der sich südlich anschließende breite Lausitzer Altmoränenrücken (Lausitzer Becken- und Heideland) trägt in der Linie Senftenberg–Spremberg–Bad Muskau die Endmoräne des Warthestadiums der Saaleeiszeit, den sogenannten Lausitzer Grenzwall. Dieser erreicht Höhen von über 150 m. Das nördlich dieser Linie gelegene Land hat von Natur aus eine wenig gegliederte Oberfläche, die teils von Wald bedeckt, teils ackerwirtschaftlich genutzt wird. An seiner Grenze zur Spreewaldniederung liegt die Bezirkshauptstadt Cottbus, z.T. auf einem Schwemmsandfächer. Auch im nördlichen Bereich der Altmoräne wird die Kulturlandschaft zunehmend von künstlichen Abraumhalden und -kippen sowie Tagebaugruben des Braunkohleabbaus geprägt, besonders im Dreieck Calau–Lübbenau–Luckau.

Landschaftszerstörung ohne Beispiel

Eigentliches Zentrum der extremen Landschaftsumgestaltung durch den Braunkohlenbergbau ist jedoch die dem Endmoränenzug südlich vorgelagerte Sander- und Moränenfläche, die sich zur Talniederung der Schwarzen Elster abdacht. Dieser Talzug wird im Raum Senftenberg vom Bergbau auf breiter Front südwärts überschritten.

Der Braunkohlentagebau, der in der Umgebung von Senftenberg in größerem Umfang in der Zeit nach der Reichsgründung einsetzte, hat in der Gegenwart nicht nur die Kulturlandschaft der Niederlausitz, sondern darüber hinaus das gesamte natürliche Milieu einschließlich der Oberflächenformen und Gewässerlagen umfassend verändert. Die Rekultivierung ist bisher nicht über Anfänge hinausgelangt, so daß von einer Landschaftszerstörung gesprochen werden muß, wie sie in diesem Umfang auf deutschem Boden ohne Beispiel ist.

Der Braunkohlenabbau entfernt sich gegenwärtig von seinem ursprünglichen Zentrum bei Senftenberg in östlicher (Raum Spremberg–Hoyerswerda) und westlicher (Raum Lauchhammer–Bad Liedenwerda) Richtung. Auch im Gebiet von Lübbenau werden bereits größere Flächen erfaßt. Bei der Aufschließung der beiden in der Tertiärzeit entstandenen produktiven Kohleflöze (Oberflöz, Unterflöz) werden die geologisch jüngeren (pleistozänen bzw. holozänen) Deckschichten entfernt und als Abraum auf Halden verkippt. Mit zunehmender Entfernung vom Zentrum des Abbaus nimmt auch die Mächtigkeit der (überwiegend unproduktiven) Deckschichten zu. Derzeit müssen, ehe eine Tonne Braunkohle gefördert werden kann, etwa fünf Tonnen Abraum entfernt werden. Das Tempo der Landschaftszerstörung in der Niederlausitz mag durch folgende Zahlen verdeutlicht werden: Im Jahre 1960 gab es im Bezirk Cottbus eine Abbaulandfläche von 10889 ha, bis zum Jahre 1970 war sie auf 28392 ha angewachsen und 1980 betrug sie 32045 ha (das sind 3,9% des gesamten Bezirksterritoriums).

Durch die Anlage der Tagebaugruben, deren Durchmesser 6 km und mehr beträgt, wurde auf einem Gebiet von über 1000 km^2 der Grundwasserspiegel abgesenkt. Dies führte zu einer weiteren Minderung der ohnehin geringen Ertragsfähigkeit der meist sandigen Ackerböden in diesem Raum. Auch die Wasserführung der Flüsse – vor allem der Spree und der Schwarzen Elster – wird durch die nahen Abbaugruben gestört. Der Flußlauf der Spree mußte bereits verschiedentlich verlegt werden. Der enorme Wasserbedarf der lausitzischen Großkraftwerke, um deretwillen die Landschaftszerstörung vorgenommen wird, kann nicht durch Inanspruchnahme der über 230 Tagebaurestseen gedeckt werden. Aus abgesoffenen Tagebaugruben wurden bereits bei Hoyerswerda und bei Senftenberg (Tagebaurestloch Niemtsch mit fast 10 km^2) Erholungszonen geschaffen. Der Wasserbedarfsdeckung der Kraftwerke dienen einige neu angelegte Stauseen (bei Spremberg, Lohsa u.a.). So haben sich die Wasserflächen des Bezirks Cottbus auf verschiedene Weise von (1960) 6574 auf (1980) 12790 ha fast verdoppelt. Diese Tendenz könnte, sollte in Zukunft die Umwandlung der Tagebaurestseen in Erholungszonen noch zunehmen, zu einer positiven Entwicklung des spärlichen natürlichen Erholungspotentials der Lausitz beitragen.

Einstweilen überwiegen jedoch im ganzen eindeutig die zerstörerischen Aspekte der Umweltveränderungen. Dies wird außer an den beschriebenen Oberflächenumgestaltungen auch an der Verschmutzung der Gewässer deutlich. So werden sowohl die Spree als auch die Schwarze Elster durch die Einleitung von Industrieabwässern und unzureichend geklärten städtischen Abwässern in ihrer Wasserqualität beeinträchtigt. Die Einspeisung stark belasteter Grubenwässer wirkt in dieselbe Richtung. Die Inbetriebnahme der Flußkläranlage Laubusch an der Schwarzen Elster kann als ein Schritt in Richtung auf eine Verminderung der vielfältigen Umweltschäden in dieser schwerbelasteten Region gewertet werden.

Erinnerungen an die Wanderungen in der Mark: Das Fontane-Denkmal in Neuruppin

EKKEHARD BUCHHOFER

Städte-ABC der Bezirke Brandenburgs

(Es handelt sich um eine Auswahl sehens- und bemerkenswerter Orte. Die Einwohnerzahlen sind gerundet.)

Angermünde, 12000 Ew. – Kreisstadt im Bezirk Frankfurt/O. Mitte des 13. Jh. Stadtgründung. Heute: Bahnknoten und Zentrum eines Landwirtschafts- und Erholungsgebiets. Sehenswert: Marienkirche (13.–15. Jh.), Klosterkirche (1300)

Bad Freienwalde/Oder, 11000 Ew. – Kreisstadt und Hauptort des Oberbarnim, am Rande des Oderbruchs (Bezirk Frankfurt/O.). Kurort und Moorbad. Traditionsreiche Sommerfrische der Berliner in lieblicher Umgebung. Ziegeleien und Lebensmittelindustrie. Sehenswert: Schloß (heute Kulturhaus, Wohnstätte Walter Rathenaus 1909–1922)

Bad Muskau, 6000 Ew. – Kur- und Erholungsort an der Lausitzer Neiße (Bezirk Cottbus). 12. Jh. kirchlicher Mittelpunkt, später Sitz der Herrschaft Muskau. 1361 Wasserburg (Neubau 15.–17. Jh.; 1945 ausgebrannt). Moorbad, Kneippbad, Eisenvitriolquelle. Papierindustrie, Elektromaschinenbau. Sehenswert: Landschaftspark (ca. 1000 ha beidseits der Neiße), eingerichtet (1815–1845) von dem Fürsten Hermann Pückler-Muskau

Belzig, 7000 Ew. – Kreisstadt im Hohen Fläming (Bezirk Potsdam). Im Mittelalter Grenzfeste und Marktsiedlung. Stadtrechte im 18. Jh. Sehenswert: Feste Eisenhardt (15. Jh.) mit Bergfried (Butterturm)

Bernau bei Berlin, 19000 Ew. – Kreisstadt im Niederbarnim (Bezirk Frankfurt/O.). 13. Jh. von den Markgrafen von Brandenburg gegründet, 1232 erstmals als Stadt erwähnt, 1432 erfolgreiche Verteidigung gegen die Hussiten. Wohnvorort von Berlin. Nahrungsmittelindustrie. Sehenswert: Stadtbefestigung, Hungerturm und Steintor (15. Jh.). Bernau ist Sitz der Hochschule des FDGB.

Brandenburg/Havel, 95000 Ew. – kreisfreie Stadt und Bahnknoten (Bezirk Potsdam). Die Stadt ging aus drei historischen Kernen hervor: Altstadt (12. Jh., Ackerbürgerstadt), Neustadt (13. Jh., Kaufmanns- und Marktsiedlung), Dombezirk. Im Mittelalter war Brandenburg Vorort der märkischen Städte, verlor später seine herausragende Stellung an Berlin. Im 19. Jh. Entwicklung der Textilindustrie, zu Beginn des 20. Jh. metallverarbeitende Industrien (Stahl- und Walzwerke, Fahrzeugbau u. a.), die heute dominieren. Nach dem Zweiten Weltkrieg wurde die Stadt durch Eingemeindung von Kirchmöser und Plaue (mit dem Naherholungsgebiet um die Plauer Seen) stark nach Westen erweitert. Neue große Wohngebiete: »Brandenburg-Nord« (seit 1959) und »Dimitroffallee« (seit 1972). Brandenburg ist Theaterstandort. Sehenswert: Domkirche (ab 12. Jh.); in der Neustadt: Stadtbefestigung mit zwei Tortürmen, Katharinenkirche (15. Jh.); in der Altstadt: Altstädter Rathaus mit Roland (15. Jh.), Nikolaikirche (13. Jh.); in Plaue: Gartenstadt (1915–1920, von H. Tessenow); Aussichtspunkt (Friedenswarte auf dem Marienberg)

Buckow, 2400 Ew. – Erholungszentrum der Märkischen Schweiz, am Südostabhang des Oberbarnim (Bezirk Frankfurt/O.). Ursprünglich Grenzfeste zwischen Barnim und dem Land Lebus. Wald- und seenreiche Umgebung. Aufenthaltsort Bert Brechts (bis 1956)

Cottbus, 129000 Ew. – Bezirkshauptstadt seit 1952, Hauptort der Niederlausitz, am linken Ufer der Spree. 1156 Burg erwähnt, Ende des 12. Jh. Marktsiedlung. Traditionsreiches Zentrum der Tuchmacherei und Leinenweberei. 1865–1876 Ausbau zum Eisenbahnknoten, der jedoch 1945 durch die Festlegung der Oder-Neiße-Grenze in eine Randlage geraten ist. Mit dem Aufkommen des lausitzischen Braunkohlenbergbaus in der zweiten Hälfte des 19. Jh. vermehrt Industrieansiedlung. Heute vor allem Dienstleistungszentrum des gleichnamigen Bezirks. Industrie: Textilkombinat, Reichsbahnausbesserungswerk, Nahrungs- und Genußmittelbranchen, Möbelherstellung. Cottbus ist auch Sitz einiger großer Bauunternehmen. Ab 1964 erhielt die Stadt neben der historischen Altstadt ein neues Zentrum mit einigen öffentlichen Großbauten, die die neue Rolle der Stadt als Bezirkszentrum unterstreichen. In den Außenbezirken entstanden große neue Wohnsiedlungen (Sandow u. a.), insbesondere für Arbeiter des nahen Braunkohlenbergbaus. Cottbus ist Theaterstandort, Sitz eines Sinfonieorchesters, einer Ingenieurhochschule für das Bauwesen. Sehenswert: Reste der Stadtbefestigung mit dem Spremberger Turm, Klosterkirche (13. Jh.), Oberkirche (12. Jh.), alte Handwerkerhäuser am Altmarkt, am Mühlgraben und in der Sandower Straße, Theater (1908 im Jugendstil erbaut), Schloß Branitz (1772) mit dem Landschaftspark (1846–1888) des Fürsten Pückler-Muskau

Eberswalde-Finow, 54000 Ew. – Doppelstadt (1970 entstanden durch Zusammenschluß der Kreisstadt Eberswalde mit der benachbarten Industriegemeinde Finow) am Finowkanal und am Oder-Havel-Kanal gelegen (Bezirk Frankfurt/O.). Traditionsreicher Standort der eisen- und stahlverarbeitenden Industrien (heute: Kranbau, Reichsbahnausbesserungswerk, Kaltwalzwerk Finow). Sitz eines Instituts für Forstwissenschaften (ursprünglich Staatliche Forstakademie von 1830). Sehenswert: Technisches Denkmal Schiffshebewerk Niederfinow im Osten von Eberswalde

Eisenhüttenstadt, 48000 Ew. – Stadtkreis an der Oder (Bezirk Frankfurt/O.). 1961 entstanden durch Zusammenschluß der beiden Städte Fürstenberg/Oder, eines alten Oderhafenorts, und Stalinstadt, einer seit 1951 im Zuge des Aufbaus des Eisenhüttenkombinats Ost (EKO) errichteten »Sozialistischen Stadt« (»Erste Sozialistische Stadt« der DDR). Wohnort für die Beschäftigten des Kombinats. Außer dem EKO fleischverarbeitende Industrie und Massengüterhafen für das Hüttenwerk. Sehenswert: Neues Stadtzentrum um den »Zentralen Platz«

Elsterwerda, 11000 Ew. – zentraler und größter Ort des Kreises Bad Liebenwerda (Bezirk Cottbus). 14. Jh. Marktort. Erstrangiger Bahn- und Straßenknoten. Vielseitige Industrie (Metallwarenherstellung u. a.). Sehenswert: Schloß (18. Jh.)

Fehrbellin, 3000 Ew. – Landstadt am Rhinluch, am Nordrand des Ländchens Bellin (Bezirk Potsdam). 1294 bis 1571 Besitz des Bistums Havelberg. Ursprünglich Bellin, seit dem 17. Jh. wegen der Fähre über den Rhin Fehrbellin genannt. Textilindustrie (Aufbereitung von organischen Rohstoffen). In der Nähe Denkmäler zur Erinnerung an die Schlacht bei Fehrbellin (1675)

Finsterwalde, 24000 Ew. – Kreisstadt in der Niederlausitz (Bezirk Cottbus). Elektromaschinenbau, Textil- und Möbelindustrie. Sehenswert: Schloß und Kurtsburg (16. Jh.)

Forst/Lausitz, 26000 Ew. – Kreisstadt (vor 1945 kreisfreie Stadt) an der Lausitzer Neiße (Bezirk Cottbus). Eisenbahngrenzübergang. Traditionsreiches Zentrum der Tuchfabrikation (Webereien). Einseitige Ausrichtung der örtlichen Textilindustrie auf weibliche Arbeitskräfte, daher pendeln viele Männer zur Arbeit nach Cottbus und Guben. Forst hat eine Ingenieurschule für Textiltechnik.

Frankfurt/Oder, 87300 Ew. – Bezirkshauptstadt seit 1952 (vor 1947 Hauptstadt des preußischen Regierungsbezirks Frankfurt). 1253 neben einer Marktsiedlung gegründet. Gehörte vom 14. bis 16. Jh. zur Hanse. 17./18. Jh. Messen für den deutsch-polnischen Handel wichtig. 16. Jh. bedeutende Buchdruckerstadt, 1506 erste brandenburgische Universität. Verkehrsknotenpunkt, Eisenbahn- und Straßengrenzübergang, Oder-Fahrgastschiffahrt nach Eisenhüttenstadt und Schwedt, Dienstleistungszentrum für die östlichen Grenzgebiete der DDR. Die Industrie ist verhältnismäßig schwach entwickelt (elektrotechnische Industrie, Nahrungsmittelindustrie), so daß es viele Auspendler zum Hüttenzentrum EKO in Eisenhüttenstadt gibt; daneben zahlreiche Arbeitspendler aus den benachbarten polnischen Gebieten. Das gegenwärtige Stadtbild ist gekennzeichnet durch den nüchternen Wiederaufbau der schwer (70%) kriegszerstörten Stadt, insbesondere ihres historischen Stadtzentrums. Geburtsort Heinrich von Kleists. Frankfurt/O. beherbergt ein Theater (Kleist-Theater), eine Kunstgalerie, eine Kleist-Forschungsstätte. Sehenswert: Rathaus (15. Jh., restauriert), Nikolaikirche (14. Jh., als Konzerthalle restauriert), Heinrich-von-Kleist-Gedenkstätte

Fürstenberg/Havel, 6000 Ew. - Uckermärkische Landstadt im Kreis Gransee, zwischen zwei Havelseen malerisch gelegen (Bezirk Potsdam). 1305 erstmals erwähnt, 1318 Stadtrecht, 1348 bis 1950 mecklenburgisch. Sehenswert: Stadtkirche (19. Jh.), Schloß (18. Jh., heute Krankenhaus); im Ortsteil Ravensbrück Nationale Mahn- und Gedenkstätte für die Opfer des hier von 1939 bis 1945 betriebenen Frauen-KZ

Fürstenwalde/Spree, 35000 Ew. - Kreisstadt im Bezirk Frankfurt/O. Bedeutendes Industrie- und Einpendlerzentrum zwischen Berlin und Frankfurt (chemische Industrie, Maschinenbau). Sehenswert: Rathaus (16. Jh.) und Marienkirche (15. Jh., beide restauriert). Frankfurt hat zwei Ingenieurfachschulen.

Gransee, 5000 Ew. - Kreisstadt im Norden Berlins (Bezirk Potsdam). Gründung des Markgrafen Johann I. von Brandenburg, erhielt 1262 Brandenburger Stadtrecht. Alte Marktsiedlung mit dem typischen Grundriß der Ostkolonisation. Nahrungsmittelindustrie. Sehenswert: Marienkirche (13./14. Jh.), Stadtbefestigung, Luisendenkmal von K. F. Schinkel (1811)

Hoyerswerda, 69000 Ew. - Kreisstadt im Bezirk Cottbus, bestehend aus dem historischen Städtchen Hoyerswerda (1268 erstmals als deutscher Herrschaftssitz bezeugt, 1371 Marktrecht) im Westen und der neuen »Sozialistischen Stadt« im Osten (Wohnbasis des Braunkohle-Energie-Kombinats »Schwarze Pumpe«). Verkehrsknotenpunkt und Dienstleistungszentrum sowie Sitz größerer Bauunternehmen. Die Industrie ist im Ort selber nur schwach vertreten.

Jüterbog, 13000 Ew. - Kreisstadt im Fläming (Bezirk Potsdam). Eisenbahn- und Straßenknotenpunkt, umgeben von Militärlagern. Metallwaren-, Möbel- und Konservenindustrie. Die Stadt hat drei mittelalterliche Kerne (Altstadt, Dammvorstadt, Neumarkt). Sehenswert: Stadtbefestigung der Altstadt mit Toren, Rathaus (15.-16. Jh.), Nikolaikirche (13. Jh.), Franziskanerkloster (16. Jh.), Abtshof (16. Jh.); nördlich der Stadt Kloster Zinna (als Zisterzienserkloster 1170 gegr., Bauten des 13.-15. Jh.; friderizianische Weber- und Spinnerkolonie des 18. Jh.)

Königs Wusterhausen, 19000 Ew. - Kreisstadt am südöstlichen Stadtrand von Ost-Berlin (Bezirk Potsdam), am Berliner Autobahnring. 1935 Stadt. Baumaterialindustrie, Großindustrie im benachbarten Wildau (Schwermaschinenbau). Sehenswert: Schloß (ab 16. Jh.; Ort des königlichen »Tabakskollegiums«), Funktürme (bis 243 m hoch) der Rundfunksendeanlage des Deutschlandsenders (1920 erste deutsche Rundfunksendung)

Kyritz, 10000 Ew. - Kreisstadt in der südlichen Prignitz (Bezirk Potsdam), unweit der Kyritzer Seenrinne. Lebensmittelindustrie (Großkühlhaus, Kartoffelstärkefabrik), zentraler Agrarflugplatz für die nordwestl. DDR. Planmäßige mittelalterliche Stadtanlage. Sehenswert: Marienkirche (14.-19. Jh.), Rathaus (19. Jh.)

Lauchhammer, 24000 Ew. - Stadt im Kreis Senftenberg (Bezirk Cottbus), an der Schwarzen Elster, am Südrand eines ausgekohlten Braunkohlefelds. Die weitläufige Siedlung wird durch ausgekohlte Gruben und Haldenflächen zerrissen und gliedert sich in vier große Stadtteile (L., L.-West, L.-Ost, L.-Süd). Braunkohlenindustrie (Gaserei und Kokerei, Gasfernleitungsstern), Schwermaschinenbau. Im benachbarten Schwarzheide chemische Industrie

Lebus, 1600 Ew. - Stadt im Kreis Seelow (Bezirk Frankfurt/O.), am hohen linken Oderufer unterhalb Frankfurts gelegen. Ehemaliger Bischofssitz (12.-16. Jh., zunächst unter dem Erzbistum Magdeburg, später unter dem von Gnesen; in Polen wird das 1945 polnisch gewordene östliche Brandenburg »Lebuser Land«/Ziemia Lubuska genannt)

Lübben/Spreewald, 14000 Ew. - Kreisstadt an der Spree, zwischen Ober- und Unter-Spreewald gelegen (Bezirk Cottbus). Eisenbahn- und Straßenknotenpunkt. Genußmittelindustrie, Teichwirtschaft. Die Altstadt wurde im Mai 1945 zerstört. Sehenswert: Schloß (17. Jh.), Paul-Gerhardt-Kirche, Ständehaus (18. Jh.)

Lübbenau/Spreewald, 21000 Ew. - Stadt am Südrand des Ober-Spreewaldes (Bezirk Cottbus). 1301 Burg. Zentrum der Braunkohlenindustrie (Tagebau, Großkraftwerk), Zentrum der Gemüseverarbeitung, Ausgangsort für Spreewaldbesuche. Erheblicher Ausbau der alten Kleinstadt (1950: 5500 Ew.), besonders seit 1957 (Lübbenau-Neustadt nahe dem neuen Kraftwerk). Sehenswert: Schloß mit Schloßpark (19. Jh.), Spreewaldmuseum, Freilichtmuseum in Lehde

Luckenwalde, 27000 Ew. - Kreisstadt im Süden Berlins (Bezirk Potsdam). Industriestadt mit vielseitiger Industrie (Maschinenbau, Leichtindustrien), im 18.-19. Jh. Zentrum der Tuchmacherei. Sehenswert: Johanniskirche (15.-19. Jh.), Marktturm, Fabrikbau und Wohnsiedlung von E. Mendelsohn (1919/20). Luckenwalde hat eine pädagogische Fachschule.

Nauen, 12000 Ew. - Kreisstadt im Westen Berlins (Bezirk Potsdam). Zuckerfabrik (seit 1888). Sehenswert: Wohnbauten Karl-Thon-Platz (1929), Großfunkstation mit Werksiedlung (von H. Muthesius 1917/19)

Neuruppin, 27000 Ew. - Kreisstadt am Ruppiner See, Hauptort des Ruppiner Landes (Bezirk Potsdam). 13. Jh. Gründung, 1256 Stendaler Stadtrecht. Frühklassizistische Stadtanlage (Neuaufbau nach dem Brand von 1787). Neubaugebiet Süd mit Gewerbegebiet. Geburtsort von K. F. Schinkel und Th. Fontane. Sehenswert: Marienkirche (19. Jh.), Tempelgarten (18. Jh.), Klosterkirche (ab 13. Jh.), Siechenhauskapelle (15. Jh.), Schinkel-Denkmal, Fontane-Denkmal

Oranienburg, 28000 Ew. - Kreisstadt im Nordwesten Berlins (Bezirk Potsdam), an der Havel, allseits von Kanälen eingefaßt (Oranienburger Kanal, Oder-Havel-Kanal). 1216 Burg Bötzow genannt. Metallverarbeitende und chemische Industrie. S-Bahn-Verbindung nach Ost-Berlin (lebhafte Auspendlerbewegung dorthin). Barocke Stadtanlage des 17. Jh. 1945 starke Zerstörungen im Zentrum. Sehenswert: Schloß im Schloßpark, Lustgarten und Orangerie, Nikolaikirche (19. Jh.), Nationale Mahn- und Gedenkstätte Sachsenhausen auf dem Gelände des ehemaligen KZ

Potsdam, 138000 Ew. - Bezirkshauptstadt inmitten des Potsdamer Havelseengebiets, im Innenraum des Berliner Autobahn- und Eisenbahnringes. Mittelalterlicher Burgort an einem Havelübergang, seit dem 17. Jh. Residenzstadt, im 18. Jh. unter Friedrich d. Gr. und seinem Architekten G. W. v. Knobelsdorff glanzvoll ausgebaut. Später wirkten Langhans, Schinkel, Lenné, Fürst Pückler u. a. an der baulichen Ausgestaltung mit. Bis zum Ende des wilhelminischen Kaiserreichs blieb Potsdam vor allem Residenz-, Militär- und Beamtenstadt, aus der die industrielle Entwicklung weitgehend ferngehalten wurde. Einige Industrieansiedlungen gab es vor 1914 in der benachbarten Spinner- und Weberkolonie des 18. Jh. Nowawes (heute Babelsberg), wo ab 1917 die Universum Film AG (UFA) ein ausgedehntes Ateliergelände bebaute (heute: DEFA-Spielfilm-Studios). 1945 wurden Teile der Innenstadt mit historischen Baudenkmälern (Stadtschloß, Garnisonkirche, Bauten am Alten Markt) zerstört (ab 1952 moderner Neuaufbau). Potsdam ist Verwaltungs- und Kulturzentrum des westlichen Brandenburgs und erfüllt für diesen Raum Funktionen eines Oberzentrums, nachdem Berlin diese Position hier nicht mehr einnehmen kann. Außerdem: vielseitiger Industriestandort, Hochschulstandort (Pädagogische Hochschule, medizinische Akademie, Akademie für Staats- und Rechtswissenschaften, Filmhochschule Babelsberg), Standort zweier Theater, eines Sinfonieorchesters, des Filmmuseums der DDR, des Deutschen Zentralarchivs. Sehenswert: Die ganze Stadt mit ihrer näheren Umgebung (barocke Residenz, Landschaftsparks mit Schlössern und zahlreichen weiteren, z. T. skurrilen »Sehenswürdigkeiten«). Einige wenige Objekte seien hervorgehoben: Schloß und Park Sanssouci (18. Jh.) mit mehreren Palais, Denkmälern usw.; Schloß und Park Charlottenhof (19. Jh.); stadtbildbeherrschend: Nikolaikirche (19. Jh.), Rathaus (18. Jh., heute Kulturhaus »Hans Marchwitza«), Interhotel (1967/1969); weitere Bauten im Stadtbereich: Französische Kirche (18. Jh.), Nauener und Brandenburger Tor (18. Jh.), Alte Wache (18. Jh.), historisches Platzensemble Neuer Markt, Holländisches Viertel (18. Jh.); in der Brandenburger Vorstadt ehemalige Gardeulanenkaserne (Sparkasse, 19. Jh.); außerhalb: Schloß Cecilienhof (Ort der »Potsdamer Konferenz« 1945), Turmteleskop Einsteinturm (1920/1921, von E. Mendelsohn), Schloß und Park Babelsberg (19. Jh.), Weberkolonie Nowawes (19. Jh.), Jagdschloß Stern (18. Jh.) u. a.

Pritzwalk, 12000 Ew. - Kreisstadt

1

2

3

4

5

Angermünde in der Uckermark (1). Brandenburg, Mittelpunkt des Havellandes, die Katharinenkirche (2). Das neue Stadtzentrum von Cottbus (3). Blick über Jüterbog. Erhalten sind Stadttore und Backsteingotik-Hallenkirchen (4). Wusterhausen an der Dosse (5).

und Hauptort der Ost-Prignitz (Bezirk Potsdam). Nahrungsmittelindustrie (Großbäckerei, Fleisch- und Milchverarbeitung). Mittelalterliche Stadtanlage (1821 schwere Zerstörung durch Stadtbrand). Sehenswert: Stadtpfarrkirche (13.-19. Jh.)

Rathenow, 32000 Ew. - Kreisstadt an der Havel (Bezirk Potsdam), an einem alten Havelübergang zwischen Mittel- und Altmark. 1295 Stadtrechte. Verkehrsknotenpunkt. Optische Industrie und Möbelherstellung. Zwei alte Stadtbereiche: mittelalterliche Altstadt (1945 schwer zerstört), barocke Neustadt (18. Jh.). Baumaterialindustrie. Sehenswert: Schleusenplatz mit Denkmal Friedrich Wilhelms I. (18. Jh.), Pfarrkirche (15.-16. Jh.), Kreiskulturhaus (1956/1958)

Rheinsberg, 5000 Ew. - im Kreis Neuruppin, am Rheinsberger See (Bezirk Potsdam). Energiegewinnung (Kernkraftwerk »Bruno Leuschner« von 1960/1968 am nahen Stechlinsee). Barocke Stadtanlage von G. W. v. Knobelsdorff (nach Brand von 1740). Aufenthaltsort des jungen Friedrich d. Gr. Sehenswert: Schloß (18. Jh., heute Sanatorium) mit Schloßpark

Schwedt/Oder, 53000 Ew. - kreisfreie Stadt am hohen linken Oderufer (Bezirk Frankfurt/O.). 1945 schwer zerstört. Umfassender Neuaufbau als »Sozialistische Stadt« im Zuge der Errichtung einer Papierfabrik und vor allem des Stammbetriebs des VEB Petrolchemisches Kombinat (beide ab 1959). Die neue Stadt wird gegenwärtig zum führenden Dienstleistungszentrum an der unteren Oder entwickelt und soll offenbar Teilfunktionen des 1945 polnisch gewordenen nahen Oberzentrums Stettin übernehmen.

Senftenberg, 32000 Ew. - Kreisstadt und Bahnknoten an der Schwarzen Elster (Bezirk Cottbus). 13. Jh. Gründung. Historisches Zentrum des lausitzischen Braunkohlenbergbaus. Südlich der Stadt ein ertrunkener Tagebau, der zu einem Erholungszentrum umgewandelt wurde (Senftenberger See). Die nahe Umgebung der Stadt ist auf allen Seiten durch die Erdbewegungen des Bergbaus geprägt. Senftenberg ist Sitz des »Theaters der Bergarbeiter«, eines Sinfonieorchesters und einer Ingenieurfachschule. Sehenswert: Schloß (16. Jh.), Pfarrkirche (15. Jh.)

Spremberg, 24500 Ew. - Kreisstadt an der oberen Spree (Bezirk Cottbus). Verkehrsknotenpunkt. Verschiedene Industrien. Unterhalb der Stadt das Speicherbecken Spremberg (Erholungsgebiet). Südlich der Stadt liegt das Braunkohleverarbeitungs-Kombinat »Schwarze Pumpe« und das Großkraftwerk Trattendorf. Sehenswert: Schloß (18. Jh.)

Teltow, 15000 Ew. - Stadt im Lande Teltow, am Teltowkanal, an der Grenze zu West-Berlin (Bezirk Potsdam). Elektrotechnische und Elektronik-Industrie, Baumaterialindustrie. Starke Orientierung auf das Zentrum Potsdam. Sehenswert: Schleuse am Teltowkanal (1902/05, technisches Denkmal)

Treuenbrietzen, 8000 Ew. - Stadt im Fläming (Bezirk Potsdam). Straßenknotenpunkt. Mittelalterliche Stadtanlage mit langgestrecktem Straßenmarkt (Großstraße). Sehenswert: Marienkirche (13. Jh.), Nikolaikirche (13. Jh.), Rathaus (18./19. Jh.), Heimatmuseum (ehemalige Hl.-Geist-Kapelle, 15. Jh.)

Weißwasser, 35000 Ew. - Kreisstadt im früher schlesischen Teil der Lausitz (Bezirk Cottbus). 13. Jh. Gründung. Verkehrsknotenpunkt nahe der Grenze zu Polen. Glasindustrie. Sehenswert: Jagdschloß (17.-19. Jh.)

Werder/Havel, 11000 Ew. - Stadt im Potsdamer Havelgebiet (Bezirk Potsdam). Der Ort kam 1317 an das Kloster Lehnin, 1542 wurde er kurfürstlich. Erholungsort, Mittelpunkt eines ausgedehnten Obstbaugebietes. Papier- und elektrotechnische Industrie. Ältester Stadtteil auf einer Havelinsel, ab 18. Jh. Ausdehnung der Stadt auf das Festland. Sehenswert: Heiliggeistkirche (19. Jh.), Landschaftspark am Schwielowsee (19. Jh., von P. J. Lenné), Obstbaumuseum

Wilhelm-Pieck-Stadt Guben, 35000 Ew. - Kreisstadt im Bezirk Cottbus, eigentlich westliche Vorstadt (Klostervorstadt) der seit 1945 durch die Oder-Neiße-Grenze geteilten Stadt Guben. Chemische Industrie (Kunstfaserwerk). Viele Arbeitspendler aus den polnischen Stadtteilen rechts der Neiße

Wittstock, 14000 Ew. - Kreisstadt in der Ost-Prignitz (Bezirk Potsdam). Anfang 13. Jh. Stadtgründung, seit 1270 Residenz der Bischöfe von Havelberg. Verkehrsknotenpunkt. Etwas Leicht- und Lebensmittelindustrie. Birnenförmiger mittelalterlicher Stadtgrundriß. Sehenswert: Marienkirche (14./15. Jh.), Gröper Torturm (14. Jh.) und zahlreiche Wehrtürme, Bischofsburg (13. Jh.)

Zossen, 6500 Ew. - Kreisstadt südlich Berlins, am Nottekanal (Bezirk Potsdam). Etwas metallverarbeitende Industrie und Nahrungsmittelindustrie. Sehenswert: historische Kalkschachtöfen (technisches Denkmal)

EKKEHARD BUCHHOFER

Wirtschafts- und Sozialstruktur der Bezirke Brandenburgs

In der Mitte Brandenburgs liegt das ausgedehnte, etwa 30 × 45 km große Territorium Groß-Berlins, auf das alle historisch angelegten bedeutenderen Verkehrsstränge des Landes zielen. So bildet das brandenburgische Gebiet (in den Grenzen der drei Bezirke Potsdam, Frankfurt/Oder, Cottbus) einen geschlossenen Ring mit einer mittleren Breite von ca. 60 km, der sich allein im lausitzischen Braunkohlenrevier, d.h. in seinem Südostabschnitt, verbreitert. Dieser brandenburgische »Ring« wird nicht durch entsprechende ringförmige Verkehrslinien erschlossen und zu einem Wirtschaftsraum zusammengefaßt, sondern er wird allein durch den gemeinsamen Bezug des Ganzen auf das überragende Zentrum Berlin zu einer wirtschaftsräumlichen Einheit. Diese Einheit wird darüber hinaus seit spätestens 1948 durch das Herausfallen West-Berlins und daraus sich ergebende räumliche Umgehungszwänge beeinträchtigt.

Die räumlichen Wirtschafts- und Sozialstrukturen Brandenburgs werden entscheidend durch die unterschiedliche Nähe zu Berlin geprägt. So ergeben sich letztlich zwei ringförmige Zonen mit jeweils spezifischen wirtschaftlichen Eigenheiten: ein »innerer Ring« (etwa: alle Gebiete Brandenburgs mit einer Entfernung von weniger als 20 km von den Berliner Stadtgrenzen) und ein »äußerer Ring« (die übrigen Gebiete, außerhalb der Lausitz). Die Lausitz ist als »Brennstoff- und Energiezentrum« der DDR sowie als traditioneller Textilindustriebezirk nicht vorrangig auf Berlin ausgerichtet und entzieht sich daher weitgehend der angegebenen Ringzonenstruktur (über die Merkmale der beiden Entfernungszonen um Groß-Berlin: → Kästchen rechts).

Im inneren Ring um Berlin überwiegen bevölkerungsreiche Gemeinden mit hohen Auspendleranteilen und einer Ausrichtung auf die Dienstleistungsbereiche sowie auf die Industrie, während die Landwirtschaft hier nur einen kleinen Teil der erwerbstätigen Bevölkerung beschäftigt. Jenseits des inneren Ringes dominieren auf dem Lande fast überall die agrarisch betonten Gemeinden, in denen die Erwerbstätigen zu über der Hälfte in der Land- und Forstwirtschaft arbeiten. Industriestandorte sind meist inselhaft in diese Gebiete eingelagert. Nahezu reine Dienstleistungsstädte ohne nennenswerte Industrien sind Orte wie Neuruppin, Angermünde, Bad Freienwalde, Seelow, Beeskow, Luckau, Herzberg und Belzig, d.h. durchweg Vertreter des klassischen Typs der preußischen Kreisstadt mit alten Verwaltungs- und Markttraditionen im ländlichen Raum. Einseitig auf das Gesundheits- und Erholungswesen sind nur wenige Orte in den märkischen Seengebieten ausgerichtet (Altenhof/Werbellinsee, Buckow, Bad Saarow-Pieskow).

Eine für Brandenburg ungewöhnliche einseitige Industrie- und Bergbauorientierung zeigt die Bevölkerung in weiten Teilen der Niederlausitz (Braunkohleindustrie um Senftenberg, Textilindustrie an der Neiße). Hier ist lediglich das regionale Oberzentrum Cottbus deutlich auf den Dienstleistungssektor ausgerichtet. In den Gebieten südlich des Spreewaldes, in die auch schon der Braunkohlentagebau vorgedrungen ist, prägt die Landwirtschaft noch das Erwerbsbild in den meisten Dörfern. Südlich der Linie Finsterwalde–Großräschen-Spremberg dominiert die Industriebeschäftigung auch in allen kleineren Gemeinden.

Bevölkerungs- und Erwerbsstruktur

Die drei brandenburgischen Bezirke hatten Ende 1980 zusammen 2707300 Einwohner (Ende 1984: 2711770) auf einer Gesamtfläche von 28016 km². Das entsprach einer mittleren Einwohnerdichte von 97 Ew./km². Der DDR-Mittelwert lautet 154 Ew./km². Damit wird deutlich, daß Brandenburg zu den dünn besiedelten Räumen der DDR gehört. Dies ist einerseits auf gewisse natürliche Ungunstfaktoren zurückzuführen; denn das Land besteht überwiegend aus eiszeitlich gebildeten Moränenplatten mit großenteils sandigen Böden und wenig siedlungsgünstigen Urstromtalauen. An den fruchtbaren mitteldeutschen Bördenlandschaften hat Brandenburg keinen Anteil. Außerdem haben sich im weiten Umkreis Berlins keine großen Städte als regionale Konkurrenz-Zentren entwickeln können, da die besonders nach 1871 mächtig aufblühende Reichshauptstadt dem Lande viele Kräfte entzog.

Während von 1970 bis 1980 die Bevölkerungszahl der DDR – vor allem infolge der bis 1978 registrierten Sterbeüberschüsse – um 1,9 Prozent abnahm, wuchs die Einwohnerzahl der brandenburgischen Bezirke im selben Zeitraum um 1,1 Prozent an. Diese positive Gesamtbilanz ist vor allem auf Wohnraum- und/oder Arbeitsplatzzuwächse im Raum Berlin (Bernau, Oranienburg u.a.) sowie in einigen Investitionsschwerpunkten wie Schwedt, Frankfurt, Wilhelm-Pieck-Stadt Guben, Weißwasser, Cottbus und Senftenberg zurückzuführen. All diese Städte nahmen um über 20 Prozent zu. Gewerbeschwerpunkte wie Eisenhüttenstadt und der größere Teil des Lausitzer Braunkohlenreviers hatten 1970 ihren Ausbauhöhepunkt bereits hinter sich und wachsen in letzter Zeit schwächer oder nehmen gar ab wie Lauchhammer (→ Tab. S. 216).

Die Bevölkerungsdichte je km² liegt im Brandenburgischen bei (1984) 98 und erreicht ihre höchsten Werte generell im Umkreis von Berlin (Kreis Oranienburg 152, Kreis Potsdam 134, Kreis Strausberg

---

Innerer Ring:

Hohe Bevölkerungs- und Siedlungsdichte; Industriezonen entlang Kanälen und Bahnstrekken (deutlichste Beispiele: Oranienburg–Velten–Hennigsdorf, Teltow–Ludwigsfelde, Wildau–Königs Wusterhausen); großflächige Wohnsiedlungen (Beispiele: Falkensee, Kleinmachnow, Neuenhagen, Zepernick u.a.), intensive Land- und Gartenwirtschaft mit engem Bezug auf das Berliner Absatzgebiet (z.T. Rieselfelderkulturen); Erschließung und vielfältige Zerschneidung der Siedlungs- und Naherholungszonen durch zahlreiche Verkehrsstränge.

Äußerer Ring:

Allgemein niedrige Bevölkerungs- und Siedlungsdichte; starker Waldflächenanteil, in den Offenlandschaften überwiegend kleine ländliche Siedlungen, überlagert von einem weitständigen Netz von Städten kleiner bis mittlerer Größe; einzelne alte Industriezentren mit traditionell enger Ausrichtung auf die Berliner Entwicklung (Beispiele: Eberswalde–Finow, Brandenburg, Luckenwalde, Fürstenwalde).

Brandenburg, Industriestandorte

nienburg und vor allem im Potsdamer Seengebiet um Werder erstrecken sich weitflächige Obstbaukulturen (Äpfel, Pflaumen, Sauerkirschen, Erdbeeren). Die Werderschen Erzeuger sind im Kooperationsverband »Havelobst« zusammengefaßt. Der Gemüseanbau konzentriert sich um die Stadt Brandenburg sowie in Teilen des oberen Oderbruchs (Kooperationsverband »Oderbruchgemüse«). Er stützt sich auf entsprechende Vermarktungseinrichtungen, Konservenfabriken, Nahrungs-, Futtermittelindustrie usw. in den Anbauregionen und ist vorwiegend auf die Versorgung Ost-Berlins gerichtet.

Die märkischen Wälder

Unter den ehemaligen Ländern der DDR hat Brandenburg – gemessen an der gesamten Wirtschaftsfläche – das größte Waldareal. Zum Vergleich: in der DDR 27,3 Prozent, in den drei brandenburgischen Bezirken im ganzen 36,1 Prozent (Cottbus 40,3%, Frankfurt/O. 35,8%, Potsdam 33,5%). Die größten Flächen werden von reinen Kiefernbeständen eingenommen, die das Landschaftsbild der Mark entscheidend bestimmen. Die anspruchslose Kiefer findet auf den sandigen Böden der Moränenplatten und auf den weiten Flugsanddecken der Schorfheide und des Ost-Havellandes noch ausreichende Standorte, die sich einer anderweitigen Nutzung nicht empfehlen. Alle anderen Baumarten treten neben der Kiefer vollkommen zurück, so die Erle, die auf den sumpfigen, humusreichen Böden der »Lücher« und des Spreewaldes hier und da geschlossene Bestände von jeweils geringer Ausdehnung bildet. In den nördlichen Jungmoränengebieten der Uckermark hat sich auf einigen Flächen die Buche bis in die Gegenwart halten können. Die holzwirtschaftlich besten Erträge werfen die Wälder des Ruppiner Landes, der Uckermark, auf dem Barnim und auf dem Fläming ab.

Die märkischen Wälder haben nicht nur holzwirtschaftlichen Wert. Sie dienen namentlich den Berlinern als gut erreichbare Naherholungsbereiche sowie als ökologische Ausgleichszonen. Aber gerade die zuletzt genannten Funktionen werden immer stärker beeinträchtigt, und zwar in der Lausitz durch die außerordentlich weitgreifenden Landschaftszerstörungen des Braunkohlenbergbaus (Tagebauflächen, die lange Zeit ohne Vegetationsdecke bleiben; Schadstoffemissionen der Großkraftwerke), im Fläming und im Berliner Umland durch intensive militärische Nutzung als Panzerübungsgelände: Wie Satellitenbilder zeigen, sind die Wälder um Jüterbog und Luckenwalde sowie auf der Klietzer Heide (westlich Rathenow) in ihren Innenbereichen zerstört und fast nur als Waldrandkulissenbänder erhalten und damit eine Vortäuschung »falscher Tatsachen«.

Das industrielle Gewerbe

Das industrielle Gewerbe des brandenburgischen Raumes hat im wesentlichen zwei Wurzeln: zum einen die hier vorhandenen Bodenschätze, die – im Zentrum des preußischen Staates und somit im inneren Interessenbereich königlicher und privater Kapitalanleger gelegen – sich einer wirtschaftlichen Nutzung früh empfahlen. Zum anderen ist der Aufstieg Berlins zur größten deutschen Industriestadt im 19. Jh. zu nennen, von der aus starke industrielle Entwicklungsimpulse in die märkische Provinz ausgingen, die hier die Herausbildung kleiner städtischer Industriezentren begünstigten. Berlin bildete ein fast unbegrenzt aufnahmefähiges Absatzgebiet für eine vielfältige Zulieferindustrie im ganzen brandenburgischen Raum, mit dem die Stadt durch leistungsfähige Eisenbahnlinien (ab 1838) und Kanäle (etwa ab 1890) eng verbunden war. Auch aus anderen Gründen waren die Entwicklungsbedingungen für die brandenburgische Industrie im 19. Jh. günstig: Bereits 1818 waren innerhalb Preußens – des größten deutschen Flächenstaates außerhalb Österreichs – die Zollschranken gefallen, so daß noch vor der Einrichtung überregionaler Zollvereine im Norden Deutschlands ein großes einheitliches Marktgebiet entstanden war, in dessen Mitte Berlin und Brandenburg lagen. Im folgenden sei die jüngere Entwicklung der wichtigsten der in Brandenburg vertretenen Industrien dargestellt.

Bergbau und Energie

Mit dem Lausitzer Braunkohlenrevier und seinen Großkraftwerken beherbergt Brandenburg das wichtigste Zentrum der Energiewirtschaft der DDR. Hier wird jeweils über die Hälfte der Braunkohleförderung, der Elektrizitätserzeugung und der Stadtgaserzeugung sowie die Hälfte der Brikettproduktion der gesamten DDR erbracht. Damit ist der Bezirk Cottbus energiewirtschaftliches Überschußgebiet, das durch leistungsstarke Stromübertragungsleitungen mit den Verbraucherräumen Berlin, Karl-Marx-Stadt/Zwickau und Halle/Erfurt verbunden ist. Im 19. Jh. diente der Braunkohlenabbau um Senftenberg besonders als Energiebasis der lausitzischen Textilindustrie. In der Gegenwart stützt sich die Elektrizitätserzeugung der DDR zu über 80 Prozent auf heimische Braunkohle.

Die Schwerpunkte des Braunkohlenabbaus wandern ständig, und zwar vom alten Zentrum um Senftenberg zu den Rändern der Abbaugebiete hin. Im Norden ist der Rand des Spreewaldes erreicht. Mit zunehmendem räumlichen Ausgreifen des Tagebaus wachsen die geologischen und entwässerungstechnischen Probleme: 1981 mußten für die Gewinnung einer Tonne Rohkohle durchschnittlich 4,2 t Abraum

Der 1959 errichtete Stammbetrieb des VEB Petrolchemisches Kombinat in Schwedt (Bild oben) ist Terminal der aus der Sowjetunion in die DDR verlegten Rohölpipeline »Freundschaft«. 1967 wurde durch den Aufbau des VEB Mineralölverbundnetzes die Verbindung zu den Chemiegroßbetrieben Leuna, Böhlen und Zeitz hergestellt. – Mehr als die Hälfte der DDR-Braunkohleförderung wird in den brandenburgischen Bezirken, hier besonders im Bezirk Cottbus, erbracht. Die Braunkohle, wichtigster Energieträger der DDR, wird verstromt, zu Koks, Briketts, Stadtgas und chemischen Grundprodukten verarbeitet. Zu den leistungsstärksten Tagebauen gehört Welzow-Süd (Bild Mitte). – Cottbus, im Mittelalter Sitz der Leineweberei, mit einer im 19. Jh. bedeutenden Textilindustrie ist heute Standort einiger Textilkombinate (Bilder unten).

beiseite geschafft werden, 1983 bereits 4,5 t. Größte und leistungsstärkste Tagebaue waren 1985 die Abbaufelder »Welzow-Süd« und »Jänschwalde« mit jeweils rund 20 Mio. t Jahresförderung.

Die geförderte Rohbraunkohle wird zu etwa 40 Prozent in den nahe den Gewinnungsorten gelegenen Großkraftwerken verfeuert. Größter Betrieb der DDR überhaupt ist das neue Elektrizitätswerk »Boxberg« bei Weißwasser mit 3580 MW (Megawatt) installierter Leistung. Das Werk »Jänschwalde« soll auf 3000 MW gebracht werden. Die Werke »Lübbenau« (1300 MW) und »Vetschau« (1200 MW) gehören auch der oberen Größenordnung an, während die älteren Werke »Trattendorf« bei Spremberg (450 MW) und »Lauta« (173 MW), die noch in den fünfziger Jahren als »Energieriesen« gefeiert wurden, heute eher zu den kleineren Einheiten zählen. Alle Lausitzer Wärmekraftwerke sind durch – gemessen an bundesrepublikanischen Normen – überaus starke Schwefeldioxidemissionen gekennzeichnet. Da die Erschöpfung der Lausitzer Braunkohlevorräte innerhalb eines halben Jahrhunderts als absehbar gilt, wird längst nach alternativen Energiequellen Ausschau gehalten. Mit der Errichtung des ersten Kernkraftwerkes der Deutschen Demokratischen Republik auf märkischem Boden am Stechlinsee bei Rheinsberg (KKW »Bruno Leuschner«) in den Jahren 1960 bis 1968 wurde energietechnisches Neuland betreten.

Die Lausitzer Braunkohle wird nicht nur verstromt. Sie wird z. B. im Gaskombinat »Schwarze Pumpe« zu Koks, Briketts, Stadtgas und chemischen Grundprodukten (Teer, Mittelölen) verarbeitet, im Braunkohlenkombinat Lauchhammer zu Gas und verhüttungsfähigem Braunkohle-Hochtemperaturkoks (BHT-Koks). In (1984) 13 Brikettfabriken (z. B. in der Brikettfabrik »Sonne« in Freienhufen bei Großräschen) wird Hausbrand hergestellt (zu einem Teil für West-Berlin). Im Vergleich zur Braunkohle aus dem Leipziger Abbaugebiet ist die Lausitzer Kohle schwefelarm (Schwefelgehalt 2–3% bzw. 0,5%). Die rasch expandierende Niederlausitzer Energie- und Brennstoffindustrie beschäftigte 1984 bereits etwa 90 000 Menschen.

Chemische Industrie und Metallurgie

Die chemische Industrie Brandenburgs stützt sich nur zu einem geringen Teil auf die Lausitzer Braunkohle. Bereits vor 1945 war in Schwarzheide, im Zentrum des Braunkohlereviers bei Senftenberg, ein Werk zur Treibstoffsynthese errichtet worden, das heute die Produktion von Polyurethanen und von Herbiziden betreibt. Ein weiteres Werk zur Herstellung chemischer Grundprodukte ist das große, ab 1959 errichtete Erdölverarbeitungswerk Schwedt (Stammbetrieb des VEB Petrolchemisches Kombinat). Das an der unteren Oder gelegene Werk ist Terminal der aus der Sowjetunion über Polen in die DDR verlegten Rohölpipeline »Freundschaft«. In Schwedt wurden in den siebziger Jahren über 40 Prozent des Benzins, über 60 Prozent des Heizöls, über 40 Prozent der Dieselkraftstoffe und etwa 20 Prozent der Stickstoffdüngemittel der DDR produziert. Pipelines verbinden das Werk mit dem Seehafen Rostock und dem Leunawerk. Auf der Basis von Vorprodukten aus Schwedt und Leuna arbeitet ein großes Chemiefaserwerk in Premnitz/Havel, dessen Erzeugnisse überwiegend in die sächsisch-thüringischen Textilindustriezentren geliefert werden. In Wilhelm-Pieck-Stadt Guben arbeitet ein weiteres Werk dieser Art. Außer dem VEB Reifenkombinat Fürstenwalde sind alle übrigen brandenburgischen Werke der Branche von geringer Größe (so der VEB Chemische Fabrik Finowtal, die kunststoffherstellenden Betriebe in Falkensee bei Spandau, Spremberg und Molzen, Kreis Königs Wusterhausen, das Schwefelsäurewerk Oranienburg u. a.).

Die Metallurgie hat in Brandenburg bereits eine jahrhundertealte Tradition. Auf der Basis heimischer Raseneisenerze und der reichen Holzvorräte des Landes entstand bereits in vorindustrieller Zeit ein kleines Eisenverarbeitungsrevier im Gebiet um Eberswalde. Nach dem Bedeutungsverlust dieser Erzlager war die Eisen- und Stahlerzeugung wesentlich auf Verarbeitung von Schrott verwiesen, der in den Berliner Industrien zunehmend anfiel. Auf dieser Basis arbeitet auch das kleine Walzwerk Finow, ein Traditionswahrer der Branche im Eberswalder Raum, sowie die großen Stahl- und Walzwerke von Brandenburg (1913/1914 gegründet) und Hennigsdorf mit jeweils über 9000 Beschäftigten. Beide Werke zusammen erschmolzen 1984 rund zwei Drittel der gesamten Stahl-Jahresproduktion der DDR. Im Walzbereich ist ein Grobblechwalzwerk in Brandenburg-Kirchmöser tätig.

Größter Betrieb der Branche ist das nach 1950 bei Fürstenberg an der Oder mit sowjetischer Hilfe neu errichtete »Eisenhüttenkombinat Ost« (EKO) in Eisenhüttenstadt. Dieses Werk hat etwa 11 000 Beschäftigte und verhüttet sowjetische Importerze mit Hilfe polnischer und sowjetischer Kokslieferungen. Seine Grundabteilung, die u. a. sechs Hochöfen umfaßt, wurde mit österreichischer Hilfe um ein Kaltbandwalzwerk (1968) und ein LD-Konverterstahlwerk (1984) erweitert. Die Produkte der EKO-Walzwerke (Bleche, Bänder, Profile) finden besonders im Fahrzeug- und Maschinenbau Verwendung. – In Lauta (Lausitz) arbeitet eine kleine Aluminiumhütte auf der Grundlage importierten Bauxits und der nahen Braunkohlenenergie (hier gibt es auch ein Großkraftwerk).

Baumaterialien, Metallverarbeitung, Maschinenbau

Die brandenburgische Baumaterialindustrie stützt sich auf räumlich weit verstreute Rohstoffvorkommen. Ein weiterer Entwicklungsfaktor war bereits im 19. Jh. die wachsende Nachfrage nach Baumaterialien im Zuge des Ausbaus von Berlin. In der weiteren Umgebung dieser Stadt entstanden in der Nähe von Tonvorkommen zahlreiche Ziegeleien, von denen die Betriebe in Zehdenick, Bad Freienwalde und Herzfelde heute als Großbetriebe gelten können. Einige weitere Ziegeleien dieser Größenordnung befinden sich in der Niederlausitz (Buchwäldchen, Großräschen, Werchow). Bei Rüdersdorf am Ostrand Berlins wurden bereits im 19. Jh. die dortigen Kalksteine der Muschelkalkformation in großem Umfang abgebaut und an Ort und Stelle zu Zement verarbeitet. Nach mehrfachem Ausbau sind die Zementwerke Rüdersdorf größter Betrieb dieser Art im Norden der DDR. Teile der Produktion werden im Hüttenzementwerk in Eisenhüttenstadt zusammen mit Hochofenschlacke weiterverarbeitet. Künstliche Baustoffe in der Form von Beton- und Kunststeinerzeugnissen werden in zahlreichen verstreuten Werken hergestellt, von denen die in Zernsdorf, Teltow und Doberlug-Kirchhain die leistungsstärksten sind. Mineralfaserdämmstoffe werden vor allem in Hennigsdorf und Bernsdorf (Lausitz) produziert.

Die metallverarbeitenden Industrien haben besonders im weiteren Umland Berlins eine lange Tradition, die teilweise bis in die Zeit um die Jahrhundertwende zurückreicht, als in Brandenburg die Fahrzeugproduktion (»Brennabor«-Werk) und in Wildau der Lokomotiv- und Maschinenbau aufgenommen wurde. Die Industrieniederlassungen in Wildau waren – ebenso wie die Errichtung eines AEG-Zweigwerks in Hennigsdorf (1910) – Konsequenz einer industriellen Entballungskonzeption, mit deren Hilfe das Industriezentrum Berlin durch Kern-Rand-Verlagerungen entlastet werden sollte. Die Tendenz einer Stärkung des industriellen Potentials am Berliner Stadtrand und in dem durch das Stahl- und Walzwerk bereits einschlägig vorgeprägten Standort Brandenburg setzte sich auch mit Beginn der Hitlerschen Aufrüstung fort. In deren Anfangsphase (1935/1936) wurde in einem Waldgebiet bei Ludwigsfelde ein Flugmotorenwerk errichtet und in Brandenburg je ein Zweigwerk der Arado-Flugzeugwerke und der Opelwerke. Diese neuen Betriebe verfielen zwar nach 1945 der sowjetischen Demontage, wurden aber dennoch zu Ansatzpunkten für einen Neuaufbau mit verändertem Erzeugnisprofil.

Der Maschinenbau hat in Brandenburg seine räumlichen Schwerpunkte im Berliner Raum. Hier werden schwere Werkzeugmaschinen in Wildau gebaut, Spezialerzeugnisse für den Chemie- und Tankanlagenbau in Fürstenwalde, Spezialmaschinen anderer Art in Falkensee, Neuruppin und Luckenwalde. Ein Großbetrieb in Eberswalde (VEB Kranbau) hat sich vor allem auf Hafenkräne spezialisiert, die z. T. exportiert werden. In der Lausitz widmet sich der VEB Schwermaschinenbau Lauchhammer der Produktion von Tagebauausrüstungen, die ebenfalls großenteils exportiert werden.

Fahrzeugbau, Elektronik, feinmechanisch-optische Industrie und Leichtindustrie
Der Straßen- und Schienenfahrzeugbau hat seine Standorte nach wie vor im Westen Berlins, so in Hennigsdorf (Lokomotivbau), Ludwigsfelde (LKW-Bau im IFA-Automobilwerk seit 1965), Potsdam (Lokomotivbau im Karl-Marx-Werk, ab 1975 Autokranbau) und Brandenburg (Getriebewerk). Diese Werke stützen sich auf Walzerzeugnisse aus Hennigsdorf und Brandenburg. Die Reichsbahnausbesserungswerke von Cottbus, Eberswalde und Potsdam gehören ebenfalls dieser Branche an.

Die elektrotechnische Industrie hat ihren traditionellen Großstandort in Berlin. Im Brandenburgischen arbeiten neben einigen kleinen Kabelwerken (Finow, Zehdenick, Schönow bei Bernau) einige Betriebe der Elektronikindustrie, deren Produkte dem technischen Fortschritt in verschiedenen Bereichen der DDR-Wirtschaft zu dienen haben. Hierzu gehören vor allem der 1959 errichtete VEB Halbleiterwerk Frankfurt/Oder mit einem Betriebsteil in Stahnsdorf sowie der VEB Geräte- und Reglerwerke Teltow mit einem Zweigbetrieb in Potsdam-Babelsberg. Ein wichtiger Standort des Elektromaschinenbaus ist Finsterwalde, während Luckenwalde und Cottbus als zweitrangige Zentren der elektrotechnischen Industrie zu gelten haben.

Die feinmechanisch-optische Industrie ist in Brandenburg nur durch zwei große Betriebe vertreten: das Meßgerätewerk in Teltow und den VEB Rathenower Optische Werke. Rathenow war noch um 1900 Standort von über hundert optischen Betrieben.

Zu den in Brandenburg vertretenen Leichtindustrien gehören die Holz-, Papier- und Glasindustrien, außerdem die Textil- und Bekleidungsbranchen. Während sich die Holz- und Papierindustrien in dem waldreichen Großraum Berlin konzentrieren, haben die übrigen Branchen schwerpunkthaft in der Niederlausitz ihre Standorte.

Die Holzindustrie ist in Brandenburg durch zahlreiche, weitverstreute Sägewerke vertreten, von denen dasjenige in Klosterfelde auf dem Barnim das größte ist. Weitere Sägewerke mittlerer Größe befinden sich in Neuruppin, Nauen, Fürstenberg (Havel), Joachimsthal, Zossen und Luckenwalde. In diesen Betrieben werden z. T. bereits Furniere und Platten für die Möbelindustrie hergestellt, die vor allem in Berlin, ferner auch in Wittstock, Rathenow, Frankfurt/Oder, Trebbin, Cottbus, Finsterwalde und Mühlberg/Elbe durch größere Werke vertreten ist. Brandenburg hat nicht hinsichtlich der Möbelherstellung, wohl aber hinsichtlich der Primärverarbeitung (Herstellung von Säge- und Hobelwaren) die führende Position innerhalb der DDR inne. Die Papierherstellung erfolgt vor allem in dem ab 1958 errichteten großen VEB Papierfabrik Schwedt, der in den siebziger Jahren etwa 60 Prozent der gesamten Zeitungspapierproduktion der DDR beisteuerte. Da Zeitungspapier ein ständiger Engpaßbereich ist, fällt dem Schwedter Großbetrieb eine geradezu »strategische« Schlüsselstellung im politischen Selbstverständnis der DDR-Führung zu. Kleinere Betriebe der Branche arbeiten in Werder und Bad Muskau.

Die Glasindustrie konzentriert sich seit je in der Niederlausitz, insbesondere um die Standorte Weißwasser und Döbern. Hier werden Bleikristall- und Glaswaren auf der Basis hochwertiger Glassande der Region hergestellt. Im ganzen waren in den siebziger Jahren rund 8000 Personen in der Niederlausitzer Glasindustrie beschäftigt.

Die Textil- und Bekleidungsindustrie zeigt in der DDR eine deutliche räumliche Massierung im vogtländisch-westsächsischen Raum sowie im Grenzgebiet zwischen Zittau und Bautzen. Im Bezirk Cottbus liegen drei größere (Forst, Wilhelm-Pieck-Stadt Guben, Cottbus) und zwei kleinere Standorte der Branche (Spremberg, Finsterwalde). Wilhelm-Pieck-Stadt Guben beherbergt ein neues Chemiefaserwerk. Durch die guten Beschäftigungsmöglichkeiten für Frauen ist die Erwerbsquote der Bevölkerung in diesem Raum besonders hoch. Einige wenige Standorte der Branche liegen weit verstreut in den übrigen Teilen Brandenburgs, so zwei Werke der textilindustriellen Grundstufe (in Fehrbellin und Brandenburg) und zwei kleinere Webereien in Luckenwalde und Finsterwalde. Die Oberbekleidungsbranche hat nur zwei nennenswerte Standorte (Brandenburg und Cottbus). In der Regel bilden diese Betriebe die letzten Zeugen einer noch um 1900 wesentlich breiter entwickelten, von zahlreichen kleinen Betrieben getragenen Tuchwarenindustrie mit dem Hauptabsatzzentrum der reichsweit dominierenden Berliner Bekleidungsbranche. Die Schuhfabrikation wird in zwei Werken mittlerer Größe (in Storkow und Luckenwalde) betrieben. Ihr eigentlicher Schwerpunkt liegt ebenfalls im sächsisch-thüringischen Raum.

Die Nahrungs- und Genußmittelindustrie
Die Nahrungs- und Genußmittelindustrie findet in Deutschland generell ihre Standorte in den Verbraucherzentren, und so spiegelt die räumliche Verteilung der Branche auch in Brandenburg ziemlich getreu die allgemeine Bevölkerungsverteilung wider. Praktisch jede Stadt hat ihre Nahrungsmittel- und Getränkebetriebe, und mit zunehmender Größe der Stadt differenziert sich die Erzeugnispalette der Branche und zeigt in Städten wie Frankfurt/Oder, Potsdam und Brandenburg ihre breiteste Aufgliederung. Neben dieser allgemeinen Tendenz treten in einigen Standorten bestimmte Spezialisierungen auf, die großenteils auf besondere örtliche Rohstoffverarbeitungstraditionen zurückgehen. Als Beispiel mögen die Zuckerfabriken von Nauen sowie von Steintoch und Eichwerder genannt werden. In ihnen werden die Zuckerrübenernten der Nauener Moränenplatte bzw. des Oderbruchs verarbeitet. Größere Betriebe der Obst- und Gemüseverarbeitung liegen meist im unmittelbaren Erzeugergebiet, wie an den Standorten Werder, Potsdam, Beelitz (Obstbaugebiet Werder) oder Seelow, Frankfurt (Gemüsebaugebiet Oderbruch) oder Lübbenau (Gemüsebaugebiet Spreewald) deutlich wird. Lokale Anbautraditionen werden auch in den Fällen der Tabakverarbeitung in Schwedt und der Kartoffelstärkeherstellung in Kyritz sichtbar. Als Beispiel für eine verbrauchsorientierte Industrieansiedlung auf dem Nahrungsmittelsektor mag die Errichtung eines Fleischkombinats in Eisenhüttenstadt gelten.

Statistisch nicht der Nahrungsmittelindustrie zugerechnet werden die mit industriellen Produktions- und Organisationstechniken arbeitenden, hochspezialisierten Agrarbetriebe, die vor allem im Umland von Berlin zur Nahrungsmittelversorgung der dortigen Bevölkerung gebildet wurden. Es handelt sich um »Kombinate der industriellen Mast«. Zu ihnen gehören ein »Frischeierkombinat« bei Bernau und eine »Weißfleischproduktionsanlage« in Herzfelde bei Rüdersdorf.

Erholungs- und Reisegebiete

Das Brandenburger Land gehört aufgrund seiner Naturausstattung nicht zu den attraktivsten Erholungs- und Reisegebieten Deutschlands. Andererseits ist es – lagebedingt – das natürliche Naherholungsgebiet der Berliner (heute: der Ost-Berliner), denen nicht zuletzt die »Wanderungen durch die Mark Brandenburg« von Theodor Fontane das Bewußtsein für die historischen Hintergründe dieser Kulturlandschaft geschärft haben.

Dabei bietet die märkische Wald- und Seenlandschaft durchaus ideale natürliche Voraussetzungen für die sommerliche Erholung der Großstädter. So sind denn auch die meisten märkischen Waldseen längst von Campingplätzen, Erholungshei-

Der Seen- und Waldreichtum der brandenburgischen Bezirke bietet eine Vielzahl natürlicher Naherholungsgebiete. – Insbesondere die Großstädter wie die Ost-Berliner finden hier ein ideales Terrain für Wassersport, Angeln und Wandern. Ganz groß geschrieben und betrieben wird der Camping-Urlaub, so daß rund um die attraktiven Seengebiete die Zelte dicht an dicht stehen.

men und privaten Wochenendhäusern (»Datschen«) eingerahmt, so daß die öffentlich zugänglichen Badestrände stark geschmälert wurden. Wichtige Sommererholungsgebiete mit großen Zeltplatzkapazitäten außerhalb Berlins sind die parallel verlaufenden Seenketten im Südosten der Hauptstadt: Schwielochsee-Spreetal, Neuendorfer See – Scharmützelsee, Teupitzer See – Kleinköriser See – Wolziger See, Seenkette bei Erkner – Grünheide – Bukkow. Ähnlich ausgestattete Erholungsgebiete sind das Potsdamer und das Brandenburger Havelseengebiet, die Ruppiner Seenkette und das Erholungsgebiet um den Werbellinsee (das traditionelle Jagdrevier der jeweils in Berlin Mächtigen). Hier finden Wassersportler, Angler und Wanderer natürliche Voraussetzungen, wie sie nach Ausmaß und Vielfalt in der Umgebung kaum einer anderen deutschen Großstadt anzutreffen sind. Die begrenzten Möglichkeiten der Ost-Berliner (und übrigen DDR-Bewohner), ihren Urlaub im Ausland zu verbringen, sowie die Überfüllung der heimischen Strände und Mittelgebirge haben in den Sommermonaten zu einer touristischen Überbeanspruchung der brandenburgischen Wälder und Seen geführt.

Für die Bereitstellung des Übernachtungsangebots sind in Brandenburg ganz überwiegend die jeweiligen kommunalen Verwaltungen zuständig im Unterschied etwa zu den Mittelgebirgsräumen, in denen hauptsächlich der FDGB und andere öffentliche Urlaubsorganisatoren (Reisebüro der DDR, Betriebe u.a.) die Bewirtschaftung des Bettenangebots betreiben.

Dank der guten Straßen- und Bahnverbindungen im Großraum Berlin sind die meisten der märkischen Erholungsgebiete (abgesehen von den Havelseen) für die Ost-Berliner gut erreichbar. Auf Flüssen, Seen und Kanälen tragen die Fahrgastschiffe der »Weißen Flotte« zu einer weiteren Verteilung der Touristenströme bei. In einigen Orten wird durch spektakuläre Veranstaltungen ein Publikum angesprochen, das am Urlaubszielort Geselligkeit und Kulturerlebnisse sucht (Beispiele: das »Baumblütenfest« im April in Werder, die »Rheinsberger Musiktage«).

Von den Erholungsgebieten der Niederlausitz liegt seit über hundert Jahren der Ober-Spreewald in der Ausflugsreichweite der Berliner. Er gehört seit je zu den besuchtesten Ausflugszielen in Brandenburg, in der Besucherzahl allenfalls von der Preußenresidenz Potsdam mit ihren Schlössern und Parks übertroffen. Kulturhistorische Ziele sind auch die Pücklerschen Parkanlagen von Branitz und Bad Muskau in der Niederlausitz. Der Bevölkerung des Braunkohlenreviers stehen in der von Natur aus seenlosen Region einige künstlich angelegte neue Wassersportzentren zur Verfügung.

Zusammenfassend kann das Brandenburger Land heute als typisches Revier für den Campingtourismus und den Tagesausflugsverkehr charakterisiert werden: die drei brandenburgischen Bezirke verfügten (1978) nur über 11 Prozent der Hotelbettenkapazität der DDR, jedoch (1980) über 30 Prozent der Übernachtungsplätze auf Campingplätzen.

Potsdam, Schloß Cecilienhof (1). Granitschale von Schinkel im Berliner Lustgarten, Gemälde von Johann Erdmann Hummel (2). Sorbische Frauen in der katholischen Tracht (3). Sorbische Volkskunst (4). Potsdam, obere Galerie im Neuen Palais (5). Schloß Rheinsberg (6). Dorffriedhof in der Nähe von Luckau (7).

GESCHICHTE UND KULTUR

WILFRIED FORSTMANN

Die Geschichte der Mark Brandenburg

Gemeinsam mit den anderen, weitgehend historisch gewachsenen Ländern der DDR, im Jahr 1952 als politisch-administrative Einheit aufgelöst, erweckt die Mark Brandenburg heute kaum die Vorstellung, hier auf eine bedeutsame Vergangenheit stoßen zu können, die für die Gegenwart ihre spezifische Auswirkung besitzt. Die spöttisch liebevolle Bezeichnung von der Streusandbüchse des Heiligen Römischen Reiches, wie sie manchmal beiläufig illustrierend verwendet wird, deutet sogar eher auf eine hinterweltlerische Randlage als auf ein Zentrum politischer Macht und weitreichender kultureller Entfaltung hin. Literarische Miniaturen, wie sie Theodor Fontane in seinen »Wanderungen durch die Mark Brandenburg« geschaffen hat, zeigen gewiß Liebenswertes, im Detail sogar historisch Bemerkenswertes, eine Kunst- und Kulturlandschaft, die Vergleiche mit süddeutschen, gar italienischen Eindrücken aushält, in der sich Historisches unübersehbar präsentiert und genießen läßt, ist die Mark Brandenburg gewiß nicht.

Östlich der mittleren Elbe: »marca« – Neuland

Der Begriff Marken oder verkürzt Mark, aus dem mittellateinischen »marca«, bezeichnet zuerst von Karl dem Großen eingerichtete, besonders verwaltete Grenzgebiete des fränkischen Reichs und seiner Nachfolgestaaten an gefährdeten Stellen zur Verteidigung, Gewinnung und Durchdringung von Neuland. Sie unterstanden, je nach Größe eine oder mehrere Grafschaften umfassend, einem Markgrafen. Ein solches Neuland blieb aus der Perspektive fränkisch-deutscher Geschichte das Gebiet östlich der mittleren Elbe bis in das hohe Mittelalter. Im Zuge der Bewegungen der Völkerwanderungszeit (3.–5. Jh.) gaben zunächst die swebischen Semnonen, dann die ihnen gefolgten burgundischen und wandalischen Stammesgruppen ihr Siedlungsland in dieser Gegend auf, seit etwa dem 6. Jh. wurde dort slawische Bevölkerung seßhaft, die zur polabischen Sprachgruppe gehörte (westslawische Sprache, seit dem 18. Jh. ausgestorben). Im Norden von den Obodriten (Abodriten: Völkerschaft der Elb- und Ostseeslawen), im Süden den Sorben (Wenden), die ebenfalls im Zuge dieser slawischen Westbewegung in das Gebiet zwischen der Elbe-Saale-Linie und der Oder gelangt waren, begrenzt, wird diese Bevölkerungsgruppe, die im Raum der späteren Mark Brandenburg, des östlichen Mecklenburgs und Vorpommerns siedelte, als Lutizen (u. a. auch Liutizen, Wilzen) bezeichnet. Im Westen bildete die Elbe die Grenze zum germanisch-sächsischen Siedlungsbereich, der in der zweiten Hälfte des 8. Jh. zu einem Bestandteil des karolingisch-fränkischen Reichs wurde. Diese Lutizen, die sich wiederum in zahlreiche Stämme, wie die Lutizen im engeren Sinne (in der Gegend um Demmin), die Heveller (an der Havel), die Spreewanen (am Unterlauf der Spree) und andere unterteilten, dabei nur zeitweise gemeinsame politische Institutionen ausbildeten und sich selten zu gemeinsamem Handeln entschlossen, zeigten am hartnäckigsten Widerstand gegenüber den fränkischen und sächsischen, schließlich deutschen Versuchen, auch östlich der Elbe Fuß zu fassen, sie zu christianisieren und der eigenen politischen Oberhoheit zu unterwerfen. Vom 8. bis zum 12. Jh. gelang es fränkischer-, sächsischer- und schließlich deutscherseits immer nur kurzfristig, östlich der mittleren Elbe politische Macht auszuüben, eine administrativ-militärische Herrschaft in Form von Grenzmarken zu errichten, das Christentum, auf das Erzbistum Magdeburg und die Bistümer Havelberg und Brandenburg (beide 948 gegründet) gestützt, zu verankern. Unterwerfungen und Gefolgschaftsgelöbnissen folgten Erhebungen der Lutizen, Kleinkrieg, gegenseitige Vergeltung. Dabei wird deutlich, daß zu den Zeiten, während der die sächsischen Herzöge die deutsche Königskrone trugen, also im 10. Jh. die Ottonen, und dann wieder Lothar III. von Süpplingenburg (R 1125–1137) eine expansiv gestaltete Ostpolitik in dieser Gegend besonders ausgeprägt war. Zu Zeiten Karls des Großen hatten fränkisch-sächsische Heere Vorstöße in das Lutizenland unternommen, auch den Hauptort der Heveller, Brandenburg, erobert. Es erscheint jedoch zweifelhaft, ob es noch im 8 Jh. östlich der mittleren Elbe zur Einrichtung einer Mark gekommen ist. Der Kaiser begnügte sich wohl mit einem schwach gesicherten militärischen Vorfeld und der formellen Anerkennung seiner Oberhoheit, was sich durch Tributzahlungen ausdrückte. Um den Rücken gegenüber den Einfällen der Ungarn in das Reich freizubekommen, war es dann Otto I., der neben der Billunger Mark im Norden, dem heutigen östlichen Holstein und westlichen Mecklenburg, an der mittleren Elbe eine weitere Mark einrichtete, die auch Altsiedelland westlich der Elbe, die spätere Altmark, und die südlicher gelegene Lausitz umfaßte. Diese Mark wurde nach ihrem ersten Markgrafen Gero benannt. Unklar ist indessen, wie weit diese nach Osten reichte. Nach dem Tod Geros, 965, wurde die Mark in die Sorbische Mark (Lausitz) und die Nordmark (später auch Mittel- oder Kurmark), das Gebiet der Lutizen geteilt. Diesen ersten Ansatz östlich der mittleren Elbe, eine an das Reich angelehnte staatliche Ordnung zu schaffen, vernichtete der Aufstand der ostelbischen Slawen im Jahr 983. Markgrafschaft und Bistümer wurden zu einer bloßen rechtlichen Fiktion ohne realen Hintergrund. Im 11. Jh. folgten wechselnde, kurzfristige Bündnisse zwischen Deutschen und Polen gegen die Lutizen, bemerkenswerterweise aber auch deutsch-lutizische Absprachen, also ein christlich-heidnisches Bündnis, gegen das christlich gewordene Polen, das sich Meißens und Böhmens bemächtigt hatte und von dort aus Lutizen und das Reich gleichermaßen bedrohte. Derartige Interessenidentitäten erloschen jedoch schnell, als ihre Ursache, die polnische Bedrohung, abgewendet war, der alte deutsch-lutizische Gegensatz kam wieder zur Geltung. Politische und religiöse Anspannungen verursachten weiterhin immer wieder militärische Auseinandersetzungen, die den Charakter eines Glaubenskrieges mit seinem unerbittlichen Feindbild annahmen. Der Obodriten-Fürst Gottschalk (seit 1043 Herrscher über Obodriten und einige lutitische Stämme), der sich im Gegensatz zu den Lutizen zum Christentum bekannte, unterlag mit seinem Versuch, ein christliches elbslawisches Reich zu begründen (1066), ebenso wie sein Sohn Heinrich, wenngleich dieser zeitweise die Lutizen unter seine Gewalt brachte.

Der Hohenzoller Friedrich, Burggraf von Nürnberg, wurde am 18. August 1417 auf dem Konstanzer Konzil durch König Sigismund für geleistete Dienste mit der Mark Brandenburg und der Kurfürstenwürde belehnt. Damit war der rechtlich formale Übergang der Mark Brandenburg an das Haus Hohenzollern vollzogen. Wie sein Nachfolger, sein Sohn Friedrich II., mußte sich Friedrich I. gegen den oppositionellen brandenburgischen Adel und die Städte durchsetzen. Im Bild: Älteste Darstellung der Belehnung Friedrichs I., Burggraf von Nürnberg, mit der Mark Brandenburg. Darstellung aus der Handschrift Ulrich Richenthals über das Konstanzer Konzil.

Die Askanier und die Heveller: Machtkämpfe

Hatten die Lutizen noch im ausgehenden 11. Jh., wie gegen die verwandten, sich dem Christentum öffnenden Obodriten, militärische Erfolge erzielt, die ihnen ihre Unabhängigkeit und damit ihre heidnischen Götterkulte erhielten, so brachte das 12. Jh. das Ende ihrer unabhängigen Stellung, ihre stammesmäßig organisierten kleinen heidnischen Exklaven in einem sonst, mit Ausnahme des abgelegenen preußisch-baltischen Raumes, allseits christlich gewordenen, schon erkennbar staatlich organisierten Mittel-, Ost- und Nordeuropa. Diese Entwicklung wurde durch verstärkte, wenngleich unkoordinierte sächsische, pommersche und polnische Einfälle, also gleichermaßen von West und Ost, im beginnenden 12. Jh. eingeleitet. Zum gleichen Zeitpunkt, an dem die aufständischen Sachsen Kaiser Heinrich V. in der Schlacht am Welfesholz (1115) besiegten, vermochte der sächsische Graf Otto von Ballenstedt ein lutizisches Heer, das aufgeboten war, um aus dem Streit zwischen dem Kaiser und den Sachsen Nutzen zu ziehen und einen Raubzug durchzuführen, in der Nähe des heutigen Köthen vernichtend zu schlagen. Otto überschritt danach die Elbe und besetzte die Gegend von Roßlau, Coswig und Belzig bis hin zur Zauche. Dieser Sieg, der sich nicht aus einer längerfristigen strategischen Planung, sondern einer schnell entschlossenen Abwehr ergeben hatte, wurde zum Auftakt einer gezielten, politisch wirkungsvollen Expansion, die die Zeit der Raub- und Streifzüge ohne greifbare Weiterungen ablöste. Sie ging von Otto aus, dessen Familie, aus dem östlichen Harzgebiet gebürtig, durch den Erwerb von Gütern und Rechten im 11. Jh. zu großem Ansehen und Reichtum emporgestiegen war. Nach der latinisierten Form ihres Stammsitzes, der Grafschaft Aschersleben, Ascarien, wurden ihre Mitglieder »Askanier« genannt. Ausgedehnte Besitzungen waren Otto selbst in der Altmark aus der Erbschaft seiner Gattin Eilica, einer Nachfahrin des Herzogs Magnus Billung, zugefallen. Von Hause aus mit reichen Besitzungen ausgestattet, die sich durch Erbschaft und seinen erfolgreichen politisch-militärischen Einsatz glücklich vermehrten, besaß er eine wichtige Stellung im Herzogtum Sachsen, mit Sicherheit eine günstige Voraussetzung für seinen Sohn Albrecht, dessen Beiname »der Bär« sich vermutlich auf seinen Geburtsort Bärenburg (heute (Bernburg) bezieht. Er lebte von um 1100 bis 1170. Er vermochte es, die Machtstellung, die sein Vater errungen hatte, nicht nur zu festigen, sondern entscheidend zu verändern.

Ohne Recht bemächtigte er sich 1124, von Lothar von Süpplingenburg unterstützt, der Markgrafschaft Lausitz und wurde durch dessen Gunst nach dem Tode Heinrichs V. mit ihr belehnt. Damit untermauerte er seine Stellung als südlicher Nachbar der westlichen Lutizen, der Heveller, und suchte dort, was in dem deutsch-lutizischen Gegensatz bisher ungewöhnlich gewesen war, politischen Einfluß zu nehmen, indem er den, im Gegensatz zu seinem Volk, christlich gewordenen Heveller-Fürsten Heinrich (Pribislav mit lutizisch-heidnischem Namen) unterstützte. Dafür erhielt er von ihm als Patengeschenk für seinen Sohn Otto das Land Zauche und schloß 1142 mit ihm einen Erbvertrag, der Albrecht als seinen Nachfolger in Brandenburg vorsah, wobei das Hevellerland möglicherweise schon als ein Lehnskönigtum des Reiches angesehen wurde. Zu diesem Zeitpunkt hatte Albrecht die Lausitz schon aufgegeben und war von Kaiser Lothar vermutlich auf dem Reichstag von Halberstadt im April 1134 mit der Nordmark belehnt worden. Verschiedene Kriegszüge, unter ihnen der am Beispiel der Kreuzzüge in das Heilige Land eröffnete Wendenkreuzzug von 1147, verheerten nicht nur Teile der Nordmark immer wieder, sondern begründeten, unabhängig von den markgräflichen Rechten, weitere christliche Herrschaften im Lande, die die alte Markgrafschaft mehr und mehr aufzulösen schienen. Während des Wendenkreuzzuges war im übrigen die Prignitz schon teilweise, bis etwa 1300 nahezu vollständig askanischer Besitz geworden. Im Jahr 1150 trat der brandenburgische Erbfall ein: Albrecht übernahm die Herrschaft über die Heveller, wobei ihm anhaltender Widerstand von einheimischen Fürsten, die ebenfalls Erbansprüche geltend machten, und der weithin heidnisch gebliebenen Bevölkerung entgegenschlug. Burg und Stadt Brandenburg wurden bald wieder verloren und erst 1157 zurückerobert. Mit diesem Datum begann, vorbereitet von Otto von Ballenstedt und vollendet von seinem Sohn Albrecht dem Bären, eine neue Staatlichkeit in den Gebieten östlich der mittleren Elbe.

Beginn einer neuen Staatlichkeit

Albrecht und mit ihm wiederum sein Sohn Otto nahmen den Titel »Markgraf von Brandenburg« (auch Brandenburgischer Markgraf) an, wie ihre Urkunden und Siegelstempel von nun an auswiesen. Damit vollzogen sie eine grundlegende Wandlung des Wesens und der Bedeutung ihrer Markgrafschaft. Sie basierte nun nicht mehr allein auf einem königlichen Amtslehen, sondern auch auf dem selbsterworbenen Allodialbesitz (lehnsfreies Eigentum), den Schenkungen und dem Erbe des Heveller-Fürsten. Ihr Territorium umfaßte im wesentlichen das Havelland und die Zauche, altmärkische Gebiete, erstreckte sich nach Süden bis an das anhaltische Gebiet um Belzig und Wiesenburg sowie das magdeburgische Jüterbog. Im Osten wurde es von der Havel und Nuthe, im Norden durch das Rhinluch und die Elde, im Westen durch die Ohre begrenzt. Indem die königliche Kanzlei Otto in ihren Schreiben als Markgraf von Brandenburg titulierte, was Albrecht gegenüber nicht geschehen war, erfolgte seitens des Reiches seinem Sohn gegenüber eine eindeutige Bestätigung des Markgrafentitels. Otto wurde der erste »offizielle« Markgraf von Brandenburg. Die Nordmark, herausgeschnitten aus der alten Mark Geros, hörte damit auch in ihrer rechtlichen Fiktion auf zu bestehen. Die askanischen Markgrafen befanden sich darüber hinaus – seit dem 13. Jh. belegt – im Besitz der Erzkämmererwürde, die in der Kurwürde einen gesteigerten Ausdruck annahm, Brandenburg somit seit diesem Zeitpunkt auch Kurfürstentum war. Die Askanier beschritten insgesamt einen Weg 1157, wie ihn auch die Babenberger nur ein Jahr zuvor mit dem Privilegium minus (Urkunde Kaiser Friedrichs I. über die Erhebung der bayerischen Mark Österreich zum selbständigen Herzogtum mit Privilegien) begonnen hatten zu gehen, sich von einem königlichen Amtsträger zu einem fürstlichen Landesherrn zu wandeln. Von Albrecht dem Bären stammten Nebenlinien ab, die in diesem mitteldeutschen Bereich ebenfalls Bedeutung erlangten, so das Haus Anhalt, das bis zum Ende des Ersten Weltkrieges regierte, und die beiden herzoglichen Linien Sachsen-Lauenburg (bis 1689) und Sachsen-Wittenberg (bis 1422).

Mit dem militärischen Einsatz und den daraus folgenden politischen Änderungen, die einen territorialen Bestand wiederherstellten, wie er vor 170 Jahren bestanden hatte, vermochten auch die kirchlichen Institutionen, die Bistümer Brandenburg und Havelberg, ihre Stellung wiederzugewinnen. Zugleich begannen auch, insbesondere aus dem niederdeutschen Bereich, Menschen in die Mark einzuwandern, ihren kulturellen Stempel dem Land aufzudrücken, Urbarmachungen, Rodungen, Städtegründungen.

Streubesitz bis an die Ostsee

Die askanischen Markgrafen, die Albrecht dem Bären folgten, setzten dessen Politik weitgehend fort, wobei sich nun Versuche mischten, sowohl die territoriale Basis der Mark selbst zu erweitern als auch darüber hinaus politischen Einfluß im Ostseeraum zu gewinnen, etwa Lehnshoheit über das Herzogtum Pommern zu erwerben, was allerdings den dänischen Expansionsbestrebungen entgegenstand, die ähnliche Absichten verfolgten. Um 1212 bestand in der Nähe der Oder am Ausgang des Finowtales die Burg Oderberg, so daß anzunehmen ist, daß zu diesem Zeitpunkt der Barnim in askanischen Besitz gelangt sein muß. Kaiser Friedrich II. erkannte im Rahmen seiner fürstenfreundlichen Politik 1231 eine brandenburgische Lehnshoheit über Pommern an. Zur gleichen Zeit durchdrang die askanische Herrschaft allmählich den Teltow gegen meißnische und magdeburgische Ansprüche. Zwischen Barnim und Teltow entstanden um 1200 Berlin und Cölln als deutsche Siedlungen auf einem bisher unbewohnten Gebiet im Spreetal, welches bislang von den ehemals lutizischen, dann von den Askaniern übernommenen Burgen und sich daraus bildenden Städten Spandau und Köpenick beherrscht wurde. Die zentrale Lage der Doppelstadt Berlin/Cölln begünstigte sie zum Vorort in der Mark, schließlich zur markgräflich-kurfürstlichen Residenz werden zu lassen. In das 13. Jh. fallen weitere Städtegründungen in der Mark. Die Oberlausitz gelangt in ihren Besitz. Ende 1287 kamen Burg und Land Lebus dazu. Damit überschritten die Askanier die mittlere Oder in einem breiten Abschnitt, arrondierten dort ihren Besitz durch Druck auf den Templerorden und Tausch anderer geistlicher Gebiete zu ihren Gunsten über die Warthe hinaus, gründeten 1257 als ihren Vorposten in diesem als Neumark bezeichneten Gebiet die Stadt Landsberg an der Warthe und wurden so endgültig Pommerns gewichtiger, einflußreicher südwestlicher Nachbar. 1307 erreichte die Mark die Belehnung mit der Niederlausitz und gewann damit ein geschlossenes Territorium südöstlich der alten, märkischen Kernlande. Ein Jahr darauf hatte die Mark ihre größte territoriale Ausdehnung unter den Askaniern gewonnen. Sie reichte von der Ohre im Westen bis zur Küddow und Weichsel im Osten, von Bautzen und Görlitz im Süden bis Schivelbein, umfaßte die Länder Stolp und Schlawe an der Ostseeküste im Norden. Dieses Territorium stellte im Osten und Norden, an der Weichsel und an der pommerschen Ostseeküste jedoch nur Streubesitz dar. Der Hafen Rügenwalde in der Nähe der Burg Schlawe bildete so eine Enklave im herzoglich-pommerschen Gebiet, der Traum von einer starken Handels- und militärischen Position an der Ostsee hatte sich damit zu askanischer Zeit nicht erfüllt. Im 14. Jh., nach dem Aussterben der Askanier in Brandenburg, begannen sich die bisherigen lehnsrechtlichen Gegebenheiten aufzulösen, divergierende Ansprüche auf die Mark, die von den Häusern Wittelsbach und Luxemburg vertreten wurden, riefen über Jahrzehnte weitgehende Verworrenheit, verbunden mit territorialen Verlusten, hervor.

Königlicher Vertreter in der Mark: das Haus Hohenzollern

Am 30. April 1415 übertrug der deutsche König Sigismund das Kurfürstentum mit Kurrecht und Erzkämmereramt an den Hohenzollern Friedrich, dem Burggrafen von Nürnberg, als erblichen Besitz. Die Huldigung Friedrichs erfolgte im Laufe der Jahre 1415 und 1416 durch die märkischen Stände, die feierliche Belehnung am 18. August 1417 auf dem Konstanzer Konzil. Damit war der rechtlich formelle Übergang der Mark Brandenburg an das Haus Hohenzollern abgeschlossen.

Dieses schwäbische Geschlecht, das 500 Jahre in der Mark Brandenburg herrschen und aus ihr heraus die preußische Monarchie als eine europäische Macht im 19. Jh. entstehen lassen sollte, fand insbesondere im Zuge der Gründung des kleindeutschen Nationalstaats besondere Beachtung. Es entstand dabei die borussische Schule der deutschen Historiographie, die es als die von vornherein angelegte Aufgabe Brandenburgs ansah, auf diese deutsche Staatlichkeit hingelebt zu haben. Davon kann natürlich im 15. Jh. keine Rede gewesen sein. Friedrich I. war der Mark so fremd, wie seine wittelsbachischen und luxemburgischen Vorgänger es gewesen waren, war, wie sein Nachfolger, gezwungen, sich gegen aufsässigen Adel und die Städte durchzusetzen. Grenzfehden mit Mecklenburg und Pommern blieben bis weit in das 15. Jh. eine ständige Gefährdung der nördlichen Mark.

1437 übernahm sein jüngerer Sohn Friedrich II. diese Aufgabe und wurde nach dem Ableben des Vaters 1440 Kurfürst und Markgraf. Sichtbares Zeichen seiner Politik wurde das kurfürstliche Schloß auf Coellner Boden. Damit leitete er den Wandel der Doppelstadt an der Spree von einem selbstbewußten, zuweilen hochfahrenden städtischen Gemeinwesen zu der hohenzollernschen Residenzstadt ein. Der fürstliche Herrschaftsanspruch, den Friedrich II. so nachdrücklich in seiner Städte-, Stände- und Steuerpolitik vertrat, besaß vorabsolutistische Züge und brachte ihm den Beinamen »Eisenzahn« ein. In der Lausitz wurde die Herrschaft Cottbus, durch die Übernahme der Pfandschaft, die Neumark vom Deutschen Orden zurückgewonnen, darüber hinaus gab das Erzstift Magdeburg die Ansprüche aus der Schenkung von 1194 auf. Durch eine

Markgraf Albrecht Achilles von Brandenburg-Ansbach (1414–1486) aus der Familie der Hohenzollern legte durch eine für seine Söhne erlassene Erbverordnung, der Dispositio Achillea von 1473, die Unteilbarkeit der Mark fest.
Das Gemälde eines unbekannten Künstlers aus der ersten Hälfte des 17. Jh. zeigt ihn mit seiner zweiten Gemahlin Anna, Prinzessin von Sachsen. Nationale Schwedische Porträtsammlung Gripsholm.

Kurfürst Joachim II. Hektor, das Gemälde zeigt ihn im Alter von 16 Jahren, trat – ganz im Gegensatz zu seinem Vater Joachim I. – für die Einführung der lutherischen Reformation in der Mark Brandenburg ein. 1539 nahm er formal die evangelische Lehre an, 1540 führte er eine neue Kirchenordnung ein.

Verfügung, die Dispositio Achillea von 1473, richtete Kurfürst Albrecht Achilles (R 1470–1486), der Bruder und Nachfolger Friedrichs II., für die Mark Brandenburg und die fränkischen Fürstentümer der Hohenzollern eine gesonderte Erbfolge ein, so daß beide Bereiche eine getrennte Entwicklung nahmen. Die Mark selbst sollte ungeteilt dem jeweils ältesten erbberechtigten brandenburgischen Hohenzollern zufallen. Diese Verordnung, zunächst nur für die Erbfolge Albrecht Achilles' gedacht, entwickelte sich allmählich, ergänzt durch den Geraer Hausvertrag (1599), zum brandenburgischen Hausgesetz.

Unter Joachim I. (R 1499–1535) wurde die Erbeinigung nach erneuten Auseinandersetzungen mit Pommern 1529 bestätigt, gleichzeitig aber die Frage der brandenburgischen Lehnshoheit negativ entschieden, lang andauernde Auseinandersetzungen zwischen den Nachbarn damit endlich abgeschlossen. Gleichzeitig gelangte die Grafschaft Ruppin im Erbgang an Brandenburg. Der Kurfürst betonte das persönliche Regiment in seinem Auftreten, Anflüge einer frühabsolutistischen Herrschaft deuteten sich zeitweise an. So begrenzte er die Selbstverwaltung der Gemeinden, der städtische Rat wurde geradezu zu einer landesherrlichen Behörde, mit dem Nominationsrecht für die Bistümer, das Johann Cicero (R 1486–1499) von seiten der Kurie nur persönlich zugestanden worden war, nahm er auch für sich in Anspruch, brachte damit auch die Geistlichkeit in landesherrliche Abhängigkeit und begründete darüber hinaus das Berliner Kammergericht. Andererseits war Joachim bereit, auf den Adel einzugehen, dessen ökonomisch-sozialen Interessenlagen, die sich mit dem Ausgang kriegerisch-feudaler Lebensformen auf Einkünfte aus gutswirtschaftlicher Betätigung gewandelt hatten, was gleichzeitig zu einem verschärften bäuerlichen Abhängigkeitsverhältnis führte, Rechnung zu tragen. Ebenso berücksichtigte er auch städtische Vorstellungen, indem er entgegen seiner bisherigen Auffassung nach einem aufsehenerregenden Prozeß, in welchem eine Anklage wegen Hostienschändung behandelt wurde, die jüdische Bevölkerung aus der Mark vertreiben ließ. Erst im Laufe des 17. Jh. gab es wieder bedeutende jüdische Gemeinden im Lande. Schien die dynastische Konstellation günstig, die Mark Brandenburg zu einem Zentrum ausgreifender Hausmachtpolitik zu machen, die sogar europäische Dimensionen annehmen konnte – der Bruder Joachims, Albrecht, war mit seiner Hilfe nicht nur im engeren märkischen Umkreis Erzbischof von Magdeburg und Administrator von Halberstadt, sondern 1514 auch Erzbischof von Mainz geworden, der fränkische Vetter Albrechts zum Hochmeister im Ordensstaat gewählt worden – so mangelte es den Hohenzollern an einer gemeinsamen politischen Grunddisposition, diese dynastischen Gegebenheiten wurden nicht genutzt. Joachims Vorstellungen, möglicherweise zum deutschen König gewählt zu werden, erwiesen sich ebenso unausgegoren, wie seine Pläne scheiterten, die dänische Krone zu erwerben. Letztlich blieb sein politisches Feld die Mark Brandenburg. Schon zu Zeiten seines Vaters geplant, gründete er 1505, von den Vorstellungen des Humanismus angeregt, die brandenburgische Landesuniversität in Frankfurt an der Oder. Obwohl (oder weil) er als ein entschiedener Vorkämpfer des alten, katholischen Glaubens hervortrat, Tetzel die berüchtigten Ablaßbriefe verkaufen ließ, konnte er es nicht verhindern, daß die lutherische Reformation auch auf Brandenburg zu wirken begann, seine Gattin, Elisabeth von Dänemark, offen dafür eintrat und auch seine Söhne sich dem neuen Glauben näherten und nach seinem Tode die Mark in das Lager der Reformation führten, demzufolge sie die meisten Klöster aufhoben und die märkischen Bistümer säkularisierten. Ihre konfessionelle Entscheidung (Joachim II., Johann I. von B.-Küstrin) führte Brandenburg, trotz des quietistischen (Streben nach gottseliger Ruhe) Bewußtseins, das ihn und seine Nachfolger auszeichnete, über das rein konfessionelle Bekenntnis hinaus in eine Sphäre, die sich dadurch auch in ihrem politischen und kulturellen Umfeld immer mehr von einer Bindung an das habsburgische Kaiserhaus entfernte. Die brandenburgische Belehnungs-, Erb- und Heiratspolitik trug ihre Früchte: die Hohenzollern vermochten 1614 die protestantischen Gebiete des Herzogtums Jülich, nämlich Cleve, Mark, Ravensberg und Ravenstein, nach Erbstreitigkeiten mit Pfalz-Neuburg und Kursachsen zunächst in faktischen Besitz zu nehmen, 1618 im Erbgang als preußische Herzöge vom polnischen König belehnt zu werden. Damit hatte sich das Territorium, über das die Hohenzollern geboten, durch weit von ihrem märkischen Zentrum entfernt gelegene Gebiete erweitert, ihre Interessenlage sich auf einen durchgängigen norddeutschen Blickwinkel verbreitert. Anfang des 17. Jh. trat der regierende Kurfürst Johann Sigismund zum reformierten Glauben über, durch dessen Verzicht auf das Recht des »ius reformandi« aber konnten die Hohenzollernschen Hauptlande lutherisch bleiben. Die Kurfürsten behielten das lutherische Kirchenregiment bei. Erst im 19. Jh. kamen die Bestrebungen, die konfessionelle Kluft zwischen dem Herrscherhaus und dem überwiegenden Teil der Bevölkerung zu überwinden, in der Evangelischen Kirche der Union zu einem, wenn auch umstrittenen Abschluß.

Die Politik, sich so weit wie möglich aus den Konflikten herauszuhalten, mußte in der unerbittlichen Konfrontation des Dreißigjährigen Krieges scheitern. Brandenburg wurde nahezu die gesamte Kriegszeit über zu einem wichtigen Operationsgebiet der verfeindeten Parteien.

Unter dem Großen Kurfürsten (im Bild mit Frau Luise Henriette) begann der Aufstieg Brandenburgs zur Großmacht.

Der Große Kurfürst

Erst Friedrich Wilhelm (R 1640–1688) gelang es einigermaßen, die Rivalitäten der anderen Mächte für sich auszunutzen. Er setzte im Westfälischen Frieden den brandenburgischen Besitzanspruch auf Pommern – 1637 war mit dem Tod des Herzog Bogislav XIV. der Erbfall eingetreten –, den die Schweden durch ihre Politik mißachteten, immerhin, wenn auch nur unvollkommen und zögernd, durch. Es kam zunächst nur Hinterpommern ohne die Odermündung in hohenzollernschen Besitz. Die bemerkenswerten Waffentaten der Brandenburger gegen Schweden am Rande des Holländischen Krieges, so in der Schlacht bei Fehrbellin (1675), brachten Friedrich Wilhelm den ehrenden Beinamen der Große Kurfürst ein und schufen die politischen Vorbedingungen, die schmalen Gebietsstreifen östlich der Odermündung zu gewinnen: Vorpommern bis zur Peene kam erst unter König Friedrich Wilhelm I. 1720 an die Hohenzollern. Dagegen erwarb der Große Kurfürst im Westen die ehemaligen geistlichen Territorien und nunmehrigen Fürstentümer Halberstadt und Minden nach dem Dreißigjährigen Krieg und 1680 auch Magdeburg. Im Verlauf des schwedisch-polnischen Krieges, an dem sich Friedrich Wilhelm nacheinander auf beiden Seiten beteiligt hatte, erreichte er es, die volle Souveränität über das Herzogtum Preußen zu gewinnen, Pommern gegenüber Polen abzurunden; mit Pfalz-Neuburg wurde 1666 vereinbart, den 1614 ausgehandelten provisorischen Besitz am Niederrhein als endgültig anzusehen.

Besaß die Politik Friedrich Wilhelms in der Mark ihre Basis, so wurden die anderen Territorien nicht der Mark zugeschlagen, sondern behielten unter dem Dach einer hohenzollernschen Personalunion ihre administrative Eigenständigkeit. Friedrich Wilhelm war allerdings bestrebt, seine Stellung gegenüber den Ständen der einzelnen Länder zu behaupten, Anerkennung zu finden, vornehmlich in der Steuer- und Militärpolitik seine Vorstellungen durchzusetzen, die geeignet erschien, seinen Zielen, die staatliche Macht soweit wie möglich zusammenzufassen, zu entsprechen. In der Mark gelang es, im Gegensatz zu den anderen Gebieten, regelmäßige, nicht mehr von erneuten Bewilligungen abhängige Einkünfte zu erhalten und damit ein stehendes Heer, ein Unterpfand einer unabhängigen Außenpolitik zu schaffen. Der brandenburgische Adel verzichtete damit weitgehend auf seine politisch-ständische Einflußnahme, erhielt dagegen vom Kurfürsten sozialrechtliche Zugeständnisse, die sich auf den Besitz der Rittergüter, die Stellung im Gutsbezirk, also seine obrigkeitlichen Rechte über die Bauern, sonstige Steuer- und Zollfreiheiten bezogen. Der märkische Landtag von 1653, an dem es zu diesen Vereinbarungen kam, war der letzte allgemeine Landtag in der Mark; die Landkreise, denen von da an die Erhebung und Verwaltung der Kontributionen genannten Steuern zur Ausstattung des Militärs oblag, übernahmen unter der Leitung kurfürstlicher Kommissare, später der Landräte, weitgehend aus dem Adel stammend, lokale bzw. regionale Verwaltungsaufgaben und setzten bis zu einem gewissen Grad so die Institution der adligen Selbstverwaltung in der Mark fort. Allein in den Städten führte der Kurfürst die Akzise (Verbrauchs-, Verkehrssteuer) als steuerliche Neuerung ein, trennte damit die städtischen Interessen von denen des landsässigen Adels.

Zweifellos haben die achtundvierzig Jahre, die der Große Kurfürst regierte – das hohenzollernsche Kaiserreich bestand ebenso lange –, die Mark entscheidend geprägt, mehr noch, den Weg zu ihrer weiteren Entwicklung bestimmt. Zentralisierender Absolutismus und kontinentaler Merkantilismus begannen zu den Maximen zu werden, nach denen Staat und Wirtschaftsleben geformt wurden. Sehr deutlich entstand die Vorstellung von einem eigenen politischen Gewicht, das wohl noch im Reich verankert war, aber mit dem Blick auf das Herzogtum Preußen schon weitergehende Perspektiven eröffnete. Der schwarze Adler Preußens stand über dem roten Brandenburgs, Preußen wurde zum Namen und Signum des hohenzollernschen Staates, Brandenburg dagegen blieb nur noch eine Provinz. Die brandenburgische Geschichte, die 700 Jahre die Geschichte einer bedeutenden fürstlichen Landesherrschaft gewesen war, ging über in die Geschichte einer Provinz, ihre ausgreifende, dabei doch weitgehend behutsame und kalkulierbare Entwicklung verband sich nun mit der der anderen hohenzollernschen Besitztümer. Dieser Weg fand 1701 seinen sinnfälligen Ausdruck in der Annahme des Königstitels durch Kurfürst Friedrich III. (König Friedrich I.), der sich noch im Laufe des 18. Jh. auf den hohenzollernschen Gesamtstaat bezog, als offizielle Staatsbezeichnung aber erst im 19. Jh. eingeführt wurde.

Die staatliche und ökonomische Gestaltung

Den Bestrebungen nach außenpolitischer Geltung und Unabhängigkeit, die mit unterschiedlicher Gewichtung von den königlichen Nachfolgern des Großen Kurfürsten weiterverfolgt wurden, stand das Bemühen zur Seite, im Sinne merkantilistischer Vorstellungen den inneren Landesausbau zu fördern. Dazu gehörten die Bevölkerungs- und Siedlungspolitik, Intensivierung der Landwirtschaft, Manufakturen und Kanalbauten. Die Residenzstadt Berlin entfaltete sich zu einem wichtigen Ort des Textilgewerbes. Insbesondere unter König Friedrich Wilhelm I., dem sogenannten Soldatenkönig, wurde eine grundlegende Verwaltungsreform in Angriff genommen, zentrale Institutionen, wie das General-Finanzdirektorium und das General-Kriegskommissariat, seit 1723 zum General-Oberfinanz-, Kriegs- und Domänendirektorium (Generaldirektorium) zusammengefaßt, auf der Ebene der Landesteile, wie der Mark Brandenburg, kollegiale Kriegs- und Domänenkammern geschaffen, die, ausgehend von den militärischen Bedürfnissen, die Finanzgebarung ihres Bezirks – zumeist identisch mit der Provinz –, aber darüber hinaus auch die Verwaltungsgerichtsbarkeit in ihren Händen hielten. In diese Epoche staatlicher und ökonomischer Gestaltung fallen auch Anstöße zu einem vertieften geistig-kulturellen Leben, bestimmt durch pietistische Frömmigkeit, dann aber auch durch eine starke Hinwendung zur Aufklärung, jeweils in enger Beziehung zur monarchischen Spitze, zu Friedrich Wilhelm I. und Friedrich II., dem Großen. Sie artikulierten sich insbesondere in Berlin, wodurch die preußische Hauptstadt zu einem Zentrum geistiger Auseinandersetzung des 18. Jh. wurde. Diese Entwicklung wurde, neben der Universität Halle, 1694 gegründet, unterstützt und gefördert durch eine Institution wie die Berliner Akademie, 1701 entstanden, an der namhafte Gelehrte ihrer Zeit arbeiteten. Neben der Bildung und Forschung akademischen Zuschnitts entstand darüber hinaus sehr früh ein allgemeines, wenn auch noch lückenhaftes, primäres und sekundäres Schulsystem. Die bisherigen baulichen Gegebenheiten in der Mark erfuhren durch planmäßigen Stadtausbau, aber auch durch den einsetzenden, dem fürstlich-absolutistischen Lebensstil entsprechenden Bau repräsentativer Residenzen in der näheren und weiteren Umgebung Berlins durch das Königshaus und den Adel, so Potsdam und Charlottenburg, neue, belebende Akzente.

19. Jahrhundert – Territoriale Veränderungen

Der Napoleonische Sieg über Preußen unterwarf die Mark von 1806 bis 1814 französischer Besetzung, ließ sie zu einem ausgebeuteten Vorfeld des kaiserlichen Imperiums werden. Im Frieden von Tilsit sah sich König Friedrich Wilhelm III. gezwungen, auch die Abtretung brandenburgischer Gebiete, Cottbus in der Niederlausitz an Sachsen und der Altmark an das kurzlebige Königreich Westfalen zuzustimmen. 1813/1814 wurde die Mark zum vorübergehenden Schauplatz des militärischen Ringens um die Befreiung Deutschlands vom Napoleonischen Joch. Am 30. April 1815 erließ die preußische Regierung die Verordnung über die Einteilung des wiedererstandenen Königreiches, in der auch der territoriale Umfang Brandenburgs neugefaßt wurde. Die Altmark kehrte im Gegensatz zu Cottbus nicht mehr zur Mark zurück, sondern wurde zur preußischen Provinz Sachsen, zwei neumärkische Kreise zu Pommern geschlagen, dafür erweiterte sich das märkische Territorium an seiner südlichen Grenze durch einige schlesische und ehemals königlich-sächsische Gebiete. Die Kriegs- und die Domänenkammern wurden zu Regierungen umgewandelt, zwei Regierungsbezirke, Potsdam und Frankfurt an der Oder, gebildet. Die Stellung des Oberpräsidenten mit der der Potsdamer Regierung verbunden. Die Mark umfaßte nach diesen Veränderungen ca. 39000 km^2. Sie war eingebunden in die preußische Kreis- und Provinzialordnung, die, wie in den anderen preußischen Provinzen, von einem Gefüge ständischer Repräsentativorgane im Laufe des 19. Jh. in einem liberalen Sinn weiterentwickelt wurde. Der »Provinzialverband der Provinz Mark Brandenburg«, die Selbstverwaltungskörperschaft der Mark, beschäftigte sich von 1875 bis 1945 im wesentlichen mit Straßen- und Meliorationswesen, Sozialfürsorge, der Förderung von Wissenschaft und Kunst, Wohnungs- und Siedlungswesen, Energieversorgung und den Eisenbahnen. Berlin wuchs aus seiner bisherigen Funktion einer mittleren Residenz- und Gewerbestadt zu einem Industrie- und Dienstleistungszentrum heran, verstärkte seine Bedeutung als ein Zentrum geistiger Auseinandersetzung. Mit seiner rasch steigenden Bevölkerung, der Herausbildung einer städtischen Agglomeration stellte es administrative Aufgaben, die besondere planerische Vorga-

Nach dem Zweiten Weltkrieg wurde Brandenburg Teil der sowjetischen Besatzungszone, die Neumark von Brandenburg abgetrennt, die Gebiete östlich der Oder polnischer Verwaltung übergeben. Im September 1946 erfolgten die ersten Wahlen zu den Gemeindevertretungen. Bild oben: Wähler vor einem Potsdamer Wahllokal. Bild unten: Wahlpropaganda der SED in den Ruinen der Stadt Brandenburg.

ben erforderten. 1880 wurde die Stadt von der Provinz getrennt, bildete von da an faktisch einen dritten Regierungsbezirk. 1920 führte eine weiträumige Eingemeindung zur Stadt Groß-Berlin, die sich aus dem Spreetal weit auf den Barnim und Teltow erstreckte. Blieben die übrigen märkischen Städte hinter der Entwicklung, die die Hauptstadt nahm, zurück, so veränderten aber auch hier Eisenbahn, Straßen- und Kanalbauten die infrastrukturellen Bedingungen, entstanden in zahlreichen Städten industrielle Produktions- und Verarbeitungsstätten.

Schwerpunkte des 20. Jh.: Mark – Gau – Bezirk

In der Großstadt Berlin, aber auch in der Mark Brandenburg besaß während der Weimarer Republik die Sozialdemokratie eine starke Stellung, die im Zuge der politischen Radikalisierung dann geschwächt wurde. Im November 1932 vermochte die NSDAP in der Mark insgesamt dagegen zunächst die relative Mehrheit zu gewinnen. Berlin blieb mit rund 30 Prozent jedoch unter dem Reichsdurchschnitt dieses Wahlergebnisses. In verschiedenen märkischen Orten bestanden zwischen 1933 und 1945 Konzentrationslager, Namen wie Oranienburg und Sachsenhausen erinnern an diesen verhängnisvollen Abschnitt deutscher Geschichte. Die gesamte Mark bildete einen Gau der NSDAP. Der Luftkrieg, insbesondere die Zeit seit 1944, das Vordringen der sowjetischen Truppen und der Zusammenbruch 1945 zogen in erster Linie Berlin, mit ihm aber auch die Mark und ihre Städte in große Mitleidenschaft, brachte schwere Verluste von Menschen und industrieller Produktionskraft. Durch die interalliierten Vereinbarungen wurde die Neumark von Brandenburg abgetrennt, das märkische Gebiet östlich der Oder polnischer Verwaltung übergeben, das Kerngebiet der sowjetischen Besatzungszone zugeordnet. 1952 traten an die Stelle der alten politischen Einheit die DDR-Bezirke Potsdam, Frankfurt an der Oder und Cottbus, denen altsächsische Gebietsteile und das Land Jerichow einverleibt wurden, die Westprignitz wurde dagegen dem Bezirk Schwerin, Teile der Uckermark dem Bezirk Neubrandenburg zugeschlagen. Die politischen und gesellschaftlichen Veränderungen, die die Mark seit dem Kriegsende unter der Herrschaft der SED durchgemacht hat, sind grundlegender Natur. An die Stelle der Rittergüter sind – verkürzt gesagt – landwirtschaftliche Produktionsgenossenschaften getreten, bedeutende industrielle Schwerpunkte in Schwedt und Eisenhüttenstadt, dem alten Fürstenberg, an der Oder und mit der »Schwarzen Pumpe« im Braunkohlenrevier der Niederlausitz entstanden. Atommeiler stehen im Land. Diese Veränderungen, die mit der Zwangskollektivierung der Landwirtschaft und hohen Arbeitsnormanforderungen in einem Klima des Terrors einhergingen, sind auch in der Mark auf Widerstand gestoßen, wie etwa die Ereignisse des 16. und 17. Juni 1953 zeigen, die in Hennigsdorf im Osthavelland einen Schwerpunkt besaßen. Von dieser Wirkung ist heute nichts mehr zu spüren.

OTTFRIED NEUBECKER

Brandenburg: Wappen und Flaggen

Das historische Wappen der Mark Brandenburg ist in silbernem (weißem) Felde ein roter Adler, genau wie der von Tirol. Daß damit kein ursprünglicher Zusammenhang, sondern nur Verwechslungsmöglichkeiten bestanden, ist bekannt. Warum das eine wie das andere Land zu einem roten Adler im weißen Felde gekommen ist, ist unklar. Die naheliegende Vermutung, daß der Brandenburger Adler der Adler des Reichs als Amtsadler der Markgrafen askanischen Geschlechts gewesen sei, findet in den Quellen leider keine Stütze. Noch für den Markgrafen der Nordmark (1134), dann von Brandenburg, Albrecht den Bären († 1170), gibt es keinen brandenburgischen Adler. Immerhin kommt der Adler seit 1202 im Schilde eines Enkels dieses Albrechts, Otto II., Markgraf 1184 († 1205), vor. Von da an fließen die Quellen reichlich. Von den vier Söhnen Albrecht des Bären war der jüngste, Bernhard, Graf von Anhalt, nach dem Sturz Heinrich des Löwen 1180 zum Herzog von Sachsen gemacht worden, und so erklärt es sich, daß das künftige Wappen seiner Linie, der Fürsten von Anhalt, aus dem halben Adler von Brandenburg und dem Rautenkranzwappen von Sachsen gebildet worden ist.

Zum Brandenburger Adlerschild gehört als wesentlicher Bestandteil eines kompletten Vollwappens ein mit goldenen Lindenblättern oder Herzchen bestreuter schwarzer Flügel, der sich anfänglich vom Tiroler Wappen nicht unterschied, indem auch er von einer goldenen Stoffbinde umwunden war, sich in Brandenburg aber allmählich dem Adler insofern anähnelte, daß aus der Binde die goldenen Kleestengel wurden, die für verschiedene Adler, auch den brandenburgischen, typisch wurden.

Das 17. Jh. brachte zwei wichtige Vermehrungen: 1. durch das Erlöschen des Herzogshauses von Jülich-Cleve-Berg und der darauf entbrannte Erbstreit zwischen Kurbrandenburg, Kurpfalz und Kursachsen; 2. infolge der Säkularisation geistlicher Fürstentümer als Ergebnis der Reformation und des daraus entstandenen Religionskrieges von 1618 bis 1648 (Dreißigjähriger Krieg).

Der Kurfürst von Brandenburg fügte 1648 seinen Titeln u.a. Herzog zu Magdeburg, Fürst zu Halberstadt und Minden bei und demgemäß die entsprechenden schlichten Wappen in seine figurenreiche Wappenansammlung: Magdeburg (rot-silbern quergeteilt), Halberstadt (silbern-rot gespalten), Minden (zwei silberne Schlüssel in Rot).

Am 8. August 1618 starb das 1525 in Preußen installierte hohenzollernsche Herzogshaus im Mannesstamm aus, und der Erbfall trat zugunsten der Vettern in Berlin ein. Die heraldische Manifestierung des Lebensverhältnisses zu Polen durch die polnischen Buchstaben auf der Adlerbrust trug man nicht sehr eifrig oder gar nicht zur Schau.

Der Friedensvertrag von Wehlau verschaffte der hohenzollernschen Kurlinie in Brandenburg ab 19. September 1657 die Souveränität in Preußen, weswegen der preußische Adler vor die beiden Farbfelder von Magdeburg rückte. Auf der nunmehrigen Basis konnte 1701 nach Erlangung der preußischen Königskrone weiter gebaut werden. Als es Ende des 17. Jh. gelang, aus dem fernen Königsberg den Startplatz des Königtums zu machen, kam der schwarze Herzogsadler zu neuer Würde und zu königlich preußischen Namensinitialen auf der Brust. Der erste Kurfürst von Brandenburg, der sich König nennen durfte, mußte den Titel auf das Startterritorium beschränken und sich bis zur ersten polnischen Teilung 1772 »in Preußen« nennen. Nicht alle Potentaten erkannten ihn an. Zunächst trat die frischgewonnene Königskrone an die Stelle der neun Helme mit ihren Helmzierden. Dem folgte unter grundsätzlicher Beibehaltung des felderreichen kurbrandenburgischen Wappens unter König Friedrich I. eine mehrere Jahre dauernde Unsicherheit in bezug auf die der Königswürde adäquate Prachtentfaltung. Im Schilde rückte folgerichtig der preußische Adler an die Stelle des Kurzepters.

Mark Brandenburg

Der schwarze Adler mit den Namensinitialen F(ridericus) R(ex) setzte sich auch als Hauptrepräsentant der »Königlich Preußischen Staaten« durch: Entgegen der ursprünglichen und 1817 erneuerten Vorschrift, daß die Buchstabengruppe F R zu lauten habe, drängte sich in den Zeiten, in denen Könige des Namens Friedrich Wilhelm regierten (es gab deren ja vier, und zwar von 1716–1740 oder von 1786 bis 1861) die Formel FWR (Friedrich Wilhelm Rex), aber niemals FGR (Fridericus Guilelmus Rex) in den Vordergrund. Die Buchstabengruppe FWC (Friedrich Wilhelm Churfürst) kam innerhalb des späteren Berlins auf der Brust des brandenburgischen Adlers bereits vor, als am 14. Oktober 1669 dem Friedrichswerder ein Wappen verliehen wurde. Der Kurhut wurde dem Brandenburger Adler von 1704 an auf den Kopf gesetzt; der Kurschild mit dem Zepter wurde 1864 auf die Brust gelegt; zugleich nahm der Adler von da an regelmäßig Zepter und Schwert in die Fänge.

Im Dezember 1945 sollte der »Raubvogel der Hohenzollern« durch ein neues fortschrittliches Wappen ersetzt werden, indem die rot-weißen Provinzialfarben – in drei Streifen – den Hintergrund einer Eiche vor aufgehender Sonne zu bilden hatten und wozu noch ein Schildchen in den angeblich alten Farben der Stadt Brandenburg (Blau-Weiß-Grün) hinzutrat. Dieses Wappen fand mit der Umwandlung der Länder der DDR in deren Bezirke ein definitives Ende, während der brandenburgische Adler seit mindestens den Jahren 1253 für Berlin, Teltow 1289, Spandau 1289, Kölln a.d.S. (1321), Soldin (1326), in städtischen Wappen der DDR weiter besteht oder wieder aufgelebt ist (Potsdam, Frankfurt an der Oder).

Sanssouci – Ein Domizil »Ohne Sorgen«

Auf einem alten Weinberg bei Potsdam thront das 97 m lange und 12 m hohe eingeschossige Sommerschloß Sanssouci (1) Friedrichs des Großen. Georg Wenzeslaus von Knobelsdorff gestaltete das »private« Rückzugsgebiet Friedrichs II. – Schloß und Park – nach dessen Skizzen, Vorstellungen und Wünschen in den Jahren 1745 bis 1747. Der breitgelagerte Bau im Pavillonstil mit dem vorspringenden kuppelgekrönten halbrunden Mittelteil und den großen, bis zur Erde reichenden Fenstern, strahlt eine solche Leichtigkeit, Klarheit und Heiterkeit aus, daß man die Stilbezeichnung »Friderizianisches Rokoko« geprägt hat. Auch die Zimmer wirken eher leicht und heiter, weniger repräsentativ und prunkvoll. Zu den besonders schönen Räumen gehört das Musikzimmer (2). – Das Neue Palais (3), der sommerliche Wohnsitz der königlichen Familie, wurde 1763 bis 1769 errichtet. Dieser letzte und zugleich gewaltigste Schloßbau im Park Sanssouci zeichnet sich durch reiche plastische Dekoration aus (über 400 Statuen). Das Palais folgte zeitlich der Großen Bildergalerie (11), 1755 bis 1763 durch Johann Gottfried Büring erbaut. Sie ist das erste, extra zu diesem Zweck errichtete Kunstmuseum Deutschlands. Der einzige, langgestreckte Raum wird in der Mitte durch eine Kuppel betont. Seine Südfront wird durch Fenster unterbrochen. Die Schlußsteinköpfe über den Fenstern zeigen bekannte Maler; auch die allegorischen Darstellungen der Kunst, Wissenschaft und Dichtkunst auf der Attika des Mittelbaus sowie vor der Fassade stehen in enger thematischer Beziehung zum Gebäudeinnern. – Das Chinesische Teehaus (4) wurde 1754 ebenfalls von Büring im Stil der aus England importierten Chinamode errichtet. Die bizarre Verspieltheit (5–9 Details) entsprach dem Ideal des Rokoko. – Denkmal Friedrichs des Großen im Park, der großenteils nach seinen Vorstellungen angelegt worden ist (10). Ebenfalls künstliche Ruinen auf dem nördlich des Schlosses gelegenen Höhneberg. Friedrich II. ließ hier ein Becken für die Fontainenanlage einrichten und es mit Ruinen nach Entwürfen von Knobelsdorff (Kolonnade, 12) und dem Bühnenmaler I. Bellavite umgeben. R. V.

1

2

3

4

5

6

7

8

9

10

11

12

Die Zisterzienser, ein Reformorden, der aus dem Benediktinerorden hervorging, wurde 1098 im ostfranzösischen Stammkloster Cîteaux von Robert de Molesmes gegründet. Besondere Förderung erfuhr die Mönchsgemeinschaft, die auch wirtschaftlich sehr aktiv war, durch Bernhard von Clairvaux. Die Zisterzienser waren maßgeblich an der Christianisierung der slawischen Länder östlich der Elbe beteiligt. So gründeten sie allein in der Mark Brandenburg 19 Klöster. Das älteste, Lehnin , datiert aus dem Jahre 1180. Oben rechts die Klosterkirche, darunter ein Blick in den Altarraum. Das wohl bekannteste und am meisten besuchte Zisterzienserkloster in Brandenburg ist Chorin, das als das faszinierendste Werk der Backsteingotik gilt (oben links). Es entstand in mehreren Bauabschnitten zwischen 1273 und 1334. Hier, wie auch in Zinna (Mitte links) und in der Klosterkirche Heiligengrabe (unten links) zeigen sich in den ältesten Teilen noch rein romanische Bauformen in der architektonischen Tradition des Ordens neben Elementen der frühen Gotik.

Hugenotten

Brandenburg zur Großmacht werden zu lassen – was das Ziel der landesherrlichen Politik war –, setzte eine starke Truppe voraus, zu deren Unterhalt das Steueraufkommen angehoben werden mußte, was bei dem durch Kriege ruinierten Land nur durch die Arbeitsleistung einer genügend großen Anzahl von Menschen möglich war. Diese waren jedoch im kriegsentvölkerten Land nicht vorhanden.
Für Brandenburg traf es sich günstig, daß 1685 mit der Aufhebung des Edikts von Nantes in Frankreich das Ende der Religionsfreiheit besiegelt worden war. Die Hugenotten, Anhänger des Calvinismus, waren gezwungen worden, ihre Heimat zu verlassen. Das Edikt von Potsdam (8. November 1685) des Großen Kurfürsten verhieß – und hielt dies auch – den Einwanderern freie Wahl des Siedlungsortes, Landbesitz, Steuervorteile, freie Religionsausübung und Bügerrechte. Bis 1703 kamen etwa 20000 Franzosen und 13000 Protestanten aus anderen Ländern. Um 1700 war jeder dritte Einwohner Berlins gebürtiger Franzose. Die Einwanderer gründeten mit Erfolg neue gewerbliche Unternehmen, sie brachten wissenschaftliche, künstlerische und handwerkliche Fertigkeiten mit.
Wenn auch die zweckbestimmte religiöse Toleranz des Kurfürsten zu einem großen Teil als ein Mittel der merkantilistischen Wirtschaftspolitik zu verstehen ist, die dem agrarisch geprägten Land zu keiner entscheidenden wirtschaftlichen Wende verhalf, so war doch der Impuls sehr nachhaltig. Der Calvinismus sieht zwischen dem Glauben und dem wirtschaftlichen Gedeihen einen Zusammenhang: Erlösung und Verdammung sind vorbestimmt, d. h., Erfolg im weltlichen Leben lassen den Gläubigen erkennen, daß er zu den von Gott Erwählten zählt. Diese Verknüpfung des Seelenheils mit dem irdischen Erfolg brachte unter den hugenottischen Einwanderern einen zähen Leistungswillen hervor, der dem brandenburgischen Staat von Vorteil war.

giums markiert einen Tiefpunkt deutscher Kulturgeschichte.

Als der kunstsinnige, ehrgeizige, hochintelligente, sensible Friedrich II. 1740 die Regierung antrat, forcierte er den Ausbau der Garnisonstadt Potsdam, die er durch Repräsentationsbauten zu verschönen unternahm. Friedrich II. orientierte sich an der Höhe der französischen Kultur. Die Schloßfreiheit wurde im Stile eines römischen Platzes ausgestaltet, hier ragen das Rathaus (1753 von J. Boumann nach Palladio) und das Knobelsdorff-Haus (1750) heraus. Die den kleinbürgerlichen Besitzern aufgezwungenen Prunkfassaden der Wohnhäuser und die triumphbogenartigen Stadttore, der Umbau des Stadtschlosses (1745–1751 durch von Knobelsdorff und Boumann d. Ä.) und die Französische Kirche im Stile eines monumentalen, kühlen Barockklassizismus zeigten einen hochabsolutistischen Gestaltungswillen, waren reine gebaute Staatsräson.

Anders Schloß und Park Sanssouci. Außerhalb der Stadt gelegen und ihr nicht zugeordnet, fungierte Sanssouci als die Privatwohnung des Königs, diente als Refugium ähnlich wie Schloß Rheinsberg, das er als Kronprinz bewohnt hatte und das durch J. G. Kemmeter und Georg Wenzeslaus von Knobelsdorff umgebaut worden war (1734–1740). In Sanssouci kam die Tafelrunde zu geistreichem Austausch zusammen, hier trat der König als Solist eigener Flötenkompositionen auf. 1745–1747 wurde das Schloß nach Skizzen des Königs durch G. W. von Knobelsdorff erbaut, 1747 die Neuen Kammern und die Bildergalerie.

Nach dem Siebenjährigen Krieg entstand als aller Welt sichtbares Siegeszeichen, als »Fanfaronade«, das Neue Schloß. Stilistisch stellt der Bau von J. G. Büring, Heinrich Ludwig Manger, J. L. Legeay und Karl von Gontard (1763–1769) einen Rückgriff auf den Hochbarock dar.

Um Preußen zu einem starken, modernen Staat zu machen, wurde die Ausbildung seiner Bewohner gefördert. Das General-Landschul-Reglement von 1736 führte die allgemeine Schulpflicht ein. Religiöse Toleranz erleichterte das Leben der preußischen Untertanen. Friedrich der Große schrieb 1740: »Die Religionen Müssen alle Tolleriret werden und Mus der Fiscal nuhr das Auge darauf haben, das keine der anderen Abbrug Tuhe, den hier mus ein jeder nach seiner Fasson Selich werden.«

Doch die Bevormundung des Bürgers, die Rechtlosigkeit des Bauern und die Privilegierung des Adels lähmten den freien Willen des Individuums. Kastengeist und selbstgenügsame Engstirnigkeit des Adels und nicht religiöse Liberalität wurden tonangebend und prägend für die künftige preußische Kulturgeschichte.

Nach außen entfaltete die preußische Kultur der Ära Friedrichs des Großen eine außerordentliche Vorbildwirkung. In seiner Person erblickte das deutsche Bürgertum die ideale Verkörperung des aufgeklärten Monarchen, wenn auch die übergroße und einseitige Bevorzugung der französischen Kultur und die Mißachtung der deutschen nicht geteilt wurde.

Nach dem Tod des Königs 1786 verlagerte sich auch das kulturelle Gewicht noch stärker auf Berlin, das seine unangefochten führende Rolle in jeder Weise bis heute behielt.

Von Schinkel bis Theodor Fontane

In Preußen gelangt nun der Klassizismus zum Durchbruch, im Gefolge der Freiheitskriege gegen Napoleon die romantische Gesinnung, mit der Restaurationszeit der Hellenismus.

Karl Friedrich Schinkels (* 1781, † 1841) künstlerischem Genie und nicht zuletzt seinem Verwaltungstalent, als oberstem preußischen Baubeamten seit 1830, ist eine Architekturqualität zu verdanken, die Preußen und die vieler Nachbarstaaten nachhaltigst geprägt hat.

Er verstand es, der preußischen Staatsauffassung, seinem Ordnungsdenken und seinem hohen idealen Anspruch bauliche Gestalt zu verleihen. Von seinen Bauten in der Mark seien das Schloß und die Kirche in Marxwalde, dem früheren Neu-Hardenberg (umgebaut 1817–1822), die Kirche in Straupitz (1828–1832), die Fertigstellung der Potsdamer Nikolaikirche (1830–1837), das Schloß Babelsberg (begonnen 1831) und das Schloß Charlottenhof (1826) im Schloßpark von Sanssouci hervorgehoben.

Die Architektursprache Schinkels prägte über das Schaffen seiner zahlreichen Schüler die preußische Architektur bis gegen Ende des Jahrhunderts.

Die weite Parklandschaft von Potsdam wurde seit 1826 und zwischen 1845 und 1857 im Stile englischer Parks romantisch umgestaltet, Fürst Pückler-Muskau schuf 1815 bis 1845 zu beiden Ufern der Neiße den Muskauer Park, 1845 bis 1871 den Branitzer Park bei Cottbus. Die beiden letztgenannten Parks beeinflußten die europäische Gartenkunst nachhaltig.

Dem Romancier, Novellisten und Journalisten Theodor Fontane (* 1819, † 1898), Brandenburger französisch-hugenottischer Abstammung aus Neuruppin, kommt das Verdienst zu, als erster die herbe Schönheit der märkischen Landschaft beschreibend erfaßt zu haben. Die einfühlsamen Bilder der märkischen Seen- und Heidelandschaften sind Walter Leistikow (* 1865, † 1908) und Max Liebermann (* 1847, † 1935) zu verdanken, ein akribischer Interpret brandenburgisch-preußischer Geschichte und auch ihrer Landschaft war der Maler und Zeichner Adolph von Menzel (* 1815, † 1905). Im 20. Jh. waren es Kurt Tucholsky, Bert Brecht und Peter Huchel, die sich der Schilderung der märkischen Landschaft angenommen haben – allerdings ohne die Breitenwirkung Theodor Fontanes zu erlangen.

Nach 1945

1945 geriet die Provinz Brandenburg in die schweren Kampfhandlungen der letzten Kriegstage hinein. Am 14. April 1945 wurde Potsdam bombardiert. Die Hälfte der historischen Substanz ging verloren – die Garnisonkirche (ihr Turm wurde 1968 gesprengt), das Stadtschloß brannte aus (die Reste wurden 1960/1961 bis auf Teile des Reitstalls beseitigt), das Schauspielhaus (dessen Ruine 1966 abgerissen wurde), ganz zu schweigen von vielen Bürgerhäusern. Nahezu vollständig wurde die

Neuzelle, südlich von Frankfurt an der Oder gelegen, wurde 1168 im Zuge der Christianisierung durch den Zisterzienserorden gegründet. Nach großen Zerstörungen im Verlaufe des Dreißigjährigen Krieges wurde der ursprünglich gotische Bau im Stile des Barock wieder aufgebaut. Der Innenraum (oben) enthält alle Elemente barocker Formenpracht und Vielfalt. Reiche Stukkaturen, u. a. von den Wessobrunner Meistern Hennevogel, zahlreiche Figuren und Ornamente, Fresken und Deckengemälde in illusionistischer Darstellungsweise zeigen eine enge Verwandtschaft mit Werken des süddeutschen Barock. Ebenso der hoch emporstrebende Altaraufbau (rechts).

Altstadt von Frankfurt/Oder zerstört, mit ihr die gotische Marienkirche und das heute wiederaufgebaute gotische Rathaus. Schwer in Mitleidenschaft gezogen wurden die Städte Fürstenwalde/Spree mit Dom und Rathaus, desgleichen die Städte Graz/Oder, Küstrin, Lebus, Müncheberg, Schwedt, Seelow, Wriezen, Cottbus, Forst, Hoyerswerda, Lübben und Muskau mit seinem Schloß und dem weltberühmten Park.

1945 kam der östlich von Oder und Neiße gelegene Teil der Provinz Brandenburg, die Neumark, mit Landsberg, Küstrin, Schwiebus und Sorau an den polnischen Staat. Nach 700 Jahren ging damit die deutsche Siedlungsgeschichte zu Ende. Die deutsche Kultur erlosch damit in diesen Gebieten.

Die Bodenreform, bei der 1945 aller Grundbesitz über 100 ha entschädigungslos enteignet wurde, beendete die Herrschaft der schon von Fontane als unzeitgemäß empfundenen ostelbischen adligen Agrarier, doch war dieser Machtwechsel mit einer ideologisch motivierten Zerstörung sehr vieler Schlösser und Herrenhäuser verbunden. Unersetzliches Kunstgut ging verloren. Die Umstrukturierung der Landwirtschaft, die 1960 mit der unter starkem staatlichem Druck vollendeten Kollektivierung der Landwirtschaft abgeschlossen und der eine manches Dorf entvölkernde Fluchtbewegung in die Bundesrepublik Deutschland vorausgegangen war, schuf stärker, als dies auch in den Städten der Fall war, neue Wirtschafts- und Sozialstrukturen; alte Siedlungsmittelpunkte verloren an Bedeutung, kulturelle Traditionen fanden ein jähes Ende, viele ländliche Bauten wurden überflüssig und sind dem Verfall preisgegeben.

Nördlich von Berlin erinnern Gedenkstätten in den ehemaligen Konzentrationslagern Ravensbrück und Sachsenhausen an die Verbrechen des Nationalsozialismus. Die Plastiken der Gedenkstätten stammen von Fritz Cremer, W. Lammert, Waldemar Grzimek und R. Graetz.

Die Wirtschaftsstruktur insbesondere des Bezirks Cottbus, die vor allem auf der Energieerzeugung aus der Verbrennung der reichen Braunkohlevorkommen beruht, hat das südliche Brandenburg, die Niederlausitz, in geradezu apokalyptischer Weise verändert. Städte und Dörfer, Schlösser und Parks verschwinden von der Landkarte, jahrhundertealte kulturelle Bezüge werden ausgelöscht.

Im Zusammenhang mit der Industrialisierung der Niederlausitz entstanden neue Städte: 1950 Stalinstadt, das heute Eisenhüttenstadt heißt und als Wohnstadt für das Eisenhüttenkombinat Ost errichtet wurde, die kleine Stadt Hoyerswerda wurde seit 1955 durch eine Wohnstadt für das Kombinat »Schwarze Pumpe« bedeutend erweitert. Die Architektur dieser Städte entspricht in ihrer öden Gleichförmigkeit nicht nur den begrenzten materiellen Möglichkeiten jener Jahre, sondern auch dem Versuch der Nivellierung aller Lebensbereiche. Seit 1964 arbeitet das Erdölkombinat Schwedt, für das die Stadt stark erweitert wurde. Die Wohnbebauung der kriegszerstörten Städte ist in aller Regel durch Häuserblocks aus vorfabrizierten Elementen vorgenommen worden. Die kulturelle Dichte Brandenburgs ist wie seit Jahrhunderten von der Sogwirkung Berlins geprägt. Kulturelles Leben von höherem Anspruch spielt sich vorzugsweise in Berlin ab.

Es ist eine sehr berechtigte Frage, was von preußischer Kultur und Denkungsweise in der DDR fortlebt. Offensichtliche äußere Übereinstimmungen im militärischen Zeremoniell und im Schnitt der Uniformen provozieren diese Fragestellung. Auch das Pomphafte der Paraden und Aufmärsche mit Fahnen und Standarten erinnert an die preußische Vergangenheit.

Georg Wenzeslaus von Knobelsdorff (* 1669, † 1753), Baumeister und Maler, erbaute u. a. den Neuen Flügel am Schloß Charlottenburg und Schloß Sanssouci (1). Heinrich von Kleist (* 1777, † 1811), Dichter. Zu seinen Hauptwerken zählen »Prinz Friedrich von Homburg«, »Penthesilea« sowie Michael Kohlhaas« (2). Karl Friedrich Schinkel (* 1781, † 1841), Architekt und Maler (3). Anton von Werner (* 1843, † 1915), Maler, ab 1875 Direktor der Berliner Akademie (4).

Es ist sehr wohl der Prüfung wert, ob nicht auch obrigkeitshörige Denkweisen, das Mißtrauen des Staates gegen jede Art von Liberalität, die feste Einbindung eines protegierten Kulturbetriebs in der Staatsideologie, der Perfektionismus der »Linientreue« auch auf kulturellem Gebiet eine Tradition in der brandenburgisch-preußischen Geschichte besitzen.

VOLKER HELAS

Baukünstler des 19. Jahrhunderts: Karl Friedrich Schinkel

Der preußische Architekt Karl Friedrich Schinkel ist der wichtigste deutsche Baukünstler des vorigen Jahrhunderts. Er repräsentiert wie kein anderer Künstler die Geistigkeit seiner Epoche, in seinem Leben und Werk spiegeln sich deren Ideale und – wie könnte es anders sein – deren Begrenztheit.

Auch heute noch ist namentlich in Berlin Schinkels Wirken unübersehbar, denn der erste preußische Baubeamte hat das Gesicht der Stadt wie kein anderer Architekt vor, nach oder gar neben ihm geprägt. Seine zwischen 1816 und 1830 entstandenen Bauten legen beredtes Zeugnis ab.

Schinkel wurde 1781 in der mittelmärkischen Kleinstadt Neuruppin geboren. Sein Vater war, wie viele seiner Vorfahren, Pfarrer gewesen. Er starb, als der Knabe erst sechs Jahre alt war. In seiner Heimatstadt besuchte Schinkel das Gymnasium, sein künstlerisches Talent fiel früh auf. Er liebte die Musik und das Theaterspiel. 1795 zog die Mutter mit ihm und seinen Geschwistern nach Berlin, wo er seine Ausbildung abschloß.

Lehrjahre

Fruchtbar und für sein späteres Leben prägend ist der Eindruck gewesen, den Schinkel von den Entwürfen Friedrich Gillys (*1772, †1800) empfing. Das Visionär-Großartige dessen architektonischer Phantasien bestimmte Schinkel, Architekt zu werden. Seinen ersten Unterricht erhielt der Heranwachsende seit 1798 im Atelier des realitätserfahrenen und technisch versierten David Gilly, dem Vater des bewunderten Friedrich Gilly. Die monumentale Klarheit, die knappe, auf das Einfachste reduzierte Formensprache, beeinflußt von der französischen Revolutionsarchitektur, bestimmte das Architekturideal des angehenden Architekten. Als der verehrte Freund unerwartet starb, war Schinkel derjenige, der dessen Pläne am besten kannte und zu Ende führen konnte. Als seinen ersten Bau führte Schinkel 1800/1801 einen säulengeschmückten Pavillon, den sogenannten Pomonatempel, aus.

Für Architektur war die Zeit jedoch nicht günstig. Die politische Unsicherheit angesichts der Bedrohung Europas durch Napoleon war ein schlechter Nährboden für ein Gedeihen der Künste. 1803 brach Schinkel zu einer Bildungsreise nach Italien auf. Lange blieb er in Rom, studierte die Altertümer, schloß Freundschaften mit zahlreichen in Rom lebenden deutschen Künstlern, malte und zeichnete viel und kehrte über Paris nach Berlin zurück.

Schinkel als Maler

Als Schinkel im März 1805 wieder nach Berlin kam, bereitete Preußen die Mobilmachung vor. Da an größere Bauaufträge nicht zu denken war, widmete sich Schinkel der Malerei. Der Gegenstand seiner Malerei war eine ideale Gesellschaft, das Motiv die Architektur – unverwirklichbare Phantasien von idealen Architekturlandschaften, in denen sich Menschen edler, besserer Welten bewegen. Seine Bilder wollte Schinkel belehrend und läuternd verstanden wissen, sie sollten der ästhetischen Erziehung dienen. Als Broterwerb entwarf er Dioramen, perspektivische Landschaftsbilder mit Darstellungen berühmter Orte und Ereignisse, die in Zelten auf Jahrmärkten unter wechselnder künstlicher Beleuchtung und mit beweglichen Vordergrundfiguren gezeigt wurden, Vorläufer von Kino und Fernsehen. Leider ist keines der Dioramen erhalten. Überliefert sind Schinkels Bühnenbilder – die Dekorationen zu Mozarts Zauberflöte gehören zu den schönsten Entwürfen der Theatergeschichte überhaupt. 42 Bühnenbilder hat Schinkel nach eigener Angabe bis 1832 entworfen, wie er schrieb, zur eigenen »Erheiterung und Sammlung«. Zwischen 1805 und 1815 war Schinkel Maler, einer der bedeutendsten deutschen Romantiker, den Wert der Vergangenheit als Ansatz für die bessere Zukunft hervorhebend, die als vaterländisch verstandene Gotik als Ideal pflegend. Auch der Graphik widmete sich Schinkel. Eines seiner beliebtesten Blätter trägt den für seine romantische Geisteshaltung bezeichnenden, von ihm selbst erfundenen Titel: »Versuch, die leiblich sehnsuchtsvolle Wehmuth auszudrücken, welche das Herz beim Klange des Gottesdienstes, aus der Kirche herschallend, erfüllt.«

Der Baubeamte

1810 wurde Schinkel beamtet. Als Assessor der Oberbaudeputation war er für den ästhetischen Teil der vom Staat finanzierten Bauvorhaben zuständig. Bald wird Schinkel als der unbestritten führende geistige Kopf dieser Behörde gelten. Zur Verwirklichung eigener Pläne kam er allerdings kaum, nur kleinere Entwürfe sind ausgeführt worden. Das bedeutendste Projekt war das eines gotischen Domes als Erinnerungsmal an die Befreiungskriege (1814/1815), dem allerdings die Ausführung versagt blieb. Statt dessen wurde zum gleichen Anlaß das Denkmal auf dem Berliner Kreuzberg in Form einer gotischen Turmspitze ausgeführt. Auch der gotisierende Umbau des Schlosses in Coburg (1815) entstammt Schinkels romantischer Schaffensphase.

Im Alter von 35 Jahren entwarf Schinkel 1816 sein erstes Gebäude, die Wache Unter den Linden in Berlin. Der kubische Bau mit Säulenportikus wurde in seiner Prägnanz Gesellenstück und Meisterwerk zugleich. Seit 1830 Oberbaudirektor, prüfte der überaus fleißige Beamte das gesamte preußische Bauwesen: jede Kirche, jeden Staatsbau, jeden Adelssitz. Eine erdrükkende Aufgabe, die seiner künstlerischen Arbeit nur die Zeit des Morgengrauens und der tiefen Nacht ließ, wenn ihn auch daran nicht seine unermüdliche Reisetätigkeit zwischen Memel und Trier hinderte.

1816 wurde Schinkel auch die Sorge um den Aufbau einer preußischen Kunstsammlung aufgetragen. Keiner schien dafür besser geeignet als der Kunstkenner Schinkel. Ein öffentliches Museum – ein bürgerliches Bildungsideal dieser Zeit – sollte verwirklicht werden. Schinkel war stark daran beteiligt. Er entwarf auch das Gebäude dazu, eines der überzeugendsten Museumsgebäude des 19. Jh.

1817 legte er eine Art von Bauordnung für Berlin vor, die die Berliner Stadtentwicklung nachhaltig beeinflußt hat. Daneben wurde Schinkel auch als Denkmalpfleger tätig, er setzte sich für die gefährdeten Schlüterschen Skulpturen am Zeughaus ein. Denkmalpflege war damals etwas Neues. Die aus dem Geist der Romantik erwachte Liebe und Achtung vor der eigenen Vergangenheit veranlaßte zaghafte

Anfänge zur Pflege überkommener baulicher Zeugnisse. Die Restaurierung der Marienburg in Westpreußen und die des Kölner Domes spielten dabei die Rolle von geradezu programmatischen Vorhaben. Schinkels Grundsätze zur Denkmalpflege muten noch heute modern an: Denkmale sind Allgemeingut, Denkmale sind am ursprünglichen Standort zu erhalten. In den neugewonnenen, kulturell reichen rheinischen Provinzen übernahm der Staat die Pflege der alten, fremden Kultur und erwarb dadurch Besitzrechte an ihr.

Schinkels Verhältnis zum Alten ist nicht das eines verehrungsblinden Nachahmers. Schinkel wählte aus der Fülle der Motive der historischen Kunst dasjenige aus, was ihm geeignet schien, eine Bauaufgabe zu charakterisieren. Die Möglichkeit der freien Wahl unterschiedlicher Stile als Ausdrucksmittel bedeutete andererseits das Eingeständnis, daß die Gegenwart über keinen eigenen Stil verfügte; dem abzuhelfen, war Schinkel ein Anliegen. »Jede Hauptzeit hat ihren Stil hinterlassen in der Baukunst, warum wollen wir nicht versuchen, ob sich nicht auch für die unsrige ein Stil auffinden läßt?«

1819 baute der Theaterliebhaber und Kenner des europäischen Theaterbaues das Schauspielhaus am Gendarmenmarkt, einen Bau, der nicht nur praktisch war, sondern dessen »knappe, keusche Linienführung« gepriesen wurde. Ein bautechnisch und handwerklich hervorragender Bau, wie ja die Herausbildung bauhandwerklicher Fertigkeiten zu seinem kunsterzieherischen Programm und zu seinen Dienstobliegenheiten gehört hat. In diesem aufklärerischen Sinn fand unter seiner Leitung die Erneuerung des preußischen Kunstgewerbes und Handwerkes statt. Vorzugsweise nach seinen Entwürfen wurden in Preußen Möbel, Stoffe, Gläser, Porzellan, Eisenguß etc. gefertigt.

Schinkel litt unter seiner Arbeitsüberhäufung. Im letzten Lebensjahrzehnt führte die permanente Überlastung zur Resignation, da er viele seiner Vorhaben, die ihm am Herzen lagen, nicht verwirklichen konnte.

Die zweite italienische Reise, die er 1824 unternahm, führte den nunmehr berühmten Mann wieder nach Rom und Neapel.

Zwei Jahre vorher wurde der Grundstein zum Alten Museum gelegt, einem kubischen klaren Bau mit einer vorgelegten Säulenhalle und, als dominierendes Motiv, einem runden überkuppelten Saal. Zur gleichen Zeit entstand die Friedrich-Werdersche Kirche, ein gotisierender Backsteinbau, zu dem Schinkel auch einen Alternativentwurf im Stil der italienischen Renaissance vorlegte.

Architektur der Zukunft

1826 reiste Schinkel mit dem Wirtschaftspolitiker und Direktor der »Technischen Schule« Ch. P. W. Beuth (* 1781, † 1835) nach England, um sich ein Bild von der damals führenden englischen Wirtschaft zu machen und um herauszufinden, wie deren technischer Vorsprung durch Preußen eingeholt werden könne. Die englischen Verhältnisse wurden aufmerksam studiert, Schinkel beeindruckte auch die englische Zweckarchitektur, die ohne historisierende Formenzitate Bauwerke von einer ganz neuartigen Wirkung hervorgebracht hatte. Gewiß hat diese rein funktional aufgefaßte Architektur der Lagerhallen, Fabriken und kunstlosen Wohnhäuser den nicht ausgeführten Entwurf zu einem Kaufhaus, vor allem aber die Gestalt einer seiner genialsten Werke, der Bauakademie (1831–1836), beeinflußt. Dieser kubische Backsteinbau ist mit seiner Pfeilergliederung und seinen großen Fensterflächen eine Vorwegnahme der rationalistischen Rasterarchitektur des 20. Jh.

Schloß Charlottenhof im Park von Sanssouci (1826–1828) ist dagegen eine Villa, die wie das Schloß Kleinglienicke (1825) ganz dem Stil italienischer Landhäuser folgt.

Das Spektrum seiner Entwürfe ist weit. Es reicht von Zweckbauten – wie dem Leuchtturm auf Arkona auf der Insel Rügen (1825) – über Verwaltungs- und Repräsentationsbauten (wie dem Rathaus zu Kolberg; 1826–1832) und Kirchenbauten (hervorgehoben zu werden verdienen die Entwürfe zu einer »Normalkirche«, 1827, und zur Nikolaikirche, 1829, in Potsdam), zu Schloßbauten (etwa Schloß Babelsberg, 1834–1836, oder Schloß Kamenz, ab 1838, in Schlesien). Schinkel, nunmehr eine europäische Berühmtheit, wurde auch mit Entwürfen außerhalb Preußens beauftragt. Er entwarf die Altstädter Hauptwache in Dresden (1831) und in Jena eine Bibliotheksausstattung.

Zum Tragischen und Unerfüllten im Leben eines Künstlers zählen die ihm wichtigen Pläne, deren Verwirklichung weniger aus Geldmangel als aus Unverständnis unterblieb. Die Entwürfe für den Ausbau der Akropolis (1834) zur Residenz des griechischen Königs und der nicht minder großartige Plan des kaiserlichen Schlosses Orianda auf der Krim (1838), das sich an einem Felsabsturz über dem Schwarzen Meer erhoben hätte, wurden nicht verwirklicht, Schinkel wurde kaum Dank zuteil. Über derartige Niederlagen, wie er es empfand, konnten auch äußere Ehrungen nicht hinweghelfen – 1838 war er zum Ober-Landes-Bau-Direktor ernannt worden. Auch das lebenslang geplante »Architektonische Lehrbuch« gelangte über Vorarbeiten nicht hinaus. Seine Gesundheit war zerrüttet. Nach dem Schlaganfall am 9. September 1841 verfiel er in Bewußtlosigkeit, aus der er bis zu seinem Tode am 9. Oktober nicht mehr erwachte. Auf dem Dorotheenstädtischen Friedhof von Berlin liegt er begraben.

Schinkel hat nicht nur die Architektur eines Landes geprägt und romantische Landschaftsbilder gemalt und epochale Bühnenbilder entworfen. Er hat der Welt das Bild eines besseren Preußen vor Augen gestellt. Seiner Idealität und seiner disziplinierten Nüchternheit verdankt Preußen seine schönsten Bauwerke und Bilder. Schinkel war Vollender und radikaler Neuerer – er zog als Historist mit der Verwendung historischer Motive die Summe der europäischen Baugeschichte und machte deren geschichtliches Vermächtnis nutzbar. Er setzte sich als Denkmalpfleger für die Bewahrung des Alten für die Zukunft ein, er mühte sich mit großem Erfolg um ein besseres Kunsthandwerk. Er wurde durch einige seiner späteren Entwürfe Ahnvater der Architektur der Neuen Sachlichkeit, die sich mit Recht auf ihn berufen darf. Wie kein anderer deutscher Architekt des 19. Jh. hat es Schinkel verstanden, das funktionell Notwendige mit dem historisch Überkommenen und dem notwendig Neuen im Kunstwerk zu verbinden.

Entwürfe zur »eigenen Erheiterung und Sammlung« – Schinkels Bühnenbilder

1

Schinkel besaß ein ungewöhnlich starkes Interesse am Theater. Seine Beschäftigung mit der Theaterdekoration setzte schon sehr früh ein. Bereits um 1800 trat er mit Entwürfen zum Iphigenienstoff hervor (Hain vor dem Tempel, 4; 1821 von den Kgl. Schauspielen Berlin verwendet). 1813 bewarb er sich in einem Brief an den Intendanten der Königlichen Schauspiele, Iffland, um die vakant gewordene Stelle eines Dekorationsmalers, obwohl er bereits seit 1810 als »geheimer Oberbauassessor für das ästhetische Fach« bei der Oberbaudeputation angestellt war und damit sein Auskommen hatte. In der Folgezeit entstanden über 100 Bühnenbilder zu ca. 40 Schauspielen und Opern. Dieser Beschäftigung zur eigenen »Erheiterung und Sammlung« lag wohl noch ein anderer Aspekt zugrunde: durch die Vermittlung von Bildung und Vergnügen ein breites Publikum zu beeinflussen. Seine Bühnenbilder stehen zwar in einer Kette reformerischer, schon Jahrzehnte zurückreichender Bemühungen – fort von der barocken Ausstattung –, erreichen aber schon bei seinen ersten Bühnenbildern zur Zauberflöte eine gestalterische Höhe, die seinerzeit ohne Beispiel war.

2

»Tempel der Peruaner in dem ersten Akt der Oper Cortez« (1). Schinkel lieferte für die Neuausstattung im Kgl. Opernhaus Berlin am 20. April 1818 und sechs Jahre später (6. April 1824) für die Neubearbeitung des Textes insgesamt vier Dekorationen. – »Halle mit der Aussicht auf die Stadt Reims« (2) für Friedrich Schillers »Jungfrau von Orleans«. Durch die Kathedrale sollte der Zuschauer auf die nächste Szene, die Krönung, vorbereitet werden, ein in der damaligen Dekorationsmalerei seltener Kunstgriff. – »Gretchens Zimmer« zu »Faust I« (von Johann Wolfgang von Goethe). Mit diesem Entwurf gelingt erstmalig die Darstellung eines geschlossenen Zimmerinterieurs auf der Bühne (3). – »Hain vor dem Tempel«, Bühnenbild zu »Iphigenie auf Tauris«, für die Aufführung in den Königlichen Schauspielen Berlin, 1821 genutzt (4). Der »Kaisersaal« zu »Agnes von Hohenstaufen« (5) fand 1829 in demselben Haus als Bühnendekoration Verwendung.

R.V.

3

4

5

VOLKER HELAS

Die Sorben

Die Sorben, früher im Deutschen auch Wenden genannt, bezeichnen sich selbst als Serbja, Serbjo oder Serbowije. Sie sprechen eine westslawische Sprache und leben in der Ober- und Niederlausitz an der oberen und mittleren Spree. Sie sind Nachfahren der slawischen Stämme der Lusizer, die in der heutigen Niederlausitz siedelten, und der Milzener, die in der heutigen Oberlausitz wohnten. Die Sorben wanderten im 6. Jh. in die von den germanischen Stämmen verlassenen Gebiete ein. Sie waren Ackerbauern, Viehzüchter, Jäger und Fischer und lebten in frühfeudalen Stammesverbänden.

Im Verlauf der deutschen Ostkolonisation verloren beide Stämme im 10. Jh. ihre Unabhängigkeit. Während die slawische Bevölkerung im westlichen und mittleren Sachsen und in Brandenburg in der deutschen Bevölkerung aufging, bewahrten die Lausitzer Sorben bis heute ihre sprachliche, kulturelle und ethnische Eigenart.

Die Sorben sind seit dem Mittelalter ein reines Bauernvolk; eine stadtbürgerliche Gesellschaft hat sich nicht herausbilden können.

In der Reformationszeit wurde das sorbische Volkstum dadurch gefestigt, daß die sorbische Sprache gefördert wurde. Im 19. Jh. belebte eine von der Lehrerschaft und Geistlichkeit getragene nationale Bewegung das Sorbentum. Diese Bewegung ging von der sächsischen Oberlausitz aus und richtete sich zunächst auf die Pflege der sorbischen Sprache und des Brauchtums. Nach der Germanisierungspolitik im Kaiserreich und einer massiven Unterdrückung alles Sorbischen während des Nationalsozialismus und nach separatistischen nationalistischen Bewegungen mit Anschlußbestrebungen an die Tschechoslowakei unmittelbar nach 1945 genießen die Sorben in der DDR Gleichberechtigung und eine demonstrative staatliche Förderung. »Die Anerkennung der führenden Rolle der SED wurde zum Grundprinzip der Domowina.« (Die Domowina ist der 1912 gegründete Bund der Lausitzer Sorben.) Das Sorbische wurde gleichberechtigte Schul- und Amtssprache, Sorabistik kann an der Karl-Marx-Universität Leipzig studiert werden.

Die Industrialisierung der Lausitz (vor allem Braunkohletagebau) bedeutete für die Sorben in diesen Bereichen die sprachliche Assimilation und damit das Zurückgehen der traditionell bäuerlich geprägten sorbischen Volkskultur und Sprache. Doch in vielen Dörfern sind Volksbräuche wie das Osterreiten, das Tragen von Tracht und Gebrauch der sorbischen Sprache weit verbreitet und so gefestigt, daß ein Verschwinden der sorbischen Volkskultur in absehbarer Zeit nicht befürchtet werden muß.

Die Sprache

Etwa 50000 bis 100000 Menschen sprechen heute Sorbisch, fast alle beherrschen außerdem Deutsch.

Das Sorbische, das zur westslawischen Sprachgruppe gehört, existiert in zwei deutlich getrennten Sprachen, die sich bereits in der Reformationszeit zu Literatursprachen entwickelt hatten. Das älteste Sprachdenkmal ist ein z. T. in sorbisch abgefaßter Treueid der Bürger von Bautzen (Ende des 15. Jh.). Das Niedersorbische ähnelt dem Polnischen, das Obersorbische dem Alttschechischen; das Obersorbische zerfällt im 20. Jh. zudem in eine protestantische und in eine katholische Literatursprache.

Das sorbische Sprachgebiet erstreckt sich heute zwischen Ruhland und Muskau. Die Sprache der Städte, der Gerichte, der Obrigkeit war das Deutsche. In der Kirche auf dem Lande – sowohl in der evangelischen als auch in der katholischen – wurde sorbisch gesprochen.

Die erste Grammatik erarbeitete 1650 Jan Chojnan aus Lübbenau, eine obersorbische 1679 der Pfarrer J. Ticin. Das Niedersorbische zerfällt in Ortsdialekte, die wenig mit der niedersorbischen Schriftsprache zu tun haben, war doch das Sorbische eine Bauernsprache, der ein eigener Wortschatz für abstrakte Begriffe so gut wie gefehlt hatte. Dieser Mangel war es auch, der im 19. und 20. Jh. für das stetige

Sorbische Frauen beim Zupfen von Gänsefedern. Seit dem Mittelalter sind die Sorben ein reines Bauernvolk.

Kräftig, deftig und wohlschmeckend: nach einem oftmals harten bäuerlichen Arbeitstag wird zünftig gevespert.

Zurückgehen der sorbischen Sprache verantwortlich zu machen war.

Zahlreiche Ortsnamen im Brandenburgischen und im Sächsischen auf -in, -itz, -witz, -litz und -ow (Berlin, Strelitz, Rathenow, Pulsnitz, Blasewitz, Kittlitz) und einige Lehnwörter (Grenze, Gurke, Jauche, Säbel) gehen auf slawische Ursprünge zurück. Viele Orte haben einen sorbischen und einen deutschen Namen, Bautzen – Budyšin, Bischofswerda – Biskopicy, Niesky – Niska, Kamenz – Kamjenc, Königswartha – Rakecy, Hoyerswerda – Wojerecy, Spremberg – Grodk, Forst – Baršć, Calau – Kalawa und Cottbus – Chośebuz. Im Wort Cottbus ist die slawische Grundlage und deren Vokalismus gut bewahrt (Chotěbuź bezeichnete die Burg eines Mannes namens Chotěbud).

Die sorbische Literatur

Eine sorbische Literatur entstand aus der Aufzeichnung religiöser Texte. In der Reformationszeit, zu deren Anliegen die Evangeliumsverkündigung in der Landessprache gehörte, wurde die Herausbildung einer sorbischen Schriftsprache gefördert. Mikławš Jakubica übertrug 1548 die Lutherbibel in das Niedersorbische – die erste Übersetzung dieser Bibel in eine andere Sprache. Grundlage der obersorbischen Literatur wurde die Bibelübersetzung von Michał Frencel († 1706), für das Niedersorbische wurde der Dialekt von Cottbus maßgeblich. Von kultureller Bedeutung war neben der eher sporadischen Pflege des Sorbischen an der Universität Frankfurt/Oder im 16. Jh. und während der Aufklärung an der Universität Leipzig die Gründung des Sorbischen Seminars an der Prager Karls-Universität 1706. Die erste sorbische Zeitschrift wurde von Jan Dejka (* 1779, † 1853) herausgegeben (»Serbski Powědar a Kurier«, 1809–1812). 1847 wurde in Bautzen die politisch konservative »Maćica Serbska« (Sorbische Gesellschaft für Volksbildung und Wissenschaft) gegründet, die sich bis zu ihrem Verbot 1937 der Pflege des Sorbentums gewidmet hatte. Die erste sorbische Theateraufführung fand 1862 in Bautzen statt. Hauptrepräsentanten der sorbischen Literatur sind Handrij Zejler, Jakub Bart-Ćišinski und Jurij Brězan.

Musik

Die Sorben besitzen einen reichen Schatz an Märchen, Sagen und Liedern. Von Jan Arnošt Smoler stammt die Sammlung der »Volkslieder der Wenden in der Ober- und Niederlausitz« (1841–1843).

Oft werden die sorbischen Lieder in Moll oder alten Tonarten gesungen. In den Spinnstuben und in der Osterzeit wurde der Chorgesang gepflegt. Charakteristische Volksinstrumente sind die Gusle (Zupfgeige), der Kozo (kleiner Dudelsack) und die Tarakawa (Oboe). Schöpfer der sorbischen Kunstmusik ist Korla August Kocor.

Pflegestätten der sorbischen Folklore und der sorbischen Musik sind das 1848 gegründete »Staatliche Ensemble für sorbische Volkskultur« und das »Deutsch-Sorbische Volkstheater« in Bautzen, eine Wanderbühne.

Bräuche, Sagen und Aberglaube

Im sorbischen Brauchtum sind eine Reihe heidnischer Vorstellungen konserviert mit Bezug zu Fruchtbarkeitsriten und zum bäuerlichen Jahresrhythmus.

Das neue Jahr beginnt für sie im Frühling mit dem Erwachen der Natur. Die meisten sorbischen Bräuche sind daher mit Ostern verbunden. In den katholischen Dörfern der sächsischen Oberlausitz findet auch heute noch unter großer allgemeiner Anteilnahme das Osterreiten statt, eine Prozession zu Pferde von einem Kirchspiel in das benachbarte. Am Zielort werden Pferde und Reiter – beide geschmückt – in den Höfen bewirtet. Zu Ostern werden Osterfeuer entzündet. Junge Mädchen wuschen sich schweigend mit Osterwasser, um gesund und schön zu bleiben.

Wie in allen bäuerlichen Kulturen spielt das Ei bei den Fruchtbarkeitsriten eine wichtige Rolle. In der Lausitz werden die Eier in der Osterzeit auf vielfältige Weise geschmückt. Sie werden entweder gefärbt,

Die Sorben – ihre Trachten, ihre Bräuche

1

2

Wie überall in Deutschland werden auch bei den Sorben die Trachten nur zu besonderen Anlässen aus den Schränken geholt, wie z.B. zu Hochzeiten (1), Prozessionen (6, 7), Kirchgang (5) u.ä. Aus der ehemaligen Vielzahl sind nur wenige Trachtengruppen übriggeblieben, so z.B. die Obersorbische (2), die Niedersorbische (3, 9), die Katholische (5, 10) und die Schleifer Tracht. Innerhalb der einzelnen Gruppen gibt es unterschiedliche Farben und Formen der Hauben, Röcke, Tücher usw. So sind für die Mädchen und jüngeren Frauen der Obersorbischen oder Hoyerswerdaer Gruppe der orangefarbene Oberrock, die schwarzseidene Haube mit den Schleifen im Nacken und die in ihrer Form gleiche weiße Mädchen-Tüllhaube typisch, ebenso die u.a. für die Braut weiße, gestärkte, mit Loch- und Tüllstickerei reichverzierte feine Leinenschürze und die »Borta«, ein ca. 15 cm hoher, mit schwarzem Samt bezogener offener Zylinder (2). Für den Eingeweihten verraten die Trachten die in dieser bestimmten Gruppe herrschenden Anschauungen, Gewohnheiten und Gegebenheiten. Jede Trachtengruppe hat traditionell festgelegte Farben. Zur Katholischen Tracht (5), die im Raum Bautzen, Kamenz und Hoyerswerda zu finden ist, gehören zum Kirchgang knöchellange schwarze Röcke. Die Festtagstrachten dagegen sind wesentlich formen- und ideenreicher. Braut, Brautjungfer und Brautbeschützerin tragen weiß. Sogar die charakteristische Kopfschleife ist bei der Brautjungfer nicht schwarz, sondern hellrosa. Typisch ist auch der bunte Strauß künstlicher Blumen am Zylinder des Mannes (4). Es ist oder war beispielsweise üblich, daß jedes Mädchen, das in der Fastnachtswoche zum Tanz geholt wurde, ihrem Freund diesen Strauß an den Hut heftete. Aber dieser Strauß wird, wie man auf diesem Foto sieht, auch bei anderen Gelegenheiten getragen (4). Das Osterreiten (7) erfreut sich großer Anteilnahme. Aus den einstigen Flurumritten sind allerdings in den meisten Fällen Besuchsritte zu anderen Dörfern geworden. Beim Festival der sorbischen Kultur in Bautzen kann man auch die »Galauniform« der sorbischen Bergleute (8) bewundern.

R.V.

3

4

5

6

7

8

9

10

Pflege eines alten Brauches – Eierschmuck. Die Eier werden gefärbt, mit Wachs bemalt oder mit Kratzmustern versehen.

mit farbigem Wachs bemalt oder mit Kratzmustern versehen.

Verbreitet ist ein Spiel, das »Waleien«. Dabei werden gekochte, geschmückte Eier von einem Sandhügel in eine Grube gerollt, jeder Spieler versucht, das Ei des anderen zu treffen. Gelingt ihm das, darf er dieses Ei behalten. Geschmückte (und ausgeblasene) Eier werden an Birkensträuße gehängt und vor dem Haus aufgestellt; ein Brauch, der neuerdings auch in deutschen Gebieten Sachsens Einzug gehalten hat. Am 25. Januar ist »Vogelhochzeit« – die Elster feiert Hochzeit. Die Kinder stellen Teller vor die Fenster oder die Türschwellen und erwarten als Gaben Süßigkeiten oder Eier.

In der Vorweihnachtszeit wurde im Kirchspiel Schleife ein verschleiertes Mädchen durch das Dorf geführt, das Gaben einsammelte.

Hochzeiten waren Feste, an denen das ganze Dorf teilnahm und deren Verlauf durch die Tradition streng festgelegt war, über deren Einhaltung der Hochzeitsbitter wachte.

Sorbische Volkskultur hat sich in einer reichen und ausgeprägt eigenständigen Sagenwelt erhalten: in den Gestalten der Mittagsfrau (pschespodnica/pripoldnica), einer blonden, blauäugigen, weißbekleideten Frau, die in der Mittagszeit die Feldarbeiter schreckt; das Ableben zeigt die Weiße Frau (smertniza) durch Klopfen und Poltern an; in den Flußläufen wohnen die Nixen (nyksowki); der Wassermann (wodny muz), der Drache (plon) und der Nachtjäger (nocny jagar) ängstigen die Menschen; hilfreich dagegen sind die Erdgeister, die Zwerge (lutki). Verehrung genießen auch die Schlangen als Schutzgötter des Hauses. Die gekreuzten Windbretter der Hausgiebel enden im Spreewald oft in Schlangenköpfen, die den Schlangenkönig (wuzowy kral) darstellen. Waren Mensch oder Vieh krank, die Ernte schlecht ausgefallen, wurde die Schuld den Hexen gegeben, deren man sich durch die Künste Kluger Männer oder Kluger Frauen zu erwehren suchte.

Sorbisches Brauchtum kann vor allem im Spreewaldmuseum in Lehde – einem Freiluftmuseum – und im Bautzener Stadtmuseum besichtigt werden.

Die Tracht

Zu den wenigen lebenden Trachten in Deutschland zählen die reichen sorbischen Trachten. Um 1840 wurde noch von allen sorbischen Frauen Tracht getragen, die Männertracht war schon damals fast völlig aufgegeben worden. Heute tragen noch viele Frauen mittleren und vorgerückten Alters Tracht, sogar in solchen Dörfern, in denen auch nicht mehr sorbisch gesprochen wird. (In nationalsozialistischer Zeit ist die sorbische Tracht als »Spreewaldtracht« bezeichnet und als deutsche Tracht gefördert worden.)

Heute existieren vier voneinander getrennte Trachtengebiete, die Gemeinsamkeiten, jedoch auch Unterschiede aufweisen. In der sächsischen Oberlausitz wird in den katholischen Dörfern um das Kloster St. Marienstern in Panschwitz-Kukau Tracht getragen. Diese Dörfer sind eine konfessionelle Insel inmitten der protestantischen Umwelt. Die Böden waren fruchtbar, die Klosterherrschaft milde, die Bauern wohlhabend. Tracht zu tragen gilt hier als Zeichen der Zugehörigkeit zur katholischen Kirche, nur sorbische, nicht deutsche Katholikinnen tragen diese, auch keine protestantischen Sorbinnen.

Es gibt Werktags-, Kirchgangs-, Fest- und Trauertracht, die nur von Frauen und ganz selten von Kindern getragen wird.

Über dem wollenen Unterrock und dem dünneren Oberrock wird eine blau geblümte Schürze getragen. Dazu eine blaugemusterte Bluse und ein schwarzes Mieder. An der kleinen schwarzen Haube wird eine große schwarze Schleife befestigt, die bis zur Taille herabfällt. Am Kinn wird eine große weiße Schleife getragen. Zur stets dunklen Sonntagstracht gehört der schwere, schwarze Oberrock, die schwarze, oft pelzbesetzte Jacke und die seidene Schürze. Im Winter tragen die Frauen große, schwarze Kopftücher.

Die Festtracht fällt durch weiße Schürzen, weiße mit Spitzen und Stickerei versehene Brusttücher, durch reichen Münzschmuck und Reihen von Perlenketten auf. Die Braut trägt eine hohe, schwarze Brautmütze mit dem Brautkranz. Um Mitternacht erhält sie die Haube der verheirateten Frauen.

Die Trauerfarbe ist schwarz, doch hat

Die Tracht als bedeutender Teil der sorbischen Volkskultur ist je nach Anlaß schlicht, einfach oder aufwendig.

sich auch das weiße Trauertuch (die Płachčička) erhalten.

Zum Osterreiten tragen die Männer Reste einer Tracht: schwarze Gehröcke, Zylinder und Stiefel.

In der Niederlausitz gibt es drei Trachteninseln, die z.T. beträchtliche Unterschiede aufweisen, die Tracht um Cottbus und des Spreewaldes, die Tracht um Hoyerswerda und die Schleifer Tracht (zwischen Spremberg und Muskau).

Die Spreewaldtracht ist die bekannteste, weil die jungen sorbischen Frauen, wenn sie in Berlin oder Cottbus als Dienstmädchen arbeiteten, ihre Tracht beibehielten. Mit der Tracht dieser wohlhabenden Gegend wurde großer Aufwand getrieben, teure Stoffe, Pelz und Spitzen fanden Verwendung. Die Sonntagstracht bestand – bzw. besteht – aus gefütterten Unterröken, einem Oberrock von roter oder rotbrauner, bei älteren Frauen von grüner oder schwarzer Farbe, aus einem Samtmieder, Jäckchen, einer Schürze (oft aus Blaudruck), dem Haarband, einem kompliziert gebundenen Kopftuch, braunen oder schwarzen Strümpfen, Lederpantoffeln, schwarzsamtenen oder buntbestickten Pantoffeln oder schwarzen Schuhen. Charakteristischer Bestandteil dieser Tracht war die Flügelhaube (die »lapa«), ein Tuch, das seitlich dank Pappunterlagen weit absteht.

Die Arbeitstracht war einfacher, die »lapa« wurde dazu nicht getragen, doch nie fehlte der wattierte Unterrock, der seiner Trägerin zum erwünschten Ideal bäuerlicher Schwere und Fülle verhelfen sollte.

Neben der Sonntags- und Werktagstracht gab es Trachten für den Kirchgang, für Ostern, Weihnachten, Pfingsten, für Hochzeiten, die Trauertracht kennt nur Weiß und Schwarz.

Die Tracht um Hoyerswerda ist wegen der unmittelbaren Nachbarschaft zum Braunkohlenbergbau im Rückgang begriffen. Die Tracht ist einfacher, wie auch die Dörfer ärmer waren. Das Material war hausgemacht, die dichtgefältelten Wollröcke rot oder grün. Zur Tracht gehörte eine kurze Jacke und ein Häubchen, das das gescheitelte, straff zurückgekämmte Haar fast verdeckte. Zur Festtracht gehörte ein leuchtend bunter Oberrock, ein Samtmieder, eine farbige Leinen- oder Seidenschürze und ein mit großen, bunten Mustern bedrucktes Schultertuch. Schmuckstück dieser Tracht war die Haube, die mit schönen Lochstickereien versehen wurde. Bei der Hochzeitstracht war der mit buntem Schmuck aus Glasperlen, Korallen und Münzen versehene Brustlatz das schönste Schmuckstück dieser Tracht. Bei der Trauertracht hatte sich in den Stirnbändern und Kopftüchern die alte Trauerfarbe Weiß erhalten.

Die Schleifer Tracht ist die Tracht von sieben Dörfern einer besonders armen Heidelandschaft. Die Sonntagstracht wies hellgrüne, blau gestreifte, dicht gefältelte Röcke, schwere Samtmieder und Blaudruckschürzen auf. Die Kirchgangstracht war schwarz, dazu eine weiße Haube. Das weiße Trauertuch, das die Trägerin völlig einhüllte, ist heute verschwunden. Bei der Hochzeitstracht wurden die Hauben und Brusttücher mit reichen Lochstickereien versehen.

Alle diese Trachten zeichnen sich durch mehr oder weniger reiche Stickereien aus – Durchbrucharbeiten, Kreuzstich-, Weiß- und Plattstickereien, Stickereien auf Tüll, Flitter- und Perlenstickerei. Bevorzugt werden geometrische Motive, stilisierte Blumen und Tiere.

Siedlungs- und Hausformen

Verbreitet sind unregelmäßige Dorf- und Gehöftformen. Das gilt besonders für den Niederlausitzer Spreewald, bei dem die vereinzelt liegenden Gehöfte oft nur zu Kahn zu erreichen sind. Das westslawisch-lausitzische Haus, ein hölzerner Blockbau, besitzt oft eine den Erdgeschoßwänden vorgelegte hölzerne Stützkonstruktion – das Umgebinde. Rohr- und strohgedeckte Häuser haben sich bis heute erhalten. Das sorbische Haus variiert den mitteldeutschen Gehöfttypus. Es besitzt jeweils spezielle Häuser für das Wohnen, den Stall, die Scheune, die Werkstatt, den Schuppen, den Schweinekoben. Zu den charakteristischen Eigentümlichkeiten der Spreewaldlandschaft gehörte der um eine Stange kuppelförmig aufgeschichtete Heuberg.

WALTER SPERLING

Die Landschaften der Bezirke Sachsen-Anhalts

Der Harz

Zu den reizvollsten und meist besuchten Mittelgebirgslandschaften Deutschlands gehört der Harz, das nördlichste deutsche Mittelgebirge. Seit 1945 zerteilt die innerdeutsche Grenze das Gebirge; etwa zwei Drittel seiner Fläche mit der höchsten Erhebung, dem Brocken (1142 m), gehören zur Deutschen Demokratischen Republik, überwiegend zum Bezirk Halle.

Von Westen nach Osten gliedert man das Harzgebirge in Oberharz, Mittelharz und Unterharz; daran schließt die östliche Harzabdachung an. So kommt zum Ausdruck, daß es sich bei diesem Bergmassiv um eine schräg nach Osten geneigte Scholle, um einen geologischen Horst, handelt.

Der geologische Bau

Der geologische Bau des Harzes ist komplizierter, als dies das Auge zunächst wahrhaben will. Wegen seines Erzreichtums und der uralten Montanwirtschaften gehört der Harz zu den geologisch am besten erforschten Gebieten in Mitteleuropa; dennoch konnte eine Reihe von Fragen des erdgeschichtlichen Werdegangs noch nicht befriedigend geklärt werden.

Insgesamt wurde der Untergrund des Harzes gegenüber seinem Vorland um 2000 m angehoben. Dabei wurden alle jüngeren Schichten weitgehend abgetragen und ältere Formationen freigelegt. Durch Verwitterung wurde das Gebirgsmassiv zerstört und eingeebnet, das abgetragene Material in die umliegenden Tiefländer und Becken verfrachtet. In der Jura- und in der anschließenden Kreidezeit hob sich der »Urharz« erneut und wurde dem nördlichen Vorland aufgeschoben, wobei sich eine Aufrichtungszone bildete. Wieder kam es zur Einebnung und am Beginn der Tertiärzeit (untere Formation der Erdneuzeit) war das Grundgebirge erneut freigelegt. Nur einzelne Kuppen wie der heutige Brocken überragten das Flachrelief. Im weiteren Verlauf des Tertiärs hob sich das Gebirge noch um einige hundert Meter, womit das heutige Mittelgebirge entstand. Diese Hebung hielt im Pleistozän (Eiszeitalter) noch an, was sich auf die jüngste und die rezente Formenbildung auswirkt.

Bei der letzten Hebung wurde die Harzscholle so gekippt, daß sie im Norden und Westen stärker angehoben und in der Gegenrichtung geneigt ist. Der Nord- und der Südrand zeigen deshalb unterschiedliche Sprunghöhen. Der Nordrand ist markanter und deutet einen stärkeren landschaftlichen Gegensatz an, der Südrand hingegen ist weniger auffällig. Das Eis der Elster-Eiszeit war in der Lage, den Unterharz zu überfahren und bis in das nördliche Thüringen vorzudringen. Gelegentlich hat man auch für den Oberharz eine Mittelgebirgsvergletscherung angenommen, doch gilt diese Ansicht inzwischen als widerlegt.

Entsprechend der Vielfalt des Gesteins ist die Flächenbildung ein erstaunlicher Vorgang. Der ständige Wechsel von Hebung, Verwitterung und Abtragung hat die Reliefgestalt mehrfach völlig verändert. In den kalkigen Formationen finden sich Karstformen, während die mächtigen Verwitterungsdecken an den Gehängen überwiegend in den Kaltzeiten des Pleistozäns ihre letzte Formung erhielten.

Der Formenschatz des Oberharzes ist eintönig, da die Rumpffläche nur eine schwache Zertalung aufweist. Das Brokken-Massiv besteht überwiegend aus Granit, der erstmalig in der Zeit der Oberen Kreide freigelegt wurde. Entlang der Klüftung drang die Verwitterung, besonders in der feuchtwarmen Tertiärzeit, in die Tiefe des Gesteins vor, wobei die Kanten der Blöcke abgerundet wurden und wollsackähnliche Formen annahmen. Diese Wollsackverwitterung ist typisch für den Oberharz und andere deutsche Mittelgebirge, deren Untergrund ebenfalls aus Granit besteht.

Im Mittelharz, der schon vollends auf

Sachsen-Anhalt, landschaftliche Gliederung

dem Territorium der DDR liegt, ist der Untergrund noch komplizierter gebaut. Sättel und Mulden wechseln einander ab, unter dem Mantel sedimentärer Schiefergebirgsschichten drangen kristalline Intrusivmassen auf. Die randliche Zerschneidung hat stellenweise tief in das Herz des Gebirges eingegriffen und die einst zusammenhängende Hochfläche in einzelne Riedel zerlegt. Von manchen Verebnungen sind nur noch schmale Gesimse erhalten geblieben, die nach unten hin scharf abgesetzt sind. Entsprechend dem Gefüge des Gesteinsuntergrundes streben auch die Flüsse einen harzrandparallelen Verlauf an, oft tief eingesenkt in die Rumpffläche, die von einzelnen, isolierten Bergkuppen überragt wird.

Im Gebiet von Wernigerode und Rübeland wird das Landschaftsbild von mitteldevonischen (Formation des Erdaltertums) Kalksteinen bestimmt, darunter chemisch reinen Riffkalken mit einer Mächtigkeit von 500 bis 600 m. Ein Ergebnis der chemischen Verwitterung sind die Rübeländer Tropfsteinhöhlen. Schwach kohlensäurehaltiges Wasser sickerte durch die Klüftungen nach unten, zirkulierte auf den Schichtflächen und löste immer mehr Kalk auf, wobei sich an den Grenzflächen zunächst flache, dann immer größere Hohlräume bildeten. In diesen Höhlen setzten sich Kalksinter und Tropfsteine ab, die zum Teil, den Hebungsphasen des Harzgebirges entsprechend, in mehreren Etagen angeordnet sind. Sie sind heute Attraktionen des Fremdenverkehrs. In Höhlenlehm konnten Überreste eiszeitlicher Großsäuger und Werkzeuge des Urmenschen geborgen werden. Aber auch an der Oberfläche wirkte die Karstverwitterung und erzeugte Lösungsdolinen, in denen sich gelbbrauner Lehm angesammelt hat.

Der »Regenfänger« – Sein Klima, seine Wasserwirtschaft, seine Vegetation

Entsprechend seiner Lage und Exposition ist das Klima des Harzgebirges charakterisiert durch die zu allen Jahreszeiten fallenden Niederschläge. Der Harz ist, wie es in vielen Schulbüchern heißt, ein »Regenfänger«. An der Luvseite werden am Gebirgsfuß 900 mm und auf der Hochfläche 1500 mm Niederschläge im Jahr gemessen, an der Leeseite dagegen nur 600 bzw. 700 mm. Die Niederschlagsverteilung richtet sich, entsprechend der Massenverteilung und den vorherrschenden Windrichtungen, nach der jeweiligen Exposition und nimmt hinter den windzugewandten Flanken rasch ab. So liegt die Nordostseite bereits im Regenschatten des Hochharzes. Auf der östlichen Harzabdachung entsprechen die Niederschlagshöhen schon nicht mehr dem Charakter eines Gebirgslandes. Das winterliche Niederschlagsmaximum führt zu einer Anhäufung großer Schneemassen, schon in 900 m Höhe können einzelne Schneeflecken bis zum Juni ausdauern. Damit ist der Harz ein relativ schneesicheres Wintersportgebiet. Die Dauer der Schneelage beträgt am Brocken über 80 Tage, im Oberharz über 60 und am Harzrand über 50 Tage. Über 220 Tage beträgt die Zahl der trüben Tage auf dem Brocken, und 232 Tage mit Regen und Schnee werden gezählt.

Die Wasserwirtschaft im Harz ist in zweierlei Hinsicht von Bedeutung. Einmal erforderte der uralte Bergbau bestimmte Vorkehrungen, zum andern führten Hochwasserschutz und die Trinkwasserversorgung zu aufwendigen wasserbaulichen Maßnahmen.

Im Bergbau dient die Wasserhaltung der Entwässerung der Gruben und auch dem Betrieb von Maschinen. Viele Bachläufe wurden zu Teichen angestaut, um die Wasserenergie auszunutzen. Durch komplizierte Stollen und Gräben wurde der Wasserreichtum des Mittelharzes für den Oberharzer Erzbergbau genutzt, was noch heute im Bilde der Kulturlandschaft sichtbar ist.

Die modernen Stauseen dienen der Elektrizitätsversorgung, der Trink- und Brauchwasserhaltung und sind nicht zuletzt Anziehungspunkte für den Fremdenverkehr. Die größte Talsperre auf der Seite der DDR ist die in den Jahren 1952 bis 1959 erbaute Rappbodetalsperre. Von der Wasseraufbereitungsanlage bei Wienrode führt eine über 400 km lange Fernwasserleitung in die Industriegebiete bei Halle, Leuna und Bitterfeld, wo das Wasser vor allem in den Sommermonaten sehr gebraucht wird. Schließlich ist auch die Wasserabgabe an die Landwirtschaft bedeutsam, wobei das Wasser mit der Gülle der Großviehställe vermengt wird und der Beregnung der Felder dient. Die anschließende Talsperre Wendefurth ist ein Unterbecken für ein Pumpspeicherwerk, das in Spitzenbedarfszeiten Strom für die mitteldeutsche Industrie liefert.

Im Vegetationsbild des Harzes dominiert das Waldkleid, das zum Teil recht geschlossen ist, aber heute zunehmend durch Umweltschäden betroffen wird. In den unteren Lagen herrschen Laub- und Mischwälder vor, in den oberen Lagen treten Fichtenforste an ihre Stelle, die im Gebiet um den Brocken an der klimabedingten Waldgrenze auslaufen.

Der Holzbedarf der Montanwirtschaft hat schon früh zu Eingriffen in den Wald geführt, was aber stets durch planmäßige Aufforstungen ausgeglichen wurde, wobei man der schnellwüchsigen Fichte den Vorzug gab, die seit dem Mittelalter in immer tiefere Lagen hinabgezogen worden ist und dabei die Buche mehr und mehr verdrängte. Auch für die Erzeugung der Holzkohle ist dann zunehmend Fichtenholz verwendet worden. Allenthalben findet man in den Wäldern Kohlenmeiler-Podeste mit Holzkohlenresten, die von den Köhlern angelegt worden sind. Die Fichte ist also im Volksmund die »Harztanne«. Der bekannte Harzer Spruch »Es grüne die Tanne, es wachse das Erz ...« bestätigt den untrennbaren Zusammenhang zwischen Bergbau und der Holzversorgung.

»Es grüne die Tanne, es wachse das Erz ...« – Die Siedlungsgeschichte

Im Vergleich mit den umliegenden Tief- und Hügelländern ist der Harz ein spätbesiedeltes Gebirgsland, wenn auch vereinzelt vorgeschichtliche Funde geborgen wurden. Im 9. Jh. erreichte die Mission der Klöster Fulda und Hersfeld den Harzrand und leitete die Inbesitznahme durch die Franken ein. Die deutsche Ostkolonisation, die an der Basis der Elbe-Saale-Linie ihren Ausgang nahm, trug zu einer Auf-

Größere Städte	Wohnbevölkerung 1988	1. 1. 1971	31. 8. 1950
Bezirkshauptstadt Magdeburg	290381	272237	260305
Bezirkshauptstadt Halle/Saale	235404	257261	289119
Weitere Städte mit über 50000 Ew.:			
Dessau	103972	98402	91973
Halle-Neustadt	93620	35290	–
Wittenberg	53619	47323	49852

Bevölkerungszahlen

Bevölkerung 1988	Einwohner	Ew./km²
Bezirk Halle	1777700	203
Bezirk Magdeburg	1249400	108
Insgesamt	3027100	155

Geographisch-statistische Daten

Höhenlage ausgewählter Orte über NN

Dessau	61 m
Halle/Saale	100 m
Magdeburg	50 m
Wittenberg	71 m

Ausgewählte Bodenerhebungen

Name	Lage	Höhe über NN
Harz		
Brocken	sw Wernigerode	1142 m
Großer Auerberg	nö Stolberg	580 m
Thüringer Becken mit Randplatten		
Kulpenberg	Kyffhäuser	477 m
Nördliches und östliches Harzvorland		
Buchenberg	Huy	314 m
Großer Fallstein	Fallstein	288 m
Südlicher Landrücken		
Hellberge	Altmark	160 m

Der Große Auerberg, Porphyr-Kuppe im Unterharz: Von hier aus ist im Hintergrund Stolberg zu sehen, die alte Handelsstadt, einst Residenz der Grafen von Stolberg-Stolberg und Geburtsort Thomas Müntzers (oben). Die Roßtrappe in der Bodenschlucht oberhalb von Thale, ein 200 m über dem Flußspiegel herausragender Granitfelsen, ist die bekannteste der im Volksglauben oft mit Sagen verbundenen Roßtrappen (links).

wertung des Harzes bei. So wurde das wildreiche Gebirge im Mittelalter ein Reichsforst, wo die deutschen Kaiser, besonders die Liudolfinger, gerne ihrem Jagdvergnügen frönten. Heinrich I. (der Vogler) ließ schon im 10. Jh. die ersten Jagdpfalzen errichten, und Heinrich IV. (der Burgenbauer) ließ den Harz mit einem Kranz von Burgen umziehen. Bis zum 11./12. Jh. war ein lückenloses Netz von über 800 Burgen und Pfalzen entstanden.

Für die Erschließung selbst war weniger die landwirtschaftliche Seite, sondern der Erz- und Holzreichtum von Bedeutung. Den Bauern folgten Berg- und Hüttenleute, Holzfäller und Köhler, Techniker und Wasserspezialisten. Der Bergbau begann am westlichen, heute niedersächsischen Harzrand und überzog allmählich das ganze Gebirge bis zum Unterharz und Mansfelder Land. Eisen, Silber, Kupfer und Zink waren die wichtigsten Metalle.

Um 1500 holten die Braunschweiger Herzöge erfahrene Bergleute aus dem westlichen Erzgebirge heran, die moderne Abbautechniken beherrschten. Der Harz wurde zu einer Montanlandschaft ersten Ranges in Mitteleuropa. Die Sprengung mit Pulver trat an die Stelle der alten Methode des Feuersetzens. Der hölzerne Blasebalg wurde im 17. Jh. eingeführt, und mit Hilfe hölzerner Spurbahnen wurde die immer größer werdende Menge des Erzes zu Tale gebracht. Die »Wasserkünste« im Harz galten geradezu als Weltwunder; der ganze Harz wurde zu einer Lehrwerkstatt der Montanistik.

Die großen Handelsstraßen umgingen das Gebirge, nur eine bedeutendere Straße von Wernigerode nach Nordhausen überquerte den Harz. Besonders schwer zugänglich war der Oberharz. Nur ein leidlich brauchbarer, ausgetretener Pfad führte um 1700 von Schierke aus zum Brocken, erst in der Mitte des 18. Jh. wurden zwei Fahrwege ausgebaut. Um 1830 wurde dann die erste Fahrstraße angelegt, bis 1898 eine private Schmalspurbahn den Gipfel erreichen konnte. Sie ist, abgesehen von der Brocken-Abzweigung, heute noch in Betrieb und hat den Rang eines technischen Denkmals.

Der Fremdenverkehr

Das Auslaufen des Bergbaus wird vollauf ausgeglichen durch den Fremdenverkehr, der ebenfalls auf eine gewisse Tradition zurückblicken kann. Schon 1736 ließ der Graf von Stolberg-Wernigerode auf dem Brocken eine Schutzhütte für Hirten und Wanderer, das »Wolkenhäuschen«, anlegen. Auf der Heinrichshöhe gab es ebenfalls ein Unterkunftshaus, das zunächst nur den Torfstechern dienen sollte, aber bald durch einen zweiten Bau für die gräflichen Herrschaften ergänzt wurde, die hier ihren Sommerurlaub verbrachten. 1753 gab es dort bereits ein erstes Gästebuch, wo sich auch Goethe bei seinem ersten Aufenthalt eingetragen hat. Noch größer wurde der Besucherstrom nach dem Bau der Bahn. Das Brockenhaus war inzwischen mehrfach abgebrannt und immer stattlicher wiederaufgebaut worden. Doch am Ende des Zweiten Weltkrieges brannte es am 17. April 1945 bis auf die Grundmauern nieder; die Grenzlage verhinderte bisher eine neuerliche Nutzung.

Alle Formen des Fremdenverkehrs werden in der Gegenwart angetroffen. Jedes Dorf verfügt über Unterkünfte und Gasthäuser. Der Wochenendausflugsverkehr erfährt seine Höhepunkte im Sommer und in der winterlichen Saison. Daneben gibt es einen ganzjährigen Erholungs- und Kurverkehr, für den zahlreiche Erholungs- und Kurheime zur Verfügung stehen, die von staatlichen, genossenschaftlichen oder betrieblichen Trägern bewirtschaftet werden.

Weitere Motive für eine Harzreise sind durch die kulturhistorischen Denkmäler gegeben. Der frühere Reichtum der Harzrandstädte findet seinen Ausdruck in kunstgeschichtlich wertvollen Sakralbau-

Saalelandschaft bei Halle: Am Ausgang der Leipziger Bucht ist das Saaletal besonders weitläufig.

ten, öffentlichen Gebäuden und Bürgerhäusern und in einer Reihe von Museen. Ganze Stadtbildensembles, die nicht zuletzt auch das erstarkende Selbstbewußtsein der Bürgerschaft zum Ausdruck bringen, sind unter Denkmalschutz gestellt worden. Die Bürgerhäuser in den Städten sind in der anheimelnden Fachwerkständerbauweise errichtet und oft mit prachtvollem Schnitzwerk geschmückt. Im Gebirge selbst gibt es viele Möglichkeiten für Wanderungen und andere Sportarten. Besonders an Stauseen sind Schwimmen, Segeln, Paddeln, aber auch Angeln beliebt.

Das Östliche Harzvorland und Randplatten des Thüringer Beckens

Das Östliche Harzvorland ist eine Teillandschaft des Mitteldeutschen Schwarzerdegebietes, bedarf aber wegen seiner kulturgeographischen Eigenart, besonders wegen des historischen Bergbaus, einer eigenen Betrachtung. Südlich und südwestlich schließen die Randplatten des Thüringer Beckens an, die teils zum Bezirk Halle, teils schon zum Bezirk Erfurt gehören. Somit handelt es sich um die Hügelländer, Platten und kleinen Gebirgszüge, die dem Harz östlich und südöstlich vorgelagert sind.

Unter der Erdoberfläche – Die geologischen Zusammenhänge

Im Östlichen Harzvorland setzen sich gewissermaßen die Hochflächen des Harzes in Form einer pliozänen (Formation aus dem älteren Teil der Erdneuzeit) Rumpffläche fort, dort werden sie verhüllt von jüngeren Ablagerungen wie Geschiebemergel und Löß, der hier im Regenschatten des Harzgebirges zur Schwarzerdebildung neigt. Doch bis östlich von Halle wird das Gelände noch gelegentlich von Inselbergen überragt, die aus permischen Porphyren bestehen. Dazu gehört beispielsweise der weithin sichtbare Petersberg (248 m) nördlich von Halle. Jungpaläozoische Sattelzonen und dazwischen geschaltete jüngere Mulden wechseln einander ab und zeigen im Untergrund ein bewegtes Bild, das in einem Gegensatz zu der einförmigen Oberfläche steht.

Einer dieser unterirdischen Sättel ist die Halle-Hettstedter Gebirgsbrücke, die vom Unterharz flach nach Osten abfällt. Mehrere Trias-Mulden verlaufen parallel dazu; die bekannteste davon ist die Mansfelder Mulde. Der weiche Buntsandstein wurde hier stärker ausgeräumt als in den Nachbarlandschaften. Schon äußerlich ist das »Mansfelder Land« an den Halden des einstigen Kupferschieferbergbaus zu erkennen.

Der Bergbau begann um 1200 dort, wo der Kupferschiefer am Rande der Mansfelder Mulde zutage tritt und ging um bis zum Jahre 1969, als hier die letzte Grube geschlossen wurde. Durch zahlreiche kleine Schächte, die mit der Handhaspel ausgerüstet waren, konnte man in der Frühzeit des Bergbaus das Flöz in geringer Tiefe erreichen. Im 15. Jh. wurden die Schächte entlang dem schräg abfallenden Flöz in die Tiefe getrieben, dabei erforderte die Beseitigung des zusammenströmenden Wassers komplizierte Vorkehrungen. In der ersten Hälfte des 16. Jh. förderten die Mansfelder Bergleute schon bis zu 40000 Zentner Kupfer im Jahr, 1536 gab es 110 Hütten um Eisleben, Mansfeld und Hettstedt. 1785 wurde die erste Dampfmaschine eingesetzt. In der Mitte des 19. Jh. kam es anstelle der genossenschaftlichen Gewerke zum Zusammenschluß zu Großbetrieben, denn die immer tiefer eindringenden Schächte erforderten noch höhere Investitionen. Auch die Grubenfelder wurden bei dieser Produktionsweise noch ausgedehnter, und an die Stelle der kleinen Halden traten materialreichere Flachhalden und Spitzhalden, die das Landschaftsbild da und dort in eindrucksvoller Weise beherrschen. Heute wird der Bergbau auf Kupferschiefer nur noch in der südlich benachbarten Sangerhäuser Mulde betrieben. Nur hier lohnt er sich noch.

Bernburg: Die wichtigste Stadt vor der Mündung der Saale in die Elbe, war früher eine kleine Residenz. Davon zeugt noch das auf einem Felsen gelegene Schloß. Heute ist Bernburg ein anerkanntes Solebad und außerdem ein Zentrum des Kalibergbaus in der DDR.

In der Elster- und Saaleeiszeit überfuhr das Nordische Inlandeis das durch die Verwitterung mürbe gewordene Grundgebirge, dabei wurde festeres Gestein in Form von Kuppen herauspräpariert. Neben Rundhöckern mit Gletscherschrammen findet man verschiedene glaziäre Ablagerungen vor und schließlich Löß, der hauptsächlich in der letzten, der Weichsel-Kaltzeit, abgelagert wurde.

Nach Südosten wird der Hallesche Porphyr-Komplex scharf abgeschnitten von der sogenannten »Halleschen Marktplatzverwerfung«. Die Sprunghöhe dieser Störung beträgt 800 bis 1300 m. Auf kurzer Strecke, unter der Stadt Halle im Hallmarktbereich, streifen aufgebogene Zechsteinschichten aus und zirkulierende Wässer lösen in 800 m Tiefe das Salz der 150 m mächtigen Zechsteinschicht. Die Sole, die seit der Bronzezeit genutzt wird, tritt gerade an der Marktplatzverwerfung zutage. Das althochdeutsche Wort »halla« (= Salz) gab der späteren Stadt Halle den Namen. Die im Untergrund lagernden Zechsteinsalze haben eine weite Verbreitung und sind die Ursache für eine Reihe von spezifischen Formen des Reliefs, die sich bis in die Gegenwart weiterbilden.

Zwischen die weiten Muschelkalkflächen der Querfurter Mulde im Süden und dem Buntsandstein des Teutschenthaler Sattels schiebt sich das Geiseltal mit dem Geiselbach, der unterhalb des Merseburger Schlosses in die Saale mündet. Wegen seiner Braunkohlenschätze ist das Geiseltal, einst eine abwechslungsreiche Auelandschaft, heute durch Tagebaue, Hochkippen und Brikettfabriken völlig überformt worden. In der Eozänzeit (zweitälteste Stufe des Tertiärs) entstand auf relativ kleiner Fläche dieses mächtige Braunkohlenflöz, dessen ursprünglicher Gesamtvorrat 1,6 Mrd. t betrug. Die Ursache dieser Art der Ablagerung waren die im Untergrund anstehenden, sehr mächtigen und schräg einfallenden Zechsteinsalze, die durch Grundwasser aufgelöst wurden, und zwar in der Weise, daß die Auflösung an der Landoberfläche begann und sich nach Süden hin immer tiefer fortsetzte. In der Braunkohlenzeit war die Auslaugung gerade unter dem späteren Geiseltal angekommen, die Oberfläche senkte sich ab, und in der sich bildenden Wanne entstanden Sümpfe, Wälder und Moore, die immer mächtiger wurden und schließlich dem Inkohlungsprozeß anheimfielen. Somit errichtete die Braunkohle des Geiseltals, die auch durch die in ihr enthaltenen Versteinerungen bekannt ist, eine Mächtigkeit von 120 m.

Der Abbau der Braunkohle im Geiseltal setzte um 1698 nördlich von Mücheln ein. Erst im 20. Jh. waren die technischen Voraussetzungen gegeben, den Abbau in großem Stile vorzunehmen. Vor dem Ersten Weltkrieg entstanden bereits Brikettfabriken und Kraftwerke. Es entwickelte sich ein reines Bergbau-Industriegebiet mit Gruben, Halden und Betriebsanlagen, dem der Ackerbau und die Siedlungen weichen mußten. Somit bildete sich die Rohstoffbasis für die benachbarte großchemische Industrie heraus, die allerdings zunehmend auf andere Zulieferungen wie Erdöl aus der Sowjetunion angewiesen ist.

Goldene Aue – Mansfelder Land. Ausgelaugt und abgesenkt

Das Südliche Harzvorland muß schon in einem engen Zusammenhang mit den Randplatten des Thüringer Beckens gesehen werden. Es handelt sich dabei um ein Mosaik von verschiedenartig gestalteten Teillandschaften mit einem je eigenen Charakter, die vielfältig miteinander verschachtelt sind. Das Becken selbst, das an anderer Stelle genauer vorgestellt wird, ist eine weite Triasmulde, die sich zwischen dem Thüringer Wald und dem Harz ausbreitet.

Unmittelbar an den Harz schließt sich ein Zechsteingürtel (Formation aus der jüngsten Stufe des Erdaltertums) an, ein Stufen- und Hügelland mit einem sehr bewegten Relief. Mächtige Steinsalz- und Kalisalz- und Gipspackungen sind nach und nach ausgelaugt worden, so daß poljenartige Erdfälle, Formen des »verdeckten Karstes« und selbst Höhlen entstanden. Ein solches Auslaugungsgebiet ist die Goldene Aue im unteren Tal der Helme. Zwar liegt diese Niederung in einer tektonischen Senke, doch waren es die sich auslaugenden Zechsteinsalze im Untergrund, die die Absenkung bewirkten. Die Senkungsbeträge konnten durch die Aufschotterung der Flüsse nur teilweise ausgeglichen werden. Auf diese Weise bekam die Helme den Charakter eines Dammflusses.

Das von den Auslaugungsvorgängen erfaßte Gebiet reicht bis in das Mansfelder Land. Die Seen dieses Gebietes liegen sämtlich in einer 60 km langen Senke, in denen sich zumeist linear angeordnete Erdfälle, Senkungskessel und andere mit Wasser gefüllte Hohlformen aneinanderreihen. Hier fand die Salzverkarstung besonders günstige Voraussetzungen durch die Art und Anlage der Störungen, die durch die tektonische Bewegung entstanden waren und auf die das Salz plastisch reagierte und in Gebiete niedrigeren Druckes abwanderte. Die Oberfläche der Salze, also der Salzspiegel, an dem sich die Auslaugung vollzieht, liegt heute bei etwa 150 m unter dem Meeresspiegel. Die Intensität der Auslaugung wurde durch den Kupferschieferbergbau noch gefördert, als die Schächte in die salinaren Serien vordrangen und durch die Wasserhaltung Süßwasser eingelassen wurde, das zur Belebung der Auslaugung beitrug. Am Nordhang des Süßen Sees, der neuerdings mit Hilfe der Geofernerkundung beobachtet wird, sind die horizontalen und vertikalen Bewegungen am stärksten. Der Süße See hat eine Fläche von 249 ha bei maximal 7 m Tiefe, während vom Salzigen See nur noch Reste zurückgeblieben sind.

Ein verkleinerter Harz: Der Kyffhäuser
Mit einer relativen Höhe von 170 m über der Goldenen Aue erhebt sich der sagenumwobene Kyffhäuser (457 m) mit dem Barbarossa-Denkmal. Sein Name erscheint erstmals 1118 als »Cuffese« (von Kuppe, Kopf) und 1222 als »Kufhausen«. Der Kyffhäuser bildet den nordwestlichen, am stärksten hervorgehobenen Pfeiler der hermondurischen Scholle, die zugleich das Thüringer Becken abgrenzt. Die Sprunghöhe der Verwerfung, die den nördlichen Steilabfall bildet und in herzynischer Richtung verläuft, beträgt etwa 1000 m. Wie der Harz ist der Kyffhäuser ein horstartiges, paläozoisches Pultschollengebirge, gewissermaßen ein verkleinertes Modell des Harzgebirges, das ebenfalls während der saxonischen Gebirgsbildung entstand. Die ganze Scholle ist etwas schräg gestellt, wobei die Schichten schwach nach Nordwesten einfallen. In jüngster Zeit hat die Hebung wieder etwas zugenommen.

Der Kulpenberg (477 m), eine flache, gerundete Kuppe, überragt die ältere Umgebung nur um etwa 20 m. Hier wurde von 1959 bis 1964 ein 94 m hoher Fernsehturm der Deutschen Post errichtet. Dieses neue Wahrzeichen zieht wegen seiner guten Aussicht viele Touristen an, inzwischen hat die Zahl der Besucher jährlich 200000 überschritten. Nach wie vor wird auch das Barbarossa-Denkmal auf dem benachbarten Kyffhäuserberg häufig besucht. Der Sage nach lebt der alte Kaiser Rotbart in der Tiefe des Berges und wird wiederkehren, um dem deutschen Volk die Einheit zu bringen. Die weithin sichtbare Denkmalanlage, deren Grundstein 1892 gelegt wurde, zieht alljährlich immer noch über 400000 Touristen an. Charakteristisch für den Kyffhäuser ist die Vielfalt der vorkommenden Gesteine. Wie beim Harz umschließt ein breites Band des Zechsteins das gesamte Massiv, dessen Erdfälle, Senkungen und Auslaugungen zusammen mit den Klippen, Karren und Rillen des Gipses zu einem eigentümlichen Landschaftserlebnis beitragen.

Im Zechsteingips bei Rottleben liegt die Barbarossa-Höhle, nicht weit davon befinden sich die Spalthöhlen des Kosakenberges, in denen urgeschichtliche Funde geborgen wurden. Die Auslaugungen im Zechstein setzten sich bis in die Frankenhausener Senke fort. Die Solquellen von Bad Frankenhausen wurden davon gespeist, und in der Stadt kommen Absenkungen vor, die zur Schiefstellung von Gebäuden geführt haben.

Die südlichste Teillandschaft des Östlichen Harzvorlandes ist das Merseburger Land, eine Buntsandsteinplatte, bei der die Schichten in wechselnder Richtung einfallen. Daran schließen sich, schon zu den Randplatten des Thüringer Beckens gehörend, die Querfurter Platte und die Unteren Unstrutplatten an. Dabei handelt es sich um weitgespannte, leicht nach Nordosten abdachende Muschelkalktafeln, die teilweise mit tertiärem Material und vielfach mit Löß bedeckt sind. In ihrem Mündungsgebiet hat die Unstrut mehrfach ihren Lauf verlegt. Bei der Ausbildung der heutigen Oberflächenformen waren möglicherweise altpleistozäne Hebungsprozesse beteiligt. Das Gebiet südwestlich von Weißenfels und Naumburg gehört schon zum Zeitz-Altenburger Lößhügelland, also im größeren Rahmen zum Sächsischen Lößhügelland.

Die Lößbedeckung, die wir im gesamten Bereich der östlichen und südlichen Harzvorländer in ziemlicher Geschlossenheit antreffen, wurde in der letzten, der Weichsel-Kaltzeit, abgelagert. Im Mansfelder Land schwanken die Mächtigkeiten zwischen 3 und 10 m, sind also noch stärker ausgebildet als selbst in der Magdeburger Börde. Die Talböden sind ausgefüllt mit Löß-Schwarzgleyen, die aus dem umlagerten Material von den Hängen entstanden sind. Mehr zum Leipziger Land hin geht der Löß in gröbkörnigeren Sandlöß und schließlich in Decksande über.

Die hydrologischen Verhältnisse
Das Klima des Östlichen und Südlichen Harzvorlandes gleicht dem des Mitteldeutschen Schwarzerdegebietes. Es ist die Übergangsregion vom niederschlagsarmen Binnenlandklima im Mittelgebirgslee zum niederschlagsreicheren Klima des Leipziger Landes. Die Jahresmittelwerte liegen zwischen 8 und 9 °C, die Mittelwerte im Juli zwischen 16,5 und 18,5 °C. Die niedrigsten Temperaturen werden im Januar mit 0 bis −2 °C gemessen. Die durchschnittlichen Jahreswerte der Niederschläge reichen von 430 mm bei Eisleben im Regenschatten des Harzgebirges bis 600 mm auf dem Kyffhäuser, wo ein ausgesprochenes Reizklima herrscht.

Die relativ niedrigen Niederschlagswerte wirken sich auf die hydrologischen Verhältnisse nicht gerade günstig aus, zumal in einem Industriegebiet mit vorherrschender chemischer Industrie, wo große Mengen von Brauchwasser benötigt werden. Das geringe autochthone Wasserdargebot wird kompensiert durch eine Reihe von Fremdlingsflüssen, deren Einzugsbereiche in den niederschlagsreicheren Mittelgebirgen liegen. Dabei ist aber nicht gewährleistet, daß die benötigten Wassermengen regelmäßig anfließen. Bei Hochwassersituationen herrscht ein Überdargebot, wobei die anfallenden Wassermengen nicht hinreichend genutzt werden können und wirkungslos abfließen. In wasserarmen Jahren dagegen kann es zu gespannten Situationen kommen, die eine aufwendige wasserwirtschaftliche Prozeßsteuerung notwendig machen. Besonders prekär ist die Situation im mittleren Saalegebiet zwischen der Mündung der Unstrut und dem Einfluß in die Elbe. Die Leuna- und die Buna-Werke benötigen hier den Hauptteil des Wassers der mittleren Saale. Hier verhält sich das Verhältnis des höchsten Hochwasserabflusses zum niedrigsten Niedrigwasserabfluß wie 100:1. Das bedeutet, daß das notwendige Brauchwasser für die Industrie nur durch Mehrfachnutzung beschafft werden kann.

Bei der Wassergewinnung kommt es nicht nur auf die aufkommenden Mengen, sondern besonders auf die Beschaffenheit an. Die Saale ist einer der am stärksten verunreinigten Flüsse in Mitteleuropa, und es kann schon als Erfolg verbucht werden, wenn die Verschmutzung in den letzten Jahren sich nicht in dem Maße weiter erhöht hat, wie dies in den fünfziger und sechziger Jahren der Fall gewesen ist.

Im Gebiet der mittleren Saale wird praktisch das gesamte Grundwasserdargebot genutzt, das meiste Grundwasser wird für die Trinkwasserversorgung gehoben. Rund zwei Drittel des Wasserbedarfs werden durch Fernleitungen aus dem Ostharz, besonders aus der Rappbodetalsperre, und aus der Elbaue herbeigeführt. In Halle reichte bereits der Grundwasserstrom 1962 nicht mehr aus, die Versorgung sicherzustellen, deshalb wurden im Auelehm zur Grundwasseranreicherung sieben große Infiltrationsbecken ausgekoffert, die mit Saalewasser beschickt werden.

Die natürliche Vegetation der östlichen und südlichen Harzvorländer wurde durch die früh einsetzende und kontinuierliche Besiedelung in einer Weise verändert, daß es schwierig ist, den ursprünglichen Zustand zu rekonstruieren. Als standortgerechte Vegetation könnte man einen lichten, weit abständigen Eichen-Hainbuchen-Wald annehmen, in den Niederungen Auwald, an steileren Hängen und Kuppen auch lichte Pflanzengesellschaften mit Gras- und Zwergstrauchheiden.

Der Gang der Besiedelung
Die Siedlungstypen, namentlich die Grundrißformen der Orte und die Gräberfelder, geben Hinweise auf den Gang der Besiedelung und seine Träger. Der Prozeß der Dorfbildung wird heute für die Zeit des 9. bis 13. Jh. angenommen, wobei die Ergebnisse archäologischer Dorfkernuntersuchungen noch weitere Erkenntnisse erhoffen lassen. Da die Dreifelderwirtschaft schon früh belegt ist, wird man davon ausgehen dürfen, daß die entsprechenden Fluren streifig angelegt waren, wenn auch die Gewannflur im engeren Sinne sich erst im Hochmittelalter endgültig ausgebildet haben dürfte. In den slawischen Siedlungen dagegen überwogen die Blockfluren. In einigen Landstrichen, etwa in der Gegend von Merseburg, glaubt man, Spuren der fränkischen Staatskolonisation

festgestellt zu haben. Es handelt sich dabei um parallelstreifig angelegte Felder von großer Regelmäßigkeit mit einer Hufenverfassung. Im gesamten Raum östlich und südlich des Harzes überwiegen die Haufen- und Haufenwegedörfer, seltener Straßendörfer, an der Saale bei Weißenfels und im angrenzenden Zeitz-Altenburger Lößhügelland, wo sich die Slawen länger halten konnten, auch regelmäßige Kleinformen wie Platzdörfer, Rundlinge und Gassendörfer. Besonders regelmäßig sind die Siedlungsformen in der Goldenen Aue, wo man im 11. Jh. zur Urbarmachung der Sümpfe Flamen herbeigerufen hatte, die eine Gruppe von Reihendörfern anlegten, von denen jedes 18 Hufen, Pfarr- und Schulzenhufe umfaßte.

Städte – Entwicklung durch Bergbau, Handel und Industrie

Von großer Bedeutung war indessen auch die Entfaltung des Städtewesens, das durch die Vorkommen von Salz, Kupfer und anderen Bodenschätzen weitere Impulse erhielt. Mit dem florierenden Bergbau hatte der Frühkapitalismus seine ersten Wurzeln geschlagen, die Technik entwickelte sich zusehends.

Die Lutherstadt *Eisleben* liegt an der Bösen Sieben im Östlichen Harzvorland, wo niederländische Kolonisten im 12./13. Jh. den Faulen See trockengelegt hatten. Die älteste Siedlung, die außerhalb der späteren Ummauerung lag, geht auf das Erbgut eines Iso (Islevo Gisleuo) zurück. 1180 wird die Stadt »civitas« genannt. Im Stadtplan ist die Topographie der Altstadt noch gut zu erkennen. Gegen Ende des 15. Jh. näherte sich der Kupferschieferbergbau der Stadt, dem folgte die Stadterweiterung nach Westen, die »Neustadt« mit einem eigenen Markt. Das Städtchen *Mansfeld,* Zentrum des Mansfelder Landes, erhebt sich nahe dem Harzrand auf einem Bergrücken und war zunächst eine bäuerliche Siedlung. Die Ersterwähnung für das Jahr 973 ist umstritten, ebenfalls das Jahr der Stadtrechtsverleihung (1409), jedenfalls aber wird 1434 ein Schultheiß genannt. Die Grafen von Mansfeld, die hier als Residenz ein Schloß erbauten, gaben dem Ort eine gewisse Bedeutung, noch mehr aber trug der Kupferschieferbergbau zur Entfaltung des Städtchens bei.

Nördlich von Eisleben, ebenfalls im Harzvorland, liegt *Hettstedt* im engen Tal der Wipper. Der Ort ist seit 1046 als »locus Heiczstete« bezeugt. Entscheidend für das Fortkommen der Stadt war auch hier der Kupferschieferbergbau; 1223 wird der »mons qui cupreus dicitur« erwähnt. 1283 wird Hettstedt »civitas«, 1334 »stad« genannt. Am Nordostrand der Goldenen Aue liegt die Kreisstadt *Sangerhausen,* eine fränkische Gründung, die 991 als »Sangirhausen« in den Quellen aufscheint. Von wirtschaftlicher Bedeutung war wie in den anderen Städten der Kupferschieferbergbau, der hier noch in der Gegenwart betrieben wird. Unweit davon, am Fuße des Kyffhäusers, befindet sich das Solbad *Frankenhausen.* Die Gegend war schon in neolithischer Zeit besiedelt. Die Gründung Frankenhausens durch die Franken (wie der Name sagt) ist schon vor 900 belegt. 1219 wird der Ort »oppidum«, 1282 »civitas« genannt. Im Deutschen Bauernkrieg schlug hier 1525 Thomas Müntzer seine entscheidende Schlacht und verlor. Ebenfalls ein Badeort ist *Bad Kösen* im Saaletal, oberhalb von Naumburg gelegen. Ein Dorf soll an dieser Stelle schon 1040 bestanden haben; mit Sicherheit gab es einen Wirtschaftshof, der an das Kloster Schulpforta überging. Zur wirtschaftlichen Entwicklung trugen ein Flußübergang und die schon im 13. Jh. bezeugte Flößerei bei. 1730 stieß man auf eine starke Salzquelle, alsbald wurde die Produktion von Salz aufgenommen. Außerdem wurden mehrere heilkräftige Quellen entdeckt. Als 1847 die Eisenbahnlinie Berlin–Frankfurt am Main eröffnet wurde, stieg die Einwohnerzahl beträchtlich an. Schließlich wurde Kösen bekannt durch Zusammenkünfte des Kösener Seniorenkonvents und durch die 1912 von Käthe Kruse gegründeten Puppenwerkstätten. Das Gradierwerk besteht noch heute, die alten Badeanlagen stehen unter Denkmalschutz.

Saaleaufwärts an der Mündung der Unstrut liegt *Naumburg* in einer altbesiedelten Landschaft. Der Ort wird erstmals 1012 als »Nuenburch« und 1021 als »Numburg« erwähnt. Die Marktprivilegien von 1028 gehören zu den ältesten Rechten dieser Art in Deutschland, der erste Dom wurde 1036 durch Bischof Hunold geweiht. Die überregionale Bedeutung Naumburgs ergab sich aus seiner Lage nahe der Königsstraße von Frankfurt und Nürnberg nach Leipzig in der deutsch-slawischen Kontaktzone, gewissenmaßen an der Basislinie der Deutschen Ostkolonisation. Unweit von Naumburg, am linken Ufer der Unstrut, kurz vor ihrem Eintritt in die Saale, liegt *Freyburg.* Oberhalb des Ortes befindet sich die Neuenburg, die um 1100 erbaut wurde. Unterhalb dieser wurde planmäßig ein Suburbium angelegt, dessen Grundriß ein regelmäßiges Gitternetz zeigt. 1229 wird Freyburg als »oppidum«, 1292 als »civitas« bezeichnet, 1410 wird ein Stadtrat erwähnt. Die Stadt liegt im Zentrum eines ausgedehnteren Saale-Weinbaugebietes. Die 1956 gegründete Sektkellerei erzeugt die bekannte Marke »Rotkäppchen«.

Nördlich des Unstruttales auf einer fruchtbaren Hochfläche liegt *Querfurt,* das schon im 9. Jh. als »urbs Curnsurdeburg« erwähnt wird. Dieser Marktort entwickelte sich am Kreuzungspunkt mehrerer Altstraßen, 979 hören wir wieder von einer »civitas et castello Quernuordiburch«, zweifellos der Vorläuferin der heutigen Stadt, die 1198 mit dem Stadtrecht begabt wurde. Die Industrien, die nach 1945 kräftig erweitert wurden, beruhen größtenteils auf der blühenden Landwirtschaft der Umgebung. Noch im Bezirk Halle, aber im historischen Thüringen gelegen, liegt am Eintritt der Weißen Elster in das Leipziger Land die Kreisstadt *Zeitz.* 967 erscheint der Name in den Quellen. Otto I. gründete hier ein Bistum zur Slawenmission. Zunächst wurde wohl eine Burg errichtet, doch schon 1147 bestand die Stadt als »civitas«. Nach 1800 erblühte die Textilindustrie, 1859 erhielt die Stadt Bahnanschluß. Rasch wuchs die städtische Siedlung über den mittelalterlichen Mauerring hinaus, besonders seitdem die Braunkohle in der Umgebung erschlossen wird. Heute gibt es in Zeitz neben dem Textilgewerbe, das völlig zurückgetreten ist, eine vielseitige Industrie. Zwischen Zeitz und Weißenfels liegt das Städtchen *Hohenmölsen* auf einer Anhöhe am rechten Ufer der Rippach. Vermutlich handelt es sich um die 1080 genannte »munitio Milsin«. Der Ort wird 1236 als Stadt bezeichnet. Doch blieb Hohenmölsen ein unbedeutendes Ackerbürgerstädtchen, bis der Braunkohlenbergbau in der Umgebung zur Anlage entsprechender Industrien, vornehmlich chemischer Betriebe, führte.

Weißenfels liegt an der Saale in topographisch günstiger Lage, wo alte Fernwege den Fluß kreuzen. Die Stadt soll um 1184 durch Otto den Reichen, Markgraf von Meißen, gegründet worden sein. Der ziemlich regelmäßige Grundriß ist so angelegt, daß die Hauptstraßen die Richtung des Flusses berücksichtigen. Zum Handwerk und zum Ackerbau trat schließlich der Weinbau, der aber infolge der Reblauspest gegen Ende des vorigen Jahrhunderts weitgehend aufgegeben wurde. Das Schuhmacherhandwerk, das hier seit alters ein Zentrum bildete, nahm im 19. Jh. fabrikmäßige Züge an. Ab 1883 wurde die Dampfkraft für die Schuherzeugung genutzt, zeitweise gab es hier bis 125 Schuhfabriken. Heute ist die Industrie vielseitiger ausgebaut, der Bau von Schuhmaschinen und entsprechenden Werkzeugen nimmt traditionsbedingt eine Sonderstellung ein. Flußabwärts von Weißenfels, wo die Leipziger Tieflandsbucht an das Östliche Harzvorland grenzt, liegt *Merseburg.* In dieser offenen Landschaft sind schon seit dem Neolithikum Siedlungsspuren nachzuweisen. Die in fränkischer Zeit errichtete Siedlung erscheint um 850 im Hersfelder Zehntverzeichnis. Als Teil eines gegen die Slawen gerichteten Befestigungssystems entstand auf dem heutigen Schloßhügel die Burg, die bald Königspfalz und 968 zum Bischofssitz erhoben wurde. Im Zuge der Grenzverteidigungsmaßnahmen gegen die Ungarn legte Heinrich I. (der Vogler) das von dem Geschichtsschreiber Tithmar sogenannte »opus Romanorum« (Römerwerk) an, dessen Lage noch umstritten ist. Der Marktort erwuchs am Fuße des Domhügels, wo Hof gehalten und Kirchenfeste gefeiert wurden. Drei große Straßenzüge, von Köln, von Gandersheim und von Mainz, erreichten Merseburg von Westen her. Mit dem zunehmenden Erfolg der deutschen Ostkolonisation nahmen Handel und Wandel einen lebhaften Aufschwung. Die Topographie der alten Stadt ist im Stadtplan noch ziemlich gut erkennbar. In der Neuzeit entwickelte sich Merseburg zur Residenzstadt. 1825 wurde Merseburg der Sitz eines preußischen Regierungspräsidenten und bekam dadurch den Charakter einer Beamtenstadt. 1906 begann der Abbau der Braunkohle im nahen Geiseltal, ab 1916 bildete sich das Zentrum der Schwerchemie und der großchemischen Forschung heraus. Das eigentliche Zentrum der chemischen Industrie der DDR ist aber das benachbarte *Leuna,* eine Siedlung, die erst 1917 gegründet worden ist. Nach dem Zweiten Weltkrieg wurde dicht bei dem ersten ein weiteres chemisches Werk, Leuna II, errichtet. Die Technische Hochschule für Chemie »Carl Schorlemmer« ist zu hohem Ansehen gelangt. Nur 5 km von Leuna entfernt liegt am rechten Ufer der Saale *Bad Dürrenberg,* ein wichtiger Naherholungsort im mitteldeutschen Industriegebiet, der in lebhaftem Kontrast zu der benachbarten Fabriklandschaft steht. Das Gradierwerk galt zeitweise als das längste dieser Art in der Welt.

»Zwei an der Saale . . .«

Die größte und bedeutendste Stadt im Östlichen Harzvorland ist die Bezirkshauptstadt *Halle.* Seit dem Neolithikum ist die Umgebung von Halle kontinuierlich besiedelt. Im 7. und 8. Jh. sind im Stadtgebiet slawische Siedlungsspuren, auch Überreste von Burgwällen nachzuweisen. Der Name »Halla« aber ist deutschen Ursprungs und deutet auf die Salzquellen hin, die an der sogenannten Marktplatzverwerfung aufsteigen und schon in vorgeschichtlicher Zeit genutzt wurden. König Karl der Deutsche, der Sohn Karls des Großen, ließ bei seinem Kriegszug gegen die Sorben am Ostufer der Saale eine Burg bauen, deren Platz mit der späteren Burg Giebichenstein identisch sein könnte. In der dazu gehörigen Siedlung, die 961 als »urbs« und »civitas« genannt wird, lebten deutsche und slawische Hörige zusammen. Die städtischen Funktionen konzentrieren sich schließlich an der Siedlung am Alten Markt, das hallische Stadtrecht war dem magdeburgischen ähnlich und strahlte weit nach Osten aus. Noch im heutigen Stadtbild kommt die mittelalterliche Topographie zum Ausdruck. Über den Alten Markt verlief ein Handelsweg, der die Saale an einer Fuhrt überquerte. Ursprünglich war der Stadtgrundriß nahezu rechteckig, wenn auch mit unregelmäßig verlaufenden Straßen und Gassen, dazu kam nach 1177 die Neustadt mit einem weiteren Markt. Der Reichtum der Stadt beruhte auf der Unerschöpflichkeit der vier Salzquellen »im Thale« bzw. »im Hall«, also innerhalb der ältesten Ummauerung. Tagaus, tagein dampften am Hallmarkt die etwa 100 Koten und Siedehäuser der Pfänner, unter denen die »Halloren«, pfannwerkende Großbürger, besonders privilegiert waren. Erst mit den nach der Reformation einsetzenden sozialen Auseinandersetzungen büßten die

Die Rudelsburg und Burg Saaleck: Oberhalb der Stelle, an der die Ilm in die Saale fließt und unweit des Solebads Kösen liegen die beiden Burgruinen. Die Rudelsburg und die Türme von Saaleck sind weit ins Saaletal hinein sichtbar. Die Rudelsburg, 1171 zum ersten Mal erwähnt, war einst meißnische Sperrburg des Saaletals (oben). Darunter: Naumburg. Kreisstadt an der Mündung der Unstrut in die Saale. Über Markt und Rathaus erhebt sich die Stadtkirche St. Wenzel, die im 16. Jh. gotisch erneuert wurde.

1

2

Wernigerode, die »bunte Stadt am Harz« (1): Das Rathaus, ein Fachwerkbau der Spätgotik (1494/98), mit tiefgezogenem Walmdach, zwei spitzen Erkertürmen, von einem barocken Saigertürmchen gekrönt. (2): Schloßhof des auf dem Agnesberg gelegenen Schlosses, das heute das Feudalmuseum beherbergt.

3

4

5

6

Vom 15. bis zum 18. Jh. dominierte im Harz und im Harzvorland die Fachwerkbauweise. Im mittelalterlich anmutenden Stadtkern von Wernigerode sind noch Häuser und ganze Straßenzüge in Fachwerkbauweise erhalten. (3): Fachwerkhäuser in der Altstadt. Beispiele für die farbig abgesetzten, liebevoll restaurierten Details der Fachwerkbaukunst findet der Besucher an zahlreichen Fassaden (4, 5, 6).

Salzjunker ihre Vormachtstellung ein. Nach kurzem Aufstieg brachte der Dreißigjährige Krieg weitere Rückschläge; die Stadt verlor ihre Selbständigkeit und kam an Kurbrandenburg. Ab 1790 wurde die Salzsiederei auf wenige Gewerke reduziert, daneben kam das Textilgewerbe auf. Völlig neue Impulse setzte die 1694 gegründete Universität, die 1817, nach dem Übergang an Preußen, mit der Wittenberger Universität vereinigt wurde. Auch die Pädagogischen Anstalten der Franckeschen Stiftungen trugen dazu bei, das kulturelle Ansehen Halles zu stärken. Mit der Gründung der ersten Rübenzuckerfabrik im Jahre 1836 hielt das Industriezeitalter seinen Einzug. Das Aufblühen einer vielseitigen Industrie begünstigte die großstädtische Entwicklung. Dem Zeitgeist entsprechend trug die 1878 erfolgte Gründung der Deutschen Akademie der Naturforscher Leopoldina dazu bei, den Naturwissenschaften und der Technik das notwendige Gewicht zu geben. Heute ist Halle, das unter den Kriegszerstörungen weniger gelitten hat als andere Städte, immer noch reich an Sehenswürdigkeiten. Als Bezirksstadt, Universitätsstadt, Standort einer Landwirtschaftsakademie und Industriestadt nimmt Halle im Städtesystem der DDR eine bevorzugte Stellung ein.

Heute muß man aber von »Zwei an der Saale« sprechen, denn neben Halle entstand eine weitere Großstadt: *Halle-Neustadt.* Die Gründung von Halle-West, wie die Anlage zuerst heißen sollte, erfolgte aufgrund eines Beschlusses des Politbüros der SED vom 15. Juli 1963. Es sollte eine »sozialistische Wohnstadt« für die Chemiewerker der südlich liegenden Großbetriebe Leuna I, Leuna II und Buna entstehen. Die vorgesehene Größenordnung von 70 000 Einwohner wurde bald überschritten, inzwischen hat man die Großstadtmarke erreicht. Eine Schnellbahn verbindet die neue Stadt mit dem alten Halle sowie mit den südlich gelegenen Chemiewerken. In der Mitte der Siedlung befindet sich ein Zentrum im Aufbau, an der die Hauptmagistrale vorbeiführt. Um die Einförmigkeit dieses »sozialistischen Wohnkomplexes« etwas aufzulockern, wurden weitere Gewerbe, Institute und andere Einrichtungen herangezogen. So entstand ein außerordentlich interessantes Stadtexperiment, an dem man die unterschiedlichen Leistungen der Baupolitik der DDR gut ablesen kann.

Das Nördliche Harzvorland

Das Vorland nördlich des Harzes ist ein etwa 40 km breiter Landstreifen, der sich zwischen der Randstufe des Gebirges und dem Aller-Urstromtal ausbreitet. Da der größte Teil dieses Nördlichen Harzvorlan-

1

2

3

4

Quedlinburg im Nördlichen Harzvorland – Fachwerkhäuser prägen das Stadtbild. Vom Burgberg reicht der Blick über die Ziegeldächer der Altstadt (1). Ruhe und Beschaulichkeit strahlen die alten Häuser aus, geben dem Städtchen ein mittelalterliches Ambiente (2 und 4). Vor dem Spätrenaissance-Hauptportal des Rathauses wacht eine Rolandsfigur von 1427 (3).

Winderosion an. Die Klötzer Heide ist ebenfalls ein Teil dieses Endmoränenzuges. Mit den Hellbergen (160 m) wird hier der höchste Punkt der Altmark erreicht. Wegen des abwechslungsreichen Reliefs wird diese Kleinlandschaft auch »Altmärkische Schweiz« genannt.

Schon zum Weser-Aller-Tiefland gehört der Drömling, ein fast 30 km breites Bekken im Verlaufe des Breslau-Magdeburg-Bremer Urstromtales. Während der Saalevereisung wurden hier feinkörnige Talsande abgesetzt. Bis zum 18. Jh. war der Drömling ein schwer zugängliches Sumpfgebiet. Zwischen 1770 und 1801 veranlaßte die preußische Regierung umfassende Meliorationsmaßnahmen, die der Entwässerung dienten und die Anlage von landwirtschaftlichen Nutzflächen und Siedlungen ermöglichen sollten. Aber erst der Bau des Allerkanals (1860) löst die Aufgabe teilweise, endgültig die Anlage des Mittellandkanals, der den Drömling in seiner Länge durchzieht.

Die Verbreitung der Bodenarten entspricht den Bedingungen des Untergrundes, während für die Beurteilung der genetischen Bodentypen auch das Gewässerregime zu berücksichtigen ist. Es überwiegen Sand- und sandige Lehmböden. Braune Waldböden sind in den Forstgebieten entwickelt, in den Niederungen dagegen organische und mineralische Naßböden. Sandige Böden auf brachliegenden Ackerflächen sind winderosionsgefährdet.

Die Besiedelung

Vorgeschichtliche Funde und Denkmäler geben Hinweise auf die frühe Anwesenheit des Menschen, wenn auch die Funddichte nicht so groß ist wie in den südlich anschließenden Schwarzerdegebieten.

Ausgehend von der Ostsee stießen in der Bronzezeit germanische Völker über die Altmark nach Süden vor. In der Völkerwanderungszeit hielten sich hier, westlich der Elbe, die Langobarden auf. Das 531 zerstörte Thüringer Reich hatte seine Macht bis hierhin ausgedehnt, was mit einer starken Siedlungstätigkeit einherging. Orte mit Endungen auf -leben und -stadt sind in der Regel vor dem 6. Jh. entstanden und konzentrieren sich in günstigen Siedlungslagen.

Es wäre allerdings problematisch, wollte man den mittelalterlichen Besiedelungsgang aufgrund der Ortsnamen rekonstruieren. Die Namen der Siedlungen sind nicht immer ein Indiz für die Herkunft der Bewohner. Das gilt besonders für die slawischen Orts- und Gewässernamen, die im westlichen Teil der Altmark stärker vertreten sind als zur Elbe hin. Damit stimmt die Verbreitung slawischer Bodenfunde nicht überein, was die Beurteilung noch komplizierter macht.

Das Vordringen der Slawen und schließlich das beginnende deutsche Ostkolonisationswerk sind entscheidend für die Gestaltung der späteren Kulturlandschaft gewesen. Nach Ausweis der Bodenfunde haben die germanischen Bewohner im Lauf des 5. Jh. die Altmark weitgehend geräumt, nur vereinzelte Gruppen blieben zurück. Nachdem die Slawen bis zur Elbe schon vorgedrungen waren, sickerten sie hier spätestens im 6. Jh. ein und erreichten die Westgrenze ihrer Verbreitung im östlichen Niedersachsen, etwa im benachbarten hannoverschen Wendland. Es handelte sich um die Polaben, die Elbslawen.

Stendal, bedeutendste Stadt der Altmark, mit einem seiner beachtlichen Backsteinbauten, dem Uenglinger Tor (14./15. Jh.).

Die slawischen Ortsnamen und ihre Häufungen sind relativ leicht erkennbar. Slawischer Herkunft ist zweifellos der Name »marca Lipani«, der 956 in einer Urkunde Ottos I. bezeugt ist. Gering ist auch die Zahl der slawischen Burgwälle, die zudem nicht im Westen der Altmark, sondern zumeist nahe der Elbniederung liegen.

Relativ früh kam die Altmark wieder unter die fränkische bzw. deutsche Botmäßigkeit. Die Anfänge liegen in der Karolingerzeit. 780 unternahm Karl der Große einen Zug gegen die Sachsen, der ihn bis an die Elbe führte. Die Elbe wurde um 800 Grenzfluß, östlich davon lagen die »Soraborum fines«. Die ersten sicheren Nachrichten über die Besiedlung des altmärkischen Raumes stammen aus ottonischer Zeit. In den Urkunden werden überwiegend slawische Ortsnamen genannt, was aber keineswegs etwas über die ethnische Zugehörigkeit der Siedler aussagt. Entscheidend für die weitere Entwicklung wurde die Herrschaft der Askanier.

Die ländlichen Siedlungsformen der Altmark zeigen ein anderes Bild, als dies die Verbreitung der Ortsnamen erwarten läßt. Man kann in der Altmark im wesentlichen zwei Siedlungslandschaften unterscheiden: Im Westen und Nordwesten herrschen kleinere Siedlungen vor, die in geringeren Abständen angeordnet sind. Es handelt sich um Rundlinge, Zeilendörfer, Gassendörfer und kleinere Straßendörfer, die meist am Niederungsrand, auf in die Flußauen vorgeschobenen Spornen oder auf kleinen Erhöhungen liegen. So ergibt sich ein Siedlungsbild, das dem im nördlich anschließenden Wendland auffällig gleicht. In den übrigen Teilen der Altmark aber überwiegt das Straßendorf mit der Gewannflur, auch Angerdörfer kommen gelegentlich vor. Diese Dörfer liegen auf Hochflächen und umfassen in der Regel 30 bis 40 Hufen, also das Doppelte oder Dreifache wie bei den oben genannten kleineren Siedlungen. Naturgemäß sind die Abstände zwischen den Dörfern hier größer, was auch den Bedingungen des Reliefs entspricht.

Auffallend ist die Verbreitung der Rundlinge. Die Rundlingsfrage ist häufig diskutiert worden und hat zu einer kontroversen Beurteilung geführt. Stets werden Rundlinge im deutsch-slawischen Grenzgebiet angetroffen, weniger aber im slawischen Hinterland. In vielen Fällen kann im Mittelalter eine slawische Bewohnerschaft nachgewiesen werden, dennoch steht aufgrund der Bodenfunde fest, daß es sich um hochmittelalterliche Gründungen handelt. Möglicherweise handelt es sich um Umsetzung slawischer Bevölkerungsteile unter der deutschen Herrschaft. Deutsche und

slawische Siedlungen kommen also im Wechsel vor, manchmal werden auch in ein und derselben Siedlung Deutsche und Slawen gewohnt haben. Das Problem kann nur so erklärt werden, daß der deutsche Landesausbau, der besonders die Wald- und Sumpfgebiete betraf, mit Hilfe der drawäno-polabischen Bevölkerung vorgenommen wurde, die sich damit gleichzeitig an die deutschen Rechts- und Agrarverhältnisse anpaßte.

Recht bemerkenswert sind niederländische bzw. flämische Einflüsse im Siedlungsbild (und in Ortsnamen), die auch in den Flurnamen »Upstall«, »Fenn« und »Dunk« zum Ausdruck kommen. Die Niederländer wurden überwiegend zur Urbarmachung feuchter Landstriche herangezogen. Sie brachten aus ihrer Heimat vollkommene Siedlungs- und Rechtsgewohnheiten mit, an denen sie unverändert festhielten. Solche Upstall-Namen kommen vorwiegend in der nördlichen Altmark vor.

Die Städte der Altmark geben noch heute eine eindrucksvolle Vorstellung von der mittelalterlichen Bedeutung dieses Gebietes. Die Burgwardhauptorte waren Teil des Verteidigungsgürtels, der in der Zeit Ottos des Großen gegen die Slawen errichtet wurde. Das Städtesystem war bereits um 1200 strukturiert. Stendal erhielt 1160 sein Marktgründungsprivileg, 1196 erscheint Salzwedel als »oppidum«, im gleichen Jahr auch Gardelegen.

Die Industrialisierung im 19. Jh. setzte nur zögernd ein, denn der Anschluß an das Eisenbahnnetz erfolgte relativ spät. 1870/1871 wurden von Stendal aus die Strecken über Salzwedel nach Uelzen und über Gardelegen und Oebisfelde in Richtung Hannover in Betrieb genommen. Hier wurde bis 1945 ein Teil des Schnellzugbetriebs zwischen Köln–Hannover und Berlin abgewickelt.

Heute leidet die Altmark alle Nachteile eines grenznahen Gebietes. Die Folge ist eine permanente Abwanderung der Bevölkerung. In den sieben altmärkischen Krei-

Im Magdeburger Stromtal: Die Elbe bei Hohenwarthe. Das Elbtalgebiet ist der bedeutendste Wasserspeicher der DDR, weil sich hier viele Grundwasserströme sammeln (oben). – Nahe der Havelmündung in der Mark Brandenburg liegt Havelberg, die frühere Hansestadt (unten).

Die Lutherstadt Wittenberg

1

Wittenberg liegt am Südrand des Flämings an der Elbe. Die Stadt ist auf besondere Weise mit Martin Luther und dem Beginn der Reformation verbunden. Denn der Legende nach schlug Luther am 31. Oktober 1517 an der Schloßkirche zu Wittenberg (5) seine 95 Thesen an, die die reformatorische Bewegung in Gang setzten. Einzelheiten, die mit der Veröffentlichung der lateinischen Leitsätze über Ablaßpraktiken und das Wesen der Buße zusammenhängen, sind nach wie vor umstritten. Doch die berühmte »Thesentür« (6) ist auf jeden Fall zu besichtigen. Das Original wurde 1760 bei einem Brand zerstört, doch seit 1858 befindet sich eine Nachbildung aus Metall an seiner Stelle, die jene 95 Thesen enthält. In der Schloßkirche befinden sich auch die Grabstätten des Reformators und seines Freundes Philipp Melanchthon, des ersten Systematikers des Luthertums. Kurfürst Friedrich III., der Weise, von Sachsen – Förderer und Schutzherr der Reformation – ist ebenfalls dort beigesetzt.

Auf dem Marktplatz stehen seit dem 19. Jh. die Denkmäler Luthers und Melanchthons (2). Das Gesamtbild des Platzes beherrschen vor allem zwei Bauwerke: das aus dem 16. Jh. stammende Renaissance-Rathaus (2) und die gotische Stadtkirche St. Marien (1). Die Stadtkirche – in der Luther predigte – beherbergt einen Altar von Lucas Cranach d. Ä. (3), der 1505 als Hofmaler an die damalige Residenz Wittenberg gelangte und zum Maler der Renaissance wurde. Ein 1502 als Klausurflügel des Augustinerklosters begonnener Bau diente Luther seit 1524 als Wohnhaus. Im 19. Jh. gestaltete man das Gebäude zu einem reformationsgeschichtlichen Museum um (4, Luthers Wohnstube).

Wittenberg war zur Zeit Luthers ein bedeutendes Herrschafts- und Kulturzentrum. 1502 gründete Friedrich der Weise die Universität, die eine wichtige Rolle im Leben des Reformators spielte: bereits 1508/1509 dozierte er hier, bevor er 1512 eine Professur an der Theologischen Fakultät erhielt.

1547, ein Jahr nach seinem Tod, verlor Wittenberg durch die Folgen der Wittenberger Kapitulation seine Stellung als Residenz an Dresden. B. W.-S.

2

3

4

5

Wittenberg, die Stadt der Reformation: Gesamtansicht mit der mächtigen Doppelturmfassade der Stadtkirche (1). Marktplatz mit Rathaus und Bürgerhäusern aus der Renaissance (2). Ostflügel der Stadtkirche, die u. a. das Grabmal J. Bugenhagens birgt, des Mitarbeiters und Beichtvaters von Luther (3). Die Wohnstube Luthers (4). Die einschiffige, spätgotische Schloß- und Universitätskirche (5). Die Thesentür (6).

6

sen ist die Bevölkerung in den letzten zehn Jahren um über 13000 Einwohner abgesunken. Diese Abwanderung ist in den kleineren Orten ausgeprägter als in den Städten, deshalb kann man von einer regelrechten Landflucht sprechen. Ganze Gehöfte stehen leer und werden zunehmend als Wochenenddomizil der Städter genutzt.

Die Elbtalniederung

Die Elbe, der größte und wasserreichste Strom der DDR, tritt nahe der Mündung der Schwarzen Elster in den Bezirk Halle ein und bildet vor dem Austritt aus der DDR die Grenze zwischen den Bezirken Magdeburg und Schwerin. Etwa 73 Prozent des Territoriums der DDR werden über die Elbe entwässert. Hier auf der Tieflandstrecke der DDR breiten sich beiderseits des Stromes mehr oder weniger breite Talauen aus, an deren Rändern sich günstige Standorte für die Anlage von Städten anboten.

Der Name der Elbe, 937 als »Albis« und 965 als »Albia« erwähnt, ist von indogermanischer Herkunft und bildete sich heraus, ehe die west- und mitteleuropäischen Sprachen sich differenzierten. Slawisch, heute noch tschechisch, heißt die Elbe »Labe«; das ist der gleiche Wortstamm.

Der Naturraum

Insgesamt ist die geologische Entstehungsgeschichte der Elbe sehr jung und wurde erst durch Menschenhand mit der Eindeichung im 19. Jh. abgeschlossen. Entscheidend für die mehrfachen Richtungsänderungen des Laufes sind die Hinterlassenschaften der pleistozänen Vereisungen, besonders die Eisrandlagen. Auf weite Strekken benutzt sie das breite Bett eines Urstromtales, durch das vor und nach der letzten Kaltzeit das Schmelzwasser in Richtung auf die heutige Nordsee strömte. Gelegentlich wird die Flußaue durch eingeschobene Diluvialinseln unterbrochen. Im Spätglazial und im Altholozän schnitt sich der Fluß zunächst in die glazigenen Talsande ein, dann aber erfolgte eine Aufschüttung von Kiesen und Sanden, die streckenweise eine Mächtigkeit von 10 bis 12 m besitzen. Darüber legte sich schließlich in jüngster Zeit eine 1 bis 2 m dicke Schicht von Schlick (Auelehm), die durch die andauernden Hochwasser abgesetzt wurde und in einem Zusammenhang mit der durch die Rodung veranlaßten Bodenerosion im Flußgebiet des Mittel- und Oberlaufes steht. In historischer Zeit hat sich der Lauf der Elbe, wie man auf alten Landkarten leicht feststellen kann, mehrfach geändert; erst die völlige Eindeichung im 19. Jh. setzte den Launen der Natur, die bei Hochwasser dramatische Formen annehmen konnten, ein Ende. Insgesamt ist das Gefälle der Elbe sehr schwach, sie ist, je weiter sie nach Norden kommt, ein typischer Flachlandfluß, der dazu neigte, bei Hochwasser seinen Lauf häufig zu ändern. Im Gelände erkennt man die früheren Flußschlingen (Schlenken) als Altläufe, die teilweise noch in historischer Zeit in Funktion waren. Bemerkenswert ist die Tatsache, daß beim Fluß offenbar die Tendenz besteht, sich nach rechts, also nach Osten zu verlagern. Dies ist gut nachvollziehbar im Magdeburger Stromtal; über die Ursachen dafür ist häufig spekuliert worden.

Das Elbtalgebiet ist ein wichtiger Wasserspeicher Mitteldeutschlands, denn hier sammeln sich mächtige Grundwasserströme, die für die Wasserversorgung nutzbar gemacht werden. Die Lockermassen der pleistozänen Aufschüttungen bieten gute Voraussetzungen dafür. Der südliche Teil der Niederung, der in die sächsischen Bezirke hineinreicht und sich bis an den Rand der Mittelgebirgsschwelle bei Riesa hinzieht, wird Elbe-Mulde-Tiefland genannt und schließt die Düben-Dahlener Heide mit ein. Der nördliche Teil der Niederung, das Mittlere Elbetal, trennt das Mitteldeutsche Schwarzerdegebiet und die Altmark vom Fläming, dem mittelmärkischen Luchland und den Nordbrandenburgisch-Mecklenburgischen Platten.

Die Böden der Elbtalniederung entsprechen den Bedingungen, die durch den Untergrund und das Kleinrelief gegeben sind. Auf den Auelehmen des schlickbedeckten Hochflutbettes überwiegen mineralische Naßböden. Wo die Vernässung nicht zu stark und die Dauer der Überschwemmungen nicht zu lang ist, können sich recht gute Ackerböden entwickeln. Auf den Diluvialinseln findet man braune oder auch stark gebleichte rostfarbene Waldböden. Anders ist es in der benachbarten Dübener Heide, deren Untergrund aus den groben, mineralarmen Elbeschottern der Stauchendmoränen besteht. Daneben kommen tertiäre Tone und Feinsande sowie pleistozäne Geschiebelehme vor, so daß ein abwechslungsreiches Mosaik verschiedenartiger genetischer Bodentypen entstanden ist.

Das Klima der Elbtalniederung zeigt in seiner Erstreckung eine deutliche Zunahme der Kontinentalität. Die Jahresamplitude der Temperatur steigt von 17°C auf 18,5°C, die Januartemperatur sinkt von 0,5°C auf −0,5°C. Die Jahressummen der Niederschläge fallen von 625 bis 650 mm auf 560 mm ab.

In der natürlichen Vegetation der Elbtalniederung herrscht ein deutlicher subatlantischer Einschlag. In der Elbaue dominieren Auewälder, in den Niederungsmooren ist die Erle stärker vertreten, Talsandflächen tragen auf den feuchten Standorten Stieleichen-Hainbuchenwald, sonst Stieleichen-Birkenwald mit zunehmendem Buchenanteil. Ganz anders ist die Pflanzenwelt der Diluvialinseln zusammengesetzt, wo kiefernreiche Traubeneichenwälder verbreitet sind, während die Dünenfelder Kiefernwälder tragen.

In der Dübener Heide ist ein kiefernreicher Laubmischwald mit edaphisch bedingten Varianten die natürliche Pflanzengesellschaft. Dies wird durch Belege aus dem 17. und 18. Jh. eindeutig bewiesen; der Wald bestand damals zu 70 Prozent aus Laubhölzern. Die heute weitverbreiteten Kiefernmonokulturen sind das Ergebnis forstwirtschaftlicher Maßnahmen.

Wegen der benachbarten Industriegebiete gilt die Dübener Heide als eine der am stärksten von Umweltschäden beeinträchtigten Gebiete in der DDR. Im Rahmen eines gemeinsamen interdisziplinären Umwelt-Forschungsprogramms der RGW-Länder wurde hier ein Testgebiet eingerichtet, wo aufwendige Forschungen betrieben wurden, die alarmierende Ergebnisse erbracht haben. Das forstliche Hauptschadensgebiet im Umkreis von 10 km der Werke von Bitterfeld, Wolfen und Zschornewitz umfaßt 2400 ha Waldfläche, die »sehr stark« geschädigt sind. Starke Schäden weisen 15000 ha auf. Der Rest zeigt ebenfalls mäßige und geringe Schäden, eine »ungeschädigte« Zone ist nicht mehr nachweisbar.

Die Besiedelung

Die Besiedelung der Elbtalniederung vollzog sich in historischer Zeit im Rahmen der technischen Möglichkeiten, die die menschliche Gesellschaft dem Wirken des Flusses entgegensetzen konnte. Für den urgeschichtlichen Menschen erwies sich die Flußniederung als keineswegs so siedlungsfeindlich, wie man auf den ersten Blick annehmen könnte. Die ältesten Funde aus der Elbaue bei Magdeburg sind Erzeugnisse von Menschen, die vermutlich noch vor der Zeit der Neandertaler lebten.

Nach der Völkerwanderungszeit bildete sich die Elbe-Saale-Linie als die deutsch-slawische Siedlungsgrenze heraus. Die Elbslawen begannen im 6. Jh. in das mittlere Elbegebiet einzuwandern. Sie kamen nicht, wie die Slawen in Obersachsen, aus Böhmen, sondern aus dem Osten; ihre ethnische Zuordnung ist unbekannt. Erstmals werden sie 631 von Fredegar erwähnt, dann wieder 782 durch Einhard.

Wegen der Grenznähe errichteten die Elbslawen (Polaben) Burgwälle, vorwiegend in exponierter Lage, die zu Zentren kleiner Siedlungsgaue erwuchsen. Den sporadischen Eingriffen der Merowinger folgten handfeste Maßnahmen der Karolinger, wobei aber die Bereitschaft zur Kooperation durchaus überwog. Erst unter den Staufern, Askaniern, Wettinern u.a. setzt die Ostkolonisation ein.

Die politische Eingliederung in das Reich ging mit der Christianisierung einher. Die deutschen Burgwarde besetzten nicht selten die slawischen Burgwälle und errichteten hier ihre Stützpunkte. In der Tat waren es Niederländer, vorwiegend Flamen, die es dank ihrer Wasserbautechnik vermochten, die Stromlandschaft urbar zu machen. Ihre Einwanderung begann 1143, Helmold von Bosau berichtet darüber in seiner Slawenchronik. Albrecht der Bär rief noch mehr Niederländer herbei und bot ihnen besondere Vergünstigungen.

Ein besonders gutes Beispiel der niederländischen Kolonisation ist die Wische, eine Sumpflandschaft in der Märkischen Elbtalniederung. Die ersten Deichbauten wurden am linken Elbufer vorgenommen, langsam schob sich die Besiedelung von Süden nach Norden vor. Typische Flurnamen und andere Sprachrelikte belegen noch heute den Anteil der Flamen an diesem Kolonisationswerk. Für die Kirchen und das Pfarrhaus, später auch für Schule und Krug, wurden sogenannte »Warthen« aufgeschüttet. Die Flamen siedelten in Einzelhöfen und Marschhufendörfern, wobei die Deichanteile von den Hufeninhabern zu unterhalten waren. Nur auf alten Talsandanhäufungen kommen ältere, unregelmäßige Dörfer, oft mit einem Rittergut, vor. Hier handelt es sich vermutlich um slawische Anlagen. Die ersten Deichbauarbeiten wurden an der linken Seite der Elbe vorgenommen. Neue Deiche brachten stets auch erhöhte Deichbruchgefahr mit sich, besonders wenn Eisstau einsetzte wie in den Jahren 1771 und 1909. Zur Verbesserung des Deichwesens wurden bedeutende Reglements erlassen, das erste wahrscheinlich schon im 14. Jh. Kleinere Flächen wurden schließlich auch durch Sommerdeiche geschützt. Mit der Eindeichung der Flüsse entstanden verschiedene Polder, der größte ist der Geestgottesacker, der 19,5 km^2 umfaßt.

Um regelmäßige landwirtschaftliche Erträge zu gewährleisten, mußten komplizierte Grabensysteme für die Entwässerung angelegt werden. Seit dem Dreißigjährigen Krieg dehnte sich infolge steigender Getreidepreise der Ackerbau aus. Dies führte zu einer Erweiterung und Verdichtung des Grabennetzes. Besonders im Bereich der Rittergüter entstanden früh sehr wirksame Entwässerungsnetze. Um das inzwischen verwahrloste Entwässerungssystem wieder in Ordnung zu bringen, wurden in den Jahren von 1958 bis 1960 Tausende von Jugendlichen zu einer Großaktion herbeigerufen. Dabei wurden etwa 600 km Gräben geräumt oder neu gebaut; die alte Struktur des Grabennetzes blieb dabei weitgehend erhalten.

Die Städte

Südlich des Fläming, wo die Elbe in den Bezirk Halle eintritt, liegt die Lutherstadt *Wittenberg*, bekannt durch den Thesenanschlag Martin Luthers im Jahr 1517. Die Topographie der Stadt entwickelte sich in enger Anlehnung an die Elbe und den Übergang nach dem gegenüberliegenden Ort Pratau (von slaw. brod = Furt), der schon 1004 als Burgort belegt ist. Heute ist Wittenberg eine Industriestadt, der größte Betrieb ist das Stickstoffwerk im Ortsteil Piesteritz. Unterhalb von Wittenberg liegt an einer großen Elbschlinge die Stadt *Coswig*, wo 1187 ein Burgward nachgewiesen ist, der sich an der Stelle einer früheren slawischen Anlage niedergelassen hatte. 1215 wird »Cossewig« ein oppidum genannt. Heute ist Coswig ein bedeutender Standort der chemischen Industrie der DDR.

Nahe dem Zusammenfluß von Elbe und Mulde liegt *Dessau*. Nahe der Stadt fand man einen rechteckigen Burgwall, 945 als »Qzina« erwähnt und 1147 als Burgwall »Cuine« bezeichnet. Der Name »Dissowe« kommt erst 1213 vor, 1346 wird die Burg genannt. Im Anschluß daran entwickelte sich eine städtische Siedlung, deren Mittelpunkt ein großer angerartiger Marktplatz war, ansonsten wird die Topo-

Die Mulde, linker Nebenfluß der Elbe, ist ein ausgesprochener Flachlandfluß mit zahlreichen Windungen. In der Nähe von Bad Düben wachsen Bäume auf dem Endmoränenboden seines Ufers (oben). – Die vom Elbe-Mulde-Tiefland eingeschlossene Dübener Heide, östlich der Stadt gelegen, bietet Schafhirten ausreichend Gelegenheit, ihre Herden zu weiden (unten).

Blick über den Hafen von Tangermünde. Bedeutende Backsteingotikbauten und Teile der Stadtmauer sind erhalten.

graphie durch einen mehr oder weniger quadratischen Grundriß beherrscht. 1228 wird Dessau als »oppidum«, 1298 als »civitas« bezeichnet, was letztlich auf eine Stadtbefestigung hindeutet. Die bedeutendste Stadterweiterung mit der sogenannten Kavalierstraße wurde um 1700 angelegt. In der Zwischenkriegszeit wurde Dessau bekannt durch die Kunstschule des Bauhauses, die hier unter Leitung von Walter Gropius ihren Mittelpunkt hatte. Der bekannteste Betrieb waren die Junkers-Werke. Heute beherrscht ein breites Spektrum von Produktionszweigen das wirtschaftliche Profil der Stadt, die nach starken Kriegszerstörungen zu einem Musterbeispiel sozialistischen Wohnungsbaus wurde.

Auf einer diluvialen Heidefläche am Rande des Urstromtales liegt *Oranienbaum*, übrigens die einzige fürstliche Neugründung im mitteldeutschen Raum, an der Stelle des 1179 erwähnten und später wüst gewordenen Dorfes Nischwitz. Gegenüber von Dessau, an der Mündung von Rossel, liegt das Städtchen *Roßlau*, wichtig wegen des Elbüberganges. Der Ort entstand bei der 1215 bezeugten Burg und erhielt 1382 das Stadtrecht.

Am Rande der Dübener Heide liegt das Eisenmoorbad *Bad Schmiedeberg*. Der Ort wurde im Zuge der Ostkolonisation im 12. Jh. von flämischen Siedlern angelegt und wird 1350 »civitas« genannt. 1915 wurde nahe der Stadt das Großkraftwerk Zschornewitz in Betrieb genommen. In der Niederung der Mulde liegen Bitterfeld und Wolfen, zwei ausgesprochene Industriestädte. *Bitterfeld*, erstmals 1244 erwähnt, entstand aus mehreren Siedlungskernen. Der wirtschaftliche Aufschwung begann mit der Erschließung der Tonvorkommen und Braunkohlevorräte. Heute ist Bitterfeld ein Zentrum der Chemieindustrie und der Energieerzeugung. In der Nähe liegt *Wolfen*, 1403 erstmals erwähnt, das erst durch die Braunkohlenförderung bekannt wurde. Auch hier entfaltete sich die chemische Industrie. 1835 gründete die spätere Berliner Agfa eine Farbenfabrik, 1910 setzte die Filmproduktion ein. Außerdem werden in Wolfen Kunstfasern und andere chemische Produkte erzeugt.

Wo die Elbe unterhalb der Muldemündung ihren Lauf wieder mehr nach Norden wendet und den Bezirk Halle verläßt, liegt an einem alten Elbübergang die Stadt *Aken*, die 1194 durch eine Adelsfamilie von Gloworp belegt wurde. Grundlage des heutigen Stadtplans ist die Kreuzung zweier Fernstraßen an dem rechteckigen Marktplatz, der 1266 genannt wird. Unterhalb von Aken liegt *Barby* unweit der Saale im Hochwassergebiet der Elbe. Der Name deutet auf ein hohes Alter der Siedlung hin. Mehr abseits von der Elbe und schon am Rande des Fläming liegt am Fluß Nuthe die Stadt *Zerbst*, die vor ihrer Zerstörung im Jahre 1945 eines der schönsten Stadtbilder östlich der Elbe bot. Schon 1007 wird die »urbs Zirwisti« erstmalig urkundlich erwähnt. Zerbst wurde die wichtigste Stadt Anhalts und wurde 1603 erneut Residenz. Daneben entwickelte sich aus dem Tuchmachergewerbe eine Textilindustrie, die durch ihren Export die Grundlage für die weitere wirtschaftliche Entwicklung der Stadt legte. In der Umgebung sind Sonderkulturen, z.B. der Anbau von Spargel, verbreitet.

Die Stadt *Schönebeck*, die 1932 durch die Vereinigung mit Frohse, das erstmals erwähnt wird, und Groß Salze (Bad Salzelmen) gebildet wurde, liegt oberhalb von Magdeburg an der Elbe. Schon 965 war Frohse der Sitz eines Burgwards. Die Elmener Salzquellen sind seit 1170 belegt. Der Reichtum der Pfänner trug zum wirtschaftlichen Aufstieg bei. Gegenüber von Schönebeck liegt *Gommern*, schon im 9. Jh. ein slawischer Hauptort in der Gegend »Genewara«. 1962 wurde Gommern Sitz der VVB Erdöl und Erdgas und einiger Forschungseinrichtungen. *Wolmirstedt* befindet sich nahe der Mündung an der Ohre in der Elbe. Der Name der Stadt, die slawisch »Ustuiure« hieß, wird schon 1009 genannt.

Nordöstlich von Magdeburg, das wir im Zusammenhang mit der Magdeburger Börde vorstellen wollen, liegt die Stadt *Burg* am Hochufer der Ihle nahe ihrer Mündung in die Elbe. Der Ort entstand in der Nachfolge an eine slawische Siedlung und wird 949 erstmals auch als Stadt erwähnt. Die höhergelegene Oberstadt wurde 1150, nach der Zuwanderung von Flamen, durch eine Neustadt am linken Ihlenufer ergänzt. Die alte Handelsstraße von Magdeburg auf Berlin trug zur Prosperität der Stadt bei, noch mehr aber der 1846 vollendete Bau der Berliner Eisenbahn. Der industrielle Schwerpunkt dieses ehemaligen Tuch- und Handschuhmacherstädtchens liegt heute bei der Verarbeitung von Metallwaren. Ebenfalls an der Eisenbahn nach Berlin liegt *Genthin*, 1144 erstmals erwähnt und Mittelpunkt des Genthiner Landes. Die städtische Siedlung entwickelte sich auf einem Sander der Stremme und erscheint 1459 als »oppidum«, 1562 als »Flecken«. Erst der Bahnanschluß und der Bau des Elbe-Havel-Kanals, der sich westlich im Mittellandkanal fortsetzt, ließen Genthin zu einer Industriestadt werden.

Die Stadt *Tangermünde* liegt linksufrig an der Mündung des Tanger in die Elbe. Die 1009 erstmals erwähnte Burg wurde von den Askaniern zur stärksten Burg Brandenburgs ausgebaut. 1373 erhob Karl IV. Tangermünde neben Prag zu seiner Nebenresidenz. Von noch größerer Bedeutung erwies sich indessen der Beitritt der Stadt zur Hanse. Unterhalb von Tangermünde folgt ebenfalls am linken Ufer der Elbe, das Städtchen *Arneburg*, wo König Heinrich I. 925 eine Burg errichten ließ, die 978 »Harneburg« genannt wird und 1025 Sitz eines Burgwardes war. Mit steigender Bedeutung an der Slawengrenze wurden die Befestigungsanlagen weiter ausgebaut. Inmitten der Sümpfe an der Havelmündung, gleichsam auf einer Insel, erhebt sich das Städtchen *Werben*, der Hauptort der Wische.

Bernburg an der Saale: Auf dem Felsen über dem Fluß das Renaissanceschloß aus dem 16. Jh.

WALTER SPERLING

Städte-ABC der Bezirke Sachsen-Anhalts

(Es handelt sich um eine Auswahl sehens- und bemerkenswerter Orte. Die Einwohnerzahlen sind gerundet.)

Aschersleben, 34000 Ew. – Kreisstadt im Nördlichen Harzvorland, 1266 Stadtrecht, 1426–1518 Mitglied der Hanse, gehörte den Grafen von Askanien. Große Teile der Stadtbefestigung sind heute noch erhalten. Im 17. und 18. Jh. hatte die Tuchmacherei eine große Bedeutung. Der im 19. Jh. einsetzende Braunkohlebergbau kam mit der Erschöpfung der Reviere zum Erliegen. Heute dominiert der Maschinenbau mit Spezialisierung auf Werkzeugmaschinen. In der Lebensmittelindustrie überwiegt die Verarbeitung von Gewürzpflanzen, z. B. Majoran. Sehenswert: Pfarrkirche St. Stephani (wertvolle Kunstschätze), Rathausturm aus dem Jahre 1518 mit Kunstuhr, Krukmannsches Haus am Markt, ein Renaissancebau, Heimatmuseum in einer ehemaligen Freimaurerloge

Bad Frankenhausen, 8300 Ew. – Solbad am Fuße des Kyffhäusers. Hier wurde 1955/1956 ein Siedlungsplatz aus dem Magdalénien, also aus der letzten Eiszeit, entdeckt. Höhlensysteme, die sich hier im Gips gebildet haben, dienten den Neolithikern als Zufluchtsstätten. Die Gründung Frankenhausens durch die Franken ist vor 900 belegt. 1219 »oppidum«, 1282 »civitas«. Bekannt wurde Frankenhausen durch den Bauernkrieg, als hier Thomas Müntzer 1525 die Führung an sich riß, die Schlacht aber verlor. In der wechselvollen Geschichte beruhte die Bedeutung der Stadt stets auf der Salzgewinnung, aus der sich das Solbad entwickelte. Sehenswert: barocke Unterkirche; ein Panorama-Rundbau mit einem Kolossalgemälde erinnert an die Ereignisse des Bauernkrieges.

Bernburg, 41000 Ew. – Kreisstadt an der Saale im Schwarzerdegebiet. Eine jungsteinzeitliche Kulturgruppe der Trichterbecherkultur wird »Bernburger Gruppe« genannt. In karolingischer Zeit dürfen wir hier bereits eine Befestigungsanlage vermuten, auch die romanische Kirche St. Stephan im Ortsteil Waldau spricht für eine frühe Bedeutung. Die Burg der Askanier wird erstmals 1138 erwähnt, unter dieser entstanden drei selbständige Siedlungen, aus denen die Stadt zusammenwuchs. Alt- und Neustadt erhielten 1278 die Stadtrechte, die Bergstadt erst 1450. Das eindrucksvolle Schloß im Renaissancestil war Sitz der Linie Anhalt-Bernburg. Wichtig für die Stadt war stets die gute Verkehrslage, das bestätigte sich erneut bei der Schiffbarmachung der Saale und dem Anschluß an das Eisenbahnnetz 1847. Der Aufschwung wurde begünstigt durch die Stein- und Kalisalzlager. Neben den 1883 gegründeten Sodawerken entwickelten sich weitere Unternehmen, nach 1945 auch eine Hochschule für Land- und Nahrungsgüterwirtschaft und das Institut für Getreideforschung der Akademie der Landwirtschaftswissenschaften der DDR. Sehenswert: Pfarrkirche St. Marien, Schloß

Bitterfeld, 21000 Ew. – Kreisstadt westlich der Mulde in der Leipziger Tieflandsbucht. 1244 erstmals erwähnt. Schon 1153 hatten hier in der Nähe flämische Siedler in Anlehnung an eine wendische Siedlung eine Niederlassung gegründet. 1328 Stadtrechte. Bis ins 19. Jh. Ackerbürgerstadt, das einzige nennenswerte Gewerbe war die Tuchmacherei. Der wirtschaftliche Aufstieg begann mit der Erschließung der Braunkohlenlager und Tonvorkommen in der Umgebung. Es entstanden chemische Werke, ein Kraftwerk, Produktionsstätten für Farben und Filme, ein Rohrleitungswerk und ein Baustoffkombinat. Die Stadt Bitterfeld gehört zu den am meisten umweltbelasteten Orten in der DDR, die Einwohnerzahl sank von 29232 im Jahre 1971 auf 22933 Ende 1980 ab. Sehenswert: Industriemuseum, neugotische Pfarrkirche mit zwei bemerkenswerten Flügelaltären aus dem 16. Jh.

Blankenburg, 19000 Ew. – am Nordrand des Harzgebirges, das hier mit der »Teufelsmauer« merkwürdige Formen annimmt. Die Burg befand sich 1123/1124 im Besitz des Herzogs Lothar von Süpplingenburg. An der Stelle des wüsten Dorfes Linzke wurde um 1200 eine Stadt angelegt, deren Rat seit 1389 nachweisbar ist. Wann das Goslarer Stadtrecht verliehen worden ist, ist nicht bekannt. Die Burg wurde nach mehrmaliger Zerstörung in ein Schloß umgebaut. 1836 zerstörte ein Brand große Teile der Stadt. Dem Bahnanschluß (1873) folgte zwei Jahre später die Anlage einer Eisenhütte. Dazu kam die steigende Bedeutung des Fremdenverkehrs. Sehenswert: spätgotische Hallenkirche St. Bartholomäus und der Renaissancebau des Rathauses

Burg, 29000 Ew. – mit seiner hochgelegenen Oberstadt liegt am Ufer der Ihle nahe der Mündung in die Elbe. Die heutige Kreisstadt liegt an der alten Handelsstraße von Magdeburg nach Berlin. Durch den Bau der Eisenbahn (1846) wurde Burg erheblich aufgewertet. Aus dem ehemaligen Tuch- und Handschuhmacherstädtchen wurde ein Schwerpunkt der metallverarbeitenden Industrie, dazu kam schließlich noch ein Walzwerk. Sehenswert: die Oberkirche Unser Lieben Frauen (14. Jh.) und die Unterkirche St. Nikolai (12. Jh.); sie zeigen im Kern romanische Elemente.

Coswig, 28000 Ew. – an der Südabdachung des Fläming am Steilufer einer großen Elbschlinge. 1187 soll hier ein Burgward (»Coswig«) gesessen haben. Der Burg ging möglicherweise eine slawische Anlage voraus. 1215 »oppidum«. In die Zeit der Gründung eines Stifts fallen die Anfänge städtischen Lebens. Die Stadt war von Wall und Graben umgeben und hatte drei Tore; im 16. Jh. gab es zwei Vorstädte. Von wirtschaftlicher Bedeutung waren der Hopfenanbau, die Weberei und die Töpferei, die durch ein Keramik-Museum dokumentiert ist. Sehenswert: Schloß, frühgotische Pfarrkirche St. Nikolai (in der Barockzeit erneuert)

Dessau, 104000 Ew. – bedeutende Industriestadt, gehört heute zum Bezirk Halle und liegt am Zusammenfluß von Elbe und Mulde. 1213 als »Dissowe« erstmals urkundlich erwähnt. Als Residenz des Fürstentums Anhalt-Dessau von 1603 bis 1683 und nachfolgend des Herzogtums Anhalt wurde die Stadt durch das Hofleben, durch Handwerk und Landwirtschaft geprägt. Neben dem bescheidenen Zentrum, erkennbar an seinem quadratischen Grundriß, bildeten sich seit dem 16. Jh. die Vorstädte heraus. Nach 1770 wurde eine bedeutende Erweiterung vorgenommen; es entstand die repräsentative »Kavalierstraße«. Das Philanthropin, dessen Leiter Bernhard Basedow war, machte mit seinen Erziehungsprinzipien in ganz Europa Schule. Weltberühmt wurde Dessau auch durch das Bauhaus, das hier unter der Leitung von Walter Gropius von 1925 bis 1932 bestand. Die günstige Verkehrslage an der Elbe und die Entwicklung zu einem Eisenbahnknotenpunkt begünstigten im 19. Jh. das Wachstum der Industrie. Vor dem Zweiten Weltkrieg waren die Junkers-Flugzeugwerke der bekannteste Betrieb. Das führte in den letzten Kriegsjahren zu mehreren Bombenangriffen und zu einer fast völligen Zerstörung der Stadt, namentlich der historischen Innenstadt. Das Spektrum der modernen Industrie ist sehr breit: Waggon-, Maschinen-, Elektromotoren- und Apparatebau, chemische und Holzindustrie, Baustoffindustrie. Sehenswert: Westflügel der Residenz des »Alten Dessauers«, Ruine der Schloß- und Stadtkirche St. Marien (ein Denkmal), die barocke Georgenkirche, Neurenaissancebau des Rathauses, Schloß Georgium mit bekannter Galerie. Das ehemalige, von Gropius erbaute Arbeitsamt, heute Gewerkschaftshaus, das Bauhaus (unter Denkmalschutz), Museum für Naturkunde und Vorgeschichte im ehemaligen Rathaus

Eisleben, 27000 Ew. – (→ S. 254). Sehenswert: Luther-Gedenkstätten, die spätgotische Marktkirche St. Andreas, das aus der gleichen

1

2

3

4

5

6

7

Der Hexenturm in Burg (1). Coswig: Flämingbad (2). Das Theater der Stadt Dessau (3). Luthers Heimatort Eisleben mit Lutherdenkmal (4). Blick auf Gernrode im Harz: einer der bedeutendsten ottonischen Kirchenbauten ist die Stiftskirche St. Cyriakus, im 9. Jh. gegründet (5). Halberstadt, Gerberstraße: das renovierte Haus St. Florian (6). Das Rathaus am Markt von Halle (7), der Platz wird außerdem von der Marktkirche und dem Roten Turm beherrscht.

1

2

3

4

5

6

7

8

9

Ansicht von Havelberg (1). Bachdenkmal in Köthen (2). Bergbau- und Hüttenzentrum Mansfeld: Rathaus (3). Die alte Bischofsstadt Merseburg an der Saale: Schloß mit Kreismuseum und Dom (4). Naumburg, eine der anmutigen thüringischen Städte: Marktplatz mit Rathaus (5). Altstadt und Mühlgraben von Salzwedel in der Altmark (6). Stolberg im Harz besitzt noch viele prachtvolle Fachwerkbauten: Im Alten Bürgerhaus ist ein Museum untergebracht (7). Stendal, früher bedeutendste Handelsstadt der Mark Brandenburg: Erhalten blieben u. a. die Marienkirche und das Rathaus am Marktplatz (8). Tangermünde: Das Wassertor (9).

Zeit stammende Rathaus, die Pfarrkirchen St. Annen und St. Nikolai, St. Petri und Paul

Gardelegen, 13000 Ew. - Kreisstadt in der Altmark. Der Ortsname erscheint im Jahre 1121 in der Form »Gardeleve«, die Verleihung der städtischen Rechte ist zeitlich nicht festzulegen, doch wird die 1241 abgebrannte Siedlung bereits »civitas« genannt. Der altertümliche Stadtkern erinnert an die frühere Zugehörigkeit zur Hanse. Die industrielle Ausstattung ist bescheiden (Nahrungsmittelindustrie, Bauindustrie, Knöpfe). Sehenswert: Pfarrkirche St. Marien, Rathaus aus dem 16. Jh., Salzwedeler Tor, Fachwerkhäuser aus dem 16. bis 18. Jh., Kreisheimatmuseum

Genthin, 17000 Ew. - Kreisstadt. Sehenswert: die Burg Plothe, die barocke Hallenkirche von 1707

Halberstadt, 47000 Ew. - Kreisstadt (→ S. 264). Sehenswert Dom St. Stephanus mit bedeutendem Domschatz, St. Martini und die Liebfrauenkirche, das Städtische Museum mit dem Heineanum enthält die größte deutsche ornithologische Sammlung mit 16000 Vogelbälgen

Haldensleben, 21000 Ew. - Kreisstadt. Entstand an der Stelle einer welfischen Grenzfeste zur Sicherung des Ohreübergangs. 968 wird der Ort als Hauptsitz eines Burgwardes genannt, 1228 stiftet Erzbischof Albrecht II. ein Zisterzienserinnenkloster. Neben Alt-Haldensleben gründete Heinrich der Löwe Neu-Haldensleben; beide Städte wurden erst 1938 vereinigt. Das Magdeburger Stadtrecht ist für das Jahr 1224 bezeugt. 1699 und 1770 wurden französische und pfälzische Glaubensflüchtlinge aufgenommen, die mit ihren Gewerbekenntnissen Produktion und Handel anregten. Neben dem Hafen am Mittellandkanal gibt es eine Zuckerfabrik, chemische und Maschinenbauindustrie, Bauindustrie und landwirtschaftliche Fachschule. Sehenswert: spätgotische Hallenkirche St. Marien, im nahen Haldenslebener Forst befindet sich das reichste Großsteingräberfeld der DDR

Halle a. d. Saale, 235000 Ew. - Bezirkshauptstadt. (→S. 255). Sehenswert: Marktkirche Unser Lieben Frauen, der Rote Turm, der Dom, die Pfarrkirche St. Moritz, die Moritzburg mit staatlicher Galerie, Gebäude der nach dem Pietisten August Hermann Francke benannten Stiftungen mit ihrem barocken Hauptgebäude, das Halloren- und Salinenmuseum

Halle-Neustadt, 94000 Ew. - Chemiearbeiterstadt

Havelberg, 7600 Ew. - Kreisstadt nahe der Mündung der Havel in die Elbe, wurde 1150 nach zweimaliger Eroberung von den Slawen planmäßig angelegt. Hier befand sich eines der Hauptheiligtümer der Elbslawen. Sehenswert: Dom St. Marien

Köthen, 35000 Ew. - Kreisstadt im Bezirk Halle, gehörte früher zu Anhalt. Die planmäßige Anlage mit dem rechteckigen Marktplatz entstand im 12. Jh. im Schutze einer Askanierburg. Verschiedene Industriebetriebe des Maschinenbaus und der Lackherstellung bilden heute die wirtschaftliche Grundlage dieses Mittelzentrums, die Pädagogische Hochschule hat ein größeres Einzugsgebiet. Sehenswert: Hallenkirche St. Jakob, Schloß der Fürsten Anhalt-Köthen, Heimatmuseum mit Zeugnissen der Ur- und Frühgeschichte

Magdeburg, 290000 Ew. - Bezirkshauptstadt, fünftgrößte Stadt der DDR an der unteren Mittelelbe. Den Namen »Magdeburg« erfahren wir 805 durch eine Grenzurkunde Karls des Großen, der auf dem gegenüberliegenden, östlichen Ufer eine Burg erbauen ließ. 937 wurde das Benediktinerkloster St. Mauritius, das Moritzkloster, gegründet. Markt, Münze und Zoll wurden 965 durch Otto I. verliehen. 983 großer Slawenaufstand. 1188 Stadtrecht, 1235 Stadtmauer. Verbindungen zur Hanse bestanden seit 1296. Die Reformation wurde 1524, endgültig 1563 eingeführt. In den Wirren des Dreißigjährigen Krieges sank die Stadt in Schutt und Asche. 1685, nach der Aufhebung des Ediktes von Nantes, wurden wegen ihres Glaubens vertriebene Pfälzer, Wallonen und Franzosen angesiedelt. Die Hugenotten führten verschiedene Gewerbe ein und gingen schließlich den Manufakturbetrieb ein. Im Zweiten Weltkrieg schwere Bombenschäden. Der Wiederaufbau der Wohngebiete wurde in der industriellen Massenbauweise vorgenommen. Wirtschaftliche Schwerpunkte: Schwermaschinenbau, feinmechanische und chemische Industrie. Technische Hochschule »Otto von Guericke« und eine Medizinische Akademie. Sehenswert: der Dom St. Mauritius und Katharina, das Kloster Unser Lieben Frauen, das Rathaus (Barockbau), im Turm befindet sich ein Glockenspiel, Stiftskirche St. Sebastian, die Pfarrkirche St. Petri und die St. Magdalenen-Kapelle an der Elbuferpromenade, die ehemalige Augustiner-Klosterkirche, heute Wallonerkirche, Schiffshebewerk Rothensee von 1938

Merseburg, 48000 Ew. - Kreisstadt. Sehenswert: Dom, in dessen Archiv die »Merseburger Zaubersprüche« aufbewahrt werden, die Kirchen St. Maximi und St. Thomas, das Schloß, das Peterskloster und das Alte Rathaus

Naumburg, 33000 Ew. - Kreisstadt. Sehenswert: Domkirche St. Peter und Paul, Pfarrkirche St. Wenzel am Markt, Rathaus, Stadtbefestigung, Marientor

Quedlinburg, 29000 Ew. - Kreisstadt am Nördlichen Harzrand im Tal der Bode. Sehenswert: Stiftskirche mit berühmtem Domschatz, das jüngere Schloß, Klopstockhaus, südlich der Stadt die Wiperti-Krypta mit Bauteilen aus karolingischer und ottonischer Zeit

Salzwedel, 23000 Ew. - zweitgrößte Stadt der Altmark. 1112 erstmals urkundlich erwähnt. Über der Altstadt liegt die Burg, die Markgraf Albrecht der Bär 1134 als Reichslehen erhielt. 1247 wurde die Neustadt gegründet. Beide Städte, die bis ins 16. Jh. der Hanse angehörten, wurden erst 1713 verwaltungsmäßig vereinigt. Sehenswert: große Teile der Stadtbefestigung mit drei Stadttoren und alte Bürgerhäuser, die Marienkirche, Mönchskirche, die Katharinenkirche und die Lorenzkirche, das Altstädtische Rathaus

Schönebeck, 45000 Ew. - Kreisstadt südlich von Magdeburg am linken Elbufer. Die Stadt entstand 1932 durch die Vereinigung mit Frohse und Groß Salze. Der älteste der drei Orte ist Frohse, das 936 erwähnt und 965 als Sitz eines Burgwards genannt wird. An der Stelle von Groß Salze (1926: Bad Salzelmen) befanden sich ursprünglich die Dörfer Elmen und Schadeleben, wo 1170 erstmals die Salzquellen genannt werden, die später den Reichtum der Stadt ausmachten. Zuerst wird Schönebeck 1194 genannt, dessen Grundriß sehr regelmäßig angelegt ist. Beginnend mit der chemischen Industrie, stellten sich weitere Produktionszweige ein. Es entsteht eine regelrechte Industriegasse, die entlang der Elbe bis über Magdeburg hinaus reicht. In Salzelmen mit seinem Kurpark befindet sich das älteste Solbad Deutschlands noch immer in Betrieb. Sehenswert: die Pfarrkirche St. Johannis

Stendal, 46000 Ew. - größte und bedeutendste Stadt der Altmark. Hier gründete Albrecht der Bär 1165 einen Markt. Der Burgbereich wuchs mit weiteren Dörfern zusammen, eine Stadtmauer wurde gebaut. Die günstige Verkehrslage und die Mitgliedschaft in der Hanse, die von 1359 bis 1518 währte, trugen zum weiteren Aufschwung der Stadt bei, die bis 1530 die größte Stadt Brandenburgs war. Infolge des Dreißigjährigen Krieges verarmte die Stadt, und erst der Eisenbahnanschluß im 19. Jh. leitete die industrielle Entwicklung ein. Durch die innerdeutsche Grenzziehung nach 1945 kam die Stadt, heute Kreisstadt im Bezirk Magdeburg, in eine Randlage, die ihre weitere Entwicklung einengt. Von 1946 bis 1970 nahm die Einwohnerzahl deutlich ab. Maschinenbau, Lebensmittelindustrie, Erdöl- und Erdgasverarbeitung bestimmen das Produktionsprofil der Stadt. Sehenswert: Dom St. Nikolaus, die Kirchen St. Marien, St. Jakobi und St. Petri, das Uenglinger Tor, das Tangermünder Tor und der Pulverturm, das Rathaus, das Altmärkische Museum

Tangermünde, 12000 Ew. - Kreisstadt am linken Ufer der Elbe, als Burg erstmals 1009 erwähnt. Die Askanier ließen sie im 12. Jh. zur stärksten Festung Brandenburgs ausbauen. 1373 erhob Karl IV. Tangermünde neben Prag zu seiner Nebenresidenz. Von großer Bedeutung war die Zugehörigkeit der Stadt zur Hanse. Sehenswert: Neustädter Stadttor, Rathaus mit Museum, Pfarrkirche St. Stephan mit dem höchsten Kirchturm der Altmark (94 m)

Wittenberg, 54000 Ew. - Lutherstadt, 1180 als Burgward erwähnt, 1293 Stadtrecht, 1423 eine der Residenzen der sächsischen Kurfürsten, 1502 Universität, 1517 Luthers Thesenanschlag an die Schloßkirche. Heute wird Wittenberg von der Industrie beherrscht: Stickstoffwerk Priesteritz ist der größte Produzent dieser Art in der DDR, Düngemittelkombinat, ein Gummiwerk, ein Eisenwerk u. a. Sehenswert: Augusteum, die Wirkungsstätte Luthers, Melanchthon-Haus, Stadtkirche St. Marien, die Schloßkirche. Das im Siebenjährigen Krieg zerstörte Schloß wurde nur teilweise wiederaufgebaut und beherbergt heute ein Museum für Natur- und Völkerkunde

Zerbst, 19000 Ew. - Kreisstadt, als »urbs Zirwisti« 1007 erstmals urkundlich erwähnt. Sie bestand aus fünf Siedlungsbezirken, die 1209 das Stadtrecht erhielten. Von 1603 bis 1793 war Zerbst die Residenzstadt des Fürstentums Anhalt-Zerbst. In den letzten Kriegsmonaten des Jahres 1945 versank die Innenstadt durch einen Bombenangriff in Schutt und Asche. Damit ging eines der am besten erhaltenen Stadtbilder östlich der Elbe verloren

Sachsen-Anhalt: Streifzug durch die Landwirtschaft

1

Die Magedeburger Börde (1,2) ist durch ihre Schwarzerde zum Inbegriff für fruchtbares, ertragreiches Ackerland geworden. In diesem über 900 km² großen, von Saale, Elbe, Ohre, Aller und Bode begrenzten Gebiet gibt es so gut wie keine Wälder und Gehölze. Die Böden mit der höchsten Bodenqualität werden als Akkerland vor allem für Zuckerrüben (2), Weizen und Gerstenanbau genutzt. Die Lößdecke ist hier bis zu 2 m mächtig. Wälder finden sich mehr auf den Sandböden der Letzlinger Heide im Norden des Bezirks. Trotzdem beträgt der Waldanteil rund 23,9 Prozent im Bezirk Magdeburg. Die landwirtschaftliche Nutzfläche, bezogen auf die Wirtschaftsfläche, beträgt 52,3 Prozent. Im südlich sich anschließenden Bezirk Halle setzt sich das Schwarzerdegebiet in der Köthener Ebene – auch »Schiefe Ebene von Köthen« genannt – fort, ein rund 450 km² großes Gebiet östlich des Harzvorlandes, begrenzt durch Elbe, Fuhne, Saale und Mulde. Ärmere Böden, nämlich Sandböden, herrschen beispielsweise in der Dübener Heide und im Fläming vor. Sie sind entweder mit Kiefern bestockt oder dienen dem Kartoffel- (4, 6) und Roggenanbau. Der Waldanteil im Bezirk Halle beträgt 19 Prozent, der Anteil der landwirtschaftlichen Nutzfläche an der Wirtschaftsfläche dagegen knapp 62 Prozent. Die Landwirtschaft beider Bezirke ist kollektiviert. Nach 1945 wurden die landwirtschaftlichen Betriebe in Volkseigene Güter umgewandelt, zu Landwirtschaftlichen Produktionsgenossenschaften und diese wiederum ab Anfang der 1970er Jahre zu Kooperativen Abteilungen Pflanzenproduktion zusammengeschlossen. Es folgten 1975 die ersten Agrar-Industrie-Vereinigungen, in denen eine zunehmende Spezialisierung auf bestimmte Kulturen erfolgt – sei es auf Obst und Gemüse, sei es auf Futterpflanzen o.ä. Die Großflächenbewirtschaftung hat allerdings ein Problem mit sich gebracht, das man anfangs unterschätzt bzw. gar nicht bedacht hat: die Winderosion. Man ist jetzt dabei, in den Schwarzerdegebieten (1, Magdeburger Börde) durch das Anpflanzen von Windschutzstreifen dem Auswehen der wertvollen Bodenkrume Einhalt zu gebieten. R.V.

2

5

6

7

3

4

Magdeburger Börde: Rapsfeld (1) und Rübenfeld (2). – Im Bezirk Halle: Kürbisernte (3) und Kartoffelernte (4, 6). – Heuernte auf einer LPG-Wiese bei Wörlitz (5). – Auch das gibt es noch – aufgenommen im Harz: ein Bauer mit Pferd und Wagen (7). – Fast nostalgisch auch diese Aufnahme: ein Schäfer mit seinen Hunden auf einem abgeernteten Feld bei Eisleben (8).

8

pulse gab und durch den größeren Düngeranfall eine Intensivierung des Ackerbaus begünstigte. In der Zeit der Industrialisierung wurde der Zuckerrübenanbau eingeführt, ein Vorläufer der Zuckerrübe war die Zichorie, deren Wurzeln geröstet und gemahlen als Kaffee-Ersatz Verwendung fanden. Der Rübenanbau begann um 1800, schon 1815 nahmen mehrere Zuckerfabriken ihren Betrieb auf, was auch im Zusammenhang mit der Kontinentalsperre Napoleons gesehen werden muß, die Mitteleuropa von der Belieferung mit überseeischem Rohrzucker abschnitt. Auch die sozialökonomische Struktur der Bauernschaft mit vielen kapitalkräftigen Großwirtschaften und einer großen Anzahl von Lohnarbeitern trug zu dieser Entwicklung bei. Die bedeutendste Zuckerfabrik in der Magdeburger Börde wurde 1838 in Klein Wanzleben von 19 Landwirten, Gastwirten und Handwerkern gegründet; sie erwuchs zu einem weltbekannten Unternehmen. Um 1880 gab es in der Umgebung von Magdeburg etwa 50 Zuckerfabriken, vor dem Ersten Weltkrieg nur noch 25, die aber insgesamt eine höhere Zuckerproduktion erbrachten. Der Zuckerrübenanbau förderte den Aufbau weiterer Industrien, beispielsweise der Produktion von Mineraldünger. Auch der Braunkohlebergbau wurde durch den Brennstoffbedarf der Zuckerfabriken demoliert; um 1930 förderten noch fünf Tief- und Tagebaue, die aber alle bis 1962 eingestellt worden sind. Schließlich empfing auch der Maschinenbau Anregungen, in dem sich hier eine Konzentration des Baus von Ausrüstungen für die Zuckerindustrie einstellte, die noch heute bestehen und sehr stark exportorientiert sind. 1852 ging von Wanzleben ein neuartiger Pflug aus, der sogenannte Wanzleber Pflug, der den Boden bis 40 cm Tiefe lockerte, 1855 baute man in Sudenburg die ersten Dampflokomobile für den Getreidedrusch, und 1863 arbeitete in Wanzleben der erste Dampfpflug in Preußen.

Nach 1945: Kollektivierung

Als nach dem Zweiten Weltkrieg die Ernährungssituation in der damaligen Sowjetischen Besatzungszone Deutschlands sehr kritisch war, konzentrierte sich das Interesse der Agrarpolitiker erneut auf die Magdeburger Börde und die dort liegenden Möglichkeiten. Im Zuge der Demokratischen Bodenreform wurden bis 1948 genau 54 Betriebe, darunter drei Rittergüter und vier Domänen, mit einer Gesamtfläche von 21 000 ha aufgeteilt bzw. in Volkseigene Güter umgewandelt. Allein aus dem 7500 ha großen Landbesitz der Zuckerfabrik Klein Wanzleben gingen sechs VEG, das Institut für Rübenforschung und ein Saatzuchtbetrieb hervor. Es folgte der problemreiche Prozeß der Kollektivierung, der 1961 abgeschlossen wurde. Damals betrug die Fläche eines sozialistischen Betriebes durchschnittlich 750 ha, 1971 bei den VEG aber schon 1400 ha und bei den LPG Typ II 960 ha. Gleichzeitig wurden aufgrund der Leistungsfähigkeit des Bodens auf Kosten des Hafer-, Roggen- und Kartoffelanbaus anspruchsvollere und ertragreichere Kulturen wie Weizen und Gerste eingebracht, wodurch bei vermehrtem Düngereinsatz die Erträge deutlich gesteigert werden konnten. Es entstand eine Vielzahl von Bauten und Einrichtungen, die das Bild der Dörfer zunehmend veränderten: Agrochemische Zentren (ACZ), Kreisbetriebe für Landtechnik (KfL) und immer größere Stallbauten zur Intensivierung der Viehwirtschaft. Die Verarbeitung landwirtschaftlicher Produkte wurde aus Gründen der Rentabilität an immer weniger Standorten konzentriert. Der Betrieb mehrerer Zukkerfabriken wurde eingestellt oder auf die Funktion reiner Trocknungswerke reduziert, so daß heute in der Börde nur noch vier Zuckerfabriken arbeiten.

Von der LPG zur KAP und zur AIV

Der Zusammenschluß der LPG zu kooperativen Abteilungen Pflanzenproduktion (KAP) erfolgte Anfang der siebziger Jahre. In den achtziger Jahren bewirtschaften in der Börde 23 Pflanzenproduktionsbetriebe über 100 000 ha landwirtschaftlicher Nutzfläche, so daß die Durchschnittsfläche eines Betriebes durchschnittlich 5 300 ha umfaßt. Der Anbauspiegel wird traditionell durch Getreide und Zuckerrüben bestimmt, wobei im Getreidebau Weizen und Gerste dominieren und die höchsten Erträge bringen. Einige Betriebe in der Umgebung der Stadt Magdeburg haben sich auf die Produktion von Obst und Gemüse spezialisiert. Die Tierproduktion ist im Vergleich zur Pflanzenproduktion weniger stark konzentriert, wobei wegen des Mangels an natürlichem Grünland die Jungviehaufzucht zum Teil in der Altmark erfolgt. In den Bördenbetrieben überwiegt die Viehmast. Die größte Rindermastanlage in Klein Wanzleben ist auf 18 500 Mastrinder ausgelegt worden.

1975 wurden die ersten Agrar-Industrie-Vereinigungen (AIV) gegründet, in denen eine zunehmende Spezialisierung auf bestimmte Kulturen wie beispielsweise Zwiebeln und Ackerbohnen erfolgt. Die LPG (P) Groß Börnecke baut auf 650 ha die Hälfte der Zwiebeln des Bezirks Magdeburg an. Zugleich ist sie ein Ackerbohnenspezialbetrieb, wozu noch zu bemerken ist, daß die Ackerbohne als wichtiger Eiweißträger sich immer stärker ausbreitet. Das VEG (P) Seehausen ist ein Spezialbetrieb des Weißkohlanbaus mit 75 ha Anbaufläche, so daß Seehausen aus eigener Verarbeitungsanlage den ganzen Bezirk Magdeburg mit Sauerkohl beliefern kann. Eine wichtige Funktion der AIV ist die Belieferung der Tierproduktionsbetriebe mit Futter. Das Grundfuttermittelwerk in Westeregeln stellt jährlich 36 t Strohpellets bereit und hat einen Kooperationsvertrag mit der Zuckerfabrik Klein Wanzleben abgeschlossen, der die Rindermastanlage mit Rübenschnitzeln versorgt.

Diese enorme Beanspruchung der Bodenleistung hat erhebliche landeskulturelle Belastungen zur Folge. Ein noch nicht gelöstes Problem ist die Beseitigung der Gülle aus den neuen Rindermastanlagen. Diese wird derzeit, vermischt mit Bodewasser, auf einer Fläche von 3500 ha verregnet. Mehrere Staubecken wurden erbaut, um ein angemessenes Mischungsverhältnis zu erreichen und den Umfang des Beregnungsgebietes auf fast 7000 ha auszudehnen. Die Großflächenbewirtschaftung hat einer verstärkten Winderosion Vorschub geleistet, der durch die Anpflanzung von Windschutzstreifen begegnet wird. Ähnlich wie in der Magdeburger Börde, die jetzt ihr landschaftliches Gesicht erneut wandelt, wird auch in den anderen Schwarzerdegebieten vorgegangen.

Am Ostabhang des Harzes, beispielsweise im Gebiet des Süßen Sees, entstanden weitere Betriebe für den Obst- und Gemüseanbau, teilweise in Arealen, wo in früheren Zeiten der Weinbau betrieben wurde.

Im Gebiet von zwölf Gemeinden zwischen Eisleben und Seeburg treffen wir heute nahezu geschlossene Pflanzungen des Intensivobstanbaus an, die hier im Trockengebiet mit 450 mm Jahresniederschlag und einem wärmebegünstigten Lokalklima mit einer durchschnittlichen Sonnenscheindauer von 1575 h/a beste Wachstumsbedingungen vorfinden. Die Obstanbaufläche des VEG Walter Schneider in Eisleben wurde von Anfang 1973 bis Ende 1976 von 1200 ha auf 2800 ha erweitert. Der Bestand setzt sich zu 85 Prozent aus Apfelbäumen, 6 Prozent Sauer- und 5 Prozent Süßkirsch- sowie 4 Prozent Aprikosenbäumen zusammen. So entwickelt sich das Obstbaugebiet Süßer See immer mehr zu einem Obstbauzentrum im DDR-Maßstab. Eine größere Fläche wird durch Schlauchberegnung aus dem Süßen See bewässert, wobei sich herausstellte, daß diese neuen Technologien den Boden erheblich stressen können. Schlechte Erfahrungen machte man auch beim Einsatz von Flugzeugen zum Ausstreuen von Pflanzenschutzmitteln, die in die nahen Naturschutzgebiete abdrifteten, so daß hier besondere Schutzzonen ausgewiesen werden mußten.

Der früher weiter verbreitete Weinbau ist heute auf das mittlere Saale- und untere Unstruttal beschränkt. Der Weinbau reicht hier bis in das 8. Jh. zurück und erreichte um 1500 seinen größten Umfang. Mit der Auflösung der Klöster, der Industrialisierung und dem Auftreten von Rebkrankheiten ging jedoch die Anbaufläche immer mehr zurück. In der Umgebung von Freyburg, wo alljährlich im Herbst ein traditio-

nelles Winzerfest stattfindet, beträgt der Umfang der Rebfläche derzeit 140 ha, soll aber wieder erweitert werden.

Verkehrswesen
Das Verkehrswesen der Bezirke Halle und Magdeburg, das durch alte Handelswege vorgeprägt ist, zeigt eine hohe Dichte der Verkehrswege und eine intensive Beanspruchung. Die Hauptlast trägt nach wie vor die Eisenbahn, darunter zwei Transitlinien von Hannover und von Frankfurt a. M. bzw. München nach Berlin (West) und internationale Fernbahnen des West-Ost-Verkehrs. Die Streckenlänge in beiden Bezirken beträgt etwa 2900 km, von denen nur die wichtigsten Strecken elektrifiziert

Freizeit und Erholung: Gernrode ist ein Luftkurort am Nordostrand des Harzes (oben links). Freizeitspaß am Teufelssee oder in den Rübeländer Tropfsteinhöhlen (Mitte u. unten links). Thale im Harz bietet eine Seilbahn zum Hexentanzplatz (oben rechts) – das Harzer Bergtheater lädt zum Schauen ein (rechts).

worden sind. Beispielsweise steht die Elektrifizierung der Linie Helmstedt–Magdeburg–Berlin immer noch aus. Bedeutende Knotenpunkte sind Magdeburg und Halle. Die größten Transportanforderungen werden an den Güterverkehr gestellt, beispielsweise der Transport von Braunkohle aus den Abbaugebieten zu den Kraft- und Industriewerken, von Halbprodukten zwischen den chemischen Werken und schließlich von Baumaterialien zu den Zentren der Bautätigkeit. Im Umkreis von Magdeburg und Halle wurden Nahschnellverkehrssysteme eingerichtet, auch Halle-Neustadt wurde durch eine S-Bahn mit den Chemiewerken und der Stadt Halle selbst verbunden.

Im Straßennetz dominieren die beiden Autobahnen von Hannover und von Frankfurt a. M. bzw. Nürnberg nach Berlin. In beiden Bezirken bestehen derzeit 2329 km Staatsstraßen und 7234 km Bezirksstraßen. Der Aufschwung des Straßengüterverkehrs, namentlich im Werksverkehr, hat verschiedene Probleme, besonders bei den engen Ortsdurchfahrten, aufgeworfen. Die Häufigkeit der Straßenverkehrsunfälle liegt mit 19,3 bzw. 20,1 je 10000 der Bevölkerung erheblich unter dem Republiksdurchschnitt von 29,5 (1983), was wohl als Beweis für eine überdurchschnittliche Qualität der Straßen gedeutet werden darf.

Die Elbe, die untere Saale und der Mittelland- und Elbe-Havel-Kanal sind die Träger der Binnenschiffahrt. Die Schiffahrt auf der Elbe, die auch den Transit von der Tschechoslowakei zum Hamburger Freihafen bewältigt, wird durch stark wechselnde Wasserstände, d. h. durch Hoch- und Niedrigwasserperioden, erheblich eingeschränkt, so daß die häufig angegebene Tragfähigkeit von 1350 t oft nicht ausgefahren werden kann. Bei günstigen Wasserständen ist die untere Saale für Schiffe bis 750 t befahrbar. Nach Berlin ist Magdeburg der bedeutendste Binnenhafen der DDR, weil sich hier der Elbeweg mit der Kanalverbindung kreuzt. Der Mittellandkanal, dessen Bau lange umstritten war, wurde 1939 durch den Bau des Schiffshebewerkes Rothensee vollendet, das einen Höhenunterschied von 18 m überwindet. Für die Versorgung von Berlin (West) mit Massengütern ist er von nicht zu unterschätzender Bedeutung. Seine östliche Fortsetzung bildet der Elbe-Havel-Kanal, der auch den Schiffsverkehr von Hamburg nach Berlin aufnimmt. Da die Wasserhaltung der Kanäle reguliert werden kann, ist hier die Abhängigkeit von Trockenzeiten weniger stark.

Im Stadtverkehr nimmt nach wie vor die Straßenbahn die dominierende Stellung ein. Straßenbahnen laufen heute noch in Dessau, Halberstadt, Halle, Magdeburg und Naumburg. Im Stadt-Umland-Verkehr ist der Omnibus neben der Eisenbahn das wichtigste Verkehrsmittel.

Gesundheit und Erholung

Das Gesundheitswesen ist gut ausgebaut. Im Bezirk Halle kommen 98, im Bezirk Magdeburg 108 Krankenhausbetten auf je 10000 der Bevölkerung. Es bestehen in beiden Bezirken 113 Polikliniken, dazu eine Reihe von weiteren Einrichtungen des Gesundheits- und Sozialwesens wie Ambulatorien, Schwangerschafts- und Mütterberatungsstellen, Kinderkrippen sowie Feierabend-Pflege- und Wohnheime für ältere Bürger mit über 25700 Plätzen.

In einer Anzahl von Kurorten gibt es Rehabilitationsmöglichkeiten mit verschiedenen Heilanzeigen. Insgesamt stehen in beiden Bezirken 30 Kurstätten mit 3895 Betten zur Verfügung. *Bad Kösen* an der Saale, westlich von Naumburg gelegen, ist ein altbekanntes Solbad, dessen großes Gradierwerk heute in erster Linie als Freiluftinhalatorium dient. Das Solbad *Bad Dürrenberg* mit seinem schönen Kurpark ist zugleich ein beliebtes Tagesausflugsziel im Industriegebiet um Halle. *Bad Frankenhausen* am Südhang des Kyffhäuser, ebenfalls ein Solbad, bietet schöne Wandermöglichkeiten. Das ehemalige Modebad *Bad Lauchstedt* wurde bekannt durch die Aufenthalte des Weimarer Hoftheaters, dessen Aufführungen Goethe damals leitete. Am Rande der Dübener Heide liegt *Bad Schmiedeberg*, ein Eisenmoorbad, das in den letzten Jahren beträchtlich erweitert wurde. Nicht zuletzt muß die Bezirkshauptstadt Halle selbst genannt werden, deren Salzquellen ebenfalls für Heilzwecke genutzt werden.

Außer dem Harz gibt es in den Bezirken Halle und Magdeburg nur wenige attraktive Landschaften, die sich für einen langzeitigen Erholungsaufenthalt eignen. Nicht nur das sommerliche oder winterliche Landschaftserlebnis, sondern auch die Zeugnisse der Geschichte und der Kunst, neuerdings auch die Denkmäler der Technikgeschichte, üben eine starke Anziehungskraft auf die Touristen aus. Die Talsperren und Gewässer eignen sich für den Wassersport, und im Winter sind die höheren Lagen ziemlich schneesicher. Während früher die Sommer- und die Wintersaison sehr ausgeprägt waren, gehen heute beide wegen der starken Nachfrage ineinander über, nur der Monat November zeigt ein gedämpfteres Aufkommen. Die Siedlungen in den oberen Teilen des Harzgebirges sind außerordentlich stark durch den Fremdenverkehr geprägt, während die aus der Sicht der Denkmalpflege besonders attraktiven Harzrandstädte eher kurzzeitig besucht werden. Nahe Bad Frankenhausen, auf dem noch zum Kyffhäuser gehörenden Schlachtberg, hat man eine Erinnerungsstätte erbaut, die an die Entscheidungsschlacht im Deutschen Bauernkrieg im Jahre 1525 erinnert, als Thomas Müntzer mit seinen aufständischen Bauern der Waffengewalt des Feudalheeres unterlag.

In den Bezirken Halle und Magdeburg gibt es zusammen 125 Ferienheime mit über 13000 Betten, das entspricht etwa 9,8 Prozent des Bettenangebots in der DDR.

Trotz starker Waldschäden wegen der nahen Industriebetriebe und Großkraftwerke blieb die Dübener Heide ein vielbesuchtes Naherholungsgebiet mit ausgezeichneten Wandermöglichkeiten. Der bei Bitterfeld gelegene Muldestausee und einige kleinere Seen sind Teile einer Bergbaufolgelandschaft, die nach der Auskohlung planmäßig umgestaltet wurde. Der Impuls für die Schaffung dieses Naherholungsgebietes ging von der Braunkohlenindustrie aus, als es darum ging, den Verlauf der Gemeinsamen Mulde auf einer Länge von 16 km aus dem Auegebiet in die östlich gelegene Sanderplatte der Dübener Heide zu verlegen. Dabei wurde der Fluß durch das Restloch des Tagebaues Muldenstein geführt und die Entscheidung getroffen, eine Nachnutzung für Erholungszwecke einzurichten. Zu diesem Komplex gehört heute eine ansehnliche Strandfläche, ein Zeltplatz für 150 bis 200 Zelte, Gaststätte, Bootshaus und Parkplätze. Außerdem wurde eine Fläche zur Bebauung mit etwa 100 Bungalows für gesellschaftliche und private Nutzer bereitgestellt. Zwar erlaubt die Verschmutzung der Wasserfläche von 600 ha noch keine Badenutzung, doch stellte sich bald heraus, daß der Besuch immer stärker zunahm, zumal durch systematische Aufforstungen in der Umgebung der Wald wieder hochkommt. Mit dem endgültigen Auslaufen des Braunkohlenbergbaus wird sich die Situation weiter verbessern. Auch andere Tagebaurestlöcher wurden für die Naherholung hergerichtet, und südlich von Halle im Geiseltal wird in den neunziger Jahren ein noch größeres Naherholungsgebiet entstehen.

Wie stark das Bedürfnis der Bevölkerung nach einer angemessenen Wochenenderholung ist, zeigt das Beispiel eines nach 1945 angelegten Staudamms bei Kelbra mit einer Fläche von 1395 ha, der vorwiegend der Hochwasserhaltung dient. An Spitzentagen im Sommer werden hier bis 14000 Touristen gezählt, die aus dem Industriegebiet dorthin gelangen.

Dessau: Bauhaus-Architektur (1). Diesdorf in der Altmark: niederdeutsches Hallenhaus (2). Eroberung Magdeburgs im Dreißigjährigen Krieg (4). Detail des Naumburger Doms: Judas erhält seinen Lohn (5). Wittenberg: die Lutherstube im Lutherhaus (6). Restaurierungsarbeiten im Wittenberger Predigerseminar (7). Grasedanz in Hüttenrode: die Grase-Königin (3). Eisleben: die Renaissance-Kanzel in der Annenkirche (8). Magdeburg: Dom-Portal (10). Quedlinburg: Krypta der Wipertikirche (9). Dom, Marienkirche und Gleimhaus in Halberstadt (11).

GESCHICHTE UND KULTUR

BERENT SCHWINEKÖPER

Die Geschichte Sachsen-Anhalts

Mit dem Einsetzen der schriftlichen Überlieferung tritt der Raum des späteren Sachsen-Anhalt seit dem 6. Jh. n. Chr. als Teil eines bis zum Main reichenden Großreiches der Thüringer in das hellere Licht der eigentlichen Geschichte ein. Dieser kurzlebige Zusammenschluß überwiegend hermundurischer und anglisch-warnischer Völkerschaften fiel bereits 531 in einer Schlacht an der Unstrut dem Angriff der Franken zum Opfer. Seitdem blieb sein westlicher Teil unter tributärer Abhängigkeit von den Eroberern. Die ehemals thüringischen Gebiete nördlich der Unstrut-Helme-Linie und westlich von Saale und Elbe gelangten damals unter die Herrschaft der nördlich angrenzenden Sachsen. Unter dieser blieben sie auch, als die Franken seit dem letzten Viertel des 8. Jh. die Sachsen nach schweren Kämpfen in ihr Reich einbezogen und dem Christentum zuführten. Damals kam es offenbar auf fränkische Veranlassung zur Ansiedlung von Splittern anderer germanischer Stämme, wie etwa der Nordschwaben im Bodebogen oder der Hessen und Friesen im Mansfeldischen. In einem nicht überlieferten Jahr, aber sicher noch unter Kaiser Ludwig dem Frommen (R 814–840) wurde in Halberstadt ein erstes Bistum gegründet, das dem Erzbistum Mainz unterstellt wurde. Sein geistlicher Sprengel umfaßte zunächst den gesamten ostsächsischen Raum zwischen Oker und Elbe sowie zwischen der vielleicht schon teilweise dazugehörenden Altmark und der Unstrut-Helme-Linie.

In der Altmark und in dem von germanischen Vorbewohnern geräumten Raum östlich von Saale und Elbe waren seit dem 6. Jh. slawische Kleinstämme in ziemlich lockerer Weise seßhaft geworden. Bei diesen handelte es sich nördlich des Fläming um Polaben, Wilzen und andere wendische Gruppen. Südlich des genannten Höhenzuges begannen sich Sorben und noch weiter östlich Lausitzer niederzulassen. Alle genannten Kleinstämme waren noch heidnisch. Daher wurde ihre Gewinnung für das Christentum und ihr Verhältnis zur deutschen Herrschaft westlich des Elbstroms und der Saale in den folgenden Jahrhunderten zum wichtigsten Problem dieses Grenzgebietes. Die Franken konnten diese Slawen zunächst nur zeitweilig in tributärer Abhängigkeit halten (Tribut: Geld- oder Sachleistungen, die ein besiegtes Volk dem Sieger auf dessen Anordnung zu erbringen hatte).

In der ausgehenden Karolingerzeit zu Ende des 9. Jh. hatten die Liudolfinger oder Ottonen, gestützt auf ihren um den Harz herum liegenden umfangreichen Eigenbesitz, ihr dort zu lokalisierendes Grafenamt zu einem Herzogtum über das gesamte Stammesgebiet der Sachsen ausbauen können. Als sie mit Heinrich I. (R 919–936) auch die inzwischen ausgebildete deutsche Königswürde erhielten, beruhte der entscheidende Schwerpunkt ihrer Königsherrschaft weiter auf diesen Besitzungen. Magdeburg, unter Karl dem Großen (R 768–814) 805 als wichtiger Grenzhandelsplatz mit den Slawen genannt, wurde bevorzugter Aufenthaltsort Ottos I. (R 936–973) und nahm damit schon nahezu die Stellung einer Hauptstadt für die östlichen Reichsgebiete ein. Durch den Ausbau vorhandener Burgen und Neuanlage von Befestigungen sowie durch die Organisation einer Grenzverteidigung konnte sich Heinrich I. weitgehend der aus dem Osten bis an die Unstrut und in den Harzvorraum vordringenden Ungarn erwehren. Mit Vorstößen bis zur Feste Brandenburg und anderen slawischen Vororten wollte er zugleich deren Abhängigkeit zum Reich wiederherstellen und so die Grenze sichern. 937 rief Otto I. in Magdeburg das Moritzkloster ins Leben, das bei der Christianisierung der östlichen Angrenzer helfen sollte. Für die Überwachung der Grenze wurden wieder Markgrafen bestellt. Diese sollten nun, gestützt auf in Burgen wohnende adlige Dienstmannen, die deutsche Herrschaft östlich von Elbe und Saale absichern. 948 wurden in Brandenburg und Havelberg eigene Bistümer eingerichtet. In Magdeburg wurde 968 das Moritzkloster in ein Erzbistum umgewandelt, dem als geistlicher Sprengel ein schmaler Streifen der Halberstädter Diözese entlang der mittleren Elbe zugewiesen wurde. Nicht nur die bereits bestehenden Wendenbistümer, sondern auch die 968 ebenfalls ins Leben gerufenen Sorbenbistümer Merseburg, Meißen und Zeitz (ab 1028 in Naumburg) wurden der neuen Erzdiözese unterstellt. Mehrfach haben die Erzbischöfe versucht, ihre Metropolitangewalt weit nach Osten auszudehnen, sind aber letztlich damit gescheitert. Der deutsche Angriff nach dem Osten litt darunter, daß noch keine größere Siedlungswelle damit verbunden werden konnte. Daher mußte das Erreichte für nahezu 150 Jahre im Wendenraum wieder aufgegeben werden, als 983 dort ein großer Aufstand ausbrach. Nur im Sorbenland konnten sich die dort eingesetzten Markgrafen in Meißen mühsam halten. Folgenschwer wirkte es sich für das Altsiedelland westlich der Elbe-Saale-Linie aus, daß die Ottonen nach Übernahme der Herrschaft im Reich ihr Herzogsamt nicht mehr voll auszufüllen vermochten. Sie übergaben es daher nach und nach an die um Lüneburg und an der Mittelweser sitzenden Billunger. Deren Stellung im Mittelelberaum war infolgedessen schwach. Auch die Einwirkungsmöglichkeiten der Salier, welche 1024 den Ottonen in der Regierung des Reiches folgten, waren im Mittelelberaum erheblich geringer als die ihrer Vorgänger, denn die dortigen Reichsgüter und die ottonischen Hausgüter waren zu einem großen Teil in andere Hände übergegangen. Wenn also Kaiser Heinrich IV. (R 1056–1106) unter den damaligen Verhältnissen die Herrschaft im Reich aufrechterhalten wollte, mußte er versuchen, diese Güter zurückzuerlangen. Weil Widerstand des betroffenen Adels zu erwarten war, ließ er vor allem am Harz eine Reihe fester Burgen errichten. Dies alles führte zu langandauernden Kämpfen in Sachsen und Thüringen. Daran beteiligten sich auch viele Bischöfe. Denn diese hatten in dem zur gleichen Zeit ausgebrochenen Streit zwischen dem Kaiser und dem Reformpapsttum Partei gegen den Herrscher ergriffen. Die kriegerischen Auseinandersetzungen nahmen unter Kaiser Heinrich V. (R 1106–1125) erst ein Ende, als dieser 1115 am Welfesholz östlich von Hettstedt eine vernichtende Niederlage hinnehmen mußte. Seither wagte er es nicht mehr, in Sachsen zu erscheinen. Nach der Schwächung der Stellung des Herzogs war also nun auch die Reichsgewalt im mittelelbischen Raum nur noch zu vorübergehendem Eingreifen in der Lage. An die Stelle der beiden bisher entscheidenden Gewalten traten daher die aufstrebenden Landesfürsten dieses Bereichs.

Hochmittelalter (Ostsiedlung, Ausbildung der Landesfürstentümer)

Mit der Wahl des aus dem Braunschweiger Raum stammenden Lothar von Süpplingenburg (R 1125–1137) zum deutschen König verschob sich die Regierung noch einmal vorübergehend in den Norden, denn dieser Herrscher konnte sich hier auf seine Familiengüter stützen. In dieser Zeit stellte sich erneut das Slawenproblem. Denn die wendischen Bünde konnten dem wachsenden Druck von Westen und dem gleichzeitigen Vorgehen der Polen von Osten nun nicht mehr standhalten. Kaiser Heinrich V. und Lothar, als damaliger Herzog von Sachsen, dazu die Markgrafen und andere Adlige begannen bereits im ersten Viertel des 12. Jh. mit Eingriffen im ostelbischen Slawenland. Eine Änderung trat allerdings dadurch ein, daß die Königsherrschaft 1138 an die Staufer überging, deren Interessen vorwiegend im Südwesten lagen und sich immer mehr Italien zuwandten. Infolgedessen ging die Ostpolitik in zunehmendem Maße ebenfalls an die im Raum ansässigen Landesfürsten über, die sich dabei auf ihre im Aufbau befindlichen Territorien im benachbarten Altsiedelland stützen konnten. Erfolge waren ihnen jetzt sicherer, weil sich nun Landesausbau und Besiedlung mit der Herrschaftsausdehnung nach Osten verbinden ließen. Im Westen, insbesondere in Flandern und den Niederlanden, aber auch in Westfalen war damals ein erheblicher Bevölkerungsüberschuß entstanden, der jetzt mit Hilfe von Anwerbern nach dem Osten gelenkt werden konnte. Allerdings darf nicht übersehen werden, daß der Hauptstrom an Siedlern doch wohl aus dem unmittelbar westlich an die Elbe grenzenden Altsiedelland gekommen sein dürfte, wie ja auch der Adel, der diese Vorgänge organisierte, überwiegend von dort her gestammt haben dürfte. Im Bereich der sogenannten Nordmark, die über die bisherige Altmark hinausreichte, hatten die dortigen Markgrafen die Leitung der ganzen Vorgänge in der Hand. 1134 hatte König Lothar den Askanier Albrecht den Bären (R 1134–1170) als Markgrafen eingesetzt. Ihm gelang es, weite Gebiete östlich der Elbe bis einschließlich der slawischen Hauptfeste Brandenburg in seinen Besitz zu bringen. Nach seinem Tode teilten seine Söhne zwischen den brandenburgischen und den ursprünglichen Hausgütern, welche sich vom Ostharz und der namengebenden Burg Aschersleben bis an die Elbe bei Dessau erstreckten. Letztere Besitzungen wurden 1212 noch einmal zwischen einer nunmehr wittenbergischen und der später anhaltischen Linie aufgeteilt. Beide Herrschaften waren zu wenig umfangreich, als daß sie auf dem Gebiet der Neuansiedlung noch wesentliche Leistungen hätten vollbringen können. Eingeengt durch die Askanier, versuchten auch die Magdeburger Erzbischöfe östlich der Elbe eine eigene Missions- und Territorialpolitik zu betreiben, unter den gegebenen Vorbedingungen natürlich nur mit relativ geringem Erfolg. Im südlich an die askanischen Herrschaften angrenzenden Raum hatten seit 1124 die Wettiner die Markgrafschaft Meißen und davon abgeteilte kleinere Markgrafschaften um Eilenburg, Landsberg bei Halle oder in der Lausitz im Besitz. Die Wettiner kamen aus dem Mansfeldischen und nannten sich nach einer Burg nördlich von Halle. Nach mannigfachem Wechsel konnten sie eine starke Landesherrschaft ausbauen. Die Zentren ihrer Herrschaft verschoben sich aber immer mehr in deren südöstlichen Raum. Infolgedessen müssen die Einzelheiten an dieser Stelle übergangen werden.

Mit den umfassenden Besiedlungsvorgängen während des 12. und 13. Jh. war nun im Osten auch der Aufbau eines modernen Städtewesens verbunden. In Ausnahmefällen konnte dieses an slawische Vorsiedlungen gewerblichen oder gar merkantilen Charakters anknüpfen. Doch beruhten die wesentlichen Grundlagen des nunmehrigen deutschen Städtewesens östlich der Elbe auf den wirtschaftlichen und baulichen Vorformen sowie auf dem Recht, das in den städtischen Siedlungen westlich des Stromes wesentlich früher und weiter ausgebildet worden war. Beispielsweise war das Magdeburger Stadtrecht bereits so weit entwickelt, daß es nun weit nach dem Osten übertragen werden konnte. Überhaupt scheint damals westlich der Elbe die Festlegung des Rechts besonders erfolgreich vor sich gegangen zu sein, wie der aus diesem Raum stammende Eike von Repkow und sein um 1226 entstandener Sachsenspiegel beweisen.

Nach dem Tode König Lothars versuchten seine welfischen Erben, darunter besonders Heinrich der Löwe (R 1142–1180), die Ansprüche des an sie gekommenen sächsischen Herzogtums im östlichen Sachsen wieder stärker zu aktivieren. Der Sturz Heinrichs 1180 hat dies vereitelt. Kaiser Friedrich I. Barbarossa (R 1152–1190) gab das dem Welfen abgesprochene Herzogtum jetzt dem ebenfalls erbberechtigten Askanier Bernhard (R 1180–1212), dem jüngsten der Söhne Albrechts des Bären. Dessen auf die askanischen Hausgüter und den Raum um Wittenberg beschränkten Besitzungen und einige Güter an der Niederelbe boten aber

Die zwei sehr umstrittenen Figuren im Magdeburger Dom stellen vielleicht Christus und die Ecclesia dar. Der Dom erhebt sich über der Stelle, wo Otto der Große 937 ein Benediktinerkloster gegründet hatte. Die Klosterkirche wurde 955 im romanischen Stil errichtet. Nach einem Brand Anfang des 13. Jh. wurde eine neue Kirche gebaut. Nach französischem Schema geplant, nach noch romanischer Architekturauffassung umgestaltet, entstand einer der eigenwilligsten Kirchenbauten des Mittelalters. 1945 stark beschädigt, wurde der Magdeburger Dom 1955 wiederhergestellt.

Der Sachsenspiegel wurde zwischen 1220 und 1235 von dem sächsischen Ritter Eike von Repkow verfaßt. Das älteste und einflußreichste Rechtsbuch des deutschen Mittelalters enthält das sächsische Land- und Lehnsrecht. Die Bilder sollen die Rechtssätze auch dem des Lesens Unkundigen einprägsam vermitteln. Die Hälfte jeder Seite ist deshalb von kolorierten Federzeichnungen ausgefüllt, die durch beigefügte Buchstaben auf den Text verweisen. Oben: Landrecht III 63 § 1: Beim Abreißen einer verurteilten Burg soll zunächst der Richter drei Schläge tun, dann sollen die Dienstpflichtigen sie zerstören. Unten: Landrecht II 72 § 1: Boten des Richters suchen auf einer Burg einen flüchtigen Friedensbrecher.

keine ausreichende Basis für die Durchsetzung herzoglicher Herrschaft mehr. Zu mächtig war in dieser Hinsicht noch immer die Stellung der Welfen, welche sogar 1235 den Herzogsrang zurückerhielten. Daher bedeutete das den Askaniern bis 1422 verbliebene sächsische Herzogtum nur noch wenig. Auch im Mittelelberaum spielte es keine wesentliche Rolle mehr. Diese ging vielmehr an die benachbarten Landesfürsten über. Ihre Erfolge wären allerdings noch ausschlaggebender gewesen, wenn sie nicht gemäß damaligem Fürstenrecht beim Vorhandensein mehrerer erbberechtigter Söhne ihre Herrschaften durch Teilungen immer wieder geschwächt hätten. Hinzu kommt, daß der Tod vielen Familien mit aussichtsreichen Herrschaftsbildungen ein Ende bereitet hat. Dies gilt beispielsweise für die ältere askanische Linie, welche die Markgrafschaft Brandenburg zugeteilt erhalten hatte. Sie endete bereits 1319/1320. König Ludwig IV., der Bayer (R 1314–1347), gab nun das Land nicht einem der anderen askanischen Häuser, sondern als erledigtes Reichslehen seinem ältesten Sohn. Die Bildung eines askanischen Großterritoriums war damit endgültig zunichte gemacht. Als auch 1422 die wittenbergische Linie der Askanier ausstarb, wiederholte sich der geschilderte Vorgang. Da er mit den Anhaltern verfeindet war, belehnte König Sigismund (R 1410–1437) im Jahre 1423 die wettinischen Markgrafen von Meißen mit dem von ihm als erledigt angesehenen Reichslehen. Mit dem wittenbergischen Herzogtum war aufgrund des Titels das Recht der Teilnahme an der Wahl der deutschen Könige und somit später der Kurfürstentitel verbunden. Der Erwerb dieses Landes bedeutete daher für die Wettiner zwar eine willkommene, aber keineswegs eine bedeutsame Machterweiterung, wohl aber brachte er ihnen durch den damit verbundenen Fürstentitel einen beträchtlichen Zugewinn an Ansehen. Der Titel und der Name Sachsen übertrug sich damit auf die gesamten Besitzungen des Hauses und wanderte infolgedessen jetzt elbaufwärts, wo er an dem heutigen Land Sachsen haftenblieb, bis er von dort aus 1816 auf das bis dahin eines einheitlichen Namens entbehrende Land an der Mittelelbe zurück übertragen wurde.

Vom Hause Askanien blieb allein die anhaltische Linie bis heute erhalten. Ihr waren die ursprünglichen Hausgüter zwischen Harz und Elbe übertragen worden. Von diesen ging Aschersleben schon 1315 an das Bistum Halberstadt verloren, während 1307 Zerbst, im Spätmittelalter die wirtschaftlich bedeutsamste Stadt des Landes, hinzuerworben werden konnte. Durch immer erneute Erbteilungen verurteilten sich die Fürsten von Anhalt bis ins 19. Jh. zur Bedeutungslosigkeit.

Trotz der auch bei ihnen üblichen Erbteilungen konnten dagegen die Wettiner als Markgrafen von Meißen ihre Bedeutung durchaus bewahren. Dies hing mit ihrer geschickten Territorialpolitik zusammen, konnten sie doch nach 1249 die Landgrafschaft Thüringen ebenfalls in ihren Besitz bringen. Durch den aufblühenden Bergbau im Erzgebirge gewannen sie ferner an Einfluß und Reichtum. Vom späteren Sachsen-Anhalt unterstanden ihrer Herrschaft anfangs nur die südlichen und südöstlichen Gebiete. Erst mit dem Erwerb des Kurfürstentums Sachsen-Wittenberg schoben sich die Schwerpunkte ihrer Macht aus dem Elbtalkessel bei Dresden wieder nach Norden, wo nun Wittenberg und das schon immer meißnische Torgau längere Zeit als Residenzen dienten. Von den geistlichen Würdenträgern des späteren Sachsen-Anhalt gelang es am ehesten den Erzbischöfen von Magdeburg, einen Staat mittlerer Größe auszubauen. Die bedeutenden Erzbischöfe Norbert von Xanten (R 1126–1134), Wichmann von Seeburg (R 1152–1192) und Albrecht II. von Käfernburg (R 1205–1232) konnten aufgrund von Schenkungen aus der Ottonenzeit und durch Siedlungstätigkeit im Wendengebiet ihr Territorium erweitern. Es umfaßte später die Börde, das Jerichower Land zwischen Elbe und Havel sowie den Saalkreis um Halle, dazu das abgelegene Gebiet um Jüterbog auf dem Fläming. Gegen Ende des Mittelalters geriet dieser geistliche Staat zunehmend unter den Einfluß der benachbarten weltlichen Fürstentümer, vornehmlich Kursachsens und der seit 1415 in der Mark Brandenburg herrschenden Hohenzollern. Das Territorium des zweitwichtigsten geistlichen Fürsten im hier behandelten Raum, des Bischofs von Halberstadt, war wenig umfangreich und auf den Raum zwischen Harz und Großem Bruch sowie zwischen Oker und Eine beschränkt. Es war zeitweilig dem Druck der benachbarten Harzgrafen und später der welfischen Herzöge von Braun-

Lucas Cranach d. J.: Der Unterschied zwischen ev. und kath. Gottesdienst (1548). Links Luther als Verkünder der neuen Lehre, rechts der alte Glaube, symbolisiert durch den Ablaßhandel.

schweig ausgesetzt. Noch unbedeutender waren die weltlichen Territorien der Bischöfe von Naumburg und Merseburg, die sich außerdem zunehmend dem Kurfürstentum Sachsen einordnen mußten. Von den kleineren Herrschaften des späteren Sachsen-Anhalt seien die Grafen von Blankenburg-Regenstein und die Grafen von Wernigerode aufgeführt. Erstere Grafschaft kam 1599 nach Aussterben der Familie an die Herzöge von Braunschweig, letztere erbten 1429 die südlich des Harzes ansässigen, noch heute existierenden Grafen von Stolberg als brandenburgisches Lehen. Östlich des Harzes sind die Grafen von Querfurt-Mansfeld zu nennen. Sie gewannen zunächst Ansehen und Reichtum durch den Kupfer- und Silberbergbau in ihrem Gebiet. Gegen Ende des Mittelalters gerieten sie, wohl durch Fehlinvestitionen im Bergbau sowie durch Erbteilungen infolge sehr reichen Kindersegens, in so erhebliche Schulden, daß die Lehensherren Sachsen, Halberstadt und Magdeburg 1573 die Grafschaft unter Sequester stellen mußten. Die Herrschaft Querfurt kam im Jahre 1496 nach Aussterben an Magdeburg.

Vom Spätmittelalter zum Dreißigjährigen Krieg

1485 hatten die Wettiner ihre Territorien in sehr folgenschwerer Weise zwischen den älteren Ernestinern und den jüngeren Albertinern geteilt. Das wittenbergische Gebiet mit der dazugehörigen Kurwürde gelangte an die ältere Linie des Hauses, ebenso Innerthüringen. Meißen und Nordthüringen kamen an die albertinische Linie, somit auch Leipzig mit seiner damals drittältesten Universität auf Reichsboden. Deshalb gründete Kurfürst Friedrich der Weise (R 1486–1525) in der von ihm bevorzugten Residenz Wittenberg 1502 eine weitere Universität, welche vor allem auf dem Gebiet der Theologie eine führende, auf Reformen der bestehenden Kirche ausgerichtete Stellung einzunehmen begann. Neben anderen bedeutenden Theologen lehrte hier seit 1512 der aus dem sachsen-anhaltischen Eisleben stammende Bergmannssohn Martin Luther (* 1483, † 1546) als Professor der Theologie. Wittenberg war der Metropolitangewalt der Magdeburger Erzbischöfe unterstellt. In diesem Erzbistum war aber 1513 eine folgenreiche Entscheidung insofern gefallen, als nach dem Wettiner Ernst von Sachsen (R 1476–1513) der Hohenzoller Albrecht II. (R 1513–1545) zum Erzbischof gewählt worden war. Zusätzlich konnte dieser noch 1513 den Bischofsstuhl von Halberstadt und 1514 den Erzbischofsstuhl von Mainz entgegen dem gültigen Kirchenrecht einnehmen. Der Papst hatte nur gegen Versprechen erheblicher Geldbeträge seine Zustimmung gegeben. Im Auftrage des Erzbischofs sollten diese Gelder in dessen Bistümern aufgebracht werden, indem dort Sündenablaß aufgrund von Geldzahlungen erteilt werden sollte. Dieses von ihm heftig abgelehnte Verfahren gab nun Luther Anlaß, seine hauptsächlich dagegen gerichteten Thesen 1517 zu veröffentlichen. Daraus entstand die Reformationsbewegung, welche, immer mehr in Grundsatzfragen übergehend, zunächst das ernestinische Sachsen, dann aber auch die benachbarten Länder ergriff. Bis 1555 war fast der gesamte Mittelelberaum dieser Bewegung anheimgefallen. Nur die Domstifter zögerten noch. Schließlich blieben allein in Halberstadt ein Drittel der Domherren und einige Klöster der Diözese und der benachbarten Erzdiözese Magdeburg dauernd dem alten Glauben treu. Die geistlichen Fürstentümer hätten jetzt eigentlich ihre Daseinsberechtigung verloren gehabt. Aber ihr Schicksal wurde eine Frage der großen Politik, bei der vor allem der Papst und der Kaiser mitzureden hatten. Die Entscheidung brachte erst nach vielem Hin und Her der Westfälische Friede von 1648. Danach sollte Halberstadt sofort an Brandenburg fallen. Gleiches war für Magdeburg vorgesehen. Doch sollte das Land erst nach dem Tode des 1628 eingesetzten Administrators, Herzog Augusts von Sachsen (R 1628–1680), übergeben werden. Die Bistümer Merseburg und Naumburg wurden praktisch Kursachsen unterstellt. Insgesamt hatte also Brandenburg seine Stellung im Mittelelberaum merklich festigen können, während Kursachsen an Boden verloren hatte. Dabei waren hier schon vorher als Folge der Reformation weitere Vorentscheidungen gefallen. Ohne die religiöse Unruhe der Zeit wäre wohl damals der weitgehend auf anderen als religiösen Ursachen beruhende Bauernkrieg in Hessen und Thüringen noch nicht losgebrochen. Anders als der sich zurückhaltende Luther wirkte der aus Stolberg im Harz gebürtige radikale Prediger Thomas Müntzer (* um 1490, † 1525) als anstachelnder Führer. In dem hier zu betrachtenden Raum ergriff der Aufstand von Thüringen auch das Mansfeldische und das Halberstädtische, während im Magdeburgischen nur einige Klöster gestürmt wurden. Bei Frankenhausen konnten die betroffenen Fürsten 1525 die Bauern so niederschlagen, daß fortan Ruhe herrschte. Wenig mehr als 20 Jahre später mußte Kurfürst Johann Friedrich der Großmütige (R 1532–1547), Führer der seit 1531 im Schmalkaldischen Bund zusammengeschlossenen evangelischen Reichsstände, im Schmalkaldischen Krieg 1547 bei Mühlberg eine schwere Niederlage hinnehmen, die ihm der Kaiser und sein albertinischer Vetter Moritz von Sachsen beigebracht hatten. Die Folge war, daß der in Gefangenschaft geratene Kurfürst nicht nur die Kurwürde, sondern auch die damit verbundenen wittenbergischen und andere Gebiete an seinen Vetter abgeben mußte. Somit traten die Albertiner an die Spitze Kursachsens, während sich die Ernestiner seither in Thüringen in immer neuen Erbteilungen verzettelten. Diese Vorgänge hätten beinahe zum Ende der reformatorischen Bewegung führen können, wäre nicht der nunmehrige Kurfürst Moritz 1552 vom Kaiser abgefallen. Selbst die evangelisch gewordene Stadt Magdeburg, die sich 1551 den kaiserlichen Beauftragten hatte ergeben müssen, konnte ihre weitgehenden Freiheiten wiedergewinnen. Sehr viel einschneidendere Folgen als der Bauernkrieg und der Schmalkaldische Krieg hatte im Mittelelberaum und seinen angrenzenden Gebieten der Dreißigjährige Krieg. Denn hier inmitten des Reichs, wo zudem die Frage der geistlichen Fürstentümer mit zu entscheiden war, griffen immer wieder die am Krieg Beteiligten ein. Folgenreiche Schlachten fanden hier damals statt, so 1626 an der Dessauer Elbbrücke, 1632 bei Lützen, wo König Gustav II. Adolf von Schweden (R 1611–1632) den Schlachtentod fand. Besonders stark litt die Stadt Magdeburg, die 1631 einer nahezu totalen Zerstörung anheimfiel (bei der Eroberung durch Tilly im Mai 1631 ging die Stadt in Flammen auf).

Vom Westfälischen Frieden zu den Befreiungskriegen

Der Wiederaufbau nach 1648 ging nur langsam vor sich, zumal er durch Seuchen und erneute kriegerische Handlungen behindert wurde. Verhältnismäßig rasch erholten sich Handel und Gewerbe in Kursachsen, da hier recht günstige Voraussetzungen vorhanden waren. Doch scheinen die später (1815) an Preußen abgetretenen kursächsischen Gebiete davon weniger erfaßt worden zu sein. Um 1700 bemühte sich die Verwaltung des Landes auch um die Durchführung bestimmter Reformen, hatte damit allerdings wohl wenig Erfolg. Eine starke Stellung behielten hier auch die Stände, welche manche Neuerung verhindern konnten. Außerdem schwächte sich der wettinische Staat selbst noch dadurch, daß 1657 für die Versorgung der drei jüngeren Söhne des Kurfürsten Johann Georg I. (R 1611–1656) zwar staatsrechtlich nicht voll selbständige, aber finanziell recht unabhängige Sekundogeniturfürstentümer abgeteilt wurden. Die so entstandene Linie Sachsen-Weißenfels (1657–1746) stattete sogar noch zwei Nebenlinien in Querfurt (1657–1744) und in Barby (1680–1739) mit Besitzungen aus. Sonst hatte sie vor allem Besitz im nördlichen Thüringen. Sachsen-Merseburg (1657–1738) und Sachsen-Zeitz (= Naumburg, 1657–1718) basierten auf den früheren Stiftsgütern, erhielten aber noch weitere umfangreiche Güter dazu. Durch umfangreiche Schloßbauten, Theater und Hofkapellen haben diese Duodezfürsten der vielgepriesenen Kultur des Dresdner Hofes zu einer Ausstrahlung in das später sachsen-anhaltische Gebiet verholfen. Finanziell schwer belastet wurde Kursachsen auch durch die Bemühungen seiner Kurfürsten um den Erwerb der polnischen Königskrone. Kurfürst August der Starke (R 1694–1733) wurde außerdem als König von Polen mitsamt seinem Stammland in höchst nachteiliger Weise 1700 in den Nordischen Krieg verwickelt. So war Sachsen mit dem Beginn der Schlesischen Kriege dem Zugriff Preußens ausgesetzt, das dieses Land nicht nur finanziell und wirtschaftlich ausbeutete, sondern auch mehrfach zum Kriegsschauplatz machte, wie die Schlachten von Roßbach 1757 und Torgau 1760 bezeugen. Nach 1763 begann man mit sicher keinesfalls wirkungslosen Reformen, um die Kriegsfolgen zu beseitigen. Das hat aber nichts daran ändern können, daß dieser Staat seit der ersten Hälfte des 18. Jh. politisch-militärisch nur noch wenig bedeutete. 1806 zunächst an der Seite Preußens gegen Napoleon kämpfend, wurde Kurfürst Friedrich August III. (R 1768–1827) in die Niederlage von Jena hineingezogen und gezwungen, die Partei zu wechseln. Dies brachte ihm den Königstitel von Napoleons Gnaden ein.

Der dauernde Rivale Sachsens nicht nur an Elbe und Saale blieb Brandenburg, das seit 1701 zum Königreich Preußen erhoben worden war. Seit dem Westfälischen Frieden 1648 hatte es nahezu den gesamten Nordteil des späteren Sachsen-Anhalt im Besitz. Die Kriegsfolgen suchte der Große Kurfürst Friedrich Wilhelm (R 1640–1688) durch die Aufnahme zahlreicher französischer, wallonischer und Pfälzer Glaubensflüchtlinge zu beseitigen. Unter König Friedrich I. (R 1688–1713) wurde 1694 die erste moderne Universität Deutschlands in Halle gegründet, die dem werdenden preußischen Staat ein geistiges Fundament vor allem im Sinne des Pietismus gegeben hat. Friedrich Wilhelm I. (R 1713–1740) drängte zunächst den Einfluß der Stände und des opponierenden Adels zurück. 1723 reformierte er die umständliche Verwaltung durch die Errichtung neuer Mittelbehörden. Schließlich begann unter ihm der verstärkte Aufbau der Armee und die Ausgestaltung Magdeburgs zur stärksten Festung seines Landes. Sie hat nie eine Belagerung aushalten müssen, sich aber insofern bewährt, als sie nicht nur den Hof und den Staatsschatz in den Kriegen geschützt hat, sondern weil sie die feindlichen Armeen in den Schlesischen Kriegen dem Mittelelberaum weitgehend ferngehalten hat. Friedrich der Große (II., R 1740–1786) ließ zahlreiche Meliorationen durchführen und den Plauer Kanal zur besseren Versorgung Berlins anlegen. Im Sinne der Eigenherstellung aller Güter im Lande, des sogenannten Merkantilismus, förderten beide Könige Landwirtschaft, Gewerbe und Handel. Damals entstanden in Städten wie Magdeburg und Halle die ersten Manufakturen als Vorläufer der Industrialisierung. – Im Vergleich zu Preußen spielten die seit 1603 vier anhaltischen Fürstentümer eine sehr geringe Rolle, zumal sie sich der preußischen Übermacht auf die Dauer kaum entziehen konnten. Doch hatten sie für die Förderung der Kultur im Mittelelberaum große Bedeutung, da es hier an weiteren, in dieser Richtung wirkenden Residenzen fehlte.

Der Zusammenbruch Preußens 1806 wurde durch die Schlacht von Jena und durch die Parallelschlacht von Auerstedt auf späterem sachsen-anhaltischen Boden ausgelöst. Die veraltete und kaum vorbereitete Festung Magdeburg kapitulierte. Infolge dieser und anderer Niederlagen mußte Preußen im Frieden von Tilsit 1807 sein gesamtes Gebiet westlich der Elbe einschließlich der Altmark, der »Wiege« dieses Staates, an den Sieger Napoleon abtreten. Dieser ließ daraus unter seinem Bruder Jérôme ein Königreich Westphalen bilden. Obwohl in diesem Gebiet viele Reformen im Sinne der Französischen Revolution durchgeführt wurden, erfreute es sich wegen seiner hohen Steuern und Zwangsrekrutierungen für die Armeen Napoleons keiner Sympathien.

Von den Befreiungskriegen zum Zweiten Weltkrieg

Die allgemeine geographische Situation und die von Napoleon vorsorglich ausgebaute Befestigungskette an der Elbe (Magdeburg, Wittenberg, Torgau, Dresden) hatten zur Folge, daß ein Hauptteil der Kampfhandlungen von 1813/1814 abermals im Mittelelberaum und seiner unmittelbaren Nachbarschaft stattfand, bis die Entscheidung bei Leipzig fiel. Hauptopfer der Friedensverhandlungen in Wien wurde das relativ schwache Sachsen, das nahezu die Hälfte seines bisherigen Staatsgebietes im Norden an Preußen abtreten mußte. Aus diesen wurde zusammen mit der altbrandenburgischen Altmark, den 1648 erworbenen Territorien sowie in Nordthüringen gelegenen ehemals sächsischen und mainzischen Besitzungen 1816 die nunmehrige Provinz Sachsen gebildet. Ihr Name sollte sowohl an das alte Herzogtum Sachsen wie an die Tatsache der kursächsischen Herkunft eines Teils dieser Länder erinnern. Die damals bis 1847 bzw. 1863 noch bestehenden drei Herzogtümer Anhalt wurden dieser Provinz nicht angeschlossen, sondern blieben, seit 1863 als einheitliches Land, bis 1945 selbständig. Provinzhauptstadt wurde Magdeburg. Dort, in Merseburg und im thüringischen Erfurt wurden Regierungen als Mittelinstanzen eingerichtet. Die Universität blieb in Halle, während die von Wittenberg 1816 aufgehoben wurde. Die genannten und viele andere Maßnahmen sollten vor allem die Angleichung der bisher sächsischen Gebiete an Preußen herbeiführen. Am stärksten ausgleichend hat die um 1830 einsetzende Industrialisierung gewirkt. Sie begann zunächst mit der fabrikmäßigen Herstellung von Rübenzucker, durch deren Maschinenbedarf die Maschinenfabrikation in Gang kam. Der Kohlebedarf der Zuckerfabriken hatte den Beginn des Abbaus der reichen Braunkohlenvorräte zur Folge. Hinzu kam die Gewinnung von Kali, was wiederum zum Aufbau der chemischen Großindustrie führte. Wegen der günstigen Lage inmitten des damaligen Reichs wurden endlich im 20. Jh. viele Werke der Rüstungsindustrie in diesem Bereich errichtet. So entwickelte sich hier eine wirtschaftliche Nivellierung, welche bestehende Eigenarten und Besonderheiten überdeckte. Allerdings wurden die wichtigsten wirtschaftlichen Entscheidungen von zentralen Stellen meist in Berlin getroffen. Ähnliches gilt für die Politik. Beispielsweise hat Otto von Bismarck (* 1815, † 1898) seine politische Laufbahn in der Provinz zwar eröffnet, beendete sie aber in der nunmehrigen Reichshauptstadt Berlin.

Das politische Leben im Lande begann zunächst mit deutlichem Vorsprung der Konservativen, die aber ihre Stellung bald weitgehend an die Liberalen abgeben mußten. Bei den nach allgemeinem, gleichem Wahlrecht abgehaltenen Reichstagswahlen setzten sich etwa ab 1900 in den größeren Städten und in den Industriegegenden die Sozialdemokraten an die Spitze. Diese Stellung konnte auch nach 1918 gehalten werden. Die Revolution von 1848 verlief in der Provinz Sachsen relativ ruhig. Auch die Ereignisse von 1918 standen zumeist im Schatten der in Berlin fallenden Entscheidungen. Gefährliche kommunistische Aufstände im Raum Halle–Merseburg und im Mansfeldischen konnten 1921 von der Reichsregierung niedergeschlagen werden. Die infolge des verlorenen Krieges darniederliegende Wirtschaft mit ihren um 1930 stark ansteigenden Arbeitslosenzahlen hatte zunächst eine Radikalisierung der linksgerichteten Parteien zur Folge, bildete dann aber auch einen der Gründe für die Zunahme der Nationalsozialisten, die freilich selbst 1933 die absolute Mehrheit hier nicht erreichen konnten. Der erneute Aufbau einer Rüstungsindustrie verhalf dem Land zu einer kurzen Scheinblüte, die im Bombenhagel und im Zusammenbruch von 1945 enden sollte. Am 25. April dieses Jahres reichten sich bei Torgau amerikanische und russische Truppen die Hände.

Der Bezirkstag Magdeburg 1952: Bauern und Landarbeiter sollten gemeinsam über Fragen der Landwirtschaft beraten.

Nach dem Zweiten Weltkrieg

Zunächst hatten die amerikanischen Truppen die Provinz Sachsen bis an Elbe und Mulde erobert. Gegen Überlassung der Westsektoren von Berlin räumten sie im Juli 1945 diese Gebiete zugunsten der Sowjetischen Militäradministration. Infolgedessen teilte das Land nun das Schicksal der übrigen russisch besetzten Gebiete. Als Reparationsleistungen wurden die restlichen Fabriken und die Eisenbahn weitgehend demontiert. Die Landwirtschaft verlor durch Enteignungen und Kollektivierungen ihre Spitzenstellung. Zahlreiche Vertriebene aus dem deutschen Osten überschwemmten das daniederliegende Land. Infolgedessen setzte der Wiederaufbau nur langsam und stockend ein. Zahlreiche Bewohner verließen bis 1961 das Land. Nach einer Säuberungswelle hatten die Russen zunächst die bisherige Verwaltung im Juli 1945 wieder in Gang gesetzt. Die von ihnen gleichfalls besetzten ehemals braunschweigischen Exklaven Blankenburg und Calvörde sowie Teile von Thüringen wurden nun ebenso wie das bisherige Land Anhalt mit der Provinz Sachsen (ohne Reg.-Bez. Erfurt) vereinigt, die seit 1947 als Land Sachsen-Anhalt bezeichnet wurde. Dieses bestand aber nur bis 1952, denn nun wurde es in die erheblich verkleinerten Bezirke Magdeburg und Halle aufgeteilt. Die politische Einheit des Mittelelberaums hat also nur wenige Jahre bestanden, obwohl sich hier vor allem seit dem 19. Jh. ein historisch gewachsenes eigenständiges Gebilde entwickelt hatte.

OTTFRIED NEUBECKER

Sachsen-Anhalt: Wappen und Flaggen

Die Verschmelzung des ehemaligen Herzogtums Anhalt mit der umliegenden preußischen Provinz Sachsen war, als Sachsen-Anhalt im März 1947 unter dem Titel »Land« aus dem Zusammenbruch von 1945 hervorging, bereits soweit vollzogen, daß das neue Landeswappen nur sächsische Elemente aufwies und keine anhaltischen.

Das Wappen des Herzogtums Anhalt, das bis 1806 nur ein Fürstentum geblieben war, ist mit der Wappengeschichte von → Sachsen und der Wappengeschichte der Mark → Brandenburg eng verflochten. Es bestand im gespaltenen Schilde aus einem halben (brandenburgischen) roten Adler am Spalt und daneben dem Rautenkranzwappen von Sachsen. Das ehemalige Herzogtum Anhalt (seit 1806/1807 Herzogtum, vorher Fürstentum), dessen Wappen ungeschmälert an die Frühzeiten des askanischen Fürstenhauses erinnert (das Fürstentum Anhalt war der Rest des Herrschaftsbereiches der Askanier, der sich im 11. Jh. vom Harzvorland bis zum Fläming erstreckte), führte im 19. Jh. auch, wie andere deutsche Monarchien, Kokarde und Landesfarben ein. Zunächst behielt man 1814 »die Anhaltische grüne Kokarde« für den »allgemeinen Landsturm« bei; dabei blieb es für alle anhaltischen Militär- und Amtspersonen. Weiß konnte (→ Sachsen) bei Armbinden, dann auch Flaggen hinzutreten. In den neunziger Jahren des vorigen Jahrhunderts setzte sich die rot-grün-weiß gestreifte Flagge mit ihren Farben als Landesfarben durch.

Im 14. und mehr noch im 15. Jh. reicherte man den Wappenschild mit traditionsbeladenen Wappen an. Ein quadrierter Schild mit den schwarz-weiß geschachten Feldern für Askanien und dem Bären des legendären Behringergeschlechts neben dem Adler-Rautenkranzwappen in der Mitte markiert einen Zwischenhöhepunkt vor den hauptsächlich durch Hinzunahme der klassischen Wappen zweier ausgestorbener Geschlechter um 1556 zusammentretenden neuen Feldern. Diese neuen Felder wurden zu neun Feldern gruppiert, und auf diese neun Felder setzte man wegen eines 1689 fällig gewordenen Erbanspruchs drei weitere Felder, die darauf hinweisen sollten, daß das Herzogtum Sachsen-Lauenburg der rechtmäßige Erbe der Kurwürde der Dresdner Wettiner sei.

Diese dynastisch bestimmte Gruppierung wurde 1924 von dem im Jahre 1918 neuproklamierten Freistaat nicht übernommen; an die Stelle trat der Bär, der seit 1344 als Nebenwappen mit Bezug auf Bernburg vorkommt und seit dem 15. Jh. auf einer Zinnenmauer emporschreitet.

Als 1945 die preußische Provinz Sachsen(-Anhalt) auf das Rautenkranzwappen von Sachsen zurückgriff, behielt sie eine Eigentümlichkeit des Provinzwappens aus preußischer Zeit nicht bei, nämlich die historisch berechtigte Reihenfolge der zehn golden-schwarzen Querstreifen, mit der sich das preußische »Herzogtum« Sachsen von der schwarz-goldenen Reihenfolge des Königreichs Sachsen unterschieden hatte. An die Stelle des leeren Raumes über dem Rautenkranzfeld, der dank dem Wegfall des 1927 eingeführten preußischen Schildhauptes des Provinzialwappens entstanden war, trat eine Kombination von zwei Bergwerkshämmern und drei Landwirtsähren.

In der Bundesrepublik Deutschland wird für Sachsen-Anhalt das Provinzialwappen gezeigt, das mit dem preußischen Adler von 1927 bis 1933 gegolten hatte.

Wappen des 1918 proklamierten Freistaates Anhalt

Wappen des Herzogtums Anhalt

Wappen des Landes Sachsen-Anhalt, seit 1947

DIETRICH PFAEHLER

Kultur gestern und heute

Das Land Sachsen-Anhalt hat nicht lange genug bestanden, um den nachlebenden Generationen in irgendeinem Zusammenhang mit Kunst und Kultur in Erinnerung zu bleiben. Sachsen, Brandenburg, Mecklenburg und Thüringen wecken in diesem Zusammenhang mehr oder weniger zahlreiche und vielfältige Assoziationen. Wenn die Frage nach der kulturellen Überlieferung Sachsen-Anhalts in der Regel zunächst einmal quälend langes Nachdenken beflügelt, so liegt das daran, daß dieses Land kein politisches Profil im historischen Gedächtnis der Deutschen besitzt. Die Beiträge des Landes zur deutschen Kultur- und Geistesgeschichte sind dagegen bedeutend, seine überlieferten Kunstdenkmäler sind zahlreich und von hoher Qualität, und das nicht nur deshalb, weil die Kämpfe am Ende des Zweiten Weltkrieges hier weniger heftig und zerstörerisch waren als im Osten der DDR und so noch relativ viele Kulturgüter die alliierten Bombenangriffe (auf Magdeburg, Halberstadt, Halle, Merseburg, Dessau, Zerbst u.a.) und die Vernachlässigungen und Zerstörungen der ersten Jahrzehnte der DDR überstanden. Da aber in überreichem Maße mittelalterliche Kunstdenkmäler, vor allem Bauwerke, überliefert sind, zeigt aus historischen Gründen gerade die Kunst eine Einheit des Mittelelbegebietes, die in anderen Bereichen und auch politisch nicht oder schwer zu erkennen oder gar zu begründen ist. Trotzdem ist aber immer zu bedenken, daß auch Kunst und Kultur Sachsen-Anhalts Teil größerer Zusammenhänge im nord- und nordostdeutschen bzw. im mitteldeutschen Raum sind.

Sachsen-Anhalt kann mit relativ vielen frühen Kulturzeugnissen aufwarten, von denen nur der »Reiterstein von Hornhausen« aus dem Kreis Oschersleben (jetzt Landesmuseum für Vor- und Frühgeschichte in Halle) und die »Merseburger Zaubersprüche« erwähnt seien. Der Reiterstein ist vermutlich ein Zeugnis der fränkischen Herrschaft des 6. oder 7. Jh., während die »Zaubersprüche« eines der bedeutendsten althochdeutschen Sprachdenkmale darstellen, aber wohl nur zufällig mit ihrem Fundort Merseburg in die Kulturgeschichte Sachsen-Anhalts gelangt sind.

Städte als Gesamtkunstwerke

Die Bezirke Magdeburg und Halle sind reich an kunsthistorisch sehr bedeutenden Städten, größeren und kleinen, von denen hier nur beispielhaft genannt werden sollen Stendal, Tangermünde, Seehausen, Salzwedel und Gardelegen in der Altmark, Magdeburg (Börde) und Burg (Jerichower Land), Osterwieck, Halberstadt, Wernigerode, Quedlinburg und Aschersleben im nördlichen, Stolberg, Mansfeld und Eisleben im südlichen Harzvorland, Bernburg, Aken, Köthen, Zerbst und Dessau im ehemaligen Anhalt, Halle, Merseburg, Weißenfels, Naumburg und Zeitz im Süden im Saalegebiet. Zu nennen sind auch noch Wittenberg an der Elbe, Havelberg, das eigentlich zu Brandenburg zu rechnen ist (nun Bezirk Magdeburg) und das sachsenanhaltische Torgau (nun Bezirk Leipzig). Diese Städte sind Gesamtkunstwerke im Wortsinn, sie verfügen nicht nur über ein oder mehrere wichtige Bauwerke, vielmehr stehen diese Bauwerke in einem baulich geschlossenen Stadtbild von einiger Bedeutung. Das gilt mit einigen Abstrichen auch für die bereits erwähnten kriegszerstörten Städte und auch für die denkmalpflegerischen Unterlassungen, die lange an der Tagesordnung waren. Stendal ist eines dieser Gesamtkunstwerke. Erhalten sind Teile der mittelalterlichen Stadtbefestigung mit kunstvollen Tortürmen, malerische Straßenzüge mit alten Bürgerhäusern, ein ansehnlicher Marktplatz mit Rathaus und Roland (die Rolandsfiguren finden sich in vielen Städten Sachsen-Anhalts) und bedeutende Kirchen, die spätgotische Altäre, Skulpturen und Glasfenster bergen. Von jeder der genannten Städte Sachsen-Anhalts (und manche nichtgenannte Stadt dazu) läßt sich in anderer Akzentsetzung Ähnliches berichten. Regionale Unterschiede sind dabei deutlich. In der Altmark bestimmen kunstvolle Backsteinbauten das Bild. Weiter südlich sind die Kirchen aus Hausteinen, am Harz herrschen reichgestaltete Fachwerkhäuser vor, die im Saalegebiet nicht auftreten. An der Saale finden sich auch stärker barocke Bauten, heute noch wirkt Weißenfels eher wie eine barocke Residenzstadt, was auch für Dessau vor seiner Zerstörung galt.

Kirchen und Klöster

Unter den vielen städtischen Kirchen ragen fünf Dome hervor, deren Vorgängerbauten seit dem 10. Jh. nachweisbar sind: Havelberg (12. und 13. Jh.), Merseburg (11. Jh., Langhaus vom Anfang des 16. Jh.), Halberstadt (13.–15. Jh.), Naumburg (13. Jh.) und Magdeburg (13. und 14. Jh.). Hinzurechnen kann man noch den Dom in Halle, eigentlich das von Kardinal Albrecht von Brandenburg (Erzbischof von Magdeburg) nach 1520 ausgebaute Neue Stift, die Bischofskirche seines Residenzortes Halle. Die Dome von Magdeburg und Naumburg zählen zu den wenigen wesentlichen frühgotischen Bauwerken in Deutschland. Architektonisch bemerkenswerte Kirchenbauten finden sich jedoch nicht nur in den Städten, sondern auch auf dem Lande. Neben den vielen romanischen, gotischen und barocken Dorfkirchen ragen relativ viele ehemalige Klosterkirchen hervor, darunter in der Altmark Jerichow (12. Jh.) und Arendsee (Ende 12. Jh.), beide eindrucksvolle spätromanische Backsteinbauten, am Harz Gernrode (10. Jh.) und Quedlinburg (Anfang 12. Jh.), bei Halle die Kirche auf dem Petersberg (12. Jh.), an der Saale Schulpforte (13. Jh.), im Magdeburger und Halberstädter Umland Hadmersleben (13. Jh.), Hamersleben (12. Jh.), Gröningen (12. Jh.) und Drübeck (12. Jh.). Jerichow, Gernrode und Quedlinburg sind wohl die kunstgeschichtlich herausragendsten romanischen Kirchenbauten Sachsen-Anhalts.

Burgen und Schlösser

Sachsen-Anhalt war auch ein Land der Burgen und Schlösser. Trotz vieler Verluste in der Nachkriegszeit können das die Nachfolgebezirke auch noch heute von sich behaupten. Sprichwörtlich burgenreich ist der Saalelauf, genannt seien nur aus dem 12. und 13. Jh. die Ruinen Rudelsburg, Saaleck und Schönburg südlich von Naumburg, die Moritzburg bei Halle (1484–1509) und Schloß Wettin (12.–18. Jh.). Viele Burgen finden sich auch im Harz und seinem weiteren Umland, neben den bekannten wie Wernigerode, Blankenburg und Stolberg die einsame Burg Falkenstein (etwa 1120–1180), Mansfeld (11.–16. Jh.), Seeburg am Süßen See (11.–17. Jh.) und Querfurt (10.–15. Jh.). Mehrere Linien des Hauses Anhalt haben im Elbe-Saaleraum bedeutende Residenzschlösser hinterlassen, darunter die Renaissancebauten Bernburg (1538/70), Plötzkau (1556/69) und Coswig (17. Jh.). Barockschlösser sind Oranienbaum (nach niederländischen Vorbildern 1683/98), Barby (1687–1715), Mosigkau (v. Knobelsdorff 1752/57) und Wörlitz (v. Erdmannsdorff 1765/73). Die bedeutenden Schlösser von Zerbst und Dessau sind wie beide Städte im Zweiten Weltkrieg vernichtet worden. Von den Schlössern des Landadels sind inzwischen wieder einige hergerichtet und gepflegt, darunter das barocke Burgscheidungen an der Unstrut mit seinem Barockgarten (1724/27) und das Renaissanceschloß Leitzkau östlich von Magdeburg. Dem thüringischen Frühbarock (Gotha) verwandt sind die festungsähnlichen Schlösser in Weißenfels und Zeitz, die kurz nach Ende des Dreißigjährigen Krieges gebaut wurden.

Die Kunst der Bildhauer

Fast jede der schon erwähnten malerischen Städte besitzt ansehnliche Profanbauten – Befestigungen, Bürgerhäuser, Rathäuser, darunter der malerische Fachwerkbau des Rathauses in Wernigerode (1494/98) und das einzigartige gotische Rathaus von Tangermünde (1440/80). Angesichts der reichen architektonischen Überlieferung ist es zwangsläufig, daß auch viele architekturgebundene Bildhauerwerke (Bauplastik, Kirchenausstattungen wie Schnitzaltäre, Chorgestühle) erhalten blieben, von denen sich neben normaler Kirchenausstattung (spätgotische Bildwerke in der Altmark, besonders in Salzwedel und Stendal) oder den vielen Epitaphien und Grablegen (z. B. die Gruft der Mansfelder Grafen in Eisleben) einige Besonderheiten hervorheben lassen.

Aus historischen Gründen haben im Bereich der Hochstifte bzw. Herzogtümer Magdeburg und Halberstadt relativ viele romanische Klosterkirchen bis in die Gegenwart überdauert, und mit diesen auch Reste der Ausstattung, darunter eine Reihe von für Sachsen-Anhalt typischen einzigartigen Stuckarbeiten. Ältestes Beispiel sind die Fragmente des »Heiligen Grabes« in der Stiftskirche Gernrode (erste Hälfte 12. Jh.), dazu drei etwa gleichzeitige Gedenkplatten für bedeutende Äbtissinnen (Adelheid I., Beatrix, Adelheid II.) in der nahen Stiftskirche zu Quedlinburg. Um 1200 dürfte die Stucktechnik weit verbreitet gewesen sein, erhalten sind aus dieser Zeit mit der Westempore aus Gröningen,

Reiterstein von Hornhausen: Das germanische Relief stammt vermutlich aus dem Zeitraum der Völkerwanderung.

den Chorschranken von Hamersleben und vor allem den hervorragenden Chorschranken in der Halberstädter Liebfrauenkirche drei einzigartige romanische Hochreliefs. Das jüngste Beispiel bilden einige Arkadenengel (1230/40) in der Klosterkirche Hecklingen.

Von noch größerer kunsthistorischer Bedeutung sind die nur wenig jüngeren Steinbildwerke in Magdeburg (1240/50) und Naumburg (kurz nach 1250), in Magdeburg vor allem die Statuen des Jungfrauenportals, die Figur des heiligen Mauritius und das ursprünglich auf dem Alten Markt aufgestellte Reiterstandbild des »Magdeburger Reiters«, das vermutlich Kaiser Otto den Großen oder Kaiser Otto II. symbolisiert.

Die schon stark individualisierten Magdeburger Bildwerke werden durch die sehr realistischen Werke des »Naumburger Meisters« im Westchor des Naumburger Doms übertroffen, den Westlettner und vor allem die zwölf Stifterfiguren im Westchor, die wohl bedeutendste Leistung gotischer Bildhauerkunst in Deutschland.

Damit ist die summarische Aufzählung herausragender Bildwerke keineswegs erschöpft. Zu erinnern ist an die hervorragenden Werke im Halberstädter Dom und im Domschatz, voraus das große Triumphkreuz (um 1220) im Dom. Zu erinnern ist auch an die berühmte Magdeburger Bronzegießerwerkstatt, von der sich im Lande vor allem die beiden Grabplatten der Erzbischöfe Friedrich von Wettin (vor 1160) und Wichmann von Seeburg (um 1195), aber auch an die Bronzegrabplatte König Rudolfs von Schwaben (nach 1080) im Merseburger Dom erhalten haben. Nicht weniger bedeutend sind die Reliefs an den Chorschranken des Doms zu Havelberg (kurz vor 1400) und die Arbeiten Conrad von Einbecks in der Moritzkirche zu Halle (um 1400/15), beide beeinflußt von der Prager Spätgotik am Hofe Kaiser Karls IV.

Die Malerei

Die zahlreichen Kirchen besitzen Altargemälde und Wandmalereien, die Höfe hatten ihre Hofmaler, der Adel und das Bürgertum ließen Porträts malen, erwähnenswert sind hier aber nur die Namen weniger Maler. Die größte Bedeutung erlangten in Wittenberg Lucas Cranach d. Ä. (* 1472, † 1553) und die Cranachwerkstatt mit Lucas Cranach d. J. (* 1515, † 1586). Die Cranachs als Maler der Reformation sind im Lande mit einigen Altarbildern vertreten (Dessau, Wittenberg, Halle), groß war der Einfluß ihrer Holzschnitte und der der Cranachschule als bildhafte Verdeutlichung der Schriften der Wittenberger Reformatoren. Erwähnt werden müssen auch Wilhelm Steuerwald (* 1815, † 1871) aus Quedlinburg und der in Halberstadt ansässige Carl Georg Hasenpflug (* 1802, † 1858), die beide die Burgen, Klöster und Kirchen des Raumes zwischen Harz und Elbe in spätromantischen Gemälden festhielten, während der in Ilsenburg lebende Georg Heinrich Crola (* 1804, † 1879) Landschaften malte. Den Harz als Motiv seiner Landschaften machte aber vor allem der im 19. Jh. hochgeschätzte Carl Friedrich Lessing (* 1808, † 1880) populär, dessen Architekturbilder mit denen Hasenpflugs und Steuerwalds leicht zu verwechseln sind. Weltweit bekannt wurden Motive aus Sachsen-Anhalt in unserem Jahrhundert durch die Gemälde und Grafiken des am Dessauer Bauhaus tätigen Lyonel Feininger (* 1871, † 1956). In seiner Bedeutung als Maler noch völlig verkannt ist der als Schriftsteller hervorgetretene letzte Hofmaler Anhalt-Bernburgs in Ballenstedt, Wilhelm von Kügelgen (* 1802, † 1867).

Zentren der Kultur

Andere Kulturformen stehen der Bildenden Kunst nicht nach. Trotzdem soll nur auf einige wesentliche Erscheinungsformen, die in den größeren Städten zu beobachten sind, eingegangen werden. Das ist nicht etwa so zu mißdeuten, daß hier fehlende Orte und Namen nicht als wichtig eingeschätzt werden.

Als Zentrum von Kaisertum und Kirche, als die Stadt, von der die Missionierung der Gebiete östlich der Elbe ausging, war *Magdeburg* seit Mitte des 10. Jh. weit über den Mittelelberaum hinaus auch kulturell

1

Der zu Beginn des 13. Jh. entstandene Naumburger Peter und Paul Dom (1) repräsentiert die Spätromanik und Frühgotik. Den Innenraum gliedern zwei Lettner. Der spätromanische Ostlettner trennt den Ostchor vom Langhaus, während der in einer einheitlichen Bauetappe entstandene Westlettner und der Westchor frühgotisch sind. Einzigartig in ihrer realistischen Gestaltung, ihrer unverwechselbaren Typencharakterisierung sind die Plastiken des Lettners und des Chors, die der Naumburger Meister schuf. Im Westchor fanden die nahezu 2 m hohen Standbilder der ersten Stifter Aufstellung: Ekkehard und Uta (7) sowie Hermann und Reglindis (4), Timo von Kistritz (5), Thietmar (6), Sizzo von Käfernburg (9), Wilhelm von Camburg (10). Der reiche Skulpturenschmuck des Westlettners stellt Ereignisse der Passion Christi dar: Abendmahl (2), Gefangennahme Christi (3), Maria (8) und Johannes (11). A. G.

2

3

4

5

6

7

8

9

10

11

1

Der Magdeburger Dom (1), in Abschnitten von 1209 bis 1520 erbaut, ist der erste, im Grundriß nach französischem Kathedralschema geplante, gotische Bau in Deutschland. Er besitzt eine Doppelturmfassade sowie eine dreischiffige Basilika mit polygonalem Chorumgang und Kapellenkranz. Der Dom birgt Kunstwerke, wie z. B. die Bronzegußgrabplatten, Hauptwerke der romanischen Grabmalskunst, als auch bedeutende Bildwerke der »Magdeburger Schule«, u. a. Kaiser Otto I. und Editha, der Jungfrauenzyklus und der Kirchenpatron Mauritius (4). Die Kanzel aus Alabaster stammt von Christoph Kapup, 1597 (3). Um 1929 schuf Ernst Barlach das eindrucksvolle Mahnmal für die Gefallenen des Ersten Weltkrieges (5). Vollständig erhalten ist der Kreuzgang (2), dessen spätromanischer Südflügel noch zur ottonischen Anlage gehört. A. G.

2

3

4

5

führend. Hinzu kamen die juristische Autorität des Magdeburger Schöffenstuhls und die Prägekraft des weit nach Osten ausstrahlenden Magdeburger Stadtrechts (13. und 14. Jh.). Zahlreiche Klöster machten Magdeburg im Mittelalter zu einem Kulturzentrum ersten Ranges, das es auch blieb, als die Stadt sich der Reformation anschloß und während des Schmalkaldischen Krieges den Wittenberger Professoren und Studenten Zuflucht bot. Wegen der vielen in Magdeburg verfaßten und verlegten Schriften theologischer Art, vor allem auch in der Auseinandersetzung um das Augsburger Interim (1548), erhielt Magdeburg den Ehrennamen »Unseres Herrgotts Kanzlei«. Die Vernichtung der Stadt 1631 hat auch Magdeburgs kulturellen Rang zerstört, dessen frühere Höhe nie mehr erreicht wurde, obwohl nach der Zerstörung mit Otto von Guericke einer der bedeutendsten Naturforscher der Zeit als Bürgermeister der Stadt tätig war (»Magdeburger Halbkugeln« zur Demonstration des Luftdrucks und des Vakuums).

Die kleine Residenzstadt *Wittenberg* an der Elbe erhielt 1502 eine Universität, die frei war vom Ballast scholastischer Tradition, so daß sie schnell bedeutende Professoren und viele Studenten anzog. Der Wittenberger Hochschullehrer Martin Luther gab den Anstoß zur Reformation, um ihn sammelte sich an der Universität eine große Zahl führender Wissenschaftler (Melanchthon u. v. a.), die Luthers Theologie begleiteten und die reformatorische Lehre nach Luthers Tod weiterführten. Trotz einiger Krisen blieb Wittenberg bis Mitte des 17. Jh. die führende deutsche Universität, an der viele bedeutende Theologen und Juristen lehrten, die der Universität auch noch im 18. Jh. einen gewissen Rang erhielten, bis sie 1817 mit der Universität Halle »vereinigt« wurde.

Halberstadt war lange eine zwar unterlegene, aber achtbare Rivalin Magdeburgs, an dessen Kulturarbeit die Leistungen der Halberstädter Klöster durchaus heranreichten. Der erhaltene mittelalterliche Domschatz überliefert davon noch einen großartigen Eindruck. Im Investiturstreit war Halberstadt das Zentrum der päpstlichen Partei in Deutschland, die schriftliche Überlieferung der Klöster gibt von dieser Einstellung ein wichtiges Zeugnis. Im 18. Jh. wurde Halberstadt eine Stadt mit modernem Geistesleben, der Sekretär des Domkapitels, der Dichter Johann Wilhelm Ludwig Gleim (* 1719, † 1803), und der Domdechant von Spiegel sammelten hier den »Halberstädter Dichterkreis«, der eine formal durchgearbeitete, aber inhaltlich mitunter unerhebliche Rokokoliteratur pflegte. Als Förderer von Talenten und als Korrespondent (Briefwechsel mit vielen Größen der Zeit) ist Gleims Rolle nicht zu unterschätzen.

Seit dem 18. Jh. bis heute ist *Halle* die kulturell führende Stadt des Mittelelberaums. Aber bereits im 16. Jh. gab es Versuche, diese Rolle zu übernehmen, als der zeitweise in Halle residierende Magdeburger und Mainzer Erzbischof Kardinal Albrecht von Brandenburg Halle zu einem Bollwerk des römischen Christentums gegen das reformatorische Wittenberg ausbauen wollte. Der Kardinal schuf einen prächtigen Reliquienschatz, das Hallische Heiltum, und stattete seine Residenz Moritzburg und seine Bischofskirche, das Neue Stift (»Dom«), prächtig aus. In seinem Auftrag waren mit Dürer, Grünewald und Lucas Cranach die ersten Künstler der Zeit tätig, dazu eine Vielzahl heute wenig bekannter Namen. Nichts blieb von diesen Schätzen in Halle erhalten außer der Architektur des Domes. Im 16. und 17. Jh. blühte aber in Halle ein sehr vielfältiges und mehr als lokal bedeutendes literarisches Leben. Seinen eigentlichen Rang verdankt Halle jedoch zwei Einrichtungen, den »Stiftungen« August Hermann Franckes (* 1663, † 1727) und der Universität, beide 1694 gegründet. Die »Stiftungen«, Waisenhäuser und Schulen, wurden zu einer Pflanzstädte des preußischen Pietismus, sie galten lange als führende und fortschrittliche Erziehungsanstalten, während die Universität das früheste akademische Zentrum der deutschen Aufklärung wurde. Pietismus und Aufklärung standen dabei nicht in einem prinzipiellen Gegensatz, sondern in fruchtbarer Wechselwirkung zueinander. Die Universität hat ihren Rang bis heute behauptet, seit dem 19. Jh. sind Medizin und Naturwissenschaften ihre bedeutendsten Bereiche. Die Jenaer Frühromantik fand in Halle kurz vor den Napoleonischen Kriegen als Giebichensteiner Dichterkreis, als Freundeskreis (Tieck, Wackenroder, Arnim, Novalis, Brentano, Eichendorff u. a.) um Johann Friedrich Reichardt (* 1752, † 1814), eine neue Heimat, seit 1804 erschien hier auch die einflußreiche »Allgemeine Literaturzeitung«. Durch Arnold Ruge (* 1803, † 1880), Junghegelianer und Philosophiedozent in Halle, linker Abgeordneter in der Frankfurter Paulskirche, erschien in Halle mit den »Halleschen Jahrbüchern« auch das Leitorgan des Jungen Deutschland (seit 1838).

Die drei Residenzstädte kleiner anhaltinischer Teilstaaten nehmen bis heute eine Stellung in der deutschen Geistesgeschichte ein, die ihre politische Bedeutung weit übertrifft. *Zerbst* erhielt 1582 mit dem »Collegium illustre« eine Art Landesuniversität, die den theologischen und juristischen Nachwuchs Anhalts ausbildete. In *Köthen* war seit 1629 die »Fruchtbringende Gesellschaft« ansässig, die der gebildete Fürst Ludwig 1617 mitgegründet hatte und die mit literarischen und sprachpflegerischen Mitteln in überkonfessioneller Zusammenarbeit des Hochadels versuchte, Deutschland nach dem Dreißigjährigen Krieg geistig und politisch zu erneuern. In *Dessau* verwirklichte Fürst Leopold III. Friedrich Franz (R 1758–1817) ein umfassendes politisches, wirtschaftliches und kulturelles Reformprogramm im Sinne einer antikisch-humanistischen Aufklärung. Der Fürst veranlaßte ein lebendiges Theater- und Musikleben, die von ihm begünstigte Erziehungsanstalt »Philantropinum« des Pädagogen Johannes Bernhard Basedow (* 1724, † 1790) beeinflußte stark das aufklärerisch-klassische deutsche Bildungsideal. Bis heute bewunderter Teil des Reformprogramms waren die meist erhaltenen und gut gepflegten Landschafts-Parkanlagen an Mulde und Elbe (»Wörlitzer Park«).

Durch die Brüder Ferdinand (* 1785, † 1841) und Friedrich (* 1791, † 1859) Olivier aus Dessau beeinflußte die Dessauer Kunstgesinnung der Spätaufklärung die romantische Malerei der »Deutschrömer«; beide Oliviers zählen zu den bedeutendsten romantischen Malern.

Bildungswesen

Die Reformation nahm vorreformatorische Gegebenheiten (Dom- und Klosterschulen) auf und gab auch im Mittelelberaum den Anstoß zur Entstehung eines hochentwickelten und verzweigten Bildungswesens. Säkularisierter Klosterbesitz diente dabei zur materiellen Ausstattung der vielen neugegründeten und später meist lange berühmten Schulen, wobei zu bedenken ist, daß der damalige Status dieser Schulen in etwa an unsere heutigen Universitäten heranreicht. In einer kleinen Auswahl sind hier zu nennen: in Magdeburg die Gymnasien Kloster Berge und Unser Lieben Frauen sowie das Domgymnasium, das Stiftsgymnasium in Zeitz, das Gymnasium in Eisleben (1546), Domgymnasium (1542) und Ratsgymnasium (1392) in Naumburg, das Stadtgymnasium in Halle (1565), das Gymnasium illustre in Weißenfels (1664) sowie besonders herausragend die sächsische Landesschule in Schulpforta und die Landesschule Roßleben der Herren von Witzleben.

Die Gründung der Universität Halle bildete 1694 den notwendigen Abschluß dieses Bildungssystems. Dagegen muß man von der hinsichtlich ihrer Wirkung bedeutendsten Bildungsstätte unseres Jahrhunderts, dem Bauhaus in Dessau (→ S. 258 ff.), sagten, daß es wegen seiner Zweckbestimmung ganz ohne regionales Fundament und regionalen Bezug blieb.

Musik und Literatur

Die protestantische Kirchenmusik erreichte auch im Mittelelberaum ein hohes Niveau, ihr überragender Kapellmeister

1

Dom St. Stephanus zu Halberstadt. Die dreischiffige kreuzförmige Basilika mit romanischem Kreuzgang, die Scheitelkapelle sowie die Westfassade mit zwei hohen gotischen Türmen ähneln einer hochgotischen Kathedrale nach französischem Vorbild. Besonders auffallend sind die steilen Proportionen. (1): Westfassade des Doms und Domprobstabtei. Im oberen Kreuzgang des Domes befindet sich der Domschatz, eine kostbare Sammlung mittelalterlicher liturgischer Gewänder, Altarbekleidungen, Gerätschaften, Reliquiare, Plastiken und Wandbehänge. (2): Michael-Abrahams-Teppich (Detail) um 1160; (3): Karlsteppich, um 1230/40; (7): Marienteppich, um 1510; (5): Abendmahlsschale aus Byzanz; (6): Armreliquiar des hl. Nikolaus, um 1225; (4): »Halberstädter Madonna«, um 1230.
A. G.

2

3

4

5

6

7

und Komponist war hier Samuel Scheidt (* 1587, † 1654). Aus Halle stammt auch der außerhalb seiner Heimat zu Ruhm gekommene Georg Friedrich Händel (* 1685, † 1759). Große Verdienste um die Musikpflege (Kirchenmusik, Oper und Konzert) erwarben sich die sächsischen Sekundogenituren, nichtsouveräne Fürstentümer für nachgeborene Söhne, in Weißenfels, Zeitz und Merseburg sowie die Herrscher der anhaltinischen Teilstaaten, voran Fürst Leopold von Anhalt-Köthen, dessen Hofkapellmeister von 1717 bis 1723 Johann Sebastian Bach war.

Sachsen-Anhalt bzw. die Nachfolgebezirke können auf eine ansehnliche Reihe von Dichtern verweisen, die aus dem Lande stammen oder hier tätig waren. Herausragende Gestalten sind nur darunter, wenn man den Begriff des Schriftstellers etwas weiter faßt und auch Eike von Repgow (* etwa 1180, † 1233), den Verfasser des »Sachsenspiegels«, den Kunsttheoretiker Johann Joachim Winckelmann (* 1717, † 1768), den Historiker Leopold von Ranke (* 1795, † 1886) und den Philosophen Friedrich Nietzsche (* 1844, † 1900) mit einbezieht. Im Mittelalter finden sich der Geschichtsschreiber Thietmar von Merseburg (* 975, † 1018) und die Mystikerin Mechthild von Magdeburg (* etwa 1212, † 1280). In Magdeburg wirkte der späthumanistische Dramatiker und Satiriker Georg Rollenhagen (* 1542, † 1609), während von den vielen protestantischen Erbauungsschriftstellern und Kirchenliederdichtern hier nur der von mehreren Generationen im ganzen deutschen Sprachraum vielgelesene lutherische Mystiker Johann Arndt (* 1555, † 1621) und Erdmann Neumeister (* 1671, † 1756) genannt werden sollen; Neumeister schrieb Kirchenlieder wie Arndt und verfaßte Kantatentexte für Bach und Telemann. Das 18. Jh. beherrschten Gleim (→ S. 299) und Friedrich Gottlieb Klopstock (* 1724, † 1803), der aber nur zeitweise in seiner Heimatstadt Quedlinburg und in Halberstadt wirkte. Unter den Romantikern die für viele reizvollste Erscheinung ist Friedrich von Hardenberg, genannt Novalis (* 1772, † 1801). Von ganz anderer Art sind der Epigone von Romantik und Klassik und frühe Realist Karl Immermann (* 1796, † 1840) und der volkstümliche Spätromantiker Wilhelm Müller (gen. Griechenmüller, * 1794, † 1827). Einst vielgelesen und heute vergessen ist das stilistisch disziplinierte Erzähltalent der Louise von François (* 1817, † 1893), deren herbe Novellen meist in der Gegend um Naumburg und Weißenfels angesiedelt sind. Das 20. Jh. hat erst recht eine Fülle von Autoren und eine beträchtliche Zahl von im Lande spielenden Werken hervorgebracht. Eine Namensliste soll sich auf Gerhart Herrmann Mostar (* 1901, † 1973), Alexander Kluge (* 1932) und Erika Runge (* 1939) beschränken, bei ihnen sind Tätigkeit und

Johann Arndt (* 1555, † 1621), bekannt durch sein Erbauungsbuch »4 (später 6) Bücher vom Wahren Christentum«.

Johann Joachim Winckelmann (* 1717, † 1768), ab 1755 in Rom, seit 1763 Oberaufseher über alle Altertümer in Rom.

Leopold von Ranke (* 1795, † 1886), Historiker, ab 1841 Historiograph. Einer der Begründer der modernen Geschichtswissenschaft.

Karl Lebrecht Immermann (* 1796, † 1840), Dichter und Theaterleiter, begann als Romantiker, kam später zum Realismus.

Friedrich Nietzsche (* 1844, † 1900), Philosoph, wirkte stark auf die Existenz- und Lebensphilosophie.

Werk von der Herkunftsregion losgelöst, während bei Wolf von Niebelschütz (* 1913, † 1960) und Kurt Kluge (* 1886, † 1940) sich zumindest Essays mit der Kultur des Elbe-Saale-Raumes befassen.

Kunst und Kultur heute

Die Veränderungen nach 1945 bildeten eine wesentliche Zäsur des Mittelelberaumes, sie haben dazu geführt, daß kulturelle Traditionen unterbrochen oder außerhalb des Landes noch eine Zeitlang fortgesetzt wurden. Inzwischen aber läßt sich feststellen, daß manches wiederaufgenommen und Neuerungen sich längst der kulturellen Überlieferung als eigenständiger Teil eingefügt haben. Die Theater- und Opernaufführungen in Halle, Magdeburg und Dessau, aber auch in den kleineren Spielorten haben das für die DDR übliche hohe künstlerische Niveau. Das Harzer Bergtheater in Thale knüpft im Stil wieder an die zwanziger und dreißiger Jahre an, als es eine der führenden Freilicht-Festspielbühnen war. Das goethezeitliche Theater in Bad Lauchstädt dient exquisiter Traditionspflege. Mit Museen sind beide Bezirke gut ausgestattet, wobei die Galerie in Dessau den Gemäldebestand in Magdeburg und Halle wohl noch qualitativ übertrifft. Unter den Spezialmuseen sind hervorzuheben die Sammlung des Domschatzes in Halberstadt, das Landesmuseum für Vor- und Frühgeschichte in Halle und trotz seiner ideologischen Penetranz das Feudalmuseum auf Schloß Wernigerode. Die Hochschule für industrielle Formgestaltung auf Burg Giebichenstein in Halle hat die Stadt zu einem Kunstzentrum der Gegenwartskunst werden lassen und eine Art »Hallesche Schule« der Malerei und Grafik und des Designs hervorgebracht. Ein kunst- und kulturarmes Land war der Mittelelberaum wohl nie, er ist es auch heute nicht. Nicht zuletzt wäre diese Annahme übrigens mit der großen Zahl der bedeutenden literarischen, historischen und künstlerischen Vereine des 17., 18. und 19. Jh., ihren Zeitschriften und Verlagen zu widerlegen, von denen sich manches auch heute noch in dieser oder jener Form findet, wie die Deutsche Akademie der Naturforscher Leopoldina in Halle.

Meiningen im Thüringer Wald: Kirchplatz (1) und Straßendetail (11). Erfurt: In einer LPG (2) und Stadtansicht (16). Arnstadt: Rathaus (3). Schmalkalden: Schloß Wilhelmsburg (4). Straße in Gotha (5).

Mahnmal im ehemaligen KZ Buchenwald (6). Schwarzburg im Schwarzatal (7). Kaisersaal (13). Campingplatz bei Ilmenau im Thüringer Wald (8). Rudolstadt: Heidecksburg (9) und Rathaus (12).

Masserberg (10). Häuserfronten in Gera (17). Eisenach: St. Georgenkirche (14). Thüringer Wald mit Breitenbach (15). Oberweißbacher Bergbahn: Talstation Obstfelder-Schmiede (16).

Thüringen

Die Bezirke Erfurt, Suhl, Gera

11

2

13

14

15

6

17

18

EKKEHARD BUCHHOFER

Die Landschaften der Bezirke Thüringens

Thüringen wurde in der Zeit vor dem Zweiten Weltkrieg in der damaligen Fremdenverkehrswerbung mit Recht als das »grüne Herz Deutschlands« bezeichnet. Auch nach den Gebietsverlusten Deutschlands im Osten im Jahre 1945 und nach Bildung der beiden deutschen Staaten 1949 lag das Land nach wie vor in der Mitte Deutschlands, auf allen Seiten von deutschem Gebiet umgeben, in dieser Hinsicht nur Hessen und Sachsen-Anhalt vergleichbar. Die sich aus der traditionellen zentralen Lage ergebenden Vorteile für Wirtschaft, Verkehr und Tourismus wurden jedoch schon in der Zeit vor 1949 durch eine schrittweise Abriegelung der Grenze zwischen der Ostzone, zu der Thüringen gehörte, und den Westzonen Zug um Zug beseitigt: Währungsreformen (1948) und darauffolgende Staatengründungen (1949), schließlich die vollständige Einbindung der neu gebildeten deutschen Staaten in die von den jeweiligen Besatzungsmächten angeführten Wirtschafts- und Militärblöcke hatten eine Abschließung Thüringens im Westen und im Süden im Gefolge. Überdies hatte das Land durch die Verwaltungsreform vom Sommer 1952 als Verwaltungseinheit zu bestehen aufgehört. Sein Territorium (verkleinert um die Kreise Schmölln und Altenburg) verteilte sich nunmehr auf die drei Bezirke Erfurt, Gera und Suhl. Diese werden im folgenden als landschaftliche Einheit Thüringen behandelt, wie sie auch – ungeachtet jahrhundertelanger territorialpolitischer Zerrissenheit – im Bewußtsein und im Sprachgebrauch der Bevölkerung fortbesteht.

Der »thüringische Balkon« – seine Grenzen

Heute ist die geographische Lage Thüringens vor allem im staatlichen Rahmen der Deutschen Demokratischen Republik von Bedeutung, und da zeigt sich, daß das früher in der Mitte des Reiches gelegene Land in eine extreme Randlage geraten ist: Seine Außengrenzen zur Bundesrepublik (Länder Bayern, Hessen, Niedersachsen) sind im ganzen länger als diejenigen zu den sächsischen bzw. sachsen-anhaltischen Nachbarbezirken (Karl-Marx-Stadt, Leipzig, Halle, Magdeburg). Vor allem in militärstrategischen Diskussionen wird daher gern das Wort vom »thüringischen Balkon« gebraucht, der weit in die Mitte der Bundesrepublik hineinragt.

Die Grenze der drei thüringischen Bezirke zur Bundesrepublik Deutschland ist in geographischer Hinsicht dadurch gekennzeichnet, daß sie sich fast nirgends an natürlichen landschaftlichen Gegebenheiten orientiert.

Im Nordwesten durchschneidet die Grenze gegen Niedersachsen das katholisch bevölkerte Eichsfeld, wobei der Oberlauf der Leine noch zu Thüringen gehört, ehe er bei Friedland in niedersächsisches Gebiet eintritt. Dieser ganze Grenzabschnitt zwischen Ellrich am Harz und Bad Sooden-Allendorf sowie von hier weiter Werra aufwärts bis Wanfried und Treffurt war bis 1944 preußische Binnengrenze zwischen den Provinzen Sachsen und Hannover bzw. Hessen-Nassau. Während die das ehemals mainzische Eichsfeld teilende Grenze erst im Zuge des Wiener Kongresses (1815) entstanden war, ist der Grenzverlauf entlang des Werratals oberhalb der Burgruine Hanstein bis Treffurt älter: er entspricht der jahrhundertealten Ostgrenze der Landgrafschaft Hessen(-Kassel).

Der Grenzverlauf südlich von Treffurt folgt bis Philippsthal/Vacha im ganzen der Werra, die von ihm mehrfach geschnitten wird. Auch im südlich sich anschließenden Abschnitt bis zur Hohen Rhön zeigt der Grenzverlauf zahlreiche Sprünge, so daß sich auf hessischer wie thüringischer Seite Gebietszipfel bilden, die ohne landschaftlichen Bezug sind. Dieser unübersichtliche Grenzabschnitt hat seit dem 18. Jh. zahlreiche lokale Veränderungen erfahren, die als Reflex kleinräumiger dynastischer Territorialpolitik zu begreifen sind. Bis 1900 hatte sich hier die lange Westgrenze des Großherzogtums Sachsen-Weimar-Eisenach herausgebildet, die 1945 zur Zonengrenze und ab 1949 zur innerdeutschen Staatsgrenze wurde. Von der Rhön ostwärts bis zum Frankenwald entspricht der Grenzverlauf der Südgrenze des früheren Herzogtums Sachsen-Meiningen vom Jahre 1900 mit all ihren territorial-historischen Zufälligkeiten, so daß auch hier, im Bereich des Grabfelds und im Coburg–Sonneberger Raum, eine enge gegenseitige Verzahnung thüringisch-bayerischer (genauer: thüringisch-fränkischer) Gebietsteile zu beobachten ist.

Thüringen, landschaftliche Gliederung

Die Grenze gegen die sächsischen Bezirke folgt im ganzen den historischen Ostgrenzen der preußischen Fürstentümer und des Herzogtums Sachsen-Altenburg. Im Vogtland war bereits im Jahre 1928 eine Bereinigung des wirren Grenzverlaufs zugunsten Thüringens vorgenommen worden, in deren Verlauf die sächsischen Städte Pausa und Elsterberg an Thüringen fielen. Sie gehören heute zum Bezirk Gera. Der Altenburger Gebietszipfel, der noch bis 1952 zum Lande Thüringen gehört hatte, wurde aber im Zuge der Gebietsneugliederung dem sächsischen Bezirk Leipzig zugeschlagen, ein Verwaltungsakt, der historische Bezüge, die bis in die Zeit des Dreißigjährigen Krieges zurückreichen, zerstörte.

Der Grenzverlauf von Camburg/Saale bis zum Unterharz folgt den Gebirgskämmen von Finne und Schmücke. Er orientiert sich grob an der Grenzziehung, wie sie im Dritten Reich durch den administrativen Anschluß des preußischen Regierungsbezirks Erfurt an Thüringen (1944) neu festgelegt worden war.

Die Oberflächengestaltung Thüringens

Thüringens Oberflächengestaltung kann als wichtigstes Gliederungsmerkmal seiner Landschaften gelten. Der Süden und Südwesten des Landes wird vom Mittelgebirge eingenommen. Dabei tritt der schmale Gebirgskamm des Thüringer Waldes mit bis zu 982 m Meeresspiegelhöhe besonders markant hervor. Er streicht in herzynischer Richtung, d.h. in nordwest-südöstlicher Richtung und findet im Südosten seine Fortsetzung in dem etwas niedrigeren, dafür breiteren Thüringer Schiefergebirge.

Das zentrale Kammgebirge trennt zwei Beckenlandschaften von sehr unterschiedlicher Höhenlage, Größe und Oberflächenbeschaffenheit: das Meininger Land um die obere Werra im Südwesten und das deutlich größere Thüringer Becken im Nordosten. Das Meininger Land hat eine Höhenlage zwischen 200 und 500 m Meeresspiegelhöhe, steigt nach Westen zur Rhön hin an und fällt im äußersten Süden, jenseits der Wasserscheide Werra/Main (im sogenannten Grabfeld) in flacher Neigung in die fränkischen Gäulandschaften ab. Das Thüringer Becken hat einen ovalen Umriß mit einem Durchmesser von rund 100 bis 120 km. Sein Oberflächenrelief ist deutlich flacher als dasjenige des Meininger Beckens. Seine Höhe liegt etwa zwischen 120 und 300 m. Ein Ring von Schichtstufen-Staffeln legt sich um das Beckeninnere. Diese erreichen Höhen von über 500 m. Im Norden lehnt sich das Thüringer Becken jenseits der Goldenen Aue

Der Thüringer Wald beim Karthäuserberg (Raum Eisenach), von der Wartburg aus. Dieser von Nordost nach Südwest verlaufende Gebirgskamm, der weitgehend waldbedeckt ist und Höhen bis knapp 1000 m (Großer Beerberg 982 m) erreicht, wird oft mit ganz Thüringen gleichgesetzt. Von zahlreichen kurzen Flüssen tief zerschnitten, zieht er Urlauber zu jeder Jahreszeit an, obgleich hier das Klima in weiten Teilen rauh und niederschlagsreich ist. 150 Schneetage prädestinieren dieses Gebiet auch für den Wintersport.

Durch Stau der Saale ist bei Saalburg die Bleichlochtalsperre entstanden. In ihrer unmittelbaren Nähe liegt das Naturschutzgebiet Bleiberg.

an den Südhang des Unterharzes an. Im Nordosten geht es in die Leipziger Tieflandsbucht über, von dieser durch eine breite, aber flache Landschwelle getrennt. Im Nordwesten, jenseits des Höhenzuges des Dün, öffnet es sich zum Leinegraben.

Nach Südosten hebt sich das Thüringer Becken ohne klare Begrenzungslinie zum Hügelland beiderseits der mittleren Saale an und geht unmerklich in die ostthüringisch-vogtländischen Hochflächen um Gera und Greiz über. Diese sind im Osten bereits Teil des sächsischen Erzgebirgsvorlands.

Der geologische Aufbau des Landes

Der geologische Aufbau Thüringens läßt sich in vereinfachter Form wie folgt skizzieren. Der größte Teil der Oberfläche wird von horizontal lagernden bis flach einfallenden mesozoischen Sedimenten (Ablagerungen aus dem Erdmittelalter) eingenommen. Dabei gilt die Grundregel: In der Mitte des großen Beckens (Raum Erfurt–Mühlhausen–Sömmerda) treten die geologisch jüngsten Schichten aus der oberen Trias (Keuper) zutage, in den Flußtalauen überdeckt von jüngsten Ablagerungen des Holozän sowie auf den höher gelegenen Platten von Lößdecken aus der Zeit der mittleren der drei pleistozänen Kaltzeiten, der Saale-Kaltzeit, überzogen. Zu den Rändern des Beckens hin treten ältere Ablagerungen in breiten, nahezu geschlossenen Ringen auf: die Sedimente der Mittleren (Muschelkalke) und der Unteren Trias (Buntsandstein), schließlich schmale Bänder der nächstälteren Formation (Zechstein, die jüngste Formation des Erdaltertums/Paläozoikum). Zechsteinablagerungen finden sich an den Rändern der älteren Gebirgshorste (Harz, Kyffhäuser, Thüringer Wald) sowie in der sogenannten Orla-Senke östlich von Saalfeld.

Die ganze mesozoische Sedimentationstafel, zu der auch das Meininger Bergland gehört, wird von zahlreichen Verwerfungslinien (geologische Störungs- oder Bruchlinien) in ganz überwiegend herzynischer (Nordwest-Südost) Richtung durchzogen und gegliedert. Zwischen den meist parallel verlaufenden Bruchlinien sind sogenannte Schollen entstanden, von denen einige durch geotektonische Hebung über das Niveau der übrigen Gebiete emporgehoben wurden.

So entstanden die Gebirgsschollen des Harzes, des Kyffhäusers und des Thüringer Waldes mit dem Thüringer Schiefergebirge. Da diese Gebirgszonen nicht von jüngeren Ablagerungen überdeckt sind, treten an ihrer Oberfläche ältere Gesteinsformationen zutage als in den Beckenlandschaften; im Unterharz karbonische und devonische Sedimentgesteine aus dem Erdaltertum, im Thüringer Wald sind es ebenfalls paläozoische Gesteine unterschiedlichen Alters (Porphyre, Porphyrite, Granite, Melaphyre) sowie noch ältere Gesteine (Gneise und Glimmerschiefer). Diese Gesteinsdecken erreichen allgemein keine große flächenmäßige Ausdehnung, da sie von tektonischen Bruchlinien eng begrenzt oder teilweise von jungpaläozoischen Gesteinen des Perm überdeckt werden. Im Thüringer Schiefergebirge treten vor allem paläozoische Tonschiefer, Quarzite und Grauwacken auf, von denen insbesondere die Tonschiefer wirtschaftlich genutzt werden. Das Schiefergebirge setzt sich aus mehreren großen Platten zusammen. Diese werden durch ein System von Bruchlinien der variskischen (erzgebirgischen) Richtung, die quer zur vorherrschenden herzynischen Richtung verlaufen, vom Thüringer Wald in der Linie Gehren–Lichtenau geologisch getrennt. Diese Scheidung wird jedoch an der Erdoberfläche nicht erkennbar, so daß das Thüringer Schiefergebirge seit je im allgemeinen Sprachgebrauch als Teil des Thüringer Waldes gilt und in seinen südlichen Teilen als Frankenwald bezeichnet wird.

Das Klima

Das Klima Thüringens ist gekennzeichnet durch die Lage des Landes im kühlgemäßigten, immerfeuchten Westwindgürtel, dem ganz Deutschland angehört. Im ganzjährigen Witterungsablauf spielen die regenbringenden Zyklonen (wandernde Tiefdrucksysteme) eine bestimmende, das gesamte Witterungsgeschehen abwechslungsreich gestaltende Rolle. Andererseits liegt Thüringen weit genug von der feuchtmilden deutschen Seeküste entfernt, daß sich der Einfluß des kontinentalen osteuropäischen Winterhochs in den Wintermonaten in längerdauernden trockenen Kälteperioden bemerkbar macht. Die Höhe der Jahrestemperaturen sowie diejenige der Niederschlagsmengen orientieren sich weitgehend an den Höhenverhältnissen: Die mittleren Januartemperaturen sind am niedrigsten auf den Höhen des Thüringer Waldes (unter −3°C) und am höchsten im Zentrum des Thüringer Beckens (0 bis −1°C); entsprechend verteilen sich die Julitemperaturen (unter 14 bzw. 17–18°C). Die mittleren Jahresniederschläge erreichen in den Kammlagen des Thüringer Waldes 1200 mm und mehr, im Trockengebiet des Thüringer Beckens liegen sie bei unter 500 mm.

Die größten regionalen Unterschiede hinsichtlich der Niederschlagsverteilung treten in den Wintermonaten auf, in denen Harz und Thüringer Wald oft dicke Schneedecken tragen, während die Beckenzonen besonders niederschlagsarm bleiben. Zur Zeit der Schneeschmelze ergeben sich daraus oft Überschwemmungsgefahren insbesondere für die Talauen der Unstrut und ihrer Nebenflüsse.

Die letzten Fröste treten im Thüringer Becken Ende April auf, auf dem Thüringer Wald Mitte Mai. Der Frühlingseinzug, der meist mit dem Beginn der Apfelblüte gleichgesetzt wird, ist im Thüringer Becken zwischen dem 5. und 10. Mai, auf dem Thüringer Wald nach dem 25. Mai zu beobachten. Für alle genannten Werte gilt, daß sie die jeweiligen thüringischen Extreme bezeichnen, während die übrigen Höhenlagen (Meininger Land, Schichtstufenhöhen rings um das Thüringer Becken usw.) mit ihren Klimawerten dazwischenliegen, wobei die absolute Höhenlage in der Regel den Ausschlag gibt. Das gilt auch für die Länge der sogenannten Vegetationsperiode, d. h. der Periode der sichtbaren Pflanzenentwicklung. Diese ist am kürzesten im Thüringer Wald (unter 200 Tage) und am längsten im Thüringer Bekken (über 225 Tage). Dabei wird erneut die besondere klimatische Begünstigung des Thüringer Beckens deutlich, das auch von der bodenkundlichen Seite (verbreitete Lößböden) her dem landwirtschaftlichen Anbau gute natürliche Voraussetzungen bietet. Andererseits fällt wiederum die Anbaufeindlichkeit der Klimaverhältnisse im Thüringer Wald auf, der daher lange Jahrhunderte als siedlungsarme Waldzone galt, während die fruchtbaren Beckenzonen bereits im Mittelalter als früh besiedelte waldarme Offenlandschaften in Erscheinung traten.

Das Thüringer Becken und seine Umrahmungen

Das Thüringer Becken besteht geologisch aus einer Serie horizontal lagernder Sedimentschichten aus der Triaszeit, der ältesten Formation des Mesozoikums (Erdmittelalter). Diese Schichtenfolge aus Keuper- (oben), Muschelkalk- (darunter) und Buntsandsteinschichten (ganz unten) ist in der Mitte leicht eingesunken und bildet daher eine flache Mulde (Synklinale), in der die Schichten wie ineinandergesetzte Teller liegen, wobei sie mit ihren Rändern außen zutage treten und als sogenannte Schichtstufenzüge aus dem Becken hervorragen. Das gilt besonders für die seitlich austretenden, leicht einfallenden Schichten des Muschelkalks, der die jüngere flache Keuper-»Schüssel« rings einrahmt und dank seiner physikalischen Widerständigkeit ausgeprägte Stufen bildet, die nach außen (d. h. auf der dem Beckeninnern abgewandten Seite) z. T. steil abfallen. Verbreitetster Stufenbildner ist dabei der sogenannte thüringische Wellenkalk.

Das Oberflächenrelief des Beckens
Im Norden wird das Becken von den weiten Schichtstufenbögen des Dün (520 m) und der Hainleite (463 m) umzogen, die sich im Nordosten, rechts des Unstrutknies, in der Schmücke fortsetzen: Parallel hierzu tritt wenige Kilometer nördlich eine weitere nach Norden weisende Landstufe auf. Diese gipfelt in der geotektonisch (d. h. durch Erdkrustenbewegungen) herausgehobenen Pultscholle des Kyffhäusers (477 m) und wird von den niedrigeren

Städte des Thüringer Beckens und seiner Umrahmung. Creuzburg. Die kleine, an der Werra gelegene Stadt gehört zum Kreis Eisenach im Bezirk Erfurt. Als der Ort 1170 an die Landgrafen von Thüringen kam, wurde er zur Stadt erhoben. Die Burg wurde zu einem landgräflichen Schloß umgebaut.

Mühlhausen mit der Kirche St. Marien. Die Kreisstadt an der Unstrut im Bezirk Erfurt trägt seit 1975 den Beinamen »Thomas-Müntzer-Stadt«. Mühlhausen war eine rechtekkige Doppelstadt mit Altstadt im Südosten und Neustadt im Nordwesten. St. Marien liegt in der Neustadt.

Rudolstadt. Die Kreisstadt an der Saale im Bezirk Gera war bis 1918 Residenz des Fürstentums Schwarzburg-Rudolstadt. Sehenswert sind u. a. die Schlösser Heidecksburg und Ludwigsburg (beide 18. Jh.), das Alte Rathaus (16. Jh.), die Stadtkirche (17. Jh.).

Bad Langensalza. Die Kreisstadt an der Salza im Bezirk Erfurt war Heimatstadt Hermanns von Salza, des Hochmeisters des Deutschen Ordens. Sehenswert sind Schloß Dryburg (12./13. Jh.), die gut erhaltene Stadtmauer (13./14. Jh.) mit 17 Wehrtürmen, die Marktkirche (14./15. Jh.), das Rathaus (18. Jh.).

Größere Städte

	Wohnbevölkerung 1988	1. 1. 1971	31. 8. 1950
Bezirkshauptstadt Erfurt	219158	196528	188650
Bezirkshauptstadt Gera	134404	111535	98576
Bezirkshauptstadt Suhl	56064	31661	24020
Weitere Städte mit über 50000 Ew.:			
Jena	107921	88130	80309
Weimar	63660	63634	64452
Gotha	57218	57010	57414

Bevölkerungszahlen der thüringischen Bezirke

Bevölkerung 1988	Einwohner	Ew./km²
Bezirk Erfurt	1238600	169
Bezirk Gera	741200	185
Bezirk Suhl	548800	142
insgesamt	2528600	165

Bruchstufen der Windleite in westlicher und derjenigen der Finne in östlicher Richtung fortgesetzt. Finne und Schmücke bilden damit gleichzeitig einen Teil der Landschwelle, die das Thüringer Becken von der Leipziger Tieflandsbucht trennt. Stufenränder und herausragende Muschelkalkplatten auf der Südseite des Beckeninnern sind im Hainich (494 m) zwischen Mühlhausen und Eisenach, ferner in den Hörselbergen bei Eisenach, dem Großen Seeberg und den Fahner Höhen (412 m) im Umkreis von Gotha und im Großen Ettersberg bei Weimar (478 m) sichtbar. Auch das fast kreisrunde Ohmgebirge (535 m), das der Hochfläche des Eichsfeldes aufgesetzt ist, wird von einem harten Muschelkalkhorst gebildet.

Das Relief im Innern des Thüringer Beckens ist durch großflächige Absenkungen im Bereich der Talauen der Unstrut und ihrer Nebenflüsse (Helme, Wipper, Helbe, Gera) gekennzeichnet. Durch Auslaugung unterirdischer Gips- und Salzlager aus der Zechsteinzeit sind die ursprünglich horizontal lagernden Buntsandsteinsedimente über weite Strecken eingesunken. In der Goldenen Aue reicht das Absenkungsgebiet bis an den Fuß der Bruchstufe heran, die den Unterharz im Süden begrenzt. Die älteste Kaltzeit des Pleistozäns (Diluviums) brachte dem größten Teil der Beckenzone abseits des höher gelegenen Eichsfeldes und der Schichtstufenrücken vorübergehend eine geschlossene Eisbedeckung (Elsterglazial), die jedoch kaum Spuren an der Erdoberfläche hinterließ. Nach dem Abtauen der Eisdecken geriet das Gebiet in den sogenannten Periglazialbereich (eisfreier Bereich in der Nachbarschaft der Inlandvergletscherung). Es kam zu Lößüberwehungen großer Flächen, während die durch Auslaugungen abgesenkten Talzonen sich mit jungen Flußablagerungen füllten (alluviale Auenbildung), so daß die Oberflächenabsenkungen teilweise ausgeglichen wurden. Die weitgehende Einebnung des Beckeninnern durch die Aufschotterungen der Flüsse führte dazu, daß diese in windungsreichem Verlauf die meist herzynisch ausgerichteten Höhenzüge umfließen und bei schwachem Gefälle zu ausgedehnten Überschwemmungen neigen.

Das Thüringer Becken als Naturraum

Das Thüringer Becken wird von der Unstrut in Richtung der Saale entwässert. Die drei wichtigsten linken Nebenflüsse (Helbe, Wipper und Helme) zeichnen in ihrer nordwest-südöstlichen Fließrichtung die herzynisch streichenden Geländestufen und tektonischen Bruchlinien dieses Raumes nach. Dasselbe gilt auch vom Oberlauf der Unstrut. Auf der rechten Seite fließt der Unstrut nur ein größerer Nebenfluß zu: die Gera. Diese nimmt südlich von Erfurt zahlreiche kleinere Abflüsse vom Kamm des Thüringer Waldes auf. Lauflänge und Wasserführung machen die Gera zu einem der oberen Unstrut etwa gleichwertigen Fluß. Den Südosten des Beckens entwässert die Ilm, die dem Thüringer Wald entspringt und in nordöstlicher Richtung das Saaleknie bei Großheringen erreicht. Ihr Verlauf liegt damit quer zu den zahlreichen herzynisch streichenden Bruchlinien, denen sie sich nur oberhalb Weimars auf eine kurze Strecke anpaßt.

Unstrut und Ilm nehmen mit ihren Einzugsbereichen fast das ganze Thüringer Becken ein. Nur der Raum Gotha–Eisenach wird von Hörsel und Nesse in Richtung der Werra entwässert. Damit wird der Beckenbereich im Südwesten von der Wasserscheide Weser/Elbe durchschnitten.

Die Leelage des Beckens im Regenschatten der Höhen des Thüringer Waldes, des Eichsfelds und des Harzes hat die Ausbildung eines ausgedehnten Trockengebiets zur Folge, dessen innerste Teile ganzjährig weniger als 450 mm Niederschlag empfangen. Die Periode der ausgeprägtesten Niederschlagsarmut sind die Wintermonate. Das bedeutet, daß die Abflußmengen der Flüsse im Beckeninnern ganz wesentlich vom Niederschlagsempfang der umgebenen Höhen abhängen. Dieser ist am stärksten im Winterhalbjahr, wobei die hohen Niederschlagsmengen z. T. monatelang in Schneeform gebunden sind, ehe sie dann zur Zeit der Schneeschmelze im März binnen kurzer Zeit in das Beckeninnere abfließen und hier oft vorübergehend Überschwemmungen hervorrufen.

In den Talauen, die im Beckeninnern im Mittel 4 bis 8 km breit sind, ist – bei geringen örtlichen Niederschlägen – ganzjährig ein hochreichender Grundwasserstand vorhanden. Durch umfangreiche Meliorierungsarbeiten (Beispiel: Anlage eines Ausgleichsbeckens an der Helme bei Kelbra) wird der Bodenwasserhaushalt in der Vegetationsperiode reguliert, so daß auch auf den Talböden trotz des trockenen Klimas überwiegend ein ertragreicher Ackerbau betrieben werden kann. Staunässe, die die landwirtschaftliche Nutzung beeinträchtigt, findet sich nur in wenigen, zumeist

Geographisch-statistische Daten

Fläche

	Fläche km²	% der Fläche der DDR
Bezirk Erfurt	7349	6,8
Bezirk Gera	4004	3,7
Bezirk Suhl	3856	3,6
Thüringische Bezirke gesamt	15209	14,1

Höhenlage ausgewählter Orte über NN

Erfurt	200 m
Suhl	426 m
Gera	205 m
Saalfeld	214 m
Nordhausen	210 m
Jena	145 m

Ausgewählte Bodenerhebungen

Name	Lage	Höhe über NN
Thüringer Wald		
Gr. Beerberg	no Suhl	982 m
Gr. Inselsberg	sw Waltershausen	916 m
Kieferle	sw Lauscha	867 m
Kickelhahn	sw Ilmenau	861 m
Unterharz		
Poppenberg	n Nordhausen	600 m
Eichsfeld		
Ohmgebirge	no Worbis	535 m
Hohe Rhön		
Ellenbogen	sw Kaltennordheim	814 m

kleinen Flächen abseits der größeren Täler.

Etwas ungünstiger scheint der Bodenwasserhaushalt angesichts der klimatischen Trockenheit auf den höher gelegenen Lößflächen beschaffen zu sein, die in den übrigen Teilen des Thüringer Beckens vorherrschen. Doch wiegen hier die besonderen Vorzüge der Lößböden (Kalk- und Nährstoffreichtum, gute Bodendurchlüftung und gute Wasserhaltung durch Kapillarwirkung der winzigen stabilen Hohlräume innerhalb des Lößgesteins) zusammen mit den relativ hohen Sommertemperaturen die agrarwirtschaftlichen Nachteile des Niederschlagsmangels auf.

Das Landschaftsbild des Thüringer Beckens ist durch die große Eintönigkeit weiter Ackerbauebenen gekennzeichnet, wie sie auch in anderen fruchtbaren Beckenlandschaften des deutschen Mittelgebirgsraumes anzutreffen ist. Lediglich die bewaldeten Schichtstufenrücken heben sich optisch kräftig von der offenen Ebene ab. Im Südteil des Beckens, um Gotha, Erfurt und Weimar, hebt sich das Land im ganzen gegen die Fußflächen des Thüringer Waldes leicht an und zeigt an seiner Oberfläche etwas bewegtere Konturen. Auch schneiden sich die Flußtäler hier deutlicher in das Land ein als im Norden und bilden als Kasten- oder Wannentäler weitere landschaftliche Akzente, die z.B. in den Stadtbildern der drei genannten Orte belebend zur Geltung kommen.

Das Thüringer Becken – seine Siedlungslandschaft

Die Siedlungslandschaft des Thüringer Beckens südlich des Muschelkalkbogens (Dün–Hainleite) und der Finne gehört zu den mitteldeutschen Altsiedelräumen. In frühgeschichtlicher Zeit waren die häufig überschwemmten Flußterrassen als siedlungsfeindliche Räume von Auwäldern eingenommenes Sumpfland. Auch der im ganzen siedlungsleere Wald nahm größere Flächen ein als gegenwärtig. Diese wurden während der jahrhundertelangen früh- und hochmittelalterlichen Rodungsperiode in die Gebirgshöhen zurückgedrängt. Zahlreiche auf -rode oder -roda endende Ortsnamen geben noch heute Zeugnis von der mittelalterlichen Rodungskolonisation. Nicht zufällig liegen fast alle dieser Orte nicht weit von den auch heute noch vorhandenen Waldgebieten entfernt. Aus ihrer Lage zu den gegenwärtigen Waldzonen läßt sich der jeweilige Zuwachs an offenem Siedlungsland ungefähr ablesen.

Einer sehr viel früheren Siedlungsperiode, nämlich wahrscheinlich der Zeit vor 531 (Vernichtung des Thüringerreiches durch die Franken), gehören die zahlreichen Orte an, deren Namen auf -ingen und -leben enden. Sie finden sich in auffälliger Häufung in der inneren Keupermulde des Thüringer Beckens und zeigen hier die mutmaßliche Ausdehnung des frühgeschichtlichen Siedlungsraumes an. Das heutige ländliche Siedlungsnetz ist gekennzeichnet durch das Vorherrschen kompakt gebauter Weiler und Haufendörfer, die im Innern der Keupermulde verhältnismäßig weitständig zueinander liegen und vollkommen agrarwirtschaftlich ausgerichtet sind. Weiter im Süden, um Erfurt und Weimar, verdichtet sich das Netz der Dörfer. Ist im Beckeninnern noch die traditionelle dörfliche Bausubstanz überwiegend erhalten geblieben, und dies ungeachtet der Vollkollektivierung der Landwirtschaft, so finden sich im Umkreis der größeren Städte zahlreiche Dörfer, die bereits zu Pendlerwohnsitzen geworden sind und eine starke Durchsetzung mit reinen Wohnbauten und diversen Gewerbebetrieben zeigen.

Das Landschaftsbild des Thüringer Beckens wird nicht nur durch die Dörfer und ihre besonders seit der Agrarkollektivierung ins Riesenhafte ausgeweiteten Ackerschläge bestimmt. Einige der aus den recht monoton wirkenden Ebenen herausragenden Bergrücken im Süden des Beckens werden von Burgruinen und neuzeitlichen Landmarken gekrönt und geben dem Landschaftsbild eigene Akzente. So wird eine markante Hügelgruppe zwischen Gotha und Arnstadt seit dem Mittelalter von drei Burgruinen (»Drei Gleichen«) überragt, der Steigerwald bei Erfurt von einem Bismarckturm. Auf dem Ettersberg bei Weimar wurde ein turmartiges Denkmal errichtet, das an die Leiden der Häftlinge des früheren KZ »Buchenwald« während der Zeit des Dritten Reiches erinnert.

Die historische Entwicklung der Städte im Thüringer Becken wurde stark durch die Territorialgeschichte des Raumes bestimmt. Einer weitgehenden landschaftlichen Einheitlichkeit entsprach nicht eine ähnliche einheitliche territorialpolitische Zugehörigkeit während der vergangenen Jahrhunderte. So gehörte das Herz des Thüringer Beckens, nämlich das Städtedreieck Mühlhausen–Erfurt–Sömmerda noch vor einem halben Jahrhundert zur preußischen Provinz Sachsen. Die hier gelegenen größeren Städte hatten ihre Wurzeln und ihre wirtschaftliche Basis nicht in landesherrlichen Aktivitäten.

Erfurt, die bei weitem größte Stadt Thüringens, erst seit 1944 auch politisch dem umgebenden Lande zugehörig, verdankte seine Bedeutung bereits im Mittelalter hauptsächlich seiner Rolle als Fernhandelsstadt, am Handelsweg von Leipzig nach Frankfurt a.M. gelegen. In preußischer Zeit (seit 1802) wuchs seine Bedeutung als Militär- und Festungsstadt. Seit der zweiten Hälfte des 18. Jh. ist die Stadt Zentrum eines bedeutenden Blumen- und Gemüsegartenbaugebiets. Aber auch unter preußischer Oberhoheit erhielt die Stadt nur den Rang einer Bezirkshauptstadt, während die zuständige Provinzialregierung stets in Halle an der Saale residierte, das bereits seit 1680 zu Brandenburg-Preußen gehört hatte. Erst 1944 kam die Stadt politisch an Thüringen und war von 1950 bis 1952 sogar dessen Landeshauptstadt. Seit 1952 ist sie Hauptstadt des Bezirks Erfurt, der etwa das Thüringer Becken umfaßt. In dieser Funktion profitiert die Stadt seither von einer verstärkten staatlichen Mittelzuweisung, die sich u.a. im Bau neuer Wohnviertel am Stadtrand sowie in der ansprechenden baulichen Gestaltung der historischen Altstadt (Anger, Marktstraße, Domhügel) ausdrückt.

Mühlhausen war bis 1803 (Reichsdeputationshauptschluß) Freie Reichsstadt gewesen und daher keinem regionalen Landesherrn unterstellt. Im 19. Jh. entwickelte sich die im verkehrsgeographischen Abseits gelegene Stadt zu einem regionalen Handelszentrum mit einiger Industrie. Die gut erhaltene malerische Kulisse der mittelalterlichen Altstadt mit ihren Mauern und Toren kann nicht vergessen lassen, daß die Stadt seit 1950 durch langfristige und beständige Abwanderungsverluste wirtschaftlich ausgezehrt wird: ein typisches Beispiel für die auch in einigen Teilen der DDR – namentlich Thüringens – bestehende »Zonenrandproblematik«.

Die übrigen Städte im Innern des Thüringer Beckens sind – gemessen an ihrer Einwohnerzahl – viel kleiner als Erfurt und Mühlhausen. Einige von ihnen wie Bad Langensalza, Bad Tennstedt und Bad Sulza verdanken ihre Entwicklung als Heilbäder ihren Schwefel- bzw. Solquellen. Andere wie Kölleda, Weißensee besaßen seit »preußischer« Zeit Verwaltungsfunktionen als Kreisstädte, während *Sömmerda* schon im 19. Jh. als lebhafte Industriestadt hervortrat, so daß es im 20. Jh. die Kreisstadtfunktion von dem benachbarten kleinen Weißensee an sich ziehen konnte.

Im Süden des Thüringer Beckens, z.T. schon im Vorland des Thüringer Waldes gelegen, entwickelte sich entlang der erwähnten alten Handelsstraße Frankfurt–Leipzig früh die Reihe der ernestinischen Residenzstädte, die in der Neuzeit allesamt eine glanzvolle Rolle in der deutschen Geschichte spielen sollten: Eisenach (→ »Thüringer Wald«), Gotha, Weimar, Jena (→ »Saaletal«).

Gotha ist seit dem 17. Jh. Residenzstadt (seit 1825 der Herzöge von Sachsen-Coburg-Gotha). Bis heute beherrscht das zentral und erhöht gelegene mächtige Schloß Friedenstein das Stadtbild. Im 19. Jh. siedelte sich eine vielseitige Industrie an. Von weitreichender Bedeutung wurde der Name Gothas jedoch durch die 1785 gegründeten Geographische Anstalt von Justus Perthes (heute VEB Hermann Haack, Geographisch-Kartographische Anstalt Gotha/Leipzig), ferner im Gewerblichen durch die Etablierung bekannter Banken und Versicherungsgesellschaften im ausge-

Gotha, Marktplatz mit Rathaus. Die Kreisstadt im nördlichen Vorfeld des Thüringer Waldes war bis 1918 Residenzstadt.

henden 19. Jh. Heute ist die Stadt Verkehrsknotenpunkt und Industriestadt. In der historischen Altstadt wird in den letzten Jahren eine aufwendige Flächensanierung durchgeführt.

Weimar wurde bereits im 14. Jh. Residenzstadt der wettinischen Landgrafen von Thüringen. Noch zu Beginn des 20. Jh. war die Stadt Hauptort von Sachsen-Weimar-Eisenach, dem nach der Fläche größten der thüringischen Herzogtümer. Besonders im 18. Jh. wurde die geistige und politische Führungsrolle des weimarischen Herzogtums innerhalb Thüringens (auf dem geistigen Gebiet auch darüber weit hinaus) deutlich, als Goethe, Schiller, Herder und Wieland in der Stadt lebten. Im Jahre 1920 trat in Weimar die erste deutsche Nationalversammlung nach dem Zusammenbruch des Kaiserreichs zusammen und gab sich eine demokratisch-republikanische Verfassung (»Weimarer Verfassung«). Die Weimarer Verfassung, die gegen den Widerstand einer noch stark monarchistisch geprägten Gesellschaft durchgesetzt wurde, erhob die Trikolore der deutschen Freiheits- und Einigungsbestrebungen des 19. Jh. (schwarz-rot-gold) zum offiziellen Symbol der ersten deutschen Republik. Die erste Verfassung der Deutschen Demokratischen Republik lehnte sich eng an den Text der Weimarer Verfassung an. Die schwarz-rot-goldene Fahne, die auf die Farben der Jenenser Burschenschaft zurückgeht, wurde von beiden deutschen Staaten als Statussymbol übernommen. Ab 1920 bis 1950 war Weimar thüringische Landeshauptstadt. Heute ist die Stadt Hochschulstandort, Zentrum des Tourismus und, in vergleichsweise bescheidenem Rahmen, auch der Industrie.

Unter den übrigen, sämtlich kleineren Städten hat *Arnstadt* eine – wenn auch weit zurückliegende – Vergangenheit als Residenzstadt (14.–18. Jh.). Seine Entwicklung im ausgehenden 19. Jh. ist der Lage der Stadt zwischen der Gebirgsregion und den Beckenebenen zu verdanken. So konnte die Stadt sich zu einem lebendigen regionalen Handelszentrum im Vorfeld des Thüringer Waldes entwickeln und dies um so mehr, als nach dem Bau des Brandleitetunnels eine Eisenbahnverbindung über den Gebirgskamm nach Meiningen hergestellt worden war. Die Industrie, die früher hauptsächlich durch bodenständige Leichtindustriebetriebe repräsentiert war, umfaßt heute ein großes Werk des Chemieanlagenbaus und ein Fernmeldewerk. Die Städte im Gebiet der Ilm sind wie Stadtilm, Kranichfeld, Blankenhain und Bad Berka auf den Fremdenverkehr ausgerichtet, beherbergen aber auch kleine Industriebetriebe. Das unterhalb Weimars gelegene *Apolda* hingegen war bereits um 1900 eine ausgeprägte Fabrikstadt, in der die Textilindustrie sowie eine damals bekannte Glockengießerei beheimatet waren. Das Stadtbild wird daher noch heute von zahlreichen Bauten der Neugotik geprägt, wie das auch in anderen alten Textilstädten Mittel- und Westdeutschlands der Fall ist.

Eichsfeld und Goldene Aue

Die Gebiete des Bezirks Erfurt, die nördlich der Gebirgszüge von Dün und Hainleite liegen, haben nur geringe territorialhistorische Bezüge zu Thüringen. In staufischer Zeit waren sie Teil der damaligen Landgrafschaft Thüringen, aber in den Jahrhunderten seit dem Ende des Mittelalters gab es stets mehrere auswärtige Landesherren, insbesondere den Erzbischof von Mainz, der das katholische Eichsfeld bis zum Beginn des 19. Jh. regierte, ferner die Kurfürsten von Brandenburg, die das obere Helmetal oberhalb von Nordhausen (Hohnstein) in ihrem dynastischen Einflußbereich hielten. Einzig das Gebiet um die Hainleite mit Sondershausen als Mittelpunkt war lange Zeit hindurch ein inselförmiger Teil der thüringisch-schwarzburgischen Herrschaft und dies auch noch, als nach dem Wiener Kongreß fast das ganze nördliche Thüringer Becken an Preußen fiel.

Das ehemalige Fürstentum Eichsfeld wurde 1815 politisch aufgeteilt: Das Königreich Hannover erhielt das landwirtschaftlich ergiebigere Untere Eichsfeld mit der »Goldenen Mark« um Duderstadt, während an Preußen das höher gelegene, rauhe Obere Eichsfeld mit dem Hauptort Heiligenstadt fiel. Wenn hier also im folgenden vom Eichsfeld die Rede ist, so ist stets das zu Thüringen gehörende Obere Eichsfeld gemeint. Dabei ist zu beachten, daß eine konfessionelle, volks- oder siedlungskundliche Grenze zwischen den beiden Teilen des Eichsfeldes nicht besteht, zumal auch der hannoversche Teil ab 1866 zu Preußen gehörte, so daß die das Eichsfeld durchquerende Grenze die Qualität einer preußischen Binnengrenze (Provinzgrenze) erhielt. Eine deutliche politische Trennung setzte erst mit dem 1. Juli 1945 ein, als die Grenze zwischen der britischen und sowjetischen Besatzungszone entlang der hannoversch-thüringischen Grenze festgelegt wurde. Die Eröffnung (1973) eines Grenzübergangs bei Duderstadt/Teistungen für den Tagesbesuchsverkehr bundesdeutscher Bürger im grenznahen Bereich trug den historisch-konfessionellen Zusammenhängen in diesem entlegenen Grenzraum Rechnung.

Das thüringische Eichsfeld liegt auf der Wasserscheide Leine (Weser) – Unstrut (Elbe). Eine Abgrenzung auf dem Hintergrund des historischen Fürstentums Eichsfeld ist auch heute gut möglich. Die Kreise Heiligenstadt und Worbis markieren recht genau den territorialen Rahmen des Oberen Eichsfeldes. Abgesehen von dem zerrissenen Buntsandsteinrücken entlang des Werratals (Höheberg-Goburg) fehlt eine landschaftlich vorgegebene Begründung des Grenzverlaufs. Dennoch wird das thüringische Eichsfeld im ganzen durch einige naturgeographische Gegebenheiten charakterisiert, die es erlauben, in ihm eine landschaftliche Einheit zu sehen.

Die erwähnte Weser-Elbe-Wasserscheide findet im Eichsfeld kaum irgendeine landschaftliche Markierung. Der große Bogen der Muschelkalk-Schichtstufe des Dün schneidet sogar die Wasserscheide nahezu im rechten Winkel. Das ganze Gebiet kann als eine vielfältig zertalte Hochfläche mit einer mittleren Meeresspiegelhöhe von 420 bis 450 m bezeichnet werden. Einige der auf die Buntsandsteinhorizonte aufgesetzten Muschelkalkhöhen erreichen Höhen von über 500 m: Birkenberg im Ohmgebirge 535 m, Höheberg bei Dieterode, Krs. Heiligenstadt 521 m. Nach Westen öffnen sich die Kastentäler der Leine und der Ruhme, nach Osten die flacheren Täler der Helme, Ohne und der oberen Unstrut.

Das Eichsfeld ist bekannt für sein rauhes Klima. Die mittleren Temperaturen liegen im Juli abseits der Höhenzüge bei 16 bis 17 °C, im Januar zwischen −1 und −2 °C. Die Anzahl der frostfreien Tage im Jahr beträgt 150 bis 160, d. h. soviel wie in den Randzonen des viel höheren Thüringer Waldes. Die mittleren Niederschlagssummen betragen im Jahr 650 bis 800 mm mit dem Maximum in den Sommermonaten. Diese vergleichsweise hohe Zahl geht auf einen Luv-Effekt des hochgelegenen Eichsfelds in bezug auf das in seinem Lee gelegene, viel trockenere und strahlungsreichere Thüringer Becken zurück. Der Frühlingsanfang ist erst zwischen dem 15. und dem 20. Mai zu erwarten, und die Vegetationsperiode ist dementsprechend kurz (210–220 Tage).

Einen ganz anders gearteten Landschaftstyp repräsentiert die Goldene Aue, die sich östlich an das Eichsfeld anschließt. Sie nimmt im wesentlichen das Talbecken der mittleren Helme ein und wird im Norden von den Hängen des Unterharzes und im Süden von den Doppelhöhen der Windleite-Hainleite und weiter im Osten vom Kyffhäusergebirge begrenzt. Der mit einer jungen Aulehmdecke überzogene Talboden der Goldenen Aue ist etwa 4 bis 6 km breit. Durch Auslaugungsvorgänge wurden unterirdische Zechsteinsalzlager gelöst, so daß es zu weiträumigen Absenkungsvorgängen kam, denen die Goldene Aue ihr Muldenprofil wesentlich verdankt. Parallel zu ihr verläuft im Süden das wesentlich schmalere Tal der Wipper vor der Stirn der Hainleite-Schichtstufe. Beide Talauen, durch den etwa 8 km breiten Windleite-Kyffhäuser-Höhenzug voneinander getrennt, können weniger von ihrem Oberflächenprofil als von ihrem geologischen Aufbau her noch als nördlicher Teil der Thüringer Triasmulde gelten. Klimatisch bestehen größere Übereinstimmungen mit dem Inneren des Thüringer Beckens. Wärme und Trockenheit sichern den Talauen von Wipper und Helme eine relativ lange jährliche Vegetationsperiode (im Mittel über 220 Tage, im Tal der Wipper über 225 Tage). Die vom Südharz im Frühjahr herunterfließenden Schneeschmelzwasser sammeln sich in ihrem Vorfluter, der Helme. Deren Talboden verengt sich jedoch zwischen Kyffhäuser und Harz, so daß ein zügiger Abfluß der kurzfristig anfallenden Wassermassen erschwert ist. Zur ganzjährigen Regulierung des Wasserstandes der Helme wurde oberhalb von Kelbra Ende der sechziger Jahre ein Hochwasser-Rückhaltebecken errichtet, das die Talauen der unteren Helme und der unteren Unstrut im Frühjahr vor Hochwasser schützt, ihnen aber in den relativ trockenen Sommermonaten die agrarwirtschaftlich notwendigen Wassermengen sichert. Die Goldene Aue bietet – abgesehen von einigen größeren Grünlandflächen oberhalb des Hochwasserbeckens bis hinauf nach Heringen – den Anblick einer breiten, ackerbaulich genutzten Talebene, die im Norden wie im Süden von bewaldeten Höhenzügen begleitet wird. Diese überragen in ziemlich geschlossener Linie den Talboden um gut 120 m. Das Tal der Wipper dagegen ist recht eng. Es ist von einem Band von größeren Siedlungen und Verkehrswegen erfüllt. Die bewaldeten Höhen der Windleite und der Hainleite treten auf beiden Seiten nah an das ziemlich gradlinige Tal heran.

Weimar, Marktplatz. Oben: Marktplatz mit Brunnen. Oben rechts: Säulenfront und rechts: restaurierte Front des Cranach-Hauses. Das Cranach-Haus ist der einzige Renaissancebau am Marktplatz, der den Bombenangriff am 9. 2. 1945 überstanden hat. In diesem Haus wohnte Lucas Cranach d. Ä. von 1552 bis 1553.

Die Siedlungsgeschichte der Goldenen Aue und des Eichsfeldes läßt sich u. a. anhand der Ortsnamen im ganzen gut rekonstruieren. Im Eichsfeld deutet die Häufung der auf -rode/-riede(n) endenden Ortsnamen auf die flächenhafte Besiedlung dieses unwirtlichen und felsigen Waldlandes durch Rodung im Hochmittelalter hin. Das gleiche gilt für das Tal der Helme oberhalb von Nordhausen. Doch verweisen vereinzelt auftretende Ortsnamen, die auf -stedt/-städt, -ingen/-ungen oder -leben enden, auf eine vermutlich noch frühere Siedlungstätigkeit. Einige -hagen-Orte (Rüdingshagen, Bockelnhagen usw.), die heute durch Waldrandlagen in den oberen Talbereichen gekennzeichnet sind, deuten ebenfalls auf hochmittelalterliche Phasen des Landesausbaus hin. Im ganzen gilt erneut die Grundregel, daß die weiten Ackerbauebenen der Flußtäler – abgesehen von einigen versumpften Partien entlang der Flüsse – die ältesten offenen Siedlungslandschaften repräsentieren, während in der Nähe der Gebirgs(und heutigen Wald-)ränder die Siedlung auf eine jüngere (im allgemeinen wohl spätmittelalterliche) Rodungstätigkeit zurückgeht.

Das ländliche Siedlungsbild wird im Eichsfeld wie in der Goldenen Aue von zahlreichen kleinen, haufendorfartigen Siedlungen bestimmt. Viele waldumgebene Dorffluren in den Höhengebieten lassen auch heute noch den ursprünglichen Rodungscharakter der Siedlung deutlich werden. Vor allem an den offenen Talhängen von Wipper und Helme finden

Hainleite, bewaldete, nach Norden steil abfallende Muschelkalkschichtstufe im nördlichen Thüringer Becken.

sich darüber hinaus zahlreiche, weit verstreute Ausbauten aus neuzeitlichen Phasen der Flurneugestaltung. Im geschlossenen Waldgebiet des Unterharzes sind ebenfalls einzelne Siedlungssplitter anzutreffen, die mit der Forstwirtschaft bzw. den typischen historischen Gewerben eines deutschen Waldgebirges (Bergwerke, Hammer- und Hüttenbetriebe usw.) zusammenhängen. Mehr oder weniger »reine« Bauerndörfer, die im Thüringer Becken das Bild vollkommen beherrschen, finden sich konzentriert in der Goldenen Aue und im Bergland des Eichsfeldes entlang der innerdeutschen Grenze. Im übrigen ist ein sehr großer Teil der Landgemeinden im Oberen Eichsfeld und im Tal der Wipper industriell orientiert, wie dies in den deutschen Mittelgebirgen und ihren Randzonen seit je der Fall ist.

Unter den Städten im nördlichen Randbereich des Thüringer Beckens ragt *Nordhausen* hervor, das am Rande des Unterharzes liegt, dort, wo dieser mit einer Stufe in die Goldene Aue abfällt. Diese landschaftliche Randlage zeigt sich auch darin, daß die historische Altstadt sich aus einer Ober- und Unterstadt zusammensetzt. Die Stadt ist zwar seit ihren Anfängen wirtschaftlich mit der Goldenen Aue und ihrem Getreideanbau eng verbunden. So finden sich in der Innenstadt ein Kornmarkt sowie an ihrer Peripherie eine in ganz Deutschland bekannte Kornbrennerei (VEB »Nordbrand«), ferner einige alte Betriebe der Textil- und Nahrungsmittelindustrie (heute auch des Motoren- und Schwermaschinenbaus). Dennoch zeichnet sich die historische Entwicklung der Stadt am Rande der Goldenen Aue durch einen bedeutsamen Sonderweg aus. Bereits im 13. Jh. war Nordhausen Schauplatz zweier Reichstage, von 1253 bis 1803 war es (wie Mühlhausen) Freie Reichsstadt, ehe es an Preußen fiel. Im Rahmen der zentralistischen preußischen Territorialverwaltung erhielt die Stadt nur den Rang einer Kreisstadt, beherbergte aber das Landgericht für den gesamten preußischen Norden Thüringens.

Das kleinere *Sondershausen*, das im Tal der Wipper liegt, repräsentiert demgegenüber den Typus der kleinen thüringischen Residenzstadt. Bis ins 20. Jh. war die Stadt mit ihrem Schloß und einem traditionsreichen Sinfonie- (Loh-) Orchester und Hoftheater Residenz des Fürstentums Schwarzburg-Sondershausen. Weit zurück in die Geschichte weisen auch die ehemaligen Residenzfunktionen der Kleinstädte Ellrich (Harz) und Heiligenstadt im Eichsfeld. Während Ellrich jahrhundertelang bis zur Zeit Napoleons Hauptort der brandenburgischen Grafschaft Hohnstein und somit Verwaltungszentrum für die oberen Teile der Goldenen Aue gewesen war, war *Heiligenstadt* Hauptstadt des mainzischen Eichsfelds und mit seinem Jesuitenkollegium (16.–18. Jh.) Zentrum gegenreformatorischer Bestrebungen im thüringischen Raum. Als Kreisstädte der in westdeutsches Gebiet vorspringenden beiden Eichsfeldkreise liegen sowohl Heiligenstadt als auch das viel kleinere Worbis heute in einer verkehrsgeographischen Randlage. Verkehrszentrum des Eichsfelds ist heute der Bahnknotenpunkt *Leinefelde*, der erst seit 1969 Stadtrecht besitzt und ebenso wie Bleicherode und Dingelstädt ein Zentrum der Textilindustrie ist.

Das Saaletal und die ostthüringische Hochfläche

Die nördlichen Teile der Platten um das Saaletal bis hin zur Weißen Elster um Gera werden von älteren Triasschichten (Buntsandstein) gebildet und sind somit Teil der großen thüringischen Triasmulde. Die große ostthüringische Buntsandsteintafel wird verschiedentlich von herzynisch verlaufenden Bruchlinien durchzogen, so oberhalb Rudolstadt und bei Kahla. Die scharfe lineare Begrenzung dieser mesozoischen Platte nach Süden gegen das paläozoische Rumpfgebirge des Thüringer Schiefergebirges und des Vogtlandes erfolgt durch ein schmales, bis zu 3 km breites Band von Zechsteinablagerungen, das in ganzer Länge durch Auslaugungsvorgänge eingesunken ist: die Orlasenke. Wie im ähnlich gelagerten Fall der Goldenen Aue entstand so ein beidseitig scharf durch Stufenränder begrenztes, etwa 45 km langes und im Mittel 3 km breites Tal, das sich in westsüdwest-ostnordöstlicher Richtung von Saalfeld über Pößneck und über Triptis hinaus bis in die Gegend von Weida erstreckt. Nach Osten zu wird der Boden der Orlasenke schmaler, und die sie begleitenden Stufenränder werden undeutlicher.

Die ostthüringische Tafel erhebt sich um 300 bis 400 m über dem Meeresspiegel. Vereinzelt finden sich höhere Erhebungen, so im Kaitsch bei Bad Berka (497 m), im Großen Kalmberg bei Stadtilm (546 m), im Kulm bei Saalfeld (481 m) und im Coppanzer Berg bei Jena (422 m). Im ganzen steigt die Tafel nach Süden zu leicht an. Die Saale mit ihren Nebentälern und die Weiße Elster bei Greiz und bei Gera sind in sie tief eingeschnitten, wobei sie durch junge (alluviale) Aufschüttungen 0,5 bis 1,5 km breite, flache Talauen gebildet haben. Terrassen aus der Zeit der Elster-Kaltzeit begleiten die Talaue der Saale und zeigen geologisch junge Eintiefungsvorgänge an. So ist im Falle des Saaletals ein überwiegend steilhängiges Sohlental zwischen Saalfeld und Naumburg entstanden, das zu den landschaftlich reizvollsten Tälern der deutschen Mittelgebirge gehört.

Die Orlasenke, die die Buntsandsteintafel von der tertiären Hebungszone des Thüringer Schiefergebirges und seiner Nordabdachung trennt, fällt als waldoffene, nahezu schnurgerade Grabenzone ins Auge. Sie kann aber geologisch keineswegs als Grabenbruch bezeichnet werden (Beispiele: Wetterau, Leinetal), obwohl ihr Landschaftsbild an einen solchen durchaus erinnert. Ihr Verlauf liegt quer zur allgemeinen Abflußrichtung und fügt sich von daher schwer in die innere »Logik« der ostthüringischen Großlandschaft. Diese ist weitgehend durch nahezu ebene Hochflächen bestimmt, in die sich wenige Täler mit generell südnördlicher Entwässerung eingetieft haben. Die Orlasenke hingegen wird gegenwärtig durch mehrere voneinander unabhängige, wasserarme Gerinne in z.T. entgegengesetzter Richtung entwässert. Ihr größter Teil jedoch wird von der Orla zur Saale hin entwässert. Die Orla durchschneidet in einem kurzen Durchbruch zwischen Pößneck und Orlamünde die Buntsandsteintafel, wobei sie sich in ihrem Unterlauf auffällig am herzynischen Bruchliniensystem (Nordwest-Südost) orientiert.

Das Klima

Die regionalen Klimaunterschiede in Ostthüringen spiegeln im großen auch hier die Höhenverhältnisse wider. So nehmen die Temperaturen von Norden nach Süden generell ab. Dabei greifen die Täler der Saale mit der Schwarza, der Roda und der Orlasenke sowie der Weißen Elster als Warmgebiete fingerförmig weit nach Süden aus. Den größten Raum nehmen die Hochflächen ein, auf denen die mittlere Januartemperatur bei −1 bis −2 °C und die mittlere Julitemperatur bei 16 bis 17 °C liegen. Dieser Bereich ist ziemlich identisch mit den Gebieten, die 300 bis 500 m über dem Meere liegen. Die niedriger gelegenen Täler haben im Januar wie im Juli eine um jeweils etwa 1 °C wärmere Temperatur, während die auf über 500 m ansteigenden Höhen im Süden ganzjährig kühler sind als die Ebenen.

Das über die räumliche Abstufung der Temperaturverhältnisse Gesagte gilt sinngemäß auch für die Höhe der Jahresniederschläge. Diese betragen in den über 500 m hohen Gebieten des Südens wenigstens 650 mm, auf der ostthüringischen Hochebene um 600 bis 650 mm und in den großen Tälern teilweise sogar unter 550 mm. Die Unterschiede zwischen Höhen und Tälern sind im Winter viel ausgeprägter als im Sommer. Für die Hochflächen selbst gilt jedoch, daß die Niederschlagsmengen im Winter wie im Sommer überall annähernd gleich sind. Verglichen mit den weiter östlich gelegenen Hochflächen des sächsischen Erzgebirgsvorlandes und der Oberlausitz, die im ganzen etwa die gleiche Höhenlage aufweisen, sind die Niederschläge im östlichen Thüringen gering, und dies im Sommer wie im Winter. Dabei macht sich der Umstand bemerkbar, daß Ostthüringen noch randlich an dem großen relativen Trockengebiet des Thüringer Beckens teilhat, das seine besondere Niederschlagsarmut seiner Leelage zum Höhenbogen Thüringer Wald–Eichsfeld–Harz verdankt.

Die besondere klimatische Begünstigung des Saaletals und des Tals der Weißen Elster wird auch im frühen Datum des Frühlingseinzugs deutlich. Der Beginn der Apfelblüte setzt hier schon um den 5. bis

An der Saale.
Oben: Saalburg, im Tal der Sächsischen Saale unmittelbar bei der Bleilochtalsperre im Süden Thüringens gelegen, ist Stadt und Sommerfrische im Kreis Schleiz im Bezirk Gera. Darunter: Weiter nördlich, im Kreis Jena, erhebt sich östlich der Stadt Kahla auf einem Bergkegel (395 m) die Leuchtenburg mit einem stattlichen Bergfried. Sie wurde im 12. Jh. angelegt.

10. Mai ein, auf der etwas kühl-feuchteren ostthüringischen Hochfläche erst nach dem 15. Mai. Entsprechend länger ist in den großen Tälern auch die jährliche Vegetationsperiode (rund 220 Tage, auf der Hochebene etwa 210–215 Tage). Nimmt man noch die geringeren Windgeschwindigkeiten in den Tälern hinzu, so rundet sich das Bild eines ausgesprochen siedlungsgünstigen »menschenfreundlichen« Klimas in den Talzonen ab.

Die Siedlungslandschaft Ostthüringens
Bis ins 12. Jh. war die Saale von Saalfeld bis zur Mündung in die Elbe für mehrere Jahrhunderte Grenzlinie zwischen dem deutschen Altsiedelraum Thüringen im Westen und den von Slawen besiedelten »Marken« des Ostens. Die Kontaktzone zwischen Deutschen und Slawen war jedoch breiter und erstreckte sich auch auf die Hochfläche zwischen Ilm und Saale, auf der noch slawische Ortsnamen erhalten sind (Groschwitz, Loßnitz, Krakau usw.). Östlich der Saale treten sie gehäuft auf (Könitz, Kospoda, Tröbnitz, Oschitz, Posen usw.). Manche der zahlreichen slawischen Ortsnamen gehen auf noch ältere germanische Bezeichnungen zurück, die nach der Besitznahme des Gebietes durch Slawen in der Zeit etwa zwischen 650 und 900 dem slawischen Sprachgebrauch angepaßt worden waren. Die langwährende, nicht konfliktfreie Nachbarschaft zweier Völker mit unterschiedlichen Sprachen, Wirtschaftsstilen und Produktionsgewohnheiten rief entlang der Saale-Linie die Gründung von Grenzburgen und Handelsorten hervor, die in vielen Fällen zu Ansatzpunkten mittelalterlicher deutscher Siedlungen wurden. Der bekannte Städte- und Burgenreichtum des Saaletals hat hier eine wesentliche historische Wurzel.

Schon vom 10. Jh. ab war das slawisch gewordene Land rechts der Saale von deutschen Kolonisten wiederbesetzt worden. Zug um Zug waren inmitten des überwiegend dicht bewaldeten slawischen Siedelgebiets deutsche Kolonistendörfer angesetzt worden, teils in direkter lokaler Fortsetzung slawischer Siedlungstraditionen, teils als Neuanlagen nach Rodung von Waldstücken. Ein erheblicher Teil der auf -dorf und -stedt/-städt endenden Ortsnamen in diesem Raum dürfte solche Neugründungen anzeigen, insbesondere in Fällen, in denen als Hauptbestandteil des Ortsnamens ein deutscher Personenname verwendet wurde: Wolfersdorf, Erdmannsdorf, Ottendorf, Volkmannsdorf, Waltersdorf, Mertendorf, Hermsdorf, Volkstedt, Reinstädt usw. Ortsnamen wie Gebersreuth, Wittersroda, Teichröda, Liebengrün usw. zeigen mit einiger Sicherheit die Wurzel des jeweiligen Ortes aus der Rodungsarbeit deutscher Kolonisten an.

In frühgeschichtlicher Zeit waren die ostthüringischen Hochflächen wahrscheinlich mit einem ziemlich lückenlosen Waldkleid bedeckt. Nur das Saaletal bis hinauf nach Saalfeld mit einigen größeren Seitentälern, die Orlasenke und das Tal der Weißen Elster bis oberhalb Berga waren offenes Siedlungsland. Weiter im Süden gab es vermutlich nur drei größere offene Siedlungskammern, die die sonst weithin geschlossene Walddecke inselhaft durchsetzten: die Gebiete um Schleiz, Auma und Greiz. Die Waldbedeckung wurde durch den mittelalterlichen Landesausbau und auch noch in späteren Zeiten zurückgedrängt. Während die Wälder beidseits des Saaletals – insbesondere rechts der Saale – weitgehend bis in die Gegenwart erhalten geblieben sind, wurden südlich der Orla-Elster-Linie (d. h. im paläozoischen Gebirge) große Teile der frühmittelalterlichen Walddecke gerodet und mit Siedlungen durchsetzt. Gerade dieses Gebiet ist durch das feuchtkühle Klima des Gebirgsvorlandes gekennzeichnet. Seine Böden gelten als naß und nährstoffarm. Das bewaldete Bergland zwischen Saale und Orlasenke blieb dagegen bis heute weitgehend siedlungsleer.

Die heute zwischen Ilm und Weißer Elster anzutreffenden thüringischen Dörfer sind in ihrer großen Mehrzahl klein und haben einen geschlossenen baulichen Charakter. In zahlreichen Fällen ist der ursprüngliche Rodungscharakter ihrer Feldflur noch erkennbar. Diese wird oft noch mehrseitig von scharf gezogenen Waldrändern umstanden. Auch der Siedlungsgrundriß zeigt verbreitet noch Planformen aus der Kolonisationszeit im Mittelalter. So treten neben zahlreichen haufendorfartigen Weilern insbesondere im Osten der Saale langgestreckte Dorfformen mit den Kennzeichen des geplanten mittelalterlichen deutschrechtlichen Hufendorfs auf: Die Bauerngehöfte liegen in oft doppelten langen Reihen beidseits eines Baches, während die Feldflur auf beiden Seiten des Baches zu den Waldrändern hin ansteigt. Die ursprüngliche Hufenflur (schmale gereihte Landparzellen, die vom Gehöft am Dorfbach zu den Gemarkungsgrenzen hinlaufen) ist durch die Kollektivierung der Landwirtschaft beseitigt und durch eine Flur aus wenigen größeren Feld-»Blöcken« ersetzt worden. Gute Beispiele für kolonisationszeitliche Reihensiedlungen lassen sich besonders im Umkreis von Münchenbernsdorf entdecken (Dorfreihen Erdmannsdorf–Lippersdorf–Ottendorf–Eineborn, Ottmannsdorf–Oberenthendorf–Renthendorf–Kleinebersdorf, Reichenbach–Kraftsdorf–Harpersdorf–Niederndorf u. a.). Auch im Raum Gera–Greiz treten diese Dorfformen auf, die meist schon durch ihren Ortsnamen ihre historische Wurzel als deutschrechtliches Kolonistendorf des Mittelalters verraten.

Das ostthüringische Dorf hat weithin seinen vollkommen landwirtschaftlichen Charakter und seine traditionellen Bauformen, zu denen das Fachwerkhaus gehört, bewahrt. Die neuen Gemeinschaftsbauten der Landwirtschaftlichen Produktionsgenossenschaften (LPG) beeinträchtigen das historische Dorfbild allgemein nur wenig, da sie zumeist am Rande des alten enggebauten Dorfkerns errichtet wurden. Der ländliche Charakter des Dorfes und damit sein altüberkommenes Baubild sind allerdings in einigen stärker industrialisierten Landstrichen schon im 19. Jh. mehr und mehr verlorengegangen. Das gilt ganz besonders für die Industriegasse der Orlasenke, wo (wie zwischen Saalfeld und Neustadt an der Orla) zahlreiche frühe Industriearbeitersiedlungen die alten Bauerndörfer überformt oder ganz ersetzt haben. Auch im Saaletal und in der Linie Jena–Eisenberg–Gera haben Mehrfamilienhäuser und Gewerbebauten den kleineren Orten in vielen Fällen einen eher vorstädtischen Charakter verliehen.

Die Städte im östlichen Thüringen
Es wurde in dem vorangegangenen Kapitel bereits deutlich, daß sich die Entwicklung des Siedlungsnetzes und vor allem der Städte teils aus historischen (deutsch-slawische Saalegrenze), teils aus naturgeographischen Gründen seit dem Mittelalter auf die waldfreien Tallandschaften konzentrierte. In ihnen verlaufen bis zum heutigen Tage auch wichtige Verkehrswege (Eisenbahnen, Fernverkehrsstraßen) in enger Bündelung, während die Autobahnen des 20. Jh. die schwächer besiedelten Hochflächen bevorzugen. Einige kleinere Industriestädte der Hochebene, die bis um 1950 stets im Abseits der wirtschaftlichen Entwicklung der Region gelegen hatten, verdanken gegenwärtig nicht zuletzt der Autobahn Berlin–München gewisse Standortvorteile (Eisenberg, Hermsdorf am »Hermsdorfer Kreuz«, Münchenbernsdorf, Triptis, Schleiz).

Das thüringische Saaletal von Saalfeld an flußabwärts beherbergt eine glanzvolle Reihe ehemaliger Residenzstädte sowie die Universitätsstadt Jena. Seine besonnten Hänge werden von Schlössern und Burgruinen gekrönt, und in früheren Zeiten wurden sie dank ihres vergleichsweise milden Klimas sogar von Weinbergen eingenommen. Damit gehört das Saaletal zwischen Saalfeld und Naumburg zum selben Typus touristisch attraktiver deutscher Flußtäler wie das mittlere Rhein-, Main- und Moseltal. Zu den landschaftsbestimmenden historischen Bauten des Saaletals gehören die markante Burgruine »Hoher Schwarm« in Saalfeld, das Residenzschloß Heidecksburg hoch über Rudolstadt, die Ruine der Leuchtenburg über dem Saaletal bei Kahla, die drei Dornburger Schlösser sowie – hart jenseits der thüringischen Grenzen – die Burgruinen von Rudelsburg und Saaleck oberhalb Bad Kösen. Weitere kleine Burgruinen und neuere Aussichtstürme begleiten als landschaftli-

che Akzente das malerische Flußtal, das aber – im Unterschied etwa zu den Tälern von Rhein und Mosel – eine mehr oder weniger breite ebene Talaue mit einschließt.

Die noch zu Beginn dieses Jahrhunderts meiningische Stadt *Saalfeld* war im 17. bis 18. Jh. Residenzstadt eines besonderen Fürstentums Saalfeld. Ihre wirtschaftliche Wurzel war im Mittelalter ein vielseitiger Bergbau (Silber, Kupfer, Eisen) gewesen. Im letzten Viertel des 19. Jh. wurde Saalfeld zu einem Eisenbahnknotenpunkt ausgebaut. Eine vielseitige Industrie (Maschinenbau, Süßwarenproduktion u. a.) nutzte die dadurch gegebenen Standortvorteile der Stadt. Nördlich Saalfelds, nahe der Einmündung der Schwarza in die Saale, entwickelte sich der Luftkurort Bad Blankenburg in diesem Jahrhundert ebenfalls zu einem kleinen Industriezentrum. *Rudolstadt* war bis ins 20. Jh. hinein Residenz des kleinen Fürstentums Schwarzburg-Rudolstadt, zu dem fast das ganze Schwarzatal und eine Exklave oberhalb Saalfelds (Eichicht-Leuchtenberg) gehörten. Die Stadt, traditionell eine Verwaltungs-, Garnisons- und Pensionärsstadt, ist vor allem durch den Aufenthalt und das Wirken Friedrich Schillers bekannt geworden; sie ist heute Fremdenverkehrs- und Industriezentrum.

Flußabwärts folgen die burgengekrönten alten Kleinstädte Orlamünde und *Kahla.* Letzteres ist als ehemalige altenburgische Kreisstadt und Standort einer großen Porzellanfabrik ein Unterzentrum im mittleren Saaletal. Es liegt bereits – ebenso wie die alte Sommerfrische Stadtroda im Roda-Seitental – im engeren Einzugsbereich von Jena. *Jena* ist nie über den Status einer Kreisstadt (bis 1918 im Großherzogtum Sachsen-Weimar) hinausgelangt, hatte aber – vor allem dank seiner in ganz Deutschland berühmten alten Universität – in Thüringen stets eine überragende Rolle gespielt. Noch um 1900 galt die Jenaer Universität, an der einst Friedrich Schiller gelehrt hatte, als Gesamtuniversität aller ernestinischen Staaten Thüringens. Außerdem beherbergte die Stadt das Oberlandesgericht aller thüringischen Kleinstaaten und besaß daher weitere zentrale Funktionen für das ganze Land. Mit der Geschichte der nationalen Einigungs- und Befreiungsbestrebungen des deutschen Volkes ist der Name der Stadt eng verbunden: Die Jenenser Burschenschafter, deren Bundesfarben schwarz-rot-gold heute die Nationalfarben aller Deutschen sind, waren im frühen 19. Jh. führend an der nationalen Erhebung beteiligt (Wartburgfest 1817, Julirevolution 1830). Jena gehört in die Reihe der typischen kleinen alten Universitätsstädte Deutschlands mit ihrem traditionellen Fluidum (Jena, Göttingen, Marburg, Tübingen, Heidelberg). Der freiheitliche Geist der Jenenser Jugend hat alle historischen Umwälzungen bis in die Gegenwart überdauert. In enger Verbindung mit der Universität entwickelten sich die weltbekannten Industriebetriebe der Stadt (Zeisswerke, Jenaer Glaswerk). Das traditionsreiche Jenaer Stadtbild, das durch die Lage in einem malerischen Talkessel gekennzeichnet ist, wurde bereits während des Zweiten Weltkrieges durch alliierte Luftangriffe auf die historische Altstadt schwer beeinträchtigt und seither durch den Bau eines zylinderförmigen Universitätshochhauses inmitten der zerstörten Altstadt vollends verschandelt. Die neue Großwohnsiedlung in Jena-Lobeda (über 25 000 Ew.) atmet den architektonischen Geist der sechziger Jahre. Sie liegt zu weit vom Stadtkern entfernt, als daß sie dessen gestörten Aufriß noch zusätzlich belasten könnte. – Kurz bevor die Saale historisch thüringisches (d. h. meiningisches) Gebiet verläßt und in den heutigen Bezirk Halle eintritt, passiert sie das ruinengekrönte Städtchen Camburg, das bis ins 19. Jh. Residenz der kleinen Grafschaft Camburg gewesen war.

Ostthüringen. Jena im Abenddunst. Die Universitätsstadt im Saaletal ist wirtschaftlicher Mittelpunkt des Bezirkes Gera.

Eine weitere Verstädterungslinie markiert die alte Offenlandschaft und Siedlungskammer der Orlasenke östlich von Saalfeld. Traditioneller Haupt- und Marktort ist hier die alte Textil- und Schokoladenindustriestadt Pößneck, die gleichzeitig ein Eisenbahn- und Straßenknoten-

Oben: Orlamünde, eine kleine Stadt im mittleren Saaletal. Der Ort liegt auf einem Felsen links der Saale, gegenüber der Orlamündung. Die Kleinstadt ist Siedlungszentrum eines Landwirtschaftsgebietes und »Schlafstadt« für Arbeiter der Industriebetriebe von Kahla, Jena und Rudolstadt. – Links: Ziegenrück, Stadt und Erholungsort im schluchtenartig eingeschnittenen oberen Saaletal zwischen der Bleiloch- und der Hohenwartetalsperre. Hoch über dem Ort das teilweise erhalten gebliebene Schloß aus dem 15. Jh. (jetzt Jugendherberge).

punkt inmitten der Senke ist. Den wirtschaftlichen Schwerpunkt der Region bildet aber das Eisenhüttenwerk Maxhütte in Unterwellenborn. Die Standortgemeinde hat bis heute nur wenige Tausend Bewohner und ist ohne Stadtrechte. Die Masse der überwiegend männlichen Beschäftigten besteht aus Tagespendlern, die vor allem aus Pößneck und Saalfeld kommen, darüber hinaus aus dem nahen Städtchen Ranis, das seit 1815 bis 1944 in der preußischen Gebietsenklave des Kreises Ziegenrück lag, sowie auch noch aus der weiter östlich gelegenen kleinen Industriestadt Neustadt an der Orla.

Die stark gewerblich ausgerichteten, von zahlreichen Auspendlern bewohnten Dörfer zwischen Pößneck und Neustadt wurden 1968 im Zuge der beginnenden Gebietsreformbestrebungen jener Zeit als erste in der DDR zu einem neuen Gemeindeverband mit dem frei erfundenen Namen »Orlatal« zusammengefaßt (Sitz der Gemeindeverbandsbehörde ist Oppurg). Im Unterschied zu den vergleichbaren Gemeindegebietsreformen in westdeutschen Bundesländern mit ihren fatalen Ortsneubenennungen wurde jedoch die Verwaltungsautonomie der sechs beteiligten Landgemeinden nicht beseitigt. Es sollten mit dem neuen Gemeindeverband die verwaltungs- und planungstechnischen Voraussetzungen für die Errichtung zentraler Versorgungseinrichtungen mit übergemeindlicher Bedeutung (Landwarenhaus, Dienstleistungszentrum) sowie für eine engere Kooperation der in den Gemeinden gelegenen LPG und VEG (Volkseigenen Güter) geschaffen werden. Vor allem mit den zuerst genannten zentralen Einrichtungen sollten – getreu der marxistischen Forderung nach einer Angleichung der ländlichen an die städtische Lebensweise – städtische Versorgungsstandards auch in ländlichen Gemeinden eingerichtet werden. Die Problematik einer räumlichen Konzentration von Handel und Verwaltung im ländlichen Raum in wenigen ausgewählten Zentralorten macht sich dabei in Thüringen weniger bemerkbar als im benachbarten Hessen nach der dortigen Gebietsreform der siebziger Jahre, da die Dörfer im thüringischen »Gemeindeverband« sowohl ihre Bürgermeister als auch ihre Gemeinde-Etatshoheit behielten.

Im Osten des »Osterlandes« (d.h. der Hochfläche zwischen Saale und Weißer Elster) zieht sich in süd-nördlicher Richtung die Stadtkette entlang der Weißen Elster von Plauen im sächsischen Vogtland über den erst nach 1945 thüringisch gewordenen Industrieort Elsterberg, das kleine Berga, Weida am gleichnamigen Nebenfluß, die Großstadt Gera, den Kurort Bad Köstritz bis hin zur sächsischen Industriestadt Zeitz. Abgesehen von dem noch weiter östlich gelegenen Altenburg ist damit die östlichste Städtegruppe Thüringens benannt. Geologisch-bodenkundlich ist dieses Gebiet nur noch bedingt als Teil Thüringens zu bezeichnen, wenn man Thüringen als Landschaftseinheit begreift, die sich wesentlich aus dem Thüringer Becken und seinen Randhöhen zusammensetzt. Historisch zeigt sich jedoch die Zugehörigkeit zu Thüringen in der Tatsache, daß die beiden führenden Städte des Elstertals, Greiz und Gera, noch zu Beginn des 20. Jh. die Residenzen der reußischen Fürstenhäuser (Greiz: Reuß ältere Linie, Gera: Reuß jüngere Linie) beherbergten. Die malerisch gelegene Textilindustriestadt Weida lag zwischen beiden Residenzstädten im weimarischen Teil des Oberlandes.

Gera war bereits vor hundert Jahren größte Industriestadt im östlichen Thüringen. Während seinerzeit die Textilindustrie das Bild beherrschte, deren Anfänge schon im 16. Jh. mit dem Zuzug holländischer Glaubensflüchtlinge einsetzten, sind heute die elektrotechnischen und Maschinenbaubranchen vorherrschend. Gera hat damit einen für viele alte mitteldeutsche Industriestandorte typischen Strukturwandel erfahren. Den stärksten Entwicklungs-

impuls erhielt die Stadt jedoch nach der Verwaltungsreform von 1952, als sie Hauptstadt eines der drei neu geschaffenen thüringischen Bezirke wurde. Der Wohnungsbau konzentriert sich gegenwärtig auf die südlichen Randgebiete der Stadt. Im Unterschied zu Gera hat *Greiz* seinen traditionellen Charakter als Textilindustriestandort bis heute im wesentlichen erhalten. Das bedeutet, daß viele männliche Arbeitskräfte in der Stadt keine Arbeitsmöglichkeiten finden und nach Gera sowie in die Industriestädte des benachbarten Vogtlandes auspendeln müssen. Auch die Nachbarstadt Zeulenroda hält Arbeitsplätze für die männlichen Auspendler aus Greiz bereit. Langfristig ist mit einer weiteren starken Abwanderungstendenz zu rechnen, da die Familien sich in ihrer Wohnortwahl vor allem am Arbeitsplatz des Mannes orientieren.

Der Thüringer Wald und das Thüringer Schiefergebirge

Der Thüringer Wald ist ein schmales, durch begrenzte Erdkrustenhebungen hervorgerufenes Kammgebirge, das in herzynischer Richtung verläuft und das große Thüringer Becken im Südwesten begrenzt und von der Werrasenke trennt. Der ziemlich gradlinig von Nordwesten nach Südosten verlaufende Gebirgskamm bildet zwischen der Wartburg und dem Heuberghaus (oberhalb Friedrichroda) die Wasserscheide zwischen den Flüssen Hörsel und Werra, die beide zur Weser hin entwässern. Vom Heuberghaus an ist die Kammlinie, auf der der alte Wanderweg des Rennsteigs verläuft, die Wasserscheide zwischen Saale–Elbe und Werra–Weser. Dies gilt auch für den weiteren Verlauf des Gebirgskamms im Thüringer Schiefergebirge. Dieses hat nahezu die doppelte Gesamtbreite des schmalen Thüringer Waldes und tritt bei Saalfeld bis an den großen Saalfeld-Rudolstädter Saalebogen heran. Die breite Hebungsscholle des Thüringer Schiefergebirges greift im Osten über die obere Saale hinweg, die sich in windungsreichem Lauf in die emporgehobene Platte eingetieft hat.

Zusammen mit der oberen Saale tieften sich auch deren Nebenflüsse in die Tafel ein. So bildeten sich u.a. auf der linken Seite des Saaletals der Loquitzgrund und das Schwarzatal heraus.

Die Kammlinie des Rennsteigs verläuft fast auf der gesamten Länge zwischen dem Gerberstein bei Ruhla und dem Lobensteiner Kulm in über 700 m Meeresspiegelhöhe. Im Großen Inselsberg (916 m) und im Großen Beerberg (982 m) wird die 900-m-Höhenlinie überschritten. Von beiden Seiten führen zahlreiche enge Kerbtäler auf die Kammlinie zu: im Osten das Annatal bei Eisenach, der Lauchagrund, der Apfelstädtgrund, der Silbergrund, der

Thüringer Wald. Das stark zertalte Kammgebirge erstreckt sich zwischen der oberen Werra und dem Thüringer Becken.

Geragrund, der Stützerbachergrund nahe dem Kickelhahn (861 m) u.a.; im Westen der Schweinaergrund, das Trusetal, der Kanzlersgrund, das Pfanntal, der Pochwerksgrund, der Tannengrund, der Bibergrund u.a. Der Gebirgskamm ist nie eine sehr wirksame Verkehrsschranke gewesen. Auch heute wird er von fünf Fernverkehrs- und zahlreichen weiteren Landstraßen überquert, ferner von vier Eisenbahnstrecken.

Das Klima

Das Klima des thüringischen Kammgebirges ist ganzjährig verhältnismäßig feuchtkühl. Die mittleren Temperaturen liegen im Januar in den über 700 m hohen Gebieten bei unter −3 °C, im Juli bei unter 14 °C. Dieselben Höhenlagen haben ein jährliches Niederschlagsmittel von über 1000 mm. Das entspricht den Verhältnissen im Oberharz. Die hohen Niederschlagsmengen werden monatelang in Schneeform gebunden, so daß die jährliche Vegetationsperiode weniger als 200 Tage umfaßt. Die hohe Schneesicherheit der Gebiete über 700 m Höhenlage schafft andererseits günstige Bedingungen für den Wintersport. Zu den Gebirgsrändern hin nehmen die Temperaturwerte zu und die

Niederschlagswerte ab. Dies gilt insbesondere für die zahlreichen Talgründe, die darum für eine Besiedlung mit etwas Gartenbau noch geeignet sind, wenn hier auch die überwiegend steilen Hanglagen im Verein mit steinigen, flachgründigen Gebirgsböden den Anbau erheblich erschweren. Im Bereich des niederschlagsreichen Gebirgskamms haben sich in manchen Senken auf wasserundurchlässigen kristallinen Gesteinen kleine Hochmoore gebildet, die die sonst ziemlich geschlossene Walddecke hier und da auflockern.

Die Siedlungslandschaft des Thüringer Waldes und des Thüringer Schiefergebirges
Die geschilderten kargen natürlichen Voraussetzungen ließen es nie zu, das thüringische Kammgebirge zu einem gleichmäßig besiedelten Siedlungsraum werden zu lassen. Es fehlte in dem Waldland stets die Basis einer ertragreichen Agrarwirtschaft. Nur wenige Bauerndörfer sind schon im Mittelalter im hochgelegenen Waldgebirge durch Rodung entstanden (Unkerode, Brotterode, Rotterode u.a.). Statt dessen war es der Erzbergbau, der früh zur Einrichtung von Bergwerken, Hammerwerken und Metallhütten führte. Eisen- und Manganerze wurden bis ins 20. Jh. im Raum Schmalkalden–Trusetal–Steinfeld (im Bereich der randlichen Bruchlinien des Thüringer Waldes) sowie bei Schmiedefeld im Schiefergebirge abgebaut, Goldseifen im oberen Schwarzatal. Noch im 18. Jh. wurden bei Ilmenau Silbererze und Kupferschiefer abgebaut. Die Erzvorräte im thüringischen Kammgebirge sind vielfältig, aber nicht sehr reichhaltig, so daß viele alte Bergbauorte im 19. Jh. verarmten und sich auf eine neue Wirtschaftsbasis stellen mußten, die vor allem in der Glasbläserei, der Spielwarenherstellung und dem Tafel- und Griffelschieferabbau gefunden wurde. Die Bewohner zahlreicher Gebirgsorte, in denen es weder Bergbau noch Fabriken gab, mußten sich durch eine arbeitsintensive, aber wenig einträgliche Heimwerkertätigkeit durchbringen. Gewerbefleiß, Kinderarbeit und Armut waren bis zum Beginn des 20. Jh. Kennzeichen des Lebens in den Gebirgsorten. Noch heute ist im Schiefergebirge die Glasbläserei als Heimgewerbe verbreitet.

Die Siedlungen des thüringischen Kammgebirges haben nur zu einem geringen Teil einen »ländlichen« Charakter, da in ihnen seit Jahrhunderten das landwirtschaftliche Element hinter nichtlandwirtschaftliche Erwerbsarten (in den Höhengebieten Holzhauerei, Köhlerei usw., in den Tälern vielfältige Heimarbeit, Beschäftigung in Glas- und Metallhütten, in Schieferbrüchen usw.) zurücktrat. Es bildete sich so der verbreitete Typus des sich in den Tälern lang hinziehenden, enggebauten Industriedorfes heraus, das häufig schon früh Markt- oder Stadtrecht besaß. Die Masse der meist schiefergedeckten

Oben: Ruhla, langgestreckter Fabrikort, malerisch zwischen bewaldeten Bergen im Erbtal gelegen. Seit dem Mittelalter war das Eisengewerbe hier heimisch, im 16. Jh. wurde die Messerschmiede bedeutsam. Nach 1750 begann die Herstellung von Pfeifenköpfen aus Meerschaum. Ursache waren ein Einfuhrverbot Preußens und die wachsende Konkurrenz Schmalkaldens. Im 19. Jh. entwickelte sich Ruhla zu einem gewerbereichen Ort. Rechts: Schmalkalden, »Neue Hütte«, ein klassizistisches Hochofenhaus. Schon 1348 wird in Schmalkalden ein Eisenhammer genannt.

kleinen Giebelhäuser wird seit dem 19. Jh. in diesen Orten durch größere alte Fabrikbauten durchsetzt. Im Zuge der im 19. Jh. zunehmenden Erschließung für den Fremdenverkehr entstanden in vielen Fällen an den Ortsrändern villenartige Bauten (Kuranstalten, Pensionen, private Wohnungen) im aufwendigen Stil der Wilhelminischen Ära. Im unmittelbaren Anschluß an die Ortsbebauung liegen kleine Gärten und oft steilhängige Wiesen, die an den nahen Waldrand stoßen. Die Mehrzahl der Gebirgsrandorte liegt in einer Meeresspiegelhöhe von 400 bis 500 m. Einige wenige Höhenluftkurorte und vielbesuchte Wintersportzentren wie Oberhof und Neuhaus liegen am Rennsteig in über 800 m Höhe.

Von den größeren Städten überschreiten nur Gotha und Suhl geringfügig die 50000-Einwohner-Grenze, gefolgt von Ilmenau und Sonneberg mit jeweils knapp 30000 Bewohnern. Alle vier Städte beherbergen jeweils neben einer bedeutenden, differenzierten Industrie viele Arbeitsplätze in den Dienstleistungsbereichen und haben als zentrale Orte Bedeutung für

ein größeres Umland. *Suhl*, in ganz Deutschland seit vielen Jahrhunderten bekannt für seine Handfeuerwaffenproduktion, verdankt seinen beträchtlichen Ausbau in jüngster Zeit seiner Erhebung zur Bezirkshauptstadt im Jahre 1952.

Eisenach ist unter den Städten am Rande des Thüringer Waldes die historisch bei weitem bedeutendste, nicht nur als Geburtsort Johann Sebastian Bachs, sondern auch als ehemalige Residenzstadt (zweite Hauptstadt des Großherzogtums Sachsen-Weimar-Eisenach), als frühes Industriezentrum und Gründungsort der Sozialdemokratischen Arbeiterpartei (1869), als Zentrum des Automobilbaus. Für das ganze deutsche Volk hat die mittelalterliche Wartburg über der Stadt Eisenach eine besondere emotionale Bedeutung (→ »Die Wartburg . . .«). Das altertümliche Stadtbild wird überragt von den nahen Waldbergen, die weithin sichtbar von der Wartburg und dem Burschenschaftsdenkmal gekrönt werden.

Auf der Ostseite des Kammgebirges folgen von Eisenach aus gesehen die Sommerfrische und traditionsreiche Uhrenindustriestadt *Ruhla* (frühere Spezialität: Tabakspfeifenherstellung), dann die ebenfalls alte Industriestadt Waltershausen. Zwischen ihr und dem nahen Großen Inselsberg liegen mit Tabarz und dem ehemals feudalen Badeort Friedrichroda zwei bedeutende Fremdenverkehrszentren. Der Luftkurort und Industrieort Tambach-Dietharz liegt weit vorgeschoben und isoliert in einer Lichtung bereits inmitten des Waldgebirges. Am Gebirgsrand liegen Ohrdruf und *Ilmenau,* zwei Städte mit jahrhundertealten vielseitigen Gewerbetraditionen. Ilmenau ist darüber hinaus Luftkurort und Ausgangspunkt für Ausflüge in den Stützerbachergrund, mit dem sich Erinnerungen an zahlreiche Aufenthalte Goethes verbinden. Gehren ist ehemaliges Kreisstädtchen und frühere fürstliche Sommerresidenz, während Großbreitenbach, Königsee und Oberweißbach bereits zum alten Porzellan- und Glasindustriegebiet des Schiefergebirges gehören. Dieses hat in *Lauscha* ein herausragendes Zentrum, in dem seit alters vor allem Hohlglaswaren (Christbaumschmuck), künstliche Augen und Murmeln hergestellt werden. Steinach und Probstzella haben seit je eine ähnliche Produktionsausrichtung. Letzterer Ort ist daneben zusammen mit dem benachbarten Gräfenthal Standort der historischen Tafel- und Griffelschieferherstellung, deren Zentrum Lehesten mit seinen großen Schieferbrüchen ist.

Am Südwestrand des thüringischen Kammgebirges beginnt die Reihe der Gebirgsrandorte im Norden mit dem in früheren Zeiten vornehmen Badeort Bad Liebenstein und setzt sich mit dem hochgelegenen Wintersportort Brotterode oberhalb des malerischen Trusetals fort. *Schmalkalden* war bis 1945 preußische Kreisstadt des gleichnamigen hessen-nassauischen Kreises, der als hessische Gebietsenklave inmitten Thüringens lag. Die Stadt hat eine malerische Altstadt, daneben ist sie vielseitiger Industriestandort und Fremdenverkehrszentrum. Die für zahlreiche Orte des Thüringer Waldes so charakteristische Verbindung von Fremdenverkehrs- und Industriefunktion gilt auch für die Doppelorte Steinbach-Hallenberg und *Zella-Mehlis.* Letzterer Ort liegt dicht unterhalb des Großen Beerbergs (982 m) und hatte früher, ähnlich wie das bedeutendere Suhl in der Nachbarschaft, eine Schußwaffenfabrik. Oberhalb Zella-Mehlis durchbricht seit 1884 der 3 km lange Brandleite-Eisenbahntunnel den Gebirgskamm und stellt die direkte Bahnverbindung des Suhl–Meininger Raumes mit Arnstadt–Erfurt her. Weit im Süden liegt die Kreisstadt *Sonneberg,* Zentrum des Meininger Oberlandes mit seiner traditionsreichen Spielwarenindustrie.

Walldorf, nördl. Meiningen. Der Westturm der Renaissancekirche war möglicherweise früher der Bergfried einer Burganlage.

Das Meininger Land

Das Meininger Land umfaßt die Gebiete des Bezirks Suhl zwischen der bayerischen und hessischen Grenze im Südwesten und

Meininger Land. Eisfeld, Industriestadt. Sehenswert sind Schloß, spätgotische Stadtkirche sowie Fachwerkbauten.

dem Fuß des Thüringer Waldes im Nordosten. Es handelt sich dabei im wesentlichen um das obere Werratal mit einigen Seitentälern: Auf der linken Seite fließen der Werra die Flüsse Herpf, Rosabach, Felda und Ulster von der Hohen Rhön zu, auf der rechten Seite die Schleuse, die Hasel und die Schmalkalde, deren Quellen nahe dem Rennsteig liegen. Die beiden großen Grenzzipfel von Römhild/Heldburg und Sonneberg werden bereits zum Main hin entwässert, ohne daß eine ausgeprägte Geländeschwelle die Wasserscheide zwischen Rhein und Weser markiert. Das ganze Gebiet bildet eine langgestreckte, etwa 30 km breite Hochmulde zwischen den über 800 m aufragenden Höhen der Rhön im Westen und des Thüringer Waldes im Nordosten. Die Hochfläche des Grabfeldes (um 450–500 m) markiert nur schwach die Wasserscheide gegen die Fränkische Saale im südöstlichen Anschluß an die Rhön.

Die Meininger Werramulde liegt im ganzen zwischen 300 und 500 m hoch, die schmale Talaue der Werra selbst weist Höhen zwischen 220 und 300 m auf. Im Unterschied zum Thüringer Becken besitzt das deutlich höhergelegene Meininger Land ein überaus bewegtes Oberflächenrelief, und dies, obwohl das ganze Gebiet einen im Vergleich etwa zum Thüringer Wald einfachen geologischen Aufbau zeigt. Ähnlich wie in der Umrahmung des Thüringer Beckens dominieren auf weiten Strecken Buntsandsteinablagerungen aus dem älteren Mesozoikum (Erdmittelalter). Nach Süden zu treten jüngere Schichten des Mesozoikums zutage, zunächst Muschelkalke (rings um Meiningen und an den Rhön-Abhängen), dann – im Grabfeld und im Heldburger Grenzzipfel – jene Keuperschichten, die auch das Innere des Thüringer Beckens weitflächig bedecken. Keupergesteine treten darüber hinaus auch weiter nördlich in zwei schmalen tektonischen Bruchzonen (östlich Kaltennordheim und in der Linie Dillstädt-Oberstädt, Kreis Suhl) zutage. Das Auftreten der Trias-Serie (Buntsandstein, Muschelkalk, Keuper) zeigt deutlich, daß das Meininger Becken geologisch Teil der größeren thüringisch-fränkischen Sedimentationszone der Triaszeit ist, die durch die herausgehobene Tafel des Thüringer Waldes lediglich durchbrochen wird.

Die Oberflächenformen des oberen Werratals

Bei dem Vorherrschen horizontaler Ablagerungen (Sedimente) stellt sich die Frage nach dem Entstehen der gegenwärtig bewegten Landoberfläche im oberen Werragebiet. Hier sind im wesentlichen drei Formungskräfte zu nennen. Dazu gehört zum ersten die Abtragungsarbeit der Flüsse, die viele schmale Sohlentäler schuf, die im Falle der Schleuse breit genug waren, daß sie sich in geologisch junger Zeit (d.h. im Holozän oder Alluvium) mit jungem Anschwemmungsmaterial (Alluvionen) füllen und breitere Talauen ausbilden konnten.

Der zweite Reliefbildungsfaktor ist die besondere Widerständigkeit der Muschelkalksedimente, die bereits im Thüringer Becken als markante Stufenbildner in Erscheinung traten. Eine derartige Muschelkalk-Schichtstufe, die sich mit ihrer Stufenstirn in Richtung auf die älteren Buntsandsteindecken schiebt, ist z.B. auf der linken Seite der oberen Werra-Talaue von Meiningen flußaufwärts bis Henfstädt und von der Einmündung der Schleuse bis südlich Eisfeld zu beobachten, ferner rechts der Werra unterhalb Meiningens sowie in der ausgeprägten Landstufe rechts der unteren Herpf. Auch die hoch aufragenden Basaltkuppen des Gebaberges (751 m) links und des Dolmar (739 m) rechts der Werra sind Muschelkalkhorsten aufgesetzt. Auch der Dietrichsberg (668 m) weiter im Norden bei Vacha gehört in diese Reihe.

Das gesamte Werratal unterhalb von Wasungen sowie große Teile des Feldatals sind schließlich durch Salzauslaugungen über weite Strecken abgesenkt worden. Der Ortsname Bad Salzungen sowie die großen Kalisalzbergwerke in dieser Zone erinnern in der Gegenwart an das Vorhandensein unterirdischer Salzlager. Die Tatsache, daß im Bereich des Werralaufs alle drei genannten geologisch-geomorphologischen Formkräfte (Talbildung, Stufenbildung, Salzauslaugungssenkung) in unterschiedlicher Weise auf die Oberflächenbeschaffenheit Einfluß nehmen konnten, erklärt, daß der Lauf der Werra von ihrer Quelle bis zur Einmündung der Hörsel überaus sprunghaft ist.

Das Klima des Meininger Landes
Das Klima des Meininger Landes wird ganz wesentlich durch seine Höhenlage bestimmt. Die mittlere Januartemperatur unterschreitet – abgesehen von der unteren Werra-Talaue – durchweg $-1\,°C$, in der Hohen Rhön sogar $-3\,°C$. Im Juli übersteigen die Temperaturen im Tal der Werra und in deren Seitentälern lediglich knapp $16\,°C$, während in höheren Lagen $15\,°C$ unterschritten werden. Die Jahresniederschläge übersteigen durchweg 600 mm, an den Hängen des Thüringer Waldes und in der Hohen Rhön sogar 800 mm. Die Schneeverhältnisse entsprechen etwa denen im bekanntlich rauhen Oberen Eichsfeld. So verwundert es nicht, daß die Vegetationsperiode im Mittel 220 Tage unterschreitet, an den Hängen des Thüringer Waldes und der Rhön sogar 210 Tage. Da die Werra als Hauptvorfluter des südwestlichen Thüringens in ihrem windungsreichen Verlauf nur über eine eng begrenzte Wassertransportleistung verfügt, treten zur Zeit der Schneeschmelze im Thüringer Wald und in der Rhön Überschwemmungsgefahren im Werratal auf. So erklärt sich die Anlage von neuen Talsperren an der Schleuse (Schönbrunn), der Werra und mehreren Gebirgsbächen zur Hochwasserregulierung.

Die Siedlungslandschaft des Meininger Landes
Das Meininger Land ist Teil des alten deutschen Siedlungsraums. In frühgeschichtlicher Zeit war es – bedingt vor allem durch seine Höhenlage mit feuchtkühlem Klima – weitgehend von Wald bedeckt. Nur die Talauen von Werra und Ulster sowie die rauhen Höhen des Grabfeldes waren vermutlich waldlos, ebenso einige kleinere Sumpfgebiete in der Hohen Rhön und nördlich von Bad Salzungen. Das bereits zu keltischer Zeit (vor der Zeitwende) dünn besiedelte Waldland wurde später von der mittelalterlichen Rodungswelle erfaßt und flächenhaft von zahlreichen Rodungsdörfern eingenommen. Ortsnamen wie Gerhardtsgereuth, Weitersroda usw. bei Hildburghausen und zahlreiche Ortsnamen bei Sonneberg, Bad Salzungen und Vacha weisen in diese Rodungsperiode, auch viele -rieth-Orte (Reurieth, Belrieth) und auf -berg, -burg oder -stein endende Ortsnamen sind dieser Zeit zuzurechnen, wobei letztere sich in der Regel an mittelalterliche Herrschaftssitze anlehnten (Heldburg, Ehrenberg, Rauenstein). Auf klösterliche Siedlungstätigkeit im Mittelalter deuten Namen wie Kloster Veßra, Kloster-Allendorf, Oberzella hin, die alle an der Werra liegen.

Meininger Land. Wasungen, Kleinstadt mit wertvollen Fachwerkbauten sowie spätgotischer Stadtkirche (16. Jh.).

Das Meininger Land gehört zur Zone der mitteldeutschen Haufendörfer, die hier von weilerartigen Kleindörfern mitbestimmt wird. Die ländliche Bevölkerung, die fränkische Dialekte spricht, lebt bis heute überwiegend in reinen Bauerndörfern, in denen fränkische Gehöftformen vorherrschen.

Von den Städten des oberen Werragebiets sind vor 1300 lediglich Vacha, Meiningen und Schleusingen nachweisbar; bis 1450 kamen weitere Städte hinzu wie Eisfeld, Hildburghausen, Themar, Wasungen, Bad Salzungen, Stadtlengsfeld, auf dem Grabfeld Römhild sowie Bibra und Behrungen, die aber später zu ländlichen Orten herabsanken. Im 19. Jh. erhielten die Städte entlang der Werra mit dem Bau der Werrabahn (Eisenach–)Bad Salzungen–Meiningen–Eisfeld(–Coburg) im Jahre 1858 als erste in diesem verkehrsgeographisch abgelegenen Raum einen Bahnanschluß. Dies gab dem dünn besiedelten oberen Werragebiet jedoch keine besonderen wirtschaftlichen Impulse.

Auch in der Gegenwart treten lediglich die drei kleinen Kreisstädte Hildburghausen, Meiningen und das traditionsreiche Solbad Bad Salzungen als zentrale Orte für ein agrarwirtschaftlich ausgerichtetes ländliches Umland hervor. Dabei fällt dem alten Handels- und Schulzentrum Meiningen, der früheren Residenz des Herzogtums Sachsen-Meiningen, auch heute eine dominierende Rolle zu. Die Stadt erhielt nach dem Zweiten Weltkrieg einige Industrie-Investitionen, nachdem sie früher stets den Charakter einer beschaulichen Garnisons- und Beamtenstadt besessen hatte. Heute ist Meiningen das erstrangige Einpendlerzentrum des oberen Werratals. Einen vergleichbaren Pendlereinzugsbereich entwickelte in dem Raum lediglich die Landgemeinde Merkers bei Vacha, die Standort der westthüringischen Kalibergwerke ist, ohne selbst mehr als einen Bruchteil der Bergarbeiterschaft beherbergen zu können. Statt dessen fahren täglich zahlreiche männliche Arbeitskräfte aus den industriell unterentwickelten Nachbarstädten Kaltennordheim, Stadtlengsfeld, Bad Salzungen und Berka zur Arbeit in den Kaligruben um Merkers und Dorndorf. Bei den übrigen Städten handelt es sich um kleine ländliche Unterzentren wie in den Fällen von Schleusingen, Eisfeld, Themar und Römhild.

Eingebettet in der Mittelgebirgslandschaft: Der Weiler Schlofskulen mit seinen Fachwerkbauten

EKKEHARD BUCHHOFER

Städte-ABC der Bezirke Thüringens

(Es handelt sich um eine Auswahl sehens- und bemerkenswerter Orte. Die Einwohnerzahlen sind gerundet.)

Apolda, 29000 Ew. – Kreisstadt an der Ilm (Bezirk Erfurt). Erstrangiges Zentrum der thüringischen Textilindustrie, insbesondere der Strick- und Wirkwarenherstellung. Einseitige Ausrichtung auf die Leichtindustrie hat Auspendeln und Abwanderung männlicher Arbeitskräfte zur Folge. – Bauingenieurfachschule

Arnstadt, 30000 Ew. – Kreisstadt an der Gera (Bezirk Erfurt). Industriestadt mit vielseitiger Branchenausrichtung: Bau von Fernmeldeeinrichtungen, Chemieanlagen, dazu Leichtindustrien (Nahrungsmittelproduktion) und Papierherstellung. Marktzentrum für das mittelthüringische Gebirgsvorland. – Ältester urkundlich erwähnter Ort der DDR (704), Stadtrechte 1266. Bis 1716 Residenz der Grafschaft Schwarzburg-Arnstadt, bis 1918 Hauptstadt der fürstlich schwarzburg-sondershäuser Oberherrschaft. Sehenswert: Schloßgarten mit fürstlichem Schloß (18. Jh.), Liebfrauenkirche (ab 12. Jh.)

Bad Berka, 4800 Ew. – Unterzentrum an der Ilm oberhalb Weimar (Bezirk Erfurt). Luftkurort und Heilbadeort. Straßenknotenpunkt

Bad Blankenburg, 9900 Ew. – seit 1946 stark ausgebautes Unterzentrum an der Schwarza (Bezirk Gera). Luftkurort und ehem. Sommerfrische mit zahlreichen alten Villen, Zentrum des malerischen Schwarzatals. Elektrotechnische und Gummiindustrie. Sehenswert: Schloßruine Greifenstein, Fröbel-Haus (in B. richtete Friedrich Fröbel 1840 seinen ersten Kindergarten ein)

Bad Köstritz, 4300 Ew. – Unterzentrum an der Weißen Elster unterhalb Gera (Bezirk Gera). Kleiner Kurort, Solbad. Ehemals Residenz der reußischen Nebenlinie Schleiz-Köstritz. Heinrich-Schütz-Gedenkstätte

Bad Langensalza, 17000 Ew. – Kreisstadt im oberen Unstrutbekken (Bezirk Erfurt). Schwefelbad. Verschiedene Industrien (Nahrungsmittel-, Textilindustrie u. a.). Straßen- und Bahnknotenpunkt. Malerisches altes Stadtbild

Bad Liebenstein, 8000 Ew. – Kleinzentrum am Thüringer Wald (Bezirk Suhl). Klassischer Badeort mit Kurhaus, Trinkpromenade und alten Villen

Bad Salzungen, 21000 Ew. – seit 1946 stark ausgebaute Kreisstadt an der Werra (Bezirk Suhl). Solbad mit Kurhaus und Gradieranlagen, mehrere Heilstätten. Verschiedene Industrien. Die Stadt ist Wohnbasis der Kalibergwerke von Merkers. Sitz eines Sinfonieorchesters

Bad Sulza, 4000 Ew. – Badeort an der Ilm (Bezirk Erfurt). Solbad

Bad Tennstedt, 3000 Ew. – Kleinzentrum im Thüringer Becken (Bezirk Erfurt.) Badeort (Schwefelbad) mit etwas Industrie. Malerisches altes Stadtbild

Blankenhain, 4000 Ew. – Kleinzentrum südlich Weimar (Bezirk Erfurt). Fremdenverkehr (ehem. Sommerfrische), etwas Industrie

Bleicherode, 8400 Ew. – Unterzentrum im Kreis Nordhausen (Bezirk Erfurt). In der Nähe Kalibergwerke

Brotterode, 4000 Ew. – Luftkurort (580 m) im Thüringer Wald (Bezirk Suhl), unterhalb des Großen Inselsbergs. Wintersportzentrum (Skisprungschanzen, Bob-, Rodelbahn). Nach einem großen Brand (1895) wurde Brotterode vollständig neu erbaut.

Camburg, 3500 Ew. – Unterzentrum an der Saale (Bezirk Gera). Bis 1826 Residenz der gleichnamigen Grafschaft. Verschiedene Industrien

Dingelstädt, 5300 Ew. – Unterzentrum im Eichsfeld (Bezirk Erfurt). Textilindustrie (Wirk- und Strickwarenherstellung), Zigarrenherstellung

Dornburg, 1300 Ew. – Kleinstadt an der Saale (Bezirk Gera) und Fremdenverkehrsort: 3 Dornburger Schlösser (Altes Schloß 13. Jh., Rokokoschloß 18. Jh., sogenanntes Goethe-Schloß, 16. Jh., mit Goethe-Gedenkstätte)

Eisenach, 48000 Ew. – Kreisstadt am Nordende des Thüringer Waldes (Bezirk Erfurt), unterhalb der Wartburg. Früher bevorzugter Ruhewohnsitz begüterter Schichten (zahlreiche alte Villen erhalten), heute stark durch die Industrie geprägt: Kraftfahrzeugbau, elektrotechnische Industrie, Textilindustrie und Tabakwarenherstellung. Eisenach ist Handelszentrum und Verkehrsknotenpunkt (Grenzort im deutsch-deutschen Reiseverkehr) sowie Ziel eines lebhaften Tagestourismus aus Thüringen/Sachsen und auch aus Hessen. – Eisenach war bis 1918 zweite Hauptstadt des Großherzogtums Sachsen-Weimar-Eisenach. Die Stadt ist auch als Geburtsort J. S. Bachs sowie als Aufenthaltsort Luthers, Goethes, Wagners und Reuters bekanntgeworden. Sehenswert: Wartburg (Palas, Elisabethfresken von Schwind, Lutherstube), Bach-Museum, Denkmäler Bachs und Luthers; altertümliche Innenstadt. – Eisenach ist Sitz eines Theaters.

Eisenberg, 13000 Ew. – Kreisstadt an der Autobahn Berlin-Nürnberg (Bezirk Gera). Industriestadt (Holzindustrie, keramische Industrie). Sehenswert: Schloß Christianenburg (17. Jh.)

Eisfeld, 5100 Ew. – Unterzentrum an der oberen Werra (Bezirk Suhl), nahe der bayerischen Grenze. Optische Industrie. Straßenknotenpunkt

Elsterberg, 5600 Ew. – Unterzentrum an der Weißen Elster (Bezirk Gera). Industriestadt (chemische Industrie, ferner Maschinenbau, Textilindustrie), die zahlreichen Pendlern aus der benachbarten Textilindustriestadt Greiz Arbeit bietet.

Erfurt, 219000 Ew. – Bezirkshauptstadt und größte Stadt Thüringens an der Gera, unterhalb des Steigerwalds. Neben den Verwaltungs- und Hochschulfunktionen, den Verkehrsfunktionen (Sitz einer Reichsbahndirektion, Regionalflughafen) tritt die Industrie hervor: elektrotechnische Industrie (Schreibmaschinenbau, Bau von Steuerungsanlagen, elektronischen Bauelementen u. a.), Bekleidungsindustrie, Schuhindustrie, Nahrungsgüterindustrie, Möbelindustrie u. a. Erfurt ist seit dem 18. Jh. Mittelpunkt eines Blumen- und Gemüsegartenbaugebiets (»Blumenstadt E.«). – Die Stadt war mit ihrer Umgebung jahrhundertelang kurmainzisch, ehe sie 1802 (bzw. wieder 1814) preußisch wurde. Universität 1392–1816. 1873 Niederlegung der Festungswälle. 1950–1952 Landeshauptstadt Thüringens. Sehenswert: Domhügel (Dom, St. Severi-Kirche), Bauensemble Altstadt (Anger mit Lutherdenkmal, Krämerbrücke, Marktstraße; aus dem 19. Jh. Rathaus und Hauptpost), Angermuseum, Museum für Thüringer Volkskunde, Gelände der IGA (Internationale Gartenbauausstellung der DDR), Thüringer Zoopark. – Erfurt ist Standort einer Pädagogischen Hochschule (1969), einer Medizinischen Akademie (1954), je einer Ingenieurschule für den Gartenbau und das Bauwesen, daneben von Außenstellen auswärtiger Hoch- und Fachschulen; Opernhaus; Theater; mehrere Museen

Friedrichroda, 5900 Ew. – Kleinzentrum im Thüringer Wald (Bezirk Erfurt). Friedrichroda galt bereits um 1900 als Thüringens besuchtester Luftkurort (430 m) mit Kurhaus und mehreren Sanatorien. Heute bedeutender Erholungsort mit Bobbahn, Schwimmbad, Bergtheater. Holzverarbeitende Industrie. Sehenswert: ehemaliges Schloß Reinhardsbrunn (Hotel), Marienglashöhle

Gehren, 4900 Ew. – Kleinstadt am Rande des Thüringer Walds (Bezirk Suhl). 1299 erstmals genannt, 1720–1740 Residenzstadt, 1655 Stadtrecht. Feinkeramische Industrie. Bis 1918 Kreisstadt im Fürstentum Schwarzburg-Sondershausen

Gera, 134000 Ew. – Bezirkshauptstadt im Tal der Weißen Elster. Verwaltungs- und Dienstleistungszentrum, Standort einer vielseitigen Industrie (früher einseitige Ausrichtung auf den Textilsektor, heute daneben elektrotechnische und elektronische Industrie, Werkzeugmaschinenbau, Nahrungsmittelindustrie u. a.). Gera ist Eisenbahn- und Straßenknotenpunkt. – Der Aufbau der Textilindustrie geht auf Zuwanderung holländischer Exulanten im 16. Jh. zurück. Bis 1918 war Gera Residenz des Fürstentums Reuß jüngere Linie, zu dem auch Gebiete um Schleiz, Saalburg und Lobenstein gehörten. Außer ihrer reizvollen landschaftlichen Lage hat die Stadt wenige Anziehungspunkte für den Fremden. Ihr Ausbau nach 1950 erfolgte u. a. im Zuge des Uranerzbergbaus der SDAG Wismut im benachbarten Ronneburg sowie nach der Aufstufung zum Bezirkszentrum (1952). – Gera hat zwei Theater, drei Museen und ein historisches Staatsarchiv, außerdem eine medizinische Fachschule.

Gotha, 57000 Ew. – Kreisstadt im nördlichen Vorfeld des Thüringer Waldes (Bezirk Erfurt). Handelszentrum. Eisenbahn- und Straßenknotenpunkt. Seit dem 19. Jh. wichtiges Zentrum des Versicherungs- und Kreditwesens. Sitz der 1785 gegründeten Geographischen Anstalt von Justus Perthes (heute VEB Hermann Haack, Geographisch-Kartographische Anstalt), die u. a. die traditionsreichen »Petermanns Geographischen Mitteilungen« herausgibt (vor 1945 auch den weltbekannten »Gothaischen Hofkalender« und »Stielers Handatlas«). Gotha ist auch ein wichtiges, vielseitiges Industriezentrum (Maschinen- und Fahrzeugbau, Bekleidungsindustrie, Holz- und Papierindustrie u. a.). – Bis 1918 Residenz der gothaischen Linie der Ernestiner (Herzogtum Sachsen-Coburg-Gotha). Sehenswert: Schloß Friedenstein (17. Jh.), Altstadtensemble um den Hauptmarkt. – Gotha beherbergt eine staatswissenschaftliche, zwei pädagogische und zwei Ingenieur-Fachschulen, ein Theater (ehem. Hoftheater), ein Sinfonieorchester, ein historisches Staatsarchiv und drei Museen.

Gräfenthal, 2800 Ew. – Kleinzentrum im Thüringer Schiefergebirge (Frankenwald), dicht an der Grenze zu Bayern gelegen (Bezirk Suhl). Luftkurort (405 m), Schieferbrüche, Porzellanfabrik

Greiz, 36000 Ew. – Kreisstadt in malerischer Lage an der Weißen Elster (Bezirk Gera). Klassisches Zentrum der ostthüringischen Textilindustrie (Weberei), ferner Schwermaschinenbau. Strukturbedingter Mangel an Arbeitsplätzen für Männer, die daher in großer Zahl zur Arbeit auspendeln müssen. – Bis 1918 war Greiz Residenz des winzigen Fürstentums Reuß ältere Linie. Sehenswert: Leninpark an der Elster (früher fürstlicher Park mit Schloßberg und Parksee). – Greiz beherbergt eine medizinische und eine Ingenieurfachschule sowie ein Theater.

Greußen, 4800 Ew. – Kleinzentrum an der Helbe im Thüringer Becken (Bezirk Erfurt). Nahrungsmittelindustrie (Obst-, Gemüse- und Fleischverarbeitung). Dicht benachbart das Landstädtchen Clingen

Großbreitenbach, 4000 Ew. – Kleinzentrum im Thüringer Wald (Bezirk Suhl). Luftkurort (635 m). Holzverarbeitende und Glasindustrie

Heiligenstadt, 16000 Ew. – Kreisstadt im Eichsfeld, an der oberen Leine (Bezirk Erfurt). Regionales Behörden- und Schulzentrum, Heilbad. Verschiedene Industrien (Bekleidungs-, Papier-, Metallwarenindustrie). – Heiligenstadt ist die historische Hauptstadt des katholischen Eichsfeld. Sehenswert: historisches Altstadtensemble mit Stadtmauer, Eichsfelder Heimatmuseum (ehem. Jesuitenkolleg)

Hermsdorf, 11000 Ew. – Kleinzentrum nahe dem Hermsdorfer Autobahnkreuz zwischen Gera und Jena (Bezirk Gera). Keramische Werke (Produktion von Bauelementen der Mikroelektronik). Starker Ausbau der Industriegemeinde in Richtung Bad Klosterlausnitz

Hildburghausen, 11000 Ew. – Kreisstadt an der oberen Werra (Bezirk Suhl). Handelszentrum, große Kliniken. – 1684–1826 Herzogsresidenz. 1712 Bau der Neustadt (Hugenottenansiedlung). Vor 1874 Sitz des Bibliographischen Instituts (vor dessen Übersiedlung nach Leipzig). Aufenthaltsort des Dichters Jean Paul

Hirschberg, 2900 Ew. – Grenzstadt an der oberen Saale im Bezirk Gera (Grenzübergang nach Bayern), Lederindustrie

Ilmenau, 29000 Ew. – Kreisstadt am Austritt der Ilm aus dem Thüringer Wald (Bezirk Suhl). Luftkurort (475 m) und Industriestadt (Zentrum der thüringischen Glasindustrie, ferner feinkeramische und elektrotechnische Industrie). Handelszentrum. Straßenknotenpunkt. – Ilmenau war früher eine traditionsreiche Bergstadt (bis ins 18. Jh. Kupfer- und Silberbergbau), als solche von Goethe oft aufgesucht. Sehenswert: Museum im Amtshaus. – Ilmenau ist Standort einer Technischen Hochschule (ehemals: Thüringisches Technikum) und einer Ingenieurfachschule.

Jena, 108000 Ew. – Stadtkreis und Kreisstadt an der Saale (Bezirk Gera). Universitäts- und Industriestadt. Handelszentrum. Straßenknotenpunkt. Jena ist Standort weltberühmter Industriebetriebe (Carl Zeiss, Jenaer Glaswerke, Jenapharm). Die Universität (1558 gegr.) zog berühmte Gelehrte an (Fr. Schiller, A. v. Humboldt) und war im frühen 19. Jh. eine Hochburg freiheitlicher Bestrebungen. – Die im Zentrum stark kriegszerstörte Stadt wurde in jüngerer Zeit erheblich ausgebaut (Großwohnsiedlungen Jena-Nord und Neulobeda im Saaletal). Sehenswert: Zeiss-Planetarium, Goethe- und Schiller-Gedenkstätten. – Außer der Friedrich-Schiller-Universität beherbergt Jena eine medizinische Fachschule, ein Theater, ein Sinfonieorchester, drei Museen.

Kahla, 10000 Ew. – Unterzentrum an der Saale (Bezirk Gera). Große Porzellanfabrik. – Kahla war bis 1922 altenburgische Kreisstadt. Sehenswert: die Leuchtenburg

Kaltennordheim, 2100 Ew. – Unterzentrum in der Rhön, nahe der Grenze zu Hessen, im Bezirk Suhl. Etwas Leichtindustrie (Lebensmittelindustrie), Möbelherstellung. Kaltennordheim ist in 20 km Umkreis einziges städtisches Zentrum in der thüringischen Rhön.

Kölleda, 6900 Ew. – Unterzentrum im Thüringer Becken (Bezirk Erfurt). Elektrotechnische Industrie. Straßenknotenpunkt. Ehemalige preußische Kreisstadt

Königsee, 5100 Ew. – Kleinstadt am Rande des Thüringer Waldes (Bezirk Gera). Spielwarenindustrie, Maschinenbau. Bis 1922 schwarzburg-rudolstädtische Kreisstadt

Langewiesen, 4000 Ew. – Kleinstadt an der Ilm, unterhalb Ilmenau (Bezirk Suhl). Glasindustrie

Lauscha, 4700 Ew. – Industriestadt im Thüringer Schiefergebirge, nahe dem Rennsteig (Bezirk Suhl). Zentrum der thüringischen Glasindustrie (Glashütte seit 1597): Herstellung von Hohlglaswaren (Christbaumschmuck, künstliche Augen u. a.). Sehenswert: Museum für Glaskunst

Lehesten, 2000 Ew. – thüringisch-bayerisches Grenzstädtchen im Thüringer Schiefergebirge (Bezirk Gera). Noch um 1910 Standort der bedeutendsten europäischen Schieferbrüche (seit 13. Jh. in Betrieb). Zulieferbetrieb der Elektronikindustrie

Leinefelde, 15000 Ew. – Unterzentrum im Eichsfeld (Bezirk Erfurt). Großstandort der Textil- und Bekleidungsindustrie. In letzter Zeit starker Ausbau des früher nur als ländlicher Bahnknotenpunkt bedeutsamen Ortes. Leinefelde hat heute Teilfunktionen einer Kreisstadt für den Kreis Worbis.

Lobenstein, 5700 Ew. – Kreisstadt und Unterzentrum im Thüringer Schiefergebirge (Bezirk Gera). Handelszentrum, Tabakwarenindustrie. Eisenmoorbad

Meiningen, 26000 Ew. – Kreisstadt und Mittelzentrum für das obere Werragebiet (Bezirk Suhl). Handels- und Verkehrszentrum. Elektrochemische und Metallindustrie. – Meiningen war bis 1918 Residenz des Herzogtums Sachsen-Meiningen, zu dem das ganze Werratal bis Bad Salzungen sowie Gebiete um Sonneberg, Saalfeld und Pößneck gehörten. Sehenswert: Residenzschloß Elisabethenburg, Goethepark (Englischer Garten), Theater (ehem. Hoftheater). – Meiningen beherbergt eine pädagogische und eine medizinische Fachschule, das o. g. Theater, ein Staatsarchiv, das Bezirksantiquariat für den Bezirk Suhl.

Mühlhausen, 43000 Ew. – Kreisstadt an der Unstrut und Mittelzentrum für den nordwestthüringischen Raum (Bezirk Erfurt), seit 1975 mit dem Beinamen Thomas-Müntzer-Stadt. Handelszentrum, Bahn- und Straßenknotenpunkt. Vielseitige Industriestadt: Textil- und Bekleidungsindustrie, Tabakverarbeitung, Möbel- und Metallwarenerzeugung u. a. – Bis 1802 Freie Reichsstadt, später preußische Kreisstadt. Sehenswert: Rathaus (Tonnengewölbe), Altstadtensemble (Stadtmauer mit Wehrtürmen, Untermarktkirche 14. Jh.), Thomas-Müntzer-Gedenkstätten. – Mühlhausen beherbergt Teile der Pädagogischen Hochschule Erfurt-Mühlhausen und eine medizinische Fachschule.

Münchenbernsdorf, 4100 Ew. – Unterzentrum im Geraer Osterland (Bezirk Gera). Große Teppichfabrik

Neuhaus am Rennweg, 5900 Ew. – Kreishauptort auf dem Thüringer Schiefergebirge (Bezirk Suhl). Höhenluftkurort (812 m). Glasindustrie, elektrotechnische Industrie

Neustadt (Orla), 11000 Ew. – Unterzentrum in der Orlasenke (Bezirk Gera). Textilindustrie, Schwermaschinenbau. - Bis 1922 weimarische Kreisstadt. Geschlossenes altes Stadtzentrum

Nordhausen, 47000 Ew. - Kreisstadt und Mittelzentrum an der Goldenen Aue am Fuße des Unterharzes (Bezirk Erfurt). Handelszentrum. Straßenknotenpunkt. Traditionsreiche Branntwein- und Tabakindustrie, Fahrzeugbau, holzverarbeitende Industrie. - Bis 1802 Freie Reichsstadt, später preußische Kreisstadt. 1945 wurde die historische Altstadt durch Luftangriff vernichtet. - Sehenswert: mittelalterliche Stadtmauer, KZ-Mahn- und Gedenkstätte »Dora-Mittelbau« im Nordwesten der Stadt. - Nordhausen hat je eine pädagogische und eine landwirtschaftliche Fachschule sowie ein Theater.

Oberhof, 2100 Ew. - Höhenluftkurort (810 m) und führender Wintersportplatz des Thüringer Waldes (Bezirk Suhl): fünf Skischanzen, Kunsteisrodelbahn, Bobbahn, Waldschwimmbad, große Hotels und Erholungsheime

Ohrdruf, 7000 Ew. - Unterzentrum am Rande des Thüringer Waldes (Bezirk Erfurt). Straßenknotenpunkt. Industriestadt (vielseitige Industrie: Herstellung von Farben, Metallwaren, Spielwaren, Textilien). Im Nordosten der Stadt ein großer Truppenübungsplatz. - In Ohrdruf begann 724 mit der Errichtung eines Klosters durch Bonifatius die Christianisierung Thüringens. Sehenswert: Schloß Ehrenstein (16. Jh.)

Orlamünde, 2000 Ew. - Kleinstadt an der Saale, auf einem Felsen gelegen (Bezirk Gera). Bis ins 16. Jh. Sitz der mächtigen Grafen von Orlamünde (Reste der alten Burg aus dem 12. Jh. sowie der mittelalterlichen Stadtbefestigung erhalten)

Pausa, 4200 Ew. - Industriestadt im Vogtland (Bezirk Gera). Textilindustrie (Webwaren, Wäscheherstellung). Starke Auspendlerbewegung nach Zeulenroda

Plaue, 2100 Ew. - Kleinzentrum an der Gera oberhalb Arnstadt (Bezirk Erfurt). Bescheidener Luftkurort, überragt von der Burgruine Ehrenburg (14. Jh.)

Pößneck, 18000 Ew. - Kreisstadt und wirtschaftliches Zentrum der Orlasenke (Bezirk Gera). Textilindustrie, Lebensmittelindustrie. Mangel an Arbeitsplätzen für Männer, von denen viele nach Unterwellenborn (Maxhütte), Saalfeld und Neustadt (Orla) auspendeln; Abwanderungstendenz. Sehenswert: Marktplatz mit Rathaus. Pößneck ist Sitz eines Verlages.

Römhild, 2300 Ew. - Kleinzentrum und Mittelpunkt des thüringischen Grabfelds (Bezirk Suhl). Römhild war in der Vergangenheit mehrfach Residenz (zuletzt 1676-1710 des Herzogtums Sachsen-Römhild). Sehenswert: Stiftskirche mit Denkmälern der hennebergischen Grafen

Ronneburg, 10000 Ew. - Unterzentrum östlich Gera (Bezirk Gera). Industriestadt (Herstellung von Wälzlagern und Fahrzeugzubehörteilen). Unmittelbar bei der Stadt ab 1950 Uranerzbergbau der SDAG Wismut. Viele Bergleute pendeln von auswärts (insbesondere Gera) ein.

Rudolstadt, 32000 Ew. - Kreisstadt an der Saale (Bezirk Gera). Handelszentrum. Industriestadt (großes Kunstfaserwerk). - Rudolstadt war bis 1918 Residenz des Fürstentums Schwarzburg-Rudolstadt, Garnisons- und Pensionärsstadt. Sehenswert: Schloß Heidecksburg (18. Jh.), Schloß Ludwigsburg (18. Jh.), Volkskunde-Museum »Thüringer Bauernhäuser«. - Rudolstadt hat ein Theater und ist Sitz eines Verlages.

Ruhla, 7000 Ew. - Fabrikstadt im Thüringer Wald, am Erbstrom (Bezirk Erfurt). Uhrenfabrik, elektrotechnische Industrie. - Bis 1919 bildete der Erbstrom die Grenze zwischen weimarischem (Westen) und gothaischem (Osten) Gebiet und teilte den langgestreckten Ort in zwei Gemeinden mit eigenen Kirchen. Ruhla hat - wie viele andere alte thüringische Fabrikstädtchen - heute so viele Einwohner wie um die letzte Jahrhundertwende.

Saalfeld, 34000 Ew. - Kreisstadt und Mittelzentrum an der Saale (Bezirk Gera). Eisenbahn- und Straßenknotenpunkt, Handelszentrum. Industriestadt (Optische Werke, Schokoladenfabrik, Schwermaschinenbau u.a.). In der Umgebung noch bis 1965 Eisenerzbergbau (Schmiedefeld, Wittmannsgereuth) für die benachbarte Maxhütte in Unterwellenborn. - Saalfeld war im Mittelalter Bergbauzentrum, von 1680-1735 Residenz der Herzöge von Sachsen-Saalfeld, ab 1826 meiningisch. Sehenswert: Marktplatz mit Rathaus, Stadttore, Burgruine »Hoher Schwarm«, »Feengrotten« (durch Bergbau entstandene Tropfsteinhöhlen). - Saalfeld hat eine medizinische Fachschule.

Schleiz, 8000 Ew. - Kreisstadt an der Autobahn Berlin-Nürnberg (Bezirk Gera). Handelszentrum, Straßenknotenpunkt. - Schleiz wurde im 19. Jh. durch zwei Brände zerstört und neu erbaut und bietet kaum bauliche Anziehungspunkte.

Schleusingen, 5000 Ew. - Unterzentrum am Südrand des Thüringer Waldes (Bezirk Suhl). - Alte Hauptstadt der Grafschaft Henneberg, seit 1815 preußische Kreisstadt. Sehenswert: Schloß Bertholdsburg (13. Jh.)

Schmalkalden, 17000 Ew. - Kreisstadt am Südrand des Thüringer Waldes (Bezirk Suhl). Fremdenverkehrsort und Industriestadt (Herstellung von Handwerkszeug und Kleineisenwaren, von Zulieferteilen für den Werkzeugmaschinenbau). - Bis 1944 preußische Kreisstadt (Provinz Hessen-Nassau). 1531 Gründung des Schmalkaldischen Bundes (Zusammenschluß protestantischer Landesherren). - Sehenswert: Altstadt mit St. Georgskirche (15.-16. Jh.), Hessenhof (16. Jh., mit Iwein-Fresken aus dem 13. Jh.), Stadtmauer, Schloß Wilhelmsburg (16. Jh.), technisches Museum. Schmalkalden ist Sitz einer pädagogischen und einer Ingenieurfachschule.

Sömmerda, 23000 Ew. - Kreisstadt an der Unstrut inmitten des Thüringer Beckens (Bezirk Erfurt). Eisenbahnknotenpunkt. Industriestadt (Büromaschinenbau). Sehenswert: Stadtmauer mit Wehrtürmen

Sondershausen, 24000 Ew. - Kreisstadt an der Wipper, im engen Tal zwischen Windleite und Hainleite (Bezirk Erfurt). Industrie: Kalisalzaufbereitung, elektrotechnische Industrie. - Bis 1918 Haupt- und Residenzstadt des Fürstentums Schwarzburg-Sondershausen. Sehenswert: Residenzschloß (ab 16. Jh.) mit Park und ehem. fürstlichem Theater. Sitz eines Sinfonieorchesters

Sonneberg, 28000 Ew. - Kreisstadt im Frankenwald, in einem Seitental der Steinach, an der thüringisch-bayerischen Grenze (Bezirk Suhl). Industriestadt: klassisches Zentrum der thüringischen Spielwarenindustrie (seit dem 14. Jh.). Ergänzende Industrien: elektrotechnische Geräte (Radios, Haushaltsgeräte), Herstellung von technischem Porzellan, Bekleidungsindustrie. Handelszentrum. Die Einwohnerzahl der in einem Grenzwinkel gelegenen Stadt ist rückläufig. - Sonneberg beherbergt eine Ingenieurfachschule und ein Gewerbemuseum.

Stadtilm, 5000 Ew. - Unterzentrum an der Ilm (Bezirk Erfurt). Industriestadt (Maschinen- und Fahrzeugbau: Gelenkwellenwerk). Sehenswert: Stadtkirche, Stadtmauer mit Wehrtürmen

Stadtroda, 6000 Ew. - Kreisstadt an der Roda (Bezirk Gera). Handelszentrum. - 13.-16. Jh. Zisterzienserkloster. Bis 1922 altenburgische Kreisstadt. Sehenswert: Klosterkirche (13. Jh., Ruine), Heiligkreuzkirche (12. Jh.)

Steinach, 7700 Ew. - Kleinzentrum im Frankenwald (Bezirk Suhl). Industriestadt (Spielwaren- und Glasindustrie, Wetzsteinherstellung, Schieferbruch)

Steinbach-Hallenberg, 6000 Ew. - Luftkurort (440 m) und Industriestadt am Südhang des Thüringer Waldes (Bezirk Suhl). Maschinenbau. Sehenswert: Burgruine Hallenberg (13. Jh.)

Suhl, 56000 Ew. - Bezirkshauptstadt in einem Talkessel am Südwesthang des Thüringer Waldes. Handelszentrum. Industriestadt (Sport- und Jagdwaffenherstellung, Mopedproduktion, neues Industriegelände). Suhl war früher Mittelpunkt des thüringischen Eisenerzbergbaus und seit dem 16. Jh. größtes deutsches Schußwaffenherstellungszentrum. Von 1815 bis 1944 zum preußischen Kreis Henneberg (Hauptstadt Schleusingen) gehörig. Suhl, das in der Geschichte stets hinter Meiningen zurückstand, wurde mit der Aufstufung zum Bezirkszentrum (1952) zur größten Stadt Thüringens südlich des Gebirgskamms ausgebaut (Neubau des Stadtzentrums ab 1952). Sehenswert: Waffenmuseum, Waffenschmiedbrunnen am Karl-Marx-Platz, Stadthalle der Freundschaft. - Suhl beherbergt eine medizinische Fachschule und ein Sinfonieorchester.

Tambach-Dietharz, 5900 Ew. - Luftkurort (430-520 m) und Industriestadt im Thüringer Wald (Bezirk Erfurt). Metallwarenindustrie

Themar, 4000 Ew. - Unterzentrum an der Werra (Bezirk Suhl). Möbelfabrik, in der Umgebung Tongruben. Sehenswert: Altstadt mit einer Mauer und Wehrtürmen, Kloster Veßtra (Klosterkirche)

Treffurt, 3300 Ew. - Industriestadt an der Werra, an der hessisch-thüringischen Grenze (Bezirk Erfurt). Tabakverarbeitende Industrie. Treffurt liegt inmitten eines Obstanbaugebietes.

Triptis, 4900 Ew. - Verkehrsstern und Industriestadt in der Orlasenke (Bezirk Gera). Feinkeramische Industrie

Vacha, 4700 Ew. - Kleinstadt an

1

2

3

4

5

6

der Werra (hier hessisch-thüringische Grenze) im Bezirk Suhl. In der Umgebung Kalibergbau. Elektrotechnische Industrie

Waltershausen, 14000 Ew. – Unterzentrum am nordöstlichen Fuße des Thüringer Waldes (Bezirk Erfurt). Industriestadt (chemische Industrie, Fahrzeugbau, Spielwarenherstellung u. a.). Sehenswert: Stadtkirche »Zur Gotteshilfe« (18. Jh.), Schloß Tenneberg (14. Jh.)

Wasungen, 5000 Ew. – Kleinzentrum an der Werra (Bezirk Suhl). Metallwarenherstellung, Tabakverarbeitung. Sehenswert: Altstadtensemble (Fachwerkbauten)

Weida, 11000 Ew. – Unterzentrum, malerisch am Zusammenfluß von Weida und Auma gelegen (Bezirk Gera). Verkehrszentrum und Industriestadt (Textilindustrie, Lederwarenherstellung). Sehenswert: Schloß Osterburg (12. Jh.)

Weimar, 64000 Ew. – Stadtkreis und Kreisstadt an der Ilm (Bezirk Erfurt). Weimar ist in erster Linie Handels-, Verkehrs- und Dienstleistungszentrum, daneben auch Industriestandort (Landmaschinenbau, Uhrenindustrie, Nahrungsmittelherstellung u. a.). – Bis 1918 Residenz des größten der thüringischen Kleinstaaten, des Großherzogtums Sachsen-Weimar-Eisenach (Gebiet zwischen der Gera und der Saale mit Weimar, Apolda, Jena, das südliche Osterland um Neustadt/Orla und Weida, ferner die Exklave Ilmenau und im Westen einen breiten Landstreifen von Eisenach über Vacha bis in die Hohe Rhön, ferner die Exklave Ostheim, heute zu Bayern, zusammen 3610 km^2). Von 1920 bis 1948 Landeshauptstadt Thüringens. Aufenthalt Wielands, Goethes, Schillers, Herders in der Regierungszeit des Herzogs Karl August. Am 6. Februar 1919 tritt die gewählte deutsche Nationalversammlung im damaligen Neuen Hoftheater (heute Deutsches Nationaltheater) zusammen. Am 12. April 1919 wird von Walter Gropius in W. das Staatliche Bauhaus gegründet (Mitarbeiter Paul Klee, Oskar Schlemmer, Lyonel Feininger, Wassily Kandinsky u. a.), das im Jahre 1925 nach Dessau übersiedeln muß. Im Zweiten Weltkrieg und in den ersten Jahren danach KZ »Buchenwald« auf dem Großen Ettersberg. Sehenswert: Schloß

7

8

9

10

13

11

12

14

Arnstadt: Fachwerkhaus von 1633 (1). Eisenach: Lutherhaus (2). Erfurt: Krämerbrücke (3). Gera: Rathaus (4). Gera: Detail vom Marktbrunnen (5). Greiz: Sommerpalais (6). Grosskochberg, Schloß (7). Jena: Johannisstraße (8). Mühlhausen i. Thüringen: Rathaus (9). Heiligenstadt: Bergstraße mit Stiftskirche Sankt Martin (10). Pößneck: Rathausaufgang und Rolandbrunnen (11). Ummerstadt: Wappen am Rathaus (12). Nordhausen/Harz (13). Schmalkalden: Lutherhaus (14).

mit Staatlicher Kunstsammlung, Goethehaus, Schillerhaus, mehrere Denkmäler (Goethe und Schiller vor dem Nationaltheater, Wieland-, Herder-, Ernst-Thälmann-Denkmal am Platz der 56000), Franz-Liszt-Haus, Goethepark mit Goethes Gartenhaus, Goethe-Schiller-Archiv, Alter Friedhof (Fürstengruft, Goethe, Schiller, Charlotte von Stein, Eckermann), Hochschule für Architektur und Bauwesen, Schloß Belvedere (18. Jh.), Schloß Tiefurt (16./19. Jh.), Nationale Mahn- und Gedenkstätte Buchenwald. – Weimar beherbergt außer der Hochschule für Architektur und Bauwesen (ehem. Bauhaus) eine Hochschule für Musik, eine Kunsthalle, die Zentralbibliothek der deutschen Klassik, ein Goethe-Schiller-Archiv, außerdem mehrere Fachschulen und Museen. Weimar ist Verlagsort und Sitz der Goethe-, Shakespeare- und Dante-Gesellschaften.

Worbis, 3000 Ew. – Kreisstadt im Eichsfeld (Bezirk Erfurt). Die geringe zentralörtliche Ausstrahlung der Kleinstadt tritt zunehmend hinter derjenigen des benachbarten jungen Industriezentrums Leinefelde zurück. Sehenswert: Rathaus

Zella-Mehlis, 14000 Ew. – Industriestadt am Südrand des Thüringer Waldes (Bezirk Suhl), bestehend aus den eng zusammengewachsenen Ortsteilen Zella-St. Blasii (Klostergründung des 13. Jh.) und Mehlis. Elektronik- und Wälzlagerindustrie (früher auch Schußwaffenherstellung)

Zeulenroda, 15000 Ew. – Kreisstadt im thüringischen Vogtland, an der oberen Weidatalsperre auf einer Anhöhe gelegen (Bezirk Gera). Erst 1438 Stadtrecht. Industriestadt (Möbelherstellung, Wirk- und Strickwarenherstellung sowie Schwermaschinenbau). Sehenswert: stattliches neoklassizistisches Rathaus (ab 1825 nach dem Muster des Amsterdamer Rathauses erbaut)

Ziegenrück, 1000 Ew. – Kleinstadt an der oberen Saale, oberhalb des Hohenwarte- und unterhalb der Bleilochtalsperre gelegen (Bezirk Gera). – Bis 1944 preußische Kreisstadt (zum Kreis Z. gehörte auch das Gebiet um Ranis, dem Regierungsbezirk Erfurt/Provinz Sachsen unterstellt). Sehenswert: Wohnturm (15. Jh.), Museum für die Wasserkraftnutzung

EKKEHARD BUCHHOFER

Wirtschafts- und Sozialstruktur der Bezirke Thüringens

Thüringens Fläche zeigt eine sehr deutliche Scheidung großer, vorwiegend landwirtschaftlich genutzter Flächen von nahezu ebenso kompakten, ausgedehnten Waldflächen. Letztere sind deutlich an die Höhengebiete gebunden, während die Agrargebiete flächenhaft das ganze Thüringer Becken sowie dessen kleinere Randbeckenzonen einnehmen, ferner die waldarmen Höhen des thüringischen Grabfelds im Südwesten und der Schleizer Hochfläche im Südosten des Landes. Die Bevölkerung der zuletzt genannten Gebiete ist (abseits der städtischen Zentren) zu über der Hälfte in der Landwirtschaft erwerbstätig. Damit treten in großen Teilen Thüringens agrarwirtschaftlich orientierte Räume in Erscheinung, wie sie in dieser Ausdehnung z. B. im benachbarten Sachsen nicht anzutreffen sind.

Daneben zeigen sich die Flanken des thüringischen Gebirgskamms sowie die Hochflächen des Schiefergebirges als ausgeprägte Zone entschieden nichtlandwirtschaftlicher, d. h. überwiegend industriegewerblicher Betätigung der Bevölkerung. Diese Verhältnisse, die ähnlich im sächsischen Erzgebirge ausgebildet sind, spiegeln deutlich das wirtschaftsgeschichtliche Erbe der deutschen Mittelgebirge wider, in denen seit alters der Bergbau und – nach dessen zunehmender Erschöpfung in der Neuzeit – die metallverarbeitenden Gewerbe, die Glasbläserei, Spielwarenherstellung und ähnliche arbeitsintensive Betätigungen (großenteils in Heimarbeit) verbreitet waren.

Weitere räumliche Leitlinien der Industrieentwicklung waren bereits im ausgehenden 19. Jh. die Orlasenke, das Saaletal von Saalfeld an abwärts sowie das Tal der Weißen Elster. Auch die Gemeinden auf der Hochfläche des Oberen Eichsfelds sind stark gewerblich ausgerichtet. Die absolut stärksten Konzentrationen industrieller Arbeitsplätze treten jedoch in der Städtereihe von Eisenach über Gotha, Erfurt, Weimar, Apolda, Jena, Gera auf, daneben in den dominierenden Versorgungszentren des Thüringer Beckens, den alten Reichsstädten Nordhausen und Mühlhausen, sowie in der jungen Bezirkshauptstadt Suhl im Süden des Thüringer Waldes. Aber im Unterschied zu den klassischen Industriezentren des Thüringer Waldes und Schiefergebirges tritt in den genannten größeren Städten neben die (meist sehr vielseitige) Industrie ein ebenso breiter Handels- und Dienstleistungssektor, der die zentralörtlichen Versorgungsaufgaben dieser Städte für ihr agrarisches Umland unterstreicht.

Der Dienstleistungssektor spielt daneben auch in den alten Gewerbezonen des Thüringer Waldes und des Schiefergebirges eine Rolle. Hier sind besonders das touristische Beherbergungsgewerbe und die mit ihm eng zusammenhängenden Versorgungstätigkeiten des Einzelhandels und vielfältiger Dienstleistungen zu nennen. In den Waldgebirgen treten seit einem Jahrhundert industrielle und fremdenverkehrsorientierte Betätigungen der Einwohner in engem Nebeneinander auf, ohne daß beide so unterschiedlichen Bereiche sich gegenseitig stärker beeinträchtigen.

Bevölkerungs- und Erwerbsstruktur

Die drei thüringischen Bezirke hatten Ende 1980 zusammen 2 529 100 Einwohner (Ende 1984: 2 529 586) auf einer Gesamtfläche von 15 209 km². Das entsprach einer mittleren Bevölkerungsdichte von 166 pro km². Damit ist Thüringen dichter besiedelt als die DDR als ganzes (154 Ew./km²), erreicht aber nicht die deutlich höheren sächsischen Dichtewerte (Bezirk Leipzig 1984: 279, Bezirk Karl-Marx-Stadt 314, Bezirk Dresden 265). Thüringen gehört zum verhältnismäßig hochindustrialisierten, verstädterten und dichtbesiedelten Süden der DDR. Daß in all diesen Belangen Sachsen führend ist, zeigt sich schon darin, daß unter den thüringischen Bezirken der östliche Bezirk Gera mit einer Dichte von (1984) 186 führend ist und den Übergang zu den sächsischen Bezirken markiert.

Die besondere Stellung des Geraer Bezirks wird auch bei der Bevölkerungsentwicklung von 1970 bis 1980 deutlich, die in der DDR im ganzen negativ verlief. Gründe dafür sind in den überaus geringen Geburtenraten während der siebziger Jahre sowie auch in gewissen Abwanderungen in die Bundesrepublik zu suchen. Während die Abnahme im DDR-Rahmen −1,9 Prozent betrug, lag sie in ganz Thüringen bei »nur« −0,7 Prozent. Der östliche Bezirk Gera tritt dabei durch eine absolute Zunahme von +0,3 Prozent positiv hervor. Er bildet damit eine Ausnahme unter den südlichen DDR-Bezirken, denn eine allgemeine Nord-Süd-Wanderungstendenz, wie sie in der Bundesrepublik zu beobachten ist, findet in der DDR nicht statt.

In Thüringen sind die höchsten Bevölkerungs-Dichtewerte abseits der Stadtkreise (1984) in den Kreisen Greiz (254), Apolda (204), Ilmenau (200) und Sonneberg (196) finden, die niedrigsten im vogtländischen Hochland (Kreis Schleiz 71, Lobenstein 80) sowie im Meininger Land (Kreis Hildburghausen 85). Im landwirtschaftlich reicheren Thüringer Becken liegen die Dichtewerte bei 90 bis 120 Einwohnern pro km². Überall treten die bewaldeten Höhen als bevölkerungsleere oder -arme Räume hervor, in deren randli-

Erwerbsstruktur in den thüringischen Bezirken von 1970–1980

Erwerbsbereich	Bez. Erfurt 1970	Bez. Erfurt 1980	Bez. Gera 1970	Bez. Gera 1980	Bez. Suhl 1970	Bez. Suhl 1980	DDR 1980
Industrie u. produzierendes Handwerk	43,5	44,9	48,3	45,9	53,4	52,5	41,2
Bauwirtschaft	6,6	6,9	6,0	6,4	5,1	6,0	7,1
Land- und Forstwirtschaft	15,1	11,5	11,8	9,8	11,0	7,8	10,7
übr. Bereiche	34,8	36,7	33,9	37,9	30,5	33,7	41,0
Berufstätige insgesamt	100,0	100,0	100,0	100,0	100,0	100,0	100,0
Berufstätige in % der Bevölkerung	44,7	49,7	45,8	49,2	47,3	52,7	49,1

Quelle: Statistisches Jahrbuch der DDR 1981

chen Tälern sich freilich eine zumeist gewerblich orientierte Bevölkerung dicht zusammendrängt.

Die Grunddaten der Erwerbsstruktur der thüringischen Bevölkerung sind der Tabelle zu entnehmen. Dabei sind einige grundsätzliche Bemerkungen zur besonderen Struktur der Erwerbstätigkeit in der DDR im ganzen voranzustellen. Da die DDR sich als »sozialistisch« organisiertes Gemeinwesen begreift, sind in den vergangenen Jahrzehnten Zug um Zug die privaten Wirtschaftsbereiche stark zurückgedrängt worden. Lediglich im Handwerk und in einigen Handels- und Dienstleistungsbereichen gibt es noch ein nennenswertes privates Gewerbe. Die Landwirtschaft ist praktisch vollständig »vergesellschaftet« oder sozialisiert. Dasselbe gilt für die mittleren und großen Industriebetriebe. 1970 waren denn auch 85,3 Prozent aller Erwerbstätigen in der DDR im sozialistischen Sektor der Volkswirtschaft tätig, 1984 bereits 94,7 Prozent.

Ein weiteres Charakteristikum der Erwerbsstruktur in der DDR ist die überaus hohe Erwerbsquote (Zahl der Erwerbstätigen in Prozent der Wohnbevölkerung). Diese hatte sich im DDR-Durchschnitt seit 1970 von 45,5 Prozent bis 1980 auf 49,1 Prozent erhöht (zum Vergleich: in der Bundesrepublik lag die Erwerbsquote 1980 bei nur 32,6 Prozent). Den entscheidenden Anteil an dieser Kennziffer hat die überaus starke Einschaltung der Frauen in das Erwerbsleben in der DDR. Diese nahm in der ganzen DDR von 1970 bis 1980 zu und geht erst in jüngster Zeit leicht zurück. So lag der Anteil der weiblichen Berufstätigen an den Berufstätigen insgesamt 1970 bei 48,3, 1980 bei 49,9 und 1984 bei 49,4 Prozent. Die höchsten Werte werden dabei in einigen Dienstleistungsbereichen erreicht (Handel 1983: 72,9 %, Post- und Fernmeldewesen 69,6 %); in der Industrie (42,2 %) und in der Land- und Forstwirtschaft (39,9 %) oder gar im Bauwesen (16,1 %) sind die Frauen gegenüber dem DDR-Durchschnitt unterrepräsentiert.

In den drei thüringischen Bezirken ist ebenfalls eine Zunahme der Erwerbsquote zu beobachten, die überall über dem DDR-Durchschnitt liegt. Dies ist offenbar vor allem auf den Anteil der Dienstleistungsbereiche (»übrige Bereiche« siehe Tabelle) zurückzuführen, in denen die Frauen besonders stark vertreten sind. Auffällig ist ferner die zunehmende Ausweitung der Dienstleistungsbereiche und des Bausektors, während die Industrie im ganzen ihren Anteil nicht halten kann. Das trifft verstärkt auf den Agrarsektor zu, der infolge zunehmender Rationalisierung – ähnlich wie in der Bundesrepublik – laufend Arbeitsplätze verliert. Diese Tendenz

Deuna, Kreis Worbis im Bezirk Erfurt, Zementwerk.
Die Baumaterialindustrie ist in Thüringen weit verstreut. Zement und andere Bindemittel werden in Leinefelde/Eichsfeld, Jena, Steinach und Oberrhon/Bad Salzungen hergestellt.
Während Land- und Forstwirtschaft weite Flächen einnehmen, konzentriert sich die Industrie entlang bestimmter Leitlinien – Täler, Großstädte, Thüringer Wald und Thüringer Schiefergebirge.

ist offenbar am stärksten in den Agrarräumen des Thüringer Beckens (Bezirk Erfurt) ausgeprägt, wo im Unterschied zu den übrigen Landesteilen ein Zuwachs an Arbeitsplätzen auch in der Industrie zu beobachten ist, der Teile der Abwanderung aus den Agrarzonen des Raumes kompensieren dürfte. Der Bezirk Erfurt ist – gemessen an dem besonders hohen Wert des Bezirks Suhl – durch einen gewissen Industrialisierungsrückstand gekennzeichnet.

Betrachtet man die Erwerbsquote in Thüringen im einzelnen, so wird ihre besondere Höhe im Raum Gotha–Erfurt–Weimar–Apolda deutlich, wo der Dienstleistungssektor oder – wie im Falle Apoldas – die Leichtindustrien namentlich den Frauen gute Arbeitsmöglichkeiten bieten. Auch das Thüringer Schiefergebirge zeigt einen hohen Erwerbsgrad, da hier die Glas-, Porzellan- und Spielwarenindustrie bis in die Gebirgsdörfer hinein zahlreiche Arbeitsplätze im Heimgewerbe aufrechterhalten. Das vogtländische Textilindustriegebiet um Schleiz und Zeulenroda hat ebenfalls einen hochgradig ausgelasteten Arbeitsmarkt. Auf der anderen Seite war die Erwerbsquote im Raum Worbis–Bleicherode (Bezirk Erfurt) bis in die sechziger Jahre hinein außerordentlich niedrig, eine Situation, der durch die Errichtung eines großen Textilbetriebs in Leinefelde (1961–1964) erfolgreich Rechnung getragen wurde. Weitere ungenutzte Arbeitsreserven tun sich noch im Kalibergbaugebiet an der Werra auf, ferner in Teilen des Frankenwaldes südlich Saalfeld.

Land- und Forstwirtschaft

Die für Land- und Forstwirtschaft bedeutsamen Klima-, Relief- und Bodenverhältnisse wurden bereits an anderer Stelle geschildert. Alle diese und weitere, für den landwirtschaftlichen Anbau wichtigen Faktoren werden bei der amtlichen Bodenbewertung berücksichtigt, die in einer einzigen Ertragsmeßzahl (Bodenwertzahl) die Ertragsfähigkeit des Acker-, Garten- und Gemüselandes auszudrücken versucht. So ergibt sich eine Bodenwertskala von den ertragsschwächsten Gebirgsböden (Bodenwerte unter 20) und den besten Böden in der Magdeburger Börde, die als oberer Bezugspunkt in der DDR den Wert 100 erhielten. Als »mittlere und gute Böden« gelten von daher Bodenwerte von 41–70, als »gute und sehr gute Böden« die Bodenwertzahlen 71–100.

Die durchweg besten Bodenverhältnisse treten in Thüringen im Innern des Thüringer Beckens sowie in der Goldenen Aue auf. Hier bewegen sich die Bodenwerte allgemein zwischen 46 und 80, im Raum Gotha–Erfurt sogar über 80, ebenso im oberen Unstruttal zwischen Mühlhausen und Bad Langensalza. Auf dem Eichsfeld und im Vogtland betragen die Bodenwerte demgegenüber etwa 30–40, in der Orlasenke jedoch noch über 40. In den Vorländern des thüringischen Kammgebirges sowie in der Rhön sinken die Zahlen auf unter 25 ab. Im kleinkammerigen Meininger Becken bewegen sich die Bodenwertzahlen zwischen 25 und 40, im Grabfeld liegen sie stellenweise darüber.

Der klimatisch und bodenmäßig anspruchsvolle Ackerbau dominiert erwartungsgemäß am deutlichsten im Thüringer Becken (Ackerlandanteil 1980 im Bezirk Erfurt 82 %, Grünlandanteil 12 %), wo besonders auf den Löß- und Schwarzerdeböden der Getreide- und Futterpflanzenanbau dominiert sowie (in der Erfurter Umgebung) der Sonderkulturenanbau (Saatzucht, Zierpflanzenkulturen). In den höhergelegenen, klimatisch weniger begünstigten Regionen nimmt der Futterpflanzenanbau überhand. Hier steigt auch der Grünlandanteil an der landwirtschaftlichen Nutzfläche (Bezirk Gera 1980: Ackerlandanteil 70 %, Grünlandanteil 25 %, Bezirk Suhl 1980: Ackerlandanteil 50 %, Grünlandanteil 43 %). Wie in der ganzen DDR, so zeigt sich auch in Thüringen die Tendenz, den Ackerlandanteil zu Lasten des Grünlandanteils auszuweiten. Diese Tendenz stößt allerdings im hochgelegenen, gebirgigen Meininger Land auf natürliche Schranken: Im Bezirk Suhl ging von 1970 bis 1980 der Ackerlandanteil sogar zugunsten des Grünlandanteils leicht zurück. Hier wird die Viehhaltung weiter ausgeweitet, ebenso wie in Teilen der vogtländischen Hochfläche.

Die thüringische Landwirtschaft ist seit über zwei Jahrzehnten fast vollständig sozialisiert, d. h. in LPGs (Landwirtschaftlichen Produktionsgenossenschaften) bzw. zum kleinen Teil in VEG (Volkseigenen Gütern) organisiert. Mit zunehmender Gebirgigkeit des Geländes steigt jedoch allgemein der Anteil der auf privater Grundlage wirtschaftenden Betriebe. So wurden 1980 im DDR-Durchschnitt noch 6 Prozent der landwirtschaftlichen Nutzfläche (LN) von Privatbauern bewirtschaftet, im Bezirk Erfurt ebenfalls 6, im Bezirk Gera aber 8 und im Meininger Land (Bezirk Suhl) gar 10 Prozent. Es handelt sich bei den wenigen privaten Wirtschaften meist um solche Betriebe, die infolge ihrer isolierten, gebirgigen Lage sich der Einfügung in einen LPG-Verband nicht empfehlen.

Die historischen Traditionen der thüringischen Landwirtschaft verzeichneten besonders im 19. Jh. bedeutende wirtschaftliche Fortschritte, insbesondere in der reichen Ackerbauzone des Thüringer Beckens. Hier wurde schon ab 1800 die klassische Dreifelderwirtschaft (mit Brachejahr) zugunsten moderner, bracheloser Fruchtwechselsysteme aufgegeben. Landwirtschaftsvereine trugen zur Verbreitung agrotechnischer Kenntnisse im Lande bei. Mit der steigenden Produktivität des Feldbaus ging der Aufbau einer örtlichen Verarbeitungsindustrie einher, die die Produkte für die städtischen Märkte zubereitete. So entstanden auf der Basis heimischer Agrarerzeugnisse Getreidemühlen, Spinnereien, Schnapsbrennereien und Zigarrenmanufakturen in den Städten des nördlichen Thüringen. Ab 1830 breitete sich der Zuckerrübenanbau rapide aus und mit ihm der Bau kleinstädtischer Zukkerfabriken. Nach 1850 wurde die alte Erfurter Blumen- und Pflanzenzucht zunehmend in Großgärtnereien betrieben, die den Kontakt zu den rasch wachsenden städtischen Märkten dank des Eisenbahnbaus herstellten. In Thüringen dominierte um 1900 der landwirtschaftliche Klein- und Mittelbetrieb, der nach 1945 in die LPGs einbezogen wurde. Gutsbetriebe wurden im Lande traditionell nur von den Landesfürsten betrieben. Deren wenige Güter bildeten nach 1945 eine Basis für den bis heute in Thüringen auffallend schmalen Bereich der Staatsgüter (VEG).

Das Thüringer Becken ist vorwiegend ein Getreideanbaugebiet mit starker Beteiligung des Futtermittelanbaus. Am verbreitetsten ist der Weizenanbau, gefolgt vom Kartoffel- und vom Zuckerrübenanbau. In allen drei Anbaubereichen werden – im DDR-Rahmen gesehen – hohe bis sehr hohe Hektarerträge erwirtschaftet. Dies trifft insbesondere für die Kreise Sonderhausen, Mühlhausen und Bad Langensalza zu, während die Erträge in der Goldenen Aue demgegenüber etwas abfallen und keine Spitzenwerte erreichen.

In den übrigen, höher gelegenen, klimatisch feuchteren und kühleren Landesteilen herrscht auf den hier zurücktretenden Ackerflächen der Futterpflanzenanbau vor. Dies trifft nicht nur für das Obere Eichsfeld, das Meininger Land und große Teile des Vogtlands zu, sondern auch für das Saaletal und die Orlasenke. Insbesondere die Kartoffelerträge erreichen hier hohe Werte, ebenso die Roggenerträge. Sie werden allerdings von den entsprechenden Ertragswerten im westlichen Thüringer Becken noch übertroffen, wo der Kartoffel- und Roggenanbau nur eine zweitrangige Rolle spielt.

Die Viehhaltung spielt in der Landwirtschaft Thüringens nur im Saaletal, der Orlasenke und dem Vogtland eine herausragende Rolle, ebenso in Teilen des Meininger Landes, also in Gebieten mit hohem Anteil des Grünlandes und des Futterpflanzenanbaus. Hier ist die Rinderhaltung absolut dominierend, während in den Beckenlandschaften der Anteil der Schweine am Großviehbestand größer ist. Diese werden hier vor allem in großen Mastbetrieben der LPGs gehalten und machen die Landwirtschaft des Thüringer Beckens auch zu einer Basis der regionalen Fleischversorgung.

Neben den genannten wichtigsten agra-

Holz- und Forstwirtschaft.
Die zwei größten zusammenhängenden Waldgebiete der DDR liegen in Thüringen, und zwar in den Bezirken Suhl und Gera. Hier bildet seit alters her der Waldreichtum die Grundlage für die Herstellung von Holz- und Spielwaren, und die Arbeit im Forst und am Holzverladeplatz (von oben bis unten links) bedeutet Brot und Leben für viele. Im Bezirk Suhl nimmt der Wald 49,6 Prozent der Gesamtfläche ein. Suhl ist damit der waldreichste Bezirk der DDR. Hier sind auch in der Gegenwart weitere Aufforstungen zu beobachten, die natürlich kaum noch mit der Hand, sondern mit Hilfe moderner Maschinen vorgenommen werden (oben links). Im Bezirk Suhl liegt Sonneberg, Mittelpunkt der thüringischen Spielzeugindustrie. Da die Böden außer Holz wenig Ertrag brachten, hatte man hier wie überall im Thüringer Wald mit der Holzverarbeitung einen Nebenerwerb ermöglicht.

1

5

6

2

7

Die Landwirtschaft Thüringens ist genau wie die der anderen Bezirke geprägt von den Einrichtungen und Voraussetzungen staatlich geführter und gelenkter Landwirtschaftlicher Produktionsgenossenschaften (LPG): Großbetriebe, die in der Regel auf Tier- und Pflanzenproduktion spezialisiert sind (1–3; 5–7) und mit anderen LPGs oder staatlichen Gütern größere kooperative Einheiten bilden. Sogar auf der IGA Erfurt treten die einzelnen LPGs mit ihren besonders gut »gelungenen« Produkten namentlich hervor (4). Die früher selbständigen Bauern, Landarbeiter u. a. Berufszugehörige sind Angestellte des Staates, die Landarbeit ist »Staatsarbeit«.

3

4

rischen Nutzungen müssen auch die zahlreichen Obst- und Gemüseanbaugebiete erwähnt werden. Diese finden sich inselhaft rings um die größeren Städte nördlich des Thüringer Waldes, ferner in einigen windgeschützten Flußtalabschnitten (Werratal oberhalb Eschwege, Saaletal, Elstertal). Dabei ist der Haus- und der Kleingarten die herrschende Betriebsform, während im Erfurter Umland der gewerbsmäßige Anbau von Sonderkulturen (Saatzucht, Blumen usw.) eine lange Tradition hat.

Die Waldflächen nehmen in den drei thüringischen Bezirken im ganzen (1980) 32,9 Prozent der Gesamtfläche ein (zum Vergleich: Hessen 39,5 %). Dabei ist der Erfurter Bezirk relativ waldarm (22,1 %), während der Bezirk Suhl mit 49,6 Prozent Waldflächenanteil der bei weitem waldreichste Bezirk der DDR ist. Hier sind auch in der Gegenwart weitere Aufforstungen zu beobachten. Die Höhen des Thüringer Waldes und des Schiefergebirges werden weithin von geschlossenen Fichtenbeständen eingenommen, die holzwirtschaftlich überwiegend gute Erträge abwerfen. Letzteres gilt auch für die Buchenwälder auf den Muschelkalkrücken des Nordens (Hainich, Dün, Hainleite) sowie für die weiten Kiefernforste nördlich der Orlasenke. Die Buche tritt in reinen Beständen in zahlreichen kleinen Flächen auf den Höhen innerhalb des Meininger Beckens sowie auch in Teilen des Thüringer Waldes (um Schmiedefeld und Frauenwald) auf. In der malerischen Umgebung von Eisenach und Ruhla ist die Buche mit der Fichte eng vergesellschaftet und gibt diesem Teil des Thüringer Waldes einen eigenen landschaftlichen Reiz.

Bergbau und Industrie

Schon zur Zeit Goethes war die bergbauliche Gewinnung von Eisen-, Kupfer-, Silber- und Kobalterzen im Thüringer Wald in ihrem Endstadium. Statt dessen bildete – neben der Energiebasis der reichen Holzvorräte – um die Mitte des 19. Jh. der Abbau von Kaolinsanden und von Quarzsanden die bergbauliche Grundlage für die rasch anwachsenden Glas- und Porzellanindustrien. Große Schieferbrüche im Thüringer Schiefergebirge boten der Tafel- und Griffelschieferherstellung in den Gebieten von Lehesten bzw. Steinach in der Zeit des Kaiserreichs eine ausgezeichnete Grundlage: Die thüringer Schiefererzeugnisse waren noch um 1914 geradezu im Weltmaßstab führend. Mit der deutlichen Erschöpfung des Erzabbaus um die Mitte des 19. Jh. wuchs die Notwendigkeit, die Erwerbsbasis durch Umstellung auf verarbeitende Tätigkeiten sicherzustellen. Die thüringische Bevölkerung der Waldgebiete bewies in dieser Phase Anpassungsfähigkeit, Fleiß, Erfinder- und Unternehmergeist, aber auch die Bereitschaft, eigene materielle Lebensansprüche im Interesse einer Fortführung heimischer Gewerbetraditionen unter stark veränderten Bedingungen zurückzustellen. Der westthüringische Kalisalzbergbau wurde erst gegen Ende des 19. Jh. aufgenommen, während der junge Uranerzbergbau im Raum Gera–Ronneburg auf die Rüstungsbedürfnisse der sowjetischen Besatzungsmacht nach 1945 zurückzuführen ist.

Im frühen 19. Jh. waren die Rahmenbedingungen für die gewerblichen Betätigungen in den thüringischen Staaten ungünstig: Das preußische Zollgesetz von 1818 vereinfachte zwar den Warenverkehr innerhalb Preußens, was insbesondere der Erfurter Wirtschaft zugute kam. Andererseits erschwerte es den Zugang der thüringischen Wirtschaftserzeugnisse zu den preußischen Märkten. Besonders die schwarzburgischen Herrschaften und das zerrissene weimarische Territorium waren sogar beim internen Güterverkehr auf das Wohlwollen Preußens, dessen Gebiete sich zwischen die verstreuten Exklaven der genannten thüringischen Herrschaften schoben, angewiesen. So verwundert es nicht, daß diese thüringischen Kleinstaaten sich früh dem preußischen Zollgebiet anschlossen. Erst 1828 konnten die thüringischen Staaten dem größeren Mitteldeutschen Handelsverein und 1833 dem Thüringer Zoll- und Handelsverein (Sitz: Erfurt) beitreten, der sich sogleich dem Deutschen Zollverein anschloß. Die damit gewonnene Erweiterung des Marktgebiets konnte besonders nach dem Bau des ersten Eisenbahnlinien (1846–1849 Strecke Naumburg–Weimar–Erfurt–Eisenach–Bebra–Kassel, 1858 Werratalbahn Eisenach–Meiningen–Coburg) genutzt werden. Die Eisenbahn, deren Strecken sich nach und nach in alle größeren Seitentäler des Kammgebirges hineinschoben, sorgte bis ins 20. Jh. für die Verbindung der thüringischen Industrien mit den deutschen und internationalen Absatzgebieten. Der Autobahnbau in den dreißiger Jahren des 20. Jh. konnte die thüringische Wirtschaft nach der Teilung Deutschlands nach 1945 nicht mehr beflügeln. Im folgenden sei ein Überblick über die Entwicklung der wichtigsten der in Thüringen vertretenen Industrien gegeben.

Die *Energiewirtschaft* hat in Thüringen, abgesehen von den drei kleinen Wasserkraftwerken an der oberen Saale (Bleiloch- und Hohenwarte-Talsperren), keine naturgegebene Basis im Lande. Die kleinen Braunkohlenkraftwerke in Erfurt, Merkers (Kaligruben) und Breitungen (Kreis Schmalkalden) haben lokale Bedeutung. Die Stromversorgung Thüringens in der Grundlast erfolgt durch den Energieverbund mit den Großkraftwerken der lausitzischen und sächsischen Braunkohlenreviere. Thüringen ist energiewirtschaftlich ein Defizitgebiet, das auf Versorgung von auswärts angewiesen ist.

Zur *chemischen Industrie* gehört in der DDR die Förderung und Aufbereitung von *Kalisalzen.* 1892 begann bei Sondershausen die Kaligewinnung und Düngesalzverarbeitung, 1901 wurde erstmals an der Werra in großem Umfang bei Kaiseroda die Kalisalzförderung aufgenommen. Heute wird der Kaliabbau im Sondershäuser Revier bei Sondershausen, Bleicherode, Bischofferode und Menterode, im Werra-Revier vor allem bei Merkers, Dorndorf und Unterbreizbrach vorgenommen. Beide Reviere steuern zusammen (etwa zu je gleichen Teilen) rund 80 Prozent der gesamten Kaliförderung der DDR bei. Die Kalibetriebe »Werra« stellen aus den geförderten Kalirohsalzen neben Kali-

Hohenwartetalsperre. Zur Hochwasserregulierung, Betriebswasserversorgung und Elektrizitätserzeugung gebaut.

düngern weitere Nebenprodukte wie Glaubersalz, Brom und Bittersalz her. Sie belasten mit ihren salzigen Abwässern stark die Werra und die Weser. Ausgangsstoffe für die Düngemittelherstellung werden daneben in Niedersachswerfen am Harzrand (Anhydrit) und Kamsdorf bei Saalfeld (Kalk, hauptsächlich jedoch als Zuschlagstoff für die Eisenverhüttung in der nahen Maxhütte) gewonnen. Die Phosphordüngerproduktion erfolgt in Betrieben in Dorndorf–Steudnitz/Saale, Kamsdorf, Steinach und in der Maxhütte. Die chemische Industrie im engeren Sinne ist in Thüringen vor allem durch den Großbetrieb des VEB Chemiefaserwerk Rudolstadt sowie durch den pharmazeutischen Betrieb VEB Jenapharm in Jena vertreten. Bad Blankenburg, Waltershausen und Zeulenroda sind Standorte der Gummiindustrie.

Die *Metallurgie* ist in Thüringen vor allem durch die alte Maxhütte in Unterwellenborn in der Orlasenke vertreten. Das Werk umfaßt den vollen metallurgischen Zyklus (Eisenhütte, Stahlwerk, Walzwerke). Die organisatorische Verbindung mit dem gleichnamigen Schwesterbetrieb in Sulzbach-Rosenberg (Bayern) wurde nach 1945 beseitigt. Die Rohstoffversorgung erfolgte noch bis 1965 bei Eisenerzen durch Erzlieferungen der nahen Gruben von Schmiedefeld und Wittmannsgereuth. Heute werden Erze und Koks importiert, während der Kalkzuschlag aus dem benachbarten Tagebau Kamsdorf stammt. Ein kleines Kaltwalzwerk in Bad Salzungen produziert u. a. kaltgewalzten Bandstahl. Die thüringische Eisen- und Stahlindustrie geht noch auf Standortentscheidungen zurück, die die Mittellage des Landes in Deutschland zur selbstverständlichen Grundlage hatten. Die rohstoff- und marktferne Lage innerhalb der nach Westen und Süden abgeriegelten DDR bietet der Branche hier nur geringe Entfaltungsmöglichkeiten, wenn sie nicht durch kostspielige staatliche Subventionen unterstützt wird, was bisher stets der Fall war.

Die *Baumaterialindustrie* ist in Thüringen weit verstreut. Die Kiesgewinnung wird in zahlreichen Standorten in Flußtallagen betrieben (Erfurt und Kühnhausen im Geratal, Immelborn im Werratal, Catharinau und Rothenstein im Saaletal, Nordhausen und Heringen im Helmetal). Zement und andere Bindemittel werden in größeren Werken bei Leinefelde/Eichsfeld, Jena, Steinach und Oberrohn/Bad Salzungen hergestellt. Die Betonteileherstellung konzentriert sich in Heringen/Nordhausen, ferner in Mühlhausen, Leimbach/Bad Salzungen, Gera und Stadtroda. Mineralfaserdämmstoffe stammen vor allem aus Erfurt, Gotha und Wernshausen/Werra, Dachschiefer aus einigen alten Tafelschieferbrüchen des Schiefergebirges. Ziegeleien, die sich auf örtliche Tonvorkommen stützen, finden sich noch in fast allen Landesteilen. Charakteristisch ist der beständige Baustoffmangel, der der staatlichen und privaten Bautätigkeit in Thüringen enge Grenzen setzt.

Der thüringische *Maschinen- und Fahrzeugbau* ging historisch aus dem Erzbergbau hervor, verbreitete sich aber früh auch auf größere Verkehrsknotenpunkte abseits der Erzbasis wie Erfurt, Weimar, Gera, Nordhausen u. a. Aber noch heute ist das Gebiet des Thüringer Waldes ein räumlicher Schwerpunkt der metallverarbeitenden Branchen, obwohl der Eisenerzabbau im Gebiet Schmalkalden–Trusetal seine frühere wirtschaftliche Bedeutung verloren hat.

Eine vergleichsweise einfache Stufe der Eisen- und Stahlverarbeitung repräsentieren die über mehrere, z. T. ländliche Standorte verstreuten Betriebe des VEB Schraubenkombinat Tambach-Dietharz, ebenso der VEB Nadelwerk Ichtershausen bei Arnstadt. Technologisch weiter fortgeschritten ist der Maschinenbau, speziell der Werkzeugmaschinenbau, der durch größere Betriebe im Bereich des Thüringer Waldes (VEB Werkzeugkombinat Schmalkalden als Zulieferbetrieb, VEB Werkzeugfabrik Saalfeld) und in Ostthüringen (Unionwerk in Gera, VEB Werkzeugmaschinenbau Zeulenroda) vertreten

Kaleidoskop der Wirtschaft. Oben links: Eisenach, Auslieferung des Pkw Wartburg (das VEB Automobilwerk Eisenach ging aus dem früheren BMW-Zweigwerk hervor). Oben rechts: Saalfeld/Saale, Schrottaufbereitung. Die Rohstoffversorgung hat zu allen Zeiten die Wiederverwendung von Altmetall nötig gemacht. Mitte links: Mühlhausen, Elektronikbetrieb. Der Industriebereich Elektrotechnik/Elektronik/Gerätebau Thüringens stellt 27,1 Prozent aller in der DDR in dieser Branche angebotenen Arbeitsplätze. Mitte rechts: Ilmenau, Porzellanfabrik. Im Gebiet von Ilmenau ist die Glaswaren- und Porzellanherstellung in nahezu jedem Ort vertreten. Links: Jena, Glasbläser.

Zu den wichtigen Branchen der Leichtindustrie gehört die Papierindustrie, die sich an wenigen, großen Standorten konzentriert. Im Bild: Papierfabrik in Blankenstein.

ist. Basisprodukte der Metallbearbeitung werden in Zella-Mehlis (VEB Wälzlagerwerk) und Gera (VEB Record Spannzeuge) hergestellt, während der VEB Chemieanlagenbau Rudisleben bei Erfurt und der VEB Plastmaschinenbau Greiz anderen Industriebranchen und ihrer Expansion zuarbeiten. Mit der Landwirtschaft des Thüringer Beckens ist eine Landmaschinenfabrik in Weimar eng verbunden.

Der *Fahrzeugbau* ist in Thüringen vor allem durch das ehemalige BMW-Werk Eisenach (nach 1945 zunächst EMW/Eisenacher Motorenwerke, heute VEB Automobilwerk Eisenach) vertreten, das über 7000 Menschen beschäftigt (Haupterzeugnis: Personenautos des Typs »Wartburg«). Schon 1869 war in Mühlhausen mit dem Bau von Fahrrädern und 1883 in Gotha mit dem Bau von Schienenfahrzeugen begonnen worden. Heute sind zahlreiche verstreute Werke in Thüringen als Vorprodukt-Hersteller in den Fahrzeugbau einbezogen, so die Zubehörwerke in Ronneburg, Bad Blankenburg (Reifenherstellung), Ruhla (Elektrozubehör), Waltershausen, Nordhausen (Zulieferwerk des LKW-Werks Ludwigsfelde bei Berlin), Stadtilm, Triptis und Mühlhausen. Der Zweiradbau ist vor allem durch die traditionsreiche Handwaffenfabrik in Suhl (VEB Fahrzeug- und Jagdwaffenbau) und ein großes Werk in Mühlhausen, ferner durch einen kleineren Betrieb in Barchfeld/Werra vertreten. In Gotha wird weiter der Waggonbau betrieben und in Meiningen die Ausbesserung von Schienenfahrzeugen der Deutschen Reichsbahn.

Der technologisch fortgeschrittene Industriebereich *Elektrotechnik/Elektronik/Gerätebau* ist in den drei thüringischen Bezirken insgesamt weit stärker vertreten, als dies nach der Bevölkerungszahl zu erwarten wäre: 1980 lebten in Thüringen 15,1 Prozent der Bevölkerung der DDR; gleichzeitig beherbergte das Land 27,1 Prozent aller in der DDR in dem obengenannten Industriebereich vorhandenen Arbeitsplätze. Dabei ist eine deutliche räumliche Bindung der elektrotechnischen Industrie an die alte Industriezone des Thüringer Waldes und des Schiefergebirges zu erkennen. Gewachsene Traditionen der metall- und glasverarbeitenden Branchen sowie der Porzellanherstellung finden hier in der Gegenwart vielfach ihre Fortsetzung in der Herstellung elektronischer Bauteile (Beispiele: VEB Rechenelektronik in Meiningen und Zella-Mehlis, Matrixspeicherproduktion im alten Schieferindustrieort Lehesten), wie sie daneben auch von den Betrieben des VEB Keramische Werke Hermsdorf (Bezirk Gera) hergestellt werden. Größere Betriebe der elektrotechnischen Industrie befinden sich auch in Suhl, Eisenach, Sonneberg, Großbreitenbach, Neuhaus, Bad Blankenburg (Antennenbau) und in Gera (Kondensatorenwerk). Zentren der Kabelherstellung sind Sonneberg, Steinheid, Ruhla und Vacha, daneben weiter im Norden Kranichfeld und Sondershausen. Ruhla ist daneben Standort einer bekannten großen Uhrenfabrik, deren Traditionen ins 19. Jh. zurückreichen (Zweigwerk in Weimar). Erfurt und Arnstadt sind Zentren des Baus von Nachrichtenmitteln (VEB Kombinat Zentronik/Werk Optima Erfurt, VEB Kombinat Funkwerk Erfurt, VEB Fernmeldewerk Arnstadt u. a.). Kölleda und Nordhausen sind ebenfalls Standorte dieser Branche.

Dem Industriebereich Elektrotechnik/Elektronik/Gerätebau gehört auch die *feinmechanisch-optische Industrie* an, die in Thüringen seit langem einen Schwerpunkt hat. Größter Betrieb (und gleichzeitig größter Industriebetrieb Thüringens überhaupt, ist das 1846 gegründete *Zeisswerk* in Jena mit über 17000 Beschäftigten und Zweigwerken in Saalfeld, Gera und Eisfeld/Werra. Die Zeisswerke gehen aus der in Thüringen bodenständigen und seit je vielseitigen Glasindustrie hervor. Sie stellen neben Ferngläsern, Tele- und Mikroskopen zahlreiche Feinmeßgeräte her, die auch in großem Umfang exportiert werden. Die Zeisswerke, nach 1945 von sowjetischer Seite nahezu vollständig demontiert und durch die Abwanderung zahlreicher Fachkräfte nach Westdeutschland auch personell erheblich geschwächt, haben allen diesen und anderen Widrigkeiten zum Trotz eine führende Stellung auf dem Gebiet des optischen und Feinmeßgerätebaus im internationalen Rahmen wiedererlangen können. Auch auf dem Gebiet des Büromaschinenbaus ist Thüringen in der DDR führend durch drei große Betriebe in Sömmerda, Erfurt und Zella-Mehlis. Kleinere Werke der feinmechanischen Industrie und des medizinischen Gerätebaus finden sich in vielen Seitentälern des Thüringer Waldes und des Schiefergebirges (Standorte Rauenstein, Steinach, Königsee, Ilmenau, Suhl, Schmalkalden u. a.).

Auch die *Leichtindustrien* (Holz-, Papier-, Glasindustrien, Textil- und Bekleidungsindustrien) sind in den thüringischen Bezirken verhältnismäßig stark vertreten. Wieder tritt das Waldgebirge mit einer Vielzahl kleiner traditionsreicher Standorte hervor: Im Schiefergebirge und im Gebiet von Ilmenau ist die *Glaswaren- und Porzellanherstellung* in nahezu jedem Ort (z. T. in Gestalt des Heimgewerbes) vertreten. Neben Ilmenau (Herstellung von Thermometern, Meßgeräten, Haushaltsporzellan) und seinen Nachbarstandorten Langewiesen, Gehren, Geraberg und Gräfenroda besteht ein weiterer Schwerpunkt um Lauscha (Herstellung von Christbaumschmuck, Glasaugen), Lichte, Neuhaus und Steinheid. Das bei Kahla gelegene neue Porzellanwerk ist größter Betrieb seiner Art in der DDR. Im nordwestlichen Thüringer Wald dominiert die Herstellung vielfältiger Haushaltsgeräte und -gegenstände in zahlreichen Standorten (Trusetal, Bad Liebenstein, Brotterode, Steinbach u. a.). Elektrische Haushaltsgeräte werden in Sonneberg, Suhl, Oberweißbach und Bad Blankenburg hergestellt, ferner in Weida/Vogtland. Die *Spielwarenindustrie* hat ihr klassisches Zentrum weiterhin in der Grenzstadt Sonneberg und benachbarten Orten (Judenbach, Steinach, Hämmern, Lauscha, Eisfeld u. a.), ferner in Waltershausen. Für den Spielwarenindustriebezirk gilt das gleiche wir für viele alte Glasindustriezentren Thüringens: nach 1945 sind andere, arbeitsintensive Fertigungen (z. B. im Elektronikbereich) neben die traditionell führende Branche getreten, um die überlieferte Einseitigkeit der gewerblichen Ausrichtung im Waldgebirge abzubauen.

Abseits des Thüringer Waldes und des Schiefergebirges konzentrieren sich die verschiedenen Branchen der Leichtindustrie auf jeweils wenige, große Standorte. Das gilt für die Möbelherstellung, die sich außer auf das Werk Friedrichroda (Thüringer Wald) auf größere Fabriken in Themar/Werra, Erfurt und Zeulenroda (Vogtland) stützt, ebenso für die Papier- und Kartonherstellung mit Werken in Blankenstein/Saale, Heiligenstadt, Gotha, Erfurt und Arnstadt. Die Schuherzeugung konzentriert sich in Erfurt (VEB Schuhkombinat »Paul Schäfer«). Ein weiterer großer Betrieb der Lederindustrie arbeitet im Grenzort Hirschberg/Saale. Die *Textilindustrie* hat ihren führenden Schwerpunkt in Thüringen in den Trikotagewerken von Apolda. Alle anderen Standorte (im Eichsfeldgebiet die neue Baumwollspinnerei und Zwirnerei Leinefelde sowie verschiedene Textilbetriebe in Mühlhausen, Schlotheim und anderen Orten; in Ostthüringen die Webereizentren Gera, Greiz, Elsterberg, Münchenbernsdorf, Pößneck, Neustadt a. O.; in Erfurt das Oberbekleidungskombinat) treten hinsichtlich ihrer Beschäftigtenzahlen hinter das führende Zentrum Apolda zurück. Das gilt auch für die Teppichweberei Münchenbernsdorf, die eine der größten ihrer Art auf deutschem Boden ist. Im Falle des 1974 errichteten großen Chemiefaserwerks bei Rudolstadt wird die enge Verbindung der chemischen und der Textilbranche deutlich.

Die *Nahrungs- und Genußmittelindustrien* zeigen in Deutschland traditionell eine enge räumliche Bindung an die agrarwirtschaftlichen Rohstoffzonen. Dies trifft auch auf den thüringischen Raum zu, in dem sich die Branche auf zahlreiche Standorte im Thüringer Becken, in der Orlasenke und im Raum Gera verteilt. Größter Einzelstandort ist Erfurt (VEB Fleischkombinat, VEB »Elmi«, VEB Getränkekombinat, VEB Milchhof u. a.), gefolgt von den ebenfalls vielseitig ausgerichteten Standorten Nordhausen (VEB »Nordbrand«, VEB Tabak u. a.) und Gera, ferner den Standorten der Schokoladenherstellung (Saalfeld und Pößneck) sowie den nordwestthüringischen Zentren der Tabakverarbeitung (neben Nordhausen Mühlhausen, Treffurt, Eisenach, Dingelstädt u. a.). Kleine Werke der Obst- und Gemüseverarbeitung haben ihre Standorte im Thüringer Becken. Dessen reiche Zukkerrübenernten werden jedoch überwiegend in der großen Zuckerfabrik Artern verarbeitet, die im Bezirk Halle liegt.

Im Land der »Sommerfrischen«

Thüringen zählt seit einem Jahrhundert zu den attraktivsten Erholungslandschaften Deutschlands. Insbesondere die Waldgebirge mit ihren Wander- und Wintersportmöglichkeiten unterstrichen bis 1945 die Rolle des Landes als »grünes Herz« Deutschlands. Traditionelle Anziehungspunkte bildeten stets das Kammgebirge mit dem Wanderweg des Rennsteigs, das Saaletal von Hirschberg bis Naumburg sowie der Harzrand und das Kyffhäusergebirge. Als vielbesuchte Orte von kulturell-gesamtnationalem Interesse traten stets Eisenach mit der Wartburg und Weimar hervor, ferner die Städte Jena und Erfurt. Ein weiterer Fremdenverkehrsstrom wurde von den thüringischen Badeorten Friedrichroda, Bad Liebenstein, Bad Blankenburg angezogen, doch hatten diese Orte eher den familiären Charakter von »Sommerfrischen« und konnten sich nie mit Badeorten wie Karlsbad, Pyrmont usw. vergleichen. Der Tourismus hatte in Thüringen stets vor allem den Charakter des Wander-, Sommerfrischen- und Wintersporttourismus, daneben war er auch immer nationaler Bildungstourismus, wenn man an die Anziehungspunkte Wartburg, Weimar, Ilmenau, Jena denkt.

Heute ist Thüringen noch den westdeutschen Erholungsuchenden weitgehend verschlossen. Der Tagesbesuchsverkehr im grenznahen Bereich aus Hessen und Franken geht an den ohnehin sehr knappen Beherbergungskapazitäten des thüringischen Grenzlandes vollkommen vorbei.

Eine um so größere Bedeutung hat das Land für den starken Binnentourismus in der DDR, der teils vom Feriendienst des Freien Deutschen Gewerkschaftsbundes (FDGB), teils vom Reisebüro der DDR oder aber von den Wirtschaftsbetrieben für ihre Mitarbeiter organisiert wird. So verfügte der FDGB 1980 in den drei thüringischen Bezirken über 38000 Betten in eigenen Heimen, in Betriebserholungsheimen, Hotels und Interhotels, Vertragshäusern und Privatquartieren. Damit waren 30 Prozent der gesamten vom FDGB bewirtschafteten Bettenkapazität der DDR in Thüringen (überwiegend im waldreichen Bezirk Suhl) konzentriert. Im selben Jahr

Reisefreuden. Vor den Urlaub haben die Götter erst den Stau gesetzt ... (oben). Geruhsamer ist es dagegen an der Hohenwartetalsperre (links), am sogenannten Thüringer Meer. Die Hohenwarte- und die Bleichlochtalsperre sind besonders reizvolle Anziehungspunkte für viele Tausende von Touristen und Erholungsuchenden, die Wassersport treiben oder die fast ungestörte Natur genießen möchten. Links unten: Wintersport am Großen Inselsberg im Thüringer Wald, dem beliebten Urlaubsgebiet.

gingen 20 Prozent aller vom Reisebüro der DDR vermittelten Inland-Urlaubsreisen in das Zielgebiet Thüringen.

Dem Besucherverkehr dienen im thüringischen Waldgebirge ein dichtes Eisenbahnnetz sowie zahlreiche Autobusverbindungen und gut markierte Wanderwege. Er findet jedoch seine Grenzen an der unzureichenden Beherbergungskapazität, die auch das private Bettenangebot nicht entscheidend zu verbessern vermag. Das Jugendherbergswesen ist vollkommen unterentwickelt. Das gleiche gilt auch für die Zeltplatzkapazitäten.

Orte mit größeren Beherbergungsmöglichkeiten sind vor allem Friedrichroda (über 4000 Beherbergungsplätze) und der berühmte Wintersportplatz und Höhenluftkurort Oberhof. Alle anderen Fremdenverkehrsorte sind erheblich schlechter ausgestattet. Das gilt für die beiden großen staatlichen Heilbäder Bad Salzungen und Bad Liebenstein und mehr noch für die Wintersportzentren Brotterode und Zella-Mehlis, die bedeutenden Luftkurorte wie Tambach-Dietharz, Stützerbach, Neuhaus, Schmiedefeld, Schwarzburg, Saalburg usw. Die Hohe Rhön, ein entlegenes Grenzgebiet, muß als touristisch weitgehend unerschlossen gelten, ebenso das Eichsfeld. Hier bieten sich noch ungenutzte, reizvolle Erholungsmöglichkeiten.

Mühlhausen, Pfarrkirche Divi Blasii (1). Thüringer Maske (2). Thüringer Rostbratwürste (3). Rudolstadt, Rotes Eckzimmer im Schloß Heidecksburg (4). Weimar, Goethe und Schiller (5). Rudolstadt, Apotheke im Birkenhaider Bauernhaus (Museum; 6). Erfurter Dom, gefaßte Alabasterstatue des St. Andreas (um 1420; 7). Schloß Burgk, Silbermannorgel (8). Wartburg, Festsaal (9). Nordhausen, Rolandsfigur am Rathaus (10). Jena, Schillers Wohnzimmer (11).

GESCHICHTE UND KULTUR

2

3

4

5

6

7

8

9

10

11

zogen daraus als Bündnispartner Ludwigs des Bayern wichtige Vorteile für Ausdehnung und Festigung ihrer Herrschaft, noch vor den Wettinern vor allem die Häuser Reuß, Schwarzburg und an erster Stelle die Grafschaft Henneberg (Graf Berthold VII. war für die Wittelsbacher Statthalter der Mark Brandenburg).

Die Wettiner setzen sich durch

Die Zwangslage Kaiser Ludwigs des Bayern hatte die thüringischen Großen begünstigt, ihre Macht ebenso wie ihr Selbstbewußtsein vergrößert. Das führte zum Konflikt mit dem Wettiner Friedrich II. (der Ernsthafte, * 1310, † 1349), der sich im »Grafenkrieg« (1342–1345/46) durchsetzte, seinen Konkurrenten Abbruch tat und Weimar erwerben konnte.

Im Bunde mit Kaiser Karl IV. gelang es Landgraf Friedrich III. (der Strenge, * 1332, † 1381, R: seit 1349), die politische Grenze Thüringens im Südosten dauerhaft festzulegen, als ihm die Vögte von Plauen (Haus Reuß) im »Vogtländischen Krieg« (1354–1359) unterlagen. Einen Teil des Vogtlandes mußten die Reußen an die Wettiner verkaufen, er kam im Verlauf der Geschichte später zu Sachsen; was den Reußen verblieb, rechnete später zu Thüringen.

Seit der Mitte des 14. Jh. waren die Wettiner unbestritten die führenden Herren in Thüringen, ihre lange erbittertsten Konkurrenten, die Grafen von Schwarzburg und die Herren von Reuß, konnten ihnen seitdem nicht mehr gefährlich werden.

Wirtschaftsblüte

Vom 13. bis 16. Jh. erlebten die Städte Thüringens einen großen wirtschaftlichen Aufschwung. Der Fernhandel und die heimischen Erzeugnisse, vor allem der im Thüringer Becken angebaute Waid, machten sie reich und mächtig, besonders das große Erfurt, bei dem fast alle thüringischen Landesherren verschuldet waren. Der Waid ist eine Pflanze, die einen blauen Farbstoff liefert, der im Spätmittelalter gesucht war und teuer bezahlt wurde. Im Thüringer Becken bauten etwa dreihundert Dörfer den Waid an, dessen Verarbeitung und Verkauf fast monopolartig von den Städten Erfurt, Langensalza, Gotha, Tennstedt und Arnstadt organisiert wurde. Durch den Import von Indigo aus Ostasien verfiel das einträgliche Waid-Monopol seit dem Ende des 16. Jh. Nach kurzer Wiederbelebung während der Kontinentalsperre Napoleons I. wurde der Waid-Anbau nach der Entdeckung der Anilinfarben (1826) fast ganz eingestellt.

Teilungen und Streit

Die von Friedrich II. und Friedrich III. errungene Stellung konnten die Wettiner nicht ausbauen, weil Erbteilungen (1382, 1410, 1445) und in deren Folge innere, mitunter kriegerische Auseinandersetzungen eine hundertjährige Schwächeperiode einleiteten. Der letzte gesamtwettinische Teilungsvertrag, der von Leipzig 1485, beendete diese Zeit des Niedergangs. Kurfürst Ernst von Sachsen (R 1464–1486) und Herzog Albrecht der Beherzte von Sachsen (R 1464–1500) teilten das wettinische Erbe nach einem neuen Muster. Die Mark Meißen wurde mit einem großen Gebietsteil Nordthüringens verbunden und fiel an Albrecht, die anderen Teile Thüringens und ein großer Gebietsstreifen bis Wittenberg kamen an Ernst. Kleinere Besitzungen außerhalb des Kerngebiets, einige Schutzherrschaften (z. B. über Erfurt, Nordhausen und Mühlhausen), die Bergwerksrechte und das Oberhofgericht blieben beiden Brüdern gemeinsam.

Die komplizierte territoriale und rechtliche Verklammerung der beiden wettinischen Teilstaaten, die der Leipziger Teilungsvertrag 1485 festlegte, sollte eine fortbestehende Einheit und Gemeinsamkeit demonstrieren, die in Wirklichkeit von nun an rasch völlig verschwand. Die Teilung schwächte auf längere Sicht die Rolle des Hauses Wettin in der deutschen Geschichte, dessen Anspruch schon im 17. Jh. dann keine ihm entsprechende Machtbasis mehr besaß.

Der durch die Teilung an Ernst gefallene Besitz in Thüringen (Westthüringen mit Eisenach und Gotha; die »fränkischen Lande« mit Coburg; Weimar) war ohne territorialen Zusammenhang. Vorrang und Bedeutung erhielt die ernestinische thüringische Linie der Wettiner (die Unterscheidung ernestinisch bzw. albertinisch rührt von der Leipziger Teilung her) nur durch den Besitz von Wittenberg und Torgau, da mit diesem Gebiet die sächsische Kurfürstenwürde verbunden war (seit 1423 beim Haus Wettin).

Die Reformationszeit

Unter Friedrich III. (der Weise, R 1486–1525) wurde das Kurfürstentum Sachsen durch Martin Luthers Theologie unvermittelt zur geistigen und politischen Führungsmacht in Deutschland. In Thüringen war Friedrichs Bruder Johann der Beständige (* 1468, † 1532, Kurfürst seit 1525) Mitregent, der die Reformation beherzt förderte. Regierungssitz der ernestinischen Lande war Weimar geworden, zum Zentrum aber wurde schnell das relativ junge Wittenberg, an das die Kur gebunden war und das 1502 als Ersatz für das 1485 an die Albertiner verlorene Leipzig eine modern organisierte Universität erhielt.

Wie viele andere kam 1508 Martin Luther aus Erfurt nach Wittenberg, von hier nahm die Reformation ihren Ausgang, hier war das geistige und zunächst auch organisatorische Zentrum der Reformation. Durch die Landesuniversität Wittenberg, den als Thüringer geltenden Luther und durch die Ernestiner wurde Thüringen das »Mutterland der Reformation«, hier nahm die kirchliche Neuordnung (seit 1525) der evangelischen Landeskirchen ihren Ausgang. Allerdings brachten Luthers Ideen auch Unruhe nach Thüringen, hier war eines der Zentren der Bauernkriege (geführt und inspiriert von Thomas Münzer, der deshalb 1525 hingerichtet wurde). Der schwärmerisch-radikale Flügel der Reformation um Andreas Karlstadt (* um 1480, † 1541) hatte anfangs in Thüringen großen Zulauf.

Als Schutzmacht der Reformation geriet der Staat der Ernestiner in den Sog der politischen Auseinandersetzungen. Unter Führung Kurfürst Johanns des Beständigen und Philipps von Hessen verbanden sich 1531 im thüringischen Schmalkalden einige der protestantischen Reichsstände und Städte Nord- und Süddeutschlands zu einem reinen Defensivbündnis, das die evangelische Lehre schützen und den Reichsfrieden fördern sollte (Schmalkaldischer Bund).

Der Untergang des ernestinischen Kurstaats

Im Schmalkaldischen Krieg 1546/1547 unterlag der Schmalkaldische Bund rasch dem Angriff Kaiser Karls V. Kurfürst Johann Friedrich I. (der Großmütige, * 1503, † 1554, R 1532–1547) geriet in Gefangenschaft und verlor in der folgenden Wittenberger Kapitulation u. a. die Kurlande und die Kurfürstenwürde an den Albertiner Moritz von Sachsen. Zukunftweisend wurde die von Johann Friedrich I. in der Niederlage in Gang gesetzte Gründung der Universität Jena als Ersatz für das verlorene Wittenberg. Im Vertrag von Naumburg 1554 erhielten die Ernestiner einige der 1547 verlorenen Gebiete (Altenburg, Eisenberg u. a.) zurück und erkannten die anderen Erwerbungen der albertinischen Linie des Hauses Wettin und deren mit der Kurwürde verbundene Vorrangstellung an. Mit einiger Berechtigung läßt sich vereinfachend behaupten, mit diesem Vertrag sei die territoriale Ausdehnung des neuzeitlichen Thüringen einigermaßen festgelegt worden, wobei »Thüringen« die ernestinischen Besitzungen und die mit ihnen in Gemengelage verknüpften schwarzburgischen, reußischen, albertinischen, mainzischen, hennebergischen und reichsstädtischen Territorien meint.

Die Söhne Johann Friedrichs I. versuchten mit untauglichen Mitteln, das von ihrem Vater Verlorene zurückzugewinnen und ruinierten dabei das Verbliebene, obwohl sie 1554, 1555 und 1563 in Etappen große Teile der Grafschaft Henneberg im Erbgang erwerben konnten. Mit der Erfurter Teilung von 1572 begannen die Ernestiner, die sich gerade noch hatten halten können, ihren Staat in immer zahlreichere Kleinstaaten zu zersplittern. Viele dieser ernestinischen Kleinstaaten hatten nur eine kurze Lebensdauer, bis sie nach dem Tod ihrer Fürsten wieder unter den überlebenden Kleinstaaten aufgeteilt wurden.

Unter den Enkeln Johann Friedrichs I. ragt allein Herzog Johann Kasimir von Gotha und Coburg (R 1572–1633) hervor, ein fähiger Herrscher und sachkundiger Verwaltungsreformer, dazu ein Förderer des Bildungswesens und der Kunst.

Im 17. Jh. bringen die nach wie vor zahlreichen ernestinischen Kleinstaaten wieder einige politische Begabungen hervor. Im Rezeß von Gotha wird der ernestinische Besitz 1640/1641 noch einmal neu verteilt, neben dem bis 1672 fortbestehenden Sachsen-Altenburg entstehen die Herzogtümer Sachsen-Weimar, Sachsen-Eisenach (bis 1644) und Sachsen-Gotha. Weimar und Gotha erfahren im 17. Jh. weitere Zersplitterungen, können sich aber nach und nach durch den Heimfall der Territorien abgesplitterter Nebenlinien wieder stabilisieren. Von beiden leiten sich die von 1826 bis 1918 existierenden ernestinischen Staaten her: einmal Sachsen-Weimar, das auf die Schöpfung von 1641 direkt zurückgeht, dann Sachsen-Coburg und Gotha, Sachsen-Meiningen sowie Sachsen-Altenburg, alle drei Nachfolgestaaten des Sachsen-Gotha von 1641.

Im Dreißigjährigen Krieg war Thüringen als strategisch wichtiges Durchzugsland besonders betroffen. Die Ernestiner standen entschlossen auf der Seite der Union, später auf der Gustav Adolfs. 1619 hatten die acht Prinzen der Weimarer Linie beschlossen, für die Union in Böhmen zu kämpfen. Aus ihren Reihen wie aus der Altenburger Linie gingen einige Heerführer der protestantisch-schwedischen Partei hervor, der bedeutendste war Prinz Bernhard von Weimar (* 1604, † 1639).

Deutscher Absolutismus und barocke Kultur

Den Westfälischen Frieden 1648 konnten nur noch drei ernestinische Staaten unterzeichnen: Altenburg, Weimar und Gotha. Die interessanteste Gestalt jener Epoche ist zweifellos der Gothaer Herzog Ernst der Fromme (R 1640–1675). Er kämpfte gegen den sittlichen und wirtschaftlichen Verfall als Folge des langen Krieges, reorganisierte die Kirche, ordnete die Art und

Ernst I., Herzog von Sachsen-Gotha-Altenburg (* 1601, † 1675), kämpfte an der Seite Gustav Adolfs im Dreißigjährigen Krieg.

die Inhalte der Theologenausbildung, schuf ein flächendeckendes Volksschulwesen für die unteren Stände (auch für Mädchen), förderte das höhere Schulwesen und die Universität Jena. Ernst gliederte die Behörden wirkungsvoll neu und versah sie in allen Gliederungen mit persönlichen Instruktionen, deren Beachtung und praktischen Nutzen er persönlich überwachte. So entstand ein »deutscher Absolutismus«, von dem große Impulse ausgingen und den Ernsts Mitarbeiter Veit Ludwig von Seckendorff (* 1626, † 1692) zum Vorbild seines »Teutschen Fürstenstaates« nahm. Ernsts Auffassung von der unmittelbaren Verantwortung des christlichen Fürsten für seinen Staat, selbst für Einzelheiten, wurde durch den Pietismus des in Gotha aufgewachsenen August Hermann Francke (* 1663, † 1727) verbreitet.

Erneute Teilungen

Nach dem Tode Ernst des Frommen 1675 führte der älteste Sohn, Friedrich I. (R 1675–1691) bis 1679 das »Direktorium« über seine sechs jüngeren Brüder. Danach mußte das väterliche Erbe in sechs Herzogtümer aufgeteilt werden: Coburg, Meiningen, Römhild, Eisenberg, Hildburghausen und Saalfeld. Friedrich I. behielt Gotha und Altenburg. Bei der Gothaer Linie blieb eine gewisse Führungsrolle, verknüpft mit einigen Vorbehaltsrechten gesetzgeberischer, wirtschaftlicher und politischer Art. Da auch die Weimarer Linie der Ernestiner gerade in drei Herzogtümer geteilt worden war, gab es Ende des 17. Jh. in Thüringen zehn ernestinische Herzogtümer, zwei Grafschaften der Schwarzburger und zehn Herrschaften des Hauses Reuß.

Im 18. Jh. verringerte sich die Zahl der ernestinischen Kleinstaaten wieder, von denen die kleinsten kaum lebensfähig gewesen waren. Gotha-Altenburg hatte bereits 1685 das Erstgeburtsrecht eingeführt, die überlebenden ernestinischen Kleinstaaten folgten diesem Vorbild allmählich (zuletzt Sachsen-Meiningen 1803) und verhinderten dadurch weitere Erbteilungen.

Von allen ernestinischen Staaten war Gotha-Altenburg bis zum Ende des Alten Reiches 1806 der nach Größe, Wirtschaftskraft und Ansehen des Herrscherhauses bedeutendste, ausgezeichnet durch sein Bildungswesen und durch die Förderung von Kunst und Wissenschaft im Geiste einer moderaten Aufklärung.

Sachsen-Weimar: Geist und Politik

In allen thüringischen Staaten entstand seit dem Dreißigjährigen Krieg bis zur Mitte des 18. Jh. nach und nach ein fürstlicher Absolutismus, der die Rechte und Ansprüche des landständischen Adels und der Städte zurückdrängte, wobei der Machtzuwachs des Fürsten und seiner Beamtenschaft allerdings in der Regel auch dem inneren Ausbau und der Vereinheitlichung der Kleinstaaten zugute kam, die außenpolitisch kaum handlungsfähig waren. Im ungünstigen Fall konnte der Absolutismus die kleinen Staaten durch Mißwirtschaft infolge übertriebener Selbstdarstellung (Hofstaat, Repräsentationsbauten) in den finanziellen Ruin treiben. Dafür ist Sachsen-Weimar Mitte des 18. Jh. ein Beispiel, wenn auch nicht das einzige. Weimar hatte jedoch das Glück, seit 1759 unter der jungen Herzoginwitwe Anna Amalia, die für ihren Sohn Karl August (* 1757, † 1828) mit Geschick und tüchtigen Ratgebern die Vormundschaftsregierung führte, wieder zu stabilen Verhältnissen zu gelangen und unter dem jungen Herzog gar zum geistigen Mittelpunkt Deutschlands aufzusteigen (→ »Weimar, Zentrum der deutschen Klassik«).

Das andere Thüringen

Der Besitz der liudolfingischen und später wettinischen Landgrafen und Herzöge war nie das ganze Thüringen, aber doch der Hauptteil des in der Geschichte unter Thüringen verstandenen Gebietes. Durchaus ähnliche, in vielem aber auch wieder andere Wege gingen die übrigen Territorialgewalten Thüringens. Eine eigenständige Entwicklung kennzeichnet die großen Besitzungen der albertinischen kurfürstlichen (seit 1547) Linie und ihrer Nebenli-

Oben: Ansicht von Eisenach, um 1180 gegründet, mit der Wartburg im Hintergrund. Ab 1488 besuchte Luther hier die Lateinschule St. Georg. 1685 wurde in Eisenach Johann Sebastian Bach geboren. Auch für die deutsche Arbeiterbewegung ist Eisenach von historischer Bedeutung: 1869 fand hier der Gründungskongreß der Sozialdemokratischen Arbeiterpartei statt. – Radierung von F. Rosmäsler, 1821. Darunter: Karl August, Großherzog von Sachsen-Weimar (* 1757, † 1828), bekannt durch seine Freundschaft mit Goethe.

nien Zeitz und Weißenfels vor allem in Nordthüringen, dazu später deren Anteil an der Grafschaft Henneberg, vor allem um Suhl und Schleusingen. Ein Sonderfall ist auch die Herrschaft Schmalkalden, seit 1360 gemeinschaftlicher Besitz der Landgrafen von Hessen und der Henneberger, seit 1583 ganz hessisch. Nicht zu vergessen das Eichsfeld und Erfurt (beide mainzisch), die Grafschaft Schwarzburg und die Herrschaft Reuß. In Nordthüringen gingen aus dem großen Anteil des Reichsguts die Reichsstädte Nordhausen und Mühlhausen hervor, von denen Mühlhausen über ein recht ausgedehntes Landgebiet verfügte. Beide Städte hatten im hohen und späten Mittelalter, vor allem aber auch in der Reformationszeit große wirtschaftliche und politische Bedeutung (Handel und Produktion, vor allem Waid, Tuche, Getreide). Nordhausen war ein Vorposten der Reformation, Mühlhausen die Wirkungsstätte Thomas Münzers.

Thüringen nach dem Ende des Reiches und zur Rheinbundzeit

Die Neuordnung des Heiligen Römischen Reiches im Reichsdeputationshauptschluß (1803) und seine baldige Auflösung (1806) veränderten in Thüringen zunächst wenig. Betroffen waren in erster Linie der mainzische Besitz im Eichsfeld und in Erfurt, der 1803 an Preußen fiel. Nach Napoleons Sieg über Preußen bei Jena und Auerstedt kamen das Eichsfeld und der andere preußische Besitz zum neuen Königreich Westfalen (1807), Erfurt blieb, vermutlich aus strategischen Überlegungen heraus, bis 1814 französisch.

Nach dem Wiener Kongreß

Der Wiener Kongreß führte die thüringischen Staaten in den neugegründeten Deutschen Bund und ordnete die territoriale Aufteilung Thüringens in einer Weise, die bis in unser Jahrhundert bestehen blieb. Preußen erhielt die Gebiete zurück, die es 1807 an das Königreich Westfalen abtreten mußte, auch Erfurt, dazu fast alle Besitzungen des Königreichs Sachsen (Nordthüringen um Langensalza, dazu Schleusingen, Suhl, Teile Ostthüringens) und kleinere Teile Schwarzburgs. Sachsen-Weimar und Eisenach, dessen Herrscher Karl August ein treuer Verbündeter Preußens gewesen war, trotz der erzwungenen Mitgliedschaft im Rheinbund, erwarb fuldische und hessische Gebiete in Westthüringen, dazu einige erfurtische Orte sowie sächsischen Besitz in Ostthüringen. Sachsen-Weimar wurde Großherzogtum. Unzweifelbar fügte der Wiener

Kongreß Sachsen-Weimar durch die Rangerhöhung und die neuen Besitzungen nur hinzu, was unter Karl August auf geistigem Gebiet bereits errungen worden war: Das neue Großherzogtum war die führende Macht unter den thüringischen Staaten geworden.

Preußens Stellung in Thüringen

Nach dem Wiener Kongreß dominierte Preußen in Nordthüringen, besaß mit Erfurt den Mittelpunkt des weiterhin zersplitterten Thüringens und hatte mit den Exklaven um Suhl und Schleusingen sowie Ziegenrück Anteil an Südthüringen. So unwesentlich diese Besitzungen rein quantitativ für das große Preußen waren, so wesentlich wurden sie (auch gerade die Exklaven), als es darum ging, die Hauptfrage der deutschen Politik des 19. Jh. zu lösen, die wirtschaftliche und politische Einigung zunächst Nord- und Mitteldeutschlands, später ganz Deutschlands.

Preußens Anteil an Thüringen wurde 1815 der neugebildeten Provinz Sachsen zugeordnet. Dadurch verwischte sich Thüringens Grenze nach Norden und Nordosten, während sich die bisher unklare Grenze zu Sachsen auf dem neuen Stand verfestigte. Plauen, Reichenbach und Zwickau wurden trotz ihrer widersprechenden Geschichte nun nicht mehr zu Thüringen gerechnet, während es bis heute eine durchaus vertretbare subjektive Entscheidung sein kann, ob man Eisleben, Naumburg, Weißenfels oder Zeitz für thüringisch hält oder nicht (zu dem sie politisch nicht gehören).

Neuordnung der gothaischen Staaten

Dem Deutschen Bund traten 1815 zwölf thüringische Kleinstaaten bei: das Großherzogtum Sachsen-Weimar-Eisenach, die Herzogtümer Sachsen-Gotha-Altenburg, Sachsen-Meiningen, Sachsen-Hildburghausen, Sachsen-Coburg-Saalfeld, die Fürstentümer Schwarzburg-Rudolstadt, Schwarzburg-Sondershausen und Reuß ältere Linie, ferner die Fürstentümer Reuß jüngere Linie: Reuß-Schleiz, Reuß-Lobenstein, Reuß-Ebersdorf und das diesen dreien gemeinsame Fürstentum Reuß-Gera.

Mit Herzog Friedrich IV. (R 1822–1825) starb 1825 die Linie Gotha-Altenburg aus. Das Herzogtum Sachsen-Hildburghausen wurde aufgelöst, sein Herzogshaus erhielt das neugeschaffene Herzogtum Sachsen-Altenburg. An Sachsen-Meiningen fielen Saalfeld und Teile Hildburghausens. Herzog Ernst I. von Coburg-Saalfeld (* 1784, † 1844) behielt Coburg und erhielt Teile Hildburghausens und das Herzogtum Gotha. Coburg und Gotha waren nur durch Personalunion verbunden, sie besaßen eigene Verfassungen und getrennte Landtage (aber ein gemeinsames Ministerium und erst seit 1851 zusätzlich noch einen gemeinsamen Landtag), ihr Verhältnis zueinander blieb bis zur Trennung 1920 außerordentlich problematisch.

Aufstände im Zuge der Revolution von 1848/1849: Kämpfe vor dem Erfurter Zeughaus auf dem Anger am 24. 11. 1848.

Zollverein und Eisenbahnen

Der Wiener Kongreß hatte den Deutschen Bund als einen Staatenbund souveräner Mitglieder geschaffen. Nach 1816 ging es darum, aus diesem Zusammenschluß von zunächst 41 meist kleiner und kleinster Staaten ein einheitliches Zoll- und Wirtschaftsgebiet zu schaffen. Wegen seiner zentralen Lage an der Kreuzung wichtiger Nord-Süd- und West-Ost-Verbindungen nahm Thüringen dabei eine Schlüsselstellung ein, wegen seiner hochentwickelten gewerblichen Wirtschaft war es aber auch besonders auf die Beseitigung innerdeutscher Zollgrenzen angewiesen. Seit Preußen 1818 seine innerstaatlichen Zollgrenzen beseitigt hatte und damit, dank seiner ausgedehnten thüringischen Gebiete, auch in Thüringen die Initiative in der wirtschaftspolitischen Lebensfrage des Biedermeier an sich brachte, war Thüringen Kampfplatz der widerstreitenden Interessen Preußens und der süddeutschen Mittelstaaten. Erst die Gründung des Deutschen Zollvereins (1834) befreite die thüringischen Staaten aus ihrer nachteiligen Situation.

Den Widerstand der thüringischen Staaten gegen seine Politik der Wirtschaftseinigung hatte Preußen im Wettlauf mit Bayern unter hohem Einsatz zwischen 1829 und 1831 gebrochen, indem es mit einzelnen Kleinstaaten nacheinander Verträge schloß, die den Bau von Fernstraßen über den Thüringer Wald vorsahen.

Als in den dreißiger Jahren des 19. Jh. die ersten Eisenbahnlinien geplant wurden, geriet Thüringen wieder in das Spannungsfeld der Interessengegensätze zwischen Preußen und Bayern. Deshalb konnte erst 1846 bis 1849 die Hauptstrecke des thüringischen Eisenbahnnetzes gebaut werden, die von Weißenfels bis Gerstungen in Ost-West-Richtung parallel zur alten Handelsstraße Frankfurt/Main–Leipzig verläuft. Erst in den achtziger Jahren gelangen die technisch schwierigen Übergänge über den Thüringer Wald in Nord-Süd-Richtung.

Unzufriedenheit und Revolution

Nach 1815 hatten einige der Kleinstaaten relativ fortgeschrittene Verfassungen erhalten, die sinnvoll genutzt wurden. Die staatliche Verwaltung wurde überall verbessert. Trotzdem ergriff die Revolution von 1830 Teile Thüringens (Gotha, Schleiz, Gera) recht heftig, vor allem das »reaktionäre« Altenburg. Ihr Ergebnis waren eine verbesserte Selbstverwaltung der Städte, ähnliche Fortschritte auf dem Lande und liberale Verfassungen für Sachsen-Altenburg und Schwarzburg-Sondershausen.

Die Revolution von 1848/49, die heftiger und mit genaueren Zielen auftrat als die von 1830, erfaßte ganz Thüringen, die »reaktionären« Kleinstaaten ebenso wie die »liberaleren« von der Art Sachsen-Weimars, das noch 1847 seine innere Ordnung im Sinne des liberalen Verfassungsstaates gründlich reformiert hatte. Bis November 1848 ergriff der Aufruhr in mehreren Wellen das ganze Land. In Altenburg (Juni 1848) kam es zu ernsten Barrikadenkämpfen, in vielen anderen Orten, voran Gera, Meiningen, Hildburghausen und Erfurt, flammten Aufstände auf. Die Lage in Thüringen galt als so unsicher, daß die Frankfurter Reichsgewalt Truppen nach Thüringen sandte und einen »Reichskommissar für Thüringen und Altenburg« ernannte, der die Ruhe wiederherstellen sollte. Die thüringischen Abgeordneten des Frankfurter Paulskirchenparlaments gehörten mehrheitlich zur Linken und zur linken Mitte. Im Verlauf der Revolution von 1848 dankte der Altenburger Herzog ab. Denselben Schritt tat Fürst Heinrich LXXII. von Reuß-Lobenstein und Ebersdorf, so daß die Linie Reuß-Schleiz die Herrschaften Gera, Schleiz, Lobenstein und Ebersdorf zum Fürstentum Reuß jüngere Linie vereinigen konnte. Eine vergleichbare und in der Revolution geforderte Einigung ganz Thüringens kam nicht zustande.

Förderung der deutschen Einigungsbewegung

Mit kulturellen Mitteln, insoweit in der Tradition seines Großvaters Karl August, wollte Großherzog Karl Alexander von Sachsen-Weimar-Eisenach (* 1818, † 1901) den deutschen Partikularismus überwinden helfen. Anders Herzog Ernst II. von Sachsen-Coburg und Gotha (R 1844–1893), der aktive und umtriebige Förderer der deutschen Einigungsbewegung, des Deutschen Nationalvereins und der die deutsche Einheit fordernden Turner-, Sänger- und Schützenfeste. Coburg und Gotha waren zwischen 1848 und 1871 die Zentren der liberalen, nationalen Agitation in Deutschland und Zufluchtsorte für anderswo nicht geduldete Liberale der Bewegung von 1848. Die diplomatischen Aktionen Ernsts II. standen ebenfalls ganz im Dienste der (klein-)deutschen Einigung, aber »berühmt« blieb wohl bis heute sein Geschick und das seines Bruders Albert, des englischen Prinzgemahls, Coburger Prinzen auf alle möglichen Königsthrone zu setzen und damit den Einfluß des Hauses zu vergrößern.

Herzog Ernst II. von Sachsen-Coburg und Gotha (* 1818, † 1893), ein Bruder des englischen Prinzgemahls Albert, unterstützte als Protektor die Pläne des deutschen Nationalvereins von 1859 mit dem Ziel einer einheitlichen Gestaltung Deutschlands unter der Führung Preußens. Als Förderer der deutschen liberalen Nationalbewegung gewährte er zahlreichen politischen Flüchtlingen Asyl.

Königgrätz und Norddeutscher Bund

Im Vorfeld des Deutschen Krieges von 1866 gerieten die thüringischen Staaten schon wegen ihrer strategisch entscheidenden Lage zwischen Preußen einerseits und den Österreich verbündeten süddeutschen Staaten andererseits in eine schwierige Situation. Zu Österreich hielten Sachsen-Meiningen und Reuß ältere Linie, zu Preußen zunächst nur Sachsen-Altenburg und Schwarzburg-Sondershausen, nach entsprechendem Druck aus Berlin schließlich auch die restlichen Kleinstaaten. Die Regierungen der thüringischen Staaten vermieden es aber mit Geschick, daß ihre kleinen Truppenkontingente in die Kämpfe verwickelt wurden, mit Ausnahme der gothaischen Truppen, die am Gefecht bei Langensalza (27. Juni 1866) gegen die Armee Hannovers teilnahmen. Weitere geringfügige Kämpfe gab es in Südthüringen, das von Bayern bei Kriegsbeginn bis zum Thüringer Wald besetzt worden war. Zu größeren territorialen Veränderungen kam es 1866 in Thüringen nicht, abgesehen davon, daß der hessische Kreis Schmalkalden preußisch wurde. Um die Weiterexistenz Sachsen-Meiningens zu erhalten, mußte Herzog Bernhard II. (R 1803–1866) zugunsten seines Sohnes Georg II. (* 1826, † 1894) abdanken. Alle thüringischen Staaten wurden Mitglieder des Norddeutschen Bundes und verloren dabei einen erheblichen Teil ihrer bisherigen Souveränitätsrechte an den neuen Bundesstaat.

Im Deutschen Reich

Am Deutsch-Französischen Krieg 1870/1871 nahmen die Staaten Thüringens schon ganz selbstverständlich teil, die Gründung des Kaiserreiches stieß in Thüringen auf besondere Zustimmung. Thüringen war von nun an kaum mehr in der Lage, eigene politische Wirksamkeit zu entfalten, seine Geschichte war Teil der Geschichte des Wilhelminischen Kaiserreiches. Am Ende des Ersten Weltkrieges endete auch in den thüringischen Kleinstaaten die Monarchie, alle Landesfürsten dankten ab.

Fast ganz Thüringen machte von 1871 bis 1918 den wirtschaftlichen Aufstieg des Deutschen Reiches mit. Sehr stark traten bald aber auch die sozialen Folgen des raschen Wandels zum Industriestaat hervor. So ist es verständlich, daß die Arbeiterbewegung in Thüringen großen Zuspruch fand, wenn auch ihre drei großen Programmparteitage nicht zuerst deshalb in Eisenach (1869), Gotha (1875) und Erfurt (1891) stattfanden. 1877 errangen die Sozialdemokraten im Wahlkreis Reuß ältere Linie ihr erstes Reichstagsmandat, 1912 fielen acht der zwölf Reichstagswahlkreise Thüringens an die SPD, die bei den

Reichstagswahlen von 1898 und 1912 in den thüringischen Kleinstaaten 46,8 bzw. 49,7 Prozent der Stimmen errungen hatte und damit erheblich über dem Reichsdurchschnitt lag (im preußischen Regierungsbezirk Erfurt aber nur 31,2 bzw. 39,1 Prozent). In den Landtagen der Einzelstaaten hatte es die SPD wegen des fehlenden allgemeinen und gleichen Wahlrechts erheblich schwerer, immerhin besaß sie hier in Schwarzburg-Rudolstadt seit 1912 die absolute Mehrheit.

Die zunehmende Vereinheitlichung von Verwaltung und Gesetzgebung im Kaiserreich verringerte die Unterschiede zwischen den Kleinstaaten. Die Bismarckschen Sozialgesetze fügten mit der »Thüringischen Versicherungsanstalt« in Weimar den wenigen gesamtthüringischen Institutionen eine weitere hinzu.

Das Land Thüringen

Schon im Kaiserreich war die Bildung eines republikanischen thüringischen Einheitsstaates einer der Programmpunkte der Sozialdemokratie gewesen. Nach 1918 hatte sie die Möglichkeit, dieses Ziel zu erreichen. Nach schwierigen Verhandlungen, die durch die revolutionären Unruhen der Zeit belastet wurden, schuf der Gemeinschaftsvertrag vom 4. Januar 1920 das Land Thüringen aus allen bisherigen Kleinstaaten bis auf den neuen Freistaat Coburg, der sich dem jahrhundertelangen Zusammenhang mit Thüringen entzog und in einer Volksabstimmung den Vertrag ablehnte, um sich später Bayern anzuschließen. Die preußischen Teile Thüringens blieben dem neuen Land fern.

Das Land Thüringen 1920 bis 1945
Über das in der Weimarer Republik alltägliche Maß hinaus war Thüringen instabil und wurde von wirtschaftlichen und politischen Krisen zerrüttet. Fünf der sechs Landtagswahlperioden endeten vorzeitig. Unter den linken Regierungen der Anfangszeit (bis 1923), denen sich zuletzt die Kommunisten anschlossen, geriet das Land an den Rand des Bürgerkriegs. Von 1924 bis 1929 regierte eine Koalition bürgerlicher Parteien (»Ordnungsbund«).

Nach der Revolution von 1918 waren USPD und SPD die stärkste politische Kraft Thüringens (1920: über 48 Prozent der Stimmen). 1923 kamen die nunmehrige KPD auf 18,4 und die SPD auf 23,1 Prozent, während der »Ordnungsbund« 48 Prozent errang. Die Ergebnisse schwankten in den zwanziger Jahren stark.

»1930 wurde die erstarkte (11,3%) NSDAP an der Regierung beteiligt (bis 1931). Die Wahl von 1932 änderte die Verhältnisse grundlegend. Die KPD stieg auf 16,1 Prozent, die SPD ging zurück (24,3%), die vier Parteien des früheren »Ordnungsbundes« erhielten zusammen nur noch 10,9 Prozent; die NSDAP siegte mit 42,5 Prozent.

Im Dritten Reich unterscheidet sich Thüringens Geschichte nur durch wenige Akzente (rasante wirtschaftliche und industrielle Entwicklung; Anpassungsfähigkeit der evangelischen Landeskirche) von der anderer deutscher Länder. Seit dem 5. Mai 1933 war Fritz Sauckel, Gauleiter der NSDAP, auch Reichsstatthalter in Thüringen, das Land war damit gleichgeschaltet. Am 1. Juli 1944 wurde Sauckel zusätzlich Oberpräsident des preußischen Regierungsbezirks Erfurt. In der Praxis, wenn auch nicht rechtlich, wurde »Großthüringen« auf diese Weise vorbereitet.

Vor einem Wahllokal in der Landeshauptstadt Weimar. Die ersten Gemeindewahlen in Thüringen fanden im Herbst 1946 statt. Die SED, aus der Vereinigung von KPD und SPD entstanden, gewann mehr als die Hälfte der möglichen Sitze. Im Herbst 1946 fanden auch die ersten Landtagswahlen statt, bei denen die SED ebenfalls die absolute Mehrheit gewann.

Das zweite Land Thüringen 1945 bis 1952
Im April 1945 besetzten die Amerikaner Thüringen. Die von ihnen geschaffene Provinz Thüringen wurde am 1. Juli 1945 der sowjetischen Besatzungsmacht übergeben, die am 16. Juli 1945 eine Regierung unter Landespräsident Rudolf Paul (SPD) einsetzte. Das Land Thüringen der sowjetischen Besatzungszone übernahm den 1944 in Personalunion angegliederten Regierungsbezirk Erfurt, verlor aber die Exklaven Ostheim v.d. Rhön und Allstedt. Die Vereinigung der SPD mit der KPD zur SED traf 1946 in Thüringen auf keinen unüberwindlichen Widerstand. Nachdem am 10. September 1945 in Thüringen die Bodenreform durchgeführt und im Oktober 1945 die wesentlichen Industriebetriebe beschlagnahmt worden waren, hatte 1946 die SED die wichtigsten Schlüsselstellungen der staatlichen Verwaltung, der Justiz, des Schulwesens und der Polizei in der Hand. Am 20. Oktober 1946 fanden die ersten Landtagswahlen statt, die Hälfte der gewählten Abgeordneten stellte die SED. Ministerpräsident blieb Rudolf Paul (nun SED), 1947 folgte ihm Werner Eggerath (SED). Landeshauptstadt blieb Weimar (seit 1920), Regierungssitz aber wurde 1948 Erfurt, so daß das Zentrum Thüringens erstmals seine »natürliche« Rolle übernahm. Die Weichen für die künftige gesellschaftspolitische Entwicklung wurden von der SED konsequent gestellt, die 1947 und 1950 die Gemeinde- und Kreiseinteilung grundlegend änderte. Bei den Landtagswahlen am 15. Oktober 1950 stand nur noch die in der DDR bis heute übliche Einheitsliste zur Wahl.

Die Bezirke Gera, Erfurt und Suhl
Die drei thüringischen Bezirke bewahren zusammen einigermaßen die äußere Gestalt des aufgelösten kurzlebigen Landes Thüringen, nur im Norden kamen der Kreis Frankenhausen und einige kleinere Gebiete zum Bezirk Halle, im Osten fielen Altenburg und Schmölln an den Bezirk Leipzig. Auch umgangssprachlich lebt Thüringen in der DDR weiter, Touristen und Kulturpilger fahren, wenn nicht an einen bestimmten Ort, fast immer nach Thüringen, selten in einen Bezirk.

HANS TÜMMLER

Die Wartburg – Ein Mittelpunkt deutscher Kultur und Geschichte

Die Wartburg gilt in ihrer baulichen Erscheinung, ihrer einmalig schönen Lage oberhalb Eisenachs auf der felsigen westlichsten Höhe des Thüringer Waldes und in ihrer vielgestaltigen Ganzheit vielen schon äußerlich als Deutschlands schönste und liebenswerteste Burg. Nimmt man ihren fast überquellenden Reichtum an historischen, ritterlich-höfischen, poetisch-kulturellen, religiösen, neuzeitlich politischen, künstlerischen, ja auch legendären Merkmalen und Charakterzügen hinzu, so darf man wohl die Wartburg in Gestalt und Symbol als ein Herzstück unseres Vaterlandes ansehen.

Natürlich kann im folgenden kein auch noch so kurz gefaßter Gesamtüberblick über die Geschichte der Burg geboten werden. Vielmehr wird der Versuch gemacht, einiges von den mannigfaltigen Strahlkräften aufzuzeigen, die von der Burg auf Deutschland und die Welt ausgegangen sind und eingewirkt haben.

Die prähistorischen Anfänge interessieren hier weniger. Erbauer der ersten Burg, von der kaum noch etwas vorhanden ist, war Graf Ludwig »der Springer« (* um 1042, † 1123). Wie um ihn, der übrigens das berühmte Kloster Reinhardsbrunn gründete, und seinen Beinamen ranken sich Sagen auch um seine Nachkommen, das Geschlecht der Ludowinger. Rühmliches geht von Ludwig II. (* 1129, † 1172) aus. Er begünstigte anfangs die Edlen zum Nachteil der bäuerlichen Untertanen. Auf einer Jagd verirrt, fand er im Dorf Ruhla bei einem Schmied, der ihn erkannte, ein notdürftiges Nachtlager. Da mußte er aus der Schmiede nach jedem Schlag auf den Amboß den Ausruf des wackeren Mannes hören: »Landgraf, werde hart!« Aus dem weichlichen Jüngling wurde Landgraf Ludwig »der Eiserne«, der sogar auf dem »Edelacker« der Burg Neuenburg über der Unstrut, dem östlichen Hauptstützpunkt des Geschlechts, das Volk unterdrückende Adlige vor den Pflug spannen ließ. Der Wahrheitsgehalt der Geschichte stehe dahin. Jedenfalls ist jener Appell aus der Ruhlaer Schmiede sprichwörtlich geworden. Von der Wartburg und der Neuenburg aus vergrößerten Ludwig und seine Nachkommen mit Hilfe weiterer Stützpunkte ihre Macht zwischen Werra und Saale und jeweils über beide Flüsse ein Stück hinaus, wenn es ihnen auch trotz des Beistands des Kaisers Friedrich I. Barbarossa nicht gelang, die vollkommene Landeshoheit über ganz Thüringen zu erlangen. Es gab mächtige Gegengewalten im Lande; die Fehden hörten nicht auf.

Die Wartburg wurde Stück um Stück weiter ausgebaut. Der festlich erweiterte und auf drei Stockwerke erhöhte Palas wurde ihre besondere Zierde. Das meiste zum Glanz des Ganzen tat Landgraf Hermann I. (* um 1155, † 1217), als Charakter zweifelhaft, wankelmütig, lavierend im politischen Wirbel der Zeit. Vielgerühmt war aber seine fast überbordende Gastfreundschaft. Die meist ein unstetes Wanderleben führenden ritterlichen Minnesänger fanden in ihren Nöten Zuflucht auf der Wartburg, was sie durch Gesang, Spiel und alle möglichen Formen der Huldigung vergalten. Bekannteste Gäste, die ihr Winterasyl hier fanden, freilich von dem auf der Burg herrschenden Trubel auch manchmal gestört wurden, waren Walther von der Vogelweide und Wolfram von Eschenbach. Andere kamen dazu. Es entstand ein Wettstreit, der sich sagenumwoben zum »Sängerkrieg auf der Wartburg« (angeblich 1207) verdichtete. Gingen schon hiervon zeitgenössisch bunte Berichte in die Welt, so fand viel später der Stoff seinen berühmtesten Niederschlag in Richard Wagners Oper »Tannhäuser« (1845), die, allenthalben zum festen Opernrepertoire gehörend, den Namen der Wartburg immer wieder in die fernsten Kulturzonen der Erde trägt.

Der Nachfolger Hermanns, Landgraf Ludwig IV., wurde 1221 mit der ungarischen Königstochter Elisabeth verheiratet, die schon als Kind auf die Wartburg gebracht worden war, um mit den ihr fremden Verhältnissen vertraut zu werden und in ihren künftigen Beruf hineinzuwachsen. Nur wenige äußerst glückliche Ehejahre waren dem Paar beschieden – legendenumwobene Jahre: man denke an das Rosenwunder, schon ein Stück Hagiographie. Ludwig starb auf dem Kreuzzug 1227. Seine Witwe Elisabeth, die von dem neuen Landgrafen Heinrich Raspe, ihrem Schwager, nicht wohlgelitten war, verließ die Wartburg und begann, tief trauernd um den Gatten, ein ganz neues Leben, das sie allen irdischen Freuden, auch ihrer Familie, entrückte. Sie ging, die letzten Jahre ganz unter dem Einfluß ihres Beichtvaters Konrad von Marburg in der Lahnstadt lebend, gänzlich in strenger persönlicher Askese und unermüdlicher Fürsorge für die Armen auf, die sie, auch vom Geist des heiligen Franz von Assisi beeinflußt, mit reichen Gaben in dem von ihr gegründeten Hospital aufsuchte und persönlich pflegte. Eine der rührendsten Erscheinungen hochmittelalterlicher Frömmigkeit, verzehrte sie sich früh in der Glut ihres fast übermenschlichen heiligen Wollens. Sie starb im Alter von 24 Jahren. Über ihrem Grab erhebt sich die Elisabethkirche in Marburg, eine der frühesten hochgotischen Kirchen in Deutschland. Ihr materielles Erbe ging an den deutschen Ritterorden. Ihr seltenes ideelles Beispiel bewegt die Gemüter bis in unsere Tage. Elisabeth ist noch immer einer der häufigsten Mädchennamen; er enthält im Grunde eine hohe Verpflichtung.

Nach dem Tode Heinrich Raspes, der eine Zeitlang deutscher Gegenkönig war (1246/1247), gelangte Thüringen nach jahrelangen blutigen Unruhen um 1265 an Markgraf Heinrich (»den Erlauchten«) von Meißen aus dem Hause der Wettiner, und mit Thüringen ist dann auch die Wartburg – im Wechsel verschiedener Linien dieses uralten deutschen Fürstenhauses – bis 1918 in wettinischer Hand geblieben.

»Junker Jörg«

Religion kennzeichnet auch das nächste weltbekannte Ereignis der Wartburggeschichte. Am 4. Mai 1521 ließ Luthers Gönner, Kurfürst Friedrich der Weise von Sachsen, der nunmehrige Herr der Wartburg, den auf der Rückreise von Worms nach Wittenberg befindlichen gebannten und jetzt unmittelbar auch von der Reichsacht bedrohten Mönch Dr. Martinus Luther unter dem Anschein eines räuberischen Überfalls bei Altenstein festnehmen und auf die Wartburg bringen. Hier ließ ihm der Schloßhauptmann Hans von Berlepsch, mit dem er sich anfreundete, die Kutte abnehmen und ihn in das ritterliche Gewand des »Junker Jörg« kleiden. Das

Etwa fünfhundert Studenten nahmen am Wartburgfest vom 17. bis 19. Oktober 1817 teil. Ursprünglich wollte man nur an den 300. Jahrestag der Reformation erinnern und des vierten Jahrestages der Völkerschlacht bei Leipzig gedenken. Zu diesem Zweck waren studentische Gruppen und Vereinigungen wie die gerade gegründete Burschenschaft und die Turner (oben) nach Eisenach gezogen. Nach dem eigentlichen Fest in der Wartburg mit patriotischen Reden des Jenaer Studenten Riemann und des Professors Fries folgte aber noch ein Fackelzug auf den benachbarten Wartenberg. Dort entzündete man ein Freudenfeuer, in dem verschiedene »undeutsche« Bücher, darunter Napoleons Gesetzeswerk, der »Code Napoléon«, und mehrere Werke des reaktionären Dichters August von Kotzebue verbrannt wurden. Kotzebue wurde 1819 von dem Burschenschafter Karl Ludwig Sand ermordet, was umfangreiche Polizeiaktionen gegen die Burschenschaft zur Folge hatte.

Die Wartburg – ein Schauobjekt

Wer in Eisenach oder in seiner Umgebung auch nur einen kurzen Besuch macht, wird es nur mit schlechtestem Gewissen versäumen, die »schönste Burg Deutschlands«, den »Mittelpunkt deutscher Kultur und Geschichte«, die Wartburg, zu besichtigen. In einmalig schöner Lage (1), auf einem knapp 400 m hohen Fels, dem Wartberg, gelegen, grüßt sie weithin ins Land. Besuchergruppen über Besuchergruppen verlängern die Warteschlangen und stellen die eigene Geduld auf eine ziemlich harte Probe. Nur wenige lassen sich abschrekken, auf den Einlaß zu warten, um die sagenumwobene Burg innen und außen in Augenschein zu nehmen und die Räume zu betreten, die von Ereignissen und Begebenheiten künden, von denen noch heute gesprochen wird (7). Da ist erst mal die 100 bis 200 m vor der Burg gelegene und von Anfang des 20. Jh. stammende Burggaststätte (4). Sie wurde von dem deutschen Architekten und Burgenforscher Bodo Ebhardt (* 1865, † 1945) erbaut. Da ist der 1853 bis 1859 wiedererbaute Bergfried, der hier den östlichen Wehrgang (seit dem 19. Jh. »Elisabethengang«), das Tor- und das Ritterhaus überragt (2). Er steht an der Stelle des mittelalterlichen Hauptturms, der seit dem 16. Jh. verfiel und 1790 endgültig beseitigt worden ist. In dieser Zeit baute man auch die anderen Gebäude der Burg wieder auf und restaurierte die Räume. In der Vogtei (3) mit dem 1872 eingebauten Erker vom Harsdörferschen Haus aus Nürnberg befindet sich die Lutherstube (5). Der Sängersaal, die um 1320 eingebaute gotische Kapelle und die Elisabethkemenate (6) sind im Erdgeschoß und im zweiten Geschoß des Palas zu finden, dem ältesten und wertvollsten Bau der Wartburg. Moritz von Schwind versah in den Jahren 1854/1855 mehrere Räume mit Fresken (8; »Ankunft in Eisenach«), so auch den Sängersaal (7; »Sängerkrieg«), den Schauplatz von Richard Wagners Oper »Tannhäuser«. Die Wartburg ist aber auch ihrer Kunstsammlungen wegen sehenswert. Da gibt es u. a. Möbel von der Gotik bis zum Barock, mittelalterliches Kunsthandwerk, deutsche Malerei des 16. Jh., Medaillen zur Reformationsgeschichte u. a. m. R. V.

1

2

3

4

5

6

7

8

Unternehmen gelang. Luther blieb – ohne Tonsur, dafür mit Bart – vor seinen Verfolgern geschützt, vor einer feindlichen Welt verborgen. Im Pförtnerhaus der Burg stand ihm eine kleine Wohnung zur Verfügung. Sein Arbeitszimmer ist noch heute eine der beachtlichsten, meistbesuchten Sehenswürdigkeiten der Burg: eine Welt wallfahrtet hierhin. Unerkannt konnte Luther von hier nach Eisenach hinunterreiten, wo er an Markttagen, wie er selbst berichtet, dem Volk »aufs Maul« schaute.

Er hatte die hebräische Bibel und das griechische Neue Testament bei sich, konnte sich auch weitere Bücher schicken lassen. Die unfreiwillige Gefangenschaft beflügelte den Theologen in ihm, der gerade hier in der ungewohnten Lebensform sein Mönchsein neu durchdachte, zu großer Tat, einer der größten, die deutscher Geist vollbracht hat. Er übersetzte das Neue Testament aus dem griechischen Urtext ins Deutsche. Philologische Akribie verband sich mit dichterischer Kraft. Wenige Jahre später wurde das Werk durch die mit Melanchthons Hilfe zustande gebrachte Übersetzung des Alten Testaments vervollständigt, und bald erschien das Ganze im Druck. Es entstand ein wahres Volksbuch, eigentlich immer noch das schönste, das wir besitzen. Zugleich entwickelte sich dabei, auf der Basis der in Wittenberg gebräuchlichen kursächsischen Kanzleisprache, die hochdeutsche Schriftsprache. Inzwischen hat theologisch-ökumenische Übersetzungskunst eine genauere, für beide Konfessionen brauchbare Bibelübersetzung geschaffen. Zu vielen aber spricht die Heilige Schrift in den Worten Luthers noch immer mit ihren kräftigsten Tönen. Das auf der Wartburg Begonnene bleibt unvergessen.

Johann Wolfgang von Goethe

Da in Wittenberg Wirren einsetzten, mit denen Melanchthon allein nicht fertig wurde, kehrte Luther im März 1522 gegen den Willen des Kurfürsten nach Wittenberg zurück, wo er allmählich die religiöse Ordnung wiederherstellte und sein Werk fortführte.

Seit 1572 war Eisenach, mit Unterbrechungen, Hauptstadt eines kleinen selbständigen sächsischen Herzogtums. 1741 ging dieses Duodezgebilde, und mit ihm die Wartburg, an das Haus Sachsen-Weimar-Eisenach über, bei dem die Burg bis zum Ende der Fürstenzeit (1918) blieb. (Auch nach dem Ersten Weltkrieg war übrigens das großherzogliche Haus kraft Staatsvertrag Teilbesitzer der Burg, das diese durch einen adligen »Oberburghauptmann« verwalten und, mit Ausnahme der Familienwohnung, dem Publikum offenhalten ließ.)

Auf der Wartburg erlebte Goethe im September und Oktober 1777 zusammen mit seinem 20jährigen Herzog Karl August einen der Höhepunkte seines jugendlichen Genietreibens. Weite Ritte, körperliche Kraftproben, Tanz, Feste, Liebeleien, Zwanglosigkeit aller Art, Flucht aus dem höfischen Leben in die »wilde« Natur, freilich daneben auch amtliche Pflichten und ernstere Lebensbetrachtungen kennzeichneten diese Tage auf der verfallenden Burg in derselben Weise, wie sie das bekannte Sturm-und-Drang-Treiben in und um Ilmenau erfüllten. Gerade die unübersehbaren Zeichen des Verfalls durch mangelnde Pflege verstärkten für Goethe, der zuerst in der Stadt Eisenach selbst sehr unbequem gewohnt hatte, den Eindruck von Romantik und »Natur«, deren er in seinen ersten Weimarer Jahren noch zu seiner Selbstbildung wie aber auch zur Erziehung seines Fürsten bedurfte. Die Turbulenz zahlreicher Besuche, so erschienen u. a. Knebel und Merck, belebte die Szene, erschwerte aber die Stunden stiller Besinnung, die denn doch auch nötig waren.

An Charlotte von Stein schrieb Goethe auf der Wartburg, wo er »aus Schmerzen und Enge wieder in Höhe und Herrlichkeit gebracht« sei, am 13. September einen seiner schönsten Briefe. Darin die Sätze: »Hieroben! Wenn ich Ihnen nur diesen Blick, der mich nur kostet, aufzustehen vom Stuhl, hinübersegnen könnte. In dem grausen, linden Dämmer des Monds die tiefen Gründe, Wiesgen, Büsche, Wälder und Waldblößen, die Felsabhänge davor, und hinten die Wände, und wie der Schatten des Schloßbergs und Schlosses unten alles finster hält und drüben an den sachten Wänden sich noch anfaßt, wie die nackten Felsspitzen im Monde röten, und die lieblichen Auen und Täler ferner hinunter, und das weite Thüringen hinterwärts in Dämmer sich dem Himmel mischt. Liebste, ich hab' eine rechte Fröhlichkeit dran, ... wie der lang Gebundene reck' ich hier erst meine Glieder. Aber mit dem echten Gefühl von Dank, wie der Durstige ein Glas Wasser nimmt und die Heiligkeit des Brunnens und die Liebheit der Welt nur nebenweg« schaut. Das ist noch Sturm und Drang in reinster Form.

Bei alledem war der Aufenthalt ein echter Arbeitsbesuch. Eisenach war wie Weimar eine Behördenstadt: Wie in Weimar gab es hier für den Westteil des Herzogtums einen Kammer-, einen Regierungs- (genannt Kanzler) und einen Oberkonsistorialpräsidenten mit entsprechenden Büros. Dazu kamen die nicht immer leicht zu behandelnden zumeist adligen Landstände, die ihre eigene Kasse führten und bei der Erhebung von Steuern ein gewichtiges Wort mitzusprechen hatten. Mit all diesen Dingen war Goethe befaßt. Auch gesellschaftliche Verpflichtungen bei den führenden Familien blieben dem Geheimen Rat Goethe nicht erspart. Er schätzte diese nicht, spöttelte sogar darüber und war glücklich, wenn er abends bei Mondschein »den herrlichen Stieg zur Wartburg« antrat.

Die Burg und ihre wundervolle Umgebung gaben auch Goethes alter Zeichenfreude neue Nahrung, der Motive gab es übergenug. Frau von Stein empfing zahlreiche Proben seiner Kunst, die längst nicht alle erhalten sind: Das Vorhandene aber zeigt nicht nur die Burg in ihrer damaligen Gestalt, es verrät auch einiges von der Stimmung des Malers, der am 8. Oktober »zum letztenmal auf der reinen, ruhigen Höhe, im Rauschen des Herbstwinds« stand, um tags darauf die ihm lieb gewordene Stätte »mit Weh« zu verlassen.

Einige Jahre später, 1782 und 1784, hatte Goethe wieder in Eisenach an Landständeversammlungen teilzunehmen. Das war nun ein ganz anderer Goethe als der von 1777: ein gereifter Mann und ernster Beamter, der sich wie selbstverständlich in die dienstliche und gesellschaftliche Wirklichkeit schickte und darauf bedacht war, den »Taumel« der »unangenehmen Erinnerungen« von 1777 zu vergessen.

Das Wartburgfest und sein Nachspiel

Man muß sich an den »Junker Jörg« und an den Thesenanschlag von 1517 erinnern, wenn man das bedeutendste Wartburgereignis der Neuzeit, das Wartburgfest der Studenten vom Oktober 1817, ganz verstehen will. Termin (31. Oktober) und Motiv waren stark von Luthers Tat, wie man sie jetzt verstand, beeinflußt. Am 12. Juli 1815 war zuerst in Jena die Burschenschaft gegründet worden, mit der die Studierenden den alten Ordens-, Logen- und Landsmannschaftsspuk, der das Universitätsleben vergiftet hatte, überwanden und, gestärkt durch die Erfahrungen der Befreiungskriege, an denen viele von ihnen selbst teilgenommen hatten, hoffnungsfroh eine gründliche Reform des Studentenlebens auf der Basis ernsten Strebens, nationaler Gesinnung und frommer Denkart einleiteten.

Die Bewegung griff rasch auf andere, zumal protestantische Universitäten über. In Jena, überhaupt in Sachsen-Weimar-Eisenach konnte sie um so leichter Fuß fassen, als Großherzog Karl August und andere führende Personen ihr geneigt waren. 1816 erließ Karl August die erste auf Artikel 13 der Wiener Bundesakte von 1815 beruhende Landesverfassung in Deutschland, die, wiewohl noch »ständisch«, schon eine Anzahl liberale Elemente, so die volle Pressefreiheit, enthielt. Als zahlreiche »Burschen« (so nannten sie sich selbst) aus ganz Deutschland auf Einladung Jenas sich zum Gedenken an Luthers Tat (dreihundert Jahre vorher) sowie zugleich zur Feier der vierten Wiederkehr des Tages der Befreiung (Schlacht bei Leipzig 18. Oktober 1813) zu versammeln wünschten, wobei sie natürlich auch ihre eigenen studentischen Erneuerungsideen zu erörtern gedachten, stellte ihnen auf ihren Antrag Großherzog Karl August die Wartburg (auch das nötige Brennholz u. a.) zur Verfügung. Die Lage der Burg in Deutschlands Mitte war günstig für einen Sternmarsch. Jugendlich romantisches Empfinden, vaterländisches Traditionsbewußtsein, besonders natürlich die Allgegenwärtigkeit des Wirkens Luthers in Burg und Stadt gaben dem Ort eine besondere Würde. Dazu kam, daß der joviale Landesherr Karl August nicht nur als Schirmherr der Klassik, sondern eben auch wegen seines Grundgesetzes und seiner Gastfreundschaft beliebt war. Man ließ ihn hochleben und in einem Lied besingen, weniger schön als gut gemeint.

In seinen Einzelheiten kann hier das Fest nicht beschrieben werden, wir müssen uns mit der Hervorhebung einiger Grundzüge und Höhepunkte begnügen. Für die Tage hatten die Ankömmlinge sich schriftlich zur Einhaltung eines Burgfriedens verpflichtet; das wurde im großen und ganzen eingehalten: Die Eisenacher Bürgerwehr brauchte nicht einzugreifen. Auch ohne die Anwesenheit von vier Jenaer Professoren (Schweitzer, Fries, Oken, Kieser) wäre das Fest zweifellos in guter Ordnung verlaufen. Der religiöse Charakter kam darin zum Ausdruck, daß die Studenten an den beiden Haupttagen am Gottesdienst in Eisenach teilnahmen und die meisten auch zum Abendmahl gingen.

Aber auch der Hauptredner bei der großen Burgfeier, der Jenaer Theologiestudent Riemann, selbst Teilnehmer am Befreiungskrieg, leitete, nachdem alle Versammelten Luthers Lied »Ein' feste Burg ist unser Gott ...« gesungen hatten, ein Hauptstück seiner Rede mit dem Anruf »Ewiger allgütiger Gott« ein, um im übrigen – darin sprach sich jugendlicher Zeitgeist aus – stark emotional die Ideen von Gerechtigkeit, Wahrhaftigkeit, Ehre, vaterländischer Tugend, auch nationaler Zusammengehörigkeit zu betonen. Schon hier, noch mehr in den Worten des Professors Fries, wurde die Grenzlinie reiner studentischer Reform überschritten, wurden politische Ziele, wenn auch unklar, angesprochen. In der Stadt selbst traf man auf dem Marktplatz auch mit Teilen der Eisenacher Bevölkerung zusammen, die hier ganz neue Töne aus dem Munde der Jungen vernahm. Den Widerspruch, der sich aus dem (bisher noch verhalten geäußerten) Wunsch nach einem einheitlichen Deutschland und dem Bestehen der Einzelstaaten, deren einem, Weimar, man doch besonderes Lob zollte, auf die Dauer ergeben mußte, nahm man offenbar noch nicht wahr. Allgemeiner Begeisterungstaumel überwog etwaige Bedenken, man dachte in der Mehrheit wohl an einen langsamen Entwicklungsprozeß; so war der Tenor des Festes nicht eigentlich revolutionär.

Wenn von jetzt an der Name Wartburg einige Jahre lang durch die Fürstenhöfe, Ministerien und Gazetten schwirrte und die Weimarer Staatsleitung in die ernstesten Schwierigkeiten brachte, so lag das weniger am offiziellen Teil des Festes als an einem mehr oder weniger spontanen Nachspiel, das überhaupt nicht auf der Wartburg selbst, sondern auf dem der Burg gegenüberliegenden Wartenberg stattfand. Je weiter man vom Ort der Handlung entfernt war, um so mehr hat sich begreiflicherweise dieser lokale Unterschied verwischt. Studentische Gruppen, darunter viele Auswärtige, z. B. Berliner, hatten sich zu einem Fackelzug vereinigt und in geordnetem Zug die genannte Höhe erklommen, wo gleichsam als Abschluß des Ganzen ein Dankesfeuer entzündet wurde, an dem der Jenaer Philosophiestudent Ludwig Rödiger eine Art Bilanz zog. Noch deutlicher als bei Riemann war hier der politische Akzent, mit dem nicht nur das dem Volk in der Not versprochene einige Vaterland der Gerechtigkeit gefordert, sondern darüber hinaus in dem einen bedeutenden Satz das zweite große deutsche politische Anliegen des 19. Jh., das konstitutionelle, angesprochen wurde: »Wer bluten darf für das Vaterland, der darf auch davon reden, wie er ihm am besten diene im Frieden.« Das hieß nichts anderes als das Verlangen nach Mitwirkung der Bürger, deren Wehrkraft man im Kriegsfall in Anspruch nahm, an den Staatsgeschäften. Ein bescheidener Anfang dazu war in Weimar gemacht, was, wie andere vorher, auch Rödiger ausdrücklich anerkannte.

Noch mehr Aufmerksamkeit als dieser deutliche Appell an Regierende und Regierte erregte die mit Berufung auf Luthers Verbrennung der Bannbulle mit lautem Jubel vorgenommene Verbrennung von Gegenständen und Büchern, die als Zeichen reaktionären bzw. unvaterländischen Geistes empfunden wurden. Wie gesagt, dieser Akt gehörte nicht mehr zum offiziellen Wartburgfest, wurde auch sogleich von den Weimarer Behörden mißbilligt. Vom »Autodafé« betroffene Autoren wie Kotzebue und der preußische Polizeidirektor von Kamptz beschwerten sich in Weimar, wobei besonders Kamptz einen Ton anschlug, der den Großherzog verletzen mußte. Der preußische, der russische und der österreichische Hof unternahmen Demarchen in Weimar, indem sie entweder brieflich drohten oder »Beobachter« von hohem Rang entsandten. Über Weimar, das man doch als Hort der Klassik zu sehen gewohnt war, ging das Wort von der »Brutanstalt des Jakobinismus« in Deutschland um. Karl August und seine Minister, sehr intensiv auch Goethe, taten alles, um die Jenaer Studenten zu verteidigen und das Schlimmste von der Universität Jena, die von den Anhängern Metternichs als Quelle alles Bösen angesehen wurde, abzuwehren. Die (hier nicht näher zu behandelnde) Kette der letztlich von der Wartburg ausgehenden Ereignisse bis zur Ermordung Kotzebues durch den ehemaligen Jenaer Burschenschafter Karl Ludwig Sand (23. März 1819) und darüber hinaus fand mit den zum Bundesgesetz erhobenen Karlsbader Beschlüssen vom Spätsommer 1819 ihren Abschluß: Burschenschaft und Pressefreiheit wurden verboten, Karl August sah seine relativ liberale Politik gescheitert. Die Wartburg selbst verfiel weiter, drohte ganz zur Ruine zu werden.

Um- und Neubau der Burg, des »Denkmals deutscher Geschichte«

Da waren es zwei spätere Vorgänge des 19. Jh., die die alte Burg wieder stärker ins Bewußtsein weiter Kreise hoben, ja sie – besonders gilt das für den zweiten Vorgang – zu einem symbolträchtigen Hauptdenkmal deutscher Geschichte werden ließen.

Man weiß, daß die deutsche Revolution von 1848/1849 in wesentlichen Punkten an das geistig-politische Erbe des Wartburgfestes von 1817 anknüpfte und daß der in der Frankfurter Paulskirche tagenden Nationalversammlung zahlreiche ehemalige Burschenschafter angehörten. Auch in Weimar machte sich im Revolutionsfrühling 1848 burschenschaftlicher Einfluß geltend. Großherzog Karl Friedrich, vom Geschehen erschreckt, berief den vormaligen Burschenschafter Oskar von Wydenbrugk in ein sogenanntes Märzministerium. Eine Jenaer Studentengruppe, zu der sich im Sinne des »Progresses« auch nichtstudentische Jugendliche gesellten, lud zu einem neuen »Wartburgfest der deutschen Studenten« ein, um ein national-liberales Programm gesamtdeutschen Charakters zu beraten. Etwa 1200 Studenten von fast allen deutschen Universitäten, in erster Linie Burschenschafter, trafen in Eisenach ein, aber es kam nicht zu einem neuen großen Wartburgfest nach der Art von 1817. Vielmehr versammelte man sich in Eisenach zu ernster Arbeit, bei der Fragen der Hochschulreform im modernen Geiste, aber doch im alten, inzwischen unterdrückten Wartburgsinn erörtert wurden. Das Treffen fand Beachtung. In gewissen Kreisen kam sogar die Befürchtung auf, die Studenten wollten auf der Wartburg die neue deutsche Republik gründen, was als Aufruhr verstanden wurde. Aber der Schwung und die wortgewaltige Emphase von 1817 wollten sich diesmal nicht einstellen. Die Tagung versandete allmählich wie die Frankfurter Paulskirchenversammlung selbst. Die Reaktion siegte. Immerhin gab es einige erregende Momente von anhaltender Wirkkraft in der deutschen Studentengeschichte, denen der Dichter Ludwig Bechstein in seinem Gedicht »Pfingsten auf der Wartburg« Ausdruck verlieh.

Als wesentlich dauerhafter erwies sich das zweite: was nämlich Großherzog Karl Alexander (R 1854–1901) an und in der Wartburg vollbrachte. In den dreißiger Jahren des 19. Jh. setzte allenthalben in Deutschland die Bewegung der Burgenromantik ein. In Südthüringen (Herzogtum Sachsen-Coburg) ist die Veste Coburg das bekannteste Beispiel. Der Wartburg kommt wohl doch die größere Bedeutung zu. Karl Alexander, der sich jeder nationalen Erinnerung und Aufgabe verpflichtet fühlte, nahm sich schon als Erbgroßherzog, dann noch intensiver als regierender Großherzog von Sachsen-Weimar-Eisenach der Wartburg an, die einen energischen Eingriff dringend nötig hatte, sollte sie nicht völlig zur Ruine werden. Ihr nunmehriger Um-, ja eigentlich fast Neubau nahm das halbe Jahrhundert von 1838 bis 1889 in Anspruch; das Ganze war dem Fürsten ein Herzensanliegen. Schon die einmalige Lage war für ihn eine Herausforderung zu einer wirklich bleibenden Tat. Es galt, das zum Teil bruchstückhaft noch Vorhandene zu retten, das im Lauf der Zeit Verlorengegangene zu ersetzen und das gesamte Bauwerk zu einer Einheit zusammenzufügen. Was so entstand, war nun freilich nicht, wie Karl Alexander glauben mochte, das romantische Wohnschloß der Landgrafen von Thüringen. Der Großherzog erbaute vielmehr ein idealistisches »Denkmal deutscher Geschichte«, in dem Elemente der Landgrafenzeit wie der Sängerkrieg und das Leben der Landgräfin Elisabeth, die Lutherzeit und das Goethe-Erleben vereinigten Ausdruck fanden. Das Wartburgfest von 1817 blieb bewußt ausgeklammert: es gehörte für den aristokratisch-restaurativ denkenden Großherzog nicht zu den Habenseiten der Burggeschichte.

So geschlossen der ausgedehnte Baukörper seither auf den Betrachter äußerlich und von ferne wirkt, innen erkennt der aufmerksame Betrachter ein mehrgliedriges Erscheinungsbild. Torhaus und Vorhof spiegelten das Reformationszeitalter wider, während die wiederhergestellten landgräflichen Hauptgebäude, zumal der Palas, im romanischen Stil gehalten sind. Da mag nun historische Architekturkritik der Neuzeit an dem Lebenswerk Karl Alexanders manches für verfehlt halten – die nach dem Zweiten Weltkrieg vorgenommenen zum Teil recht einschneidenden Korrekturen haben ihre Berechtigung –, im großen ganzen war doch durch die noble Großzügigkeit Karl Alexanders, der selbst in jedem Jahr einige Zeit hier Wohnung nahm, die Wartburg dem deutschen Volke in der Gestalt wiedergeschenkt, in der sie uns lieb und teuer ist. Pietätvoll hat man auch die im Grunde anachronistischste Zutat des 19. Jh., Moritz von Schwinds Fresken (zur Landgrafen- und zur Lutherzeit) im Rittersaal (Entstehungszeit 1854–1856) erhalten – ein Gewinn für die nicht abreißende Reihe von Schülern, die die Burg besuchen. Der Gästestrom, auch aus der Bundesrepublik Deutschland, reißt nicht ab, und so ist die Wartburg, in der viele kirchliche und weltliche Veranstaltungen stattfinden, noch immer ein Symbol deutscher Zusammengehörigkeit.

OTTFRIED NEUBECKER

Thüringen: Wappen und Flaggen

Die Wappengeschichte des Bezirks Gera, Suhl, Erfurt ist mit der Wappengeschichte des ehemaligen Landes Sachsen eng verflochten, weil die Hauptmasse des Landes Thüringen bis zur Bildung des Landes Thüringen 1920 aus den drei Herzogtümern und dem Großherzogtum der Ernestinischen Linie des Hauses Wettin bestand, während die andere, die Albertinische Linie, das Königreich Sachsen beherrschte. Alle Linien des Hauses Wettin führten, wenn sie eine quantitativ reduzierte Wappenform benötigten, übereinstimmend den vielfach, meist zehnfach, von Schwarz und Gold quergestreiften Schild mit dem darübergezogenen grünen Rautenkranz → Bezirke Leipzig, Karl-Marx-Stadt, Dresden (Sachsen), der auch in dem Wappen von Sachsen-Anhalt erscheint.

Das Urwappen von Thüringen als »Landgrafschaft« ist der silbern-rot vielfach quergestreifte Löwe, der in Hessen in Funktion geblieben ist und in den Wappen aller wettinischen Fürstentümer (vom Königreich bis zu den kleinen Herzogtümern), wenn sie mehrfeldrig konzipiert sind, an erstrangiger Stelle steht.

Diejenige Wappenform, die als gemeinsames Wappen aller Ernestiner bis in die neueste Zeit galt und über zwanzig Felder enthielt, versammelte die heraldischen Embleme mittelalterlicher Territorien, wie Altenburg, Pleißen, Eisenberg, aber seit etwa 1609 an rangwichtigster Stelle die Anspruchswappen der Herzogstitel von Jülich, Kleve, Berg, die sich als effektiver Besitz der Brandenburger und der Rheinpfälzer Kurfürsten ebenfalls in den Wappen dieser erfolgreichsten Konkurrenten um das Erbe des heutigen Ruhrgebiets finden. Diese hochrangigen Wappen standen jahrhundertelang neben dem Rautenkranzwappen in den gevierten Schilden, die in der Praxis vorherrschten. Im 20. Jh. nahmen deren Plätze alte Territorialwappen ein, die auszusagen hatten, auf welche mittelalterlichen Territorien das Gebiet des bei der staatlichen Neuordnung der ernestinischen Herzogtümer von 1826 neugebildeten Herzogtums hauptsächlich gestützt war.

Das war für Sachsen-Meiningen: Henneberg, auch im Stadtwappen von Suhl und Römhild,
Sachsen-Altenburg: Altenburg, auch im Stadtwappen von Altenburg, Eisenberg, Orlamünde und Pleißen,
Sachsen-Coburg und Gotha: der Löwe des Vogtlandes,
Sachsen-Weimar-Eisenach: Henneberg sowie die Herrschaften Neustadt-Arnshaugk, Blankenhain und Tautenburg.

Neben den ernestinischen Gebieten waren in Thüringen eingesprengt die beiden Schwarzburger Fürstentümer (Rudolstadt und Sondershausen) und Reuß älterer und jüngerer Linie.

Das Stammwappen der Schwarzburger war ein goldener Löwe in blauem Grunde, wie ihn auch der »Gegenkönig« Günther (R Januar bis Juni 1349) geführt hatte, der aber verdrängt worden war durch den 1697 und 1710 vom römisch-deutschen Kaiser an die Grafen, dann Fürsten von Schwarzburg verliehenen Doppeladler. Wenn eine Kurzform verwendet werden sollte, stand unterhalb des Hauptfeldes mit dem Kaiseradler ein Schildfuß mit einer Streugabel und einem Roßkamm – für Leutenberg –, entweder in goldenem Grunde (Sondershausen) oder in silbernem (Rudolstadt).

Der Roßkamm war ursprünglich eine klimpernde Helmzier gewesen.

Die Fürsten Reuß, als Vögte von Weida oder Herren des Vogtlandes bauten ihr Wappen auf dem gekrönten Löwen auf, den sie am 6. Dezember 1561 noch in einem »gevierten« Schilde mit dem Kranich von Kranichfeld vermehrten.

Als es sich 1920 darum handelte, das neu zusammengeschlossene Land Thüringen mit einem Wappen zu versehen, wischte man die ganze Buntheit vom Tisch und führte am 7. April 1921 sieben silberne Sterne in rotem Grunde als Einheitswappen ein, sieben Sterne für die bisherigen sieben Kleinstaaten, aus denen Thüringen gebildet wurde, und nur sieben, weil inzwischen die beiden Fürstentümer Reuß zu einem Volksstaat Reuß zusammengelegt worden waren.

In der Zeit des sogenannten Dritten Reichs wurde der alte Landgrafenlöwe am 15. August 1933 wiederbelebt und mit der Aufgabe betreut, in den Vorderpranken ein goldenes Hakenkreuz »darzubringen«. Daneben gab es auch einen gevierten Schild, in dem der Rautenkranz von Sachsen die Reihe der übrigen Kleinstaaten (nämlich den Kaiseradler von Schwarzburg, den vogtländischen Löwen von Reuß und die Henne von Henneberg) anführte.

Thüringen war das erste Land, das nach dem Zusammenbruch bereits am 13. August 1945 ein neues Wappen schuf. Darin war ein als allgemein thüringisch anzusehender ganz goldener Löwe in dem roten Grunde von 1921 von mehr als sieben, nämlich acht Sternen umgeben; der achte Stern bezieht sich auf den nach Thüringen »heimgekehrten«, aus Preußen ausgegliederten Regierungsbezirk Erfurt. Mit dem Ende der Länder der Deutschen Demokratischen Republik endete auch der Gebrauch dieses Wappens; in der Bundesrepublik Deutschland wird das Sieben-Sternewappen von 1921 als Landeswappen von Thüringen benützt.

Thüringen, 1933–1945

Thüringen, 1945

CHRISTINE PATZE

Kultur gestern und heute

Obwohl aus Thüringen Hochformen kultureller Leistungen erwachsen sind, scheut man sich, von einer »thüringischen Kultur« zu sprechen. Die hohe Blüte der Weimarer Klassik, die Musik des Johann Sebastian Bach, die mittelalterliche Dichtung um den Landgrafen Hermann I., die Rokokobauten des Gottfried Heinrich Krohne, das sind Erscheinungen, die überregional, ja übernational gesehen werden müssen. Trotzdem: Es war ein thüringisches Herzogtum, dem Goethe als Minister diente, es war die Wartburg, auf der sich Minnesang und höfische Epik entfalteten, im Thüringer Wald und in Dornburg über der Saale stehen die Bauten des begabten Gottfried Heinrich Krohne.

Die Musik

Als geographisches Durchgangsland war Thüringen allen Einflüssen offen. Daß es sie aufnahm und verarbeitete, gerade darin lag die Aufgabe und gerade dafür fanden sich Formen – in der bildenden Kunst oft speziell »thüringische«.

Am innigsten mit der Landschaft verbunden, am ehesten auf eine hier eingeborene Begabung zurückzuführen ist die Musik. Eine breite, durch die Jahrhunderte hin gleichbleibende musikalische Bevölkerung trug hier offensichtlich die Werke eines Heinrich Schütz, der Familien Bach oder Krebs, ja noch die des Franz Liszt und bedingt auch Richard Wagners oder Robert Schumanns, dessen beide Eltern Thüringer waren. Schon im 17. Jh. ist diese Sonderbegabung der Thüringer aufgefallen und beschrieben worden: Daß es kein Dörflein gäbe, in dem nicht sowohl Instrumental- als Vokalmusik »herrlich und wohl bestellet sei«. Daß thüringische Handwerksmeister mit ihren Gesellen und Lehrlingen bei der Arbeit sängen. Daß es selbst in kleinen Orten »Orgelwerk« gäbe und daß, wo es fehle, die Vokalmusik mit Geigen bis zu sechs unterstützt werde. Manchmal diente auch die »thüringische Zither« als Orgelersatz, die sonst zur Hausmusik verwandt wurde. Rundas, also Rundgesänge und Volkslieder, waren von solcher Qualität, daß bekannte Kunstlieder auf sie zurückgeführt werden können, z. B. das vaterländische »Ich hab mich ergeben« und wahrscheinlich auch der berühmte »Jungfernkranz« aus dem Freischütz. Thüringische Ortschaften brauchten bei Festlichkeiten nie Musiker von außerhalb, sie stellten sie selbst, und mindestens bis zum Zweiten Weltkrieg war das Singen der Burschen und Mädchen auf den Dorfstraßen üblich. Der 1843 gegründete »Thüringer Sängerbund« gab solchem Anliegen eine feste Form.

Schon der Musiker, den wir den größten deutschen vor Bach nennen dürfen, Heinrich Schütz (* 1585, † 1672) ist in Thüringen, in Köstritz bei Gera geboren. Seine einzigartigen Musikalischen Exequien, die 1636 erschienen, waren für den Landesherrn von Reuß, Heinrich Posthumus, komponiert.

Noch fester aber ist Johann Sebastian Bach (* 1685, † 1750) mit Thüringen verbunden; Eisenach, Ohrdruf, Arnstadt, Mühlhausen, Weimar waren die Orte, an denen er wirkte, natürlich aber auch Köthen und Leipzig, wo er als Thomaskantor starb. Die weitverzweigte Musikerfamilie, aus der er hervorging, war seit dem 16. Jh. in Thüringen tätig, Stadtpfeifer, Organisten, Kantoren gehörten dazu, und wie sehr sich Bach ihnen verpflichtet fühlte, geht daraus hervor, daß er deren Kompositionen im sogenannten »Altbachischen Ar-

Links: Orgel der Bachkirche in Arnstadt, an der Bach von 1703–1707 wirkte. Rechts: Bachdenkmal in Eisenach.

chiv« zusammenfaßte und daß wahrscheinlich er es war, der eine Genealogie über den Ursprung der »musicalisch-Bachischen Familie« schrieb. Sein eigenes Künstlerleben betrachtete er fast wie eine Familienverpflichtung, und sein Ausspruch über seine Begabung: »... Ich habe fleißig sein müssen, wer ebenso fleißig ist, der wird es ebenso weit bringen können ...« rührt einen um so stärker, je weniger er dem musikalischen Genie gerecht wird, das den Formenreichtum und die Ausdruckskraft des Barock vollendete, örtlich weit über die Stätten seiner Tätigkeit hinaus- und zeitlich bis in die Gegenwart hineinwirkte. Vor der Breite des erhaltenen Werkes muß man sich klarmachen, daß es nicht vollständig ist, und vor dem Ruhm, den der Komponist heute genießt, daß diese Anerkennung erst Jahrzehnte nach seinem Tode einsetzte.

Der Geist der Weimarer Klassik zog im 19. Jh. einen Musiker wie Franz Liszt (*1811, †1886) wenigstens zeitweise nach Weimar. Er komponierte dort aus Anlaß der Feierlichkeiten zu Ehren Goethes, Schillers, Herders die Festmusik, schuf anläßlich der Wartburgrestaurierung 1867 das Oratorium »Legende von der heiligen Elisabeth« und verstand es, andere große musikalische Talente nach Weimar zu ziehen: Hans v. Bülow, Peter Cornelius, Richard Wagner, Johannes Brahms. Dieser anspruchsvolle »Weimarer Kreis« wurzelte zwar nicht in Thüringen, fand dort aber Verständnis, und wieder möchte man das mit dem angeborenen musikalischen Wesenszug der Thüringer erklären.

Die bildende Kunst

Man könnte sogar versucht sein, diesen Wesenszug auf ein ganz anderes Gebiet, auf die bildende Kunst zu übertragen, deren Werke in Thüringen eine weiche, »musikalische« Versonnenheit zeigen, eine verinnerlichte Stimmung, durch die sie sich gegen die herben, eher verschlossenen Bildwerke des Nordens ebenso absetzen wie gegen die spannungsreichen des angrenzenden Frankenlandes.

Das wird am deutlichsten an den spätmittelalterlichen Schnitzaltären aus der zweiten Hälfte des 15. Jh., in denen sich die künstlerischen Kräfte dieser Zeit offenbar am liebsten ausgedrückt haben und die in großer Zahl erhalten geblieben sind. Die »Verkündigung« im Mittelfeld des Altares in Bibra bei Meiningen ist trotz der Bewegung, mit der der Engel von links herantritt und die sich in seinem gebauschten Gewand ebenso verrät wie in der Rücklehnung seines Oberkörpers, so als müsse er aus einem raschen Flug zum Stillstand kommen, trotz dieser dynamischen Bewegung ist die Szene still und beinahe lieblich, eine schöne Gelassenheit vereint

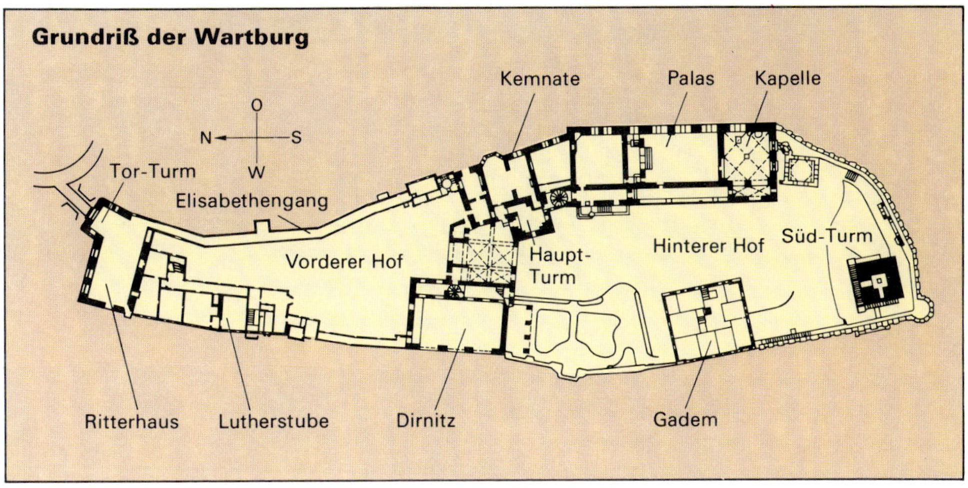

beide Gestalten, und der Schwung ihrer Gewänder, windbewegt beim Engel, ruhend bei der Madonna, scheint wie eine kontrapunktische, musikalische Figur. Anmutig tritt der Stoff des Mantels durch Mariens auf ihm ruhende Hand, ihr Blick verrät, daß sie ihr Schicksal annimmt, nicht tief erschrocken vor dessen Größe, auch nicht bewußt der königlichen Erhöhung, die es bedeutet, sondern still. Solche Darstellung ist durchaus lebendig, ohne daß sie sich zur seelischen Erschütterung steigert. Von diesem Altar in Bibra weiß man, daß sein Meister dem großen Tilman Riemenschneider nahegestanden hat, und wenn wir erfahren, daß dessen Herkunft aus Thüringen höchstwahrscheinlich ist und daß er seine ersten künstlerischen Anregungen von Erfurter Werkstätten empfing, so wird die Bedeutung der Kulturlandschaft Thüringen deutlich. Schnitzaltäre sind in Erfurt entstanden, dann in Saalfeld, wo die Werkstatt des Valentin Lendenstreich nachweisbar ist und um 1500 auch in Jena. Der Sinn für Zierrat, für Ausschmückung und Dekor wird in solchen Altären am Aufbau deutlich, an den Fialen, den dünnen Architekturgliedern, den Maßwerk- und Rankenschleiern. Die Fähigkeit, solches mit äußerster Feinheit aus Holz zu arbeiten, erinnert hier in Thüringen an die Spielzeugindustrie, die gleiches Material und ähnliche technische Fertigkeit auf anderem Gebiet verlangte. Natürlich sind Holzaltäre in gleicher Technik in allen anderen deutschen Landschaften ebenso entstanden. Doch manchmal, gerade wenn die Qualität eines solchen Altares weniger hoch ist, empfindet man etwas »Puppenhaftes« in ihnen, etwa beim Schnitzaltar in der Meckfelder Dorfkirche von 1503, der heute im Schloßmuseum in Weimar steht. Im Kopf des Bettlers hat dieser Saalfelder Meister Erfurter Herkunft fast eine Puppe geschnitzt, vielleicht besser: ein bäuerlich-naiver Zug drückt sich in ihm aus. Werkstätten, nicht Einzelmeister haben solches geschaffen, ihre Basis war eine handwerkliche, ihre Kunst entfaltete sich am Auftrag.

Die Baukunst

Die monumentale Baukunst in Thüringen prägt sich dem Blick am leichtesten durch die Burgen ein, die entweder umgebaut, weitergenutzt und schließlich zu wohnlichen Schlössern geworden sind, oder die – »an der Saale hellem Strande« wie das Volkslied sagt – als romantische Ruinen in der Landschaft liegen. Sie waren ursprünglich durchaus nicht romantisch, sondern Wehrbauten gegen Ungarn oder Slawen, Kaiserpfalzen dann (Dornburg und Kirchberg a. d. Saale), die meisten aber Ritterburgen des 12. Jh.: Brandenburg, Lobeda, die Leuchten- und die Osterburg und viele andere. Die künstlerische Qualität des Burgenbaues aber läßt sich nur an einem Beispiel ablesen: der Wartburg.

Der durch den Landgrafen erbaute, um 1220 bis 1230 dreigeschossig aufgeführte romanische Palas ist durch seine in Gruppen zusammengefaßten Rundbogenfenster und durch die festliche Wandgliederung mit Galerien ein beispielhafter Pfalzbau, rhythmisch ausgewogen und klar. Im Schmuck der Kapitelle zeigt sich eine – vielleicht thüringisch zu nennende – Naturnähe, beim Schwanenkapitell oder beim kunstvoll verflochtenen Schlangenbändigerkapitell oder dem sogar nach der Wartburg benannten Kapitell mit vier herabgebogenen Adlern. Die Wartburg hat im 19. Jh. Veränderungen erfahren, die trotz ihrer romantischen und nicht streng historischen Grundauffassung in sich auch wieder ein Stück Geschichte und Kunstgeschichte geworden sind und unsere heutige Vorstellung von der Wartburg mit geprägt haben.

Mit den Sakralbauten des 12. Jh. strömten starke Einflüsse aus dem Westen nach Thüringen hinein, vor allem von Hirsau her, das Ausgangspunkt der Reform des Cluniazenserordens in Deutschland war. Paulinzella, heute eine eindrucksvolle Ruine, übernahm von dort her das langgestreckte, ausschließlich auf Säulen ruhende Langschiff der Kirche, die differenzierte Chorpartie, die als Mönchskirche

Großkochberg, Bezirk Gera: spätgotischer Flügelaltar aus dem 15. Jh. Im Bild: der Schrein mit Maria und dem Erzengel Michael. Der Altar steht in der Dorfkirche, die im 15. Jh. spätgotisch umgebaut wurde.

mehrere Raumteilungen brauchte, und die prachtvolle Vorkirche, die vor dem Haupteingang in die eigentliche Kirche gelegen, den Laien während der Prozessionen als Aufenthalt diente. Das Kloster auf dem Erfurter Petersberg übernahm den geraden, den platt geschlossenen Chor von Hirsau, aber interessant ist, daß sich von diesen baulichen Ideen der Reform in Thüringen nur das durchsetzte, was dem Bedürfnis nach Schmuck oder Abwechslung selbst im strengen romanischen Stil entgegenkam: die fünf runden, gestaffelten Apsiden am Ostchor – wohl direkt aus Burgund übernommen –, nicht der platte Chorschluß wie auf dem Erfurter Petersberg; der Stützenwechsel im Hauptschiff, also eckige Pfeiler mit runden Säulen abwechselnd – wohl von niedersächsischen Vorbildern her –, und nicht die ununterbrochene Säulenreihe wie in Paulinzella; vor allem die Vorkirche der Cluniazenser Reform, die wie eine festliche Vorbereitung auf das Raumerlebnis der Hauptkirche wirken konnte.

Buch- und Glasmalerei

Nicht in Thüringen erhalten, wohl aber dort entstanden sind zwei reich verzierte, mit Deckfarben auf Goldgrund ausgemalte Psalterien. Ihre Zeichnung erscheint unruhig, Umrisse und Falten gezackt, trotz der Pracht und der Würde der Darstellung möchte man an die religiöse Erregung der Zeit denken, an die Kreuzzugsbegeisterung, an den Willen zur Askese, der sich in Thüringen in einem einzigen Namen zusammenfassen läßt: dem der heiligen Elisabeth. Ist sie auch in Ungarn geboren und in Marburg a.d. Lahn gestorben, ihre Legenden kreisen um einen thüringischen Mittelpunkt: die Wartburg.

Der thüringisch-sächsische Stil der Buchmalerei klingt noch in den um 1240 entstandenen Glasfenstern der Barfüßerkirche in Erfurt nach, wo die Gestalten zwar würdig ruhen, ihre Gewänder aber züngeln und flammen.

Erfurt – ein Kunstzentrum

Erfurt wird überhaupt, wiederum gut hundert Jahre später, das erste wichtige deutsche Zentrum der Glasmalerei. Ein gewaltiger Zyklus ist uns in den Domchorfenstern erhalten. Das Können der mittelalterlichen Künstler, aber auch das Alter der Scheiben bewirken eine vielfache Brechung des Lichts und eine fast mystische Tiefe der Farben.

Daß solches in Erfurt entstehen konnte, zeigt die Bedeutung dieser Stadt, die am ehesten als Kristallisationspunkt der Kultur, als Hauptstadt in Thüringen gelten kann. Obwohl sie nur ganz kurze Zeit im 8. Jh., durch Bonifatius dazu bestimmt, Bischofssitz war, vollzog sie schließlich auch ohne eine solche geistige Zentralgewalt einen Aufstieg, der über eine gute Tradition von Kloster- und Stiftsschulen bis hin zur ersten, 1392 gegründeten städtischen Universität Deutschlands führte. In Erfurt gehörte Meister Eckhart dem Dominikanerorden an, Martin Luther den Augustinern, er studierte und promovierte auch hier. Die wissenschaftliche und künstlerische Lebendigkeit dieser Stadt drückt sich am besten in ihrem architektonischen Meisterwerk aus, der Gruppe von Dom, St. Severi und der schräg dazu ansteigenden Treppe. Wie hier die gegebene Bodensituation durch mächtige Substruktionen unter dem Domchor bewältigt worden ist, wie die Treppe durch ein auf dreieckigem Grundriß vorgebautes Domportal aufgefangen wird, wie schließlich die Severikirche von dem Dreiklang ihrer grünen, goldbekugelten Türme überragt wird, das ist die unprovinzielle Krönung einer Stadt, die durch Jahrhunderte hindurch führend gewesen ist.

Sie hatte im 14. Jh. auch ein eigenes Zentrum der Plastik, dem die Ausstattung des Domes oblag und aus dem die köstlichen Gestalten der klugen und törichten Jungfrauen am »Triangel-Portal« des Domes hervorgingen. Die schlanken, törichten Damen fuchteln aufgeregt mit den Händen oder schlagen sie jammernd vors Gesicht, sie stehen mit ihren kleinen Köpfen und den in harten Falten geschlossenen Mänteln beinahe bürgerlich im Gewände. Sie sind thüringisch, erfurtisch.

Die Kirche spielte nach der Reformation in der Renaissance als Auftraggeber keine so große Rolle mehr. An ihre Stelle traten das Bürgertum mit Rat- und Privathäusern und die Landes- und Adelsherren mit Schlössern und Residenzen. Wieder bietet Erfurt wohlerhaltene Bürgerhäuser

Meister Eckhart (*1260, †1327) lebte hauptsächlich in Erfurt im Dominikanerorden. Von hier aus zu Studium und Lehre nach Paris und Köln. In seinem Denken Scholastiker, in seiner Psychologie und Erkenntnislehre abhängig von Thomas von Aquin. Seine Mystik kommt vor allem in seinen deutschen Predigten und Schriften zum Ausdruck, Lehre von der Einheit Gottes und der Vielfalt der Kreaturen. Das Kölner Inquisitionsgericht verurteilte ihn, er rief dagegen den Papst an und unterwarf sich im voraus dessen Entscheidung, starb aber, ehe sie gefällt wurde. Eine Reihe seiner Sätze wurden verurteilt.

Oben links: Blick auf Erfurt. Im Vordergrund links der Dom, 1154 begonnen, und rechts die St.-Severi-Kirche, nach Abbruch eines romanischen Baus ab 1278 errichtet und 1400 vollendet. Oben rechts: Alabasterrelief des hl. Michael, an der südlichen Langhauswand der St.-Severi-Kirche, laut Inschrift 1467. Darunter: Apostel am Dom-Portal. Links: Das Jungfrauenportal des Erfurter Doms. Der »Triangel«, ein zweigeschossiger Portalvorbau auf dreieckigem Grundriß, stammt aus den zwanziger Jahren des 14. Jh.

Burgen und Schlösser in Thüringen und Sachsen-Anhalt

1

2

Burg Querfurt (1), eine Gründung aus karolingischer Zeit, wurde durch die Grafen von Querfurt vom 10. bis 15. Jahrhundert mehrfach umgebaut und erheblich erweitert. Der Bergfried (links) von 1075; eine romanische Burgkapelle datiert vom Anfang des 12. Jahrhunderts, ihr Inneres wurde zu Beginn des 17. Jahrhunderts barockisiert. – Burg Ranis (2) war im 12. Jahrhundert im Besitz der Landgrafen von Thüringen, danach bei den Grafen von Schwarzenburg. Der runde Bergfried stammt aus dem 13. Jahrhundert, das Torhaus (rechts) enthält ebenfalls noch Teile aus dieser Zeit. Der Palas mit Giebeln aus dem 16. Jahrhundert wurde nach einem Brand 1646 in seiner heutigen Form erbaut. – Schloß Burgk über Schleiz (3) liegt auf einem Felsen oberhalb der Saale. Es wurde im 12. Jahrhundert durch die Herren von Lobdeburg errichtet und 1403 erneuert. Die jetzige Anlage stammt aus dem 16. und 17. Jahrhundert. – Die Burg »Hoher Schwarm« in Saalfeld (4), Sitz der Vögte von Saalfeld, ist nur als Ruine erhalten: ein viergeschossiger Wohnturm aus dem Anfang des 17. Jahrhunderts mit runden Ecktürmen. – Die Heidecksburg oberhalb Rudolstadt (5) wurde ab 1573 an der Stelle einer Burg aus dem 13. Jahrhundert durch die Fürsten von Schwarzberg-Rudolstadt als Renaissanceschloß errichtet, das ihnen ab 1710 als Residenz diente. Das Schloß wurde 1735 nach einem Brand im Rokokostil erneuert. Bedeutend die Ausstattung der Innenräume, Festsaal und Wohnräume der Fürstenfamilie durch Stukkaturen, Fresken und Wandbilder.

Auf einem Felsen über der Saale bei Dornburg liegen drei Schlösser. Das älteste, im Norden, wurde am Anfang des 16. Jahrhunderts auf den Resten einer 971 abgebrannten Grenzfeste gegen die Sorben errichtet. Das Rokokoschloß (6) wurde 1736–1747 als Lustschloß durch Herzog Ernst August von Weimar errichtet, der es aber selbst nie bewohnte. Auf Betreiben Goethes, der sich 1776/77 mehrfach hier aufhielt – er wohnte im südlichen der drei Schlösser –, ließ sein Freund und Gönner, Herzog Karl August, das halbverfallene Gebäude 1817/18 wieder instand setzen. U. K. Dr.

3

4

5

6

Nicol Gromann, sächsischer Hofbaumeister (bezeugt 1537–1574). Leitete seit 1543 den Bau des Schlosses Hartenfels bei Torgau, seine dortige Schloßkapelle wurde beispielhaft für den protestantischen Kirchenbau. Baute 1549 das Cranachhaus in Weimar, arbeitete auch in Gotha, wo er als Lohn ein Stück Land erhielt. 1560 bis 1564 entstand der sog. »französische Bau« der Veste Holdburg und v. a., 1562 bis 1564 das gelungene Rathaus zu Altenburg. 1568 baute er sich ein Haus in Weimar und war dort leitender Werkmeister am Schloß Augustusburg. Von seinen vielen Kindern wurden einige Steinmetze.

als Beispiele – das »Haus zum breiten Herd« oder das »zum Stockfisch« – und wieder entwickelt Thüringen eine eigene Form an Rathäusern und sogar an Burgen: den Giebel. Der hat in diesem Gebiet einen geschweiften Umriß, ist durch Lisenen und Gesimse in mehrere Felder aufgeteilt, kann in solchen Feldern auch Fensteröffnungen tragen, bleibt sonst aber ganz ohne Schmuck. So am Saalfelder Rathaus, auf der Burg Könitz und am Cranachhaus in Weimar, das uns auf einen für diese Zeit wichtigen Namen führt: Nicol Gromann (erwähnt 1537–1574). Er hat als Landesbaumeister in Thüringen im 16. Jh. viele neue architektonische Formen eingeführt, die bis ins 17. Jh. hinein wirksam blieben.

Die politische Aufsplitterung Thüringens in viele kleine Territorien zur Zeit des Barock ist oft beklagt worden. Natürlich erklärt sich daraus, daß keine monumentalen Residenzen entstehen, daß hier die großen Meisternamen fehlen, deren Prachtbauten stilbildend hätten wirken können. Dennoch hat gerade durch die vielen kleinen Landesherren und durch deren Wunsch nach Herrensitzen und Jagdschlössern Thüringen eine Reihe reizvoller, manchmal durch Umbau entstandener Barockschlösser erhalten, z. B. Gotha, Eisenberg, Saalfeld. Die thüringische Baumeisterfamilie Richter wirkte im 17. und 18. Jh. an solchen Bauten mit.

Zwischen Barock und Rokoko

Der Name aber, der Thüringen – nun schon am Übergang vom Barock zum Rokoko – in einen großen internationalen Zusammenhang bringt, ist Gottfried Heinrich Krohne (* ca. 1700, † 1756). Er stellte durch Zusammenarbeit mit Maximilian von Welsch die Beziehung zum rheinisch-fränkischen Barock her, er studierte in Wien – durch Herzog Ernst August von Weimar dorthin gesandt – die Bauten des Lucas von Hildebrandt, er setzte den charakteristischen Aufsatz auf den mittelalterlichen Turm des Weimarer Schlosses und baute die Jagdschlösser im Thüringer Wald, z. B. Ilmenau und das nahe gelegene Stützerbach. Seine Meisterwerke sind wohl das Schloß Belvedere bei Weimar und das reizvolle Lustschloß Dornburg a. d. Saale, das 1741 fertig war. Schon sein Grundriß zeigt, wie hier der ganze Baukörper in Bewegung geraten ist, die Wände konkav und konvex ein- und ausschwingen, wie Ecken abgeschrägt und Nischen eingetieft werden, daß die Raumfolge nicht mehr aufgereiht wird, sondern abwechslungsreich um einen Mittelpunkt gruppiert. Raumreste, die dabei übrigbleiben, werden geschickt, z. B. als Treppe genutzt. Da der Bau überdies am Hang steht, von der Talseite zweigeschossig und über eine Brücke zu erreichen ist, von der Bergseite her aber eingeschossig, da geschweifte Dächer ihn insgesamt, die Pavillontürme aber isoliert überdecken, ergibt sich ein höchst abwechslungsreicher, lebendiger und zugleich intimer Bau, an dem die Raffinesse des beginnenden Rokoko deutlich wird. Krohne hat noch viele andere Bauten in Thüringen vollendet, die Heidecksburg in Rudolstadt, das Schlößchen Molsdorf, die Orangerie in Gotha.

Der Kanzelaltar

Eine Eigenart der gleichzeitigen kirchlichen Baukunst soll noch erwähnt werden: Der Kanzelaltar. Er ist zwar in ganz Mittel- und Norddeutschland verbreitet, kommt aber zum ersten Mal in Thüringen in der Schloßkapelle von Schmalkalden vor, schon 1585–1590. Gemeint ist eine Zusammenfassung von Kanzel und Altar, die dem protestantischen Gottesdienst entsprungen ist, in dem Predigt und Abendmahl gleichwertig waren. Die Kanzel wird also direkt hinter oder über dem Altar angeordnet, auf jeden Fall in gleicher Achse mit ihm. Bis ins 19. Jh. hinein gibt es dafür Beispiele in Thüringen, wir greifen eines aus einer wenig bekannten Dorfkirche heraus, Kirschkau nordöstlich Schleiz. Die Kirche, 1753 erbaut, hat einen elliptischen Raum mit vier rechteckigen Kreuzarmen, diese treten nach außen in Erscheinung, sind aber innen durch Emporen und durch eben den Kanzelaltar vom elliptischen Raum abgetrennt. Geschweifte Stufen vor, zwei Fenster neben dem Altar, Stufen und Kanzelaufgang ergeben ein wirkungsvolles, fast ein theaterwirksames Ensemble. Insgesamt eine aufwendige Dorfkirche des reußischen Bauinspektors Johann Gottlieb Riedel.

Das Hoftheater

Blickt man noch einmal zurück auf die große Zahl kleiner Residenzen, so möchte man noch eines erwähnen: Das Hoftheater. Es war seit dem 17. Jh. Mode und diente zur Unterhaltung des Hofes, gelegentlich wurden sogar heimische Sagen in die Handlung verwoben und heimischer Dialekt gesprochen. Aus solcher Tradition ist das älteste feste Schloßtheater in Gotha hervorgegangen, an dem Konrad Ekhof (* 1720, † 1778) seit 1774 Leiter gewesen ist, der Schauspieler, der sich lebenslang um Anerkennung seines Standes bemüht hat. Und natürlich das Weimarer Theater, in dem Wieland einen Vorteil sah, »... dem sich keine andere Stadt Deutschlands rühmen konnte ...« Daß Goethe es schließlich leitete, daß an ihm Schauspieler wie Cornelia Schröter oder August Wilhelm Iffland wirkten, daß hier schließlich Shakespeare gepflegt und Schillers Dramen aufgeführt wurden, das alles macht den Rang verständlich, den es nach der deutschen Nationalversammlung als »Deutsches Nationaltheater« erhielt.

Die berühmte Meininger Bühne kam von einer bürgerlichen Liebhaberbühne her, wurde aber von Herzog Georg II. gepflegt und betreut, so daß die »Meininger« mit ihrer gründlichen Arbeit, mit qualifizierten Besetzungen auch der kleinsten Rollen, mit historischer Treue und einem anspruchsvollen Repertoire gerade zu dem Zeitpunkt berühmt wurden, als die Theaterkunst in der zweiten Hälfte des 19. Jh. verflacht war und solcher Restauration dringend bedurfte.

Was der Klassizismus in Weimar an Werken bildender Kunst hinterlassen hat, ist eng mit der Persönlichkeit Goethes und mit der Weimarer Klassik verbunden. Was die Neuzeit bis hin zur Gegenwart brachte, hat keinen eigenständigen landschaftlichen Charakter mehr. Der Historismus des 19. Jh., der die Stile der Vergangenheit nachbaute, oft deshalb ver- und heute eher wieder geachtet ist, hat auch in Thüringen Beispiele geliefert – das Zeulenrodaer Rathaus oder Schloß Hummelshain –, aber gerade hier dürfen wir betonen, daß solchem historisierenden Denken auch die Pflege des Vorhandenen zu danken war, also die Restaurierung der Wartburg und die Erhaltung von Ruinen, Paulinzella, Thalbürgel oder Reste von Burgen. Denkmalpflege ist auch ein Stück Kultur, und sie setzte in Thüringen frühzeitig ein.

Literarisches Leben in Thüringen

Wir besinnen uns noch einmal auf einen Grundzug thüringischen Wesens, die Musikalität. Sie auch für die Blüte der Literatur im Mittelalter heranzuziehen, liegt nahe, denn Minne-*Sang* war ja nicht nur lyrische Dichtung, sondern auch Musik. Heinrich von Morungen gehört hierher, eines seiner Gedichte hat einen so ausgeprägten Rhythmus, daß man darin ein Volks-, vielleicht sogar ein einheimisches

Links: Fassade des Erfurter Patrizierhauses »Zum Breiten Herd« von 1584. Bildhauerarbeiten von Mitgliedern der Familie Fridemann und dem Niederländer Israel v. d. Mulen. Unten: Fenster vom 1. Obergeschoß mit Hermen und Reliefplatten an den Fensterbrüstungen. Mitte: Fassade eines Patrizierhauses (Ausschnitt).

Tanzlied erkennen möchte. Denn der Reichtum an Tänzen in Thüringen wird bei Wolfram von Eschenbach im Parzival gelobt. Wolfram nämlich gehörte wie Heinrich von Veldeke oder Walther von der Vogelweide zum Kreis des kunstliebenden und -fördernden Landgrafen Hermann I. (R 1190–1217) und lobte dessen Freigebigkeit. Das rege Treiben an seinem Hofe in Eisenach schilderte Walther von der Vogelweide und – weniger vertrauenswürdig – tat das auch die Dichtung vom »Sängerkrieg auf der Wartburg«, die kurz nach der Mitte des 13. Jh. entstanden sein muß und wahrscheinlich aus mehreren Einzelteilen von verschiedenen Dichtern verfaßt, zu einem Ganzen zusammengeschlossen worden ist. Die Sänger bemühen sich darin, am landgräflichen Hofe das Lob des besten Fürsten zu singen, und wenn auch die genannten Namen Walther von der Vogelweide, »tugendhafter Schreiber«, Reimar von Zweter, Wolfram, Biterolf authentisch sind – Heinrich von Ofterdingen und Klingsor bleiben zweifelhaft –, so ist das ganze doch nicht als Tatsachenbericht zu lesen, sondern als Dichtung, die noch einmal frei verwandelt in Richard Wagners Tannhäuser nachlebt.

Der Hauptvertreter der deutschen Mystik, Meister Eckhart, ist 1260 in Thüringen geboren und hat nicht nur für die Mystik, sondern auch für die deutsche Sprachgeschichte eine überragende Bedeutung, denn er übertrug den von der Scholastik ausgebildeten, wissenschaftlichen Wortschatz, den Wortschatz der Theologie überhaupt, in die Volkssprache.

Und nur wegen seiner sprachlichen und dichterischen Leistung erwähnen wir hier auch Martin Luther (* 1483, † 1546). Seine in der Volkssprache verfaßten Reformationsschriften, die bis heute gesungenen Kirchenlieder, seine Verdeutschung Äsopscher Fabeln, auch Predigten und Tischreden schufen neben seiner Bibel- und anderer Übersetzungen die allgemein verständliche, auch über Mundartengrenzen hinwegreichende deutsche Sprache. Wenn er den Leuten ». . . auf das Maul sah . . .«, so waren das wohl die Leute von Eisenach, denn auf der Wartburg übersetzte er die Bibel.

Ohne sein Deutsch hätte sich die allgemeine Literatur nicht entwickeln können, hätte sich auch deren höchste Blüte nicht entfaltet: die Weimarer Klassik, die mit den strahlenden Namen Wieland, Goethe, Schiller, Herder noch einmal an einen thüringischen Fürstenhof geknüpft ist.

Und es zeugt vom Reichtum literarischen Lebens in Thüringen um 1800, daß sich hier neben dieser klassischen Form eine zweite bildete, die der frühen, der »Jenaer« Romantik. Zu ihr gehörten die Brüder August Wilhelm und Friedrich Schlegel, Novalis, Friedrich Schleiermacher, Ludwig Tieck, Clemens Brentano und Achim von Arnim, auch der Lyriker Friedrich Rückert, dessen Gedichte durch Vertonungen besonders bekannt geworden sind.

Fast alle literarischen Bewegungen vom Humanismus bis zum Expressionismus haben in Thüringen Vertreter gefunden, kaum eine andere Landschaft kann die deutsche Literatur so gut repräsentieren. Wir konnten sie hier in einer kurzen Überschau über die gesamte Kultur nur eben erwähnen.

HANS TÜMMLER

Geistiges Zentrum Thüringen

Die Kulturwirkungen, die vom Weimar der Klassik und – Jahrhunderte hindurch – von der Wartburg ausgingen, werden in Sonderkapiteln dieses Bandes behandelt. Bei diesen wie bei den sonstigen geistig-kulturellen Impulsen, die von dem »grünen Herzen Deutschlands«, wie man Thüringen als Landschaft mit einigem Recht genannt hat, ins Land gingen, kann man Thüringen nicht eigentlich als eine geschlossene Einheit betrachten. Im »Musterland« duodezstaatlicher Vielfalt gab es mehrere und verschiedenartige kulturschaffende und -verbreitende Zentren. Man muß bei der Darstellung von diesen ausgehen, um allenfalls am Schluß den Versuch zu wagen, gesamtthüringische Kulturantriebe aufzuzeigen.

Die Universität Erfurt

Gleichsam »geborene« geistige Mittelpunkte sind in der Regel die Universitäten. Seine älteste besaß Thüringen in Erfurt, wo sich auch am frühesten eine geistig-kulturelle Entwicklung vollzog. Kein Geringerer als Bonifatius hat Erfurt gegründet, und zwar 743 als Bistum, das allerdings nach kurzer Zeit wegen der Sachsen- und Wendengefahr als solches wieder aufgegeben wurde: es wurde dem Metropolitansitz Mainz direkt unterstellt, aber blieb mit Missionsaufgaben ausgestattet. Als ein »Bilderbuch deutscher Geschichte« hat Arnold Zweig, dem 1925 Erfurt zum Erlebnis wurde, die damals einzige Großstadt im Raum Thüringen mit Recht genannt. Der Mainzer Einfluß ist im Baubild, das von der Gotik bis zum Barock reicht, erkennbar. Nicht nur religiös, auch weltlich war das rheinische Erzbistum Mainz, seit 1356 zugleich Kurfürstentum, für Erfurt und seine Umgebung beherrschend. Erfurt trug (und trägt noch heute) das Mainzer Rad im Wappen. Im kulturell-religiösen, aber auch im säkularen Sinn wurde das hochgelegene Peterskloster mit weitläufigen Anlagen und einer einst sehr schönen zweitürmigen romanischen Kirche weit über Erfurts Weichbild hinaus von höchster Bedeutung. Die fleißigen Benediktiner machten das Kloster zu einer Hauptpflegestätte mittelalterlicher Geschichtsschreibung. Kaum ein Mediävist kommt an diesem historiographischen Material vorbei. Hier oben auf dem »Petersberg« geschah es, daß sich 1181 Herzog Heinrich der Löwe von Sachsen nach langem Streit dem Kaiser Friedrich I. (Barbarossa) unterwarf. Mehrere Kaiseraufenthalte, so auch der legendenumwobene Aufenthalt Rudolfs von Habsburg (1289), taten jedoch der Vorrangstellung des Mainzer Kirchenfürsten ebensowenig Abbruch wie die auf eigene Herrschaft abzielenden Bemühungen der auf der Wartburg residierenden Thüringer Landgrafen.

Das Predigerkloster – mit höchst eindrucksvoller gotischer Kirche – war von 1278 bis 1299, mit Unterbrechungen Wirkungsstätte und Heimflucht Meister Eckharts, Mönchs, Priors, schließlich Provinzialvikars seines Ordens, des tiefsinnigen und sprachgewaltigen Mystikers, der eine erste Bresche in die starrer werdende Scholastik schlug; seine religiösen Vorstellungen hatten weltweite Wirkung.

Mainz war es, das letztlich den Aufstieg Erfurts zu einer Freien Reichsstadt verhinderte, was die große, wirtschaftlich durch Weinbau, Landwirtschaft und besonders durch den Abbau und Vertrieb des ein schönes Blau erzeugenden Färberwaids und durch reiches geistig-religiöses Leben aufblühende Stadt selbstverständlich erstrebte. Für die Bedeutung und innere Kraft Erfurts spricht es aber, daß seine Bürger ohne Anweisung und Hilfe »von oben« 1393 eine Universität hier gründeten, die zeitweise als ein »zweites Prag« bezeichnet wurde. Sie zählte zu den ältesten in Deutschland und erreichte zumal in den Jahren vor der Reformation einen hohen Rang.

Als im Frühjahr 1501 Martin Luther (damals »Luder« geschrieben) 17jährig die Universität Erfurt bezog, erschien ihm »Erfordia turrita« als eine selbstbewußte und reiche Feste. Unter den »Großstädten« des Reiches stand es mit seinen ungefähr 20000 Einwohnern in der ersten Reihe. Wirtschaftlichen Scharfblick verrät Luthers spätere Äußerung in den Tischgesprächen: »Erfurt steht am besten Ort, ist eine Schmalzgrube. Da müßte eine Stadt stehen, wenn sie gleich wegbrennete«. Dem Stadtbild gaben die vielen Kirchen – zählte man doch 21 Pfarr-, vier Stifts- und elf Klosterkirchen – fast das Gepräge eines deutschen Rom. Alle Kirchen und Klöster aber sowie das Gewirr der Straßen und Gäßchen überragte an Majestät die herrliche Dreiheit von St. Marien (Dom), St. Severi und, noch weiter oben auf dem Berg, St. Peter, dessen hohe Türme damals noch weit ins Land leuchteten. Erfurts Ruhm in Deutschland war groß.

Luthers Erfurter Studenten- und besonders Klosterzeit wird wohl manchmal nicht hoch genug in ihrer Bedeutung eingeschätzt. Es muß daran erinnert werden, daß der junge Studiosus an der Universität eine harte Denkschulung nach den Kategorien seiner Zeit im Geist später Scholastik erfuhr, während dann der junge Mönch Martinus im Kloster des strengen Ordens der Augustiner-Eremiten erste Jahre frühen Suchens, lebensbedrohenden Zweifels, auch wohl erster früher Hoffnung durchlitten bzw. erlebt hat. Es beschäftigte ihn unaufhörlich die Frage, ob durch mönchisches Leben und durch gute, fromme Werke die Gnade Gottes zu erlangen sei: die Glaubensfrage also. Auch zum frühen Humanismus – Eobanus Hessus, auch zeitweilig Ulrich von Hutten weilten in Erfurt – kam es zu lockerer Berührung. Mögen sicherlich erst die Wittenberger Jahre für den Reformator den entscheidenden Durchbruch gebracht haben, so darf doch sein die große Wende vorbereitendes Erfurter Jugenderleben nicht vergessen werden. Mächtig erfüllte ihn gerade hier mittelalterliche Religiosität, aber sie stellte ihm auch schon bange Fragen.

Seit 1664 war Erfurt mit seinem stattlichen Gebiet fest in kurmainzischem Besitz, eine ferne Exklave wie das Eichsfeld. Während aber dieses, von Ausnahmen abgesehen, ziemlich tief im Provinzialismus versank, gelangte Erfurt dank tüchtiger mainzischer Statthalter und anhaltender Bürgerregsamkeit zu einer eigenen und gewissermaßen eigenartigen geistigen Stellung im sonst zumeist wettinisch-protestantischen Thüringen. Der Statthalter Graf Philipp Wilhelm von Boineburg, hochgebildet, allerdings die Katholiken deutlich bevorzugend, vermachte der Universität, die schon über die mittelalterlichen Schätze der »Amploniana« verfügte, seine bedeutende Bibliothek.

Unter allen Statthaltern ragte der letzte,

Freiherr Karl Theodor von Dalberg (* 1744, † 1817) – übrigens ein Bruder des berühmten Mannheimer Theaterdirektors Wolfgang Heribert von Dalberg, der als erster Schillers »Räuber« aufzuführen wagte –, durch seine aufgeklärt-wohlmeinende Amtsführung, seine Liberalität und Toleranz, nicht zuletzt durch sein beachtliches geistiges Format hervor, das ihn nicht nur den Kreis um Wilhelm von Humboldt und seine Frau Karoline, geborene von Dacheröden, an sich ziehen ließ, sondern auch mit der Weimarer Klassik – Wieland, Goethe, Schiller, besonders eng Herder – in fruchtbare Verbindung brachte. Der hohe katholische und der hohe evangelische Geistliche haben manches dazu beigetragen, religiösen Hader zu überwinden oder doch zu mildern. Zwar vermochte auch Dalberg die alte Universität, an der als letzte bemerkenswerte Größe der Chemiker und Begründer der Pharmakologie Johann Bartholomäus Trommsdorff wirkte, nicht vor dem Niedergang zu bewahren; Wieland, der einige Jahre hier wirkte, war zum Universitätslehrer nicht geeignet. Dafür verschaffte Dalberg der schon bestehenden Akademie gemeinnütziger Wissenschaften, die dann noch bis 1945 fortbestand, durch ihre Ausrichtung auf praktische Verwertbarkeit ihrer Forschungsergebnisse hohes Ansehen weit über Erfurt hinaus. Neuland betrat er mit den allwöchentlich in der Statthalterei stattfindenden »Assembleen«, den offenen Nachmittagen freier Gespräche; durch sie wollte er eine Annäherung der Stände und eine bessere Aufklärung bewirken. Keiner der übrigen Thüringer Höfe, auch Weimar nicht, hat Derartiges versucht. Bedauerlich, daß es dem von bestem Willen beseelten Manne an politischer Einsicht, ja Charakterfestigkeit mangelte, was ihn später zu einem der treuesten Vasallen Napoleons werden ließ. Von 1806 bis 1814 war Erfurt fest in Napoleons Hand, bevor es 1815 preußisch und Sitz einer Regierung wurde.

Die Universität Jena

Während das Klosterleben Luthers an der Universität Erfurt naturgemäß keine entscheidenden Spuren hinterließ – sie war im großen und ganzen jedoch tolerant, vielleicht mit leicht katholischem Übergewicht –, verdankte die andere thüringische Universität, Jena, ausschließlich der Reformation ihre Entstehung. Ursprünglich war das in einem von Kalkbergen umschlossene, malerisch im Talkessel der Saale gelegene, 1322 von den Herren von Lobdeburg-Leuchtenburg zur Stadt erhobene Gemeinwesen, das 1331 wettinisch wurde und (mit kurzer Unterbrechung) von 1690 bis 1918 zu Sachsen-Weimar gehörte, eine ziemlich unbedeutende Landstadt (ca. 4000 Einwohner) gewesen. Sie hatte einerseits von Landwirtschaft (Wiesen, Felder, zahlreiche Mühlen, auch Papiermühlen, Weinbau an den Sonnenhängen), Kleinhandwerk und der günstigen Lage an einem Saaleübergang gelebt.

Die Reformation veränderte den Charakter der Stadt allmählich völlig. Im Schmalkaldischen Krieg war durch die Schlacht bei Mühlberg an der Elbe 1547 dem sächsischen Kurfürsten Johann Friedrich dem »Großmütigen«, einem Verfechter der Reformation, mit dem Kurhut auch die Wiege der Reformation, Wittenberg, an die albertinische Linie des Hauses Wettin verlorengegangen. Der »geborene« Kurfürst, wie man Johann Friedrich nannte, wünschte die Wittenberger Universität, eine Hochburg der Reformation, natürlich nicht zu verdrängen, aber in den ihm verbliebenen Landen – das war hauptsächlich Thüringen – doch ein Gegengewicht zu schaffen. So wurde Jena eine fürstliche, nicht wie Erfurt eine bürgerliche Gründung. In seiner mißlichen Lage – er blieb jahrelang in Karls V. Gefangenschaft – war dieser schon 1547 in Jena gefaßte Entschluß eine wirkliche Großtat des Fürsten, dessen Ausführung seinen Söhnen oblag. Bei den Anfangsüberlegungen 1547/48 leistete Melanchthon nützliche Dienste; aber er wollte nicht selbst in Jena wirken, er hing an Wittenberg. 1558 erfolgte die erforderliche Bestätigung Jenas als vollberechtigte Universität durch den der Reformation zugeneigten Kaiser Ferdinand I. Untergebracht wurde die Hohe Schule im säkularisierten Pauliner- (eigentlich Franziskaner-)kloster an der Stadtmauer, in der »Kollegiengasse«; das alte Gebäude hat noch bis zur Zerstörung im Zweiten Weltkrieg Universitätszwecken gedient. Doch mußten die Professoren ihre Lehrveranstaltungen meist in ihren eigenen Häusern halten, die nun allmählich in dem engen Mauerring empor- und über ihn hinauswuchsen. Da Thüringen in der Folgezeit mehrfach Teilungen erlebte, unterstand die Universität Jena mehreren fürstlichen »Nutritoren«, was sowohl Nach- wie Vorteile hatte. Die Grundlage ihrer Einkünfte bestand in den Erträgen zweier Dotalgüter (lat. dos =

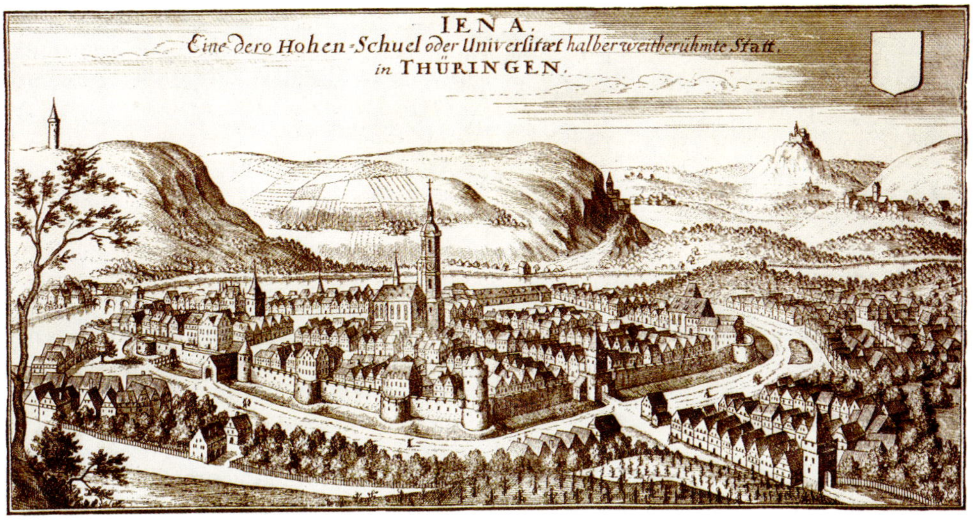

Jena, Kupferstich und Zeichnung der Universitätsstadt von G. Bodenehr. Hier lehrte u.a. Friedrich von Schiller.

Gabe, Mitgift. Im kath. Kirchenrecht versteht man darunter die Aussteuer einer Klosterfrau bzw. die Ausstattung einer kirchlichen Stiftung oder Anstalt).

Während der ersten zwei Jahrhunderte ihres Bestehens war die Alma Mater Salana kaum mehr als eine thüringische Landesuniversität, wenngleich der Ruf einiger Professoren und die preiswerte Lebensgestaltung am Ort schon Studenten aus anderen vorwiegend norddeutsch-protestantischen Ländern, aber auch aus Österreich anlockte. Ihre Hauptaufgabe bestand jedoch darin, Pfarrer, Juristen und Mediziner, dann auch Philologen für den Eigenbedarf der thüringischen Kleinstaaten auszubilden. Wilde theologische Streitigkeiten verpesteten in den Anfangszeiten das Klima. In der Studentenschaft machte sich die Roheit des sogenannten »Pennalismus« (von Penne = Schule) breit. Trinkgelage, Schlägereien, Duelle waren an der Tagesordnung und endeten nicht selten tödlich.

Natürlich war nicht alles so kleinkariert und abstoßend in dieser Zeit. Professoren wie der Mediziner Werner Rolfinck, der später bedeutende Theologe Johann Gerhard, der Philologe und Theologe Johann Michael Dieherr zogen Hörer von außerhalb an.

Nach Beendigung der primär dem konfessionellen Erziehungszweck dienenden Periode mit ihren Zänkereien bahnte sich im 18. Jh. schon im Zeichen anhebender Aufklärung, »langsam die Wendung zur Bildungsuniversität an, die auf innerer geistiger Freiheit beruhte« (Erich Maschke). Von bedeutenderen Namen greifen wir den weithin berühmten Mathematiker und Astronomen Erhard Weigel, für dessen Vorlesung kein Hörsaal ausreichte, den Aufklärungsphilosophen Christian Wolff (* 1679, † 1754), den pietistischen Theologen Johann Franz Buddeus (* 1667, † 1729), den Theologen und Philosophen Johann Georg Walch (* 1693, † 1775), den Philanthropen und Aufklärungspädagogen Christian Gotthilf Salzmann (* 1744, † 1811), besonders aber den wegen seines außerordentlichen Lehrerfolgs viele Studenten anlockenden »Professor für Moral und Politik« (d.i. ungefähr Jurisprudenz und Philosophie) Joachim ·Georg Darjes (* 1715, † 1791) heraus.

Wohl keiner der Genannten ist als ebenso originaler wie origineller Kopf zu seiner Zeit so bekannt geworden und es bis heute geblieben wie Erhard Weigel (* 1625; in Jena wirkend 1653–1699). Als einer der ersten hielt er seine Vorlesung, schrieb er auch Bücher in deutscher Sprache. Machte ihn schon dies populär, so verdient noch größere Hervorhebung, daß seine Erziehungspläne, in einer Art spielerischer Lehrweise, der praktischen Lebensleistung dienten. Sein Haus (in der heute nach ihm benannten Weigelstraße) wies originelle Züge auf. Da war z. B. ein Lichtschacht im Treppenhaus, durch den man auch am Tage die Sterne sehen konnte; da wurden sonstige Kuriosa wie auf dem Dach »ein Tischlein deck dich« per Flaschenzug geboten. Kuriositäten gewiß, aber curiositas heißt Neugier, und Neugier ist der Ansporn zu jeder Wissenschaft. Die »Weigeliana domus« zählte zu den sieben Wundern Jenas (septem miracula Jenae).

Die Akademie wird berühmt

Doch wenden wir uns nun dem Ende des 18. Jh. und damit jener Epoche in der Geschichte der Universität Jena zu, die ihr unvergängliche Weltgeltung verlieh. »Es war nur eine kurze Spanne Zeit, aber sie war erfüllt von der Intensität des fruchtbarsten Denkens und durchglüht von der tiefsten menschlichen Wirkung, voller und reicher als je während einer anderen Periode in der langen Geschichte der Jenaer Hochschule. Vielleicht umfaßte diese Zeit das erregendste Stück deutscher Geistesgeschichte, das jemals einer deutschen Universität geschenkt worden ist« (Erich Maschke). Zahlreiche Persönlichkeiten, so Herzog Karl August und sein Erstminister Voigt leisteten das ihre, ganz besonders Voigt. Aber man geht kaum fehl mit der Behauptung, daß diese akademische Hochblüte ohne das beständige Einwirken Goethes nicht zustande gekommen wäre. Daß sich Goethe fast alljährlich mehrere Wochen, ja mitunter Monate in Jena aufhielt, ist bekannt. Man sieht den Grund hierfür meist im Überdruß an der Unruhe in der Residenz, im Bedürfnis nach größerer Muße, wohl auch in häuslichen Miseren. Darüber wird oft übersehen, daß die Anwesenheit Goethes in Jena meist zugleich dienstlich bedingt war und in ganz besonderem Maße der Universität zugute kam.

Goethes Scharfblick, geschult auch an den von ihm selbst besuchten Universitäten Leipzig und Straßburg, erkannte schnell, daß das Jena der siebziger und achtziger Jahre des 18. Jh. den Vergleich mit keiner (oder doch kaum einer) anderen Hohen Schule Deutschlands aushielt. Es gab hier unter den Professoren kaum einen nennenswerten Namen; das Institutswesen war veraltet; die Studentenschaft war in sich befehdende Vereinigungen (Landsmannschaften, Orden, Logen u. a.) zerfallen. Oft floß Blut. In dieser Hinsicht war Jena das komplette Gegenstück zu Leipzig, das wegen der Stutzerhaftigkeit seiner Studierenden als ein »klein Paris« berühmt war. Aus diesen Bemerkungen ergeben sich die Richtungen, in denen sich Goethes Wirken erstrecken mußte. Wenn wir diese hier andeuten, so ist dabei zu bedenken, daß alles ineinandergriff, was wir hier z. T. getrennt aufführen müssen.

Schon Schillers Berufung als Honorarprofessor 1787 war maßgeblich Goethes Werk. Mit seiner berühmten Antrittsvorlesung »Was heißt und zu welchem Ende studiert man Universalgeschichte«, die von fast allen Studierenden gehört wurde, schlug er bereits ganz neue Töne an, die auf Allgemeinbildung, Fortschritt und Idealismus statt bloßes »Brotgelehrtentum« zielten. Leider erkrankte Schiller wenig später, und seinen älteren festangestellten Kollegen (»Ordinarien«) waren seine Lehren eher verdächtig. Schon er hatte Kants Philosophie studiert und sie auf seine Weise ausgelegt und fortentwikkelt. Dieses Beginnen setzte Johann Gottlieb Fichte, der 1794 auf Betreiben Voigts und Goethes berufen wurde, so kühn wie selbständig in seinen Vorlesungen und Schriften fort. Sein von den Ideen der Französischen Revolution beeinflußter Feuergeist brachte neues Leben in die Studentenschaft, die zeitweilig ihren inneren Hader hintanstellte, echt »studierfähig« wurde, wie man heute wohl sagt. Es wehte eine frische Luft; das ging vorübergehend so weit, daß die Studenten selbst sich mit der Bitte an Goethe wandten, bei Streitigkeiten vermittelnd tätig zu werden. In einem solchen Klima konnte Großes gedeihen und über die Grenzen hinauswirken.

Erfurt, Dom und St.-Severi-Kirche (nach dem Zustand von 1717) mit exerzierenden Soldaten (Zeichnung von J. J. Ramée, 1813). Erfurt, kulturelles wie wirtschaftliches Zentrum Thüringens durch Jahrhunderte. Hier kreuzten schon früh bedeutende Handelsstraßen, hier errichtete Bonifatius den Sitz eines zeitweiligen Bistums. Hier fanden wichtige Reichstage statt, hier wurde 1392 eine Universität gegründet, die bald großes Ansehen genoß, hier studierte Martin Luther.

Ein herber Verlust war es dann freilich, daß 1799 die vereinigten sächsisch-thüringischen Regierungen aus Anlaß des sogenannten Atheismusstreits Fichte, unter entscheidender Mitwirkung Voigts und mit – widerwilliger – Zustimmung Goethes, aus seinem Amt entließen, ein folgenschwerer Vorgang, an dem Fichtes Starrsinn nicht unschuldig war. Ein Glück zunächst noch, daß in Fichtes letzter Zeit neben ihm der große Naturphilosoph Schelling in Jena wirkte, auf den Hegel folgte. Auf philosophisch-philologischem Gebiet versuchten die Gebrüder Schlegel in scharfer Kontroverse den klassischen Idealismus durch die Anfänge der Romantik abzulösen. Da als Mediziner Loder sowie Hufeland (der »Makrobiotiker«) in Jena wirkten, führte die große Höhenlinie geistes- und naturwissenschaftlichen Dialogs noch bis ins neue Jahrhundert. Jena wurde zu einem Weltbegriff.

1803 kam es dann aber in später Nachwirkung der Entlassung Fichtes und aus anderen Gründen zu einer schweren Krise. Sämtliche oben Genannten, die der Universität ihr Bestes gegeben und an und mit ihr selbst gewachsen waren, verließen, durch günstigere Angebote (Halle, Würzburg u.a.) verlockt, 1802/1803 die Alma Mater Salana, während die Alten, Unbedeutenderen keinen Ruf nach auswärts erhielten und auf ihren gesicherten Lehrstühlen geruhsam sitzenblieben. Goethe widmete fast das ganze Jahr 1803 der Rettung der so jäh getroffenen »Akademie«, wie man die Universität zu nennen liebte. Trotz intensiver Bemühungen konnte er keine neuen Lehrkräfte gewinnen, welche als Ersatz der »Abiturienten« (so Voigt) hätten gelten können. Doch gelang es ihm, anstelle der bisher von dem Altphilologen Schütz herausgegebenen und von ihm nach Halle mitgenommenen Allgemeinen Literaturzeitung, die als Wahrzeichen der Glanzzeit Jenas gegolten hatte, die neue »Jenaische Allgemeine Literaturzeitung« ins Leben zu rufen und für dieses täglich (!) erscheinende, auch im fernen Ausland (St. Petersburg!) gelesene Organ ausgezeichnete Mitarbeiter zu gewinnen; er selbst trug bedeutende Rezensionen und Artikel dazu bei. Auch widmete er sich den Museen, Sammlungen, Instituten und Bibliotheken, die die Universität unter ausschließlich weimarischer Trägerschaft besaß. Er konnte diese Arbeit während der Napoleonischen Fremdherrschaft fortführen. Die Ergebnisse dieser Bemühungen wurden 1815 in der »Oberaufsicht über die unmittelbaren Anstalten für Wissenschaft und Kunst in Weimar und Jena« zusammengeschlossen, die Goethe mit nur wenigen Mitarbeitern bis zu seinem Tode leitete und zu der 1817 folgende elf Institute vereinigt waren: die Herzogliche Bibliothek und die Freie Kunstanstalt in Weimar, das Mineralogische, das Zoologische, das Anatomische, das Physikalisch-Chemische Kabinett, die Sternwarte (in Schillers einstigem Garten), der Botanische Garten und die neu errichtete Veterinärmedizinische Anstalt in Jena; dazu kamen ebenda die bisher zerstreuten, ja verzettelten Bibliotheken, die Goethe zu einer für damalige Vorstellungen modernen und vorbildlichen Universitätsbibliothek zusammenfaßte. Mit zahlreichen Anfragen von auswärts behelligt, war Goethe, wie er selbst sagte, eine »öffentliche Person« in Kunst und Wissenschaft für ganz Deutschland. In der »Oberaufsicht« entstand gleichsam das Modell eines Ressorts, wie es noch heute als »Kulturdezernat« in Stadt und Land allenthalben besteht.

Auch der Lehrkörper der Universität vervollständigte sich allmählich. An Professoren von überdurchschnittlichem Format sind während und nach der Napoleonischen Ära der große Historiker Heinrich Luden, der Mediziner (auch Balneologe) Dietrich Georg Kieser und der wahrhaft bedeutende Naturforscher und -philosoph Lorenz Oken zu nennen. Sie alle drei waren stark politisch interessiert. In ihrer überwiegend antirestaurativen Einstellung förderten sie die 1815 in Jena entstandene burschenschaftliche Bewegung, während Goethe zwar das ihm Obliegende tat, die nach dem Wartburgfest von 1817 unter Beschuß geratenen Jenaer Studenten zu verteidigen, aber im Prinzip ihren zum Teil weitgehenden Bestrebungen doch eher distanziert gegenüberstand (→ »Die Wartburg«).

Einen solchen Gipfelweg wie zur Zeit Goethes ist die Jenenser Universität als Ganzes seither nicht mehr gegangen. Doch haben bestimmte große Einzelne wie der Theologe Karl von Hase, der Historiker Johann Gustav Droysen, der weltbekannte Naturforscher und -philosoph Ernst Haekkel (ein aus dem üblichen Rahmen fallender Geist), der neu-idealistische Philosoph Rudolf Eucken und etwa der Physiker Wilhelm Wien den Namen Jena in der internationalen Wissenschaft am Leben erhalten. Diese Heraushebung soll beileibe nicht heißen, daß nicht auch sonst Tüchtiges und Außerordentliches in der Neuzeit in Jena geleistet worden wäre und bis weit in unser Jahrhundert hinein eine immer größere Zahl Studenten (z. B. auch aus der Schweiz) gerade nach Jena gelockt hätte.

Das Schulwesen

Es bleibt übrig, einen Blick auf das Schulwesen zu werfen. Klöster, auch einige Städte hielten schon vor der Reformation Schulen. Nach der Reformation bewirkte Luthers Mahnung an die Städte, daß sie christliche Schulen errichten sollten, eine Weiterentwicklung. Besonders erfolgte ein Neuaufbau der »Lateinschulen«, wozu die Säkularisation des klösterlichen Besitzes die Möglichkeit bot. Die Kirchen- und Schulvisitationen des 16. Jh. leisteten das ihre, Mängel aufzudecken und womöglich zu beheben. Aus den Lateinschulen entwickelten sich in der Regel Gymnasien, stark christlich fundiert. Heben wir als Sonderfall Schulpforta, mit dem Gebäudekomplex und Grund und Boden eines bedeutenden früheren Zisterzienserklosters, hervor. Es wurde mit seinem Konvikt eine Musteranstalt, zumal für die klassischen Studien. Zu den erlauchtesten Geistern, die in der Neuzeit aus Schulpforta hervorgingen, zählen Klopstock, Fichte, Ranke, Schlegel, Thiersch und Nietzsche, die alle weit über Thüringen hinauswirkten. Das Gymnasium in Meinerzhagen ist bemüht, die Pförtner-Tradition im neuzeitlichen Sinne fortzuführen. Etwa vergleichbar mit Schulpforta war die Klosterschule in Roßleben an der Unstrut. Die zahlreichen Kleinfürsten, vorab Herzog Ernst der Fromme von Sachsen-Gotha (* 1601, † 1675), hatten den Ehrgeiz und empfanden es als ihre christliche Pflicht, Gymnasien zu errichten und diesen womöglich unter der Bezeichnung »Gymnasium illustre« einen besonderen Ruf zu verschaffen. Genannt seien nur das »Casimirianum« in Coburg (das übrigens Goethes Vater besuchte), die Gymnasien in Gotha, Weimar, Meiningen, Rudolstadt, Sondershausen, Gera, Schleusingen, früher oder später gegründet. Auffallend spät, nämlich erst 1874, erhielt ausgerechnet die Universitätsstadt Jena ihr Gymnasium »Carolo Alexandrinum«, genannt nach Großherzog Karl Alexander. Auch Altenburg, wiewohl Residenz, bekam erst 1892 sein humanistisches Gymnasium.

Kleinere Städte schafften sich Pro- und Realgymnasien, auch Realschulen, die sich häufig zu Oberrealschulen ausbauen ließen. Für Mädchen entstanden Lyzeen. Allmählich wurden ländliche Schulen, auch für Mädchen, gegründet. Zu einer bevorzugten Schulstadt entwickelte sich Erfurt unter Förderung durch die Akademie der Wissenschaften. Einen besonderen Ruf genoß das Weimarer Gymnasium, das in der Goethezeit ebenso wie die Volksschulen des Herzogtums unter der Obhut des Generalsuperintendenten Herder als »Ephorus« stand.

Pädagogische Impulse: Schule, Landschulheime, Kindergärten

Fortbildungs- und Gewerbeschulen, besonders Lehrerseminare entstanden meist erst im 19. Jh. Langsam vervollkommnete sich so auch das Volksschulwesen, das bis in neuere Zeiten stark den Religionsunterricht in den Vordergrund rückte. Allmählich wurden neben Religion Schreiben, Rechnen, Lesen und Heimatkunde die wesentlichsten Grundfächer. Die thüringische Volksschule, in die auch einiges vom Geist Pestalozzis eingeflossen war, brauchte den Vergleich mit anderen deutschen Gebieten nicht zu scheuen.

Es gab in Thüringen auch aus dem Rahmen fallende pädagogische Unternehmungen, die Fern- und Zukunftswirkung ausübten. Eine Anstalt von eigener Art schuf der von Basedows Dessauer Philanthropin durch Herzog Ernst II. von Sachsen-Gotha-Altenburg (R 1772–1802) herberufene Christian Gotthilf Salzmann in Schnepfenthal bei Waltershausen. Hier entstand unter Salzmanns Leitung aus dem Geist der Aufklärung eine philanthropische Anstalt, in der weltmännische Bildung eingeübt wurde, wobei Johann Christoph Friedrich Guts Muths (* 1759, † 1839) sich ebenso als Lehrer der Geographie wie der Leibesübungen auszeichnete.

Von Salzmanns zahlreichen Schriften fand besonders das »Ameisenbüchlein« weit über Thüringen, ja Deutschland hinaus Beachtung. Bei Guts Muths' Leibeserziehung wurde eine bisher dem Adel vorbehaltene ritterliche Gymnastik (u. a. das Fechten) aufs Bürgerliche übertragen: die Schule hatte einen etwas elitären Charakter.

In gewisser Weise könnte man vom Landerziehungsideal Salzmanns die Linie zu den Landerziehungsheimen des auf Rügen geborenen Hermann Lietz (* 1868, † 1919) ziehen, der in Jena u. a. bei Eucken studiert hatte und zum Begründer der Landerziehungsheimbewegung in Deutschland wurde. Im thüringischen Haubinda, seiner zweiten Gründung, ist Lietz gestorben; in der Bundesrepublik Deutschland blühen seine Schulen fort. In Thüringen gibt es sie natürlich nicht mehr. Wie einst wird in den Lietz'schen Landschulheimen mehr Wert auf Spiel sowie auf handwerkliche und landwirtschaftliche Tätigkeit gelegt, wodurch nach englischem Vorbild jugendliche Selbsterziehung zu wahrem Menschentum gefördert werden soll, als auf den Unterricht in den gewohnten Lernfächern. Von Lietz' Schöpfung splitterte u. a. die »Freie Schulgemeinde Wickersdorf« oberhalb Saalfelds ab. Paul Geheeb und Gustav Wyneken gingen hier etwas andere Wege als ihr Lehrmeister. Später trennten sich beide. Geheeb gründete 1910 die Odenwaldschule (in Oberhambach), die noch besteht, manches vom Alten beibehält, im ganzen aber nach sehr modernen Grundsätzen arbeitet. Wer denkt wohl dort noch an die thüringischen Ursprünge?

Wahrhafte Weltbedeutung hat das Le-

Christian Gotthilf Salzmann (* 1744, † 1811) gründete 1784 die »Knabenerziehungsanstalt Schnepfenthal« (Kupferstich von Stoelzel nach einer Zeichnung von Ramberg, 1797). Sie bestand bis 1934. Ziel dieser Pädagogik war es, die Kinder »vernünftig« zu erziehen, d. h. ihre geistigen und praktischen Fähigkeiten zu fördern und auszubilden. Entsprechend heißen auch seine Werke: z. B. Krebsbüchlein oder Anweisung zu einer vernünftigen Erziehung (1792[3]; dieser Titel kam 1780 als »Anweisung zu einer zwar nicht vernünftigen, aber doch modischen Erziehung der Kinder« heraus). Auch das »Ameisenbüchlein« ist bekannt.

benswerk eines genialen Außenseiters, des in Oberweißbach als Sohn eines Pfarrers geborenen Friedrich Fröbel (* 1782, † 1852), erlangt. Dieser kongeniale Schüler Pestalozzis gründete nicht nur Kindererziehungsheime in Keilhau (bei Rudolstadt) und im nahen Blankenburg, die auf verständiges Nationalbewußtsein und auf ein in familiärem Zusammenleben beruhendes Menschentum abzielten. Mehr noch, Fröbel wurde der Schöpfer der Kindergartenbewegung (1840). Er erstrebte die Pflege des kindlichen Zusammenlebens und des natürlichen Tätigkeitstriebes. Dazu erfand er Beschäftigungsmittel (so Kugel, Walze, Würfel) und Spiele, durch welche die Schöpferkraft des noch nicht schulpflichtigen Kleinkindes in einer den Stufen der kindlichen Entwicklung angepaßten Form gefördert werden sollten. Er knüpfte dabei – ähnlich wie in seinen eben genannten Erziehungsheimen – an die Stellung des Menschen in Familie, Staat und Volk an und wollte durch Spiel, Lied und Sprache den Sinn für die Gemeinschaft formen. Der Kindergarten gehört zu denjenigen Hervorbringungen Thüringens, die mit am weitesten über Thüringen, ja Deutschland hinaus die Welt erobert haben. Auch in anderssprachigen europäischen Ländern (Frankreich, England) trägt den Namen »Kindergarten«. Fröbels Ideen führten zu einer neuen Sicht des Kindes, das eben kein »kleiner Erwachsener« ist, sondern seinen eigenen Stand und seine spezielle Würde hat. Dem großen Werk diente Fröbel auch durch die Gründung der ersten Seminare für Kindergärtnerinnen. Bei der durch Fröbel ausgelösten Bewegung handelt es sich möglicherweise um den mächtigsten pädagogischen Impuls, der in der Neuzeit von Thüringen ausging.

Parallel zu den jugendpädagogischen Bestrebungen Lietz', Wynekens und Geheebs hatte sich vor dem Ersten Weltkrieg die Erwachsenenbildung, zumal in Gestalt der Volkshochschulen, entwickelt. Von der 1919 gegründeten »Volkshochschule Jena« sind, besonders durch die Tätigkeit Reinhard Buchwalds, wesentliche Antriebe sowohl wissenschaftlichen als auch volksnah-sozialen Zuschnitts ausgegangen, bis in die Gegenwart ständig ausgebaut – ein fester Bestandteil unseres gesellschaftlichen Lebens.

Dagegen fand in der Kunst und der Kunsterziehung die Bauhausidee, wie sie führend von Walter Gropius vertreten wurde, nur für eine kurze Weile, 1918 bis 1926, in Weimar mit staatlicher Unterstützung eine Heimat, um dann bei veränderten politischen Zeitläuften nach Dessau verlegt zu werden. Aber wie viele bedeutende Künstler, so z. B. Wassily Kandinsky, Lyonel Feininger, Paul Klee, schufen schon in Weimar Hervorragendes, Bleibendes, das den Weg in große internationale Museen, zum Beispiel jene der USA, fand (→ »Bauhaus – Lehrmethode und Architektur«).

Seit der Mitte der zwanziger Jahre setzte sich in dem 1920 aus den verschiedenen ehemaligen Kleinstaaten gebildeten Land Thüringen ein eher konservativer Trend durch, wie er an der Universität Jena auch nach den Geschehnissen von 1918/1919 im Grunde vorherrschend geblieben war. Die republikanische Weimarer Verfassung fand etwas mühsam Eingang. Im Lehrkörper gab es kaum Sozialisten (studiert hat aber hier Karl Korsch). Im großen und ganzen erfolgte eine Anpassung an das preußische Hochschulwesen. Gelehrsamkeit traditionellen Stils herrschte vor. Noch bis in die dreißiger Jahre war Jena mit seinen zahlreichen buntbemützten, das Straßenbild beherrschenden Korporationen ein studentisches Eldorado, an das mancher »Ehemalige« mit Wehmut zurückdenkt. Einzelne Professorennamen dieser Zeit hervorzuheben – mit Ausnahme allenfalls des weltberühmten Kinderarztes Jussuf Ibrahim – muß ich mir, da befangen, hier versagen. Ein »Geistiges Zentrum« im Sinne der Thematik unseres Beitrages blieb Thüringen durchaus. Aber Anstöße weltbewegender Art und gebündelt zu Gesamtwirkungen sind von dem kleinen Lande im stärker zentralisierten Reich um so weniger ausgegangen, als nach der Machtübernahme durch den Nationalsozialismus das Prinzip der »Gleichschaltung« zwar von vielen bekämpft, sich in mancher Hinsicht doch auch an der Universität durchsetzen konnte. Manche bedeutende Kraft ging in diesen Jahren der Universität verloren. Ausgerechnet in Jena geschah es, daß Hitler persönlich den durch keine wirklich wissenschaftliche Leistung ausgewiesenen Rassentheoretiker Hans K. F. Günther in seine Antrittsvorlesung begleitete.

Die ganz große Zeit der Alma Mater Salana und ihrer weltweiten, noch heute nicht ganz erloschenen geistigen Ausstrahlung gehörte der Vergangenheit, vornehmlich der Goethezeit an. Auf einem anderen, nämlich dem spezifisch politischen Blatt steht die Tatsache, daß es in Thüringen beachtliche Zellen des Kommunismus gab, die über die Grenzen des Landes hinaus wirkten.

HANS TÜMMLER

Weimar – Zentrum der deutschen Klassik

Es ist der Stadt Weimar keineswegs an der Wiege gesungen worden, daß später ihr Name als Mittelpunkt der deutschen Klassik zu einem Weltbegriff werden würde. Im Mittelalter im Besitz der Grafen von Weimar-Orlamünde, kam der Ort 1372 an die Wettiner, 1485 an deren ernestinische Linie, bei der er, zuletzt Hauptstadt des Großherzogtums Sachsen-Weimar-Eisenach (seit 1874 offiziell »Großherzogtum Sachsen«), bis 1918 blieb. 1920 wurde Weimar Hauptstadt des Freistaats Thüringen. Von der alten Wasserburg an der Ilm ist so gut wie nichts erhalten, von der späteren »Alten Burg« nur das bemerkenswerte Renaissanceportal, das Goethe oft durchschritten hat, mit dem ins Auge fallenden hohen barockgekrönten Wachturm noch jetzt ein Wahrzeichen der Stadt. Hauptstädtischen Rang erlangte die kleine Stadt, als Kurfürst Johann Friedrich von Sachsen, der wackere Streiter für die Reformation, nach dem Verlust der Kurlande (mit Wittenberg) im Schmalkaldischen Krieg 1547 Weimar (neben Gotha) für sich und seine Nachkommen zur Residenz erkor. Von den seither hier regierenden Herzögen ist nichts Besonderes zu berichten. Aber ein jüngerer Sohn, ein Bruder des regierenden Herzogs Wilhelm I., machte sich einen Namen in der europäischen Geschichte. Es war dies der Herzog Bernhard von Weimar, der als militärischer Nachfolger des 1632 bei Lützen gefallenen Königs Gustav Adolf von Schweden die Führung der protestantischen Truppen übernahm und noch beachtliche Erfolge erzielte, bis sich das Kriegsglück wandte und er selbst 1634 bei Nördlingen fiel. Im Dom zu Breisach befindet sich das bedeutende Grabmal des großen Wettiners, dessen Leichnam später in Weimar beigesetzt wurde und dem kein Geringerer als Goethe eine ausführliche Biographie zu widmen gedachte, ein Unternehmen, das der Nichthistoriker bald aufgab.

Christoph Martin Wieland

Lange dämmerte Weimar so dahin, bis jenes Wunder geschah, das dem Zitat aus Goethes »Tasso«: »Ferrara ward durch seine Fürsten groß« für Weimar selbst Geltung verlieh. Welcher Zufallswind hätte sonst eine solche Zahl von Geistesgrößen hier zusammenwehen und, was mehr ist, lebenslang hier fesseln können! Begründerin des Weimarer »Musenhofs« wurde die früh verwitwete noch junge Herzogin Anna Amalia, indem sie 1772 als Erzieher des 1757 geborenen Erbprinzen Karl August den schon berühmten, durch sein Buch »Der goldene Spiegel« auch pädagogisch ausgewiesenen Dichter Christoph Martin Wieland gewann, der in seinen bisherigen Werken als erster der deutschen Sprache etwas von der Eleganz und dem Esprit des Französischen verliehen, ihr einiges von ihrer Schwere genommen, sie auch inhaltlich, mit leicht frivolem Beisatz (z.B. die Verserzählung »Musarion«) im Zeitgeist des Rokoko modernisiert hatte. Wieland hatte einen Großteil seines literarischen Werkes schon vollbracht, als er nach Weimar kam. Hier beschäftigte ihn zunächst die Erziehung der beiden jungen Prinzen Karl August und Konstantin, die beide dem freundlich-geistvollen Lehrer, der auch sachlich viel zu bieten hatte, aufrichtig zugetan waren. Zugleich aber nahm er das schriftstellerische Wirken wieder auf. Hauptergebnisse waren das anmutige Versepos »Oberon« und der witzige Roman »Die Abderiten«, in dem er angeblich seiner Spottlust über die Erfurter, die er von seiner dortigen Professorenzeit her in unguter Erinnerung hatte, den Lauf ließ. Seine Zeitschrift »Der Teutsche Merkur«, die ihre Spalten auch der frühen Klassik öffnete (Goethe schrieb manches für sie) wurde zu einem weit über Weimar hinaus bekannten literarischen Publikationsorgan. Sie war eine Art Wahrzeichen jener frühen Weimarer Jahre. Der Hofluft müde, zog sich Wieland bald nach Erfüllung seines Erziehungsauftrags mit seiner großen Familie in sein nahegelegenes Gut Oßmannstedt zurück, die Beschaulichkeit dieses Aufenthalts nur selten durch Besuche bei der ihm befreundeten Herzoginmutter Anna Amalia in Tiefurt unterbrechend. 1813 starb er 80jährig in Oßmannstedt, von Goethe, der ihn in seiner Jugend bespöttelt, dann aber schätzengelernt hatte, tief betrauert und mit einer feinsinnigen Würdigung bedacht. Wielands literarhistorische Bedeutung ist doch wohl höher zu veranschlagen als das Nachwirken seiner eigenen Dichtwerke. Zu ihrer Zeit z. T. bahnbrechend, dürften sie heute kaum noch einen breiteren Leserkreis erreichen, im Unterschied zu den Leistungen seiner drei großen jüngeren Weimarer Dichtergefährten.

Johann Wolfgang Goethe

Der 1775 im Alter von 18 Jahren zur Regierung gelangte Herzog Karl August selbst war es dann, der 1775 den 26jährigen schon als Dichter bekannten Juristen Johann Wolfgang Goethe nach Weimar holte, als Gast zunächst, um ihn ein halbes Jahr später im Juni 1776 als Geheimen Rat neben die weit betagteren Mitglieder seines obersten Beratungskollegiums, des Geheimen Consiliums, zu setzen. Im gemeinsam mit dem jungen Herzog und anderen Gesinnungsgefährten durchlebten Sturm und Drang der ersten Weimarer Jahre, das, sich besonders in und um Ilmenau austobend, außerhalb Aufsehen erregte, gelang es Goethe, nicht nur den jugendlichen Fürsten ernster, pflichtbewußter, kurz für sein Amt befähigter zu machen; er gewann auch selbst jene Reife, die ihn über das »Kraftgenialische« der frühen Jahre hinauswachsen ließ, woran seine Liebe zu Charlotte von Stein ihren wichtigen Anteil hatte. Gelangen ihm einerseits jetzt – zunächst in Prosafassung – Werke von klassisch-humaner Größe wie »Torquato Tasso«, »Iphigenie auf Tauris«, die ersten Verse der hohen ethischen Gedankenlyrik (»Edel sei der Mensch, hilfreich und gut« usw.) –, so vollbrachte er andererseits im Amt, stets zusammen mit dem Herzog, von 1775 bis 1785 Wichtiges wie die Finanzreform, die starke Verringerung des »Heeres« und landwirtschaftliche Verbesserungen. Er lernte, was das heißt: »Strengen Dienstes tägliche Bewahrung« und mochte auf diese Existenzprobe sein Leben lang nicht mehr verzichten.

Da gelangte er freilich auch an eine Grenze seiner Natur. Es bedurfte der italienischen Reise (1786–1788), um Goethe sich nicht im Verwaltungsdetail, das ohnehin im großen und ganzen nicht viel einbrachte, aufreiben, ihn seine eigentliche Lebensaufgabe voll erkennen zu lassen. Es

Die kleine Residenzstadt Weimar und die benachbarte Universitätsstadt Jena genossen gegen Ende des 18. und zu Beginn des 19. Jahrhunderts großes Ansehen als Zentrum der deutschen Kultur. Die Zeichnung von H. Merté zeigt eine Gesprächsrunde in der Gartenlaube von Goethes Haus in Weimar. Außer dem Hausherrn sehen wir (von links nach rechts) Wieland, Schiller, Goethes Freund und Gönner Herzog Karl August von Weimar und Herder.

spricht für die menschliche und fürstliche Größe des Herzogs Karl August, der sich inzwischen, erfüllt von hohen Reichsreformideen in letzter Stunde, als »Kurier des Fürstenbundes« ganz in der größeren Politik verloren hatte, damit gescheitert war, aber unter seinen Standesgenossen hohe Beachtung, einen für die Kleinheit seines Landes seltenen Bekanntschaftsgrad in jungen Jahren erworben hatte, daß er das eigentliche Wesen des Freundes erkannte und durch großherzige Auslegung die künftige immer noch nicht geringe dienstliche Tätigkeit Goethes auf dessen einmalige Person auszurichten begann. Bei allem, was er künftig amtlich tat, stand dem Dichter zudem sein enger Amtskollege und persönlicher Freund Christian Gottlob (v.) Voigt, der eigentliche Minister des klassischen Weimar, so nobel und verständnisvoll zur Seite, daß auf sein Verhältnis zu Goethe jenes Wort aus Ottiliens Tagebuch in den »Wahlverwandtschaften« gelten darf: »Gegen große Vorzüge eines anderen hilft kein Heilmittel als die Liebe.«

Mancher zeitraubenden Routinepflicht enthoben, hat Goethe in Italien und danach in Weimar »Iphigenie« und »Tasso« in Versform vollendet, sporadisch an »Faust« weitergearbeitet, den großen Lebensroman »Wilhelm Meister« begonnen, und, angeregt durch das Romerlebnis und den lateinischen Dichter Properz, die »Römischen Elegien« geschrieben, dieses großartige Werk in seiner hohen Verskunst und frisch-frohen Erotik doch auch ein echtes Humanum, bei dem es unwichtig ist, ob bei der Person der Geliebten mehr an ein eigenes spezielles römisches Erlebnis Goethes oder schon an das Verhältnis zu Christiane Vulpius (seit 1788) zu denken ist. Idealismus und Realismus verbinden sich hier, das Wesen des Dichters verschiebt sich überhaupt zum Wirklichen hin – was ihn nicht daran hinderte, die Entwicklung der idealistischen Philosophie an der Universität Jena kräftig zu fördern. Die Berufung Schillers, Fichtes, später Schellings, schließlich Hegels war im wesentlichen Goethe zu verdanken.

Johann Gottfried Herder

1776 wurde auf das dringende Betreiben Goethes Johann Gottfried Herder als Hofprediger nach Weimar berufen, wo er zum Generalsuperintendenten und Präsidenten des Oberkonsistoriums aufstieg. Alles ließ sich gut an. Goethe wußte es wie der Herzog zu schätzen, was Herder als Kirchenmann und als Ephorus des Schulwesens im Lande leistete, wobei seine Obsorge nicht weniger der Ausbildung der Prediger als dem Weimarer Gymnasium und dem bisher ziemlich vernachlässigten Volksschulwesen galt. Herder war ein herkulischer Arbeiter. Zu Karl August, der sich kaum in der Kirche blicken ließ, stellte sich im Persönlichen kein rechtes Verhältnis ein, während sich Herder seelsorgerlich in rührender Weise um die schwerlebige Herzogin Luise kümmerte: er wurde ihr zur echten Lebenshilfe.

Goethe und Herder pflegten während der ersten Jahrzehnte ihre Schriften auszutauschen, so schickte z. B. Goethe von Italien aus den nun in Versform vollendeten »Tasso« zuerst an Herder. Die schon in Straßburg geknüpfte Freundschaft erfuhr seit der Französischen Revolution eine Trübung, um im Laufe der neunziger Jahre des 18. Jh. zunehmender Entfremdung, fast Feindseligkeit Platz zu machen. Herder war mehr eigenwilliger Philosoph als Dichter. Seine ablehnende Haltung gegenüber seinem Landsmann Kant und seine

Das Klassische Weimar

1

2

3

4

Weimar, abseits von Handel und Wirtschaftsleben gelegene kleine Ackerbürgerstadt, blühte im 18. Jh. zu einem Zentrum des geistigen und kulturellen Lebens auf. 1772 rief die verwitwete Herzogin Anna Amalia – eine Nichte Friedrichs des Großen – den Dichter Christoph Martin Wieland als Erzieher ihres Sohnes Karl August in die Hauptstadt des Herzogtums Sachsen-Weimar.

Nachdem der 18jährige Herzog drei Jahre später die Regentschaft von seiner Mutter übernommen hatte, holte er Goethe an seinen Hof. Der Dichter bezog das Gartenhaus im Park am Stern (5), das ihm Karl August geschenkt hatte. Hier wohnte er sechs Jahre, und hier entstanden die Entwürfe zu »Egmont«, die Prosafassung der »Iphigenie« und »Wilhelm Meisters theatralische Sendung«.

Seit seiner Berufung zum Hofprediger und Generalsuperintendenten lebte auch Johann Gottfried Herder (4) in Weimar. Er wohnte in einem düsteren Dienstwohnhaus hinter der Stadtkirche St. Peter und Paul, die heute Herderkirche genannt wird und in der sich sein Grab befindet.

1782 zog Goethe in den großen Barockbau am Frauenplan. Dem Arbeitszimmer (7), in dem sein Hausmaler Schmoller ihn später malte (8) fehlt jeder künstlerische Schmuck, denn nichts sollte ihn ablenken, wenn er hier jeden Vormittag ab 5 Uhr arbeitete.

Friedrich Schiller (3), der erst 1799 endgültig nach Weimar übersiedelte, wohnte in seinen letzten drei Lebensjahren im heutigen Schiller-Haus an der Esplanade (1). »Die Braut von Messina«, »Wilhelm Tell« und der Anfang des »Demetrius« entstanden in den einfachen Räumen des Dachgeschosses.

Gegen Ende des 18. Jh. zeigte sich das Stadtbild Weimars, wie es sich heute bietet: die klassizistischen Gebäude, das herzogliche Schloß, die Bibliothek und das Wittumspalais der Herzogin Anna Amalia, die dort ab 1791 ihre Freitagsgesellschaften, unter anderen mit Goethe, Herder und Wieland, versammelte.

Nur kurz lebte der »Musenhof« noch einmal auf, als am Ende des 19. Jh. Herzog Karl Alexander einige Künstler an den Hof holte. B. W.-S.

Schillers Wohnhaus an der Esplanade in Weimar (1). Sein Arbeitszimmer (2). Friedrich Schiller, Gemälde von Anton Graff (1786) (3). Johann Gottfried Herder, gemalt von Kügelgen (4).

5

Goethe schreibt über sein Gartenhaus: »Übermütig siehts nicht aus, / hohes Dach und niedres Haus; / allen die daselbst verkehrt, / ward ein guter Mut beschert. Schlanker Bäume grüner Flor, / selbstgepflanzter, wuchs empor; / geistig ging zugleich alldort / Schaffen, Hegen, Wachsen fort.« (5)

6

7

8

9

Das Juno-Zimmer in Goethes Haus am Frauenplan (6). Die schlichten Eichenmöbel in seinem Arbeitszimmer (7). Ölgemälde von J. J. Schmoller: Goethe den Tisch umwandernd und diktierend. »Was ich guts finde in Überlegungen, Gedanken, ja sogar Ausdruck, kommt mir meist im Gehn« (8). Goethe und seine Mutter, Ölgemälde von Strähling (9).

Im Mai 1789 siedelte Schiller nach Jena über, wo er eine Professur erhalten hatte. Die Zeichnung von W. v. Lindenschmit jr. zeigt ihn im Gespräch mit Goethe, den Brüdern v. Humboldt, Wieland u. a.

dadurch mitveranlaßte Abneigung gegenüber Schiller hat hierzu beigetragen: Goethe stand zunehmend näher bei Schiller als bei Herder. Persönlichstes kam hinzu. Herder, schon von seinen gesundheitlichen Beschwerden her schwierig, war mehr und mehr mit seinem Schicksal in Weimar unzufrieden, und er wurde hierin von seiner Frau Caroline geb. Flachsland noch bestärkt, die sich immer mehr in einen Haß gegenüber Weimar und allem, was damit zusammenhing, hineinsteigerte.

Zu Weimars Ruf in der Kulturwelt hat Herder ganz erheblich beigetragen, besonders durch sein vielleicht bis heute in seiner Tiefe noch nicht ganz ausgelotetes, freilich nicht leicht lesbares mehrbändiges Werk »Ideen zur Philosophie der Geschichte der Menschheit«, zu dem Goethe noch Anregungen beisteuerte und das er später gegenüber Eckermann als einen sehr wesentlichen Beitrag zur Bildung der Nation bezeichnete. – Wie Herder in seinen jungen Jahren mit Unterstützung Goethes die Volksliedersammlung »Stimmen der Völker in Liedern« veranstaltet hatte, so bleibt ihm insbesondere das Verdienst, den Blick auch auf die slawischen Völker Europas, zumal die Tschechen, und deren Sprache gelenkt und deren Nationalbewußtsein gestärkt zu haben. Bemerkenswert, daß dies vom Weimar der Klassik ausging.

Als Herder 1803 starb, weilte Goethe langfristig und mit Geschäften überlastet in Jena. Man weiß nicht, ob das Ereignis ihn tief berührt hat, man kennt auch Goethes Schweigen. Es blieb Voigt, der die Verbindung zum Hause Herder nie hatte abreißen lassen, vorbehalten, dem Verstorbenen (im Brief an Goethe vom 19. Dezember 1803) ein letztes gutes und verstehendes Wort nachzurufen: »Uns bleibt nur das so viele Gute und Vortreffliche des hingeschiedenen Freundes im Andenken, und wir vergessen alles, was Umstände, Körperlichkeit und fremder Einfluß zum eignen Mißmut des teuren Toten beitrug.«

Friedrich Schiller

Dem Herzog Karl August, der sich nach dem Scheitern seiner großen politischen Pläne und der Teilnahme an den Anfängen der Koalitionskriege (1792/93) wieder nach Weimar zu den Seinen zurückgezogen hatte, derengleichen man nach seinen Worten weit suchen, aber nicht finden werde, war es entscheidend zu verdanken, daß Thüringen 1796 aus dem nach Lage der Dinge sinnlos gewordenen Reichskrieg gegen Frankreich ausschied und den Anschluß an die von Preußen im Basler Sonderfrieden (1795) erlangte norddeutsche Neutralität fand. Er sicherte dadurch jenen »Frieden des klassischen Weimar« (1796–1806) während dessen die freundschaftliche Zusammenarbeit Goethes mit Schiller zu ihrer Blüte gelangte. Etwas in der Welt Einmaliges trug sich hier zu, wie es Rietschels Doppeldenkmal vor dem Weimarer Nationaltheater zum Ausdruck bringt, das beide Männer den Dichterkranz gemeinsam haltend zeigt. Schiller hatte seiner schwachen Gesundheit wegen seine historisch-philosophische Lehrtätigkeit als Honorarprofessor an der Universität Jena aufgeben müssen. Die Beziehung zu Goethe knüpfte sich seit 1794 immer enger und nahm nach der Übersiedlung der Familie Schiller nach Weimar 1799, wo sie ihr Haus an der »Esplanade« bezog, womöglich – bei sachlich manchem kontroversen Gespräch – noch innigere Formen an.

Auf dieses großartige Jahrzehnt muß wenigstens in Form einer trockenen Aufzählung einiger Werke hingewiesen werden. Goethes »Wilhelm Meister«, einige Balladen, die späteren Elegien wie z. B. »Euphrosyne« und »Amyntas«, das »Achilleis-Fragment«, »Hermann und Dorothea«, »Reineke Fuchs«, die Weiterarbeit am »Faust«, »Die natürliche Tochter« sind herausgegriffene Beispiele. Schillers letzte fast unfaßbar große Lebensleistung fand in den berühmten Balladen, dem »Lied von der Glocke«, den Dramen »Wallenstein«, »Die Jungfrau von Orléans«, »Die Braut von Messina«, »Maria Stuart«, »Wilhelm Tell«, der gewaltigen Gedankenlyrik wie »Das Ideal und das Leben«, »Die Götter Griechenlands« überwältigenden Ausdruck. (Die Chronologie der Entstehung ist bei dieser zur Charakterisierung der Epoche dienenden Aufzählung nicht streng eingehalten.) Schiller, längst todkrank, starb 1805. Goethe hat ihm im Gedicht »Epilog zu Schillers Glocke« das schönste lyrische Denkmal gesetzt, während sonst der von ihm veröffentlichte Briefwechsel mit dem Dichterfreund das bedeutendste Lebens- und Wirkenszeugnis beider bleibt.

Die Stadt der Poeten

Das große Viergestirn umgab eine schier unglaublich große Zahl kleinerer Sterne, die denn auch ihr Licht leuchten lassen wollten. Weimar dichtete! Zumindest trifft das für Teile der gehobenen Gesellschaft, zumal der Hof- und Beamtenkreise, zu. Hier wenigstens ein paar Namen. Musäus' Märchen sind noch heute unvergessen. Christian Gottlob Voigt, so vielbeschäftigt er war, reimte oft und gern, nicht einmal schlecht, wenn vielleicht auch mehr für den »Hausgebrauch«; Goethe ermunterte und lobte ihn mit Überzeugung. Voigts gleichnamiger Sohn († 1813) hielt enge Verbindung zu namhaften Literaten der Zeit. Daß Goethe mit der Aufführung der seicht-gefälligen, locker dahinplätschernden Stücke des Weimarers August Kotzebue weit mehr Publikum ins Hoftheater lockte als etwa mit seinen eigenen und Schillers Werken, ist bekannt, bei der Aufnahmefähigkeit der Menge auch verständlich. Im stillen Wetteifer mühte sich Goethes von diesem oft um sein Urteil gebetener Weimarer »Urfreund« Karl Ludwig von Knebel; einige seiner Gedichte, besonders aber seine in der antiken Versform gehaltenen Übersetzungen des Horaz und des Lucrez wurden beachtet. Selbst ein Geschäftsmann wie Friedrich Justin Bertuch und ein Hofmann und Jurist wie Friedrich Hildebrand von Einsiedel übten sich gelegentlich in poetischem und prosaischem Schreibwerk. Goethes emsiger Schwager Christian August Vulpius verfaßte nicht nur den berühmten Räuberroman »Rinaldo Rinaldini«, einen »Bestseller« jener Zeit, er war auch sonst, nicht zuletzt aus finanziellen Gründen, schriftstellerisch und herausgeberisch tätig. Der Jurist und Diplomat Friedrich Müller (der spätere »Kanzler von Müller«), auch Riemer, dann gar Johann Peter Eckermann gelangten als Schriftsteller erst später zu Bedeutung.

Karl August selbst hütete sich, in den Chorus einzustimmen. Obwohl ihm seine Geliebte Caroline Jagemann-von Heygendorf gegenüber König Ludwig I. von Bayern nach seinem Tode mit bemerkenswerter Begründung eine durch und durch »poetische Natur« zusprach, schrieb er keine Verse. Ja, man muß bezweifeln, ob er selbst, der Tatmensch, ein echtes Poesieverständnis besaß. Goethes Tiefstes erschloß sich ihm sicher nicht. Um so höher ist sein hoher Respekt vor der ihn umgebenden einmaligen geistigen Sozietät einzuschätzen, die eben doch letzten Endes er, der Fürst, materiell und, wenn man so will, auch ideell unter seinem freien Dach zusammenhielt. Was seine Mutter, Herzogin Anna Amalia, als Musikkennerin und Komponistin leistete, reicht über das Dilettantische hinaus.

Unter Napoleon

Das Gros der Bevölkerung blieb freilich dumpf wie andernorts auch, aber ein Stolz auf die einheimischen Größen war doch vorhanden; und so mancher biedere Pohlbürger profitierte von der Kulturaristokratie durch Werbung und Geschäft.

Die Gewaltherrschaft Napoleons (Schlachten bei Jena und Auerstedt 14. Oktober 1806) brach mit furchtbarer Gewalt in die schon lange fragwürdig gewordene Idylle ein. Immerhin blieben Land und Fürstenhaus bestehen. Der durch Friedrich von Müller in Warschau vollzogene Beitritt zum Rheinbund, den Karl August – wiewohl in seiner Person ein heftiger Gegner Napoleons – wie seine wettinischen Standesgenossen vornahm, verhinderte die angedeutete Katastrophe (Napoleons Respekt vor Herzogin Luise und seine Rücksicht auf das mit Weimar verwandte russische Kaiserhaus sprachen dabei entscheidend mit). Aber die von 1806 bis 1813 erbrachten Opfer an Menschen (Kontingentstellung für Napoleons Kriege), Geld und Material waren enorm und ließen Goethes Gemüt keineswegs unberührt. Er persönlich kam, nicht zuletzt dank der Tapferkeit seiner Lebensgefährtin Christiane Vulpius, die er jetzt ehelichte, noch glimpflich davon. Die Franzosen, an ihrer Spitze Napoleon, respektierten ihn, und der Dichter, der 1808 in Erfurt die oft beschriebene Unterredung mit Napoleon hatte, unterlag in gewisser Weise der Faszination des Geistes durch die Macht: Er bewunderte im Tyrannen den Mann von dämonischer Größe, den Überwinder der Revolution und den vermeintlichen Ordner einer zerrütteten Welt.

So hielt er sich jetzt von allen politischen Geschäften möglichst fern. Lediglich zu solchen repräsentativen Auftritten wie beim Erfurter Fürstenkongreß 1808 ließ er sich von seinem Herzog heranziehen, zum Besten des Staates und zu seiner eigenen Belehrung und Freude. Sonst tat er seine Pflicht als Theaterdirektor, wobei er gelegentlich den frankreicherfahrenen Regierungsrat von Müller als Zensor bei bedenklich erscheinenden Stücken hinzuzog. Besonders aber widmete er sich der Universität Jena, die auf sein Betreiben ihre Arbeit bald wiederaufnehmen konnte und wissenschaftlich auf der Höhe blieb. Institutsmäßig baute er ganz allmählich jenes Ämtergebäude aus, das – wir greifen zeitlich vor – 1815 unter dem Namen »Oberaufsicht über die unmittelbaren Anstalten für Wissenschaft und Kunst in Weimar und Jena« zusammengefaßt und, ganz auf Goethes Person zugeschnitten, ihm als Leiter amtlich unterstellt wurde. Zu diesem einzigen Staatsamt, das Goethe bis zu seinem Tode 1832 weiterführte, gehörten (1817) die Herzogliche Bibliothek und die Freie Kunstanstalt in Weimar, in Jena auf dem naturwissenschaftlich-medizinischen Gebiet das Mineralogische, das Zoologische, das Anatomische, das Physikalisch-Chemische Kabinett, der Botanische Garten, die Sternwarte (in Schillers einstigem Garten), schließlich die erst spät errichtete Veterinärmedizinische Anstalt. Dazu kamen die Schloß- und die Akademische Bibliothek, deren Zusammenfassung zu einer großen neuzeitlichen Universitätsbibliothek Goethe als eine Hauptaufgabe ansah und mit größter Energie durchsetzte. Während der eigentlichen Fremdherrschaft hielt Goethe zum Besten der Sache und zu eigenem Gewinn Verbindung zu französischen Funktionären wie dem Gesandten Napoleons in Weimar, Baron von Saint-Aignan. Er glich da manches aus, was sein Landesherr in seiner schroffen persönlichen Ablehnung des Eroberers verabsäumte.

So abgeschirmt, konnte Goethe während der Jahre der Fremdherrschaft auch sein Werk als Dichter fortsetzen. 1809 erschien der Roman »Die Wahlverwandtschaften«, einer der bekanntesten deutschen Eheromane, zu seiner Zeit viel kritisiert. Der Jenaer Sonettenzyklus um Minchen Herzlieb fällt in die gleiche Periode. 1810/1812 entstanden die Karlsbader Kaisergedichte, die manches Rätsel aufgeben. Am volkstümlichsten wurde die Jugendautobiographie »Dichtung und Wahrheit«, deren Hauptstücke (Buch 1-3) 1813 beendet wurden – eins der schönsten Werke Goethes, nicht nur, wie man gesagt hat, eine »verschleierte Retrospektive«, sondern voll von echtem Leben und Erleben, zugleich, richtig verwendet, eine der wichtigsten kulturgeschichtlichen Quellen zur Aufklärung aus schon distanzierter Sicht. Der vierte Band wurde, nach sehr langer Unterbrechung, erst 1830/1831 abgeschlossen. Auch manches andere verdankte diesen an sich so trüben Jahren der deutschen Geschichte seine Entstehung.

Als die Fremdherrschaft zu Ende ging, traute Goethe, vom Genie Napoleons wie betäubt, zunächst der neuen Entwicklung nicht recht. Als ihn der Verlauf des Geschehens, an dem sein Landesherr aktiven Anteil hatte, vom Erfolg der Befreiungskriege überzeugte, suchte er seine von vielen als unpatriotisch empfundene Haltung im Festspiel »Des Epimenides Erwachen«, mit dem er auf Ansuchen Ifflands die Rückkehr des Königs Friedrich Wilhelm III. von Preußen aus dem Feldzug 1814 zu feiern übernahm, sich selbst und dem Publikum zu erklären. Man kann kaum leugnen, daß sich besonders in den Versen des Epimenides bei seinem Erwachen

Doch schäm' ich mich der Ruhestunden;
Mit euch zu leiden war Gewinn:
Denn für den Schmerz, den ihr empfunden,
Seid ihr auch größer, als ich bin

trotz der mahnend-verweisenden Folgeverse des Priesters etwas von Reue, Versuch der Selbstverteidigung, man würde heute sagen »Vergangenheitsbewältigung« ausspricht.

Der alte Goethe

Goethe wurde jetzt vom Großherzog – dieser Titel wurde Karl August im Wiener Kongreß wegen seiner Kriegsverdienste zuerkannt – wieder stärker zu Staatsgeschäften herangezogen. Obwohl nicht gerade ein Freund der relativ liberalen Weimarer Verfassung von 1816 – der ersten, die im Deutschen Bund in Kraft trat – mit der in ihr festgelegten Pressefreiheit und auch nicht ohne Skepsis gegenüber den politischen Ideen der Burschenschaft (gegründet in Jena 1815) und des Wartburgfestes von 1817, hat er, stets ein Freund der Jugend, über Amt und Pflicht hinaus alles getan, um die jungen Leute, an denen er die idealistischen Züge erkannte, und mit ihnen die Universität Jena gegen die bedrohlichen Angriffe durch die Großmächte Rußland, Österreich und Preußen zu verteidigen. Dann war er aber im Grunde ganz froh, als 1819 die zum Bundesgesetz erhobenen Karlsbader Beschlüsse die nach seiner Ansicht voreiligen freiheitlichen Bestrebungen beschränkten und auch an der Universität Jena Ruhe für friedliches Studium wieder einkehren ließen.

Die politisch so bewegten Jahre von 1815 bis 1819/1820 waren aber auch für den Dichter Goethe außerordentlich fruchtbar. Seine Reisen an Rhein, Main (und Neckar; 1814–1815) und die Liebe zu Marianne von Willemer, dazu seine eigenen schon am Vorabend der Befreiungskriege begonnenen orientalischen Studien beflügelten den nun 65jährigen zu neuer durch Altersweisheit gebändigter Jugend. Hauptergebnis sind die verschiedenen Gruppen der im »West-östlichen Divan« zusammengefaßten Gedichte, die erst im 20. Jh. volle Würdigung erfuhren und ihren Gehalt noch immerfort erschließen. Das Ganze der grandiose Auftakt des großen Alterswerkes.

Auch in seinem achten Lebensjahrzehnt ließ Goethes schöpferische Kraft nicht nach. Ein letztes großes tragisch endendes Erlebnis, die Liebe des 75jährigen zur jugendlichen Ulrike von Levetzow, fand seinen bewegenden poetischen Niederschlag in der »Marienbader Elegie«. Das dem ergreifenden Gedicht vorangestellte Motto (aus dem »Tasso«) »Und wenn der Mensch in seiner Qual verstummt, gab mir ein Gott, zu sagen, was ich leide« bemäntelt mühsam die Resignation, auch wohl die Erkenntnis in das nun unabänderlich auf sich zu nehmende Alter.

1824 begannen so Goethes eigentliche Altersjahre. Sein Weimarer Hauswesen wurde von der den »Vater« innig liebenden Schwiegertochter Ottilie geb. von Pogwisch betreut; es gab oft Gäste. Der Sohn August, bekanntlich labil und dem Alkohol zugetan, war als Haushalter brauchbar, wie er auch als Kammerrat in der Großherzoglichen Finanzverwaltung kein Versager war. Der Tod des im Grunde unglücklichen Mannes in Italien (1830) riß eine Lücke.

Geradezu einmalig bewahrte und bewährte sich die Freundschaft Goethes mit dem Großherzog Karl August. Sie besuchten einander oft. Besonders das Jahr 1825 vereinte beide aus Anlaß ihres 50jährigen Regierungs- bzw. Amtsjubiläums zu frohem Fest und wehmütiger Erinnerung, die an Ilmenau anknüpfte. Das letzte große festliche Zusammentreffen fand zu Goethes 78. Geburtstag in dessen Haus am 28. August 1827 statt, wo, etwas abgesondert von der großen Besuchermenge, Goethes besonderer Ehrengast König Ludwig I. von Bayern, Großherzog Karl August und der Dichter selbst bei Gesprächen über Kunst und Wissenschaft sowie wechselseitigen Respektsbekundungen gewissermaßen einen inneren Zirkel bildeten. Karl

Augusts kaum ein Jahr später erfolgender Tod (†Graditz bei Torgau am 14. Juni 1828) versetzte Goethe in die tiefste Trauer, die es ihm nach seiner Art unmöglich machte, an den aufwendigen Begräbniszeremonien teilzunehmen. Die Dornburger Gedichte (Spätsommer 1828) sind kostbare Zeugnisse: Sie singen bereits »das sanftere Lied der Selbstwiederherstellung« (Eduard Spranger). Im Gespräch mit Eckermann setzte Goethe dem toten Fürsten und Freund ein schönes, verehrungsvoll-würdiges Denkmal, ein Requiem, wie es wohl kaum sonst einmal einem Fürsten von einem seiner höchsten Diener gestiftet worden ist; den Ausgang bildete wieder das Ilmenau-Erlebnis, dessen nachwirkend-prägsame Kraft gar nicht überschätzt werden kann.

Besonders drei Männer standen Goethe, sieht man jetzt einmal von seinem Leibarzt und Mitarbeiter bei der »Oberaufsicht« Dr. Carl Vogel ab, bis zuletzt als getreueste Helfer zur Seite. Da war der Philologe Friedrich Wilhelm Riemer, der ihm bei der Abfassung der »Ausgabe letzter Hand« seiner Werke unermüdlich diente, aber schon fast mehr als nur »half«. Manche Riemersche Eigenwilligkeit in der Textfassung, manchmal schon an Fälschung grenzend, ist von der neueren kritischen Forschung nachgewiesen worden. Ein festes Lebenszubehör war für Goethe der weimarische Kanzler Friedrich von Müller, ein hochgebildeter, vielseitiger, agiler Mann, der aus Goethes Leben etwa seit 1810 gar nicht wegzudenken ist und zumal nach Voigts Tod (1819) für Goethe gewissermaßen unentbehrlich wurde. Müller wußte das, und es kam kaum einer an ihm vorbei, der zu Goethe in Beziehung treten wollte. Über seine Gespräche mit Goethe hat er nicht unkritisch berichtet. Goethe vertraute ihm und machte ihn zu seinem Testamentsvollstrecker, auch zum Vormund seiner Enkel. Keiner aber hat sich Goethe so mit Haut und Haar verschrieben, wie sein engster Mitwirkender und Gesprächspartner Johann Peter Eckermann. Eckermanns »Gespräche mit Goethe« gehören der Weltliteratur an. Man verzeiht diesem Mann, der Goethe liebte und sich keineswegs von diesem ausgenützt fühlte, daß sein Werk wesentlich dazu beigetragen hat, den Dichter zum »Olympier« zu stilisieren, der er denn doch nicht war und auch nicht sein wollte.

Alle drei Genannten haben auf ihre Art Anteil an jenen letzten Arbeiten, mit denen Goethe gleichsam sein Haus als Dichter bestellte, so an der »Ausgabe letzter Hand«, der Vollendung der »Wanderjahre«, besonders am zweiten Teil des »Faust«, dessen Manuskript Goethe verpackt und versiegelt hinterließ.

Mit Goethes Tod am 22. März 1832 war die große Epoche des klassischen Weimar beendet. Man darf wohl noch etwas weitergehen. An Heines Wort vom »Ende der Kunstperiode«, das mit Goethes Tod gekommen sei, ist doch viel Richtiges. Ganz andere Werte, besonders solche wirtschaftlicher Natur, traten an die Stelle klassischer Wertvorstellungen. Goethe selbst sagte einmal zu Eckermann: »Das heraufkommende Maschinenwesen quält und ängstigt mich. Es wälzt sich heran, langsam, langsam. Aber es hat seine Richtung genommen. Es wird kommen und treffen.«

Die Zeit der Enkel und Urenkel

In der zweiten Hälfte des 19. Jh. hat der noble, traditionsbewußte Großherzog Karl Alexander (R 1853–1901, der Enkel von Karl August), achtbare Bemühungen unternommen, an Weimars große Zeit anzuknüpfen, indem er einen Kreis namhafter Schriftsteller für längere oder kürzere Zeit nach Weimar zog. Hoffmann von Fallersleben, Otto Ludwig, Gustav Freytag, Fanny Lehwald-Stahr (mit der der Großherzog einen lebhaften Briefwechsel unterhielt), Paul Heyse, Joseph Viktor von Scheffel, Fritz Reuter, Richard Voß, Ernst von Wildenbruch – das sind bzw. waren doch zu jener Zeit Namen von einem guten Klang. Aber zu einem neuen »Musenhof« vermochte der Großherzog diese zum Teil doch ganz vorübergehenden Besucher nicht zu vereinen. Das Ganze blieb im Vergleich zu Karl Augusts Leistung im Epigonalen stecken. Ein großes bleibendes Glanzlicht setzte allein der zwar oft unterbrochene, aber im ganzen doch lange Aufenthalt von Franz Liszt. Von 1848 bis zu seinem Tode 1886 fand der Meister, eng befreundet mit der in Weimar auf der »Altenburg« wohnenden Fürstin Wittgenstein, seinen festen Wohnsitz, man darf sagen seine Heimat in Weimar.

Wichtig für Weimars gesamte neuzeitliche Entwicklung sowie für die Geschichte der Klassik wurde die Tatsache, daß der Goethe-Enkel Walther von Goethe 1885 Goethes Haus dem weimarischen Staat, seinen gesamten sonstigen, zumal schriftlichen Nachlaß der Großherzogin Sophie vermachte. Diese nahm, der großen Pflicht bewußt, alles in ihre Obhut. Sie ließ für die Verwahrung und Auswertung der literarischen Hinterlassenschaft hoch über dem Ufer der Ilm das Goethe-Archiv bauen, das sich bald zum Goethe- und Schiller-Archiv vergrößerte und heute, durch zahlreiche andere Nachlässe erweitert, eins der bedeutendsten Literaturarchive der Welt ist. Auch begründete und finanzierte die Fürstin die große noch heute maßgebliche Gesamtausgabe der Werke, Briefe und naturwissenschaftlichen Schriften Goethes, die 143 Bände zählende »Sophien«- oder »Weimarer Ausgabe«. Noch im gleichen Jahr 1885 gründeten Goethefreunde die Goethe-Gesellschaft mit Sitz in Weimar. Sie überdauerte, heute ins Internationale ausgeweitet, alle Wechselfälle der Zeit und zaubert, trotz der gegenwärtig herrschenden scheinbar unüberwindlichen politisch-gesellschaftlichen Verhältnisse einer zweigeteilten Welt, zu den in zweijährigem Abstand stattfindenden Hauptversammlungen, bei lebhaften Diskussionen, zugleich ein ungewohnt farbiges Bild in die sonst oft stillen Straßen der Stadt. Das Archiv, die Wohnhäuser der Klassiker, das Schloß, die Parke in Weimar und Tiefurt, das Liszt- und das Nietzschehaus, dazu alles, was sich auch über Weimar hinaus unter den Sammelbegriff »klassische Stätten« subsumieren läßt (so z. B. die Dornburger Schlösser) befindet sich seit Jahren in der Obhut der »Nationalen Forschungs- und Gedenkstätten der klassischen deutschen Literatur« in Weimar. Alles ist in guter Pflege. In der Wirkung ist freilich der ganze Komplex zum größten Zentrum der marxistischen Klassikforschung ausgebaut, die sich als Überwinder »westlich-spätbürgerlicher« Literaturbetrachtung versteht. Immerhin: geistige Auseinandersetzung über Goethe ist möglich.

INGEBORG WEBER-KELLERMANN

Thüringen – Seine Bräuche, seine Sprache, seine Speisen

Bräuche leben in der sozialen und wirtschaftlichen Umwelt derjenigen, die sie ausüben. Da sich in Thüringen der Übergang von agrarischen Lebensformen zu mehr städtisch-kleinbürgerlichen früher als in den anderen deutschen Landschaften vollzog, zeigt sich auch in den Bräuchen dieser Zusammenhang.

Das Kalenderjahr

Der erste große Brauchtermin ist im protestantischen Thüringen der Sonntag Lätare mit dem berühmten Eisenacher Sommergewinn. Die Tradition des heutigen Festes reicht bis 1897 und führte einst Tausende von Besuchern nach Eisenach. Auch jetzt kommen viele Leute zusammen, um zu sehen, was die Sommergewinnzunft in langen Vorbereitungsmonaten organisiert hat. In einem emsigen Wettbewerb haben die Bewohner der Georgenvorstadt ihre Häuser mit Binsenmark-Ostereiern, gebakkenen Hähnen und Brezeln geschmückt. Die Hauptsache aber ist der Umzug mit den Germanen, zahlreichen kostümierten Kindergruppen und den Wagen mit dem Winterriesen und der Frau Sunna, deren Streitgespräch den Höhepunkt des Festes bildet. Die Verbrennung der mitwandelnden Strohmasken bezeugt den Tod des Winterriesen. – Um diesen Frühlingsbrauch hat es viel wissenschaftlichen Streit gegeben, beginnend mit den Brüdern Grimm, die seinen Ursprung in graue Vorzeit verlegen wollten. Daß dabei mancherlei Fälschungen unterlaufen waren zugunsten der alten Germanen, daß andere bedeutende kulturgeschichtliche Zusammenhänge bestehen und der Eisenacher Sommergewinn in seiner modernen Form eher eine Imitation des Heidelberger Sommertag sein dürfte, ist inzwischen wissenschaftlich erwiesen.

Die große sommerliche Brauchzeit beginnt auf den thüringischen Dörfern im Mai.

Nun treten die dörflichen Burschenschaften in Aktion, gruppieren sich als Rechnungen, wählen ihre Platzmeister und organisieren die Dorfbräuche bis in die herbstliche Kirmeszeit. Zu Pfingsten ist überall was los. In den Vogteidörfern um Mühlhausen wird ein großes Laubgestell auf Wagen durchs Dorf gefahren, der Schößmeier. Versteckt im Laubgestell sitzt ein Junge, der auf den Anruf: Stoffel, pfief emol! auf einer Trillerpfeife antwortet. Der Heimbürge geht dem Zug voran und macht dem Grünmann Platz, während seine Begleiter Geld einsammeln. Nach mehr als zweistündigem Umgang werden vor dem Gemeindehaus die Kränze der Laubmaske gegen Geldspenden an die Honoratioren des Ortes verteilt, und dann kommt der Höhepunkt des Festes: Die beiden Rechnungen des Dorfes kämpfen um das Schößmeiergestell, ein wilder Kampf, dessen Siegergruppe der Gastwirt ein Faß Bier spendiert. Der Schößmeierbrauch ist bis ins 17. Jh. belegt und dürfte auf alte Spottspiele gegen den Einsammler des Zehnten für die gräflichen Herren zurückgehen, die um Pfingsten ihre Schößmeier in ihre Dörfer schickten. – Doch gibt es auch mancherlei andere Pfingstbräuche. In Waltershausen tanzt der Laubkönig an der Spitze einer Knabenschar, während von der anderen Dorfseite das Pfingstbräutchen mit den Mädchen ihm entgegenspringt. An jedem Haus erhalten sie Eier, Mehl und Kakao, wovon die Mütter am Nachmittag ein Festmahl für die Kinder bereiten. Diese Festformen haben aber auch eine Fülle von Abwandlungen: In Weingarten ist aus dem Laubmann ein Gummimännchen geworden, das sich vor der Arbeit drücken will und dafür tüchtig gekniffen wird. Und fast überall versucht man, die alte Tradition des 3. Pfingstfeiertages durch Brauchhandlungen durchzusetzen, die sich meist im Bereich der schön geschmückten Grünmasken und ihrer gabenheischenden Begleitung bewegen.

Aber auch der alte Brauch der pfingstlichen Wasserweihe ist in Südthüringen lebendig, und zwar in der verwandelten Form eines musischen Wettbewerbs um Dorfverschönerung. Alle Dorfbrunnen, auch die Hydranten, werden bunt bemalt und mit Blumenkränzen und farbigen Eiergirlanden geschmückt; Birkenbäumchen und Blumenteppiche zieren die Brunnenränder, und das alles haben die Schulklassen im Wettbewerb entworfen und ausgestaltet. Eine Jury der Erwachsenen verteilt die Preise.

Die bekannteste pfingstliche Wasserweihe ist das Poppenröder Brunnenfest an der Sülzquelle. Nach alter, bis 1605 reichender Tradition ziehen die Schulklassen der Umgebung mit Sommerstäben und Kränzen zur ummauerten Quelle und werfen unter Gesang ihre Blumen ins Wasser. Auch das Naumburger Kirschenfest wurde schon im 14. Jh. als Brunnenweihe erwähnt. Aber im Verlauf einer wechselvollen Geschichte ist es dann im 19. Jh. zum Historienspiel geworden als Erinnerung an eine angebliche Belagerung Naumburgs durch die Hussiten, die durch einen Bittgang der Kinder abgewendet worden sein soll. Die Kirschen waren die Belohnung.

Überhaupt ist Thüringen berühmt für seine vielerlei pfingstlichen Schauspielaktivitäten. Die alten Maienspiele um Maigrafen und -gräfin bilden oft nur die Grundlage für eine wandelbare Spielfreude, die sich – den Bedürfnissen der Spieler folgend – immer neue Themen sucht. Räuber- und Bergmannsspiele oder Ritterstücke wie »Fritz von Unkenstein« (Sättelstedt) stehen im Mittelpunkt, und die Freude an solchen Spielen erfüllt die beiden Sommermonate Mai und Juni, auch im Interesse des Tourismus. Figuren aus der Lokalgeschichte, Wilde Leute, Zigeuner und Indianer besetzen die Rollen dieser Stücke; in Mörla bei Rudolstadt verkleiden sich die Burschen in karnevalistische Hanswurstkostüme als Buzelmänner und führen groteske Wettkämpfe am Dorfteich auf – ähnlich läuft das Kelbraer Froschfest ab, nur daß hier der Froschkönig zu Pferde erscheint mit Krone und Larve als leibhaftiger Pfingstquack und die Menschen »erschreckt«.

Thüringen als Land der bäuerlichen Klein- und Mittelbetriebe und der ausgedehnten Heimarbeit in seinen Walddörfern kennt keine ausgeprägten Erntebräuche. Dagegen wird im Herbst in jedem Dorf Kirmes gefeiert. Auch dabei treten wieder maskierte und vermummte Gestalten auf, wie überhaupt das fastnachtsmäßige Sich-Verkleiden immer mehr in Mode kommt. Dazu mag auch die Produktion der Maskenmacherdörfer um Sonneberg das Ihrige beitragen. Vor allem treten nun wieder die Rechnungsburschen auf den Plan und organisieren vielerorts das Hammelreiten, das die ganze Gesellschaft auf

Auf den Höhen und im Vorland des Thüringer Waldes überwiegen Kleinbetriebe und Heimarbeit. Vor allem die bunten Weihnachtsbaumkugeln und Christbaumspitzen (3) werden in Heimarbeit hergestellt. Die Kugeln bestehen aus unterschiedlichen Materialien. Wertvolle Glaskugeln werden von Spezialisten mundgeblasen (1). Die einfacheren bunten Metallkugeln erhalten oft noch besondere Verzierungen (2). Immer wieder neue, interessante Formen denken sich die Heimarbeiter aus, um die Käufer zu erfreuen (4, 5).

1

2

3

4

5

Oben links und rechts: Am Sonntag Lätare wird in Eisenach der »Sommergewinn« gefeiert.
Darunter: Karneval in Wasungen an der Werra. Die einst von den berühmten Manebacher Maskenmachern angefertigten Masken werden heute halb-industriell hergestellt.

geschmückten Pferdewagen über die Dörfer führt von Gastwirtschaft zu Gastwirtschaft. Am Nachmittag auf dem Anger werden die ehrenwerten Dorfbewohner in einer parodistischen Kirmespredigt verspottet und ihnen ihre »Sünden« des letzten Jahres vorgeworfen.

Der 11. November, ein alter Wendetermin im Wirtschaftsjahr, erfuhr im Heimatland Luthers eine Umdeutung als Gedächtnisfeier zu seinem Geburtstag. Die Kinder des Dorfes gehen singend und gabenheischend von Haus zu Haus, eine Gepflogenheit, die an die Kurrende (Umgang) der Kirchenschüler aus der Lutherzeit erinnert.

Der Weihnachtsmonat bringt wiederum typische Bräuche für dieses urprotestantische Land. Der Bischof Nikolaus mit seinem Festtag am 6. Dezember, den Luther frühzeitig aus der Volksvorstellung vertreiben wollte, spielt eine nur geringe Rolle neben den zahlreichen rauhen Gesellen mit Ruprechtsnamen, die den Kindern einen Anlaß zum Klingeltag bieten. Aus dem Niklas wurde in manchen Gegenden der Herrscheklas, eine Verballhornung aus dem unerwünschten Herr Sente (Sankt) Klas (Nikolaus). In der Sonneberger Gegend wird er von der Herrschedame begleitet, einem lichtertragenden Christkind im weiten weißen Gewand. Dieses Paar erscheint in den Häusern in strafender und schenkender Funktion.

Zu Weihnachten hat jeder seinen Christbaum in der Stube stehen, was schon für 1800 bezeugt ist, jedoch mehr als städtische Sitte. Jedenfalls konnte der Weimarer Oberforstmeister sein Verbot gegen das Schlagen der Fichten und ihren weihnachtlichen Verkauf nur für den Landkreis durchsetzen, aber nicht für die Stadt Weimar.

Sprache

Thüringen bildet keinen einheitlichen Sprachraum, was mit seiner früheren territorialen Zersplitterung zusammenhängt. Im Norden läuft die niederdeutsche, im Süden die fränkische Sprachgrenze. Das Ostthüringische wurde vom Sächsischen beeinflußt, das Westthüringische vom Hessischen. So ißt man im Norden »Äppel« und »Kräppel«, aber südlich von Mühlhausen »Äpfl« und »Kräpfl«. Die Erfurter »schtoppen Schtrömpe«, aber in Südthüringen »schtopfen die Mädle Schtrömpfe«.

Die Thüringer Mundart wirkt schwerer als die sächsische, aber bequem und gemütlich. Dazu trägt besonders das weiche K bei wie in dem Scherzsatz: »Gaiser Garl gonnte geine Gerschengärne gauen.« Im ganzen gehört die Mundart wie die obersächsische und schlesische zu den ostmitteldeutschen Sprachgruppen.

Die Volkssprache widerspiegelt den liebenswürdigen Charakter der Thüringer. Zur adjektivischen Steigerung benutzt man gerne schön und hübsch, also z. B. ist jemand »schöne dumm« oder »hibsch langsam«. Allerdings ist auch in Thüringen der Wortschatz bei Schimpfereien und Spitznamen besonders reich: von der »Sauren Luise« (Frau, die mit sauren Gurken handelt) über den »Semmeldämsch« (Bäcker), den »Doppeldecker« (Vater zweier unehelicher Kinder) zum »Hefentoffel« (Urgroßmutter hat mit Hefe hau-

Oben: Zu einem jeden Volksfest gehören auch leibliche Genüsse. In Thüringen sind es besonders die beliebten und berühmten Rostbratwürste, die an vielen Ständen im Freien gebraten werden. Links: Thüringer Klöße werden nicht nur in Thüringen gerne gegessen.

siert). Auf den Partikularismus und die Vielzahl der Fürstentümer weist ein weit verbreiteter Spottvers hin:

»O Herr, gib Regen und Sonnenschein
für Reuß, Greiz, Schleiz und Lobenstein!
Und woll'n die andern auch was hahn,
So mögen sie's dem Herrgott selber sahn!«

Den zahlreichen Residenzen als Kulturmittelpunkte verdankt die Thüringer Mundart und die Volkssprache, aber auch eine Fülle von Übernahmen aus dem Französischen: im Rudolstädtischen soll folgender Satz möglich sein: »Wenn m'r mit großem Appetit pokuliert, dazu ohne viel Kompelmente dischkuriert on en Mordsfez on Kommersch macht on de Hongerbongschur (bon jour) derhäme vergißt, fällt's keen Schwitjee (suitier) ein, den Schiepel vom Haken ze nehm'n on häm ze renn; das tut er schonn seiner Fra zum Torte, die wörd'n met ihrer großen Schwarte (suada) ja a bluß torbiere (torpedieren).«

Im allgemeinen aber sind auch Sprache und Redeweisen gekennzeichnet von der viel verbreiteten Armut in diesem waldreichen Land mit seinen kleinen und kleinsten Bauernwirtschaften:

»Wer in Wirbach sich will nähren,
der muß suchen Heidelbeeren,
kann er sich darein nicht finden,
muß er lernen Besen binden.
Wer dazu besitzt kein Reis,
stiehlt's in Hainberg. Kyrie eleis!«

Thüringer Klöße und andere Nationalgerichte

Thüringen ist das klassische Land für Kuchen, Klöße und Rostbratwürste! Zu allen Festen, besonders aber zur Kirmes, gehören große flache Kuchen, die aber nicht auf Blechen, sondern auf schön bemalten runden Kuchenbrettern angerichtet werden. Die Hochzeiten begannen schon am frühen Morgen mit Kaffee und Kuchen, von denen bis zu hundert gebacken wurden. Dazu gingen die Frauen in das Gemeindebackhaus, zumindest in den Gebieten westlich der Saale, die eine Art von Kulturgrenze darstellt. In Ostthüringen hatte jedes Haus seinen eigenen Backofen. Übrigens waren die Gemeindebackhäuser ehemals meist grundherrliche Zwangseinrichtungen gewesen, um die Brot- und Mehlabgaben der Dorfbewohner besser kontrollieren zu können. Erst nach dem 18. Jh. gingen sie in Gemeindebesitz über und wurden für die Frauen zum beliebten Treffpunkt. Die einstige Armut auf den Thüringer Walddörfern bezeugen solche Verschen wie: »Wir haben kein Brot, wir haben kein Mehl. – Meine Mutter muß stehl'!«

Dem entsprach auch die Verwendung der Kartoffel als Hauptnahrungsmittel, seit der Herzog August von Weimar 1739 den Anbau von Erdtuffeln angeordnet hat – allerdings zunächst für seine Wildschweine! Aber die Thüringer Landbevölkerung, besonders in den Waldgebieten, übernahm die Kartoffel in ihre bescheidene Speisekarte; Thüringer Klöße wurden zum Nationalgericht. Sie werden aus geriebenen rohen Kartoffeln hergestellt und verdanken ihr Rezept eigentlich dem Zufall: man wollte aus gepreßten Kartoffeln Stärke gewinnen, aber den Rest nicht wegwerfen, und so wurden aus der Kartoffelmasse Klöße gekocht, begeistert besungen in zahlreichen Mundartdichtungen. – Die Rostbratwurst ist das andere Nationalgericht; ihr Duft auf den Märkten und Plätzen zieht sich als »Thüringer Weihrauch« durchs Land. Im Herbst ist Schlachtzeit. Zuvor aber, beginnend mit dem 11. November, müssen die ersten fetten Gänse dran glauben, und die geistlichen Herren erhielten ihre Martinsgans.

Dresden, Gemäldegalerie (hier: Sixtinische Madonna von Raffael; 1). Meißen, Albrechtsburg und Dom (2). Der »wichtigste« Baum des Erzgebirges: der Vogelbeerbaum (3). Leipzig, Petersstraße (4). Karl-Marx-Stadt, Karl-Marx-Monument (5). Leipzig, Hauptbahnhof (6). Zwickauer Mulde, Rochsburg bei Mulda (7). Dresden, Weiße Flotte und Brühlsche Terrasse (8).

Schloß und Stadt Hohnstein in der Sächsischen Schweiz (9). Dresden, Prager Straße im Hintergrund (10). Sayda, Erzgebirge (Mitte; 11). Erzgebirge (Osten) mit Geisingberg (12). Pilnitz (13). Oberlausitz, Türstock eines Bauernhauses in Waltersdorf (14). Sächsische Schweiz bei Schmilka mit Schrammsteine und Lilienstein (15).

Sachsen

Die Bezirke Leipzig, Karl-Marx-Stadt, Dresden

10

1

12

3

14

15

WALTER SPERLING

Die Landschaften der Bezirke Sachsens

Das »Leipziger Land« – wissenschaftlich genauer Leipziger Tieflandsbucht genannt – gehört seinem Untergrund nach noch zur mitteleuropäischen Mittelgebirgsschwelle, zeigt aber doch im Relief durchaus die Züge des Flachlandes. Somit nimmt es eine Mittelstellung ein, die auch kulturlandschaftlich zum Ausdruck kommt.

Das Leipziger Land

Manche Autoren betrachten das Leipziger Land als eine Untereinheit des Sächsischen Hügellandes, andere sehen es als eine selbständige Landschaft an. Dieses ist gerechtfertigt, wenn man das Leipziger Land als eine Geschichtslandschaft und einen Kulturraum betrachtet, dessen Mittelpunkt die Messestadt Leipzig bildet.

Es gibt auch einen historischen Landschaftsnamen – das Osterland –, der wegen seiner Verschwommenheit für eine moderne Landschaftsgliederung nicht mehr anwendbar ist. Dieser Name entstand weiter westlich an der Saale, doch dehnte sich seine Bedeutung immer weiter nach Osten, schließlich bis über die Elbe hinaus aus. Zunächst bezeichnete der Name Osterland nur ein kleines Gebiet im östlichen Thüringen und an der oberen Pleiße, dann wurde er auf die nach Osten wachsenden Marken übertragen und erfaßte das Gebiet, in dem später Leipzig erwuchs. Es war die »terra orientalis« oder »terra australis« (= Ostland), die allmählich den kulturlandschaftlichen Charakter eines Kolonisationslandes einnahm. Das 1382 durch einen landesherrlichen Machtspruch gebildete Territorium »Osterland« setzte sich aus pleißenländischen, altostmärkischen, thüringischen und meißnischen Ämtern sowie aus weiteren Besitzungen zusammen. Dies war ein recht willkürlich zusammengewürfeltes Gebilde, dessen Stände im 15. Jh. eine nicht unbedeutende Rolle in der Reichspolitik spielten. 1485 wurde das Osterland aufgelöst, damit ging der Name allmählich unter.

Untergrund und Relief
Im Gegensatz zu dem flachen, eintönigen und durch den intensiven Ackerbau noch karger wirkenden Relief, das nur wenige dem Auge zugängliche Punkte aufweist, also jeglicher landschaftlicher Reize entbehrt, ist der Untergrund sehr kompliziert gebaut. Wir finden hier einen Senkungsraum mit einer verwickelten tektonischen Anlage vor, in dessen Sockel verschieden alte Bauelemente nebeneinander liegen und miteinander verschachtelt sind.

Von Norden nach Süden steigt das Leipziger Land leicht an, etwa von 90 auf 160 m Meereshöhe. Unterbrochen werden diese Flächen nur durch einige breite Talauen. Von den altzeitlichen geologischen Elementen ist an der Oberfläche fast nichts zu erkennen, denn mächtige tertiäre und quartäre Sedimente verhüllen die Gestalt des Untergrundes. Nur an wenigen Stellen tritt der präkambrisch-paläozoische Untergrund an den Tag, hinzu kommen einige permische Porphyrkuppen. Dazu rechnet auch der Beuchaer Porphyr, aus dem das Material für das Leipziger Völkerschlachtsdenkmal gewonnen wurde. Weitere Anhöhen bilden die pleistozänen Endmoränenzüge, die da und dort 30 bis 50 m über das Niveau ragen und einen weiten Ausblick gewähren.

Im Tertiär, also zu Beginn der Erdneuzeit, änderte sich das Bild grundlegend. Das Leipziger Land wurde Senkungsgebiet, und dies blieb so bis zur Erdgegenwart. Die Becken wurden von flachen Schelfmeeren überflutet, an deren Rändern küstennahe Sedimente abgelagert wurden. Diese Sande und Tone erreichten da und dort eine große Mächtigkeit. Unter subtropischen Klimabedingungen dehnten sich an den Ufersäumen Küstensümpfe aus, die überwiegend aus Sumpfzypressen bestanden. Daraus wurden die Braunkohlenlagerstätten. Die beiden wichtigsten Flöze entstanden im Obereozän und im Unter- bis Mitteloligozän.

Die Hauptvorkommen der westelbischen Braunkohle, die auch in den Bezirk Halle und bis in das Nördliche Harzvorland reichen, liegen zwischen Saale und Mulde, vorwiegend nordöstlich der Linie Zeitz–Altenburg, wo sie einen sehr geschlossenen Abbaubereich gebildet haben. Die günstigen Abbaubedingungen wurden in den Revieren nördlich von Zeitz bei Altenburg und Meuselwitz, südlich von Leipzig bei Böhlen und Espenhain und schließlich im Nachbarbezirk bei Bitterfeld und im Geiseltal angetroffen. Wegen der Unruhe im Liegenden ist die Flözbildung unterschiedlich.

Sehr große Anstrengungen werden auf

Sachsen, landschaftliche Gliederung

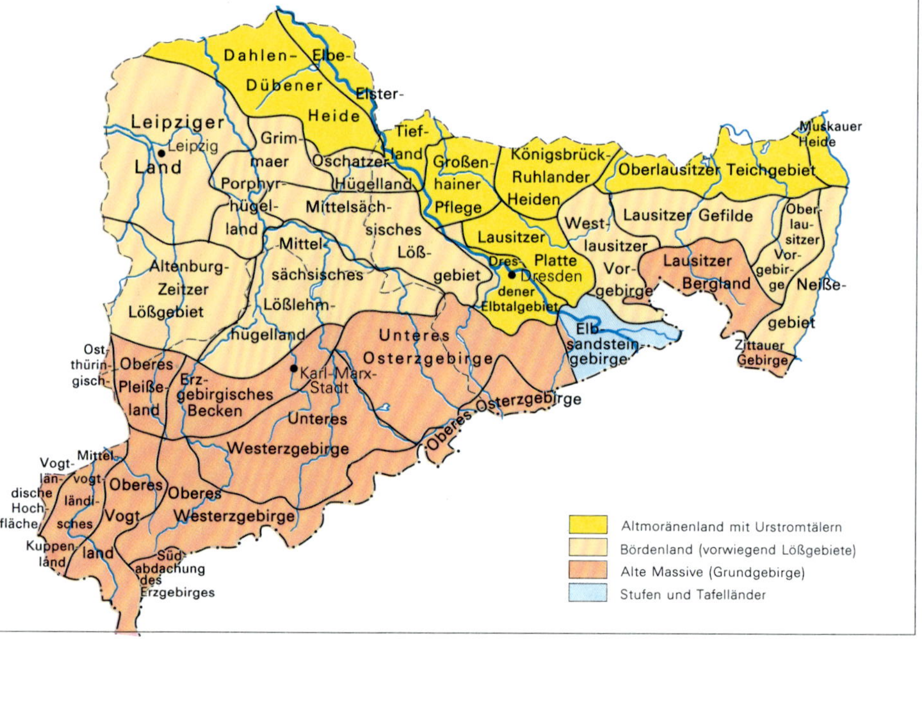

die Maßnahme der Rekultivierung verwendet. Halden und Kippen werden aufgeforstet, Restseen werden für die Fischzucht oder Naherholung hergerichtet. Durch Auskohlung und Aufgabe macht sich im Borna-Böhlen-Meuselwitzer Revier eine erste Entlastung spürbar.

Die relative Einförmigkeit des Leipziger Landes erschwert eine Untergliederung, zumal Geländeeigenarten, die einer Abgrenzung dienen könnten, eine starke kulturlandschaftliche Überprägung erfahren haben. Am stärksten wird das Leipziger Land durch weitgesteckte Grundmoränenplatten geprägt, die Geschiebelehm oder Lößlehm tragen, zum Beispiel die Brehna-Schkeuditzer Platte, die Lützener Platte, die Platte zwischen der Weißen Elster und der Pleiße und die Leipzig-Naunhofer bzw. Liebertwolkwitzer Platte. In genetischer Beziehung gehört dazu auch die Hohenmölsener Lößplatte, die durch den Abbau der Braunkohle schon weitgehend deformiert worden ist.

Einen völlig anderen Charakter besitzen die meist siedlungsfreien Talauen der Saale, der Weißen Elster, der Pleiße und der Mulde. Vielfach sind sie durch markante Steilhänge begrenzt. Infolge des Braunkohletagebaus und der damit verbundenen Verlegung von Flüssen und Bekken ist der Charakter dieser Niederungen zum Teil tiefgreifend verändert worden.

Etwas unruhiger ist das Relief im Taucha-Eilenburger Hügelland mit den »Schwarzen Bergen« gestaltet. Es handelt sich um eine stark reliefierte, kuppige, saaleeiszeitliche Endmoräne des Diskau-Eilenburger Stadiums mit stark wechselndem Untergrund.

Im Nordosten des Leipziger Landes breitet sich ein Übergangsstreifen aus, der stärker durch Sand überlagert ist, ein weiterer Übergangsstreifen im Südosten, wo

Slawische Siedlungsgebiete und Gassendörfer in Sachsen

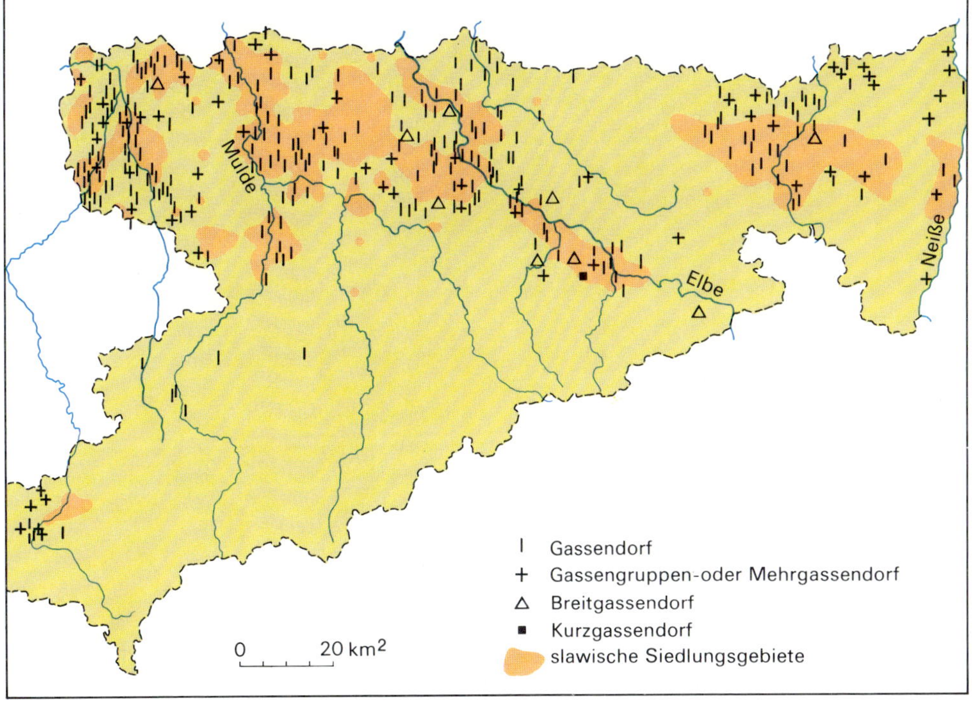

die mehr oder weniger breitrückigen Riedel eine durchgängige Lößbedeckung tragen.

Klima, Vegetation und Böden

Das Großklima des Leipziger Landes ist infolge der geringen Höhenunterschiede und der offenen Lage sehr einheitlich und trägt subkontinentale Züge. Dies gilt besonders für die Temperaturverhältnisse, die durch Januarmittel knapp unter dem Gefrierpunkt und Julimittel um 18 °C gekennzeichnet sind. Die Sonnenscheindauer liegt im Juli bei 211, im Januar bei nur 54 Stunden. Von Westen nach Osten nehmen die Niederschläge von 500 auf 650 mm zu; etwa 58 Prozent der Niederschläge fallen in den Monaten April bis September, was für die Entwicklung der Vegetation von großer Bedeutung ist. Recht markant ist die Klimagrenze zum Hügellandklima Nordwestsachsens ausgeprägt.

Die dichte Besiedlung und die starke Industrialisierung sind die Ursache starker Luftverschmutzungen. Bei stagnierenden Hochdrucklagen können angespannte Situationen eintreten. Durch Inversionswetterlagen kommt es bei mangelnder Zirkulation zu verstärkter Anreicherung von verschiedenartigen Immissionen. Im Bereich von Leipzig kann sich bei schwacher Luftbewegung eine Dunstglocke bilden, die auch zu einer Schwächung der Isolation (Sonnenbestrahlung) führt.

Die natürliche Vegetation ist ein Spiegelbild des einheitlichen Klimacharakters. Durch Rodung und intensive Kulturtätigkeit hat die Artenvielfalt gelitten und ist stark reduziert worden. Ein Eichen-Hainbuchenmischwald würde den naturgegebenen Standorten am ehesten entsprechen. Im Zuge der Cotta'schen Reformen wurde die Artenvielfalt der Laubmischwälder durch langweilige Monokulturforsten verdrängt. Natürliche Kiefernwälder stocken noch auf einigen sandigen Standorten. Artenreicher sind die Auwälder entlang der Weißen Elster, der Pleiße und der Luppe, von denen einige zu Landschaftsschutzgebieten erklärt worden sind. Der Auwald reicht bis an die Leipziger Altstadt heran und dient der Bevölkerung als Naherholungsgebiet. Allerdings hat sich die Zusammensetzung durch das Absinken des Grundwassers, durch die Luftverschmutzung und durch Pflanzenkrankheiten nachhaltig verändert.

Größere Städte	Wohnbevölkerung 1988	1. 1. 1971	31. 8. 1950
Bezirkshauptstadt Leipzig	547 309	583 885	617 574
Bezirkshauptstadt Dresden	519 527	502 432	494 187
Bezirkshauptstadt Karl-Marx-Stadt	313 095	299 411	253 373
Weitere Städte mit über 50 000 Ew.:			
Zwickau	122 054	126 968	138 844
Görlitz	78 096	87 492	100 147
Plauen	77 238	82 026	84 438
Altenburg	53 539	46 799	49 413
Freiberg	51 516	42 103	40 048
Bautzen	52 706	43 818	41 592

Bevölkerungszahlen der sächsischen Bezirke

Bevölkerung 1988	Einwohner	Ew./km²
Bezirk Dresden	1 763 400	262
Bezirk Karl-Marx-Stadt	1 862 200	310
Bezirk Leipzig	1 363 400	275
Insgesamt	4 989 00	282

Das »alte« Leipzig. Oben: Thomaskirche (vorne). Dahinter erhalten gebliebenes Neues Rathaus. Der Kuppelbau rechts gehört zum Dimitroff-Museum (ehem. Reichsgericht). Mitte links: Portal der Thomaskirche, rechts: Blick vom Alten Rathaus auf den Markt. Links: Alte Börse. Rechts: Altes Rathaus.

Unter den genetischen Bodentypen des Leipziger Landes dominieren die Braunerden, bei größerer Lößmächtigkeit und entsprechenden Klimabedingungen, auch Schwarzerden, die sehr ertragreich sind. Nach Osten und Südosten gehen die Braunerden in Parabraunerden und Fahlerden über. Die mineralischen Naßböden der Talauen eignen sich, auch wegen der häufigen Überschwemmungen, weniger für den Ackerbau.

Besiedelung
Die Besiedelung des Leipziger Landes ist typisch für viele Altsiedellandschaften in Mitteleuropa. Die ältesten derzeit bekannten Funde wurden seit 1895 bei Markkleeberg in einem Schotterkomplex aus der frühen Saale-Kaltzeit geborgen. Es handelt sich um Werkzeuge und andere Überreste, deren Alter auf etwa 250 000 Jahre geschätzt wird und die damit dem Paläolithikum (Altsteinzeit) zugeordnet werden können.

Das heutige Siedlungsbild hat sich aus vielerlei Strömungen herausgebildet, seit im 7. Jh. Slawen ins Land drangen. Ortsnamen auf -itz, -witz, -schütz, slawische Landschafts- und Gaunamen (Gau Chutici) haben sich bis heute erhalten. Die altslawischen Siedlungen kann man leicht an ihrer kleinen und unregelmäßigen Gestalt sowie an den bis zur Kollektivierung vorherrschenden Blockfluren erkennen. Beim Landesausbau durch die deutsche Ostkolonisation wendete man dagegen regelmäßige Formen wie die des Zeilen-, Platz-, Straßen- und Angerdorfes mit streifigen Fluren, vorwiegend der Gewannflur, an. Auch solche »zu deutschem Recht« angelegte Dörfer tragen häufig slawische Ortsnamen.

Die Städte entwickelten sich im Anschluß an die slawischen Kleinzentren und entlang der Altstraßen. Eine Reihe von Orten sind schon früher bezeugt als Leipzig selbst, so Taucha, Zwenkau, Schkeuditz, Groitzsch u. a. m.

Leipzig, Bezirkshauptstadt und Wirtschaftsmetropole Sachsens, ist nach Berlin (Ost) die zweitgrößte Stadt der DDR. Die internationale Messestadt erhielt im 12. Jh. die Stadtrechte. Leipzig liegt auf den Diluvialterrassen der Weiße Elster, der Pleiße und der Parthe, die sich hier vereinen (→ »Leipzig – Messe-, Universitäts- und Industriestadt«).

Elbtal, Dahlener Heide und Hohburger Berge

Das *Elbtal* unterhalb von Riesa, wo der Fluß in das Flachland eintritt, und die Dahlener Heide gehören zur größeren Landschaftseinheit des Elbe-Mulde-Tieflandes, dessen größerer Anteil sich jedoch weiter nördlich der Grenze der sächsi-

Auch dafür ist in Leipzig gesorgt: Entspannung am Wochenende bei einem (hoffentlich) spannenden Fußballspiel. Rechts: Fußballstadion mit vollen Zuschauerrängen. Darunter: Fans, denen es nicht an Phantasie mangelt, sich offen zu ihrem Verein zu bekennen.

Wenn Pferd und Jockey eins werden und um den Sieg kämpfen (rechts), packt es auch in Leipzig den »Wettspezialisten« (oben links) und die Zuschauer hinter dem Zaun (oben rechts). Jeder von ihnen verfolgt gebannt »seinen« Favoriten.

Lößnitz. Der Name bezeichnet einen 5 km langen, klimatisch begünstigten Streifen des Elbtals bei Radebeul.

schen Bezirke ausbreitet. Hier sind also nur die südlichen Teillandschaften dieses Landschaftsraumes vorzustellen. Die Hohburger Berge, die noch mit in die Betrachtung einbezogen werden, gehören strenggenommen zum Sächsischen Hügelland.

Die Landesnatur

Das Gesamtgebiet des Elbe-Mulde-Tieflandes breitet sich zwischen dem südlichen Landrücken und dem Rand der Mittelgebirgsschwelle aus, ein Flachlandstreifen, dessen Relief meistenteils erst in der Saale-Kaltzeit geformt worden ist. Im Untergrund steht das Urgestein an und ragt da und dort an die Oberfläche, etwa bei Torgau, wo schon in frühgeschichtlicher Zeit eine Burg errichtet wurde, sowie stärker in den Hohburger Bergen.

Die Gestalt des ganzen Tieflandes wird determiniert durch das hydrographische Netz, namentlich durch die Elbe selbst, die hier schon zu einem beachtlichen Strom angewachsen ist. Die warthestadiale Entwässerung schuf das sogenannte Breslau-Magdeburger Urstromtal, dessen Niederungen durch breite Talauen charakterisiert werden. Aber erst in der Weichsel-Kaltzeit bildete sich die endgültige Gliederung heraus, besonders die Niederterrassen, die am Rande der Hochflutbetten aufsteigen, von denen sich manche erst in geschichtlicher Zeit ausgebildet haben. Oft wird der Rand der Niederterrasse durch eine markante Terrassenstufe betont.

Nördlich von Riesa taucht das Grundgebirge unter die Lockergesteine des Altmoränengebietes, die eine mehr oder weniger mächtige Schüttung aufweisen. Genetisch bildet dieser Teil des Elbtals eine landschaftliche Einheit mit dem unteren Tal der Schwarzen Elster, die schon jenseits der Bezirksgrenzen im Bezirk Cottbus entlang fließt. Die breiten Talsandterrassen entstanden im Warthestadial der Saale-Kaltzeit, als wasserreiche Ströme die Schmelzwässer westwärts abführten. Später, in der Weichsel-Kaltzeit, wurden diese Flächen erneut zerschnitten. An vielen Stellen wurde der Sand, der noch keine Vegetation trug, zu Dünen aufgeweht. In den Hochflutbetten sammelten sich, bis in die geschichtliche Zeit hinein, fruchtbare Auelehme an.

Zusammen mit der *Dübener Heide*, die schon im Bezirk Halle liegt, bildet die *Dahlener Heide* eine landschaftliche Einheit. Beide Landschaften werden durch eine urstromtalähnliche Niederung getrennt. Die Entstehung dieser Heiden ist an den Verlauf saaleeiszeitlicher Endmoränenlagen geknüpft. Es handelt sich dabei um eine Stauchendmoräne, die Höhen bis 200 m Meereshöhen erreicht und damit das Elbtal um 125 m überragt. Die einzelnen, parallel laufenden Rücken sind meist 1 km lang und 20 m hoch, halbmondförmig angeordnet und bilden einen konkaven Bogen. Im zentralen Teil der Dahlener Heide sind diese Bogenformen am ausdrucksvollsten gestaltet. Der südliche Teil ist von mehr oder weniger großen Sandern und Schotterkegeln beherrscht und zeigt deshalb ein weniger bewegtes Relief.

Westlich der Dahlener Heide, nahe der Mulde, erheben sich die Hohburger Berge, die schon Teil des Grimmaer Porphyr-Hügellandes sind. Sie spielen in der Geschichte der Eiszeitforschung eine bemerkenswerte Rolle. Der Sockel besteht aus Quarzporphyr, die höheren Teile erreichen etwa 400 m Meereshöhe.

Die Hohburger Berge sowie der etwas südlich liegende Schildauer Berg verursachen auf der Lee-Seite einen gewissen Regenschatten, der einen Einfluß auf das Heideklima ausübt. Als natürliche Waldgesellschaft hatte sich ein kiefernreicher Laubmischwald eingestellt, dessen Bestand sich noch aus den Quellen des 16. und 17. Jh. nachweisen läßt.

Nördlich der Dahlener Heide schließt sich das Torgau-Dübener-Urstromtal an, dessen bis 10 m hohes Steilufer noch teilweise erhalten ist. In den Niederungen, die nur geringe Reliefunterschiede aufweisen, steht das Grundwasser meist bodennah an. So konnten größere Moorflächen und Brüche entstehen. Auf trockenen Standorten stocken dürre Kiefernflächen.

Besiedelung und Städte
Entsprechend dem Gegensatz von Niederungen und Heideländern sind die vor- und frühgeschichtlichen Siedlungsfunde sehr ungleichmäßig verteilt. Trockengebiete waren für die Anlage von Siedlungen eher geeignet als feuchte Standorte, als besonders attraktiv erwiesen sich stets die Kanten der Niederterrassen. In der mittleren und jüngeren Bronzezeit überzog die Westgruppe der Lausitzer Kultur das Gebiet. Mehrere Hügelgräber in der Dahlener Heide stammen aus der jüngeren Bronzezeit.

Die deutsche Ostkolonisation erreichte die Elbe im 10. Jahrhundert in breiter Front. Die Burgwarde knüpften meist an slawische Kleinzentren an. Bei der Erschließung der Niederungen waren auch flämische Zuwanderer beteiligt, die sich auf den Wasserbau verstanden. Entlang der Verkehrswege wurden die Städte gegründet. So die Stadt *Riesa* zwischen den Mündungen der Jahna und Döllnitz. Erstmals wird der Ort »Riezowe« 1064 als Benediktinerkloster genannt. Es handelte sich um eine Gründung des Bischofs von Naumburg, die an eine ältere slawische Siedlung anschloß, den Hauptort einer Supanie. Die nachfolgende deutsche Siedlung hatte den Grundriß eines Straßenangerdorfes. 1839 wurde die Fernbahn Leipzig–Dresden in Betrieb genommen, 1843 wurden die Eisenhammerwerke gegründet, daraus entstanden später die »Mitteldeutschen Stahlwerke«. Neben dem heutigen VEB Rohrkombinat Stahl- und Walzwerk Riesa haben sich auch andere Betriebe niedergelassen.

Etwas weiter nördlich, an einem Elbübergang der alten Salzstraße, liegt auf dem linken Steilufer der Elbe die Kleinstadt *Belgern*, 973 als Hauptort der Landschaft Nicici genannt. Unterhalb von Belgern, ebenfalls auf dem linken Elbufer liegt *Torgau*, das in den Quellen 973 als slawisches Fischerdorf erscheint und 1267 als Stadt genannt wird.

Bad Düben, nach dem die benachbarte Dübener Heide benannt ist, liegt nahe der Bezirksgrenze am rechten Ufer der Mulde. Nahe Düben liegt die Wasserburg Schmaditz, deren Herr, der Junker von Zaschwitz, im Oktober 1532 den zur Leipziger Messe reisenden Roßhändler Hans Kohlhase aus »Cölln an der Spree« zweier Pferde beraubte und diesen dann derart schikanierte, daß ein langer Rechtsstreit die Folge war, der durch Kleist zu einem literarischen Denkmal stilisiert wurde. Eine Gründung der Lausitzer Markgrafen ist die Stadt *Schildau*, die 1184 erstmals als »Schildoe« erwähnt wird (Stadt der »Schildbürgerstreiche«). Der berühmteste Sohn der Stadt ist der 1760 hier geborene August Wilhelm Neithardt Graf von Gneisenau, der als Feldherr, Heeresreformer und preußischer Generalstabschef bekannt wurde.

Meißen, Burgberg mit Albrechtsburg und Dom über der Elbe am Nordrand der Elbtalniederung gelegen. Auf der Albrechtsburg wurde 1710 die erste »Königliche Porcellain Manufactur« gegründet, die heute als VEB Staatliche Porzellanmanufaktur im Tribischtal Weltgeltung besitzt (Meißner Porzellan). Im Turm der Frauenkirche wurde 1929 das erste Porzellanglockenspiel der Welt eingerichtet. Um Meißen sind Ton-, Kaolin- und Granitsteingewinnung einerseits sowie Weinbau andererseits verbreitet. Meißen besitzt eine vielseitige Industrie, steht aber auch als Touristenziel hoch im Kurs.

Das Oberlausitzer Heideland

Wo die Lößablagerungen der Gefilderegion in sandig-kiesige Sedimente übergehen, beginnt das Oberlausitzer Heideland, das zu den am weitesten südlich gelegenen Gliedern des Tieflandes der DDR gehört, wegen des anstehenden Untergrundes aber auch zum Mittelgebirgsland gerechnet werden kann.

Die Naturlandschaft
Während die Oberflächenformen überwiegend durch tertiäres und quartäres Lockermaterial gebildet werden, steht im Untergrund noch der Lausitzer Granit- und Grauwackensockel an. Nur einzelne Kuppen und Rücken aus Granit oder Quarzit ragen an die Oberfläche, so der Rücken der Hohen Dubrau (305 m) und die Grauwackenberge südlich von Königsbrück (260 m). Auch einige Ausläufer des Basaltvulkanismus ragen noch in das Heideland hinein.

Der Grundgebirgssockel wird, besonders an seinem Nordsaum, von einer ziemlich geschlossenen Verwitterungsdecke aus Kaolin verhüllt. Diese besteht aus autochthonem Verwitterungsmaterial und aus zusammengeschwemmten, fettigen Tonen. Öfters stehen diese Kaolin-Tone, die bei Wetro und Caminau abgebaut werden, fast unmittelbar unter der Oberfläche an.

Zum Oberlausitzer Heideland, für das ein einheitlicher Landschaftsname fehlt, gehören eine Reihe von Teillandschaften, von denen nur zwei in den Bezirk Dresden hineinragen, während die anderen heute im brandenburgischen Bezirk Cottbus liegen.

Die *Königsbrücker Heide* schließt östlich an das Großenhainer Land an und grenzt im Süden und im Osten an das Lausitzer Gefilde und das Oberlausitzer Heide- und Teichgebiet, so daß die Stadt Kamenz gerade noch an ihrem Rande liegt. Neben schwachwelligen Hochflächen und flachen Kuppen breiten sich Niederungen und sumpfige Hohlformen aus, die Gieser oder Jesor genannt werden.

Im Tertiär entstanden einige Ton- und Braunkohlenvorkommen, außerdem findet man bei Hohenbocka reine Quarzsande von vorzüglicher Qualität, die sich für die Produktion farbloser Gläser gut eignen. Die Oberlausitzer Braunkohle entstand im mittleren Miozän, als sich hier im subtropischen Klimamilieu ausgedehnte Sumpfwälder gebildet hatten. Die durchschnittliche Mächtigkeit der Folge, die drei Braunkohlenflözhorizonte enthält, beträgt etwa 20 m. In der Regel wird nur das Mittelflöz abgebaut. Im Zusammenhang mit der Braunkohle entstanden im Hangenden Tone, die heute in keramischen Betrieben, zum Beispiel in Königsbrück verarbeitet werden.

Östlich der Königsbrücker Heide schließt sich das *Oberlausitzer Teichgebiet* an. Auch hier wirkt im Untergrund der

Zwickauer Mulde, Wechselburg mit dem Schloß der Herren Schönburg, die den Ort im 16. Jh. erwarben.

Bau des Mittelgebirges fort. Der aus Granit und Grauwacken bestehende Sockel ist in seinen oberen Teilen kaolinisch verwittert, wobei teilweise ganz fettige Tone entstanden. Dieser Umstand ist von entscheidender Bedeutung für die Hydrologie und die gesamte Landschaftsökologie, denn die Versickerung des Niederschlagswassers wird fast völlig unterbunden. Wenn die Kaoline unmittelbar unter der Oberfläche anstehen, können künstliche Teiche angelegt werden. Nahezu alle Teiche sind solche Kunstbauten, die durch ein bis zwei Meter hohe Dämme abgeriegelt sind und durch ausgeklügelte Grabensysteme abgelassen werden können. Eine ganze Reihe von Teichen ist aber dem Bergbau zum Opfer gefallen, der von Norden her in die Oberlausitz eingreift. Charakteristisch für diese Landschaft, in die heute mit dem Bergbau die Industrie ihren Einzug hält, ist der Wechsel von breiten, feuchten Talniederungen mit nur wenig höheren Talsandflächen. Die pleistozänen Kaltzeiten hinterließen ihre charakteristischen Formen wie Grundmoränen-Hochflächen, Reste von Endmoränen, Talsandflächen, Sanderflächen und -kegel sowie -dünen.

Das Oberlausitzer Heideland zeigt schon stark ausgeprägte kontinentale Klimaeigenschaften. Die Jahresmitteltemperaturen betragen 8,2 bis 8,9° C, die Julimittel über 18° C, die Januarmittel −1,0° C. Damit gehören die Amplituden der Monatsmittel zu den größten in ganz Deutschland. Im Westen des Gebietes sind die Sommertemperaturen höher und die Vegetationsperioden länger. Im Teichland hingegen trifft man Lokalklimate an, wo die Feuchte höher und damit die Kontinentalität weniger ausgeprägt ist.

Die Niederschläge nehmen von Nordwesten nach Südosten zu, was bei vorwiegenden Westwinden leicht zu erklären ist. Der Juli ist, wie auch sonst in mehr kontinental bestimmten Gebieten, der wärmste Monat. In der Gegend von Ruhland bleiben die Jahresmittel noch unter 600 mm, bei Niesky liegen sie um 650 mm und im Osten über 700 mm. Entsprechend nimmt die Dürregefährdung von Westen nach Osten ab.

Neben der herkömmlichen Teichwirtschaft hatte der Braunkohlenbergbau eingreifende wasserbauliche Maßnahmen zur Folge, die noch nicht abgeschlossen sind. 1972 wurde bei Quitzdorf am Schwarzen Schöps ein Speicherbecken eröffnet, das dem Hochwasserschutz, der Wasserversorgung für das Kraftwerk Boxberg, der Naherholung und dem Naturschutz (Vogelschutzgebiet »Diehsaer Bucht«) dient. Bei einer Stauhöhe von 8 m und 6,2 km² Wasserfläche werden 22 Mio. m³ Wasser gestaut.

Das Wort »Heideland«, das in der Lausitz für Kiefernwälder gebraucht wird, deutet auf die naturgegebene Vegetation hin. Es handelt sich um Kiefernmischwälder mit den Subtypen des Heidelbeer-, Preißelbeer- und Heidekraut-Kiefernwaldes. Die ärmsten Standorte werden in der Königsbrücker Heide angetroffen. Bei Grundwasserabsenkung kommt es durch die Dürre zu Wuchsbeeinträchtigungen, Insektenanfälligkeit und auch häufig zu Waldbränden. Die Forstwirtschaft versucht, möglichst reine Kiefernbestände zu erzielen, was aber problematisch ist. Standorte, wo sich auf der Kaolinunterlage nur eine dünne Sanddecke befindet, gelten als ökologisch besonders labil. In den Niederungen, wo das Grundwasser einen stärkeren Einfluß ausübt, tritt neben dem Stieleichen-Birkenwald der Erlenwald auf.

Entsprechend dem Substrat und der Grundwasserführung wechseln die Eigenschaften und Ertragsverhältnisse sehr stark. Braunerden kommen nur randlich vor, meist gehen sie rasch in Braunpodsole über. Die mit Sand und Kies bedeckten Flächen haben niedrige Bodenwerte.

Besiedelung und Städte

Die Besiedelung des Oberlausitzer Heidelandes konnte zunächst nur da ansetzen, wo die Bodenverhältnisse etwas günstiger waren. Vor- und frühgeschichtliche Funde sind äußerst spärlich. Aus der frühslawischen Zeit datieren fast überhaupt keine Überreste, denn ein breiter Waldgürtel trennte die Oberlausitz von der Niederlausitz; noch heute verläuft hier die Grenze zwischen der obersorbischen und der niedersorbischen Sprache. Erst der Landesausbau trug die Besiedelung in dieses unwirtliche Heideland, das auch in der Gegenwart eine geringe Siedlungs- und Bevölkerungsdichte aufweist. Erst spät entfaltete sich das Städtewesen, wenn auch mit einigen Besonderheiten.

Im Tal der Schwarzen Elster, am Rande des Altsiedellandes, liegt *Kamenz*, sorbisch Kamjenc. Zunächst nahm hier ein Burgward seinen Sitz, um 1200 begannen die aus dem Pleißenland stammenden Herren von Vesta hier eine Stadt anzulegen, die erste grundherrliche Stadtgründung in der Oberlausitz. An der Stelle, wo die Hohe Straße (»via regia«) das Flüßchen Pulsnitz überschreitet und wo einst die Grenze zwischen der Markgrafschaft Meißen und der Oberlausitz verlief, befindet sich die Stadt *Königsbrück*, sorbisch Kinspork. Sie wird 1248 erstmals genannt. Ein wichtiges Gewerbe war hier stets die Töpferei. *Königswartha*, sorbisch Rakecy, liegt im Teichland auf altem slawischem Siedlungsboden und beruht auf einer Grenzbefestigung. Königswartha ist Mittelpunkt der seit 500 Jahren betriebenen Karpfen- und Schleienfischerei. Das Schloß der einstigen Grafen von Dallwitz ist jetzt Sitz eines Fischerei-Instituts. Die Stadt Niesky, sorbisch Niska, im Osten des Heide- und Teichlandes ist eine neuzeitliche Gründung der Herrnhuter Brüdergemeine. Schon im Neißetal liegt *Rotenburg*, das 1268 als Sitz eines Burgwards genannt wird. Hier überschritten am 17. April 1945 die 52. Sowjetarmee und die 2. Polnische Armee die Neiße, und von hier aus wurde der Vorstoß nach Berlin vorangetragen.

Das Vorland des Erzgebirges

Das Erzgebirgsvorland erstreckt sich zwischen der Nordabdachung des Erzgebirges und dem Sächsischen Hügelland. Nach seinem geologischen Bau gehört es genaugenommen noch zum Erzgebirge, doch die Oberflächenformen zeigen schon den Charakter eines Hügellandes. Die Höhen sinken durchweg unter 400 m Meereshöhe ab. Es handelt sich bei dieser Landschaft um die Fortsetzung der Pultscholle des Erzgebirges, die sich immer mehr dem Tiefland zuneigt und zunehmend von jüngeren Sedimenten bedeckt wird. Da ein eigenständiger Name fehlt, spricht man heute vom »Erzgebirgsvorland«.

Untergrund und Relief

Das *Obere Pleißeland*, also die Landschaft am Oberlauf der Pleiße, liegt westlich des zentralen Beckens und grenzt an das Vogtland und an das Zeitz-Altenburger-Lößgebiet. Der von Süden nach Norden strebende Fluß bildet gewissermaßen die Achse dieser Landschaft. Die Hochflächen beiderseits der Pleiße, die sich bei Werdau und Crimmitschau um 50 m eingeschnitten haben, stehen genetisch in einem Zusammenhang mit den vogtländischen Flächensystemen. Diese Flächenbildungen sinken von Süden nach Norden fast unmerklich ab, von 350 m Meereshöhe am Übergang zum Erzgebirge auf 260 bzw. 280 m bei Gößnitz und Schmölln. Wo die Talaue immer breiter wird und die Hänge immer flacher werden, beginnt das Sächsische Hügelland.

Das *Erzgebirgische Becken* ist die mittlere der drei Teillandschaften. Dieses Bekken mißt in der Länge 50 km, in der Breite dagegen nur maximal 16 km. Hier wurde produktives Karbon abgelagert, das in den Revieren von Hainichen, Zwickau und Oelsnitz–Lugau bis vor wenigen Jahren abgebaut wurde. Die Steinkohle wurde zunächst am Ausbiß der Flöze oberflächlich gewonnen, während in diesem Jahrhundert Teufen von 600 bis 1000 m angegangen wurden, was den Bergbau nunmehr unrentabel erscheinen ließ. Das Becken selbst verdankt seine Gestalt den Flüssen, die das Becken queren. Es handelt sich um die Zwickauer Mulde, die Chemnitz und die Zschopau. Jedes dieser Gewässer hat gewissermaßen sein eigenes kleines Bekken ausgeräumt. Nach dem Eintritt in die Becken verbreitern sich die Talböden auffällig, während sich beim Austritt auf kurzer Strecke wieder Engtäler einstellen.

Die dritte Teillandschaft, die nordöstlich an das Erzgebirgische Becken anschließt, ist das *Mittelsächsische Lößlehmhügelland* (nicht zu verwechseln mit dem Mittelsächsischen Lößgebiet). Dieses deckt sich weitgehend mit dem von den Geologen sogenannten Granulitgebirge, wird aber in seinem oberflächlichen Formenbestand durch eine nach Norden mächtiger werdende Lößlehmdecke charakterisiert. Der Granulit oder Weißstein ist ein helles, biotitarmes Material, übrigens das älteste im Territorium der DDR anstehende Gestein. Er drang in einer Aufwölbungsachse des Variskischen Gebirges als glutflüssiges Magma auf. Der eigentliche Gebirgskörper ist 50 km lang und 20 km breit und durch einen Mantel jüngeren Gesteins, meist Schiefer, umhüllt, das wegen seiner größeren Härte den ganzen Komplex überragt. Die Abtragung setzte gegen Ende des Erdaltertums ein (im Oberkarbon/Unterperm), wobei das abgetragene Material teilweise im benachbarten Becken abgelagert wurde. Bis zum Beginn des Tertiärs blieb das Gebiet Festland. Das Einschneiden der Täler im Pleistozän war gebunden an verschieden widerständige Gesteinsformationen, so daß recht unterschiedliche Talformen entstehen konnten.

Klima, Böden, Vegetation

Entsprechend dem Relief ist die klimageographische Differenzierung des Erzgebirgsvorlandes sehr gering. Von den niedrigeren zu den höheren Lagen sinken die Juli-Mittel von 17,5 auf 16,5 °C, die Januar-Mittel von +0,5 auf −0,5 °C ab. Demgemäß steigen die durchschnittlichen Jahresniederschläge von reichlich 600 mm auf etwa 750 mm an.

Die Böden des Erzgebirgsvorlandes sind wegen der meist durchgängigen Lößlehmdecke recht einheitlich ausgeprägt, wozu auch der gleichmäßige Klimacharakter beiträgt. Da und dort tritt das Verwitterungsmaterial des Untergrundes an die Oberfläche, namentlich an den steileren Hängen der größeren Täler, an denen gelegentlich auch Wand- und Klippenbildungen zu beobachten sind. Wo das Rotliegende ansteht, sind die Böden auffallend rötlich bis rot gefärbt. Wenn Lößlehm in größerer Mächtigkeit aufliegt, bildeten sich, ähnlich wie im benachbarten Sächsischen Hügelland, Kleinformen heraus, so beispielsweise weite, sanfte Dellen, die talabwärts in steilwandigere »Tilken« übergehen werden. Diese Formen, die in der Regel nur auf Ackerland auftreten und die sich durch die Bodenbearbeitung ständig weiterbilden, entsprechen unter Wald scharf gekerbte Erosionsgräben, die sich bei dichter werdender Vegetation nicht mehr verändern.

Im gesamten Vorland des Erzgebirges überwiegen die als Acker- und Grünland genutzten Areale, während geschlossenere Forsten nur auf den Hochflächen des unteren Osterzgebirges auftreten. Die standortgerechten Eichen und Hainbuchen kommen nur noch vereinzelt vor, in der Forstwirtschaft dominiert vielmehr die Fichte, die freilich von den Umweltbelastungen durch die nahe Industrie besonders stark betroffen wird.

Besiedelung und Städte

Gemessen an der heutigen, auffällig hohen Bevölkerungsdichte hat sich die Besiedelung des Erzgebirgsvorlandes vergleichsweise spät eingestellt. Mit der 1136 erfolgten Gründung eines Benediktinerklosters im Chemnitzbecken – also im heutigen Stadtgebiet von Karl-Marx-Stadt – begann die durchgreifende Besiedelung des Erzgebirgsvorlandes. Dabei bestand eine enge Verbindung mit dem im Aufbau begriffenen Reichsterritorium des Pleißelandes. Neben den Klöstern waren verschiedene Reichsministeriale und burggräfliche Geschlechter mit der Erschließung betraut. Die Zeit der Hochkolonisation wurde vorwiegend durch die Einwanderung deutscher Bauern bestimmt.

Im Rodeland überwiegen, wie im Erzgebirge, große, zweiseitige Waldhufendörfer, deren Gestalt je nach der Geländebeschaffenheit variieren kann. Daneben gibt es gelegentlich Gelängefluren, die ähnlich wie im Vogtland als Vorform der Waldhufen gedeutet werden.

Im Anschluß an die Bauernkolonisation entfaltete sich auch das Städtewesen. Wichtige Hinweise geben hier die Jahre der Stadterhebung. *Rochlitz,* an der Zwikkauer Mulde schon nahe dem Sächsischen Hügelland gelegen, machte 1209 den Anfang in der Reihe der Städtegründungen. Es war Zentrum eines kleinen slawischen Wohngaues, später ließ sich hier ein deutscher Burgward nieder. *Zwickau,* in einem Becken der gleichnamigen Mulde gelegen, begegnet uns 1108 als slawisches Fort (»Zwiccowe«), wird nach der Niederlassung deutscher Kaufleute königlicher Marktort und 1212 »oppidum«. Der planmäßige Straßenmarkt betont die günstige Lage und die Verkehrsbedeutung. Bei *Chemnitz,* dem heutigen Karl-Marx-Stadt, liegen die Verhältnisse etwas anders, denn hier bestand vermutlich vor 1165 ein königlicher Fernhandelsmarkt, dem 1143 das Marktrecht zugesprochen worden war und der dann 1216 »civitas« genannt wird und Mittelpunkt einer »provincia« war. *Crimmitschau* im Pleißeland soll 1216 Stadt geworden sein, wird aber 1414 erneut mit dem Schmöllner Stadtrecht begabt. *Hainichen* wird erstmals 1276 und schon sechs Jahre später als »oppidum« erwähnt. Die Stadt *Mittweida,* am Ende des großen Waldhufendorfes Altmittweida angelegt, wurde 1286 Stadt, im gleichen Jahr auch *Roßwein* mit seinem besonders regelmäßigen Stadtgrundriß. *Frankenberg,* zunächst eine Dorfanlage aus der Rodungszeit, erhielt das Stadtrecht 1292, nachdem hier Bergbau betrieben wurde.

Es war überwiegend die Funktion des Fernhandels, die zu den Stadtrechtsverleihungen führte. Dazu trat schließlich die Tuchmacherei; das 1357 an *Chemnitz,* das heutige *Karl-Marx-Stadt,* verliehene Bleichmonopol bestätigt diesen Trend. Der Beginn des Manufakturzeitalters wurde indessen durch das Textilgewerbe eingeleitet, nachdem sich der Metallerzbau als nicht beständig erwiesen hatte. Ein weiterer Impuls kam durch den Steinkohlenbergbau, der im 19. Jh. verstärkt einsetzte, nachdem schon seit dem 14. Jh. örtlich Kohle gefunden wurde, was dazu geführt hatte, daß schon 1348 in Zwickau eine Umweltschutzverordnung erlassen wurde, weil der Rauch der Schmieden die Luft in gesundheitsschädigender Weise verpestete. Mit dem Aufkommen der Dampfmaschinen und der Eisenbahn stieg die Förderung sprunghaft an und erreichte vor dem Ersten Weltkrieg ihren Höhepunkt. 1913 waren fast 25 000 Mann in diesem vorerzgebirgischen Steinkohlenbergbau tätig, von da an ging die Zahl der Beschäftigten stetig zurück. Nach dem Zweiten Weltkrieg kam es erneut zu einem Aufschwung, da Mitteldeutschland von der Ruhrkohle abgeschnitten war. Fieberhaft versuchte man, die unrentabel gewordene Förderung wieder zu erhöhen. 1977 wurde der Steinkohlenbergbau der DDR aus Rentabilitätsgründen völlig eingestellt, im Rahmen der sozialistischen-ökonomischen Integration ist man inzwischen auf Steinkohlenlieferungen aus dem Oberschlesischen Revier umgestiegen.

Die hochentwickelte Industrie bestimmt das sozial-ökonomische Profil dieses Ballungsgebietes. Daraus ergeben sich schwierige Probleme für die Gestaltung der Landeskultur. Zeugen der Steinkohlengewinnung sind Abraumhalden, Senkungsmulden und Geländeflexuren am Rande der ehemaligen Abbaufelder. In den Revieren von Zwickau und Oelsnitz-Lugau entstanden 52, meist tafelbergförmig aufgetürmte Halden, die eine Fläche von 285 ha bedecken. Die Rekultivierung wird mit Hilfe spezieller Meliorationsverfahren vorgenommen. Die Senkungsgebiete erfordern aufwendige wasserbauliche Vorkehrungen. Die aufgelassenen Gruben müssen sorgfältig verwahrt werden, damit keine Folgeschäden eintreten.

Das Sächsische Hügelland

Das Sächsische Hügelland ist ein Teil der sächsischen Gefildezone. Es handelt sich um einen Naturraum der breiten Übergänge, der sich schwer abgrenzen und gliedern läßt. Der Untergrund zeigt die Baustruktur der Mittelgebirgsregion, die Oberflächenformen dagegen stehen schon in einem Zusammenhang mit den Aufschüttungen des Flachlandes.

Der Naturraum

Somit gehört das Sächsische Hügelland, geologisch gesehen, zu den Rumpfschollen des Erzgebirges, die nach Norden hin immer weiter einfallen und schließlich völlig unter den pleistozänen Ablagerungen eintauchen. Die komplizierte Tektonik des Untergrundes läßt sich da am ehesten ahnen, wo einzelne Schollen bis an die Oberfläche reichen und dem Relief etwas mehr Bewegung verleihen.

Nur in der Elster-Kaltzeit wurde das Gebiet vom Eis überfahren. Die Kies- und Sandpackungen dieser Vereisung sind meist unter dem jüngeren Löß verborgen. Die folgende Saalevereisung erreichte nur noch das Leipziger Land und den nordöstlichsten Teil des Hügellandes. Die Lößbedeckung geht überwiegend auf die letzte, die Weichsel-Kaltzeit zurück. In der Tat ist der Löß das bestimmende Gesteinselement des Sächsischen Hügellandes, da er den Untergrund mit mehr oder weniger großer Mächtigkeit verhüllt. Dies wirkt sich landschaftsökologisch sehr stark aus und trägt wesentlich zur landschaftlichen Differenzierung des Hügellandes bei.

Das Klima des Sächsischen Hügellandes ist relativ einheitlich und weist nur einige örtliche Besonderheiten auf. Im Unterschied zum Erzgebirge und seinem Vorland ist es weniger kühl, feucht und nach Osten hin zunehmend kontinentaler. Besonders begünstigt ist das Lößhügelland mit der Lommatzscher Pflege, wo die Jahresmittel der Niederschläge auf unter 600 mm absinken. Allgemein nehmen die Werte der Niederschläge von Westen nach Osten ab.

Den klimatischen Gegebenheiten entspricht das Mosaik der genetischen Bodentypen und weitgehend auch der Landnutzung (Parabraunerden). Die natürliche Pflanzendecke des Sächsischen Hügellandes ist durch die intensive Landeskultur weitgehend überformt worden und läßt sich nur unter Schwierigkeiten rekonstruieren. Die gefundenen Belege geben wichtige Hinweise für die Altlandschaftsforschung. Es handelte sich vor dem Eintritt des Menschen um einen artenreichen Eichenmischwald mit Linden, in den feuchteren Tälern auch mit Buchen, von dem so gut wie nichts mehr erhalten geblieben ist. Die Kerne dieses Gebietes, die sich durch Bodenwertzahlen über 80 auszeichnen, werden landläufig »Pflege« genannt. Einige floristische Besonderheiten der naturnahen Vegetation weisen die Flußtäler auf. Die Hänge des Elbetales und die pleistozänen Platten im Nordosten tragen zum Teil noch Trocken- und Halbtrockenrasen und Gebüschformationen, innerhalb derer submediterrane und subkontinentale Arten überwiegen. Manche Trockenrasenarten sind als Relikte der Sandsteppenformation aufzufassen. Auch die Schutt- und Ackerunkrautflora zeigt einen hohen Anteil xerothermer (xero: trokken; therm: warm) Arten.

Die Teillandschaften

Im *Zeitz-Altenburger Lößgebiet* beherrschen lange, sanft geschwungene Hänge das Landschaftsbild. Die vier produktiven Braunkohlenflöze im Weißelster-Becken nördlich von Altenburg entstanden in der Erdneuzeit (Obereozän bis zum Mitteloligozän). Erstmals hören wir 1672 vom Braunkohlenbergbau. Der große Aufschwung kam mit der Produktion der Braunkohlenbriketts. Seit 1970 ist nur noch der Tagebau Hasselbach tätig, viele der älteren Gruben, denen ertragreiche Akkerländereien und gutwüchsige Waldgebiete zum Opfer gefallen waren, befinden sich schon wieder im Stadium der Rekultivierung.

Deutlich unterscheidet sich davon das *Grimmaer Porphyr-Hügelland,* das sich beiderseits der Vereinigten Mulde ausbreitet. Einzelne Erhebungen, Hügelreihen und Plateaus werden durch den Porphyr gebildet. Der Lauf der Mulde hat eine verwikkelte Vorgeschichte und nahm erst im Eiszeitalter (Pleistozän) die heutige Form an. Die Auflage des Staublehms ist teilweise sehr dünn, so daß sich dort keine günstigen Ackerbaustandorte finden lassen. In den Talungen wurden pleistozäne Schotter abgelagert. In der Gegend von Wermsdorf wurden künstliche Seen und Teiche aufgestaut, wo Fischzucht und Entenzucht betrieben werden.

Das *Oschatzer Hügelland* mit seiner welligen Landoberfläche wird gelegentlich als Teil des Mittelsächsischen Lößgebietes angesehen. Unter der Altmoränenfläche steht hier ebenfalls das Grundgebirge an, das da und dort in Form kleiner Kuppen die Oberfläche erreicht. Eine bedeutende Landmarke ist der Collmberg (318 m), dessen Kuppe von einem ovalen Ringwall umgeben ist. Zwei Bauwerke sind weithin sichtbar, der 1854 erbaute und 18 m hohe steinerne Aussichtsturm und ein 64 m hoher Richtfunkturm, der 1962 vollendet wurde und in dem auch eine meteorologische Station arbeitet. Eine granitene Säule aus dem Jahre 1865 weist auf die Bedeutung des Collmberges bei der Gradmessung und topographischen Landesaufnahme hin. Am Nordwesthang des Berges entstand in den dreißiger Jahren ein Geophysikalisches Observatorium, das heute zur Leipziger Karl-Marx-Universität gehört.

Unweit des Collmberges liegt der 248 m hohe und waldfreie Windmühlenberg, auch Spitzcollm genannt, ein Rest des Nordsächsischen Sattels. Auch die Liebschützer Berge sind ein Teil dieses Sattels, einer Aufwölbung des Variskischen Gebirges. Anstelle des tiefgründigen Lößes finden wir an der Oberfläche oft nur eine geringmächtige Sandlößdecke, die sich örtlich auf den Geschiebelehm der Grundmoräne gelegt hat. Da und dort breiten sich gut bewirtschaftete Forsten aus wie etwa der Hubertusburger Forst und der Wermsdorfer Wald.

Das *Mittelsächsische Lößgebiet* mit der Lommatzscher Pflege bildet das Zentrum des Sächsischen Hügellandes. Hier ist die Sächsische Gefildezone am typischsten ausgeprägt. Im geologischen Bau zeigen sich weitere Übereinstimmungen mit dem Erzgebirgsvorland. Das äußere Formenbild wird durch ein kräftig reliefiertes Hügelland charakterisiert, wobei die Reliefenergie von Norden nach Süden deutlich zunimmt und die örtlichen Wasserscheiden 30 bis 50 m über den benachbarten Talsohlen liegen. Insgesamt werden die Formen nach Norden flacher und sinken von 300 m auf 140 m ab, bis an der Lößrandstufe das Flachland beginnt.

Der Untergrund tritt nur an wenigen Stellen in Erscheinung, meist an steileren Talhängen, wo die jüngeren Auflagerungen durch die Abtragung beseitigt worden sind. Meist handelt es sich um Porphyr, Granodiorit und andere Urgesteine. Da und dort wird der Unterbau bedeckt durch wasserundurchlässige tertiäre Tone oder pleistozäne Geschiebelehme, dann erst folgt die Lößdecke. In der Kreidezeit und besonders im Tertiär zersetzt die chemische Verwitterung die feldspathaltigen Quarzporphyre etwa 60 m tief zu Kaolin. In den höheren Geländelagen wurde diese kaolinisierte Verwitterungsdecke wieder abgetragen oder mindestens stark reduziert. In Geländeniederungen jedoch, besonders in wannenartigen Vertiefungen, blieb sie erhalten und wird als hochwertiger Rohstoff für die Porzellanindustrie genutzt. Von wirtschaftlich noch größerer Bedeutung ist der Löß, ein feinkörniges, staubartiges Sediment, das während der letzten Vereisung durch den Wind abgesetzt wurde und heute die besten Bedingungen für die Landwirtschaft bietet.

Ein auffälliges Merkmal der altbesiedelten Lößlandschaften ist die Bodenerosion, die sowohl flächen- als auch linienhaft schon in der Frühzeit der Besiedelung einsetzte. Mit der Intensivierung der Landwirtschaft im 18. Jh. und der jüngst vorgenommenen Kollektivierung beschleunigten sich die bodenerosiven Prozesse beträchtlich. Man beobachtet Dellen, Gräben, Kerben, Tilken, Hohlwege und Geländestufen, die sich aktuell weiterbilden, besonders bei den sommerlichen Starkregen.

Das *Großenhainer Land* wird östlich begrenzt durch das weit nach Süden vorspringende Königsbrücker Heideland. Der wichtigste Wasserlauf ist die Große Röder, an der auch die Stadt *Großenhain*, der Mittelpunkt dieser Landschaft, liegt. Die östlichste Teillandschaft des Sächsischen Hügellandes ist die *Lausitzer Platte*, diese vermittelt die Verbindung zur Lausitzer Gefildezone.

Besiedelung und Städte
Entsprechend der Klimagunst und der Eigenart der Böden setzte die Besiedelung des Sächsischen Hügellandes schon in vorgeschichtlicher Zeit ein. In der zweiten Hälfte des 6. Jh. drangen, von Böhmen kommend, die Slawen in die sächsischen Gefilde ein. Bis zum 11. Jh. entwickelte sich im Westen des Hügellandes an der Pleiße der slawische Wohngau »Plisni«, im Osten nahe der Elbe der Gau »Daleminci« und dazwischen, schon mehr im Leipziger Land gelegen, der Gau »Chutici«.

Zentrum des Pleißegaus wurde das spätere *Altenburg*. Hier liegen die Anfänge der »marchia orientalis«, der sogenannten Ostmark, die auch mit dem Osterland gleichgesetzt wird, das aber viel weiter nach Osten reichte. Im Altenburger Land sind vier Fünftel der Ortsnamen slawischer Herkunft.

Die Slawen waren nach Familienverbänden (Supanien) organisiert. Dem entspricht eine Siedlungsweise, die durch eine große Zahl kleiner Ortschaften, meist in geringen Entfernungen voneinander, charakterisiert ist: Weiler, Runddörfer, Sackgassendörfer, kleine Gewanndörfer, meist verbunden mit mehr oder weniger unregelmäßigen Blockfluren und Block- und Streifenfluren. Auffällig ist die Verknüpfung dieser Siedelformen an das geschlossene Verbreitungsgebiet der slawischen Ortsnamen.

Unter die deutsche Oberhoheit kamen die westslawischen Stämme schon in der Regierungszeit Heinrich I. (R 919–936). Damit setzte die christliche Mission ein, zu einer Bauernkolonisation kam es aber zunächst noch nicht. Die deutsche Herrschaft überzog das Slawenland mit einem System von Burgwarden, deren Standorte nicht selten an slawische Zentren anknüpften. Erst im 11. und 12. Jh. dürften wir mit einer stärkeren deutschen Bauernkolonisation rechnen. Es ist nicht leicht, die Grundrißformen der deutschen Siedlungen inmitten dieses dichtbesiedelten Landes zu identifizieren. Straßendörfer, Angerdörfer und regelmäßige Platzdörfer, verknüpft mit regelmäßigen, feingliedrigen Gewannfluren oder auch Gelängefluren bieten sich für eine solche Zuordnung an. Sicher ist allenfalls, daß es sich um »nach deutschem Recht« angelegte Dörfer handelt, an deren Aufbau sich auch einheimische Slawen beteiligt haben. Auch darf gefolgert werden, daß die älteren slawischen Kleinsiedlungen bei diesem Prozeß aufgegeben wurden und wüst fielen oder daß an ihrer Stelle modernere und größere Siedlungsanlagen entstanden, die von der Vorsiedlung den Namen und einen Teil der Bevölkerung erbten.

Ähnlich wie in anderen Gegenden Mitteldeutschlands folgte der Bauernkolonisation die Städtebildung. Bis auf wenige Ausnahmen sind die Städte Landstädte geblieben. Die heutige Kreisstadt *Altenburg* liegt in einer vorgeschichtlichen Siedlungskammer nahe der Pleiße, auf dem Schloßberg befand sich ein slawischer Burgwall. Schon 976 wird Altenburg »civitas« genannt, Geithain erst 1209, Colditz 1245, Grimma 1220, Döbeln 1350, Oschatz 1246.

Noch bedeutender als Altenburg wurde im Zuge der deutschen Ostpolitik *Meißen*. Hier ließ König Heinrich I. bei seinem Zug in das Sorbenland 929 eine Wehranlage errichten, die Stadtrechte erhielt Meißen 1150. Die planmäßig angelegte Marktstraße zog Handel und Gewerbe an, gleichzeitig entwickelte sich auch ein kirchlicher Mittelpunkt.

Das Dresdener Elbtalgebiet und die Lausitzer Platte

Dresden, die ehemalige Landeshauptstadt Sachsens, liegt im Schnittpunkt mehrerer Großlandschaften. Die umgebenden Hügel- und Bergländer lassen erkennen, daß die Umgebung Dresdens zum Mittelgebirgsland der DDR gehört. Die Abfolge Fachland – Hügelland – Bergland wird durch die Einsenkung des Elbtals unterbrochen; so entsteht ein eigenartiges und vielfältiges Gefüge mit einem eigenständigen Charakter. In der naturräumlichen Gliederung werden das Dresdener Elbtalgebiet und die Lausitzer Platte meist dem Sächsischen Hügelland zugeordnet.

Untergrund und Relief
Die eigentliche »Elbtalzone« ist eine tektonische Einheit, die sich zwischen das Erzgebirge und das Lausitzer Granitmassiv einschiebt. Es handelt sich um eine alte, immer wieder auflebende Schwächezone. Jedenfalls bildete sich in dieser, längst bevor die Elbe im Pleistozän (Eiszeit) ihren Lauf endgültig fand, eine Senke, die in geologisch sehr verschiedenartige Gesteine eingelagert ist. Grundgebirge, Rotliegendes, Kreidesandstein und Quartär sind am Aufbau beteiligt. Seit der Kreidezeit ist die Tektonik wieder in Bewegung. Der Landschaftsraum, den man jetzt als »Dresdener Elbtalgebiet« bezeichnet, gliedert sich in zwei deutlich unterscheidbare Teile: die Dresdener Elbtalwanne und die Ausräumungsbecken im Rotliegenden.

Die Elbtalwanne ist etwa 44 km lang und 6 bis 7 km breit. Ihr Rand wird zum Teil von tektonischen Bruchlinien gebildet. Die Elbe selbst durchfließt die Talweitung in großen Windungen, die durch die Schwemmfächer der von den Seiten herabfließenden Nebenflüsse bedingt sind. In den Talboden der Niederterrasse ist die Talaue eingesenkt. Die höher angelegte Heidesandterrasse ist nur am Nordufer des Flusses ausgebildet. Die steilen Hänge auf der Südseite dagegen sind teilweise durch Löß und Lößlehmdecken verhüllt.

Flußabwärts an der Nordseite liegt die nur 5 km lange Kleinlandschaft *Lößnitz*. Eigentlich handelt es sich um den günstig exponierten rechten Elbtalhang bei Radebeul, bekannt durch seine Weinberge. Jedermann denkt zunächst einmal an Löß, wenn er diesen Namen hört. Weit gefehlt: Der Name, der zuerst 1286 in einem Zinsregister des Dresdener Rats auftaucht, wird von dem altsorbischen Wort »Lesnica« (Waldbach, von »les« = der Wald) abgeleitet. Unterhalb der Lößnitz erhebt sich das Spaargebirge, ein 3 km langer und bis 1,5 km breiter Bergzug, der durch geologische Vorgänge vom gegenüberliegenden Plateau abgetrennt worden ist.

Den nordwestlichen Abschluß des Dresdener Elbtalgebietes nimmt das *Meißner Syenit-Granit-Massiv* ein. Im Elbtal unterhalb von Meißen überwiegen die Granite, bei Dresden dagegen Syenite, die eine rötliche Farbe aufweisen. Im Meißner Massiv sind noch verschiedene Gneiße eingeschaltet, die denen im Gebiet von Moritzburg entsprechen.

Ganz anders ist der entgegengesetzte, südöstliche Teil des Elbtalgebietes gebaut, denn hier finden wir eine Serie eng aneinandergepreßter und stark verformter Gesteine vor, die von den Geologen als *Elbtalschiefergebirge* bezeichnet werden. Da das Meißner Syenit-Granit-Massiv nach Südosten hin sich ausspitzend unter das Schiefergebirge eintaucht, ist dieses als jünger einzustufen.

Zwischen diesen beiden Komplexen bildete sich in der Rotliegendzeit ein Sedimentationsbecken, das landläufig *Döhlener Becken* genannt wird. Dieses enthält im unteren Teil ein über 130 m mächtiges Steinkohlengebirge, dessen Abbau allerdings durch jüngere Verwerfungen erschwert wurde. Seit über 400 Jahren wurde die Kohle gefördert. Im Zuge der Industrialisierung des Dresdener Gebietes spielte das Revier, das inzwischen erschöpft ist, eine wichtige Rolle.

An die Elbtalwanne schließt sich eine Beckenlandschaft an, die von verschiedenen Flüssen geschaffen worden ist. Die wechselnde Widerstandsfähigkeit der Gesteine ist die Ursache malerischer Landschaftsbilder, deren Reiz die Umgebung Dresdens als Naherholungsgebiet so attraktiv macht. Die stärkere Weißeritz hat ein größeres Ausräumungsbecken erzeugt, dagegen herrschen im Bereich der schwächeren Lockwitz mildere und ausgeglichenere Formen vor.

Östlich und nördlich des Elbtalgebietes beginnt mit einer markanten Bruchstufe die *Lausitzer Platte*, das Bindeglied zur östlichen Gefildezone und zum Lausitzer Bergland, das bereits Mittelgebirgscharakter besitzt. Es handelt sich bei dieser Platte um eine flachwellige Rumpffläche, deren Ausbildung zusammen mit den Flächen des Osterzgebirges erfolgte, aber anschließend durch verschiedene Brüche zerstückelt wurde und damit ein eigenes Gepräge erhielt.

Der Untergrund der Lausitzer Platte ist ein Teil des Lausitzer Granitmassivs. durch die Kräfte, die während der Eiszeit wirkten, ist ein buntes Gefüge von kleinen, teilweise recht verschiedenen Einzellandschaften entstanden. Die als Naherholungsgebiete bekannte *Dresdener Heide* liegt mit dem größeren Teil ihres Areals schon auf der Lausitzer Platte. Auf einer Mittelterrasse der Elbe breiten sich hier elstereiszeitliche Sedimente aus, die durch Schmelzwässer herangeführt worden sind. Im Holozän, also im jüngsten Abschnitt der Erdgeschichte, wurden noch Flugsanddünen aufgesetzt. Sie sind 5 bis 10 m hoch und können im Ullersdorfer Revier kilometerweit verfolgt werden. Ursprünglich war das ganze Gebiet mit Wäldern, meist Kiefern und Birken bedeckt.

Die leicht bearbeitbaren Sandböden luden schon früh zur Besiedelung ein, deshalb trifft man hier einen außerordentlichen Reichtum an vor- und frühgeschichtlichen Funden an. Bereits im 15. Jh. entwickelten sich die Anfänge einer geregelten Forstwirtschaft. Dazu kam ein beachtlicher Wildreichtum (der letzte Bär wurde 1612 gefangen). Deshalb nimmt die Dresdener Heide in der deutschen Forstgeschichte einen hervorragenden Platz ein.

Die *Moritzburger Teichlandschaft*, oberhalb der Heidesandterrasse gelegen, liegt ebenfalls schon auf der Lausitzer Platte. Der Felsuntergrund reicht bis fast an die Oberfläche, so daß der Stau- und Grundwassereinfluß zunimmt. Eine geomorphologische Besonderheit ist das eigenartige Kuppenrelief: ein bemerkenswertes Wechselspiel von Voll- und Hohlformen, von Kuppen und Wannen, die durch den elsterkaltzeitlichen Eisschurf geformt wurden. Wenn der Untergrund wasserundurchlässig ist, kann das Niederschlagswasser durch Dämme zu Teichen und kleinen Seen angestaut werden. In diesem Teichgebiet liegt das bekannte Schloß Moritzburg, ein Jagdschloß des Dresdener Hofes.

Klima, Vegetation
Das Dresdener Elbtalgebiet, besonders die Elbtalwanne, ist durch ein günstiges Klima ausgezeichnet. Dieses kommt weniger im Jahresmittel der Temperatur von 9 °C als im Juni-Mittel von 18,5 °C zum Ausdruck, weiterhin in den niedrigen Jahressummen der Niederschläge, die bei 650 mm liegen und gegen das Lausitzer Bergland hin sichtlich ansteigen und in der Umgebung von Radeberg schon 750 mm betragen. Entsprechend sinken die Jahresmittel der Niederschläge merklich ab; die höheren Lagen zeigen ein Jahresmittel von weniger als 8 °C. Gegenüber Dresden tritt die Baumblüte auf den nördlich benachbarten Hochflächen fünf Tage später ein, nach dem Erzgebirge hin ist die Staffelung noch auffälliger. In Dresden-Stadt beträgt die schneefreie Zeit 221 Tage, auf der Lausitzer Platte nur noch 196 Tage im Jahr.

Bemerkenswert sind die Charakteristika des Lokalklimas. Die Gunst der Südexposition ermöglicht stellenweise sogar den Weinbau, der vor der Reblauskatastrophe im 19. Jh. noch verbreiteter war als in der Gegenwart. An die Stelle der Reben sind intensiv gepflegte Nachfolgekulturen wie Aprikosen, Pfirsiche und Erdbeeren getreten. Zur thermischen Begünstigung des Beckens tritt gelegentlich der Föhneffekt. Die vom Erzgebirge herabsteigenden Winde erwärmen sich, gleichzeitig lockern sich die Wolken auf. Allerdings kann der hohe Staubgehalt der Luft und die durch Haushalte und Industrie bedingte Dunstbildung zu einer Beeinträchtigung der Sonneneinstrahlung führen. Dies ist besonders bei Inversionswetterlagen der Fall. Im Winter kommt es im Becken zu Kaltluftansammlungen, die zu erheblichen Beeinträchtigungen führen können. Somit ist in der Talweitung im Vergleich mit den benachbarten Hochflächen mit etwa 80 Stunden weniger Sonnenschein im Jahr zu rechnen.

Pirna mit Stadtkirche St. Marien. Elbabwärts die Industriegebiete von Pirna-Nord und Heidenau.

Pflanzengeographisch gehört das Dresdener Elbtalgebiet zu den bemerkenswertesten Regionen Mitteleuropas, denn hier treffen die Verbreitungsgebiete atlantischer, kontinentaler und pontischer (steppenhafter, also wärmeliebender) Arten zusammen. Im Verlaufe der nacheiszeitlichen Klimageschichte wanderten immer neue Pflanzen- und Tierarten ein, andere zogen sich zurück, wurden seltener und verschwanden. Relikte der kaltzeitlichen Flora sind jetzt selten. Dagegen gedeihen in den Talgründen der linken Elbseite noch zahlreiche montane Arten. Man vermutet, daß deren Samen durch die Flüsse aus dem Erzgebirge herbeigeführt worden sind.

Ursprünglich war das gesamte Dresdener Gebiet mit Wald bedeckt, der jedoch der Kulturtätigkeit der Menschen weitgehend gewichen ist. Am meisten verbreitet waren die Laubmischwälder, die je nach den Standorten eine wechselnde Zusammensetzung zeigten. Es handelte sich um Eichen-Hainbuchen-Wälder, artenärmere Traubeneichen-Buchen-Wälder und auf weniger anspruchsvollen Standorten um Eichen-Birken-Wälder. Auf sandigen Böden stockte die Kiefer. Die Täler und Gründe besaßen einen hohen Anteil an Eschen und Ulmen. Heute lassen nur noch einige Naturschutzgebiete die frühere Vielfalt der Vegetation ahnen.

Manche Veränderung trat auch durch den Weinbau ein. Den Bedarf an Rebstöken deckte man durch Ausschlag aus Nieder- und Mittelwäldern, die sehr darunter litten. Zu diesem Zweck wurde wohl auch die Edelkastanie eingeführt, die man auch heute noch antrifft, besonders an den sonnenexponierten Steilhängen. An den zur Trockenheit neigenden Hangkanten und -rippen stellten sich Buschformationen ein, deren artenreiche Flora einen hohen Anteil xerothermer (xero: trocken) Arten aufweist. In einem starken Gegensatz dazu stehen die üppigen Auwälder längs der Elbe.

Die Kulturlandschaft

Im natur- und kulturlandschaftlichen Bauplan der Dresdener Landschaft bildet die Elbe die Dominante. Sie ist immerhin der zweitgrößte Strom Deutschlands. Im Durchbruch durch das Elbsandsteingebirge erreicht die Elbe Sachsen. Durch das enge, etwa 200 m breite Tal verläuft die Eisenbahnlinie nach Prag und weiter nach Wien, während die ältere Straße das Tal meidet und westlich des Sandsteingebirges über das Erzgebirge führt. Unterhalb von Meißen schließlich tritt die Elbe in das Nordmitteleuropäische Tiefland ein. Die »Weiße Flotte« belebt, besonders an Wochenenden, den Naherholungsverkehr in die Sächsische Schweiz.

Das günstige, von der Umgebung abgehobene Klima und die leicht bearbeitbaren Böden luden schon in den ältesten Zeiten zur Besiedelung ein. Bei Dresden-Plauen wurde ein paläolithischer Rastplatz gesichert und auf 40 000 Jahre vor heute datiert. Um 600 zogen schließlich, über das Osterzgebirge von Böhmen her kommend, die Slawen in das Elbtalbecken ein. Die älteste hier bekannte Sorbensiedlung Mockritz liegt im heutigen Dresdener Stadtgebiet.

Die älteren Siedlungen sind an den slawischen Ortsnamen zu erkennen. Es handelt sich um kleinere Dorfformen wie Platz- und Sackgassendörfer, Rundweiler und Rundlinge, einst umgeben von blockartig aufgeteilten Fluren. Die Erweiterung der Siedlungsfläche erfolgte im 10. und 11. Jh. mit Hilfe deutscher Kolonisten. Es wurden Straßen- und Angerdörfer mit regelmäßigen, meist streifigen Fluren angelegt. In der Zeit der Hochkolonisation folgte auf der Lausitzer Platte und in den nahen Gebirgen die Anlage von Reihendörfern mit hofanschließenden Hufenstreifen, die ausnahmslos deutsche Namen tragen.

Das Dorf mit dem obersorbischen Namen »Drježdźany« lag an einem Elbübergang. Daraus wurde im Munde der Deutschen schließlich »Dresden«. Der Name bedeutet soviel wie »Dorf der Sumpfwaldleute«. Der Freiberger Silberbergbau be-

Dresden-Loschwitz. Von hier fahren zwei Bergbahnen auf die Loschwitzer Höhen, die ehemaligen Weinberge.

flügelte den Fernhandel, spätestens 1275 wurde die Elbe überbrückt, und eine Mauer umgürtete die innere Stadt mit ihrem fast quadratischen Marktplatz. 1485 wurde Dresden Residenz- und Landeshauptstadt. 1550 wurde das rechtselbige alte Dresden, die spätere Neustadt, einbezirkt. Handel, Handwerk und das höfische Treiben bestimmten das Leben der Stadt (→ »Dresden – Blüte, Untergang, Wiederaufbau«).

Unterhalb Dresdens liegt an der Elbe in der Lößnitz *Radebeul*, das als Dorf erstmals 1349 erwähnt wurde. Der Ort, der durch sein Indianermuseum (Karl May) bekannt ist, bekam schon 1839 einen Eisenbahnanschluß und nahm durch die Industrialisierung einen steilen Aufstieg. Etwas unterhalb, immer noch in der Lößnitz, befindet sich *Coswig*, dessen Weinbau schon im 15. Jh. bezeugt ist. Der Ort selbst soll schon um 1090 bestanden haben, ganz sicher ist »Kosewig« 1349 belegt. Die Stadt *Radeberg*, heute durch das hier gebraute Exportbier weltbekannt, liegt am Rande der Dresdener Heide, wo sich die Große und die Schwarze Röder vereinen. Vor der Industrialisierung dominierte die Leineweberei, die Band- und Posamentenherstellung. *Heidenau*, südlich von Dresden am linken Ufer der Elbe gelegen, wurde erst 1924 durch Zusammenschluß mehrerer Gemeinden zur Stadt erhoben. Ähnlich war es mit *Freital*, das in einer Talweite der Weißeritz, also im Döhlener Bekken, durch die Steinkohlenförderung zu einiger Bedeutung gelangte. Ganz im Süden, wo das Durchbruchstal der Elbe durch das Elbsandsteingebirge endet, liegt das 1233 erstmals erwähnte *Pirna*. Hier entstand ein wichtiger Handelsplatz, an dem 1287 die erste steinerne Elbebrücke erbaut wurde.

Trotz der Industrialisierung und der drängenden Umweltprobleme ist Dresden mit seiner Umgebung eine attraktive Fremdenverkehrslandschaft geblieben. Dazu trugen nicht nur der Wiederaufbau und die Einrichtung neuer Wissenschaftszentren bei. Das nahe Elbsandsteingebirge, vor allem das romantische Durchbruchstal der Elbe selbst, das Erzgebirge und das Lausitzer Gebirge sowie die Schlösser und Gärten im Nahbereich vermitteln der Stadt einen hohen Freizeitwert. Die Lage am Kreuzungspunkt wichtiger West-Ost- und Nord-Süd-Verbindungen führt viele Fremde aus der Republik und anderen Staaten herbei.

Das Vogtland

»Vogtland« ist eigentlich die Bezeichnung einer historischen Landschaft, nämlich des um 1200 entstandenen Herrschaftsraumes der Vögte von Weida, die das Land verwalteten und hier eine Landesherrschaft aufbauten. Auch aus geographischer Sicht weist dieser Landschaftsraum einheitliche Züge auf. Aus der Sicht der naturräumlichen Gliederung sprechen wir vom Sächsisch-Thüringischen Vogtland, allerdings hat sich der Name »Vogtland« nur für den sächsischen Anteil erhalten. Die frühere sächsisch-thüringische Landesgrenze verläuft von Norden nach Süden durch diesen Naturraum, ebenso die heutige, etwas modifizierte Verwaltungsgrenze zwischen den Bezirken Gera und Karl-Marx-Stadt, dem der größere Teil angehört.

Beim Sächsisch-Thüringischen Vogtland handelt es sich um eine wellige, die variskischen Strukturen überschneidende Rumpffläche, die allmählich von 300 auf etwa 600 m im Süden ansteigt. Somit hat das ganze Land, das im wesentlichen dem Flußgebiet der Weißen Elster entspricht, Mittelgebirgscharakter. Trotz einer komplizierten geologischen Abfolge ist das geomorphologische Bild verhältnismäßig einfach. Von Norden nach Süden steigt die Rumpffläche leicht an. Die Flüsse sind mehr oder weniger tief, meist in schön ausgebildeten Talmäandern, in die Hochfläche eingesenkt. Die Zerschneidung greift in der Regel nur wenig in das Hinterland zurück. Die konvexen Formen zwischen den langgestreckten Rücken laufen in weiträumige Dellen aus.

Alte Rumpfflächen sind am stärksten im ostthüringisch-vogtländischen Grenzgebiet ausgebildet. Jede markante Aufragung, die den Blick fangen könnte, fehlt hier. Selbst die abrupt eingesenkten Täler werden erst bemerkt, wenn der Beschauer unmittelbar vor ihnen steht. Das Kernstück dieser Fläche breitet sich zwischen der Saale und dem Mittelvogtländischen Kuppenland aus. Die hier auftretenden oberdevonischen Diabase (Ergußsteine aus dem Erdaltertum) sind die Ursache der Kuppenbildung. Die höchsten Erhebungen auf der Rumpffläche treffen wir im Oberen Vogtland an. Hier sind der Kapellenberg (759 m) und der Hainberg oder Háj (758 m), der schon auf dem benachbarten tschechoslowakischen Territorium liegt, die höchsten Erhebungen. Der 965 m hohe Aschberg gehört schon zum anrainenden westlichen Erzgebirge.

Als Teil des Oberen Vogtlandes wird heute auch das Elstergebirge aufgefaßt, das geologisch gesehen das Zwischenglied zwischen dem Erzgebirge und dem Fichtelgebirge bildet. Zum Teil gehört es schon zu Böhmen. Hier liegen die Kurorte Bad Elster und Bad Brambach, dessen radioaktive Mineralwässer eine Besonderheit andeuten, deren Ursache eine Schwächezone in der Erdkruste ist.

Das Klima des Vogtlandes entspricht jeweils der Höhenlage. Wenn es als »rauh« bezeichnet wird, dann deutet dies weniger auf die Temperaturen hin als auf die Winde, die ungehemmt über die Hochfläche wehen können. Die Jahresmittelwerte liegen zwischen 8 und 6,5°C, die Juli-Mittelwerte zwischen 17,5 und 15,5°C. Von wesentlich größerer Bedeutung ist die Tatsache, daß die Niederschlagsmengen relativ niedrig liegen. Im Elstertal nahe Plauen liegen die Jahreswerte unter 600 mm, auf der Hochfläche am Rande des Erzgebirges und im Elstergebirge steigen sie auf über 800 mm an. Auch die phänologischen (jah-

Vogtland bei Gutenfels. Kuppiges, welliges Land, durch das die Bezirksgrenze Gera/Karl-Marx-Stadt verläuft.

reszeitlich bedingten) Daten folgen diesem Muster: der Beginn der Apfelblüte zieht sich vom 9. Mai bis zum 27. Mai hin.

Pflanzengeographisch zeigt das ganze Gebiet wenig hervorstechende Merkmale. Auf der Hochfläche wurde der naturbedingte Bergmischwald meist durch Fichtenforste abgelöst. Sonst ist der Waldanteil nicht hoch, die Waldstücke sind öfters stark parzelliert. Die Aufforstungspläne sehen einen standortgerechten Mischwald vor, der nicht nur den landeskulturellen Zustand heben, sondern auch qualitätvolles Klangholz für den Musikinstrumentenbau erbringen soll.

Die Besiedelung des Vogtlandes geschah überwiegend im Hochmittelalter, im Oberen Vogtland ist eine Besiedelung vor dem 13. Jh. überhaupt nicht nachweisbar. Vor der deutschen Kolonisation gab es hier, wie im Egerland und im Obermaingebiet, eine Schicht von Slawen, was an einigen Ortsnamen in der Gegend von Plauen und Greiz zu erkennen ist, wo sich die slawischen Wohngaue Dobna und Wisenta organisiert hatten. Die deutschen Siedler kamen in zwei Wellen, die eine aus dem östlichen Thüringen, die andere von Süden aus dem Egerland und der Oberpfalz, dazu trat ein abschließender Zuzug aus Mainfranken. Noch heute kommt dies in den Dialektgrenzen zum Ausdruck.

Die ländlichen Siedlungsformen entsprechen denen des Kolonisationsgebietes und sind ähnlich wie in den Nachbarlandschaften ausgebildet. Im Oberen Vogtland überwiegen die Waldhufenfluren, die sich jeweils gut an die Oberflächenformen anpassen. Einige Waldhufendörfer sind sehr regelmäßig angelegt, andere weniger klar erkennbar. Daneben kommen auch Radialwaldhufen vor, wie wir sie aus Böhmen und Oberfranken kennen. Hier ordnen sich die Gehöfte mehr oder weniger kreisförmig in einer Quellmulde an, die Hufen laufen sektorenartig in alle Himmelsrichtungen auseinander. In anderen Dörfern drängen sich die Höfe enger aneinander, was zur Folge hat, daß die Hufenstreifen flügelförmig auseinanderstreben. Besonders bemerkenswert sind die Dörfer mit sogenannten »Gelängefluren«. Gelänge sind Parzellenkomplexe, die im Kern der Flur liegen und Hofanschluß besitzen, während sich weiter außen weitere Gewanne und Blöcke anschließen.

Infolge des relativ geringen Verstädterungsgrades haben sich vielfach die alten, volkstümlichen Bauernhäuser erhalten. Es handelt sich um Fachwerkhäuser, die heute mit großer Aufmerksamkeit gepflegt werden. Die Fachwerkskonstruktionen mit ihren Zierformen sind denen des Egerlandes und Oberfrankens sehr ähnlich.

Das Städtewesen entfaltete sich in unmittelbarem Anschluß an die Bauernkolonisation. Dies belegen die Daten der Stadtwerdung. *Plauen,* im Becken der Weißen Elster gelegen und heute noch das Zentrum des Vogtlandes, wird erstmals 1122 als »vicus Plave« erwähnt; das ist ein slawischer Name, der auf eine Flußaue hinweist. *Oelsnitz* liegt ebenfalls an der Weißen Elster und geht wie Plauen auf ein slawisches Dorf zurück, das erstmals 1281 genannt wird. Elsterabwärts liegt das 1212 zuerst als deutsches Dorf erwähnte *Reichenbach,* das neben einer slawischen Siedlung angelegt worden war und 1240 mit dem Stadtrecht begabt wurde. In beiden Städten dominierte ebenfalls das Tuchmachergewerbe. *Auerbach* im Oberen Vogtland, dessen Stadtwerdung im dunkeln liegt, zeigt einen gitterförmigen Grundriß. Das 1225 erstmals erwähnte *Schöneck* wird 1327 »castrum« genannt und 1370 mit den städtischen Privilegien ausgestattet. *Markneukirchen* wurde aus wilder Wurzel gegründet und 1340 mit dem Stadtrecht ausgestattet, da es am Schnittpunkt zweier Fernverkehrswege lag und somit durch seine Lage begünstigt wurde. *Greiz,* oft die Perle des Vogtlandes genannt, liegt schon im thüringischen Bezirk Gera.

Haupterwerbszweige waren und sind die Textilindustrie und die Herstellung von Musikinstrumenten. Beiden ist gemeinsam, daß sie auch in kleineren Siedlungen und in Heimarbeit betrieben wer-

Vogtland, Markneukirchen. Eine Stadt macht Musikinstrumente. Markneukirchen ist Hauptsitz des Streich-, Zupf- (Mitte und links: Gitarrenherstellung), Holz- und Metallblasinstrumentenbaus (oben). Neben Musikinstrumenten produziert die Industrie außerdem noch Musik- und Tennissaiten, chirurg. Nahtmaterial, Musikspielwaren, Abzeichen und Medaillen, Kartonagen und Sportgeräte.

den können. Grundlage der Textilindustrie war die in den städtischen Siedlungen betriebene Tuchmacherei. Diese wurde seit dem 17. Jh. durch die Baumwollverarbeitung, besonders die Baumwollweberei, ersetzt. Auch in der Gegenwart liegt hier das Textilzentrum der DDR, wobei der Anteil der verarbeiteten Kunststoffe immer höher wird.

Die Musikinstrumentenherstellung geht in ihren Anfängen auf die Impulse böhmischer Exulanten zurück. Geigenbauer aus dem nahen Graslitz (Kraslice), die wegen ihres evangelischen Glaubens aus Böhmen vertrieben worden waren, ließen sich in Schöneck, in Markneukirchen und auch in Klingenthal im benachbarten Erzgebirge nieder. Die handwerkliche Produktion wird auch heute noch gepflegt, nachdem die einzelnen Werkstätten zu volkseigenen Betrieben zusammengefaßt worden sind.

Ein moderner und auch in der Zukunft noch auszubauender Erwerbszweig ist der Fremdenverkehr. Die Heilkraft einiger Quellen im Tal der Oberen Weißen Elster ist schon früh erkannt worden. 1709 wurde die Moritzquelle in *Bad Elster* gefaßt, 1846 das erste Badehaus errichtet. Das Staatsbad Elster wurde 1935 zur Stadt erhoben und ist eine der bekanntesten Kurstätten in der DDR. Jünger ist das Radonbad *Brambach.* Dort wurde 1910 eine Radiumquelle entdeckt, die damals als die stärkste dieser Art galt.

Das Erzgebirge

Das Erzgebirge ist ein Teil der östlichen Mitteldeutschen Gebirgsschwelle und gehört zur nördlichen Randumwallung der Böhmischen Masse. Der Name deutet auf den Bergsegen hin, der im Mittelalter den Reichtum des Landes ausmachte. Die schon 805 bezeugten Namen »Hircanus saltus« und »Fergunna« sowie »Mirihuidu« (vor 1018) deuten auf Wald, auf Grenzwald, hin. Die Grenze zwischen Sachsen und Böhmen stellte man sich in der Mitte des Waldes verlaufend vor, für dessen Durchquerung es mehrerer Tagesreisen bedurfte. Im 12. Jh. hören wir auch vom »Saltus Boemicus« – dem »Böhmischen Wald« –, womit aber nicht der spätere Böhmerwald gemeint war. Auch sind verschiedene Saumpfade (»semitae Bohemicae«) bekannt, auf denen die Wildnis durchquert werden konnte. Somit ist der Name »Erzgebirge« wohl jüngeren Ursprungs und erst mit dem Bergbau aufgekommen.

Bei einer Längsausdehnung von etwa 140 km und einer Breite von 30 bis 40 km hebt sich das Erzgebirge klar von den umliegenden Landschaften ab: dem Vogtland im Westen, dem Egergraben im Süden und dem Sächsisch-Böhmischen Sandsteingebirge im Osten, nur der Übergang zum

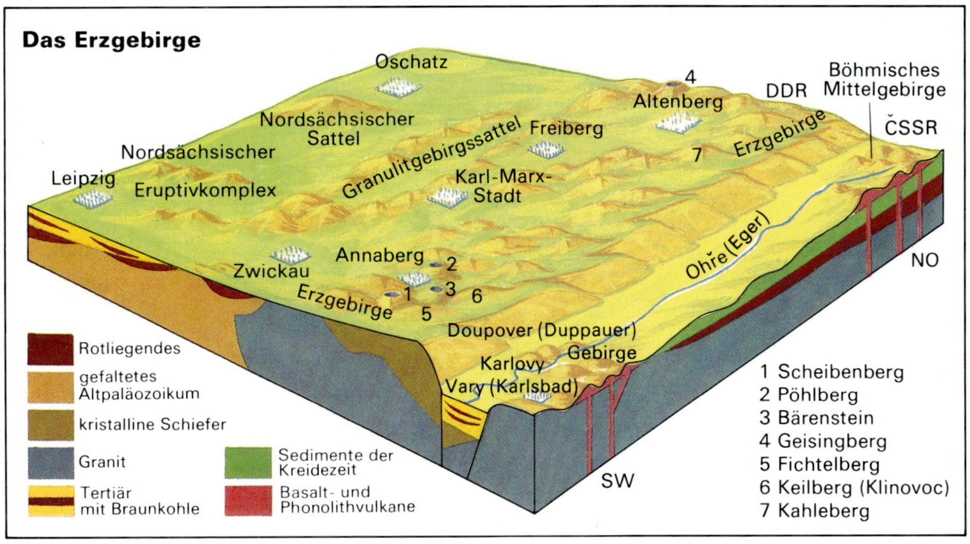

nördlichen Vorland und zum Sächsischen Hügelland ist eher fließend. Der Kamm, auf dem die alte sächsisch-böhmische Grenze und damit die heutige Staatsgrenze gegen die Tschechoslowakei verläuft, zieht sich von Südwesten nach Nordosten hin, also in der »erzgebirgischen« Streichrichtung, wie die Geologen sagen. Diese Gestaltform gibt einen wesentlichen Hinweis auf den geologischen Bau des Gebirges und seinen Werdegang. Es handelt sich jedenfalls um einen Mittelgebirgstypus des höheren Berglandes, das in seinen oberen Lagen eine Reihe von Besonderheiten aufweist, die sonst im Territorium der DDR in dieser Form nicht vorkommen.

Die höchsten Erhebungen des Erzgebirges sind der Fichtelberg, mit 1214 m der höchste Berg in der DDR, der Auersberg (1019 m) und der Große Rammelsberg auf der sächsischen Seite sowie der noch höhere Keilberg oder tschechisch Klinovec (1244 m), der schon in Böhmen liegt.

Man gliedert das Gebirge in das Westliche und das Östliche Erzgebirge, beide jeweils in einen oberen und unteren Teil. Die südliche Abdachung gehört überwiegend schon zur Tschechoslowakei.

Die überaus ruhigen und größtenteils eingerumpften Oberflächenformen lassen zunächst nicht vermuten, daß der Gesteinsuntergrund als Ergebnis einer bewegten Erdgeschichte sehr kompliziert aufgebaut ist. Es würde zu weit führen, wollte man alle Prozesse hier erläutern. Es mag die Erwähnung genügen, daß das Erzgebirge zum Variskischen Gebirge gehörte, das im jüngeren Paläozoikum (Erdaltertum) entstanden war und daß die Aufwölbungen, Abtragungen, Kippungen usw. sich über einen langen Zeitraum hinzogen. Seine endgültige Zuformung erhielt das Erzgebirge schließlich im Pleistozän (Eiszeit) und in der erdgeschichtlichen Gegenwart.

Das Westerzgebirge ist im Gegensatz zum Östlichen Erzgebirge durch bewegtere Formen ausgezeichnet. Dies beruht auf den bedeutenden Gesteinsunterschieden und der stärkeren Heraushebung im Vergleich zum Osten. Die Kammhochfläche breitet sich in einer Höhenlage von 800 bis 1000 m aus, doch steilwandige Täler, manche mit einem relativen Höhenunterschied von 300 m, reichen bis in das Innere des höheren Mittelgebirges. Die Schönekker Stufe bildet eine markante Abgrenzung zum benachbarten Vogtland.

Das Osterzgebirge ist geprägt durch breite, mehr oder weniger flache Hochflächen und erreicht nur ausnahmsweise mehr als 900 m Meereshöhe. Durch das Flöhatal, das in einer tektonischen Schwächelinie verläuft, wird es vom westlichen Erzgebirge getrennt. Hier zeigt sich der Charakter der Rumpfflächen am deutlichsten. Als Kernstück des oberen Osterzgebirges tritt das Gebiet des Teplitzer Quarzporphyrs hervor, ein 5 bis 10 km breiter, in nord-südlicher Richtung verlaufender Rücken, der mit Wald bedeckt ist. Einige Basaltkuppen wie der Geisingberg (824 m) und der Luchberg (576 m) sind weithin sichtbar.

Eine Sonderstellung nimmt der Tharandter Wald ein, der wegen seiner Randlage oft schon gar nicht mehr als Teil des Erzgebirges angesehen wird.

Das Klima des Erzgebirges wird bestimmt durch die Höhenlage und die Lage zu den Hauptwindrichtungen. Die Durchschnittswerte der Temperaturen und Niederschläge zeigen eine starke Abhängigkeit zu den Gegebenheiten des Reliefs. Die jährlichen Niederschlagsmengen nehmen vom Gebirgsrand bis in die Kammregion von 700 bis 750 mm auf 1000 mm, im Fichtelberggebiet auf über 1200 mm zu. Infolge der stärkeren ozeanischen Tönung, aber auch durch die größere Höhe bedingt, fallen im Westerzgebirge mehr Niederschläge. Beispielsweise wird in Johanngeorgenstadt (927 m) ein durchschnittlicher Jahresniederschlag von 1117 mm verzeichnet, d. h., an 202 Tagen im Jahr regnet oder schneit es, dazu kommt noch eine Anzahl von Nebeltagen. Nach Osten hin nehmen infolge der zunehmenden Kontinentalität die Niederschlagsmengen ab. Am höchsten sind die Niederschläge im Luvbereich der Westwindzone, deutlich geringer sind sie im Regenschatten, also in den mehr im Osten gelegenen Leegebieten.

In den höheren Lagen geht ein immer größerer Anteil der Niederschläge in Form von Schnee nieder. Daraus ergeben sich günstige Wintersportbedingungen. Die Dauer der frostfreien Zeit beträgt in Oberwiesenthal nur 137, auf dem Fichtelberg 117 Tage. Auch das Osterzgebirge ist relativ schneesicher, so daß die Dresdener Wintersportler an winterlichen Wochenenden hier ein ideales Skiparadies vorfinden.

Die meist plötzlich einsetzende Schneeschmelze im Frühjahr, aber auch häufige Starkregen im Sommer verursachen gelegentlich Hochwasserkatastrophen. Infolge der Rodung und neuerlich durch das Absterben des Waldes werden deren Auswirkungen noch verstärkt. Durch wasserbauliche Maßnahmen wie etwa die Anlage von Staustufen und Wasserspeichern versucht man, dieser Gefahren Herr zu werden.

Bedingt durch die Streichrichtung des Kammes bildet das Erzgebirge eine Wetterscheide. Bei nordwestlichen Windrichtungen stellen sich auf der sächsischen Seite Staueffekte ein, die bis in die niederen Lagen starke Wolkenbildungen hervorrufen, während in der Gefildenzone und im Flachland heiteres Wetter herrscht. Umgekehrt treten bei südlichen Strömungslagen Föhneffekte ein, und bei den vom Kamm herabsteigenden Winden lösen sich die Wolken auf.

Die naturgegebene Vegetation des Erzgebirges wurde durch Rodung und planmäßige Forstwirtschaft durchgreifend umgeformt. In einer Höhenlage von 550 bis 750/800 m Meereshöhe, wo einst die Tanne und die Buche vorherrschten, nimmt heute die landwirtschaftlich genutzte Fläche etwa die Hälfte des Areals ein. Darüber breitet sich die boreale oder Fichtenbergwaldstufe aus, die auf sauren nährstoffarmen Böden stockt. Aufgrund der hohen Niederschläge und der geringen Verdunstung konnten sich Hochmoore bilden. Sie nehmen eine Fläche von über 40 km^2 ein und liegen meist in Quellmulden und Hanglagen.

Schon in den sechziger Jahren wurde bekannt, daß im Erzgebirge ein katastrophales Waldsterben einsetzte, für das die Schadstoffe in den Immissionen aus den benachbarten tschechoslowakischen Braunkohlenkraftwerken verantwortlich gemacht wurden. Heute ist das Erzgebirge geradezu das Symbol eines »Wald-Friedhofes«).

Das gesamte erzgebirgische Gebiet wurde vor seiner Erschließung als Königsgut betrachtet. Dieser Umstand wurde für die Art und Weise der Inbesitznahme bedeutsam. Weitere Impulse zur Besiedelung kamen von klösterlichen Stiftungen. Im 12. Jh. setzte das Rodungswerk auf breiter

Das Waldsterben ist nicht nur im Erzgebirge ein ökologisches und ökonomisches Problem, hier aber besonders augenfällig.

Front ein. Die Bauernkolonisten kamen aus verschiedenen Gegenden des Altreiches, die meisten wohl aus Mittelfranken. Aber auch slawische Siedler aus der näheren Umgebung wurden am Landesausbau beteiligt. Auf diese Weise lassen sich auch die slawischen Flurnamen erklären, die im vorher unbesiedelten Gebiet auftreten.

Die häufigste ländliche Siedlungsform ist die des Waldhufendorfes. Seine klassische Form zeigt es in den langgestreckten Tälern, wo sich, meist beidseitig der Straße, die Gehöfte perlschnurartig aneinanderreihen und die Besitzstreifen senkrecht dazu am Hang hinaufziehen. Trotz der 1957 vorgenommenen Kollektivierung ist diese Flureinteilung da und dort noch zu erkennen, vor allem, wenn entlang der Besitzgrenze ein Weg lief oder sich Lesesteinhaufen angesammelt haben. In steinigen Lagen können diese Lesesteinwälle eine Breite von 6 bis 10 m haben, so daß sich auf ihnen ganze Heckenreihen oder kleine Gehölze entwickelten.

Dennoch gibt es einige Unterschiede zwischen dem westlichen und dem östlichen Erzgebirge, die mit dem Gang der Kolonisation zusammenhängen. Das Westerzgebirge wurde, vom Vogtland und vom Egerland aus, früher von der deutschen Besiedelung erreicht. Deshalb kommen dort Frühformen des Waldhufendorfes vor, die man als »Kurzwaldhufenflur« oder als »Radialwaldhufendorf« bezeichnet, wobei die Gehöfte gedrängter liegen und gelegentlich einen platzähnlichen Innenraum einschließen. Im Osterzgebirge verlief die Kolonisation planmäßiger, die Formen sind großzügiger, wie dies weiter östlich im Lausitzer Gebirge und in den Sudeten der Fall ist. Hier kann man von der Hochform der Waldhufensiedlung sprechen, denn die gesamte Feldmark unterliegt diesem Einteilungsprinzip.

In den höheren Teilen des Erzgebirges kam es im 17. und 18. Jh. noch zu einer bäuerlichen Nachbesiedelung: Es entstanden regellose Weiler und Einzelhöfe, die auf die Grünlandwirtschaft und den gewerblichen Zuverdienst ausgerichtet waren. Auch die Holzgewinnung für die Gruben und die Industrie spielte hier eine Rolle.

Die traditionellen Bauernhausformen im Erzgebirge entsprechen dem Typ des mitteldeutschen Gehöfts. Dabei muß man unterscheiden zwischen den vollbäuerlichen Anwesen, d. h. den Hubenhöfen, und den Häuslerbauten der ländlichen Unterschichten. Die Gehöfte bestehen aus mehreren Gebäuden, die im Viereck oder im Winkel einander zugeordnet sind. Der Grundriß des Wohnhauses ist im ganzen Gebiet gleich: Die Giebelzone, meist nach der Straße hin exponiert, dient dem Wohnen, die Mittelzone, auch Ern genannt, enthält den Flur und die Küche, während die rückwärtige Zone ursprünglich als Stall diente (»Wohnstallhaus«) oder nachträglich, als das Vieh in die Nebengebäude abgeschoben wurde, ebenfalls dem Wohnen zugänglich gemacht wurde.

Reine Blockbauten sind nicht mehr vorhanden und gehören der Vergangenheit an. Der Steinbau wurde in der Regel nur im Untergeschoß angewendet, dabei wurden Bruchsteine vermauert. Sonst aber herrschte die Fachwerkbauweise vor. Die übliche Dachform ist das Satteldach, selten mit einem Walm. Die Dächer erhielten eine Stroh-, Schindel- oder Schieferbedekkung. Strohdächer sind wegen der Feuerschutzbestimmungen nur noch selten zu sehen, während das heimelig anmutende Schindeldach noch weiter verbreitet ist. Die Zeitläufte haben es mit sich gebracht, daß auch Blech oder Kunststoffplatten Verwendung gefunden haben, um dem Verfall Einhalt zu gebieten.

Die Anwesen der Häusler oder »Gärtner« sind einteilig und weniger schmuck. Sie liegen zwischen den Vollbauernhöfen und werden vielfach vom Dorfgewerbe bestimmt. Zu den meisten Dörfern gehörte auch ein Hirtenhaus, eine Schmiede, Gastwirtschaft und Badehaus. War eine Pfarre am Ort eingerichtet, so ist auch das Kirchengut mit einer Hufe ausgestattet gewesen.

Die meisten Städte haben ihren Ursprung im Bergbau. 1168 wurden in der Gegend von Freiberg überaus ergiebige Silbererzlager entdeckt. Auch andere Erze wurden gefunden wie Eisenstein, Zinn, Blei, Alaun und Wismut. Es erhob sich das große »Berggeschrey«. Das städtische Element nahm bald frühindustriellen Charakter an. Manches Bauerndorf wurde in eine »Bergstadt« umgewandelt und mit besonderen Privilegien ausgestattet, dazu traten spontane Neugründungen. In *Annaberg-Buchholz*, das als »Neustadt am Schrekkenberg« 1496 gegründet wurde, erschien 1499/1500 die älteste gedruckte deutsche Bergordnung. 1509 war die Stadt größer als Dresden oder Leipzig, so rasch kamen die Neusiedler herangezogen.

Manche der Bergstädte zeigen einen regelmäßigen Grundriß, andere dagegen entstanden nicht nach einem Plan, wobei man sogar vergaß, einen Marktplatz anzulegen, beispielsweise in *Altenberg*, wo dieser erst nachträglich durch den Abriß von Häusern geschaffen wurde. Die Bergstadt *Marienberg*, die 1323 auf der Flur eines wüstgewordenen Dorfes entstand, zeigt einen planmäßigen schachbrettartigen Grundriß. Ähnlich ist dies bei *Johanngeorgenstadt*, das erst 1654 durch Kurfürst Johann Georg I. gegründet wurde, der sich dabei der Glaubensflüchtlinge aus dem benachbarten Böhmen bediente. Die heute bekannteste Bergstadt im Erzgebirge ist *Freiberg*, wo sich noch heute die 1765 gegründete Bergakademie mit ihren reichen Mineraliensammlungen befindet. Diese »Stadt auf dem Berge« wurde um 1170 auf der Flur eines Waldhufendorfes gegründet und 1181 mit dem Stadtrecht begabt.

Die bedeutendsten Reviere des Erzgebirges entstanden um Freiberg, Schneeberg, Annaberg, Marienberg und Johanngeorgenstadt. Jedes dieser Reviere hat eine bemerkenswerte Geschichte. Der Reichtum an Bau- und Kunstdenkmälern in den Städten, aber auch Spuren im Gelände sind als Zeugnisse dieser bewegten Zeit bis heute erhalten geblieben. Es handelt sich sowohl um Aufschüttungsformen, meist Halden oder Kippen, und um Hohlformen, die entweder durch den Abbau oder durch die Einsenkung über künstlich geschaffenen Hohlräumen entstanden sind.

Nach 1945 erhob sich erneut das »Berggeschrey«, denn die sowjetische Besatzungsmacht interessierte sich für das

1

2

3

4

5

6

Zwischen dem Vogtland im Westen und dem Elbsandsteingebirge im Osten erstreckt sich das rund 130 km lange und 40 km breite Erzgebirge, das durch die reichen Silberfunde in Freiberg (1168), Dipoldiswalde und Wolkenstein, später durch die Zinnfunde bei Greifenstein und Eibenstock seinen Namen erhielt. Der Westen besitzt gerodete, von tiefen Tälern getrennte Hochflächen und ist stark industrialisiert. Der Osten ist insgesamt höher, stärker bewaldet, und seine Täler sind zwar weniger eingetieft, dafür aber steilwandiger und breitsoliger. Die Landschaft des mittleren Erzgebirges zeigen die Abbildungen 1 (von Großrückerswalde [südwestlich von Marienberg] nach Südwesten, über das Preßnitztal zum Pohlberg, Bärenstein und Fichtelberg, dem höchsten Berg der DDR); 4 (bei Wolkenstein) und 6 (Marienberg, aufgrund großer Silberfunde 1521 gegründet, heute Kreisstadt). Die Landschaften des östlichen Erzgebirges zeigen die Fotos 2 (Geising); 3 (Zinnwald); 5 (Altenberg) und 7 (Dippoldiswalde, im unteren östlichen Erzgebirge). R. V.

7

Uranpecherz, das schon 1789 entdeckt worden war und zur Herstellung schwarzer Porzellanfarben benutzt wurde. Die neuerliche Konjunktur dauerte zwar nur zehn Jahre, hat aber starke Spuren hinterlassen. Nach dem Zweiten Weltkrieg entstanden im Mittel- und Westerzgebirge durch den Uranbergbau Abraumhalden von bisher noch nicht bekanntem Ausmaß. Besonders die Umgebung von Aue und Johanngeorgenstadt war davon betroffen. 1964 waren hier 3000 ha mit Halden bedeckt. Es handelt sich um Tafelbergformen, seltener um Kegelberge, und um Hangschüttungen. Bald nach dem Auslaufen des Bergbaues begann man mit Rekultivierungen, meist forstwirtschaftlicher Art. Von 1967 bis 1969 konnten von diesen Flächen schon über 50000 Weihnachtsbäume dem Handel zur Verfügung gestellt werden.

Schwer kultivierbar sind Alaunschieferhalden, Spülhalden und Halden mit hohem Pyrit-, Arsen- und Schwermetallgehalt, da diese Mineralien ausgesprochen pflanzenfeindlich sind. Um hier eine sinnvolle Aufforstung durchführen zu können, wird erst eine Decke von Mutterboden aufgetragen, und die eingepflanzten Gehölze müssen mineralisch gedüngt werden. Neben den bekannten Pionierholzarten wie Birke, Weiß- und Roterle werden vorrangig Fichten, Kiefern und Lärchen eingebracht. Allerdings bleibt abzuwarten, wie sich hier infolge der Luftverschmutzung die Misere des Waldsterbens auswirken wird.

Der Bergbau blieb nicht das einzige Gewerbe im Erzgebirge, vor allem dann, wenn sich der Reichtum der Gruben erschöpfte. Schon während der Bergbauzeit hatten sich Hammerwerke und Schmelzen angesiedelt, die den Weg zum metallverarbeitenden Gewerbe ebneten. Daneben aber stellte sich die Textilindustrie ein, oft im Hausgewerbe. Die sprichwörtliche Not der Erzgebirgler führte zur Einführung weiterer, arbeitsintensiver Gewerbe wie der Spitzenklöppelei und Posamentenherstellung, der Produktion von Schnitzereien (Weihnachtspyramiden), Spielwaren und Musikinstrumenten. Hauptort der erzgebirgischen Spielzeugproduktion ist Seiffen, wo bis zum 18. Jh. der Zinnbergbau betrieben wurde. Mittelpunkt der Musikinstrumentenherstellung ist Klingenthal im »Musikwinkel«.

Im 20. Jh. kam der Fremdenverkehr als neue Erwerbsquelle dazu. Zur »Sommerfrischlerei« trat später auch noch der Wintersport. Im östlichen Erzgebirge ist die touristische Erschließung schon weiter fortgeschritten als in seinem westlichen Teil. Skilifte und Seilbahnen ermöglichen den raschen Aufstieg in die Kammlagen. In Oberwiesenthal, der am höchsten gelegenen Stadt in der DDR, werden internationale Wintersportwettkämpfe abgehalten.

Das Elbsandsteingebirge und das Zittauer Gebirge

Zu den malerischsten Mittelgebirgen in Mitteleuropa gehört das Elbsandsteingebirge. Es erstreckt sich als Teil des Sächsisch-Böhmischen Kreidesandsteingebietes diesseits und jenseits der Staatsgrenze der DDR und der ČSSR.

Nach Bau und Genese kann das Elbsandsteingebirge mit dem Zittauer Gebirge als eine Einheit aufgefaßt werden. Angelegt in einer alten Senke zwischen dem erzgebirgischen und sudetischen System wurden beide im Erdmittelalter aufgeschüttet, durch tertiären Vulkanismus zum Teil verändert und schließlich durch die pleistozäne Abtragung weiter überformt.

Wie der Name es schon sagt, ist der Sandstein das formenbildende Substrat. Der kreidezeitliche Quadersandstein bildet eine bis 400 m mächtige Schichtfolge, die in einem schmalen Meeresarm zwischen dem Erzgebirgsfestland und der Lausitzer Insel sedimentiert wurde. Der Name Quadersandstein beschreibt die Abrundungsformen des Gesteins, das durch die Verwitterung quaderförmige Gestalt annimmt. Die fast waagerechten Schichtfugen zwischen den dicken Bänken werden geschnitten durch senkrechte Klüfte, die in Südwest-Nordost- bzw. Südost-Nordwest-Richtung verlaufen.

Insgesamt ist die Reliefgestalt ein Ergebnis der abtragenden Wirksamkeit des fließenden Wassers. In der Tertiärzeit floß hier ein Vorläufer der heutigen Elbe; seit dem Pleistozän läßt sich die Elbe selbst erkennen. Die stärksten Angriffsmöglichkeiten boten die weicheren Schichten, was zur Ausbildung steiler Wände führte. Härtere Bänke dagegen, die der Abtragung Widerstand leisteten, führten zur Ausbildung ausgedehnter Ebenheiten.

Ganz entscheidend wurde der Formenschatz in den pleistozänen Kaltzeiten geprägt. Zwar erreichten die Eismassen während der Elster-Vereisung nur den Nordrand des Gebirges bis in die Gegend von Bad Schandau, doch die Gefrornis war in der Lage, eine Reihe von formenbildenden Prozessen in Gang zu setzen. Infolge des Frostes war die Durchlässigkeit des porösen Sandsteins aufgehoben, so daß das Wasser nur oberflächlich abfließen konnte. Kleine und kleinste Nebentäler wurden bei den sommerlichen Niederschlägen, besonders bei Wolkenbrüchen, stark erodiert und tief ausgehöhlt. Heute wundert sich der Wanderer, wenn er in solchen Talschluchten keinen rauschenden Bach antrifft, denn unter den jetzigen Klimabedingungen sickert das niedergehende Regenwasser rasch wieder ein.

Im Elbsandsteingebirge kann man drei Formenstufen erkennen: Gründe und Schluchten, die Ebenheiten, aufgesetzte Tafelberge und Kuppen, die »Steine«.

Das Gebiet der Gründe und Schluchten zeigt den jüngsten Formenschatz, der sich erst mit der Einschneidung der Elbe ausbilden konnte. Hier treffen wir die merkwürdigsten Formengestalten an. Oft tragen sie Namen wie die Barbarine, die Gans, die Lokomotive usw. Die Felslabyrinthe bergen ein Gewirr von Türmen, Zinnen, Nadeln, Schluchten und Klammen, die die Phantasie immer wieder herausfordern. Überhänge, Höhlen, Naturbrücken und markant herausgearbeitete Gesimse trifft man in vielerlei Größe und Gestalt an. Wo das Gestein freiliegt, lassen sich weitere Kleinformen der Verwitterung beobachten. Es handelt sich um Rippen, Bänder, Höhlchen und Netze, teils Ergebnis der äolischen (Wind), teils der chemischen Verwitterung. Die Wabenverwitterung läßt pockennarbig zerfressene Felswände entstehen. An manchen Felswänden sieht man frische, hellgelbe Flächen, die durch den Chemismus von innen heraus entstehen, auch Ausblühungen von Alaun, dann wieder glattgescheuerte Flanken, die durch den Wind bearbeitet worden sind.

Die berühmteste und am häufigsten besuchte Felsgestalt ist die Bastei, wo an einem Prallhang der Elbe die Felswand 200 m tief abbricht. Der Name »Pastey« taucht erstmals 1592 im Vermessungsbüchlein des Freiberger Markscheiders Matthias Oeder auf, dessen kursächsische Landesaufnahme eine wichtige Quelle für die historische Geographie Sachsens wurde. Die absolute Höhe der Bastei beträgt 305 m, die schmale Felsplattform hat eine Länge von nur 10 m. Der eindrucksvolle Rundblick, auch auf die markanten »Steine«, vereinigt Liebliches mit Großartigem und gilt als ein Höhepunkt des Naturgenusses.

Von der Lagerung des Gesteins abhängig ist die Anlage der Ebenheiten. Tonreiche und wasserundurchlässige Zwischenschichten vermögen es, der Abtragung Einhalt zu gebieten und flächenbildend zu wirken. Die Bedeckung mit diluvialem Lockermaterial hat den Formencharakter kaum verändert. Hier und dort sind flache Dellen entstanden. Bei Königstein trägt ein Dorf den Namen Ebenheit.

Das Oberstockwerk wird durch die »Steine« und Kuppen gebildet. Bei den Steinen handelt es sich um aufgesetzte steilwandige Tafelberge wie dem Königstein, Lilienstein, Sonnenstein, Pfaffenstein usw. Es sind Zeugenberge aus Schichten, die andernorts abgetragen worden sind. Auffällig sind auch hier die steilen Flanken, die sie für Verteidigungsanlagen prädestinieren.

Die mehr runden Kuppen der Basaltberge bringen ein weiteres belebendes Element in die Flächenstufe. Das Aufdringen basaltischer Magma fand im Tertiär statt und hängt mit dem Erzgebirgsabbruch zusammen. Vereinzelt drang die vulkanische Masse bis an die Oberfläche, woanders blieb sie im Deckgebirge stecken, die

1

2

3

4

Die Sächsische Schweiz
Zwischen Erzgebirge und Lausitzer Bergland hat sich die Elbe einen Weg durch das vorwiegend aus Kreidesandsteinen aufgebaute Bergland gebrochen. Das Basteigebiet (1; im Vordergrund Stadt Wehlen) umfaßt die stark zergliederte Felsregion zwischen Stadt Wehlen und Rathen. Die Bastei bricht 200 m steil zur Elbe ab. Von der Bastei aus elbaufwärts das beeindruckende Panorama der die Ebenheiten überragenden »Steine« (2). Die Barbarine (4) steht nahe dem Pfaffenstein. Das Polenztal mit Polenzwächter (3) liegt nicht weit von Burg Hohnstein (5), die 120 m über dem Fluß Polenz thront.

5

Zittau, am Fuße des Zittauer Gebirges. Blick über die Stadt, auf den Marktplatz und das Rathaus.

Kuppe wurde erst nachträglich herausgearbeitet. Der Große Winterberg (552 m), die höchste Erhebung des Elbsandsteingebirges, besteht in seinem Kern aus einem solchen 1000 m langen und 100 m breiten Basaltgang. Auf diese Weise wurden Reste des oberen Sandsteins erhalten.

Nicht nur zwischen diesen drei Stufen, auch westlich und östlich der Elbe gibt es bemerkenswerte Unterschiede. Die Elbtalzone selbst ist eine Sonderform, in der Höhe begleitet von den Ebenheiten, wo nicht die Felslabyrinthe jäh an den Fluß herantreten. Nördlich des Elbtales liegen die Sandsteinschichten mehr oder weniger waagerecht, südlich sind sie durch die Herauskippung der Erzgebirgsscholle angehoben worden. Südlich ist auch das Gewässernetz weniger dicht und die Zerklüftung nicht so stark, was die Entwicklung der Verkehrswege begünstigte.

Die relativ niedrige absolute Höhenlage bewirkt einen Klimacharakter, der im Vergleich mit dem Erzgebirge und dem Lausitzer Gebirge eher dem des Hügellandes ähnelt. Gegenüber dem Flachland sind indessen die Niederschlagswerte schon wesentlich höher. Allerdings gibt es, durch das Relief bedingt, große Unterschiede auf engem Raum. Auf den Sandsteinflächen sickert das Wasser rasch ein, so daß der Charakter von Trockengebieten entstehen kann. In den Schluchten hingegen ist infolge fehlender Strahlung die Verdunstung gering, durch Sickerwasser kommt es zu einem erheblichen Wasserüberschuß, das ein feuchtes Standortklima, ein regelrechtes »Kellerklima«, erzeugt.

Die Standortbedingungen für die Pflanzenwelt sind entsprechend dem Relief und dem unterschiedlichen Kleinklima sehr vielfältig. Alle möglichen Arten und Elemente treffen hier zusammen: mediterransubmediterrane Gruppen in den wärmsten Südlagen, südlich-kontinentale Elemente im Elbtal, atlantisch-subatlantische Elemente auf feuchteren Flächen, in höheren Lagen atlantisch-subatlantische Bergwaldpflanzen, Reste nordischer Arten drohen zu vergehen, ebenso sind die alpin-montanen Arten schon stark dezimiert worden.

Von der Umwandlung der Naturwälder in künstliche Forsten blieb auch das Elbsandsteingebirge nicht verschont. Da und dort blieben aber Reste naturnaher Wälder erhalten. In den ständig feuchten, kalten Klammen stockt montaner Fichtenwald, an den Unterhängen der kalten Schluchten Fichten, Tannen und Buchen, in den schmalen Talsohlen ein artenreicher Buchenwald und an den Bachläufen selbst Eschenwald mit Bergahorn und Weiden. Völlig anders sind die Waldgesellschaften der Flächen, Steine und Basaltkuppen zusammengesetzt. Auf den Gipfelflächen der Steine stockt Kiefern-Heidewald, auf den Basaltbergen dagegen Buchen-Ahorn-Eschen-Wald.

Auf den Ebenheiten wurden im Zuge der deutschen Ostkolonisation meist Waldhufensiedlungen, auch einige Rittergutsdörfer angelegt. Die Anlage der älteren Bauernhöfe entspricht dem mitteldeutschen Dreiseithof. Die Wohngebäude sind meist Fachwerkhäuser mit steinernem Untergeschoß, auch Umgebindehäuser trifft man häufig an. Bei den Scheunen wurde unter Ausnutzung der Hanglage von der Möglichkeit der Hocheinfahrt Gebrauch gemacht.

Die wirtschaftlichen Verhältnisse waren wenig attraktiv. Bei den teils sehr kargen Sandböden brachte die Landwirtschaft keine großen Gewinne. Der Flachsanbau bildete die Grundlage für ein ausgedehntes Textilgewerbe, namentlich für die Leineweberei, die aber schon im 18. Jh. beträchtlich zurückging. Größere Bedeutung hat auch die Holzwirtschaft und der Holzhandel. Planmäßige Maßnahmen der Forstwirtschaft sind bereits im 16. Jh. belegt. Ein typischer Beruf, der sich daraus entwickelte, war der des Flößers. Neben den Flößern sind die Steinbrecher zu nennen, die eine eigene Berufstradition entwickelten. Erste Nachrichten über die Pirnaer Steinbrüche stammen schon aus dem 14. und 15 Jh. Besonders die baufreudigen Fürsten der Barockzeit bedienten sich des leicht zu bearbeitenden Elbsandsteins, der im frisch gebrochenen Zustand gelbbräunlich wirkt, dann aber rasch nachdunkelt und fast schwarz wird, wie wir dies vom Dresdener Zwinger kennen.

Das Landschaftserlebnis der »Sächsischen Schweiz« entspringt dem aufkommenden Lebensgefühl der Romantik. Um 1800 waren einige Schweizer als Dozenten an die neugegründete Kunstakademie in Dresden berufen worden, darunter Anton Graff und Adrian Zingg, der Lehrer Ludwig Richters. Diese fanden hier idyllische und pittoreske Motive vor, die sie an die heimatliche Schweiz erinnerten. So kam wohl auch die Bezeichnung »Sächsisch-Böhmische Schweiz« auf.

Im Tagestourismus werden in der Sommersaison bis 50 000 Besucher an der Bastei gezählt. Wochenendhauskolonien, aber auch Einzelstandorte von Freizeitwohnsitzen sind in der Gegend zu finden.

Das Zittauer Gebirge

Wie das Elbsandsteingebirge gehört auch das Zittauer Gebirge zur Böhmisch-Sächsischen Sandsteintafel. Es handelt sich um den DDR-Anteil des Lausitzer Gebirges, das sich jenseits der Grenze in der Tschechoslowakei erstreckt. Seinen Namen führt es nach der Stadt Zittau, die etwas nördlich in einem tertiären Becken liegt.

Der gesamte Gebirgszug streicht in sudetischer Richtung, dieser Zusammenhang wird noch betont durch die markante

Zittauer Gebirge, Oybin. Die Sandsteinkuppe hinter dem Kurort und Wintersportplatz gleichen Namens ist 518 m ü. NN.

Bruchlinie, die den Nordrand des Zittauer Gebirges bildet. Im Tertiär hat sich hier, wo sich die sudetische mit der erzgebirgischen Streichrichtung kreuzt, ein lebhafter Vulkanismus ausgebildet.

Der Quadersandstein mit seiner bekannten Formenwelt lagert auf Granit, der an den Randsäumen zum Vorschein kommt. Längs der Erosionsfurchen findet man jene typischen und wildromantischen Verwitterungsformen, wie sie ähnlich im Elbsandsteingebirge vorkommen. Die Sedimentgesteine des Sandsteingebirges gehören in die mittlere Oberkreide (Turon). Hohlkehlen, Überhänge, Felsentore und andere abenteuerliche Figuren erfreuen die Touristen. Gegen den Kamm des Gebirges treten die Felsbildungen zurück, und der Flächencharakter überwiegt.

Die Besonderheit des Zittauer Gebirges besteht im Auftreten des tertiären Vulkanismus. Stielförmig durchschießen die Phonolithe (Klingsteine) den Sandstein, so daß die höchsten Gipfel des Gebirges – Lausche (793 m) und Hochwald (749 m) – aufgesetzte Restvulkane sind. Gleichzeitig mit dem Aufsteigen der Vulkane wurden die benachbarten Sandsteine »gefrittet« und damit auch hinsichtlich ihres morphogenetischen Charakters verändert. Diese Frittung ist verantwortlich für säulige Absonderungen des Sandsteins, die sich im Pleistozän gebildet haben und eine Naturerscheinung sind, die alljährlich viele Wanderer anlockt. Die Umkristallisation des Sandsteins verleiht diesem Eigenschaften, die ihn als Mühlstein hervorragend geeignet machen. In der Umgebung von Jonsdorf entstand eine einst bedeutende Mühlsteinindustrie, deren Überreste auch heute noch einen Besuch lohnen.

Im Pleistozän bildete das Zittauer Gebirge eine Barriere gegen das Vordringen des Nordischen Inlandeises, das sich in der Elster-Eiszeit bis hierher vorgeschoben hatte. Am Paß von Jítrava wurden durch die Schmelzwässer Sande und Kiese bis in das obere Tal des Ploučnice (Polzen) eingeschüttet.

Die klimatischen Unterschiede zum Zittauer Becken sind, bedingt durch den schroffen Randbruch, beträchtlich. Auch wenn sich im Becken nicht selten ausgesprochene Kaltluftseen ausbreiten, sind die Temperaturunterschiede relativ groß. Die Winter sind schneereich und schneesicher, was die Ausübung des Wintersports begünstigt. Die Niederschläge erreichen in der Kammregion etwa 1000 mm/Jahr.

Noch heute überwiegt im Zittauer Gebirge der Wald. Der Wechsel von dunklen Nadelwäldern auf Sandstein und hellen Laubwäldern auf Vulkangestein erhöht den malerischen Reiz dieser Mittelgebirgslandschaft.

Naturgemäß wurde das Zittauer Gebirge spät besiedelt, d.h., die meisten Rodungen wurden in der Zeit der deutschen Ostkolonisation vorgenommen. Es überwiegen die Grundrißformen des Waldhufendorfes. Das wichtigste Gewerbe war die Weberei, heute dagegen tritt der Fremdenverkehr neben die Landwirtschaft. Farbenprächtige Umgebindehäuser und wildromantische Naturdenkmäler bilden nicht nur Anziehungspunkte für die Nah- und Kurzerholung, sondern zunehmend auch für Dauergäste.

Die Oberlausitz

Der Name »Lausitz« leitet sich ab vom slawischen Stamm der Lusice, der einst zwischen Elbe und Oder siedelte und noch in der Gegenwart in Gestalt der sorbischen Volksgruppe lebendig ist. Erst in der zweiten Hälfte des 15. Jh. kam der Landschaftsname »Oberlausitz« auf und betonte den Unterschied zur Niederlausitz, dem brandenburgischen Spreewaldgebiet. »Oberlausitz« ist demnach ein historischer, kein geographischer Begriff. Grob gesehen verstehen wir unter der Oberlausitz alle Berg- und Hügelländer und Gefilde zwischen der Elbe und der Neiße mit Ausnahme des Zittauer Gebirges, das geologisch in einem Zusammenhang mit der Nordböhmischen Kreidetafel und dem Elbsandsteingebirge

Oberlausitzer Bergland, Spitzkunnersdorf, ein kleiner Ort mit ländlichem Umland nahe der tschechoslowakischen Grenze. Sehenswert ist die Barockkirche, die von 1712 bis 1716 nach dem Vorbild der Kirche in Bertsdorf errichtet worden ist (einschiffiger Barockbau mit Kreuzgratgewölben und umlaufenden Emporen).
Das Oberlausitzer Bergland zeigt ein ausgeprägtes Mittelgebirgsrelief.

Oberlausitzer Bergland, in der Gegend von Waltersdorf, südlich von Bertsdorf.

Ostlausitzer Hügelland in der Nähe von Löbau. Im Landkreis Löbau entfallen rund drei Viertel der landwirtschaftlichen Nutzfläche auf Ackerland, und davon wiederum wird fast die Hälfte mit Getreide bebaut.

steht. Somit treffen wir in der Oberlausitz Elemente des Tieflandes, des Hügellandes und des Berglandes an, die sich hier eng miteinander verzahnen und die zu einem eigenartigen Raumindividuum zusammengewachsen sind.

Bei der Oberlausitz handelt es sich, geologisch gesehen, um das am weitesten westlich vorgeschobene Teilsystem der sudetischen Mittelgebirgsschwelle, die sich überwiegend in der benachbarten Tschechoslowakei und in Schlesien ausbreitet. Der Untergrund besteht zumeist aus Granit und ähnlichen Grundgebirgsgesteinen. Wo das Anstehende an die Oberfläche tritt, bildet es, geomorphologisch gesehen, seine eigene Formenwelt. Das Lausitzer Granitmassiv gehört zu den größten zusammenhängenden Massiven dieser Art in Europa. Vier verschiedene Granitarten sind am Aufbau beteiligt, dazu kommt ein großer Reichtum an Ganggesteinen. Tektonik und Vulkanismus im Tertiär brachten weitere Formenelemente hinzu. Der östliche Teil des Berglandes ist durch ausgedehnte Basaltdecken charakterisiert, weiter westlich gibt es nur noch isolierte Vorkommen.

Während der Elster-Eiszeit wurde die Oberlausitz zweimal vom Nordischen Inlandeis überfahren. Nur einige höhere Berggruppen und -kuppen blieben eisfrei. Die sogenannte »Feuersteinlinie«, das ist die Grenze der südlichsten Verbreitung der aus Nordschweden und dem ganzen Ostseeraum herbeigeführten Geschiebe, deckt sich ungefähr mit der Südgrenze der Oberlausitz und verläuft in einer Höhenlage von etwa 450 m Meereshöhe.

In naturräumlicher Hinsicht gliedern wir die Oberlausitz in das Lausitzer Bergland, das Nordwestlausitzer Hügelland, das Ostlausitzer Hügelland mit dem Neiße-Gebiet und das Lausitzer Gefilde. Diese Teillandschaften lassen sich recht gut voneinander abgrenzen und zeigen zum Teil starke Gegensätze. Das Lausitzer oder auch *Oberlausitzer Bergland* als westlichster Eckpfeiler der Sudeten zeigt ein ausgeprägtes Mittelgebirgsrelief. Das Lausitzer Bergland ist ein typisches Granitmassiv, bereichert durch die aufgesetzten tertiären Basaltkuppen, die vorwiegend im östlichen Teil dieser Landschaftseinheit auftreten. Sie stehen in einem genetischen Zusammenhang mit den Vulkanbergen in Nordböhmen.

Im nördlichen Gebirgszug des Berglandes ist der 561 m hohe Czorneboh die höchste Erhebung. Der Name ist von »čorný bok« abgeleitet, was sorbisch soviel wie »Schwarze Flanke« heißt. Der 1852 fertiggestellte Aussichtsturm auf dem Gipfel gewährt einen guten Überblick über große Teile der Oberlausitz. Der 12 km lange Kamm des Höhenzuges, begleitet von einem Wanderweg, ist von geschlossenen Fichtenforsten bedeckt. Entlang des Weges beobachtet der Wanderer alle möglichen Formen der Granitverwitterung wie Felsburgen, Gipfelklippen und Blockmeere. Da die Eisbedeckung in diese Höhenlagen nicht mehr hinaufreichte, muß die Frostverwitterung für die Entstehung dieser Formen verantwortlich gemacht werden. Noch höher ist mit 583 m der östliche Eckpfeiler des Lausitzer Berglandes, der phonolithische Kottmar. Er wird noch überragt von dem 608 m hohen breitrückigen Pirsken (Klečaný), der schon jenseits der Staatsgrenze in Böhmen liegt.

Das »Nordwestlausitzer Hügelland« bzw. Berg- und Hügelland, gelegentlich auch Nordwestlausitzer Vorberge genannt, setzt da ein, wo sich das Lausitzer Bergland in einige Bergreihen auflockert, deren höchste Erhebungen kaum 400 m Meereshöhe überschreiten. Es handelt sich genaugenommen um zwei Bergzüge, die das Gerüst des Hügellandes bilden, von denen der östliche, etwas höhere, mit dem Sybillen- oder Hochstein (449 m) aus metamorpher widerständiger Grauwacke gebildet wird. Der westliche Höhenzug dagegen besteht überwiegend aus Granodiorit und schwingt bei Pulsnitz mit der weithin sichtbaren Landmarke des Keulenbergs (405 m) aus. Die Flüsse verlaufen in meist breiten Talmulden, die gelegentlich bekkenartig erweitert sind. Die Reliefenergie ist in diesen Tallagen gering, relative Höhenunterschiede von mehr als 80 m werden hier nur selten angetroffen. Nicht überall steht der granitische Untergrund an – das macht den Unterschied zum Lausitzer Bergland. In die Mulden sind eiszeitliche Schotter, Flugsande und Lößlehme eingelagert, daneben grusiges oder kiesiges Verwitterungsmaterial, das von den höhergelegenen Berghängen herabgewandert ist.

Sehr viel komplizierter gebaut ist das *Ostlausitzer Hügelland*, früher auch Ostlausitzer Vorberge genannt, mit dem Neißegebiet. Wesentlich ist auch hier der granitische Felsuntergrund, doch dazu treten als landschaftsbestimmendes Element die tertiären Basaltberge, im Zittauer Becken Braunkohle, eiszeitliche Schotter und da und dort auch Löß, der einst größere Flächen bedeckt hat. Deshalb ist die Abgrenzung zur Gefildezone nicht immer ganz eindeutig zu bestimmen. Große Teile der Ostlausitz breiten sich in einer Höhenlage von 300 bis 360 m aus. Die Talmulden sind breit und flach angelegt und gehen abrupt in Engtalstrecken über, die neben dem Fluß weder Straße noch Eisenbahn Platz bieten. Diese sind geologisch sehr jung und werden landläufig Skalen (von obersorbisch skala = Fels) genannt. Hier grub

Lausitz: Umgebindehaus. Obergeschoß fränk. Fachwerk z. T. auch böhm. Bohlenwerk, als Wetterschutz Holz oder Schiefer. Oben: Waltersdorf; Mitte: Großschönau; unten: Neusalza-Spremberg.

Bautzen, auf einem Granitplateau der Oberlausitz, Kreisstadt im Bezirk Dresden, kultureller Mittelpunkt der Sorben.

sich der Fluß in die eiszeitlichen Schotterpackungen ein, wenn er seinen alten Lauf nicht wiederfand. In einem Gegensatz dazu stehen die landschaftlich bedeutsamen Basalt- und Phonolithberge, die als weithin sichtbare Landmarken herausragen, zum Beispiel der Löbauer Berg (149 m), der Rotstein (454 m), der Sonnenhübel (469 m) und der Oderwitzer Spitzberg (510 m).

Bei dieser Vielfalt der Gestaltungselemente lassen sich einige Teillandschaften ausgliedern. Ein breitbuckliges Granitmassiv mit dem Kämpfer (411 m) erhebt sich im Nordosten des Ostlausitzer Hügellandes. Diese Schwelle, auch Königshainer Berge genannt, bildet zugleich den östlichen Abschluß des Lausitzer Gefildes. Im Süden des Hügellandes fallen zwei Becken auf, das Berzdorfer Becken und das Zittauer Becken. Beide sind durch die Neißefurche tektonisch vorgezeichnet. In ihnen haben sich mächtige Braunkohlenlager gebildet, die heute gemeinsam mit der Volksrepublik Polen ausgebeutet werden, da dieses Gebiet durch die Grenzziehung nach dem Zweiten Weltkrieg in den Besitz des rechtsufrigen Neißelandes, also Polens, gelangt ist.

Zwischen dem Westlausitzer und dem Ostlausitzer Hügelland breitet sich zwischen Kamenz und Löbau die Gefildezone aus, deren Mittelpunkt die Stadt Bautzen ist. Hier breitet sich ein welliges, nach den Bergländern allmählich aufsteigendes Hügelland aus, dessen höchste Teile bei 260 bis 300 m am Gebirgsrand ansetzen, während sich das eigentliche Gefilde in 160 bis 190 m Meereshöhe ausbreitet. Die Spree, sorbisch »Sprjewja« genannt, hat sich, wie auch andere Flüsse, oberhalb und unterhalb von Bautzen ein typisches Engtal (skala) eingeschnitten. Die flachen Täler im Löß sind meist asymmetrisch ausgebildet. Dabei ist stets der linke, ostexponierte Hang flacher und zugleich mehr von Löß bedeckt, während der steilere rechte Hang stärker in den Vordergrund eingeschnitten ist.

Die Oberlausitz gehört in den Bereich des Binnenklimas, wo der Einfluß der thermischen Kontinentalität schon deutlich spürbarer wird. Die *Gefildenzone* gehört zu den sommerwärmsten Gebieten in der DDR, wenn auch bei Jahresamplituden von 19 °C die Mitteltemperaturen von 8 bis 9 °C nicht gerade auf eine Vorzugsstellung hindeuten. Im Lausitzer Bergland sind die Jahresmittel und besonders die Julimittel mindestens 2 °C niedriger. Die Jahresmittel der Niederschläge liegen durchweg über 600 mm, in den Hochlagen steigen sie auf über 900 mm an. Die Schneeverhältnisse zeigen im Gegensatz zu den Niederschlagssummen eine stärkere Korrelation mit den Höhenlagen. Mit wachsender Kontinentalität nimmt die Dauer der Schneedecke zu.

Der beste Ausdruck des Gesamtklimacharakters ist die Phänologie. Der Beginn der Schneeglöckchenblüte zieht sich auf der Linie von den Ruhland-Königsbrücker Heiden bis zum Lausitzer Bergland vom 20. Februar bis zum 11. März hin, der Beginn der Winterroggenernte vom 5. Juli bis zum 26. Juli, also ebenfalls über drei Wochen.

Weit verbreitet ist in der Oberlausitz und ihren Nachbarlandschaften bis weit nach Nordböhmen hinein die volkstümliche Form des Umgebindehauses. Es handelt sich dabei um einen Massivbau, bei dem das Obergeschoß von einem Rahmen von Pfosten, Riegeln und Kopfbändern getragen wird, der die Blockstube umgibt. Das Obergeschoß ist meist in der Fachwerkbauweise ausgeführt, während die Stube gleichsam wie ein Kasten in die Ständerkonstruktion hineingesetzt ist (»Umschrot«). Neben der Holzstube, die aus Bohlen geschroten ist, kommen in waldärmeren Gebieten auch Stuben mit Lehm- und Ziegelwänden vor. Es gibt giebelseitige, dreiseitige und allseitige Umgebinde. Oft ruhen die Pfosten auf einem Sockel, damit sie vor der Bodenfeuchtigkeit geschützt sind. Die meisten Umgebindebauten sind zwischen 1780 und 1850 entstanden.

Zusammen mit der Bauernkolonisation

und dem Burgenbau entfaltete sich auch das Städtewesen. Der relativ gleichmäßige Abstand der Gründungsstädte zeigt, wie planmäßig man bei dem Kolonisationswerk vorging. Die Daten der Stadterhebung fallen überwiegend in die Periode der Hochkolonisation.

Der räumliche und kulturelle Mittelpunkt der Oberlausitz ist *Bautzen*, sorbisch Budyšin. Bautzen ist Sitz der »Domowina«, des Instituts für sorbische Volksforschung, und weiterer Kultureinrichtungen der Sorben. Mehr am Rande des Gefildes liegt *Löbau*, eine moderne Industriestadt. Im Oberlausitzer Hügelland an der »Hohen Straße«, liegt *Bischofswerda*, das im 12. Jh. als reine Gründungsstadt entstand. Weberei, Tuchmacherei und Strumpfwirkerei waren die wichtigsten Gewerbe. Aus einem Waldhufendorf entstand um 1200 *Pulsnitz*, hier entwickelten sich neben der Leineweberei und der Bandweberei im 19. Jh. die Töpferei und die Pfefferkuchenbäkkerei. An der oberen Spree im Lausitzer Bergland liegt die Stadt *Schirgiswalde*, sorbisch Šerachow, die bis ins 19. Jh. eine böhmische Exklave war. Östlich von Bautzen, durch seine Lage nahe der »Hohen Straße« begünstigt, entstand 1228 aus wilder Wurzel die Stadt *Weißenberg*, sorbisch Wóspork. Damit war das Städtenetz der inneren Oberlausitz vollendet.

Die Städte im östlichen Teil der Oberlausitz müssen schon im Zusammenhang mit Schlesien gesehen werden. Die Stadt *Zittau*, nach der das nahe Zittauer Gebirge benannt ist, entstand auf dem Areal eines älteren Waldhufendorfes und gehörte zeitweise zu Böhmen. Am linken Ufer der Neiße liegt die Stadt *Görlitz*, die erstmals 1071 als »villa Gorelic« erwähnt wird. Hier, wo sich zwei wichtige Handelsstraßen kreuzten, gründeten die böhmischen Landesherren 1126 eine Burg. Daneben entstand eine Stadt mit rechtwinkeligem Grundriß, die spätestens 1303 mit dem Magdeburger Stadtrecht begabt wurde. Die Altstadt blieb in einmaliger Geschlossenheit erhalten. Die Industrialisierung mehrte den Reichtum der Stadt, die sich auf dem Wege zur Großstadt befand und auch jenseits der Neiße ausbreitete. Dieser rechtsneißige Stadtteil gehört heute zur Volksrepublik Polen und heißt »Zgorzelec«. Das Görlitzer Bahnhofsviertel ist eines der geschlossensten städtebaulichen Baudenkmäler aus der zweiten Hälfte des 19. Jh.

Trotz der frühen Industrialisierung durch die Leineweberei und Tuchmacherei gehört die Oberlausitz heute nicht zu den am stärksten industrialisierten Gebieten der DDR. Viel altes Kulturgut hat sich erhalten und bietet neben reizvollen Landschaften dem Besucher ein gutes Bild einer ostmitteldeutschen Kolonisationslandschaft. Besonders reizvoll ist die ungebrochene Tradition der Oberlausitzer Sorben, deren Zahl auf fast 50000 geschätzt wird.

Görlitz, am NO-Rand des Lausitzer Berglandes, am Westufer der Neiße. Oben: Peterskirche; darunter: Untermarkt mit Ratshausapotheke.

Im Zeitalter der Glaubenswirren kamen viele böhmische Exulanten in die Oberlausitz. Viele von ihnen waren Weber und beherrschten auch andere Handwerke, was der Wirtschaft beachtliche Impulse gab. 1722 siedelte der Reichsgraf Nikolaus Ludwig von Zinzendorf am Südhang des Hutberges bei Löbau seine Brüdergemeine an, die neue Siedlung wurde Herrnhut genannt. Der Ort selbst wurde nach einem wohldurchdachten Grundriß angelegt, durch den auch die spezifische Sozialstruktur dieser Glaubensgemeinschaft zum Ausdruck kommt. Verschiedene Gewerbe, der Anbau von Heilpflanzen und namhafte Erziehungsinstitute führten bald zu einem gewissen Wohlstand und begründeten den weltweiten guten Ruf der evangelischen Brüderunität, deren Direktion hier noch in der Gegenwart ihren Sitz hat.

Plauen im Vogtland: Hinter der Elsterbrücke der historische Stadtkern

WALTER SPERLING

Städte-ABC der Bezirke Sachsens

(Es handelt sich um eine Auswahl sehens- und bemerkenswerter Orte. Die Einwohnerzahlen sind gerundet.)

Altenburg, 54000 Ew. – Kreisstadt, liegt südlich von Leipzig. 976 als »civitas« erstmals genannt. Der neue Markt, 1192 als »forum novum« genannt, wird Mittelpunkt der nach einem planmäßigen Grundriß erbauten Stadt. 1256 Stadtrechte, von 1603 bis 1672 und von 1826 bis 1918 Hauptstadt des Herzogtums Sachsen-Altenburg, 1920 ging die Stadt im Land Thüringen auf. Braunkohlenlagerstätten nördlich der Stadt. »Stadt der Spielkarten«, Spielkartenmuseum, Sitz des Internationalen Skatgerichts. Sehenswert: spätgotische Schloßkirche, in der Barockzeit umgebaut. Das Renaissancerathaus am Markt, die »Roten Spitzen«, Reste einer alten Klosterkirche, und der nach Plänen von P. J. Lenné angelegte Botanische Garten

Annaberg-Buchholz, 26000 Ew. – Kreisstadt, im mittleren Erzgebirge. 1496 wurde die »newe stat bey dem Schreckenberge« erstmals genannt, wo man kurz zuvor auf Silbererz gestoßen war. 1497 Stadtrechte. 1501 St. Annaberg, 1949 Vereinigung mit dem benachbarten Buchholz. Textilindustrie, Elektrotechnik, Kartonagenfabrikation und Fremdenverkehr. Sehenswert: St. Annenkirche, die größte spätgotische Hallenkirche Sachsens, Adam-Riese-Haus, Erzgebirgsmuseum

Bad Brambach, 2500 Ew. – Radiumbad, 1154 erwähnt, gehört zu den frühesten Gründungen im Vogtland. 1910 wurde die Radiumquelle entdeckt, die damals als die stärkste dieser Art galt. Es entstand ein Kurzentrum, das nach 1945 der Sowjetarmee als Sanatorium diente. Seit 1957 sind alle Anlagen den DDR-Behörden übergeben worden, heute werden 95 Prozent der Patienten von der Sozialversicherung zu einer kostenlosen Behandlung eingewiesen.

Bad Schandau, 4000 Ew. – liegt am rechten Ufer der Elbe im Elbsandsteingebirge. Anfang des 15. Jh. gegründet, 1445 Städtchen genannt. Elbhandel und Schifferei bildeten die wirtschaftliche Grundlage. 1730 wurde eine Mineralquelle entdeckt, seit 1936 Kneippkurort. Die Elbtalbahn nach Böhmen wurde 1850 in Betrieb genommen, seitdem ist der Bahnhof Grenzzollstation.

Bautzen, 53000 Ew. – Kreisstadt, sorbisch Budyšin, Zentrum der Oberlausitz. 1002 wird der sorbische Name Budyšin erstmals als urbs erwähnt, 1460 erst der deutsche Name Pauczen. 1213 gewährte der Böhmenkönig Ottokar I. das Stadtrecht. Die älteste Marktsiedlung liegt unterhalb der Ortenburg. Daran schließen sich das Burglehn, die deutsche Marktsiedlung und die erste Stadterweiterung an. Unter den heutigen Produktionszweigen ist der Waggonbau der wichtigste. Früher waren es Tuchmacherzunft (Flamen), Leineweberei und Handwerk. Als Zentrum der Oberlausitz haben hier verschiedene Kulturinstitute ihren Sitz: das Domowina-Institut für sorbische Volksforschung, eine sorbische Lehrerbildungsanstalt, Theater, Verlage und Schulen mit entsprechender Ausrichtung. Sehenswert: die Ortenburg mit ihrer Schloßkapelle, der gotische Petridom, die Stadtbefestigung und das Stadtmuseum

Bischofswerda, 14000 Ew. – Kreisstadt, liegt im Hügelland der Oberlausitz. Im 12. Jh. als reine Gründungsstadt entstanden. Im 18. Jh. Leineweberei und die Tuchmacherei, daneben auch Strumpfwirkerei. Große Schäden durch den Dreißigjährigen Krieg und 1813 durch Plünderungen französischer Truppen und einem verheerenden Brand. Sehenswert: Begräbniskirche, 1814 erneuert; das klassizistische Rathaus und ein Heimatmuseum

Colditz, 7000 Ew. – liegt im Tal der Zwickauer Mulde. Auf einer hohen Felszunge befindet sich das mittelalterliche Schloß, das heute noch das Stadtbild beherrscht. 1046 als Sitz eines deutschen Burgwards im slawischen Gau der Chutici genannt. Außerhalb der Burgstadt, an einer Furt der Mulde, entstand um 1150 die deutsche Kaufmannssiedlung mit dem Marktplatz, die 1265 als »civitas« bezeichnet wird. Im späten 18. Jh. siedelte sich hier die Textilindustrie an, bedeutender aber wurde die Produktion von Keramik auf der Grundlage heimischer Tonlager. Das VEB Porzellanwerk Colditz ist heute einer der modernsten Betriebe dieser Art. Sehenswert: das Schloß, die Pfarrkirche St. Ägidien mit ihrem spätgotischen Chor, das Rathaus und das Heimatmuseum mit einer besonderen Steingutsammlung

Crimmitschau, 25000 Ew. – Industriestadt im Landkreis Werdau nahe der Autobahnlinie Gera–Karl-Marx-Stadt. 1222 erstmals erwähnt, 1414 wird ihr das Schmöllner Stadtrecht verliehen. Die Gründung einer Tuchmanufaktur leitete den Aufstieg der Crimmitschauer Textilindustrie ein, begünstigt durch den frühen Eisenbahnanschluß. Die Stadt, ein kilometerlanges Siedlungsband im Tal der Pleiße, entwickelte sich zu einer typischen Industriestadt und wurde zu einem Zentrum der deutschen Arbeiterbewegung. Sehenswert: Pfarrkirche St. Laurentius, 16. Jh.

Delitzsch, 28000 Ew. – Kreisstadt nördlich von Leipzig, wird als »Delce« erstmals 1145 genannt und gehörte damals zur Mark Meißen. Um 1400 erhielt sie die Stadt- und Marktrechte. Heute wird das Angesicht der Stadt durch die Bedingungen des Ballungsgebietes Halle-Leipzig geprägt, neu entdeckte Braunkohlenvorräte werden mit großem Tempo erschlossen. Vielseitige Industrie, Auspendler nach Bitterfeld-Wolfen. Sehenswert: Reste der mittelalterlichen Wehranlage mit 1394 erwähntem Hallischen Turm, Pfarrkirche St. Peter und Paul, gotische Pfarrkirche St. Marien enthält wertvolle Kunstschätze. Das im Dreißigjährigen Krieg zerstörte Schloß wurde um 1690 wiederhergestellt und beherbergt heute ein Heimatmuseum.

Dippoldiswalde, 6500 Ew. – Kreisstadt an der Roten Weißeritz im östlichen Erzgebirge. 1218 erstmalig genannt. Anlaß zur Gründung gab wohl der Silberbergbau. Für 1289 ist die Bezeichnung »oppidum« bezeugt, nach 1360 wird sie ummauert. Abgesehen von einer Armaturenfabrik siedelte sich wenig Industrie an, denn erst 1882 erfolgte der Eisenbahnanschluß. Bekannt wurde Dippoldiswalde auch durch die Deutsche Müllerschule. Sehenswert: spätgotische Stadtkirche, dreischiffige Kirche St. Nikolai, Schloß

Dresden, 520000 Ew. – frühere sächsische Landeshauptstadt und heutige Bezirkshauptstadt, drittgrößte Stadt der DDR. Die älteste Ansiedlung im Gründungsgelände der späteren Stadt war ein Sorbendorf mit dem obersorbischen Namen Drježdźany (Dorf der Auwaldleute), der von den Deutschen in dieser Form übernommen und zu »Dresden« umgebildet wurde. Hier lag der älteste Elbübergang. 1275 erste Elbbrücke. In der zweiten Hälfte des 13. Jh. bevorzugte Markgraf Heinrich der Erlauchte Dresden als seinen Wohnsitz; sein jüngster Sohn Friedrich Klemme nannte sich schon Markgraf von Dresden, 1265 Franziskanerkloster, 1485 Residenz- und Landeshauptstadt, 1491 verheerender Stadtbrand. 1519 bis 1529 wurde die Frauenkirchenvorstadt umwallt, 1550 wurde das rechtselbische Altendresden einbezirkt, das nachmalige Dresden-Neustadt. Vor der Stadt entwickelten sich zehn Vorstädte. 1591 war der Festungsbau vollendet. In der Zeit Augusts des Starken (*1670, †1733) bekam Dresden sein Gepräge als Barockstadt. (→»Dresden – Blüte, Untergang, Wiederaufbau«, S. 416ff.)

Freiberg, 52000 Ew. – Berg- und Hochschulstadt am Nordwestrand des Erzgebirges an der Freiberger Mulde, Kreisstadt im Bezirk Karl-Marx-Stadt, 1170 gegründet, es wanderten vorwiegend Bergleute aus dem altsächsischen Bergbaugebiet des Harzes zu. Diese »civitas Saxonum« wurde auch Sächsstadt genannt. Als Datum der

Stadtgründung gilt das Jahr 1181, als die Oberstadt gegründet wurde und wahrscheinlich Stadtrecht erhielt. 1765 Gründung einer Bergakademie. Das VEB Bergbau- und Hüttenkombinat »Albert Funk« ist ein wichtiger Buntmetallieferant. Außerdem weitere Industriebetriebe: z. B. Maschinen- und Gerätebau, Elektronik, Textil- und Ledererzeugung. Hochschule und verschiedene Fachschulen. Sehenswert: spätgotischer Dom mit dem Grundriß einer dreischiffigen Hallenkirche; er enthält bedeutende Kunstwerke. Spätgotisches Rathaus, barockisierte Petrikirche. Mineraliensammlungen des Naturkundemuseums und der Bergakademie. In der Umgebung der Stadt können alte Bergwerke besucht werden.

Glauchau, 29000 Ew. – Kreisstadt in einer Talweitung der Zwickauer Mulde. In Anlehnung an die 1170 erbaute Burg entstanden im 13. Jh. Ausbau mit einem planmäßigen, leiterförmigen Grundriß und einem rechteckigen Marktplatz. In dieser Zeit erhielt Glauchau das Stadtrecht. Zur Landwirtschaft traten die Tuchmacherei, dann die Leineweberei und schließlich die Baumwollmanufaktur. Heute gibt es neben der Textilindustrie weitere Produktionszweige, z.B. Maschinenbau und Feinmechanik. Bauingenieurschule und mehrere Fachschulen. Sehenswert: Schloß Hinterglauchau, einst Residenz der Herren von Schönburg, beherbergt heute ein Museum mit wertvollen Sammlungen.

Görlitz, 79 000 Ew. – die kreisfreie Stadt liegt in der östlichen Oberlausitz am linken Ufer der Neiße, die heute die Staatsgrenze der DDR bildet. Die »villa Gorelic« wird 1071 erstmals erwähnt, hier kreuzten sich die Handelsstraßen Stettin–Prag und die »Hohe Straße« Leipzig–Breslau. 1303 wird das Magdeburger Stadtrecht urkundlich bestätigt. Ein Mauerring mit vier Türmen und Toren umschloß die Stadt, die eine führende Stellung im lausitzischen Sechsstädtebund einnahm. Fernhandel mit Tuch, Waid und Leinwand. 1945 Teilung der Stadt: die rechts der Neiße gelegenen Stadtteile wurden unter dem Namen Zgorzelec polnisch. Ingenieurschule für Maschinenbau, mehrere Fachschulen, Theater und weitere kulturelle Einrichtungen, Einkaufsort für die benachbarte polnische Bevölkerung. Sehenswert: die erhalten gebliebene Altstadt, das Rathaus, die spätgotische Pfarrkirche St. Peter und Paul mit einem spätromanischen Hauptportal, die Oberkirche und eine Reihe von Bürgerhäusern am Untermarkt.

Heidenau, 19000 Ew. – Stadt im Kreis Pirna, liegt im Elbetal. Die in der frühen Zeit der Ostsiedlung gegründete Siedlung wurde erst 1924 nach der Vereinigung mit Gommern, Mügeln und Groß-Sedlitz zur Stadt erhoben. Heute befindet sich hier Großindustrie: Maschinenbau, Metall- und Elektroindustrie, Papier- und Zellulosefabrikation, chemische Industrie. Sehenswert: Barockgarten, in der Zeit Augusts des Starken angelegt.

Herrnhut, 1900 Ew. – Stadt in der Oberlausitz, liegt am Südhang des Hutberges im Landkreis Löbau. 1722 siedelte hier der Reichsgraf Nikolaus Ludwig von Zinzendorf mährische Exulanten an, schon 1727 wurde für die Brüdergemeine ein Ortsstatut erlassen, das die Lebensgrundsätze festlegte. Die Siedlung selbst ist nach einem wohldurchdachten Grundriß angelegt, der auch die besondere Sozialstruktur zum Ausdruck bringt. Verschiedene Gewerbe, der Anbau von Heilpflanzen und Erziehungsinstitute bildeten die wirtschaftliche Grundlage. Noch heute ist Herrnhut der Sitz der Direktion der weltweiten evangelischen Brüderunität. Der Wohlstand drückt sich in stattlichen Wohnbauten aus. Das im Krieg zerstörte Gemeinehaus, wo die gottesdienstlichen Veranstaltungen abgehalten werden, wurde in seiner Schlichtheit wiederaufgebaut. Sehenswert: historischer Gottesacker, wo über 4800 Mitglieder der Brüdergemeine unter einfachen Grabplatten bestattet sind. Aus der missionsgeschichtlichen Sammlung ging ein Völkerkundemuseum hervor.

Kamenz, 18000 Ew. – Kreisstadt, sorbisch Kamjenc, liegt im Tal der Schwarzen Elster. Um 1200 entstand hier der Sitz eines Burgwards. Die im Flußtal gelegene Siedlung erwuchs schließlich zum Mittelpunkt der »Kamenzer Pflege«. 1213 Neugründung nach einem Brand, 1346 Beitritt zum Oberlausitzer Städtebund, 1419 Hussiteneinfall. Tuchmacherei, Töpferei, Glasindustrie und Steinbruchindustrie im 19. Jh. Papier- und Maschinenerzeugung. Sehenswert: Franziskaner-Klosterkirche, eine spätgotische Hallenkirche, spätgotische Stadtkirche St. Marien wurde 1480 vollendet. An Gottfried Ephraim Lessing, der hier 1729 geboren wurde, erinnern die Sammlungen eines Museums.

Karl-Marx-Stadt, 313 000 Ew. – Bezirkshauptstadt, liegt am Nordrand der Nordabdachung des Erzgebirges in einer weiten Talmulde des Chemnitzbaches. Bis zum Jahre 1953 hieß sie Chemnitz. Heute ist sie ein führendes Industriezentrum der DDR, Verkehrsknoten und Hochschulstadt. Vermutlich 1165 als königlicher Fernhandelsmarkt (forum publicum) an der Stelle entstanden, wo die alte Salzstraße nach Prag das Flüßchen querte und eine zweite Straße nach Böhmen nahe vorbeiführte. 1136/1137 Gründung eines Benediktinerklosters (monasterium de Cameniz), dem 1143 das Marktrecht verliehen wurde. Es wurde später zu einem Schloß ausgebaut (Schloßchemnitz). Im 16. Jh. größter Produktionsplatz für Webwaren in Kursachsen. 1728 wurde die Wirkerei eingeführt, um 1770 begann der Manufakturbetrieb mit dem Kattundruck. Um 1800 erste Spinnmühle. Bald danach setzte der Maschinenbau ein. Die Einführung des mechanischen Webstuhls und weiterer Maschinen führte 1819 zu einem ersten Streik. Seitdem ist Chemnitz eine Hochburg der deutschen Arbeiterbewegung. Die bebaute Fläche wurde bis 1913 in allen Richtungen ausgedehnt, dazu kamen seit 1880 mehrere Eingemeindungen. Charakteristisch: Arbeiterviertel mit vier- bis sechsstöckigen Mietshäusern und besonders hoher Wohndichte, durchsetzt mit Gewerbebetrieben. Villenviertel der Unternehmer in der Stollberger Vorstadt und die Beamtenviertel auf dem Kaßberg. Starke Zerstörungen im Februar und März 1945. Wiederaufbau der Stadt nach den Grundsätzen des sozialistischen Städtebaus. Erhebung zur Bezirkshauptstadt, Einrichtung einer Technischen Hochschule (1963) und weiterer Großforschungseinrichtungen. Neben der Textilindustrie Maschinenbau und Elektronik. Sehenswert: Schloßkirche, Stiftskirche Unser Lieben Frauen, Stadtkirche St. Jacobi, Altes Rathaus, Roter Turm, Siegertsches Haus, Karl-Marx-Denkmal von Lew Kerbel vor dem Gebäude des Rates des Bezirkes, repräsentative Neubauten.

Klingenthal, 13000 Ew. – Kreisstadt im westlichen Erzgebirge, verdankt seine Gründung zunächst einem Hammerwerk, das 1589 erwähnt und »Helle« oder »Hehlegrund« hieß. Der heutige Name geht auf einen Besitzer des Hellhammers, Nikol Klinger, zurück. 1659 zogen böhmische Exulanten, darunter Geigenbauer aus dem nahen Graslitz, ein. 1809 kam die Herstellung von Mundharmonikas, später noch Balginstrumente wie Akkordeons, Bandonions usw. und schließlich moderne Blasinstrumente hinzu. Klingenthal wurde Zentrum des »Musikwinkels«. Außerdem entwickelte sich der Fremdenverkehr, besonders der Wintersport. Sehenswert: barocke Stadtkirche mit achteckigem Grundriß, eine typische Predigtkirche, wie sie auch in anderen Exulantengemeinden angetroffen wird, wenn auch selten in solcher Größe.

Leipzig, 547 000 Ew. – Bezirkshauptstadt, nach Berlin (Ost) die zweitgrößte Stadt der DDR, Wirtschaftsmetropole Sachsens, internationale Messestadt und Hochschulzentrum, liegt im Mittelpunkt der nach ihr benannten Tieflandsbucht. Spätestens im 9. Jh. können am Ort der späteren Stadt einige slawische Siedlungen nachgewiesen werden, deren eine den Namen »lipsk« (von slav. lipa = die Linde) trug. Dann errichtete hier ein deutscher Burgward seinen Sitz, 1015 erfahren wir von der »urbs Libzi«, der Markgraf Otto von Meißen 1165 das Stadtrecht verlieh. Jahrmärkte sind schon im 12. Jh. bezeugt. Das große kaiserliche Messeprivileg stammt aus dem Jahre 1497 und wurde 1507 erweitert. 1409 wurde die Leipziger Universität gegründet. Die Topographie des mittelalterlichen Leipzig schimmert noch im heutigen Stadtgrundriß durch. Innerhalb der Stadtbefestigung sind die Straßen mehr oder weniger gitterförmig angelegt. Mittelpunkt ist der rechteckige Markt. Die Fernverkehrsstraßen führen durch verschiedene Tore in das Innere der Stadt und treffen am Markt zusammen. Der Altstadtkern entwickelte sich zunehmend zur geschäftsorientierten City, umringt von einer Ringstraße. Im Osten der Altstadt bildete sich das »graphische Viertel« heraus. Klein- und Mittelbetriebe waren über die ganze Stadt gestreut, besonders über die inneren Vorstädte. Die Großindustrie dagegen entwickelte sich am Stadtrand bei den Eisenbahnanschlüssen. Im Stadtzentrum entstanden, bedingt durch die neue Form der Mustermesse, weitere Ausstellungspaläste. Seit 1899 wurden zahlreiche Eingemeindungen vorgenommen. 1933 erreichte Leipzig mit 714000 Einwohnern seinen höchsten Bevölkerungsstand. Im Zweiten Weltkrieg erlitt Leipzig schwere Kriegsschäden durch Bombenangriffe. Insgesamt ein Viertel der bebauten Fläche fielen in Trümmer. Leipzig ist heute der zweitgrößte Industriestandort der DDR (→»Leipzig – Messe-, Universitäts- und Industriestadt«. Sehenswert: Altes Rathaus, Alte Waage, Alte Börse, Thomaskirche, Nikolaikirche. Auch der Hauptbahnhof, ein Kopfbahnhof mit 26 Parallelgleisen, ist eine Sehenswürdigkeit, ebenso das 1898 bis 1913 erbaute Völkerschlachtdenkmal sowie die Gebäude im Messegelände.

Löbau, 19000 Ew. – Kreisstadt am Rande der Lausitzer Gefilde. Die deutsche Stadt entstand um 1220 auf der Flur eines slawischen Dorfes an der Handelsstraße von Bautzen nach Zittau und Böhmen. Der große, rechteckige Marktplatz deutet auf regen Handel hin. 1221 wird Löbau oppidum, 1268 civitas genannt. Um 1700 Leineweberei, Leinwandhandel. 1710 zerstörte ein Brand große Teile der Stadt. Der Bau der Dresden-Görlitzer Bahn (1847) leitete die moderne Industrialisierung ein: mechanische Webereien, Maschinen-, Papier- und Schuhfabriken, außerdem die Pianofortefabrik August Förster, die heute noch besteht. Sehenswert: barocke Bürgerhäuser, Rathaus, Krypta unter dem Turm der Pfarrkirche St. Johannis. Vom nahen Löbauer Berg hat man eine gute Übersicht über die Oberlausitz.

Marienberg, 11000 Ew. – Kreisstadt im mittleren Erzgebirge gelegen. Nachdem Silbererz gefunden worden war, kam es 1521 zur Gründung der Stadt auf einem Gelände, wo schon früher ein Dorf »Sletyn« gelegen hatte. Die Stadt besitzt einen schachbrettförmigen Grundriß, im Zentrum befindet sich ein großer Marktplatz. 1550 eine der größten Städte Kursachsens. Der nach 1945 vorübergehend unter sowjetischer Regie betriebene Uranbergbau brachte einen erneuten Aufschwung. Sehenswert: Hallenkirche St. Marien

Markneukirchen, 8200 Ew. – Stadt im Vogtland. 1274 als »Newenkirchen« erstmals genannt. Stadtrecht 1340. Zwischen 1600 und 1670 ließen sich hier zahlreiche Exulanten aus dem benachbarten Böhmen nieder. Seitdem entwickelte sich Markneukirchen zu einem Zentrum des Musikinstrumentenbaus. Schon 1834 wurde eine Musikschule gegründet. Sehenswert: Musikinstrumentenmuseum von 1883

Meißen, 38000 Ew. – Kreisstadt. 928 Wehranlage auf dem heutigen Burgberg durch König Heinrich I. 983 wird Meißen als suburbium erwähnt. Die Marktstadt wird erstmals sicher 1205 genannt, nachdem die deutsche Ostsiedlung das ganze Umland erfaßt hatte. Die planmäßig angelegte Marktstadt zog Handel und Gewerbe an, außerdem bestand ein kirchlicher Mittelpunkt. 1710 Porzellanmanufaktur auf der Albrechtsburg, die heute als VEB Staatliche Porzellanmanufaktur im Tribischtal Weltgeltung besitzt. Erst 1860 kam es zum Bahnanschluß. Es entstand ein ausgedehntes Fabrikviertel, das sich auf dem rechten Elbeufer fortsetzte. Nach dem Zweiten Weltkrieg entstand hier eine Landwirtschaftliche Hochschule und eine Akademie der Sächsischen Landeskirche. Sehenswert: Albrechtsburg, Dom, ehemaliges Augustiner-Chorherrenstift St. Afra, am Markt gut erhaltene Bürgerhäuser aus der Zeit der Spätgotik und Renaissance. Im Turm der Frauenkirche wurde 1929 das erste Porzellanglockenspiel der Welt eingerichtet.

Mittweida, 19000 Ew. – an der Zschopau im Mittelsächsischen Hügelland. Das Oppidum wurde vor 1286 am unteren Ende des sehr großen Waldhufendorfes Altmittweida angelegt. Seit dem 15. Jh. Tuchmacherei, im 19. Jh. Spinnerei und mechanische Weberei, 1867 wurde ein Technikum errichtet. Sehenswert: Pfarrkirche St. Marien, Bürgerhäuser aus dem 18. Jh. am Marktplatz

Meuselwitz, 12000 Ew. – liegt am südlichen Rande der Leipziger Tieflandsbucht und wurde erst durch den Braunkohlenbergbau bekannt. 1579 siedelte ein Leipziger Kaufmann hier 100 niederländische Tuchmacher an. Um 1800 1000 Ew., 200 Webstühle. Den Braunkohlenabbau leitete 1671 der Altenburger Stadtphysikus Z. Pilling ein. Die anstehenden Flöze wurden zunächst wild abgebaut, ab 1863 wurden erstmals »Kohleziegel«, die Vorläufer der Briketts, maschinell hergestellt. 1872 Eisenbahnanschluß; Zusammenschluß der vielen kleinen Gruben zu Aktiengesellschaften und zur Anwendung kapitalintensiver Technologien. Um 1900 befand sich hier das größte geschlossene Tagebaugebiet Mitteldeutschlands. Heute ist der Bergbau rückläufig, dafür aber bieten sich die Bergbaufolgelandschaften als Naherholungsgebiete an. Die Pfarrkirche St. Martin wurde 1687 erbaut.

Neustadt/Sa., 12000 Ew. – planmäßige Stadtanlage im Lausitzer Gebirge. Gründung im 14. Jh. 1333 wird das »oppidum« erstmals genannt, nach dem Erlöschen des Goldbergbaus wurde die Leineweberei zum wichtigsten Erwerbszweig, dazu kam später noch die Spielwarenindustrie. Heute hat die Landmaschinenindustrie die größte Bedeutung. Sehenswert: rechteckiger Marktplatz mit barokkem Rathaus

Niesky, 12000 Ew. – Kreisstadt in der Oberlausitz. Gründung der Herrnhuter Brüdergemeine. Überwiegend waren es evangelische Böhmen, die sich hier niederließen. Brüder- und Schwesternhaus, Saalkirche und Gottesacker sowie die unter einfachen Verhältnissen arbeitenden Manufakturen bestimmen den Charakter der Exulantensiedlung, die 1760 ein Pädagogium aufnahm, das Weltruf erlangte. Im 19. Jh. kamen weitere Produktionszweige dazu.

Oberwiesenthal, 2700 Ew. – ist die am höchsten gelegene Stadt Deutschlands. Die Gründe für die Stadtwerdung liegen beim Bergbau und in seiner Verkehrsbedeutung an der Poststraße von Leipzig nach Karlsbad. 1530 Stadtrecht. Mit dem Erlöschen des Bergsegens zog auch hier die Heimindustrie ein. Heute dominiert der Fremdenverkehr, die Ausstattung ermöglicht internationale Wintersportwettkämpfe. Eine Kabinenseilbahn führt zum Fichtelberg (1214 m), der höchsten Erhebung in der DDR.

Oelsnitz, 14000 Ew. – Kreisstadt an der Weißen Elster im Vogtland. 1281 slawisches Dorf »vicus Olsenitz« genannt. Nach 1350 zur Stadt erhoben. In Nachfolge des stark vertretenen Textilhandwerks kamen im 19. Jh. Industrien auf, darunter ein Großbetrieb für Teppichweberei. Heute Textilmaschinenbau und Bauindustrie. Sehenswert: Stadtkirche St. Jacobi, Burg Voigtsberg

Oschatz, 19000 Ew. – Kreisstadt an der Döllnitz. Es ist sicher, daß der Platz der späteren Stadt schon vorher ein Dorf trug. 1065 erfahren wir von dem oppidum, das sich in günstiger Verkehrslage entwickelt hatte. An einem Straßenmarkt lag die Kaufmannssiedlung. In der fast kreisförmigen Ummauerung erkennen wir einen regelmäßigen Ausbau. Spätestens im 14. Jh. führen flämische Tuchmacher hier ihr Handwerk ein, weitere Gewerbe, darunter auch die Bierbrauerei, folgten. 1834 wurde anstelle der Hutmacherei die Filz- und Filzwarenproduktion begründet. Heute ist das industrielle Profil sehr vielseitig. Sehenswert: Pfarrkirche St. Ägidien, Klosterkirche am Altmarkt, Rathaus am Neumarkt mit Renaissancegiebel

Plauen, 77 000 Ew. – Kreisstadt. Zentrum des Vogtlandes. 1224 wird eine Burg bezeugt, doch soll es am Flußübergang schon vorher eine 1122 genannte Slawensiedlung »vicus plave« gegeben haben. Fernhandel und Tuchmacherei bildeten bis ins 18. Jh. die wirtschaftliche Grundlage der Stadt, dazu kam schließlich die Herstellung feiner Baumwollgewebe und Kattundruckerei. Plauen wurde zum deutschen Stickerei- und Spitzenzentrum. Im Zweiten Weltkrieg erlitt Plauen durch Luftangriffe schwere Zerstörungen. Neben der Textilindustrie gibt es heute weitere leistungsfähige Industriezweige wie Maschinenbau, Feinmechanik, Elektrotechnik u. a. Sehenswert: Hallenkirche St. Johannis, Lutherkirche, Rathaus

Radeberg, 16000 Ew. – liegt im Dresdener Ballungsgebiet. Die als Waldhufendorf angelegte Siedlung wird 1344 als »Städtchen« bezeugt. Aus der alteingesessenen Leineweberei entwickelte sich Band- und Posamentenherstellung. Durch den frühen Bahnanschluß (1845) entwickelte sich Radeberg zur Industriestadt. 1872 wurde die weltbekannte Exportbierbrauerei gegründet. Elektro-, Rundfunk- und Fernsehgeräte und Glaswaren sind die wichtigsten Produkte, die heute hergestellt werden. Sehenswert: Schloß mit Heimatmuseum

Radebeul, 35000 Ew. – unweit von Dresden in der vom Klima begünstigten Landschaft Lößnitz, wo sogar Weinbau möglich ist. 1349 wird das Dorf erstmals erwähnt. Seit 1839 führt die Eisenbahnlinie Leipzig–Dresden durch den Ort. Sehr rasch folgte die Industrialisierung. Noch mehr entwickelte sich Radebeul als Villen- und Gartenstadt. Sehenswert: Sterbehaus des Schriftstellers Karl May mit Indianermuseum

Reichenbach, 25000 Ew. – Kreisstadt am Nordrand des Vogtlandes. 1212 wird das Dorf »Richenbach« erstmals genannt, doch schon vorher soll sich an der Stelle der heutigen Altstadt eine sorbische Siedlung befunden haben. Die um 1240 gegründete, später ummauerte Stadt lag etwas unterhalb des Dorfes. Reichenbach ist ein Zentrum der Textilindustrie, daneben gibt es eine Reihe weiterer Produktionszweige. Das Wahrzeichen der Stadt ist der 1927 erbaute Wasserturm auf dem Gerichtsberg. Sehenswert: die 574 m lange und 78 m hohe Göltzschtalbrücke. 81 freigewölbte Einzelbogen machen diese Brücke zu einer vielbesuchten Sehenswürdigkeit.

Schmölln, 12000 Ew. – Kreisstadt beiderseits der Sprotte im westlichsten Teil des Sächsischen Hügellandes. 1066 wurde hier ein Benediktinerkloster gegründet, das allerdings nur kurzen Bestand hatte. Zwischen 1324 und 1329 wurde die Stadt planmäßig angelegt. Nachdem 1830 eine Bürstenfabrik und 1861 eine Knopffabrik gegründet worden waren, kam es nach 1854 durch den Eisenbahnanschluß zu einer weiteren Industrialisierung. Schmölln errichtete eine Monopolstellung in der Knopffabrikation. Sehenswert: Pfarrkirche St. Nikolai

1

2

3

4

5

6

7

8

9

11

10

Altenburg: Rathaus aus dem 16. Jh. (1). Bautzen: Die Alte Wasserkunst von 1558 (2). Dresden: Prager Straße, im Hintergrund der Turm der Kreuzkirche (3). Freiberg im Erzgebirge: Rathaus am Obermarkt (4). Herrnhut in der Lausitz (5). Lausitzer Umgebindehaus (6). Meißen: der gotische Dom (7). Veste Stolpen bei Neustadt, Residenz der Bischöfe von Meißen (8). Neusalza-Spremberg: Reiterhaus (9). Torgau: der Wendelstein im Hof des Schlosses Hartenfels (10). Zschopau: Burg Wildeck (11).

Zwickau, Gewandhaus mit dem fünfgeschossigen Giebel, 1522 bis 1525 erbaut, als Theater genutzt.

Schneeberg, 22000 Ew. – im westlichen Erzgebirge, entstand im Zusammenhang mit dem Aufschwung des Silberbergbaus im 15. Jh. Die Stadt entstand ohne Plan am »Gehänge« des Schneeberges. Um 1500 erhielt Schneeberg sogar eine eigene Münze. Als die Silbergewinnung zurückging, trat 1610 die Kobalterzgewinnung an ihre Stelle. Heute dominieren Spielwarenherstellung, Holzschnitzerei, Spitzenklöppelei, Möbelindustrie und Fremdenverkehr. Sehenswert: Kirche St. Wolfgang, die im Zweiten Weltkrieg zerstört wurde, ist inzwischen erneuert worden, und ein Museum für bergmännische Volkskunst.

Schwarzenberg, 17000 Ew. – Kreisstadt im westlichen Erzgebirge in einem Talkessel des Schwarzwassers. 1212 soll Kaiser Friedrich II. das »Castrum Suarcenberg« dem Böhmenkönig Ottokar I. geschenkt haben, jedoch ist die Echtheit der Urkunde umstritten. Die älteste Stadtanlage hat ihre Gestalt weitgehend bewahrt. Der Marktplatz besitzt die Form eines langgestreckten Dreiecks. Neue Gewerbe führten zur Anlage einer Vorstadt. Zinn- und Eisenerzbergbau, Schmelzen und Hammerwerke bildeten lange die wirtschaftliche Grundlage, dazu kamen im 19. Jh. weitere Industrien. Nach dem Zweiten Weltkrieg brachte der Uranbergbau starke Veränderungen, heute hat der Fremdenverkehr wieder größere Bedeutung. Sehenswert: Schloß, Pfarrkirche St. Georg. Ein beliebtes Wanderziel ist das Schaubergwerk »Herkules-Frisch-Glück«.

Sebnitz, 12500 Ew. – Kreisstadt am Rande des Elbsandsteingebirges. Der Ort wurde im Zuge der deutschen Ostsiedlung im 13. Jh. als Waldhufenanlage angelegt. Bis 1451 gehörte das nicht ummauerte Städtchen zu Böhmen. Neben der Leineweberei entwickelte sich im 19. Jh. die Kunstblumenindustrie.

Seiffen, 3900 Ew. – Hauptort der erzgebirgischen Spielzeugproduktion. Der 1324 erstmals erwähnte Name deutet auf Zinnseifen hin. Vom 16. bis zum 18. Jh. war der Zinnbergbau von großer Bedeutung. Mit dem Nachlassen des Bergsegens wurden die brachliegenden Pochmühlen des Drechslern zur Verfügung gestellt. Ein um 1760 errichtetes Drehwerk wird als Technisches Denkmal gepflegt. Das Sortiment der Spielzeuge wurde immer breiter, die Heimarbeit war eine Folge der Armut der Bevölkerung. Sehenswert: Schauwerkstatt der PGH Seiffener Volkskunst, Technisches Museum, beim Reifendruckwerk entsteht ein Freilichtmuseum

Stollberg, 12000 Ew. – Kreisstadt am Nordrand des Erzgebirges am Gablenzbach. 1343 erstmals als civitas genannt. Das älteste Privileg ist das eines Salzmarktes (1444). Der Bergbau in der Umgebung hatte zunächst geringere Bedeutung, dafür dominierte die Tuchmacherei. Weitere Industrien zogen im 19. Jh. ein.

Stolpen, 2800 Ew. – auf einer basaltischen Staukuppe im Hügelland der Lausitzer Platte. Die Stadt entstand im Anschluß an eine Burg, die erstmals 1222 bezeugt ist, 1362 als Stadt genannt. Als Burg und Schloß der Meißener Bischöfe und als Festung der Wettiner konnte der Ort eine gewisse Bedeutung erlangen. Sehenswert: Burg, Schloßmuseum und der zum Naturdenkmal erklärte Basaltfelsen

Tharandt, 3700 Ew. – ging aus einer markgräflichen Burg hervor. Die im Schloitzbachtal aufgereihte städtische Siedlung entstand in der zweiten Hälfte des 15. Jh. 1609 erhielt sie Stadt- und Marktrecht. Neben dem Bergbau auf Halbedelsteine entwickelte sich seit 1792, nach der Entdeckung zweier Heilquellen, ein Kur- und Badebetrieb. Größere Bedeutung erlangte die Stadt 1811 mit der Gründung einer Forstlehranstalt durch Heinrich Cotta. Diese wurde 1816 zur Akademie erhoben und ist heute der Technischen Universität Dresden angeschlossen. Sehenswert: der 18 ha große Forstbotanische Garten

Torgau, 22000 Ew. – Kreisstadt im Bezirk Leipzig. Den Ursprung bildete ein slawisches Fischerdorf im Gau »Nisizi«, von dem wir erstmals 973 Kenntnis erhalten. 1119 erfahren wir von einem Markt, 1333 war die Siedlung ummauert. Ackerbau, Gewerbe und Handel bildeten die wirtschaftliche Grundlage der Stadt, die erste Elbbrücke wurde im 15. Jh. erbaut. Nach 1423 wurde Torgau zur bevorzugten Residenz der sächsischen Kurfürsten. 1815 fiel die Stadt an Preußen. Von den Befestigungen, die 1890 geschleift wurden, sind nur noch Reste vorhanden. Erst 1872 bekam die Stadt Bahnanschluß, damit setzte eine bescheidene Industrialisierung ein. Glas- und Keramikindustrie sind auch heute noch die bedeutendsten Zweige. Am 25. April 1945 fand hier die erste historische Begegnung der US-amerikanischen und sowjetischen Streitkräfte statt. Sehenswert: Pfarrkirche St. Marien, Schloßkirche, der Marktplatz mit dem Renaissance-Rathaus und das Schloß Hartenfels, Befreiungsdenkmal von 1975

Werdau, 20000 Ew. – Kreisstadt im Vorland des Erzgebirges an der Pleiße. Der Ort entstand gegen Ende des 12. Jh. als Waldhufensiedlung; 1304 wird die civitas »Werde« genannt. Die Stadtanlage war mit Mauern umgeben. Die Tuchmacherei geht in das 15. Jh. zurück, im 19. Jh. entwickelte sich eine starke Textilindustrie. Heute ist die Spinnerei in einem Kombinat mit zehn Einzelbetrieben zusammengefaßt. Sehenswert: Stadtkirche St. Marien, Rathaus, Heimatmuseum mit Exponaten zur Industrie- und Sozialgeschichte Sachsens

Wurzen, 19000 Ew. – Kreisstadt an der Mulde im Leipziger Land. Erstmals wurde der Ort 981 als »civitas Vurcine« erwähnt. Sitz eines Burgwards. Der Ort wurde zum Mittelpunkt des »Wurzener Landes«, blieb aber eine Ackerbürgerstadt. Im 19. Jh. bescheidene Industrie, z.T. an die Verarbeitung der Landprodukte anknüpfend. Sehenswert: Dom St. Marien, Schloß. Eine Gedenktafel erinnert an den Schriftsteller Hans Bötticher, genannt Joachim Ringelnatz.

Zittau, 40000 Ew. – oberlausitzische Kreisstadt im Dreiländereck DDR–Polen–Tschechoslowakei. Der Ort entstand um 1230 auf dem Areal eines Waldhufendorfes und wurde 1255 Stadt. Mit fortschreitender Industrialisierung entwickelte sich der Raum um Zittau zu einem der am dichtesten besiedelten Gebiete Deutschlands. In Zittau werden heute u.a. Lastkraftwagen und Omnibusse der Marke »Robur« produziert. Vorbildliche Bildungs- und Kulturinstitute prägen das moderne Zittau. Sehenswert: Kreuzkirche am Markt, Klosterkirche St. Peter und Paul, Bürgerhäuser. Das Rathaus wurde 1840/1845 nach den Plänen K. F. Schinkels im Stil eines italienischen Palazzos erbaut.

Zschopau, 11000 Ew. – Kreisstadt im Erzgebirgsvorland. Nach 1200 im Anschluß an eine Burg entstanden, bereits 1292 »civitas« genannt. Im 16. Jh. bildete die Leineweberei das wichtigste Gewerbe, auch eine Bleiche wurde eingerichtet. Zwar bekam Zschopau 1492 die Bergfreiheit, doch konnte sich der Bergbau nie so recht entfalten. 1802 kam die Kattunfabrikation, 1818 der erste mechanische Webstuhl, 1819 die Spinnmaschine. Der 1866 eingerichtete Bahnanschluß förderte die Industrialisierung, zur Textilindustrie trat die Motorraderzeugung. Sehenswert: Schloß, der 20 m hohe Rundturm »Dicker Heinrich«

Zwickau, 122000 Ew. – Industrie- und Kreisstadt im Bezirk Karl-Marx-Stadt im nördlichen Vorland des Erzgebirges. Als slawisches Dorf mit dem Namen »Zwiccowe« tritt der Ort 1118 in das Licht der Geschichte. Die günstige Verkehrslage an einer Furt der Mulde und nahe dem »Böhmischen Steig« führte zur Niederlassung deutscher Kaufleute und Ausbildung eines königlichen Marktortes um 1145. Der Marktplatz, ein typischer Straßenmarkt, war das Zentrum. 1212 wird Zwickau »oppidum«, 1258 »civitas« genannt. Als weiterer Wirtschaftszweig entfaltete sich die Textilindustrie, später auch noch Steinkohlebergbau, der aber jüngst wieder eingestellt wurde. Neben der Kohleverarbeitung siedelten sich weitere Industrien an. Seit 1904 Kraftfahrzeugindustrie; heute werden hier Personenkraftwagen der Marke »Trabant« gebaut. Sehr früh hat sich in Zwickau die Arbeiterbewegung organisiert. Sehenswert: Pfarrkirche St. Katharinen, gotisches Rathaus, spätgotisches Gewandhaus

WALTER SPERLING

Wirtschafts- und Sozialstruktur der Bezirke Sachsens

Die Bezirke Dresden, Karl-Marx-Stadt und Leipzig umfassen 16,3 Prozent der Fläche, 30,5 Prozent der Bevölkerung und tragen 32,3 Prozent zur Bruttoproduktion der DDR bei. Es handelt sich um altindustrialisierte Gebiete, deren Strukturschwächen gravierende Hemmnisse für die Territorialplanung bieten.

Bevölkerungs- und Siedlungsstrukturen

Während die 2125 Gemeinden des Landes Sachsen zu 29 Landkreisen und acht Stadtkreisen gehörten, gibt es heute in den drei sächsischen Bezirken 1617 Gemeinden, die zu 48 Land- und sechs Stadtkreisen gehören.

Der Bevölkerungsstand der sächsischen Bezirke ist rückläufig und sank von 1950 bis 1984 von 5,945 auf 5,056 Millionen Einwohner ab. Sehr ungünstig ist die Altersstruktur besonders im Bezirk Karl-Marx-Stadt, wo der höchste Rentneranteil und der niedrigste Kinderanteil, verglichen mit dem Republiksdurchschnitt, beobachtet wird. Mit 62,3, 62,7 und 63,6 Prozent der Wohnbevölkerung im arbeitsfähigen Alter liegen die drei Bezirke unter dem Republiksdurchschnitt von 64,4 Prozent. Dies wird auch schon im Äußeren der Siedlungen sichtbar, denn die Neubautätigkeit ist, abgesehen von Schwerpunkten des Wohnungsbaus, nicht so ausgeprägt wie in den Mittel- und Nordbezirken.

Dabei liegt die Bevölkerungsdichte der drei sächsischen Bezirke erheblich über dem Durchschnittswert der DDR, der bei 154 Ew./km^2 liegt. Die Bevölkerungsdichte beträgt im Bezirk Karl-Marx-Stadt 314 Ew./km^2, im Bezirk Dresden 265 Ew./km^2 und im Bezirk Leipzig 279 Ew./km^2. Wenn wir einmal von den Stadtkreisen absehen, dann erreichen einzelne Landkreise besonders hohe Dichtewerte: Hohenstein-Ernstthal (459), Schwarzenberg (290), Glauchau (389), Reichenbach (368) und Zittau (358). Dagegen hat der Landkreis Plauen aus strukturellen Gründen und wegen hoher Abwanderung nur eine Bevölkerungsdichte von 77 Ew./km^2.

In den sächsischen Bezirken gibt es trotz der starken Bevölkerungsverdichtung nur vier Großstädte: die Bezirkshauptstädte Leipzig, Dresden und Karl-Marx-Stadt sowie Zwickau. Görlitz erreichte dagegen nur um 1950 knapp die Großstadtmarke, während 1939 auch Plauen zu den Großstädten gerechnet werden konnte. Somit lebten 1939 fast 2 Mio., 1983 aber nur noch 1,52 Mio. Menschen in Städten mit mehr als 100 000 Einwohnern. Der Einwohnerrückgang der größeren Städte ist bedingt durch eine permanente Abwanderung in die Mittelstädte, wo neue Industriebetriebe gegründet worden sind, und die starke Überalterung der Bevölkerung und die damit verbundenen negativen natürlichen Bilanzen.

Die Siedlungssysteme der sächsischen Bezirke zeichnen sich durch einen hohen Verstädterungsgrad aus. Ende 1983 lebten in Gemeinden mit weniger als 2000 Einwohnern zusammen 981 400 Menschen, das sind 19,1 Prozent der Bevölkerung der drei Bezirke; dieser Anteil liegt erheblich unter dem Republiksdurchschnitt von 23,5 Prozent.

Zum Verständnis der wirtschaftlichen und sozialen Verhältnisse in Sachsen ist es notwendig, einen Blick auf die Entwicklung der Siedlungssysteme zu werfen. Die ungleichmäßige Bevölkerungsverteilung hat historische Gründe und hängt mit dem Verlauf der Entfaltung der Industrialisierung zusammen. Die Altsiedellandschaften der Gefildenzone waren vor der großen deutschen Ostkolonisation, wie man dies aus zahlreichen Ortsnamen ablesen kann, slawische Siedlungsgebiete. Hier überwogen große und kleine Haufendörfer, Weiler und Kleinsiedlungen, oft mit einem nur geringen Abstand voneinander. Beispiele, wo sich diese Struktur bis heute so erhalten hat, sind die Lommatzscher Pflege und Teile der Lausitz. Die Ostkolonisation überzog diese Landschaften mit einem Netz von regelmäßigen Straßen-, Platz- und Angerdörfern bei gleichzeitiger Wüstlegung slawischer Vorsiedlungen. Im Erzgebirgsvorland, in den niederen Teilen des Erzgebirges, im Elbsandsteingebirge und im Lausitzer Gebirge dominiert das Waldhufendorf der Hochkolonisation, in den höchsten Teilen der Gebirge dagegen die Streusiedlung als Ergebnis neuzeitlicher Binnen- und Nachkolonisation. Ehemalige Bergstädte, meist städtische Anlagen, zeigen ein besonderes Gepräge. Meist besitzen sie ein regelmäßiges Straßennetz, den Mittelpunkt bildet der bewußt angelegte Marktplatz, wie dies auch bei den Kolonisationsstädten im Altsiedelland der Fall ist.

Dieses Siedlungsmuster änderte sich schon im Zuge der Frühindustrialisierung grundsätzlich. Vom Ertrag der Landwirtschaft konnte die ansteigende Bevölkerung nicht leben, deshalb drangen mit dem Niedergang des Bergbaus verschiedene Gewerbe wie die Weberei, die Textilverarbeitung, die Hausindustrien und weitere Handwerke in die ländlichen Siedlungen ein. Neben den Hufenhöfen, die in der Kolonisationszeit angelegt worden waren, findet man die Häuser und Hütten der Kleinbauern, Handwerker und Lohnarbeiter, so daß eine nachhaltige Verdichtung eintrat. Daneben kam es auch zu unternehmerischen Initiativen, was besonders im Bezirk Karl-Marx-Stadt zur Folge hatte, daß in den Dörfern inmitten der Wohnviertel kleinere und mittlere Gewerbebetriebe entstanden. So erwuchs der Typ des Industriedorfes, der die alte Struktur der Waldhufendörfer völlig überformt hat. Weitere Wandlungen vollzogen sich in der näheren Umgebung der Städte, in denen aus der Textilmanufaktur die Fabrikatur erwuchs. In den Vororten der Städte und den Stadtrandgebieten dominierte schon im 19. Jh. die Arbeiterschaft, die Landwirtschaft hingegen trat immer mehr zurück.

Die Bodenschätze, ihre Verteilung, ihre Ausbeutung

Sachsen ist reich an Bodenschätzen, doch stehen heute andere Naturreichtümer im Mittelpunkt des Interesses als in früheren Zeiten. Schon der Name des Erzgebirges bezeugt eindrucksvoll den Erzreichtum dieses Mittelgebirgszuges, wo das »Berggeschrei« im Mittelalter fast amerikanische Formen annahm und der frühkapitalistischen Wirtschaft entscheidende Impulse gab. Silber, Eisen, Zinn, Blei, Uran und andere Metalle wurden geschürft, doch viele der Lagerstätten waren bald erschöpft. Heute sind nur noch die Zinnla-

Dresden: bedeutender Standort der Elektrotechnik und Elektroindustrie. Ein wichtiger Zweig ist die optische Industrie. Im Bild: Kamera-Herstellung, VEB Pentacon.

tumsindustrie wie dieser besondere Bedeutung zukommt. Freilich ist das technische Niveau westlicher Industriestaaten bei weitem noch nicht erreicht. Es dürfen jedoch die Bemühungen nicht übersehen werden, mit preiswerten Kleingeräten in das lukrative, devisenbringende Westgeschäft einzusteigen. Erste Ergebnisse dieses Bemühens sind sichtbar.

Die chemische Industrie

Auch die chemische Industrie liegt nach ihrem Produktionsanteil über dem Republiksdurchschnitt. Der Schwerpunkt der Braunkohlenchemie liegt nahe den Abbaustätten südlich von Leipzig. In den großen Betrieben von Böhlen und Espenhain arbeiten rund 20000 Chemiewerker. Neben der Braunkohle wird zunehmend sowjetisches Erdöl als Rohstoff benutzt. Zwischen diesem Chemiekombinat und der tschechoslowakischen Chemieindustrie besteht eine enge Kooperation; dazu wurde von der neuen großen Olevinanlage in Böhlen eine Rohrleitung zum 138 km entfernten Záluží (Maltheuern) bei Brüx gebaut, über die Äthylen exportiert wird, soweit es nicht für eine zeitweilige Speicherung in einer großen künstlichen Kaverne in den Salzschichten bei Bad Lauchstädt vorgesehen ist. In den anderen Teilen Sachsens ist die Bedeutung der chemischen Industrie eher untergeordnet, wenn man einmal von Dresden absieht, wo sich der Sitz des pharmazeutischen Kombinats »Germed« befindet, dem 15000 Beschäftigte unterstehen. In Leipzig und Grimma befindet sich der Sitz eines Chemieanlagenbaukombinats mit 32000 Beschäftigten, das sich auf den Bau von Erdölverarbeitungsanlagen und Anlagen zur Kunststoffchemie spezialisiert hat.

Im Vergleich zur Grundstoff- und Investitionsgüterindustrie ist die Bedeutung der Leicht- und Konsumgüterindustrie wie die der Textilindustrie deutlich abgesunken. Aufgrund traditioneller Industriestrukturen stehen hier immer noch die Bezirke Karl-Marx-Stadt mit 18,5 und Dresden mit 14,5 Prozent an erster und zweiter Stelle auf der Rangliste der Bezirke. Dabei gibt es einige bemerkenswerte, meist auf Tradition beruhende Schwerwerte. Dies gilt besonders für die Herstellung von Porzellan in der ersten europäischen Porzellanmanufaktur in Meißen, die 1710 entstand, nachdem es J. F. Böttger gelungen war, das chinesische Porzellan nachzuerfinden. Die Feinkeramik und technische Keramik ist heute für viele Zweige der Volkswirtschaft, nicht nur für die chemische Industrie, von großer Bedeutung. Im Bezirk Dresden befinden sich wichtige Standorte der Haushalts- und Sanitärkeramik, für technisches Glas, Bauglas, Bau- und Grobkeramik sowie der Feuerfest-Industrie. Wichtigster Betrieb der Bauglasproduktion ist das VEB-Flachglaskombinat in Torgau, das erst in den sechziger Jahren entstand. Der VEB Feuerfestwerke »Wetro« ist mit seinen fast 2000 Beschäftigten ein bedeutender Produzent von Rohschamotte und weiteren technischen Produkten und sichert die Versorgung der RGW-Länder mit Schmelztiegeln. Aufgrund der Qualität der tertiären Tone entstanden Töpfereien um Kamenz, Pulsnitz, Elstra, Königsbrück und Weißwasser, die ihre Steinguterzeugnisse auch in die Sowjetunion und andere Länder exportieren.

Kulturwarenindustrie

Nicht wenig hat auch die Kulturwarenindustrie, vorwiegend im Erzgebirge beheimatet, dazu beigetragen, sächsischen Gewerbefleiß in aller Welt bekannt zu machen. Es handelt sich vorwiegend um die Herstellung von Spielwaren und Musikinstrumenten. Schwerpunkt der Spielzeugproduktion ist Seiffen im Erzgebirge. Das Kombinat Spielwaren, dem 31 Betriebe angehören, stellt 25000 verschiedene Erzeugnisse, von geschnitzten Holztieren bis zur elektrischen Eisenbahn, her. Mittelpunkt der Musikinstrumentenherstellung ist Klingenthal im westerzgebirgischen »Musikwinkel«. Sowohl die Spielwaren- als auch die Musikinstrumentenindustrie arbeiten in starkem Maße für den Export der DDR, auch in westliche Länder.

Die Landwirtschaft

Die Landwirtschaft findet in den sächsischen Bezirken, in denen die Industrie ohnehin den ersten Platz in der Wirtschaft beansprucht, sehr unterschiedliche Ausgangsbedingungen vor. Es gibt ausgesprochene Vorzugslandschaften, aber auch von Natur benachteiligte Gebiete, wo Aufwand und Ertrag in einem sehr ungünstigen Verhältnis stehen. Die Dreiteilung in Flachland, Hügelland und Gebirgsland gibt einen wichtigen Hinweis für die landwirtschaftlichen Produktionsgebiete. Das Leipziger Land, das seinem Untergrund nach zur Mittelgebirgszone, nach seinen Oberflächenformen aber noch dem Flachland zugerechnet wird, ist mit Sandlössen bedeckt, die im Westen und Süden in reine Lösse übergehen, auf denen sich stellenweise echte Schwarzerden ausgebildet haben. Noch landschaftsbestimmender ist der Löß im Sächsischen Hügelland und im Lausitzer Gefilde, wo Landschaftsbezeichnungen wie Lommatzscher Pflege, Großenhainer Pflege und Kamenzer Pflege auf eine Vorzugsstellung hindeuten, die schon bei der Besiedelung durch die Slawen eine Rolle spielte. Weniger günstige Böden, auf denen heute die Forstwirtschaft dominiert, findet man in der Dahlener Heide und im Oberlausitzer Heideland vor.

Ein Vorzugsgebiet besonderer Art, das sich von seiner Umgebung deutlich abhebt, ist die klimatisch begünstigte Dresdener Elbtalwanne. Bei Radebeul und am Hang gegenüber von Meißen wird heute noch der Weinbau betrieben. Südlich von Dresden, aber auch in Teilen der Lommatzscher Pflege, hat man großflächige Obstbaumanlagen eingerichtet, auch einige Hopfenfelder wurden mit Hilfe tschechischer Fachleute angelegt.

Im Mittelgebirgsbereich, namentlich im Vogtland, im gesamten Erzgebirge besonders in seinen höheren Teilen, im Elbsandsteingebirge, im Lausitzer Gebirge und im östlich anschließenden Zittauer Gebirge sind die Temperaturen durchweg niedriger, die Niederschläge höher und die Böden, entstanden durch Verwitterung des

In der vom Klima begünstigten Elbtalwanne bei Dresden und in der fruchtbaren Lößnitz wird Wein angebaut. Oben: Neupflanzungen verschiedener Sorten durch die Winzer des VEG Weinbau Radebeul. Mitte: Studenten bei der Weinlese, Schloß Wackerbarthsruhe. Unten: Weinbaugebiet Lößnitz bei Dresden, Palais und Jacobstein.

anstehenden Gesteins, weniger ertragreich.

Die drei sächsischen Bezirke stellen zusammen nur 20,5 Prozent der in der Land- und Forstwirtschaft Beschäftigten. Die landwirtschaftliche Nutzfläche hat einen Umfang von 1 078 000 ha, davon sind 770 000 ha Ackerland, das entspricht einem Anteil von 17,3 bzw. 16,5 Prozent an der Gesamtfläche der DDR. Im Bezirk Dresden sind 56,2, im Bezirk Karl-Marx-Stadt 54 und im Bezirk Leipzig 66,8 Prozent der landwirtschaftlichen Nutzfläche Ackerland; der Grünlandanteil beträgt entsprechend 15, 18 und 9,2 Prozent, der Waldanteil 25,5, 30,4 und 13,5 Prozent. Diesen Angaben läßt sich entnehmen, daß die Bedeutung der Landwirtschaft und besonders des Ackerbaus im Bezirk Leipzig am größten ist.

Es gibt in den drei Bezirken zusammen 70 Volkseigene Güter (VEG), 775 Landwirtschaftliche Produktionsgenossenschaften (LPG), 86 Gärtnerische Produktionsgenossenschaften (GPW) und einige weitere genossenschaftliche Einrichtungen, die eine Fläche von 988,3 Mio. ha bewirtschaften, das sind 92 Prozent der landwirtschaftlichen Nutzfläche in den Bezirken. Von den zusammen 845 LPG und VEG sind 202 auf die Pflanzenproduktion und 573 auf die Tierproduktion spezialisiert.

Auf Standorten mit schweren Böden überwiegt der Weizenanbau, gelegentlich auch der Anbau von Zuckerrüben. Auf Sandböden nimmt noch immer der Kartoffelanbau breiten Raum ein. In einigen Gebieten gibt es eine traditionelle Spezialisierung auf den Gemüseanbau, etwa den Anbau von Blumenkohl und Zwiebeln um Zittau, von Frühgemüse und Salat im Umkreis von Leipzig und Dresden oder auch von Heilkräutern für pharmazeutische Zwecke bei Herrnhut. Der Obstbau ist weit verbreitet in der Oberlausitz, etwa um Schirgiswalde und Weißenberg, südlich von Dresden und bei Lommatzsch. Neben die traditionellen Kern- und Beerenobstfrüchte traten in speziellen Obstzuchtanlagen zunehmend Süß- und Sauerkirschen, Aprikosen und Pfirsiche. In der Umgebung von Görlitz und Uhyst verdient der Hopfenanbau Erwähnung, der hier im kontinental getönten Lokalklima gute Wuchsbedingungen vorfindet.

Wesentlich bedeutender ist, namentlich bei höherem Grünlandanteil, die Viehzucht. Seit der Einführung der industriemäßigen Agrarproduktion wurden zahlreiche moderne Großanlagen mit bis zu 5000 Stellplätzen eingerichtet, die sich aber als in hohem Maße umweltschädigend herausgestellt haben.

Ein Zweig der Tierproduktion, der heute ebenfalls genossenschaftlich oder in volkseigenen Betrieben gepflegt wird, ist die Binnenfischerei. Die Fangergebnisse konnten seit 1960 mehr als verdreifacht

In den weitgehend industriell ausgerichteten sächsischen Bezirken findet die Landwirtschaft je nach Bodenqualitäten zwischen ausgesprochenen Vorzugsgebieten und benachteiligten Gebieten recht unterschiedliche Ausgangsbedingungen. Gerste, nach den Anbauflächen der DDR eine wichtige Kultur, gedeiht in der Sächsischen Schweiz bei Zirkelstein (oben). Die Landwirtschaftlichen Produktionsgemeinschaften bei Zittau betreiben Gemüseanbau (unten links und rechts).

werden. In der Oberlausitz, beiderseits der Grenze der Bezirke Dresden und Cottbus, gibt es etwa 1000 Fischteiche mit zusammen 8000 ha Wasserfläche, die vornehmlich der Karpfenzucht dienen. Eine große Anzahl der Teiche gehört heute noch zum Kloster St. Marienstern, einem Zisterzienser-Nonnenkloster, das 1248 gegründet wurde und zwischen Kamens und Bautzen liegt.

Die Standortmuster der Lebensmittelindustrie entsprechen den Produktionsschwerpunkten der Agrargebiete. Die Produktionspalette ist überwiegend auf die Bedürfnisse der eigenen Bezirke ausgerichtet. Das früher stark verbreitete Braugewerbe ist heute in wenigen Großbetrieben, beispielsweise in Radeberg bei Dresden, konzentriert. Der VEB Weinbrand Wilthen im Oberlausitzer Bergland ist der bekannteste und bei weitem größte Spirituosenhersteller der DDR. Schwerpunkte der Süßwarenindustrie sind alter Tradition gemäß Dresden und Görlitz geblieben, dazu gibt es zahlreiche kleinere Standorte. Die Bedeutung der Konserven- und Kühlindustrie hat sich noch weiter verstärkt, ebenfalls die der Molkereien und Milchverarbeitung. Außerdem gibt es Konzentrationen der Teigwarenindustrie sowie Großbäckereien, neben denen aber das private Bäckerhandwerk neuerdings wieder an Bedeutung gewinnt – bestimmt nicht nur ein nostalgischer Trend.

Das Verkehrswesen

Das Verkehrswesen der sächsischen Bezirke zeigt, entsprechend den Gegebenheiten des Siedlungssystems, einen dichten Aufbau. Alte Handelsstraßen wie die Via Regia von Köln bzw. Frankfurt a. Main nach Schlesien und ebenfalls wichtige Nord-Süd-Trassen durchzogen schon im Mittelalter das sächsische Gebiet. 1839 wurde die erste deutsche Fernbahn von Dresden nach Leipzig eröffnet, die wesentliche Impulse für die Industrialisierung und den Handel gab.

Der wichtigste Verkehrsträger ist auch heute noch die Deutsche Reichsbahn. Wichtige Fernbahnen von Osten nach Westen und von Norden nach Süden mit einem starken Transitanteil kreuzen sich in Dresden und Leipzig. Der Hauptbahnhof der Messestadt Leipzig entstand in den Jahren von 1902 bis 1915 und war mit seinen 26 Bahnsteigen und fünf Außenbahnsteigen damals der größte Kopf- und bedeutendste Personenbahnhof Europas. Täglich werden hier etwa je 265 ankommende und abfahrende Fernzüge abgefertigt. Dazu kommen in der Zeit der Leipziger Messe noch 50 bis 55 Messe-Sonderzüge, die die Zahl der täglich Reisenden von 120000 um 40000 bis 45000 erhöhen. 1958 wurde mit der Elektrifizierung begonnen, die aber bislang nur die Hauptstrekken erfaßt hat. Elektrisch fährt auch die 1969 in Betrieb genommene S-Bahn, deren blau-gelben Zügen zwei Bahnsteige vorbehalten sind. Somit ist der Leipziger Hauptbahnhof heute ein technisches Denkmal und eine Sehenswürdigkeit, gleichzeitig aber auch ein Zeugnis der Industrialisierung, die in einem unbeschreiblichen Tempo stattgefunden hat. Neben dem Personenverkehr muß auch der Güterverkehr genannt werden, der bei der dispersen Ver-

Touristischer Mittelpunkt der Sächsischen Schweiz: die Bastei (305 m ü. N.N.). Die Aussicht bietet ein eindrucksvolles Landschaftserlebnis, einen Panoramablick ins Elbtal (oben). – Städtetourismus in Dresden, der Stadt von Kunst und Kultur – staunende Besucherschlangen vor dem Fürstenzug am Schloß (unten).

Die Sächsische Schweiz gilt als ausgesprochenes Sommererholungsgebiet, besonders für die Freunde des Klettersports. Wer die 533 freistehenden Felsgipfel auf mehr als 2800 Kletterwegen erobern will, muß schon mit alpinen Schwierigkeitsgraden rechnen. Kraft, Ausdauer, Gewandtheit und Mut werden bei der Besteigung beispielsweise der Barberine oder des Teufelsturms vorausgesetzt. In der DDR wird das Klettern als Leistungssport betrieben.

teilung der Industriestandorte eine wichtige Aufgabe hat und durch den Straßengüterverkehr, der aus Energieersparnisgründen neuerdings zurückgedrängt wird, nicht ersetzt werden kann.

Das Straßennetz der drei Bezirke besteht aus 2348 km Staats- und 10662 km Bezirksstraßen, mit 39,4, 30,7 und 41,8 Straßenverkehrsunfällen je 10000 der Bevölkerung liegen alle drei Bezirke über dem Republiksdurchschnitt, was als ein Zeichen einer hohen privaten Motorisierung gewertet werden kann. Einige wichtige Fernstraßen und Autobahnen durchziehen die sächsischen Bezirke, die wichtigste ist die West-Ost-Verbindung von Eisenach und Gera über Karl-Marx-Stadt und Dresden in die Oberlausitz. Nach Norden zweigen Linien nach Leipzig und Berlin ab, nach Süden über Zwickau in das Vogtland, wo aber die Verbindung mit der Autobahn Berlin–München noch nicht hergestellt ist.

Im Stadtverkehr dominiert nach wie vor die Straßenbahn. Straßenbahnen verkehren in Bad Schandau, Dresden, Görlitz, Leipzig, Karl-Marx-Stadt, Plauen und Zwickau. In Dresden und Leipzig wurden Vorortbahnen eingerichtet, deren Aufgaben in der Bewältigung des Stadt-Umland-Verkehrs liegen. Durch den öffentlichen Kraftbusverkehr ist das gesamte Gebiet gut erschlossen worden, so daß fast alle Siedlungen täglich über Verbindungen zu den nächsten größeren Orten verfügen. Das hat auch dazu geführt, daß einige Nebenbahnen eingestellt worden sind.

Der Verkehr zu Wasser und Luft
Die Binnenschiffahrt beschränkt sich auf den Wasserverkehr auf der Elbe. Die Elbschiffahrt, die auch den Transit von der Tschechoslowakei zum Hamburger Freihafen vermittelt, machte umfangreiche Strombaumaßnahmen auf der Gebirgsstrecke notwendig. Die »Weiße Flotte« mit ihren altertümlichen Raddampfern bewältigt den Sommerausflugs- und Wochenendverkehr von Dresden über Pirna zum Elbsandsteingebirge.

Da der inländische Flugverkehr stark eingeschränkt wurde, haben die Flughäfen Dresden-Klotzsche und Leipzig-Schkeuditz eine eingeschränkte Bedeutung. Zwischenzeitlich finden nicht nur während der Messewochen direkte Flüge der Lufthansa und der Interflug von Frankfurt/M. und Düsseldorf nach Leipzig statt.

Grenzübergänge
Straßengrenzübergänge in die Tschechoslowakei befinden sich in Schönberg, Oberwiesenthal, Georgenfeld, Schmilka und Zittau sowie in die Volksrepublik Polen bei Görlitz. Eisenbahnübergänge sind noch vorhanden in Bad Brambach und Bad Schandau in die Tschechoslowakei, nach Polen ebenfalls in Görlitz. Ein Blick in die Straßenkarte oder den Atlas zeigt, wie viele Straßen- und Bahnverbindungen jetzt noch unterbrochen worden sind, die einst lebhaft benutzt wurden. Es ist zu hoffen, daß diese im Rahmen der jüngsten Entwicklung wieder hergestellt werden.

Wegen der vielseitigen, oft exportorientierten Industrie spielen die sächsischen Bezirke im Außenhandel eine besondere Rolle. Es ist kein Zufall, daß die traditionsreiche Leipziger Messe bald nach dem Kriege wiedererstand und zu einer wichtigen Drehscheibe des Ost-West-Handels wurde. Auf dem neuen Messegelände wurde 1920 erstmals auch eine Technische Messe abgehalten.

Gesundheit und Erholung

Die Gesundheitsdienste sind, im Vergleich etwa zu den Nordbezirken, gut ausgebaut. 161 Polikliniken, 286 Ambulatorien und zahlreiche staatliche und betriebliche Arzt- und Zahnarztpraxen sowie weitere Gesundheitsdienste und Beratungsstellen stehen der Bevölkerung zur Verfügung. Auf je 10000 der Bevölkerung kommen im Bezirk Dresden 97,3, im Bezirk Karl-Marx-Stadt 86,9 und im Bezirk Leipzig 123,2 Krankenhausbetten. 386 Feierabend- und Pflegeheime sowie 145 Wohnheime für ältere Bürger werden in den drei Bezirken angeboten.

In den drei Bezirken gibt es 58 Sanatorien, Genesungs- und Kurheime mit insgesamt 6061 Betten, meist in Kurorten oder landschaftlich schönen Gebieten. Die bekanntesten Kurstätten sind die Radiumquellen von Bad Brambach und Bad Elster, deren Heilkraft noch durch ein gesundheitsförderndes Reizklima unterstützt wird. Bad Gottleuba, seit 1861 Stahl- und Moorbad und seit 1913 Heilstätte, liegt im Osterzgebirge und ist heute ein wichtiges Zentrum der Physiotherapie. Bad Schandau im Zentrum der Sächsischen Schweiz wurde bekannt als Kneippkurort. Jährlich weilen hier 3000 Patienten in den staatlichen Sanatorien. Bad Düben (Bezirk Leipzig) ist ein Moorbad und liegt am Rande der Dübener Heide.

VOLKER HELAS

Leipzig – Messe-, Universitäts- und Industriestadt

Leipzig ist weltoffener als andere Städte der DDR. Leipzig war und ist Messestadt. Die Messe war es, die diese sächsische Stadt prägte, die früher in der geographischen Mitte des deutschen Reiches lag. Zwar gibt es heute mehr als ein Dutzend deutscher Städte wenigstens gleicher Größe, noch mehr deutsche Städte besitzen Universitäten, es gibt auch andere deutsche Städte, in denen Messen abgehalten werden und die gleichzeitig Universitäten besitzen, aber in keiner anderen deutschen Stadt sind Industrie und Gewerbe, selbst die Mentalität ihrer Bewohner so nachhaltig von der Messe geprägt und auf das Ereignis Messe orientiert worden wie hier. Die Messe hat die Wirtschaft der Stadt bestimmt, die seit ihrem Bestehen vom Handel lebt. Markgrafen, Herzöge, Kurfürsten, Kaiser und Könige förderten durch Privilegien die Entwicklung dieses am Schnittpunkt wichtiger alter Handelsstraßen gelegenen Handelsplatzes, der auch ihnen reiche Einkünfte sicherte. Die Leipziger Märkte, Messen genannt, wurden bereits im Mittelalter zu den bedeutendsten in Sachsen und den umgebenden Ländern – hier traf sich alle Welt, das handeltreibende Europa und der Vordere Orient.

Ob die Messe allein ausgereicht hätte, um die oft gerühmte Weltoffenheit herbeizuführen, ist fraglich. Als segensreich erwies sich, daß sich am Anfang des 15. Jh. die Gelehrsamkeit des Mittelalters zum Kalkül des Kaufmanns gesellte. 1409 hatte aufkeimender Nationalismus an der Prager Universität den Auszug deutscher Professoren und Studenten provoziert. Sie fanden Aufnahme an der für sie ins Leben gerufenen Universität Leipzig, die bis heute besteht.

Gelehrsamkeit verlangt stets nach Büchern, in Leipzig wurde seit 1481 gedruckt. Da Wissenschaft und Buchdruck einander fördern, entwickelte sich Leipzig zum – bis 1945 – bedeutendsten Zentrum des Buchwesens in Deutschland.

Leipzig war reich. Seine Handelsherren besaßen nicht nur sehr viel Geld, sondern auch Selbstbewußtsein. Sie kannten die Welt und den eigenen Wert. In Leipzig bestand seit dem Mittelalter eine durch und durch bürgerliche Kultur. Drei große gotische Kirchen, alle gegen Ende des Mittelalters prachtvoll umgebaut, legen Zeugnis für die Kraft des städtischen Gemeinwesens ab. Aus dem 16. Jh. ist eines der schönsten deutschen Rathäuser erhalten, das der Bürgermeister Hieronymus Lotter entwarf. Aus dem 17. Jh. ist mit der Alten Handelsbörse ein reizvoller frühbarocker Zweck- und Festbau erhalten geblieben. Aus dem 18. Jh. stammt eine Fülle von prachtvollen Bürgerhäusern, die als eine Leipziger Besonderheit einen passagenartigen Durchgang von einer Straße zur anderen aufweisen. Schlösser jedoch sucht man in Leipzig vergeblich, bestenfalls findet man Schlößchen und Stadtpalais, die aber nicht dem Adel, sondern bürgerlichen Handelsherren gehörten. In der Katharinenstraße und am Brühl haben sich palaisartige Bürgerhäuser erhalten – prachtvolle Bauten von gleicher Höhe und aufeinander abgestimmt, verraten sie die Bereitschaft, in den Zusammenhängen eines Gemeinwesens zu denken. Auch die offiziellen Prachtbauten des 19. und 20. Jh. standen auf der künstlerischen Höhe ihrer Zeit.

Doch nicht die Architektur war die Kunstgattung, die in Leipzig zur besonderen Reife gelangt war. Musik und Literatur prägten und prägen das geistige Leben der Stadt. Das berühmte Gewandhausorchester geht bezeichnenderweise auf eine Gründung musikliebender Handelsherren zurück, Johann Sebastian Bach, der Kantor der Thomaskirche, stand einem städtischen Chor vor. Daß Literatur und Schauspiel – Johann Christoph Gottsched und die Theatergruppe der Neuberin – im Leipzig des 18. Jh. zur Blüte gelangen konnten, war möglich geworden, weil dank der Universität Autoren und ein sachverständiges Publikum existierten. Schließlich kam hinzu, daß damals die Zensur in Sachsen nicht mit der gleichen Strenge wie in den Nachbarländern gehandhabt wurde. Dieser Umstand förderte die Buchproduktion und die Verbreitung der Literatur außerordentlich. Leipzig wurde nicht zuletzt wegen dieser vergleichsweise freien Atmosphäre zu einer der wichtigsten Städte der deutschen Aufklärung des 18. Jh.

In der Vergangenheit hatte die Malerei keine hervorragende Rolle gespielt. Talente wie Max Klinger waren in Leipzig eine Ausnahme. Heute spielt die Malerei eine bemerkenswerte Rolle. Die Hochschule für Grafik und Buchkunst besitzt auch Fachklassen für Malerei. Sie brachten die geistig beweglichste und vielseitigste Malschule in der DDR hervor, die sich zwischen monumentalem Verismus (wirklichkeitsgetreue künstlerische Darstellung), kühler magischer Sachlichkeit und dynamischem Expressionismus bewegt. Mit Vorliebe wird das mehrteilige Bild mit programmatischer Thematik gepflegt. Als Namen seien nur W. Mattheuer, B. Heisig, W. Tübke, V. Stelzmann, U. Hachulla, H. Zander, S. Gille, A. Rink und H. P. Hund genannt.

In das Bild geistiger Regsamkeit und Aufgeschlossenheit paßt, daß das Kabarett »Pfeffermühle« von Kennern als eines der kritischsten und politisch schärfsten der DDR eingestuft wird.

Die Leipziger

Nicht nur die Stadt Leipzig, auch die Leipziger sind etwas Besonderes. Die Leipziger sind geschäftstüchtig und nüchtern. Sie leben seit Jahrhunderten vom Handel, das erzieht zur Realitätsnähe. Während der Messen tun sie alles für das Wohl des »Meßfremden«. Dann wird das letzte verfügbare Bett vermietet, die Wirtin schläft eben auf dem Feldbett neben dem Küchenherd. Die Studenten werden auch heute noch in die Semesterferien geschickt, um den »Meßfremden« Platz zu machen.

Die Leipziger sind geistigen Dingen durchaus aufgeschlossen, das bringen die engen Kontakte mit der Universität und dem Buchwesen und die Notwendigkeit der Weltoffenheit mit sich. Die Fähigkeit zum Abwägen – die sich in Toleranz äußert – ist den Leipzigern im besonderen Maße gegeben.

Die Leipziger besitzen einen innigen Kontakt mit der alltäglichen, werktätigen Wirklichkeit. Leipzig war und ist auch eine Industrie- und Arbeiterstadt. Leipzig ist das Zentrum des mitteldeutschen Industriegebiets, des größten industriellen Ballungsraumes der DDR. Leipzig war Zentrum des »roten Sachsen«. Der »Allge-

Die Leipziger Messe

1

In Verbindung mit kirchlichen Festen wurden schon seit dem frühen Mittelalter sehr oft Markttage abgehalten. Hieraus entwickelten sich bald regelmäßige Veranstaltungen, die mit der allgemeinen Ausweitung des Handels immer größere Bedeutung erlangten, wie etwa bis ins 14. Jh. die Messen der Champagne. Auch andere Orte wurden zu wichtigen Messeplätzen, so z. B. Brügge, Gent, Lyon, Paris, Padua, Mailand. Durch feste Niederlassungen großer Handelsgesellschaften wurden diese Orte auch zu bevorzugten Handelsplätzen. Dazu kam durch die Einführung von Messwechseln ihre Bedeutung für das Geld und Kreditwesen. Äußerer Schutz und wirtschaftliche Förderung wurden durch Messefreiheiten und Messeprivilegien gesichert.
Die vor über 800 Jahren – um 1165 – gegründete Leipziger Messe ist die älteste Messe der Welt. Bedeutende Privilegien erhielt sie 1507 durch Kaiser Maximilian I. Durch den Handel mit Rußland und Polen nach dem Erwerb der polnischen Krone durch die sächsischen Kurfürsten (1697) und nach Gründung des Deutschen Zollvereins blühte sie kräftig auf. Nach dem Zweiten Weltkrieg konnte sie lange nicht wieder ihre alte Bedeutung zurückerlangen, dennoch gewinnt sie nicht nur durch den Handel innerhalb des Ostblocks, sondern auch durch den Ost-West-Handel immer mehr an Gewicht und ist heute mit der Größe der Ausstellungsfläche und nach der Zahl der Aussteller und Besucher eine der bedeutendsten internationalen Messen. Sie findet im Frühjahr und Herbst jeden Jahres statt. Auf der Frühjahrsmesse überwiegen die Industriezweige Werkzeugmaschinen, Elektrotechnik, Informationstechnik, wissenschaftlicher Gerätebau, Schwermaschinen- und Anlagenbau sowie Landwirtschaftstechnik. Daneben findet auch die Leipziger Buchmesse statt, nach der Frankfurter Buchmesse die wichtigste Messe des internationalen Buchhandels. Im Herbst liegt der Schwerpunkt auf den Gebieten Chemie, Chemieanlagen, Textilmaschinen, Fahrzeuge und Sportartikel. Die Konsumgüterindustrie, Textilien, Bekleidung, Nahrungs- und Genußmittel, Glas und Keramik sind auf beiden Messen vertreten. U. K. Dr.

2

3

Leipziger Frühjahrsmesse: Bagger und Baumaschinen (1). Ein neuer Zweig der Elektronikindustrie: Personal Computer »Made in GDR« (2). Erzeugnisse der Glas- und Porzellanindustrie (3). Neuerscheinungen auf der Buchmesse (8). An allen Messetagen reges Treiben in der Leipziger Innenstadt (5). Das Messehotel »Merkur« für ausländische Besucher (6). Die neuesten westlichen Automodelle finden immer großes Interesse (7). Die politische Prominenz der DDR ist und war immer zahlreich vertretem (4).

6

7

4

5

8

meine Deutsche Arbeiterverein«, die erste deutsche Arbeiterpartei, wurde hier 1863 gegründet, die Begründer der SPD, August Bebel und Wilhelm Liebknecht, wirkten in Leipzig. In Leipzig werden heute Chemieanlagen und Maschinen produziert, hier ist die elektrotechnische, polygraphische und chemische Industrie und seit Jahrhunderten das Rauchwarengewerbe zu Hause.

Buchwesen

Das erste Buch wurde in Leipzig 1481 gedruckt. Hauptabnehmer war die Universität, die ihrerseits bis zur Gegenwart Autoren und Sachverständige stellt. Der erste Messekatalog der Bücher erschien 1594, er wurde bis 1860 geführt. Joh. G. J. Breitkopf erfand 1754 ein Verfahren des Druckes des Notenbildes mit beweglichen Lettern, eine Voraussetzung für den blühenden Musikalienhandel. 1825 Gründung des »Börsenvereins der Deutschen Buchhändler«, der dem deutschen Buchhandel einen festen organisatorischen Aufbau gab. Im 19. Jh. entwickelte sich das Kommissionswesen. Der Börsenverein war einer der Gründer der »Deutschen Bücherei«. Die Deutsche Bücherei sammelt seit 1913 alle deutschsprachigen Werke. Seit 1945 sammeln die alte, weiterbestehende Deutsche Bücherei in Leipzig und die neugegründete Deutsche Bibliothek in Frankfurt am Main nebeneinander das gleiche, Leipzig gibt die Deutsche Nationalbibliographie, Frankfurt die Deutsche Bibliographie heraus. (Daß die neue Deutsche Bibliothek in Frankfurt am Main ihre Berechtigung besitzt, soll mit dem Hinweis darauf belegt werden, daß sich ein nicht unbeträchtlicher Teil des älteren und neueren deutschsprachigen Schrifttums in der Deutschen Bücherei aus ideologischen Gründen in Sperrmagazinen befindet und damit der öffentlichen Benutzung entzogen ist.)
In Leipzig befindet sich das Deutsche Buchmuseum. Eine Reihe von Leipziger Verlegern bzw. Verlagen wurde weltbekannt: Baedecker, Brockhaus, Insel, Meyer, Reclam, Tauchnitz, Teubner u. a.
Bis 1945 waren der deutsche Buchhandel, die Buchherstellung und die damit verbundenen Gewerbe und Ausbildungsstätten auf Leipzig konzentriert. Leipzig ist heute immer noch eine Stadt der Verlage, des graphischen Gewerbes und des Buchhandels, der Ausbildungsstätten für Bibliothekare, Buchhändler, Drucker und Buchkünstler. Doch steht Leipzig im Verlagswesen der DDR heute an zweiter Stelle hinter Ost-Berlin, und Frankfurt am Main hat nach 1945 das Leipziger Verlagswesen weit überflügelt, was sich an der Größe der Buchmessen beider Städte ablesen läßt.

Die Stadt – ihre Häuser, ihre Kultur

In einer völlig flachen und überraschend reizlosen und von der Industrie zerstörten Landschaft gelegen, bietet die Stadt keine Silhouette dar. Im Osten der Stadt erscheint allerdings das 95 m hohe, massige Völkerschlachtdenkmal als eine weithin sichtbare Landmarke. Das architektonische Bild der Stadt ist durch das Nebeneinander von Bauwerken verschiedenster Zeiten geprägt. Leipzig ist nie völlig zerstört worden, auch nicht im Zweiten Weltkrieg. 25 Prozent aller Gebäude im gesamten Stadtgebiet sind zwar zerbombt worden, doch die Grundstrukturen der Stadt hat man beim Wiederaufbau belassen, der mittelalterliche Stadtgrundriß ist noch klar ablesbar. Die Bebauungshöhe hielt sich bis auf den Bau des Universitätshauptgebäudes, das als »städtebauliche Dominante« verstanden werden soll, an ein erträgliches Maß. Für den neuen Universitätskomplex wurden neben der gotischen Universitätskirche die alten, teilweise kriegszerstörten Universitätsgebäude 1968 abgerissen, ein Akt des Vandalismus.

Die Vorstädte bieten heute das Bild mangelhafter Pflege, des Verfalls, der Vernachlässigung. Sie sind verschmutzt durch die Emissionen des industriellen Ballungsgebietes. Die trübschwarzen Gewässer stinken, die Luft gehört zur schlechtesten Europas.

Anstelle zerstörter Wohngebiete sind zur Linderung der immer noch bestehenden Wohnungsnot »Wohnkomplexe« errichtet worden. Gewiß erfüllen sie ihren Zweck, ihre Anordnung ist ordentlich und regelmäßig, ihre architektonische Durchbildung langweilig, von Individualismus keine Spur. In der Innenstadt ist dagegen noch viel städtische Lebensqualität erhalten geblieben. Die Gaststätten – wie der »Kaffeebaum«, »Barthels Hof«, »Auerbachs Keller« (in dem Gose, ein obergäriges, säuerliches Weißbier, ausgeschenkt wird), der »Ratskeller« oder »Zills Biertunnel«, um nur einige zu nennen – haben viel an Ursprünglichkeit und echter Gemütlichkeit bewahren können. Die angeregte Atmosphäre dieser Gaststätten ähnelt der Stimmung von Kaffeehäusern. Im Sommer, während der »Agra«, der Landwirtschaftsausstellung der DDR, dominiert ländliches Publikum, während der Messen sind es die Geschäftsleute aller Herren Länder und Touristenströme. Während der Messen haben die Gaststätten länger geöffnet, Tanzveranstaltungen und »westliche« Zerstreuungen werden angeboten.

Leipzig ist auch die wichtigste Pflegestätte des staatlich intensivst geförderten Leistungssports. Hier hat die Deutsche Hochschule für Körperkultur und Sport ihren Sitz, hier befindet sich auch das beeindruckende 100000 Besucher fassende Zentralstadion und andere Wettkampfstätten.

Der Beitrag der Stadt Leipzig zur Geschichte und Kultur nicht nur Sachsens oder Deutschlands, sondern Mitteleuropas ist über Jahrhunderte lang außerordentlich hoch gewesen, auch heute noch ist er bedeutender, als er einer Stadt dieser Größe zukäme. Zu Beginn der Neuzeit war Leipzig mit seiner Universität und seinen Druckereien und Verlagen ein wichtiges geistiges Zentrum, das die Verbreitung der Reformation gefördert hatte, im 18. Jh. die Aufklärung. Der Reichtum Leipzigs seit dem Spätmittelalter hatte die Möglichkeit zur Entfaltung von Kultur geboten. Sowohl als Handelsstadt, Industriestadt, Stadt der Künste, als Buchstadt und als Stadt der Arbeiterbewegung hatte Leipzig im 19. Jh. auf ganz Deutschland ausgestrahlt. Auch heute noch spielt Leipzig als Messestadt eine besondere Rolle im deutsch-deutschen Verhältnis.

Damastwebstuhl (1). St. Thomas Leipzig (2). Johann der Beständige (3). Freiberger Dom, Goldene Pforte (4). Meißner Porzellan (5). Freiberger Dom, Tympanon der Goldenen Pforte (6). Völkerschlachtdenkmal, Leipzig (7). Skulptur im Schloß Moritzburg (8). Klöpplerin aus dem Erzgebirge (9).

GESCHICHTE UND KULTUR

PETER-MICHAEL HAHN

Die Geschichte Sachsens

In seiner räumlichen Dimension bedarf der Begriff Sachsen der Erläuterung. Ausgangspunkt unserer Ausführungen ist der Raum, den seit 1815 das Königreich Sachsen umfaßte und der letztlich bis 1952 als Verwaltungseinheit Bestand hatte. Bis in die Napoleonische Zeit aber vereinigte das Kurfürstentum Sachsen Gebiete und Territorien, die sich von der Werra im Westen bis über Oder und Neiße im Osten erstreckten. Von den Höhenzügen des Erzgebirges bis vor die Tore der preußischen Hauptstadt reichte die Herrschaft der Wettiner. Daher treffen unsere Feststellungen auch auf Gebiete zu, die in diesem Band unter Thüringen, Sachsen-Anhalt oder Brandenburg Berücksichtigung finden müssen.

Frühe Besiedlung und erste Herrschaftsbildungen

Im Nordwesten Sachsens, an den Terrassen der Elster, im Altenburger Land, im Bereich der Mulde bis hin nach Meißen, elbaufwärts bis zum Rand des Gebirges lassen sich frühe Formen der Besiedlung nachweisen. Die ersten Bewohner bevorzugten die fruchtbaren Lößböden.

Zwischen 700 und 600 v. Chr. schoben sich westgermanische Völkerschaften in den mittelelbischen Raum vor. Längs der genannten Flüsse fanden sie eine neue Heimat. Fast tausend Jahre sollten sie den Raum in Besitz halten. Unter Kaiser Augustus (R 27 v.–14 n. Chr.) versuchten zwar die Römer ihre Herrschaft bis an die Elbe auszudehnen. Auf der Elbe drang im Jahre 5 n. Chr. Tiberius (R 14–37 n. Chr.) mit einem Heer nach Süden vor. Aber keine der römischen Scharen gelangte in die Gebiete östlich der Saale.

Um die Mitte des 5. Jh. hatten die Thüringer, die u. a. Teile althermundurischer Bevölkerung aufgesogen hatten, im Raum der mittleren Elbe ein großflächiges Reich errichtet. An der Unstrut erlagen sie aber 531 dem Angriff der von Westen vorstoßenden Franken. Teile des Gebiets der Thüringer gelangten unter fränkische Oberherrschaft. Die Kräfte der Franken reichten nicht aus, um der fernen Grenzlandschaft Schutz zu gewähren. Daher setzte eine allmähliche Verdrängung der germanischen Bevölkerung ein.

Gelegentliche Einfälle der Awaren aus dem böhmischen Raum trugen dazu bei, den Sorben das Eindringen in die Gebiete zwischen Neiße und Saale zu erleichtern. Aus der ersten Hälfte des 7. Jh. stammen die ersten sicheren Beweise slawischer Siedlungstätigkeit. Längs der Mulde, insbesondere um Lommatzsch, erstreckten sich größere Siedelräume. Die sorbischen Kleinstämme, die das Land mit einem Netz von Burgwallanlagen überzogen, dehnten sich bis in das Gebiet der oberen Saale aus. Ihre Ernährungsgrundlage bildeten vor allem die »Erzeugnisse« des Waldes, denn sie gebrauchten beim Ackerbau einfacheres Gerät, als es bei Germanen üblich war.

In die Herrschaftsverhältnisse zwischen Saale und Neiße kam Bewegung, als die Franken die Sachsen unterwarfen. Zum Schutz der Ostgrenze ihres Reiches begannen sie an der Saale, feste Plätze zu errichten. Auf diese Weise hofften sie, die häufigen Einfälle der Sorben in thüringisches Gebiet abwehren zu können. Unter König Heinrich I. (R 919–936) stellten sich erstmalig in den östlichen Grenzlandschaften des Reiches durchgreifende Erfolge ein. So ließ er im Jahre 928 an der Elbe die Burg Meißen erbauen. Von dort aus suchte man die deutsche Herrschaft über die umliegenden Gebiete zu festigen. Bis 955 geriet das Unternehmen durch die Ungarneinfälle wiederholt ins Stocken. Der erfolgreiche Zug des Markgrafen Gero in den Raum der Niederlausitz 963 stabilisierte endgültig die deutsche Herrschaftsbildung um Meißen, jetzt war sie von der nordöstlichen Seite her abgesichert.

In diese Zeit fallen die ersten Versuche, dem Raum eine grobe territoriale Gliederung zu geben. An erster Stelle ist die Gründung des Erzbistums Magdeburg mit den drei ihm unterstellten Bistümern Meißen, Merseburg und Zeitz zu nennen. Vermutlich entsprachen die westlichen Verwaltungsbezirke, die Marken, räumlich den oben genannten Bistümern. Allerdings sollte man sich bewußt sein, daß diese Organisation über den dicht bewaldeten Landstrichen nur ein lockeres und nicht geschlossenes Verwaltungsnetz bildete. Der große Slawenaufstand, der 983 den Nordosten des Reiches tief erschütterte und die bisherigen Herrschaftsverhältnisse umstieß, zeigte in dem Raum zwischen Elbe und Saale keine Wirkung.

Um die Jahrtausendwende kam die Mark Meißen, wie sie im Jahre 1046 erstmalig urkundlich genannt wird, unter starken Druck. Boleslaw, der Herzog der Polen, griff damals nach dem Land, das wir unter der Bezeichnung Schlesien kennen. In die Mark Meißen fielen die polnischen Kriegsscharen mehrfach ein. Auch Burg Meißen wurde von den Polen belagert, doch leisteten die Markgrafen aus dem Geschlecht der Ekkehardinger tapferen und zähen Widerstand. Zwar fielen das strategisch wichtige Hinterland um Bautzen und die Niederlausitz vorübergehend an Polen, aber 1031 wurden diese Gebiete dem Reich vertraglich zugesprochen.

Nach dem Aussterben des Ekkehardinger Markgrafengeschlechts 1046 verstärkten sich kurzfristig die Bindungen zwischen der Mark Meißen und dem angrenzenden thüringischen Raum. Im späten 11. Jh. kam es auch auf meißnischem Boden zu heftigen kriegerischen Auseinandersetzungen, deren Ursprung auf den überterritorialen Gegensatz von König- und Papsttum zurückzuführen ist.

Im späten 11. und 12. Jh. besserte sich die geopolitische Lage der Mark zusehends. Aus der Altmark kommend, stießen die Askanier seit 1150 machtvoll nach Osten vor. Zwischen 1157 und 1163 erschien Friedrich I. Barbarossa (R 1152–1190) mehrfach in Schlesien. Er leitete die Loslösung der dortigen Fürstentümer aus dem polnischen Einflußbereich ein.

Bedenkt man, daß über zwei Jahrhunderte in der Mark Meißen neben der slawischen Bevölkerung nur eine dünne deutsche Herrenschicht mit ihren Dienstmannen und eine verhältnismäßig geringe Schar deutscher Bauern lebten, so wird dem rückblickenden Betrachter die außergewöhnliche Bedeutung des Siedlungsvorganges im Laufe des 12. Jh. bewußt. Was veranlaßte die Menschen, in den unwegsamen Osten des Reiches zu ziehen? Zum einen zwang die Überbevölkerung im Altsiedelland viele Familien, nach einer neuen Existenzgrundlage Ausschau zu halten. Die adlige Herrenschicht suchte auf diese Weise ihre Machtbasis zu steigern. Durch

Rodung in den dichten Waldgebieten entstand eine Reihe selbständiger Herrschaftszentren. Die Kirche wurde ganz gewiß von dem inständigen Wunsch nach Ausbreitung des Christentums beseelt. Aus Ostfranken, Flandern und Holland, dem Mittelrheingebiet und vom Niederrhein kamen Siedler in die Mark Meißen. Nur selten läßt sich jedoch die landschaftliche Herkunft der Siedler in der neuen Heimat nachweisen.

Um Wurzen und Leipzig ist eine Landnahme durch Niederländer bezeugt. Am Rande des Erzgebirges ließen sich vornehmlich Franken nieder. Durch die deutsche Besiedlung erhielt die Landschaft zwischen Elbe, Saale und Neiße ein völlig anderes Gesicht. Nur gegen die Oberlausitz bleiben die großen, zusammenhängenden Waldflächen erhalten. Unzählige Dörfer – vor allem Waldhufendörfer – entstanden, die sich durch eine eigenständige Gemeindeverwaltung der freien Landleute auszeichneten. Um die Mitte des 12. Jh. gab es nur wenige städtische Gemeinwesen in der Mark Meißen. Gegen Ende des folgenden Jahrhunderts blühten aber bereits die Hälfte all derjenigen Städte, die das Wirtschaftsleben des Raumes bis in die Neuzeit prägten.

Die Landesherrschaft der Wettiner

Die politische Ordnung des sächsischen Raumes wurde entscheidend durch das Fürstentum gestaltet, auch wenn die Stauferkönige zeitweise mit Erfolg bemüht waren, im Pleiße- und Muldeland Stützpunkte der Reichsgewalt zu errichten. Fast acht Jahrhunderte bestimmte das Haus der Wettiner, deren Name sich von einer Burg im Magdeburgischen herleitet, die Geschichte des Landes um Elbe, Neiße und Saale. Um 1125 gelangte das Geschlecht in den Besitz der Mark Meißen. Im Jahre 1136 erwarb man die Lausitz hinzu. Durch Erbteilungen zersplitterte das Besitztum in den folgenden Jahrhunderten immer wieder. Zusammenfassung und Aufteilung der Ländermassen lösten sich in bunter Folge ab.

Unter Markgraf Dietrich (R 1197–1221), der aufgrund glücklicher Umstände das wettinische Hausgut in einer Hand vereinigen konnte, wurde damit begonnen, eine flächendeckende Landesverwaltung einzurichten. Auf die sogenannten Vogteibezirke wurden gerichtsherrliche, militärische und steuerliche Aufgaben übertragen.

Die Belehnung Herzog Augusts von Sachsen mit der Kurwürde. August erwarb die Stifte Naumburg, Meißen und Merseburg und eroberte Gotha. Seine wichtigsten Ziele waren die Erhaltung des Friedens und der Kampf gegen die streitbaren sächsischen Calvinisten. Er förderte Industrie und Handel, ordnete die Verwaltung und mit der Landeskonstitution von 1572 auch das Rechtswesen. Außerdem gründete er die Dresdener Kunstsammlungen.

Auch die Städte band Markgraf Dietrich enger an das Land. So ordnete sich Leipzig erst nach heftigem Kampf dem fürstlichen Willen unter.

Von hoher Bedeutung für die territoriale Ausgestaltung des Raumes war, daß ein Wettiner durch seine Vermählung mit einer Tochter des Stauferkönigs Friedrich II. (R 1212–1250) das Reichsgut im Pleißener Land (Altenburg, Chemnitz, Zwickau) dem Hausgut hinzufügte. Nach harten Auseinandersetzungen sicherten sich die Wettiner 1264 den Besitz des thüringischen Raumes. Jetzt reichte ihr Herrschaftsgebiet von den Höhen des Thüringer Waldes bis an die Oder. Im Osten war dem Ausdehnungsdrang der Wettiner dagegen durch die Herrschaftsbildung der Askanier, die gerade die Oberlausitz in Besitz genommen hatten, und der schlesischen Fürstenhäuser Einhalt geboten.

In den folgenden Jahrzehnten zeichnete sich die wettinische Hausmachtspolitik keinesfalls durch Stetigkeit und planvolles Handeln aus. So mußte man im späten 13. Jh. große Gebiete im Norden der Mark Meißen und die Lausitz an die aufstrebenden Askanier, die Herren der Mark Brandenburg, abtreten. Von den Schwankungen der Reichspolitik profitierend, gelang es jedoch Friedrich dem Freidigen (* 1257, † 1323) im Friedensschluß zu Magdeburg 1317 Freiberg und Meißen, das Gebiet um Torgau sowie das Land zwischen Elbe und Schwarzer Elster zurückzugewinnen, hingegen mußte der Besitz der Lausitz aufgegeben werden.

Dem Bestand des wettinischen Territorialstaates drohte große Gefahr, als sich die Dynastie der Luxemburger mit Kaiser Karl IV. anschickte, mit dem Zentrum Böhmen ein neues Großreich im Osten aufzurichten. Um ihren Einfluß auch auf den Norden des Reiches auszudehnen, suchten sie die Herrschaft über den Elbraum zu gewinnen. Im Vogtland gerieten die Wettiner durch lehensherrliche Rechte des Böhmen unter Druck. Einzelne kleinere Herrschaften, welche die wettinische Landesherrschaft durchbrachen, begaben sich in böhmischen Schutz. Als es Kaiser Karl IV. überdies gelang, die Mark Brandenburg zu erwerben, wurde das Herrschaftsgebiet der Wettiner von drei Seiten umklammert.

Nach dem Tode des Kaisers 1378 verbesserte sich die politische Lage der Markgrafen merklich. Daher schritten die Erben Friedrichs am 13. November 1382 zur Chemnitzer Teilung, die wie so oft der sächsischen Hausmachtbildung ein jähes Ende bereitete. Aus heutiger Sicht mag die Handlungsweise verwunderlich erscheinen. Nach damaligem Rechtsverständnis war es üblich, das Herrschaftsgebiet ungeachtet politischer Erwägungen wie ein privates Gut unter die Erben aufzuteilen. In zwei Hauptgebiete zerfiel der wettinische Besitz: einerseits Thüringen und Streubesitz, andererseits die Mark Meißen mit Teilen des Oster- und Vogtlandes sowie des Pleißener Raumes.

Trotz der Unbilden, die den sächsischen Territorien im frühen 15. Jh. durch die Hussiten widerfuhren, weil Kurfürst Friedrich der Streitbare (R 1423–1428) Kaiser Sigismund unterstützte, festigte sich seine Herrschaft weiter. Gegen starken Druck anderer Mächte erlangte Friedrich vom Kaiser die Belehnung mit dem Besitz der ausgestorbenen Herzöge von Sachsen-Wittenberg. Mit dem Herzogtum war die Kurwürde verbunden. An das Kurhaus fiel 1440 obendrein der thüringische Besitz des Geschlechts zurück. Im Altenburger Vertrag wurde 1445 erneut zur Teilung des Besitzes geschritten. Zwischen den Parteien kam es darüber sogar zum offenen Kampf. Im Jahre 1482 vereinigte der überlebende Bruder sämtliche Güter der Wettiner abermals in einer Hand. Nur drei Jahre später wurde von dessen Söhnen in Leipzig ein Erbvertrag geschlossen, der bis in das 20. Jh. nachwirkte. Herzog Albrecht der Beherzte (* 1443, † 1500) wählte den Teil des reichen Erbes, der Gebiete um Meißen, Dresden und Freiberg sowie Teile des Erzgebirges und das Vorland bis zu den Schönburgischen Herrschaften umfaßte, ferner gehörte ein schmaler Raum dazu, der sich von dem Leipziger Raum westwärts bis zur Werra erstreckte. Zur Herrschaft des Bruders Ernst (* 1441, † 1486), der allein die Kurwürde erhielt, rechneten Thüringen, der Kurkreis um Wittenberg, Teile des Osterlandes und das Vogtland.

Die großen Verdienste, die sich die wettinischen Fürsten beim Landesausbau erwarben, stehen in einem ursächlichen Zusammenhang mit den Landesteilungen, die immer wieder die Hausmacht des einzelnen Herrschers schwächten. Die räumliche Begrenzung der Machtgrundlagen zwang einen jeden, nach einem Ausgleich zu suchen. Zum einen waren sie erfolgreich bei der Ausschaltung von Konkurrenten. Viele kleinere Dynastien, die inmitten der wettinischen Lande eine selbständige Territorialgewalt ausübten, wie die Burggrafen von Dohna oder die Reuß von Plauen, mußten ihrem Druck weichen. Klöster und Bistümer wurden gezwungen, ihre Schutzherrschaft anzuerkennen. Zum anderen erwiesen sich die Wettiner im 14. Jh. als geschickte Organisatoren. Von den fürstlichen Vogteien bzw. Ämtern war bereits die Rede. Darüber hinaus gaben sie ihrer Verwaltung durch die Einrichtung des Kanzleramtes einen Mittelpunkt. Ein hohes Maß an Schriftlichkeit zeichnete frühzeitig die sächsischen Behörden aus. Man führte sorgfältig Buch über die fürstlichen Lehngüter, die Steuereinkünfte und sonstige Gerechtsame. In der zweiten Hälfte des 15. Jh. beobachten wir ein weiteres Ausgreifen der fürstlichen Organe. Im Herzogtum Sachsen wurde eine oberste

Friedrich III., der Weise, Kurfürst von Sachsen. Er bemühte sich um die Reichsreform, lehnte jedoch 1519 die Kaiserwürde ab. Der Begründer der Universität Wittenberg war von großer Toleranz in der Begegnung mit der Reformation. Ohne selbst Lutheraner zu sein, gewährte er Luther seinen Schutz, erwirkte für ihn freies Geleit nach Worms und gab ihm die Möglichkeit, sich auf der Wartburg zu verbergen.

Kassenverwaltung ins Leben gerufen, die für sämtliche Einkünfte des Fürsten zuständig war. Nicht minder bedeutsam für die innere Landesentwicklung war es, daß Herzog Albrecht 1488 einen Obergerichtshof zu Leipzig begründete. Nur fünf Jahre später wurde seine Tätigkeit auf das Herrschaftsgebiet der anderen Linie ausgedehnt. Einen weiteren Schritt auf dem Wege der »Verstaatung« der Untertanen bildete die von den Brüdern gemeinsam erlassene Landesordnung. Sie hatte großen Einfluß auf das Wirtschaftsleben und die Lebensführung des einzelnen in Stadt und Land. Sie versuchte verbindliche Regeln für das Zusammenleben zu setzen. Indessen sollte man beachten, daß deren Wirkungsbereich im Vergleich mit dem Gestaltungsanspruch des modernen Sozialstaates verschwindend gering war.

Neben dem Herrscherhaus kam den Ständen, d.h. der Gesamtheit der lokalen Obrigkeiten, großes Gewicht bei der Formung der sozialen und politischen Ordnung zu. Im Jahre 1438 trafen in Leipzig erstmals die Ritterschaft und Vertreter der Städte aus der Mark Meißen, dem Osterland und dem Herzogtum Sachsen zusammen, um über die landesherrliche Schuldenlast zu beraten. Seit dieser Zeit bildete sich die sächsische »Landschaft« heraus, die mit dem Fürstentum um die Teilhabe an der Macht im Territorium rang. Aufgrund der Erbteilungen und der finanziellen Engpässe der Wettiner konnten die Stände ihre Rechte erheblich ausdehnen. Es handelte sich bei den Ständen bzw. der »Landschaft« um keine Volksvertretung im modernen Sinne, aber sie verteidigten auch die Interessen ihrer Untertanen gegenüber der monarchischen Spitze.

Im Vergleich mit anderen deutschen Fürstentümern zeichnete sich Sachsen frühzeitig durch seine planvolle Organisation landesstaatlicher Gewalt aus. Dieser Vorgang ist nicht ohne die wirtschaftliche Stärke des Landes denkbar. Auch wenn Sachsen agrarisch bestimmt blieb, so füllte doch der im 15. Jh. an Bedeutung gewinnende Erzabbau die fürstlichen Kassen. In den Städten schufen das Tuchgewerbe und das Brauwesen die Grundlagen des Wohlstandes. Einige Städte wie Leipzig zogen großen Nutzen aus ihrer günstigen Lage im Rahmen des mitteleuropäischen Verkehrsnetzes. Bereits im späten Mittelalter kam den Leipziger Märkten große Bedeutung zu. Durch die Stadt wurde Ostmitteleuropa mit dem Wirtschaftszentrum Nürnberg verbunden.

Das konfessionelle Zeitalter

Durch das Wirken Luthers erlangte Kursachsen vorübergehend europäische Geltung. Im Reich hatte nur von sächsischem Boden ein Anstoß, der das mittelalterliche Ordnungsgefüge erschütterte, gegeben werden können. Keines der übrigen deutschen Fürstenhäuser – ausgenommen das habsburgische Kaiserhaus – verfügte über eine vergleichbare Machtgrundlage. Friedrich der Weise (R 1486–1525), wie er später genannt wurde, war Senior des Kurkollegiums. Bei der Kaiserwahl war er zeitweise als Gegenkandidat des habsburgischen Anwärters im Gespräch. Überdies war Kursachsen damals ein kaiserfernes Land. Die Lausitz, das Herzogtum Schlesien und das Königreich Böhmen regierten bis 1526 die Jagiellonen. Die Voraussetzungen für die Ausbreitung der Lutherischen Ideen waren im Inneren Sachsens ebenfalls günstig. Seit dem 15. Jh. übten die Wettiner ein strenges Kirchenregiment aus, d.h., anstelle der kirchlichen Hierarchie beaufsichtigte der Landesherr die im Territorium gelegenen geistlichen Institutionen. Im übrigen deutete sich bereits damals ein territorialer Gegensatz zwischen Sachsen und Kardinal Albrecht von Brandenburg (R 1513–1545) an, der in seinem Amt als Erzbischof von Magdeburg für die Verfolgung der Lutherischen Irrlehren zuständig war. Zur raschen Verbreitung der Lehre Luthers trug gewiß auch die Sozialstruktur des sächsischen Raumes mit ihrem vergleichsweise hohen Anteil von Stadtbürgern bei. Auf dem Antiklerikalismus großer Bevölkerungsteile, der durch den Zustand der spätmittelalterlichen Kirche vielerorts genährt worden war, beruhte die Empfänglichkeit für die lutherische Lehre.

Während in Kursachsen die Reformation immer weitere Kreise zog, stand Herzog Georg I. (R 1500–1539), der den albertinischen Teil regierte, im Lager der Gegner. Mit allen Mitteln suchte er die Ausbreitung des Luthertums zu verhindern. Dies führte zu einer Belastung der Beziehungen der beiden sächsischen Fürstenhäuser. Durch die Spannungen im Reiche wurde die Situation weiter verschärft, denn das ernestinische Sachsen war Mitglied des Schmalkaldischen Bundes. In der Frage, wie mit dem Bistum Meißen zu verfahren sei und wie die schutzherrlichen Rechte über das Erzstift Magdeburg zu handhaben seien, gelangten die sächsischen Fürsten ebenfalls zu keiner Übereinkunft. Der Zorn des Ernestiners erhielt neue Nahrung, als der junge Herzog Moritz (R 1541–1553) überhastet gegen Herzog Heinrich von Braunschweig (R 1514–1568) ins Feld zog.

Daher darf es nicht verwundern, daß Herzog Moritz 1547 auf der Seite Kaiser Karls V. stand, als der offene Krieg mit dem Schmalkaldischen Bund ausbrach. Für dessen Unterstützung hatte König Ferdinand, der jüngere Bruder des Kaisers, dem ehrgeizigen und machthungrigen Albertiner die Kurwürde in Aussicht gestellt. Nach kurzem Kampf unterlagen die Schmalkaldener dem übermächtigen Habsburger. Als Kriegsbeute winkte Herzog Moritz nicht allein die Kurwürde seines Vetters, sondern darüber hinaus mußte dieser den ernestinischen Anteil an der Mark Meißen, den Bergwerken und sämtliche böhmische Lehen sowie den Wittenberger Kurkreis abtreten. Der albertinische Staat hatte seine räumliche Geschlossenheit mit der tiefen Feindschaft der Ernestiner erkauft. Nach dem Erwerb der Gebiete wurde eine Verwaltungsreform und Kreiseinteilung Kursachsens vorgenommen, die bis in das 20. Jh. nachwirkte.

Die letzten politischen Handlungen des Kurfürsten hatten für das Reich in vieler Hinsicht weitreichende Folgen. Er fiel 1552 dem Kaiser in den Rücken, um die Achtung einer Reihe fürstlicher Standesgenossen, die er durch sein Verhalten 1547 verspielt hatte, zurückzugewinnen. Um französisches Geld und Kriegshilfe zu erhalten, opferte er die alten Reichsstädte Metz, Toul, Verdun dem Expansionsdrang der französischen Krone. Darüber hinaus belastete seine Vorgehensweise das sensible Verhältnis von kaiserlicher Reichsgewalt und fürstlicher Territorialherrschaft nachhaltig. Durch die schwere Niederlage Karls V. vor Metz wurde der Weg zu einem Kompromiß zwischen dem Reichsoberhaupt und den aufständischen Fürsten geebnet, der auch zur Freilassung des letzten ernestinischen Kurfürsten Johann Friedrich (R 1532–1547) aus kaiserlicher Haft führte. Bald darauf fand Moritz, erst 32

Herzog Moritz von Sachsen. Durch die Wittenberger Kapitulation erhielt der Albertiner Moritz 1547 die Kurwürde. Er sicherte durch seine Erhebung gegen Karl V., 1552, die Stellung der Lutheraner (rechts). Karl V. und Kurfürst Johann beim Schachspiel. Am 10. Mai 1547 verurteilte der Kaiser ihn zum Tode. Erst nach der Niederlage Karls bei Metz, 1552, wurde er aus kaiserlicher Haft entlassen (unten).

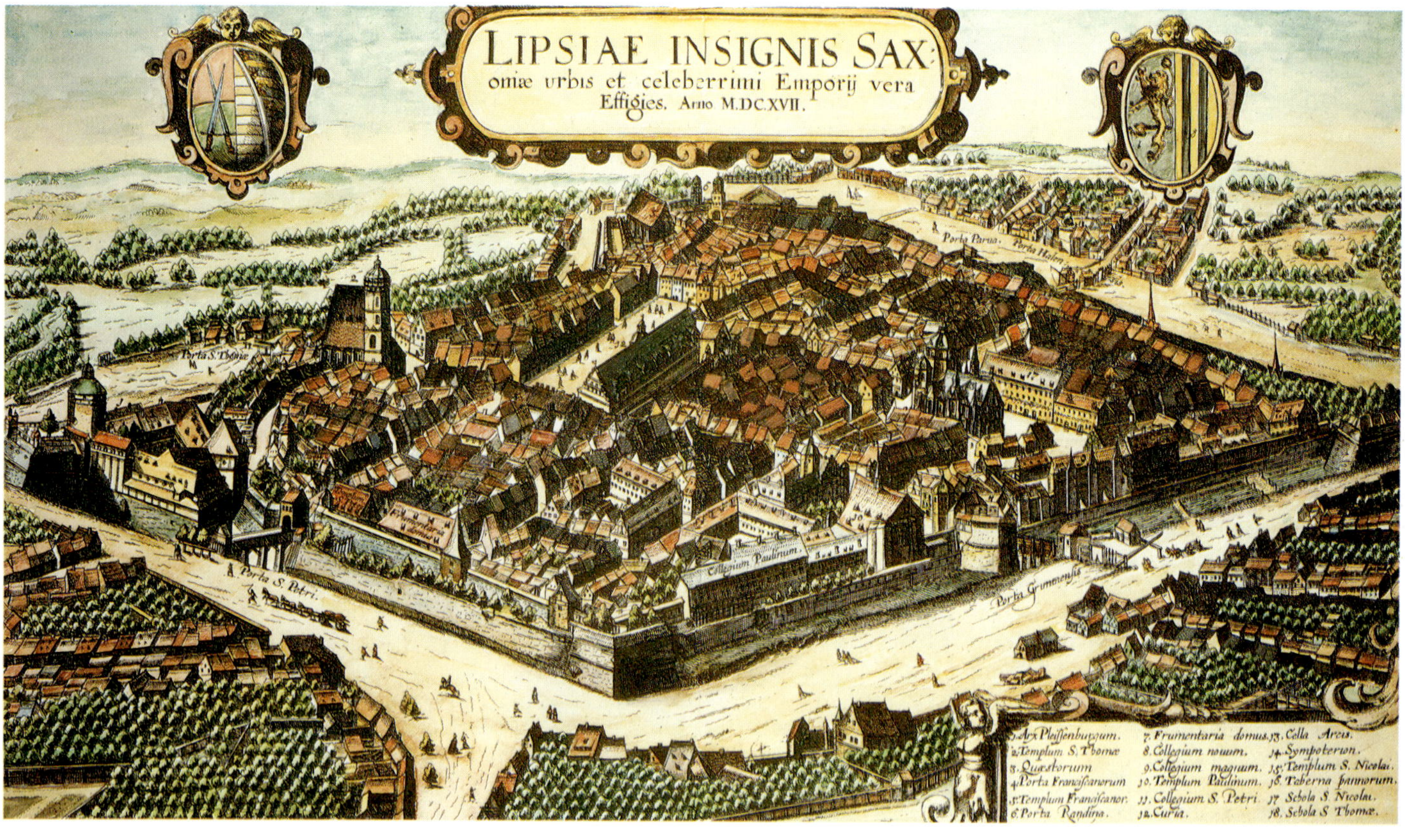

Leipzig: Die Altstadt im Jahre 1617 mit Pleißenburg und den Renaissance-Bauten Alte Waage und Altes Rathaus.

Jahre alt, im Kampf mit seinem ehemaligen Verbündeten, dem Markgrafen Albrecht Alcibiades von Brandenburg, den Schlachtentod.

Unter dem Nachfolger August (R 1553–1586) stand im Vordergrund aller Bemühungen die innere Konsolidierung des Kurstaates. Durch die Einsetzung eines Geheimen Rates 1574 erhielt die fürstliche Verwaltung ein Zentrum, in dem die Fäden der inneren und äußeren Politik zusammenliefen. Auch das Finanzwesen wurde u.a. durch die Einrichtung des Obersteuerkollegiums 1570 gestrafft. Für die Breitenwirksamkeit des sächsischen Landesstaates war es höchst bedeutungsvoll, daß die Ämterverfassung modernisiert wurde. Außerdem erlangte die 1572 erlassene Landeskonstitution großes Gewicht. Zahlreiche deutsche Territorien sollten sich an ihr orientieren. Die Ordnung diente der Verrechtlichung des Alltagslebens der Untertanen. Deren Verhalten anläßlich von Festen in der Öffentlichkeit, in der Kirche oder bei der Abwicklung von Geschäften aller Art wurde Regeln unterworfen. Auf dem Gebiet der inneren Landesverwaltung nahm Kursachsen im Reich eine führende Stellung ein.

Der Prozeß der »Verstaatung« wurde durch eine Reihe von Maßnahmen ergänzt, die dazu beitrugen, das Geflecht von einander überschneidenden Herrschaftsrechten, das dem spätmittelalterlich-frühneuzeitlichen Landesstaat sein besonderes Gepräge verlieh, zu entwirren. Mit großem Aufwand erweiterte Kurfürst August seinen unmittelbaren Besitz durch den Ankauf von Adelsgütern. Er integrierte stärker als bisher die Bistümer Meißen, Naumburg und Merseburg in den Kurstaat. Außerdem nutzte er einen politischen Fehler des Ernestiners Johann Friedrich zu Gotha, um seiner Herrschaft weitere Gebiete in Thüringen zu unterwerfen, die 1660 im Neustädter Kreis zusammengefaßt wurden. Aus dem Besitz der Reuß von Plauen erwarb er Landstriche um Vogelsberg, Plauen, Oelsnitz und Adorf, die im vogtländischen Kreis zusammengeschlossen wurden. Während August die sächsischen Rechte über Mansfeld wahrte, gab er wichtige Rechte im Erzstift Magdeburg auf, was – langfristig betrachtet – einen schwerwiegender Fehler bedeutete, weil er so das Ausgreifen des brandenburgischen Rivalen in den mittleren Elbraum erleichterte.

Unter den protestantischen Reichsständen nahm Kursachsen um 1600 eine führende Stellung ein, wenngleich man in der Regel eine kaisertreue Politik verfolgte. Die Ära des Kanzlers Crell, die kurzfristig Sachsen in das Schlepptau der calvinistischen Kurpfalz geraten ließ, d.h., man schlug einen harten Kurs gegen das katholische Habsburg ein, blieb Episode. Der hohe Rang, der Kursachsen in dieser Zeit zukam, läßt sich noch heute an einer stattlichen Zahl fürstlicher Wohnbauten ablesen. Die Wirtschaftskraft des Landes und der Reichtum an Bodenschätzen boten den Wettinern die Möglichkeit, ihrer Herrschaft äußeren Glanz zu verleihen. Der Meißner Albrechtsburg folgten der Dresdner Georgenbau, Schloß Hartenstein bei Torgau, die Moritz- und Augustusburg sowie der Freudenstein bei Freiberg, um nur einige zu nennen. Keiner der Nachbarn im Norden oder Westen des Reiches tat es ihnen gleich.

Die sächsische Städtelandschaft hatte sich zu einem mitteleuropäischen Gewerbezentrum entwickelt. Um 1600 lebte bereits ein Drittel der Bevölkerung in den 177 städtischen Gemeinwesen, unter denen Leipzig dank des großen Messeprivilegs von 1507 eine herausragende Position einnahm. Im Umkreis von mehr als hundert Kilometern hatte es sämtliche Konkurrenten in der Gunst der Kaufleute aus dem Feld geschlagen. Zu Beginn des 17. Jh. hatte die Handelsmetropole ihre Bevölkerung gegenüber dem Stand von 1500 fast verdreifacht. Als Zentrum des deutschen Buchhandels schob sich die Stadt in den Vordergrund.

Im Kampf um die Vorherrschaft in Mitteleuropa, den man gemeinhin als den Dreißigjährigen Krieg zu bezeichnen pflegt, trat auch das reiche Kursachsen wie die übrigen deutschen Fürstentümer völlig unzureichend gerüstet. Keiner der mindermächtigen Dynasten gebot über ein noch so kleines stehendes Heer. Daher wurden sie ohne Ausnahme zu Spielbällen der europäischen Mächte. Das Land schwankte zwischen abwartend-ängstlicher Neutralität und Reichs- und Kaisertreue. Im Kampf gegen den Winterkönig von Böhmen erwarb man Rechte an der Lausitz. Als der Schwede Gustav II. Adolf (R

1611–1632) deutschen Boden betrat, war es nur der Ungeschicklichkeit der kaiserlichen Diplomatie zuzuschreiben, daß Kursachsen halbherzig auf dessen Seite überschwenkte. Die vernichtende Niederlage der Schweden bei Nördlingen 1634 trieb den Albertiner zum Friedensschluß mit dem Kaiser. Der Vertrag brachte dem Kurfürstentum den erblichen Besitz der Lausitz und den von vier Ämtern des Erzstiftes Magdeburg ein, das seit 1628 ein Wettiner mit kaiserlicher Zustimmung verwaltete. Der vereinbarte Friede hatte aber keine Aussicht auf Bestand, weil Schweden und seine deutschen Verbündeten daran kein Interesse zeigten. Außerdem trat 1635 Frankreich, das seit Ausbruch der Feindseligkeiten 1618 bestrebt war, durch Geldzahlungen und diplomatische Intrigen den Konflikt auf Reichsboden zu schüren, in den Krieg offiziell ein. Durch die Annahme des Prager Friedens hatte Kursachsen den Haß der Schweden auf sich gezogen. Bis zum Ende der Auseinandersetzungen 1648 war das geplagte Land immer wieder Schauplatz heftiger Kämpfe zwischen dem schwedischen Heer und den kaiserlichen Truppen. Nur wenige Städte wie Freiberg oder Pirna widerstanden den feindlichen Heeren. Die übrigen wurden mehr oder minder ein Raub der Flammen. Bei den Friedensverhandlungen hielt sich Kursachsen an die kaiserliche Partei. Man wahrte den Besitzstand, mußte aber ohnmächtig mitansehen, daß Brandenburg aufgrund schwedischer Unterstützung die Stifte Halberstadt und Magdeburg erlangte, die Sachsen über lange Zeit im mittleren Elberaum zu erwerben gehofft hatte. Der Verlust wog um so schwerer, als man 1604 bereitwillig auf das jülich-bergische Erbe verzichtet hatte. Daher verstärkte sich geographisch betrachtet die östliche Schwerpunktbildung Sachsens.

Politische Illusionen und kulturelle Blüte

Von den Heimsuchungen des Großen Krieges erholten sich die wettinischen Lande ungewöhnlich rasch. Durch Zehntausende böhmischer Exulanten verstärkt, schlossen die Städte die Lücken, die der Krieg gerissen hatte. Die Wiederherstellung des über Jahrhunderte gewachsenen ländlichen Sozialgefüges forderte dem Land große Anstrengungen ab. Trotzdem dürfte es nicht gelungen sein, an den Leistungsstand der Agrarwirtschaft der Vorkriegszeit anzuknüpfen. Der Handlungsspielraum des sächsischen Kurfürsten blieb nach 1648 begrenzt. Weiterhin war er auf die finanzielle Hilfe der Stände angewiesen. Durch die Einrichtung der Sekundogenitur 1656 zu Merseburg, Weißenfels und Zeitz wurde die Hausmacht der Kurlinie geschwächt: Beim Aussterben der Herzöge von Sachsen-Lauenburg 1689 verzichtete man darauf, mit Nachdruck die Erbansprüche des Hauses zu verfolgen. Erst unter Johann Georg III. (* 1647, † 1691), der sich wiederholt als tüchtiger Soldat im Krieg gegen die Feinde des Reiches, Türken und Franzosen, auszeichnete, bahnte sich allmählich ein Wandel an. Er legte 1682 den Grundstein für ein stehendes Heer. Im Inneren setzte er gegenüber den nachgeordneten Gewalten ein strafferes Regiment durch. Mit dem Bau des Palais im Großen Garten, dem ersten Schloß Sachsens im neuen Barockstil, unterstrich er auch äußerlich das gewachsene politische Selbstbewußtsein des Herrscherhauses.

Im späten 17. Jh. beobachtet man allenthalben, daß die führenden Reichsstände bestrebt waren, das Ansehen und die Würde ihres Hauses zu mehren. Als 1696 der polnische König Jan Sobieski verstarb, eröffnete sich Friedrich August I. (* 1673, † 1733), der seit 1694 die Geschichte des Kurstaates in den Händen hielt, unverhofft die Aussicht, ebenfalls den Rang des Hauses Wettin unter den europäischen Dynasten zu heben. Dank gewaltiger finanzieller Anstrengungen ging er aus dem illustren Bewerberkreis um das Wahlkönigtum als August II., der Starke, als Sieger hervor. Der Glanz der Krone brachte manche Belastung für das Fürstenhaus mit sich. Im Land stieß der erforderliche Übertritt zum Katholizismus auf heftige Ablehnung. Auch die äußeren Feinde hatte man unterschätzt. Über Jahre war Kursachsen fast schutzlos den Einfällen Karls XII. von Schweden ausgesetzt. Der wirtschaftlich-kulturellen Stärke des Landes entsprach in keiner Weise seine militärische Kraft. Dennoch gewann Kursachsen unter August dem Starken, wegen seiner Körperkräfte so genannt, an Staatlichkeit und Profil. Der »Absolutismus« als Staatsform setzte sich durch. Die Verwaltung modernisierte man. Der Codex Augusteus stellte auf dem Gebiet des Rechtswissens einen Fortschritt dar. Kunstgewerbe und Handel blühten, so daß die Kassen des Landes gefüllt waren. Die Dresdner Kunstlandschaft stellte den europäischen Rang des Hauses Wettin sichtbar unter Beweis. Unter den deutschen Fürstenhöfen fand der Dresdner nicht seinesgleichen.

Mit den Mitteln der Diplomatie und höfischer Prachtentfaltung suchte Sachsen-Polen im Konzert der europäischen Mächte seine Stellung zu behaupten. Unter Kurfürst Friedrich August II. (König August III. von Polen, R 1733–1763) erlangten die fürstlichen Kunstsammlungen durch weitere Ankäufe ihre hohe Qualität. Die Königswürde hatte dem Land zwar große finanzielle Opfer abverlangt, aber gleichzeitig öffnete sich seiner Wirtschaft der östliche Raum als Absatzgebiet.

Als Pufferstaat zwischen Preußen und Habsburg konnte es nicht ausbleiben, daß Kursachsen in die Eroberungskriege des großen Friedrich (R 1740–1786) einbezogen wurde. Erneut schwankte das wirtschaftsmächtige Land militärisch schutzlos zwischen den Kriegführenden. Auf der Seite der Habsburger stehend, wurde es im Siebenjährigen Krieg von den Preußen ausgeplündert. Fast 50 Millionen Taler preßten sie aus dem Land, um ihr Heerwesen zu finanzieren. Schwere Schäden erlitten die Städte. Zahlreiche Schlösser wurden ausgeraubt. Am Ende des Krieges lag nicht nur die städtische Wirtschaft am Boden, auch der politische Kredit Sachsens war stark geschrumpft. Die militärische Ohnmacht hatte das Land endgültig in das zweite Glied zurücktreten lassen. In den folgenden Jahren blieb man der reichischen Grundhaltung sächsischer Politik verpflichtet, aber man lehnte sich an Preußen an, obwohl dessen wirtschaftliche Repressalien nicht nachließen.

Mit einer personell veränderten Führung gelang Kursachsen nach Kriegsende eine zügige wirtschaftliche Erholung. Unter den finanziellen Maßnahmen verdient die Reform des Steuerwesens Beachtung. Die aufgelaufene Schuldenlast sank rapide. Trotz preußischen Drucks behauptete man den Durchgangshandel mit Osteuropa aufgrund größerer Freizügigkeit. Die Aufgabe der Bindungen an Polen 1765 blieb ebenfalls ohne nachteilige Folgen. Die Leipziger Messen nahmen einen gewaltigen Aufschwung. Im Jahre 1773 brachten sie allein der Stadt und dem Fiskus 400 000 Taler ein. Das sogenannte »retablissement« sollte bis in das frühe 19. Jh. nachwirken, d. h. das Fundament der Industrialisierung legen helfen. In den Kriegen mit dem revolutionären Frankreich war Kursachsen von vornherein auf die Rolle eines Juniorpartners der Großmächte beschränkt. So nahm man 1793 am Reichskrieg gegen Frankreich teil. Auf seiten der Habsburger setzte man nach dem Basler Frieden den Kampf fort. Der Untergang des Alten Reiches hinterließ in Kursachsen eine spürbare Lücke; denn über Jahrhunderte hatte dessen Ordnungsgefüge der sächsischen Politik als Richtschnur gedient. An der Seite Preußens zog das Land 1806 in den Krieg, der die preußischen Großmachtträume binnen weniger Wochen wie ein Kartenhaus zusammenfallen ließ. Daher mußte sich Kursachsen in das Napoleonische Herrschaftssystem auf deutschem Boden einfügen. Der Kurfürst-König wurde Mitglied des Rheinbundes. Verhängnisvoll wirkte sich jedoch aus, daß die sächsische Führung, als die Napoleonische Herrschaft ins Wanken geriet, nicht verstand, sich aus der französischen Umklammerung zu befreien. So nimmt es nicht wunder, daß Preußen die Gelegenheit nutzte, um große Teile des südlichen Nachbarn an sich zu reißen, wie es bereits in Friderizianischer Zeit angestrebt worden war.

Von Leipzig gingen die großen revolutionären Bewegungen der Jahre 1830 und 1848 aus. Links: Septemberunruhen 1830 in Leipzig. Im Anschluß an die Aufstände in Braunschweig, Göttingen, Sachsen und Kurhessen erzwang das Volk repräsentative Verfassungen: Leipzig erhielt seine ein Jahr später, 1831. Die Erhebungen behielten allerdings lokalen Charakter, bis auf eine umfassendere Wehrbewegung im Südwesten Deutschlands. Unten: Biwak der Aufständischen auf dem Altmarkt in Dresden am 3. Mai 1849.

Der Weg in die Neuzeit

Auf dem Wiener Kongreß verlor Kursachsen die Niederlausitz, Teile der Oberlausitz, den Kurkreis, den Neustädter und den Thüringer Kreis, Mansfeld, das Fürstentum Querfurt, Gebiete um Naumburg und Merseburg an Preußen. Bei der betroffenen Bevölkerung stieß der Vorgang auf Ablehnung, die durch Übergriffe und ein schroffes Auftreten der preußischen Beamten noch gesteigert wurde. In Restsachsen wuchs jedoch die Verbundenheit mit dem wettinischen Königtum. Im Bewußtsein der kulturellen Leistungen des eigenen Landes fühlte man sich dem Eroberer aus dem Norden überlegen.

Nach 1815 schlug man auch in Sachsen einen Kurs ein, der zur Modernisierung des Staatsapparates und zum Wandel der Sozialstruktur führte. Die Ständevertretung wurde in Form und Funktion verändert. Auf allen Ebenen der Landesverwaltung hielt der moderne Staat seinen Einzug. In vieler Hinsicht brach man erst jetzt mit der Welt des Alten Europa. Die Verfassung vom 4. September 1831, die zwar von konservativen Vorstellungen geprägt war, bewegt sich aber auf liberalem Boden. Ergänzend traten 1832 eine Städteordnung, die die rechtliche Position der einzelnen Kommunen vereinheitlichte, und 1838 eine Landgemeindeordnung hinzu. Eingezwängt zwischen den Vormächten Habsburg und Preußen blieb Sachsen nach 1815 kaum Raum für eine eigenständige Politik. So war der Gründung eines Handelsvereins der Mittelstaaten im Jahre 1828 kein Erfolg beschieden. In Anlehnung an Österreich suchte man gute Beziehungen zu Preußen zu unterhalten.

Das innere Ordnungsgefüge des Landes zeigte deutliche Spuren der Industrialisierung. Breite Bevölkerungsschichten wuchsen aus der altständischen Gesellschaft heraus, stellten das überkommene Herrschaftsgefüge in Frage. Im Herbst 1830 und 1848 mußten die Regierenden erfahren, daß die radikalen Kräfte mit den politischen Veränderungen, die nur in Teilbereichen des öffentlichen Lebens eine Liberalisierung bewirkt hatten, unzufrieden waren. Auch in Dresden konnte erst der Einsatz von Militär die radikal-demokratische Bewegung ersticken.

Unter konservativen Vorzeichen setzte man auch nach 1848 den Weg der Verfassungsmäßigkeit fort. Das Strafgesetzbuch von 1856 und das Bürgerliche Gesetzbuch von 1865 knüpften an beste sächsische Rechtstraditionen an. Im Jahre 1866 zog man an der Seite Österreichs in den Krieg. Die in den Jahren zuvor reformierte Armee schlug sich tapfer, doch man unterlag gemeinsam. Erneut mußte das Land die Last einer preußischen Besetzung (teilweise bis 1871) spüren. Überall wurden Erinnerungen an 1815 wach. Dem standhaften Eintreten Österreichs und Frankreichs verdankte Sachsen die Fortdauer seiner territorialen Existenz. Die politische Selbständigkeit hatte dagegen ein Ende gefunden. Die föderale Ordnung des deutschen Reiches beließ dem Land zumindest auf dem Feld der Innenpolitik (Kultur, Recht, Wirtschaft, Finanzen) einen gewissen Handlungsspielraum. Erst der Erfolg der preußisch-deutschen Waffen gegen Frankreich versöhnte teilweise das Bürgertum mit den veränderten politischen Rahmenbedingungen. Im Gegensatz zu den süddeutschen Staaten zeigte Sachsen keinen stärkeren landschaftlichen Selbstbehauptungswillen.

Der hohe Industrialisierungsgrad brachte es mit sich, daß in Sachsen die soziale Frage früher als im übrigen Reich an Aktualität gewann. Die althergebrachten Mittel der Sozialpolitik versagten längst. Zwischen 1871 und 1895 stieg die Einwohnerzahl von Leipzig fast auf das Vierfache (400 000), die anderen Großstädte verdoppelten zumindest ihre Bevölkerungszahl. Die Beschäftigungszahl in der Landwirtschaft ging stetig zurück. 1895 verdienten bereits 58 Prozent ihren Lebensunterhalt in der Industrie. Im Durchschnitt des Reiches lag der Anteil der Industriearbeiter noch deutlich niedriger. Das »rote Königreich«, wie es oft bezeichnet wurde, entwickelte sich zur Hochburg der Sozialdemokratie in Deutschland. Im Arbeiterbildungsverein von 1865 schlossen sich Au-

Ein erster Test für die Stärkeverhältnisse der Parteien waren die Wahlen in der Sowjetischen Zone 1946 und 1947. Bei den Landtagswahlen im Herbst 1946 erhielt die neugegründete SED z.B. über 47 Prozent der Stimmen. Ebenfalls Testfunktion hatten die Wahlen zu den Gemeindevertretungen in der sowjetischen Besatzungszone im September 1946.
Oben: Gemeindewahlen in Dresden.
Links: Der Vizepräsident der Provinz Sachsen, Robert Siewert, an der Wahlurne.

gust Bebel und Wilhelm Liebknecht zusammen. Die Demokratische Volkspartei Sachsens, die antipreußisch eingestellt war, bot den unteren Bevölkerungsgruppen eine erste politische Plattform. Im Jahre 1903 errang die Sozialdemokratie bei Reichstagswahlen 22 von 23 Wahlkreisen. Durch eine Wahlrechtsreform versuchte die Landesregierung den Erfolgen der Sozialisten entgegenzuwirken.

Auch wenn das wettinische Herrscherhaus im 19. Jh. mit dem hochgebildeten Johann I. und dem militärisch begabten Albert I., der sich sowohl 1866 als auch 1871 im Felde auszeichnete, zwei Fürsten hervorbrachte, die aus der Schicht der deutschen Dynasten herausragten, so kann doch kein Zweifel bestehen, daß die Monarchie stetig an Ansehen verlor. Ihr Bedeutungsverlust im Rahmen des Reichsgefüges war zu stark, um noch eine Zukunft zu besitzen. Unter dem Einfluß der Berliner Ereignisse entsagte der letzte Wettiner am 13. November 1918 dem Thron ohne Aufsehen.

Im Sachsen der Weimarer Zeit fällt auf, daß sich wie zu Zeiten des Kaiserreiches keine Partei mit landschaftlicher Ausprägung entwickelte. Der Druck der Berliner Verhältnisse blieb übermächtig. Von 1918 bis 1923 regierte eine sozialistische Mehrheit das Land. Als der sächsische Ministerpräsident Zeigner einige Forderungen auf innen- und außenpolitischem Gebiet an die Reichsregierung stellte, brach ein offener Konflikt mit dem Reich aus. Die Reichswehr rückte in Sachsen ein. Begleitet von militärischen Auseinandersetzungen wurde der Rücktritt der dortigen Regierung erzwungen.

Unter der sächsischen Wählerschaft errangen die Nationalsozialisten nur mühsam Erfolge. Im Jahre 1933 hielten sich der Stimmenanteil der NSDAP und der Sozialdemokratie noch die Waage. Nach der Machtergreifung wurde eine Gleichschaltung Sachsens mit den übrigen Ländern auf dem Gesetzeswege herbeigeführt. Ein Reichsstatthalter wurde eingesetzt. Die Eigenstaatlichkeit Sachsens, die seit 1866 abnahm, fand 1934 ein Ende. Unter der Herrschaft des Nationalsozialismus teilte das Land das Schicksal des gesamten deutschen Volkes. In den Bombennächten des Zweiten Weltkrieges sanken bei militärisch sinnlosen Angriffen die Zeugnisse kultureller und politischer Blüte Sachsens in Schutt und Asche.

Nach der Besetzung durch alliierte Truppen wurde alsbald mit massiver Unterstützung der sowjetischen Armee eine Landesverwaltung aufgebaut. Die sächsischen Gebiete jenseits der Neiße wurden abgetrennt und unter polnische Verwaltung gestellt. Die Enteignung der Industriebetriebe und des Großgrundbesitzes veränderten das politische und soziale Gesicht des Landes. Hunderttausende Schlesier und Sudetendeutsche, die gewaltsam aus ihrer Heimat getrieben wurden, retteten sich nach Sachsen, um dort ein neues Leben zu beginnen.

Mit der Verwaltungsreform von 1952, die bewußt über Jahrhunderte gewachsene Strukturen zu zerstören suchte, um das Land für eine bessere sozialistische Zukunft zu öffnen, wurde auch unter den Bestand des Königreichs Sachsen als Verwaltungsraum ein Schlußstrich gezogen. An dessen Stelle traten die Bezirke Dresden, Leipzig und Karl-Marx-Stadt. Dem Zeitgeist gemäß fand sich 1953 nämlich die Gelegenheit, das alte Chemnitz mit einem neuen Namen zu schmücken. Weiterhin konzentrierte sich die Schwerindustrie in Sachsen, dessen tüchtige Bevölkerung trotz der russischen Reparationsforderungen – wie so oft – den Wiederaufbau bewältigte. Auch die sozialistische Gesellschaft der DDR vermochte nicht das bildungsmäßige Heimatgefühl der Sachsen auszulöschen. In der Heimat Augusts des Starken entwickelte sich vor allen anderen Gebieten der DDR ein starkes landschaftliches Bewußtsein.

OTTFRIED NEUBECKER

Sachsen: Wappen und Flaggen

Die heutigen Bezirke Dresden, Leipzig, Karl-Marx-Stadt entsprechen ungefähr dem Gebiet, das 1815 vom Kurfürstentum (Königreich) Sachsen übrigblieb, als der Kurkreis, die Gegend um Wittenberg, an Preußen fiel. Übrig blieb ein vordem als Markgrafschaft Meißen bekanntes Territorium, dessen eigentliches Wappen ein schwarzer Löwe in Gold als Nachfolger von zwei blauen senkrechten Streifen (sogenannten Pfählen) in Gold die heraldische Landschaft so nachhaltig prägte, daß die Wappen der drei Städte noch deutlich daran erinnern. Sie zeigen alle in senkrecht halbierten (»gespaltenen«) Schilden den schwarzen meißnischen Löwen neben den Landsberger Pfählen, alles schwarz in Gold bei Dresden und in den Originalfarben bei Leipzig und bei Chemnitz (Karl-Marx-Stadt).

Was das Landeswappen des Herzogtums, späteren Kurfürstentums Sachsen angeht, so ist es aus der Geschichte der askanischen Fürsten heraus geboren.

Die Askanier waren von 1180 bis 1422 Herzöge von Sachsen. Dieses Fürstenhaus führte einen gespaltenen Schild, darin vorne am Spalt in Silber der halbe rote Adler von Brandenburg, hinten in paariger Anzahl schwarze und gelbe Querteilungen, das Wappen von Ballenstedt. Der Rautenkranz erscheint seit 1261 erst über den ganzen Schild gezogen, dann nur über das Balkenfeld. Dieses entwickelte sich zu dem mit dem Namen Sachsen verbundenen Wappen und machte auch die Wanderungen dieses Namens mit.

Die Landesfarben erscheinen seit dem 7. Juni 1815, dem Tage des Wiedereinzugs des Königs Friedrich August in Dresden. Grün, die Farbe des Rautenkranzes, war neben den blau-gelben Farben der regierenden Dynastie Wettin in Sachsen zur bevorzugten Farbe geworden. Sie wurde durch eine Instruktion des noch in Österreich verweilenden Königs vom 4. Juni 1815 mit der Farbe der damals weißen Kokarde der sächsischen Truppen zu einer neuen Kokarde verbunden. Zu Landesfarben wurde diese Folge weiß-grün durch Reskript des Königs vom 16. Juni 1815 erklärt; im Jahre 1887 wurde die Reihenfolge (oben weiß, unten grün) amtlich nochmals fixiert.

Diese Farben waren auch für die ernestinischen Herzogtümer in Thüringen, so oder auch in umgekehrter Folge, also Grün-Weiß, übernommen worden; nur in Sachsen-Weimar-Eisenach konnten sie die auf dem Rautenkranzwappen beruhende schwarz-gelb-grüne Kokarde und Flagge bis zur Bildung des Landes Thüringen nicht verdrängen.

Herzogtum Sachsen, 14. Jh.

Leipzig, 19. Jh.

Land Sachsen

Provinz Sachsen

VOLKER HELAS

Kultur gestern und heute

Sachsen gehört zu den reichsten deutschen Kulturlandschaften. Eine lebhafte wirtschaftliche Entwicklung seit dem Mittelalter, politische Stabilität und Prosperität verhalfen dem geistigen und kulturellen Leben zu Reife und Kontinuität. Aufgrund seiner topographischen Lage im Herzen Europas war Sachsen ein Land des Austauschs, das Anregungen aufgenommen und umgeformt, hervorgebracht und weitergegeben hat. Als Mutterland der protestantischen Reformation und eines der Kernländer der Aufklärung hat Sachsen nicht nur die deutsche Entwicklung, sondern auch die Weltgeschichte beeinflußt.

Vor- und Frühgeschichte

Die früheste Besiedelung Sachsens ist für die jüngere Steinzeit nachgewiesen. Nach der charakteristischen Art der Verzierung der Tongefäße erhielten ihre Schöpfer den Namen »Schnurbandkeramiker«.

Die Lausitzer Kultur, die sich im 14. Jh. v. Chr. herausgebildet hatte, erfaßte auch Sachsen. Vor allem die klar gegliederte Keramik hat die Kenntnis von dieser Kultur vermittelt. Die Bezeichnung »Buckelkeramik« charakterisiert ihre Eigenart. Die Träger dieser wie der vorausgegangenen Kultur lassen sich mit keinem überlieferten Stammesnamen in Verbindung bringen.

Im 8. Jh. v. Chr. wurde diese Bevölkerung durch germanische Einwanderer verdrängt. Sie kannten bereits den Gebrauch der Bronze. Die Kelten beeinflußten das Land von Süden und Westen her. Auf ihren Einfluß gehen die Verwendung der Töpferscheibe und der organische Stil der Keramik und der Metallgegenstände zurück.

Die römische Kultur hat das Land zwischen Saale, Elbe und Oder nur geringfügig beeinflußt. Sachsen gehörte nie zum römischen Herrschaftsgebiet. Nur gelegentlich haben römische Händler Sachsen aufgesucht, und ungeachtet der provinzialrömischen Anregungen bestimmte die germanische Produktion die künstlerischen Äußerungen. Die versilberten, emaillebesetzten Fibeln verweisen auf den nordwestgermanischen Kulturkreis. Aus der germanischen Spätzeit vor der Völkerwanderung sind langobardische Einflüsse nachzuweisen.

Im 6. Jh. n. Chr. verließen die germanischen Stämme ihre Wohnsitze. Slawische Stämme wanderten ein. Hauptzeugen der slawischen Kultur sind die von Wällen und Wassergräben umgeben gewesenen Schanzen, z. B. bei Teuchern in der Nähe von Zeitz oder bei Zehren an der Elbe. Ihre hartgebrannte Keramik schmückten sie mit Kammzug-Ornamenten. Zahlreiche slawische Ortsnamen und vor allem die heute noch sorbisch sprechenden Lausitzer erinnern an die slawische Besiedelung.

Frühes Mittelalter

Die eigentlich sächsische Kultur ist etwa 1000 Jahre alt. Das Kerngebiet Sachsens – worunter das ehemalige Königreich in seinen Grenzen nach 1815 verstanden wird, dem die heutigen Bezirke Dresden, Leipzig und Karl-Marx-Stadt etwa entsprechen, war die Mark Meißen. Um 928 wurde die Burg Meißen gegründet, in deren Schutz eine Stadt entstand und die 967 Bischofssitz wurde. Die Markgrafschaft lag inmitten slawischen Gebiets, dessen Bewohner der deutschen Besiedelung Widerstand entgegensetzten. Doch der große Slawenaufstand, der das spätere Brandenburg und Mecklenburg für fast zwei Jahrhunderte wieder in slawische Hand gebracht hatte, erfaßte die Markgrafschaft Meißen nicht. Dennoch sind keine bedeutenderen Kulturleistungen aus dem 10. oder 11. Jh. überliefert, der romanische Dom von Meißen (1006–1076) ist nur aus Grabungen bekannt, denn die mühevolle Besiedelung einer feindlich gesinnten Umgebung bot keine günstige Voraussetzung für das Gedeihen der Künste. Außerdem beteiligte sich die Kirche, die in jener Zeit fast alleiniger Kulturträger war, in Sachsen nur im geringen Maße an der Inbesitznahme des Landes. Erst im 12. Jh. wurden Stifte und Klöster gegründet (Pegau 1096, Chemnitz 1137, Altzella 1162, Wechselburg 1168, Klosterbuch 1192). Aus der Gründungszeit sind Ruinenteile des Zisterzienserklosters Altzella und die Kirche des Augustinerchorherrenstifts in Wechselburg (zw. 1160 und 1180) erhalten. Mit diesem Bau war der Anschluß an die fortgeschritteneren Kulturlandschaften des westlichen Deutschland hergestellt.

Spätromanik

Mit der Entdeckung von Silbervorkommen bei Freiberg 1168 ergoß sich ein gewaltiger Strom von Einwanderern aus Franken, dem Rheinland, Niedersachsen und den Niederlanden über die Silberfundgebiete der Markgrafschaft Meißen. Die zwischen 1156 und 1161 gegründete Stadt Freiberg wurde bald wirtschaftliches und kulturelles Zentrum der Markgrafschaft und deren reichste Stadt. Vom Selbstbewußtsein und hohen geistigen Anspruch der jungen Ansiedlung kündet noch heute das Portal des neuerbauten Domes, die Goldene Pforte, das in eigenständiger Weise das ikonographische Programm der nordfranzösischen Kathedralfassaden zusammenfaßte (um 1230). Der spätromanischen sächsischen Plastik jener Jahre ist eine würdeheischende Monumentalität, sensible Individualisierung, tiefe Innigkeit und Spiritualität eigen, wie sie auch in den Triumphkreuzgruppen des gleichen Domes und der Wechselburger Stiftskirche und dem dortigen Lettner überliefert sind. Alle diese Arbeiten entstanden um 1230 und gehören zu den bedeutendsten deutschen Bildwerken des 13. Jh.

Die meisten der während der späten Romanik entstandenen Kirchen sind in den Zeiten der wirtschaftlichen Expansion Sachsens während des späten Mittelalters umgebaut worden. Zu den wenigen vollständig erhaltenen bzw. wiederhergestellten Bauten gehören auch die Nikolaikirche in Dippoldiswalde (um 1250) und die Kunigundenkirche in Borna (ca. 1180).

Gotik

In Sachsen war die weltliche Macht die treibende Kraft bei der Inbesitznahme und Erschließung des Landes gewesen, der

Annaberg: St. Annen, die spätgotische Hallenkirche. Ein Detail von der Tür zur Alten Sakristei von Hans Witten (oben). Die Kanzel von Franz Maidburg, verschiedene Ausschnitte (ganz links und links).

Seitenaltar aus der St.-Annen-Kirche. Die Darstellung zeigt die Vielfältigkeit menschlicher Mühen und Arbeiten.

Landesherr hatte die Ansiedelung von Bauern, Bergleuten und Handwerkern gefördert. Eine bürgerliche Kultur begann sich in den neugegründeten Städten Freiberg, Zwickau, Chemnitz, Aue, Oederan, Oelsnitz, Pirna, Plauen und Leipzig herauszubilden. Alle diese Städte entstanden um 1200. Sie lebten vom Bergbau, dem Handel und dem Handwerk. Sie entwikkelten sich rasch und gelangten zu Wohlstand. Als Monumente städtischer Größe entstanden große Kirchen, wie der Dom zu Freiberg, die Zwickauer Marienkirche, die Nikolaikirche und die Thomaskirche in Leipzig, die jedoch später alle noch einmal gründlich umgebaut worden sind.

In der Lausitz vollzog sich die kulturelle Entwicklung aufgrund ihrer Sonderstellung, die durch die zeitweilige politische Bindung an das südlich angrenzende Böhmen gegeben war, in enger Anlehnung an die des Nachbarlandes. Böhmischer Einfluß wird in der Architektur der Klosterkirche auf dem Oybin (1384 geweiht, Ruine seit dem 16. Jh.) und in der Zittauer Kreuzkirche (Anfang 15. Jh.) spürbar.

Der beispielgebende Bau des 14. Jh. in Sachsen war der Dom zu Meißen, eigentlich ein kleinerer Bau, der jedoch wegen seiner künstlerischen Konzeption und architektonischen Qualität einen Sonderplatz in der Geschichte der deutschen Gotik einnimmt (1266 – Ende 15. Jh.). Die bedeutendste Kirche der Lausitz war die fünfschiffige St.-Peter-und-Paul-Kirche in Görlitz (1424 ff.).

Die Gründung der Universität Leipzig 1409 förderte nicht nur das geistige Leben der Handelsstadt Leipzig, sondern der gesamten Markgrafschaft und der umgebenden Länder.

Zu den kulturellen Leistungen jener Zeit gehören das Meißnische Rechtsbuch und das Freiberger Bergrecht, das bis in das 19. Jh. gültig blieb.

Spätgotik

Die neuen, sehr ergiebigen Silberfunde im oberen Erzgebirge ließen im späten 15. Jh. in rascher Folge neue Städte emporwachsen. 1471 wurde Schneeberg gegründet, 1496 Annaberg, 1521 Marienberg. Wieder zog es Bergleute, auch Abenteurer, Glücksritter, Verzweifelte und Entwurzelte aus allen Teilen des Reichs in die Markgrafschaft Meißen. Wieder verschmolzen die Dialekte der Neusiedler zu einer Durchschnittssprache, die als Sprache der sächsischen Kanzleien Martin Luther das sprachliche Material bot, aus dem er seine Bibelübersetzung schuf. Hastig entstanden große Städte, deren reich gewordene Bürgerschaft sich riesige Kirchen leisten konnte, die die Städte – wie Annaberg oder Schneeberg – auch heute noch beherrschen. Durch heimische Traditionen

1

Zu den frühesten spätgotischen obersächsischen Hallenkirchen gehört der zwischen 1484 und 1512 entstandene Dom in Freiberg. An seiner Südseite steht die berühmte Goldene Pforte (1), ein Skulpturenportal aus dem 13. Jh., vom romanischen Vorgängerbau übernommen. Das neunfach abgestufte Gewände zeigt den Wechsel von ornamentierten Säulen mit acht Figuren aus dem Alten Testament. Schlanke Achteckpfeiler mit spätgotischen Holzplastiken (2), Netzgewölbe und umlaufende Emporen kennzeichnen den Innenraum. Auf der Westempore befindet sich die älteste und größte der noch vorhandenen Silbermannorgeln (3). Beeindruckend ist die frei im Raum stehende Tulpenkanzel von Hans Witten, entstanden um 1510 (4). Der Chor (6) wurde in der Renaissancezeit durch G. M. Nosseni zur Fürstengruft umgestaltet. Moderne Restaurierungsmethoden ermöglichten die Wiederherstellung der Deckenmalerei in orginaler Farbigkeit (5). A. G.

2

3

4

5

6

und südwestdeutsche Vorbilder angeregt, bildete sich am Ausgang der Gotik die Sonderform der obersächsischen Hallenkirche heraus, bei der alle Schiffe gleich hoch sind, der in der Regel ein Querschiff fehlt und die umlaufende Emporen besitzt, um alle Einwohner der volkreichen Städte am Gottesdienst teilnehmen lassen zu können.

Zu den wichtigsten spätgotischen Kirchen zählen die Marienkirche in Zwickau (begonnen 1453), die Kunigundenkirche in Rochlitz (vollendet 1476), das Schiff des Freiberger Domes (begonnen 1484), die Annenkirche in Annaberg (begonnen 1499), St. Wolfgang in Schneeberg (vollendet 1540), die Schloßkirche in Chemnitz, dem heutigen Karl-Marx-Stadt (1499, 1515–1525), das Schiff der Leipziger Nikolaikirche (ab 1513), der Thomaskirche (1482–1496), der Pauliner- oder Universitätskirche (Umbauten 1485 und 1519 bis 1521) und der Marienkirche von Pirna (1502–1546).

Auch die zahlreichen neuen Bildwerke und Altäre und die Wandmalerei zeigen eine außerordentliche künstlerische Reife. Bildwerke und Altäre stammten sowohl aus südwestdeutschen Importen als auch aus Sachsen selbst. Die Werke von Hans Witten – die Altäre in Ehrenfriedersdorf (1501) und Borna (1511), der Taufstein in der Annaberger Annenkirche (um 1515), das Nordportal (um 1503/1505) und die Geißelsäule (um 1515) in der Chemnitzer Schloßkirche, der ehemaligen Benediktinerklosterkirche, und allen voran die Tulpenkanzel im Freiberger Dom (1508/1510) – gehören zu den bedeutendsten Bildwerken der deutschen Spätgotik. Bei Witten vollzog sich eine nicht mehr zu überbietende Verfeinerung gotischen Formempfindens, gleichzeitig jedoch auch die Hinwendung zur weltgeschichtlich neuen Epoche, zum Weltbild der Reformation und der Renaissance. Die Werke des Bildschnitzers Peter Breuer (* um 1472, † 1541) lassen im Fehlen des Pathetischen, in ihrer Ausgewogenheit und Innigkeit bereits sächsische Eigenart erkennen. Sein Hauptwerk ist die Beweinungsgruppe in der Zwickauer Marienkirche. Der Annaberger Bergaltar von Hans Hesse zeigt die kulturgeschichtlich hochinteressante Schilderung des Silberbergbaues vom Aufschluß des Berges bis zum Prägen der Münzen (1521).

Die Oberlausitz war Ende des Mittelalters als böhmisches Lehen an den Ungarnkönig Matthias Corvinus (R 1458–1490) übergegangen. Er ließ die in seinem Auftrag neu erbaute Ortenburg in Bautzen mit seinem Wappen und seiner Büste schmükken. Die tatsächliche Macht in der Markgrafschaft Lausitz wurde durch den Sechsstädtebund ausgeübt, in dem die Handelsherren dominierten, die Kultur war folglich bürgerlich geprägt. In Görlitz, der wichtigsten Stadt und einem Zentrum der Tuchherstellung, des Tuch- und Fernhandels, entwickelte sich der völlig eigenständige Typus des Kaufmannshauses, dessen Charakteristikum eine zentrale gewölbte Halle in der Mitte des langgestreckten Hauses ist. Das Rathaus in Görlitz ist in seinem Kern spätgotisch, die Stadt weist eines der besterhaltenen Stadtbilder der Spätgotik und der beginnenden Renaissance in Deutschland auf, das Heilige Grab außerhalb der Stadt, die Stiftung eines Handelsherrn, wurde 1471 bis 1504 errichtet und stellt die Nachbildung des Heiligen Grabes in Jerusalem dar, eine bezeichnende Anlage spätmittelalterlicher Frömmigkeit und Theatralik.

In Meißen wurde 1471 durch den Baumeister Arnold von Westfalen die Albrechtsburg errichtet. Dieses Bauwerk brach mit der Tradition der befestigten Burgen. Als Wohnschloß steht dieses Bauwerk am Beginn einer neuen Entwicklung. Die prachtvolle, außen vorgelegte Treppe, der Große Wendelstein, verrät französische Einflüsse, das neuartige Zellengewölbe fand von hier aus seinen Eingang in die sächsische Architektur, die Vorhangbögen der Fenster erlangten ebenfalls von Meißen aus weite Verbreitung.

Renaissance und Reformation

In der Reformationszeit schlug die weltgeschichtliche Stunde Sachsens.

Die neue Zeit, die gleichermaßen durch Frühkapitalismus, bürgerlichen Humanismus und protestantische Reformation geprägt ist, kündigte sich in der Architektur mit den Formen der italienischen Renaissance an, die nach Sachsen über Prag, Augsburg und Nürnberg vermittelt worden waren. Durch die Säkularisation hatte sich der Landesherr beträchtlich bereichert. Seit 1547 in Besitz der Kurwürde, ließ er sich Schlösser umbauen oder neu errichten. Vom Architekten Konrad Krebs stammt der Johann-Friedrich-Bau (1533–1536) des Torgauer Schlosses Hartenfels, ein Hauptwerk der Frührenaissance in Deutschland. Es besitzt mit seiner Kapelle außerdem die erste programmatisch-protestantische Kirche. Sie wurde 1543 bis 1544 von Nikolaus Grohmann errichtet und von Luther eingeweiht. Dieser Raum ist wegen seiner Anordnung von Altar, Kanzel und Orgel und wegen seiner Mehrgeschossigkeit durch Emporen zum Leitbild des protestantischen Kirchenbaus geworden.

Die neu eingerichteten städtischen Schulen, die die Klosterschulen abgelöst hatten, vermittelten das Wissen des Humanismus, denn die Beseitigung des Analphabetentums war Anliegen der Reformation wie des Humanismus. Daher richtete auch der Landesherr aus Vermögen der aufgelassenen Klöster Landesschulen ein, die in erster Linie der Herausbildung einer tüchtigen Beamtenschaft dienen sollten. Die Fürstenschulen befanden sich in Meißen, Grimma und Schulpforta.

In den reich gewordenen Städten entstanden prächtige öffentliche Bauten. Zu den bedeutendsten bürgerlichen Repräsentationsbauten zählen das Gewandhaus in Zwickau (1522/1525 von Friedrich Schultheiß), die Rathäuser von Görlitz (erweitert 1534 von Wendel Roßkopf d. Ä.), Oschatz (1537 von Bastian Kramer), Colditz (1537/1539), Marienberg (1539), Plauen (Wiederaufbau 1548), Leipzig (1556/1557 von Hieronymus Lotter), Pegau (1559 von H. Lotter), Altenburg (1562/1564 von N. Grohmann) und Grimma (Wiederaufbau bis 1585).

Die gewaltige Ausweitung des Bergbaus, der Wirtschaft und des Handels hatte nicht nur neue Städte, Reichtum und Kunstwerke entstehen lassen, sondern auch Wissen und Bildung zur notwendigen Voraussetzung. Georg Agricola, ein Universalgenie der Renaissance, war nicht nur Arzt und Bürgermeister, sondern der führende Montanwissenschaftler seiner Epoche. Adam Ries, der Rechenmeister aus Annaberg, verfaßte die erste Anweisung zur Rechenkunst in Deutschland. Der Bergbau und die damit verbundene Industrie hatte außerdem den vielseitigen, geschickten und anpassungsfähigen Menschenschlag hervorgebracht. Die 1502 gegründete Universität zu Wittenberg wurde durch das Wirken der Reformatoren und der Humanisten zu einer Stätte moderner Bildung und zum Gegengewicht der konservativen Leipziger Universität.

Allenthalben kündigte sich jedoch die künftige Dominanz des Adels an. Schlösser und Herrenhäuser entstanden, Kurfürst August ging mit dem großartigen Jagdschloß Augustusburg (1567/1573 von H. Lotter und Erhard van der Meer) voran. In der prunksüchtigen Ausschmückung der Kirchen mit figurenreichen Epitaphien des Adels äußerte sich dessen neues, gestiegenes Selbstwertgefühl. Das Moritzmonument, der 1563 aufgestellte Kenotaph des Kurfürsten Moritz im vorderen Chor des Freiberger Domes, war ein protestantisch aufgefaßtes Denkmal, mit dem sich das Haus Wettin feierte. Die gänzliche Umgestaltung des gotischen Chores seit 1588 durch Giovanni Maria Nosseni mittels einer starkfarbigen, bühnenhaften Steindekoration zu einer Grablege der protestantischen Wettiner mit Prunksärgen, Statuen, Gußplatten und einer manieristischen Wandmalerei mit der Darstellung des Jüngsten Gerichts zeugt von einer Eindringlichkeit des Todeskultes und des Repräsentationsverlangens und von einer ästhetischen Dichte, die nördlich der Alpen ihresgleichen sucht und die der Gemeinschaftsarbeit von Deutschen, Italienern und Flamen zu verdanken ist.

Als die Kurwürde 1547 an das albertinische Sachsen gelangt war, hatte sich aus dieser neuen Machtposition der Wille und die Verpflichtung zur gesteigerten Prachtentfaltung ergeben. Nicht nur in Bauten stellte sich die neue Würde dar, auch die höfische Musikpflege diente der Selbstdarstellung und erreichte einen beachtlich hohen Stand. 1548 wurde auf Melanchthons Veranlassung die Hofkantorei gegründet, denn der Kurfürst maß der gesungenen Verkündigung der neuen Lehre große Bedeutung bei. Aus der Hofkantorei entstand die spätere Staatskapelle, die sehr bald nicht mehr nur für geistliche Anlässe musizierte, sondern nach dem Vorbild der italienischen Hofhaltungen für weltliche Musikaufführungen eingesetzt wurde. 1617 trat Heinrich Schütz (* 1585, † 1672), der bedeutendste Musiker seiner Zeit, aus hessischen in sächsische Dienste. Die heute verschollene Oper »Dafne« wurde 1627 in Schloß Hartenfels bei Torgau uraufgeführt; es war die erste deutsche Oper gewesen.

Es war die Dresdner Hofkunst, die das künstlerische Geschehen der nächsten Generationen, sei es Architektur, Bildhauerei, Malerei oder Musik, in Sachsen zu beherrschen begann. Die Bildhauerei hinterließ in den Werken der Familie Walther Kunstwerke von reifer Höhe; es fällt auf, daß auch das übrige plastische Schaffen, wie bereits in der Spätgotik, trotz des Fehlens allergrößter Namen durch ein allgemein sehr hohes künstlerisches Niveau bestimmt worden ist.

Barock und Rokoko

Als 1618 der Dreißigjährige Krieg ausbrach, endete für Sachsen die Epoche, die den Anschluß an die führenden geistigen Zentren Europas gebracht hatte, durch politischen Einfluß, wirtschaftliche Prosperität und durch ein blühendes geistiges und kulturelles Leben gekennzeichnet gewesen war. Nun wurde Sachsen Kriegsteilnehmer, hier fielen Entscheidungsschlachten (Lützen 1632). Der lange Krieg hinterließ zerstörte Städte und Dörfer und dezimierte die Bevölkerung um ein Drittel. Handel und Gewerbe, Wissenschaften und Künste lagen am Boden.

Zu Beginn des 17. Jh. war die Universität Leipzig das führende geistige Zentrum des Landes geworden und hatte Wittenberg abgelöst. Durch den Thomaskantor Johann Hermann Schein (* 1586, † 1630) war die moderne italienische Liedkunst in Leipzig bekanntgemacht worden. Die von Schlesien (Martin Opitz) beeinflußte Dichtkunst fand, als der Krieg vorüber war, in Leipzig eine Pflegestätte. Die sächsische Literatur jener Jahre erlangte mit dem satirischen Schelmenroman des »Schelmuffsky« von Christian Reuter

Schloß Hartenfels in Torgau: Auf einem niedrigen Porphyrfelsen steht das im 15. bis 17. Jh. auf den Grundmauern einer alten Burg errichtete Schloß. Es ist eines der größten deutschen Renaissance-Schlösser. Die 1543/44 gebaute Schloßkirche ist eine der ersten protestantischen Kirchen überhaupt.

Schloß Pillnitz, an der Elbe südöstlich von Dresden gelegenes Wasser- und Bergpalais, wurde 1720 bis 1723 von Matthäus Daniel Pöppelmann erbaut. Es war Sommerresidenz des sächsischen Hofes. Im Neuen Palais sind seit 1918 Kunstsammlungen untergebracht.

Die Moritzburg: das ehemalige Jagdschloß der Wettiner, nördlich von Dresden gelegen, wurde zwischen 1542 und 1546 errichtet und 1723 bis 1733 von Pöppelmann im Barockstil umgestaltet. Seit 1947 ist hier ein Barockmuseum untergebracht.

Das Barockschloß Reinhardtsgrimma, im 16. und 17. Jh. errichtet, liegt bei der mittelalterlichen Silberbergbaustadt Dippoldiswalde im Erzgebirge.

Johann Melchior Dinglinger (* 1664, † 1731) und seine Brüder: Der Hofhalt des Großmoguls Aureng-Zeb zu Delhi. Ein Tafelaufsatz aus den Jahren 1701 bis 1708.

(* 1665, † 1712) ihren Höhepunkt. Studentische Spielgruppen fanden mit Dramen von Corneille und Molière ein aufgeschlossenes Publikum. Gegen die lutherische Orthodoxie, die zu bloßer obrigkeitshöriger Lehr- und Bekenntnisgerechtigkeit zu erstarren drohte, erhoben sich kritische Stimmen. Christian Thomasius verbreitete in seinen Vorlesungen die Ideen der englischen und französischen Aufklärer, als erster in Deutschland bediente er sich dabei der deutschen Sprache. Die Pietisten Philipp Jakob Spener (* 1635, † 1705) und August Hermann Francke (* 1663, † 1727) betonten die Herzensfrömmigkeit, forderten zur immerwährenden Buße auf, verachteten alles Weltliche – auch die Künste – und erklärten sich für das geistige Priestertum jedes Gläubigen. Doch weder Thomasius noch die Pietisten wurden auf Dauer in Leipzig Wirkungsmöglichkeiten geboten. Im benachbarten brandenburgischen Halle fand der Pietismus seine wichtigste Pflegestätte (Franckesche Stiftungen), Thomasius wurde der erste Rektor der 1694 gegründeten Universität Halle.

Kurfürst August der Starke, der seit 1694 regierte und 1697 auch polnischer König wurde, war selbst künstlerisch begabt und in der Lage, Talente zu erkennen. Es war ihm gelungen, Künstler ersten Ranges an seinen Hof zu ziehen und dort auch zu halten. Unter seiner Regierung bis 1733 erlebte Dresden eine bisher nicht gekannte Blüte höfischer Kultur – der Architektur, der Bildhauerei, der Malerei, des Kunsthandwerks und der Musik. (Nur die Literatur konnte sich am Dresdner Hof nicht über einen unteren Rang erheben, der Hofnarr fungierte bezeichnenderweise auch als Hofpoet ...) Die Porzellanbegeisterung des Königs äußerte sich nicht nur im Verkauf von 600 wohlausgebildeten sächsischen Dragonern an Preußen, wofür er als Gegenwert ostasiatisches Porzellan erhielt, sie war auch neben chronischer Finanznot Anstoß für die Nacherfindung des Porzellans durch den Alchimisten Johann Friedrich Böttger (* 1682, † 1719) und den Philosophen und Physiker Ehrenfried Walter Graf von Tschirnhaus (* 1651, † 1708) im Jahre 1709. Unter August dem Starken entstand der Zwinger, einer der Höhepunkte der europäischen Architektur. Die Bauidee geht auf August selbst zurück. Der Westfale Matthäus Daniel Pöppelmann (* 1662, † 1736) und der Bayer Balthasar Permoser (* 1650, † 1732) verwirklichten ihn. Die Verbindung von Architektur und Plastik ist in der Architektur des Barock niemals inniger gewesen als hier bei diesem luftigen, eleganten Bauwerk, das einen Festplatz für glanzvolle Wagenaufzüge, Roßballette und Karnevalsfeste umgab.

Pöppelmann war als Leiter des Oberlandbauamtes die wichtigste Architektenpersönlichkeit. Von ihm stammen auch das Taschenbergpalais (1707–1711) in Dresden, das als Fassadenruine erhalten ist, die Pläne für einen Schloßneubau, er ist der Hauptmeister für die Lust- und Jagdschlösser Pillnitz (1720 ff.) und Moritzburg (1723–1733). Kaum weniger einflußreich waren die Franzosen Zacharias Longuelune (* 1669, † 1748) und Jean de Bodt (* 1670, † 1745), die den strengen Barockklassizismus ihres Heimatlandes vertraten.

Zum höfischen Leben des Absolutismus, einer kaum abreißenden Folge von Festen, gehörten die Gärten, in denen sich diese Feste vor der Kulisse einer architektonisch geordneten Natur abspielten. Neben dem Großen Garten ist vor allem die Gartenschöpfung von Großsedlitz hervorzuheben, die 1717 bis 1727 im wesentlichen nach Plänen von Longuelune angelegt worden ist. Dieser Garten zählt zu den schönsten Deutschlands.

Der Glanz einer Hofhaltung wäre matt, wenn ihr ein prachtentfaltendes Mäzenatentum fehlte. Die Pflege der Künste und der Besitz kostbarer Kunstwerke gehörten zur unausweichlichen Repräsentationspflicht jedes Herrschers. Die Anfänge der

Gemäldegalerie fallen in das Jahr 1722, als die verstreut aufbewahrten Bilder im Stallhof vereinigt wurden. Das Grüne Gewölbe, die Schatzkammer der sächsischen Kurfürsten, wurde 1723/1724 für die Besichtigung arrangiert.

In jenen Jahren wurden auch das Kupferstichkabinett, die Porzellansammlung und die naturwissenschaftlichen Sammlungen gegründet bzw. wie die Gemäldegalerie nach wissenschaftlichen Gesichtspunkten neu geordnet, die größtenteils auch heute noch Gültigkeit besitzen.

Die Arbeiten des Hofgoldschmieds Johann Melchior Dinglinger (* 1664, † 1731), seiner Brüder und seiner Söhne sind köstlich-kostbare Glanzleistungen ihrer Zeit, sein »Hofstaat zu Delhi am Geburtstag des Großmogul Aureng-Zeb« ist ein vielfiguriges, gleißendes Prunk- und Schaustück ohnegleichen.

Die Erwerbungen für die später berühmte Sammlung der antiken Statuen begannen 1723.

Auch die höfische Musikpflege diente dem Ruhm des Herrschers. Dominierend war – noch bis in die zwanziger Jahre des 19. Jh. – die italienische Musik. Zu einem Höhepunkt europäischer Musikkultur wurde Dresden, als die Oper unter der Leitung des Komponisten Johann Adolf Hasse (* 1699, † 1783) stand, einem Hauptvertreter der napolitanischen Opera seria. Zur gleichen Zeit wirkte in Leipzig Johann Sebastian Bach (* 1685, † 1750).

Hinter der rauschhaften Prachtentfaltung der katholischen Hofhaltung stand die evangelisch gebliebene Bürgerschaft der Residenzstadt allerdings zurück. Doch auch sie repräsentierte mit Bauwerken. Die Frauenkirche (1726–1738) von George Bähr ist der bedeutendste programmatisch-protestantische Kirchenbau des Barock auf dem europäischen Kontinent gewesen.

Nicht nur die Residenzstadt Dresden und ihre Umgebung wurden in den Jahrzehnten des »Augusteischen Zeitalters« mit prachtvollen Bauten und Gärten geschmückt, auch die Handelsherren der reichen Messestadt Leipzig ließen sich palaisartige Häuser bauen, von denen sich schöne Beispiele in der Petersstraße, der Katharinenstraße und am Brühl erhalten haben. Auch in den kleineren Städten wie Plauen, Schneeberg, Chemnitz, Meißen, Bautzen, Zittau oder Görlitz (Neißstraße 30, 1726–1729) entstanden reizvolle Bürgerhäuser. Der wichtigste Architekt im zweiten Jahrhundertviertel war Johann Christoph Knöffel (* 1686, † 1752), der Hauptvertreter des Dresdner Rokoko, dessen sparsame, kultivierte Lisenenarchitektur typisch sächsisch erscheint und den nahtlosen Übergang vom Barockklassizismus der zweiten Jahrhunderthälfte vorbereitete. Knöffels Hauptwerk ist Schloß Hubertusberg (1743–1751).

Geistiger Mittelpunkt Sachsens war jedoch Leipzig. Unterstützt vom dortigen Buchhandel, dem bedeutendsten im Deutschen Reich, entwickelte sich die Leipziger Universität zu einem wichtigen Zentrum der deutschen Aufklärung. Der bereits erwähnte Christian Thomasius hatte in Leipzig der Aufklärung den Boden bereitet, er hatte sich gegen den Hexenglauben und gegen die Folter gewandt und auf den »gesunden Menschenverstand« gesetzt. Wie er, hielt Christian Freiherr von Wolff (* 1679, † 1754) Mathematikvorlesungen in deutscher Sprache – eine unerhörte Neuerung, denn bisher war Latein die Sprache der wissenschaftlichen Lehre gewesen, ihm ist auch die Entwicklung der deutschen philosophischen Terminologie zu verdanken. Johann Christoph Gottsched (* 1700, † 1766), der vor preußischen Werbern aus Königsberg nach Leipzig geflüchtet war, reformierte mit der Schauspielerin und Prinzipalin einer Wanderbühne, Friederike Caroline Neuber, das deutsche Theater.

Seiner Frau Luise Adelgunde kommt das Verdienst zu, mit moralisierend-witzigen Komödien den Typus der sächsischen Komödie geschaffen zu haben. Christian Fürchtegott Gellert (* 1715, † 1769) lehrte an der Universität Poesie, Beredsamkeit und Moral. Auf der Fürstenschule St. Afra in Meißen hatte sich Gotthold Ephraim Lessing (* 1729, † 1781) auf das Studium in Leipzig vorbereitet.

Dresden durfte – und das gilt bis zum heutigen Tage – zwar als Stadt der Künste, nicht aber als die geistige Hauptstadt Sachsens betrachtet werden. Wohl hatte Winckelmann 1748 bis 1755 in Dresden gelebt, wo er die Anregungen für eine berühmt gewordene Programmschrift des Klassizismus »Von der Nachahmung griechischer Werke in Malerei und Bildhauerkunst«, 1755, verfaßt hatte, in der er das neue Ideal in der zum Schlagwort geratenen Formulierung von »edler Einfalt und stiller Größe« postuliert hatte, doch die Stadt der Geistigkeit war die Universitätsstadt Leipzig.

Frühklassizismus und Romantik

Der Ausgang des Siebenjährigen Krieges beendete den Traum von einer sächsischen Großmacht. Wieder war ein Krieg verloren, das Land verwüstet und verarmt. Die Zukunftschancen wurden in der Förderung der eigenen Ressourcen erblickt. Wirtschaftliche Initiativen des Bürgertums erfuhren staatliche Förderung, und ganz im Sinn der Aufklärung unternahm der Staat Anstrengungen, die Bildung zu heben. 1764 wurde die Dresdner Kunstakademie gegründet.

Da für die Pflege der Künste weder ein Repräsentationsbedürfnis bestand noch das erforderliche Geld vorhanden war, verließen viele der internationalen Künstler das Land. Damit war die Provinzialisierung eingeleitet, aus der sich Sachsen in den kommenden Zeiten nur gelegentlich erheben konnte.

Das neue romantisch-rationalistische Gesellschaftsverständnis und das sentimentale Naturempfinden fanden zuerst und am deutlichsten in Parkanlagen im englischen Stil ihren Ausdruck. Das Seifersdorfer Tal wurde seit 1781 durch die Gräfin Christiane von Brühl zu einer sentimentalen Parklandschaft umgestaltet – mit einer Ruine der Vergänglichkeit, einem Altar der Tugend usw., der englische Park von Schloß Pillnitz wurde ab 1784 angelegt und der Park von Machern bei Leipzig ab 1792 in Anlehnung an den berühmten Wörlitzer Park verändert.

1770 bis 1776 wurde in Dresden das Landhaus, das Versammlungsgebäude der sächsischen Stände, nach dem Entwurf von Friedrich Krubsacius errichtet. Es ist einer der ersten Bauten in Sachsen, bei denen griechische Säulenordnungen auf die Welt der Antike, die das Zeitalter der Vernunft zu verkörpern schien, hinweisen. Bürgerlicher Wirklichkeitssinn charakterisierte die Porträts des in Dresden ansässig gewordenen Schweizer Malers Anton Graff (* 1736, † 1813).

Das neue, romantische Naturideal fand in der Umgestaltung der gotischen Nikolaikirche in Leipzig zu einem stilisierten Palmenhain seinen Ausdruck. Diese Raumdekoration ist ein Werk von Johann Friedrich Carl Dauthe und Adam Friedrich Oeser (* 1717, † 1799), des Mentors von Winckelmann und Goethe.

Das weitverbreitete Unbehagen an den politischen Mißständen hatte sich 1793 in Volkserhebungen geäußert, doch die Überwindung des Bedrückenden und Einengenden wurde vor allem in der geistigen Erneuerung gesucht. Die literarische Romantik verstand sich als eine Bewegung in diesem Sinn, die sich in Dresden sammelte. Novalis, die Brüder Schlegel, Wakkenroder, E. T. A. Hoffmann und L. Tieck waren um die Jahrhundertwende hier zu finden. Der Staatsrechtler Adam Heinrich Müller (* 1779, † 1829) gab mit Heinrich von Kleist (* 1777, † 1811) die Zeitschrift »Phoebus« heraus, die die Ideen der Romantik über Deutschland verbreitete.

Auch für die jungen Maler wurde Dresden zur Stätte des romantischen Kunsterlebnisses. Zu einem Höhepunkt gelangte die deutsche Malerei der Romantik in den Bildern von Caspar David Friedrich (* 1774, † 1840), Philipp Otto Runge (* 1777, † 1810), Johan Clausen Dahl (* 1788, † 1857) und Carl Gustav Carus. Ihre Malerei ist von einem mythischen Naturverständnis und einer Symbolkraft geprägt gewesen, die von Sehnsucht nach Geborgenheit zeugen, um der bedrängenden Gegenwart zu entfliehen.

Caspar David Friedrich: Felsenschlucht im Elbsandsteingebirge. – Der Mensch erfährt in der Betrachtung der Landschaft eine Offenbarung. Vollendet drückt sich darin romantische Weltanschauung aus.

Denn es war wieder Krieg in Europa. Die Heere Napoleons erschütterten die alte Ordnung in Europa. Sachsen war nach längerem Zaudern auf französischer Seite zu finden. Es gehörte zu den Verlierern und büßte nach dem Wiener Kongreß 1815 mehr als die Hälfte seines Territoriums an Preußen und Sachsen-Altenburg ein. Das »Restsachsen«, die südliche Hälfte des ehemaligen Kurfürstentums, gilt heute als das eigentliche Sachsen, das sich über ein Jahrhundert in relativ eigenständiger Weise entwickelt hat. Alte sächsische Städte gehörten nun nicht mehr zu Sachsen – Naumburg, Merseburg, Wittenberg, Torgau, Lübbenau oder Görlitz, um nur einige wenige bekannte Beispiele aus einer großen Reihe zu nennen.

Die Restaurationszeit und die Romantik

Wieder war das Land geschwächt und verwüstet, an Bauen war kaum zu denken. Der patriotische Schwung, dem der Freiheitsdichter Theodor Körner, ein Dresdner, Ausdruck verliehen hatte, erstarb in der lähmenden Friedhofsstille der Restaurationszeit. Wenig Bedeutsames geschah, doch zu großen und fruchtbaren Geschehnissen zählt, daß Carl Maria von Weber 1817 zum Chef der deutschen Oper nach Dresden berufen wurde. Sein »Freischütz« wurde jedoch bezeichnenderweise in Berlin uraufgeführt.

Zu den Dingen von bleibendem Gewicht gehören auch die allegorischen, symbolschweren Landschaftsgemälde des Caspar David Friedrich.

Wirklich bedeutende klassizistische Architektur wurde indessen in Sachsen nicht errichtet. Was gebaut wurde und was Größe besaß beruhte in der Regel auf geistigen Importen – die Altstädter Wache in Dresden wurde 1830/1832 nach Plänen von Schinkel ausgeführt, zum Umbau der Zittauer Johanniskirche 1834 lieferte ebenfalls Schinkel die Vorlagen, desgleichen für das Augusteum, das ehemalige Universitätshauptgebäude in Leipzig, das Albert Geutebrück 1831/1836 ausführte und dessen Reste dem Universitätsneubau 1968 zum Opfer fielen.

Ein wichtiges Datum der sächsischen Kulturgeschichte wird durch die Gründung des sächsischen Alterthumsvereins 1825 markiert. Der Verein widmete sich der Pflege der »vaterländischen Alterthümer« und begründete die Traditionen der bereits frühzeitig mit methodischer Gründlichkeit betriebenen sächsischen Denkmalpflege. Diese wiederum fußt auf der ersten Inventarisation durch Johann Gottlob von Quandt (* 1787, † 1859) und dessen »Hinweisungen auf Kunstwerke der Vorzeit«. Eine gründliche Restaurierung des Zwingers mit einem behutsamen Anbau der Eckpavillons der Westseite fand ab 1849 statt.

1828 wurde in Dresden die Technische Bildungsanstalt gegründet (die zweite polytechnische Schule Deutschlands nach derjenigen in Karlsruhe von 1825), 1831 die Handelslehranstalt in Leipzig, aus der die Handelshochschule hervorging.

Vormärz und Neorenaissance

Die Pariser Julirevolution 1830 hatte auch in Deutschland das feudal-monarchistische System erschüttert. Nach bewaffneten Volksunruhen in Leipzig, Dresden und anderen Städten wurde 1831 eine Verfassung erlassen. Sachsen wurde damit konstitutionelle Monarchie, zahlreiche Reformen leiteten das wirtschaftliche und kulturelle Leben in neue Bahnen. In den kommenden zehn Jahren erlebte Sachsen eine Phase gemäßigter Liberalität und einen bemerkenswerten kulturellen Aufschwung, der auch der lockeren Handhabung der Zensur anzurechnen ist, die der Publizistik in Leipzig und dem Theater zugute kam.

Dresden fand mit Gottfried Sempers (* 1803, † 1879) Hoftheater (1838–1841) wieder Anschluß an eine Architektur von europäischem Rang. Die von Semper und dessen Auftraggeberschaft und bald auch von seinen zahlreichen Schülern als Stilvorbild bevorzugte italienische Hochrenaissance kam dem Weltbild des klassisch-humanistisch gestimmten sächsischen Bürgertums sehr entgegen. Die Überzeugungskraft der künstlerisch vollendeten Bauten Sempers wie der Villa Rosa (1839), des Palais Oppenheim (1845–1848) und des Museums (ab 1847) und seine rege Lehrtätigkeit trugen dazu bei, daß die historistische Architektur in Sachsen bis etwa 1885 die Züge der italienischen Renaissance trug,

Zu den kulturellen Institutionen von Leipzig gehört der traditionsreiche Thomanerchor, einer der bedeutendsten deutschen Knabenchöre, hier vor dem Hauptportal der berühmten Thomaskirche.

sieht man einmal vom Kirchenbau ab, der sich die Gotik zum Vorbild nahm.

Das Musikleben gelangte sowohl in Leipzig als auch in Dresden zu glanzvoller Entfaltung. In Leipzig wirkte von 1835 bis 1843 Felix Mendelssohn-Bartholdy (* 1809, † 1847). 1843 rief er das hochberühmt gewordene Konservatorium ins Leben und machte sich durch die Wiederaufführungen der Musik J. S. Bachs verdient; in Dresden hatte das Hoftheater mit Richard Wagner (* 1813, † 1883) einen der genialsten Musiker seiner Zeit und den Schöpfer des Musikdramas zum Kapellmeister. Aus Zwickau kam Robert Schumann (* 1810, † 1856) 1844 nach Dresden und übernahm die Leitung der »Liedertafel« und des »Vereins für Chorgesang«.

Zum ersten Mal erreichte auch die Literatur den sächsischen Hof. König Johann, genannt Philalethes, war ein ausgezeichneter Danteforscher und -übersetzer.

Das industrielle Zeitalter

Die Verfolgung mißliebig gewordener Demokraten nach der gescheiterten Volkserhebung in Dresden im Mai 1849 bedeutete für die Kultur in Sachsen einen spürbaren Aderlaß, viele der geistig führenden Männer hatten fliehen müssen. Unter ihnen Semper und Wagner. Zum Exponenten des geistigen Rückzugs, der Selbstgenügsamkeit und des sächsischen Gemüts wurde der Maler und Zeichner Ludwig Richter.

Als neue gesellschaftliche Kraft machte die Arbeiterklasse frühzeitig auf sich aufmerksam. In den vierziger Jahren des 19. Jh. kam es noch vor der Gründung ihrer Parteien zu Arbeiterbildungsvereinen.

Die großen kulturellen Ereignisse und die zukunftsweisende Entwicklung vollzogen sich in der zweiten Jahrhunderthälfte im wesentlichen außerhalb Sachsens. Lediglich die Musikpflege in Leipzig und Dresden bilden hierin eine Ausnahme. Unter Ernst (später Edler von) Schuch erlangte die Dresdner Oper Weltgeltung, ihre Leitung hatte er seit 1882 inne.

Außerhalb ihres Landes wirkten die Sachsen Richard Wagner und Friedrich Nietzsche, beide haben die abendländische Kultur ihres und unseres Jahrhunderts nachhaltig beeinflußt.

Von trivialem Niveau, doch von ungeheurer Breitenwirkung bis auf den heutigen Tag sind die Romane von Karl May (* 1842, † 1912), die in fremden Ländern spielen, einfach und spannungsreich aufgebaut sind und in denen der erfolgreiche Kampf edler Helden dem Gerechtigkeitssinn des Publikums entgegenkommt.

In Leipzig wuchsen mit dem Aufkommen der Mustermessen jene architektonisch anspruchsvollen Messepaläste empor, die in der Leipziger Innenstadt auch heute noch dominieren.

Mit dem impressionistischen Maler und Professor der Dresdner Akademie Gotthard Kuehl (* 1850, † 1915) und dem Leipziger Bildhauer, Maler und Grafiker Max Klinger (* 1857, † 1920) fand Sachsen in der bildenden Kunst wieder den Anschluß an fortgeschrittene Entwicklungen.

Die klassische Moderne

Der Anstoß zu einer Malerei jenseits impressionistischer Unverbindlichkeit und hintergründiger Symbolismen ging von Studenten der Architektur der Dresdner Technischen Hochschule aus, die sich 1905 zur Vereinigung »Die Brücke« zusammengeschlossen hatten und der Fritz Bleyl, Ernst Ludwig Kirchner (* 1880, † 1938), Erich Heckel (* 1883, † 1970) und Karl Schmidt-Rottluff (* 1884, † 1976) angehörten; später schlossen sich Emil Nolde (* 1867, † 1956), Max Pechstein (* 1881, † 1955) und Otto Mueller (* 1874, † 1930) an. Ihnen ist auch die Erneuerung der Druckgrafik in Deutschland zu verdanken.

Mit der Christuskirche in Dresden-Strehlen (1903–1905) entstand einer der führenden Kirchenbauten der architekturreformerischen Bewegung durch Schilling & Gräbner. Die Gartenstadt Hellerau war die erste Anlage ihrer Art nach englischem Vorbild in Deutschland. Sie wurde 1907 bis 1913 nach Plänen von Richard Riemerschmid (* 1868, † 1957) ausgeführt und hat dem Gedanken des sozialen Wohnungsbaues wichtige Impulse vermittelt. Die Beteiligung bedeutender Architekten wie Richard Muthesius und Heinrich Tessenow sicherte eine überragende Qualität.

1

2

3

4

5

6

7

8

9

10

11

12

13

Gottfried Wilhelm Leibniz (1), Johann F. Böttger (2), Christian F. Gellert (3), Gotthold Ephraim Lessing (4), Johann Gottlieb Fichte (5), Theodor Körner (6), Anton Philipp Reclam (7), D. G. Schreiber (8), Robert Schumann (9), Karl May (10), Max Klinger (11), Joachim Ringelnatz (12), Erich Kästner (13).

An der Dresdner Akademie wurde in den zwanziger Jahren ein nachexpressionistischer Expressionismus gepflegt, dessen bedeutendster Vertreter Otto Dix (* 1891, † 1969) wurde, in und um Chemnitz entstanden zahlreiche expressionistische Bauten von hoher plastischer Qualität, vornehmlich Industrieanlagen und Verwaltungsgebäude, in Leipzig und Dresden wurden große Wohnanlagen des kubischen Stils errichtet. Hervorgehoben zu werden, verdient das Hygienemuseum von Wilhelm Heinrich Kreis (* 1873, † 1955) in Dresden, das in seiner Architektur stilistisch zwischen der Funktionalität des Bauhauses und einer neuen Monumentalität steht.

Völkische Kultur, Kulturrevolution und sozialistischer Realismus

Das Kulturverständnis des Dritten Reichs ist durch Bücherverbrennungen, die Ausstellung »Entartete Kunst«, durch den Mythos von »Blut und Boden« und durch den Pathos und die kalte Pracht seiner Monumentalbauten hinreichend charakterisiert. Von der Kultur der Nazizeit blieb außer dem mahnenden Andenken, das die im Kriege zerstörten Städte und Kulturgüter wachhalten, in der Nachkriegszeit der historisierend-heimattümelnde Stil in der Architektur und der idealisierende Naturalismus in der bildenden Kunst.

Die Kultur im heutigen Sachsen ist nicht nur sächsische Kultur, sondern Kulturpolitik der DDR. Die Staatskapelle Dresden und das Gewandhausorchester Leipzig, der Thomanerchor und der Kreuzchor, die Ausstellungen zur Kunst der feudalen oder bürgerlichen Vergangenheit oder zur zeitgenössischen Malerei und auch im gewissen Maße die Denkmalpflege sind zu Vorzeigestücken der Kulturpolitik und ihres Anspruchs auf moralische Überlegenheit des Sozialismus geworden.

Aus diesen kulturpolitischen Voraussetzungen erklären sich inhaltliche wie formale Eigenheiten der offiziellen Kultur, z. B. ihre gewollte Monumentalität, ihre unkritische Huldigung an die Regierenden und deren Ideologie, die Abbildähnlichkeit, ihr formaler Konservativismus und die historisierenden Rückgriffe.

Dabei hat es sich allerdings erwiesen, daß in der Beschränkung der künstlerischen Mittel auf das Mögliche, das Erlaubte, eine Chance liegen kann. Diese Eingrenzung hat eine Konzentration, eine Zucht und Strenge in der Behandlung der künstlerischen Form hervorgebracht, die dem Kunstwerk auch sehr förderlich sein kann. Die zeitgenössische Malerei der Leipziger Schule, die von Bernhard Heisig (* 1925), Werner Tübke (* 1929) oder Wolfgang Mattheuer (* 1927) repräsentiert wird oder der Kompositionen von Rainer Kunad oder Udo Zimmermann in Dresden sollen hierfür als Beispiele genannt werden.

Dresden und Leipzig sind – neben dem dominierenden Berlin – die wichtigsten Kulturzentren der DDR. Die Kunstausstellungen der DDR werden in Dresden gezeigt. Die klassische postimpressionistische Malerei blickt hier auf reiche Traditionen zurück, es seien nur die Maler Bernhard Kretzschmar (* 1889, † 1982) und Wilhelm Rudolph (* 1889, † 1982) genannt, in Leipzig werden die Traditionen der Neuen Sachlichkeit und des Expressionismus gepflegt.

Zur Kultur eines Landes, einer Landschaft oder einer Stadt gehört auch das lebendige Kulturbewußtsein seiner Bewohner, das mit der offiziellen Kulturpflege keineswegs identisch sein muß. Die Pflege der bürgerlichen Bildungskultur und der Rückzug in die »unpolitische« Malerei oder Musik sprechen dafür. Lehrreich ist der Fall des Zeichners Gerhard Altenbourg (* 1926), der sich nach seiner Heimatstadt genannt hat. Anders als etwa die prominenten Hochschullehrer in Dresden oder Leipzig wurde Altenbourg totgeschwiegen. Seine Grafiken, die an die poetischen Traumwelten Paul Klees erinnern, hatten bisher in den offiziellen Kunstausstellungen keinen Platz, Kennern in Ost und West ist Altenbourg seit vielen Jahren vertraut, die seine Arbeit schätzen.

HERMANN HECKMANN

Dresden – Blüte, Untergang, Wiederaufbau

Dresden entwickelte sich aus einer vom Markgrafen Dietrich dem Bedrängten († 1221) angelegten Siedlung, wurde 1206 erstmals urkundlich genannt, zehn Jahre später bereits als Stadt bezeichnet, blieb aber bis zum Mittelalter bedeutungslos, da es an keiner der großen Fernhandelsstraßen lag. Erstes Aufblühen verdankt es Herzog Albrecht dem Beherzten (R 1464–1500), der es anstelle von Meißen im Jahre 1485 zur Residenz der albertinischen Linie der Wettiner erhob; Baukunst von Bedeutung dann Herzog Georg dem Bärtigen (R 1500–1539), der das Schloß nach Osten vergrößern ließ.

Schon unter Moritz (R 1541–1553), dem ersten Kurfürsten der albertinischen Linie, wurde die jetzt 6500 Einwohner zählende Stadt politisches, geistiges und kulturelles Zentrum Sachsens mit eigener Hofkapelle unter dem Kantor Johannes Walter, dem einstigen musikalischen Berater Luthers in Torgau und Herausgeber des ersten evangelischen Gesangbuches. Moritz ermöglichte Renaissancearchitektur von hohem Niveau und ließ die um den Altmarkt regelmäßig angelegte Stadt um den östlichen, rings um den Neumarkt gewachsenen Teil erweitern.

Sein Nachfolger August I. (R 1553–1586) erhielt vom Volksmund aufgrund fürsorglicher Wirtschaftspolitik den ehrenvollen Beinamen »Vater«. Selbst handwerklich tätig, legte er erste Industriewerke und landwirtschaftliche Musterbetriebe an und verstärkte das Elbufer zu einer Bastei, aus der sich später die Brühlsche Terrasse entwickeln konnte. Im Schloß gründete er die Kunstkammer.

Die Jahrhundertwende stand im Zeichen innenpolitischer Auseinandersetzungen, die 1601 zur Enthauptung des Kanzlers Nikolaus Crell auf dem Neumarkt und zur Stärkung des Adels führten. Den Ausbruch des Dreißigjährigen Krieges erlebte Dresden unter Johann Georg I. (R 1611–1656), der kurz vorher Heinrich Schütz zum Hofkapellmeister berufen hatte, einen der bedeutendsten Komponisten des 17. Jh., von dem die erste deutsche Oper »Dafne« stammt. Der Krieg verschonte Dresden mehr als andere Städte, weil die schon unter den Kurfürsten Moritz und August verstärkte Befestigung rechtzeitig verbessert worden war, wirkte sich auf das Land jedoch verheerend aus. Erst zu Ende des 17. Jh. befand sich Sachsen wieder in einer Phase des wirtschaftlichen Aufschwungs, die auch eine Steigerung der höfischen Prachtentfaltung erlaubte. Johann Georg II. (R 1656–1680) ließ nicht nur den Schloßturm mit neuer Spitze barockisieren, sondern auch ein Opernhaus mit 2000 Plätzen errichten. Er vermehrte die Bestände der Kunstkammer, in der sich neben Naturerzeugnissen und physikalischen Instrumenten Werke von Dürer, Lucas van Leyden, Cranach, Tintoretto, Tizian und Rubens befanden und die bereits zu den Sehenswürdigkeiten Europas zählte.

Während der Regierungszeit des wegen seiner militärischen Ambitionen »sächsischer Mars« genannten Kurfürsten Johann Georg III. (R 1680–1691) brannte das auf der anderen Elbseite gelegene Altendresden im Jahre 1685 ab und erhielt einen großzügigen Wiederaufbauplan. Voll zur Barockstadt entfalten konnte Dresden sich erst unter August dem Starken (R 1694–1733), der nach nur dreijähriger Regierungszeit seines Bruders Johann Georg IV. unerwartet Kurfürst wurde, 1697 die polnische Königskrone erlangte und versuchte, die hervorragende Stellung der Wettiner unter den deutschen Fürsten selbst während des Nordischen Krieges zu behaupten, als schwedische Truppen Teile des Landes besetzt hatten. Mit höfischer Pracht und mit Neubauten wollte er dem kaiserlichen Hof in Wien, wenn nicht gar dem französischen in Versailles, nacheifern und den preußischen Hof in Berlin übertreffen. Er hatte die Bedeutung der Wirtschaft für die eigene Prachtentfaltung und den Wohlstand der Bevölkerung erkannt und nutzte die Nacherfindung des Porzellans durch Johann Friedrich Böttger sofort mit der Gründung der Meißner Porzellanmanufaktur kommerziell aus. Er nahm auch Reformen in der Verwaltung vor, indem er die Oberrechnungskammer und das Geheime Kabinett gründete, für neue Bauordnungen und eine neue Prozeßordnung sorgte.

Von seinen großen Schloßbauplänen konnte er jedoch nur einen kleinen Teil verwirklichen: den Zwinger, diese einmalige Symbiose von Orangerie und Festplatz, von Architektur und Skulptur, von Illusion und Wirklichkeit. Ursprünglich sollte er nur Orangenbäumchen aufnehmen, aber Museen kamen in die Galerien und Pavillons. Dann sollte er als Kulisse für die Hoffeste dienen und wurde in aller Eile provisorisch hergerichtet, als Dresden im Sommer 1719 für einen Monat in den Festtaumel der Hochzeit des Kurprinzen mit der Kaisertochter Josepha geriet. Nach den Feiern verlor der König das Interesse am Weiterbau, auf die von Pöppelmann geplante Einbeziehung des Elbufers ging er, abgelenkt durch Bauplanungen in Polen, nicht ein. Auch Schloßprojekte für Pillnitz und Großsedlitz blieben auf dem Papier, aber er erwarb einzelne Palais, die der Adel sich erbaut hatte, und erweiterte sie.

Das gesellschaftliche Leben sah die schönsten Feste, der Dresdner Hof galt als einer der prächtigsten in Europa. Selbst ein militärisches »Campement«, wie das Zeithainer Lager, geriet zum Amüsement und bestenfalls zum fröhlichen Kriegsspiel. Wohlhabende Bürger schmückten die Straßen mit Giebeln, Erkern und Portalen. Den hohen Stand der Kleinkunst verdeutlichen die Goldschmiedearbeiten Dinglingers und die elfenbeinernen Kabinettstücke Permosers. Die große Zeit der italienischen Oper begann mit der Verpflichtung von Johann Adolf Hasse und seiner Frau Faustina Bodoni, Hasse komponierte für den Hof 48 Opern, 8 Oratorien und 10 Messen. An der Sophienkirche war Friedemann Bach Organist, J. D. Zerlenke und J. D. Heinichen versorgten den katholischen Hofgottesdienst mit geistlicher Musik.

Den Sohn August des Starken, Friedrich August II. (August III. von Polen, R 1733–1763), der die polnische Königskrone behaupten konnte, interessierte der Ausbau der Sammlungen, für den der Premierminister Graf Brühl hemmungslos die Mittel zur Verfügung stellte, mehr als neue Repräsentationsarchitektur. Raffaels »Sixtinische Madonna«, Tizians »Zinsgroschen«, Gemälde von Corregio, Veronese, Andrea del Sarto, Tintoretto, Holbein, Rubens und Velazquez kamen aus Beständen des Herzogs zu Modena, andere Erwerbungen brachten Rembrandts »Saskia mit der roten Blume«, Poussins »Anbetung der Könige« und Rubens »Löwenjagd«.

Bernardo Belotto, genannt Canaletto, hielt sich von 1747 bis 1758 und von 1761 bis 1767 in Dresden auf, hielt das Stadtbild in realistischen Veduten fest und erlebte hier den Beginn des Siebenjährigen Krieges.

Am 29. August 1756 überschritt Friedrich II. von Preußen mit 60000 Mann die Grenze und zwang das sächsische Heer zur Kapitulation, der König floh mit Brühl nach Warschau. Nachdem sich Dresden der Reichsarmee ergeben hatte, bombardierte es Friedrich im Jahre 1760 eine Woche lang. Die unter Albrecht dem Beherzten erbaute Kreuzkirche mit der gewaltigen Turmfront, die aus dem 16. Jh. stammende Annenkirche, das Brühlsche Belvedere, das alte Gewandhaus und weitere Gebäude um den Neumarkt, die Palais in der Moritzstraße und der Pirnaischen Gasse, die Pirnaische Vorstadt und die Seevorstadt wurden schwer mitgenommen. Der Friede zu Hubertusburg am 15. Februar 1763 besiegelte das Ende Sachsens als Großmacht und nahm dem Kurfürsten die polnische Krone.

Kurfürst Christian (R 1763) regierte nur ein Jahr, entband jedoch sofort den Grafen Brühl von allen Ämtern und beendete dessen Günstlingswirtschaft. Sein Bruder Xaver, Administrator des erst 13jährigen Kurprinzen, setzte diese Politik bis 1768 fort, die sich allerdings auch in Sparsamkeit auf kulturellem Gebiet auswirkte: Oper, Komödie und Ballett wurden aufgelöst, große Bauten nicht mehr geplant und verwirklicht.

Schon während des Siebenjährigen Krieges hatte sich die gesamte Kunstauffassung unter dem Einfluß von Johann Joachim Winckelmanns in der Königstraße Nr. 17 verfaßten »Gedanken über die Nachahmung der griechischen Werke der Malerey und Bildhauerkunst« und von Schriften des Architekten Friedrich August Krubsacius gewandelt. Auch Anton Raphael Mengs, seit 1744 Hofmaler des Königs, übte mit seinen »Gedanken über die Schönheit« (1762) Kritik an Barock und Rokoko, und die 1764 gegründete Kunstakademie wurde unter Christian Ludwig von Hagedorn zu einer Keimzelle des Klassizismus, wozu der Maler Anton Raphael Mengs Großartiges beisteuerte. Ein anderer Lehrer, Anton Graff, war der bedeutendste Porträtist Deutschlands.

Gleichzeitig machten sich romantische Tendenzen auf allen kulturellen Gebieten bemerkbar. Anstelle der rauschenden Feste trat die schwärmerische Huldigung der Natur, anstelle des architektonisch geordneten Barockgartens der nach englischem Muster umgestaltete Park. In ihm baute man künstliche Ruinen, wie im Friedrichsgrund bei Pillnitz. Dresden wurde zu einem Zentrum der Romantik. Nachdem schon Adrian Zingg Motive aus der Sächsischen Schweiz und dem Erzgebirge geholt hatte, führte Caspar David Friedrich die romantische Landschaftsmalerei zum Höhepunkt. Die Literatur fand in Heinrich von Kleist ihren genialsten Vertreter. Er schrieb in Dresden am »Käthchen von Heilbronn«, am »Zerbrochenen Krug«, am »Michael Kohlhaas« und an der »Hermannsschlacht«.

Einen neuen Eingriff in die städtebauliche und kulturelle Entwicklung der Stadt brachten die Napoleonischen Kriege. Die Befestigungswerke wurden 1809 geschleift, die französische Armee zog im Frühjahr 1812 durch und kehrte 1813 geschlagen zurück. Dann traf russische Einquartierung ein und mit ihr der Generalgouverneur Fürst Repnin, der die breite Freitreppe zu der seitdem der Öffentlichkeit zugänglichen und als Balkon Europas gerühmten Brühlschen Terrasse anlegen ließ.

Schnell gewann Dresden den Ruf als eine der ersten Kunststädte Europas wieder. In der Malerei setzten Kersting, Johan Christian Clausen Dahl und der Arzt Carus unter Friedrichs Einfluß die romantische Strömung fort, Ludwig Richter schilderte die Welt des Biedermeier in volkstümlichen Illustrationen. 1819 kam Ludwig Tieck, wurde Dramaturg am Hoftheater und Hofrat, hielt seine berühmten abendlichen Vorlesungen, übersetzte Shakespeare, wurde der Begründer der romantischen literarischen Schule. Von 1817 bis 1826 wirkte Carl Maria von Weber als Hofkapellmeister. Im Körnerhaus an der Elbe waren die bedeutendsten Geistesgrößen der Zeit zu Gast. 1828 wurde der Sächsische Kunstverein gegründet, im gleichen Jahr die Technische Bildungsanstalt, aus der sich die Technische Hochschule und heutige Technische Universität entwikkelte, um die aufblühende Wirtschaft mit gut ausgebildeten Ingenieuren zu versorgen. 1837 begann der Dampfschiffverkehr auf der Elbe, ein Jahr später baute J. A. Schubert in Übigau bei Dresden die erste deutsche Lokomotive und ein weiteres Jahr später fuhr die erste Eisenbahn nach Leipzig.

Die Architektur erhielt neue Akzente durch Gottfried Semper. Seit 1834 Vorstand der Bauschule und Professor an der Kunstakademie, führte er die meisten großen Bauaufgaben von Staat und Bürgertum durch. Er baute Opernhaus und Gemäldegalerie im Stil der italienischen Renaissance, vermochte seinen »Forumplan«, der an Pöppelmanns Zwingererweiterungsplan zur Elbe anknüpfte, jedoch nicht zu verwirklichen. 1849 leitete er den Barrikadenbau, mußte fliehen und konnte erst zum Neubau des 1869 abgebrannten Opernhauses wieder nach Dresden kommen. Auch Richard Wagner, der seit 1842 Hofkapellmeister war und während dieser Zeit den »Lohengrin« komponierte, mußte Dresden verlassen.

Grundsteine für die moderne Großstadt

Nach dem siegreichen Krieg gegen Frankreich setzte der wirtschaftliche Aufschwung voll ein und veränderte das Stadtbild, hektische Bautätigkeit zog die umliegenden Gemeinden als Vororte mit ein, verwandelte Dresden in eine moderne Großstadt. Bahnhöfe nahmen großen Einfluß auf die städtebauliche Entwicklung, als erster der 1837 bis 1839 in der Neustadt errichtete Leipziger Bahnhof. Unweit von ihm folgte 1844 bis 1847 der bescheidenere eingeschossige Bahnhof der Sächsisch-Schlesischen Eisenbahn. Auf der Südseite der Stadt entstanden von 1851 bis 1864 an der Bergstraße der Böhmische und westlich davon 1837 bis 1875 der Berliner Bahnhof, aus dem sich später der Rangierbahnhof Dresden-Friedrichstadt entwikkelte. Im letzten Jahrzehnt des 19. Jh. zwang der Verkehr zu radikalen Umbauten, die zum heutigen Hauptbahnhof, dem Wettiner Bahnhof (heute Bahnhof Mitte) und dem Neustädter Bahnhof führten. Die im Zusammenhang mit dem Böhmischen

Dresden: Alter Glanz und neue Herrscher

Zur ersten großen Blüte erwachte die inmitten der Elbtalweitung gelegene Stadt unter der Herrschaft von Herzog (später Kurfürst) Moritz: sie wurde Renaissance-Residenz. Unter August dem Starken aber (3, sein vergoldetes Denkmal steht wieder an der Dreikönigskirche) erlebte sie den Höhepunkt ihrer Geschichte. Er ließ Dresden, das 1685 fast vollständig einem Brand zum Opfer gefallen war, mit grandioser Prachtentfaltung wieder aufbauen. Vor dem Hintergrund positiver geistiger, politischer und wirtschaftlicher Voraussetzungen spielte sich die leidenschaftliche Bau- und Sammeltätigkeit Friedrich Augusts I. und seiner Nachfolger ab. Das Bild der Stadt wandelte sich von einem mittelalterlich geprägten zum repräsentativen einer Barock-Residenz. Das Japanische Palais, die Frauenkirche, die katholische Hofkirche, die Brühlsche Terrasse und vor allem der »Festsaal im Freien«, der Zwinger (1), entstanden in den folgenden Jahrzehnten. Eine spätere Zeit spiegelt sich in der Gemäldegalerie und dem Opernhaus Gottfried Sempers wider. Dies alles schien nach der Bombennacht im Februar 1945 verloren. Doch der Zerstörung folgte ein großartiger Wiederaufbau. Zuerst sollte Matthäus Daniel Pöppelmanns Zwinger, zwischen 1711 und 1728 geschaffen, detailgetreu wiedererstehen: Die Langgalerie mit dem Kronentor, auf dem die von vier Adlern getragene polnische Krone ruht (4), das Nymphenbad hinter dem Französischen Pavillon – eine der schönsten barocken Brunnenanlagen – mit Wasserbecken, Springbrunnen und Nymphen von Permoser, Thomae und Kirchner (5), ebenso wie die bis ins Kleinste restaurierte Gemäldegalerie mit Werken von Dürer, Rubens und Raffael. Ob Brühlsche Terrasse und Hofkirche (2) oder die erst 1985 wieder eingeweihte Semperoper (6), die meisten bedeutenden Bauwerke stehen heute an ihrer angestammten Stelle.
Trotz dieser Bewahrung von Tradition wird Dresden seit Anfang der fünfziger Jahre zur sozialistischen Großstadt umgestaltet. So entstand eine neue City am Altmarkt: neben der Kreuzkirche erlebt man nun moderne Straßenzüge mit Monumentalbauten. B. W.-S.

1

2

4

5

FRID. AVGVSTVS I.
DVX SAXONIAE S.R.I.PRINCEPS
ELECTOR ARCHIMARESCHALCVS
IDEMQVE REX POLONIAE
AVGVSTVS II.

3

6

Bahnhof seit 1851 durch die Seevorstadt gelegte Prager Straße avancierte nach dem Bau des Hauptbahnhofes Ende des 19. Jh. zu Dresdens berühmtester Einkaufsstraße.

Das Musikleben nahm neuen Aufschwung, als 1872 Ernst von Schuch die Staatskapelle übernahm und schließlich Straussaufführungen wie »Salome«, »Elektra« und der »Rosenkavalier« Höhepunkte des deutschen Musiklebens wurden. Seitdem Mitte des Jahrhunderts die Galerie mit Julius Schnorr von Carolsfeld den bedeutendsten Nazarener zum Direktor hatte, setzte sich die romantische Malerei in der Goppelner Schule fort. An der Akademie vertrat Gotthardt Kuehl die malerische Richtung mit Architekturbildern.

Um die Jahrhundertwende war Dresden mit einer halben Million Einwohner die viertgrößte Stadt des Deutschen Reiches, besaß beachtliche feinmechanische und optische Industrie (Zeiß-Ikon), ferner Schokoladenindustrie und als ältesten und bedeutendsten Industriezweig die Zigarettenindustrie (Eckstein, Yenidze, Jasmatzi, Greiling). Es war ein Zentrum des Handels mit Orienttabak, Sitz großer Banken (Dresdner Bank) und wichtiger Reichsbehörden. Es hatte bedeutende pharmazeutische Betriebe wie Madaus, von Heyden, Gehe & Co., die Leo-Werke mit ihrem Chlorodont und die Lingner-Werke mit Odol, und die Sanatorien von Lahmann und Weidner in Bad Weißer Hirsch und Oberloschwitz. Die Wirtschaft veranstaltete Jahresschauen, deren Attraktion das Kugelhaus war.

Von den zahlreichen Malern in der Folge von Kuehl sind Fritz Beckert und Otto Hettner die bekanntesten. Die drastischsten Anstöße für die Weiterentwicklung der bildenden Kunst gingen jedoch von Architekturstudenten der Technischen Hochschule aus: Im Jahre 1905 schlossen sich Kirchner, Bleyl, Heckel und Schmidt-Rottluff zur Künstlergemeinschaft »Die Brücke« zusammen, um gegen die akademisch etablierte Kunst zu protestieren. Sie legten das Fundament der expressionistischen Malerei in Deutschland. An der Kunstakademie vertraten Kokoschka und Dix ebenfalls expressive Auffassungen, der Ausdruckstanz gewann internationalen Ruf durch Mary Wigmann und ihre Schülerin Palucca. Gerhart Hauptmann war oft in Dresden, das er den »heiteren Morgenstern« seiner Jugend nannte. Die »Goldenen Zwanziger Jahre« – auch in Dresden eine stürmische Epoche.

Aber im Grunde genommen blieb die Stadt konservativ. Nach Dresden schickte man die Töchter ins Pensionat, hier besuchte man die Museen: die Gemäldegalerie mit dem Kupferstichkabinett, die Antikensammlung im Albertinum, die Porzellansammlung im Johanneum, das Grüne Gewölbe im Schloß, das Historische Museum, das Armeemuseum, das Oskar-Seyffert-Museum für Volkskunst, die Museen für Tier- und Völkerkunde, Mineralogie, Geologie und Vorgeschichte, die Sammlung physikalischer Instrumente im Mathematisch-Physikalischen Salon des Zwingers, das Hygiene-Museum, das Stadtmuseum, das Körnerhaus. Dresden war Sitz des Sächsischen Geschichts- und Altertumsvereins, der Historischen Gesellschaft und des Landesvereins Sächsischer Heimatschutz, besaß die Landesbibliothek mit über 600000 Bänden.

Zerstörung und Wiederaufbau

Den Zweiten Weltkrieg schien die Kunststadt glimpflich zu überstehen, doch kurz vor Kriegsende, als die Rote Armee nur noch 120 km entfernt stand und die Stadt mit Flüchtlingen überfüllt war, wurde sie das Opfer zweier britischer Luftangriffe in der Nacht vom 13. zum 14. Februar und amerikanischer Tagangriffe am 14. und 15. Februar 1945. Der Feuerorkan bewirkte die totale Vernichtung der Innenstadt mit den historischen Baudenkmalen und forderte 35000 Tote oder mehr. 7000 Leichen mußten auf dem Altmarkt verbrannt werden, um den Ausbruch von Seuchen zu verhindern. In das Mahnmal bei den Massengräbern auf dem Heidefriedhof wurde die Inschrift eingemeißelt:

»Wie viele starben? Wer kennt die Zahl?
An deinen Wunden sieht man die Qual
der Namenlosen
die hier verbrannt
im Höllenfeuer
aus Menschenhand.«

Von den 220000 Wohnungen waren 99000 zerstört und 75000 beschädigt, zusammen also 80 Prozent unbrauchbar. Auf einen Einwohner kam die größte Trümmermasse von allen deutschen Großstädten, nämlich 43 m^3. (In Berlin und Köln 16 m^3/Ew., in München 9,8 m^3/Ew.)

Die Energieversorgung begann 14 Tage nach dem Einmarsch der Roten Armee, die Lebensmittelversorgung nahm ihren Anfang, Pioniere schlugen eine Behelfsbrücke über die Elbe. Im Juli wurde die sowjetische Militäradministration ins Leben gerufen, die die Landesverwaltung kontrollierte, in Dresden ihren Sitz nahm und Dr. h. c. Friedrichs zum Oberbürgermeister berief.

Das kulturelle Leben kam wieder in Gang. Ein Jahr nach Kriegsende erschien die »Sächsische Zeitung« der 1946 gebildeten SED, das »Sächsische Tageblatt« der LPD und »Die Union« der CDU. Die Instandsetzung des Zwingers begann, in der Stadthalle am Nordplatz hinterließ die »Erste Deutsche Kunstausstellung« einen gewaltigen Eindruck, da in ihr erstmals die »Entarteten« wieder ausgestellt werden konnten. Im Sommer 1946 wurde im unzerstörten Schloß Pillnitz das Zentralmuseum des Landes Sachsen mit den Resten der Staatlichen Kunstsammlungen eröffnet. Böckstiegel, Felixmüller, Wilhelm, Kröner, Kriegel, Kretzschmer, Lachnit, Richter, Rosenhauer und Hegenbarth setzten die große Tradition der Dresdner Malschule fort, aus Breslau kam der Maler Nerlich und unterrichtete an der Technischen Hochschule, die im Herbst 1946 den Lehrbetrieb mit 800 Studenten aufgenommen hatte. Im Kurhaus Bühlau wurde Oper gespielt mit Christel Goltz, Elisabeth Reichelt, Elfriede Trötschel, Bernd Aldenhoff, Kurt Böhme und Arno Schellenberg, und am 22. September 1948 konnte das Schauspielhaus in der Ostra-Allee mit »Fidelio« eröffnet werden. Schriftsteller setzten sich mit der Katastrophe und ihren Folgen auseinander. Kurt Arnold Findeisen widmete dem »Goldenen Reiter« ein literarisches Denkmal, Otto Walcha der Frauenkirche. An der Technischen Hochschule hielt Ludwig Renn (Arnold Vieth von Golzenau) Vorlesungen über Literatur. In einer Villa in Oberloschwitz schrieb der ehemalige Generalfeldmarschall Pau-

lus seine Stalingrad-Erinnerungen. Auf dem Weißen Hirsch wurde dem Physiker Professor Manfred von Ardenne ein wissenschaftliches Institut eingerichtet.

Während noch die Enttrümmerung im Gange war, begann der Wiederaufbau des Altmarktes in erweiterter Größe. Er war wegen seiner zentralen städtebaulichen Bedeutung zum Exempel für den Stil des »sozialistischen Realismus« ausgewählt worden und sollte als Aufmarschplatz dienen. Die pseudobarocke Architektur von Ost- und Westseite fand jedoch kaum Nachfolge, selbst der Kulturpalast auf der Nordseite erhielt Mitte der sechziger Jahre eine funktionalistische Architektur mit großer Glasfront. Die Instandsetzung des Zwingers kam gut voran, mehr Zeit benötigte der Wiederaufbau anderer bedeutender historischer Bauten. Sempers Gemäldegalerie wurde 1956 rasch hergerichtet, als die Sowjetunion zum 750jährigen Bestehen Dresdens die Kunstwerke der Staatlichen Sammlungen zurückgab. Katholische Hofkirche, Altstädter Wache, Kreuzkirche, Johanneum, Gewandhaus, Landhaus, die Bauten auf der Brühlschen Terrasse und Japanisches Palais wurden bis Anfang der achtziger Jahre instand gesetzt, die Reste von Sophienkirche, Altstädter und Neustädter Rathaus, Kurländer, Hoymschem und Flemmingschem Palais, Dinglingerhaus und der Bürgerhäuser aus dem 18. Jh. waren schon bald nach Kriegsende beseitigt worden. Die Frauenkirche, deren Kuppel einst Mittelpunkt der Stadtsilhouette war, wird allem Anschein nach Ruine und Mahnmal bleiben.

Einen Eingriff in den Stadtgrundriß bedeutete zu Beginn der sechziger Jahre der Bau der Prager Straße vom Hauptbahnhof bis zum Altmarkt in großer Breite mit funktionalistischer Architektur als dem Fußgänger vorbehaltene städtebauliche Dominante. Mitte der siebziger Jahre fand sie eine Fortsetzung in der nach Gesichtspunkten der Denkmalpflege liebevoll instand gesetzten und ergänzten ehemaligen Hauptstraße in der Neustadt auf dem jenseitigen Elbufer, ohne daß jedoch der Neustädter Marktplatz in seiner ursprünglichen Wirkung wiederhergestellt werden konnte, weil ihn die für den Durchgangsverkehr neu angelegte Köpcke-Straße zerschneidet. Nur der »Goldene Reiter« und das in ursprünglicher Form rekonstruierte Blockhaus erinnern noch an das frühere Bild.

Der Wohnungsbau erfolgte fast ausschließlich in der industrialisierten Betongroßplattenbauweise in zusammenhängenden Abschnitten. Teile der neuen Wohngebiete an der Budapester Straße, am Fučikplatz, an der Stübelallee und in Johannstadt tangieren zum Nachteil der historischen Bauten den Kern Dresdens. Weiter draußen, an der Bodenbacher Straße, in Alt-Gruna, Prohlis, Johannstadt, Leuben und Zschertnitz bilden sie unabhängigere Wohnkomplexe nach denselben städtebaulichen Grundsätzen wie überall in der DDR und haben in weiten Bereichen das Stadtbild ebenfalls völlig verändert.

Im Sommer ist Dresden wieder ein Zentrum des in- und ausländischen Tourismus, den die schöne Umgebung und die Kunstsammlungen anziehen. Wer Dresden vor der Zerstörung kannte, wird über das wiederaufgebaute Dresden jedoch anders urteilen als der, der es erst heute erlebt.

Dresden 1945: Blick auf die Ruinen am Ende des Zweiten Weltkrieges (oben). Dresden heute: der gleiche Blick vom Rathausgebäude. Eine sterile Neubau-City bietet sich dem Betrachter dar. Nichts erinnert mehr an die Prachtbauten, Wohn- und Industrieviertel, die in der Nacht des 13. Februar 1945 in Schutt und Asche versanken (rechts).

Sachsen – Wo das Besondere Tradition hat

1

Das Meißener Porzellan, das weiße Gold Augusts des Starken, hat Sachsens Ruhm weit über alle Grenzen getragen. Das erste deutsche Hartporzellan, von Johann Friedrich Böttger entwickelt, ließ die Kassen des Kurfürsten klingeln, vor allem, als der Chinoisienmaler Johann Gregor Höroldt (1720) es mit farbigem Dekor versah und der Bildhauer Johann Joachim Kändler Kleinplastiken aus Porzellan anfertigte. Einzelfiguren und Gruppen in zeitgenössischer Gesellschaftskleidung erlangten Weltruhm. »Vieux Saxe« wurde zu einem Begriff. Bis heute stehen Kändlerfiguren (1; »Hahn auf Holzstoß«, nach einem Modell von Kändler) und das Zwiebelmuster (5; in der Lehrwerkstatt) hoch im Kurs. Bis heute geben die »Blauen Schwerter« die Gewähr für Echtheit (4). Neben den Dekors und Dessins aus dem späten Barock und Rokoko (2; »Kokotte und Marquis« von Eberlein) werden auch moderne Formen und Farben verwendet (3), um den Anschluß an die Moderne nicht zu versäumen. Auf eine nicht minder lange Tradition können die Töpfereien aus Kohren-Sahlis, der Töpferstadt im Landkreis Geithain, im Bezirk Leipzig, verweisen (6). Im dortigen Töpfermuseum sind Stücke aus dem 17. bis 20. Jh. ausgestellt. – Aufgrund des Flachsanbaus entwickelte sich vor allem in der Oberlausitz das Gewerbe der Spinnereien und Webereien (7; Handweberin in Bautzen). In Großschonau, im Zittauer Gebirge, gibt es schon seit dem 17. Jh. neben der Leinen- und Zwillichweberei die Bilder-Damastweberei (10; Gezogener Damastwebstuhl). Zart und kostbar auch die Handarbeit aus dem Erzgebirge: Klöppelspitzen. Zu der 1561 von Barbara Uttmann als Heimarbeit eingeführte und heute noch – oft auch als Hobby ausgeführte Tätigkeit gehören Geduld und ein klarer Kopf, um über die scheinbar unübersehbaren Mengen von Klöppeln den Überblick zu behalten. Zum Klöppeln (8) sind Klöppelkissen, Klöppel und Klöppelbrief nötig, auf dem das Muster verzeichnet ist. Ebenso hochgeschätzt ist die im Vogtland beheimatete Plauener Spitze. Seit 1857, als die erste Handstickmaschine in Betrieb genommen wurde, gehen Plauener Spitzen, Tüll und Gardinen in die ganze Welt (9). R. V.

2

3

4

5

6

7

8

9

10

1

2

3

4

5

Volkskunst aus dem Erzgebirge. Wer einmal im Erzgebirge war, weiß, daß der Kampf um das tägliche Leben hart ist. Im Erzgebirge gibt es eine verbreitete Volkskunst, die sich um das Weihnachtsfest herum entwickelt hat. Auf dem Land gibt es wohl auch heute kaum einen Bauern, der nicht seinen »Weihnachtsberg« (5) hat. Mitunter haben schon Generationen daran »gebaut« und gebastelt. In Anlehnung an den früheren Erzbergbau wird die Arbeit in, am und auf dem Berg dargestellt. Es fahren Züge, es wird gehämmert, gesägt. Bergmänner fahren ein. Auf dem Berg werden Bäume, Dörfer, Menschen und Tiere etc. plaziert. Jedes Jahr werden Reparaturen und Neuerungen notwendig. Eine am winterlichen Feierabend mit Hingabe betriebene Beschäftigung. Die private Beschäftigung ist längst zum Gewerbe geworden. Tierreifen (1 und 2) sowie die Weihnachtspyramiden (3) und Nußknacker (4) sind längst überall zu finden.

Hochdeutschen geschah allerdings im niederdeutschen Bereich. Nur hier wurde das oberdeutsche Ostmitteldeutsch, so wie es geschrieben wurde, ausgesprochen, die hiervon abweichende sächsische Aussprache geriet in Verruf, wurde geschmäht und belächelt. Die Ablehnung war zwar ästhetischer Art, doch die negative Beurteilung der sächsischen Aussprache geht auf die seit dem Ausgang des Siebenjährigen Kriegs zugunsten Preußens veränderte politische Konstellation, auf die sächsische Gefolgschaft Napoleons und auf die schwindende politische und wirtschaftliche Bedeutung Sachsens im späten 18. und im 19. Jh. zurück. Der Prestigeverlust zugunsten des Stärkeren zog die Anerkennung der in Preußen üblichen Aussprache – hier wurde niederdeutsch artikuliert – nach sich.

In der zweiten Hälfte des 18. Jh. hat sich also nicht etwa die Sprache geändert, sondern die Beurteilung der Rolle Sachsens, seiner Kultur und damit auch seiner Sprache. Im 20. Jh. hat die Sprechweise Walter Ulbrichts (dessen Aussprache selbst Sachsen als besonders tiefstehend und unschön erschienen war) dazu geführt, daß das Sächsische eine negative Popularität erhielt, die das Land und seine Bewohner nicht verdient haben.

Zu den wichtigsten Mundarten und Dialekten zählen das Osterländische, das im sächsischen Nordwesten um Leipzig gesprochen wird, (Gint – Kind, Gōln – Kohlen), das Meißnische, das zwischen Altenburg und Pulsnitz gebraucht wird (Klēd – Kleid, schēn – schön), das Vogtländische, das West- und Osterzgebirgische (schī – schön, Mā – Mann, Hōsn – Hasen, Hūsn – Hosen, Heisl – Häuschen), bei denen die oberdeutsche Herkunft (Mainfranken) nachweisbar ist.

Die Lausitzer Mundarten leiten zum Schlesischen über, sie besitzen einen auch für Fremde deutlich hörbar anderen Klang. Vor allem das harte rollende Zungen-R klingt gänzlich anders als die übrigen sehr weichen sächsischen Dialekte bzw. die Umgangssprache. Die sprachliche Situation der Lausitz geht auf die politische Sonderstellung der Lausitz zurück, die bis 1635 der böhmischen Krone unterstand. Der Streifen um Görlitz, der seit 1815 zu Preußen gehörte, gehört schlesischen Dialekten an.

Als eigentlich »sächsisch« gilt die obersächsische Umgangssprache, bei der das Hochdeutsch nach Gewohnheiten der Mundart artikuliert wird. Charakteristisch hierfür ist, daß das a als o (Kornigl – Karnickel = Kaninchen), das e als ä (gäbn – geben), das ö als e (Kenich – König) ausgesprochen wird. Allzu bekannt ist der Zusammenfall der Konsonanten b – p, t – d und oft von g – k. Die Verwendung resthafter Spuren oder deutlicher Merkmale des Mundartlichen ist nicht nur regional verschieden (besonders stark im Erzge-

Spezialitäten aus der Küche Sachsens: Eierschecke (1), Baumkuchen – hier wird er gerade vom Bäcker angefertigt (2) – und der Dresdner Christstollen (3), die »Krönung« sächsischer Weihnachtsbäckerei.

birge), sondern auch sozial determiniert – die Gebildeten vor allem in den Städten Dresden und Leipzig bemühen sich um hochdeutsche Aussprache – trotzdem für alle Nichtsachsen ein fortwährendes Vergnügen. Es gibt unzählige Witze und Wortspiele über die Sachsen und ihre Sprache, die zur Staatssprache geworden zu sein scheint. Denn für alle, die nur selten in die DDR reisen, scheint es kaum einen anderen Dialekt zu geben.

Küche und Keller

Zwar sind die in Dresden produzierten Kameras heute weltweit verbreitet, doch zur ungeteilten Anerkennung hat es jedoch eher der Dresdner Christstollen gebracht. Dieses Festgebäck sollte ursprünglich das in Windeln gewickelte Christkind bedeuten. Ohne dieses unglaublich kalorienreiche Backwerk ist für einen Sachsen die Weihnachtszeit nicht denkbar. Doch im übrigen war und ist die sächsische Küche eher einfach. Verbreitet waren Gerichte wie Pellkartoffeln mit Quark und Leinöl, Kartoffelpuffer (geriebene und in Fett ausgebackene Kartoffeln mit etwas Mehl, Ei und Zwiebeln nach Belieben), Quarkkeulchen oder Plinzen. Wenigstens das Rezept der Quarkkeulchen soll ausführlicher mitgeteilt werden: Man benötigt 750 g gekochte Kartoffeln, 125 g Mehl, 2 Eier, 50 g Rosinen, etwas abgeriebene Zitronenschale, 350 g Quark, 1 Teelöffel Backpulver und Salz. Die Zutaten werden zu einem Teig verrührt, der zu Fladen von 5 cm Durchmesser und 1 cm Stärke geformt und in heißem Fett ausgebacken wird. Mit Zukker und Zimt bestreuen und heiß servieren. Im Erzgebirge und im Vogtland werden »grüne« Klöße geschätzt, die aus rohen (daher »grünen«) Kartoffeln, etwas gekochten Kartoffeln, Grieß und Milch bereitet werden. Eine beliebte und charakteristische Speise ist auch die Holundersuppe, bei der die reifen Beeren mit Zukker, Zitronenschale, Milch und etwas Stärke aufgekocht werden. Kulinarische Vollkommenheit dürfte auch die Eierschecke erreicht haben, weshalb auch das Rezept dieses Kuchens mitgeteilt werden soll. Der Teig besteht aus 500 g Mehl, 30 g Hefe, ¼ l Milch, 100 g Zucker und 10 g Salz. Diesen Teig läßt man nach dem Rühren ½ Stunde gehen. Für den Belag benötigt man 5 Eier, 250 g Zucker, 1 Eßlöffel Stärke und 80 g Rosinen. Dieser Belag muß cremig geschlagen auf den Teig gestrichen und 45 Minuten gebacken werden.

Im klimatisch begünstigten Dresdner Elbtalbecken wächst zwischen Radebeul und Meißen ein begehrter Wein, die Qualität des in Wernersgrün im Vogtland und in Radeberg bei Dresden und in Köstritz bei Leipzig gebrauten Biers ist beachtlich.

Ortsregister

Kursive Zahlen verweisen auf Abbildungen

Abbildungsnachweis

ADN-Zentralbild, Berlin 185/1, 185/2, 230/1, 230/2, 293, 355, 381/8, 447/1, 447/2, 473/8 – Ihlow 138/7 – Roger + Renate Rössing 462/1 – Jörg P. Anders, Berlin 121/1 – Erich Andres, Hamburg 145/1, 313, 391/9, 394/5, 412, 439/1, 465/2, 470/1, 473/10 – Angermuseum, Erfurt 375 – Anthony-Verlag, Starnberg 390/8 – Breig 162/9 – Fischer 344 – Hardenberg 272 – Antrazit, Essen 147/12, 146/1, 154/1, 166/2, 167/6, 252/2, 252/3, 252/9, 253/14, 268/1, 283/3, 283/4, 283/6, 283/7, 394/4, 395/1 bis 395/6 – Archiv für Kunst und Geschichte, Berlin 111/7, 111/8, 190/3, 190/6, 301/4, 352/1, 382, 439/3, 456, 465/1 – Archiv Gerstenberg, Wietze 180/1, 180/2, 180/3 – Artothek, Preißenberg 472/2 – Associated Press, Frankfurt 64/1 – Bavaria-Verlag, Gauting – Droste 155/7 – Tessore 138/5, 279/2 – Teubner 193/2 – Bertelsmann Lexikon Verlag, Gütersloh 301/3 – Bettmann, New York – Reuter/Rattay 53/2 – Beyer, Klaus G., Weimar 149/1, 238/1, 269/4, 287/9, 297/7, 297/8, 297/9, 297/10, 297/11, 298/5, 300/3, 300/5, 300/6, 310/6, 366, 367/1 bis 367/3, 369/3, 380/3, 381/5, 381/7, 439/4, 439/6, 451/6 – Bildarchiv Foto Marburg, Marburg 296 – Bildarchiv Preuß. Kulturbesitz, Berlin 107/1, 108/1, 108/2, 109/1, 110/2, 110/3, 111/4, 111/6, 111/9, 112/1, 113/1, 113/2, 114/1, 115/1, 125/3, 126/1 bis 126/4, 178/2, 190/2, 190/4, 190/5, 190/8, 227/2, 228, 239/1, 239/2, 239/3, 239/4, 287/4, 291, 303, 349, 352/2, 353, 357, 373, 377, 380/4, 381/9, 443/1, 443/2, 444, 446/2, 458/1, 458/3, 458/4, 458/6, 459/10, 459/13 – Anders 223/2 – Bildarchiv Steffens, Mainz 311/12, 319/1, 342 – Photo-Report-Bonn, Königswinter 8/1 – Henning Christoph/ Thomas Mayer, Essen 73/17, 102/4, 103/6, 103/7 – J. Albrecht Cropp, Eschborn 145/1, 171/3, 175/1, 207/6, 271/1, 271/2, 282/1, 285/1, 285/3, 327, 340/5, 422/5 – Deutsche Luftbild, Hamburg 75, 87/1 – Deutsches Theatermuseum, München 242/1, 242/2, 242/3 – dpa – Goettert 64/2 – Hoffmann 12/2 – Kemmether 14/1, 14/2 – EPA 43/1, dpa, Frankfurt 181 – Reinhard Feldrapp, Issigau 24/1, 25/3, 25/4, 25/6, 314/1, 346/1 – Peter Garbe, Berlin 185/3 – Archiv Gerstenberg, Wietze 176/1 – A. Glomb, Ahlen 155/6 – Grames Studio X, Limours 21/12 – Greiner & Meyer, Braunschweig 139/9, 99/2, 99/3, 253/11, 253/17, 275/5, 276/7, 311/14 – Gruner + Jahr Fotoservice, Hamburg – van den Berg 389/2 – Annette Grunwald, Gütersloh 73/12, 88/4 – Anne Hamann, München – Höpker 127/1, 127/2, 134/4, 139/10, 139/15, 146/8, 146/9, 147/14, 147/15, 147/17, 167/7 bis 167/11, 171/1, 171/2, 171/4, 194/7, 195/13, 90/3, 206/3, 207/5, 207/7, 207/8, 207/11, 223/3, 223/4, 235/6, 235/7, 237/10, 246, 247, 248/1, 248/2, 248/3, 248/4, 249/10, 249/5, 249/6, 249/7, 249/8, 249/9, 250, 251, 252/8, 263/1, 263/2, 263/4, 273/3, 281/1, 325, 371/2, 371/3, 389/1, 394/2, 437/5, 437/7, 474/1 bis 474/4 – Mangold 394/3 – Herzog August Bibliothek, Wolfenbüttel 290/1, 290/2 – Historia-Photo, Hamburg 301/2, 351 – Historisches Porträt-Archiv, Berlin 458/5 – Jäger Bildarchiv, Lüneburg 177/1 – Jürgens, Ost + Europa-Photo, Köln 138/1, 138/2, 138/4, 138/6, 139/8, 139/11, 139/13, 139/14, 146/5, 146/6, 147/10, 147/11, 147/13, 147/16, 153/1, 153/2, 153/3, 154/2, 155/3, 155/4, 155/5, 156/1, 156/2, 156/3, 157/1, 157/2, 157/3, 158/1, 158/2, 159/1, 162/1, 162/2, 162/4, 162/6, 162/8, 166/1, 167/3, 167/4, 167/5, 173/1, 173/2, 175/2, 175/3, 175/5, 175/6, 175/8, 175/9, 185/4, 186, 187/1, 187/2, 187/3, 187/4, 187/5, 187/6, 188/1, 188/2, 188/3, 189/4, 189/5, 189/6, 189/7, 189/8, 194/1, 194/5, 195/12, 195/15, 82/2, 88/1, 88/2, 89/6, 89/7, 97/1, 98/1, 145/3, 159/1, 211/1, 273/1, 206/1, 206/2, 209, 214/1, 214/2, 217/2, 219/1, 219/3, 219/4, 222/1, 223/6, 234/1, 234/2, 235/11, 236/1, 236/2, 236/3, 238/2, 238/3, 245/1, 245/2, 252/1, 252/7, 253/10, 253/12, 253/15, 256/1, 257, 258, 261/1, 261/2, 262/1, 262/2, 262/4 bis 262/6, 263/3, 265, 266, 267/1, 267/2, 268/2, 269/3, 269/5, 269/6, 275/1, 275/2, 275/3, 275/4, 275/6, 275/7, 276/2, 276/3, 276/4, 276/6, 279/1, 279/5, 282/2, 283/5, 285/2, 285/4, 287/10, 287/11, 287/2, 287/3, 287/5, 287/6, 287/8, 289, 297/1, 297/2, 297/3, 297/4, 297/5, 297/6, 298/1, 298/4, 300/1, 300/2, 300/4, 300/7, 307/2, 307/3, 307/4, 308/1 bis 308/7, 310/1 bis 310/3, 310/7 bis 310/9, 311/10, 311/11, 311/13, 311/15, 311/17, 311/18, 315/1 bis 315/4, 318, 321/1, 321/2, 323, 324/1, 324/2, 326/1, 326/2, 328, 329, 330/1, 330/2, 330/3, 334/1 bis 334/6, 335/7 bis 335/14, 337, 339/1 bis 339/5, 340/3, 340/4, 340/6, 340/7, 343/1 bis 343/4, 346/3, 347/1 bis 347/4, 347/6 bis 347/9, 347/11, 358/1, 358/2, 359/3 bis 359/6, 359/8, 364/1, 367/4, 368/1, 368/2, 369/4 bis 369/6, 371/1, 380/1, 381/6, 388/1 bis 388/4, 390/1 bis 390/4, 390/7, 391/10 bis 391/12, 391/14, 391/15, 394/1, 396, 398, 403, 404, 405, 406/1 bis 406/3, 408, 409/1 bis 409/7, 411/1 bis 411/3, 411/5, 413, 414/1 bis 414/3, 415/1 bis 415/3, 416, 417/1, 417/2, 418/1, 418/2, 422/1 bis 422/4, 423/6, 423/8 bis 423/11, 424, 426/1 bis 426/3, 431/3, 432/1, 434, 436/1 bis 436/3, 437/6, 437/8, 439/2, 439/7 bis 439/9, 442, 446/1, 450/1 bis 450/4, 451/1 bis 451/5, 453/1, 453/4, 457, 462/2, 463/3 bis 463/6, 468/1, 468/2, 469, 470/2 bis 470/5, 472/1, 472/3 bis 472/5, 473/8, 473/9, 474/5 – ADN 194/3, 194/4, 194/6, 194/9, 195/14, 195/16, 195/17, 72/6, 214/3, 217/3, 217/4, 219/2, 281/2, 281/3, 281/4, 281/5, 346/2, 431/1, 439/5 – Rainer Kiedrowski, Ratingen 133/4, 72/1, 135/9 – Karl Heinz Klubescheidt, Rheda-Wiedenbrück 235/5, 235/8, 235/9, 298/2, 298/3, 310/4, 347/5, 390/5, 453/2, 195/11, 146/7, 165/1, 73/16, 89/12 – Rolf Koehler, Berlin 100/1, 79/1 – Dr. Rudolf König, Kiel 103/5 – Barbara Kramarz, Arcadia/USA 194/8, 195/10, 214/5, 217/1, 222/2, 252/5, 279/3, 279/4, 340/1, 347/10, 390/6, 391/13, 397 – Klaus Lehnartz, Berlin 201, 72/8, 89/8, 252/6, 273/2, 276/5, 276/8, 276/9, 285/5, 430 – Liepe, Jürgen, Berlin 122/1, 72/5, 73/14, 78, 93/4 – Fritz Mader, Barsbüttel 133/1, 72/4, 73/11, 83/3, 85/1, 90/1, 76/1, 81/1 – Mauritius, Mittenwald 105/6, 89/13, 233 – Drave 93/1 – HVH 72/9 – Mehling 411/4 – Schneider 162/7, 194/2 – Reinhold Miklis, Berlin 17/4 – Nationalmuseum, Stockholm 227/1 – Nordost-Bibliothek, Lüneburg 182 – Maria Otte, Melle 223/7 – Erhard Pansegrau, Berlin 105/2, 103/9, 105/10, 105/7, 105/8, 105/9, 127/3 bis 127/9, 133/3, 135/5, 135/7, 135/8, 135/10 bis 135/15, 136/1, 72/2, 79/2, 83/5, 83/6 – Österr. Nationalbibliothek, Wien 379 – Dirk Robbers, Berlin 105/1, 82/1 – Hans Roßdeutscher, Bielefeld 73/15, 90/4, 223/1, 234/3 – Sächsische Landesbibliothek, Deutsche Fotothek, Dresden 178/1, 179, 301/1, 301/5 – Sächsische Landesbibliothek, Deutsche Fotothek, Dresden, Rechte: Dresden, Grünes Gewölbe 454 – Johann G. Scheibner, Berlin 105/11 – Schering AG, Berlin 104/1 – Sipa press, Paris 17/4 – Alfred 17/6, 17/7, 20/2, 20/7, 70/1, 70/2, 70/3, 70/5, 70/6, 70/8 – Eric Bouvet 16/3, 18/2 – Clece/RDA 146/2 – Haley 70/4, 105/4 – Mannie Garcia 24/2 – Robert Wallis 19/3, 20/6, 21/8, 22/1, 22/2, 70/7, 70/9 – Sichov 14/5, 15/6, 15/7, 15/8, 16/1, 23/3, 53/3 – Viennareport 14/3, 15/4 – Witt 16/2, 17/4, 19/4, 20/5, 51/1 – Staatl. Kunstsammlungen, Augsburg 441 – Staatl. Schlösser und Gärten, Berlin 110/1 – Jörg P. Anders 111/5 – Steffens Bildarchiv, Mainz – Pommerenke 155/8 – STERN-Syndication, Hamburg – Müller-Schneck 437/4 – Schmitt 102/1, 207/4, 207/9, 207/10, 359/7 – Thomann 364/2 – Süddeutscher Verlag, Bilderdienst, München 105/3, 129/1 – Sven Simon, Bonn 10/2, 11/7, 15/9, 20/1, 20/3, 20/4, 21/10, 21/9, 25/7 – Theatermuseum der Universität zu Köln 243/1, 243/2 – Transglobe Agency, Hamburg 145/2, 146/4, 287/1, 340/2, 431/2 – Freed/Magnum 133/2, 133/5, 283/8 – Kiedrowsky 139/12 – Knobloch 73/18 – Koene-Zürich 319/2, 319/3 – Landau 310/5 – Magnum 253/16 – Miguel 72/7 – Schartenberg 93/3 – Wolf 311/16 – Ullstein, Berlin 10/1, 27/7, 29/2, 35/1, 36/1, 36/2, 37/1, 37/2, 44/1, 54/1, 54/2, 54/3, 54/4, 55/7, 56/1, 57/1, 58/1, 59/1, 59/2, 60/1, 61/1, 63/1, 67/2, 190/1, 190/7, 190/9, 198/2, 119/1, 125/1, 125/2, 125/4 bis 125/13, 138/3, 202/1, 354, 458/2, 458/7 bis 458/9, 459/11, 459/12 – ADN-Zentralbild 13/5, 26/1, 27/10, 27/6, 27/9, 30/1, 30/2, 32/2, 32/3, 45/1, 48/1, 52/1 – AP 55/5 – Bundesbildstelle 27/8 – Camera Press Ltd. 29/1 – dpa (85) 26/2, 26/3, 26/4, 31/1, 31/2, 32/1, 33/1 – dpa 39/1, 49/1, 67/1 – Gerd Hilde 62/1 – Günter Schneider 11/3, 11/5, 69/1 – Hans-A. Scherhaufer 19/5, 71/10 – Joachim G. Jung 34/1 – Jürgen Ritter 13/3, 13/4, 55/8 – Kai Garfeld 11/4, 11/6, 12/1 – Klaus Lehnartz 18/1, 65/1, 66/1, 69/2 – Lothar Kucharz 68/1 – Peter Georgi 62/2 – Peter Leibing 38/1 – Peter Rondholz 68/2 – Poly-Press 47/1, 48/2 – Sven Simon 40/1 – Werek 42/1 – XYZ 26/5 – Fackelträger Verlag 131/1 bis 131/3 – Lehnartz 90/2 – Mader 95/1 – Pankow 199/1, 199/2, 199/3 – Quade 134/1, 134/3 – Schneider 134/2, 72/10, 93/2, 98/2, 198/1, 198/3, 203/1, 214/4, 236/4, 236/5, 276/1 – Schumann 73/19 – Universitätsbibliothek, Prag 225 – VEB E. A. Seemann, Leipzig 468/3 – Verlagsgruppe Bertelsmann, Prisma Bildagentur, München 193/1, 245/3, 309 – Studio René Lauert 475/3 – VISUM, Hamburg 73/13 – Meisel 146/3, 262/3, 287/7, 307/1, 387/1 bis 397/5, 432/2, 432/3, 433/1, 433/2, 453/3, 473/5, 475/1, 475/2 – Bernd Weisbrod, Mainz 21/11, 25/5 – Roland Werner, Hamburg 202/2, 203/2, 205/1, 205/2 – Anno Wilms, Berlin 102/2, 102/3, 103/8, 135/6 – Fred Wirz, Luzern 423/7 – ZEFA, Düsseldorf 235/12, 252/4 – ADN 89/9, 72/3, 88/3, 89/10, 89/11, 99/1, 223/5, 320, 380/2 – Damm 122/2, 94/1, 94/2 – Herfort 256/2 – Kerth 105/5 – Lorenz 343/5 – Paul 162/3, 162/5, 235/4, 253/13 – Prädel 88/5 – Puck-Kornetzki 105/12 – Rosenfeld 136/2 – Waldkirch 83/4

Schutzumschlag:
Bildarchiv Preuß. Kulturbesitz (1) – Thomas Höpker/Agentur Anne Hamann (2) – Jürgens, Ost + Europa-Photo (1) – Fritz Mader (2) – Hans Roßdeutscher (1) – Sipa press – Alfred (1) – Octopus (1) – Sichow (1) – TASS (1)